DICIONÁRIO
i.lus.tra.do
Língua Portuguesa

DICIONÁRIO
i.lus.tra.do

Língua Portuguesa

Todolivro

©TODOLIVRO LTDA.

Rodovia Jorge Lacerda, 5086 - Poço Grande
Gaspar - SC | CEP 89115-100

Compilação:
Alfredo Scottini

Ilustração:
Belli Studio

Revisão:
Madalena Parisi Duarte

IMPRESSO NA CHINA
www.todolivro.com.br

Dados Internacionais de Catalogação na Publicação (CIP)
(Câmara Brasileira do Livro, SP, Brasil)

Dicionário Ilustrado: Língua Portuguesa / (compilação Alfredo Scottini; Ilustração: Belli Studio). Gaspar, SC: Todolivro Editora, 2023.

ISBN: 978-85-376-3656-5

1. Dicionários Ilustrados 2. Português - Dicionários I. Scottini, Alfredo. II. Belli Studio.

17-01644   CDD-469.3

Índices para catálogo sistemático:

1. Dicionários: Português   469.3
1. Português: Dicionários   469.3

INTRODUÇÃO

Este Dicionário Ilustrado da Língua Portuguesa busca ser um auxílio ao aluno.

Volta e meia falta o significado de uma palavra, falta um sinônimo.

Às vezes é difícil trazer para o trabalho quotidiano todas as expressões ou vocábulos necessários.

Mas torna-se fácil quando se tem um dicionário à mão para tirar a dúvida.

Prof. Alfredo Scottini

Atualizado, incorporando as normas do Acordo Ortográfico da Língua Portuguesa aprovado em Lisboa, em outubro de 1990, em vigor desde 1° de janeiro de 2009.

RESUMO DAS ALTERAÇÕES EFETUADAS PELO ACORDO ORTOGRÁFICO DA LÍNGUA PORTUGUESA (1990), EM VIGOR DESDE 1º DE JANEIRO DE 2009

1. **Alfabeto:** Passou a ter 26 letras, com a introdução de **k**, **w** e **y**.
2. **Trema:** Abolido. Uso mantido apenas em palavras estrangeiras e suas derivadas: Hübner, hübneriano.
3. **Acentuação:**
   3.a) Não se acentuam os ditongos abertos **éi** e **ói** de <u>palavras paroxítonas</u> (que têm acento forte na penúltima sílaba): ideia, plateia, heroico, paranoico. **Exceção:** paroxítonas terminadas em **r**: destróier, Méier.
   3.b) Não são acentuados o **i** e o **u** fortes de <u>palavras paroxítonas</u>, quando estiverem depois de um ditongo (encontro de vogais): feiura, cauila, cheiinha.
   3.c) Não são acentuadas as formas verbais **creem**, **deem**, **leem**, **veem** e **derivadas** (descreem, desdeem, releem, reveem).
   3.d) Não são acentuadas as palavras terminadas em **ôo**: perdoo, abençoo, voo.
   3.e) Abolido o acento agudo na vogal **u**, forte, nas formas do pres. do ind. dos verbos arguir e redarguir: (ele) argui; (tu) arguis; (eles) arguem.
   Nota: Verbos terminados em **guar**, **quar** e **quir** (enxaguar, obliquar, delinquir, etc.) admitem duas pronúncias em algumas formas. Pronunciados com **a** ou **i** fortes, recebem acento: (eu) enx**á**guo; (eles) obl**í**quam; (tu) del**í**nquo. Do contrário, não levam acento: enxag**u**o; obliq**u**am; delinq**u**as. No Brasil, é mais comum a pronúncia com o **a** e o **i** fortes.
   3.f) Abolido o acento diferencial: para (verbo)/para (preposição); polo (extremidade geográfica)/polo (jogo); pelo (cabelo, penugem)/pelo (preposição); pera (fruta)/pera (preposição arcaica).
   Notas: 1. <u>Permanecem os acentos em</u>: **pôde** (do verbo poder), para diferenciar de pode (3ª pessoa sing. pres. indic. do mesmo verbo); **pôr** (verbo), para diferenciar de por (preposição); **vêm** (pl., verbo vir); **têm** (pl., verbo ter). **2.** <u>É facultativo</u> o uso de acento circunflexo em **fôrma** (substantivo) e forma (substantivo e verbo).

PRINCIPAIS ALTERAÇÕES QUANTO AO USO DO HÍFEN
COM HÍFEN

Palavras compostas (por extenso ou reduzidas) →	Decreto-lei; primeiro-ministro; tenente-coronel; joão-ninguém; luso-brasileiro; mãe-d'água; olho-d'água; para-brisa; para-choque. **Mas:** girassol, madressilva, pontapé, paraquedas, paraquedista e afins – **sem hífen** (consagradas pelo uso).
Elementos repetidos →	Blá-blá-blá; zigue-zague; tico-tico; lenga-lenga, etc.
Com as formas *além*, *aquém*, *recém*, *bem*, *sem* →	Além-mar, aquém-mar, recém-eleito; bem-casado; bem-estar; bem-humorado; bem-ditoso. Em alguns compostos o advérbio *bem* se aglutina ao segundo elemento iniciado por consoante, quer esse elemento tenha ou não vida à parte: benfazejo; benfeitor; benquerer, etc.
Com o advérbio *mal* seguido de *vogal, h, l,* ou quando se aplica a doença →	Mal-**i**nformado; mal-**h**umorado; mal-**l**avado; mal-**f**rancês (ref. a sífilis), etc.
Com os adjetivos *grã*, *grão*, em forma verbal e ligados ou não por artigo →	Grã-Bretanha; Grão-Pará; Passa-Quatro; Trás-os-Montes, etc.
Somente estas locuções, de uso já consagrado →	Água-de-colônia; arco-da-velha; cor-de-rosa; mais-que-perfeito; pé-de-meia; ao deus-dará; à queima-roupa.
Em compostos que designem espécies botânicas, zoológicas e afins →	Erva-doce; bem-me-quer (mas malmequer); andorinha-do-mar; couve-flor, feijão-verde, etc.
Com prefixos ou pseudoprefixos →	1. Terminados em vogal, diante de vogal igual: ant**i**-**i**nflamatório; pseud**o**-**o**rador; micr**o**-**o**nda. 2. Terminados em consoante, diante de consoante igual: a**d**-**d**igital; su**b**-**b**ásico. 3. Prefixos **pré-**, **pró-**, **pós-**, quando o segundo elemento tem vida à parte: pré-história; pró-ativo; pós-doutorado. 4. Terminados por **–m** ou **–n** diante de vogal, **h, m, n**: pan-**e**slavismo; pan-**h**armônico; circum-**n**avegação; pan-**n**egritude. 5. Prefixos **ex-, sota-, soto-, vice-, vizo-**: ex-prefeito; sota-capitão; soto-general; vice-diretor; vizo-rei. 6. Elementos terminados por **vogal**, **sob-** e **sub-**, diante de elementos iniciados por **h**: geo-história; anti-histórico; sub-hepático; sub-horizonte. 7. Nas formações com os prefixos **hiper-**, **inter-** e **super-**, diante de elementos iniciados por **r**: hiper-requisitado; inter-regional; super-resistente. 8. Terminados por **b-** (ab-, ob-, sob-, sub-), **d-** (ad) diante de elementos iniciados por **b** ou **r**: ab-rupto; sob-rogar; sub-base; ad-referendum. **Nota:** adrenalina, adrenalite e afins estão consagradas pelo uso sem hífen.
Com sufixos de origem tupi-guarani →	**Açu**, **guaçu** e **mirim**, diante de elementos que terminem por vogal acentuada graficamente ou por exigência de pronúncia: Itajaí-Açu; Mogi-Guaçu; anajá-mirim.

PRINCIPAIS ALTERAÇÕES QUANTO AO USO DO HÍFEN
SEM HÍFEN

1. Prefixos terminados em vogal, diante de vogal diferente: aut**o**escola, anti**a**éreo, agr**o**industrial.
2. Prefixos terminados por consoante, diante de vogal: hiperativo; inter**e**scolar; super**i**nteressante.
3. Prefixos **co-**, **pro-**, **pre-** e **re-**: coautor; coedição; procônsul; preeleito; reedição. **Atenção:** coerdeiro (sem "h", cf. Ac. Bras. de Letras).
4. Elementos terminados por **vogal** diante de elementos iniciados por **r** ou **s** (dobram-se as consoantes): cor**r**éu; cos**s**eno; anti**r**reacionário; multi**ss**ecular, etc. **Atenção:** *para-raios*.
5. Locuções em geral: juiz de paz; burro de carga; cor de vinho; quem quer que seja; à vontade; dia a dia; visto que, etc.
6. Prefixos **des-** e **in-** quando o segundo elemento perde o **h**: desumano; desumanidade; inumano, inábil, etc.

IMPORTANTE: AS DEMAIS REGRAS DE ACENTUAÇÃO/USO DO HÍFEN CONTINUAM EM VIGOR.

EXPRESSÕES E TERMOS DA LÍNGUA INGLESA, DE USO FREQUENTE

all right - tudo certo, tudo bem.
compact disc - CD - cedê.
charter - voo charter - voo fretado com saída e chegada predeterminadas.
design - projeto, modelo.
disquete - pequeno disco.
feeling - sentimento, modo de agir.
fifty-fifty - metade do negócio.
fine - ótimo, muito bom.
game - jogo, partida.
go home - vá para casa, afaste-se.
handicap - desvantagem, obstáculo.
home - casa, lar.
hot-dog - cachorro-quente.
insight - olhada no interior do indivíduo, ideia que surge rapidamente.
jeans - tipo de tecido.
know-how - conhecimento, domínio de uma técnica.
layout - plano, esquema.
light - leve, brilhante.
lobby - pressão para obter favor.
nice - agradável, bom.
ok - tudo bem, certo.
on-line - na mesma linha, automático.
outlet center - conjunto de lojas para vendas no varejo e atacado.
paper - papel, resumo, minuta.
partner - sócio, companheiro.
point - local de encontro badalado.
rafting - canoagem em corredeiras, rio de montanha.
skate - brinquedo para deslizar.
stand go - ir para frente, posição de avanço.
stand by - espera, aguardo de.
soft - leve, suave.
software - conteúdo de carga do micro, todos os recursos técnicos e humanos de um indivíduo ou empresa.
shopping center - centro comercial, centro de vendas.
short - bermuda, calça curta.
show - espetáculo, apresentação.
show-room - mostruário, sala para expor produtos.
surf - esporte aquático praticado no mar com uma prancha.
tape - fita, filme.
top - cume, ápice.
top model - modelo de alto valor.
traveler's check - cheque de viagem.
upgrade - posição superior, degrau acima.
v-chip - consulta para pronta resposta através da própria TV.
videotape - gravação de um programa de televisão em fita.
videocassette - aparelho para reproduzir fitas.
video on demand - filme por pedido.
V.I.P. - (*very important person*) pessoa muito importante.
very much - muito, grande.
yankee - ianque, americano, designação depreciativa para americano.
walkie-talkie - aparelho para transmitir e receber mensagens.
water-closet - banheiro.
windows - programa de linguagem para computador.
windsurf - tipo de disputa por barco.

ABREVIAÇÕES USADAS NESTA OBRA

a.C., antes de Cristo
adj., adjetivo
adv., advérbio
anat., anatomia
art. def., artigo definido
bot., botânica
ch., chulo
conj., conjunção
dem., demonstrativo
ex., exemplo
expr., expressão
fam., familiar
fem., feminino
fig., figurado
fut., futuro
gal., galicismo
gir., gíria
gram., gramática
indef., indefinido
ingl., inglês
interj., interjeição
linguíst., linguística
lit., literatura
loc., locução
med., medicina
náut., náutica
num., numeral
pl., plural
pop., popular
prep., preposição
pron., pronominal
quím., química
rg.mt., regência múltipla
s.c. 2 gên., substantivo comum de dois gêneros
s.f., substantivo feminino
sing., singular
s.m., substantivo masculino
v.int., verbo intransitivo
v.lig., verbo de ligação
v. pron., verbo pronominal
v.t., verbo transitivo
zool., zoologia

ABREVIATURAS COMUNS

A. - autor
a - are
AA. - autores
AC - Estado do Acre
a.C. - antes de Cristo
a/c - aos cuidados
a.D. anno Domini (ano do Senhor)
Aids - SIDA - Síndrome da Imunodeficiência Adquirida
AL - Estado de Alagoas
AM - Estado do Amazonas
APAE - Associação de Pais e Amigos dos Excepcionais
AP - Estado do Amapá
Ap. ou apt. - apartamento
Av., aviação ou avenida
BA - Estado da Bahia
B.C.G - Bacilo de Calmette-Guérin
Bel. - Bacharel
BR - Brasil
cap. - capítulo
c/c - conta corrente
CE - Estado do Ceará
Cel. - coronel
CI - Cédula de Identidade
Cia. - Companhia
cm - centímetro ou centímetros
cód. - código
coml. - comercial
CPF - Cadastro de Pessoa Física
cx. - caixa
d. - dom, dona
dam - decâmetro
d. C. - depois de Cristo
DD. - digníssimo
Del. - delegado
DF - Distrito Federal
dm - decímetro
Dr. - doutor
Dra. - doutora
ed. - edição
ES - Estado do Espírito Santo
ECT - Empresa de Correios e Telégrafos
ECA - Estatuto da Criança e do Adolescente
etc. - e outras coisas
EUA - Estados Unidos da América
ex. - exemplo
Exa. - excelência
FAB - Força Aérea Brasileira

FAO - Organização das Nações Unidas para a Agricultura e Alimentação
FEB - Força Expedicionária Brasileira
FIFA - Federação Internacional de Futebol Associação
fl. - folha
fls. - folhas
FMI - Fundo Monetário Internacional
g - grama ou gramas
Gen. - general
GO - Estado de Goiás
h - hora ou horas
ha - hectare
HP - cavalo a vapor (horsepower)
Ilmo. - Ilustríssimo
INSS - Instituto Nacional do Seguro Social
IPTU - Imposto Predial e Territorial Urbano
IR - Imposto de Renda
JC - Jesus Cristo
kg - quilograma ou quilogramas
km - quilômetro ou quilômetros
kV - quilovolt (s)
kW - quilowatt (s)
l - litro, litros
loc. - locução
Ltda. - limitada (comercialmente)
m - metro, metros
MA - Estado do Maranhão
mg - miligrama ou miligramas
MG - Estado de Minas Gerais
min - minuto ou minutos
mm - milímetro, milímetros
MM. - meritíssimo
MT - Estado do Mato Grosso
MS - Estado do Mato Grosso do Sul
N. - Norte
N.B. - note bem
NE - Nordeste
NO - Noroeste
N.S. - Nosso Senhor
N.T. - Novo Testamento
O - Oeste
OEA - Organização dos Estados Americanos
OK - (inglês), certo, isso mesmo
ONU - Organização das Nações Unidas
Pe. - padre
PA - Estado do Pará

pág., p. - página
PB - Estado da Paraíba
PE - Estado de Pernambuco
p. ex. - por exemplo
pg. - pago
PI - Estado do Piauí
pl. - plural
PR - Estado do Paraná
prof. - professor
profa. - professora
P.S. - post scriptum - (escrito depois)
QG - quartel general, sede principal
ql. - quilate
R. - Rua
Revmo. - reverendíssimo
RJ - Estado do Rio de Janeiro
RN - Estado do Rio Grande do Norte
RO - Estado de Rondônia
rpm - rotação por minuto
RR - Estado de Roraima
RS - Estado do Rio Grande do Sul
s - segundo, segundos
S - Sul
S.A. - Sociedade Anônima
S.A. - Sua Alteza
SC - Estado de Santa Catarina
SE - Estado de Sergipe
S. Exa. - Sua Excelência
SO - Sudoeste
SOS - pedido de socorro urgente
SP - Estado de São Paulo
Sr. - Senhor
Sra. - Senhora
Srta. - Senhorita
S.S. - Sua Santidade
STF - Supremo Tribunal Federal
t - tonelada, toneladas
TC - Tribunal de Contas
TO - Estado do Tocantins
TV - televisão
USA - *United States of America*
v - volt, volts
V. - você
V.A. - Vossa Alteza
V.Exa. - Vossa Excelência
V.S.ª - Vossa Senhoria
V.T. - Velho Testamento
W.C. - *(water-closet)*, banheiro

PRONOMES DE TRATAMENTO

Altas Autoridades - Excelência - V. Exa. / S. Exa.
Reitores de Universidade - Vossa Magnificência - V.Mag.ª
Papa - Vossa Santidade - V.S.
Padres e Pastores - Reverendíssimo - V. Revma.
Reis e Rainhas - Vossa Majestade - V.M.
Príncipes - Vossa Alteza - V. A. / S. A.
Pessoas graduadas ou de cerimônia - Vossa Senhoria - V. S.ª
Doutor - Pessoas formadas - Dr. ou Sr. Dr.
Senhor - Todo homem - Sr.
Senhora - Toda mulher - Sra.
Senhorita - Mulher solteira - Srta.
Professor - Pessoa formada ou indivíduo perito - Prof.
Você - Pessoas em geral - V.

REGRAS DE ACENTUAÇÃO

1. **Vocábulos oxítonos:**
1.a) Devem ser acentuadas as palavras oxítonas e os monossílabos tônicos terminados em - **a, e, o** - seguidos ou não de **s**.
   Ex.: atrás, lá, Alá, sofá, ananás, maracujá...
   - mês, pé, café, José, Zé, francês, você...
   - pó, nós, avô, vovó, paletó, forró, jiló...
   Obs.: Não são acentuadas as palavras terminadas em **i** e **u** tônicos, seguidos ou não de **s**.
   Ex.: ali, aqui, tatu, urubu, açu ...
   Atenção especial: São acentuadas as formas verbais terminadas em - **a, e, o** - quando seguidas dos pronomes - **la, las, lo, los**.
   Ex.: amá-la, pintá-las, amarrá-lo, contá-los, vendê-la, vendê-las, metê-lo, contê-los, pô-la, repô-las, dispô-lo, dispô-los.
1.b) São acentuadas as palavras terminadas em - **em** e **ens** - com mais de uma sílaba.
   Ex.: alguém, ninguém, armazém, parabéns...
   Obs.: As formas verbais do verbo ter e vir são acentuadas quando estão no plural.
   Ex.: ele tem, eles têm; ele vem, eles vêm.
   Em formas derivadas, no singular há acento agudo; e no plural, circunflexo.
   Ex.: ele contém, eles contêm; ele convém, eles convêm.
1.c) Levam acento agudo as palavras oxítonas que contenham os ditongos abertos **éi, éu** ou **ói**, podendo estes últimos ser seguidos ou não de **s**.
   Ex.: papéis, céu(s), heróis, véu(s), fiéis.

2. **Vocábulos Paroxítonos:**
2.a) São acentuadas as palavras paroxítonas terminadas em: **r, x, n, l**.
   Ex.: açúcar, caráter, ônix, tórax, hífen, sêmen, fácil, móvel... e em **i(s), us, um, uns, ão(s), ã(s), ei(s), ps. Ex.:** júri, lápis, vírus, múnus, álbum, álbuns, sótão, órfãos, imã, órfãs, afáveis, bíceps.
2.b) São acentuadas as palavras terminadas em ditongos crescentes.
   Ex.: códeas, róseo, argênteo, glória, memória, espécie, colégio, régio, mágoa, régua, água, tênue, ingênuo, contíguo...
2.c) Não são acentuados os ditongos abertos **ei** e **oi** em palavras paroxítonas.
   Ex.: ideia; assembleia; epopeia; heroico; jiboia; paranoico.
2.d) Não são acentuados o **i** e o **u** tônicos nas paroxítonas quando precedidos de ditongo.
   Ex.: feiura; baiuca; boiuno; cheiinho; saiinha.
2.e) Não são acentuadas as formas verbais que têm o acento tônico na raiz, com **u** tônico precedido de **g** ou **q** e seguido de **e** ou **i**.
   Ex.: averigue; apazigue; arguem.
2.f) Não recebem acento circunflexo, em palavras paroxítonas, as vogais tônicas fechadas.
   Ex.: enjoo (substantivo e flexão do verbo enjoar); voo (substantivo e flexão do verbo voar); povoo (flexão do verbo povoar); perdoo (flexão do verbo perdoar), destoo (flexão do verbo destoar), etc.
2.g) Não levam acento agudo ou circunflexo as palavras paroxítonas que, tendo respectivamente vogal tônica aberta ou fechada, são homógrafas de palavras em próclise.
   1. Para, (flexão do v. parar), e para (preposição).
   2. Pela (flexão do v. pelar) e pela (combinação da prep. com o artigo).
   3. Polo (substantivo) e polo (combinação antiga e popular de "por" e "lo").
   4. Pelo (flexão do v. pelar), pelo (substantivo) e pelo (comb. da prep. com o art.).
   5. Pera (fruta), pera (substantivo arcaico – pedra) e pera (preposição arcaica).
2.h) Não levam acento circunflexo as formas verbais paroxítonas que contêm um e tônico oral fechado em hiato com a terminação **–em** da 3ª pessoa do plural do presente do indicativo ou do conjuntivo dos verbos **crer, dar, ler e ver** e seus derivados.
   Ex.: creem, deem, leem, veem.

3. **Vocábulos Proparoxítonos:**
São acentuadas todas as palavras proparoxítonas da Língua Portuguesa:
   Ex.: matemática, erótico, geógrafo, médico, ônibus, perímetro, quilômetro, belíssimo, período...

4. **Hiatos:**
São acentuados o **i** e o **u** tônicos quando forem a segunda vogal do hiato e não formarem sílaba com **l, m, n, r, x, z, u**, nem forem seguidos de **nh**.
   Ex.: país; faísca; saúde; conteúdo; juiz (mas – juízes); raiz (mas – raízes); Itajaí, Jacareí, baú, Jaú.

5. **Trema**
Coloca-se o trema apenas em palavras derivadas de nomes próprios estrangeiros.
   Ex.: Müller, mülleriano: Hübner, hübneriano, etc.

6. **Acento Diferencial**
Usa-se o acento circunflexo, obrigatoriamente, para distinguir um vocábulo de outro de grafia igual, nos seguintes casos:
   Ex.: Pôr (verbo) e por (preposição).
   Pode (pres. indic. do v. poder) pôde (pret. perfeito).

CRASE ou ACENTO GRAVE
A palavra crase significa **fusão**, sendo indicada pelo sinal gráfico grave - à - demonstrando que houve a fusão do artigo feminino "a" com a preposição "a".
A crase aparece ante uma palavra feminina e quando se pode substituí-la por um termo masculino, pelo qual aparece o artigo: Vamos à escola - Vamos ao teatro. Chegamos à fazenda - Chegamos ao sítio. Refiro-me à professora de Português - Refiro-me ao professor de Português.
Venho a Portugal - Venho de Portugal. Venho da Bolívia - Vou à Bolívia.
N.B. - Deve haver artigo; portanto, a palavra precisa estar determinada.

NUNCA HÁ CRASE:
1. Diante de palavras masculinas e verbos.
2. Diante de pronomes indefinidos.
3. Diante de nomes de cidades, a não ser quando estão adjetivados.
4. Diante da palavra casa, a não ser que esteja determinada.
5. Diante de pronomes de tratamento e dos pronomes "cuja", "cujo" e "quem".
6. Antes da palavra casa, com referência a lar, quando não estiver com modificativo.
   Ex.: Voltou a casa. (Mas: Voltou à casa da avó.)

CASOS ESPECIAIS:
1. É facultativo o uso da crase ante pronomes possessivos e nomes próprios de mulheres.
   Ex.: Dei um livro à (a) minha irmã. Envio um livro à (a) Ana.
2. Inúmeras expressões adverbiais recebem o sinal de crase:
   Ex.: às escuras, às vezes, à tardinha...
3. Na indicação de horas, sempre se usa a crase:
   Ex.: Chegou às 13h30min. Faremos o encontro às nove. Deito-me às 24h.
4. Usa-se a crase diante de palavra masculina quando se subentender o termo "à moda de".
   Ex.: Pedro veste-se à índio (à moda de). Usa os cabelos à Castro Alves (à moda de).
5. A crase também se manifesta com os pronomes demonstrativos: **aquela(s), aquele(s), aquilo**.
   Ex.: Sempre me refiro àquilo tudo. Assistimos àquele filme. No uso de a que - Ouvimos a voz - à que - àquela que - à qual - todos se referem.

Obs.: No uso da crase, vale sempre o bom senso e sentir se há um elo entre os termos ligados pelo "a". Estas normas são básicas, mas não abrangem tudo, pois as variações linguísticas são muitas.

EMPREGO DAS LETRAS INICIAIS MAIÚSCULAS

1. **Ao iniciarmos uma frase, oração ou citação:**
   Ex.: A flor é belíssima.
   Deus disse: Haja luz.

2. **Nos substantivos próprios (nomes de pessoas, países, Estados, bairros ou logradouros públicos):**
   Ex.: Luís Carlos, Canadá, Brasil, Maranhão, São Paulo, Copacabana, Rua Sete de Setembro, etc.

3. **Nos nomes que designam artes, ciências ou disciplinas:**
   Ex.: Matemática, Música, Direito, Arte, Engenharia, Física, etc.

4. **Nos nomes de eras históricas e épocas notáveis:**
   Ex.: Idade Média, Independência do Brasil, Revolução Farroupilha, etc.

5. **Nos nomes que denotem altos conceitos religiosos, políticos ou funções:**
   Ex.: Arcebispo do Rio de Janeiro, Governador do Estado, Presidente, Estado (referindo-se a uma nação), País (referindo-se ao Brasil), Igreja, etc.

6. **Nos nomes dos pontos cardeais quando designam regiões:**
   Ex.: Os conflitos do Oriente.
   O clamor do Nordeste.

7. **Nos nomes de escolas, edifícios, agremiações culturais ou esportivas, empresas ou instituições públicas ou privadas:**
   Ex.: Colégio São José, Condomínio Palace, Clube de Regatas Flamengo, Ministério da Justiça, Teatro Carlos Gomes, etc.

8. **Nos títulos de revistas, jornais, livros, produções artísticas, literárias ou científicas:**
   Ex.: Isto É, O Globo, Brida, etc.

9. **Nas expressões de tratamento:**
   Ex.: Vossa Senhoria, Vossa Excelência, Sua Santidade, etc.

10. **Nos nomes de comemorações religiosas:**
    Ex.: Natal, Páscoa, Finados, etc.

11. **Nos nomes de corpos celestes:**
    Ex.: Lua, Sol, Via-Láctea, etc.

Observação: Os nomes dos meses devem ser escritos com inicial minúscula:
Ex.: agosto, dezembro, etc.

USO DO HÍFEN

A. Em palavras compostas, locuções e encadeamentos vocabulares

1. Emprega-se o hífen em palavras compostas por justaposição que não contenham formas de ligação e cujos elementos, de natureza nominal, adjetival, numeral ou verbal mantenham significado e acento próprio, podendo o primeiro elemento estar reduzido: ano-luz, arco-íris, decreto-lei, alcaide-mor, afro-asiático, guarda-chuva.
Obs.: Certas compostas se aglutinam: madressilva; pontapé; paraquedas; paraquedista; girassol, etc.
2. Nos topônimos compostos iniciados pelos adjetivos grã, grão ou por forma verbal, ou cujos elementos estejam ligados por artigo: Grã-Bretanha; Grão-Pará; Passa-Quatro; Quebra-Dentes; Baía-de-Todos-os-Santos; Entre-os-Rios.
3. Nas palavras compostas que designam espécies botânicas e zoológicas, estejam ou não ligadas por preposição ou qualquer outro elemento: couve-flor; feijão-verde; ervilha-de-cheiro; bem-me-quer; formiga-branca; cobra-d'água; andorinha-do-mar.
4. Nos compostos com os advérbios bem e mal, quando estes se apresentem antes de qualquer palavra que tenha vida própria e este elemento comece por vogal ou h: bem-aventurado; bem-estar; bem-humorado; mal-humorado; mal-estar, mal-afortunado. Mas o advérbio bem (ao contrário de mal) pode não se aglutinar com palavras começadas por consoante: bem-ditoso (malditoso): bem-falante (malfalante); bem-nascido (malnascido); bem-visto (malvisto), etc.
Obs.: Às vezes, o advérbio bem aparece aglutinado com o segundo elemento, mesmo que este não tenha vida própria: benfazejo; benfeitor; benquerença, etc.
5. Nos compostos com os elementos além, aquém, recém e sem: além-mar; além-fronteiras; aquém-fiar; aquém-Pireneus; recém-casado; recém-nascido; sem-cerimônia; sem-vergonha.
6. Para ligar duas ou mais palavras que ocasionalmente se combinam, formando encadeamentos vocabulares: Liberdade-Igualdade-Fraternidade; a ponte Rio-Niterói; a ligação Paris-Londres. E nas combinações históricas ou ocasionais de topônimos: Áustria-Hungria; Alsácia-Lorena; Rio-Nova Iorque, etc.
7. Nas locuções adjetivas, pronominais, adverbiais, prepositivas ou conjuncionais <u>em geral não se emprega o hífen, a não ser em algumas exceções consagradas pelo uso</u>: água-de-colônia; arco-da-velha; cor-de-rosa; mais-que-perfeito; pé-de-meia; ao deus-dará; à queima-roupa.

B. Nas formações por prefixação, recomposição e sufixação
Nestes casos, o hífen somente é usado:
1. Quando o segundo elemento comece por **h**: anti-higiênico; pré-história; geo-história; semi-hospitalar; sub-hepático.
Mas atenção: coerdeiro (cf. Acad. Bras. de Letras).
2. Nas formações em que o prefixo ou pseudoprefixo termina na mesma vogal com que se inicia o segundo elemento: anti-ibérico; contra-almirante; arqui-irmão; micro-onda; semi-interno.
Obs.: Nas formações com o prefixo **co-**, em geral este se aglutina com o segundo elemento, mesmo quando iniciado por "o": coobrigação, coordenar, cooperar, cooptação, coocupante, cooficiante, etc.
3. Nas formações com os prefixos **circum-** e **pan-**, quando o segundo elemento começa por **vogal, m** ou **n** (**além de h**): circum-escolar; circum-murado; circum-navegação; pan-americano; pan-africano; pan-negritude.
4. Nas formações com os prefixos **hiper-**, **inter-** e **super-**, quando combinados com elementos iniciados pela letra **r**: hiper-requintado; inter-resistente; super-revista.

USO DO HÍFEN

5. Nas formações com os prefixos **ex-** (com o sentido de estado anterior ou cessamento), **sota-**, **soto-**, **vice-** e **vizo-**: ex-diretor; ex-hospedeira; ex-presidente; sota-piloto; soto-mestre; vice-reitor, etc.
6. Nas formações com os prefixos tônicos **pós-**, **pré-** e **pró-**, quando o segundo elemento tem vida própria: pós-graduação; pós-tônico; pré-escolar; pré-natal; pró-africano; pró-europeu.
7. Nas formações por sufixação só se emprega o hífen nos vocábulos terminados por sufixos de origem tupi-guarani que representam formas adjetivas, como **açu**, **guaçu** e **mirim**, quando o primeiro elemento acaba em vogal acentuada graficamente ou quando a pronúncia exige a distinção gráfica dos dois elementos: Itajaí-Açu; capim-açu; Mogi-Guaçu; Aimoré-Guaçu; Itajaí-Mirim; Ceará-Mirim.
ATENÇÃO: não se emprega o hífen nos seguintes casos:
1. Nas formações em que o prefixo termina em vogal e o segundo elemento começa por **r** ou **s**, devendo estas consoantes duplicar-se: antirreligioso; contrarregra; extrarregular; antissemita; cosseno; minissaia. **Mas atenção**: para-raios (cf. Acad. Bras. de Letras).
2. Nas formações em que o prefixo ou pseudoprefixo termina em vogal e o segundo elemento começa por vogal diferente: antiaéreo; coeducação; plurianual; agroindustrial; hidroelétrico; autoaprendizagem.
3. Nas ligações da preposição **de** às formas monossilábicas do presente do indicativo do verbo haver: hei de, hás de, hão de, etc.
4. Nas formações com os prefixos **co-**, **pro-**, **pre-** e **re-** ocorre, em geral, a aglutinação: coabitar, procônsul, preeleito, reedição.
C. Na ênclise, na mesóclise e com o verbo haver
1. Emprega-se o hífen na ênclise e na mesóclise: enviá-lo; enviá-lo-ei; escrever-lhe; escrever-lhe-emos.
2. Nas ligações de formas pronominais enclíticas ao advérbio **eis** (ei-la, eis-me); e também nas combinações de formas pronominais como no-la, vo-las, quando em próclise.

ESTADOS BRASILEIROS, SUAS CAPITAIS E ADJETIVOS PÁTRIOS

Estado	Adjetivo pátrio	Capital	Adjetivo pátrio
Acre	acreano ou acriano	Rio Branco	rio-branquense
Alagoas	alagoano	Maceió	maceioense
Amapá	amapaense	Macapá	macapaense
Amazonas	amazonense	Manaus	manauense
Bahia	baiano	Salvador	salvadorense e soteropolitano (pouco usado este último)
Ceará	cearense	Fortaleza	fortalezense
Espírito Santo	espírito-santense ou capixaba	Vitória	vitoriense
Goiás	goiano	Goiânia	goianiense
Maranhão	maranhense	São Luís	são-luisense
Mato Grosso	mato-grossense	Cuiabá	cuiabano
Mato Grosso do Sul	mato-grossense-do-sul	Campo Grande	campo-grandense
Minas Gerais	mineiro ou montanhês	Belo Horizonte	belo-horizontino
Pará	paraense	Belém	belenense
Paraíba	paraibano	João Pessoa	pessoense
Paraná	paranaense	Curitiba	curitibano
Pernambuco	pernambucano	Recife	recifense
Piauí	piauiense	Teresina	teresinense
Rio de Janeiro	fluminense (Estado do Rio de Janeiro)	Rio de Janeiro	carioca
Rio Grande do Norte	rio-grandense-do-norte, norte-rio-grandense ou potiguar	Natal	natalense
Rio Grande do Sul	sul-rio-grandense, rio-grandense-do-sul ou gaúcho	Porto Alegre	porto-alegrense
Rondônia	rondoniense	Porto Velho	porto-velhense
Roraima	roraimense	Boa Vista	boa-vistense
Santa Catarina	catarinense ou barriga-verde	Florianópolis	florianopolitano
São Paulo	paulista (Estado de São Paulo)	São Paulo	paulistano (cidade de São Paulo)
Sergipe	sergipano	Aracaju	aracajuano
Tocantins	tocantinense	Palmas	palmense

NOMES QUE ADMITEM FORMA COLETIVA

abelhas - enxame.
acompanhantes - séquito.
alhos - réstia.
alunos - classe.
anjos - coro, falange, legião.
artistas - companhia, elenco.
árvores - arvoredo, bosque.
asnos - manada, récua.
astros - constelação.
atores - elenco.
aves - bando.
aviões - esquadrilha.
balas - saraiva, saraivada.
bois - boiada, manada, rebanho.
burros - tropa.
cabras - malhada, rebanho, fato.
camelos - cáfila.
caminhões - frota.
cães - matilha.
cardeais - conclave.
carneiros - malhada, rebanho.
carros - comboio.
cavaleiros - cavalgada, cavalhada.
cavalos - tropa.
cebolas - réstia.
chaves - molho, penca.
clientes - clientela, freguesia.
cobras - serpentário.
cônegos - cabido.
demônios - legião.
deputados - câmara, assembleia.
desordeiros - corja, malta, súcia, turba.
dinheiro - bolada.
discos - discoteca.
elefantes - manada.
escritos - antologia, coletânea, seleta.
espigas - molho.
estados - federação, nação.
estrelas - miríade, constelação.
filhotes - ninhada.
flores - ramalhete, buquê.
gafanhotos - nuvem, praga.
garotos - bando.
ilhas - arquipélago.
índios - tribo.
insetos - nuvem.
jornais - hemeroteca.
jumentos - récua.
ladrões - bando, malta, quadrilha.
lobos - alcateia.
macacos - bando.
malfeitores - quadrilha, súcia, tropa.
mapas - mapoteca, atlas.
marinheiros - marujada, tripulação.
médicos - junta.
montanhas - cordilheira, serra.
músicos - orquestra.
navios - frota, esquadra, armada.
nomes - lista, rol.
ovelhas - rebanho.
padres - clero.
panteras - alcateia.
papéis - resma.
passarinhos - nuvem, bando.
peixes - cardume.
pessoas - bando, multidão.
porcos - vara.
quadros - pinacoteca, galeria.
selos - coleção.
soldados - tropa, legião, batalhão, pelotão.
vadios - cambada, caterva, corja, súcia.
varas - feixe.

ALGARISMOS ROMANOS E ALGARISMOS ARÁBICOS

Romano	Arábico	Romano	Arábico	Romano	Arábico
I	1	XVI	16	D	500
II	2	XVII	17	DC	600
III	3	XVIII	18	DCC	700
IV	4	XIX	19	DCCC	800
V	5	XX	20	CM	900
VI	6	XL	40	M	1000
VII	7	L	50	MM	2000
VIII	8	LX	60	MMXC	2090
IX	9	LXX	70	MMD	2500
X	10	LXXX	80	MMCM	2900
XI	11	XC	90		
XII	12	C	100		
XIII	13	CC	200		
XIV	14	CCC	300		
XV	15	CD	400		

NUMERAIS

Cardinais	Ordinais	Fracionários	Multiplicativos	Cardinais	Ordinais	Fracionários	Multiplicativos
1 um	primeiro	—	—	17 dezessete	décimo sétimo	dezessete avos	—
2 dois	segundo	meio	duplo	18 dezoito	décimo oitavo	dezoito avos	—
3 três	terceiro	terço	triplo	19 dezenove	décimo nono	dezenove avos	—
4 quatro	quarto	quarto	quádruplo	20 vinte	vigésimo	vinte avos	—
5 cinco	quinto	quinto	quíntuplo	30 trinta	trigésimo	trinta avos	—
6 seis	sexto	sexto	sêxtuplo	40 quarenta	quadragésimo	quarenta avos	—
7 sete	sétimo	sétimo	sétuplo	50 cinquenta	quinquagésimo	cinquenta avos	—
8 oito	oitavo	oitavo	óctuplo	60 sessenta	sexagésimo	sessenta avos	—
9 nove	nono	nono	nônuplo	70 setenta	septuagésimo	setenta avos	—
10 dez	décimo	décimo	décuplo	80 oitenta	octogésimo	oitenta avos	—
11 onze	undécimo	onze avos	undécuplo	90 noventa	nonagésimo	noventa avos	—
12 doze	duodécimo	doze avos	duodécuplo	100 cem	centésimo	centésimo	cêntuplo
13 treze	décimo terceiro	treze avos	—	500 quinhentos	quingentésimo	quingentésimo	—
14 quatorze	décimo quarto	catorze avos	—	600 seiscentos	sexcentésimo	sexcentésimo	—
15 quinze	décimo quinto	quinze avos	—	1.000 mil	milésimo	milésimo	—
16 dezesseis	décimo sexto	dezesseis avos	—	1.000.000 milhão	milionésimo	milionésimo	—

PAÍSES, ADJETIVOS PÁTRIOS E MOEDAS

País	Capital	Nacionalidade	Unidade Monetária	Moeda Divisória
Afeganistão	Cabul	afegane	afegane	100 pules
África do Sul	Cidade do Cabo / Pretória	sul-africana	rand	100 centavos
Albânia	Tirana	albanesa	lek novo	quindarca
Alemanha	Berlim	alemã	marco alemão	pfennig (fênig)
Andorra	Andorra la Vella	andorrana	franco francês	100 cêntimos
Angola	Luanda	angolana ou angolense ou angola	novo cuanza	uei
Antigua	St. Johns	antiguana	dólar do Caribe	100 centavos
Arábia Saudita	Riad (sede do reinado) Jedá (capital administrativa)	saudita ou árabe-saudita	rial saudita	100 halalah
Argélia	Argel	argelina ou argeliana	dinar	100 cêntimos
Argentina	Buenos Aires	argentina	peso	centavos
Armênia	Jerevan	armênia	rublo	copeque
Austrália	Camberra	australiana	dólar	100 centavos
Áustria	Viena	austríaca	xelim	groschen
Azerbaidjão ou Azerbaijão	Baku	azerbaidjâni ou azerbeidjana	rublo	100 copeques
Bahamas	Nassau	baamês ou baamense	dólar baamiano	100 centavos
Bangladesh	Dacca	bengalesa ou bengali	taca	piosha
Barbados	Bridgetown	barbadiana	dólar barbadiano	100 centavos
Barein ou Bareine	Manama	barenita ou bareinita	dinar	1.000 fils
Bélgica	Bruxelas	belga	franco belga	100 cêntimos
Belize	Belmopán	belizenha	dólar de Belize	100 centavos
Benin	Porto Novo	beninense	franco CFA	100 cêntimos
Bielo-Rússia ou Belarus	Minsk	bielo-russa	taler	
Bolívia	La Paz	boliviana	boliviano	100 centavos
Bósnia-Herzegovina	Sarajevo	bósnio	novo dinar iugoslavo	100 paras
Botswana	Gaborone	betchuana	pula	100 tebe
Brasil	Brasília	brasileira	real	100 centavos
Brunei	Bandar Seri Begauan	bruneiana ou bruneana	dólar do Brunei	100 sen
Bulgária	Sófia	búlgara	leu	100 stotinki
Burkina	Magadugu	burquinense	franco CFA	100 cêntimos

PAÍSES, ADJETIVOS PÁTRIOS E MOEDAS

País	Capital	Nacionalidade	Unidade Monetária	Moeda Divisória
Burundi	Bujumbura	burundinesa	franco do Burundi	100 cêntimos
Butão	Thimphu	butanesa	ngultrum	100 chetrum
Cabo Verde	Praia	cabo-verdiana	escudo do Cabo Verde	100 centavos
Camarões	Yaoundé	camaronesa	franco CFA	100 cêntimos
Camboja	Phnom Penh	cambojana ou cambojiana	riel novo	100 sen
Canadá	Ottawa	canadense	dólar canadense	100 centavos
Catar	Doha	catariana	rial do Catar	100 dirhams
Cazaquistão	Alma Atá	cazaque	rublo	100 copeques
Chade	Ndjamena	chadiana	franco CFA	100 cêntimos
Chile	Santiago	chilena	peso chileno	100 centavos
China	Pequim	chinesa	iuan ou iuane	100 fen
Chipre	Nicósia	cipriota ou cípria	libra cipriota	100 centavos
			lira turca	100 kurush
Cingapura	Cingapura	cingapuriana ou cingapurense	dólar de Cingapura	100 centavos
Colômbia	Bogotá	colombiana	peso colombiano	100 centavos
Congo	Brazzaville	congolesa ou congolense ou conguesa	franco CPA	100 cêntimos
Coreia do Norte	Pieongyang	norte-coreana	uon norte-coreano	100 chon
Coreia do Sul	Seul	sul-coreana	uon sul-coreano	100 chun
Costa do Marfim	Abidjan	ebúrnea ou marfiniana ou marfinense	franco CFA	100 cêntimos
Costa Rica	San José	costa-riquense ou costa-riquenha	colom costa-riquenho	100 cêntimos
Croácia	Zagreb	croata	dinar croata	
Cuba	Havana	cubana	peso cubano	100 centavos
Dinamarca	Copenhague	dinamarquesa	coroa dinamarquesa	100 ore
Djibuti	Djibuti	djibutiense ou djibutiana	franco do Caribe	100 cêntimos
Dominica	Roseau	dominicana	dólar do Caribe Oriental	100 centavos
Egito	Cairo	egípcia	libra egípcia	100 piastra
El Salvador	San Salvador	salvadorenha ou salvatoriana	colom salvadorenho	100 centavos
Emirados Árabes Unidos	Abu Dabi	árabe	dirrã	100 fils
Equador	Quito	equatoriana	sucre	100 centavos
Eslováquia	Bratislava	eslovaca		
Eslovênia	Liubliana	eslovena	tolar	100 stotins
Espanha	Madri	espanhola	peseta	100 cêntimos
Estados Unidos da América	Washington	americana	dólar	100 centavos
Estônia	Tallinn	estoniana	coroa estoniana	
			rublo	
Etiópia	Adis-Abeba	etíope	dólar etíope	100 centavos
Fiji	Suva	fijiana	dólar de Fiji	100 centavos
Filipinas	Manila	filipina	peso filipino	100 centavos
Finlândia	Helsinki	finlandesa	marca	100 pennia
Formosa	Taipé	formosina ou taiuanesa	dólar	100 centavos
França	Paris	francesa	franco francês	100 cêntimos
Gabão	Libreville	gabonense ou gabonesa	franco CFA	100 cêntimos
Gâmbia	Banjul	gambiana	dalasi	100 bututi
Gana	Acra	ganense ou ganesa	cedi novo	100 pesewas
Geórgia	Tbilisi	georgiana	rublo	100 copeques
Grã-Bretanha	Londres	britânica	libra esterlina	100 centavos
Granada	St.George	granadina	dólar do Caribe	100 centavos
Grécia	Atenas	grega	dracma	100 leptae
Guatemala	Guatemala	guatemalteca ou guatemalense	quetzal ou quetçal	100 centavos

PAÍSES, ADJETIVOS PÁTRIOS E MOEDAS

País	Capital	Nacionalidade	Unidade Monetária	Moeda Divisória
Guiana	Georgetown	guianense ou guianesa	franco	100 cêntimos
Guiné	Conacri	guineana	franco	100 cêntimos
Guiné-Bissau	Bissau	guineense	peso	100 centavos
Guiné Equatorial	Malabo	guinéu-equatoriana	franco CFA	100 cêntimos
Haiti	Porto Príncipe	haitiana	gurde	100 cêntimos
Holanda	Amsterdã	holandesa	florim	100 centavos
Honduras	Tegucigalpa	hondurenha	lempira	100 centavos
Hungria	Budapeste	húngara	florim	100 fillér
Iêmen	Sanaa	iemenita	rial iemenita	100 fils
Ilhas Comores	Moroni	comorense	franco comorense	100 cêntimos
Ilhas Marshall	Majuro	marshallina	dólar	100 centavos
Ilhas Salomão	Honiara	salomônica	dólar das ilhas de Salomão	100 centavos
Índia	Nova Délhi	indiana ou hindu ou índia	rupia indiana	100 paísa
Indonésia	Jacarta	indonésia	rupia	100 sen
Irã	Teerã	iraniana	rial iraniano ou real	100 dinares
Iraque	Bagdá	iraquiana	dinar iraquiano	100 dirrãs
Irlanda	Dublin	irlandesa	libra irlandesa	100 pence
Islândia	Reikjavik	islandesa	nova coroa irlandesa	100 aurar
Israel	Jerusalém	israelense ou israeliana	shekel ou siclo novo	100 agoras
Itália	Roma	italiana	lira italiana	100 centésimos
Iugoslávia	Belgrado	iugoslava	novo dinar	100 para
Jamaica	Kingston	jamaicana	dólar jamaicano	100 centavos
Japão	Tóquio	japonesa	iene	100 sen
Jordânia	Amã	jordaniana	dinar jordaniano	1.000 fils
Kiribati	Bairik	kiribatiana	dólar australiano	100 centavos
Kuwait	Al Kuwait	kuwaitiana	dinar kuwaitiano	1.000 fils
Laos	Vientiane	laosiana	kip novo	100 at
Lesoto	Maseru	lesota	loti (pl. maloti)	100 lisente
Letônia	Riga	letã ou leta	rublo letão	
Líbano	Beirute	libanesa	libra libanesa	100 piastras
Libéria	Monróvia	liberiana	dólar liberiano	100 centavos
Líbia	Trípoli	líbia	dinar líbio	1.000 dirrãs
Liechtenstein	Vaduz	liechtensteiniense	franco suíço	100 rappen
Lituânia	Vilnius	lituana	rublo	
Luxemburgo	Luxemburgo	luxemburguesa	franco luxemburguês	100 cêntimos
Macedônia	Skopje	macedônio	dinar	
Madagascar	Antananarivo	malgaxe	franco malgaxe	100 cêntimos
Malásia	Kuala Lumpur	malaísia	dólar malaísio	100 centavos
Malavi ou Malauí	Lilongüe	malaviana ou malauiana	cuacha maldívia	100 tambalas
Maldivas	Malê	maldívia	rupia maldívia	100 laaris
Mali	Bamaco	malinesa	franco CFA	100 cêntimos
Malta	Valeta	maltesa	libra maltesa	100 centavos
Marrocos	Rabat	marroquina	dirrã	100 cêntimos
Maurício	Port Louis	mauriciana	rupia mauriciana	100 centavos
Mauritânia	Nouakchott	mauritana	uguia	5 khum
México	Cidade do México	mexicana	peso mexicano	100 centavos
Mianmá	Yangum	birmanesa	quiat	100 pias
Micronésia	Kolonia	micronésia	dólar americano	100 centavos
Moçambique	Maputo	moçambicana	metical	100 centavos
Moldova	Kisinev	moldova	rublo	100 copeques
Mônaco	Mônaco-Ville	monegasca	franco francês	100 cêntimos
Mongólia	Ulan-Bator	mongol	tugrik	mongo
Namíbia	Windhoek	namibiana	rand	100 centavos
Nauru	Nauru	nauruana	dólar australiano	100 centavos
Nepal	Katmandu	nepalesa	rupia nepalesa	100 paisas
Nicarágua	Manágua	nicaraguense ou nicaraguana	córdoba novo	100 centavos
Níger	Niamei	nigerana	franco CFA	100 cêntimos

PAÍSES, ADJETIVOS PÁTRIOS E MOEDAS

País	Capital	Nacionalidade	Unidade Monetária	Moeda Divisória
Nigéria	Lagos	nigeriana	naira	100 kobo
Noruega	Oslo	norueguesa	coroa norueguesa	100 ore
Nova Zelândia	Wellington	neozelandesa	dólar da Nova Zelândia	100 centavos
Omã	Mascate	omani ou omaniana	rial omani	1.000 baiza
Panamá	Cidade do Panamá	panamenha	balboa	100 cêntimos
Papua Nova Guiné	Port Moresby	papuásia ou papua	kina	100 toea
Paquistão	Islamabad	paquistanesa	rupée paquistanês	100 paisa
Paraguai	Assunção	paraguaia	guarani	100 cêntimos
Peru	Lima	peruana	inti	100 cêntimos
Polônia	Varsóvia	polonesa	zloty ou sloti	100 groszy
Portugal	Lisboa	portuguesa	escudo	100 centavos
Quênia	Nairobi	queniana	xelim queniano	100 centavos
Quirguízia	Bishkek	quirguiz	rublo	100 copeques
República Centro-Africana	Bangui	centro-africana	franco CFA	100 cêntimos
República Dominicana	São Domingo	dominicana	peso dominicano	100 centavos
República Tcheca	Praga	tcheca	coroa tcheca	100 cêntimos
Romênia	Bucareste	romena	leu	100 bani
Ruanda	Kigali	ruandesa	franco de Ruanda	100 cêntimos
Rússia	Moscou	russa	rublo	100 copeques
Samoa Ocidental	Ápia	samoana	tala	100 sene
San Marino	San Marino	são-marinense	lira italiana	100 cêntimos
Santa Lúcia	Castries	santa-lucense	dólar do Caribe	100 centavos
São Cristóvão e Neves	Basseterre	são-cristovense	dólar do Caribe	100 centavos
São Tomé e Príncipe	São Tomé	são-tomense	dobra	100 cêntimos
São Vicente e Granadinas	Kingstown	são-vicentina	dólar do Caribe	100 centavos
Senegal	Dacar	senegalesa	franco CFA	100 cêntimos
Serra Leoa	Freetown	serra-leonesa	leone	100 centavos
Seichelas	Vitória	seichelense	rupia de Seichelas	100 centavos
Síria	Damasco	síria	libra síria	100 piastras
Somália	Mogadíscio	somali ou somaliana	xelim somaliano	100 centésimos
Sri Lanka	Colombo	cingalesa	rupia cingalesa	100 centavos
Suazilândia	Mbabane	suazi	lilangueni	100 centavos
Sudão	Cartum	sudanesa	libra sudanesa	100 millèmes
Suécia	Estocolmo	sueca	coroa sueca	100 ore
Suíça	Berna	suíça	franco suíço	100 centavos
Suriname	Paramaribo	surinamesa	florim surinamês	100 centavos
Tadjiquistão	Dusambe	tadjique	rublo	100 copeques
Tailândia	Bangcoc	tailandesa	baht	100 satangs
Tanzânia	Dodoma	tanzaniana	xelim tanzaniano	100 centavos
Togo	Lomé	togolesa	franco CFA	100 cêntimos
Tonga	Nuku Alofa	tonganesa	paanga	100 seniti
Trinidad e Tobago	Port of Spain	trinitina ou tobaguiana	dólar de Trinidad e Tobago	100 centavos
Tunísia	Túnis	tunisiana	dinar tunisiano	100 millièmes
Turquemenistão	Ashkhábad	turcomana	rublo	100 copeques
Turquia	Ancara	turca	lira turca	100 kurush
Tuvalu	Vaiaku	tuvaluana	dólar tuvaluano	100 centavos
Ucrânia	Kiev	ucraniana	rublo	100 copeques
Uganda	Kampala	ugandense	novo xelim	100 centavos
Uruguai	Montevidéu	uruguaia	peso uruguaio	100 centésimos
Uzbequistão	Taskent	uzbeque	rublo	100 copeques
Vanuatu	Porto Vila	vanuatense	vatu	100 cêntimos
Vaticano	Cidade do Vaticano		lira italiana	
Venezuela	Caracas	venezuelana	bolívar	100 cêntimos
Vietnã	Hanói	vietnamita	dong novo	100 xu
Zaire	Kinshasa	zairense	zaire	100 makuta
Zâmbia	Lusaka	zambiana	kuacha zambiana	100 ngui
Zimbábue	Harare	zimbabuana	dólar zimbabuano	100 centavos

FAZENDA

- REGAR
- CAVALGAR
- ORDENHAR (A VACA)
- CHOCAR (UM OVO)
- PLANTAR
- CELEIRO
- ESTÁBULO
- COLINA
- CAMPO
- JARDINEIRO
- TRATOR
- FENO
- ESCADA
- PASTO
- FAZENDEIRO
- RIO
- PLANTAÇÃO
- POÇO D'ÁGUA
- CARRINHO DE MÃO
- GALINHEIRO
- ESPANTALHO
- PREGOS
- CHAVE DE FENDA
- FERRAMENTAS
- SERROTE
- MARTELO
- CORDA

CASA

- CHAVE
- CÉU
- CHAMINÉ
- NUVEM
- QUARTO / DORMITÓRIO
- DENTRO
- ÁRVORE
- VARAL DE ROUPAS
- COZINHA
- ARBUSTO
- JANELA
- PISCINA
- PORÃO
- JARDIM
- FLORES

- ANTENA DE TV
- TELHADO
- SÓTÃO
- FORA
- SALA DE ESTAR
- BANHEIRO
- SACADA
- ESCADA
- CAMPAINHA
- GARAGEM
- PORTA
- CALÇADA
- RUA

BANHEIRO

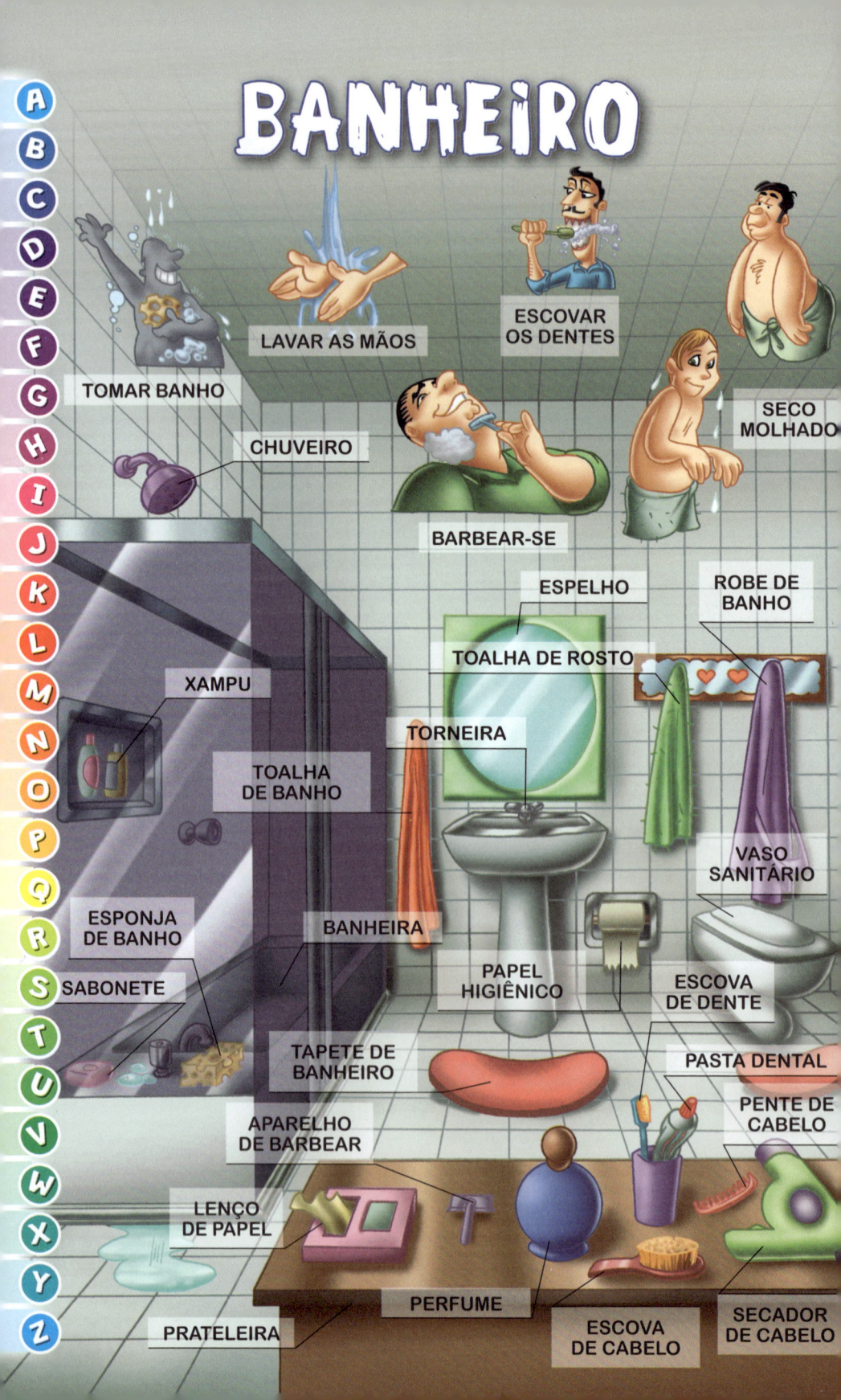

- TOMAR BANHO
- LAVAR AS MÃOS
- ESCOVAR OS DENTES
- SECO
- MOLHADO
- CHUVEIRO
- BARBEAR-SE
- ESPELHO
- ROBE DE BANHO
- XAMPU
- TOALHA DE ROSTO
- TORNEIRA
- TOALHA DE BANHO
- VASO SANITÁRIO
- ESPONJA DE BANHO
- BANHEIRA
- PAPEL HIGIÊNICO
- ESCOVA DE DENTE
- SABONETE
- TAPETE DE BANHEIRO
- PASTA DENTAL
- PENTE DE CABELO
- APARELHO DE BARBEAR
- LENÇO DE PAPEL
- PERFUME
- ESCOVA DE CABELO
- SECADOR DE CABELO
- PRATELEIRA

COZINHA

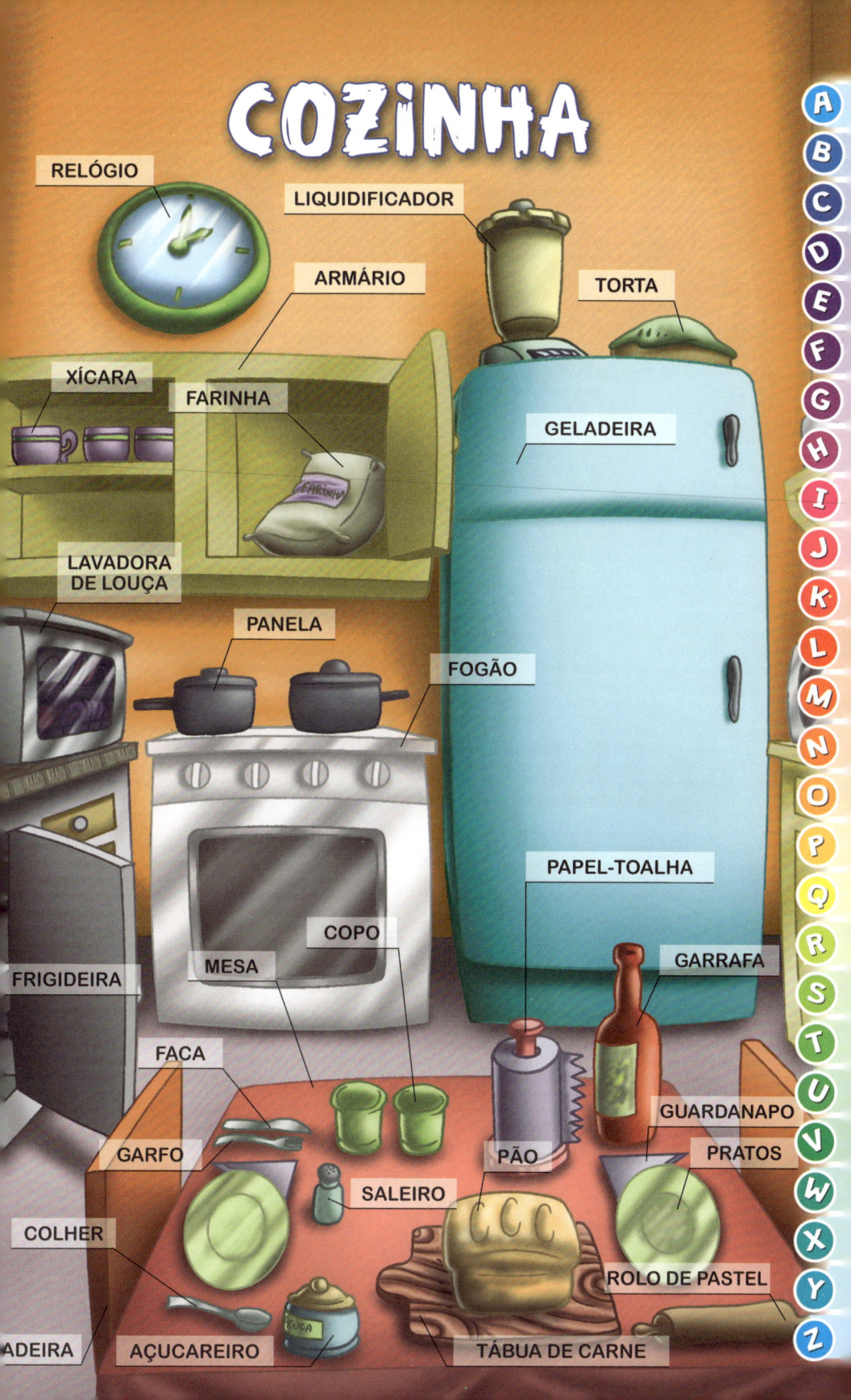

- RELÓGIO
- LIQUIDIFICADOR
- ARMÁRIO
- TORTA
- XÍCARA
- FARINHA
- GELADEIRA
- LAVADORA DE LOUÇA
- PANELA
- FOGÃO
- FRIGIDEIRA
- MESA
- COPO
- PAPEL-TOALHA
- GARRAFA
- FACA
- PÃO
- GUARDANAPO
- GARFO
- PRATOS
- SALEIRO
- COLHER
- ROLO DE PASTEL
- AÇUCAREIRO
- TÁBUA DE CARNE

QUARTO

- A B C D E F G H I J K L M N O P Q R S T U V W X Y Z

- TETO
- GUARDA-ROUPAS
- CORTINA
- PÔSTER
- PRATELEIRA
- INTERRUPTOR
- COMPUTADOR
- ABAJUR
- DESPERTADOR
- ESCRIVANINHA
- TRAVESSEIRO
- CRIADO-MUDO
- CAMA
- COBERTOR
- LENÇOL
- CADEIRA
- URSINHO DE PELÚCIA
- BONECA
- BRINQUEDO
- ROUPAS
- MAPA-MÚNDI
- TAPETE
- CHÃO
- JOGO DE QUEBRA-CABEÇA
- CAIXA DE BRINQUEDOS

SALA DE ESTAR

- ESTANTE DE LIVROS
- CABIDEIRO
- QUADRO
- LIVROS
- PORTA-RETRATO
- VASO
- LAREIRA
- APARELHO DE TV
- POLTRONA
- PIANO
- LENHA
- CONTROLE REMOTO
- ALMOFADA
- SOFÁ
- APARELHO DE DVD
- REVISTA
- CD
- TELEFONE
- APARELHO DE SOM
- MESA DE CENTRO
- PLANTA
- TAPETE
- JORNAL
- ASPIRADOR DE PÓ
- FONE DE OUVIDO

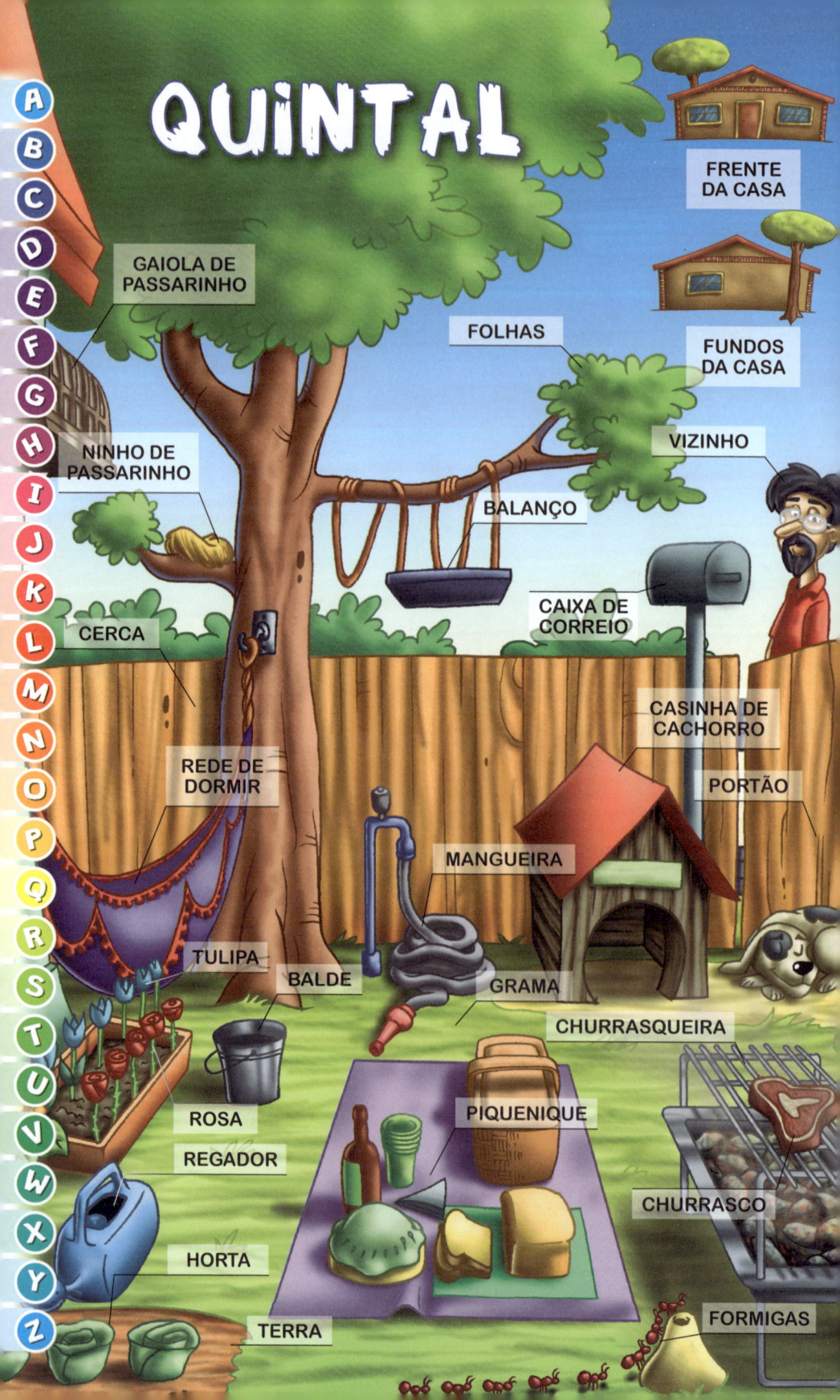

QUINTAL

- FRENTE DA CASA
- FUNDOS DA CASA
- GAIOLA DE PASSARINHO
- FOLHAS
- VIZINHO
- NINHO DE PASSARINHO
- BALANÇO
- CAIXA DE CORREIO
- CERCA
- CASINHA DE CACHORRO
- PORTÃO
- REDE DE DORMIR
- MANGUEIRA
- TULIPA
- BALDE
- GRAMA
- CHURRASQUEIRA
- ROSA
- PIQUENIQUE
- REGADOR
- CHURRASCO
- HORTA
- TERRA
- FORMIGAS

RESTAURANTE

- GARÇONETE
- GARÇOM
- BANDEJA
- CARDÁPIO
- HAMBÚRGUER
- CONTA
- SOBREMESA
- SALSICHA
- TORRADAS
- FILÉ
- PIZZA
- ÁGUA
- PRESUNTO
- CACHORRO-QUENTE

SALA DE AULA

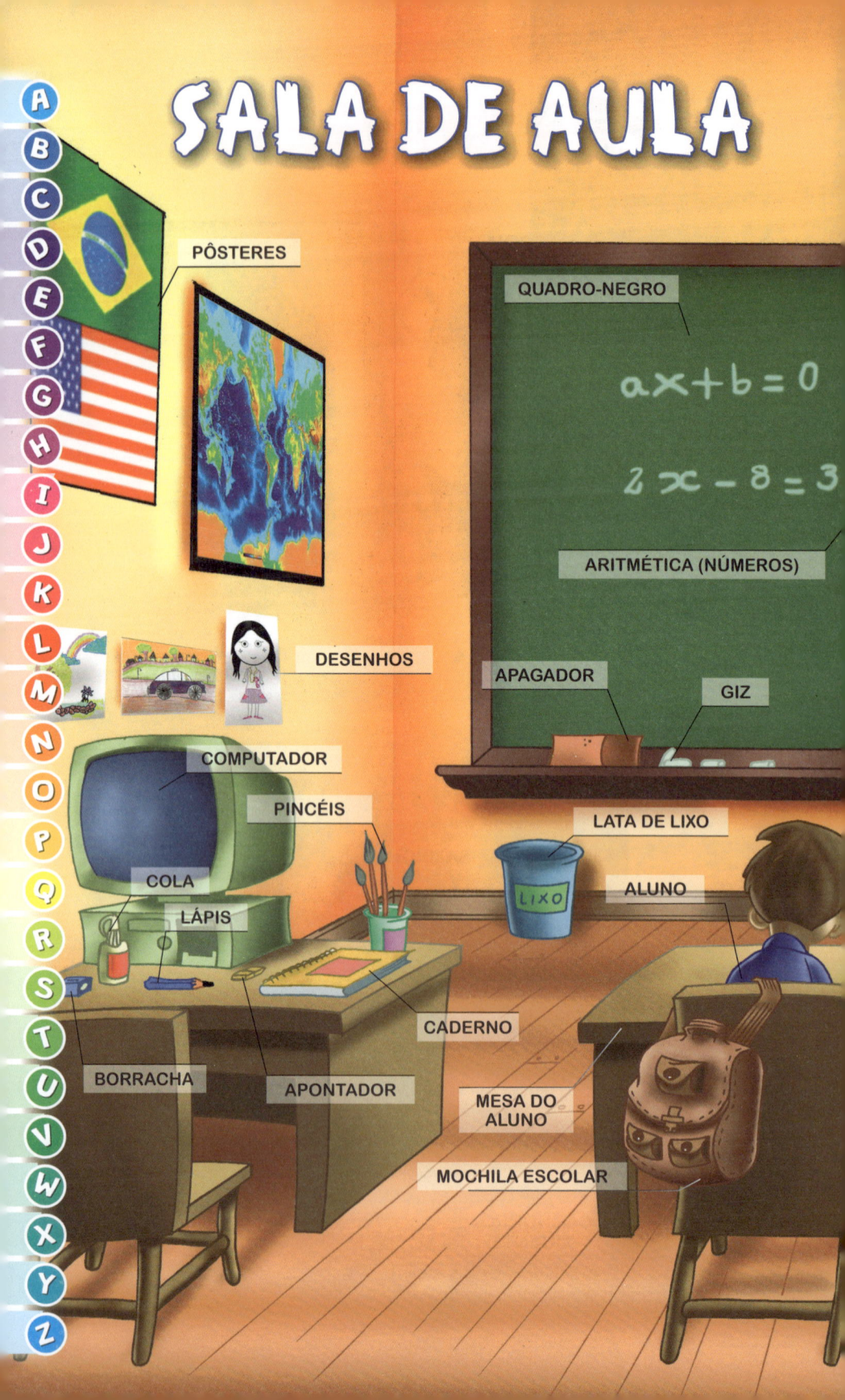

- PÔSTERES
- QUADRO-NEGRO

$$ax+b=0$$

$$2x-8=3$$

- ARITMÉTICA (NÚMEROS)
- DESENHOS
- APAGADOR
- GIZ
- COMPUTADOR
- PINCÉIS
- LATA DE LIXO
- COLA
- ALUNO
- LÁPIS
- CADERNO
- BORRACHA
- APONTADOR
- MESA DO ALUNO
- MOCHILA ESCOLAR

CONTAR ESCREVER LER DESENHAR ESTUDAR

$$x = -\frac{b}{a}$$

PROFESSORA
RÉGUA
MAPA
GLOBO
LIVRO
GRAMPEADOR
MESA DA PROFESSORA
CANETA
DICIONÁRIO
CALCULADORA
TESOURA

A B C D E F G H I J K L M N O P Q R S T U V W X Y Z

ARRANHA-CÉU
EDIFÍCIO
APARTAMENTO
HOSPITAL
CORREIO
IGREJA
CORPO DE BOMBEIROS
ESCOLA
PARADA DE ÔNIBUS
AMBULÂNCIA
CALÇADA
RUA

CIDADE

- MUSEU
- DELEGACIA DE POLÍCIA
- BANCO
- METRÔ
- CARRO
- CAMINHÃO
- ÔNIBUS
- TELEFONE PÚBLICO
- PONTE
- SINAL DE TRÂNSITO
- CAIXA DE CORREIO
- TÁXI
- SEMÁFORO
- MOTO
- ESQUINA

SUPERMERCADO

A B C D E F G H I J K L M N O P Q R S T U V W X Y Z

- IOGURTE
- QUEIJO
- MANTEIGA
- PEIXE
- CARNE
- REFRIGERANTE
- LATA
- CEBOLA
- BRÓCOLIS
- MELÃO
- LARANJA
- LIMÃO
- ABÓBORA
- CENOURA
- PEPINO
- ESPINAFRE
- KIWI
- PIMENTA MALAGUETA
- TOMATE
- MORANGO
- BATATA
- AMEIXA
- ALFACE
- ABACAXI
- VEGETAIS VERDURAS
- MAÇÃ
- PACOTE OU SACOLA

COGUMELO
MILHO
PÊSSEGO
MEL
ESTANTE DE COMIDA
CAIXA REGISTRADORA
LEITE
ARROZ
UVA
BANANA
AÇÚCAR
CARRINHO DE COMPRAS
COUVE-FLOR
PERA
MELANCIA

ANIMAIS

A B C D E F G H I J K L M N O P Q R S T U V W X Y Z

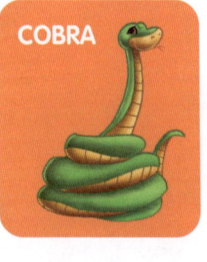

- BURRO
- CACHORRO 
- BALEIA
- CAMELO / DROMEDÁRIO 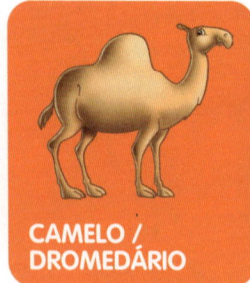
- CAVALO-MARINHO
- CAVALO 
- CANGURU 
- ELEFANTE 
- CAMARÃO 
- CARANGUEJO 
- FOCA 
- CROCODILO 
- CORUJA
- FORMIGA 
- ARANHA
- BORBOLETA
- ABELHA
- COBRA
- ESQUILO 
- GALO 
- GALINHA

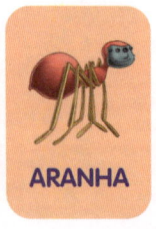

GATO	TIGRE	MACACO	URSO	GIRAFA
LEÃO		LEOPARDO	HIPOPÓTAMO	
OVELHA	PORCO		RAPOSA	
VACA	ZEBRA		RINOCERONTE	
MOSCA	PASSARINHO	FROG	GOLFINHO	
PEIXE	PAPAGAIO	PINGUIM	TUBARÃO	

A B C D E F G H I J K L M N O P Q R S T U V W X Y Z

MEU CORPO

CORPO
MENINO

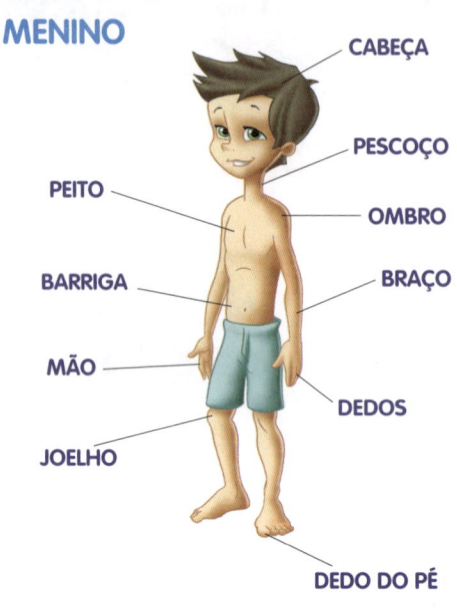

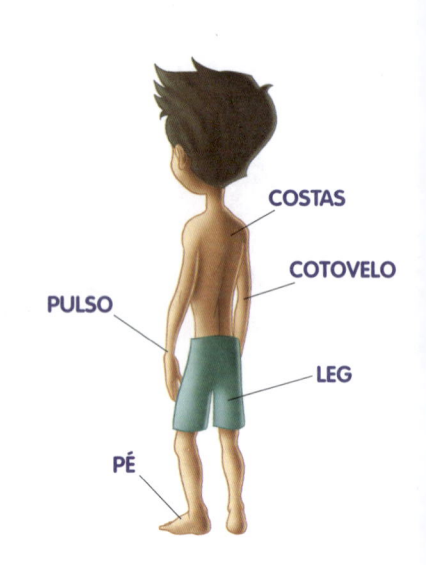

- CABEÇA
- PESCOÇO
- PEITO
- OMBRO
- BARRIGA
- BRAÇO
- MÃO
- DEDOS
- JOELHO
- DEDO DO PÉ
- COSTAS
- COTOVELO
- PULSO
- LEG
- PÉ

CABEÇA
MENINA

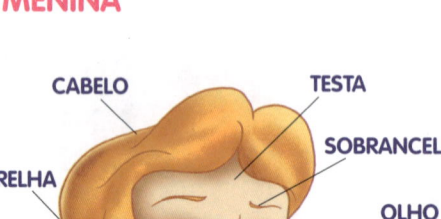

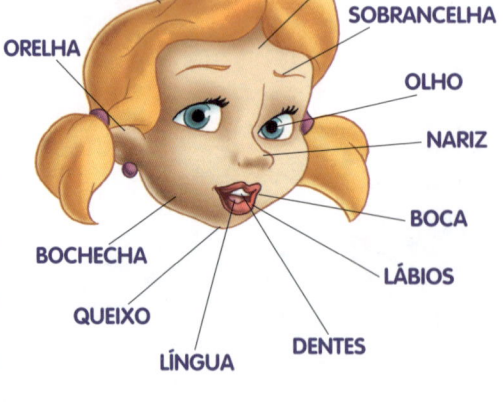

- CABELO
- TESTA
- SOBRANCELHA
- ORELHA
- OLHO
- NARIZ
- BOCA
- BOCHECHA
- LÁBIOS
- QUEIXO
- DENTES
- LÍNGUA

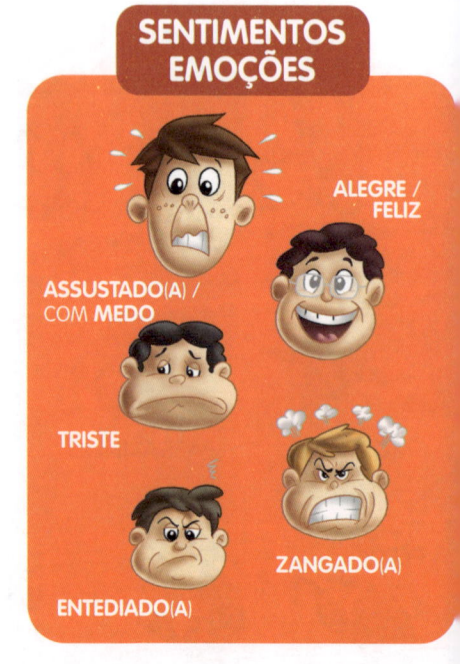

SENTIMENTOS EMOÇÕES

- ASSUSTADO(A) / COM MEDO
- ALEGRE / FELIZ
- TRISTE
- ZANGADO(A)
- ENTEDIADO(A)

CALENDÁRIO / TEMPO

MESES DO ANO

JANEIRO	JULHO
FEVEREIRO	AGOSTO
MARÇO	SETEMBRO
ABRIL	OUTUBRO
MAIO	NOVEMBRO
JUNHO	DEZEMBRO

DIAS DA SEMANA

- DOMINGO
- SEGUNDA-FEIRA
- TERÇA-FEIRA
- QUARTA-FEIRA
- QUINTA-FEIRA
- SEXTA-FEIRA
- SÁBADO

ANO
MÊS
SEMANA
DIA

RELÓGIO DESPERTADOR

SEGUNDO
HORA
MINUTO

QUE HORAS SÃO?

- SÃO DUAS E MEIA
- SÃO OITO E VINTE 
- SÃO QUINZE PARA AS CINCO 
- É MEIO-DIA / É MEIA-NOITE 
- SÃO SETE HORAS 
- SÃO TRÊS E QUINZE

NACIONALIDADES

ALEMÃ / ALEMÃO

ARGENTINO(A)

AUSTRALIANO(A)

EGÍPCIA(O)

BOLIVIANA(O)

INDIANA(O)

BRASILEIRA(O)

CANADENSE

CHINÊS / CHINESA

ESPANHOL(A)

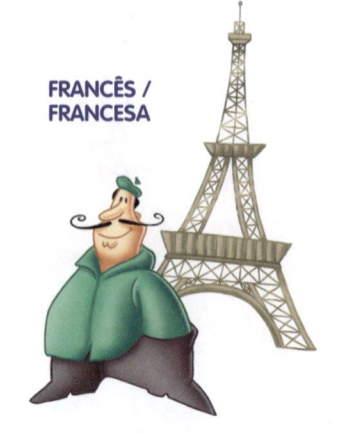

SUÍÇO(A)

FRANCÊS / FRANCESA

INGLÊS / INGLESA

ITALIANO(A)

JAPONESA / JAPONÊS

NEOZELANDÊS / NEOZELANDESA

AMERICANA(O)

NORUEGUESA / NORUEGUÊS

PERUANA(O)

PORTUGUÊS / PORTUGUESA

MEXICANO(A)

SUECO(A)

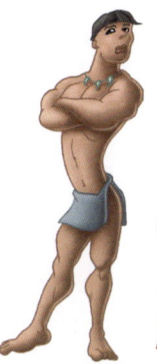

POVOS

ESQUIMÓ

INDÍGENA

ESPORTES

A B C D E F G H I J K L M N O P Q R S T U V W X Y Z

- CORRIDA
- ATLETISMO
- BASQUETEBOL
- ESQUI AQUÁTICO
- CORRIDA DE CARROS
- DRIBLAR
- ESQUI
- CICLISMO
- BALONISMO
- ALPINISMO
- TROFÉU
- BOLA DE FUTEBOL
- BOLA DE TÊNIS

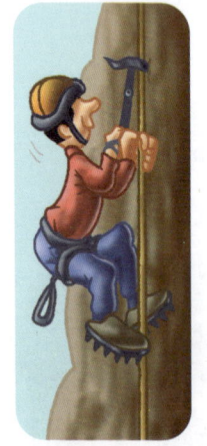

CHUTAR

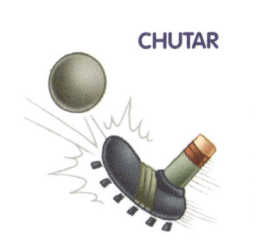

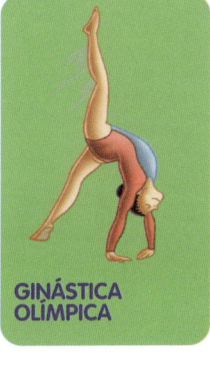

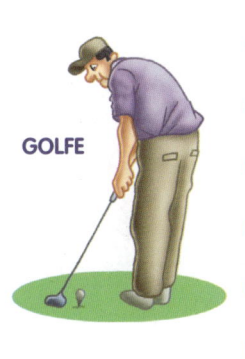

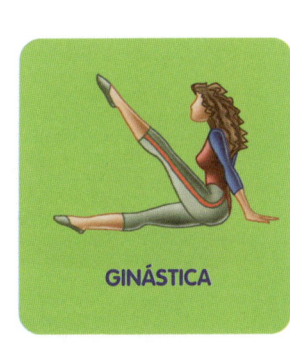

RAQUETE

CESTA DE BASQUETE

CAMPO DE FUTEBOL

FUTEBOL

TÊNIS

SURFE

HALTEROFILISMO

JOGADOR

PATINAÇÃO

GINÁSTICA OLÍMPICA

TREINADOR

GOLFE

NATAÇÃO

PARAQUEDISMO

MERGULHADOR

VOLEIBOL

VENCEDOR(A)

GINÁSTICA

MÚSICA

INSTRUMENTOS MUSICAIS

- TROMPETE
- CLARINETA
- VIOLINO
- TROMBONE
- FLAUTA
- GAITA DE BOCA
- XILOFONE
- TAMBOR
- PRATOS
- SAXOFONE
- TECLADO
- TAMBORIM
- PIANO
- VIOLONCELO
- HARPA
- VIOLÃO
- CONTRABAIXO

- MÚSICO 
- VOZ
- CANTOR
- MICROFONE
- NOTAS MUSICAIS 

- PLATÉIA
- BANDA 
- CONCERTO

ESTAÇÕES DO ANO

- VERÃO
- INVERNO 
- OUTONO 
- PRIMAVERA 

CONDIÇÕES CLIMÁTICAS

- CHUVOSO
- NUBLADO 
- NEVADO 
- ENSOLARADO 
- VENTOSO 
- SOL 
- CHUVA 
- NEBLINA 
- TEMPESTADE 

PERÍODOS DO DIA

- MANHÃ
- TARDE 
- TARDINHA / ANOITECER 
- NOITE

PROFISSÕES

- ESCRITOR(A)
- ENGENHEIRO(A) 
- CABELEIREIRA(O) 
- PROFESSOR(A) 
- LIXEIRO / COLETOR DE LIXO 
- ASTRO DE CINEMA
- ENCANADOR 
- BIBLIOTECÁRIA(O) 
- PEDREIRO
- DENTISTA 
- FOTÓGRAFO(A) 
- CARPINTEIRO(A)
- PINTOR(A)
- POLICIAL 
- ALFAIATE 
- CARTEIRO

VENDEDOR(A)

ENTREGADOR    ARQUITETO    MODELO

VETERINÁRIO(A)

REPÓRTER    BAILARINA(O)    PESCADOR    EMPRESÁRIO(A)    ASTRONAUTA

DESENHISTA OU PROJETISTA

MÉDICA(O)    MÚSICO   CHEFE DE COZINHA / COZINHEIRO(A)

COSTUREIRA    SECRETÁRIA    BOMBEIRO   MARINHEIRO

CONTINENTES

- AMÉRICA
- EUROPA
- ÁFRICA
- ÁSIA
- OCEANIA

REGIÕES POLARES

- POLO SUL
- POLO NORTE

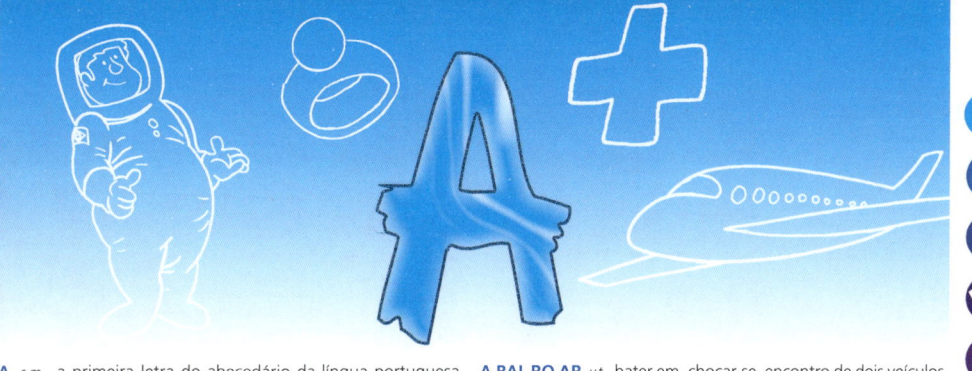

A, *s.m.*, a primeira letra do abecedário da língua portuguesa, abreviatura de ampère, alteza. A - artigo feminino - colocado ante os substantivos femininos. A expressão de a a z do começo ao fim de algo. Preposição a indicando para.
AS, *s.m.*, do art. a; plural com crase, escreve-se às.
A.BA, *s.m.*, tipo de vestimenta rústica usada por árabes no deserto (do ar. Abá).
A.BA, *s.f.*, uma parte pendente de algumas peças do vestuário. Aba de um chapéu, de um casaco.
A.BA, *prefixo* e *sufixo* tupi-guarani, significando homem, gente, povo, raça.
A.BA.BÁ, *s.m.*, indivíduo que pertence à tribo tupi-guarani do Mato Grosso.
A.BA.BA.DA.DO, *adj.*, que está com babados, pregueado, enfeitado com babados.
A.BA.BA.DAR, *v. t.*, pregueado, ficar parecido com babado.
A.BA.BA.LO.A.LÔ, *s.m.*, o mesmo que babalaô.
A.BA.BA.XÉ DE XAN.GÔ, *s.m.*, o ritual de iniciação para os adeptos sob as ordens do orixá.
A.BA.BE.LAR, *v.t.* e *pron.*, confundir, fazer uma babel, misturar os idiomas, origem bíblica.
A.BA.CA.MAR.TA.DO, *adj.*, semelhante a bacamarte, tipo de arma de fogo.
A.BA.ÇA.NAR, *v.t.* e *pron.*, *do francês - basaner*: bronzear, tostar; escurecer. *O adjetivo é abaçanado.*
A.BA.CA.TE, *s.m.*, fruto do abacateiro, fruta comum no Brasil; é comestível.
A.BA.CA.TEI.RO, *s.m., Bot.*, grande árvore da família das Lauráceas, que produz o abacate.
A.BA.CA.XI, *s.m.*, uma planta bromeliácea, tipo de ananás (*ananas sativus*). Fruto comestível. Um problema, uma situação desagradável. (*Do tupi - ibacati*: fedor de fruta).
Á.BA.CO, *s.m.*, instrumento para jogar ou fazer cálculos.
A.BA.DE, *s.m.*, superior de uma abadia, religioso, *(fig.)* homem gordo, *fem.* abadessa.
A.BA.DI.A, *s.f.*, comunidade religiosa dirigida por um abade ou por uma abadessa.
A.BA.FA.DI.ÇO, *adj.*, irrespirável, com pouco ar, muito quente.
A.BA.FAR, *v.t.*, tornar a respiração difícil; tampar para obter mais calor, reprimir, dominar, sobressair, destacar-se.
A.BAI.XAR, *v.t.* e *pron.*, descer, colocar em grau menor, enfraquecer, diminuir o valor, humilhar.
A.BAI.XO, *adv.*, estar em menor altura que outrem, nível inferior, sob, infra.
A.BAI.XO-AS.SI.NA.DO, *s.m.*, papel com assinatura de vários para requerer um direito.
A.BA.JUR, *s.m.*, quebra-luz, objeto com lâmpada que se coloca na cabeceira da cama para ler.
A.BA.LAR, *v.t.* e *pron.*, mover, tirar do lugar, provocar emoções, tirar a firmeza.
A.BA.LI.ZAR, *v.t.d.*, tornar famoso, tornar conhecido, marcar com balizas.
A.BA.LO, *s.m.*, tremor, susto, desordem, oscilação, comoção.
A.BAL.RO.A.DA, *s.f.*, batida, choque de objetos.
ABAL.RO.A.DO, *adj.*, batido de lado, batido, trombado.
A.BAL.RO.AR, *v.t.*, bater em, chocar-se, encontro de dois veículos.
A.BA.NA.DO, *adj.*, o que, ou quem é ventilado, do verbo abanar.
A.BA.NAR, *v.t.* e *pron.*, provocar com abano, ventilar, fazer vento, arejar.
A.BAN.CAR, *v.t.*, *int.* e *pron.*, sentar-se, acomodar-se, sentar-se no banco.
A.BAN.DO.NAR, *v.t.*, deixar alguma coisa de lado, desamparar, renunciar a, desistir.
A.BAN.DO.NO, *s.m.*, ato ou efeito de abandonar, desamparo, renúncia.
A.BA.NO, *s.m.*, leque, abanador, ventarola, objeto que faz vento.
A.BAR.CAR, *v.t.*, abranger, dominar, abraçar, dominar, compreender.
A.BAR.RO.TAR, *v.t.*, encher de todo, estufar, ficar cheio.
A.BAS.TA.DO, *adj.*, rico, farto, endinheirado, nababo.
A.BAS.TAN.ÇA, *s.f.*, fartura, muita riqueza, abundância.
A.BAS.TE.CER, *v.t.* e *pron.*, fornecer, entregar mercadoria, prover-se do necessário.
A.BA.TA.TA.DO, *adj.*, com forma de batata, parecido com batata.
A.BA.TE, *s.m.*, matança de animais, corte de árvores, derrubada.
A.BA.TER, *v.t.*, derrubar, baixar, abaixar, matar, diminuir o ser.
A.BA.TI.DO, *adj.*, desanimado, derrubado, deprimido, humilhado.
A.BA.TI.MEN.TO, *s.m.*, ato ou efeito de abater, desânimo.
A.BAU.LA.MEN.TO, *s.m.*, curvatura, ato ou efeito de abaular.
A.BAU.LAR, *v.t.* e *pron.*, dar uma forma de baú, arquear, arredondar.
AB.DI.CA.ÇÃO, *s.f.*, renúncia, ato ou efeito de abdicar, resignação.
AB.DI.CAR, *v.t.*, renunciar, desistir, resignar-se.
AB.DO.ME, *s.m.*, **AB.DÔ.MEN,** *s.m.*, barriga, ventre.
AB.DO.MI.NAL, *adj.*, relativo ao abdome.
A.BE.BE.RAR, *v.t.* e *pron.*, dar de beber, tirar a sede, ensinar, instruir-se.
Á.BÊ.CÊ, *s.m.*, alfabeto, abecedário, algo primário.
A.BE.CE.DÁ.RIO, *s.m.*, alfabeto, á-bê-cê, começo de uma coisa.
A.BEI.RAR, *v.t.*, chegar à beira de, aproximar.
A.BE.LHA, *s.f.*, inseto que vive em enxames e produz mel e cera.
A.BE.LHA-A.FRI.CA.NA, *s.f.*, tipo de abelha muito agressiva.
A.BE.LHA-MES.TRA, *s.f.*, a abelha rainha, a única que fecunda.
A.BE.LHU.DI.CE, *s.f.*, curiosidade, indiscrição, intromissão.
A.BE.LHU.DO, *adj.*, curioso, intrometido, indiscreto.
A.BEN.ÇO.A.DO, *adj.*, feliz, que recebeu a bênção.
A.BEN.ÇO.AR, *v.t.*, dar a bênção, bendizer, tornar feliz, benzer.
A.BER.RA.ÇÃO, *s.f.*, algo anormal, defeito, erro, extravagância.
A.BER.RAN.TE, *adj.*, anormal, extravagante, incomum.
A.BER.TA, *s.f.*, abertura, fenda, buraco.
A.BER.TO, *adj.*, livre, que não está fechado, descerrado.
A.BER.TU.RA, *s.f.*, ato ou efeito de abrir, fenda, espaço vazio.
A.BES.PI.NHAR, *v.t.* e *pron.*, irritar, enraivecer, incomodar.
A.BES.TA.LHA.DO, *adj.*, abobado, tolo, grosseiro.
A.BE.TO, *s.m.*, nome de uma árvore da família dos pinheiros.
A.BIS.COI.TAR, *v.t.*, dar forma de biscoito, ganhar, conseguir.
A.BIS.MA.DO, *adj.*, maravilhado, surpreso.
A.BIS.MAR, *v.t.* e *pron.*, lançar em abismo, precipitar, admirar.
A.BIS.MO, *s.m.*, precipício, despenhadeiro, caos, buraco muito fundo.

ABISSAL

A.BIS.SAL, *adj.*, relativo a abismo.
AB.JE.ÇÃO, *s.f.*, baixeza moral, torpeza, vileza, safadeza.
AB.JE.TO, *adj.*, vil, desprezível, baixo, indigno, infame.
AB.JU.RAR, *v.t.*, renegar, renunciar, renunciar por juramento, desistir.
A.BLA.ÇÃO, *s.f.*, ato de cortar, tirar, extrair.
A.BLU.ÇÃO, *s.f.*, lavação, limpeza, higiene.
A.BLU.IR, *v.t.* e *pron.*, fazer abluição, lavar, limpar, purificar.
AB.NE.GA.ÇÃO, *s.f.*, renúncia, desistência, desapego, ato de abnegar.
AB.NE.GAR, *v.t.* e *pron.*, recusar, desistir, renunciar, desapegar-se.
A.BÓ.BA.DA, *s.f.*, teto em curva, firmamento, teto abaulado.
A.BO.BA.DAR, *v.t.*, construir abóbadas, fazer em forma de abóbada.
A.BO.BA.DO, *adj.*, tolo, bobo, abobalhado, ingênuo.
A.BO.BA.LHA.DO, *adj.*, toleirão, bobo, tolo, ingênuo.
A.BO.BAR, *v.t.* e *pron.*, tornar-se bobo, tornar-se tolo.
A.BÓ.BO.RA, *s.f.*, fruto da aboboreira; no Nordeste, se diz jerimum.
A.BO.BO.REI.RA, *s.f.*, planta rasteira que produz a abóbora.
A.BO.BRI.NHA, *s.f.*, pequena abóbora, (*fig.*) conversa fiada, sem sentido.
A.BO.CA.NHAR, *v.t.*, pegar com a boca, morder, aproveitar-se de.
A.BO.CAR, *v.t.*, pegar com a boca, morder.
A.BOI.O, *s.m.*, canto triste para conduzir o gado.
A.BO.LE.TAR, *v.t.*, instalar, colocar, ajeitar.
A.BO.LI.ÇÃO, *s.f.*, ato ou efeito de abolir, extinção, extirpação.
A.BO.LIR, *v.t.*, acabar, revogar, extinguir, anular, suprimir.
A.BO.LO.RE.CER, *v.t., int.* e *pron.*, criar bolor, mofar, mofar-se.
A.BO.MI.NA.ÇÃO, *s.f.*, ato de abominar, desprezo, ódio, aversão.
A.BO.MI.NAR, *v.t.*, detestar, odiar, sentir horror.
A.BO.MI.NÁ.VEL, *adj.*, detestável, odioso, horrendo, ruim, muito mau.
A.BO.NA.ÇÃO, *s.f.*, ato ou efeito de abonar, abono, aceitação.
A.BO.NA.DO, *adj.*, que foi abonado, rico, abastado, endinheirado.
A.BO.NAR, *v.t.* e *pron.*, afiançar, garantir, dar garantia, aprovar, aceitar.
A.BO.NO, *s.m.*, abonação, garantia, fiança, confiança, gratificação.
A.BOR.DA.GEM, *s.f.*, ato de abordar, contato, aproximação.
A.BOR.DAR, *v.t.* e *int.*, chegar a bordo, encostar, travar contato, aproximar-se.
A.BOR.DÁ.VEL, *adj.*, acessível, que se pode abordar, que oferece contato.
A.BO.RÍ.GE.NE, *s.m., adj.*, habitante primitivo, primeiros habitantes.
A.BOR.RE.CER, *v.t.* e *int.*, incomodar, perturbar, enfadar, enfastiar.
A.BOR.RE.CI.MEN.TO, *s.m.*, ato ou efeito de aborrecer, incômodo, fastio.
A.BOR.TA.DO, *adj.*, que nasceu antes do tempo, que não se criou.
A.BOR.TAR, *v.t.* e *int.*, dar à luz antes do tempo normal, fracassar, dar-se mal.
A.BOR.TI.VO, *adj.*, que não permite o curso normal de algo, que faz aborto.
A.BOR.TO, *s.m.*, ato ou efeito de abortar, expulsão do feto antes do tempo de nascer, monstruosidade, ato péssimo.
A.BO.TO.A.DU.RA, *s.f.*, ato de abotoar.
A.BO.TO.AR, *v.t., int.* e *pron.*, prender com botões, segurar.
A.BRA.CA.DA.BRA, *s.m.*, palavra para fazer mágicas, um termo sem conteúdo.
A.BRA.ÇA.DEI.RA, *s.f.*, peça para prender uma outra, peça de metal para segurar.
A.BRA.ÇAR, *v.t.* e *pron.*, cingir com os braços, enlaçar com os braços.
A.BRA.ÇO, *s.m.*, ato de abraçar, amplexo.
A.BRAN.DA.MEN.TO, *s.m.*, ato ou efeito de abrandar, suavização.
A.BRAN.DAR, *v.t.* e *pron.*, suavizar, afrouxar, adoçar, diminuir, abrandar.
A.BRAN.GÊN.CIA, *s.f.*, capacidade de abranger, condições de cingir.
A.BRAN.GER, *v.t.*, abraçar, cercar, alcançar, atingir, abarcar, compreender.
A.BRA.SA.DOR, *adj.*, que abrasa, que queima, escaldante, inflamante.
A.BRA.SAR, *v.t., int* e *pron.*, pôr em brasas, queimar, aquecer, apaixonar-se.
A.BRA.SI.LEI.RAR, *v.t.*, dar jeito e feição de brasileiro.
A.BRA.SI.VO, *s.m.*, instrumento para afiar, polir ferramentas.
A.BRE-LA.TAS, *s.m.*, instrumento para abrir latas.
A.BREU.GRA.FI.A, *s.f.*, radiografia do tórax.
A.BRE.VI.A.ÇÃO, *s.f.*, ato ou efeito de abreviar.
A.BRE.VI.AR, *v.t.*, resumir, tornar curto, reduzir.
A.BRE.VI.A.TU.RA, *s.f.*, representar uma palavra somente com as primeiras letras, escrever um termo somente com as iniciais, abreviação.
A.BRI.CÓ, *s.m.*, fruto do abricoteiro, fruta parecida com o pêssego.
A.BRI.DOR, *s.m.*, que abre, abre-latas, que descerra.
A.BRI.GAR, *v.t.* e *pron.*, amparar, pôr em abrigo, agasalhar, proteger.
A.BRI.GO, *s.m.*, proteção, local para amparar alguém.
A.BRIL, *s.m.*, quarto mês do ano.
A.BRI.LHAN.TAR, *v.t.* e *pron.*, tornar brilhante, realçar, dar luzes.
A.BRIR, *v.t.*, descerrar, destampar, estender, cortar.
A.BRUP.TO, *adj.*, íngreme, uma subida muito em pé, brusco, repentino.
A.BRU.TA.LHAR, *v.t.* e *pron.*, tornar-se bruto; rude, grosseiro.
ABS.CES.SO, *s.m.*, inflamação no corpo com pus, ferida com pus.
AB.SO.LU.TA.MEN.TE, *adv.*, de maneira completa, total, completamente.
AB.SO.LU.TIS.MO, *s.m.*, sistema no qual somente um comanda.
AB.SO.LU.TO, *adj.*, independente, que concentra todo o poder, tirano.
AB.SOL.VER, *v.t.*, inocentar, perdoar uma culpa, desculpar.
AB.SOL.VI.ÇÃO, *s.f.*, ato ou efeito de absolver, perdão, remissão.
AB.SOR.ÇÃO, *s.f.*, ato ou efeito de absorver, assimilação.
AB.SOR.TO, *adj.*, imerso em pensamentos, dedicado, interessado.
AB.SOR.VEN.TE, *adj.*, que absorve, que suga, produto da higiene feminina.
AB.SOR.VER, *v.t.*, consumir, tragar aos poucos com os poros, puxar para dentro de si.
ABS.TÊ.MIO, *adj.*, que se abstém, não bebe, sóbrio, não consome álcool.
ABS.TEN.ÇÃO, *s.f.*, privação, não participar, ficar de fora de algo.
ABS.TER-SE, *v.t.* e *pron.*, deixar de, privar-se, não fazer ou aceitar.
ABS.TI.NÊN.CIA, *s.f.*, ato de abster, privação, jejum, dieta, não fazer.
ABS.TRA.ÇÃO, *s.f.*, ato ou efeito de abstrair, abstrair-se, distração.
ABS.TRA.Í.DO, *adj.*, distraído, alheio, absorto.
ABS.TRA.IR, *v.t.*, omitir, separar, tirar, escolher.
ABS.TRA.TO, *adj.*, distraído, extasiado, sonhador, abstraído.
AB.SUR.DEZ, *s.f.*, qualidade do que é absurdo, estupidez, monstruosidade.
AB.SUR.DO, *adj.*, que é contra a razão, despropositado; *s.m.*, quimera, utopia, algo impossível.
A.BU.LI.A, *s.f.*, sem vontade, vontade fraca.
A.BÚ.LI.CO, *adj.*, sem vontade.
A.BUN.DÂN.CIA, *s.f.*, fartura, grande quantidade, abastança.
A.BUN.DAN.TE, *adj.*, farto, opulento, rico.
A.BUN.DAR, *v.i.* e *int.*, existir em abundância, com fartura, sobrar.
A.BUR.GUE.SAR, *v.t.*, tornar burguês, assumir maneiras de burguês.
A.BU.SA.DO, *adj.*, quem abusa, atrevido, moleque, confiado, malcriado.
A.BU.SÃO, *s.f.*, engano, superstição, crendice.
A.BU.SAR, *v.t.*, usar mal, exceder-se no uso, ofender a alguém.
A.BU.SI.VO, *adj.*, em que há abuso, desrespeitoso, ofensivo.

A.BU.SO, s.m., mau uso, desrespeito, exorbitância.
A.BU.TRE, s.m., ave de rapina, tipo de urubu, indivíduo sem escrúpulos.
A.CA.BA.DO, adj., terminado, completo, pronto.
A.CA.BA.MEN.TO, s.m., ato de acabar, término, fim, conclusão.
A.CA.BAR, v.t., int. e pron., terminar, perfazer, concluir; acabar-se - esgotar-se.
A.CA.BO.CLAR, v.t. e pron., dar maneiras de caboclo, acaipirar, amatutar.
A.CA.BRU.NHA.DO, adj., abatido, desanimado, humilhado, triste.
A.CA.BRU.NHA.MEN.TO, s.m., desânimo, tristeza.
A.CA.BRU.NHAR, v.t., desanimar, oprimir, prostrar, abater, humilhar.
A.CÁ.CIA, s.f., nome de uma árvore de flores amarelas ou brancas.
A.CA.DE.MI.A, s.f., sociedade de literatos, poetas, escritores, cientistas.
A.CA.DÊ.MI.CO, adj., relativo à academia, estudante universitário.
A.ÇA.FA.TE, s.m., cesto baixo de vime, cestinha.
A.ÇA.FRÃO, s.m., planta de cujas flores se extrai um pó amarelo para tempero; é originária da Ásia.
A.ÇA.Í, s.m., fruto do açaizeiro, de cujo fruto se faz um refresco.
A.ÇA.I.ZEI.RO, s.m., palmeira que produz o açaí, árvore do Norte do Brasil.
A.CA.JU, adj., que apresenta uma cor castanho-avermelhada.
A.CA.LAN.TO, s.m., acalento, embalar, ninar criança, tipo de música.
A.CA.LEN.TAR, v.t. e pron., aconchegar ao peito, adormecer; desejar, sonhar com.
A.CA.LEN.TO, s.m., acalanto, canto ou música para fazer adormecer, ato de acalentar.
A.CAL.MAR, v.t., int e pron., tranquilizar, aquietar, tornar calmo, pacificar.
A.CA.LO.RAR, v.t. e pron., esquentar, aquecer, dar calor; excitar-se.
A.CA.MA.DO, adj., doente, deitado na cama.
A.CA.MAR, v.t. e pron., pôr-se na cama, ficar doente, ir para a cama.
A.CAM.PA.DO, adj., posto, colocado em acampamento.
A.CAM.PA.MEN.TO, s.m., lugar, posto em que se pode acampar.
A.CAM.PAR, v.t., int. e pron., colocar-se em campo, acampamento, residir, morar provisoriamente.
A.CA.NA.LHAR, v.t., tornar canalha, desprezível, avelhacar.
A.CA.NHA.DO, adj., envergonhado, tímido, medroso.
A.CA.NHA.MEN.TO, s.m., timidez, medo, vergonha.
A.CA.NHAR, v.t. e pron., envergonhar, tornar tímido, não deixar crescer.
A.ÇÃO, s.f., ato, obra, ato ou efeito de agir; cada parte de uma S.A.
A.CA.RÁ, s.m., um tipo de peixe de água doce, cará.
A.CA.RA.JÉ, s.m., prato da comida afro-baiana, feito de massa de feijão-fradinho e camarão moído, cozido e frito em azeite-de-dendê.
A.CA.RE.A.ÇÃO, s.f., ato ou efeito de acarear.
A.CA.RE.AR, v.t., juntar, reunir, pôr frente a frente duas pessoas para se saber a verdade.
A.CA.RI.CI.AR, v.t. e pron., fazer carícias, acarinhar, afagar.
A.CA.RI.NHAR, v.t.d., acariciar, fazer carinhos, afagar, fazer carícias.
Á.CA.RO, s.m., bichinhos que vivem na farinha, queijo ou outros alimentos e em plantas ou animais.
A.CAR.PE.TAR, v.t., colocar tapete.
A.CAR.RE.TAR, v.t., carregar em carreta, transportar, (fig) provocar, causar.
A.CA.SA.LA.MEN.TO, s.m., reunião de um casal, macho com fêmea.
A.CA.SA.LAR, v.t., int. e pron., casar, casar-se, colocar juntos macho e fêmea.
A.CA.SO, s.m., acontecimento imprevisto, fato repentino, sorte.
A.CA.TAR, v.t., aceitar, respeitar, obedecer.
A.CAU.TE.LAR, v.t., int. e pron., tomar cuidado, precaver-se, prevenir-se.
A.CE.BO.LA.DO, adj., com gosto de cebola, com muita cebola.
A.CE.BO.LAR, v.t., temperar com cebola.
A.CE.DER, v.t. e int., anuir, dar consentimento, concordar.
A.CEI.TA.ÇÃO, s.f., ato de aceitar, acolhida.
A.CEI.TAN.TE, adj., que aceita, que assina um título.
A.CEI.TAR, v.t., admitir, aprovar, receber o que lhe é oferecido.

A.CEI.TÁ.VEL, adj., admissível, que se pode aceitar.
A.CEI.TE, s.m., recebido, o ato de assinar um título.
A.CE.LE.RA.ÇÃO, s.f., ato ou efeito de acelerar, aumentar a velocidade.
A.CE.LE.RA.DO, adj., apressado, rápido, veloz, que tem aceleração.
A.CE.LE.RAR, v.t., int. e pron., tornar rápido, veloz, célere, apressar.
A.CEL.GA, s.f., hortaliça, verdura do tipo do repolho.
A.CÉM, s.m., carne magra do lombo do boi.
A.CE.NAR, v.rg.mt. e pron., fazer acenos, fazer gestos, abanar, chamar a atenção.
A.CEN.DE.DOR, s.m., quem ou o que acende, instrumento de pôr fogo, isqueiro.
A.CEN.DER, v.t., int. e pron., pôr fogo em, fazer arder, atear fogo. (fig.) estimular.
A.CE.NO, s.m., ato de acenar, cumprimento, gesto, convite.
A.CEN.TO, s.m., timbre da voz para indicar o tipo de sílaba, sotaque, sinal gráfico para destacar as vogais tônicas das átonas.
A.CEN.TU.A.ÇÃO, s.f., ato ou efeito de acentuar.
A.CEN.TU.AR, v.t., colocar os acentos gráficos, pronunciar com clareza.
A.CEP.ÇÃO, s.f., sentido em que se emprega uma palavra, significado.
A.CER.CA DE, adv., junto de, perto de, a respeito de, quase., em torno de.
A.CER.CAR, v.t. e pron., aproximar (se), chegar perto, avizinhar.
A.CER.TAR, v.t., fazer correto, ajustar, sair-se bem, pôr no alvo, coincidir.
A.CER.TO, s.m., ajuste, ato ou efeito de acertar, fazer corretamente.
A.CER.VO, s.m., coletivo, grande quantidade, montão de objetos, conjunto de bens.
A.CE.SO, adj., que está queimando, ardente, inflamado, em brasas.
A.CES.SI.BI.LI.DA.DE, s.f., qualidade de ser acessível, que é acessível.
A.CES.SÍ.VEL, adj., que se pode atingir, alcançar, possuir.
A.CES.SO, s.m., ato ou efeito de chegar, entrada, ingresso.
A.CES.SÓ.RIO, adj., que não é fundamental; anexo, complementar.
A.CE.TA.TO, s.m., sal ou éster de ácido acético; lâmina transparente de plástico.
A.CÉ.TI.CO, adj., que se refere ao vinagre.
A.CE.TI.FI.CAR, v.t., mudar para vinagre, envinagrar, azedar.
A.CE.TI.LE.NO, s.m., gás que se usa em soldas ou em outros serviços.
A.CE.TI.NAR, v.t. e pron., tornar como cetim, tornar macio como cetim.
A.CE.TO.NA, s.f., composto líquido incolor para dissolver, para limar.
A.CHA, s.f., pedaço de madeira para queimar, pau, madeira, lenha.
A.CHA.CA.DO, adj., doente, enfermo, propenso a doença.
A.CHA.DO, adj., o que se encontrou, descoberta, pechincha.
A.CHA.QUE, s.m., doença costumeira, ataques de doenças.
A.CHAR, v.t., encontrar, dar com, inventar, julgar, pensar, opinar.
A.CHA.TA.MEN.TO, s.m., ato ou efeito de achatar.
A.CHA.TAR, v.t. e pron., tornar chato, tornar plano, aplainar, abaixar, nivelar.
A.CHE.GAR-SE, v.t. e pron., aproximar-se, avizinhar-se, ir para perto de.
A.CHE.GO, s.m., ato ou efeito de aproximar-se, achegar-se.
A.CHIN.CA.LHAR, v.t. e pron., desprezar, escarnecer, zombar, rir-se de alguém.
A.CHO.CO.LA.TAR, v.t., dar gosto ou cor de chocolate.
A.CI.A.RI.A, s.f., usina siderúrgica para produção de aço.
A.CI.DEN.TA.DO, adj., quem sofreu um acidente, terreno desnivelado.
A.CI.DEN.TAL, adj., imprevisto, repentino, não esperado.
A.CI.DEN.TAR, v.t. e pron., tornar acidentado, sofrer um acidente.
A.CI.DEN.TE, s.m., desastre, fato repentino ou casual, desgraça.
A.CI.DEZ, s.f., qualidade do que é ácido, picante no sabor.
A.CI.DI.FI.CAR, v.t. e pron., tornar ácido, dar gosto de ácido.
Á.CI.DO, adj., azedo, picante, acre, sabor de vinagre.
A.CI.MA, adv., por cima, na parte mais elevada, anterior, por primeiro.

ACINTE

A.CIN.TE, *s.m.*, vontade de ser contra, desrespeito, provocação.
A.CIN.TO.SO, *adj.*, desagradável, provocador, desrespeitoso.
A.CIN.ZEN.TA.DO, *adj.*, cor de cinza, cinzento.
A.CIN.ZEN.TAR, *v.t. int.* e *pron.*, dar uma cor cinzenta.
A.CI.O.NAR, *v.t.*, fazer funcionar, colocar em ação, processar, agir.
A.CI.O.NIS.TA, *s.m.*, possuidor de ações de uma empresa, sócio.
A.CIR.RAR, *v.t.*, provocar, açular, irritar, incitar.
A.CLA.MA.ÇÃO, *s.f.*, ato ou efeito de aclamar, saudação.
A.CLA.MAR, *v.t.* e *int.*, saudar, proclamar, aplaudir, eleger.
A.CLA.RAR, *v.t., int.* e *pron.*, esclarecer, tornar claro, explicar, purificar.
A.CLI.MA.TA.ÇÃO, *s.f.*, ato ou efeito de aclimatar, preparar para um clima.
A.CLI.MA.TAR, *v.t.* e *pron.*, adaptar ao clima, habituar-se, acostumar a um clima.
A.CLI.VE, *s.m.*, subida, rampa, terreno que sobe.
AC.NE, *s.f.*, doença da pele que se caracteriza pelas espinhas e cravos.
A.ÇO, *s.m.*, metal muito forte, obtido do ferro, força, rijeza.
A.CO.BER.TAR, *v.t.* e *pron.*, cobrir, esconder, proteger, dar proteção.
A.CO.CO.RAR, *v.t.* e *pron.*, colocar-se de cócoras, abaixar-se, agachar-se.
A.ÇO.DAR, *v.t.* e *pron.*, apressar, instigar.
A.ÇOI.TAR, *v.t.* e *pron.*, punir com açoite, chicotear, bater com chicote.
A.ÇOI.TE, *s.m.*, chicote, castigo, flagelo.
A.CO.LÁ, *adv.*, além, naquele lugar, ao longe.
A.COL.CHE.TAR, *v.t.*, unir com colchetes, prender com colchetes.
A.COL.CHO.A.DO, *adj.*, cobertor, coberta recheada com lã, algodão.
A.COL.CHO.AR, *v.t.*, encher com algodão, fazer um acolchoado.
A.CO.LHE.DOR, *adj., s.m.*, quem acolhe, hospitaleiro, bondoso.
A.CO.LHER, *v.t.* e *pron.*, hospedar, proteger, abrigar, atender.
A.CO.LHI.DA, *s.f.*, acolhimento, recepção, hospedagem.
A.CO.LHI.MEN.TO, *s.f.*, acolhida, recepção.
A.CÓ.LI.TO, *s.m.*, ajudante, serviçal, pessoa que ajuda na missa.
A.CO.ME.TER, *v.t.rg.mt.* e *pron.*, começar uma luta, investir contra, atacar.
A.CO.ME.TI.DA, *s.f.*, assalto inesperado, investida, ataque.
A.CO.MO.DA.ÇÃO, *s.f.*, ato ou efeito de acomodar, ou acomodar-se, ajuste.
A.CO.MO.DA.DO, *adj.*, hospedado, ajeitado, tranquilo, impassível, inerte.
A.CO.MO.DAR, *v.t.*, ajeitar, arrumar, colocar, hospedar, agasalhar.
A.COM.PA.NHA.MEN.TO, *s.m.*, ato ou efeito de acompanhar, comitiva, funeral.
A.COM.PA.NHAN.TE, *adj.*, que acompanha, que vai junto, seguidor.
A.COM.PA.NHAR, *v.t.*, estar ou ir em companhia de alguém, ir junto.
A.CON.CHE.GAN.TE, *adj.*, que aconchega, agasalhante, amigo, carinhoso.
A.CON.CHE.GAR, *v.t.* e *pron.*, confortar, aproximar, achegar, agasalhar com carinho.
A.CON.CHE.GO, *s.m.*, carinho, conforto, agasalho, conchego.
A.CON.DI.CI.O.NA.MEN.TO, *s.m.*, ato ou efeito de acondicionar, arrumação.
A.CON.DI.CI.O.NAR, *v.t.*, recolher, embalar, acomodar, ajeitar, guardar.
A.CON.SE.LHAR, *v.t., int.* e *pron.*, dar conselho a, orientar, recomendar, avisar, persuadir.
A.CON.SE.LHÁ.VEL, *adj.*, que se pode aconselhar, orientável, recomendável.
A.CON.TE.CER, *v.t.int.*, sobrevir, suceder, suceder sem esperar.
A.CON.TE.CI.MEN.TO, *s.m.*, o que acontece, evento, caso, fato, ocorrência.
A.CO.PLA.MEN.TO, *s.m.*, ato ou efeito de acoplar, junção, reunião.
A.CO.PLAR, *v.t.* e *pron.*, fazer o acoplamento, juntar, reunir, concatenar, ajustar.
A.ÇOR.DA, *s.f.*, comida feita com pão, ovos, azeite e alho.
A.CÓR.DÃO, *s.m.*, sentença jurídica dada em tribunal de recursos.
A.COR.DAR, *v.rg.mt.* e *pron.*, despertar, terminar de dormir, cair em si, concordar.
A.COR.DE, *s.m.*, um som musical, harmônico, afinado.
A.COR.DE.ÃO, *s.m.*, instrumento musical de palheta, gaita, harmônica, sanfona.

A.COR.DE.O.NIS.TA, *s.m.*, quem toca acordeão, sanfoneiro, músico.
A.COR.DO, *s.m.*, acerto, convenção, ajuste, conformidade.
A.COR.REN.TAR, *v.t.* e *pron.*, pôr em correntes, ligar, encadear, escravizar.
A.COR.RER, *v.t.* e *int.*, ir a algum lugar, ocorrer, acudir, buscar amparo.
A.COS.SAR, *v.t.*, perseguir, atormentar, ficar sempre atrás de alguém.
A.COS.TA.MEN.TO, *s.m.*, ato de acostar, ficar de fora, margem de rodovia.
A.COS.TAR, *v.t* e *pron.*, chegar à costa, encostar, ficar à margem.
A.COS.TU.MAR, *v.t.* e *pron.*, habituar-se, adquirir um modo, adquirir um costume.
A.CO.TO.VE.LA.MEN.TO, *s.m.*, ato de acotovelar-se, muitas pessoas juntas.
A.CO.TO.VE.LAR, *v.t.* e *pron.*, reunir muitas pessoas num local, bater com os cotovelos.
A.ÇOU.GUE, *s.m.*, local onde se compra e vende carne.
A.ÇOU.GUEI.RO, *s.m.*, dono ou vendedor de carne em açougue.
A.CO.VAR.DA.MEN.TO, *s.m.*, medo, insegurança, ato de se acovardar.
A.CO.VAR.DAR, *v.t.* e *pron.*, acobardar, ficar com medo.
A.CRE, *adj.*, picante, azedo, irritante; áspero, superlativo: aspérrimo.
A.CRE.DI.TA.DO, *adj.*, que tem crédito, em quem se acredita, o que se acredita.
A.CRE.DI.TAR, *v.t.* e *int.*, crer, dar crédito a, tornar digno de crédito.
A.CRES.CEN.TAR, *v.t.* e *pron.*, ajuntar, adicionar, aumentar, colocar algo a mais junto.
A.CRES.CER, *v.rg.mt.* e *pron.*, aumentar, somar, tornar maior.
A.CRÉS.CI.MO, *s.m.*, soma a maior, o que foi acrescentado, aumentado.
A.CRI.AN.ÇA.DO, *adj.*, com modos de criança, jeito de criança.
A.CRI.A.NO, *adj.*, natural ou habitante do Estado do Acre.
A.CRÍ.LI.CO, *s.m.*, tipo de ácido, material plástico.
A.CRI.MÔ.NI.A, *s.f.*, acidez, mau humor, azedume.
A.CRO.BA.CI.A, *s.f.*, a arte de acrobata, pirueta.
A.CRO.BA.TA, *s.c. 2 gên.*, equilibrista, ginasta, que pratica acrobacias.
A.CRO.MÁ.TI.CO, *adj.*, sem cor, cor neutra.
A.CU.AR, *v.int.*, retroceder, voltar, perseguir a caça, encurralar, deixar sem saída.
A.ÇÚ.CAR, *s.m.*, substância doce que se extrai da cana ou da beterraba.
A.ÇU.CA.RAR, *v.t.*, adoçar, colocar açúcar.
A.ÇU.CA.REI.RO, *s.m.*, recipiente em que se põe o açúcar, vasilha para pôr açúcar.
A.ÇU.CE.NA, *s.f.*, planta que produz flores muito perfumadas, uma flor.
A.ÇU.DE, *s.m.*, construção na terra feita para segurar as águas.
A.CU.DIR, *v.t.mt.*, socorrer, auxiliar, ir ajudar, apresentar.
A.CU.I.DA.DE, *s.f.*, agudeza, perspicácia, que enxerga com muita clareza.
A.ÇU.LAR, *v.t.*, incitar, provocar, estimular, instigar.
A.CUL.TU.RA.ÇÃO, *s.f.*, ato ou efeito de aculturar, adquirir cultura.
A.CUL.TU.RAR, *v.t.* e *pron.*, conseguir que adquira a cultura, adaptar-se a outra cultura.
A.CU.MU.LA.ÇÃO, *s.f.*, ato ou efeito de acumular, ajuntamento, aumento.
A.CU.MU.LA.DO, *adj.*, aumentado, reunido, acrescido.
A.CU.MU.LAR, *v.t.* e *pron.*, ajuntar, acrescentar, aumentar.
A.CU.MU.LA.TI.VO, *adj.*, que aumenta sempre, que ajunta seguidamente.
A.CU.PUN.TU.RA, *s.f.*, tratamento à base de picadas de agulhas, terapia.
A.CU.RA.DO, *adj.*, cuidadoso, meticuloso, caprichado, muito bom.
A.CU.RAR, *v.t.*, tratar com cuidado, ter cuidado, ter zelo.
A.CU.SA.ÇÃO, *s.f.*, ato ou efeito de acusar, denúncia, imputação de crime.
A.CU.SA.DO, *adj.*, que recebeu uma acusação, denunciado, censurado.

A.CU.SA.DOR, *s.m.*, quem acusa, denunciador, denunciante.
A.CU.SAR, *v.t.*, *int.* e *pron.*, denunciar, arguir, culpar.
A.CÚS.TI.CA, *s.f.*, estudo do som, qualidade da propagação do som, ressonância.
A.CÚS.TI.CO, *adj.*, relativo à acústica, relativo ao som.
A.DA.GA, *s.f.*, arma branca, com lâmina curta e larga e dois gumes, punhal.
A.DÁ.GIO, *s.m.*, provérbio, dito, máxima, na música, movimento lento.
A.DA.MA.DO, *adj.*, com jeito de dama, afeminado, vinho de pouco teor alcoólico.
A.DAP.TA.ÇÃO, *s.f.*, ato ou efeito de adaptar, acomodação.
A.DAP.TAR, *v.t.* e *pron.*, ajustar duas coisas entre si, combinar, harmonizar.
A.DE.GA, *s.f.*, parte da casa onde se guardam bebidas.
A.DE.JAR, *v.int.*, esvoaçar, voar de leve.
A.DEL.GA.ÇA.MEN.TO, *s.m.*, ato ou efeito de adelgaçar.
A.DEL.GA.ÇAR, *v.t.*, *int.* e *pron.*, tornar delgado, fino, leve; desbastar, desengrossar.
A.DE.MAIS, *adv.*, além disso, além do que.
A.DEN.DA, *s.f.*, o que se acrescenta a uma obra para complementá-la.
A.DEN.DO, *s.m.*, adenda.
A.DE.NI.TE, *s.f.*, inflamação de uma glândula.
A.DE.NOI.DE, *s.f.*, que possui forma de glândula.
A.DEN.SAR, *v.t.*, *int.* e *pron.*, tornar denso, compactar, condensar, acumular.
A.DEN.TRAR, *v.t* e *pron.*, entrar, penetrar no interior de um local.
A.DEN.TRO, *adv.*, parte interior, dentro.
A.DEP.TO, *s.m.*, partidário, seguidor, sectário, companheiro, fiel.
A.DE.QUA.ÇÃO, *s.f.*, ato ou efeito de adequar-se, ajuste, acomodação.
A.DE.QUAR, *v.t.* e *pron.*, ajustar, acertar, amoldar, instalar.
A.DE.RE.ÇO, *s.m.*, enfeite, adorno, bijuteria.
A.DE.RÊN.CIA, *s.f.*, ato de aderir, ato de prender-se na superfície.
A.DE.REN.TE, *adj.*, que adere, que se prende, que se liga.
A.DE.RIR, *v.int.*, ligar-se, unir-se, ficar partidário, filiar-se.
A.DE.SÃO, *s.f.*, ato ou efeito de aderir, união, ligação.
A.DE.SI.VO, *adj.*, que adere, que se liga; objeto que se gruda a um corpo.
A.DES.TRA.MEN.TO, *s.m.*, ato ou efeito de adestrar, treinamento, preparo.
A.DES.TRAR, *v.t.* e *pron.*, habilitar, treinar, preparar, deixar pronto para uma ação.
A.DEUS, *interj*, despedida, saudação para ir embora.

A.DI.A.MEN.TO, *s.m.*, ato ou efeito de adiar, deixar para depois.
A.DI.AN.TA.DO, *adj.*, que está à frente dos demais, que evoluiu mais.
A.DI.AN.TAR, *v.t.* e *pron.*, colocar na frente, pôr para frente.
A.DI.AN.TE, *adv.*, ir para frente, na vanguarda, na dianteira.
A.DI.AR, *v.t.*, dilatar, deixar para outro dia, transferir.
A.DI.Á.VEL, *adj.*, que pode ser adiado, que pode ser transferido.
A.DI.ÇÃO, *s.f.*, ato ou efeito de adir, soma, resultado de uma soma.
A.DI.CI.O.NAL, *adj.*, o que se adiciona, complementar, acessório.
A.DI.CI.O.NAR, *v.t.*, *int.* e *pron.*, somar, adir, aditar.
A.DI.DO, *s.m.*, funcionário ajudante de outro superior, colocado junto.
A.DI.PO.SI.DA.DE, *s.f.*, qualidade do que é adiposo, gordura.
A.DI.PO.SO, *adj.*, gordo, gorduroso.

A.DIR, *v.t.*, somar, acrescentar, juntar.
A.DI.TA.MEN.TO, *s.m.*, ato ou efeito de aditar, soma, acréscimo.
A.DI.TAR, *v.t.* e *int.*, acrescentar, somar, adicionar.
A.DI.TI.VO, *adj.*, acrescentável, o que se coloca a mais ou a menos.
A.DI.VI.NHA.ÇÃO, *s.f.*, ato ou efeito de adivinhar, previsão do futuro.
A.DI.VI.NHA.DOR, *s.m.*, que adivinha, que prevê o futuro, vidente.
A.DI.VI.NHAR, *v.t.* e *pron.*, prever, decifrar, interpretar, conjeturar.
A.DI.VI.NHO, *s.m.*, quem prevê o futuro, adivinhador.
ADJA.CÊN.CIA, *s.f.*, vizinhança, arredores, o que está ao derredor.
ADJA.CEN.TE, *adj.*, próximo, vizinho, contíguo.
AD.JE.TI.VA.ÇÃO, *s.f.*, ato ou efeito de adjetivar, tornar adjetivo.
AD.JE.TI.VAR, *v.t.*, colocar adjetivo em uma palavra, tornar um termo adjetivo.
AD.JE.TI.VO, *s.m.*, palavra que acompanha o substantivo para qualificá-lo.
AD.JUN.TO, *adj.*, que está junto, próximo, apegado, contíguo, agregado, adido.
AD.JU.VAN.TE, *adj.*, que ajuda, que auxilia.
AD.JU.VAR, *v.t.*, ajudar, auxiliar, socorrer.
AD.MI.NIS.TRA.ÇÃO, *s.f.*, ato ou efeito de administrar, governo, direção.
AD.MI.NIS.TRA.DOR, *s.m.*, que administra, quem governa, quem dirige.
AD.MI.NIS.TRAR, *v.t.*, *int.* e *pron.*, governar, dirigir, gerenciar, conduzir.
AD.MI.NIS.TRA.TI.VO, *adj.*, relativo à administração, gerencial.
AD.MI.RA.ÇÃO, *s.f.*, ato ou efeito de admirar, surpresa, contemplação.
AD.MI.RA.DOR, *s.m.*, quem admira, que tem admiração por alguém, fã.
AD.MI.RAR, *v.t.*, *int.* e *pron.*, contemplar com satisfação, com prazer, com espanto.
AD.MI.RÁ.VEL, *adj.*, que é digno de admiração, extraordinário, maravilhoso.
AD.MIS.SÃO, *s.f.*, ato ou efeito de admitir, recepção, acolhida, acesso.
AD.MIS.SÍ.VEL, *adj.*, que se pode admitir, aceitável, acessível.
AD.MI.TIR, *v.t.* e *pron.*, aceitar, acolher, dar acesso.
AD.MO.ES.TA.ÇÃO, *s.f.*, ato ou efeito de admoestar, conselho, repreensão, advertência.
AD.MO.ES.TAR, *v.t.* e *int.*, avisar, repreender, aconselhar, lembrar, censurar.
AD.NO.MI.NAL, *adj.*, palavra que se refere a um substantivo, na análise sintática.
A.DO.ÇAN.TE, *adj.*, que adoça, que torna doce, que abranda.
A.DO.ÇÃO, *s.f.*, ato ou efeito de adotar.
A.DO.ÇAR, *v.t.*, tornar doce, açucarar, suavizar, abrandar.
A.DO.CI.CAR, *v.t.* e *pron.*, tornar um pouco doce, suavizar, abrandar.
A.DO.E.CER, *v.i.*, ficar doente, adoentar-se.
A.DO.E.CI.MEN.TO, *s.m.*, ato ou efeito de adoecer, ficar doente, doença.
A.DO.EN.TAR, *v.t.*, ficar meio doente, adoecer.
A.DOI.DAR, *v.t.* e *pron.*, ficar doido, ficar louco.
A.DO.LES.CÊN.CIA, *s.f.*, período entre os 12 e 18 anos da vida, juventude.
A.DO.LES.CEN.TE, *adj.*, *s.m.*, quem está na adolescência, jovem.
A.DO.RA.ÇÃO, *s.f.*, ato ou efeito de adorar, veneração, culto, paixão.
A.DO.RAR, *v.t.*, prestar culto, venerar, reverenciar, amar com paixão.
A.DO.RÁ.VEL, *adj.*, digno de ser adorado, amável, apaixonante.
A.DOR.ME.CER, *v.* e *int.*, pegar no sono, começar a dormir, dormir.
A.DOR.ME.CI.MEN.TO, *s.f.*, ato ou efeito de dormir, sono.
A.DOR.NAR, *v.t.* e *pron.*, enfeitar, embelezar, tornar enfeitado.
A.DOR.NO, *s.m.*, enfeite, ornato, ornamento.
A.DO.TAR, *v.t.* e *int.*, escolher, preferir, pegar a guarda de uma pessoa.
A.DO.TI.VO, *adj.*, que foi adotado, filho que foi recebido por escolha.
AD.QUI.RIR, *v.t.*, comprar, conseguir, alcançar, granjear, obter.
A.DRE.NA.LI.NA, *s.f.*, substância hormonal que indica força, excitação.
A.DRO, *s.m.*, terreno ao redor de um templo.

ADSTRINGÊNCIA

ADS.TRIN.GÊN.CIA, *s.f.*, qualidade do que é adstringente, aperto.
ADS.TRIN.GENTE, *adj.*, que adstringe, que restringe.
ADS.TRIN.GIR, *v.t.*, contrair, apertar, diminuir.
A.DU.A.NA, *s.f.*, alfândega, repartição para vistoriar produtos importados.
A.DU.A.NEI.RO, *adj.* e *s.m.*, relativo a alfândega, quem trabalha na alfândega.
A.DU.BA.ÇÃO, *s.f.*, ato ou efeito de adubar, engorda da terra.
A.DU.BAR, *v.t.*, colocar adubo na terra, estrumar, preparar para o plantio.
A.DU.BO, *s.m.*, fertilizante, substância que se coloca na terra para fortificá-la.
A.DU.LA.ÇÃO, *s.f.*, ato ou efeito de adular, lisonja, bajulação (gíria -puxa-saco).
A.DU.LAR, *v.t.*, louvar em excesso, lisonjear, elogiar muito para obter um favor.
A.DUL.TE.RA.ÇÃO, *s.f.*, ato ou efeito de adulterar, alteração, falsificação.
A.DUL.TE.RAR, *v.t.*, *int.* e *pron.*, falsificar, corromper, viciar.
A.DUL.TÉ.RIO, *s.m.*, violação da fidelidade conjugal por parte de um dos cônjuges.
A.DÚL.TE.RO, *adj.* e *s.m.*, o cônjuge que desrespeita a fidelidade do casal.
A.DUL.TO, *s.m.* e *adj.*, que é crescido, com mais de 21 anos.
A.DUN.CO, *adj.*, em forma de garra, retorcido, recurvado.
A.DU.TO.RA, *s.f.*, canal, galeria, canal para levar líquidos.
AD.VEN.TÍ.CIO, *adj.* e *s.m.*, o que vem de fora, estrangeiro.
AD.VEN.TO, *s.m.*, vinda, chegada; período de quatro semanas antes do Natal, nas igrejas cristãs.
AD.VER.BI.AL, *adj.*, relativo ao advérbio.
AD.VÉR.BIO, *s.m.*, palavra invariável que se refere ao verbo, ao adjetivo e ao próprio advérbio para dar-lhe uma circunstância.
AD.VER.SÁ.RIO, *s.m.*, aquele que se opõe, inimigo, rival, opositor.
AD.VER.SA.TI.VO, *adj.*, que faz oposição, contrário, adverso.
AD.VER.SI.DA.DE, *s.f.*, contrariedade, calamidade, desgraça, algo contra.
AD.VER.SO, *adj.*, contrário, contra, inimigo, adversário.
AD.VER.TÊN.CIA, *s.f.*, ação ou efeito de advertir, chamada à atenção, aviso.
AD.VER.TIR, *v.t.*, avisar, censurar, aconselhar, repreender.
AD.VIR, *v. int.*, vir, chegar, chegar de súbito, acontecer, ocorrer.
AD.VO.CA.CI.A, *s.f.*, profissão exercida pelo advogado, de acordo com a lei.
AD.VO.GA.DO, *s.m.*, o que exerce a advocacia, defensor, protetor.
AD.VO.GAR, *v.int.*, exercer a advocacia, defender, proteger.
A.É.REO, *adj.*, que se locomove no ar, do ar.
A.E.RÓ.BIO, *adj.*, que precisa de ar para viver, que deve respirar ar.
A.E.RO.DI.NÂ.MI.CA, *s.f.*, parte da Física que estuda a resistência do ar aos corpos em movimento, ou a resistência de um corpo a outro.
A.E.RÓ.DRO.MO, *s.m.*, campo de aviação, aeroporto.
A.E.RO.ES.PA.CI.AL, *adj.*, relativo ao espaço, ao que está no ar do espaço.
A.E.RO.FO.BI.A, *s.f.*, ter muito medo do ar.
A.E.RÔ.ME.TRO, *s.m.*, instrumento para medir a densidade do ar.
A.E.RO.MO.ÇA, *s.f.*, pessoa feminina que nos aviões atende os passageiros.
A.E.RO.NAU.TA, *s.c. 2 gên.*, aviador, quem anda em aeronave.
A.E.RO.NÁU.TI.CA, *s.f.*, ciência que ensina como dirigir aeronaves.
A.E.RO.NA.VE, *s.f.*, todo aparelho que navega no ar, aviões de todos os tipos.
A.E.RO.PLA.NO, *s.m.*, o mesmo que aeronave.

A.E.RO.POR.TO, *s.m.*, aeródromo, local para pouso dos aviões.
A.FÃ, *s.m.*, pressa para realizar um trabalho, ânsia, vontade de trabalhar.
A.FA.BI.LI.DA.DE, *s.f.*, bondade, gentileza, cortesia.
A.FA.GAR, *v.t.*, acarinhar, fazer afagos, fazer carinhos, acariciar.
A.FA.GO, *s.m.*, carinho, carícia, agasalho.
A.FA.MA.DO, *adj.*, que tem fama, conhecido, famoso.
A.FA.NA.ÇÃO, *s.f.*, ato de afanar, furtar, tirar de alguém sem ser notado.
A.FA.NAR, *v.t.*,*int.* e *pron.*, furtar, tirar de alguém, carregar.
A.FA.SI.A, *s.f.*, perda da voz, ficar sem voz.
A.FAS.TA.MEN.TO, *s.m.*, ato ou efeito de afastar, ausência, separação.
A.FAS.TAR, *v.t.* e *pron.*, distanciar, levar para longe, desviar do ponto.
A.FÁ.VEL, *adj.*, amável, gentil, cortês, delicado, meigo.
A.FA.ZER, *v.t.* e *pron.*, acostumar, habituar; *v.refl.*, sair-se bem, ter bons resultados.
A.FA.ZE.RES, *s.m., pl.*, trabalhos, ocupações, funções, deveres.
A.FEI.ÇÃO, *s.f.*, amor, carinho, afeto, ter amor por alguém, simpatia.
A.FEI.ÇO.A.DO, *adj.*, amigo, ligado por amor, que tem carinho por outro.
A.FEI.ÇO.AR, *v.t.* e *pron.*, criar carinho, ter amor, simpatizar.
A.FEI.TO, *adj.*, acostumado, habituado, preparado para um trabalho.
A.FE.MI.NA.DO, *adj.*, com jeito feminino, adamado.
A.FE.MI.NAR, *v.t.*, *pron.*, tornar-se feminino, adquirir modos femininos.
A.FÉ.RE.SE, *s.f.*, queda de uma letra inicial numa palavra.
A.FE.RI.ÇÃO, *s.f.*, ato ou efeito de aferir, medição.
A.FE.RIR, *v.t.* e *pron.*, medir, acertar conforme os padrões existentes, conferir.
A.FER.VEN.TAR, *v.t.* e *pron.*, dar uma fervida, ferver, ferver de leve.
A.FE.TA.ÇÃO, *s.f.*, ato ou efeito de afetar, vaidade.
A.FE.TA.DO, *adj.*, presunçoso, provocado, vaidoso, que se julga importante.
A.FE.TAR, *v.t.* e *pron.*, fazer-se passar por alguém que não é, fingir, atingir.
A.FE.TI.VI.DA.DE, *s.f.*, ser afetivo, ter carinho, ter amor.
A.FE.TI.VO, *adj.*, carinhoso, amoroso, dedicado.
A.FE.TO, *s.m.*, carinho, amor, dedicação, simpatia.
A.FE.TU.O.SI.DA.DE, *s.f.*, sentimento de afeição, de carinho.
A.FE.TU.O.SO, *adj.*, carinhoso, amoroso, dedicado.
A.FI.A.DO, *adj.*, cortante, com muito corte, quem está preparado, quem domina um assunto.
A.FI.AN.ÇAR, *v.t.*, garantir, assegurar, ficar de fiador.
A.FI.AR, *v.t.* e *pron.*, tornar cortante, limar uma faca.
A.FI.GU.RAR, *v.t.* e *pron.*, dar a figura, representar, fazer-se passar, imaginar.
A.FI.LHA.DO, *adj.*, protegido, a pessoa em relação aos padrinhos.
A.FI.LI.AR, *v.t.* e *pron.*, juntar, associar, agrupar.
A.FIM, *adj.*, parente, próximo, ligado, semelhante, que tem afinidade.
A.FI.NA.ÇÃO, *s.f.*, ato ou efeito de afinar, acertar todos os tons de um aparelho.
A.FI.NAL, *adv.*, enfim, por fim, finalmente.
A.FI.NAR, *v.t.*, *int.* e *pron.*, regular os tons de um aparelho de música; tornar fino.
A.FIN.CO, *s.m.*, com bravura, com perseverança, com muita força.
A.FI.NI.DA.DE, *s.f.*, semelhança, parentesco, pontos de vista comuns.
A.FIR.MA.ÇÃO, *s.f.*, ato de afirmar, confirmação, dizer que sim.
A.FIR.MAR, *v.t.*, *int.* e *pron.*, assegurar, dar como certo, atestar, confessar.
A.FIR.MA.TI.VO, *adj.*, relativo a uma afirmação; que assegura.
A.FI.VE.LAR, *v.t.*, colocar fivela em, apertar, prender com fivela.
A.FI.XAR, *v.t.* e *pron.*, prender, fixar, prender em uma superfície.
A.FLI.ÇÃO, *s.f.*, angústia, inquietação, dor, grande ânsia.
A.FLI.GIR, *v.t.* e *pron.*, atormentar, causar aflição, perturbar, provocar dor.
A.FLI.TI.VO, *adj.*, que traz dor, doloroso, que causa aflição.
A.FLI.TO, *adj.*, perturbado, desassossegado, irrequieto, dolorido.
A.FLO.RAR, *v.t.* e *int.*, trazer à superfície, vir à tona, emergir, aparecer.
A.FLU.ÊN.CIA, *s.f.*, ato ou efeito de afluir, chegada, vinda.
A.FLU.EN.TE, *adj.*, que aflui, que chega; um rio que desemboca no outro.

A.FLU.IR, *v.i.*, ir para, correr para, chegar a, ajuntar-se, aglomerar-se.
A.FLU.XO, *s.m.*, ato ou efeito de afluir, chegada, aglomeração, afluência.
A.FO.BA.ÇÃO, *s.m.*, pressa, afã, precipitação.
A.FO.BA.DO, *adj.*, precipitado, atrapalhado, desorientado.
A.FO.BAR, *v.t. e pron.*, provocar afobação, atrapalhar, perturbar.
A.FO.FAR, *v.t., int. e pron.*, amolecer, tornar fofo, tornar macio, alisar, acarinhar.
A.FO.GA.DI.LHO, *s.m.*, urgência, pressa, de afogadilho = sem pensar.
A.FO.GA.DO, *adj.*, que se afogou, morto por falta de respiração.
A.FO.GA.DOR, *s.m.*, que afoga, estrangulador, peça dos carros antigos para regular o combustível na entrada para o motor.
A.FO.GA.MEN.TO, *s.m.*, ato ou efeito de afogar, morte por afogar-se.
A.FO.GAR, *v.t. e pron.*, sufocar, perder a respiração por causa da água.
A.FO.GUE.AR, *v.t.*, abrasar, pegar fogo, ficar vermelho, corar.
A.FOI.TE.ZA, *s.f.*, qualidade de quem é afoito, confiança, coragem, brio.
A.FOI.TO, *adj.*, destemido, corajoso, brioso, valente.
A.FO.NI.A, *s.f.*, perda da voz, ficar totalmente rouco.
A.FÔ.NI.CO, *adj.*, sem voz, rouco.
A.FO.RA, *adv.*, para fora, para além; *prep.*, além de, exceto, com exceção.
A.FO.RIS.MO, *s.m.*, provérbio, sentença, máxima, preceito moral, dito.
A.FOR.TU.NA.DO, *adj.*, com sorte, feliz, ditoso, com fortuna.
A.FRI.CA.NI.ZAR, *v.t.*, dar forma ou jeito de africano, adotar costumes da África.
A.FRI.CA.NO, *adj.*, natural ou habitante da África, o que se refere à África.
A.FRO-BRA.SI.LEI.RO, *adj.*, tudo que mostre ser mistura de africano com brasileiro ou vice-versa, como costumes, comidas, músicas.
A.FRON.TA, *s.f.*, ofensa, ultraje, desprezo, injúria, desrespeito.
A.FRON.TA.MEN.TO, *s.m.*, ato ou efeito de afrontar, enfrentamento.
A.FRON.TAR, *v.t. e pron.*, enfrentar, dar de frente, desrespeitar.
A.FROU.XA.MEN.TO, *s.m.*, ato ou efeito de afrouxar, perda do estímulo.
A.FROU.XAR, *v.t. e int.*, tornar frouxo, suavizar, enfraquecer, perder forças.
AF.TA, *s.m.*, pequenas bolhas ou úlceras que aparecem nas mucosas bucais, principalmente.
AF.TO.SA, *s.f.*, doença contagiosa que ataca bovinos, com muitas aftas.
A.FU.GEN.TAR, *v.t.*, expulsar, pôr em fuga, espantar, enxotar.
A.FUN.DA.MEN.TO, *s.m.*, ato de afundar, ir a pique, submersão.
A.FUN.DAR, *v.t., int. e pron.*, ir a pique, submergir, pôr no fundo.
A.FU.NI.LAR, *v.t. e pron.*, dar forma de funil, que começa com largura e se estreita.
A.GÁ, *s.m.*, o nome da letra h, H.
A.GA.CHAR-SE, *v. pron.*, abaixar-se, acocorar-se, ficar de cócoras.
A.GA.RO.TA.DO, *adj.*, com jeito e modo de garoto, semelhante a garoto.
A.GAR.RA.DO, *adj.*, preso, preso com garras, detido, algemado.
A.GAR.RA.MEN.TO, *s.m.*, ato ou efeito de agarrar, muito abraço.
A.GAR.RAR, *v.t. e pron.*, pegar, prender com garras, segurar, amarrar.
A.GA.SA.LHAR, *v.t. e pron.*, dar agasalho a, proteger, abrigar, recolher, hospedar.
A.GA.SA.LHO, *s.m.*, peça de vestuário para proteger do frio, ou roupa informal.
A.GAS.TAR, *v.t. e pron.*, incomodar, perturbar, zangar, aborrecer.
A.GA.VE, *s.f.*, vários tipos de plantas, algumas das quais produzem o sisal.
A.GÊN.CIA, *s.f.*, estabelecimento ou repartição que atende o público.
A.GEN.CI.A.DOR, *s.m.*, quem agencia, intermediário, negociador.
A.GEN.CI.AR, *v.t.*, trabalhar como agente, intermediar, negociar, promover.
A.GEN.DA, *s.f.*, brochura própria para marcar os compromissos, ocupação.
A.GEN.DAR, *v.t.*, marcar, datar, colocar na agenda.
A.GEN.TE, *s.m.*, quem age, tudo que age, negociante, promotor.
A.GI.GAN.TAR, *v.t. e pron.*, tornar grande, engrandecer, aumentar.

Á.GIL, *adj.*, rápido, célere, veloz, esperto, inteligente.
A.GI.LI.DA.DE, *s.f.*, ato ou efeito de ser ágil, rapidez, velocidade, esperteza.
A.GI.LI.ZAR, *v.t. e pron.*, tornar ágil, tornar veloz.
Á.GIO, *s.m.*, lucro em um negócio na compra e venda, sobretaxa nos negócios, usura, cobrança indevida.
A.GI.O.TA, *s.m.*, usurário, quem cobra juros além do permitido por lei.
A.GI.O.TA.GEM, *s.f.*, ser agiota, cobrar juros extorsivos, usura.
A.GIR, *v.int.*, proceder, atuar, movimentar-se, ter ação.
A.GI.TA.ÇÃO, *s.f.*, ato ou efeito de agir, movimentação, muito alvoroço.
A.GI.TAR, *v.t.*, movimentar, excitar, sacudir, fazer com que todos se mexam.
A.GLO.ME.RA.ÇÃO, *s.f.*, afluência, reunião de muitas pessoas.
A.GLO.ME.RA.DO, *adj.*, juntado, conjunto, amontoado.
A.GLO.ME.RAR, *v.t. e pron.*, ajuntar, afluir, amontoar.
A.GLU.TI.NA.ÇÃO, *s.f.*, ato ou efeito de aglutinação, junção, reunião de duas coisas, de duas forças.
A.GLU.TI.NAR, *v.t. e pron.*, juntar, reunir, compor duas forças.
A.GO.GÔ, *s.m.*, instrumento de percussão de origem africana.
A.GO.NI.A, *s.f.*, situação do doente terminal, estar para morrer, luta.
A.GO.NI.AR, *v.t. e pron.*, provocar agonia, ansiar, estar moribundo.
A.GO.NI.ZAN.TE, *adj.*, que está para morrer, moribundo, prestes a morrer.
A.GO.NI.ZAR, *v.t. e int.*, estar em agonia, estar moribundo, estar quase morrendo.
A.GO.RA, *adv.*, neste momento, nesta hora, neste dia, ora, atualmente.
A.GOS.TO, *s.m.*, o oitavo mês do ano.
A.GOU.RAR, *v.t., int. e pron.*, desejar algo de ruim, fazer agouro, vaticinar, prever azar.
A.GOU.REN.TO, *adj.*, supersticioso, que traz azar, que traz agouro.
A.GOU.RO, *s.m.*, presságio, notícia futura e má, azar, superstição.
A.GRA.CI.AR, *v.t.*, dar uma graça ou honra a alguém, condecorar.
A.GRA.DAR, *v.t., int. e pron.*, ser estimado, ser delicado, causar prazer.
A.GRA.DÁ.VEL, *adj.*, que agrada, delicado, amável, gracioso, gostoso.
A.GRA.DE.CER, *v.t. e int.*, dar graças, mostrar-se amável, render gratidão.
A.GRA.DE.CI.MEN.TO, *s.m.*, ato ou efeito de agradecer, gratidão.
A.GRA.DO, *s.m.*, ato ou efeito de agradar, mimo, carinho, gratidão.
A.GRÁ.RIO, *adj.*, que se refere ao campo, rural; próprio da agricultura.
A.GRA.VA.DO, *adj.*, que está mais grave, mais ofendido.
A.GRA.VA.MEN.TO, *s.m.*, ato ou efeito de agravar, irritação.
A.GRA.VAN.TE, *adj. e s.c. 2 gên.*, o que agrava, que leva para ser mais grave.
A.GRA.VAR, *v.t., int. e pron.*, aumentar o grau de gravidade, dar mais peso, piorar.
A.GRA.VO, *s.m.*, ofensa, humilhação, afronta, recurso judicial.
A.GRE, *adj.*, acre, azedo, de gosto ruim.
A.GRE.DIR, *v.t.*, atacar, ofender, machucar, ferir.
A.GRE.GA.ÇÃO, *s.f.*, ato ou efeito de agregar, reunião, afluência, associação.
A.GRE.GA.DO, *adj.*, associado, pertencente a um grupo, agrupado.
A.GRE.GAR, *v.t. e pron.*, ajuntar, reunir, agrupar, colocar num conjunto.
A.GRE.MI.A.ÇÃO, *s.f.*, pessoas reunidas em grêmio, associação, grupo.
A.GRE.MI.AR, *v.t. e pron.*, reunir, agrupar, associar.
A.GRES.SÃO, *s.m.*, ato ou efeito de agredir, ofensa, ataque, afronta.
A.GRES.SI.VI.DA.DE, *s.f.*, característica de quem é agressivo, violento.
A.GRES.SI.VO, *adj.*, violento, descontrolado, ofensivo.
A.GRES.SOR, *s.m.*, quem agride, quem ataca, quem fere.
A.GRES.TE, *adj.*, relativo ao campo, rude, rural, rústico, áspero.
A.GRI.ÃO, *s.m.*, uma erva muito usada como verdura, com sabor forte.
A.GRÍ.CO.LA, *adj.*, que se refere à agricultura, agrário, rural.
A.GRI.CUL.TOR, *s.m.*, o que trabalha no campo, na roça, lavrador, colono.

AGRICULTURA

A.GRI.CUL.TU.RA, *s.m.*, ato ou efeito de cultivar a terra, lavoura, plantação.
A.GRI.DO.CE, *adj.*, azedo e doce ao mesmo tempo.
A.GRI.MEN.SOR, *s.m.*, aquele que mede terras, quem traça os rumos das terras.
A.GRI.MEN.SU.RA, *s.f.*, ato de medir terras, delimitação das terras.
A.GRO, *adj.*, acre, azedo, de gosto ruim.
A.GRO.IN.DÚS.TRIA, *s.f.*, situação econômica que envolve a agricultura e a indústria, como as indústrias que preparam comida vinda do agricultor.
A.GRO.NO.MI.A, *s.f.*, estudo da Agricultura, a ciência que estuda tudo do campo.
A.GRÔ.NO.MO, *s.m.*, pessoa com diploma e formação para a agricultura.
A.GRO.PE.CU.Á.RIA, *s.f.*, atividade econômica que reúne a agricultura e a criação de gado, suínos ou frangos.
A.GRO.PE.CU.A.RIS.TA, *s.m.*, quem se dedica ao trabalho com agropecuária.
A.GRO.TÓ.XI.CO, *s.m.*, produto que se utiliza para combater as pragas que atacam as lavouras; inseticida, veneno.
A.GRU.PA.MEN.TO, *s.m.*, reunião, reunião de pessoas, grupo.
A.GRU.PAR, *v.t. e pron.*, reunir, ajuntar, aglomerar, associar.
A.GRU.RA, *s.f.*, dificuldade, desgosto, sofrimento, dor.
Á.GUA, *s.f.*, líquido incolor, transparente, sem cor e cheiro, formado de oxigênio e nitrogênio.
A.GUA.CEI.RO, *s.m.*, uma pancada de chuva, chuvada, chuva forte e rápida.
A.GUA.DO, *adj.*, com muita água, algo diluído em muita água.
Á.GUA-FUR.TA.DA, *s.f.*, o sótão de uma casa com janelas, casa pobre.
Á.GUA-MA.RI.NHA, *s.f.*, tipo de pedra, pedra preciosa.
Á.GUA O.XI.GE.NA.DA, *s.f.*, líquido para desinfetar, limpar feridas.
A.GUA.PÉ, *s.m.*, ervas que crescem na superfície das águas, sobretudo de lagoas.
A.GUAR, *v.t., int. e pron.*, colocar água em, molhar, regar, diluir água em.
A.GUAR.DAR, *v.t. e int.*, esperar, ficar na espera.
A.GUAR.DEN.TE, *s.f.*, bebida alcoólica, cachaça, pinga.
A.GUAR.DO, *s.m.*, ato de aguardar, espera, espreita.
A.GUAR.RÁS, *s.f.*, essência de terebentina, produto do petróleo para limpeza.
A.GU.ÇAR, *v.t.*, tornar agudo, afiar, apontar, incitar, provocar.
A.GU.DE.ZA, *s.f.*, característica do que é agudo, perspicácia, ver muito bem.
A.GU.DO, *adj.*, perspicaz, afiado, pontudo, que termina em ponta, picante.
A.GUEN.TAR, *v.t, int. e pron.*, suportar, sustentar, tolerar.
A.GUER.RI.DO, *adj.*, preparado para a guerra, valente, corajoso.
Á.GUIA, *s.f.*, um tipo de ave de rapina e de grande porte, pessoa inteligente.
A.GU.LHA, *s.f.*, haste de metal com ponta em uma extremidade e buraco na outra, para coser ou bordar.
A.GU.LHEI.RO, *s.m.*, estojo em que se colocam as agulhas.
AH!, *interj*, exprime admiração, espanto, alegria.
AI, *s.m.*, um grito de dor; *interj.*, exprime dor, dificuldade.
A.Í. *adv.*, nesse lugar, naquele lugar, lá, naquele ponto.
AI.A, *s.f.*, babá, mulher que acompanha outra pessoa para educá-la, camareira, dama de companhia.
AI.A.TO.LÁ, *s.m.*, o líder espiritual, o chefe entre os xiitas muçulmanos.
AI.DÉ.TI.CO, *adj.*, que está com AIDS, que sofre dessa doença.
AIDS, *s.f.*, ou SIDA, doença que se caracteriza pela síndrome imunológica de deficiência adquirida.
A.IN.DA, *adv.*, além de, até agora, até esse instante, outra vez mais.
AI.PIM, *s.m.*, mandioca; no Nordeste, macaxeira; raiz comestível.
AI.PO, *s.m.*, verdura da qual se comem as sementes.
A.JAR.DI.NAR, *v.t.*, dar forma de jardim, preparar como jardim.
A.JEI.TAR, *v.t. e pron.*, arrumar, acertar, acomodar, preparar.
A.JO.E.LHAR, *v.t., int. e pron.*, dobrar os joelhos; *refl.*, pôr-se sobre os joelhos, humilhar-se.
A.JU.DA, *s.f.*, auxílio, socorro.
A.JU.DAN.TE, *adj.*, quem ajuda, quem auxilia, agradado.

A.JU.DAR, *v.t., int. e pron.*, dar auxílio, facilitar, proteger, socorrer, secundar.
A.JUI.ZA.DO, *adj.*, que tem juízo, sério, bem comportado.
A.JUI.ZAR, *v.t.*, entrar com uma ação na Justiça, julgar, imaginar, avaliar.
A.JUN.TA.MEN.TO, *s.m.*, afluência, reunião, aglomeração, assembleia.
A.JUN.TAR, *v.t. e pron.*, juntar, reunir, aproximar, recolher.
A.JUS.TA.MEN.TO, *s.m.*, ato ou efeito de ajustar, ajuste, acerto, combinação.
A.JUS.TAR, *v.t. e pron.*, tornar justo e exato, regular, acertar, pôr no lugar certo.
A.JUS.TE, *s.m.*, ajustamento, acerto; ajuste de contas, terminar um negócio.
A.JU.TÓ.RIO, *s.m.*, auxílio, esmola, ajuda, ato de dar ajuda a alguém.
A.LA, *s.f.*, fila, fileira, lado, parte lateral de um local.
Á.LA.CRE, *adj.*, alegre, feliz, ditoso, contente.
A.LA.DO, *adj.*, que tem asas, asado.
A.LA.GA.DI.ÇO, *adj.*, pantanoso, cheio de água e lama, lamacento.
A.LA.GA.DO, *adj.*, cheio de água, com muita água na superfície.
A.LA.GA.MEN.TO, *s.m.*, inundação, encher-se de água, cobrir-se de água.
A.LA.GAR, *v.t. e pron.*, cobrir com água, inundar, banhar.
A.LA.GO.A.NO, *adj.*, habitante ou natural do Estado de Alagoas.
A.LAM.BI.QUE, *s.m.*, utensílio que se usa para destilar líquido, como aguardente.
A.LA.ME.DA, *s.f.*, avenida ladeada de árvores, aleia, fileira de plantas.
A.LAR, *v.t.*, pôr asas, formar alas, dar forma de ala.
A.LA.RAN.JA.DO, *adj.*, com cor de laranja, cor laranja.
A.LAR.DE, *s.m.*, barulho, ostentação, quer ser visto.
A.LAR.DE.AR, *v.t., int. e pron.*, fazer alarde, vangloriar-se, ostentar, gabar-se.
A.LAR.GA.MEN.TO, *s.m.*, ato ou efeito de alargar, dilatação, aumento.
A.LAR.GAR, *v.t., int. e pron.*, tornar largo, aumentar, dilatar, ampliar.
A.LA.RI.DO, *s.m.*, barulho, confusão, gritaria, algazarra.
A.LAR.MAN.TE, *adj.*, que assusta, que provoca alarme.
A.LAR.MAR, *v.t. e pron.*, amedrontar, assustar, provocar, inquietar.
A.LAR.ME, *s.m.*, chamamento para armar-se, pedido de socorro, susto.
A.LAS.TRAR, *v.t., int. e pron.*, espalhar, distribuir.
A.LA.Ú.DE, *s.m.*, instrumento de cordas, muito antigo, usado em orquestras.
A.LA.VAN.CA, instrumento duro para levantar pesos, barra de ferro.
AL.BA, *s.m.*, primeiras luzes do amanhecer, alvorada, aurora.
AL.BA.TROZ, *s.m.*, pássaro marinho muito grande, que se destaca pelas asas.
AL.BER.GAR, *v.t., int. e pron.*, hospedar, recolher, colocar em albergue.
AL.BER.GUE, *s.m.*, hospedaria, hospedagem, asilo para pessoas sem casa.
AL.BI.NO, *adj.*, que tem albinismo, tendência a ter pele de total cor branca.
ÁL.BUM, *s.m.*, livro que serve para colecionar fotos, selos.
AL.BÚ.MEN, *s.m.*, clara de ovo.
AL.BU.MI.NA, *s.f.*, a substância que forma a clara do ovo.
AL.ÇA, *s.f.*, peça para segurar, levantar caixas, caixões.
AL.CA.CHO.FRA, *s.f.*, tipo de planta comestível como verdura e como medicina.
AL.ÇA.DA, *s.f.*, competência, limites de ação de um juiz.
AL.ÇA.DO, *adj.*, levantado, içado, que está em posição vertical.
AL.CA.GUE.TAR, *v.t.*, denunciar, delatar, relatar para a autoridade um fato.
AL.CA.GUE.TE, *s.m.*, delator, denunciador, traidor.
AL.CAI.DE, *s.m.*, prefeito, governador.
ÁL.CA.LI, *s.m.*, soda, potassa, ácidos usados para fazer sabão, desmanchar gorduras.
AL.CA.LOI.DE, *s.m.*, que tem forma de álcali.
AL.CAN.ÇAR, *v.t., int. e pron.*, conseguir, ir até a, abraçar, vencer.
AL.CAN.CE, *s.m.*, ato ou efeito de alcançar, distância conseguida, possibilidade.
AL.ÇA.PÃO, *s.m.*, abertura com tampa para abrir e fechar, armadilha.
AL.CA.PAR.RA, *s.f.*, planta de horta, hortaliça para a cozinha.

AL.ÇAR, v.t., int. e pron., levantar, erguer, engrandecer, elevar.
AL.CA.TEI.A, s.f., bando de lobos, manada de animais ferozes, grupo de lobinhos no sistema escoteiro, crianças de 7 a 11 anos.
AL.CA.TRA, s.f., tipo de carne bovina muito macia.
AL.CA.TRÃO, s.m., substância derivada do petróleo, carvão ou madeira.
AL.CE, s.m., grande veado do Hemisfério Norte, caraterizado pelos chifres.
ÁL.CO.OL, s.m., líquido obtido pela destilação de várias substâncias.
AL.CO.Ó.LA.TRA, s.m., pessoa viciada em bebida alcoólica, alcoolista.
AL.CO.O.LE.MI.A, s.f., presença de álcool no sangue.
AL.CO.Ó.LI.CO, adj., relativo ao álcool, que contém álcool.
AL.CO.O.LIS.MO, s.m., vício e abuso habitual de bebidas alcoólicas.
AL.CO.O.LI.ZA.DO, adj., bêbado, cheio de álcool, embriagado.
AL.CO.O.LI.ZAR, v.t., colocar bebida alcoólica, pôr álcool em.
AL.CO.Ô.ME.TRO, s.m., aparelho que verifica a quantidade de álcool no organismo ou em líquidos.
AL.CO.VA, s.f., quarto sem janelas, quarto para dormir, local onde se repousa na casa.
AL.CU.NHA, s.f., apelido, nome diferente.
AL.CU.NHAR, v.t., apelidar, dar nome diverso do oficial.
AL.DE.A.MEN.TO, s.m., pessoas que moram em aldeia, ato de formar aldeia.
AL.DE.ÃO, s.m., pessoa que mora na aldeia, habitante da aldeia.
AL.DEI.A, s.f., pequena localidade, povoação, povoado, grupo de índios.
AL.DE.O.LA, s.f., pequena aldeia, povoado minúsculo, povoadozinho.
A.LE.A.TÓ.RIO, adj., possível, incerto, provável, casual.
A.LE.CRIM, s.m., planta aromática para temperos e remédios.
A.LE.GA.ÇÃO, s.f., ato ou efeito de alegar, desculpa, defesa.
A.LE.GAR, v.t., trazer como prova, referir, trazer como defesa.
A.LE.GO.RI.A, s.f., apresentar uma ideia de maneira figurada, fábula, parábola.
A.LE.GÓ.RI.CO, adj., referente à alegoria, figurado, conotativo, imaginário.
A.LE.GRAR, v.t., int. e pron., satisfazer, tornar feliz, tornar alegre, contentar.
A.LE.GRE, adj., feliz, contente, ditoso, satisfeito, sorridente.
A.LE.GRI.A, s.f., felicidade, contentamento, satisfação.
A.LEI.JA.DO, adj., defeituoso, com algum aleijão, imperfeito.
A.LEI.JÃO, s.m., defeito físico, deformidade física, deformação.
A.LEI.JAR, v.t., int. e pron., provocar aleijão, ofender, quebrar.
A.LEI.TA.ÇÃO, s.f., aleitamento, dar de mamar a alguém.
A.LEI.TA.MEN.TO, s.m., ato ou efeito de aleitar, dar de mamar leite.
A.LEI.TAR, v.t., alimentar com leite, dar leite.
A.LE.LUI.A, s.f., cântico de alegria na Páscoa; interj., que bom!
A.LÉM, adv., naquele lugar, do outro lado; s.m., na outra vida.
A.LE.MÃO, adj. e s.m., nascido na Alemanha, descendente de germânicos.
A.LÉM-TÚ.MU.LO, s.m., a vida após morte, no reino dos mortos.
A.LEN.TA.DO, adj., forte, enorme, grande.
A.LEN.TAR, v.t e pron., encorajar, animar, inspirar, dar confiança.
A.LEN.TO, s.m., ânimo, coragem, confiança, força.
A.LER.GI.A, s.f., rejeição a alguma coisa por parte do organismo.
A.LÉR.GI.CO, adj., relativo à alergia, que tem alergia.
A.LER.TA, adj., vigilante, de prontidão; adv., atentamente; s.m., sinal para avisar sobre o perigo, aviso para todos se prepararem; interj., pronto.
A.LER.TAR, v. pron. int., prevenir, avisar do perigo, aconselhar.
A.LE.TRI.A, s.f., tipo de macarrão fino.
AL.FA, s.m., primeira letra do alfabeto grego, fig. começo, início.
AL.FA.BE.TI.ZA.ÇÃO, s.f., ato ou efeito de alfabetizar, método para ensinar a ler, a compreender e interpretar.
AL.FA.BE.TI.ZAR, v.t., ensinar a ler, a compreender e interpretar.
AL.FA.BE.TO, s.m., conjunto das letras de uma língua escrita, á-bê-cê.

AL.FA.CE, s.f., planta comestível, verdura para saladas.
AL.FA.FA, s.f., erva usada para alimentação de animais.
AL.FAI.A, s.f., objetos para decorar a casa, objetos de uso caseiro, enfeite.
AL.FAI.A.TA.RI.A, s.f., estabelecimento onde trabalha o alfaiate, ateliê.
AL.FAI.A.TE, s.m., pessoa que faz roupas sob medida, costureiro.
AL.FÂN.DE.GA, s.f., duana, aduana, repartição pública federal que controla a importação de qualquer tipo de mercadoria.
AL.FAN.DE.GÁ.RIO, adj., relativo à alfândega, aduaneiro.
AL.FAR.RÁ.BIO, s.m., livro antigo, coisas antigas.
AL.FA.ZE.MA, s.f., planta de flores azuis e perfumadas, usada para fazer perfumes.
AL.FE.RES, s.m., era um posto militar antigo; Tiradentes era alferes.
AL.FI.NE.TA.DA, s.f., dar uma picada com o alfinete, fig. ironia, sarcasmo.
AL.FI.NE.TAR, v.t., picar com alfinete, furar com alfinete, ironizar.
AL.FI.NE.TE, s.m., peça metálica, fina, com ponta de um lado e cabeça do outro, que serve para espetar, segurar, prender objetos.
AL.FOR.JE, s.m., saco ou sacola que se usa para carregar alimentos ou objetos.
AL.FOR.RI.A, s.f., liberdade que o senhor concedia para o escravo, liberdade.
AL.FOR.RI.AR, v.t. e pron., libertar, dar a liberdade.
AL.GA, s.f., tipo de planta que vive nas águas ou em locais úmidos.
AL.GA.RIS.MO, s.m., sinal para representar os números.
AL.GA.ZAR.RA, s.f., barulho de vozes, gritaria, muita confusão.
ÁL.GE.BRA, s.f., parte da Matemática que ensina a calcular por meio de letras do alfabeto.
AL.GÉ.BRI.CO, adj., relativo à álgebra.
AL.GE.MA, s.f., peça metálica que serve para prender um indivíduo pelos pulsos; grilhões; fig., prisão.
AL.GE.MAR, v.t., prender com algemas, acorrentar, segurar.
AL.GI.BEI.RA, s.f., bolso.
ÁL.GI.DO, adj., gelado, muito frio, branco como gelo.
AL.GO, pron. ind., qualquer coisa, qualquer objeto.
AL.GO.DÃO, s.m., fibra fina e branca que envolve as sementes do algodoeiro.
AL.GO.DO.AL, s.m., plantação de algodoeiros.
AL.GO.DO.EI.RO, s.m., a planta que produz o algodão.
AL.GOZ, s.m., indivíduo pago para executar os condenados à morte, carrasco; fig., tipo cruel.
AL.GUÉM, pron. ind., uma pessoa, um ser indeterminado.
AL.GUI.DAR, s.m., recipiente de barro para uso geral doméstico.
AL.GUM, pron. ind., um dentre um ou mais, algo indeterminado, qualquer.
A.LHE.A.MEN.TO, s.m., ato de alhear ou alhear-se, distração.
A.LHE.AR, v.t. e pron., ficar alheio, alienar, não dar importância.
A.LHEI.O, s.m., o que é dos outros, estranho, distraído.
A.LHO, s.m., planta com bulbos e que se usa na cozinha como tempero.
A.LHU.RES, adv., em outro lugar, mais além, em lugar incerto.
A.LI, adv., naquele lugar, acolá.
A.LI.Á, s.f., fêmea do elefante, elefanta.
A.LI.A.DO, adj., unido, sócio, partidário, ter aliança com alguém.
A.LI.AN.ÇA, s.f., acordo, combinação, união.
A.LI.AR, v.t. e pron., unir, pactuar, combinar, unir.
A.LI.ÁS, adv., de outro modo, de maneira diferente.
Á.LI.BI, s.m., prova que o acusado apresenta para mostrar que estava em local e hora diferentes daqueles em que ocorreu o crime.
A.LI.CA.TE, s.m., ferramenta metálica que se usa para segurar outras peças; torquês; com o alicate se cortam arames e metais.
A.LI.CER.ÇAR, v.t., embasar, fundamentar, colocar alicerces, consolidar.
A.LI.CER.CE, s.m., fundamento, base de uma construção.
A.LI.CI.AR, v.t., enganar, subornar, seduzir.

ALIENAÇÃO

A.LI.E.NA.ÇÃO, *s.f.*, ato ou efeito de alienar, dar, ceder ou vender uma coisa.
A.LI.E.NA.DO, *adj.*, que é cedido, transferido, vendido; alguém que enlouqueceu, fora da realidade.
A.LI.E.NAR, *v.t., int. e pron.*, transferir, passar para outrem.
A.LI.E.NÍ.GE.NA, *s.c. 2 gên.*, que é de fora do país, de outro planeta.
A.LI.E.NIS.TA, *s.m.*, que cuida de alienados, de loucos.
A.LI.JA.MEN.TO, *s.m.*, descarga, esvaziamento da carga, jogar fora a carga.
A.LI.JAR, *v.t.*, atirar para fora da embarcação, despejar.
A.LI.MÁ.RIA, *s.f. rês*, qualquer animal, um quadrúpede; *fig.*, pessoa estúpida.
A.LI.MEN.TA.ÇÃO, *s.f.*, ato ou efeito de alimentar, comida, alimento.
A.LI.MEN.TAR, *v.t. e pron.*, dar comida, sustentar, nutrir, manter.
A.LI.MEN.TÍ.CIO, *adj.*, que serve para alimento, comestível.
A.LI.MEN.TO, *s.m.*, sustento, comida, nutriente.
A.LÍ.NEA, *s.f.*, espaço que marca o começo de um novo parágrafo, subdivisão de um artigo de lei.
A.LI.NHA.MEN.TO, *s.m.*, ato ou efeito de alinhar, organização, ordem.
A.LI.NHAR, *v.t., int. e pron.*, colocar na mesma linha, pôr em linha reta.
A.LI.NHA.VAR, *v.t.*, coser, costurar, fazer alinhavos em.
A.LI.NHA.VO, *s.m.*, ato ou efeito de alinhavar, pontos de costura.
A.LÍ.QUO.TA, *s.f.*, percentual cobrado pelo governo na venda de produtos.
A.LI.SA.DO, *adj.*, amaciado, preparado, aplainado.
A.LI.SA.MEN.TO, *s.m.*, ato ou efeito de alisar, amaciamento.
A.LI.SAR, *v.t., int. e pron.*, amaciar, aplainar, preparar, suavizar.
A.LIS.TA.MEN.TO, *s.m.*, ato ou efeito de alistar, recrutamento militar.
A.LIS.TAR, *v.t. e pron.*, colocar em lista, recrutar, inscrever-se para servir o exército.
A.LI.TE.RA.ÇÃO, *s.f.*, repetição das mesmas letras ou sílabas em vários versos, para imitar algum som, ruído.
A.LI.VI.AR, *v.t., int. e pron.*, obter alívio, suavizar, abrandar uma dor, consolar, descarregar, diminuir algo ruim.
A.LÍ.VIO, *s.m.*, ato ou efeito de aliviar, consolo, diminuição do que perturba.
AL.MA, *s.f.*, parte espiritual do ser humano no corpo; espírito.
AL.MA.ÇO, *s.m.*, papel almaço, tipo de papel com linhas e tamanho padrão.
AL.MA.NA.QUE, *s.m.*, publicação contendo calendários e informações gerais.
AL.ME.JAR, *v.t.*, desejar muito, ansiar por, querer.
AL.MI.RAN.TE, *s.m.*, o posto mais elevado na hierarquia da Marinha.
AL.MÍS.CAR, *s.m.*, substância aromática que se encontra no almíscar macho.
AL.MO.ÇAR, *v.t. int.*, comer ao meio-dia, servir-se do almoço.
AL.MO.ÇO, *s.m.*, a refeição do meio-dia.
AL.MO.FA.DA, *s.f.*, saco cheio de substâncias macias, que se usa como travesseiro, para sentar-se ou encostar-se.
AL.MO.FA.DÃO, *s.m.*, uma almofada grande.
AL.MO.FA.DI.NHA, *s.m.*, pessoa que busca vestir-se muito bem; *s.f.* local para pregar alfinetes, pregadeira.
AL.MÔN.DE.GA, *s.f.*, bolinho de carne moída.
AL.MO.XA.RI.FA.DO, *s.m.*, local onde são depositados os materiais para o uso de uma empresa ou de qualquer entidade.
AL.MO.XA.RI.FE, *s.m.*, o que chefia um almoxarifado, que trabalha nele.
A.LÔ, *interj.*, cumprimento ao telefone, início do diálogo telefônico.
A.LO.CU.ÇÃO, *s.f.*, pequeno e rápido discurso.
A.LOI.RAR, *v.t. e pron.*, tornar loiro ou louro, alourar.
A.LO.JA.MEN.TO, *s.m.*, ato ou efeito de alojar, abrigo, hospedagem.
A.LO.JAR, *v.t., int. e pron.*, hospedar, colocar em alojamento, abrigar, acomodar.
A.LON.GA.MEN.TO, *s.m.*, ato ou efeito de alongar, esticar.
A.LON.GAR, *v.t. e pron.*, esticar, puxar, tornar longo, prolongar.
A.LOU.RAR, *v.t. e pron.*, tornar louro, aloirar.
AL.PA.CA, *s.f.*, ruminante da América do Sul coberto com lã; tecido feito com essa lã.
AL.PAR.GA.TA, *s.f.*, alpercata, sandália de couro que se prende com tiras.
AL.PEN.DRE, *s.m.*, varanda, parte da casa aberta, mas coberta.
AL.PI.NIS.MO, *s.m.*, esporte que se especializou na subida de montanhas.
AL.PI.NIS.TA, *adj.*, quem pratica o alpinismo.
AL.PI.NO, *adj.*, referente aos Alpes, próprio dos Alpes.
AL.PIS.TE, *s.m.*, planta que produz grãos que são alimento para aves.
AL.QUE.BRAR, *v.t., int. e pron.*, debilitar, enfraquecer, perder as forças.
AL.QUI.MI.A, *s.f.*, nome usado para designar a química na Idade Média, que buscava transformar metais em ouro.
AL.QUI.MIS.TA, *s.c. 2 gên.*, quem se dedicava à alquimia.
AL.TA, *s.f.*, aumento dos preços; permissão para o doente sair do hospital.
AL.TA.NEI.RO, *adj.*, elevado, grandioso, que está no alto.
AL.TAR, *s.m.*, mesa na qual se celebra a missa na igreja católica; ara.
AL.TAR-MOR, *s.m.*, o altar central, principal num templo.
AL.TE.RA.ÇÃO, *s.f.*, ato ou efeito de alterar, modificação, mudança.
AL.TE.RAR, *v.t. e pron.*, mudar, modificar, falsificar; *pron.*, irritar-se, enfezar-se.
AL.TER.CA.ÇÃO, *s.f.*, disputa, discussão, rixa, combate, discórdia, contestação.
AL.TER.CAR, *v.t. int.*, discutir, polemizar, disputar.
AL.TER.NA.ÇÃO, *s.f.*, ato ou efeito de alternar, mudança, troca, alternância.
AL.TER.NA.DOR, *s.m.*, peça no carro que produz energia elétrica.
AL.TER.NAR, *v.t., int. e pron.*, fazer mudança, trocar lugares e posições, revezar; variar.
AL.TER.NA.TI.VA, *s.f.*, opção entre duas coisas, escolha, mudança.
AL.TE.ZA, *s.f.*, tratamento que se dá aos príncipes de sangue real, altura.
AL.TÍ.ME.TRO, *s.m.*, aparelho que mede a altitude de um objeto.
AL.TI.PLA.NO, *s.m.*, plaino sobre montes, planalto.
AL.TI.TU.DE, *s.f.*, altura de um ponto em relação ao nível do mar; na Geografia, a distância entre pontos na direção Leste-Oeste ou vice-versa.
AL.TI.VEZ, *s.f.*, orgulho, soberba, nobreza.
AL.TI.VO, *adj.*, orgulhoso, arrogante; elevado, majestoso.
AL.TO, *adj.*, elevado, profundo, que tem altura; *interj.*, parar.
AL.TRU.ÍS.MO, *s.m.*, filantropia, amor por outros seres humanos.
AL.TRU.ÍS.TA, *adj. e s.c. 2 gên.*, filantropo, que dá esmolas, que auxilia os outros.
AL.TU.RA, *s.f.*, tamanho, dimensão de um corpo, elevação, cume.
A.LU.A.DO, *adj.*, que recebe influências da Lua; *fig.*, lunático, adoidado.
A.LU.CI.NA.ÇÃO, *s.f.*, loucura, doidice, delírio, desvario.
A.LU.CI.NAN.TE, *adj.*, que alucina, deslumbrante, apaixonante.
A.LU.CI.NAR, *v.t., int. e pron.*, causar alucinação, endoidecer, perder a razão.
A.LU.CI.NÓ.GE.NO, *s.m.*, droga que provoca alucinações.
A.LU.DE, *s.m.*, massa de neve que despenca do alto, avalanche.
A.LU.DIR, *v.t.*, referir-se, fazer alusão, direcionar-se a.
A.LU.GAR, *v.t. e pron.*, dar ou tomar de aluguel, arrendar.
A.LU.GUEL, *s.m.*, contrato de uso de um imóvel por preço e tempo ajustados; pagamento do uso.
A.LU.MI.AR, *v.t., int. e pron.*, acender a luz, iluminar, aclarar.
A.LU.MÍ.NIO, *s.m.*, metal leve, branco, usado para muitas utilidades.
A.LU.NA.GEM, *s.f.*, alunissagem; pousar na Lua.
A.LU.NIS.SA.GEM, *s.f.*, pouso na Lua, descer na Lua.

AMENDOIM

A.LU.NIS.SAR, v.t. int., descer na Lua.
A.LU.NO, s.m., que aprende, que recebe instrução, discípulo, escolar.
A.LU.SÃO, s.f., referência, ação ou efeito de aludir.
A.LU.SI.VO, adj., referente, que faz alusão.
A.LU.VI.ÃO, s.f., e m. depósito de vários tipos de materiais carregados pelas águas, formando um solo.
AL.VA, s.m., madrugada, as primeiras luzes do dia, aurora.
AL.VA.RÁ, s.m., documento expedido por uma repartição pública, dando a licença para se cumprir algum direito do cidadão.
AL.VE.JAR, v.t. e int., tornar branco, embranquecer; dar um tiro em.
AL.VE.NA.RI.A, s.f., a arte de construir com pedras e cimento, obra feita assim.
AL.VÉO.LO, s.m., cavidade pequena, pequeno buraco, casulo, favo de mel.
AL.VÍS.SA.RAS, s.f., boas-novas, recompensas, saudações, notícias agradáveis.
AL.VI.TRE, s.m., opinião, conselho.
AL.VO, adj., branco, albo, cândido, puro; s.m. ponto a ser atingido no tiro; fim, objetivo.
AL.VO.RA.DA, s.f., aurora, madrugada, alva, amanhecer.
AL.VO.RE.CER, v.int., amanhecer, clarear o dia.
AL.VO.RO.ÇAR, v.t. e pron., provocar alvoroço, assustar, sobressaltar, animar.
AL.VO.RO.ÇO, s.m., susto, sobressalto.
AL.VU.RA, s.f., brancura, pureza.
A.MA, s.f., mulher que amamenta, educa criança alheia; aia, babá, criada.
A.MA.BI.LI.DA.DE, s.f., qualidade de ser amável, delicadeza.
A.MA.CI.AR, v.t. e pron., tornar macio, abrandar, suavizar.
A.MA.DOR, adj. e s.m., quem ama, quem pratica um esporte por gosto, que ainda não é profissional.
A.MA.DO.RIS.MO, s.m., qualidade de amador, o que se faz por amor, sem salário.
A.MA.DU.RE.CER, v.t. e intr., tornar maduro, desenvolver-se, criar juízo.
A.MA.DU.RE.CI.MEN.TO, s.m., ato ou efeito de amadurecer, madureza, fig., sensatez.
Â.MA.GO, s.m., o cerne, a parte mais interior, centro, fig., alma, essência.
A.MAI.NAR, v.t., int. e pron., baixar a vela, suavizar, amansar.
A.MAL.DI.ÇO.AR, v.t., lançar maldição em alguém, maldizer, abominar.
A.MÁL.GA.MA, s.m., liga de metais usada pelos dentistas para fechar dentes.
A.MAL.GA.MAR, v.t. e pron., unir metais, aproximar, reunir, aglutinar, juntar forças.
A.MA.MEN.TA.ÇÃO, s.f., ato ou efeito de amamentar.
A.MA.MEN.TAR, v.t., dar de mamar, aleitar, criar no peito, mamando.
A.MA.NHÃ, adv., no dia seguinte ao atual; s.m., futuro.
A.MA.NHAR, v.t., cultivar a terra, preparar a terra.
A.MA.NHE.CER, v. int., começar o dia, raiar o dia, alvorecer.
A.MAN.SA.DOR, s.m., quem doma, quem amansa.
A.MAN.SAR, v.t. e pron., tornar manso, domesticar, pacificar, domar.
A.MAN.TE, adj. e s.c. 2 gên., quem ama, pessoa que ama.
A.MAN.TEI.GAR, v.t., colocar manteiga, amolecer, dar cor de manteiga.
A.MA.PA.EN.SE, adj., nascido no Estado do Amapá, s.m., habitante de lá.
A.MAR, v.t., int. e pron. e pron., gostar muito de alguém, ter amor, ter afeição.
A.MA.RE.LÃO, s.m., doença que se caracteriza pela cor amarela.
A.MA.RE.LAR, v.t. e int., dar cor amarela, ficar com cor amarela.
A.MA.RE.LE.CER, v.int., tornar-se amarelo, ficar com cor amarela, empalidecer.
A.MA.RE.LO, s.m., cor amarela; adj., da cor do ouro, da gema do ovo.
A.MAR.FA.NHAR, v.t.d., amarrotar, amassar, machucar.
A.MAR.GAR, v.t., int. e pron., ter sabor amargo, sofrer, padecer.
A.MAR.GO, adj., que amarga, sabor desagradável, contrário de doce.
A.MAR.GOR, s.m., amargura, sabor amargo.
A.MAR.GU.RA, s.f., amargor, sabor amargo, azedume; fig., dor, aflição.
A.MAR.GU.RA.DO, adj., triste, acabrunhado, cheio de amargura.
A.MAR.GU.RAR, v.t. e pron., provocar amargura, angustiar, machucar.
A.MAR.RA, s.f., cabo que prende o navio no cais ou nos botes; fig., proteção.
A.MAR.RA.ÇÃO, s.f., ato ou efeito de amarrar, ancoradouro, trapiche.
A.MAR.RAR, v.t., int. e pron., prender com amarras, ligar, atar, prender.
A.MAR.RO.TAR, v.t., amassar, amarfanhar, vincar.
A.MA-SE.CA, s.f., aia, babá.
A.MAS.SAR, v.t. e pron., transformar em massa, em pasta, misturar, moldar.
A.MÁ.VEL, adj., delicado, atencioso, gentil, cortês.
A.MA.ZO.NA, s.f., mulher que cavalga, cavaleira.
A.MA.ZO.NEN.SE, adj., relativo ao Estado do Amazonas, habitante desse Estado.
A.MA.ZÔ.NI.CO, adj., referente ao Amazonas.
ÂM.BAR, s.m., substância dura e um cheiro forte, com cor escura.
AM.BI.ÇÃO, s.f., desejo muito forte de poder e riqueza; ganância, cobiça.
AM.BI.CI.O.NAR, v.t., desejar ardentemente, cobiçar, querer a qualquer custo.
AM.BI.CI.O.SO, adj., que tem ambição, ganancioso, cobiçoso.
AM.BI.DES.TRO, adj., que usa as duas mãos com a mesma habilidade.
AM.BI.EN.TAL, adj., que se refere ao ambiente, local.
AM.BI.EN.TAR, v.t. e pron., formar um ambiente, dar condições para viver em uma situação.
AM.BI.EN.TE, s.m., local em que os seres vivem de acordo com sua natureza, lugar, bioesfera, habitat, espaço próprio.
AM.BI.GUI.DA.DE, s.f., propriedade do que é ambíguo, com duplo sentido.
AM.BÍ.GUO, adj. que tem duplo sentido, confuso, incoerente.
ÂM.BI.TO, s.m., espaço que cerca algo, recinto, círculo, contexto.
AM.BI.VA.LÊN:CIA, s.f., propriedade do que tem dois valores, dois sentidos.
AM.BOS, num., os dois, duas pessoas citadas juntas.
AM.BU.LÂN.CIA, s.f., carro preparado especialmente para transportar doentes e acidentados.
AM.BU.LAN.TE, adj. e s.c. 2 gên., que anda sem rumo, vendedor sem ponto fixo.
AM.BU.LA.TÓ.RIO, s.m., enfermaria para atendimento de emergência.
A.ME.A.ÇA, s.f., uma palavra, um gesto indicando que se quer amedrontar alguém, intimidar.
A.ME.A.ÇA.DOR, adj., que ameaça, que assusta, que amedronta.
A.ME.A.ÇAR, v.t. e int., dirigir ameaças, apavorar, intimidar.
A.ME.A.LHAR, v.t. e int., economizar, ajuntar valores, adquirir valores.
A.ME.DRON.TAR, v.t., int. e pron., intimidar, assustar, causar medo.
A.MEI.XA, s.f., fruto da ameixeira.
A.MEI.XEI.RA, s.f., planta que produz fruta comestível, a ameixa.
A.MÉM, interj., expressão indicativa de que a oração acabou; s.m., que assim seja, concordância.
A.MÊN.DOA, s.f., fruto da amendoeira.
A.MEN.DO.IM, s.m., planta que produz sementes comestíveis, o fruto dessa planta.

AMENIDADE

A.ME.NI.DA.DE, s.f., doçura, delicadeza, graça, maviosidade.
A.ME.NI.ZAR, v.t. e pron., tornar ameno, adoçar, suavizar, tornar aprazível.
A.ME.NO, adj., agradável, suave, delicado, gostoso, aprazível.
A.ME.RI.CA.NI.ZAR, v.t. e pron., tornar americano, dar costumes e jeito de americano.
A.ME.RI.CA.NO, adj., relativo à América ou aos EUA; habitante da América.
A.ME.RÍN.DIO, adj. e s.m., em relação aos índios das Américas.
A.MES.QUI.NHAR, v.t. e pron., tornar mesquinho, humilhar, vexar, depreciar.
A.MES.TRAR, v.t. e pron., transformar em mestre, treinar, preparar.
A.ME.TIS.TA, s.f., pedra semipreciosa de cor roxa ou vermelha.
A.MI.AN.TO, s.m., mineral que resiste ao poder do fogo, usado por bombeiros.
A.MÍ.DA.LA, s.f., as duas glândulas que ladeiam a garganta.
A.MI.DA.LI.TE, s.f., inflamação das amídalas; diz-se também amigdalite.
A.MI.DO, s.m., substância que se extrai das batatas e de alguns grãos.
A.MI.GA, s.f., mulher que tem amizade com outrem; amante de alguém.
A.MI.GA.DO, adj. e s.m., que está amancebado, maritalmente junto, amancebado.
A.MI.GA.LHA.ÇO, s.m., um grande amigo, amigão.
A.MI.GAR, v.t. e pron., fazer-se amigo, tornar amigo, amancebar-se.
A.MI.GÁ.VEL, adj., como amigo, com amizade, típico de amigo, amoroso.
A.MI.GO, adj., caro, dileto, dedicado; s.m., um ser que ama o outro; alguém que faz tudo pelo outro; amante, amásio, amancebado.
A.MIS.TO.SO, adj., que tem amizade, dado à amizade; jogo de futebol para alegria dos torcedores; sem fins de ganhar pontos ou renda.
A.MI.Ú.DE, adv., com frequência, diversas vezes, amiudadamente.
A.MI.ZA.DE, s.f., sentimento de amigo entre duas pessoas, afeição, carinho.
AM.NÉ.SIA, s.f., a memória desaparece ou diminui; a pessoa esquece tudo.
A.MO, s.m., dono, patrão, chefe.
A.MO.DOR.RAR, v.t. e pron., provocar modorra, deixar em estado de preguiça.
A.MO.FI.NAR, v.t. e pron., irritar, afligir, incomodar, agastar.
A.MOI.TAR, v. pron., ficar na moita, ficar na espreita, esconder-se atrás de algo.
A.MO.LA.ÇÃO, s.f., incômodo, aborrecimento, fastio.
A.MO.LA.DO, adj., incomodado, aborrecido, irritado, agastado.
A.MO.LA.DOR, adj., instrumento para afiar ferramentas, ou quem amola.
A.MO.LAR, v.t. e pron., afiar, dar corte nas facas.
A.MOL.DAR, v.t. e pron., colocar no molde, moldar, fabricar de acordo com o molde.
A.MO.LE.CER, v.t. e int., tornar mole, suavizar, abrandar, dobrar a vontade de alguém.
A.MO.NÍ.A.CO, s.m., gás composto de azoto e hidrogênio solúvel em água.
A.MON.TO.A.DO, adj., colocado em um monte; s.m., várias coisas juntas.
A.MON.TO.AR, v.t., int. e pron., colocar em monte, ajuntar, recolher, guardar, poupar.
A.MOR, s.f., afeição, afeto, atração entre duas pessoas.
A.MO.RA, s.f., fruta da amoreira.
A.MOR.DA.ÇAR, v.t., pôr mordaça em, não deixar falar, fechar a boca de.
A.MO.REI.RA, s.f., planta que produz a amora e de cujas folhas se alimenta o bicho-da-seda.
A.MO.RE.NAR, v.t. e pron., tornar moreno, bronzear, escurecer a cor da pele.
A.MOR.FO, adj., sem forma, apático, sem ação.

A.MOR.NAR, v.t. e pron., tornar morno, esquentar levemente, tornar tépido.
A.MO.RO.SO, adj., que possui muito amor, amável, cheio de amor.
A.MOR-PER.FEI.TO, s.m., planta de jardim, cujas flores têm várias cores.
A.MOR-PRÓ.PRIO, s.m., amor por si mesmo, dignidade, respeito para consigo mesmo.
A.MOR.TA.LHAR, v.t., colocar em mortalha, envolver o cadáver em pano.
A.MOR.TE.CE.DOR, s.m., que amortece, que suaviza; peça do carro para abafar os solavancos e ruídos.
A.MOR.TE.CER, v.t., int. e pron., abafar, suavizar, diminuir o impacto e o ruído.
A.MOR.TE.CI.MEN.TO, s.m., ato ou efeito de amortecer.
A.MOR.TI.ZA.ÇÃO, s.f., ato ou efeito de amortizar, pagamento em prestações.
A.MOR.TI.ZAR, v.t. e pron., pagar aos poucos uma dívida, liquidar o débito em parcelas seguidas.
A.MOS.TRA, s.f., ato ou efeito de mostrar, exibição, modelo para vendas.
A.MOS.TRA.GEM, s.f., ato ou efeito de amostrar, pesquisa por amostragem, pegando somente alguns tipos.
A.MOS.TRAR, v.t. e pron., mostrar, exibir.
A.MO.TI.NA.ÇÃO, s.f., rebelião, revolta, motim.
A.MO.TI.NAR, v.t. e pron., fazer um motim, revoltar, insurgir-se.
AM.PA.RAR, v.t. e pron., proteger, apoiar, auxiliar, suster, segurar.
AM.PA.RO, s.m., apoio, proteção, ato de amparar, patrocínio.
AM.PE.RA.GEM, s.f., intensidade da corrente elétrica por ampères.
AM.PÈ.RE, s.m., unidade de intensidade da corrente elétrica.
AM.PE.RÍ.ME.TRO, s.m., instrumento para medir a amperagem.
AM.PLI.A.ÇÃO, s.f., ato ou efeito de ampliar, aumento, alargamento.
AM.PLI.AR, v.t., int. e pron., aumentar, engrandecer, alargar.
AM.PLI.DÃO, s.f., aquilo que é amplo, grandeza, enormidade.
AM.PLI.FI.CA.ÇÃO, s.f., ato ou efeito de amplificar, aumento.
AM.PLI.FI.CAR, v.t., tornar amplo, aumentar, desenvolver.
AM.PLI.TU.DE, s.f., o que é amplo, extensão, tamanho, amplidão.
AM.PLO, adj., vasto, grande, espaçoso, enorme.
AM.PO.LA, s.f., um reservatório de vidro, recipiente, bolha.
AM.PU.LHE.TA, s.f., tipo de relógio antigo, que mede o tempo pela queda de areia de um vaso para o outro; relógio de areia.
AM.PU.TA.ÇÃO, s.f., ato ou efeito de amputar, decepamento, corte.
AM.PU.TAR, v.t., ato de cortar um membro, decepar, cortar, eliminar.
A.MU.AR, v.t., int. e pron., ficar amuado, irritar-se, aborrecer-se.
A.MU.LE.TO, s.m., talismã, objeto que afasta os azares da vida.
A.MU.O, s.m., estado de quem está amuado, aborrecido, irritado.
A.NA.CO.LU.TO, s.m., figura de construção na qual um termo parece solto na frase, sem ligação sintática com os demais termos.
A.NA.CRÔ.NI.CO, adj., obsoleto, que está fora do tempo, da moda.
A.NA.CRO.NIS.MO, s.m., que está fora do tempo normal, antiquado.
A.NA.FI.LA.XI.A, s.f., reação a um medicamento por parte do organismo.
A.NA.GRA.MA, s.m., as letras de um nome são mudadas de posição, para se obter outro nome; por ex.; América forma Iracema.
A.NAIS, s.m., a história de algum povo, pessoas, contada ano a ano.
A.NAL, adj., relativo ao ânus.
A.NAL.FA.BE.TO, s.m., que não sabe ler nem escrever; ignorante.
A.NAL.GÉ.SI.CO, adj., remédio para tirar a dor.
A.NAL.GI.A, s.f., sem dor, ausência de dor.
A.NA.LI.SAR, v.t., fazer a análise de, examinar com detalhes.
A.NÁ.LI.SE, s.f., ato ou efeito de analisar, exame, decomposição dos elementos que compõem o que se examinará.
A.NA.LIS.TA, s.c. 2 gên., todo indivíduo que faz análises, exames.
A.NA.LÍ.TI.CO, adj., que analisa, que examina.
A.NA.LO.GI.A, s.f., semelhança entre coisas comuns, similitude, semelhança.
A.NA.LÓ.GI.CO, adj., que possui analogia, semelhante.
A.NÁ.LO.GO, adj., semelhante, parecido.

A.NA.NÁS, *s.m.*, planta que produz uma fruta parecida com o abacaxi.
A.NÃO, *s.m.*, pessoa que é menor do que o tamanho normal, muito pequeno.
A.NAR.QUI.A, *s.f.*, situação em que não há governo nem lei; baderna, confusão, desordem, desgoverno.
A.NAR.QUIS.TA, *s.c. 2 gên.*, seguidor da anarquia, quem combate a existência de governo, quem quer derrubar a ordem legal.
A.NAR.QUI.ZAR, *v.t.*, tornar anárquico, desordenar, badernar, provocar confusão.
A.NÁ.TE.MA, *s.m.*, condenado a sair do sistema, maldição, excomunhão.
A.NA.TO.MI.A, *s.f.*, ciência que estuda o organismo interno dos seres.
A.NA.TÔ.MI.CO, *adj.*, relativo à anatomia.
AN.CA, *s.f.*, quadril.
AN.CES.TRAL, *s.m.*, próprio dos antepassados, muito antigo.
AN.CHO, *adj.*, cheio de si, muito vaidoso, soberbo.
AN.CHO.VA, *s.f.*, peixe de largo consumo, enchova.
AN.CI.ÃO, *s.m.*, homem de idade avançada, velho.
AN.CI.NHO, *s.m.*, instrumento de metal com formato de pente para recolher ervas, palha.
ÂN.CO.RA, *s.f.*, objeto de ferro usado nos navios para ficarem presos a um local, quando pretendem parar.
AN.CO.RA.DOU.RO, *s.m.*, local onde as embarcações param; parada de navio no porto.
AN.CO.RAR, *v.t.*, parar o navio, fundear, parar.
AN.DAI.ME, *s.m.*, armação de madeira ou outro material, para os trabalhadores trabalharem em construções.
AN.DA.MEN.TO, *s.m.*, ato de andar, maneira de andar; como um trecho musical é executado.
AN.DAN.ÇA, *s.f.*, luta, sorte, destino, lida, viagem.
AN.DAN.TE, *s.c. 2 gên.*, que anda, errante, andarilho, viajante.
AN.DAR, *v. int.*, ir, caminhar, locomover-se, dar passos; maneira de caminhar.
AN.DA.RI.LHO, *s.m.*, andante, indivíduo que anda sem rumo nem local fixo.
AN.DI.NO, *adj.*, referente aos Andes, *s.m.*, habitante dos Andes.
AN.DOR, *s.m.*, padiola enfeitada para levar estátuas de santos em procissões.
AN.DO.RI.NHA, *s.f.*, pássaro muito comum e que migra no inverno para locais quentes.
AN.DRA.JOS, *s.m.*, roupas usadas, farrapos, roupas estragadas.
AN.DRA.JO.SO, *adj.*, vestido com farrapos, vestido com roupas velhas e usadas.
AN.DROI.DE, *adj.*, semelhante a homem, tipo homem.
A.NE.DO.TA, *s.f.*, narração detalhada de fatos engraçados, chiste, piada.
A.NEL, *s.m.*, pequena argola de metal que se usa nos dedos, arco, elo.
A.NE.LA.DO, *adj.*, cabelo encaracolado, em forma de anel.
A.NE.LAR, *v.t.*, dar forma de anel, desejar muito, ambicionar.
A.NE.LO, *s.m.*, desejo ardente, grande desejo.
A.NE.MI.A, *s.f.*, poucos glóbulos vermelhos no sangue, fraqueza, debilidade.
A.NÊ.MI.CO, *adj.*, que sofre de anemia, sem forças, fraco, enfraquecido.
A.NE.MÔ.ME.TRO, *s.m.*, aparelho usado para medir a força e velocidade do vento.
A.NES.TE.SI.A, *s.f.*, substância usada nas cirurgias para provocar a perda total ou parcial da sensibilidade corporal.
A.NES.TE.SI.AR, *v.t.*, reduzir ou eliminar a sensibilidade com o uso de anestesia.
A.NES.TÉ.SI.CO, *s.m.*, produto médico que produz anestesia.
A.NES.TE.SIS.TA, *s.c. 2 gên.*, que aplica a anestesia.
A.NEU.RIS.MA, *s.m.*, dilatação ao longo de uma artéria, quando suas paredes se distendem.
A.NE.XA.ÇÃO, *s.f.*, ato ou efeito de anexar, incorporação, junção.
A.NE.XAR, *v.t.*, executar uma anexação, ajuntar, unir, ligar.
A.NE.XIM, *s.m.*, anedota, piada, provérbio, adágio, máxima.
A.NE.XO, *adj.*, ligado, unido, incluso.
AN.FÍ.BIO, *s.m.*, ser vivo que vive tanto em terra como na água.
AN.FI.TE.A.TRO, *s.m.*, espaço com arquibancadas para espetáculo, sala para conferências, palestras; sala em forma circular.
AN.FI.TRI.ÃO, *s.m.*, quem recebe os convidados, o dono da casa que recebe convidados.

ÂN.FO.RA, *s.f.*, um vaso de barro grande, com duas pegadeiras para líquidos.
AN.GA.RI.AR, *v.t.*, obter, receber, recolher, ajuntar.
AN.GÉ.LI.CA, *s.f.*, planta medicinal com flores muito cheirosas.
AN.GE.LI.CAL, *adj.*, característico de anjo, puro, perfeito, angélico.
AN.GLI.CA.NIS.MO, *s.m.*, religião cristã oficial e dominante na Inglaterra.
AN.GLI.CA.NO, *adj. e s.m.*, seguidor do anglicanismo.
AN.GLI.CIS.MO, *s.m.*, palavras inglesas usadas em outros idiomas.
AN.GO.LA.NO, *adj. ou s.m.*, relativo ou habitante de Angola.
AN.GO.RÁ, *s.m.*, tipo de gato, caracterizado por seu pelo longo e brilhante.
AN.GRA, *s.f.*, enseada, pequena baía.
AN.GU, *s.m.*, comida mole feita com farinha de milho; *pop.*, confusão.
AN.GU.LAR, *adj.*, em forma de ângulo.
ÂN.GU.LO, *s.m.*, figura geométrica formada pelo cruzamento de duas retas; canto, esquina, aresta, perspectiva.
AN.GU.LO.SO, *adj.*, cheio de ângulos, esquinas.
AN.GÚS.TIA, *s.f.*, grande ansiedade, aflição, dor, estresse.
AN.GUS.TI.AN.TE, *adj.*, que angustia, que aflige, que causa dor.
AN.GUS.TI.AR, *v.t. e pron.*, causar angústia, afligir, atormentar.
A.NIL, *s.m.*, corante azul; índigo.
A.NI.LAR, *v.t.*, dar cor azul, tingir de anil.
A.NI.LI.NA, *s.f.*, composto muito utilizado para dar cor a produtos.
A.NI.MA.ÇÃO, *s.f.*, ato ou efeito de animar; entusiasmo, coragem, vontade.
A.NI.MA.DO, *adj.*, entusiasmado, disposto, com vontade.
A.NI.MAL, *s.m.*, todo ser vivo que se mantém e se locomove; *fig.*, pessoa bruta.
A.NI.MAR, *v.t. e pron.*, dar vida, entusiasmar, dirigir com entusiasmo, dar coragem.
Â.NI.MO, *s.m.*, espírito, mente, entusiasmo, coragem.
A.NI.MO.SI.DA.DE, *s.f.*, indisposição, aversão, antipatia, irritação.
A.NI.NHAR, *v.t., int. e pron.*, colocar no ninho, recolher-se, amparar-se.
A.NI.QUI.LA.MEN.TO, *s.m.*, ato ou efeito de aniquilar, aniquilação, destruição.
A.NI.QUI.LAR, *v.t. e pron.*, destruir, reduzir ao nada, extinguir, arrasar.
A.NIS, *s.m.*, planta aromática usada para fazer remédios e licores.
A.NIS.TI.A, *s.f.*, ato que perdoa o fato e suas consequências, perdão total.
A.NIS.TI.A.DO, *adj. e s.m.*, quem recebeu a anistia, quem foi perdoado.
A.NIS.TI.AR, *v.t.*, dar anistia, perdoar, retirar as acusações, isentar de culpa.
A.NI.VER.SA.RI.AN.TE, *s.c.*, quem aniversaria, quem completa anos.
A.NI.VER.SA.RI.AR, *v.int.*, completar anos, celebrar o dia de nascimento.
A.NI.VER.SÁ.RIO, *s.m.*, o dia no qual se nasceu e celebrado por completar anos; qualquer celebração para comemorar anos.

AN.JO, *s.m.*, ser espiritual que liga os homens a Deus; habitante do céu; *fig.*, pessoa pura, pessoa bela e inocente.
AN.JO DA GUAR.DA, *s.m.*, anjo que tem por encargo cuidar de uma pessoa; *fig.*, amigo protetor.

ANO

A.NO, *s.m.*, espaço de 365 dias ou 12 meses. Tempo entre 1° de janeiro e 31 de dezembro de cada ano.
A.NOI.TE.CER, *v. int.*, escurecer, começar a noite.
A.NO-LUZ, *s.m.*, distância percorrida pela luz durante um ano a 300.000 km/seg.
A.NO.MA.LI.A, *s.f.*, anormalidade, o que foge aos padrões, o que não é normal.
A.NÔ.MA.LO, *adj.*, que é anormal, diferente, excepcional.
A.NO.NI.MA.TO, *s.m.*, o que é anônimo, que é feito sem se declarar o autor.
A.NÔ.NI.MO, *adj.*, sem nome, que vem sem a devida indicação do autor.
A.NO.RE.XI.A, *s.f.*, distúrbio devido ao qual a pessoa não tem apetite.
A.NOR.MAL, *adj.*, que não é normal, anômalo, excepcional, fora dos padrões.
A.NOR.MA.LI.DA.DE, *s.f.*, estado do que não é anormal.
A.NOR.MAL.MEN.TE, *adv.*, de modo anormal, excepcionalmente.
A.NO.TA.ÇÃO, *s.f.*, ato ou efeito de anotar, escrito, nota escrita.
A.NO.TAR, *v.t.*, escrever, tomar notas.
AN.SEI.O, *s.m.*, desejo, aflição, aspiração, objetivo.
AN.SE.RI.FOR.MES, *s.m., pl.*, tipo de aves aquáticas como os patos, marrecos, cisnes, gansos e similares.
ÂN.SIA, *s.f.*, desejo muito grande, angústia, enjoo, aflição.
AN.SI.AR, *v.t., int.* e *pron.*, causar ânsia, desejar muito, anelar, ambicionar.
AN.SI.E.DA.DE, *s.f.*, problemas na respiração, angústia, insegurança.
AN.SI.O.SO, *adj.*, que tem muita ansiedade, angustiado, inseguro, extremamente preocupado.
AN.TA, *s.f.*, um dos maiores mamíferos selvagens do Brasil, tapir; *fig.*, indivíduo tolo, apatetado.
AN.TA.GÔ.NI.CO, *adj.*, contrário, adversário, oposto.
AN.TA.GO.NIS.MO, *s.m.*, rivalidade, situação em que dois se combatem, um se opõe ao outro, adversariedade.
AN.TA.GO.NIS.TA, *s.c. 2 gên.*, opositor, contrário.
AN.TA.GO.NI.ZAR, *v.t.* e *pron.*, procurar antagonismo, combater.
AN.TA.NHO, *s.m.*, outrora, antigamente, nos tempos passados.
AN.TÁR.TI.CO, *adj.*, próprio do Polo Sul, da Antártica.
AN.TE, *prep.*, antes de, diante de, na frente de.
AN.TE.BRA.ÇO, *s.m.*, parte do braço entre o pulso e o cotovelo.
AN.TE.CE.DÊN.CIA, *s.f.*, o que acontece ou é feito antes, fato anterior.
AN.TE.CE.DEN.TE, *adj., 2 gen*, precedente, anterior, que vem antes.
AN.TE.CE.DER, *v.t.*, vir antes, preceder, estar na frente.
AN.TE.CES.SOR, *s.m.*, precedente, predecessor, o que veio antes.
AN.TE.CI.PA.ÇÃO, *s.f.*, ato ou efeito para antecipar, precedência.
AN.TE.CI.PA.DA.MENTE, *adv.*, que vem antes, precedentemente.
AN.TE.CI.PAR, *v.t.* e *pron.*, trazer para antes, realizar antes do marcado, adiantar.
AN.TE.DI.LU.VI.A.NO, *adj.*, que aconteceu antes do dilúvio, muito antigo.
AN.TE.GO.ZAR, *v.t.*, gozar antes, gozar antes do esperado.
AN.TE.MÃO, *s.f.*, na locução adv. *de antemão*: com antecedência, antecipadamente.
AN.TE.NA, *s.f.*, peça metálica usada para a recepção dos sinais de rádio e televisão ou outras transmissões; órgão de alguns animais para o tato e olfato.
AN.TE.ON.TEM, *adv.*, no dia anterior ao de ontem, antes de ontem.
AN.TE.PAS.SA.DO, *s.m.*, ascendente, antecessor, que veio antes.
AN.TE.PE.NÚL.TI.MO, *adj.* e *s.m.*, o que veio antes do penúltimo.
AN.TE.POR, *v.t.* e *pron.*, colocar antes, dar preferência, pôr na frente.
AN.TE.PO.SI.ÇÃO, *s.f.*, ato ou efeito de antepor, preferência.
AN.TE.PRO.JE.TO, *s.m.*, plano para analisar o que se fará, projeto inicial para concluir um definitivo.
AN.TE.RI.OR, *adj.*, que está na frente, que veio antes, precedente.
AN.TES, *adv.*, em local anterior, primeiro, com preferência.
AN.TE.VER, *v.t.*, prever, ver com antecedência.
AN.TE.VÉS.PE.RA, *s.f.*, dia anterior, dia anterior ao da véspera.
AN.TE.VI.SÃO, *s.f.*, previsão, ver antes de acontecer, vidência.
AN.TI, *prefixo grego*, indica sempre contra, contrário.
AN.TI.A.É.REO, *adj.*, que combate os objetos aéreos, contra os aviões.
AN.TI.AL.CO.Ó.LI.CO, *adj.*, tudo que combate a ação do álcool.
AN.TI.A.LÉR.GI.CO, *adj.* e *s.m.*, o que combate a alergia.
AN.TI.BI.Ó.TI.CO, *adj.* e *s.m.*, composto químico que impede a proliferação de micro-organismos ou bactérias.
AN.TI.CON.CEP.CI.O.NAL, *adj.* e *s.m.*, substância que evita a concepção de vida.
AN.TI.CONS.TI.TU.CI.O.NAL, *adj.*, que é contra a constituição de uma nação.
AN.TÍ.DO.TO, *s.m.*, contraveneno, todo remédio cuja função é cortar a ação de um veneno.
AN.TI.GA.MEN.TE, *adv.*, em tempos passados, outrora.
AN.TI.GO, *adj.*, velho, de outros tempos, do passado.
AN.TI.GUI.DA.DE, *s.m.*, o que é antigo, tempos muito antigos, outrora.
AN.TI-HI.GI.Ê.NI.CO, *adj.*, contra a higiene, sujo, imundo.
AN.TÍ.LO.PE, *s.m.*, mamífero muito veloz, originário da África.
AN.TI.O.FÍ.DI.CO, *adj.*, contra o veneno de cobras.
AN.TI.PA.TI.A, *s.f.*, sentimento de não gostar de alguém, aversão, repulsa.
AN.TI.PÁ.TI.CO, *adj.*, que traz antipatia, desagradável.
AN.TI.PA.TI.ZAR, *v. in.*, sentir antipatia, não gostar de.
AN.TÍ.PO.DAS, *s.c. 2 gên.* e *pl.*, designa os habitantes da Terra que se encontram em local totalmente oposto em relação a outros habitantes do planeta; *ex.*, brasileiros e japoneses.
AN.TI.QUA.DO, *adj.*, superado pelo tempo, obsoleto, em desuso.
AN.TI.QUÁ.RIO, *s.m.*, quem estuda ou comercia coisas antigas.
AN.TIR.RÁ.BI.CO, *adj.*, contra a hidrofobia, contra a doença da raiva dos cães.
AN.TIS.SE.MI.TA, *adj.*, contra os hebreus, contra os judeus.
AN.TIS.SEP.SI.A, *s.f.*, combate às bactérias, destruição de bactérias.
AN.TIS.SÉP.TI.CO, *adj.*, tudo que destrói bactérias, antibactérias.
AN.TÍ.TE.SE, *s.f.*, figura que expressa oposição de ideias, contraste.
AN.TO.LO.GI.A, *s.f.*, coleção de textos, um conjunto de textos selecionados.
AN.TO.LÓ.GI.CO, *adj.*, que se refere à antologia, bonito, diferente, exótico.
AN.TO.NÍ.MIA, *s.f.*, característica de palavras contrárias entre si, de antônimos.
AN.TÔ.NI.MO, *s.m.*, palavra que tem sentido contrário.
AN.TRO, *s.m.*, cova, caverna que impõe medo; local de maus costumes.
AN.TRO.PO.FA.GI.A, *s.f.*, canibalismo, o consumo de carne humana.
AN.TRO.PÓ.FA.GO, *s.m.*, ser humano que devora carne humana, canibal.
AN.TRO.PO.LO.GI.A, *s.f.*, estudo do ser humano em seu habitat.
AN.TRO.PÓ.LO.GO, *s.m.*, estudioso de Antropologia.
AN.TÚ.RIO, *s.m.*, tipo de folhagem que floresce.
A.NU, *s.m.*, uma ave comum no Brasil; existe com cor preta e com cor esbranquiçada.
A.NU.AL, *adj.*, relativo ao ano, que acontece uma vez por ano.
A.NU.A.LI.DA.DE, *s.f.*, característica do que é anual.
A.NU.Á.RIO, *s.m.*, livro que registra tudo que acontece em um ano, publicação anual.
A.NU.ÊN.CIA, *s.f.*, ato de anuir, concessão, ato de ceder.
A.NU.I.DA.DE, *s.f.*, prestação que se paga uma vez por ano.
A.NU.IR, *v.t.*, dar anuência, concordar, consentir.
A.NU.LA.ÇÃO, *s.f.*, ato ou efeito de anular, cancelamento.
A.NU.LAR, *v.t.* e *pron.*, cancelar, inutilizar, invalidar.
A.NU.LAR, *adj.*, referente ao anel; nome do dedo da mão - dedo anular, dedo do anel.
A.NUN.CI.A.ÇÃO, *s.f.*, ato de anunciar.

APOGEU

A.NUN.CI.AN.TE, s.c. 2 gên., quem anuncia, quem remete anúncios para a imprensa.
A.NUN.CI.AR, v.t. e pron., comunicar, colocar em anúncio, propagandear.
A.NÚN.CIO, s.m., aviso, comunicação para tornar público um fato, uma ideia, um produto, uma necessidade.
A.NU.RO, adj., o que está sem cauda; batráquio, os sapos e parentes.
Â.NUS, s.m., abertura inferior nos organismos para expelir as fezes.
A.NU.VI.AR, v.t. e pron., cobrir com nuvens, escurecer, fig., entristecer, desanimar.
AN.VER.SO, s.m., parte principal de uma medalha, de uma folha, contraverso.
AN.ZOL, s.m., peça metálica recurvada para pescar.
A.ON.DE, adv., a que lugar, para onde, indica sempre direção.
A.OR.TA, s.f., grande artéria que sai do coração, levando sangue para o corpo.
A.PA.DRI.NHAR, v.t. e pron., tornar-se padrinho de; proteger, defender, cuidar de.
A.PA.GA.DO, adj., sem força, sem fogo, desanimado.
A.PA.GAR, v.t. e pron., extinguir o fogo, tirar da vista, exterminar, fig., matar, liquidar.
A.PAI.XO.NA.DO, adj., tomado pela paixão, muito enamorado.
A.PAI.XO.NAR, v.t. e pron., provocar paixão, entusiasmar; gostar muito de algo.
A.PA.LA.VRAR, v.t. e pron., combinar de viva voz, contratar com palavras, combinar.
A.PA.LER.MAR, v.t. e pron., tornar palerma, apatetar, abobar, tornar tolo.
A.PAL.PAR, v.t., int. e pron., tocar com a mão, sentir com o tato, examinar, analisar.
A.PA.NHA, s.f., colheita.
A.PA.NHA.DO, adj., colhido, captado, compreendido; s.m., resumo, o que se ouviu, compreendeu.
A.PA.NHAR, v.t., int. e pron., colher, recolher, pegar com a mão; ser surrado; contrair doença; ser enganado.
A.PA.RA, s.f., limalha, restos de corte, o que sobra no trabalho de materiais.
A.PA.RA.DOR, s.m., peça da mobília da sala de jantar, cômoda.
A.PA.RA.FU.SAR, v.t., fixar com parafuso.
A.PA.RA.TO, s.m., brilho, luxo, magnificência, ostentação.
A.PA.RA.TO.SO, adj., em que há aparato, luxuoso.
A.PA.RE.CER, v.int., mostra-se, exibir-se, surgir, fazer-se ver.
A.PA.RE.LHA.GEM, s.f., o conjunto de aparelhos em um local, ou aparelhos necessários para uma obra.
A.PA.RE.LHAR, v.t. e pron., preparar, colocar todos os aparelhos necessários, instalar.
A.PA.RE.LHO, s.m., máquina, instrumento, utensílio; conjunto de órgãos do corpo.
A.PA.RÊN.CIA, s.f., o que se vê, aspecto externo de uma coisa, figura, visão.
A.PA.REN.TAR, v.t. e pron., mostrar pela aparência, mostrar, fazer ver.
A.PA.REN.TE, adj., visível, irreal, suposto, imaginário.
A.PA.RI.ÇÃO, s.f., ato ou efeito de aparecer, visão sobrenatural; surgir sem ser esperado.
A.PAR.TA.DO, adj., separado, afastado, s.m., elemento que desfez união conjugal.
A.PAR.TA.MEN.TO, s.m., parte de um prédio, moradia em prédio com apartamentos.
A.PAR.TAR, v.t. e pron., separar, colocar em partes, afastar.
A.PAR.TE, s.m., intervenção que se faz quando alguém está discursando.
A.PAS.CEN.TAR, v.t. e pron., conduzir ao pasto, pastorear, deixar pastando; zelar, cuidar de alguém.
A.PAS.SI.VAR, v.t. e pron., tornar passivo, pôr na voz passiva, submeter, subjugar.
A.PA.TE.TAR, v.t., tornar pateta, apalermar, atoleimar.
A.PA.TI.A, s.f., inércia, abulia, falta de vontade para, desânimo.
A.PÁ.TI.CO, adj., sem vontade, abúlico, desanimado.
A.PÁ.TRI.DA, adj. e s.c. 2 gên., sem pátria, quem perdeu a nacionalidade por lei.
A.PA.VO.RAN.TE, adj., que apavora, amedronta, causa medo.
A.PA.VO.RAR, v.t., int. e pron., causar pavor a, aterrorizar, transmitir medo.
A.PA.ZI.GUA.MEN.TO, s.m., ato ou efeito de apaziguar, pacificação.

A.PA.ZI.GUAR, v.t. e pron., pacificar, acalmar, tornar pacífico, aquietar.
A.PE.AR, v.t., int. e pron., descer de montaria, pisar a terra, descer de um veículo, tirar do poder, depor.
A.PE.DRE.JA.MEN.TO, s.m., ato ou efeito de apedrejar.
A.PE.DRE.JAR, v.t. e int., atirar pedras em, ferir com pedras, executar com pedras.
A.PE.GAR, v.t. e pron., pegar, contagiar, ligar-se a alguém, dedicar-se.
A.PE.GO, s.m., ligação, afeição, agarramento, estar cativado.
A.PE.LA.ÇÃO, s.f., ato de apelar, pedido, ato jurídico em outra instância por discordar de uma sentença.
A.PE.LAR, v.t. e int., recorrer, pedir socorro, chamar por ajuda.
A.PE.LI.DAR, v.t. e pron., dar apelido, alcunhar.
A.PE.LI.DO, s.m., nome de família, alcunha, cognome, sobrenome familiar.
A.PE.LO, s.m., chamada, convocação, chamado de socorro.
A.PE.NAS, adv., somente, tão somente.
A.PÊN.DI.CE, s.m., o que se acrescenta ao principal, cauda, anexo, parte final do ceco no intestino.
A.PEN.DI.CI.TE, s.f., inflamação do apêndice do ceco.
A.PEN.SAR, v.t., ajuntar, pôr em apenso um documento, acrescentar.
A.PEN.SO, s.m., parte que se junta aos autos ou a uma obra, sem ser parte integrante dela; o que vai anexo.
A.PER.CE.BER, v.t. e pron., notar, avistar.
A.PER.FEI.ÇO.A.MEN.TO, s.m., ato ou efeito de aperfeiçoar, acabamento, apuro.
A.PER.FEI.ÇO.AR, v.t. e pron., tornar perfeito, melhorar, apurar, esmerar-se.
A.PE.RI.TI.VO, s.m., tudo que sirva para abrir o apetite.
A.PER.RE.A.ÇÃO, s.f., ato ou efeito de aperrear, incômodo, dissabor.
A.PER.RE.AR, v.t. e pron., molestar, incomodar, perturbar, aborrecer, agastar.
A.PER.TA.DO, adj., justo, sem folga, estreito, pequeno, limitado.
A.PER.TAR, v.t., int. e pron., estreitar, comprimir, encolher.
A.PER.TO, s.m., ato ou efeito de apertar, dificuldade, carência.
A.PE.SAR DE, loc. prep., a despeito de; apesar que, loc. conj., embora, não obstante.
A.PES.SO.A.DO, adj., com boa aparência, distinto, agradável.
A.PE.TE.CER, v.t., estar com apetite, querer, ambicionar, desejar.
A.PE.TI.TE, s.m., vontade de comer, gosto pela comida.
A.PE.TI.TO.SO, adj., que abre o apetite, saboroso, gostoso.
A.PE.TRE.CHAR, v.t. e pron., aparelhar, preparar, munir do necessário.
A.PE.TRE.CHO, s.m., utensílio, objeto para trabalho.
A.PI.Á.RIO, s.m., local onde se criam abelhas e se produz mel.
Á.PI.CE, s.m., o ponto mais alto, cume, cimo, pico.
A.PI.CUL.TOR, s.m., criador de abelhas.
A.PI.CUL.TU.RA, s.f., criação de abelhas.
A.PI.MEN.TAR, v.t., colocar pimenta em, condimentar com pimenta.
A.PI.NHAR, v.t. e pron., dar forma de pinha; encher, aglomerar, juntar pessoas, objetos.
A.PI.TAR, v.int., soar o apito, tocar o apito.
A.PI.TO, s.m., instrumento para apitar, para assobiar.
A.PLA.CAR, v.t., int. e pron., aliviar, serenar, achatar, sossegar.
A.PLAI.NAR, v.t. e pron., alisar, tornar plano, aplanar.
A.PLA.NAR, v.t., aplainar, alisar, tornar plano.
A.PLAU.DIR, v.t., int. e pron., bater palmas, louvar, dar aprovação.
A.PLAU.SO, s.m., ato ou efeito de aplaudir, aprovação, louvor.
A.PLI.CA.ÇÃO, s.f., ato ou efeito de aplicar, investimento; concentração num trabalho ou no estudo.
A.PLI.CA.DO, adj., esforçado, estudioso, investido.
A.PLI.CAR, v.t. e pron., investir dinheiro em, colocar, empregar.
A.PLI.CÁ.VEL, adj., que pode ser aplicado.
A.PO.CA.LIP.SE, s.m., o último livro do Novo Testamento, dito de São João; fim do mundo, terrores, catástrofes.
A.PÓ.CO.PE, s.f., supressão de uma letra no fim da palavra.
A.PÓ.CRI.FO, adj., que não é autêntico, falso.
Á.PO.DE, adj., sem pés.
A.PO.DE.RAR-SE, v. refl., tomar conta, dominar, subjugar.
A.PO.DRE.CER, v.t., int. e pron., tornar podre, corromper.
A.PO.GEU, s.m., quando o ponto de distância de um astro, em sua órbita, alcança a maior distância do centro da Terra; fig., auge, clímax.

APOIADO

A.POI.A.DO, adj., que tem apoio, protegido; interj., muito bem!, bravo!
A.POI.AR, v.t. e pron., dar apoio, firmar, suportar, aguentar, aprovar, aplaudir.
A.POI.O, s.m., amparo, sustentáculo, aprovação, base.
A.PÓ.LI.CE, s.f., documentação que garante um seguro; certificado de posse de ações de uma empresa.
A.PO.LO.GI.A, s.f., defesa, elogio; discurso para elogiar e defender alguém.
A.PÓ.LO.GO, s.m., fábula, historieta com animais para dar uma lição de moral aos homens.
A.PON.TA.DO, adj., que tem ponta, hora e local marcados, anotado.
A.PON.TA.DOR, s.m., instrumento para fazer a ponta; indivíduo que fica cuidando do tempo de trabalho em certas obras.
A.PON.TA.MEN.TO, s.m., ato ou efeito de apontar, nota, resumo do que se leu.
A.PON.TAR, v.t. e int., mirar um ponto ou alvo, marcar, tomar nota, mostrar algo.
A.PO.PLE.XI.A, s.f., paralisia repentina e coma.
A.PO.QUEN.TA.ÇÃO, s.f., mal-estar, chateação.
A.PO.QUEN.TAR, v.t. e pron., incomodar, afligir, importunar.
A.POR, v.t., colocar junto, acrescentar, aplicar.
A.POR.TAR, v. int., entrar no porto, desembarcar, chegar a um lugar seguro.
A.POR.TU.GUE.SAR, v.t., ajeitar ao jeito, forma ou uso português.
A.PÓS, prep., depois de, atrás de, em seguida; adv., depois.
A.PO.SEN.TA.DO, adj. e s.m., que se aposentou.
A.PO.SEN.TA.DO.RI.A, s.f., ato ou efeito de aposentar-se, direito que assiste a quem depois de 30 a 35 anos de contribuição ao INSS pode receber sem trabalhar.
A.PO.SEN.TAR, v.t. e pron., dar aposentadoria, deixar o trabalho por doença ou tempo de serviço.
A.PO.SEN.TO, s.m., quarto, qualquer compartimento da casa.
A.POS.SAR, v.t. e pron., empossar, dar posse a, entregar o cargo.
A.POS.TA, s.f., contrato entre pessoas sobre o final de algo e quem perder paga uma quantia.
A.POS.TAR, v.t. e pron., fazer apostas.
A.POS.TI.LA, s.f., caderno com notas, resumo, comentários feitos à margem de um livro.
A.POS.TI.LAR, v.t., pôr em apostila, encadernar.
A.POS.TO, adj., junto de, anexo, colocado junto; s.m., termo que explica outro, entre vírgulas, na análise sintática.
A.POS.TO.LA.DO, s.m., trabalho do apóstolo, atrair para sua crença.
A.POS.TÓ.LI.CO, adj., relativo aos apóstolos, referente ao Papa.
A.PÓS.TO.LO, s.m., cada um dos 12 que acompanharam Jesus Cristo; pregador, anunciador do evangelho.
A.PÓS.TRO.FO, s.m., sinal gráfico (') que indica a queda de uma letra.
A.PO.TE.O.SE, s.f., grande cerimônia, festa final grandiosa.
A.PRA.ZER, v.t. e pron., ser agradável, agradar, ser aprazível.
A.PRA.ZÍ.VEL, adj., agradável, saboroso, alegre, satisfatório.
A.PRE.CI.A.ÇÃO, s.f., ato ou efeito de apreciar, análise, estudo.
A.PRE.CI.A.DOR, s.m., que aprecia, degustador, saboreador.
A.PRE.CI.AR, v.t., dar apreço, analisar, degustar, saborear, avaliar.
A.PRE.ÇO, s.m., estima, consideração, respeito.
A.PRE.EN.DER, v.t. e pron., efetuar a apreensão de, apoderar-se, compreender, colocar na mente o conhecimento.
A.PRE.EN.SÃO, s.f., ato ou efeito de apreender, tomada de posse, percepção.
A.PRE.EN.SI.VO, adj., que apreende, preocupado, preocupante.
A.PRE.GO.AR, v.t., proclamar em voz alta, anunciar por meio do pregão.
A.PREN.DER, v.t. e int., instruir-se, adquirir conhecimento, estudar.
A.PREN.DIZ, s.m., quem aprende, principiante, aluno.
A.PREN.DI.ZA.DO, s.m., aprendizagem, estado do aprendiz.
A.PRE.SEN.TA.ÇÃO, s.f., condição de apresentar, aspecto, figura, vista.
A.PRE.SEN.TA.DO, adj., exposto, exibido, mostrado.
A.PRE.SEN.TA.DOR, s.m., quem apresenta, quem mostra, quem expõe.
A.PRE.SEN.TAR, v.t. e pron., colocar na vista de, mostrar, fazer ver, exibir.
A.PRE.SEN.TÁ.VEL, adj., que se pode apresentar, indivíduo apessoado.

A.PRES.SA.DO, adj., que tem pressa, veloz, rápido, célere.
A.PRES.SAR, v.t. e pron., incentivar, reclamar pressa, acelerar.
A.PRI.MO.RA.DO, adj., aperfeiçoado, bem-acabado, perfeito.
A.PRI.MO.RA.MEN.TO, s.m., ato ou efeito de aprimorar, aperfeiçoamento.
A.PRI.MO.RAR, v.t. e pron., aperfeiçoar, tornar aprimorado.
A.PRIS.CO, s.m., curral, local onde se recolhem as ovelhas, redil.
A.PRI.SI.O.NA.MEN.TO, s.m., ato ou efeito de aprisionar, prisão.
A.PRI.SI.O.NAR, v.t., encarcerar, pôr na cadeia, capturar, prender.
A.PRO.FUN.DA.MEN.TO, s.m., ato ou efeito de aprofundar.
A.PRO.FUN.DAR, v.t. e pron., tornar fundo, profundo, cavar mais fundo, penetrar mais.
A.PRON.TAR, v.t. e pron., deixar pronto, preparar, aparelhar, vestir-se, arrumar.
A.PRO.PRI.A.ÇÃO, s.f., ato ou efeito de apropriar-se ou apropriar; adaptação.
A.PRO.PRI.A.DO, adj., próprio, adequado, oportuno, certo.
A.PRO.PRI.AR, v.t. e pron., tornar próprio, adequar, tornar conveniente.
A.PRO.VA.ÇÃO, s.f., ato ou efeito de aprovar, adesão, aceite.
A.PRO.VA.DO, adj., autorizado, aceito, concordado.
A.PRO.VAR, v.t., dar aprovação, aceitar, autorizar, habilitar, promover.
A.PRO.VEI.TA.DOR, s.m., que se aproveita de, oportunista, enganador.
A.PRO.VEI.TA.MEN.TO, s.m., ato ou efeito de aproveitar, uso.
A.PRO.VEI.TAR, v.t., int. e pron., tirar proveito de, usar, utilizar, lucrar, beneficiar-se.
A.PRO.VI.SI.O.NAR, v.t. e pron., fazer provisões, abastecer, prover de.
A.PRO.XI.MA.ÇÃO, s.f., ato ou efeito de aproximar.
A.PRO.XI.MAR, v.t. e pron., achegar a, avizinhar, levar para perto, relacionar.
A.PRU.MA.DO, adj., que está no prumo, correto, ereto.
A.PRU.MAR, v.t. e pron., colocar no prumo, posição vertical, acertar.
AP.TI.DÃO, s.f., habilidade, capacidade, vocação, pendor.
AP.TO, adj., pronto, hábil, habilidoso, capaz.
A.PU.NHA.LA.DO, adj., esfaqueado, ferido ou morto com punhal.
A.PU.NHA.LAR, v.t., int. e pron., ferir com punhal.
A.PU.PAR, v.t., dirigir apupos, vaiar, assuar.
A.PU.PO, s.m., troça, vaia, zombaria.
A.PU.RA.ÇÃO, s.f., ato ou efeito de apurar, exame; contagem de novos em eleição.
A.PU.RA.DO, adj., onde há apuro, esmerado, bem-feito; em situação difícil.
A.PU.RAR, v.t. e pron., esmerar, tornar perfeito, aperfeiçoar, selecionar, calcular, contar votos.
A.PU.RO, s.m., esmero, capricho, aperfeiçoamento.
A.QUA.RE.LA, s.f., substâncias de várias cores, diluídas em água para pinturas.
A.QUÁ.RIO, s.m., recipiente com água para criar vegetais, peixes ou outros animais aquáticos.
A.QUAR.TE.LAR, v.t. e pron., colocar em quartel, tornar-se soldado.
A.QUÁ.TI.CO, adj., relativo à água, que vive na água.
A.QUE.CE.DOR, s.m., aparelho que esquenta.
A.QUE.CER, v.t., int. e pron., esquentar, tornar quente, dar calor; animar.
A.QUE.CI.MEN.TO, s.m., ato ou efeito de aquecer, esquentamento.
A.QUE.DU.TO, s.m., construção para levar água, galeria para transporte de água.
A.QUE.LE, pron., indica a terceira pessoa, a que está mais longe da que fala ou a quem se fala.
A.QUÉM, adv., do lado de cá, menos, inferior.
A.QUI, adv., neste lugar.
A.QUI.ES.CÊN.CIA, s.f., ato ou efeito de aquiescer, consentimento, concordância.
A.QUI.ES.CER, v.int., concordar, consentir, aceitar.
A.QUI.E.TAR, v.t., int. e pron., acalmar, serenar, pacificar.
A.QUI.LA.TAR, v. pron., avaliar, julgar, avaliar quantos quilates de ouro, prata.

A.QUI.LI.NO, adj., referente à águia, encurvado como o bico da águia.
A.QUI.LO, pron., uma coisa determinada e distante; coisa sem valor.
A.QUI.SI.ÇÃO, s.f., ato ou efeito de adquirir, compra, conquista.
A.QUO.SO, adj., como se fosse água, próprio da água.
AR, s.m., sistema gasoso que forma a atmosfera, atmosfera, clima; fig., graça, aparência, tipo.
Á.RA.BE, adj. e s.m., relativo, ou nativo da Arábia, idioma falado nos países árabes.
A.RA.BES.CO, s.m., desenho formado de linhas e folhas entremeadas para enfeite.
A.RAC.NÍ.DEOS, s.m., da família das aranhas, dos escorpiões, carrapatos e ácaros.
A.RA.DO, s.m., instrumento agrícola para o trabalho na terra, charrua.
A.RA.GEM, s.f., vento suave e fresco, brisa, zéfiro.
A.RA.ME, s.m., fio de metal fino, longo, flexível.
A.RA.NHA, s.f., animal artrópode que faz uma teia para caçar suas presas.
A.RA.PON.GA, s.f., pássaro silvestre, cujo canto imita a pancada de uma bigorna; fig., elemento que faz espionagem secreta.
A.RA.PU.CA, s.f., armadilha para prender animais terrestres; fig., cilada, logro, engano, armadilha.
A.RA.QUE, s.m., somente usado na expressão de araque: sem valor, ruim.
A.RAR, v.t. e int., cortar a terra com o arado.
A.RA.RA, s.f., ave da família dos Psitacídeos, de muitas cores e beleza.
A.RA.RU.TA, s.f., planta que produz fécula alimentícia; esse produto.
A.RAU.CÁ.RIA, s.f., pinheiro do Paraná.
AR.BI.TRA.GEM, s.f., decisão tomada por meio do parecer de um árbitro; direção de um jogo.
AR.BI.TRAR, v.t., julgar como árbitro, juiz; decidir, solucionar.
AR.BI.TRÁ.RIO, adj., sem considerar a lei, parecer pessoal.
AR.BÍ.TRIO, s.m., decisão arbitrária, decisão de acordo com o parecer pessoal, sem levar em conta os aspectos da lei.
ÁR.BI.TRO, s.m., juiz, quem resolve uma disputa entre duas partes por consenso.
AR.BÓ.REO, adj., semelhante a árvore, relativo à árvore.
AR.BO.RÍ.CO.LA, s.c. 2 gên., ser que vive em árvores.
AR.BO.RI.CUL.TU.RA, s.f., cultivo de árvores, cultura de árvores.
AR.BO.RI.ZA.ÇÃO, s.f., ato ou efeito de arborizar, plantio de árvores.
AR.BO.RI.ZAR, v.t., plantar árvores, colocar árvores.
AR.BUS.TI.VO, adj., próprio do arbusto.
AR.BUS.TO, s.m., vegetal pequeno cheio de galhos e folhas; arvoreta.
AR.CA, s.f., uma caixa grande para guardar roupas e objetos.
AR.CA.BOU.ÇO, s.m., esqueleto, o conjunto dos ossos do corpo, armação de uma construção; carcaça.
AR.CA.DA, s.f., fila de arcos, construção feita com muitos arcos, dentadura.
AR.CAI.CO, adj., muito antigo, obsoleto, em desuso.
AR.CA.ÍS.MO, s.m., palavras fora de uso, expressão antiquada.
AR.CAN.JO, s.m., anjo de alto posto na hierarquia angelical.
AR.CAR, v.t., dobrar, dar forma de arco, curvar, arquear, assumir.
AR.CE.BIS.PO, s.m., bispo que dirige uma arquidiocese.
AR.CHO.TE, s.m., tocha, facho de material inflamável que se acende.
AR.CO, s.m., parte da circunferência, curva de um círculo, arma antiga.
AR.CO-Í.RIS, s.m., fenômeno da natureza do espectro solar, mostrando as sete cores.
AR-CON.DI.CI.O.NA.DO, s.m., aparelho elétrico que mantém a temperatura no grau desejado no ambiente.

AR.DÊN.CIA, s.f., o que é ardente, queimante.
AR.DEN.TE, adj., que arde, que queima, inflamado; impetuoso, apaixonado.
AR.DER, v. int., queimar, incendiar-se, abrasar-se.
AR.DI.DO, adj., queimado, que arde.
AR.DIL, s.m., tramoia, armadilha, manha.
AR.DI.LO.SO, adj., manhoso, astucioso, espertalhão.
AR.DOR, s.m., muito calor, quentura; grande amor, paixão, picância.
AR.DÓ.SIA, s.f., pedra para construção, cor cinzenta ou azulada.
ÁR.DUO, adj., duro, difícil, arriscado.
A.RE, s.m., uma medida agrária com cem metros quadrados.
Á.REA, s.f., superfície, base.
A.RE.AL, s.m., terreno em que há muita areia, areão, terreno arenoso.
A.RE.AR, v.t., int. e pron., cobrir com areia, limpar usando areia, polir com areia.
A.REI.A, s.f., material que provém da erosão das rochas.
A.RE.JAR, v.t e int., ventilar, fazer correr o ar, abrir a entrada do ar.
A.RE.NA, s.f., lugar nos circos romanos onde lutavam os gladiadores; local onde se fazem apresentações ao ar livre.
A.RE.NO.SO, adj., com muita areia, próprio da areia.
A.REN.QUE, s.m., um tipo de peixe que vive nos mares frios.
A.RÉ.O.LA, s.f., pequena área; qualquer círculo iluminado ao redor de um objeto, de um corpo.
A.RES.TA, s.f., esquina, a junção de duas linhas, formando um ângulo reto.
AR.FAR, v. int., respirar com dificuldade, respirar forte.
AR.GA.MAS.SA, s.f., substância obtida com a mistura de cimento, areia, cal e água para segurar os tijolos nas construções de alvenaria.
AR.GE.LI.NO, adj. e s.m., relativo ou nativo da Argélia; argeliano.
AR.GÊN.TEO, adj., feito de prata, argentino, cor de prata, próprio da prata.
AR.GEN.TI.NO, adj. e s.m., relativo ou nascido na Argentina.
AR.GI.LA, s.f., mistura de terra e outros minerais que, amassados com água, podem ser moldados e tornam-se duros (resistentes) sob a ação do calor.
AR.GI.LO.SO, adj., próprio da argila, composto com muita argila.
AR.GO.LA, s.f., anel de metal ou madeira.
AR.GÚ.CIA, s.f., perspicácia, sutileza de espírito, esperteza.
AR.GUI.ÇÃO, s.f., ato ou efeito de arguir, interrogatório, exame.
AR.GUIR, v.t., int. e pron., interrogar, censurar, repreender, acusar, discutir.
AR.GU.MEN.TA.ÇÃO, s.f., ato ou efeito de argumentar, discussão.
AR.GU.MEN.TAR, v.t. e int., discutir, raciocinar, dar argumentos.
AR.GU.MEN.TO, s.m., prova para mostrar o que afirma, lógica.
Á.RIA, s.f., peça musical para uma só voz.
A.RI.DEZ, s.f., o que é árido, secura, infertilidade, improdutividade.
Á.RI.DO, adj., estéril, improdutivo, infértil, seco, esturricado.
A.RI.RA.NHA, s.f., animal carnívoro de pequeno porte, comum no Brasil.
A.RIS.CAR, v.t e pron., assustar-se, atrever-se, expor-se.
A.RIS.CO, adj., medroso, fugidio, selvagem, indomável.
A.RIS.TO.CRA.CI.A, s.f., camada social dominante, constituída pelos nobres.
A.RIS.TO.CRA.TA, s.c. 2 gên., membro da aristocracia, adepto da aristocracia.
A.RIT.MÉ.TI.CA, s.f., ramo da ciência que estuda os números e as operações realizáveis com eles.
AR.LE.QUIM, s.m., antiga personagem da comédia italiana, um tipo de palhaço; farsante, palhaço.
AR.MA, s.f., instrumento para ataque ou defesa; arma de fogo, arma branca.
AR.MA.DA, s.f., esquadra de navios para guerra.

ARMADILHA

AR.MA.DI.LHA, *s.f.*, cilada, traição, ardil.
AR.MA.DOR, *s.f.*, quem arma; dono de navios mercantes.
AR.MA.DU.RA, *s.f.*, conjunto de peças metálicas que revestiam o antigo cavaleiro medieval para proteger-se em combate.
AR.MA.MEN.TO, *s.m.*, conjunto de armas, o estoque de armas.
AR.MAR, *v.t.* e *pron.*, abastecer-se de armas, preparar uma arma, dar armas a alguém.
AR.MA.RI.NHO, *s.m.*, pequeno armário, loja onde se vendem roupas e tecidos.
AR.MÁ.RIO, *s.m.*, móvel com repartições internas para colocar as roupas, guarda-roupa.
AR.MA.ZÉM, *s.m.*, local onde se vende todo tipo de mercadoria comestível e outras para o manejo da casa.
AR.MA.ZE.NA.GEM, *s.f.*, ato ou efeito de armazenar; estoque, depósito.
AR.MA.ZE.NAR, *v.t.* e *pron.*, estocar, provisionar, recolher, guardar.
AR.MÊ.NIO, *s.m.* e *adj.*, relativo ou nascido na Armênia.
AR.MIS.TÍ.CIO, *s.m.*, trégua em uma luta por acordo das partes.
AR.NI.CA, *s.f.*, erva cultivada pelo valor medicinal e ornamental.
A.RO, *s.m.*, argola, anel, armação circular das rodas de carro.
A.RO.MA, *s.m.*, perfume, odor, fragrância.
A.RO.MÁ.TI.CO, *adj.*, que exala aroma.
A.RO.MA.TI.ZAR, *v.t.*, perfumar, dar odor agradável.
AR.PÃO, *s.m.*, peça metálica usada na pesca de grandes peixes.
AR.PO.AR, *v.t.*, atirar o arpão em, ferir com o arpão.
AR.QUE.AR, *v.t.* e *pron.*, encurvar, dar forma de arco, curvar.
AR.QUEI.RO, *s.m.*, quem fabrica arcos, quem luta com arco-e-flecha.
AR.QUE.JAN.TE, *adj.*, que arqueja, ofegante.
AR.QUE.JAR, *v.t.* e *int.*, respirar com dificuldade, ansiar, ofegar.
AR.QUE.O.LO.GI.A, *s.f.*, estudo das obras de arte da antiguidade.
AR.QUE.Ó.LO.GO, *s.m.*, quem se dedica à Arqueologia.
AR.QUÉ.TI.PO, *s.m.*, modelo, protótipo, paradigma.
AR.QUI.BAN.CA.DA, *s.f.*, série de assentos nos estádios, circos e teatros para os espectadores se acomodarem.
AR.QUI-I.NI.MI.GO, *s.m.*, o maior inimigo, inimigo figadal.
AR.QUI.MI.LI.O.NÁ.RIO, *s.m.*, muitas vezes milionário.
AR.QUI.PÉ.LA.GO, *s.m.*, grupo de ilhas vizinhas entre si.
AR.QUI.TE.TAR, *v.t.* e *int.*, projetar, desenhar construções, planejar.
AR.QUI.TE.TO, *s.m.*, profissional com diploma em Arquitetura.
AR.QUI.TE.TU.RA, *s.f.*, arte do arquiteto.
AR.QUI.VA.MEN.TO, *s.m.*, ato ou efeito de arquivar.
AR.QUI.VAR, *v.t.*, colocar em arquivo, guardar, recolher.
AR.QUI.VO, *s.m.*, local onde se arquivam materiais e documentos.
AR.RA.BAL.DE, *s.m.*, arredores, vizinhança, bairros vizinhos.
AR.RAI.AL, *s.m.*, pequena localidade, acampamento.
AR.RAI.GAR, *v.t. int.* e *pron.*, embutir, colocar bem firme, prender-se pela base, pelas raízes.
AR.RAN.CA.DA, *s.f.*, ato ou efeito de arrancar.
AR.RAN.CAR, *v.int.* e *pron.*, iniciar com violência, pular, correr muito.
AR.RAN.CA-RA.BO, *s.m.*, confusão, discussão, briga.
AR.RA.NHA-CÉU, *s.m.*, prédio de muitos andares.
AR.RA.NHÃO, *s.m.*, ferimento com unhas, arranhada.
AR.RA.NHAR, *v.t. int.* e *pron.*, ferir com unhas, machucar com algum objeto.
AR.RAN.JAR, *v.t.* e *pron.*, ajustar, pôr em ordem, arrumar, ajeitar.
AR.RAN.JO, *s.m.*, ato ou efeito de arranjar, ordem.
AR.RA.SA.DO, *adj.*, destruído, acabado, lesado; deprimido, triste.
AR.RA.SAR, *v.t. int.* e *pron.*, destruir, desmanchar, arruinar, varrer.

AR.RAS.TA-PÉ, *s.m.*, dança do povo, baile popular, festa em família.
AR.RAS.TAR, *v.t. int.* e *pron.*, levar ou puxar à força, puxar de qualquer maneira, forçar a ir; seduzir, persuadir.
AR.RE.BA.NHAR, *v.t.* e *int.*, reunir, juntar em um rebanho, ajuntar.
AR.RE.BA.TA.DO, *adj.*, levado por sentimentos; arrancado com força.
AR.RE.BA.TAR, *v.t.* e *pron.*, carregar com força, sequestrar, raptar, levar com violência.
AR.RE.BEN.TAR, *v.t. int.* e *pron.*, rebentar, quebrar, destruir.
AR.RE.BI.TA.DO, *adj.*, com a ponta virada.
AR.RE.BI.TAR, *v.t.* e *pron.*, trabalhar uma peça com arrebite, ou seja, virar a ponta para cima; rebitar.
AR.RE.CA.DA.ÇÃO, *s.f.*, ato ou efeito de arrecadar tributos.
AR.RE.CA.DAR, *v.t. int.*, recolher tributos, cobrar impostos.
AR.RE.DAR, *v.t. int.* e *pron.*, afastar, colocar longe, remover.
AR.RE.DI.O, *adj.*, arisco, evasivo, fugidio, tímido.
AR.RE.DON.DA.MEN.TO, *s.m.*, ato ou efeito de arredondar.
AR.RE.DON.DAR, *v.t.* e *pron.*, tornar redondo, dar forma circular; cobrar números redondos, ou seja, somente inteiros.
AR.RE.DOR, *adv.*, em torno, em volta de.
AR.RE.DO.RES, *s.m.*, cercanias, vizinhanças, subúrbios.
AR.RE.FE.CER, *v.t. int.* e *pron.*, esfriar, diminuir o ímpeto, suavizar.
AR.RE.FE.CI.MEN.TO, *s.m.*, ato ou efeito de arrefecer; esfriamento.
AR.RE.GA.ÇAR, *v.t. int.* e *pron.*, enrolar as mangas, puxar as pontas para cima, enrolar.
AR.RE.GA.LAR, *v.t.* e *pron.*, esbugalhar os olhos, abrir muito os olhos.
AR.RE.GA.NHAR, *v.t. int.* e *pron.*, mostrar os dentes por riso, raiva ou outro sentimento súbito.
AR.RE.GI.MEN.TAR, *v.t.* e *pron.*, alistar, entrar para o serviço militar, agrupar-se.
AR.RE.GO, *s.m.*, de uso na expressão: *pedir arrego*: propor trégua, entregar-se, desistir de lutar.
AR.RE.LI.A, *s.f.*, confusão, encrenca, desavença, entrevero, briga.
AR.RE.LI.AR, *v.t.* e *pron.*, provocar arrelia, irritar-se, aborrecer.
AR.RE.LI.EN.TO, *adj.*, encrenqueiro, perturbador, brigão.
AR.RE.MA.TAN.TE, *s.m.*, quem arremata, ganhador do leilão.
AR.RE.MA.TAR, *v.t.* e *int.*, concluir, finalizar; nos leilões, pagar o preço mais alto para comprar o objeto leiloado.
AR.RE.MES.SA.DOR, *s.m.*, quem arremessa.
AR.RE.MES.SAR, *v.t.* e *pron.*, atirar com força, jogar com violência; correr com muita velocidade.
AR.RE.MES.SO, *s.m.*, ato ou efeito de arremessar, investida, jogada; ato de atirar.
AR.RE.ME.TER, *v.t.* e *int.*, investir, lançar-se com ímpeto, jogar-se contra, atirar com força.
AR.RE.ME.TI.DA, *s.f.*, ato ou efeito de arremeter; investida, ataque, jogada.
AR.REN.DA.MEN.TO, *s.m.*, ato ou efeito de arrendar, contrato para definir uma renda.
AR.REN.DAR, *v.t.*, alugar, colocar para receber renda.
AR.REN.DA.TÁ.RIO, *s.m.*, quem pega de aluguel algo, locatário.
AR.RE.PEN.DER-SE, *v. pron.*, sentir remorso pelos erros cometidos, prometer não repeti-los.
AR.RE.PEN.DI.MEN.TO, *s.m.*, ato de arrepender-se.
AR.RE.PI.AR, *v.t. int.* e *pron.*, encrespar, ter os cabelos em pé; apavorar-se.
AR.RE.PI.O, *s.m.*, estremecimento provocado por frio, por um susto.
AR.RE.VE.SAR, *v.t.* e *int.*, pôr do avesso, virar para o contrário.
AR.RI.BA.ÇÃO, *s.f.*, chegada das aves migratórias.
AR.RI.MO, *s.m.*, proteção, amparo, segurança, auxílio.
AR.RIS.CA.DO, *adj.*, difícil, arrojado, problemático.
AR.RIS.CAR, *v.t.* e *pron.*, que está em risco, jogar na sorte, correr o risco.
AR.RIT.MI.A, *s.f.*, falta de ritmo, descompasso.
AR.RO.BA, *s.f.*, medida de peso com 15 quilos.
AR.RO.CHAR, *v.t.* e *pron.*, apertar, tornar duro, dar duro.
AR.RO.CHO, *s.m.*, rigor, dureza, linha dura, to de arrochar.

AR.RO.GÂN.CIA, *s.f.*, altivez, orgulho, atrevimento.
AR.RO.GAN.TE, *adj.*, orgulhoso, atrevido, presunçoso.
AR.RO.GAR, *v.t.* e *pron.*, tornar-se dono de, fazer como seu, apoderar-se de.
AR.ROI.O, *s.m.*, regato, riacho, pequeno rio, córrego, ribeirão.
AR.RO.JA.DO, *adj.*, valente, destemido, corajoso.
AR.RO.JAR, *v.t.* e *pron.*, jogar, jogar longe, enfrentar, ser valente.
AR.RO.JO, *s.m.*, coragem, destemor, audácia.
AR.RO.LAR, *v.t.* e *pron.*, fazer um levantamento, enumerar em uma lista.
AR.RO.LHAR, *v.t.*, fechar, tapar com rolha.
AR.ROM.BA.MEN.TO, *s.m.*, ação ou efeito de arrombar, forçar uma entrada.
AR.ROM.BAR, *v.t.*, quebrar, arrebentar, destruir, forçar.
AR.RO.TAR, *v.int.*, dar arrotos, soltar gases pela boca; fazer-se passar por bom.
AR.RO.TO, *s.m.*, ato ou efeito de arrotar.
AR.ROU.BO, *s.m.*, encanto, fervor, êxtase, entusiasmo.
AR.RO.XEAR, *v.t.* e *pron.*, tornar-se roxo, adquirir a cor roxa; *fig.*, perder o ar.
AR.ROZ, *s.m.*, erva, o grão comestível dessa planta; o tipo de comida de arroz.
AR.RO.ZAL, *s.m.*, arrozeira, plantação de arroz.
AR.RU.A.ÇA, *s.f.*, baderna, confusão feita na rua, desordem, molecagem.
AR.RU.A.CEI.RO, *s.m.*, baderneiro, moleque, desordeiro.
AR.RU.DA, *s.f.*, tipo de planta para fins medicinais.
AR.RU.E.LA, *s.f.*, anel de qualquer material para vedações ou para firmar melhor a porca do parafuso.
AR.RU.I.NAR, *v.t.*, *int.* e *pron.*, destruir, arrasar, prejudicar.
AR.RU.LHAR, *v.int.*, emitir arrulhos, imitar a voz dos pombos.
AR.RU.MA.ÇÃO, *s.f.*, ato ou efeito de arrumar, acomodação.
AR.RU.MA.DO, *adj.*, ajeitado, colocado em ordem, preparado.
AR.RU.MAR, *v.t.* e *pron.*, organizar, ajeitar, pôr em ordem.
AR.SE.NAL, *s.m.*, depósito de armas, conjunto de armas de uma entidade.
AR.TE, *s.f.*, conjunto de atos e atividades pelos quais se busca o belo. O modo de fazer, realizar um propósito.
AR.TE.FA.TO, *s.m.*, tudo que é produzido de modo artificial.
AR.TEI.RO, *adj.*, criança que é criativa, fazendo traquinagens; peralta.
AR.TE.LHO, *s.m.*, tornozelo, no popular: dedo do pé.
AR.TÉ.RIA, *s.f.*, vaso que leva o sangue do coração para todo o corpo; *fig.*, grande rodovia, uma rodovia, uma rua.
AR.TE.RI.AL, *adj.*, referente à artéria.
AR.TE.SA.NA.TO, *s.m.*, o que é feito com trabalho manual, produção manual.
AR.TE.SÃO, *s.m.*, artífice, quem trabalha com artesanato.
AR.TE.SI.A.NO, *adj.*, com referência a poços artesianos de grande profundidade, com a água jorrando pela pressão.
AR.TI.CO, *adj.*, referente ao Polo Norte.
AR.TI.CU.LA.ÇÃO, *s.f.*, ato ou efeito de articular; junção de duas partes ou forças; pronúncia clara das palavras, letra por letra.
AR.TI.CU.LAR, *v.t.* e *pron.*, juntar, unir, prender, fixar; pronunciar bem todas as sílabas.
AR.TÍ.FI.CE, *s.m.*, artesão, quem produz, quem fabrica, quem faz com arte.
AR.TI.FI.CI.AL, *adj.*, feito pela indústria, fabricado; falso, enganador.
AR.TI.FÍ.CIO, *s.m.*, modo pelo qual se faz algo, espertezа, manha.
AR.TI.GO, *s.m.*, categoria gramatical que antecede o substantivo; divisões dos capítulos da lei; tema publicado na imprensa; produto comercial.
AR.TI.LHA.RI.A, *s.f.*, o conjunto do material bélico pesado; ataque forte contra alguém.
AR.TI.LHEI.RO, *s.m.*, quem usa a artilharia.
AR.TI.MA.NHA, *s.f.*, manha, esperteza, astúcia, vivacidade, ardil.
AR.TIS.TA, *s.c. 2 gên.*, que pratica a arte; que produz obras de arte; quem finge ser o que não é.
AR.TÍS.TI.CO, *adj.*, referente às artes, das artes.
AR.TRI.TE, *s.f.*, inflamação ou dor nas articulações; reumatismo.
AR.TRI.TIS.MO, *s.m.*, reumatismo.
AR.TRO.SE, *s.f.*, *Med.* doença crônica, não inflamatória, de uma articulação.
AR.VO.RAR, *v.t.* e *pron.*, soltar as velas para o navio partir, hastear a bandeira.
ÁR.VO.RE, *s.f.*, planta, vegetal com tronco e porte.
AR.VO.RE.DO, *s.m.*, grupo de árvores, bosque.

ÁS, *s.m.*, carta do baralho, *fig.*, pessoa brilhante no que faz.
A.SA, *s.f.*, membro das aves com penas e apropriado para possibilitar o voo. Tudo que seja apêndice e tenha semelhança com asa.
AS.CEN.DÊN.CIA, *s.f.*, os que vêm antes na linha de família, anteriores; ato de subir algo elevado, ascensão.
AS.CEN.DEN.TE, *adj.*, que sobe a um ponto mais alto; *s.m.*, parente anterior, antepassado.
AS.CEN.DER, *v.t.* e *int.*, subir, elevar-se, ir para o alto, ser promovido.
AS.CEN.SÃO, *s.f.*, ato de ascender, subida, elevação, promoção; festa das igrejas cristãs para celebrar a subida de Jesus Cristo aos céus.
AS.CEN.SO.RIS.TA, *s.c. 2 gên.*, indivíduo que maneja um elevador.
AS.CO, *s.m.*, nojo, aversão, repugnância.
AS.FAL.TA.MEN.TO, *s.m.*, ato ou efeito de asfaltar.
AS.FAL.TAR, *v.t.*, passar asfalto em uma superfície.
AS.FAL.TO, *s.m.*, subproduto da destilação do petróleo, camada feita dessa substância.
AS.FI.XI.A, *s.f.*, corte do ato de respirar, afogamento, sufocação.
AS.FI.XI.AN.TE, *adj.*, que asfixia, que sufoca.
AS.FI.XI.AR, *v.t.*, *int.* e *pron.*, provocar asfixia, sufocar, cortar o ar da respiração.
A.SI.Á.TI.CO, *adj.* e *s.m.*, relativo ou habitante da Ásia.
A.SI.LA.DO, *adj.*, quem está no asilo, recolhido.
A.SI.LAR, *v.t.* e *pron.*, colocar em asilo, internar em asilo, amparar.
A.SI.LO, *s.m.*, casa para recolher pessoas necessitadas de amparo, abrigo.
AS.MA, *s.f.*, doença que se caracteriza por oferecer dificuldades na respiração.
AS.MÁ.TI.CO, *adj.*, quem sofre de asma.
AS.NEI.RA, *s.f.*, coisa de asno, tolice, bobagem, sandice.
AS.NO, *s.m.*, jumento, burro.
AS.PAR, *v.t.*, colocar aspas.
AS.PAR.GO, *s.m.*, broto comestível dessa planta.
AS.PAS, *s.f. pl.*, sinal gráfico (" ") para destacar uma citação no texto; ou para indicar que o termo usado não confere com a verdade.
AS.PEC.TO, *s.m.*, circunstância, momento, contexto, situação.
AS.PE.RE.ZA, *s.f.*, o que é áspero, dureza; *fig.*, grosseria, má-educação.
AS.PER.GIR, *v.t.*, molhar com gotas de água: abençoar, purificar.
ÁS.PE.RO, *adj.*, que é duro, enrugado, cheio de altos e baixos, rugoso.
AS.PER.SÃO, *s.f.*, ato ou efeito de aspergir.
AS.PI.RA.ÇÃO, *s.f.*, ato ou efeito de aspirar; desejo, anelo, ambição.
AS.PI.RA.DOR, *s.m.*, aparelho para sugar o pó.
AS.PI.RAN.TE, *s.c. 2 gên.*, indivíduo que aspira algo; *s.m.*, graduação militar, antes de tenente.
AS.PI.RAR, *v.t.*, puxar o ar para os pulmões, sorver, cheirar; *v.t.i.*, desejar, querer, almejar, pretender.
AS.PI.RI.NA, *s.f.*, pílula, nome do ácido acetilsalicílico.
AS.QUE.RO.SO, *adj.*, que provoca asco, nojento.
AS.SA.DEI.RA, *s.f.*, utensílio doméstico para assar.
AS.SA.DO, *adj.*, o que foi assado; *s.m.*, pedaço de carne assada.
AS.SA.DU.RA, *s.f.*, ato ou efeito de assar; ferida provocada na pele pelo calor.
AS.SA.LA.RI.A.DO, *adj.* e *s.m.*, quem trabalha em troca de um salário.
AS.SA.LA.RI.AR, *v.t.* e *pron.*, contratar para um trabalho em troca de salário.
AS.SAL.TAN.TE, *adj.* e *s.m.*, quem assalta, quem rouba.
AS.SAL.TAR, *v.t.*, atacar, agredir, acometer para roubar, matar.
AS.SAL.TO, *s.m.*, ato ou efeito de assaltar, agressão repentina para roubar.
AS.SA.NHA.DO, *adj.*, excitado, raivoso, irado, perigoso, furioso.
AS.SA.NHAR, *v.t.* e *pron.*, despertar a sanha, insinuar-se para alguém, enraivecer.
AS.SAR, *v.t.* e *int.*, cozer, deixar cozido com a ação direta do calor.

ASSASSINADO

AS.SAS.SI.NA.DO, adj., quem foi morto por ato de alguém.
AS.SAS.SI.NAR, v.t., matar alguém, cometer um homicídio.
AS.SAS.SI.NA.TO, s.m., assassínio, homicídio.
AS.SAS.SI.NO, s.m., quem comete o homicídio, homicida.
AS.SE.A.DO, adj., higiênico, limpo, que tem asseio.
AS.SE.AR, v.t. e pron., tornar limpo, limpar, purificar, higienizar.
AS.SE.DI.AR, v.t., cercar, procurar com insistência, insistir em.
AS.SÉ.DIO, s.m., ato ou efeito de assediar, cerco, insistência.
AS.SE.GU.RAR, v.t. e pron., confirmar, garantir; dar segurança, apoiar.
AS.SEI.O, s.m., limpeza, situação do que é asseado.
AS.SEM.BLEI.A, s.f., reunião de pessoas, grupo de pessoas com interesses comuns, congresso.
AS.SE.ME.LHAR, v.t. e pron., reputar semelhante, achar semelhante, julgar parecido.
AS.SEN.TA.DO, adj., que está sentado, colocado, firmado.
AS.SEN.TAR, v.t., int. e pron., colocar no assento, fixar, estabelecer, determinar, fixar na terra.
AS.SEN.TO, s.m., local para se sentar, tudo que ofereça um posto para sentar-se, nádegas.
AS.SEP.SI.A, s.f., método preservativo contra a entrada de germes de infecção.
AS.SÉP.TI.CO, adj., típico de assepsia, asseado.
AS.SES.SOR, s.m., quem ajuda uma pessoa com funções específicas.
AS.SES.SO.RAR, v.t., auxiliar, prestar ajuda técnica.
AS.SE.VE.RAR, v.t., confirmar, afirmar de modo categórico.
AS.SE.XU.A.DO, adj., sem sexo, que não tem atuação sexual.
AS.SI.DU.I.DA.DE, s.f., próprio de quem é assíduo, pontualidade, frequência.
AS.SÍ.DUO, adj., pontual, constante, perseverante.
AS.SIM, adv., dessa maneira, desse modo, ao mesmo tempo.
AS.SI.ME.TRI.A, s.f., sem simetria, sem harmonia de linhas no conjunto.
AS.SI.MI.LA.ÇÃO, s.f., ato ou efeito de assimilar, aprendizagem; aproveitamento, pelo corpo, dos alimentos ingeridos.
AS.SI.MI.LAR, v.t. e pron., tornar similar, reter os conhecimentos estudados.
AS.SI.NA.DO, adj., que contém assinatura.
AS.SI.NA.LAR, v.t. e pron., imprimir algum sinal, destacar, marcar.
AS.SI.NAN.TE, s.c. 2 gên., quem assina algum impresso.
AS.SI.NAR, v.t., firmar, escrever o próprio nome em, subscrever, concordar.
AS.SI.NA.TU.RA, s.f., ato ou efeito de assinar, firma; rubrica; contrato para receber um impresso.
AS.SIN.DÉ.TI.CO, adj., em que não há conjunção para ligar dois termos.
AS.SÍN.DE.TO, s.m., ausência de conjunção na ligação de dois termos.
AS.SÍ.RIO, adj., relativo à Síria ou seu nativo.
AS.SIS.TÊN.CIA, s.f., ato ou efeito de assistir; grupo de espectadores; socorro, ajuda, amparo.
AS.SIS.TEN.TE, s.c. 2 gên., quem assiste a algo, espectador; quem ajuda, socorre.
AS.SIS.TIR, v.t. e int., socorrer, auxiliar, ajudar; v.t.i., presenciar, ver, ser plateia; v.int., morar, habitar.
AS.SO.A.LHA.DO, adj., recoberto com assoalho.
AS.SO.A.LHAR, v.t., cobrir o piso com algum material.
AS.SO.A.LHO, s.m., revestimento do piso, camada inferior de qualquer casa.
AS.SO.AR, v.t. e pron., limpar o nariz.
AS.SO.BI.AR, v.int., dar assobios, soltar assobios.
AS.SO.BI.O, s.m., ato ou efeito de assobiar, apito.
AS.SO.CI.A.ÇÃO, s.f., grupo, agrupamento de pessoas, sociedade.
AS.SO.CI.A.DO, adj., sócio, quem pertence a uma associação.
AS.SO.CI.AR, v.t. e pron., agrupar em sociedade, ligar, reunir.
AS.SO.LAR, v.t., destruir, arrasar, devastar, arruinar.
AS.SOM.BRA.ÇÃO, s.f., ato ou efeito de assombrar; aparição.
AS.SOM.BRAR, v.t., int. e pron., provocar sombra em; assustar, amedrontar.
AS.SOM.BRO, s.m., grande susto, espanto, admiração.
AS.SO.PRAR, v.t. e int., soprar, expelir ar em.

AS.SO.RE.A.MEN.TO, s.m., acúmulo de terras e areia no leito dos rios.
AS.SO.RE.AR, v.t. e int., provocar assoreamento em.
AS.SU.MIR, v.t., responsabilizar-se, tomar sob sua responsabilidade, adotar.
AS.SUN.ÇÃO, s.f., ato ou efeito de assumir; carregamento para o alto.
AS.SUN.TO, s.m., tema, matéria de que se fala ou escreve.
AS.SUS.TA.DI.ÇO, adj., que se assusta facilmente, medroso.
AS.SUS.TA.DOR, adj., que assusta, que amedronta.
AS.SUS.TAR, v.t. e pron., provocar susto em, amedrontar, apavorar.
AS.TE.RIS.CO, s.m., sinal gráfico com forma de estrela (*) para indicar alguma nota.
AS.TE.ROI.DE, s.m., corpo celeste com forma de estrela. Todo corpo celeste que circula entre as órbitas de Marte e Júpiter.
AS.TRAL, adj., que se refere a astro.
AS.TRO, s.m., todo corpo celeste do cosmo: planeta, estrela, satélite.
AS.TRO.LO.GI.A, s.f., arte de prever pelos astros o destino dos seres humanos.
AS.TRÓ.LO.GO, s.m., quem se dedica à Astrologia.
AS.TRO.NAU.TA, s.c. 2 gên., pessoa que viaja ao espaço; cosmonauta.
AS.TRO.NO.MI.A, s.f., ciência que estuda os astros.
AS.TRO.NÔ.MI.CO, adj., referente à Astronomia.
AS.TRÔ.NO.MO, s.m., estudioso dos astros e de suas leis.
AS.TÚ.CIA, s.f., manha, habilidade, esperteza.
AS.TU.CI.O.SO, adj., manhoso, hábil, esperto, espertalhão.
AS.TU.TO, adj., esperto, espertalhão, manhoso.
A.TA, s.f., escrito do que ocorre durante reunião de um grupo constituído.
A.TA.BA.QUE, s.m., instrumento de percussão, usado nas cerimônias de origem afro-brasileira.
A.TA.CA.DIS.TA, s.c. 2 gên., o comerciante que vende em grandes partidas.
A.TA.CA.DO, adj., quem sofreu ataque; s.m., venda de mercadorias em grande quantidade.
A.TA.CAR, v.t. e pron., acometer, investir contra, ir contra.
A.TA.DU.RA, s.f., ato ou efeito de atar, faixa usada para cobrir ferida.
A.TA.LAI.A, s.f., vigia, guarda, sentinela.
A.TA.LHAR, v.t., int. e pron., desviar, interromper; passar por atalho, encurtar o caminho.
A.TA.LHO, s.m., estrada mais curta; caminho que encurta a distância.
A.TA.QUE, s.m., ação ou efeito de atacar; agressão, ofensa; mal súbito.
A.TAR, v.t. e pron., ligar, enlaçar, amarrar.
A.TA.RAN.TA.DO, adj., abobado, atoleimado, atrapalhado.
A.TA.RAN.TAR, v.t. e pron., perturbar, atrapalhar.
A.TA.RE.FA.DO, adj., ocupado, com muito trabalho.
A.TA.RE.FAR, v.t. e pron., aplicar uma tarefa, dar serviço.
A.TAR.RA.XAR, v.t., apertar, segurar com tarraxa.
A.TA.Ú.DE, s.m., caixão de defunto.
A.TA.VIS.MO, s.m., tudo que se relaciona aos ascendentes em termos de costumes e tradições na família.
A.TÉ, prep., delimita o ponto para ir, distância, tempo; adv., também.
A.TE.AR, v.t., int. e pron., inflamar, fortalecer o fogo.
A.TE.ÍS.MO, s.m., pensamento que nega que Deus existe; materialismo.
A.TE.LI.Ê, s.m., oficina, salão, estúdio, local onde o artista produz suas obras.
A.TE.MO.RI.ZAR, v.t. e pron., causar temor a, amedrontar, assustar.
A.TEN.ÇÃO, s.f., cuidado, respeito, interesse, tenção.
A.TEN.CI.O.SO, adj., cheio de atenção, gentil, respeitoso, prestativo.
A.TEN.DEN.TE, adj. e s.c. 2 gên., que atende, que dá atenção, quem recebe os que chegam.

A.TEN.DER, *v.t.* e *int.*, dar atenção a, receber, acolher, considerar.
A.TEN.DI.MEN.TO, *s.m.*, ato ou efeito de atender, acolhida.
A.TEN.TA.DO, *s.m.*, tentativa, ataque, impacto, tentativa de crime; crime.
A.TEN.TA.MEN.TE, *adv.*, com atenção, com cuidado, respeitosamente.
A.TEN.TAR, *v.t.* e *int.*, considerar, olhar com atenção, tentar.
A.TEN.TA.TÓ.RIO, *adj.*, que tenta contra, tentativa de crime.
A.TEN.TO, *adj.*, que tem atenção, aplicado, cuidadoso.
A.TE.NU.A.ÇÃO, *s.f.*, ato ou efeito de atenuar, diminuição.
A.TE.NU.AR, *v.t.*, diminuir, reduzir, dar tenuidade, reduzir a pena do crime.
A.TER.RA.DO, *adj.*, local em que se aterrou, foi posta terra para nivelar.
A.TER.RA.DOR, *adj.*, que causa terror, aterrorizante.
A.TER.RA.GEM, *s.f.*, ato ou efeito de aterrar, encher com terra, jogar terra em.
A.TER.RAR, *v. pron.*, o avião pousa em terra; encher com terra, cobrir com terra.
A.TER.RO.RI.ZAR, *v.t.*, causar terror, apavorar, amedrontar.
A.TES.TA.DO, *s.m.*, declaração escrita sobre uma situação, certificado.
A.TES.TAR, *v.t.* e *int.*, escrever uma declaração sobre, afirmar, confirmar.
A.TEU, *s.m.*, o indivíduo que não acredita em Deus, incrédulo.
A.TI.ÇAR, *v.t.*, estimular, incentivar, fortalecer o fogo.
Á.TI.MO, *s.m.*, momento, instante, minuto, num piscar de olhos.
A.TI.NAR, *vint.*, descobrir, chegar ao ponto, encontrar.
A.TI.NEN.TE, *adj.*, referente, relativo, que diz respeito a.
A.TIN.GIR, *v.t.*, alcançar, chegar até, conseguir, ganhar, obter, conquistar.
A.TÍ.PI.CO, *adj.*, que não é normal, anormal, anômalo.
A.TI.RA.DEI.RA, *s.f.*, funda, estilingue.
A.TI.RA.DOR, *s.m.*, quem atira, quem dispara uma arma.
A.TI.RAR, *v.t.* e *pron.*, jogar, disparar, arremessar; dar tiros.
A.TI.TU.DE, *s.f.*, jeito, modo, comportamento, visão de.
A.TI.VA, *s.f.*, estar no trabalho, ser pessoa que trabalha.
A.TI.VAR, *v.t.*, pôr em funcionamento, dar a partida.
A.TI.VI.DA.DE, *s.f.*, labuta, trabalho, exercício, missão.
A.TI.VO, *adj.*, quem exerce atividades, quem age, que trabalha.
A.TLÂN.TI.CO, *adj.* e *s.m.*, relativo ao Oceano Atlântico ou o próprio.
A.TLAS, *s.m. pl.*, livro que traz todos os mapas do globo.
A.TLE.TA, *s.c. 2 gên.*, pessoa que pratica o atletismo, que faz esportes, forte.
A.TLÉ.TI.CO, *adj.*, típico do atleta, forte, musculoso.
A.TLE.TIS.MO, *s.m.*, o conjunto de todos os exercícios atléticos.
AT.MOS.FE.RA, *s.f.*, camada de gases que envolve a Terra, o ar respirável.
AT.MOS.FÉ.RI.CO, *adj.*, relativo à atmosfera.
A.TO, *s.m.*, ação, um feito, tudo que é feito.
A.TO.A.LHAR, *v.t.*, cobrir com toalhas.
A.TO.LAR, *v.t.* e *pron.*, cair em atoleiro, entrar na lama.
A.TO.LEI.RO, *s.m.*, lamaçal, brejo; *fig.*, baixeza moral.
A.TÔ.MI.CO, *adj.*, referente ao átomo, próprio do átomo.
Á.TO.MO, *s.m.*, a partícula menor que compõe um elemento.
A.TÔ.NI.TO, *adj.*, espantado, surpreso, maravilhado.
Á.TO.NO, *adj.*, que não tem acento.
A.TOR, *s.m.*, indivíduo que representa, que trabalha em teatro, novela, filmes.
A.TOR.DO.A.MEN.TO, *s.m.*, ato ou efeito de atordoar.
A.TOR.DO.AR, *v.t.* e *int.*, atrapalhar, perturbar, deixar tonto, estontear.
A.TOR.MEN.TAR, *v.t.* e *pron.*, perturbar, incomodar, aborrecer.
A.TRA.CA.ÇÃO, *s.f.*, ato ou efeito de atracar; parada de navio no porto.
A.TRA.CA.DOR, *s.m.*, lugar onde o navio atraca.
A.TRA.ÇÃO, *s.f.*, ato ou efeito de atrair, sedução, puxamento.
A.TRA.CAR, *v.t.*, *int.* e *pron.*, colocar o navio no cais, amarrar o navio no porto.
A.TRA.EN.TE, *adj.*, que atrai, sedutor, envolvente.
A.TRAI.ÇO.AR, *v.t.* e *pron.*, trair, delatar, abandonar.
A.TRA.IR, *v.t.*, puxar, carregar para, seduzir.
A.TRA.PA.LHA.DO, *adj.*, perturbado, confuso, desorientado.
A.TRA.PA.LHAR, *v.t.*, *int.* e *pron.*, perturbar, desorientar, confundir.
A.TRÁS, *adv.*, detrás, tempo anterior, local anterior.
A.TRA.SA.DO, *adj.*, que chega depois da hora, demorado no estudo.
A.TRA.SAR, *v.t.*, *int.* e *pron.*, demorar, realizar depois da data indicada.
A.TRA.SO, *s.m.*, demora, perda da hora.
A.TRA.VAN.CAR, *v.t.*, perturbar, estorvar, atrapalhar.
A.TRA.VÉS, *adv.*, de um lado ao outro; *loc. prep.*, através de: por meio de.
A.TRA.VES.SA.DOR, *s.m.*, elemento que compra e revende produtos obtendo bons lucros, quem age no meio de uma operação, quem atravessa.
A.TRA.VES.SAR, *v.t.*, passar através de, furar, perfurar.
A.TRE.LAR, *v.t.* e *pron.*, prender, colocar sob sua direção, engajar.
A.TRE.VER, *v. pron.*, ter coragem, meter-se.
A.TRE.VI.DO, *adj.*, desrespeitoso, insolente, desaforado.
A.TRE.VI.MEN.TO, *s.m.*, insolência, desrespeito, ousadia.
A.TRI.BU.I.ÇÃO, *s.f.*, ato ou efeito de atribuir, autoridade, prerrogativa.
A.TRI.BU.IR, *v.t.*, conferir, conceder, imputar, outorgar.
A.TRI.BU.LA.ÇÃO, *s.f.*, dor moral, sofrimento, tormento, castigo.
A.TRI.BU.LAR, *v.t.*, *int.* e *pron.*, atormentar, afligir, ferir, magoar.
A.TRI.BU.TO, *s.m.*, o que é peculiar de alguém, qualidade, predicado; o que se atribui a alguém.
Á.TRIO, *s.m.*, pátio, vestíbulo, entrada de uma casa.
A.TRI.TAR, *v.t.*, provocar atrito em, oferecer resistência; encrencar, provocar.
A.TRI.TO, *s.m.*, resistência ao ar, a um corpo, fricção.
A.TRIZ, *s.f.*, mulher que representa em teatro, novela, cinema.
A.TRO.CI.DA.DE, *s.f.*, característica do que é atroz, barbaridade, ferocidade.
A.TRO.FI.A, *s.f.*, falta de desenvolvimento, enfraquecimento, deficiência.
A.TRO.FI.AR, *v.t.* e *pron.*, provocar atrofia em, diminuir o desenvolvimento.
A.TRO.PE.LA.DO, *adj.*, sofrer um atropelamento.
A.TRO.PE.LA.MEN.TO, *s.m.*, ato ou efeito de atropelar, ser vítima atropelada.
A.TRO.PE.LAR, *v.t.* e *pron.*, pisar passando por cima, trombar com carro.
A.TRO.PE.LO, *s.m.*, ato ou efeito de atropelar, atropelamento.
A.TROZ, *adj.*, terrível, cruel, bárbaro.
A.TU.A.ÇÃO, *s.f.*, ato ou efeito de atuar.
A.TU.AL, *adj.*, do momento, de hoje.
A.TU.A.LI.DA.DE, *s.f.*, próprio do que é atual, de hoje, momento.
A.TU.A.LI.ZA.ÇÃO, *s.f.*, ato ou efeito de atualizar.
A.TU.A.LI.ZAR, *v.t.* e *pron.*, instruir, tornar atual, levar a adquirir o conhecimento necessário.
A.TU.AN.TE, *adj.*, que atua, ativo, ágil.
A.TU.AR, *v.t.* e *int.*, agir, obrar, labutar.
A.TU.LHAR, *v.t.* e *pron.*, encher com entulho, encher de tudo, colocar muitas coisas.
A.TU.RAR, *v.t.* e *int.*, suportar, aguentar, resistir.
A.TUR.DIR, *v.t.* e *pron.*, atordoar, tornar confuso, embaralhar as ideias.
AU.DÁ.CIA, *s.f.*, ousadia, atrevimento., impulso.
AU.DA.CI.O.SO, *adj.*, valente, ousado, corajoso.
AU.DI.ÇÃO, *s.f.*, o sentido para ouvir, escutar; propriedade de ouvir.
AU.DI.ÊN.CIA, *s.f.*, o ato de receber alguém para ouvi-lo, como fazem os políticos; o número de espectadores de um jogo, de um show.
AU.DI.O.VI.SU.AL, *s.m.*, aparelho que expressa algo falando, escrevendo; *por ex.*, vídeocassete.
AU.DI.TI.VO, *adj.*, relativo à audição, que se ouve.
AU.DI.TOR, *s.m.*, quem ouve, que faz auditorias, quem examina as contas de uma instituição.
AU.DI.TO.RI.A, *s.f.*, revisão de contas, investigação contábil de um negócio.
AU.DI.TÓ.RIO, *s.m.*, anfiteatro, local onde se ouvem músicas, discursos.
AU.FE.RIR, *v.t.*, conseguir, obter, colher, conquistar.

AUGE

AU.GE, s.m., apogeu, ponto mais alto, clímax.
AU.GU.RAR, v.t. e int., predizer, prever, pressagiar, adivinhar.
AU.GÚ.RIO, s.m., presságio, desejo, adivinhação, predição.
AU.GUS.TO, adj., nobre, digno, majestoso, respeitável.
AU.LA, s.f., sala onde se ministra uma lição, a própria lição, aprendizagem.
AU.MEN.TAR, v.t., int. e pron., engrandecer, tornar maior, expandir.
AU.MEN.TA.TI.VO, adj., s.m., o que aumenta, o que amplia.
AU.MEN.TO, s.m., ato ou efeito de aumentar, ampliação, acréscimo.
AU.RA, s.f., brisa, zéfiro, vento suave.
ÁU.REO, adj., feito de ouro, cor de ouro, dourado.
AU.RÉ.O.LA, s.f., esplendor, círculo luminoso que ilumina a cabeça dos santos, prestígio.
AU.RE.O.LAR, v.t. e pron., colocar auréola em, coroar alguém.
AU.RÍ.CU.LA, s.f., o pavilhão do ouvido, as cavidades superiores do coração.
AU.RI.CU.LAR, adj., que se refere ao ouvido e ao coração.
AU.RO.RA, s.f., o nascer do dia, alvorada, alba.
AUS.CUL.TA.ÇÃO, s.f., ato de auscultar, observação.
AUS.CUL.TAR, v.t., examinar com muita atenção, observar, perquirir.
AU.SÊN.CIA, s.f., não comparecer a, falta, carência, estar fora.
AU.SEN.TAR-SE, v. pron., sair, tornar-se ausente, retirar-se.
AU.SEN.TE, adj., faltante, que se afastou, saído, ido embora.
AUS.PÍ.CIO, s.m., presságio, agouro, o que virá, previsão.
AUS.PI.CI.O.SO, adj., previsão boa, futuro promissor.
AUS.TE.RI.DA.DE, s.f., rigor, severidade, dureza.
AUS.TE.RO, adj., severo, rigoroso, duro.
AUS.TRAL, adj., meridional, do Hemisfério Sul.
AUS.TRA.LI.A.NO, adj. e s.m., relativo à Austrália ou seu nativo.
AUS.TRÍ.A.CO, adj., relativo à Áustria ou seu nativo.
AU.TAR.QUI.A, s.f., instituição com certa autonomia, mas sob administração pública e normas públicas.
AU.TEN.TI.CA.ÇÃO, s.f., ato ou efeito de autenticar, reconhecimento.
AU.TEN.TI.CA.DO, adj., validado, reconhecido, dado como real.
AU.TEN.TI.CAR, v.t., tornar autêntico, declarar verdadeiro, dar amparo legal.
AU.TEN.TI.CI.DA.DE, s.f., qualidade do que é autêntico, exatidão.
AU.TÊN.TI.CO, adj., verdadeiro, exato, confiável, crível.
AU.TO.BI.O.GRA.FI.A, s.f., o escrito da própria vida; um livro que conta a vida do autor.
AU.TO.CON.FI.AN.ÇA, s.f., confiança que a pessoa tem em si mesma.
AU.TO.CON.TRO.LE, s.m., controle que a pessoa tem de si mesma.
AU.TO.DI.DA.TA, s.m., pessoa que estudou sozinha, sem ir à aula.
AU.TÓ.DRO.MO, s.m., local onde se realizam corridas de carros.
AU.TO.ES.CO.LA, s.f., entidade que se especializa para ensinar as pessoas a dirigir carro.
AU.TO.ES.TRA.DA, s.f., uma grande rodovia com várias pistas, autovia.
AU.TO.GRA.FAR, v.t., dar uma assinatura de próprio punho em obra sua.
AU.TO.GRA.FO, s.m., ato de dar um autógrafo.
AU.TO.MA.ÇÃO, s.f., sistema comandado por máquinas, sem interferência do ser humano.
AU.TO.MÁ.TI.CO, adj., tem movimentos de autômato, que é maquinal.
AU.TO.MA.TIS.MO, s.m., característica do que é automático.
AU.TO.MA.TI.ZAR, v.t., tornar automático, tornar maquinal, empregar automatismo.
AU.TO.MO.BI.LIS.MO, s.m., esporte com automóveis.
AU.TO.MO.BI.LIS.TA, s.c. 2 gên., quem pratica o automobilismo ou dirige automóvel.
AU.TO.MO.TRIZ, s.m., carro que tenha motor próprio para se locomover.
AU.TO.MÓ.VEL, s.m., carro com motor e que se locomove pela própria força, carro, veículo, transporte.
AU.TO.NO.MI.A, s.f., independência, liberdade, liberdade de ação.
AU.TÔ.NO.MO, adj., que se administra por si, que se governa por sua vontade.
AU.TÓP.SIA, s.f., exame cadavérico, exame que o médico faz no cadáver para tentar descobrir a causa da morte.
AU.TOR, s.m., quem age, quem faz, o provocador, quem escreve um livro, quem move uma ação judicial contra outrem.
AU.TO.RI.A, s.f., qualidade de ser autor.
AU.TO.RI.DA.DE, s.f., comando, poder, quem possui o poder dado pela lei.
AU.TO.RI.TÁ.RIO, adj., que dispõe de autoridade, que tem poder, que manda.
AU.TO.RI.ZA.ÇÃO, s.f., licença, permissão, dar uma ordem para.
AU.TO.RI.ZAR, v.t., dar autoridade, permitir, conceder licença.
AU.TOS, s.m. pl., nos processos judiciais, é o conjunto de todas as peças do processo.
AU.TU.A.DO, adj., que foi multado, que recebeu a sanção, a pena da lei.
AU.TU.AR, v.t., multar, impor uma pena por ter infringido uma lei.
AU.XI.LI.AR, v.t., ajudar, socorrer, amparar.
AU.XI.LI.AR, adj. e s.c. 2 gên., ajudante, quem auxilia.
AU.XÍ.LIO, s.m., ajuda, socorro, amparo.
A.VAL, s.m., garantia, serviço de seguro para alguém ao assinar junto em um título.
A.VA.LAN.CHA, s.f., grande massa de neve que rola montanha abaixo, destruindo tudo, alude; fig., uma multidão de seres que cheguem.
A.VA.LI.A.ÇÃO, s.f., ato ou efeito de avaliação, apreciação.
A.VA.LI.AR, v.t., dar um valor, estimar quanto vale, calcular algo.
A.VA.LIS.TA, s.c. 2 gên., quem dá um aval, quem avaliza.
A.VA.LI.ZAR, v.t., ser avalista, dar aval.
A.VAN.ÇAR, v.t. e v.int., ir para frente, prosseguir, adiantar-se.
A.VAN.ÇO, s.m., ato de avançar, prosseguimento, deslocamento.
A.VAN.TA.JA.DO, adj., que tem um físico além do normal, volumoso, grandalhão.
A.VAN.TA.JAR, v.t., ter vantagem sobre, melhorar, crescer.
A.VAN.TE, adv., para diante, para frente.
A.VA.REN.TO, adj. e s.m., unha-de-fome, avaro, sovina, pão-duro.
A.VA.RE.ZA, s.f., qualidade de quem é avaro, mesquinhez.
A.VA.RI.A, s.f., estrago, problema, prejuízo, defeito mecânico.
A.VA.RI.AR, v.t., arruinar, estragar, danificar.
A.VA.RO, adj., avarento, sovina.
A.VE, s.f., todo animal vertebrado que tem o corpo coberto de penas.
A.VE!, interj., salve!, olá!
A.VEI.A, s.f., planta cujos grãos alimentam homens e animais.
A.VE.LÃ, s.f., fruto da aveleira.
A.VE.LU.DAR, v.t., que recebeu forma de veludo, amaciar, abrandar.
A.VE-MA.RI.A, s.f., oração católica para Nossa Senhora.
A.VEN.CA, s.f., tipo de samambaia para decoração de jardins e casas.
A.VE.NI.DA, s.f., via urbana ladeada de árvores, alameda, via arborizada.
A.VEN.TAL, s.m., peça que se veste na parte dianteira do corpo para proteger contra alguma sujeira.
A.VEN.TU.RA, s.f., peripécia, proeza, uma ação difícil e perigosa, algo imprevisto.
A.VEN.TU.RAR, v.t. e pron., enfrentar perigos, enfrentar um trabalho desconhecido, arriscar-se.
A.VEN.TU.REI.RO, s.m., que se mete em aventura, explorador.
A.VE.RI.GUA.ÇÃO, s.f., ato ou efeito de averiguar, exame, inquérito.
A.VE.RI.GUAR, v.t., investigar, examinar, pesquisar, inquerir.
A.VER.ME.LHA.DO, adj., cor de tons vermelhos.
A.VER.ME.LHAR, v.t., dar uma tonalidade vermelha.
A.VER.SÃO, s.f., asco, nojo, repugnância, desprezo.
A.VES.SAS, s.f. pl., coisas ao contrário, opostas; às avessas, ao contrário.
A.VES.SO, adj., reverso, oposto, lado contrário.
A.VES.TRUZ, s.m., uma ave enorme, que corre com muita velocidade e é originária da África.

A.VI.A.ÇÃO, *s.f.*, o sistema de navegação aérea; tudo que se refira a aviões.
A.VI.A.DOR, *s.m.*, quem avia, prepara; piloto de avião.
A.VI.A.MEN.TO, *s.m.*, ato ou efeito de aviar.
A.VI.ÃO, *s.m.*, aparelho usado na navegação aérea, aeroplano, jato.
A.VI.AR, *v.t.*, *int.* e *pron.*, pôr em via, em caminho; preparar, executar, preparar uma receita médica, despachar.
A.VI.Á.RIO, *s.m.*, viveiro de aves, local onde se criam aves.
A.VÍ.CO.LA, *s.c. 2 gên.*, criador de aves, avicultor.
A.VI.CUL.TOR, *s.m.*, avícola.
A.VI.CUL.TU.RA, *s.f.*, criação de aves domésticas.
A.VI.DA.MEN.TE, *adv.*, com ânsia, com avidez, com voracidade.
A.VI.DEZ, *s.f.*, cobiça, ânsia, ganância.
Á.VI.DO, *adj.*, ganancioso, faminto, ansioso, que tem avidez.
A.VIL.TA.MEN.TO, *s.m.*, desonra, humilhação, baixeza.
A.VIL.TAN.TE, *adj.*, que desonra, que humilha, que avilta.
A.VIL.TAR, *v.t.*, *int.* e *pron.*, tornar vil, desprezível, rebaixar, humilhar.
A.VI.NA.GRAR, *v.t.* e *pron.*, temperar com vinagre, dar gosto de vinagre.
A.VIR, *v.t.* e *pron.*, pacificar, apaziguar, ajustar.
A.VI.SAR, *v.t.*, prevenir, tornar ciente, dar um recado, comunicar.
A.VI.SO, *s.m.*, ato ou efeito de avisar, recado, mensagem, comunicação.
A.VIS.TAR, *v.t.* e *pron.*, ver, enxergar, distinguir, deparar com.
A.VI.VAR, *v.t.* e *pron.*, dar mais vida, alimentar, dar força, animar, estimular, excitar.
A.VI.ZI.NHAR, *v.t.* e *pron.*, tornar vizinho, achegar, aproximar, encostar.
A.VO, *s.m.*, nas frações matemáticas, indica as partes em que se divide uma unidade.
A.VÔ, *s.m.*, pai do pai ou da mãe, vovô, vô.
A.VÓ, *s.f.*, mãe do pai ou da mãe, vovó, vó, vozinha.
A.VO.LU.MAR, *v.t.*, *int.* e *pron.*, aumentar o volume, ampliar, tornar maior.
A.VÓS, *s.m. pl.*, o avô e a avó.
A.VUL.SO, *adj.*, destacado, à parte, solto, não participante.
A.VUL.TA.DO, *adj.*, que ficou com vulto, volumoso, grande.
A.VUL.TAR, *v.t.* e *int.*, aparecer, crescer, aumentar.
A.XI.AL, *adj.*, relativo a eixo.
A.XI.LA, *s.f.*, cavidade sob o braço, onde se prende ao tronco, sovaco.
A.XI.O.MA, *s.m.*, todo problema que não precisa de prova, por ser clara a evidência; sentença, o que está completo por si.
A.XI.O.MÁ.TI.CO, *adj.*, típico de axioma, claro, óbvio.
A.ZA.DO, *adj.*, que dá azo, fácil, cômodo, oportuno.
A.ZÁ.FA.MA, *s.f.*, pressa, correria, tarefa imensa.
A.ZA.FA.MAR, *v.t.* e *pron.*, ter pressa, impor pressa.
A.ZA.LEI.A, *s.f.*, planta arbustiva que floresce na primavera, azálea.
A.ZAR, *s.m.*, má sorte, agouro, infelicidade, desgraça.
A.ZA.RA.DO, *adj.*, que tem azar, infeliz.
A.ZA.RAR, *v.t.*, dar azar, atrapalhar.
A.ZA.REN.TO, *adj.*, que traz azar, que dá má sorte.
A.ZE.DAR, *v.t.*, *int.* e *pron.*, tornar azedo, avinagrar; *fig.*, causar confusão, iniciar luta.
A.ZE.DO, *adj.*, avinagrado, ácido, acre; *fig.*, duro, áspero.
A.ZE.DU.ME, *s.m.*, sabor acre, sabor azedo, mau humor.
A.ZEI.TAR, *v.t.*, colocar azeite, lubrificar; *fig.*, pagar comissão por fora.
A.ZEI.TE, *s.m.*, óleo extraído da azeitona, óleo de outros grãos ou frutos.
A.ZEI.TO.NA, *s.f.*, fruto da árvore chamada oliveira.
A.ZÊ.MO.LA, *s.f.*, animal de carga; *fig.*, pessoa estúpida.
A.ZI.A, *s.f.*, azedume no estômago, ardência no estômago.
A.ZI.A.GO, *adj.*, que traz desgraça, funesto, triste, azarento.
Á.ZI.MO, *adj.*, pão fabricado sem fermento.
A.ZO, *s.m.*, oportunidade, momento, ensejo.
A.ZU.CRI.NAR, *v.t.* e *int.*, incomodar, aborrecer, importunar.
A.ZUL, *adj.*, da cor do céu, sem nuvens, anil.
A.ZU.LA.DO, *adj.*, cor com tendência para o azul.
A.ZU.LÃO, *s.m.*, azul muito forte, nome de uma ave muito comum.
A.ZU.LAR, *v.t.*, *int.* e *pron.*, dar cor azul; *fig. pop.*, fugir, escapar-se.
A.ZU.LE.JAR, *v.t.*, colocar azulejos.
A.ZU.LE.JO, *s.m.*, cerâmica ou ladrilho usado para revestir paredes

B, *s.m.*, a segunda letra do á-bê-cê e primeira consoante.
BA.BA, *s.f.*, saliva, saliva que sai pela boca.
BA.BÁ, *s.f.*, ama de leite, mulher que cuida de criança.
BA.BA.CA, *s.c. 2 gên., pop.*, indivíduo tolo, bobo, fácil de se enganar.
BA.BA.ÇU, *s.m.*, palmeira do Norte do Brasil, de cujo coco se produz óleo comestível.
BA.BA DE MO.ÇA, *s.f.*, doce da Bahia, feito com leite de coco e ovos.
BA.BA.DOR, *s.m.*, peça de pano, presa no pescoço de criança para evitar que suje a roupa; qualquer objeto para evitar que se suje a vestimenta.
BA.BÃO, *s.m.*, quem baba muito.
BA.BAR, *v.t., int. e pron.*, sujar com baba, soltar baba, sentir muita gula por algo.
BA.BEL, *s.f.*, mistura de vozes, mistura de línguas, confusão.
BA.BI.LÔ.NIA, *s.f.*, uma grande confusão, desordem, baderna.
BA.BO.SA, *s.f.*, planta da família das liliáceas, usada como remédio.
BA.BO.SEI.RA, *s.f.*, algo tolo, bobagem, tolice.
BA.BU.Í.NO, *s.m.*, um macaco africano muito grande.
BA.CA.LHAU, *s.m.*, peixe dos mares frios, cuja carne, seca e salgada, é muito consumida.
BA.CA.LHO.A.DA, *s.f.*, muito bacalhau, comida preparada com bacalhau.
BA.CA.MAR.TE, *s.m.*, arma de fogo de antigamente.
BA.CA.NA, *s.m. e adj., pop.*, bonito, elegante, de aparência fina, bem vestido.
BA.CA.NAL, *s.m.*, festa em honra do deus Baco, orgia, festa licenciosa.
BA.CAN.TE, *s.f.*, sacerdotisa de Baco, mulher de bacanal.
BA.CA.RÁ, *s.m.*, tipo de jogo de azar.
BA.CHA.REL, *s.m.*, toda pessoa que completa o estudo em faculdade.
BA.CHA.RE.LA.DO, *s.m.*, ato de se formar bacharel.
BA.CHA.RE.LAR, *v.t.*, conceder grau de formação de bacharel.
BA.CI.A, *s.f.*, recipiente, vasilha de forma arredondada para uso de casa.
BA.CI.LO, *s.m.*, vírus, micróbio.
BA.CI.O, *s.m.*, vaso sanitário, vaso para uso no banheiro.
BA.ÇO, *adj.*, cor escura, embaciado, difícil para se olhar através de.
BA.ÇO, *s.m.*, órgão do corpo humano que exerce várias funções.
BA.CON, *s.m.*, termo inglês para designar toucinho (pronuncia-se beicon).
BAC.TÉ.RIA, *s.f.*, micro-organismo vegetal, micróbio.
BAC.TE.RI.CI.DA, *s.m. e adj.*, que mata bactérias, que destrói bactérias.
BAC.TE.RI.O.LO.GI.A, *s.f.*, ciência que estuda as bactérias.
BÁ.CU.LO, *s.m.*, cajado, bastão, instrumento que o pastor de ovelhas usa.
BA.CU.RI, *s.m., pop.*, criança masculina, menino, rapazinho.
BA.DA.LA.ÇÃO, *s.f.*, ato ou efeito de badalar; elogios exagerados.
BA.DA.LA.DA, *s.f.*, é o som que o sino emite quando batido pelo badalo.
BA.DA.LAR, *v.int.*, bater as badaladas, soar; *pop.*, ser comentado.
BA.DA.LO, *s.m.*, peça de metal, posta na parte interna dos sinos, para provocar o som deles.
BA.DE.JO, *s.m.*, tipo de peixe comestível, semelhante ao bacalhau.
BA.DER.NA, *s.f.*, confusão, desordem, barulheira, bagunça.

BA.DER.NAR, *v.int.*, fazer confusão, baderna.
BA.DER.NEI.RO, *s.m. e adj.*, que faz badernas, desordeiro, barulhento.
BA.DU.LA.QUE, *s.m.*, cozido português de fígado e bofes; qualquer coisa, cacareco, trastes, objetos de pouco valor.
BA.FA.FÁ, *s.m. pop.*, baderna, confusão, intrigas.
BA.FAR, *v.int.*, soltar, expelir o bafo, soltar o ar dos pulmões.
BA.FE.JAR, *v.t. e int.*, soltar o bafo, assoprar; *fig.*, animar, dar sorte.
BA.FE.JO, *s.m.*, sopro, soltar o bafo.
BA.FO, *s.m.*, o ar soltado pelos pulmões, hálito, respiração.
BA.FÔ.ME.TRO, *s.m.*, aparelho usado pela polícia para medir, através do ar expelido, o teor de álcool que a pessoa tem no sangue.
BA.FO.RA.DA, *s.f.*, a quantidade de bafo que a pessoa solta, fumaça que o fumante expele.
BA.GA, *s.m.*, fruto carnudo e de forma redonda de muitas plantas, como jabuticaba, uva...; gota.
BA.GA.CEI.RA, *s.f.*, nos engenhos de cana, local onde se acumulam os bagaços; tipo de aguardente.
BA.GA.ÇO, *s.m.*, resíduos de frutas espremidas, da cana de açúcar; restos de qualquer coisa; *fig.*, estar muito cansado, gasto.
BA.GA.GEI.RO, *s.m.*, local onde se põe a bagagem, quem carrega a bagagem; no carro se diz porta-malas.
BA.GA.GEM, *s.f.*, o conjunto de objetos que alguém carrega; todos os objetos que o viajante leva consigo.
BA.GA.TE.LA, *s.f.*, ninharia, nonada, coisa sem valor, insignificância.
BA.GO, *s.m.*, fruta da videira, grão.
BA.GRE, *s.m.*, tipo de peixe do mar ou da água doce, com couro e comestível.
BA.GUE.TE, *s.f.*, tipo de pão fino e comprido.
BA.GU.LHO, *s.m.*, semente do bago de uva; coisa sem valor, traste.
BA.GUN.ÇA, *s.f., pop.*, baderna, confusão, desordem.
BA.GUN.ÇAR, *v.t., pop.*, badernar, provocar confusão, desorganizar.
BA.GUN.CEI.RO, *s.m.*, baderneiro, badernento, desordeiro.
BAI.A, *s.f.*, nas cavalariças, local onde se aloja um cavalo.
BA.Í.A, *s.f.*, pequena porção de água do mar que entra na terra por uma passagem estreita.
BAI.A.NO, *adj. e s.m.*, habitante ou relativo ao Estado da Bahia.
BAI.ÃO, *s.m.*, tipo de dança e canto popular.
BAI.LA, *s.f.*, bailado; de uso na expressão - vir à baila: ser recordado, a propósito.
BAI.LA.DO, *s.m.*, dança, baile, representação de uma dança.
BAI.LA.DOR, *s.m.*, dançarino, quem baila, quem dança.
BAI.LAR, *v.int.*, dançar, executar passos de dança.
BAI.LA.RI.NO, *s.m.*, dançarino, quem baila, quem dança por profissão.
BAI.LE, *s.m.*, dança, festa com dança; dar um baile - vencer logo.
BAI.NHA, *s.f.*, estojo de qualquer material para pôr uma arma branca.
BAI.O, *adj., s.m.*, cavalo de cor amarelada fraca.
BAI.O.NE.TA, *s.f.*, tipo de faca, espada, que se coloca na ponta do fuzil.
BAIR.RIS.MO, *s.m.*, próprio de bairrista.
BAIR.RIS.TA, *s.m. adj.*, habitante de um bairro, quem defende apenas o que diz respeito à sua terra.
BAIR.RO, *s.m.*, divisões de áreas urbanas, o conjunto de quarteirões.
BAI.TA, *adj., pop.*, grande, enorme, exagerado.
BAI.Ú.CA, *s.f.*, casa pequena, suja; loja de pouca expressão, bodega.
BAI.XA, *s.f.*, baixada, saída do serviço militar, diminuição do preço.

BAI.XA.DA, s.f., terreno em decline, planície grande, local bem plano.
BAI.XA-MAR, s.f., maré baixa, refluxo, vazante.
BAI.XAR, v.t. e v.int., fazer descer, diminuir, reduzir, apear, abater.
BAI.XA.RI.A, s.f., pop., má-educação, despropósitos, usar de atitudes ou palavras de baixo nível.
BAI.XE.LA, s.f., conjunto de objetos e louças de cozinha, louças para os serviços de mesa.
BAI.XE.ZA, s.f., o que é baixo, imoralidade, depravação, safadeza.
BAI.XI.NHO, adv., com voz fraca, voz quase imperceptível.
BAI.XI.O, s.m., banco de areia, qualquer obstáculo que esteja à flor da água.
BAI.XO, adj., de altura pequena, inferior, perverso, desprezível.
BAI.XO-AS.TRAL, s.m., estado de espírito que desanima e deprime a pessoa.
BAI.XO-RE.LE.VO, s.m., escultura encravada na superfície, escultura.
BA.JU.LA.ÇÃO, s.f., elogios exagerados, adulação, pop., puxa-saquismo.
BA.JU.LA.DOR, s.m., quem bajula, adula, elogia por demais.
BA.JU.LAR, v.t., elogiar com exagero, adular, lisonjear, buscar favores.
BA.LA, s.f., objeto de metal que se usa nas armas de fogo; produto com açúcar e outros ingredientes, doce.
BA.LA.DA, s.f., tipo de história em forma de poema, narrando fatos do povo.
BA.LAI.O, s.m., cesto, recipiente feito de bambu, cipó, para carregar objetos.
BA.LA.LAI.CA, s.f., instrumento com três cordas, de uso comum na Rússia.
BA.LAN.ÇA, s.f., instrumento que se usa para pesar, medida de peso.
BA.LAN.ÇAR, v.t., int. e pron., equilibrar, oscilar, brincar no balanço, sacudir.
BA.LAN.CE.A.DO, s.m., adj., alimento preparado de acordo com técnicas alimentares, comida exata para alimentar.
BA.LAN.CE.A.MEN.TO, s.m., ato ou efeito de balançar, equilíbrio, ajuste mecânico nas rodas do carro.
BA.LAN.CE.AR, v.t. e int., executar o balanceamento, equilibrar, firmar.
BA.LAN.CE.TE, s.m., um pequeno balanço, balanço parcial, demonstrativo contábil de uma parte de todo o balanço.
BA.LAN.ÇO, s.m., ato ou efeito de balancear, demonstrativo do movimento contábil de uma empresa; objeto pendurado para se brincar girando de um lado para o outro.
BA.LAN.GAN.DÃ, s.m., enfeite usado pelas mulheres baianas em dias de festa.
BA.LÃO, s.m., aeróstato em forma oval, feito de vários materiais, que, tendo o ar aquecido, ou gás, sobe.
BA.LA.ÚS.TRE, s.m., pequena coluna para suportar corrimãos, varandas.
BAL.BU.CI.AR, v.t. e int., falar com dificuldade, falar articulando sílaba por sílaba, gaguejar.
BAL.BÚR.DIA, s.f., confusão, baderna, bagunça, barulho.
BAL.CÃO, s.m., mostruário, varanda das casas, tipo de mesa para receber fregueses em casas de comércio.
BAL.CO.NIS.TA, s.c. 2 gên., vendedor, pessoa que atende os fregueses nas lojas.
BAL.DA, s.f., mau costume, vezo, mania, vício.
BAL.DE, s.m., vasilha de metal ou plástico, para recolher líquidos ou objetos; na expressão - debalde - inutilmente, em vão.
BAL.DE.A.ÇÃO, s.f., ato ou efeito de baldear, mudança, transferência.
BAL.DE.AR, v.t., mudar pessoas ou objetos e um ponto para outro, mudar, transferir, deslocar.
BAL.DI.O, adj., sem utilidade, terreno abandonado, sem uso, terra não cultivada.
BAL.DRA.ME, s.m., fundamento, alicerce.
BA.LÉ, s.m., dança cadenciada, com fins artísticos.
BA.LE.AR, v.t., machucar ou ferir com bala; machucar.
BA.LE.EI.RA, s.f., barco próprio para pescar baleias.
BA.LEI.A, s.f., o maior animal dos mares, cetáceo enorme e mamífero.
BA.LE.LA, s.f., boato, história sem fundamento, piada.
BA.LI.DO, s.m., som emitido pela voz da ovelha.
BA.LIR, v. int., o modo a ovelha emitir sua voz.
BA.LÍS.TI.CA, s.f., ciência que estuda a trajetória das balas.
BA.LI.ZA, s.f., marco, ponto que limita, estaca, limite.
BA.LI.ZA.MEN.TO, s.m., ato ou efeito de balizar.
BA.LI.ZAR, v.t., marcar com balizas, limitar, direcionar.
BAL.NE.Á.RIO, s.m., casa ou local próprio para banhos, praia marítima.
BA.LO.FO, adj., mole, massa grande e de pouco peso, gordo, inchado.
BA.LOU.ÇAR, v.t., int. e pron., balançar, empurrar num balanço, ninar.
BAL.SA, s.f., embarcação para transporte de cargas, jangada, barcaça.
BAL.SÂ.MI.CO, adj., referente ao bálsamo, perfumado, cheiroso.
BÁL.SA.MO, s.m., tipo de perfume, ingrediente para massagear, aroma.
BA.LU.AR.TE, s.m., fortaleza, lugar de segurança, algo muito forte.
BAM.BO, adj., frouxo, mole, fraco, que balança.
BAM.BO.LE.AR, v., int. e pron., oscilar, sacudir-se, menear, sacudir os quadris.
BAM.BO.LÊ, s.m., objeto plástico, de forma circular, para a prática de bamboleio.
BAM.BO.LEI.O, s.m., ato ou efeito de bambolear, ginga.
BAM.BU, s.m., tipo de planta com o caule em gomos e ocos.
BAM.BU.ZAL, s.m., um grupo de bambus, bambual, moita ou touceira de bambus.
BA.NAL, adj., comum, ordinário, do dia a dia, normal, trivial.
BA.NA.LI.DA.DE, s.m., o que é banal, trivialidade, vulgaridade.
BA.NA.LI.ZAR, v.t., tornar banal, vulgarizar, trivializar.
BA.NA.NA, s.f., fruta que se colhe da bananeira, pop., pessoa sem fibra, molenga.
BA.NA.NA.DA, s.f., geleia de banana, doce de banana, comida à base de banana.
BA.NA.NAL, s.f., uma plantação de bananas, bananeiral.
BA.NA.NEI.RA, s.f., planta que produz a banana.
BAN.CA, s.f., mesa, escritório de advogado, grupo de pessoas que fazem um exame.
BAN.CA.DA, s.f., um monte de bancos, mesa comprida para fabricar peças nas tornearias.
BAN.CAR, v.int., apresentar-se, fazer-se passar por, dirigir uma banca do jogo ilegal de bicho, julgar-se.
BAN.CÁ.RIO, adj., empregado que trabalha em banco.
BAN.CAR.RO.TA, s.f., quebra de uma casa bancária, falência.
BAN.CO, s.m., peça, móvel para sentar-se; casa bancária, instituição para gerir valores monetários.

BANDA

BAN.DA, s.f., a parte lateral, lugar afastado, conjunto musical, localidade, flanco.
BAN.DA.GEM, s.f., ataduras ou faixas para envolver alguém.
BAN.DA.LHEI.RA, s.f., bandalhice, indecência, sem-vergonhice.
BAN.DA.LHO, s.m., tipo sem dignidade, cafajeste, baderneiro.
BAN.DE.AR, v.t. e pron., agrupar em bando, formar uma quadrilha, mudar de partido.
BAN.DEI.RA, s.f., peça feita de tecido e em cores, para ser o símbolo de um país ou de uma entidade; estandarte, pavilhão; grupo de pessoas para explorar o sertão.
BAN.DEI.RA.DA, s.f., é a taxa cobrada na partida do táxi; todo sinal dado por uma bandeira.
BAN.DEI.RAN.TE, s.m., indivíduo que participava das bandeiras, na exploração dos sertões.
BAN.DEI.RAN.TIS.MO, s.m., entidade escoteira que dedica suas atividades para a educação de adolescentes, meninas e moças.
BAN.DEI.RI.NHA, s.f., auxiliar do juiz no jogo de futebol; bandeira pequena.
BAN.DEI.RO.LA, s.f., bandeirinha.
BAN.DE.JA, s.f., tabuleiro para servir algo.
BAN.DI.DO, s.m., criminoso, assaltante, marginal, malfeitor.
BAN.DI.TIS.MO, s.m., ato praticado pelo bandido; criminalidade.
BAN.DO, s.m., grupo de pessoas ou animais, quadrilha.
BAN.DÔ, s.m., tira de pano usada nas cortinas, para encobrir a parte superior.
BAN.DO.LEI.RO, s.m., bandido, criminoso, salteador.
BAN.DO.LIM, s.m., tipo de viola com quatro cordas duplas.
BAN.DU.LHO, s.m. pop., estômago, barriga.
BAN.GA.LÔ, s.m., um tipo arquitetônico de casa, residência.
BAN.GUÊ, s.m., antigo engenho para a produção de açúcar e melado com a cana.
BAN.GUE.LA, s.f., ponte pênsil, descer declive com o carro no ponto morto; pop., pessoa que não tenha um dente na frente.
BA.NHA, s.f., gordura animal, pingue, gordura de suíno.
BA.NHA.DO, s.m., brejo, charco, paul.
BA.NHAR, v.t. e pron., dar banho, molhar, regar, tomar banho.
BA.NHEI.RA, s.f., utensílio próprio para tomar banho.
BA.NHEI.RO, s.m., cômodo da casa para tomar banho ou fazer as necessidades físicas, WC, toalete.
BA.NHIS.TA, s.c. 2 gên., quem frequenta praias, locais para banho.
BA.NHO, s.m., ato ou efeito de banhar-se; imersão na água; dar um banho - vencer com facilidade.
BA.NHO-MA.RI.A, s.m., tipo de doce; processo de cozimento, pondo uma panela com um doce dentro de outra cheia de água.
BA.NI.DO, adj., exilado, expulso do país, expatriado.
BA.NIR, v.t., exilar, expulsar de sua terra, suprimir.
BAN.JO, s.m., instrumento musical de três cordas.
BAN.QUEI.RO, s.m., dono de banco, diretor de banco.
BAN.QUE.TA, s.f., um banco pequeno, banquinho.
BAN.QUE.TE, s.m., uma refeição com comidas finas e fartas, ágape.
BAN.QUE.TE.AR, v.t. e pron., dar um banquete, comer muito e bem.
BAN.ZÉ, s.m., confusão, baderna, barulho.
BAN.ZO, s.m., doença que atingia os negros escravos, um tipo de saudade.
BA.QUE, s.m., ruído, barulho da queda de um corpo, desastre, queda.
BA.QUE.AR, v.int. e pron., cair, amolecer, perder a firmeza.
BA.QUE.TA, s.f., varinha de madeira ou plástico, com que se bate nos tambores.
BAR, s.m., ponto comercial para a venda de bebidas; um tipo de balcão para bebidas nas casas.
BA.RA.FUN.DA, s.f., banzé, confusão de pessoas, barulho, algazarra.
BA.RA.LHAR, v.t., int. e pron., embaralhar, misturar as cartas, confundir.
BA.RA.LHO, s.m., conjunto de cartas para fazer um jogo.
BA.RÃO, s.m., título de nobreza.
BA.RA.TA, s.f., inseto comum da família dos blatídeos.
BA.RA.TE.AR, v.t., int. e pron., diminuir o preço, diminuir os custos, abaixar o preço.
BA.RA.TI.NAR, v.t., int. e pron. pop., endoidar, enlouquecer, perder a razão.
BA.RA.TO, adj., de preço baixo, de pouco custo.
BAR.BA, s.f., os pelos que crescem no rosto do homem adulto.
BAR.BA.DA, s.f., coisa fácil de ganhar, vitória fácil.
BAR.BA.DO, adj., que tem barba; indivíduo adulto.
BAR.BAN.TE, s.m., cordel, corda, peça para amarrar.
BAR.BA.RI.DA.DE, s.f., ato cometido por bárbaros, monstruosidade.
BAR.BÁ.RIE, s.f., estado ou situação do que é bárbaro.
BAR.BA.RI.ZAR, v.t., int. e pron., tornar bárbaro, colocar em estado de barbárie.
BÁR.BA.RO, s.m., adj., rude, grosseiro, desumano, pertencente aos povos bárbaros.
BAR.BA.TA.NA, s.f., membro dos peixes para facilitar a natação.
BAR.BE.A.DOR, s.m., aparelho para cortar a barba.
BAR.BE.AR, v.t., pron., fazer a barba, cortar a barba.
BAR.BE.A.RI.A, s.f., local onde se pode cortar a barba e os cabelos.
BAR.BEI.RA.GEM, s.f., ato de guiar mal um carro, má direção.
BAR.BEI.RO, s.m., quem corta o cabelo e a barba, ou apenas um dos dois; pop., motorista que dirige mal; inseto que causa a doença de Chagas.
BAR.BI.CHA, s.f., uma barba pequena, barba rala; barba de bode.
BAR.BU.DO, s.m. e adj., quem possui um rosto com muita barba.
BAR.CA, s.f., embarcação, chata, canoa.
BAR.CA.ÇA, s.f., grande barca; embarcação para transporte de cargas.
BAR.CO, s.m., barca, embarcação, canoa, navio.
BAR.DO, s.m., poeta, cantor.
BAR.GA.NHA, s.f., negócio escuso, troca, troca feita fora da lei.
BAR.LA.VEN.TO, s.m., o lado do navio que recebe o vento.
BAR.MAN, s.m., termo inglês, garçom, pessoa que atende no bar.
BAR.NA.BÉ, s.m. pop., pessoa humilde, funcionário público com salário baixo.
BA.RÔ.ME.TRO, s.m., instrumento que se usa para obter a pressão do ar.
BAR.QUEI.RO, s.m., indivíduo que dirige um barco, remador.
BAR.QUI.NHA, s.f., barcarola, pequena barca.
BAR.RA, s.f., peça grossa e longa de metal: peça metálica para a prática de educação física, pop., algo difícil, um problema.
BAR.RA.CA, s.f., tenda, abrigo de lona para acampamento; casebre, choupana.
BAR.RA.CÃO, s.m., uma barraca grande; rancho, construção rústica para colocar os utensílios de trabalho; casa humilde.
BAR.RA.CO, s.m., casa humilde de favela, qualquer casa pobre, choupana.
BAR.RA.DO, adj., s.m., fechado com barras, fechado, proibido; deserdado.

BAR.RA.GEM, *s.f.*, dique, construção para conter águas, obstrução.
BAR.RAN.CA, *s.f.*, barranco, aclive íngreme, terra cortada a pino.
BAR.RAN.CO, *s.m.*, barranca, corte na terra para abrir uma saída, corte em pé.
BAR.RAR, *v.t.*, cobrir com barro, impedir, colocar barras, fechar a entrada.
BAR.REI.RA, *s.f.*, cerca, algo que impeça a passagem, empecilho, grupo de policiais para revistar carros, passageiros, controlar o trânsito.
BAR.REI.RO, *s.m.*, lugar de onde se tira barro, muita lama, muito barro.
BAR.RE.LA, *s.f.*, um tipo de limpeza que se faz na lavação de roupas.
BAR.REN.TO, *adj.*, local com muito barro solto, estrada com lama.
BAR.RE.TE, *s.m.*, tipo de boné, gorro.
BAR.RI.CA, *s.f.*, barril, recipiente de madeira para bebidas, *pop.*, pessoa gorda.
BAR.RI.CA.DA, *s.f.*, empecilho feito com barricas, obstáculo para a passagem, proteção que os grevistas armam nas ruas para proteger-se da polícia.
BAR.RI.GA, *s.f.*, ventre, abdome, pança, *pop.*, empurrar com a barriga - fazer com vagar e sem esforço.
BAR.RI.GA.DA, *s.f.*, um golpe com a barriga; comida à base de intestinos.
BAR.RI.GA-VER.DE, *s.m.*, apelido dos catarinenses; natural de Santa Catarina.
BAR.RI.GU.DO, *adj.*, com barriga grande, pançudo, gordo.
BAR.RIL, *s.m.*, barrica, pipa, tonel.
BAR.RO, *s.m.*, terra, terra cavada, terra com limo.
BAR.RO.CA, *s.f.*, terra cavada pela erosão, local com barro cavado.
BAR.RO.CO, *s.m.* e *adj.*, estilo das artes no século XVII; obras rebuscadas, exageradas nos detalhes.
BA.RU.LHEI.RA, *s.f.*, barulho muito forte, algazarra, ruído forte.
BA.RU.LHEN.TO, *adj.*, ruidoso, com barulho.
BA.RU.LHO, *s.m.*, rumor, ruído, algazarra, desordem, baderna, confusão.
BA.SAL.TO, *s.m.*, pedra, rocha de cor preta, tipo asfalto.
BAS.BA.QUE, *s.m.*, tolo, bobo, ingênuo, quem se espanta com tudo.
BAS.CU.LAN.TE, *s.f.*, tipo de caminhão, cuja carroceria é móvel para carregar a carga, usado para transporte de produtos a granel.
BA.SE, *s.f.*, alicerce, fundamento, ponto sobre o qual se assenta algo.
BA.SE.A.DO, *adj.* e *s.m.*, fundamentado, alicerçado, originado; pacotinho de maconha para o usuário fumar.
BA.SE.AR, *v.t.* e *pron.*, pôr a base, firmar-se, embasar, apoiar-se, alicerçar-se.
BÁ.SI.CO, *adj.*, fundamental, que serve na base, essencial.
BA.SI.LAR, *adj.*, básico, que serve como base, fundamental.
BA.SÍ.LI.CA, *s.f.*, templo católico consagrado pelo bispo com privilégios.
BAS.QUE.TE, *s.m.*, ou basquetebol, esporte no qual se deve pôr a bola no cesto, bola ao cesto.
BAS.TA!, *interj.*, chega!, acabou!.
BAS.TAN.TE, *adj.* e *adv.*, assaz, muito, suficiente, que satisfaz.
BAS.TÃO, *s.m.*, bordão, objeto de madeira para a pessoa se apoiar, bengala.
BAS.TAR, *v.int.*, *v.t.* e *pron.*, ser suficiente, satisfazer, chegar, completar.
BAS.TAR.DO, *s.m.*, filho ilegítimo; o que nasceu fora do matrimônio.
BAS.TO, *adj.*, espesso, compacto, abundante.
BAS.TO.NE.TE, *s.m.*, um bastão pequeno; designação de microcorpos, como os bacilos.

BA.TA, *s.f.*, roupão, vestimenta de monge, batina.
BA.TA.LHA, *s.f.*, luta, combate, pugna, disputa, qualquer luta entre dois.
BA.TA.LHA.DOR, *s.m.*, lutador, combatente, persistente.
BA.TA.LHÃO, *s.m.*, subdivisão em um exército, um grupo grande, aglomeração.
BA.TA.LHAR, *v.t.* e *int.*, lutar, combater, dar duro, insistir.
BA.TA.TA, *s.f.*, tubérculo comestível; batata-doce; batatinha.
BA.TA.TA.DA, *s.f.*, muitas batatas; doce de batatas; asneiras, tolices.
BA.TA.TAL, *s.m.*, plantação de batatas.
BA.TE-BO.CA, *s.m.*, discussão, entrevero, combate, briga.
BA.TE-CO.XA, *s.m.*, *pop.*, dança, baile liberal.
BA.TE.DEI.RA, *s.f.*, aparelho eletrodoméstico para bater comidas, frutas, massas.
BA.TE.DOR, *s.m.*, quem bate, indivíduo que vai à frente para guardar autoridades.
BA.TE-ES.TA.CA, *s.m.*, máquina usada para enterrar estacas.
BÁ.TE.GA, *s.f.*, pancada de chuva grossa.
BA.TEI.A, *s.f.*, bacia de madeira para procurar ouro; gamela.
BA.TEI.RA, *s.f.*, pequena embarcação, canoa, barca.
BA.TEL, *s.m.*, barco pequeno, barquinho.
BA.TE.LA.DA, *s.f.*, grande quantidade, enormidade.
BA.TEN.TE, *s.m.*, o que bate, peça de madeira para fechar a porta; *pop.*, trabalho, serviço, ocupação.
BA.TER, *v.t.*, *int.* e *pron.*, dar pancada em, surrar, sovar, colidir com, provocar ruído.
BA.TE.RI.A, *s.f.*, ato ou efeito de bater; um conjunto de utensílios para a cozinha; o conjunto de aparelhos para percussão; peça para dar eletricidade ao motor do carro; conjunto de armas de fogo de grosso calibre.
BA.TI.DA, *s.f.*, ato ou efeito do que foi batido; bebida alcoólica à base de limão, açúcar, limão, cachaça; busca policial; choque entre carros, ou do carro com outro obstáculo.
BA.TI.DO, *adj.*, que sofreu batida, calcado, amassado, derrotado, comum, diário.
BA.TI.MEN.TO, *s.m.*, ato ou efeito de bater, batida, pulsação irregular do coração.
BA.TI.NA, *s.f.*, vestimenta de religiosos, bata, hábito religioso, burel.
BA.TIS.CA.FO, *s.m.*, minissubmarino para explorar as partes mais fundas do oceano.
BA.TIS.MO, *s.m.*, sacramento das religiões cristãs; iniciação, ato para entrar na comunidade; primeiro ato no começo de uma atividade.
BA.TIS.TÉ.RIO, *s.m.*, pia do batismo, local com água pronto para fazer o batismo.
BA.TI.ZA.DO, *adj.* e *s.m.*, que recebeu o batismo; cerimonial para batizar.
BA.TI.ZAR, *v.t.*, ministrar o batismo, passar pelo cerimonial; iniciar alguém.
BA.TOM, *s.m.*, cosmético para pintar os lábios.
BA.TRÁ.QUIO, *s.m.*, anuro, família que engloba os sapos e as rãs, sapo.
BA.TU.CA.DA, *s.f.*, o ritmo dos tambores, dança com batuque.
BA.TU.CAR, *v.int.*, bater os tambores, bater com ritmo, dançar ao ritmo do batuque.
BA.TU.QUE, *s.m.*, ruído de batidas ritmadas; batidas em tambores, dança ritmada.
BA.TU.TA, *s.f.*, varinha com a qual os maestros regem uma orquestra; comando; elemento capaz, experiente.
BA.Ú, *s.m.*, caixa grande, retangular, com tampa, mala; coisas do passado, *pop.*, alguém indesejável.
BAU.NI.LHA, *s.f.*, tipo de vegetal cujos frutos produzem uma essência ou pó aromático; o produto dessa planta.
BAU.RU, *s.m.*, duas fatias de pão com queijo e outros ingredientes servidos quente.
BAU.XI.TA, *s.f.*, minério básico para obtenção do alumínio.
BA.ZAR, *s.m.*, loja de comércio, produtos variados; loja, venda.
BA.ZÓ.FIA, *s.f.*, lorota, história para enganar alguém.
BA.ZU.CA, *s.f.*, arma de guerra, portátil, para atirar contra tanques, helicópteros e outros alvos.

BÊ

BÊ, s.m., o nome da primeira consoante do alfabeto português.
BÊ-A-BÁ, s.m., alfabeto, abecedário; primeiro conhecimento de qualquer coisa.
BE.A.TA, s.f., mulher morta, que recebeu o título por beatificação na Igreja Católica; mulher que exagera nos atos religiosos, carola; hipócrita, falsa.
BE.A.TI.FI.CA.ÇÃO, s.f., ato de beatificar, tornar beata.
BE.A.TI.FI.CAR, v.t. e pron., declarar beata após o processo religioso; pré-santificação.
BE.A.TI.TU.DE, s.f., qualidade de quem é beato, misticismo, enlevo.
BE.A.TO, adj., homem que recebeu a beatificação; carola, hipócrita; feliz.
BE.BA.DO, adj. e s.m., bêbedo, embriagado.
BE.BÊ, s.m., criança recém-nascida; nenê; criança chorona, manhosa.
BE.BE.DEI.RA, s.f., ato ou efeito de ter ingerido muito álcool; embriaguez.
BE.BE.DOU.RO, s.m., local para se beber, utensílio usado para beber.
BE.BER, v.t. e int., ingerir líquido, tomar, engolir líquido; servir-se com bebida alcoólica, tragar.
BE.BE.RA.GEM, s.f., infusão de ervas, ervas fervidas com água.
BE.BE.RI.CAR, v.t., beber de leve, beber aos poucos, aperitivar.
BE.BER.RÃO, s.m., viciado na bebida, alcoólatra, que ingere muita bebida alcoólica.
BE.BI.DA, s.f., todo líquido que se ingere; líquido com álcool para tomar.
BE.BÍ.VEL, adj., que se pode beber, tragável.
BE.CA, s.f., veste que é usada por formandos de universidade, juízes e outros.
BE.ÇA, s.f., na expressão: à beça - muito, grande quantidade.
BE.CO, s.m., rua pequena e sem saída, ruazinha, ruela.
BE.DEL, s.m., pessoa encarregada da chamada dos alunos e ponto dos professores nas escolas.
BE.DE.LHO, s.m., tranca ou ferrolho de porta; meter o bedelho - intrometer-se.
BE.DU.Í.NO, s.m., habitante nômade do deserto, pessoa nômade.
BE.GE, adj., que possui cor meio amarelada.
BE.GÔ.NIA, s.f., tipo de planta de jardim e, sobretudo, de vasos para interiores, com flores e folhas vistosas.
BEI.ÇO, s.f., lábios, bordas da boca; fazer beiço: amuar-se.
BEI.ÇU.DO, adj., que tem beiços grossos, beiçola.
BEI.JA-FLOR, s.m., ave de cores intensas, alimenta-se do néctar das flores e de insetos, consegue pairar; colibri; cuitelo.
BEI.JA-MÃO, s.m., cerimonial do beija-mão.
BEI.JAR, v.t. e pron., encostar os lábios em outra pessoa em sinal de afeto, oscular.
BEI.JO, s.m., ato de beijar, ósculo.
BEI.JO.CA, s.f., um beijo rápido, beijar com estalos.
BEI.JO.CAR, v.t., dar beijos em, dar beijinhos em.
BEI.JO.QUEI.RO, s.m., quem gosta de dar beijos, está sempre beijando.
BEI.RA, s.f., margem, orla, borda, limite externo de um local, objeto.
BEI.RA.DA, s.f., uma beira, a parte que está para o lado de fora, margem.
BEI.RAL, s.m., parte do telhado que se estende fora do corpo da casa, beirado.
BEI.RA-MAR, s.m., orla marítima, praia, litoral.
BEI.RAR, v.t., estar na beira, orlar, margear.
BEI.SE.BOL, s.m., jogo com bola, de origem americana.
BE.LAS-AR.TES, s.f., pl., compreende todas as artes plásticas, como escultura, pintura, etc.
BEL.DA.DE, s.f., mulher bela.
BE.LE.LÉU, s.m., expressão - ir para o beleléu - acabar, perder tudo, morrer.
BE.LE.NEN.SE, adj., relativo ou natural de Belém do Pará.
BE.LE.ZA, s.f., predicado do que é belo, formosura, maravilha, encanto.
BEL.GA, adj., relativo ou natural da Bélgica.
BE.LI.CHE, s.m., camas sobrepostas nos navios ou nas casas.
BÉ.LI.CO, adj., relativo à guerra, guerreiro, próprio da guerra.
BE.LI.CO.SO, adj., propenso à guerra, guerreador.
BE.LI.GE.RÂN.CIA, s.f., qualidade de quem é beligerante, estado de guerra.
BE.LI.GE.RAN.TE, adj., belicoso, guerreiro.
BE.LIS.CÃO, s.m., beliscadura, ato de beliscar.
BE.LIS.CAR, v.t., int. e pron., segurar e apertar com as pontas dos dedos a pele de outrem, comer muito pouco.
BE.LO, adj., formoso, atraente, lindo, bonito, perfeito.
BE.LO-HO.RI.ZON.TI.NO, adj., relativo ou natural de Belo Horizonte (MG).
BEL-PRA.ZER, s.m., de acordo com sua vontade, arbítrio.
BEL.TRA.NO, s.m., uma terceira pessoa, indicação para não dizer o nome.
BEL.ZE.BU, s.m., o chefe dos demônios, diabo, satanás.
BEM, s.m., tudo aquilo que é perfeição, beleza e justiça; adv., muito, bastante; de modo bem e justo.
BEM-A.VEN.TU.RA.DO, adj., feliz, santo, quem está no céu.
BEM-A.VEN.TU.RAN.ÇA, s.f., está no céu, felicidade, bem-estar total.
BEM-CRI.A.DO, adj., educado, respeitoso.
BEM-ES.TAR, s.m., conforto, vida boa, sensação agradável.
BEM-ME-QUER, s.m., tipo de planta com flor do mesmo nome.
BEM-TE-VI, s.m., pássaro cujo nome traduz o canto.
BEM-VIN.DO, adj., sua chegada causa prazer, pessoa que agrada.
BÊN.ÇÃO, s.f., ato ou efeito de benzer, abençoar, transmitir as graças de Deus.
BEN.DI.TO, adj., abençoado, amigo.
BEN.DI.ZER, v.t., dizer bem, agradecer, abençoar, glorificar.
BE.NE.DI.TI.NO, s.m., da ordem dos beneditinos, fundada por São Bento.
BE.NE.FI.CÊN.CIA, s.f., prática do bem, ser bondoso, caridade.
BE.NE.FI.CEN.TE, adj., caridoso, amigo, bondoso, que faz o bem.
BE.NE.FI.CI.AR, v.t., fazer benefícios, fazer o bem; preparar cereais para o comércio; ser útil a.
BE.NE.FI.CI.Á.RIO, adj. e s.m., quem aufere, recebe benefícios, lucra.
BE.NE.FÍ.CIO, s.m., favor, graça, concessão, ajuda para.
BE.NÉ.FI.CO, adj., que faz o bem, auxiliador.
BE.NE.MÉ.RI.TO, adj., benfeitor, caridoso, que é digno de ser honrado.
BE.NE.PLÁ.CI.TO, s.m., dizer que se pode fazer, consentimento.
BE.NE.VO.LÊN.CIA, s.f., afeto, amizade, bondade.
BE.NÉ.VO.LO, adj., bondoso, cheio de benevolência.
BEN.FEI.TOR, s.m., benemérito, quem faz o bem, caridoso.
BEN.FEI.TO.RI.A, s.f., algo bem feito, alguma obra para melhorar uma propriedade.
BEN.GA.LA, s.f., cajado, bordão, peça de madeira para ajudar a pessoa a andar.
BE.NIG.NO, adj., bondoso, benévolo.
BEN.JA.MIM, s.m., caçula, o preferido dentre os irmãos, peça na eletricidade para fixar uma lâmpada incandescente.
BEN.QUIS.TO, adj., amado, preferido, estimado.
BENS, s.m., pl., os imóveis e outras riquezas que compõem o patrimônio.
BEN.TO, adj., que foi abençoado, que recebeu uma bênção, consagrado.
BEN.ZE.DOR, s.m., indivíduo que dá bênçãos, quem abençoa para obter curas.
BEN.ZE.DU.RA, s.f., ato ou efeito de benzer.
BEN.ZER, v.t. e pron., abençoar, dar a bênção.
BEN.ZI.DO, adj., bento, abençoado.
BEN.ZI.MEN.TO, s.m., ato ou efeito de benzer, benzedura.
BEN.ZI.NA, s.f., produto para solver, tipo de gasolina, produto do petróleo.

BE.QUE, *s.m.*, zagueiro, jogador de futebol.
BER.ÇÁ.RIO, *s.m.*, sala própria para colocar os recém-nascidos na maternidade ou creche.
BER.ÇO, *s.m.*, caminha para crianças de colo; nascimento; origem; local onde alguém nasce; pátria, terra natal.
BER.GA.MO.TA, *s.f.*, tangerina, mexerica; o termo bergamota é usado no RS.
BE.RI.BÉ.RI, *s.m.*, doença, nota-se por não mais se poder caminhar.
BE.RIM.BAU, *s.m.*, instrumento de percussão.
BE.RIN.JE.LA, *s.f.*, vegetal que produz um fruto comestível e de muito uso na cozinha.
BER.LO.QUE, *s.m.*, objeto para adorno, que se prende em uma corrente ao pescoço.
BER.MU.DA, *s.f.*, calção que vai até a altura dos joelhos ou um pouco abaixo.
BER.RAN.TE, *adj. e s.m.*, que berra, que grita; cor muito forte, viva; chifre de boi preparado pelos boiadeiros para chamar o gado.
BER.RAR, *v.t. e int.*, gritar, urrar, dar berros, falar alto.
BER.REI.RO, *s.m.*, gritaria, ação de berrar, baderna, reclamação.
BER.RO, *s.m.*, grito, vozes de animais domésticos.
BE.SOU.RO, *s.m.*, nome dado a todos os insetos coleópteros.
BES.TA, *s.f.*, animal para carga, mula, burro; pessoa tola, grosseira, tipo de carro importado, antiga arma para atirar setas.
BES.TEI.RA, *s.f.*, tolice, asnice, bobagem, asneira.
BES.TI.AL, *adj.*, brutal, selvagem, horrível, desumano.
BES.TI.FI.CAR, *v.t. e pron.*, tornar besta, amedrontar, espantar.
BE.SUN.TAR, *v.t.*, passar qualquer substância oleosa, como graxa, manteiga; untar.
BE.TER.RA.BA, *s.f.*, planta que produz um tubérculo de cor vermelha, usada como salada, e na Europa, para fazer açúcar.
BE.TO.NEI.RA, *s.f.*, máquina que processa a mistura que se transforma em concreto.
BÉ.TU.LA, *s.f.*, nome de um tipo de plantas do Hemisfério Norte.
BE.TU.ME, *s.m.*, mistura de vários produtos do petróleo, usada para isolar.
BE.XI.GA, *s.f.*, órgão do corpo humano para acumular a urina.
BE.ZER.RO, *s.m.*, filhote de vaca, vitela.
BI.BE.LÔ, *s.m.*, qualquer objeto que sirva para enfeite.
BÍ.BLIA, *s.m.*, coleção dos livros que compõem as Sagradas Escrituras.
BÍ.BLI.CO, *adj.*, relativo à Bíblia.
BI.BLI.O.GRA.FI.A, *s.f.*, relação de livros consultados; relação de obras de um autor ou das obras relativas a determinado assunto; conhecimento e descrição de livros.
BI.BLI.O.TE.CA, *s.f.*, local onde se colocam os livros.
BI.BLI.O.TE.CÁ.RIO, *s.m.*, indivíduo que cuida de uma biblioteca.
BI.BO.CA, *s.f.*, local sem importância, local afastado do nosso, coisa sem valor.
BI.CA, *s.f.*, cano por onde escorre a água, fonte, local para beber água.
BI.CA.DA, *s.f.*, um golpe com o bico de ave, picada.
BI.CAN.CA, *s.f., pop.*, nariz longo, grande nariz.
BI.CAR, *v.t.*, ferir com o bico, picar.
BI.CAR.BO.NA.TO, *s.m.*, um tipo de sal, usado no fabrico de doces.
BI.CEN.TE.NÁ.RIO, *adj.*, que existe por dois séculos.
BÍ.CEPS, *s.m.*, nome de músculos, principalmente o do braço.
BI.CHA, *s.f.*, designa animais longos, sem pernas e pelos, como as lombrigas, minhocas; homens efeminados; um grupo de pessoas em fila indiana, uma depois da outra.
BI.CHA-LOU.CA, *s.m.*, indivíduo do sexo masculino muito efeminado, gay.
BI.CHA.NO, *s.m.*, gato.
BI.CHA.RA.DA, *s.f.*, um grupo de bichos.
BI.CHEI.RO, *s.m.*, indivíduo que administra uma banca do jogo do bicho.
BI.CHO, *s.m.*, todo animal, todo ser vivente do reino animal; pessoa muito brava, pessoa feia.
BI.CHO-DA-SE.DA, *s.m.*, lagartixa que ao se transformar em casulo procura a matéria-prima para a seda.
BI.CHO-DE-PÉ, *s.m.*, um bicho que penetra na pele dos pés das pessoas e se instala ali; comum em lugares sujos e com animais.
BI.CI.CLE.TA, *s.f.*, um velocípede com duas rodas.
BI.CO, *s.m.*, boca das aves, cuja extremidade é pontuda e córnea; ponta aguda; meter o bico - intrometer-se; fechar o bico - calar-se.
BI.CO DE PA.PA.GAI.O, *s.m.*, anormalidade na coluna por defeito nas vértebras.
BI.CO.LOR, *adj.*, que possui duas cores.
BI.CU.DO, *adj.*, ave com bico grande; indivíduo mal-humorado.
BI.DÊ, *s.m.*, vaso que se usa nos banheiros.
BI.E.LA, *s.f.*, peça do motor dos carros.
BI.E.NAL, *adj.*, feito a cada dois anos, o que se realiza no espaço de dois anos.
BI.Ê.NIO, *s.m.*, espaço de tempo de dois anos; ou a cada dois anos.
BI.FE, *s.m.*, carne cortada em fatias finas para fritar ou assar.
BI.FO.CAL, *adj.*, com dois focos; óculos que atendem a dois defeitos na visão - ver longe e ver perto.
BI.FUR.CA.ÇÃO, *s.f.*, encruzilhada de caminhos; um caminho se divide em duas direções.
BI.FUR.CAR, *v.t.*, dividir em duas direções; transformar em trevo.
BI.GA.MI.A, *s.f.*, situação na qual um homem se casa com duas mulheres.
BÍ.GA.MO, *adj. e s.m.*, estado de bigamia, que tem dois cônjuges (parceiros) ao mesmo tempo.
BI.GO.DE, *s.m.*, parte da barba que cresce entre a boca e o nariz.
BI.GO.DU.DO, *adj.*, bigodes grandes.
BI.GOR.NA, *s.f.*, utensílio de ferro ou aço sobre o qual se batem outros metais.
BI.JU.TE.RI.A, *s.f.*, objetos para adorno, joias falsas.
BI.LA.TE.RAL, *adj.*, com dois lados laterais; no Direito, contrato com duas partes que tenham obrigações recíprocas.
BI.LHA, *s.f.*, vaso de barro com bojo largo, mas o gargalo estreito.
BI.LHAR, *s.m.*, jogo de mesa, usando-se o taco para mover as bolas.
BI.LHE.TE, *s.m.*, escrito curto, aviso breve; ficha para ingresso em locais, para passagens, para loterias.
BI.LHE.TEI.RO, *s.m.*, quem escreve bilhetes.
BI.LHE.TE.RI.A, *s.f.*, local onde se compram bilhetes para viajar, loterias ou outros fins.
BI.LI.AR, *adj.*, relativo à bílis.
BI.LIN.GUE, *adj.*, quem fala duas línguas.
BI.LI.O.NÁ.RIO, *s.m. e adj.*, quem é duas vezes milionário, rico, nababo.
BI.LI.O.SO, *adj.*, produção excessiva de bílis; pessoa raivosa, desumana.
BÍ.LIS, *s.f.*, líquido esverdeado, proveniente do fígado, para auxiliar a digestão.
BIL.RO, *s.m.*, peça de madeira utilizada para fazer rendas.
BIL.TRE, *s.m.*, safado, patife, vil.
BI.MEN.SAL, *adj.*, algo realizado duas vezes por mês; quinzenal.
BI.MES.TRAL, *adj.*, algo que ocorre de dois em dois meses.
BI.MES.TRE, *s.m.*, espaço de dois meses.
BI.MO.TOR, *s.m.*, avião que tem dois motores.
BI.NÁ.RIO, *adj.*, o que se realiza em dois tempos; compasso musical com dois tempos.
BIN.GO, *s.m.*, jogo feito com números cantados e cartelas, que são preenchidas pelos jogadores.
BI.NÓ.CU.LO, *s.m.*, duas lentes fortes em um aparelho para ver a distância.
BI.NÔ.MIO, *s.m.*, número ou expressão que se compõe de duas partes.
BI.O.DE.GRA.DÁ.VEL, *adj.*, toda substância que se desmancha com a ação de micro-organismos.
BI.O.FÍ.SI.CA, *s.f.*, ciência que estuda os fenômenos vitais pela física.
BI.O.FÍ.SI.CO, *adj. e s.m.*, que se relaciona com a Biofísica.
BI.O.GÊ.NE.SE, *s.f.*, estuda a origem dos seres, princípio da vida.
BI.O.GE.NÉ.TI.CO, *adj.*, relacionado com a biogênese.
BI.O.GRA.FAR, *v.t.*, escrever a biografia de.
BI.O.GRA.FI.A, *s.f.*, descrição da vida de uma pessoa.
BI.Ó.GRA.FO, *s.m.*, quem escreve uma biografia.
BI.O.LO.GI.A, *s.f.*, ciência que estuda todos os seres vivos.
BI.Ó.LO.GO, *s.m.*, quem estuda ou conhece a Biologia.
BI.OM.BO, *s.m.*, divisão numa sala para obter vários cômodos.
BI.Ô.NI.CA, *s.f.*, ciência que estuda as relações das técnicas com a vida.
BI.Ô.NI.CO, *adj.*, que se refere à Biônica.
BI.ÓP.SIA, *s.f.*, biopsia, biópse; retirada de tecidos do corpo humano para exames minuciosos.
BI.O.QUÍ.MI.CA, *s.f.*, estudo do que ocorre no corpo humano.
BI.O.QUÍ.MI.CO, *adj.*, que se refere à Bioquímica.

BIOSFERA

BI.OS.FE.RA, *s.f.*, parte da Terra em que existe vida; qualquer ponto onde se desenvolve um sistema vital.
BI.PAR.TIR, *v.t.*, dividir em dois, repartir.
BÍ.PE.DE, *s.m.* e *adj.*, ser vivo que se locomove sobre dois pés.
BI.QUÍ.NI, *s.m.*, roupa de banho feminina de duas peças.
BI.ROS.CA, *s.f.*, bistrô, botequim, casa que vende bebidas, mas de má fama.
BIR.RA, *s.f.*, teimosia, ato de não ceder em nada, obstinação.
BIR.REN.TO, *adj.*, obstinado, teimoso, rebelde.
BI.RU.TA, *adj.*, *pop.*, maluco, com ideias loucas.
BIS, *s.m.*, duas vezes; *interj.*, mais uma vez!
BI.SÃO, *s.m.*, um tipo de boi, uma espécie de búfalo dos Estados Unidos.
BI.SAR, *v.t.*, repetir, fazer duas vezes, reproduzir.
BI.SA.VÔ, *s.m.*, duas vezes avô; pai do avô.
BI.SA.VÓ, *s.f.*, duas vezes avó; mãe da avó.
BIS.BI.LHO.TAR, *v.int.*, intrometer-se, entrar onde não se é chamado.
BIS.BI.LHO.TEI.RO, *s.m.*, intrometido, enxerido, metido, curioso, indiscreto.
BIS.CA, *s.f.*, um jogo de baralho; prostituta, tipo de mau caráter.
BIS.CA.TE, *s.m.*, trabalho avulso, serviço ilegal, serviço sem caráter de tempo definido; *pop.*, prostituta de rua.
BIS.CA.TE.AR, *v.int.*, fazer biscates; trabalhar com autonomia.
BIS.COI.TO, *s.m.*, massa de farinha de trigo, ovos, açúcar e sal assada no forno.
BIS.NA.GA, *s.f.*, tubo de plástico ou metal, que contém tinta, cola ou produtos gelatinosos, líquidos.
BIS.NE.TO, *s.m.*, filho do neto.
BIS.PA.DO, *s.m.*, região comandada por um bispo; o governo de um bispo.
BIS.PO, *s.m.*, sacerdote consagrado para governar uma diocese.
BIS.SE.TRIZ, *s.f.*, semirreta, vindo do vértice de um ângulo e o dividindo em dois ângulos iguais.
BIS.SEX.TO, *adj.*, o ano que tem 366 dias, porque fevereiro tem 29 dias.
BIS.SE.XU.A.DO, *adj.*, o que apresenta características dos dois sexos.
BIS.SE.XU.AL, *adj.*, que contém as características dos dois sexos.
BIS.TU.RI, *s.m.*, aparelho médico para fazer incisões, cortes.
BI.TO.LA, *s.f.*, a largura de qualquer objeto, largura de ferrovia.
BI.TO.LA.DO, *adj.*, que está dentro da bitola, pessoa limitada na visão das coisas.
BI.TO.LAR, *v.t.*, colocar na bitola desejada, medir, ajustar.
BI.VA.QUE, *s.m.*, acampamento; no escotismo, atividade na qual os lobinhos ficam por um dia, sem pernoite.
BI.ZAR.RO, *adj.*, estranho, excêntrico, elegante, nobre.
BLAS.FE.MAR, *v.t.* e *int.*, dizer blasfêmias, proferir palavrões.
BLAS.FÊ.MIA, *s.f.*, palavra que ofende a religião, a divindade, os santos; ofensa contra pessoas; palavra ofensiva.
BLAS.FE.MO, *s.m.*, quem diz blasfêmias.
BLE.CAU.TE, *s.m.*, *do inglês black-out*, queda geral de energia elétrica em uma região.
BLE.FAR, *v.t.* e *int.*, enganar as pessoas, dar a entender que se possui o que não se tem, simular.
BLE.FE, *s.m.*, engano, logro.
BLEISER, *s.m.*, *do inglês blazer*, um casaco, blusa.
BLIN.DA.DO, *s.m.*, todo veículo revestido com chapas grossas para enfrentar tiros de grosso calibre.
BLIN.DA.GEM, *s.f.*, revestimento metálico para proteger, proteção.
BLIN.DAR, *v.t.* e *pron.*, revestir com proteção, colocar blindagem em.
BLITZ, *s.f.*, vistoria, batida policial, investigação-surpresa.
BLO.CO, *s.m.*, conjunto de; massa compacta de concreto; massa grande de qualquer material; em bloco - em conjunto.
BLO.QUE.AR, *v.t.*, fazer um bloqueio, fechar, trancar, cerrar.
BLO.QUEI.O, *s.m.*, entrave, obstáculo, barricada.
BLU.ME.NAU.EN.SE, *adj.*, natural ou relativo a Blumenau, cidade catarinense.
BLU.SA, *s.f.*, casaco, vestimenta para cobrir a parte superior do corpo.
BO.A-NOI.TE, *s.f.*, saudação à noite, tipo de planta.
BO.A-TAR.DE, *s.m.*, saudação à tarde.
BO.A.TE, *s.f.*, danceteria, local de diversão; prostíbulo.
BO.A.TEI.RO, *s.m.*, quem inventa boatos, fofoqueiro.
BO.A.TO, *s.m.*, rumores, notícias infundadas, fofoca.
BO.BA.GEM, *s.f.*, qualidade do que é bobo, asneira, tolice.
BO.BA.LHÃO, *s.m.*, indivíduo muito bobo, toleirão.
BO.BE, *s.m.*, rolo que as mulheres usam para prender o cabelo.
BO.BE.AR, *v.t.* e *int.*, comportar-se como tolo, bobo; enganar-se; perder a oportunidade.
BO.BEI.RA, *s.f.*, piadinha sem graça, tolice, bobagem; marcar bobeira - engano.
BO.BI.NA, *s.f.*, peça redonda na qual se enrolam fios, cordas, panos, papéis; peça elétrica para carregar eletricidade em motores.
BO.BI.NA.GEM, *s.f.*, ato de enrolar em bobina.
BO.BI.NAR, *v.t.*, embobinar, enrolar em bobina.
BO.BO, *adj.*, tolo, imbecil, quem diz asneiras.
BO.BO.CA, *adj.*, muito tolo, idiota, imbecil.
BO.BO DA COR.TE, *s.m.*, indivíduo que divertia os nobres, quem fala bobagens.
BO.CA DE FO.GO, *s.f.*, arma de fogo.
BO.CA.DO, *s.m.*, uma porção, um quinhão, pedaço que cabe na boca.
BO.CAL, *s.m.*, abertura de um vaso, embocadura, boca.
BO.ÇAL, *adj.*, indivíduo que quer aparentar mais do que é, estúpido, ignorante.
BO.CA-LI.VRE, *s.f.*, festa com comida gratuita.
BO.CAR.RA, *s.f.*, boca grande, boca enorme, bocão.
BO.CE.JAR, *v.t.* e *int.*, soltar bocejos, abrir a boca por cansaço e enjoo.
BO.CE.JO, *s.m.*, abrir a boca sem querer para expirar; enjoo, cansaço.
BO.CE.TA, *s.f.*, caixa para colocar fumo; (chulo) vagina.
BO.CHA, *s.f.*, um jogo realizado em uma cancha com 24 m de comprimento e dois de largura, usando bolas de madeira.
BO.CHE.CHA, *s.f.*, a parte saliente das faces.
BO.CHE.CHAR, *v.t.* e *int.*, sacudir um líquido dentro da boca para limpeza.
BO.CHE.CHO, *s.m.*, ato ou efeito de bochechar; agitar um líquido na boca para limpeza, sobretudo dos dentes.
BO.CHE.CHU.DO, *adj.*, quem tem as bochechas grandes.
BO.CÓ, *adj.*, tolo, bobo, ingênuo.
BO.DA, *s.f.*, mais usado como bodas, celebração de matrimônio.
BO.DAS, *s.f.*, *pl.*, celebração de casamento; festa do tempo de duração de um matrimônio; bodas de ouro, 50 anos; bodas de prata, 25 anos.
BO.DE, *s.m.*, animal da família dos caprídeos, macho da cabra; tipo fora do normal, bode expiatório - quem sofre as consequências de qualquer ato.
BO.DE.GA, *s.f.*, birosca, vendola, taberna, vendinha.
BO.DO.QUE, *s.m.*, arma feita com madeira flexível e uma corda para lançar pedras ou outros objetos.
BO.DUM, *s.m.*, fedor típico de bode macho; mau odor.
BO.Ê.MIA ou **BO.E.MI.A**, *s.f.*, o modo de viver de boêmio; farra, vida desregrada, vagabundagem.
BO.Ê.MIO, *adj.* e *s.m.*, quem vive somente em farra, vagabundo.
BO.FE, *s.m.*, a fressura dos animais; *pop.*, pessoa feia.
BO.FES, *s.m.*, *pl.*, a fressura de animais; coisas desagradáveis.
BO.FE.TA.DA, *s.f.*, golpe com a mão aberta no rosto; pancada com a mão; ofensa, tapa, tapaço.
BO.FE.TÃO, *s.m.*, uma bofetada forte, tapa.
BOI, *s.m.*, animal macho, mamífero, da família dos bovídeos; quadrúpede usado para trabalhos e para corte.
BÓI, *s.m.*, vem do inglês office-boy, rapaz de escritório, estafeta de escritório.
BOI.A, *s.f.*, objeto flutuante que retém a água no nível determinado; o que flutua; *pop.*, comida, prato feito, gororoba.
BOI.A.DA, *s.f.*, manada, grupo de bois e vacas.
BOI.A.DEI.RO, *s.m.*, indivíduo que conduz os bois.
BOI.A-FRI.A, *s.m.*, trabalhador rural sem o amparo da lei; trabalhador por dia.

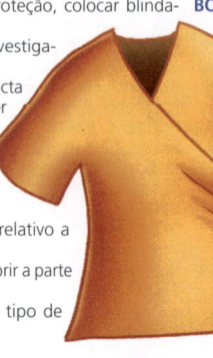

BOI.ÃO, s.m., vaso de barro para conservar comida.
BOI.AR, v.int., ficar à superfície da água, flutuar; não compreender algo.
BOI.CO.TAR, v.t., opor-se, rebelar-se contra; deixar de comprar algo.
BOI.CO.TE, s.m., oposição; negação.
BOI.NA, s.f., tipo de chapéu sem abas, gorro redondo.
BOI.TA.TÁ, s.m., fogo-fátuo, fogo que sai dos gases dos brejos.
BO.JO, s.m., parte vazia interna de um recipiente, interior, âmago.
BO.JU.DO, adj., que tem um bojo grande.
BO.LA, s.f., objeto redondo usado em diversos esportes; dar bola - dar confiança.
BO.LA AO CES.TO, s.m., basquete, basquetebol.
BO.LA.CHA, s.f., bolinhos chatos feitos de massa de trigo; biscoito; tapa, bofetada.
BO.LA.DA, s.f., uma bola forte; soma expressiva de dinheiro; pancada com bola.
BO.LAR, v.t., imaginar, criar, engendrar.
BO.LAS, interj., expressão - ora bolas - sem dar importância.
BOL.DO, s.m., planta usada na medicina caseira para problemas de estômago e fígado.
BO.LEI.A, s.f., na carroça, nos carros, quem dirige; assento do dirigente.
BO.LE.RO, s.m., uma música e dança de origem espanhola.
BO.LE.TIM, s.m., noticiário, resumo de notícias, informativo; relação das notas de um aluno.
BO.LHA, s.f., glóbulo, pele elevada por ação de calor, vesícula à superfície da pele.
BO.LI.CHE, s.m., jogo com bolas atiradas contra pinos, numa cancha.
BÓ.LI.DO, s.m., meteorito, carro em grande velocidade.
BO.LIM, s.m., uma bola pequena, que serve para fazer o ponto na bocha.
BO.LI.NAR, v.t. e int. (ch.), alisar, passar a mão em alguém de maneira erótica, com propósito libidinoso.
BO.LI.VI.A.NO, adj. e s.m., relativo ou natural da Bolívia.
BO.LO, s.m., massa alimentícia composta de farinhas, amassada com ovos, açúcar e outros ingredientes; dar o bolo - enganar.
BO.LOR, s.m., mofo, substância esbranquiçada que surge em comida velha; coisa muito velha, objeto em desuso.
BOL.SA, s.f., tipo de saquinho para carregar objetos pessoais; local em que se negociam títulos, ações de empresas, valores; quantia que as autoridades concedem para quem vai estudar fora de sua terra.
BOL.SIS.TA, s.c. 2 gên., e adj., quem recebe uma bolsa de estudos.
BOL.SO, s.m., uma espécie de saquinho que se prende nas calças por dentro e nos paletós por fora.
BOM, adj., aquilo que segue todas as virtudes humanas; bondoso, amoroso.
BOM.BA, s.f., artefato, projétil com carga que explode sendo acionada; uma notícia ruim e inesperada; motor com que se puxa a água de um poço.
BOM.BA.CHAS, s.f. pl., calças típicas do vestuário gaúcho.
BOM.BAR, v.t., puxar a água, bombear, trazer a água para um local mais alto.
BOM.BAR.DE.AR, v.t., guerrear com bombas, jogar bombas em.
BOM.BAR.DEI.O, s.m., ato ou efeito de bombardear.
BOM.BAR.DEI.RO, s.m., avião especialmente preparado para jogar bombas.
BOM-BO.CA.DO, doce gostoso, tudo que satisfaz o paladar.
BOM.BOM, s.m., bala, caramelo, doce feito com chocolate, açúcar e coco.
BOM.BO.NEI.RA, s.f., vasilha com tampa e de cristal para pôr bombons, balas.
BOM.BOR.DO, s.m., o lado do navio, à esquerda, indo da popa à proa.
BOM-TOM, s.m., elegância, fineza, boa educação.
BOM-DI.A, s.m., saudação, cumprimento dado às pessoas pela manhã.
BO.NAN.ÇA, s.f., tempo tranquilo no mar; tranquilidade, calma, paz.
BON.DA.DE, s.f., o que é bom, magnanimidade.
BON.DE, s.m., antigo veículo movido a eletricidade e que rodava sobre trilhos nas cidades; exp., perder o bonde - perder a hora, a oportunidade.
BON.DO.SO, adj., muito bom, cheio de bondade.
BO.NÉ, s.m., quepe, um tipo de chapéu com aba longa para proteger os olhos.
BO.NE.CA, s.f., brinquedo com forma de moça, mulher, para brinquedo das crianças; fig., mulher bonita, indivíduo do sexo masculino efeminado.
BO.NE.CO, s.m., brinquedo com forma de menino para brincar; homem sem vontade própria, projeto de uma revista.
BO.NI.TO, adj., belo, agradável, formoso, elegante.
BO.NO.MI.A, s.f., característica de quem é bom, grande bondade.
BÔ.NUS, s.m., o que é dado como prêmio, gratificação.
BO.QUEI.RA, s.f., ferida que surge no canto da boca.
BO.QUI.A.BER.TO, adj., estupefato, admirado, espantado.
BOR.BO.LE.TA, s.f., inseto, tipo de inseto da ordem dos lepidópteros; peça na entrada dos ônibus ou catraca.
BOR.BO.TÃO, s.m., um jato de água, de sangue, ou de outro líquido.
BOR.BU.LHA, s.f., bolhas na água fervente.
BOR.BU.LHAR, v.t. e int., ferver, soltar bolhas.
BOR.DA, s.f., orla, margem, limite.
BOR.DA.DEI.RA, s.f., mulher que trabalha com bordados.
BOR.DA.DO, s.m., trabalho feito com fios coloridos em um tecido.
BOR.DÃO, s.m., cajado, bastão.
BOR.DAR, v.t. e int., tecer bordados em, enfeitar.
BOR.DEL, s.m., prostíbulo, lupanar, casa própria para prostitutas.

BORDERÔ

BOR.DE.RÔ, s.m., lista detalhada de produtos, rol de títulos.
BOR.DO, s.m., cada um dos lados do navio; estar a bordo - estar no navio.
BOR.DÔ, adj., o que apresenta a cor do vinho tinto.
BOR.DO.A.DA, s.f., golpe com um bordão, paulada, cajadada, cacetada.
BO.RE.AL, adj., relativo ao Hemisfério Norte, setentrional, nórdico.
BOR.NAL, s.m., saco feito de pano ou couro, para levar alimentos ou outros objetos, mochila, embornal.
BO.RO.CO.XÔ, adj., pessoa mole; indivíduo tristonho, desanimado.
BOR.RA, s.f., restos que ficam no fundo da garrafa de um líquido, como vinho, café.
BOR.RA-BO.TAS, s.m., tipo sem valor, covarde, sem caráter.
BOR.RA.CHA, s.f., substância obtida do látex de certas plantas ou por processos químicos de largo uso industrial; peça escolar para apagar escritos.
BOR.RA.CHA.RI.A, s.f., oficina onde se consertam pneus.
BOR.RA.CHEI.RO, s.m., quem atende na borracharia.
BOR.RA.CHU.DO, s.m., tipo de pernilongo que vive de sugar o sangue das pessoas.
BOR.RA.DA, s.f., sujeira, derramar tinta em; sujeirada.
BOR.RA.LHO, s.m., cinzas do fogão, brasas com cinzas no fogão a lenha.
BOR.RÃO, s.m., mancha de tinta, sujeira, borrada.
BOR.RAR, v.t. e pron., sujar, sujar com tinta; fig., borrar-se - passar muito medo.
BOR.RAS.CA, s.f., temporal, tempestade, chuva e vento fortes.
BOR.RI.FAR, v.t. e int., regar, molhar, molhar com gotas, gotejar.
BOR.RI.FO, s.m., gota, pingo de água.
BOS.QUE, s.m., mato, mata, pequena floresta.
BOS.SA, s.f., corcunda, inchação de um ponto do corpo devido a uma pancada.
BOS.TA, s.f., excremento de gado, fezes; ser um bosta - sem valor.
BO.TA, s.f., um tipo de sapato com cano longo, encobrindo a perna.
BO.TÂ.NI.CA, s.f., ciência que estuda os vegetais no seu todo.
BO.TÂ.NI.CO, adj., que se refere à Botânica; especialista em Botânica.
BO.TÃO, s.m., peça que se usa para prender vestimentas; parte do vegetal que cresce e se transforma em flor.
BO.TAR, v.t., int. e pron., colocar, pôr.
BO.TE, s.m., embarcação pequena; assalto, golpe, ataque.
BO.TE.CO, s.m., botequim, birosca, vendola.
BO.TE.QUIM, s.m., ponto comercial onde se vendem bebidas, boteco, vendola.
BO.TI.CÃO, s.m., instrumento que o dentista usa para extrair dentes.
BO.TI.JA, s.f., recipiente de barro com gargalo estreito; pegar alguém com a boca na botija - pegar em flagrante.
BO.TI.JÃO, s.m., bujão, recipiente para colocar gás.
BO.TI.NA, s.f., uma bota pequena, calçado com cano longo.
BO.VI.NO, adj., próprio dos bois.
BO.XE, s.m., esporte praticado com luta corporal, pugilismo; compartimento destinado para carro, chuveiro; quadrado como destaque em uma leitura.
BO.XE.A.DOR, s.m., lutador, quem pratica o boxe.
BRA.ÇA.DA, s.f., distância que se alcança com os braços abertos, movimento na natação.
BRA.ÇA.DEI.RA, s.f., tira de pano usada no braço; peça metálica para ajustar extremidades de canos.
BRA.CE.LE.TE, s.m., adorno, corrente que se usa no braço.
BRA.ÇO, s.m., cada qual dos membros superiores do corpo humano; a parte que liga o ombro ao antebraço.
BRA.DAR, v.t. e int., berrar, gritar, falar alto.
BRA.DO, s.m., berro, grito, clamor.
BRA.GUI.LHA, s.f., abertura na parte da frente das calças masculinas.
BRAI.LE, s.m., sistema de escrita para a leitura sensitiva dos cegos, por meio dos dedos.
BRA.MI.DO, s.m., grito, urro, berro.

BRA.MIR, v.t. e int., urrar, gritar, rugir.
BRAN.CO, adj., cor do leite, claro, alvo; quem pertence, pela cor, à raça branca; dar um branco - esquecer tudo; verso branco - verso sem rima.
BRAN.CU.RA, s.f., característica do que é branco.
BRAN.DIR, v.t. e int., sacudir, agitar.
BRAN.DO, adj., suave, fraco, mole, meigo, carinhoso.
BRAN.DU.RA, s.f., meiguice, suavidade, maviosidade, moleza.
BRAN.QUE.A.DOR, s.m. e adj., que branqueia, que torna branco.
BRAN.QUE.A.MEN.TO, s.m., ato de branquear, ato de tornar branco.
BRAN.QUE.AR, v.t., int. e pron., tornar branco.
BRÂN.QUIA, s.f., órgão pelo qual o peixe respira, guelra.
BRA.SA, s.f., pedaço de lenha aceso, carvão aceso.
BRA.SÃO, s.m., bandeira, desenho com as armas de uma família, insígnias.
BRA.SEI.RO, s.m., muitas brasas.
BRA.SI.LEI.RO, s.m., relativo ou natural do Brasil.
BRA.SI.LI.EN.SE, adj. e s.m., relativo ou natural da cidade de Brasília.
BRA.VI.O, adj., selvagem, bruto, violento.
BRA.VO, adj., valente, denodado, forte; furioso, perigoso; interj., apoio.
BRA.VU.RA, s.f., característica de quem é bravo, valentia, coragem.
BRE.CAR, v.t., frear, acionar o freio.
BRE.CHA, s.f., fenda, abertura, local para se passar.
BRE.GA, adj. e s.c. 2 gên., algo cafona, o que revela mau gosto.
BRE.JEI.RO, adj., ordinário, malicioso, vadio.
BRE.JO, s.m., banhado, charco, paul.
BRE.QUE, s.m., freio, peça para segurar e parar o carro.
BRE.VE, adj., momentâneo, curto, que dura pouco.
BRE.VÊ, s.m., certificado a quem completa o curso para aviador.
BRE.VI.DA.DE, s.f., o que é breve, rapidez, celeridade.
BRI.GA, s.f., luta, disputa, combate, discussão.
BRI.GA.DA, s.f., uma parte da tropa.
BRI.GA.DEI.RO, s.m., chefe de uma brigada; comandante máximo na Aeronáutica; tipo de doce à base de leite condensado.
BRI.GAR, v.t. e int., lutar, disputar, engalfinhar-se.
BRI.GUEN.TO, adj. e s.m., brigão, lutador.
BRI.LHAN.TE, adj., que brilha, luminoso, esplendoroso; s.m., diamante.
BRI.LHAN.TI.NA, s.f., cosmético perfumado que se passa nos cabelos para deixá-los lisos.
BRI.LHAN.TIS.MO, s.m., o que é brilhante, luminosidade.
BRI.LHAR, v.int., iluminar, luzir; tornar-se notável, conhecido.
BRI.LHO, s.m., luminosidade, intensidade da luz, claridade.
BRIM, s.m., tecido de algodão.
BRIN.CA.DEI.RA, s.f., ato de brincar, festa, diversão.
BRIN.CA.LHÃO, s.m., disposto, que gosta de brincar.
BRIN.CAR, v.t. e int., divertir-se, espairecer, distrair-se.
BRIN.CO, s.m., enfeite colocado nas orelhas.
BRIN.DAR, v.t., int. e pron., saudar, dar um presente, beber em companhia de alguém.
BRIN.DE, s.m., presente, saudação, cumprimento.
BRIN.QUE.DO, s.m., diversão para as pessoas, coisa usada para a criança divertir-se.
BRI.O, s.m., dignidade, honra, coragem, honradez.
BRI.O.CHE, s.m., doce feito com massa folhada, açúcar, ovos e outros ingredientes.
BRI.Ó.FI.TAS, s.f., grupo de vegetais nos quais se incluem os musgos.
BRI.SA, s.f., aragem, ar leve, zéfiro; uma brisa - nada, coisa inútil.
BRI.TA, s.f., cascalho, pedras quebradas, pequenas pedras.
BRI.TA.DEI.RA, s.f., máquina usada para reduzir pedra a brita, quebrar a pedra.
BRI.TÂ.NI.CO, adj., relativo ou natural da Grã-Bretanha (Inglaterra), inglês.
BRI.TAR, v.t., rachar pedra, reduzir pedra a pedaços.
BRO.A, s.f., docinho feito de farinha de milho.

BRO.CA, *s.f.,* ferramenta que engata na furadeira para fazer furos.
BRO.CHA, *s.f.,* um prego com cabeça larga, mas curto.
BRO.CHE, *s.m.,* um enfeite, uma joia ou bijuteria para enfeitar.
BRO.CHU.RA, *s.f.,* livro com capa simples, livro sem encadernação.
BRÓ.CO.LIS, *s.m.,* verdura que produz pequenas flores.
BRO.ME.LI.Á.CEAS, *s.f. pl.,* famílias de plantas às quais pertencem os abacaxis e ananases.
BRON.CA, *s.f.,* reprimenda, repreensão.
BRON.CO, *adj.,* rude, estúpido, deseducado, inculto.
BRON.QUE.AR, *v.t. e int.,* repreender, chamar a atenção, aconselhar.
BRON.QUI.TE, *s.f.,* inflamação que ataca os brônquios.
BRON.ZE, *s.m.,* liga metálica formada por cobre, estanho e zinco.
BRON.ZE.A.DO, *adj.,* da cor do bronze, amorenado, escurecido.
BRON.ZE.A.DOR, *s.m.,* substância que as pessoas passam no corpo quando ao sol, para não terem a pele queimada.
BRON.ZE.AR, *v.t. e pron.,* adquirir cor de bronze, tornar-se moreno.
BRO.TA.MEN.TO, *s.m.,* ato ou efeito de brotar, nascimento, crescimento.
BRO.TAR, *v.t. e int.,* nascer, crescer, surgir.
BRO.TI.NHO, *s.m.,* pequeno broto, adolescente, mocinha, garota.
BRO.TO, *s.m.,* tudo que brota, galho novo.
BRO.TO.E.JA, *s.f.,* bolhinhas que cobrem a pele e provocam coceira.
BRO.XA, *s.f.,* pincel grande e grosso; aquele que perdeu a potência sexual.
BRU.ÇOS, *s.m., pl.,* na expressão - estar de bruços - deitado de barriga para baixo, com o rosto voltado para o chão.
BRU.MA, *s.f.,* cerração, névoa.
BRU.NIR, *v.t.,* limpar até que brilhe, polir.
BRUS.CO, *adj.,* rude, repentino, áspero.
BRU.TAL, *adj.,* selvagem, cruel, desumano.
BRU.TA.LI.DA.DE, *s.f.,* selvageria, estupidez.
BRU.TA.LI.ZAR, *v.t. e pron.,* levar a ser bruto, agir com brutalidade, machucar muito alguém, seviciar.
BRU.TA.MON.TES, *s.m.,* gigante, indivíduo enorme, tipo grosseiro, tipo brutal.
BRU.TO, *adj.,* próprio do estado natural, inculto, grosseiro; peso bruto - peso que inclui os recipientes e outros.
BRU.XA, *s.f.,* megera, feiticeira; mulher feia e cruel.
BRU.XA.RI.A, *s.f.,* ato feito por uma bruxa, maldade.
BRU.XO, *s.m.,* feiticeiro, mago.
BRU.XU.LE.AR, *v.int.,* luz de vela que treme, luz tremulante.
BU.CAL, *adj.,* referente à boca, oral.
BU.CHA, *s.f.,* invólucro de tecido ou outro material colocado em buracos para tapá-los; material plástico para prender parafusos na parede de alvenaria.
BU.CHA.DA, *s.f.,* estômago de animais; prato à base de bucho; dobradinha.
BU.CHO, *s.m.,* estômago; barriga; *pop.,* encher o bucho - comer muito.
BU.ÇO, *s.m.,* penugem que surge no adolescente antes do bigode.
BU.CÓ.LI.CO, *adj.,* campestre, imagens do campo com animais domésticos.
BU.DIS.MO, *s.m.,* o sistema religioso e filosófico criado por Buda.
BU.DIS.TA, *s.m. e adj.,* o que se refere a Buda; seguidor de Buda.
BU.EI.RO, *s.m.,* valo tapado para a passagem das estradas.
BÚ.FA.LO, *s.m.,* animal parecido com o boi comum, na ilha de Marajó.
BU.FAR, *v.t. e int.,* expelir o ar com força; ficar irritado.

BU.FÊ, *s.m.,* o cardápio de um restaurante; serviço para os fregueses se servirem de comida à vontade.
BU.FUN.FA, *s.f.,* dinheiro, moeda sonante.
BU.GI.GAN.GA, *s.f.,* treco, coisa sem valor, resto.
BU.GRA.DA, *s.f.,* um grupo de bugres, índios, indiarada.
BU.GRE, *s.m.,* índio, indígena, aborígene.
BU.JÃO, *s.m.,* butijão; recipiente de metal para pôr o gás.
BU.LA, *s.f.,* carta escrita pelo papa; papel que instrui o doente para tomar o remédio.
BUL.DO.GUE, *s.m.,* tipo de cão de origem inglesa.
BU.LE, *s.m.,* recipiente de metal no qual se faz ou serve o café.
BU.LE.VAR, *s.m.,* alameda, rua ampla e arborizada.
BÚL.GA.RO, *adj.,* referente ou natural da Bulgária.
BU.LHU.FAS, *s.f., pl.,* nada, coisa nenhuma, absolutamente nada.
BU.LÍ.CIO, *s.m.,* ruído, concerto de rumores, sussurros.
BU.LI.ÇO.SO, *adj.,* inquieto, agitado, que não para.
BU.LI.MI.A, *s.f.,* ter um apetite insaciável.
BU.LIR, *v.int. e pron.,* tocar, incomodar, mover-se, aborrecer.
BUM.BUM, *s.m.,* ruído, som forte; *pop.,* nádegas, traseiro.
BU.ME.RAN.GUE, *s.m.,* arma que os aborígenes da Austrália arremessam e retorna à mão do atirador; tudo que vai e volta.
BUN.DA, *s.f., pop.,* nádegas, traseiro.
BUN.DA-MO.LE, *s.c. 2 gên.,* indivíduo sem iniciativa; tipo molenga.
BUN.DU.DO, *adj.,* quem possui uma bunda grande.
BU.QUÊ, *s.m.,* maço de flores; aroma de vinho.
BU.RA.CO, *s.m.,* furo, cova, abertura, orifício.
BU.RA.QUEI.RA, *s.f.,* muitos buracos.
BUR.BU.RI.NHO, *s.m.,* borborinho, ruído de todas as coisas e animais; murmúrio.
BUR.GUÊS, *adj.,* afinado com a burguesia; *s.m.,* pessoa que tem posses, endinheirado e sem cultura.
BUR.GUE.SI.A, *s.f.,* classe média, a classe dos burgueses.
BUR.LAR, *v.t.,* enganar, lograr.
BUR.LES.CO, *adj.,* grotesco, farsante, ridículo, risível.
BU.RO.CRA.CI.A, *s.f.,* o sistema que controla a administração pública.
BU.RO.CRA.TA, *s.c. 2 gên.,* indivíduo que trabalha na burocracia.
BU.RO.CRA.TI.ZAR, *v.t.,* tornar burocrata, complicar.
BUR.RA, *s.f.,* fêmea do burro; *pop.,* cofre, local onde se guarda o dinheiro.
BUR.RA.DA, *s.f.,* tropa de burros; burrice, tolice, bobagem.
BUR.RI.CE, *s.f.,* tolice, bobagem, asneira.
BUR.RI.CO, *s.m.,* um burro pequeno, burrinho.
BUR.RO, *s.m.,* animal bastardo, produto do cruzamento da égua com o jumento; alguém tolo, alguém sem inteligência; alguém grosseiro.
BUS.CA, *s.f.,* procura, investigação, revista.
BUS.CA-PÉ, *s.m.,* fogo de artifício que corre pelo chão.
BUS.CAR, *v.t. e pron.,* procurar, investigar, examinar.
BÚS.SO.LA, *s.f.,* instrumento cuja agulha magnética aponta sempre para o Polo Norte; o que orienta.
BUS.TI.Ê, *s.m.,* corpete sem alças, tapando apenas os seios.
BUS.TO, *s.m.,* parte superior do corpo humano; quadro ou foto dessa parte do corpo.
BU.TI.QUE, *s.f.,* loja especializada para a venda de vestuários, loja.
BU.XO, *s.m.,* nome de um tipo de planta ornamental.
BU.ZI.NA, *s.f.,* peça que emite um silvo nos carros; trombeta.
BU.ZI.NA.DA, *s.f.,* som emitido pela buzina.
BU.ZI.NAR, *v.int.,* acionar a buzina, imitar o som de uma buzina.
BÚ.ZIO, *s.m.,* molusco; pequenas conchas que os videntes usam para prever o futuro.
BY.TE, *s.m., do inglês,* unidade básica usada no mundo da informática, (baite).

C, *s.m.*, terceira letra do á-bê-cê português; número 100 romano, mas maiúsculo (C).
CÁ, *adv.*, neste lugar, aqui.
CÃ, *s.f.*, cabelo branco.
CA.A.TIN.GA, *s.f.*, vegetação característica da região seca do Nordeste Brasileiro.
CA.BA.ÇO, *s.m.*, *ch.*, o hímen; virgindade da mulher ou do homem.
CA.BA.LA, *s.f.*, ramo do saber que estuda as coisas ocultas.
CA.BA.LIS.TA, *s.c. 2 gên.*, quem é especialista em cabala.
CA.BA.NA, *s.f.*, choupana, casebre, casa rústica.
CA.BA.RÉ, *s.m.*, casa de prostituição, bordel, lupanar, prostíbulo.
CA.BE.ÇA, *s.f.*, parte superior do corpo humano, onde ficam o cérebro e outros órgãos; o crânio coberto com cabelos; ter cabeça - ter juízo; de cabeça - de cor; o cabeça - o chefe.
CA.BE.ÇA.DA, *s.f.*, golpe com a cabeça; negócio errado; dar-se mal.
CA.BE.ÇA-DU.RA, *s.c. 2 gên.*, tipo teimoso, cabeçudo.
CA.BE.ÇA.LHO, *s.m.*, a parte frontal de um livro, de um trabalho.
CA.BE.CE.A.DOR, *s.m.*, jogador que toca a bola com a cabeça no futebol.
CA.BE.CE.AR, *v.t. e int.*, golpear a bola com a cabeça; mexer a cabeça.
CA.BE.CEI.RA, *s.f.*, a parte em que fica a cabeça na cama, ponta da mesa, local onde nasce um rio.
CA.BE.ÇOR.RA, *s.f.*, cabeça enorme, cabeçona.
CA.BE.ÇO.TE, *s.m.*, peça do motor de carros, pequena cabeça.
CA.BE.ÇU.DO, *adj.*, teimoso, obstinado.
CA.BE.LEI.RA, *s.f.*, cabelos longos, muitos cabelos.
CA.BE.LEI.REI.RO, *s.m.*, profissional que corta e arruma cabelos.
CA.BE.LO, *s.m.*, a cobertura de pelos da pele da cabeça, pelos.
CA.BE.LU.DO, *adj.*, que possui muito cabelo; *fig.*, algo horrível.
CA.BER, *v.t. e int.*, ter o tamanho apropriado para um local, estar dentro, vir na ocasião própria.
CA.BI.DE, *s.m.*, uma peça que se usa para pendurar roupas, chapéus; *fig.*, cabide de emprego - proteção para obter um emprego.
CA.BI.MEN.TO, *s.m.*, ato ou efeito de caber; propósito, jeito.
CA.BI.NA, *s.f.*, ou cabine, compartimento para passageiros ou pilotos de avião; cabine eleitoral - lugar onde se vota.
CA.BIS.BAI.XO, *adj.*, com a cabeça baixa, desanimado, desesperançado.
CA.BO, *s.m.*, o primeiro grau na escala militar, após o soldado raso; a parte final, extremo; peça que se coloca nas ferramentas para o trabalho.
CA.BO.CLO, *s.m.*, resultado da mistura do índio com o branco; matuto, sertanejo, caipira.
CA.BO.GRA.MA, *s.m.*, telegrama mandado por cabo submarino.
CA.BO.TA.GEM, *s.f.*, navegação feita apenas na costa da terra firme.
CA.BRA, *s.f.*, mamífero ruminante; fêmea do bode; tipo valente e lutador.
CA.BRA-CE.GA, *s.f.*, brincadeira infantil em que um dos integrantes, com os olhos vendados, deve pegar um de seus parceiros, que o deve substituir.
CA.BREI.RO, *s.m.*, pastor de cabras, *pop.*, tipo desconfiado, irritado.
CA.BRES.TO, *s.m.*, peça com que se prendem cavalgaduras.
CA.BRI.TA, *s.f.*, pequena cabra; moça nova.
CA.BRI.TO, *s.m.*, bode novo e pequeno.
CA.BRO.CHA, *s.f.*, mulata nova.
CA.CA, *s.f.*, fezes humanas; sujeira, imundície.
CA.ÇA, *s.f.*, ato de caçar, perseguir animais para abatê-los.
CA.ÇA.DA, *s.f.*, ato ou efeito de caçar, busca, procura.
CA.ÇA.DOR, *s.m.*, quem se dedica à caça, por gosto ou profissão.
CA.ÇAM.BA, *s.f.*, grande recipiente colocado em caminhões - caminhões-caçamba - para fazer carregamentos.
CA.ÇA-NÍ.QUEL, *s.m.*, máquina destinada a jogos de azar, que funciona introduzindo-lhe moeda.
CA.ÇÃO, *s.m.*, nome comum a um tipo de peixe comestível.
CA.ÇA.PA, *s.f.*, bolsa que se coloca nas mesas de sinuca para receber as bolas atiradas pelos jogadores.
CA.ÇAR, *v.t. e int.*, procurar, ir atrás de animais selvagens para matá-los; pegar.
CA.CA.RE.COS, *s.m.*, coisas velhas, tralhas, bugigangas.
CA.CA.RE.JAR, *v.t. e int.*, a voz da galinha, voz monótona; depreciativo para voz desagradável.
CA.CA.RE.JO, *s.m.*, voz da galinha.
CA.ÇA.RO.LA, *s.f.*, panela de ferro ou alumínio, com tampa e cabo, tacho.
CA.CAU, *s.m.*, o fruto do cacaueiro, matéria-prima para o chocolate.
CA.CAU.EI.RO, *s.m.*, *Bot.*, árvore da família das Esterculiáceas, que produz o cacau; cacauzeiro.
CA.CE.TA.DA, *s.m.*, ação de dar com um cacete; pancada, golpe, paulada.
CA.CE.TE, *s.m.*, pau grosso, bordão, porrete.
CA.CE.TE.AR, *v.t.*, incomodar, perturbar, aborrecer.
CA.CHA.ÇA, *s.f.*, aguardente, bebida destilada originada do caldo da cana-de-açúcar; pinga, branquinha.
CA.CHA.CEI.RO, *s.m.*, tipo que consome cachaça, beberrão, pau-d'água.
CA.CHA.ÇO, *s.m.*, a parte de trás do pescoço; macho suíno para reproduzir.
CA.CHÊ, *s.m.*, o pagamento efetuado a quem trabalha em programas de tevê, rádio, teatro ou outros espetáculos.
CA.CHE.A.DO, *adj.*, que possui forma de cachos, pregueado.
CA.CHE.AR, *v.t. e int.*, fazer cachos em; escovar os cabelos para que formem cachos.
CA.CHE.COL, *s.m.*, xale, peça de tecido, própria para proteger o pescoço.
CA.CHE.TA, *s.f.*, tipo de jogo de baralho.
CA.CHIM.BA.DA, *s.f.*, o tanto de fumo que cabe num cachimbo.
CA.CHIM.BAR, *v.int.*, fumar cachimbo.
CA.CHIM.BO, *s.m.*, peça com um recipiente pequeno e um cabo oco para fumar.
CA.CHO, *s.m.*, uma penca de frutas presas entre si, ou de flores; madeixas.
CA.CHO.EI.RA, *s.f.*, cascata, queda-d'água, catadupa.
CA.CHO.PA, *s.f.*, rapariga, moça, cacho grande.
CA.CHOR.RA, *s.f.*, cadela, fêmea do cachorro.
CA.CHOR.RA.DA, bando de cachorros; safadeza, malvadeza, sem-vergonhice.
CA.CHOR.RO, *s.m.*, cão; indivíduo safado, desonesto.

CA.CHOR.RO-QUEN.TE, *s.m.,* comida feita com um pãozinho, com molho e uma salsicha dentro e muito tempero.
CA.CI.FE, *s.m.,* a quantia que cada jogador coloca para abrir o jogo.
CA.CIM.BA, *s.f.,* poça d'água, poço raso, buraco na terra para reter a água.
CA.CI.QUE, *s.m.,* chefe de uma tribo indígena; o chefe; o que manda.
CA.CO, *s.m.,* qualquer pedaço de um objeto estilhaçado; coisa inútil, tipo imprestável.
CA.ÇO.A.DA, *s.f.,* zombaria, troça, riso, escárnio.
CA.ÇO.AR, *v.t.* e *int.,* fazer caçoada, troçar, zombar, rir de alguém.
CA.CO.E.TE, *s.m.,* um gesto, um termo sempre repetido por alguém, trejeito, vício, mania.
CAC.TO, *s.m.,* vegetal que possui espinhos no caule.
CA.ÇU.LA, *s.m.,* o mais novo entre os filhos de uma família.
CA.CUN.DA, *s.f.,* dorso, corcunda, costas tortas para frente.
CA.DA, *pron. ind.,* qualquer, todo, um dos que compõem um todo.
CA.DA.FAL.SO, *s.m.,* peça preparada para enforcar condenados, patíbulo, *fig.,* lugar difícil.
CA.DAR.ÇO, *s.m.,* fita ou linha de pano, cordão para amarrar os sapatos ou tênis.
CA.DAS.TRA.MEN.TO, *s.m.,* ato ou efeito de cadastrar, organização.
CA.DAS.TRAR, *v.t.,* elencar, organizar, estruturar.
CA.DAS.TRO, *s.m.,* ficha com dados, registro, organização.
CA.DÁ.VER, *s.m.,* o corpo humano após a morte; indivíduo que está mal, doente.
CA.DÊ, *adv.,* corresponde: onde está?
CA.DE.A.DO, *s.m.,* fechadura, peça metálica que se usa para trancar portas.
CA.DEI.A, *s.f.,* corrente, corrente formada por elos metálicos; prisão.
CA.DEI.RA, *s.f.,* peça para a pessoa se sentar; disciplina, matéria.
CA.DEI.RAS, *s.f. pl.,* quadris, ancas.
CA.DE.LA, *s.f.,* cachorra, fêmea do cão; prostituta, mulher de má fama.
CA.DÊN.CIA, *s.f.,* ritmo, movimentos que se repetem em tempo igual, compasso.
CA.DEN.CI.A.DO, *adj.,* com ritmo, compassado.
CA.DEN.CI.AR, *v.t.,* compassar, ritmar, impor cadência.
CA.DEN.TE, *adj.,* que cai, estrela cadente.
CA.DER.NE.TA, *s.f.,* pequeno caderno, caderno para apontamentos, caderno para registros.
CA.DER.NO, *s.m.,* um conjunto de folhas grampeadas ou coladas, que servem para o aluno anotar, apontar ou escrever.
CA.DE.TE, *s.m.,* aluno de escola militar.
CA.DU.CAR, *v.int.,* passar do tempo, perder o prazo; perder a razão, o juízo.
CA.DU.CO, *adj.,* doido, amalucado, desvalorizado.
CA.FA.JES.TA.DA, *s.f.,* bando de cafajestes; safadeza, cafajestice.
CA.FA.JES.TE, *s.m.,* indivíduo sem princípios morais, vagabundo.
CA.FÉ, *s.m.,* fruto do cafeeiro, infusão que se obtém com o pó de café, água quente e açúcar; desjejum; lanche.
CA.FE.EI.RO, *s.m., Bot.,* arbusto da família das Rubiáceas, que produz os grãos do café, cafezeiro.
CA.FE.I.CUL.TOR, *s.m.,* a pessoa que planta café.
CA.FE.I.CUL.TU.RA, *s.f.,* cultura do café, cultivo de café.
CA.FE.Í.NA, *s.f.,* essência existente no café e em outras substâncias.
CA.FE.TÃO, *s.m.,* indivíduo que vive às custas de mulheres, explorador de prostitutas.
CA.FE.TEI.RA, *s.f.,* recipiente para fazer o café ou para servi-lo.
CA.FE.TI.NA, *s.f.,* mulher que vive da exploração de outras mulheres.
CA.FE.ZAL, *s.m.,* plantação de cafeeiros.
CA.FE.ZEI.RO, *s.m.,* cafeeiro, pé de café.
CA.FE.ZI.NHO, *s.m.,* pequeno café, café em recipientes pequenos.
CÁ.FI.LA, *s.f.,* grupo de camelos.
CA.FO.NA, *s.c. 2 gên.,* tipo que não sabe se vestir, que não conhece a etiqueta.
CA.FUN.DÓ, *s.m.,* lugar muito afastado de tudo, lugarejo, lugar distante.
CA.FU.NÉ, *s.m.,* carícia, carinho, coçar a cabeça de alguém para adormecê-lo.
CA.FU.ZO, *s.m.,* filho de negro com índio.
CÁ.GA.DO, *s.m.,* Zool., nome genérico de vários répteis quelônios, tartarugas de água doce.
CA.GÃO, *s.m.,* quem é medroso, tipo muito medroso.
CA.GAR, *v.t., int.* e *pron. ch.,* soltar as fezes, defecar.
CAI.AR, *v.t.,* passar cal, tornar branco.
CÃI.BRA, *s.f.,* músculo que se contrai, provocando dor.
CAI.BRO, *s.m.,* tira de madeira, usada para pôr as telhas nas casas.
CA.Í.DA, *s.f.,* tombo, queda.
CA.I.MEN.TO, *s.m.,* tombo, queda, inclinação.
CAI.PI.RA, *s.m.,* capiau, matuto, caboclo, sertanejo, jeca.
CAI.PI.RA.DA, *s.f.,* um grupo de caipiras, modos de caipiras, caipirice.
CAI.PI.RI.NHA, *s.f.,* bebida à base de limão amassado com açúcar e gelo.
CA.IR, *v.t.* e *int.,* tombar, levar uma queda, parar no chão, desabar, fraquejar.
CAIS, *s.m.,* a parte do porto onde os navios atracam, param, desembarcam.
CAI.XA, *s.f.,* um recipiente para colocar objetos, estojo, cofre; local em lojas e bancos onde se paga e se recebe dinheiro.
CAI.XÃO, *s.m.,* uma caixa grande, recipiente para pôr os cadáveres, ataúde.
CAI.XI.LHO, *s.m.,* moldura para vidros, quadros.
CAI.XO.TE, *s.m.,* uma caixa pequena.
CA.JA.DA, *s.f.,* uma pancada com um cajado, paulada, golpe com bordão.
CA.JA.DO, *s.m.,* pau grosso, bordão, bengala.
CA.JU, *s.m.,* amêndoa produzida pelo cajueiro.
CA.JU.A.DA, *s.f.,* bebida feita com caju.
CA.JU.EI.RO, *s.m.,* árvore que produz o caju.
CAL, *s.f.,* produto proveniente do óxido de cálcio, usado na construção e de cor branca.
CA.LA.BOU.ÇO, *s.m.,* prisão subterrânea, enxovia, xilindró, cadeia.
CA.LA.DO, *adj.,* silencioso, que nada fala; *s.m.,* o quanto a quilha do navio penetra na água para o fundo.
CA.LA.FE.TAR, *v.t.,* vedar, tapar todos os buracos, fechar completamente.
CA.LA.FRI.O, *s.m.,* tremura, tremidela, arrepio.
CA.LA.MI.DA.DE, *s.f.,* catástrofe, grande desastre público, desgraça.
CA.LÃO, *s.m.,* tipo de linguagem com palavrões, palavras chulas.
CA.LAR, *v.int.* e *pron.,* fazer silêncio, nada dizer, fechar.
CAL.ÇA, *s.f.,* peça de tecido que cobre a parte inferior do corpo humano.
CAL.ÇA.DA, *s.f.,* faixa lateral das ruas para a passagem dos pedestres.
CAL.ÇA.DEI.RA, *s.f.,* peça que ajuda o ato de calçar sapatos.
CAL.ÇA.DO, *adj.,* quem está com sapatos; seguro; sapatos.
CAL.ÇA.MEN.TO, *s.m.,* ato ou efeito de calçar; cobrir ruas com paralelepípedos.
CAL.CA.NHAR, *s.m.,* uma saliência na parte de trás do pé.
CAL.CA.NHAR DE A.QUI.LES, *s.m.,* qualquer ponto fraco, vulnerabilidade.
CAL.ÇÃO, *s.m.,* bermuda, calça que fica acima do joelho.
CAL.CAR, *v.t.,* pisar, amassar, comprimir.
CAL.ÇAR, *v.t.* e *int.,* pôr os sapatos, botas, tênis; fazer um calçamento.
CAL.CÁ.RIO, *adj.,* próprio da cal; *s.m.,* um tipo de rocha usada para retificar solos.
CAL.CE.TEI.RO, *s.m.,* que calça ruas, quem coloca paralelepípedos.
CAL.CI.FI.CA.ÇÃO, *s.f.,* endurecimento dos ossos por excesso de cálcio.
CAL.CI.NA.ÇÃO, *s.f.,* ação ou efeito de calcinar.
CAL.CI.NAR, *v.t.* e *int.,* transformar em cal pelo calor, queimar; aquecer muito.
CAL.CI.NHA, *s.f.,* peça íntima das vestes femininas.

CÁLCIO

CÁL.CIO, *s.m.*, elemento metálico de cor prata.
CAL.ÇO, *s.m.*, objeto que se coloca embaixo de um móvel para firmá-lo.
CAL.CU.LA.DO.RA, *s.f.*, máquina para fazer cálculos, contas.
CAL.CU.LAR, *v.t.*, fazer cálculos, fazer contas, avaliar.
CAL.CU.LIS.TA, *s.c. 2 gên.*, quem faz cálculos; tipo que visa sempre a lucros pessoais.
CÁL.CU.LO, *s.m.*, ato de calcular, determinar; pedras nos rins, na vesícula.
CAL.DA, *s.f.*, açúcar dissolvido pela ação do calor.
CAL.DEI.RA, *s.f.*, recipiente de metal para esquentar, ferver qualquer coisa.
CAL.DEI.RÃO, *s.m.*, caldeira grande, panela grande para ferver líquidos.
CAL.DO, *s.m.*, sopa, molho, substâncias líquidas na comida.
CA.LE.JA.DO, *adj.*, que tem calos, experiente.
CA.LE.JAR, *v.t., int. e pron.*, fazer calos, machucar as mãos com o trabalho; tornar experiente.
CA.LEN.DÁ.RIO, *s.m.*, folhinha, impresso com todos os dias e meses do ano, distribuídos por mês.
CA.LEN.DAS, *s.f. pl.*, entre os antigos romanos era o primeiro dia do mês.
CA.LHA, *s.f.*, peça com um canal e que escorre as águas da chuva.
CA.LHA.MA.ÇO, *s.m.*, livro muito grande, impresso enorme, livro com muitas páginas.
CA.LHAM.BE.QUE, *s.m.*, carro antigo, carro velho.
CA.LHAR, *v.t. e int.*, coincidir, ser oportuno, suceder.
CA.LHAU, *s.m.*, pedaço de pedra, seixo, qualquer pedrinha.
CA.LHOR.DA, *s.c. 2 gên.*, tipo safado, inescrupuloso, cafajeste.
CA.LI.BRA.DOR, *s.m.*, instrumento para calibrar, para dar as medidas ou pesos exatos; quem calibra pneus.
CA.LI.BRA.GEM, *s.f.*, ato ou efeito de calibrar.
CA.LI.BRAR, *v.t.*, dar o calibre, regular a pressão, colocar a quantidade exata.
CA.LI.BRE, *s.m.*, o tamanho exato, a abertura de uma arma de fogo.
CÁ.LI.CE, *s.m.*, copo, copinho; vaso usado para a celebração da missa na Igreja Católica; parte envolvente do botão floral.
CÁ.LI.DO, *adj.*, quente, caloroso.
CA.LI.GRA.FI.A, *s.f.*, escrita manual, a arte de escrever à mão.
CA.LÍ.GRA.FO, *s.m.*, quem pratica a caligrafia.
CAL.MA, *s.f.*, tranquilidade, ambiente sem ventos; calmaria, serenidade.
CAL.MAN.TE, *adj.*, que tranquiliza, acalma; *s.m.*, remédio para acalmar as pessoas.
CAL.MA.RI.A, *s.f.*, tranquilidade, serenidade, calma.
CAL.MO, *adj.*, tranquilo, sereno, quieto.
CA.LO, *s.m.*, saliência endurecida que cresce na pele, por atrito.
CA.LOM.BO, *s.m.*, geralmente sangue coagulado ou outro líquido, inchaço.
CA.LOR, *s.m.*, temperatura alta; percepção de um corpo quente; animação.
CA.LO.RÃO, *s.m.*, calor muito grande, calor excessivo.
CA.LO.REN.TO, *adj.*, que sente muito o calor.
CA.LO.RI.A, *s.f.*, unidade para medir a quantidade de calor ou energia.
CA.LO.RO.SO, *adj.*, com muito calor; entusiasmado, receptivo.
CA.LO.TA, *s.f.*, parte de uma esfera; peça metálica que cobre a parte externa da roda de um automóvel.
CA.LO.TE, *s.m.*, logro, não pagar uma dívida.
CA.LO.TE.AR, *v.t. e int.*, não pagar o que deve, enganar, lograr.
CA.LO.TEI.RO, *s.m.*, enganador, quem pratica calotes.
CA.LOU.RO, *s.m.*, aluno iniciante numa faculdade, inexperiente.
CA.LÚ.NIA, *s.f.*, mentira prejudicial, dizer mal de alguém, falsificar a verdade.
CA.LU.NI.AR, *v.t.*, difamar, dizer mal, falsificar algo.
CAL.VA, *s.f.*, careca, parte superior da cabeça sem cabelos.
CAL.VÁ.RIO, *s.m.*, lugar onde Cristo foi crucificado; local de sofrimento; sofrimento.
CAL.VÍ.CIE, *s.f.*, próprio de careca, sem cabelos.
CAL.VO, *adj.*, careca, sem cabelos.

CA.MA, *s.f.*, peça para se dormir nela, leito.
CA.MA.DA, *s.f.*, matéria estendida em faixas, uma sobre a outra; classe.
CA.MA.LE.ÃO, *s.m.*, nome de um réptil brasileiro que pode adaptar-se através da própria cor à cor do ambiente; *pop.*, quem muda sempre de opinião.
CÂ.MA.RA, *s.f.*, cômodo, quarto; o mesmo que câmera; congresso, peça para filmar, objeto de borracha que se enche de ar para pôr dentro dos pneus.
CÂ.MA.RA-AR.DEN.TE, *s.f.*, ambiente onde se velam defuntos, sala para velório.
CA.MA.RA.DA, *s.c. 2 gên.*, companheiro, colega; no partido comunista - companheiro de partido.
CA.MA.RA.DA.GEM, *s.f.*, coleguismo, amizade, convivência entre pessoas.
CA.MA.RÃO, *s.m.*, crustáceo de vários tamanhos e tipos.
CA.MA.REI.RA, *s.f.*, mulher que arruma os quartos nos hotéis.
CA.MA.RI.LHA, *s.f.*, bando, grupo de indivíduos que buscam proveitos próprios junto ao governo, quadrilha.
CA.MA.RIM, *s.m.*, pequena câmara, câmara onde os artistas se aprontam.
CA.MA.RO.TE, *s.m.*, alojamento para passageiros em navios; câmaras especiais nos teatros para espectadores, uma pequena câmara.
CAM.BA.DA, *s.f.*, conjunto de seres ou coisas ligadas entre si; *fig.*, quadrilha, corja, grupo de malandros.
CAM.BA.LA.CHO, *s.m.*, negócio ilícito, safadeza, tramoia.
CAM.BA.LE.AR, *v.int.*, caminhar quase caindo, caminhar como bêbado; vacilar.
CAM.BA.LHO.TA, *s.f.*, pulo, salto no ar e virando o corpo.
CAM.BI.AL, *adj.*, referente ao câmbio; documento do câmbio.
CAM.BI.AN.TE, *adj.*, o que cambia, o que muda, o que se transforma.
CÂM.BI.AR, *v.t.*, mudar, transformar, trocar.
CÂM.BIO, *s.m.*, troca de moedas de países; negócio com troca de moedas; no carro, mecanismo para cambiar as marchas manuais.
CAM.BIS.TA, *s.m.*, quem negocia com o câmbio.
CA.MÉ.LIA, *s.f.*, arbusto que produz flores brancas, rosa e mescladas, com aroma suave; ornamento dos jardins.
CA.ME.LI.CE, *s.f.*, tolice, asneira.
CA.ME.LO, *s.f.*, mamífero da família dos camelídeos, usado nos desertos, com duas corcovas; *fig.*, indivíduo ignorante, tolo.
CA.ME.LÔ, *s.m.*, alguém que vende artigos em barracas pelas ruas.
CÂ.ME.RA, *s.f.*, câmara; *s.c. 2 gên.*, indivíduo que maneja a câmera.
CA.MI.NHA.DA, *s.f.*, ato de caminhar, o que se anda num dia, jornada.
CA.MI.NHAN.TE, *s.c. 2 gên.*, quem caminha, pedestre, passante, andarilho.
CA.MI.NHÃO, *s.m.*, veículo grande, para transportar cargas.
CA.MI.NHAR, *v.t. e int.*, andar, locomover-se com os pés.
CA.MI.NHO, *s.m.*, estrada, faixa para locomoção; rumo, direção, destino.
CA.MI.NHO.NEI.RO, *s.m.*, motorista de caminhão, profissional de caminhão.
CA.MI.NHO.NE.TE, *s.f.*, caminhão pequeno, veículos para passageiros e com dispositivo para cargas; caminhoneta, camioneta.

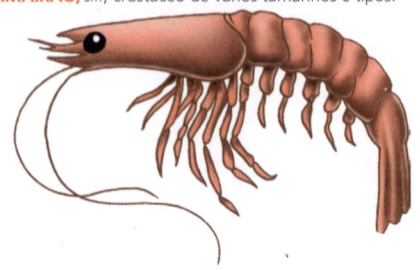

CANSADO

CA.MI.SA, *s.f.*, peça do vestuário para cobrir o tronco humano.
CA.MI.SA.RI.A, *s.f.*, fábrica de camisas ou loja que vende camisas.
CA.MI.SE.TA, *s.f.*, pequena camisa, camisa de malha com mangas curtas.
CA.MI.SI.NHA, *s.f.*, preservativo na relação sexual, camisa-de-vênus.
CA.MI.SO.LA, *s.f.*, pequena camisa, veste longa para as mulheres dormirem.
CAM.PA, *s.f.*, pedra que cobre a sepultura, lousa.
CAM.PA.I.NHA, *s.f.*, sino pequeno, instrumento para avisar, chamar pessoas.
CAM.PAL, *adj.*, relativo ao campo, ao ar livre.
CAM.PA.NÁ.RIO, *s.m.*, torre para pôr os sinos.
CAM.PA.NHA, *s.f.*, um grande descampado; operações de guerra; movimento político para pedir votos; propaganda extensa.
CAM.PÂ.NU.LA, *s.f.*, pequeno sino, algo com forma de sino, redoma.
CAM.PE.ÃO, *s.m.*, vencedor, quem ganhou uma competição.
CAM.PE.O.NA.TO, *s.m.*, prova, torneio, disputa entre vários, para ver quem é o melhor em determinada modalidade esportiva.
CAM.PES.TRE, *adj.*, referente ao campo, rural, campesino, do interior.
CAM.PI.NA, *s.f.*, várzea, planície grande, campo com poucas árvores e plano.
CAM.PIS.MO, *s.m.*, ato de acampar, ato de se abrigar em barracas na natureza.
CAM.PIS.TA, *s.c. 2 gên.*, indivíduo que gosta de acampar.
CAM.PO, *s.m.*, grande área de terra desmatada, interior; áreas de terra para criação de gado; local em que se realizam competições esportivas; a perspectiva de trabalho que uma pessoa possui para agir, estudar ou trabalhar.
CAM.PO.NÊS, *s.m.*, morador do campo, colono, tipo rude.
CAM.PO-SAN.TO, *s.m.*, cemitério.
CA.MU.FLA.GEM, *s.f.*, disfarce, engano, ato ou efeito de camuflar.
CA.MU.FLAR, *v.t.*, disfarçar, ludibriar, esconder.
CA.MUN.DON.GO, *s.m.*, pequeno rato, ratinho.
CA.MUR.ÇA, *s.f.*, animal bovídeo europeu; tipo de tecido.
CA.NA, *s.f.*, tronco de certos vegetais com gomos; *pop.*, cadeia.
CA.NA-DE-A.ÇÚ.CAR, *s.f.*, planta da família das gramíneas, cultivada para extrair açúcar, álcool, aguardente.
CA.NAL, *s.m.*, meio de comunicação, abertura natural ou artificial para conduzir líquidos; concessão do governo para explorar a transmissão de TV.
CA.NA.LE.TA, *s.f.*, sulco, canalzinho por onde passa água.
CA.NA.LHA, *adj. e s.c. 2 gên.*, cafajeste, tipo inescrupuloso, vil.
CA.NA.LHI.CE, *s.f.*, típico de canalha; ação de canalha; safadeza.
CA.NA.LI.ZA.ÇÃO, *s.f.*, ato ou efeito de canalizar, conjunto de canais, colocar em canal.
CA.NA.LI.ZAR, *v.t.*, construir canais; encontrar-se com alguém através de canais, ligar.
CA.NÁ.RIO, *s.m.*, pequeno pássaro de penas amareladas, canoro e comum, canário-da-terra, canarinho, canário-do-reino.
CA.NAS.TRA, *s.f.*, baú, mala ou cesta para carregar objetos; jogo de cartas.
CA.NA.VI.AL, *s.m.*, plantação de cana-de-açúcar.
CAN.ÇÃO, *s.f.*, canto, modinha, poesia para ser cantada.
CAN.CE.LA, *s.f.*, porteira, portão, entrada.
CAN.CE.LA.MEN.TO, *s.m.*, ato ou efeito de cancelar; ato de desmarcar.
CAN.CE.LAR, *v.t.*, anular, desmarcar, tornar sem efeito algo marcado.
CÂN.CER, *s.m.*, constelação do zodíaco; trópico de câncer no Hemisfério Norte; nome comum de diversos tumores malignos e mortais.
CAN.CE.RÍ.GE.NO, *adj.*, que provoca o câncer.
CAN.CE.RO.SO, *adj.*, quem padece de câncer, próprio do câncer.
CAN.CHA, *s.f.*, local onde se realizam competições, jogos; ter cancha - saber.
CAN.CI.O.NEI.RO, *s.m.*, livro com canções ou poesias; conjunto de canções.
CAN.DAN.GO, *s.m.*, operário braçal; primeiros construtores de Brasília; nome dado pelos africanos aos portugueses.
CAN.DE.LA.BRO, *s.m.*, castiçal, peça para colocar velas para acendê-las.
CAN.DI.DA.TAR, *v. pron.*, ser candidato, concorrer a uma posição.
CAN.DI.DA.TO, *s.m.*, quem deseja um cargo; pretendente a um cargo político por meio de eleição; pretendente.
CÂN.DI.DO, *adj.*, puro, branco, limpo, ingênuo.
CAN.DOM.BLÉ, *s.m.*, celebração religiosa de culto afro-brasileiro.
CAN.DU.RA, *s.f.*, o que é cândido, candidez, pureza, brancura.
CA.NE.CA, *s.f.*, vaso com uma asa para tomar líquido.
CA.NE.CO, *s.m.*, tipo de caneca; taça para campeões; vaso para certos jogos com dados.
CA.NE.LA, *s.f.*, tipo de árvore conhecida pela qualidade da madeira, caneleira; parte dianteira da perna.
CA.NE.LA.DA, *s.f.*, batida na ou contra a canela da perna.
CA.NE.TA, *s.f.*, peça que se usa para escrever; caneta a tinta ou esferográfica.
CA.NE.TA-TIN.TEI.RO, *s.f.*, uma caneta que escreve a tinta e possui um reservatório interno com tinta.
CÂN.FO.RA, *s.f.*, substância branca extraída da canforeira e usada na medicina.
CAN.FO.REI.RA, *s.f.*, planta que produz a cânfora.
CAN.GA, *s.f.*, objeto de madeira que se põe no pescoço do boi para o trabalho de tração; *fig.*, opressão, mando.
CAN.GA.CEI.RO, *s.m.*, salteador, bandido do sertão brasileiro.
CAN.GA.ÇO, *s.m.*, estilo de vida do cangaceiro.
CAN.GAR, *v.t.*, colocar canga em, dominar.
CAN.GO.TE, *s.m.*, cogote, nuca, pescoço posterior.
CAN.GU.RU, *s.m.*, animal australiano, marsupial que se alimenta de ervas.
CA.NHÃO, *s.m.*, arma da artilharia pesada; tipo feio, mulher feia.
CA.NHES.TRO, *adj.*, sem habilidades, tímido, medroso.
CA.NHO.TA, *s.f.*, a mão esquerda; quem chuta com o pé esquerdo.
CA.NHO.TO, *adj.*, quem possui maiores habilidades com a mão esquerda; indivíduo inábil, desajeitado; *s.m.*, a parte esquerda de qualquer objeto.
CA.NI.BAL, *s.c. 2 gên.*, antropófago, quem se alimenta de carne humana; tipo cruel e desumano.
CA.NI.BA.LIS.MO, *s.m.*, ato de se alimentar com carne humana; antropofagia.
CA.NI.ÇO, *s.m.*, cana fina usada para a pesca com anzol, vareta; *fig.*, alguém muito magro.
CA.NÍ.CU.LA, *s.f.*, época muito quente, verão muito forte.
CA.NÍ.DEOS, família de animais carnívoros, como cães e outros.
CA.NIL, *s.m.*, local onde se colocam os cães.
CA.NI.NHA, *s.f.*, pinga, cachaça, aguardente.
CA.NI.NO, *adj.*, referente a cães, próprio de cachorro; dentes laterais da frente.
CA.NI.VE.TA.DA, *s.f.*, ataque com um canivete.
CA.NI.VE.TE, *s.m.*, um tipo de faca que se recolhe no cabo.
CAN.JA, *s.f.*, sopa de frango com arroz, talharins; *fig.*, algo fácil.
CAN.JI.CA, *s.f.*, comida feita à base de grãos de milho, leite e açúcar; *fig.*, queixo alongado.
CA.NO, *s.m.*, tubo, peça de metal ou plástico, oca por dentro, para transporte de líquido; dar o cano - enganar; entrar pelo cano - sair-se mal.
CA.NO.A, *s.f.*, bote, embarcação pequena.
CA.NO.NI.ZA.ÇÃO, *s.f.*, ato ou efeito de canonizar, santificação, declarar santo.
CA.NO.NI.ZAR, *v.t.*, declarar santo; elevar uma pessoa às honras de santo.
CA.NO.RO, *adj.*, que canta harmoniosamente.
CAN.SA.ÇO, *s.m.*, fadiga, resultado de trabalho.
CAN.SA.DO, *adj.*, extenuado, fatigado; que perdeu o vigor.

CANSAR

CAN.SAR, *v.t.*, *int.* e *pron.*, fatigar, aborrecer, deixar sem forças.
CAN.SA.TI.VO, *adj.*, que cansa, que deixa fatigado.
CAN.TA.DA, *s.f.*, ato ou efeito de cantar, entoar uma canção; *fig.*, pretender seduzir.
CAN.TA.DOR, *s.m.*, quem canta, quem entoa; cantor.
CAN.TÃO, *s.m.*, divisão territorial, como município, na Suíça.
CAN.TAR, *v.t.* e *int.*, soltar a voz observando notas musicais e ritmo; entoar.
CÂN.TA.RO, *s.m.*, vaso de barro para líquidos.
CAN.TA.RO.LAR, *v.t.* e *int.*, cantar baixinho.
CAN.TEI.RO, *s.m.*, divisão no jardim ou na horta, para plantio de flores, verduras.
CÂN.TI.CO, *s.m.*, canto, poema.
CAN.TI.GA, *s.f.*, poema, tipo de poema para cantar, poesia trovadoresca.
CAN.TIL, *s.m.*, recipiente para levar líquidos.
CAN.TI.LENA, *s.f.*, cantiga monótona.
CAN.TI.NA, *s.f.*, tipo de lanchonete; adega; restaurante com comida à italiana.
CAN.TO, *s.m.*, voz modulada seguindo notas musicais; ponto de encontro de duas paredes na casa; ângulo; local afastado de tudo.
CAN.TO.NEI.RA, *s.f.*, peça ou prateleira que se adapta às linhas dos cantos.
CAN.TOR, *s.m.*, quem canta, cantante; profissional que usa da voz para apresentar-se.
CAN.TO.RI.A, *s.f.*, canto, concerto de cantores; barulho.
CA.NU.DO, *s.m.*, diploma, cano grande.
CÃO, *s.m.*, animal doméstico, mamífero, quadrúpede da família dos Canídeos; peça das armas de fogo; *fig.*, tipo maldoso e raivento.
CA.O.LHO, *s.m.*, zarolho, quem tem defeito na visão, vesgo, estrábico.
CAOS, *s.m.*, a situação confusa antes da formação do mundo; grande confusão.
CA.PA, *s.f.*, capote, agasalho contra o frio ou chuva; tudo que envolve algo; proteção.
CA.PA.CE.TE, *s.m.*, proteção metálica para defender a cabeça.
CA.PA.CHO, *s.m.*, tapete, objeto, colocado ante as portas para limpar os pés, calçados; *fig.*, indivíduo que procura agradar aos poderosos.
CA.PA.CI.DA.DE, *s.f.*, ato ou efeito de conter, de abrigar; o volume que um recipiente pode receber.
CA.PA.CI.TAR, *v.t.* e *pron.*, tornar capaz, habilitar, preparar para.
CA.PAN.GA, *s.m.*, guarda-costas; apaniguado, protetor pago por alguém; *s.f.*, bolsa para levar documentos.
CA.PÃO, *s.m.*, animal capado, pequeno bosque isolado no meio do campo.
CA.PAR, *v.t.*, castrar, retirar os testículos de um macho; cortar os brotos de uma planta, como o tabaco.
CA.PA.TAZ, *s.m.*, encarregado, feitor, quem comanda os trabalhadores.
CA.PAZ, *adj.*, hábil, competente, honrado; quem tem mais de 21 anos pela lei.
CAP.CI.O.SO, *adj.*, arguto, ardiloso, malicioso, fraudulento.
CA.PE.LA, *s.f.*, construção religiosa para rezar, oratório, ermida.
CA.PE.LÃO, *s.m.*, padre que atende a uma capela ou dá assistência religiosa a batalhões militares, hospitais; padre.
CA.PEN.GA, *s.c. 2 gên.*, coxo, perneta, pessoa que anda com dificuldade.
CA.PEN.GAR, *v.int.*, coxear, andar com dificuldade, ter problemas.
CA.PE.TA, *s.f.*, diabo, demônio, satanás.
CA.PI.AU, *s.m.*, caipira, caboclo, tabaréu.
CA.PI.LAR, *adj.*, referente ao cabelo, fino como cabelo, o que é muito fino.
CA.PI.LÉ, *s.m.*, xarope usado para fazer refresco.
CA.PIM, *s.m.*, todas as plantas usadas na alimentação dos animais, gramínea.
CA.PI.NA, *s.f.*, capinagem, ação de capinar, tirar o capim e ervas.
CA.PI.NAR, *v.t.* e *int.*, arrancar as ervas de uma plantação com a enxada.

CA.PIN.ZAL, *s.m.*, porção de capim.
CA.PI.TAL, *adj.*, essencial, fundamental; *s.m.*, sede do governo de um estado ou país; bens imóveis, posses, riquezas, valores econômicos.
CA.PI.TA.LIS.MO, *s.m.*, sistema econômico que defende os valores do capital privado.
CA.PI.TA.LIS.TA, *adj.*, referente a capital; *s.m.*, indivíduo que vive do que lhe rende um capital; pessoa abastada.
CA.PI.TA.LI.ZA.ÇÃO, *s.f.*, ato ou efeito de capitalizar.
CA.PI.TA.LI.ZAR, *v.t.*, amontoar, acumular, tornar sempre maior o capital, enriquecer.
CA.PI.TÃO, *s.m.*, oficial do Exército, da Polícia ou da Marinha; jogador que busca entusiasmar os colegas de time.
CA.PI.TU.LA.ÇÃO, *s.f.*, ato ou efeito de capitular, rendição, desistência, sujeição.
CA.PI.TU.LAR, *v.t.* e *int.*, render-se, entregar-se, submeter-se, ceder.
CA.PI.TU.LAR, *adj.*, o que se relaciona com um capítulo.
CA.PÍ.TU.LO, *s.m.*, cada parte de um livro; dizeres da Bíblia; cada fase de um momento; divisões das novelas televisivas.
CA.PI.VA.RA, *s.f.*, animal mamífero da família dos Cavídeos, o maior roedor da América do Sul.
CA.PI.XA.BA, *adj.*, espírito-santense, natural do Espírito Santo.
CA.PÔ, *s.m.*, peça na parte anterior do carro para cobrir o motor.
CA.PO.EI.RA, *s.f.*, pequena mata, mato crescido após a derrubada da floresta; esporte de ataque e defesa corporal.
CA.PO.TA, *s.f.*, cobertura de veículos.
CA.PO.TA.GEM, *s.f.*, ato de capotar.
CA.PO.TAR, *v.int.*, virar ou tombar, caindo de costas; *fig.*, perder o rumo.
CA.PO.TE, *s.m.*, uma capa longa e grossa para proteger contra o frio e a chuva.
CA.PRI.CHAR, *v.t.*, esmerar-se, ter muitos cuidados.
CA.PRI.CHO, *s.m.*, cuidado, zelo; teimosia, manha, extravagância.
CA.PRI.CHO.SO, *adj.*, cuidadoso, esmerado.
CA.PRI.CÓR.NIO, *s.m.*, constelação do zodíaco.
CA.PRI.NO, *adj.*, referente a cabras e bodes.
CÁP.SU.LA, *s.f.*, invólucro para várias substâncias; cápsula espacial - pequena nave usada no espaço.
CAP.TA.ÇÃO, ato ou efeito de captar, compreensão.
CAP.TAR, *v.t.*, compreender, assimilar; conseguir de modo ardiloso.
CA.PU.CHI.NHO, *s.m.*, capuz pequeno; religioso da ordem franciscana.
CA.PUZ, *s.m.*, peça de tecido que serve para proteger a cabeça.
CA.QUI, *s.m.*, fruta da planta chamada caquizeiro.
CÁ.QUI, *adj.*, cor marrom-amarelada, cor de barro.
CA.RA, *s.f.*, rosto, face, semblante; ter cara - atrevimento.
CA.RA.BI.NA, *s.f.*, fuzil, espingarda.
CA.RA.BI.NEI.RO, *s.m.*, soldado que luta com a carabina.
CA.RA.COL, *s.m.*, nome de muitos moluscos terrestres.
CA.RAC.TE.RES, *s.m. pl.*, tipos de letra.
CA.RAC.TE.RÍS.TI.CA, *s.f.*, traço essencial, o que distingue uma coisa da outra.
CA.RAC.TE.RÍS.TI.CO, *adj.*, típico, próprio.
CA.RAC.TE.RI.ZAR, *v.t.*, destacar o caráter, distinguir, indicar.
CA.RA DE PAU, *adj.* e *s.c. 2 gên.*, sem-vergonha, velhaco.
CA.RA.DU.RA, *adj.* e *s.c. 2 gên.*, tipo desavergonhado, cara de pau, cínico.
CA.RA.MAN.CHÃO, *s.m.*, construção de madeira, revestida de trepadeiras.
CA.RAM.BO.LA, *s.f.*, uma bola de bilhar; fruto da caramboleira.
CA.RA.ME.LO, *s.m.*, açúcar queimado; bala desse tipo de açúcar.
CA.RA-ME.TA.DE, *s.f.*, a esposa para com o marido.
CA.RA.MU.JO, *s.m.*, tipo de molusco aquático.
CA.RAN.GUE.JEI.RA, *s.f.*, nome dado a várias aranhas grandes e peludas.
CA.RAN.GUE.JO, *s.m.*, tipo de crustáceo.
CA.RA.PI.NHA, *s.f.*, cabelo crespo, típico da raça negra.
CA.RA.TÊ, *s.m.*, luta corporal praticada no rito oriental.
CA.RÁ.TER, *s.m.*, tipos de imprensa, marca, característica, tipo inerente a cada indivíduo.
CA.RA.VA.NA, *s.f.*, grupo de pessoas.
CA.RA.VE.LA, *s.f.*, pequena embarcação a vela.

CARROÇARIA

CAR.BO.NI.ZAR, *v.t.*, reduzir a carvão, queimar.
CAR.BU.RA.ÇÃO, *s.f.*, mistura do ar com o combustível para mover o motor.
CAR.BU.RA.DOR, *s.m.*, peça do motor para provocar a carburação.
CAR.BU.RAN.TE, *s.m.*, combustível.
CAR.BU.RAR, *v.t.*, efetuar a carburação.
CAR.CA.ÇA, *s.f.*, esqueleto, ossada, o que sobrou de alguma coisa velha.
CAR.CA.RÁ, *s.m.*, caracará, grande ave falaconídea.
CAR.CE.RA.GEM, *s.f.*, ato ou efeito de encarcerar; prisão.
CÁR.CE.RE, *s.m.*, cadeia, prisão, xilindró.
CAR.CE.REI.RO, *s.m.*, guarda de cárcere, encarregado de cuidar dos presos.
CAR.CO.MER, *v.t.*, destruir, desmanchar.
CAR.DÁ.PIO, *s.m.*, rol dos pratos servidos, menu.
CAR.DE.AL, *adj.*, os quatro pontos cardeais; *s.m.*, bispo da Igreja Católica honrado com esse título, que lhe dá direito a participar da eleição do Papa.
CAR.DÍ.A.CO, *adj.*, relacionado com o coração, quem tem problemas com o coração.
CAR.DI.NAL, *adj.*, relativo aos números que indicam quantidade.
CAR.DI.O.GRA.FI.A, *s.f.*, carta descritiva dos movimentos cardíacos.
CAR.DI.O.LO.GI.A, *s.f.*, parte da Medicina especializada no cuidado com o coração.
CAR.DI.O.LO.GIS.TA, *s.c. 2 gên.*, médico especialista em Cardiologia.
CAR.DI.O.PA.TI.A, *s.f.*, toda e qualquer doença que afete o coração.
CAR.DI.O.VAS.CU.LAR, *adj.*, referente ao coração e aos vasos cardíacos.
CAR.DU.ME, *s.m.*, quantidade de peixes; *fig.*, estrelas.
CA.RE.CA, *adj.*, calvo; *s.m.*, pneu totalmente desgastado; pessoa calva.
CA.RE.CER, *v.t.*, não ter, precisar, necessitar, prescindir.
CA.RÊN.CIA, *s.f.*, necessidade, falta.
CA.REN.TE, *adj.*, necessitado, miserável.
CA.RES.TI.A, *s.f.*, falta, necessidade extrema; muito caro.
CA.RE.TA, *s.f.*, palhaçada, trejeito, momices; indivíduo fora de moda.
CA.RE.TI.CE, *s.m.*, o que é careta, fora de moda.
CAR.GA, *s.f.*, quantidade a ser transportada, peso.
CAR.GO, *s.m.*, incumbência, missão, compromisso, encargo.
CAR.GUEI.RO, *s.m.*, transportador de cargas.
CA.RI.AR, *v.t.* e *int.*, provocar cárie, criar cáries.
CA.RI.CA.TO, *adj.*, que é uma caricatura, ridículo.
CA.RI.CA.TU.RA, *s.f.*, desenho grotesco e satírico de uma pessoa ou coisa.
CA.RI.CA.TU.RIS.TA, *s.c. 2 gên.*, quem faz caricaturas.
CA.RÍ.CIA, *s.f.*, afeição, toque físico, carinho.
CA.RI.DA.DE, *s.f.*, amor, bondade, amor puro para com Deus e os homens.
CA.RI.DO.SO, *adj.*, cheio de caridade, bondoso.
CÁ.RIE, *s.f.*, destruição da parte externa dos dentes.
CA.RI.JÓ, *s.m.*, tipo de ave salpicada de preto-e-branco.
CA.RIM.BAR, *v.t.*, pôr carimbo em, marcar.
CA.RIM.BO, *s.m.*, peça que contém dados e, recebendo tinta, imprime num papel; selo.
CA.RI.O.CA, *adj.*, natural ou relativo à cidade do Rio de Janeiro.
CA.RIS.MA, *s.m.*, dom e graça para exercer uma função; vocação; predicados de um líder persuasivo.
CAR.ME.SIM, *s.m.*, cor vermelho-forte.
CAR.MIM, *s.m.*, corante carmesim; vermelho-forte.
CAR.NAL, *adj.*, referente à carne, que é de carne; dado às fraquezas carnais, sensual.
CAR.NA.VAL, *s.m.*, os três dias dos festejos - domingo, segunda e terça antes de Quarta-Feira de Cinzas.
CAR.NA.VA.LES.CO, *adj.*, referente a carnaval.
CAR.NE, *s.f.*, substância que envolve a ossada dos animais e humanos.
CAR.NÊ, *s.m.*, bloco pequeno para pagamentos mensais de compras a crédito.
CAR.NE-DE-SOL, *s.f.*, carne salgada e seca ao sol.
CAR.NEI.RA.DA, *s.f.*, grupo de carneiros.
CAR.NEI.RO, *s.m.*, mamífero ruminante, precioso pela lã; indivíduo manso; indivíduo que segue sempre os outros.
CAR.NE-SE.CA, *s.f.*, charque.
CAR.NI.ÇA, *s.f.*, cadáver de animal apodrecido, carne podre; algo muito fedido.
CAR.NI.CEI.RO, *s.m.*, ser que se alimenta de carne; tipo cruel, sanguinário.
CAR.NI.FI.CI.NA, *s.f.*, matança, mortandade.
CAR.NÍ.VO.RO, *s.m.*, ser que se alimenta somente de carne.
CAR.NU.DO, *adj.*, que tem muita carne.
CA.RO, *adj.*, que custa muito, preço alto; estimado, querido, amado.
CA.RO.ÇO, *s.m.*, parte dura e interna de frutas, contendo a semente; *fig.*, caroço duro de roer - dificuldade grande.
CA.RO.LA, *adj.*, pessoa muito ligada à religião, fanática, beata.
CA.RO.NA, *s.f.*, pessoa que é levada de graça pelos carros.
CA.RÓ.TI.DA, *s.f.*, qualquer das duas veias da aorta.
CAR.PA, *s.f.*, peixe de água doce.
CAR.PE.TAR, *v.t.*, forrar com carpete, acarpetar.
CAR.PE.TE, *s.f.*, forro, tapete.
CAR.PI.DEI.RA, *s.f.*, mulher paga para chorar em velório e em enterros.
CAR.PIN.TA.RI.A, *s.f.*, trabalho de carpinteiro, oficina de carpinteiro.
CAR.PIN.TEI.RO, *s.m.*, profissional que constrói casas de madeira.
CAR.PIR, *v.t.*, *int.* e *pron.*, lastimar, prantear, chorar; capinar.
CAR.PO, *s.m.*, parte do corpo humano entre a mão e o antebraço.
CAR.QUE.JA, *s.f.*, planta usada como remédio ou para emagrecer.
CAR.RAN.CA, *s.f.*, cara muito feia; feiura; cara de mau-humor.
CAR.RAN.CU.DO, *adj.*, com carranca, feição feia, mal-humorado.
CAR.RA.PA.TI.CI.DA, *s.m.*, veneno para matar carrapatos.
CAR.RA.PA.TO, *s.m.*, nome de vários aracnídeos que se prendem à pele dos animais e lhes sugam o sangue.
CAR.RAS.CO, *s.m.*, verdugo, algoz, quem executa o condenado à morte; *fig.*, tipo cruel e desalmado.
CAR.RAS.PA.NA, *s.f.*, bebedeira, grande consumo de bebida alcoólica.
CAR.RE.GA.DO, *adj.*, que recebeu carga; carrancudo.
CAR.RE.GA.DOR, *s.m.*, quem carrega, quem transporta cargas.
CAR.RE.GA.MEN.TO, *s.m.*, ação de carregar, carga.
CAR.RE.GAR, *v.t.*, *int.* e *pron.*, pôr carga em, transportar, encher, acumular.
CAR.REI.RA, *s.f.*, corrida rápida; curso; andamento profissional da pessoa.
CAR.RE.TA, *s.f.*, caminhão grande para transporte de grandes cargas.
CAR.RE.TEI.RO, *s.m.*, quem dirige carreta.
CAR.RE.TEL, *s.m.*, cilindro para enrolar fios.
CAR.RE.TI.LHA, *s.f.*, peça de cozinha com roda dentada para cortar massas; parte do anzol para esticar a corda de pesca.
CAR.RE.TO, *s.m.*, frete, ato de transportar.
CAR.RIL, *s.m.*, trilhos da ferrovia; sulcos que traçam os pneus na terra.
CAR.RI.LHÃO, *s.m.*, conjunto de sinos; sons combinados de vários sinos.
CAR.RO, *s.m.*, veículo motorizado para transportar pessoas e coisas.
CAR.RO.ÇA, *s.f.*, veículo com grades de madeira para transportar cargas, carro velho ou antiquado; carro que anda muito devagar.
CAR.RO.ÇÃO, *s.m.*, carroça grande, puxada por animais.
CAR.RO.ÇA.RI.A, *s.f.*, carroceria, armação colocada sobre o chassi para uso no transporte de cargas.

CARROCINHA

CAR.RO.CI.NHA, *s.f.,* pequena carroça.
CAR.ROS.SEL, *s.m.,* brinquedo dos parques de diversão.
CAR.RU.A.GEM, *s.f.,* carro puxado por cavalos.
CAR.TA, *s.f.,* escrito que se manda a alguém dentro de um envelope, missiva; mapa; peças do baralho; Carta Magna - Constituição.
CAR.TA.DA, *s.f.,* ato no jogo de cartas.
CAR.TÃO, *s.m.,* papel impresso com desenhos ou fotos; bilhete; cartão de crédito - documento plástico com o qual se pode efetuar pagamentos.
CAR.TÃO-POS.TAL, *s.m.,* cartão que se manda como correspondência.
CAR.TAZ, *s.m.,* papel com anúncios, avisos.
CAR.TEI.RA, *s.f.,* bolsa para colocar o dinheiro, papéis; mesinha em sala de aula.
CAR.TEI.RO, *s.m.,* estafeta, quem entrega cartas.
CAR.TEL, *s.m.,* grupo de empresas que dominam um setor de mercadorias.
CÁR.TER, *s.m.,* peça no motor do carro que regula o óleo.
CAR.TI.LA.GEM, *s.f.,* tecido elástico que se encontra na extremidade dos ossos.
CAR.TI.LA.GI.NO.SO, *adj.,* formado por cartilagem.
CAR.TI.LHA, *s.f.,* livro próprio para ensinar a ler; qualquer início em uma ciência.
CAR.TO.GRA.FI.A, *s.f.,* habilidade de fazer mapas.
CAR.TÓ.GRA.FO, *s.m.,* quem desenha mapas.
CAR.TO.LA, *s.f.,* chapéu de abas altas usado em festas a rigor; *s.m.,* indivíduo da alta sociedade; chefe de clubes de futebol.
CAR.TO.LI.NA, *s.f.,* tipo de papel mais fino que o papelão, usado em atividades escolares.
CAR.TO.MAN.TE, *s.c. 2 gên.,* tipo que pretende adivinhar o futuro por meio de cartas de baralho ou outras cartas.
CAR.TÓ.RIO, *s.m.,* local próprio para registros de documentos, emissão de documentos.
CAR.TU.CHEI.RA, *s.f.,* bolsa própria para carregar cartuchos.
CAR.TU.CHO, *s.m.,* invólucro que contém a carga para disparar um tiro.
CAR.TUM, *s.m.,* desenho humorístico, charge, caricatura.
CAR.TU.NIS.TA, *s.c. 2 gên.,* quem faz cartuns.
CA.RUN.CHAR, *v.int.,* pegar caruncho.
CA.RUN.CHO, *s.m.,* carcoma, inseto que destrói livros, madeiras.
CAR.VA.LHO, *s.m.,* árvore muito grande, cuja madeira tem largo uso.
CAR.VÃO, *s.m.,* substância vegetal obtida por meio de combustão; carvão mineral.
CAR.VO.A.RI.A, *s.f.,* local onde se processa a madeira para obter o carvão.
CÃS, *s.f.,* cabelos brancos.
CA.SA, *s.f.,* moradia, lar, residência, morada; estabelecimento comercial.
CA.SA.CA, *s.f.,* tipo de paletó comprido, para uso cerimonioso.
CA.SA.CÃO, *s.m.,* um casaco grande.
CA.SA.CO, *s.m.,* paletó.
CA.SA.DO, *adj.,* unido pelo matrimônio, esposado, ligado.
CA.SA.DOU.RO, *adj.,* em idade própria para casar.
CA.SAL, *s.m.,* par formado por um macho e uma fêmea.
CA.SA.MEN.TO, *s.m.,* união entre duas pessoas, legitimada por um ato religioso e/ou civil; matrimônio.
CA.SAR, *v.t.* e *pron.,* unir pelo matrimônio, contrair núpcias.
CA.SA.RIO, *s.m.,* conjunto de casas, série de casas.
CAS.CA, *s.f.,* cobertura externa de plantas, frutas, verduras, ovos; aparência.
CAS.CA-GROS.SA, *adj.* e *s.c. 2 gên.,* tipo insensível, mal-educado.
CAS.CA.LHO, *s.m.,* pedrinhas usadas para cobrir estradas de barro.
CAS.CÃO, *s.m.,* casca dura; sujeira encardida.
CAS.CA.TA, *s.f.,* queda d'água, catadupa, cachoeira; *pop.,* conversa mole.
CAS.CA.TEI.RO, *s.m.,* tipo conversador, contador de vantagens.
CAS.CA.VEL, *s.f.,* cobra venenosa com anéis na cauda; *fig.,* pessoa maldosa.
CAS.CO, *s.m.,* couro duro; quilha do navio; cobertura dura que envolve alguns animais.
CAS.CU.DO, *s.m.,* tipo de peixe com casco duro; bofetada, pancada com a mão fechada; o que tem a pele dura.
CA.SE.BRE, *s.f.,* casinha, choupana, cabana, casa pobre.
CA.SEI.RO, *adj.,* referente a casa, próprio da casa, feito em casa; *s.m.,* tipo que cuida da casa de alguém.
CA.SER.NA, *s.f.,* vida no exército, vila militar.
CA.SI.MI.RA, *s.f.,* tecido especial feito de seda.
CAS.MUR.RO, *s.m.,* teimoso, tristonho, calado.
CA.SO, *s.m.,* acontecimento, fato, casualidade, historieta, aventura.
CAS.PA, *s.f.,* escama do couro cabeludo ou da pele.
CAS.SA.ÇÃO, *s.f.,* ato ou efeito de cassação, corte.
CAS.SAR, *v.t.,* tirar os direitos, anular, extinguir, acabar.
CAS.SE.TE, *s.m.,* estojo que contém a fita para gravar ou já gravada.
CAS.SE.TE.TE, *s.m.,* bastão curto, de madeira ou borracha, de uso policial.
CAS.SI.NO, *s.m.,* lugar onde se joga a dinheiro.
CAS.SI.TE.RI.TA, *s.f.,* minério natural de que se extrai o estanho.
CAS.TA, *s.f.,* classe social, camada, raça.
CAS.TA.NHA, *s.f.,* fruto produzido por várias plantas, sobretudo pelo castanheiro.
CAS.TA.NHEI.RO, *s.m.,* árvore que produz os frutos denominados castanhas.
CAS.TA.NHO, *adj.,* com a cor da castanha, marrom.
CAS.TE.LHA.NO, *adj.,* referente a Castela, à Espanha, espanhol.
CAS.TE.LO, *s.m.,* fortaleza onde moravam nobres na Idade Média; lugar forte.
CAS.TI.ÇAL, *s.m.,* peça para se colocar velas.
CAS.TI.DA.DE, *s.f.,* pureza, virgindade, qualidade de quem é casto, puro.
CAS.TI.GAR, *v.t.* e *pron.,* penalizar, dar castigo, infligir penas a, advertir.
CAS.TI.GO, *s.m.,* penas, sanções, penalidades, infligir sofrimento a.
CAS.TO, *adj.,* puro, virgem, cândido.
CAS.TOR, *s.m.,* roedor mamífero do Hemisfério Norte.
CAS.TRA.ÇÃO, *s.f.,* ato ou efeito de castrar.
CAS.TRAR, *v.t.,* tirar os testículos do macho; capar.
CA.SU.AL, *adj.,* que acontece sem razão.
CA.SU.LO, *s.m.,* invólucro feito pelos fios tecidos pela lagarta de alguns bichos.
CA.TA, *s.f.,* busca, procura; ir à cata de - ir à procura de.
CA.TA.CLIS.MO, *s.m.,* grande desastre ecológico, terremoto; ruína.
CA.TA.CUM.BA, *s.f.,* sepultura em Roma, sepultura.
CA.TA.LO.GA.ÇÃO, *s.f.,* ato ou efeito de catalogar.
CA.TA.LO.GAR, *v.t.,* organizar, colocar em ordem, enumerar.
CA.TÁ.LO.GO, *s.m.,* relação, rol, lista, índice.
CA.TA.PO.RA, *s.f.,* varicela.
CA.TA.PUL.TA, *s.f.,* máquina romana de guerra para atirar pedras e outros objetos.
CA.TAR, *v.t.* e *pron.,* procurar, pesquisar, buscar; retirar tudo.
CA.TA.RA.TA, *s.f.,* queda d'água; doença no olho que impede a chegada dos raios luminosos à retina.
CA.TA.RI.NEN.SE, *adj.,* relativo ou natural de Santa Catarina; barriga-verde.
CA.TAR.RO, *s.m.,* gosma que escorre do nariz gripado.
CA.TÁS.TRO.FE, *s.f.,* acontecimento trágico, calamidade.
CAT.CHUP, *s.m.,* molho de tomate industrializado.

CA.TE.CIS.MO, *s.m.*, compêndio que contém as verdades essenciais de uma religião; ensino religioso.
CA.TE.DRAL, *s.f.*, a igreja-sede de um bispado.
CA.TE.GO.RI.A, *s.f.*, divisões, camadas, classes, grupos.
CA.TE.GÓ.RI.CO, *adj.*, definitivo, claro, decisivo; próprio da categoria.
CA.TE.QUE.SE, *s.f.*, ensino didático e metodológico de religião.
CA.TE.QUIS.TA, *s.c. 2 gên.*, quem dá catequese, quem ensina religião.
CA.TE.QUI.ZA.ÇÃO, *s.f.*, ato ou efeito de catequizar.
CA.TE.QUI.ZAR, *v.t.*, ensinar religião, instruir na religião, doutrinar.
CA.TE.TO, *s.m.*, dois lados do triângulo em oposição à hipotenusa.
CA.TIN.GA, *s.f.*, fedor, mau cheiro.
CA.TIN.GAR, *v.int.*, soltar mau cheiro, feder.
CA.TI.VAN.TE, *adj.*, que cativa, que seduz, que atrai.
CA.TI.VAR, *v.t. e pron.*, seduzir, atrair, encantar.
CA.TI.VEI.RO, *s.m.*, prisão, encarceramento, escravidão.
CA.TI.VO, *adj.*, preso, escravo.
CA.TO.LI.CIS.MO, *s.m.*, religião que segue as normas do Vaticano.
CA.TÓ.LI.CO, *adj.*, que pratica o catolicismo.
CA.TOR.ZE, *num.*, quatorze.
CA.TRA.CA, *s.f.*, máquina nas entradas para pagar o bilhete e registrar quantos entram e saem; borboleta; roleta.
CA.TRE, *s.m.*, cama pobre.
CA.TU.A.BA, *s.f.*, planta com poderes medicinais considerados afrodisíacos.
CAU.BÓI, *s.m.*, *do inglês*, vaqueiro, rapaz que cuida do gado.
CAU.ÇÃO, *s.f.*, garantia, fiança; em negócios, é o que se dá para garantir a transação.
CAU.CHO, *s.m.*, uma planta com látex, utilizada na obtenção de borracha.
CAU.DA, *s.f.*, rabo, parte traseira, apêndice.
CAU.DAL, *adj.*, referente à cauda; caudaloso.
CAU.DA.LO.SO, *adj.*, em que corre muita água.
CAU.DI.LHO, *s.m.*, chefe, cacique, comandante de um bando, chefe militarista.
CAU.LE, *s.m.*, tronco, haste das plantas.
CAU.SA, *s.f.*, a razão de um fato, o porquê de um fato; origem, incidente.
CAU.SA.DOR, *s.m.*, o agente, o provocador de um fato.
CAU.SAL, *adj.*, o que provoca, o que origina algo.
CAU.SAR, *v.t.*, provocar, iniciar, originar.
CAUS.TI.CAN.TE, *adj.*, que caustica, queimante, abrasador; irônico, malicioso.
CAUS.TI.CAR, *v.t.*, abrasar, causticar, torrar, deixar muito quente.
CÁUS.TI.CO, *adj.*, corrosivo como ácido, que destrói; *fig.*, mordaz, ferino.
CAU.TE.LA, *s.f.*, prevenção, cuidado, precaução.
CAU.TE.LO.SO, *adj.*, cheio de cautela, cuidadoso.
CA.VA, *s.f.*, ato de cavar, abertura, abertura em algumas peças de vestuário.
CA.VA.DEI.RA, *s.f.*, tipo de trator que serve para cavar.
CA.VA.DO, *adj.*, aberto, escavado.
CA.VA.LA, *s.f.*, peixe muito procurado pelo sabor alimentício.
CA.VA.LA.DA, *s.f.*, tropa de cavalos.
CA.VA.LAR, *adj.*, próprio de cavalo; enorme.
CA.VA.LA.RI.A, *s.f.*, tropa militar com homens a cavalo; tropa numerosa de cavalos.
CA.VA.LA.RI.ÇA, *s.f.*, baia, local onde se abrigam os cavalos.
CA.VA.LEI.RO, *s.m.*, quem anda a cavalo, quem cavalga sempre.
CA.VA.LE.TE, *s.m.*, armação de madeira para sustentar e segurar objetos.
CA.VAL.GA.DU.RA, *s.f.*, animal para ser montado, besta; *fig.*, tipo bruto, grosseiro.
CA.VAL.GAR, *v.t. e int.*, andar a cavalo, montar.
CA.VA.LHEI.RES.CO, *adj.*, característico de cavalheiro, distinto, nobre.
CA.VA.LHEI.RO, *s.m.*, pessoa educada, nobre, distinta.
CA.VA.LO, *s.m.*, animal doméstico, mamífero, usado para tração e montaria.
CA.VA.NHA.QUE, *s.m.*, barba crescida somente no queixo.
CA.VA.QUI.NHO, *s.m.*, uma viola pequena com quatro cordas.
CA.VAR, *v.t.*, *int.* e *pron.*, escavar, abrir a terra com qualquer instrumento, esburacar.
CA.VEI.RA, *s.f.*, somente os ossos da cabeça, sem nenhuma cobertura; pessoa magra.
CA.VER.NA, *s.f.*, cavidade, buraco natural dentro da terra.
CA.VER.NO.SO, *adj.*, com muitas cavernas; som rouco.
CA.VI.AR, *s.m.*, alimento raro; ovas de um peixe de nome esturjão.
CA.VI.DA.DE, *s.f.*, cova, depressão, buraco, reentrância.
CA.VI.LHA, *s.f.*, peça metálica ou de madeira, para prender madeiras, pino, parafuso, prego.
CA.XUM.BA, *s.f.*, doença que faz inchar a parte externa da garganta.
CE.AR, *v.t. e int.*, tomar a ceia, comer.
CE.A.REN.SE, *adj.*, referente ou natural do Ceará.
CE.BO.LA, *s.f.*, planta da família das Liliáceas, cujo bulbo é comestível como salada e usado como tempero.
CE.BO.LI.NHA, *s.f.*, planta usada para condimentar a comida.
CE.DEN.TE, *adj.*, quem cede.
CE.DER, *v.t. e int.*, passar adiante direitos, dar concessões; não aguentar.
CE.DI.LHA, *s.f.*, sinal gráfico, colocado no c.
CE.DO, *adv.*, antes da hora marcada, com antecedência.
CE.DRO, *s.m.*, nome de várias árvores cuja madeira é muito valiosa.
CÉ.DU.LA, *s.f.*, documento assinado para fins de direito; dinheiro; papel para eleição.
CE.FA.LEI.A, *s.f.*, dor de cabeça.
CE.GAR, *v.t.*, *int.* e *pron.*, perder a visão, tornar-se cego, não enxergar.
CE.GO, *adj. e s.m.*, sem visão, privado da vista.
CE.GO.NHA, *s.f.*, ave pernalta; caminhão que transporta carros.
CE.GUEI.RA, *s.f.*, falta de visão.
CEI.A, *s.f.*, jantar, a refeição da noite, refeição feita mais tarde.
CEI.FA, *s.f.*, colheita.
CEI.FA.DEI.RA, *s.f.*, máquina agrícola para colher cereais, segadeira.
CEI.FAR, *v.t. e int.*, colher, cortar com algo cortante o cereal, segar.
CE.LA, *s.f.*, aposento, quarto de monges, frades, monjas em conventos e mosteiros; aposento para presos.
CE.LE.BRA.ÇÃO, *s.f.*, ato ou efeito de celebrar.
CE.LE.BRAR, *v.t.*, solenizar, comemorar, realizar uma cerimônia.
CÉ.LE.BRE, *adj.*, famoso, conhecido, notável.
CE.LE.BRI.DA.DE, *s.f.*, o que é célebre, indivíduo muito conhecido.
CE.LEI.RO, *s.m.*, paiol, construção para recolher os cereais.
CÉ.LE.RE, *adj.*, veloz, rápido.
CE.LES.TE, *adj.*, do céu, celestial, feliz, beato.
CE.LEU.MA, *s.f.*, rumor, barulho, discussão, algazarra.
CE.LI.BA.TÁ.RIO, *s.m. e adj.*, quem não se casou, solteiro, solteirão.
CE.LI.BA.TO, *s.m.*, ato de quem não se casou.
CE.LO.FA.NE, *s.m.*, plástico transparente para uso doméstico.
CÉ.LU.LA, *s.f.*, uma cela pequena; uma parte mínima na composição de um corpo.

CELULITE

CE.LU.LI.TE, s.f., inflamação do tecido celular; excesso de gorduras na pessoa.
CE.LU.LO.SE, s.f., substância extraída do lenho das plantas, usada no fabrico de papel.
CEM, num., uma centena, numeral cardinal 100.
CE.MI.TÉ.RIO, s.m., local próprio para o sepultamento dos mortos, necrópole.
CE.NA, s.f., divisão de um ato teatral, fato, espetáculo.
CE.NÁ.RIO, s.m., a decoração para a representação teatral, paisagem, panorama.
CE.NHO, s.m., fisionomia, semblante, rosto.
CÊ.NI.CO, adj., próprio da cena.
CE.NO.GRA.FI.A, s.f., a arte de preparar os cenários de um palco, de uma paisagem.
CE.NÓ.GRA.FO, s.m., especialista em armar a cenografia.
CE.NOU.RA, s.f., raiz comestível de uma hortaliça, planta umbelífera.
CEN.SO, s.m., recenseamento, contagem.
CEN.SOR, s.m., quem censura, quem proíbe atos públicos.
CEN.SU.RA, s.f., ato de censurar, exame de obras, atos e situações para dar permissão ou não.
CEN.SU.RAR, v.t., repreender, criticar, proibir, condenar.
CEN.TA.VO, s.m., a décima parte; moeda que representa a décima parte de outra moeda maior.
CEN.TEI.O, s.m., planta cujo grão se presta ao fabrico de pão e outros alimentos.
CEN.TE.LHA, s.f., faísca, partícula luminosa.
CEN.TE.NA, s.f., cem, conjunto de cem unidades.
CEN.TE.NÁ.RIO, s.m., com cem anos, secular; celebração de cem anos.
CEN.TÉ.SI.MO, num., cem dividido em suas unidades; o que algumas igrejas cobram dos fiéis, por mês, sobre os ganhos salariais.
CEN.TÍ.GRA.DO, adj., divisão dos graus em cem.
CEN.TÍ.ME.TRO, s.m., a centésima parte do metro.
CEN.TO.PEI.A, s.f., nome de vários insetos com muitas patas.
CEN.TRAL, adj., que está no centro; s.f., sede, a matriz.
CEN.TRA.LI.ZAR, v.t., concentrar, pôr no centro, reunir.
CEN.TRÍ.FU.GA, s.f., aparelho que gira em alta velocidade sobre o centro.
CEN.TRI.FU.GAR, v.t., passar na centrífuga.
CEN.TRO, s.m., meio, ponto à mesma distância de todos os demais; o lugar mais central de uma cidade.
CEN.TU.PLI.CAR, v.t., multiplicar por cem.
CÊN.TU.PLO, num., o multiplicativo de cem.
CE.PO, s.m., a parte do tronco que fica na terra com as raízes; fig., origem.
CEP.TI.CIS.MO, s.m., filosofia da dúvida, descrença, negação da verdade.
CÉP.TI.CO, adj., descrente, duvida de tudo.
CE.RA, s.f., substância colhida dos favos de abelhas para vários fins; substância química usada para lustrar assoalhos e móveis.
CE.RÂ.MI.CA, s.f., arte de usar o barro no fabrico de louças, tijolos e outros objetos de barro cozido.
CE.RA.MIS.TA, s.c. 2 gên. e adj., quem trabalha com cerâmica.
CER.CA, adv., perto, quase, em torno de; cerca; s.f., muro, obra para dividir terrenos, proteger casas.
CER.CA.DO, s.m., cerca, muro, pedaço de terra limitado por cerca.
CER.CA.NI.AS, s.f., cercania, arredores, vizinhanças, proximidades.
CER.CAR, v.t. e pron., fazer cerca, construir cerca.
CER.CE.AR, v.t., cortar pela raiz, eliminar, raspar.
CER.CO, s.m., ação de cercar, fechamento.
CER.DA, s.f., pelo duro de vários animais, como cavalo, javali...

CE.RE.AL, s.m., produto agrícola em forma de grão, como trigo, milho, soja.
CE.RE.A.LIS.TA, s.c. 2 gên., quem negocia com cereais.
CÉ.RE.BRO, s.m., parte do encéfalo, situada na parte anterior e superior do crânio.
CE.RE.JA, s.f., fruto da cerejeira, de cor vermelha quando madura.
CE.RI.MÔ.NIA, s.f., rito, procedimentos em uma solenidade, festa.
CE.RI.MO.NI.AL, s.m., ritual, o conjunto das cerimônias em uma festa.
CER.NE, s.m., a parte interna e dura dos troncos das árvores; firmeza.
CE.ROU.LA, s.f., peça do vestuário, usada sob as calças indo até os tornozelos.
CER.RA.ÇÃO, s.f., nevoeiro, bruma, névoa.
CER.RA.DO, adj., fechado, compacto; s.m., região do Brasil central com vegetação herbácea.
CER.RAR, v.t., int. e pron., fechar, acabar, tapar.
CER.TA.ME, s.m., luta, disputa, torneio.
CER.TE.ZA, s.f., convicção, firmeza.
CER.TI.DÃO, s.f., documento oficial que afirma o registro de um ato oficial.
CER.TI.FI.CA.DO, s.m., documento para registrar um ato, confirmar algo.
CER.TI.FI.CAR, v.t. e pron., confirmar a certeza de algo; assegurar.
CER.TO, adj., exato, verdadeiro, preciso.
CER.VE.JA, s.f., bebida alcoólica, fermentada, feita de cevada, lúpulo e outros cereais.
CER.VE.JA.DA, s.f., ingerir uma porção de cervejas, rodada de cerveja.
CER.VE.JA.RI.A, s.f., fábrica de cerveja, local onde se vende cerveja.
CER.VO, s.m., tipo de veado da Europa.
CER.ZIR, v.t., costurar alguma peça sem que se perceba o sinal, coser.
CE.SA.RI.A.NA, s.f., operação médica para retirar o nenê de dentro da mãe.
CES.SAR, v.t. e int., parar, interromper, deixar de existir.
CES.TA, s.f., recipiente para transportar objetos, cesto.
CES.TEI.RO, s.m., quem faz cestos, fabricante de cestos.
CES.TO, s.m., cesta, recipiente para levar objetos.
CE.TÁ.CEOS, s.m. pl., ordem de mamíferos aquáticos, como baleia, golfinhos.
CE.TIM, s.m., tipo de tecido fino e lustroso.
CE.TRO, s.m., bastão que o rei usa para indicar o seu poder de mando.
CÉU, s.m., firmamento, espaço onde se movem todos os astros; local onde habita Deus com os anjos e santos.
CE.VA.DA, s.f., gramínea produtora de um grão alimentício usado na fabricação de cerveja.
CHÁ, s.m., folhas de uma planta das Teáceas, preparadas, secadas e feitas em infusão com água; bebida.
CHA.CAL, s.m., mamífero carnívoro da família dos canídeos; fig., cruel, traiçoeiro.
CHÁ.CA.RA, s.f., pequena propriedade para passatempo de pessoas.
CHA.CA.REI.RO, s.m., quem cuida de uma chácara.
CHA.CI.NA, s.f., grande matança, morticínio.
CHA.CI.NAR, v.t., assassinar, fazer uma chacina.
CHA.CO.TA, s.f., zombaria, desprezo.
CHA.FA.RIZ, s.m., construção para fazer a água jorrar para o alto.
CHA.FUR.DA, s.f., lamaçal, imundície.
CHA.FUR.DAR, v.t. e int., enlamear-se, revolver-se na lama.
CHA.GA, s.f., ferida, cicatriz, ferida já cicatrizada.
CHA.LÉ, s.m., tipo arquitetônico de construção, casa de campo.
CHA.LEI.RA, s.f., utensílio doméstico para ferver água, tem alças e tampa.
CHA.MA, s.f., labareda, fogo que se desprende de lenha, material aceso.
CHA.MA.DA, s.f., ato de chamar, chamamento; telefonada; repreensão.
CHA.MA.DO, adj., apelidado, referido, nominado.
CHA.MAR, v.t., int. e pron., invocar, buscar a atenção de, nominar, dar nome.
CHA.MA.RIZ, s.m., o que chama, o que atrai; fig., engano.

CHA.MI.NÉ, s.f., tubo que leva a fumaça de um fogão ou forno para o exterior.
CHAM.PA.NHA, s.m., vinho, tipo especial de vinho, champanhe, produzido em Champagne, na França.
CHAM.PI.NHOM, s.m., cogumelo.
CHA.MUS.CA.DA, s.f., queimada leve.
CHA.MUS.CAR, v.t. e pron., queimar de leve.
CHAN.CE, s.f., oportunidade, ocasião.
CHAN.CE.LER, s.m., ministro das relações exteriores.
CHAN.CHA.DA, s.f., peça teatral de humor, filme do mesmo gênero.
CHAN.TA.GE.AR, v.t., praticar chantagem, extorquir.
CHAN.TA.GEM, s.f., extorsão de algo de alguém, cobrar pagamento para não revelar segredos ou escândalos.
CHAN.TI.LI, s.m., creme, ingrediente para doce, ou bolo à base de açúcar e leite.
CHÃO, s.m., solo, terra, pavimento, superfície; sincero, humilde.
CHA.PA, s.f., peça plana, peça metálica ou de madeira; lista de candidatos a uma eleição, pop., s.m., quem espera serviço para carga e descarga de caminhões.
CHA.PAR, v.t., colocar chapa em, transformar em chapa.
CHA.PE.AR, v.t., cobrir com chapas.
CHA.PE.LÃO, s.m., chapéu grande.
CHA.PE.LA.RI.A, s.f., fábrica de chapéus.
CHA.PÉU, s.m., cobertura para a cabeça.
CHA.PIS.CAR, v.t., aplicar chapisco em, rebocar.
CHA.PIS.CO, s.m., massa de cimento com pouca areia para aplicar na parede.
CHA.RA.DA, s.f., enigma, uma questão difícil para se resolver.
CHA.RA.DIS.TA, s.c. 2 gên., pessoa que resolve ou cria charadas.
CHA.RAN.GA, s.f., banda musical.
CHAR.CO, s.m., banhado, brejo, atoleiro.
CHAR.GE, s.f., cartum com figura satírica, imitação grotesca de uma realidade.
CHAR.GIS.TA, s.c. 2 gên., quem faz charges.
CHAR.LA.TÃO, s.m., todo indivíduo que se faz passar por aquilo que não é, curandeiro.
CHAR.ME, s.m., encanto, simpatia, beleza, carisma.
CHAR.MO.SO, adj., que tem charme, belo, atraente.
CHAR.QUE, s.m., carne seca.
CHAR.QUE.A.DA, s.f., local onde se prepara o charque.
CHAR.RE.TE, s.f., carro puxado por um cavalo, cabriolé.
CHAR.RU.A, s.f., arado, instrumento para revirar a terra.
CHAR.TER, s.m., avião fretado; voo fretado; contrato de frete para transporte.
CHA.RU.TA.RI.A, s.f., local onde se vendem charutos e outros produtos de fumo.
CHA.RU.TO, s.m., rolo feito com folhas de fumo para ser fumado.
CHAS.SI, s.m., estrutura básica para montar o carro.
CHA.TA, s.f., barcaça, embarcação sem calado para navegar em rios; enjoada.
CHA.TE.A.ÇÃO, s.f., incômodo, aborrecimento, enjoo.
CHA.TE.AR, v.t. e int., aborrecer, incomodar, atrapalhar.
CHA.TI.CE, s.f., característica do que é chato.
CHA.TO, adj., plano, liso; aborrecido, enjoativo; pop., inseto que se instala nos pelos do púbis.
CHAU.VI.NIS.MO, s.m., mania de achar que somente o seu país é bom.
CHA.VÃO, s.m., modelo, tipo, chave grande.
CHA.VE, s.f., peça metálica para trancar ou abrir fechaduras, alguns instrumentos para trabalho.
CHA.VEI.RO, s.m., quem faz chaves, conserta chaves; local para colocar as chaves.
CHÁ.VE.NA, s.f., xícara, xícara para chá.
CHE.CA.GEM, s.f., ato ou efeito de checar.
CHE.CA.PE, s.m., bateria de exames médicos, cobrindo todo o organismo.
CHE.CAR, v.t., conferir, examinar, verificar.
CHE.FE, s.m., quem comanda, dirige.
CHE.FI.A, s.f., comando, direção.
CHE.FI.AR, v.t., comandar, dar ordens, dirigir.
CHE.GA.DO, adj., próximo, vizinho.
CHE.GAR, v.t. e int., vir, achegar-se, aproximar-se.
CHEI.A, s.f., enchente, inundação, quando os rios sobem acima das margens.
CHEI.O, adj., pleno, completo.
CHEI.RAR, v.t. e int., perceber o cheiro.
CHEI.RO, s.m., odor, percepção do olfato.
CHEI.RO.SO, adj., cheio de perfume, odoroso.
CHE.QUE, s.m., ordem de pagamento à vista.
CHI.A.DO, s.m., ato de chiar, ruído, barulho.
CHI.AR, v.int., soltar chios, berrar, reclamar.
CHI.BA.TA, s.f., vara para bater em pessoas e animais, chicote.
CHI.BA.TA.DA, s.f., golpe com a chibata.
CHI.CLE.TE, s.m., chicle, goma para mascar, cuja marca registrada no Brasil é Chicletes.
CHI.CÓ.RI.A, s.f., verdura apreciada pelo amargor de suas folhas.
CHI.CO.TA.DA, s.f., golpe com o chicote.
CHI.CO.TE, s.m., uma tira de couro com cabo, para bater em animais, pessoas.
CHI.CO.TE.AR, v.t., fustigar com o chicote, chicotar, bater, surrar.
CHI.FRA.DA, s.f., golpe com os chifres, galhada.
CHI.FRAR, v.t., atacar com os chifres; cornear.
CHI.FRE, s.m., os dois cornos localizados na testa de alguns animais, corno.
CHI.FRU.DO, adj., de chifres grandes.
CHI.LE.NO, adj., referente ou natural do Chile.
CHI.LI.QUE, s.m., rápida perda dos sentidos, desmaio.
CHIL.RE.A.DOR, s.m., tagarela, falador, que emite chilros.
CHIL.RE.AR, v.int., gorjear, voz de passarinho, pipilar.
CHIL.RO, s.m., voz dos pássaros, canto.
CHI.MAR.RÃO, s.m., água fervente passada no mate moído, tomado na cuia.
CHIM.PAN.ZÉ, s.m., macaco muito grande.
CHIN.CHI.LA, s.f., roedor dos Andes, cuja pele é muito procurada, criado em viveiros domésticos.
CHI.NE.LA.DA, s.f., golpe com chinelo ou chinela.
CHI.NE.LO, s.m., tipo de calçado liso, para uso em casa.
CHI.NÊS, adj., relativo ou natural da China.
CHIN.FRIM, adj., sem valor, comum, obsoleto, insignificante.
CHI.O, s.m., pio, voz dos pássaros, voz de outros animais.
CHI.QUE, adj., bem apresentado, elegante.
CHI.QUEI.RO, s.m., local para colocar porcos na engorda, pocilga; lugar imundo.
CHIS.PA, s.f., fagulha, centelha, faísca.
CHIS.PA.DA, s.f., ato ou efeito de chispar; corrida.
CHIS.PAR, v.t. e int., soltar faíscas, chispas; correr, disparar.
CHIS.TE, s.m., piada, gracejo.
CHIS.TO.SO, adj., engraçado, cômico, que faz rir.
CHI.TA, s.f., tecido comum de algodão estampado em cores.
CHO.ÇA, s.f., cabana, choupana, casebre.
CHO.CA.DEI.RA, s.f., incubadora, aparelho elétrico para chocar ovos.
CHO.CA.LHAR, v.t. e int., agitar o chocalho, fazer barulho.
CHO.CA.LHO, s.m., instrumento com bolinhas ou peças no interior; quando sacudido, produz ruídos.
CHO.CAN.TE, adj., impressionante, que choca.
CHO.CAR, v.t., int. e pron., bater contra, ir de encontro a, impressionar; aquecer para nascerem os pintinhos; incubar.
CHO.CO.LA.TE, s.m., massa feita com açúcar, cacau e outras substâncias.
CHO.FER, s.m., motorista.
CHO.PE, s.m., tipo de cerveja servida em barril.
CHO.PE.RI.A, s.f., local de venda de chope.
CHO.QUE, s.m., batida, colisão, oposição, descarga elétrica.
CHO.RA.MIN.GAR, v.int., chorar, chorar por muito tempo e sem motivos.
CHO.RÃO, s.m., quem chora muito, quem está sempre chorando.
CHO.RAR, v.t. e int., prantear, derramar lágrimas, lamentar-se.
CHO.RO, s.m., ato ou efeito de chorar, pranto.

CHOROSO

CHO.RO.SO, *adj.*, que chora muito.
CHOU.PA.NA, *s.f.*, choça, cabana, casebre.
CHOU.RI.ÇO, *s.m.*, tipo de linguiça de carne ou sangue de porco, com gorduras e temperos.
CHO.VER, *v.int.*, fenômeno de descer água das nuvens, despencar água do alto.
CHU.CHU, *s.m.*, fruto verde do chuchuzeiro, comestível.
CHU.CRU.TE, *s.m.*, repolho curtido em vasilhames fechados.
CHU.LÉ, *s.m.*, fedor nos pés.
CHU.LO, *adj.*, baixo, grosseiro.
CHUM.BA.DA, *s.f.*, tiro com chumbo.
CHUM.BA.DO, *adj.*, soldado com chumbo, fechado com chumbo derretido.
CHUM.BAR, *v.t.*, soldar usando chumbo derretido, machucar com balas de chumbo.
CHUM.BO, *s.m.*, metal, grãos desse metal.
CHU.PA.DA, *s.f.*, ato ou efeito de chupar.
CHU.PAR, *v.t.*, *int.* e *pron.*, sugar, sorver, extrair algo com a força da boca.
CHU.PE.TA, *s.f.*, objeto para as crianças chuparem.
CHU.PIM, *s.m.*, pássaro de cor preta, que tem por hábito pôr ovos nos ninhos de outros pássaros; *fig.*, pessoa que vive às custas dos outros.
CHUR.RAS.CA.DA, *s.f.*, comida à base de carne, à base de churrasco.
CHUR.RAS.CA.RI.A, *s.f.*, local onde se servem refeições, cujo prato fundamental é o churrasco.
CHUR.RAS.CO, *s.m.*, carne bovina, com sal, assada sobre brasas de carvão ou de madeira. 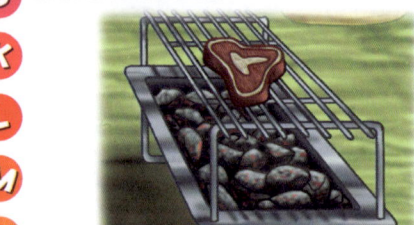
CHUR.RAS.QUEI.RA, *s.f.*, aparelho no qual se assam os churrascos.
CHUS.MA, *s.f.*, muitas moscas, muitas pessoas, tipos que aborrecem.
CHU.TAR, *v.t.* e *int.*, dar golpes com os pés; *fig.*, dar palpites sem saber. 
CHU.TE, *s.m.*, pontapé desferido em qualquer objeto.
CHU.TEI.RA, *s.f.*, botina, sapato, com formato próprio para a prática do futebol.
CHU.VA, *s.f.*, ato de chover, queda de água das nuvens.
CHU.VA.RA.DA, *s.f.*, grande chuva, chuva intensa.
CHU.VEI.RO, *s.m.*, aparelho com aquecimento elétrico e do qual a água quente cai por uma peneira para o banho.
CHU.VIS.CAR, *v.int.*, garoar, chuva fina.
CHU.VIS.CO, *s.m.*, chuva fina, miúda.
CHU.VO.SO, *adj.*, muita chuva, chuva contínua e prolongada.
CI.Á.TI.CA, *s.f.*, dores no nervo ciático.
CI.Á.TI.CO, *adj.*, nervo mais longo da coxa.
CI.BER.NÉ.TI.CA, *s.f.*, ciência que controla e de que se faz a comunicação nos sistemas biológicos, eletrônicos e mecânicos.
CI.CA.TRIZ, *s.f.*, o sinal que fica de uma ferida sarada; lembrança desagradável de um fato.
CI.CA.TRI.ZA.ÇÃO, *s.f.*, ferida que se fecha, que se cura.
CI.CA.TRI.ZAR, *v.t.*, *int.* e *pron.*, sarar, curar a ferida.
CI.CE.RO.NE, *s.m.*, guia, anfitrião, guia de turista.
CÍ.CLI.CO, *adj.*, que acontece por ciclos; um fato que se repete com frequência.
CI.CLIS.MO, *s.m.*, esporte com uso de bicicleta. 
CI.CLIS.TA, *s.c. 2 gên.*, quem anda de bicicleta.
CI.CLO, *s.m.*, época, o que retorna de tempos em tempos; período.
CI.CLO.NE, *s.m.*, tornado, vendaval, tufão.
CI.CU.TA, *s.f.*, várias plantas que produzem veneno, veneno muito forte.
CI.DA.DÃO, *s.m.*, quem mora em cidade, quem possui todos os direitos civis e políticos.
CI.DA.DE, *s.f.*, aglomerado urbano de porte. 
CI.DRA, *s.f.*, fruto da planta denominada cidreira.
CI.DREI.RA, *s.f.*, árvore de flores alvas e madeira amarela; produz a cidra.
CI.ÊN.CIA, *s.f.*, conhecimento, saber, conjunto de conhecimentos de um campo.
CI.EN.TE, *adj.*, conhecedor, avisado, informado.
CI.EN.TI.FI.CAR, *v.t.*, informar, avisar, dar conhecimento de.
CI.EN.TIS.TA, *s.c. 2 gên.*, quem cultiva ciências, sábio.
CI.FRA, *s.f.*, quantia, quantidade.
CI.FRÃO, *s.m.*, sinal de dinheiro $.
CI.FRAR, *v.t.* e *pron.*, usar de linguagem cifrada, usar código.
CI.GA.NO, *s.m.*, pertencente ao povo cigano, povo nômade; nômade, errante.
CI.GAR.RA, *s.f.*, inseto conhecido pelo canto dos machos.
CI.GAR.RI.LHA, *s.f.*, tipo de charuto.
CI.GAR.RO, *s.m.*, fumo moído envolto em papel, para ser fumado.
CI.LA.DA, *s.f.*, armadilha, arapuca, traição.
CI.LIN.DRO, *s.m.*, peça metálica arredondada e do mesmo calibre no comprimento todo. 
CÍ.LIO, *s.m.*, pelo das pálpebras.
CI.MA, *s.f.*, cimo, pico, a parte mais alta.
CI.MEN.TAR, *v.t.*, ligar com cimento, cobrir com cimento.
CI.MEN.TO, *s.m.*, substância calcária que, misturada com água e areia forma, uma liga para unir outros corpos.
CI.MO, *s.m.*, cume, pico, o ponto mais alto de algo.
CIN.DIR, *v.t.* e *pron.*, separar, repartir, cortar, secionar. 
CI.NE.AS.TA, *s.m.*, quem produz filmes, quem trabalha com cinema.
CI.NE.MA, *s.m.*, a arte de fazer filmes; local para exibição de filmes.
CIN.GIR, *v.t.* e *pron.*, colocar em volta, ligar, colocar na cintura.
CÍ.NI.CO, *adj.*, desavergonhado, imoral, sem princípios.
CI.NIS.MO, *s.m.*, sem-vergonhice, descaramento, imoralidade.
CIN.QUEN.TA, *num.*, cardinal 50.
CIN.QUEN.TÃO, *s.m.*, quem chegou aos 50 anos.
CIN.QUEN.TE.NÁ.RIO, *s.m.*, aniversário de 50 anos.
CIN.TA, *s.f.*, faixa de couro ou pano que coloca em torno da barriga para apertar ou segurar as calças.
CIN.TI.LA.ÇÃO, *s.f.*, brilho, luminosidade.
CIN.TI.LAN.TE, *adj.*, brilhante, luminoso.
CIN.TI.LAR, *v.t.* e *int.*, brilhar, emitir luzes, faiscar.

CIN.TO, s.m., cinta, faixa para apertar a barriga, segurar as calças.

CIN.TU.RA, s.f., local do corpo onde se põe o cinto; parte da barriga onde a cinta segura as calças.
CIN.ZA, s.f., restos do que fica da lenha queimada, resíduos.
CIN.ZEI.RO, s.m., objeto usado para recolher as cinzas de cigarros, charutos.
CIN.ZEN.TO, adj., cor de cinza, semiescuro.
CI.O, s.m., instinto sexual dos animais para a reprodução.
CI.PÓ, s.m., plantas trepadeiras que soltam as hastes das árvores para o chão.
CI.PO.AL, s.m., muitos cipós.
CI.RAN.DA, s.f., tipo de peneira, cantiga infantil de roda; algo que muda muito, como a ciranda financeira durante a inflação.
CIR.CO, s.m., pavilhão circular, coberto com lona, para apresentação de jogos, espetáculos ao público.
CIR.CUI.TO, s.m., trajeto, linha, giro, caminho.
CIR.CU.LA.ÇÃO, s.f., movimento, caminhada.
CIR.CU.LAR, s.f., carta comum a vários destinatários, ofício; tipo de ônibus que cumpre um trajeto de ida e retorno.
CIR.CU.LAR, v.t. e int., andar em círculos, rodear, envolver.
CÍR.CU.LO, s.m., esfera, superfície compreendida entre uma circunferência, aro, elo.
CIR.CUM-NA.VE.GAR, v.t., navegar ao redor.
CIR.CUN.CI.DAR, v.t., operar a circuncisão em.
CIR.CUN.CI.SÃO, s.f., ato da religião judaica, que consiste em retirar a pele que cobre o prepúcio na ponta do pênis.
CIR.CUN.FE.RÊN.CIA, s.f., linha circular, contorno, círculo.
CIR.CUNS.CRI.ÇÃO, s.f., divisão administrativa em um território.
CIR.CUNS.TÂN.CIA, s.f., momento, ocorrência, fato temporal, indicação.
CIR.CUN.VI.ZI.NHAN.ÇA, s.f., arredores, cercanias, vizinhança.
CÍ.RIO, s.m., uma vela grande, círio pascal.
CIR.RO.SE, s.f., doença que ataca o fígado, sobretudo por causa de excesso de álcool.
CI.RUR.GI.A, s.f., divisão da medicina que opera para obter curas.
CI.RUR.GI.ÃO, s.m., médico cirurgião, médico operador.
CI.SÃO, s.f., dissidência, ideias contrárias, oposição, cisma, divisão.
CIS.CAR, v.t. e pron., ajuntar com o bico restos, grãos; ato próprio das aves.
CIS.CO, s.m., restos, lixo, o que se recolhe com a vassoura, partícula que caí no olho.
CIS.MA, s.f., ideia, pensamento, desconfiança; sonho, imaginação.
CIS.MAR, v.t. e int., preocupar-se, sonhar com, distrair-se.
CIS.NE, s.m., ave palmípede da família dos Anatídeos.
CIS.PLA.TI.NO, adj., localizado do lado de cá do rio da Prata.
CIS.TER.NA, s.f., poço, local para conservar a água da chuva.
CI.TA.ÇÃO, s.f., ato ou efeito de citar, intimação, chamado judicial.
CI.TAR, v.t., chamar, convocar, intimar, mandar vir.
CÍ.TRI.CO, adj., referente aos frutos cítricos, como laranja, limão, lima...
CI.TRI.CUL.TU.RA, s.f., plantio e cultura de árvores frutíferas cítricas.
CI.Ú.ME, s.m., suspeita, desconfiança, medo de perder um amor.
CI.U.MEI.RA, s.f., grande ciúme, desconfiança exagerada.
CI.U.MEN.TO, adj., que tem ciúme.
CÍ.VEL, adj., referente ao Direito Civil.
CÍ.VI.CO, adj., referente à pátria, patriótico.
CI.VIL, adj., que não é militar, nem eclesiástico; referente ao relacionamento dos cidadãos entre si.
CI.VI.LI.DA.DE, s.f., cortesia, urbanidade, educação.
CI.VI.LI.ZA.ÇÃO, s.f., ato ou efeito de civilizar, domínio da cidadania; liberdade.
CI.VI.LI.ZA.DO, adj., educado, instruído.
CI.VI.LI.ZAR, v.t. e pron., educar, humanizar, tornar cidadão.
CI.VIS.MO, s.m., respeito à pátria, culto para com a pátria.
CLÃ, s.m., grupo familiar, conjunto de famílias sob o mando do patriarca.

CLA.MAR, v.t. e int., berrar, gritar, chamar em alta voz.
CLA.MOR, s.m., brado, berro, reclamação.
CLA.MO.RO.SO, adj., forte, claro, saliente.
CLAN.DES.TI.NO, adj., ilegal, fora das normas da lei, escondido.
CLA.QUE, s.f., grupo de indivíduos pagos para que aplaudam; fig., macaco de auditório.
CLA.RA, s.f., a parte que envolve a gema do ovo.
CLA.RE.AR, v.t. e int., tornar claro, esclarecer, acabar com as dúvidas.
CLA.REI.RA, s.f., local sem vegetação no meio da mata.
CLA.RE.ZA, s.f., qualidade do que é claro; luminosidade, limpidez.
CLA.RI.DA.DE, s.f., luminosidade, brilho.
CLA.RIM, s.m., instrumento de sopro com semelhança com a corneta.
CLA.RI.VI.DEN.TE, s.m., quem vê com clareza, quem tem facilidade para ver.
CLA.RO, adj., luminoso, com a luz solar, fácil, evidente, visível.
CLAS.SE, s.f., cada camada em que se divide a população, estrato, categoria; sala para dar aula, grupo de alunos que formam uma sala.
CLAS.SI.CIS.MO, s.m., momento artístico, embasado na cultura greco-latina.
CLI.MA, s.m., as condições atmosféricas de uma região; calor e frio.
CLÍ.MAX, s.m., apogeu, o ponto ou momento mais alto.
CLÍ.NI.CA, s.f., local onde se pratica a Medicina; prática profissional do médico.
CLÍ.NI.CO, adj., referente ao cuidado médico; s.m., médico.
CLI.PE, s.m., prendedor de papéis; imagem rápida sobre qualquer tema.
CLI.TÓ.RIS, s.m., saliência na parte superior da vagina, grelo.
CLO.A.CA, s.f., fossa, local imundo; zool., orifício comum para saída de material, fecal, urinário e reprodutor nos anfíbios, répteis e aves.
CLO.RAR, v.t., colocar cloro, ajuntar cloro a.
CLO.RO, s.m., elemento químico reunido à água para eliminação de germes.
CLO.RI.FI.LA, s.f., substância existente nas folhas para realizar a fotossíntese.
CLO.RO.FÓR.MIO, s.m., líquido químico usado para anestesiar pessoas, e outros fins.
CLO.SE, s.f., tomada das câmaras de televisão ou cinema, em tamanho grande e em primeiro plano.
CLU.BE, s.m., grupo de pessoas associadas para fins culturais e recreativos.
CO.A.BI.TAR, v.t. e int., viver junto, dividir a habitação.
CO.AD.JU.VAN.TE, adj., que ajuda, auxiliar; s.m., artista que exerce papel secundário.
CO.A.DOR, s.m., filtro para reter o pó e deixar passar o líquido limpo, saco, peneira.
CO.A.DU.NAR, v.t. e pron., juntar, reunir, agrupar.
CO.A.GIR, v.t., forçar, obrigar.
CO.A.GU.LA.ÇÃO, s.f., ato ou efeito de coagular, solidificação.
CO.A.GU.LAR, v.t. e pron., solidificar, endurecer, coalhar.
CO.A.LHO, s.m., substância que se coloca no leite para formar o queijo.
CO.A.LI.ZA.ÇÃO, s.f., aliança, junção de forças, acordo.
CO.AR, v.t. e pron., filtrar, limpar, peneirar.
CO.AU.TOR, s.m., quem participa da autoria de algo com outrem; sócio do feito.
CO.A.XAR, v.t. e int., voz do sapo, da rã.
CO.A.XI.AL, adj., possui um eixo em comum.
CO.BAI.A, s.f., mamífero roedor de largo uso em experiências médicas; indivíduo que serve em ou como experiência de qualquer espécie.
CO.BER.TA, s.f., o que cobre, o que tampa; cobertor.
CO.BER.TO, adj., fechado, tapado, protegido.
CO.BER.TOR, s.m., peça de tecido, de lã, de algodão para cobrir as pessoas durante o sono; agasalho.
CO.BER.TU.RA, s.f., o que cobre, protege; o apartamento mais alto em um prédio de apartamentos.

COBIÇA

CO.BI.ÇA, s.f., vontade incontrolável de possuir algo, ganância, ambição.
CO.BI.ÇAR, v.t., ambicionar, desejar, querer.
CO.BRA, s.f., denominação de todos os ofídios, serpente; fig., pessoa maldizente; pessoa maldosa; pessoa muito hábil.
CO.BRA-CO.RAL, s.f., tipo de cobra com faixas transversais de cor vermelho, preto e branco, sendo que várias são venenosas.
CO.BRA.DOR, s.m., a pessoa que faz cobranças em dinheiro, quem recebe valores.
CO.BRAN.ÇA, s.f., ato ou efeito de cobrar.
CO.BRAR, v.t. e pron., receber, receber dívidas, pedir pagamentos, deveres.
CO.BRIR, v.t. e pron., tapar, colocar cobertura em, proteger.
CO.CA, s.f., arbusto de cujas folhas se extrai a cocaína.
CO.ÇA, s.f., tunda, sova, surra, pancadaria.
CO.CA.Í.NA, s.f., narcotizante obtido das folhas da coca; droga.
CO.ÇAR, v.t. e pron., alisar com as mãos, com as unhas, ou com um objeto parte do corpo que dá uma sensação de irritação.
CÓC.CIX, s.m., osso pequeno que é ponto final da coluna vertebral.
CÓ.CE.GAS, s.f., reação de riso quando se toca o corpo de alguém.
CO.CEI.RA, s.f., comichão, ato que leva a coçar a pele.
CO.CHEI.RA, s.f., local onde se abrigam os cavalos, baia.
CO.CHEI.RO, s.m., o condutor de uma carruagem.
CO.CHI.CHAR, v.t. e int., falar baixinho, falar no ouvido de alguém.
CO.CHI.LA.DA, s.f., cochilo, dormidela, pequena dormida, sesta.
CO.CHI.LAR, v.int., dormir de leve, dormitar, sestar.
CO.CHI.LO, s.m., cochilada, dormida leve.
CO.CHO, s.m., gamela, vasilha de madeira para dar comida a animais.
CO.CO, s.m., fruto do coqueiro e palmeiras; pop., cabeça.
CO.CÔ, s.m., excremento, fezes; fig., algo ruim.
CÓ.CO.RAS, s.f., pl., locução adverbial - ficar de cócoras - agachado, sentado nos calcanhares.
CO.CU.RU.TO, s.m., a parte mais alta da cabeça, uma saliência no plano.
CÔ.DEA, s.f., casca, crosta, a parte da ponta de um pão com casca.
CO.DI.FI.CAR, v.t., colocar em código, colocar em caracteres secretos.
CÓ.DI.GO, s.m., conjunto de leis, como Código Civil, Penal, Tributário; lei; tipo de letra; sistema de formar uma comunicação.
CO.E.LHO, s.m., mamífero pequeno, doméstico ou selvagem.
CO.ER.ÇÃO, s.f., obrigação, constrangimento, pressão, força sobre.
CO.ER.CÍ.VEL, adj., obrigável, reprimível.
CO.E.RÊN.CIA, s.f., concordância na prática de atos, lógica.
CO.E.SÃO, s.f., união, junção, forças unidas.
CO.E.SO, adj., unido, ligado, junto.
CO.E.XIS.TIR, v.t. e int., que existe ao mesmo tempo.
CO.FI.AR, v.t., alisar a barba, o bigode.
CO.FRE, s.m., peça de metal com fechadura para guardar valores, documentos.
CO.GI.TAR, v.t. e int., pensar, refletir, raciocinar.
COG.NA.TO, adj. e s.m., parente da mesma origem, da mesma linhagem; palavras que têm a mesma raiz.
COG.NI.ÇÃO, s.f., ato de chegar a um conhecimento.
COG.NO.ME, s.m., apelido, nome de família.
COG.NO.MI.NAR, v.t. e pron., dar nome, apelidar.
CO.GO.TE, s.m., cangote, nuca, a parte do pescoço que fica atrás.
CO.GU.ME.LO, s.m., champinhom, designação genérica de vários fungos, uns comestíveis, outros não, e até venenosos.
CO.I.BIR, v.t. e pron., proibir, vetar, impedir, não deixar fazer.
COI.CE, s.m., golpe que os quadrúpedes dão com os membros traseiros; fig., má-criação, safadeza, agressão.
CO.IN.CI.DÊN.CIA, s.f., atos que se realizam ao mesmo tempo; simultaneidade.
CO.IN.CI.DIR, v.t. e int., acontecer ao mesmo tempo, ser simultâneo.
COI.Ó, adj., s.m., babaca, bobo, tolo, idiota, imbecil.
COI.O.TE, s.m., lobo dos Estados Unidos; fig., indivíduo covarde.
COI.SA, s.f., tudo e qualquer objeto, ser existente; o que existe; causa, motivo, fato, razão.
COI.TO, s.m., ato sexual; relação sexual.

CO.LA, s.f., substância usada para unir papéis, objetos; cópia oculta para ser usada nas provas escritas.
CO.LA.BO.RAR, v.t., trabalhar junto, ajudar, auxiliar, ser amigo.
CO.LA.GEM, s.f., ato de colar, união de objetos por cola.
CO.LAP.SO, s.m., queda, parada de funções vitais no corpo, num organismo, num sistema; alteração das atividades de qualquer sistema.
CO.LAR, s.m., adorno, enfeite para o pescoço.
CO.LAR, v.t., int. e pron., unir algo com cola, aplicar cola; copiar clandestinamente em provas.
CO.LA.RI.NHO, s.m., gola de tecido na camisa, onde ela rodeia o pescoço.
CO.LA.RI.NHO-BRAN.CO, s.m., funcionário público, chefe, alto escalão do governo.
CO.LA.TE.RAL, s.m. e adj., que está do lado, que está na lateral, parente.
COL.CHA, s.f., cobertor para a cama, coberta.
COL.CHÃO, s.m., armação de pano com materiais dentro, macia, para as pessoas dormirem. O colchão vem sobre o estrado, formando a cama.
COL.CHE.TE, s.m., pequena pregadeira, gancho para segurar tecidos; sinal gráfico { }.
COL.CHO.NE.TE, s.m., um colchão pequeno para acampar.
CO.LE.ÇÃO, s.f., reunião de objetos, série.
CO.LE.GA, s.c. 2 gên., quem ocupa funções iguais, companheiro.
CO.LE.GI.AL, s.c. 2 gên., aluno de colégio, escolar, estudante.
CO.LÉ.GIO, s.m., estabelecimento de ensino para o ensino fundamental e médio; os eleitores todos de uma circunscrição.
CO.LEI.RA, s.f., peça de couro ou de ferro, para envolver o pescoço de um animal; vários tipos de aves silvestres.
CÓ.LE.RA, s.f., raiva, ira, ódio; s.f., nome de uma doença infecciosa que se caracteriza por vômitos, diarreia e cãibras, podendo ser mortal.
CO.LÉ.RI.CO, adj., raivoso, irritado; atacado pela cólera.
CO.LE.TA, s.f., recolhimento de algo; esmola, o quanto se paga para.
CO.LE.TÂ.NEA, s.f., coleção de obras, quadros, livros.
CO.LE.TAR, v.t., cobrar imposto, estabelecer quanto se deve pagar.
CO.LE.TE, s.m., peça do vestuário, sem mangas, que se usa por sobre a camisa; colete à prova de balas - colete de aço para enfrentar tiros.
CO.LE.TI.VI.DA.DE, s.f., o povo, a população.
CO.LE.TI.VO, s.m. e adj., que é de todos, propriedade da sociedade; na gramática, o substantivo que indica um conjunto.
CO.LE.TOR, s.m., exator, funcionário público que cuida da cobrança dos impostos.
CO.LE.TO.RI.A, s.f., repartição pública que recolhe os impostos estaduais.
CO.LHEI.TA, s.f., ação de colher, safra, messe, recolher produtos, apanha.
CO.LHER, s.f., talher com uma concha para tomar líquidos.
CO.LHER, v.t. e int., apanhar, recolher, tirar do pé.
CO.LHE.RA.DA, s.f., uma colher cheia.
CO.LI.BRI, s.m., beija-flor, cuitelo.
CÓ.LI.CA, s.f., dor na barriga, no estômago.
CO.LI.DIR, v.t. e pron., bater de frente, encontrar, ir de encontro.
CO.LI.GA.ÇÃO, s.f., ação de juntar, reunião, junção, agrupamento.
CO.LI.GAR, v.t. e pron., juntar, reunir, agrupar.
CO.LI.NA, s.f., pequeno monte, montículo, outeiro, cômoro, elevação.
CO.LÍ.RIO, s.m., remédio para usar nos olhos; fig., visão agradável.
CO.LI.SÃO, s.f., ato de colidir, impacto de dois objetos; batida, choque.
COL.MEI.A, s.f., enxame, reunião de abelhas.
CO.LO, s.m., pescoço, regaço, colocar sobre as coxas e abraçar.
CO.LO.CA.ÇÃO, s.f., ação de colocar, ajuste; emprego.
CO.LO.CAR, v.t. e pron., pôr, afixar, acomodar.
CO.LOM.BI.A.NO, adj. e s.m., referente ou natural da Colômbia.
CO.LÔ.NIA, s.f., região habitada por colonos; grupo de pessoas num local estranho; propriedade de um colono; tipo de perfume.

CO.LO.NI.ZAR, v.t., fundar uma colônia, desbravar, plantar, povoar.
CO.LO.NO, s.m., participante de uma colônia, agricultor, trabalhador rural.
CO.LO.QUI.AL, adj., linguagem do dia a dia, modo de falar simples.
CO.LÓ.QUIO, s.m., conversa, conversação; pop., bate-papo.
CO.LO.RA.ÇÃO, s.f., ação de colorir; pintura, pigmentação.
CO.LO.RAU, s.m., produto colhido de uma planta comum, usado como tempero e para avermelhar a comida, sobretudo carne.
CO.LO.RI.DO, adj., com cores, pintado.
CO.LO.RIR, v.t., int. e pron., dar cor a, pintar, passar cores.
CO.LOS.SAL, adj., enorme, gigantesco, imenso.
CO.LOS.SO, s.m., algo muito grande; algo maravilhoso; gigantismo.
CO.LUM.BI.NO, adj., referente a pombas.
CO.LU.NA, s.f., armação que sustenta o teto, pesos; uma linha vertical de palavras; espinha do corpo humano; posição de seres um atrás do outro.
CO.LU.NIS.TA, s.c. 2 gên., jornalista que escreve um trecho em jornal, revista.
COM, prep., junto de, em companhia de, ao lado de.
CO.MA, s.m., estado em que a pessoa perde a consciência, mergulhada em sono profundo.
CO.MA.DRE, s.f., a madrinha de alguém com referência aos pais.
CO.MAN.DAN.TE, s.c. 2 gên., quem comanda, chefe, mandante.
CO.MAN.DAR, v.t., mandar, impor as ordens, dirigir.
CO.MAN.DO, s.m., governo, autoridade, ação de comandar; grupo de ação.
CO.MAR.CA, s.f., circunscrição judicial, território sob a ação de um juiz de direito.
COM.BA.LIR, v.t. e pron., enfraquecer, diminuir as forças, abalar.
COM.BA.TE, s.m., luta, pugna, briga.
COM.BA.TER, v.t. e pron., lutar, pugnar, engalfinhar-se, opor-se, enfrentar.
COM.BI.NA.ÇÃO, s.f., ajuste, acerto, acordo, ação de combinar; peça íntima do vestuário feminino.
COM.BI.NA.DO, adj. e s.m., acertado, ajustado, contratado; time formado com jogadores de vários clubes.
COM.BI.NAR, v.t., int. e pron., ajustar, contratar, acordar.
COM.BOI.O, s.m., caravana de carros, caminhões para o transporte; vagões de trem, o próprio trem.
COM.BUS.TÃO, s.f., ação de queimar, queima, queimada.
COM.BUS.TÍ.VEL, s.m., toda substância que possui a propriedade de queimar.
CO.ME.ÇAR, v.t. e int., iniciar, principiar, dar começo.
CO.ME.ÇO, s.m., princípio, início, origem, nascimento.
CO.MÉ.DIA, s.f., no teatro cenas para divertir, satirizar; ato ridículo.
CO.ME.DI.AN.TE, s.c. 2 gên., quem participa de comédia, artista; fig., impostor, palhaço, enganador.
CO.ME.DIR, v.t. e pron., moderar, ajustar, limitar.
CO.ME.MO.RAR, v.t., festejar, celebrar, recordar.
CO.MEN.SU.RÁ.VEL, adj., que se pode medir, mensurável, medível.
CO.MEN.TA.DOR, s.m., quem faz comentários, comentarista.
CO.MEN.TAR, v.t., tecer comentários, interpretar, explicar.
CO.MEN.TÁ.RIO, s.m., explicações, observações, críticas.
CO.MEN.TA.RIS.TA, s.c. 2 gên., comentador, quem comenta.
CO.MER, v.t. e int., mastigar, engolir um alimento, alimentar-se, nutrir-se.
CO.MER.CI.AL, adj. e s.m., referente ao comércio; propaganda, anúncio de algo.
CO.MER.CI.A.LI.ZAR, v.t., negociar, comprar e vender.
CO.MER.CI.AN.TE, s.c. 2 gên., quem pratica o comércio, negociante.
CO.MER.CI.AR, v.t. e int., comprar e vender, negociar.
CO.MÉR.CIO, s.m., ato negocial de comprar e vender, negócio.
CO.MES.TÍ.VEL, adj., que pode ser comido.
CO.ME.TA, s.m., astro gasoso que gira no espaço e com cauda.
CO.ME.TER, v.t. e pron., praticar, efetuar, fazer.
CO.MI.CHÃO, s.f., coceira.
CO.MI.CHAR, v.t. e int., provocar comichão, provocar coceira.
CO.MÍ.CIO, s.m., reunião de pessoas em lugar público para tratar de assuntos de interesse público ou de classe.
CÔ.MI.CO, adj., próprio de comédia, engraçado, divertido.
CO.MI.DA, s.f., alimento, nutrimento, gêneros alimentícios.
CO.MI.GO, pron., pronome pessoal que se refere à primeira pessoa.
CO.MI.LAN.ÇA, s.f., muita comida, comer muito.
CO.MI.LÃO, s.m., quem come muito, guloso, glutão.
CO.MI.NHO, s.m., planta cujas sementes são usadas como tempero.
CO.MI.SE.RAR, v.t. e pron., causar piedade.
CO.MIS.SÃO, s.f., grupo de trabalho, comitê.
CO.MIS.SÁ.RIA, s.f., aeromoça, moça que trabalha nos aviões em voo.
CO.MIS.SÁ.RIO, s.f., indivíduo que representa o governo; pessoa que exerce seus trabalhos em avião; encarregado de fiscalizar uma concordata.
CO.MIS.SI.O.NAR, v.t., dar comissão, encarregar, designar.
CO.MI.TI.VA, s.f., grupo de indivíduos; acompanhantes, séquito.
CO.MO, adv., a maneira de, o modo de, a quanto; conj., da mesma forma que, conforme.
CO.MO.ÇÃO, s.f., ação ou efeito de comover, sentimento.
CÔ.MO.DA, s.f., móvel de quarto de dormir para colocar roupas.
CO.MO.DI.DA.DE, s.f., tranquilidade, sossego, bem-estar.
CO.MO.DIS.TA, s.c. 2 gên., quem cuida bem de si mesmo, quem gosta de atender ao seu conforto.
CÔ.MO.DO, adj., tranquilo, facilitado, agradável.
CO.MO.VER, v.t., int. e pron., causar comoção, enternecer, conseguir a piedade.
COM.PAC.TAR, v.t., tornar compacto, reduzir, concretizar.
COM.PAC.TO, adj., muito unido, coeso, duro.
COM.PA.DE.CER, v.t. e pron., ter dó, ter compaixão, enternecer-se, sentir o sofrimento do próximo.
COM.PA.DRE, s.m., padrinho de um filho em relação aos pais.
COM.PAI.XÃO, s.f., piedade, ter pena de; sentir dó de.
COM.PA.NHEI.RA, s.f., esposa, consorte, cônjuge.
COM.PA.NHEI.RIS.MO, s.m., camaradagem, amizade, convivência.
COM.PA.NHEI.RO, s.m., colega, marido, consorte.
COM.PA.NHI.A, s.f., indivíduo com quem se convive, convivência; sociedade empresarial.
COM.PA.RAR, v.t. e pron., confrontar, ver as semelhanças, medir o que iguala.
COM.PA.RE.CER, v.t. e int., vir a, aparecer, chegar a.
COM.PA.RE.CI.MEN.TO, s.m., vinda, chegada, apresentação.
COM.PAS.SA.DO, adj., ritmado, cadenciado.
COM.PAS.SAR, v.t. e pron., ritmar, cadenciar, medir com compasso.
COM.PAS.SO, s.m., instrumento matemático para traçar círculos; na música, o a cadência.
COM.PA.TÍ.VEL, adj., coexistente, duas coisas que se ajustam.
COM.PA.TRI.O.TA, s.c. 2 gên., pessoas que possuem a mesma pátria.
COM.PE.LIR, v.t., empurrar, forçar, obrigar.
COM.PÊN.DIO, s.m., um artigo resumido de qualquer assunto, livro escolar.
COM.PE.NE.TRA.DO, adj., absorto, fixo no pensamento, sério.
COM.PE.NE.TRAR, v.t. e pron., penetrar bem, convencer-se a si mesmo, abstrair-se.
COM.PEN.SA.ÇÃO, s.f., ação de compensar; troca de valores entre bancos.
COM.PEN.SA.DO, s.m., chapa feita de madeira, chapa construída por madeira.
COM.PEN.SAR, v.t. e pron., devolver o que se deve, pagar, equilibrar.
COM.PE.TÊN.CIA, s.f., habilidade, capacidade legal do juiz, arte de fazer.
COM.PE.TEN.TE, adj., apto, hábil, capaz.
COM.PE.TI.ÇÃO, s.f., disputa, luta, torneio.
COM.PE.TI.DOR, s.m., quem lutar, quem disputa.
COM.PE.TIR, v.t. e pron., lutar, disputar, batalhar, concorrer, rivalizar.
COM.PLEI.ÇÃO, s.f., estrutura, forma física, aspecto físico.
COM.PLE.MEN.TAR, v.t., completar, dar acabamento.
COM.PLE.MEN.TO, s.m, acabamento, finalização.
COM.PLE.TAR, v.t., inteirar, acabar, finalizar, arrematar.

COMPLETO

COM.PLE.TO, *adj.*, perfeito, acabado, inteiro.
COM.PLE.XI.DA.DE, *s.f.*, o que é complexo; problemática, dificuldade.
COM.PLE.XO, *adj.*, difícil, complicado, de solução difícil.
COM.PLI.CA.ÇÃO, *s.f.*, dificuldade, problema.
COM.PLI.CA.DO, *adj.*, difícil, complexo.
COM.PLI.CAR, *v.t. e pron.*, dificultar, tornar complexo.
COM.PLÔ, *s.m.*, tramoia, conspiração, armadilha.
COM.POR, *v.t., int. e pron.*, criar, ajuntar, escrever uma composição, acordar, conceber.
COM.POR.TA, *s.f.*, dique, construção para reter águas.
COM.POR.TA.MEN.TO, *s.m.*, maneira de comportar-se, postura, atitudes.
COM.POR.TAR, *v.t.*, permitir, aceitar, sustentar.
COM.PO.SI.ÇÃO, *s.f.*, ação de compor, redação, obra musical, acerto, acordo.
COM.POS.TO, *adj.*, formado por dois ou mais elementos.
COM.POS.TU.RA, *s.f.*, comportamento, postura, atitude.
COM.PO.TA, *s.f.*, frutas cozidas em calda.
COM.PRA, *s.f.*, aquisição, apropriação.
COM.PRAR, *v.t.*, adquirir, apropriar-se.
COM.PRA.ZER, *v.t. e pron.*, agradar, realizar a gosto; regozijar-se.
COM.PRE.EN.DER, *v.t.*, entender, dominar o conteúdo, adquirir.
COM.PRE.EN.SÃO, *s.f.*, entendimento, aquisição de, inclusão.
COM.PRE.EN.SI.VO, *adj.*, que compreende, que entende.
COM.PRES.SA, *s.f.*, gaze, ou pano, que se aplica sobre uma ferida.
COM.PRES.SÃO, *s.f.*, ação ou efeito de comprimir.
COM.PRES.SOR, *s.m.*, que comprime, que aperta.
COM.PRI.DO, *adj.*, longo, com comprimento.
COM.PRI.MEN.TO, *s.m.*, lonjura, tamanho.
COM.PRI.MI.DO, *s.m.*, pílula, medicamento, pastilha.
COM.PRI.MIR, *v.t. e pron.*, apertado, condensado, oprimido.
COM.PRO.ME.TER, *v.t. e pron.*, responsabilizar-se, sentir-se obrigado.
COM.PRO.MIS.SO, *s.m.*, promessa recíproca, ajuste, acordo.
COM.PRO.VA.ÇÃO, *s.f.*, ação de comprovar, prova.
COM.PRO.VAR, *v.t.*, provar, demonstrar.
COM.PUL.SI.VO, *adj.*, compulsório, que obriga, que força.
COM.PUL.SÓ.RIO, *adj.*, obrigatório, forçado.
COM.PUN.GIR, *v.t., int. e pron.*, magoar, ferir, arrepender-se.
COM.PU.TA.DOR, *s.m.*, máquina eletrônica com muitos recursos técnicos.
COM.PU.TAR, *v.t.*, realizar o cômputo, avaliar, calcular, verificar.
CO.MUM, *adj.*, coletivo, geral, normal, barato, sem valor, trivial.
CO.MUN.GAR, *v.t. e int.*, participar da eucaristia; reunir-se, agrupar-se, participar de; dividir ideias.
CO.MU.NHÃO, *s.f.*, sacramento da eucaristia; compartilhação; ideias comuns.
CO.MU.NI.CA.ÇÃO, *s.f.*, aviso, declaração, mensagem, esclarecimento.
CO.MU.NI.CA.DOR, *s.m.*, quem comunica, declarante, animador.
CO.MU.NI.CAR, *v.t. e pron.*, avisar, declarar, informar, transmitir.
CO.MU.NI.CA.TI.VO, *adj.*, franco, expansivo, que comunica.
CO.MU.NI.DA.DE, *s.f.*, sociedade, o conjunto de pessoas, o povo.
CO.MU.NIS.MO, *s.m.*, sistema filosófico e político que prega que todas as coisas são de todos.

CO.MU.NIS.TA, *s.c. 2 gên.*, quem pratica o comunismo, quem prega o comunismo.
CON.CA.TE.NAR, *v.t.*, prender, ligar, amarrar.
CÔN.CA.VO, *adj.*, que tem uma curva para a parte interna.
CON.CE.BER, *v.t. e int.*, fecundar o óvulo; criar.
CON.CE.DER, *v.t.*, dar, doar, outorgar.
CON.CEI.TO, *s.m.*, ideia, opinião, reputação, sentença.
CON.CEI.TU.AR, *v.t.*, avaliar, definir, formar opinião.
CON.CEN.TRA.DO, *adj.*, ajuntado, compactado, apertado, pensativo, absorto.
CON.CEN.TRAR, *v.t. e pron.*, centralizar, reunir, congregar, adensar, meditar.
CON.CEP.ÇÃO, *s.f.*, ação ou efeito de conceber, nascimento.
CON.CER.NEN.TE, *adj.*, respeitante, referente.
CON.CER.NIR, *v.t.*, referir-se, voltar-se para, referir-se a.
CON.CER.TAR, *v.int. e pron.*, concordar, harmonizar-se; compor.
CON.CER.TO, *s.m.*, acordo, ajuste, obra musical, execução de peça musical.
CON.CES.SÃO, *s.f.*, ato de conceder, permissão, licença.
CON.CES.SI.O.NÁ.RIA, *s.f.*, empresa que recebe por licitação uma concessão pública.
CON.CHA.VO, *s.m.*, conluio, tramoia, armadilha.
CON.CI.LI.A.ÇÃO, *s.f.*, harmonizar, irmanizar, tornar amigos.
CON.CI.SÃO, *s.f.*, brevidade, resumo.
CON.CI.SO, *adj.*, breve, lacônico, sucinto.
CON.CI.TAR, *v.t.*, aguçar, instigar, açular, provocar.
CON.CLA.MAR, *v.t. e int.*, berrar, animar a, incitar.
CON.CLU.DEN.TE, *adj.*, que conclui, conclusivo, terminante.
CON.CLU.IR, *v.t. e int.*, terminar, acabar, arrematar, deduzir, achar.
CON.COR.DÂN.CIA, *s.f.*, ação de concordar, acordo, harmonização.
CON.COR.DAR, *v.t. e int.*, acordar, chegar a um acordo, ajustar-se.
CON.COR.DE, *adj.*, que concorda, que é da mesma opinião.
CON.CÓR.DIA, *s.f.*, paz, harmonia, pacificação, amizade.
CON.COR.RÊN.CIA, *s.f.*, ação ou efeito de concorrer, disputa por coisa comum, rivalidade.
CON.COR.RER, *v.t. e int.*, afluir, convergir, rivalizar, disputar, lutar por um ponto comum, bater-se para conseguir um objetivo.
CON.CRE.ÇÃO, *s.f.*, ato ou efeito de concretar, solidificação, concretação.
CON.CRE.TAR, *v.t.*, colocar a massa para obter o concreto, concretizar.
CON.CRE.TO, *adj.*, real, plástico; claro; *s.m.*, massa elaborada com a mistura de cimento, areia, britas e água para obter uma mistura dura.
CON.CU.BI.NA.TO, *s.m.*, situação social de um casal que vive junto sem ser legalmente casado.
CON.CUR.SA.DO, *adj.*, que passou por concurso, aprovado em concurso.
CON.CUR.SO, *s.m.*, concorrência, afluência; exame para selecionar pessoas para um cargo.
CON.DÃO, *s.m.*, varinha de condão, mágica, dom, poder.
CON.DE.CO.RA.ÇÃO, *s.f.*, ação de condecorar, premiação, troféu.
CON.DE.CO.RAR, *v.t. e pron.*, premiar, dar uma insígnia, distinguir.
CON.DE.NA.ÇÃO, *s.f.*, ato ou efeito de condenação, penalidade, castigo, sanção.
CON.DE.NA.DO, *adj.*, que sofreu penalidade, submetido a castigo.
CON.DE.NAR, *v.t. e pron.*, reputar condenado, penalizar, dar pena.
CON.DEN.SA.ÇÃO, *s.f.*, ato ou efeito de condensar; mudança de estado gasoso para líquido, como a chuva.
CON.DEN.SAR, *v.t. e pron.*, espessar, tornar o vapor líquido.
CON.DES.CEN.DÊN.CIA, *s.f.*, transigência, aceitação, concordância.
CON.DES.CEN.DER, *v.t. e int.*, ceder, anuir, concordar.
CON.DI.ÇÃO, *s.f.*, base para um acordo, situação social, sistema de vida.
CON.DI.CI.O.NAL, *adj.*, que depende da situação; preso que vive em semiliberdade após alguns anos de prisão.
CON.DI.CI.O.NAR, *v.t.*, impor condições, submeter a, exigir normas.
CON.DI.MEN.TAR, *v.t.*, temperar, preparar com condimento.
CON.DI.MEN.TO, *s.m.*, tempero, preparo.
CON.DI.ZER, *v.t. e int.*, harmonizar-se, ajustar-se, estar de acordo.
CON.DO.ER, *v.t. e pron.*, apiedar, inspirar dó, causar pena.
CON.DO.LÊN.CIAS, *s.f., pl.*, condolência, pêsames, manifestação da dor com o pesar de outrem.

CON.DO.MÍ.NIO, *s.m.,* posse em conjunto com outro; prédio de apartamentos.
CON.DOR, *s.m.,* ave de rapina muito grande, que vive nos Andes.
CON.DO.REI.RO, *adj.,* estilo da Época Romântica, caracterizada por termos e ideias muito elevadas.
CON.DU.ÇÃO, *s.f.,* transporte, carga.
CON.DU.TA, *s.f.,* comportamento, postura, ação, atividade.
CON.DU.TI.BI.LI.DA.DE, *s.f.,* propriedade que alguns corpos possuem de deixar a corrente elétrica fluir por eles.
CON.DU.TO, *s.m.,* tubo, objeto que permite passagem.
CON.DU.TOR, *s.m.,* guia, dirigente, tubo que deixa passar líquidos, gases, energia.
CON.DU.ZIR, *v.t.,* guiar, comandar, governar, orientar.
CO.NE, *s.m.,* figura geométrica com forma arredondada, fina no topo e larga na base.
CO.NEC.TAR, *v.t.,* ligar, unir, juntar, atar, fixar.
CO.NEC.TI.VO, *s.m.,* termo que liga duas palavras ou duas orações, conetivo.
CÔ.NE.GO, *s.m.,* membro do clero secular, título honorífico para certos padres.
CO.NE.XÃO, *s.f.,* união, ligação, amarração.
CON.FEC.ÇÃO, *s.f.,* local onde se fazem roupas, vestimenta pronta.
CON.FEC.CI.O.NAR, *v.t.,* fazer, dar acabamento, preparar.
CON.FE.DE.RA.ÇÃO, *s.f.,* união de federações, reunião de associações.
CON.FE.DE.RAR, *v.t.* e *pron.,* associar, fazer confederação.
CON.FEI.TAR, *v.t.,* enfeitar com açúcar, usar açúcar para arrematar.
CON.FEI.TA.RI.A, *s.f.,* local onde se fazem confeitos, doces.
CON.FEI.TO, *s.m.,* bolinhas de açúcar para adornar, doce, enfeite.
CON.FE.RÊN.CIA, *s.f.,* palestra, reunião para discutir algo, assembleia.
CON.FE.REN.CI.AR, *v.t.* e *int.,* discutir, examinar um assunto, buscar um acordo, buscar saídas para um problema.
CON.FE.REN.CIS.TA, *s.c. 2 gên.,* quem profere conferências, palestrante.
CON.FE.REN.TE, *s.c. 2 gên.,* quem confere, examinador.
CON.FE.RIR, *v.t.* e *int.,* verificar, examinar, confrontar, verificar a exatidão.
CON.FES.SAR, *v.t., int.* e *pron.,* contar, declarar, dizer; relatar os pecados; relatar algum fato na polícia, seguir alguma norma.
CON.FES.SI.O.NÁ.RIO, *s.m.,* local nas igrejas onde as pessoas declaram os pecados, local onde o padre ouve as confissões.
CON.FES.SO, *adj.,* que declarou as culpas, adepto de uma religião.
CON.FES.SOR, *s.m.,* quem ouve as confissões, ouvinte.
CON.FI.AN.ÇA, *s.f.,* crédito, crença, ato de confiar.
CON.FI.AR, *v.t., int.* e *pron.,* acreditar, crer, esperar, ter fé.
CON.FI.Á.VEL, *adj.,* merecedor de confiança, que transmite confiança.
CON.FI.DÊN.CIA, *s.f.,* segredo, contar o que ninguém sabe, discrição.
CON.FI.DEN.CI.AR, *v.t.* e *pron.,* referir como segredo, segredar.
CON.FI.DEN.TE, *adj.,* quem acolhe uma confidência.
CON.FI.GU.RA.ÇÃO, *s.f.,* formato, figura, desenho, projeção.
CON.FI.GU.RAR, *v.t.* e *pron.,* figurar, projetar, desenhar.
CON.FIR.MAR, *v.t.* e *pron.,* declarar certo, afirmar, comprovar, sustentar.
CON.FIS.CAR, *v.t.,* reter para o fisco, prender para a fazenda pública.
CON.FIS.SÃO, *s.f.,* ato efeito de confessar, declaração, revelação.
CON.FLA.GRA.ÇÃO, *s.f.,* guerra, grande incêndio, desastre.
CON.FLI.TO, *s.m.,* luta, guerra, confusão, desentendimento.
CON.FLU.ÊN.CIA, *s.f.,* afluência, junção de rios, convergência.
CON.FLU.IR, *v.t.,* ir para o mesmo ponto, afluir, deslocar-se para ponto comum a dois.
CON.FOR.MA.ÇÃO, *s.f.,* configuração, ajuste, medidas de acordo com projeto.
CON.FOR.MAR, *v.t.* e *pron.,* dar forma, ajustar, colocar dentro dos limites.
CON.FOR.ME, *adj.,* com a mesma forma, idêntico, semelhante, similar.
CON.FOR.TAR, *v.t.* e *pron.,* consolar, dar forças, apoiar.
CON.FOR.TÁ.VEL, *adj.,* cômodo, agradável, que oferece conforto.
CON.FOR.TO, *s.m.,* consolo, agrado, comodidade, bem-estar.
CON.FRA.RI.A, *s.f.,* associação, sociedade com fins determinados.
CON.FRA.TER.NI.ZAR, *v.t.* e *int.,* unir-se como irmãos, irmanar-se.
CON.FRON.TAR, *v.t.* e *pron.,* pôr defronte, colocar diante de.

CON.FUN.DIR, *v.t.* e *pron.,* misturar coisas diversas, unir desordenadamente; fazer confusão.
CON.FU.SÃO, *s.f.,* desordem, tumulto, baderna, rumor.
CON.FU.SO, *adj.,* atrapalhado, desordenado, tumultuado.
CON.GE.LA.DOR, *s.m.,* parte da geladeira onde se forma gelo, muito frio.
CON.GE.LA.MEN.TO, *s.m.,* ato de congelar, resfriamento total, fixar valores.
CON.GE.LAR, *v.t., int.* e *pron.,* solidificar um líquido, tornar gelo.
CON.GÊ.NE.RE, *adj.,* gênero igual, semelhante.
CON.GÊ.NI.TO, *adj.,* que nasceu da mesma raiz, nasceu junto, inato, inerente.
CON.GES.TÃO, *s.f.,* excesso de sangue em um órgão, problemas estomacais por excesso de comida ou bebida.
CON.GES.TI.O.NA.MEN.TO, *s.m.,* engarrafamento, excesso de veículos em um local.
CON.GES.TI.O.NAR, *v.t.* e *pron.,* encher, inflar, inchar, engarrafar.
CON.GRA.ÇAR, *v.t.* e *pron.,* harmonizar, unir, pacificar.
CON.GRA.TU.LA.ÇÕES, *s.f.,* felicitações, parabéns.
CON.GRA.TU.LAR, *v.t.* e *pron.,* felicitar, dar parabéns, cumprimentar.
CON.GRE.GA.ÇÃO, *s.f.,* reunião de pessoas, como professores, religiosos.
CON.GRE.GA.DO, *adj.,* unido a uma congregação.
CON.GRE.GAR, *v.t.* e *pron.,* unir, juntar, agregar.
CON.GRES.SIS.TA, *s.c. 2 gên.,* membro de um congresso; deputado, senador.
CON.GRES.SO, *s.m.,* reunião de pessoas com fins idênticos; a câmara dos deputados e senado.
CO.NHA.QUE, *s.m.,* bebida destilada à base de uva.
CO.NHE.CER, *v.t.* e *pron.,* saber, ter noções, ter visão, dominar.
CO.NHE.CI.DO, *adj.,* notado, renomado, relacionado.
CO.NHE.CI.MEN.TO, *s.m.,* saber, noção, domínio, instrução.
CO.NI.VEN.TE, *adj.,* concordante, aceita erros de outrem.
CON.JEC.TU.RA, *s.f.,* ideia, hipótese, projeto.
CON.JEC.TU.RAR, *v.t.* e *int.,* imaginar, traçar hipótese, projetar.
CON.JU.GA.ÇÃO, *s.f.,* ação ou efeito de conjugar, junção; flexão dos verbos nos modos, tempos, pessoas e números.
CON.JU.GA.DO, *adj.,* ligado, unido, junto.
CON.JU.GAR, *v.t., int.* e *pron.,* flexionar um verbo, unir, ligar.
CÔN.JU.GE, *s.c. 2 gên.,* cada um do par que forma o casal; consorte.
CON.JUN.ÇÃO, *s.f.,* união, ligação, afluência; categoria gramatical que serve para ligar orações.
CON.JUN.TI.VO, *adj.,* unitivo, ligador, conectivo.
CON.JUN.TO, *s.m.,* grupo, união, grupo de músicos; trajes.
CON.JUN.TU.RA, *s.f.,* fato, ocasião, acontecimento, situação, momento.
CON.JU.RA.ÇÃO, *s.f.,* revolução, sedição, conspiração.
CON.JU.RAR, *v.t.* e *pron.,* conspirar, tramar revolução.
CO.NO.TA.ÇÃO, *s.f.,* sentido figurado da palavra, figura; outros conteúdos do termo.
CO.NO.TAR, *v.t.,* usar a palavra no sentido figurado.
CON.QUAN.TO, *conj.,* ainda bem que, mesmo que, embora, apesar de que.
CON.QUIS.TAR, *v.t.,* obter, conseguir, submeter, apoderar-se.
CON.SA.GRAR, *v.t.* e *pron.,* sacralizar, tornar sagrado, abençoar, benzer.
CON.SAN.GUÍ.NEO, *adj.,* que tem o mesmo sangue, parente.
CON.SAN.GUI.NI.DA.DE, *s.f.,* parentesco, afinidade.
CONS.CI.ÊN.CIA, *s.f.,* conhecimento de si mesmo, honradez, convicção, retidão.
CONS.CI.EN.TE, *adj.,* domina o que sabe e faz; *s.m.,* conjunto dos fatos psíquicos de que temos ciência.
CONS.CI.EN.TI.ZAR, *v.t.* e *pron.,* esclarecer, informar; conhecer algo.
CÔNS.CIO, *adj.,* sabedor do que faz, consciente da situação.
CON.SE.CU.TI.VO, *adj.,* seguidor, que vem depois, sequente.
CON.SE.GUIR, *v.t.,* obter, alcançar, colher.
CON.SE.LHEI.RO, *s.m.,* que aconselha, participante de um conselho, orientador.
CON.SE.LHO, *s.m.,* orientação, ideia, opinião, aviso.
CON.SEN.SO, *s.m.,* concordância, acerto de ideias, ideia comum.
CON.SEN.TI.MEN.TO, *s.m.,* permissão, resposta positiva, sim.
CON.SEN.TIR, *v.t.* e *int.,* permitir, anuir, concordar, deferir, tolerar.
CON.SE.QUÊN.CIA, *s.f.,* efeito, resultado, conclusão.
CON.SER.TAR, *v.t.,* reparar, arrumar, remendar.

CONSERVADOR

CON.SER.VA.DOR, *s.m.*, quem só aceita situações obsoletas, estático.
CON.SER.VAR, *v.t.* e *pron.*, preservar, manter.
CON.SI.DE.RA.ÇÃO, *s.f.*, respeito, deferência, apreço, estima.
CON.SI.DE.RA.DO, *adj.*, respeitado, reconhecido, conhecido.
CON.SI.DE.RAR, *v.t.*, *int.* e *pron.*, reputar, conhecer, meditar, analisar.
CON.SI.DE.RÁ.VEL, *adj.*, enorme, de valor.
CON.SIG.NAR, *v.t.*, registrar, repassar, comissionar mercadorias.
CON.SIS.TÊN.CIA, *s.f.*, solidez, persistência, teimosia.
CON.SIS.TEN.TE, *adj.*, duro, sólido, permanente.
CON.SIS.TIR, *v.t.*, compor-se, constituir-se, fazer parte de.
CON.SO.AN.TE, *conj.*, conforme, como; *gram.*, fonema que não forma sílaba, senão por meio da junção com uma vogal.
CON.SO.LA.ÇÃO, *s.f.*, alívio, consolo, agrado.
CON.SO.LA.DO, *adj.*, conformado, confortado, ajeitado, alegrado.
CON.SO.LAR, *v.t.* e *pron.*, aliviar, tirar a aflição, alegrar, desanuviar.
CON.SO.LI.DA.ÇÃO, *s.f.*, reunião de leis, confirmação de leis, promulgação.
CON.SO.LI.DAR, *v.t.*, *int.* e *pron.*, solidificar, firmar, basear, alicerçar.
CON.SO.NAN.TAL, *adj.*, próprio da consoante.
CON.SOR.CI.AR, *v.t.* e *pron.*, formar um consórcio, associar, reunir.
CONS.TAR, *v.t.* e *int.*, fazer parte, estar na relação, consistir.
CONS.TA.TAR, *v.t.*, observar, notar, verificar, conferir.
CONS.TE.LA.ÇÃO, *s.f.*, grupo de estrelas, formando figuras imaginárias.
CONS.TER.NAR, *v.t.* e *pron.*, causar desgosto, afligir, entristecer.
CONS.TI.PA.ÇÃO, *s.f.*, resfriado, gripe forte; prisão de ventre.
CONS.TI.PAR, *v.t.*, provocar constipação, resfriar, resfriar-se.
CONS.TI.TU.CI.O.NAL, *adj.*, de conformidade com a Constituição.
CONS.TI.TU.CI.O.NA.LIS.MO, *s.m.*, sistema governamental que adota a Constituição.
CONS.TI.TU.I.ÇÃO, *s.f.*, ato ou efeito de constituir, organização, formação; conjunto de leis que asseguram o regime democrático de um país, regendo todos os atos, acima de todos, Carta Magna.
CONS.TI.TU.IR, *v.t.* e *pron.*, elaborar, constituir uma organização, formar, estabelecer.
CONS.TRAN.GER, *v.t.*, forçar, obrigar a, forçar contra a vontade.
CONS.TRAN.GI.DO, *adj.*, obrigado, forçado, coagido.
CONS.TRAN.GI.MEN.TO, *s.m.*, embaraço, vergonha.
CONS.TRU.ÇÃO, *s.f.*, ato ou efeito de construir, edificação.
CONS.TRU.IR, *v.t.* e *int.*, edificar, erguer, fazer, elaborar.
CONS.TRU.TI.VO, *adj.*, próprio para construir, otimista, esperançoso.
CONS.TRU.TO.RA, *s.f.*, empresa especializada na arte de construir.
CÔN.SUL, *s.m.*, pessoa que representa o seu país em outro.
CON.SU.LA.DO, *s.m.*, sede de trabalho de um cônsul, cargo do cônsul.
CON.SUL.TA, *s.f.*, conselho, ideia, exame médico.
CON.SUL.TAR, *v.t.*, *int.* e *pron.*, pedir um exame, uma ideia; procurar uma diretriz.
CON.SUL.TÓ.RIO, *s.m.*, gabinete onde são dadas consultas.
CON.SU.MA.ÇÃO, *s.f.*, ação de consumar, conclusão, despesa; o quanto se consome em uma celebração, festa.
CON.SU.MA.DO, *adj.*, terminado, finalizado.
CON.SU.MAR, *v.t.* e *pron.*, acabar, terminar, arrematar, finalizar.
CON.SU.MI.DOR, *s.m.*, quem consome, comprador, adepto do consumismo.
CON.SU.MIR, *v.t.* e *pron.*, gastar, gastar pelo uso, desfazer, usar.
CON.SU.MIS.MO, *s.m.*, exagero no ato de consumir.
CON.SU.MO, *s.m.*, ato ou efeito de consumir, gasto, satisfação de necessidades.
CON.TA, *s.f.*, cálculo, 4 operações aritméticas; o que se deve pagar.
CON.TA.BI.LI.DA.DE, *s.f.*, sistema técnico de escriturar as contas de débito e crédito.
CON.TA.BI.LIS.TA, *s.c. 2 gên.*, pessoa que exerce a contabilidade, contador.
CON.TA.BI.LI.ZAR, *v.t.*, lançar, escrever, anotar os fatos contábeis de uma empresa.
CON.TAC.TAR, *v.t.* e *int.*, contatar, aproximar-se de.
CON.TAC.TO, *s.m.*, contato, aproximação, toque.
CON.TA.DOR, *s.m.*, contabilista, quem trabalha com contabilidade.
CON.TA.GEM, *s.f.*, ato ou efeito de contar, placar, total.
CON.TA.GI.AN.TE, *adj.*, inebriante, contagioso.
CON.TA.GI.AR, *v.t.*, conseguir, ser atacado por contágio, espalhar, transmitir.
CON.TÁ.GIO, *s.m.*, propagação, transmissão, contato.
CON.TA.MI.NAR, *v.t.*, passar algum vírus, doença a outrem, infeccionar.
CON.TAR, *v.t.* e *int.*, narrar, referir, verificar, examinar.
CON.TA.TAR, *v.t.* e *int.*, contactar, aproximar, tocar, achegar-se.
CON.TA.TO, *s.m.*, toque, aproximação, contacto.
CON.TÊI.NER, *s.m.*, grande caixa para o acondicionamento de carga.
CON.TEM.PLAR, *v.t.* e *pron.*, olhar, fixar, mirar, admirar, examinar.
CON.TEM.PO.RÂ.NEO, *adj.*, ser do mesmo tempo, mesma época.
CON.TEM.PO.RI.ZAR, *v.t.* e *int.*, enquadrar-se no tempo, acomodar-se, esperar, dar tempo ao tempo.
CON.TEN.DA, *s.f.*, discussão, luta, batalha.
CON.TEN.DER, *v.t.* e *int.*, lutar, batalhar, disputar.
CON.TEN.TA.MEN.TO, *s.m.*, alegria, satisfação, felicidade.
CON.TEN.TAR, *v.t.* e *pron.*, alegrar, satisfazer.
CON.TEN.TE, *adj.*, alegre, satisfeito, feliz, bem humorado.
CON.TER, *v.t.* e *pron.*, incluir, encerrar, conservar, moderar-se.
CON.TER.RÂ.NEO, *adj.*, originário do mesmo local.
CON.TES.TAR, *v.t.* e *int.*, provar ao contrário, opor-se, negar.
CON.TE.Ú.DO, *s.m.*, o contido em algo, tema, assunto.
CON.TEX.TO, *s.m.*, ideias principais de um texto, momento, assunto, situação.
CON.TI.GUI.DA.DE, *s.f.*, limite, vizinhança, proximidade.
CON.TÍ.GUO, *adj.*, limitado, vizinho, próximo, encostado.
CON.TI.NÊN.CIA, *s.f.*, domínio das vontades, abstenção, preservação; modo de saudação entre os militares, usando a mão direita.
CON.TI.NEN.TE, *adj.*, que contém, casto, puro, moderado; *s.m.*, as grandes massas de terra da Terra.
CON.TI.NU.AR, *v.t.*, *int.* e *pron.*, seguir, ir adiante, prosseguir.
CON.TI.NU.ÍS.MO, *s.m.*, política que mantém os mesmos no poder, sempre.
CON.TÍ.NUO, *adj.*, continuado, prossegue sempre; designação de funcionários humildes no serviço público.
CON.TIS.TA, *s.c. 2 gên.*, autor ou autora de contos.
CON.TO, *s.m.*, narrativa breve e de ficção, história, mentira, engano.
CON.TO DO VI.GÁ.RIO, *s.m.*, engano, tramoia, embuste.
CON.TOR.NAR, *v.t.*, andar em torno, rodear, andar em roda; negociar.
CON.TOR.NO, *s.m.*, perímetro, limite externo de uma área.
CON.TRA, *prep.*, oposto, versus, ir de encontro.
CON.TRA-A.TA.CAR, *v.t.*, revidar, vingar-se.
CON.TRA-A.TA.QUE, *s.m.*, revide, vingança.
CON.TRA.BA.LAN.ÇAR, *v.t.*, equilibrar o peso, compensar.
CON.TRA.BAN.DE.AR, *v.t.* e *int.*, importar sem as devidas notas fiscais, sonegar.
CON.TRA.BAN.DIS.TA, *s.c. 2 gên.*, quem pratica o contrabando, sonegador.
CON.TRA.BAN.DO, *s.m.*, importação ou exportação de mercadorias sem o pagamento dos devidos impostos.
CON.TRA.ÇÃO, *s.f.*, ato ou efeito de contrair, compressão.
CON.TRA.CE.NAR, *v.t.* e *int.*, atuar como ator, participar como ator.
CON.TRA.CEP.ÇÃO, *s.f.*, infertilidade, uso de anticoncepcionais.
CON.TRA.CEP.TI.VO, *adj.*, que se usa para não engravidar.
CON.TRA.CHE.QUE, *s.m.*, holerite, folha que indica o salário e descontos.
CON.TRA.DI.ÇÃO, *s.f.*, ação ou efeito de contradizer, incoerência.
CON.TRA.DI.TÓ.RIO, *adj.*, em que há contradição, contrário; *s.m.*, direito que possui o acusado de se defender em juízo.
CON.TRA.DI.ZER, *v.t.*, *int.* e *pron.*, dizer contra, ir contra, falar ao contrário, provar o contrário.
CON.TRA.FA.ZER, *v.t.* e *pron.*, imitar, fazer contra, fazer ao contrário, adulterar.

CON.TRA.FEI.TO, adj., forçado, constrangido, obrigado.
CON.TRA.FI.LÉ, s.m., tipo de carne bovina macia.
CON.TRA.Í.DO, adj., envergonhado, contrafeito.
CON.TRA.IR, v.t. e pron., estreitar, apertar, adquirir.
CON.TRA.MÃO, s.f., direção contrária à estabelecida pela autoridade.
CON.TRA-OR.DEM, s.f., ordem contrária, ordem oposta.
CON.TRA.POR, v.t. e pron., colocar-se contra, opor-se, enfrentar.
CON.TRA.PRO.DU.CEN.TE, s.m., resultado contrário ao esperado, improdutivo.
CON.TRA.PRO.POR, v.t. e int., apresentar algo contra, fazer nova proposta.
CON.TRAR.RE.GRA, s.c. 2 gên., profissional responsável por objetos de cena, bem como pela entrada e saída de atores num set de filmagem/palco.
CON.TRA.RI.A.DO, adj., aborrecido, desgostoso.
CON.TRA.RI.AR, v.t. e pron., ir contra, aborrecer, desgostar.
CON.TRA.RI.E.DA.DE, s.f., desgosto, aborrecimento, dificuldade, contratempo.
CON.TRÁ.RIO, adj., oposto, do contra, contraditório.
CON.TRAS.SEN.SO, s.m., besteira, tolice, disparate, absurdo.
CON.TRAS.TAR, v.t., fazer contraste, opor-se.
CON.TRAS.TE, s.m., oposição, antítese, algo que é contra uma coisa.
CON.TRA.TAR, v.t., int. e pron., fazer um contrato, empregar, dar emprego.
CON.TRA.TEM.PO, s.m., contrariedade, adversidade; compasso musical.
CON.TRA.TO, s.m., pacto, acordo, documento que registra um acordo.
CON.TRA.TU.AL, adj., referente a contrato, o que se celebra por contrato.
CON.TRA.VEN.ÇÃO, s.f., delito, crime, infração, transgressão.
CON.TRA.VE.NE.NO, s.m., antídoto, substância que anula um veneno.
CON.TRI.BU.I.ÇÃO, s.f., ação de contribuir, ajuda, pagar uma conta, auxílio.
CON.TRI.BU.IN.TE, s.c. 2 gên., e adj., quem paga contribuição.
CON.TRI.BU.IR, v.t. e int., pagar, colaborar, auxiliar, ajudar.
CON.TRI.ÇÃO, s.f., arrependimento, dor por ter pecado.
CON.TRO.LA.DO, adj., comportado, comedido, que se domina.
CON.TRO.LAR, v.t. e pron., dominar, dirigir.
CON.TRO.LE, s.m., domínio, governo, direção.
CON.TRO.VÉR.SIA, s.f., polêmica, divergência, discordância, embate.
CON.TRO.VER.SO, adj., discutível, polêmico, divergente.
CON.TRO.VER.TER, v.t., discutir, debater, opor-se, polemizar.
CON.TRO.VER.TI.DO, adj., discutido, polemizado, duvidoso.
CON.TU.DO, conj., todavia, no entanto, mas, porém.
CON.TU.MÁ.CIA, s.f., persistência, teimosia, obstinação, pertinácia.
CON.TU.MAZ, adj., teimoso, pertinaz, obstinado.
CON.TUN.DEN.TE, adj., incisivo, categórico, definitivo, decisivo.
CON.TUN.DIR, v.t., provocar contusão, machucar, ferir.
CON.TUR.BA.ÇÃO, s.f., perturbação, confusão.
CON.TUR.BAR, v.t. e pron., perturbar, confundir, atrapalhar.
CON.TU.SÃO, s.f., lesão, machucadura, ferida.
CON.VA.LES.CEN.ÇA, s.f., recuperação da saúde, melhoria da saúde.
CON.VA.LES.CER, v.t. e int., recuperar a saúde, melhorar.
CON.VEN.ÇÃO, s.f., acordo, contrato, ajuste, acerto; reunião, encontro.
CON.VEN.CER, v.t. e pron., persuadir, levar a aceitar um argumento.
CON.VEN.CI.DO, adj., persuadido.
CON.VEN.CI.O.NAR, v.t., acordar algo, estabelecer um ponto, contratar.
CON.VE.NI.AR, v.t., fazer um convênio, acordar, pactuar.
CON.VE.NI.ÊN.CIA, s.f., proveito, vantagem, privilégio; serviços por 24 horas.
CON.VE.NI.EN.TE, adj., vantajoso, útil, próprio.
CON.VÊ.NIO, s.m., acordo, ajuste, acerto para fazer negócios.
CON.VEN.TO, s.m., local onde moram e trabalham pessoas religiosas.
CON.VER.GÊN.CIA, s.f., afluência, confluência, direção para ponto único.
CON.VER.GIR, v.t.int., dirigir-se para o mesmo ponto, afluir, confluir.
CON.VER.SA, s.f., colóquio, conversação, diálogo.
CON.VER.SA.ÇÃO, s.f., ato ou efeito de conversar, conversa, fala.
CON.VER.SÃO, s.f., ato ou efeito de converter, mudar a crença, mudar uma ideia.
CON.VER.SAR, v.t. e int., falar com outros, falar, discorrer.
CON.VER.TER, v.t. e pron., mudar, transformar, mudar a direção, a crença.
CON.VÉS, s.m., superfície superior do navio.
CON.VES.CO.TE, s.m., piquenique, passeio.
CON.VE.XI.DA.DE, s.f., o que é convexo, curvatura exterior.
CON.VE.XO, adj., com curvatura na parte externa.
CON.VIC.ÇÃO, s.f., certeza, opinião.
CON.VIC.TO, adj., convencido, certo, persuadido, seguro.
CON.VI.DA.DO, s.m., quem recebeu convite.
CON.VI.DAR, v.t. e pron., solicitar o comparecimento, pedir para vir.
CON.VI.DA.TI.VO, adj., atraente, sedutor, agradável.
CON.VIR, v.t. e int., estar conforme, agradar, ser interessante, ser útil.
CON.VI.TE, s.m., ato de convidar, solicitação.
CON.VI.VA, s.c. 2 gên., quem atende a um convite, convidado.
CON.VI.VÊN.CIA, s.f., vida em comum, vida com outros, convívio.
CON.VI.VER, v e int., viver junto, viver em companhia, dar-se bem.
CON.VO.CAR, v.t., convidar, chamar, intimar.
CO.O.PE.RA.DO, s.m., sócio de uma cooperativa.
CO.O.PE.RAR, v.t., trabalhar em conjunto, ajudar, colaborar.
CO.O.PE.RA.TI.VA, s.f., associação de pessoas com interesses comuns que pretendem obter melhores preços.
CO.OR.DE.NAR, v.t. e pron., classificar, organizar, ordenar, dirigir.
CO.PA, s.f., cômodo da casa contíguo à cozinha; parte superior dos ramos das árvores; taça.
CO.PAS, s.f., pl., naipe do baralho, representado por coração vermelho.
CO.PEI.RO, s.m., serviçal doméstico para servir à mesa.
CÓ.PIA, s.f., reprodução fiel de algo, imitação.
CO.PI.AR, v.t., fazer cópia, transcrever, reproduzir.
CO.PI.LO.TO, s.m., piloto ajudante, quem ajuda na direção de algo.
CO.PI.O.SO, adj., abundante, fértil, farto.
CO.PO, s.m., recipiente arredondado para água, de vidro ou cristal.
CO.PRO.PRI.E.TÁ.RIO, s.m., quem é proprietário junto com alguém, sócio.
CÓ.PU.LA, s.f., reunião, união, coito, relação sexual.
CO.PU.LAR, v.t. e int., ligar, unir, atar, manter relação sexual, acasalar.
CO.QUE, s.m., golpe com os dedos de uma mão fechada, cocorote, cascudo; tipo de penteado; resíduo do carvão mineral.
CO.QUEI.RAL, s.m., grupo de coqueiros.
CO.QUEI.RO, s.m., tipo de palmeira que produz cocos.
CO.QUE.LU.CHE, s.m., tosse comprida, tosse que dura muito tempo; fig., ídolo popular, quem merece as preferências.
CO.QUE.TE, s.f., mulher que se arruma muito bem para ser admirada, mulher que só cuida dos aspectos físicos.
CO.QUE.TEL, s.m., reunião com serviço de bebidas; mistura de várias bebidas.
COR, s.m., entra na expressão adverbial: saber de cor - de memória, decorado.
COR, s.f., a reflexão do arco-íris, a reflexão das sete cores fundamentais; reflexo do branco e preto, aspecto, realce.
CO.RA.ÇÃO, s.m., anat., órgão central da circulação do sangue; fig., o centro dos sentimentos, amor, afeto, carinho, amizade, intimidade.
CO.RA.DO, adj., que tem cor, faces avermelhadas.
CO.RA.GEM, s.f., ousadia, energia de enfrentar tudo; sem medo.
CO.RAL, s.f., formações de minúsculos seres sobrepostos no mar; grupo de cantores; cobra coral.

CO.RAN.TE, adj., que dá cor, que tinge; substância química para tingir.
CO.RAR, v.t., int. e pron., dar cor a, tingir, colorir; quarar; ficar vermelho, enrubescer, ficar envergonhado.
COR.CEL, s.m., cavalo, cavalo que se usa em corridas.
COR.CO.VA, v.t. e s.f., corcunda, giba; defeito físico que mostra saliência nas costas ou no peito.
COR.CO.VE.AR, v.int., pular, saltar, dar pinotes.
COR.CUN.DA, s.f., curva anormal da coluna dorsal; cacunda, corcova.
COR.DA, s.f., cabo, fios entrelaçados formando um fio grosso.
COR.DA.ME, s.m., muitas cordas, cabos.
COR.DÃO, s.m., corda fina; corrente de ouro usada ao pescoço.
COR.DEI.RO, s.m., filhote de carneiro.
COR.DEL, s.m., corda fina, barbante, embira.
COR-DE-RO.SA, adj., com cor rosa, rosado.
COR.DI.AL, adj., carinhoso, amigo, sincero, cortês.
COR.DI.A.LI.DA.DE, s.f., afetuosidade, amizade, lhaneza, cortesia.
COR.DI.LHEI.RA, s.f., cadeia, sequência de montanhas, serras.
CO.RE.TO, s.m., coro pequeno, construção no meio das praças para apresentação de bandas, orquestras e corais.
CO.RIS.CAR, v.t. e int., faiscar, brilhar, brilho do relâmpago.
CO.RIS.CO, s.m., relâmpago, raio.
CO.RI.ZA, s.f., inflamação da mucosa nasal, escorrimento, secreção de muco.
COR.JA, s.f., cambada, súcia, malta, caterva.
CÓR.NEA, s.f., membrana transparente na parte anterior do olho e que pode ser transplantada de uma pessoa para outra.
COR.NE.AR, v.t., pop., trair o cônjuge no matrimônio, ser infiel.
COR.NE.TA, s.f., instrumento de sopro, clarim, buzina.
COR.NE.TEI.RO, s.m., quem toca a corneta; fig., falador, fofoqueiro.
COR.NO, s.m., chifre; pop., marido traído pela esposa.
CO.RO, s.m., grupo de pessoas que se reúnem para cantar, coral.
CO.RO.A, s.f., joia de forma circular, que os reis punham na cabeça para ostentar o seu poder; conserto de dente; arranjo de flores em forma ovalada, para defuntos; pop., pessoa que já ultrapassou a mocidade cronologicamente.
CO.RO.A.DO, adj., que tem coroa na cabeça, pessoa importante.
CO.RO.AR, v.t. e pron., colocar a coroa em; eleger, tornar rei, papa; premiar.
CO.RO.CA, adj., gagá, caduco, muito velho.
CO.RO.I.NHA, s.m., acólito, menino que serve o sacerdote durante a missa.
CO.RO.LA, s.f., o todo das pétalas de uma flor.
CO.RO.LÁ.RIO, s.m., resultado, demonstração segura de algo já provado.
CO.RO.NÁ.RIA, s.f., cada uma das artérias que levam sangue ao coração.
CO.RO.NEL, s.m., oficial do Exército ou da Polícia Militar; fazendeiro rico e dominador; caudilho.
CO.RO.NHA, s.f., parte de arma de fogo, na qual se pega para atirar.
CO.RO.NHA.DA, s.f., golpe com a coronha.
COR.PAN.ZIL, s.m., corpo grande, corpaço.
COR.PO, s.m., tudo que ocupa algum espaço, objeto sólido; estrutura física humana ou animal.
COR.PO.RA.ÇÃO, s.f., grupo de pessoas associadas com normas únicas, associação; na Idade Média, grupo de pessoas com a mesma profissão.
COR.PO.RAL, adj., referente ao corpo.
COR.PO.RA.TI.VIS.MO, s.m., sistema que privilegia as corporações.
COR.PÓ.REO, adj., corporal, material, dentro de um corpo sólido.
COR.PO.RI.FI.CAR, v.t. e pron., dar corpo a, colocar em um corpo.
COR.PU.LEN.TO, adj., que tem um corpo grande, agigantado.
COR.PÚS.CU.LO, s.m., corpo pequeno, corpinho, unidade mínima de matéria.

COR.RE.ÇÃO, s.f., ação ou efeito de corrigir, emenda, conserto; pena, castigo.
COR.RE.DEI.RA, s.f., desnível no leito de um rio de montanha, no qual as águas correm com mais velocidade; termo indígena - itoupava.
COR.RE.DOR, s.m., quem corre; acesso interno aos quartos nas residências.
CÓR.RE.GO, s.m., riacho, arroio, regato, ribeiro, rego.
COR.REI.A, s.f., tira de couro para amarrar; no carro, tira metálica para puxar, movimentar peças do motor.
COR.REI.O, s.m., órgão público que movimenta a correspondência e encomendas das pessoas.
COR.RE.LA.ÇÃO, s.f., relação recíproca entre duas pessoas ou coisas.
COR.RE.LA.CI.O.NAR, v.t., ligar, relacionar duas pessoas entre si.
COR.RE.LI.GI.O.NÁ.RIO, s.m., companheiro, colega, partidário.
COR.REN.TE, adj., que corre, usual, comum, diário; s.f., correnteza, caudal, rio de montanha; energia elétrica; correia de elos metálicos.
COR.REN.TE.ZA, s.f., rio de montanha, caudal, corrente, ponto do rio onde as águas correm mais depressa.
COR.REN.TIS.TA, s.c. 2 gên., quem tem uma conta bancária.
COR.RER, v.t. e int., andar com velocidade, caminhar depressa.
COR.RE.RI.A, s.f., confusão, baderna, corrida confusa e ruidosa.
COR.RES.PON.DÊN.CIA, s.f., aceitação mútua entre duas pessoas; remessa de cartas, telegramas, fax.
COR.RES.PON.DEN.TE, adj., próprio, adequado; s.m., quem manda correspondência, quem escreve; jornalista, repórter.
COR.RES.PON.DER, v.t., int. e pron., correlacionar-se com alguém, ser adequado, relacionar-se com outrem, satisfazer às expectativas.
COR.RE.TI.VO, adj., que corrige; líquido para apagar algo errado; s.m., castigo.
COR.RE.TO, adj., exato, certo, justo, corrigido, acertado.
COR.RE.TOR, s.m., quem corrige; vendedor de imóveis ou seguros.
COR.RE.TO.RA, s.f., empresa financeira que atua no mercado de capitais.
COR.RÉU, s.m., participante de um mesmo crime.
COR.RI.DA, s.f., competição de rapidez, ato de correr.
COR.RI.GIR, v.t. e pron., consertar, reparar, emendar, acertar, retificar; castigar.
COR.RI.MÃO, s.m., apoio que acompanha a escada para colocar a mão.
COR.RI.MEN.TO, s.m., secreção, escorrimento.
COR.RI.O.LA, s.f., corja, bando, quadrilha, cambada.
COR.RI.QUEI.RO, adj., comum, usual, trivial, diário.
COR.RO.BO.RAR, v.t. e pron., reforçar, argumentar, confirmar.
COR.RO.ER, v.t., roer aos poucos, gastar, danificar, destruir aos poucos.
COR.ROM.PER, v.t. e pron., estragar, apodrecer, perverter, depravar.
COR.RUP.ÇÃO, s.f., ato ou efeito de corromper, depravação, destruição moral.
COR.RUP.TE.LA, s.f., pequeno erro, engano.
COR.RUP.TÍ.VEL, adj., que pode ser corrompido.
COR.RUP.TO, adj., corrompido, pervertido, devasso.
COR.TA.DO, adj., que recebeu um corte, decepado, destacado, afastado.
COR.TAN.TE, adj., afiado, com muito corte.
COR.TAR, v.t., int. e pron., decepar, separar com objeto afiado, ferir, dividir, reduzir, tolher.
COR.TE, s.f., incisão, fio, supressão; cortejo do rei, palácio onde mora o rei.
COR.TE.JA.DOR, s.m., quem namora, galanteador, quem quer namorar com.
COR.TE.JAR, v.t., cumprimentar, elogiar, fazer a corte a, pretender namorar.
COR.TE.JO, s.m., séquito, acompanhamento, grupo de pessoas.

COR.TÊS, *adj.*, educado, fino, gentil, polido.
COR.TE.SI.A, *s.f.*, gentileza, nobreza, educação, polidez.
CÓR.TEX, *s.m.*, cortiça, casca de árvore.
COR.TI.ÇA, *s.f.*, casca de árvore usada para fazer rolhas para vinho.
COR.TI.ÇO, *s.m.*, caixa para as abelhas montarem sua casa, colmeia; amontoada do casebres; conjunto de pessoas miseráveis morando juntas.
COR.TI.NA, *s.f.*, peça de tecido para cobrir as janelas, serve para vedar o sol ou como adorno.
COR.TI.NAR, *v.t.*, colocar cortinas.
CO.RU.JA, *s.f.*, nome de várias aves de rapina de hábitos noturnos; pais corujas, os que exageram nos cuidados com os filhos.
COR.VO, *s.m.*, ave com penas e bico pretos, vive na Europa.
CÓS, *s.m.*, tira de tecido na cintura.
CO.SER, *v.t.*, *int.* e *pron.*, costurar, ligar, unir.
COS.MÉ.TI.CO, *s.f.*, produto de beleza para a pele ou cabelos.
COS.MO, *s.m.*, universo.
COS.MO.NAU.TA, *s.c. 2 gên.*, astronauta, navegador do cosmo.
COS.MO.NÁU.TI.CA, *s.f.*, o que compreende as navegações no espaço, astronáutica.
COS.MO.NA.VE, *s.f.*, nave que anda no cosmo, espaçonave.
COS.MO.PO.LI.TA, *s.c. 2 gên.*, cidadão do mundo, habitante da Terra toda.
COS.TA, *s.f.*, praia, litoral, parte da terra que bate no mar.
COS.TA.DO, *s.m.*, costas; parte externa dos navios.
COS.TAS, *s.f. pl.*, dorso, a parte posterior do corpo humano.
COS.TE.AR, *v.t.* e *int.*, navegação de cabotagem, navegar ao lado da costa.
COS.TE.LA, *s.f.*, os vários ossos que formam a caixa torácica.
COS.TE.LA.DA, *s.f.*, porção de costela bovina assada no carvão em brasa.
COS.TE.LE.TA, *s.f.*, nos dois lados, até meia face a barba crescida, suíças.
COS.TU.MAR, *v.t.*, *int.* e *pron.*, ter como hábito, costume.
COS.TU.ME, *s.m.*, hábito, vezo, modo de agir, procedimento, tradição.
COS.TU.MEI.RO, *adj.*, habitual.
COS.TU.RA, *s.f.*, ato de costurar, cosimento.
COS.TU.RAR, *v.t.* e *int.*, coser, ligar com fios e agulha, unir, ligar.
COS.TU.REI.RA, *s.f.*, mulher que costura.
CO.TA, *s.f.*, quota, quantia, quantidade.
CO.TA.ÇÃO, *s.f.*, valor, preço.
CO.TAR, *v.t.*, estabelecer o preço, valorizar.
CO.TE.JAR, *v.t.*, comparar, confrontar.
CO.TI.DI.A.NO, *adj.*, diário, de todo dia, quotidiano.
CO.TIS.TA, *adj.*, que tem cotas, quotista.
CO.TI.ZAR, *v.t.* e *pron.*, dividir em cotas.
CO.TO, *s.m.*, parte final de uma vela; toco; parte que sobra de um membro amputado.
CO.TÓ, *s.m.*, animal com rabo cortado.
CO.TO.NE.TE, *s.m.*, palito com chumaço de algodão nas pontas.
CO.TO.VE.LA.DA, *s.f.*, golpe com os cotovelos.
CO.TO.VE.LAR, *v.t.*, *int.* e *pron.*, acotovelar, golpear com o cotovelo.
CO.TO.VE.LO, *s.m.*, junção do braço com o antebraço; conexão curva para tubos, canos.
COU.RA.ÇA, *s.f.*, armação metálica para proteger o peito e as costas, colete; proteção.
COU.RA.ÇA.DO, *s.m.*, navio de grande porte, com proteção metálica.

COU.RO, *s.m.*, pele que protege o corpo de muitos animais.
COU.VE, *s.f.*, planta, verdura de muito uso na cozinha.
COU.VE-FLOR, *s.f.*, tipo de couve de que se comem as flores.
CO.VA, *s.f.*, buraco, abertura no solo; sepultura, armadilha.
CO.VAR.DE, *adj.*, cobarde, medroso, sem coragem.
CO.VAR.DI.A, *s.f.*, medo, temor, cobardia.
CO.VEI.RO, *s.m.*, quem abre covas; quem abre a cova para a sepultura; *fig.*, azarão.
CO.VIL, *s.m.*, local onde se abrigam as feras, toca; centro, antro de ladrões.
CO.XA, *s.f.*, parte entre o joelho e o quadril; *pop.*, obter nas coxas - com facilidade.
CO.XE.AR, *v.int.*, mancar, andar com dificuldade.
CO.XO, *adj.*, manco, perneta.
CO.ZER, *v.t.* e *int.*, cozinhar.
CO.ZI.DO, *adj.*, o que foi cozinhado; *s.m.*, prato com verduras e carne cozidas.
CO.ZI.NHA, *s.f.*, cômodo da casa onde se faz a comida.
CO.ZI.NHAR, *v.t.* e *int.*, cozer, preparar alimentos com a ação do calor.
CO.ZI.NHEI.RO, *s.m.*, homem profissional na arte de cozinhar.
CRA.CHÁ, *s.m.*, cartão fixo no peito, identificando o indivíduo.
CRÂ.NIO, *s.m.*, caixa óssea que protege o cérebro na cabeça; *fig.*, pessoa inteligente, mentor.
CRÁ.PU.LA, *adj.* e *s.c. 2 gên.*, safado, canalha, cafajeste.
CRA.QUE, *s.m.*, jogador de qualquer esporte com muita habilidade; pessoa exímia em sua profissão.
CRA.SE, *s.f.*, fusão do artigo feminino "a" com a preposição "a", indicada pelo sinal gráfico "`", ou seja, sinal grave.
CRA.SE.AR, *v.t.*, colocar a crase.
CRAS.SO, *adj.*, enorme, grande, cerrado.
CRA.TE.RA, *s.f.*, abertura do vulcão por onde saem lavas e fumaça; *fig.*, buraco grande.
CRA.VAR, *v.t.* e *pron.*, enfiar, penetrar, colocar dentro.
CRA.VO, *s.m.*, prego, prego grande; flor do craveiro, usada como tempero; instrumento de corda semelhante ao piano.
CRE.CHE, *s.f.*, casa para as mães deixarem os filhos enquanto trabalham.
CRE.DEN.CI.AIS, *s.f. pl.*, documento que oficializa a representação de um diplomata; documento para se entrar em lugares oficiais.
CRE.DI.Á.RIO, *s.m.*, sistema pelo qual a pessoa pode comprar a crédito, pagando em prestações.
CRE.DI.TAR, *v.t.*, dar como crédito; colocar na conta bancária de.
CRÉ.DI.TO, *s.m.*, confiança, crença; fama de que pode comprar para pagar depois ou em prestações; fé, confiança.
CRE.DO, *s.m.*, profissão pública da fé.
CRE.DOR, *s.m.*, quem tem a receber uma dívida.
CRÉ.DU.LO, *adj.*, ingênuo, tolo, inocente.
CRE.MAR, *v.t.*, incinerar cadáveres, queimar cadáveres.
CRE.MA.TÓ.RIO, *s.m.*, forno para incinerar mortos.
CRE.ME, *s.m.*, nata, parte gorda do leite; doce.
CRE.MO.SO, *adj.*, com muito creme.
CREN.ÇA, *s.f.*, fé, credo, fé religiosa.
CREN.DI.CE, *s.f.*, crença religiosa sem fundamento, fé popular.
CREN.TE, *adj.* e *s.c. 2 gên.*, que acredita; quem confessa uma crença.
CRE.O.LI.NA, *s.f.*, substância com cheiro forte usada para limpeza.
CRE.PI.TAR, *v.int.*, ruído da madeira ao se queimar.
CRE.POM, *s.m.*, tipo de papel de seda enrugado.
CRE.PUS.CU.LAR, *adj.*, referente ao crepúsculo.

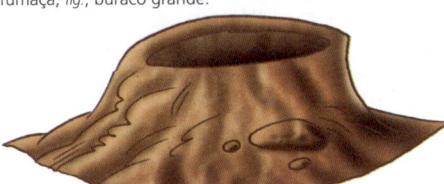

CREPÚSCULO

CRE.PÚS.CU.LO, *s.m.*, lusco-fusco, os momentos do amanhecer e anoitecer em que há meia-luz; *fig.*, fim, declínio, os últimos tempos.
CRER, *v.t., int. e pron.*, acreditar, julgar, reputar, supor, achar, pensar.
CRES.CEN.TE, *s.m.*, quarto crescente da lua; o que cresce; forma de meia-lua.
CRES.CER, *v.int.*, aumentar o volume, tamanho, dimensão; avolumar-se.
CRES.CI.MEN.TO, *s.m.*, ato ou efeito de crescer, desenvolvimento.
CRES.PO, *adj.*, áspero, cabelo anelado.
CRES.TAR, *v.t. e pron.*, chamuscar, queimar de leve, ressecar, amorenar.
CRE.TI.NIS.MO, *s.m.*, burrice, tolice, cretinice, asneira.
CRE.TI.NO, *adj.*, idiota, tolo, bobo, palerma, imbecil.
CRE.TO.NE, *s.m.*, tipo de tecido forte de algodão.
CRI.A, *s.f.*, filhote, animal que mama.
CRI.A.ÇÃO, *s.f.*, ato ou efeito de criação, todos os seres e obras criadas; todos os animais domésticos de uma casa.
CRI.A.DA.GEM, *s.f.*, o grupo de criados de uma casa.
CRI.A.DO, *adj.*, empregado doméstico, empregado particular.
CRI.A.DO-MU.DO, *s.m.*, móvel com mesinha e gavetas no quarto de dormir.
CRI.A.DOR, *s.m.*, quem cria, quem inventa, quem faz novo.
CRI.AN.ÇA, *s.f.*, infante, ser humano na época da infância até os 12 anos.
CRI.AN.ÇA.DA, *s.f.*, bando de crianças.
CRI.AN.CI.CE, *s.f.*, infantilidade, atos próprios de criança, imaturidade.
CRI.AN.ÇO.LA, *s.m.*, comportamento de criança.
CRI.AR, *v.t. e pron.*, formar do nada, engendrar, inventar, educar, alimentar.
CRI.A.TI.VI.DA.DE, *s.f.*, arte de criar, arte de inventar, capacidade de criar.
CRI.A.TI.VO, *adj.*, inventivo, fértil, produtivo.
CRI.A.TU.RA, *s.f.*, todo ser criado, ente, vivente.
CRI.CRI, *s.m.*, voz do galo, tipo chato, tipo impertinente.
CRI.ME, *s.m.*, violação de uma lei penal; delito, infração.
CRI.MI.NA.LI.DA.DE, *s.f.*, típico de criminoso, qualidade de praticar o crime.
CRI.MI.NA.LIS.TA, *s.c. 2 gên.*, especialista na área dos crimes; advogado especializado em defender criminosos.
CRI.MI.NO.LO.GI.A, *s.f.*, ciência que enfoca o estudo dos crimes e criminosos.
CRI.MI.NO.SO, *adj. e s.m.*, autor de crimes.
CRI.NA, *s.f.*, pelos longos no pescoço de vários animais, sobretudo do cavalo.
CRI.OU.LO, *s.m.*, indivíduo da raça negra; linguist., dialeto português falado em ex-possessões portuguesas da África; descendente de negro; raça negra.
CRI.SÂN.TE.MO, *s.m.*, tipo de flor de várias cores.
CRI.SE, *s.f.*, qualquer perturbação no curso normal da existência, alteração, crise econômica, financeira, de saúde.
CRIS.MA, *s.f.*, óleo que o bispo católico consagra na catedral para uso com os sacramentos; *s.f.*, efetivação do sacramento da confirmação.
CRIS.MAR, *v.t. e pron.*, dar a crisma.
CRI.SOL, *s.m.*, pequeno forno para derreter metais.
CRIS.PAR, *v.t. e pron.*, enrugar, franzir o semblante.
CRIS.TA, *s.f.*, saliência carnosa nos galináceos; cume, parte mais alta da onda; estar na crista - ser conhecido, saliente.
CRIS.TAL, *s.m.*, pedra transparente ou branca; tipo de vidro com chumbo, que atinge uma beleza pela transparência.
CRIS.TA.LEI.RA, *s.f.*, guarda-louça com a porta de vidro para colocar objetos de cristal.
CRIS.TA.LI.NO, *adj.*, transparente, puro, límpido; *s.m.*, parte do olho que regula a visão.
CRIS.TA.LI.ZA.DO, *adj.*, fruta seca com açúcar.
CRIS.TA.LI.ZAR, *v.t., int. e pron.*, mudar-se em cristal.
CRIS.TÃO, *adj. e s.m.*, quem segue os ensinamentos de Cristo; adepto do cristianismo.
CRIS.TI.A.NIS.MO, *s.m.*, doutrina de Jesus Cristo.
CRIS.TI.A.NI.ZAR, *v.t.*, tornar cristão, trazer para a lei cristã.
CRIS.TO, *s.m.*, o ungido do Senhor, a imagem de Jesus; *fig.*, sofredor.

CRI.TÉ.RIO, *s.m.*, parâmetro, medida para distinguir o certo do errado.
CRI.TE.RI.O.SO, *adj.*, ajuizado, justo, sensato.
CRÍ.TI.CA, *s.f.*, arte de julgar, senso e escolher entre o que é bom e ruim, exame.
CRI.TI.CAR, *v.t.*, examinar, julgar, verificar, distinguir o belo do feio, censurar.
CRÍ.TI.CO, *adj.*, perigoso, ponto exato; *s.m.*, quem critica, quem julga.
CRI.VAR, *v.t. e pron.*, fazer um crivo, examinar com detalhes; encher, furar muito.
CRÍ.VEL, *adj.*, que pode ser aceito, em que se pode acreditar, acreditável.
CRI.VO, *s.m.*, peneira, coador, peneira metálica; *fig.*, exame detalhado.
CRO.CAN.TE, *adj.*, leve, que faz barulho ao ser mastigado.
CRO.CHÊ, *s.m.*, tipo de renda que se confecciona com uma agulha especial.
CRO.CO.DI.LO, *s.m.*, grande réptil anfíbio de local de clima quente.
CRO.MÁ.TI.CO, *adj.*, referente a cores.
CRO.MA.TIS.MO, *s.m.*, disposição das cores em um campo.
CRÔ.NI.CA, *s.f.*, narrativa histórica; história dos reis; artigo enfocando um fato do cotidiano, relato.
CRÔ.NI.CO, *adj.*, antigo, de muito tempo; que retorna de vez em quando.
CRO.NIS.TA, *s.c. 2 gên.*, quem escreve crônicas.
CRO.NO.GRA.MA, *s.m.*, desenho das várias etapas de um trabalho.
CRO.NO.LO.GI.A, *s.f.*, estudo sistemático do tempo, em suas variações.
CRO.NO.ME.TRAR, *v.t.*, marcar com o relógio a duração de um ato.
CRO.NÔ.ME.TRO, *s.m.*, aparelho para medir o tempo, relógio de precisão.
CRO.QUE.TE, *s.m.*, bolinho de carne, carne moída e preparada em forma de bola.
CRO.QUI, *s.m.*, esboço, projeto, desenho detalhado.
CROS.TA, *s.f.*, camada externa de qualquer corpo, casca.
CRU, *adj.*, que não foi cozido; duro, seco, áspero.
CRU.CI.AL, *adj.*, referente a cruz, difícil, cruel.
CRU.CI.AN.TE, *adj.*, aflitivo, angustiante, que tortura.
CRU.CI.FI.CA.ÇÃO, *s.f.*, ação ou efeito de crucificar; suplício, tortura.
CRU.CI.FI.CAR, *v.t.*, pregar na cruz, torturar, fazer sofrer muito, atormentar.
CRU.CI.FI.XO, *s.m.*, reprodução da imagem de Jesus Cristo pregado na cruz.
CRU.EL, *adj.*, implacável, selvagem, monstruoso, torturador.
CRU.EL.DA.DE, *s.f.*, qualidade de quem é cruel, selvageria.
CRU.EN.TO, *adj.*, em que há sangue, sanguinário.
CRU.E.ZA, *s.f.*, crueldade; o que é cru.
CRUZ, *s.f.*, figura formada por duas hastes de madeira unidas ao meio, sinal da religião cristã; dificuldades, dor.
CRU.ZA.DA, *s.f.*, expedições militares na Idade Média, para reaver a posse da Palestina contra os maometanos; luta em prol de.
CRU.ZA.DO, *s.m.*, tipo de navio de guerra.
CRU.ZA.MEN.TO, *s.m.*, ato ou efeito de cruzar; ponto de encontro de caminhos, encruzilhada; acasalamento de animais.
CRU.ZAR, *v.t. e pron.*, colocar em forma de cruz, atravessar; provocar acasalamento entre animais.
CRU.ZEI.RO, *s.m.*, grande cruz; trajeto recreativo de um navio.
CRU.ZE.TA, *s.f.*, pequena cruz, peça do motor do carro.
CU, *s.m.*, ânus, orifício por onde se escoam as fezes.
CU.BA, *s.f.*, vasilha grande, caldeira.
CU.BA.NO, *adj. e s.m.*, referente ou natural de Cuba.
CU.BAR, *v.t.*, pôr no cubo.
CU.BI.CAR, *v.t. e int.*, procurar o volume de um corpo, cubar.
CU.BÍ.CU.LO, *s.m.*, cela, quarto pequeno, cela de cadeia.

CU.BIS.MO, *s.m.,* escola de pintura em que os objetos são representados sob formas geométricas.
CÚ.BI.TO, *s.m.,* osso que, junto com o rádio, forma o antebraço.
CU.BO, *s.m.,* sólido contornado por seis faces quadradas iguais.
CU.CA, *s.f.,* bicho-papão; mestre de cozinha; um tipo de bolo no Vale do Itajaí.
CU.CO, *s.m.,* ave europeia emigratória; relógio imitando-lhe a voz.
CU.CUR.BI.TÁ.CEAS, *s.f. pl.,* plantas rastejantes como as que produzem abóboras, melões, melancias...
CU DE FER.RO, *s.m., gíria,* caxias, quer tudo, obcecado pelo compromisso.
CU-DO.CE, *s.c. 2 gên.,* tipo dado a exigir luxos de que não pode dispor.
CU.E.CA, *s.f.,* peça íntima da vestimenta masculina.
CU.EI.RO, *s.m.,* fralda.
CUI.A, *s.f.,* tipo de cabaça que se corta ao meio e serve como vasilha, cuia para chimarrão.
CUI.A.BA.NO, *s.m.* e *adj.,* referente ou natural de Cuiabá.
CU.Í.CA, *s.f.,* um tipo de tambor usado para marcar o ritmo em sambas.
CUI.DA.DO, *adj.,* vigiado, assistido; *s.m.,* atenção, cautela, desvelo, zelo.
CUI.DA.DO.SO, *adj.,* desvelado, preocupado, atencioso, zeloso.
CUI.DAR, *v.t, int.* e *pron.,* imaginar, achar; zelar, velar, preocupar-se.
CU.JO, *pron. rel.,* de quem, de que.
CU.LA.TRA, *s.f.,* parte posterior de uma arma de fogo.
CU.LI.NÁ.RIA, *s.f.,* arte de cozinhar; habilidades demonstradas na cozinha.
CUL.MI.NÂN.CIA, *s.f.,* o ponto mais elevado, pico, cume, auge, clímax.
CUL.MI.NAN.TE, *adj.,* o mais alto.
CUL.MI.NAR, *v.t.* e *int.,* alcançar o ponto mais alto, terminar, acabar.
CUL.PA, *s.f.,* ação contra alguma lei, infração, delito, crime.
CUL.PA.DO, *adj.,* que praticou um delito, acusado.
CUL.PAR, *v.t.* e *pron.,* acusar, atribuir a alguém culpa.
CUL.TI.VAR, *v.t.* e *pron.,* plantar, preparar a terra para plantar, amanhar; cultuar.
CUL.TI.VO, *s.m.,* preparo da terra, amanho.
CUL.TO, *adj.,* que tem cultura, instruído, erudito; *s.m.,* cerimônia religiosa.
CUL.TU.AR, *v.t.,* render culto, venerar, admirar.
CUL.TU.RA, *s.f.,* modo de cultivar a terra e as plantas; desenvolvimento intelectual, sabedoria, conhecimento.
CU.ME, *s.m.,* ponto mais elevado, pico, cimo.
CÚM.PLI.CE, *s.m.,* quem acompanhou em uma infração, comparsa, assecla.
CUM.PRI.DO, *adj.,* efetuado, realizado, concluído.
CUM.PRI.MEN.TAR, *v.t.* e *int.,* saudar, enviar cumprimentos.
CUM.PRIR, *v.t., int.* e *pron.,* executar, fazer, realizar.
CU.MU.LAR, *v.t.* e *pron.,* acumular, doar muito, encher de.
CÚ.MU.LO, *s.m.,* amontoado de coisas, o máximo, o ponto mais alto.
CU.NEI.FOR.ME, *adj.,* com forma de cunha, escrita dos assírios.
CU.NHA, *s.f.,* calço, ponta de ferro ou de madeira usada para rachar algo.
CU.NHA.DO, *s.m.,* irmão de um dos cônjuges com referência ao outro.
CU.NHA.GEM, *s.f.,* ato de fabricar moedas.
CU.NHAR, *v.t.,* imprimir, gravar, estampar moeda, fabricar moedas.
CU.NHO, *s.m.,* peça de metal duro para gravar moedas ou objetos; impressão de um sinal em moedas e medalhões; selo, sinete, símbolo, sinal.
CU.NI.CUL.TU.RA, *s.f.,* cultura de coelhos, criação de coelhos.
CU.PÊ, *s.m.,* carro com duas portas.
CU.PI.DEZ, *s.f.,* ambição, ganância, desejo.
CU.PI.DO, *s.m.,* deus do amor, personificação do amor.
CU.PIM, *s.m.,* inseto que se alimenta de madeira, corcova do zebu.
CU.PIN.CHA, *s.c. 2 gên.,* comparsa, colega.
CU.POM, *s.m.,* cupão, a parte descartável de um documento, ação, bilhete de entrada.
CÚ.PU.LA, *s.f.,* abóbada; chefes, dirigentes.
CU.RA, *s.f.,* ação ou efeito de curar, recuperação da saúde; *s.m.,* padre vigário.
CU.RA.DO, *adj.,* sarado, com saúde de novo.
CU.RA.DOR, *s.m.,* pessoa designada por juiz para administrar a vida e os bens de alguém incapaz.
CU.RAN.DEI.RIS.MO, *s.m.,* ofício de curandeiro, atividades de curandeiro.
CU.RAN.DEI.RO, *s.m.,* quem pratica a medicina sem diploma.
CU.RAR, *v.t., int.* e *pron.,* sarar, sanar, devolver a saúde.
CU.RA.RE, *s.m.,* veneno muito forte dos índios sul-americanos.
CU.RA.TI.VO, *adj.,* próprio da cura; *s.m.,* colocação de remédios para curar.
CÚ.RIA, *s.f.,* conjunto de pessoas que formam a administração do Vaticano em conjunto com o Papa.
CU.RIN.GA, *s.m.,* carta do baralho que se pode usar em qualquer situação.
CU.RI.Ó, *s.m.,* pássaro canoro muito disputado pela voz.
CU.RI.O.SI.DA.DE, *s.f.,* desejo muito forte de saber, descobrir as coisas.
CU.RI.O.SO, *adj.,* desejoso de aprender, saber; indiscreto.
CU.RI.TI.BA.NO, *adj.* e *s.m.,* referente ou natural de Curitiba.
CUR.RA, *s.m.,* violência sexual, estupro com a participação de vários.
CUR.RAL, *s.m.,* local para abrigar o gado.
CUR.RAR, *v.int.,* estuprar violentamente.
CUR.RÍ.CU.LO, *s.m.,* carreira; todas as matérias que compõem o estudo de um curso escolar.
CUR.RI.CU.LUM VI.TAE, *s.m.,* todos os dados que se registram na vida de uma pessoa; identificação, estudos, experiências profissionais, hobbies, e outros.
CUR.SAR, *v.t.* e *int.,* estudar, seguir o curso de uma escola, andar.
CUR.SI.NHO, *s.m.,* curso montado para preparar o estudante para o vestibular.
CUR.SI.VO, *s.m.,* letra manuscrita.
CUR.SO, *s.m.,* percurso, caminho, rota; determinado estudo.
CUR.TI.ÇÃO, *s.f., gíria,* sentir prazer, usufruir, gozar.
CUR.TIR, *v.t.* e *int.,* preparar o couro, preparar comidas com temperos fortes, desfrutar ao máximo.
CUR.TO, *adj.,* comprimento pequeno, breve, escasso, rápido.
CUR.TO-CIR.CUI.TO, *s.m.,* encontro de dois fios eletrizados, provocando um estouro e fogo.
CUR.TU.ME, *s.m.,* indústria para curtir couros.
CUR.VA, *s.f.,* sinuosidade, forma de arco.
CUR.VAR, *v.t.* e *pron.,* tornar curvo, vergar, entortar.
CUR.VA.TU.RA, *s.f.,* inclinação.
CUR.VI.LÍ.NEO, *adj.,* com linhas curvas.
CUR.VO, *adj.,* inclinado, vergado, arcado.
CUS.CUZ, *s.m.,* tipo de comida brasileira feita à base de milho, farinha de mandioca, arroz.
CUS.PIR, *v.t.* e *int.,* lançar saliva.
CUS.PO, *s.m.,* saliva, cuspe.
CUS.TA, *s.f.,* despesa.
CUS.TAR, *v.t.* e *int.,* ter preço, ter despesa.
CUS.TAS, *s.f. pl.,* despesas, o preço de uma compra.
CUS.TE.AR, *v.t.,* pagar, fornecer meios para saldar.
CUS.TEI.O, *s.m.,* o total de despesas feitas com algo.
CUS.TO, *s.m.,* o que se paga por uma aquisição, valor em moeda.
CUS.TÓ.DIA, *s.f.,* guardar um ser ou um objeto; proteção.
CUS.TO.DI.AR, *v.t.,* guardar, proteger.
CUS.TO.SO, *adj.,* muito caro, com muitas despesas.
CU.TÂ.NEO, *adj.,* próprio da pele.
CU.TE.LEI.RO, *s.m.,* quem fabrica objetos cortantes, como facas, facões.
CU.TE.LO, *s.m.,* qualquer objeto cortante, faca, facão.
CU.TI.A, *s.f.,* um roedor de pelo rijo.
CU.TÍ.CU.LA, *s.f.,* pelezinha que salta ao redor das unhas.
CÚ.TIS, *s.f.,* pele humana, pele do rosto, epiderme, tez.
CU.TU.CÃO, *s.m.,* empurrão, batida no outro.
CU.TU.CAR, *v.t.,* tocar alguém, acotovelar.
CZAR, *s.m.,* título do imperador da Rússia, original de César.

D, quarta letra e terceira consoante do á-bê-cê português; nos números romanos D = 500.
DA, combinação da preposição *de* com o artigo *a*.
DÁ.DI.VA, *s.f.*, presente, dom, donativo, favor, graça.
DA.DI.VO.SO, *adj.*, generoso, caridoso, bondoso, amigo.
DA.DO, *adj.*, ofertado, habituado, cortês, afável; *s.m.*; cubinho usado para certos jogos, com pontos marcados em cada uma das seis faces de 1 a 6.
DA.Í, *adv.*, então, a partir de.
DÁ.LIAS, *s.f.*, tipo de flores com várias cores, de nossos jardins.
DÁL.MA.TA, *s.m.*, tipo de cão de raça de tamanho avantajado, pelo curto, malhas pretas ou castanhas.
DAL.TO.NIS.MO, *s.m.*, defeito na visão que inibe a pessoa de distinguir entre cores, como vermelho e verde.
DA.MA, *s.f.*, senhora, mulher casada, mulher da nobreza; peça do xadrez (jogo).
DA.MAS.CO, *s.m.*, fruto do damasqueiro.
DA.NA.ÇÃO, *s.f.*, ato ou efeito de danar, fúria, raiva.
DA.NA.DO, *adj.*, furioso, furibundo, zangado, irado, raivoso.
DA.NAR, *v.t.*, *int.* e *pron.*, irritar, enraivecer; provocar dano em; levar ao inferno.
DAN.ÇA, *s.f.*, ação de dançar, baile, sequência de ritmos seguidos com os passos.
DAN.ÇAR, *v.int.*, movimentar o corpo seguindo o ritmo musical; bailar.
DAN.CE.TE.RI.A, *s.f.*, local no qual se dança; local público para a dança.
DÂN.DI, *s.m.*, quem procura se vestir com muita elegância, janota, almofadinha.
DA.NI.FI.CAR, *v.t.*, prejudicar, provocar um dano, destruir.
DA.NI.NHO, *adj.*, que provoca dano, peralta, nocivo, ervas daninhas.
DA.NO, *s.m.*, prejuízo, destruição, incômodo.
DAR, *v.t.*, *int.* e *pron.*, oferecer, doar, ofertar, ceder algo gratuitamente, entregar.
DAR.DO, *s.m.*, antiga arma com ponta de ferro.
DAR.VI.NIS.MO, *s.m.*, teoria de Charles Darwin, estabelecendo a origem das espécies.
DA.TA, *s.f.*, dia e hora marcados.
DA.TAR, *v.t.*, marcar o dia, indicar o dia.
DA.TI.LO.GRA.FAR, *v.t.*, escrever à máquina.
DA.TI.LO.GRA.FI.A, *s.f.*, habilidade de escrever à máquina.
DA.TI.LÓ.GRA.FO, *s.m.*, pessoa que sabe escrever à máquina.
DE, *prep.*, traduz várias relações entre duas palavras, como posse, lugar, tempo, causa e outras.
DE.BAI.XO, *adv.*, parte inferior, sob.
DE.BAL.DE, *adv.*, em vão, inutilmente, sem resultado.
DE.BAN.DA.DA, *s.f.*, saída de forma, fuga.
DE.BAN.DAR, *v.t.*, *int.* e *pron.*, sair de forma, espalhar-se, fugir, sair correndo.
DE.BA.TE, *s.m.*, disputa, discussão, troca de ideias.
DE.BA.TER, *v.t.*, *int.* e *pron.*, discutir, argumentar; sacudir-se, pular.
DE.BE.LAR, *v.t.*, extinguir, acabar, apagar um fogo, vencer, terminar.
DÉ.BIL, *adj.*, fraco, frágil, suave, leve, imperceptível.
DE.BI.LI.DA.DE, *s.f.*, fraqueza, falta de forças.
DE.BI.LI.TAR, *v.t.*, tornar fraco, enfraquecer, perder as forças.
DE.BI.LOI.DE, *adj.*, quem tem forma e jeito de débil, imbecil, idiota.
DE.BI.TAR, *v.t.* e *pron.*, colocar na conta de alguém, cobrar, tornar alguém devedor.
DE.BI.TO, *s.m.*, dívida, o ato de dever.
DE.BO.CHA.DO, *adj.*, alguém irônico, cínico, desavergonhado.
DE.BO.CHAR, *v.t.* e *pron.*, rir-se de alguém, troçar de alguém, ironizar, ridicularizar.
DE.BO.CHE, *s.f.*, cinismo, sem-vergonhice, troça, zombaria.
DE.BRU.ÇAR, *v.t.* e *pron.*, ajeitar-se de bruços, colocar-se com o rosto para o chão, inclinar-se.
DE.BU.LHA.DOR, *s.m.*, máquinas para debulhar grãos, sobretudo milho.
DE.BU.LHAR, *v.t.*, separar os grãos, tirar os grãos de milho do sabugo.
DE.BU.TAN.TE, *s.f.*, adolescente que estreia aos quinze anos com baile junto à sociedade, iniciante.
DE.BU.TAR, *v.int.*, estrear, iniciar na vida social.
DÉ.CA.DA, *s.f.*, dez anos, dez números, decênio.
DE.CA.DÊN.CIA, *s.f.*, o que cai, decai, decresce, perde a validade, extinção.
DE.CA.Í.DO, *adj.*, prostrado, caído, largado.
DE.CA.IR, *v.int.*, perder a posição, regredir, diminuir.
DE.CAL.CAR, *v.t.*, fazer um desenho, colocando sobre o original e transcrevendo.
DE.CA.LI.TRO, *s.m.*, medida para dez litros, vasilhame que comporta dez litros.
DE.CÁ.LO.GO, *s.m.*, os dez mandamentos bíblicos.
DE.CAL.QUE, *s.m.*, desenho feito por decalque.
DE.CÂ.ME.TRO, *s.m.*, medida para dez metros.
DE.CA.NO, *s.m.*, o mais velho de um grupo.
DE.CA.PI.TA.ÇÃO, *s.f.*, ação de decapitar.
DE.CA.PI.TAR, *v.t.*, cortar a cabeça, degolar, matar pelo corte da cabeça.
DE.CAS.SÍ.LA.BO, *s.m.*, verso que tem dez sílabas.
DE.CE.NAL, *adj.*, com duração de dez anos, de dez em dez anos.
DE.CÊN.CIA, *s.f.*, dignidade, respeito, postura, honra.
DE.CÊ.NIO, *s.m.*, período com dez anos, uma década.
DE.CEN.TE, *adj.*, que tem decência, honrado, digno.
DE.CE.PAR, *v.t.*, cortar pela raiz, raspar, cortar, amputar.
DE.CEP.ÇÃO, *s.f.*, frustração, desapontamento, desilusão, tristeza.
DE.CEP.CI.O.NAR, *v.t.*, frustrar, desiludir, desapontar.
DE.CER.TO, *adv.*, certamente, por certo, com certeza.
DE.CI.BEL, *s.m.*, unidade para avaliar a intensidade do som.
DE.CI.DI.DO, *adj.*, pronto, corajoso, resolvido, valente.
DE.CI.DIR, *v.t.* e *pron.*, resolver, deliberar, concluir, inclinar-se por.
DE.CI.FRAR, *v.t.*, ler com dificuldade, interpretar, adivinhar.
DE.CI.GRA.MA, *s.m.*, a décima parte de um grama.
DE.CI.LI.TRO, *s.m.*, a décima parte de um litro.
DE.CI.MAL, *adj.*, referente a dez ou a décimo, que se alinha na escala de dez.
DE.CÍ.ME.TRO, *s.m.*, a décima parte de um metro.
DÉ.CI.MO, *s.m.*, *num.*, ordinal e fracionário de dez.
DE.CI.SÃO, *s.f.*, ato ou efeito de decidir, intrepidez, valentia, coragem.
DE.CI.SI.VO, *adj.*, categórico, terminante, peremptório, crítico.
DE.CLA.MAR, *v.t.* e *int.*, dizer em voz alta, recitar, proferir algo.
DE.CLA.RA.ÇÃO, *s.f.*, ato ou efeito de declarar, confissão, documento no qual se atesta algo.
DE.CLA.RAR, *v.t.* e *pron.*, dizer, falar com ênfase, pronunciar, proferir.
DE.CLI.NAR, *v.t.* e *int.*, ir para o poente, afastar-se, diminuir, renunciar, desistir.
DE.CLÍ.NIO, *s.m.*, queda, diminuição, decadência, fim.
DE.CLI.VE, *s.m.*, ladeira, inclinação, descida de um terreno.
DE.CO.LAR, *v.int.*, levantar voo, alçar-se, começar.
DE.COM.POR, *v.t.* e *pron.*, analisar, desmanchar, desmontar, dividir.

DE.COM.PO.SI.ÇÃO, *s.f.,* ato ou efeito de decompor, desmanche, divisão.
DE.CO.RA.ÇÃO, *s.f.,* ato ou efeito de decorar, enfeite, embelezamento, adorno.
DE.CO.RA.DOR, *s.m.,* quem enfeita, que embeleza.
DE.CO.RAR, *v.t.,* enfeitar, adornar; memorizar, saber de cor.
DE.CO.RA.TI.VO, *adj.,* mero enfeite, sem importância, desnecessário.
DE.CO.RO, *s.m.,* pudor, respeito, dignidade, decência.
DE.CO.RO.SO, *adj.,* digno, respeitoso, pudico, decente.
DE.COR.RÊN.CIA, *s.f.,* conclusão, corolário, consequência.
DE.COR.RER, *v.t.* e *int.,* esvair-se, passar o tempo; concluir.
DE.CO.TAR, *v.t., int.* e *pron.,* cortar, aparar, podar, tirar tecido da roupa.
DE.CO.TE, *s.m.,* vestido mais curto em cima para mostrar o corpo.
DE.CRÉ.PI.TO, *adj.,* senil, velhíssimo, gagá.
DE.CRES.CER, *v.t.* e *int.,* diminuir, tornar-se menor, baixar.
DE.CRE.TAR, *v.t.,* pôr em prática por decreto, ordenar, mandar.
DE.CRE.TO, *s.m.,* ordem escrita de uma autoridade executiva, ordem.
DE.CRE.TO-LEI, *s.m.,* decreto que adquire força de lei.
DE.CÚ.BI.TO, *s.m.,* estar deitado, acamado.
DE.CU.PLI.CAR, *v.t.,* multiplicar por dez.
DÉ.CU.PLO, *num.,* multiplicativo, o número que é dez vezes maior.
DE.CUR.SO, *s.m.,* ação de passar, caminho, contexto, passagem do tempo.
DE.DAL, *s.m.,* objeto que se põe nos dedos para empurrar a agulha sem furá-los.
DE.DAR, *(gíria) v.t.,* denunciar alguém, trair, alcaguetar, dedurar.
DE.DE.TI.ZAR, *v.t.,* passar veneno, espalhar inseticida, faxinar com inseticida.
DE.DI.CA.ÇÃO, *s.f.,* afeto, empenho, amor, responsabilidade.
DE.DI.CA.DO, *adj.,* empenhado, responsável, ligado.
DE.DI.CAR, *v.t.* e *pron.,* consagrar, destinar, empenhar; oferecer a alguém.
DE.DI.CA.TÓ.RIA, *s.f.,* fazer uma oferenda, dedicar algo a alguém.
DE.DI.LHAR, *v.t.,* tocar um instrumento de cordas com os dedos, bater os dedos.
DE.DO, *s.m.,* cada uma das partes finais das mãos e dos pés.
DE.DO-DU.RO, *s.m., (gíria),* quem denuncia na polícia, delator.
DE.DU.ÇÃO, *s.f.,* ação ou efeito de deduzir, conclusão, descobrimento.
DE.DU.ZIR, *v.t.* e *int.,* concluir, tirar uma dedução.
DE.FA.SA.GEM, *s.f.,* falta, lacuna, interrupção.
DE.FA.SAR, *v.t.,* estar atrasado, desatualizado; criar lacunas.
DE.FE.CAR, *v.int.,* soltar as fezes, evacuar, cagar, ir ao banheiro.
DE.FEI.TO, *s.m.,* falha, falta, imperfeição, erro.
DE.FEN.DER, *v.t.* e *pron.,* proteger, encobrir, abrigar; auxiliar, dar uma força.
DE.FEN.SI.VA, *s.f.,* situação de quem se defende.
DE.FEN.SI.VO, *adj.,* natural de quem se defende, protetor.
DE.FE.RÊN.CIA, *s.f.,* respeito, consideração, concessão.
DE.FE.RI.DO, *adj.,* concedido, dado, abonado.
DE.FE.RI.MEN.TO, *s.m.,* concessão, anuência, despacho favorável.
DE.FE.RIR, *v.t.* e *int.,* dar deferimento, conceder, anuir, despachar.
DE.FE.SA, *s.f.,* ato ou efeito de defender, proteção, argumentação.
DE.FI.CI.ÊN.CIA, *s.f.,* lacuna, defeito, imperfeição, falta.
DE.FI.CI.EN.TE, *adj.,* imperfeito, falho; *s.m.,* quem tem defeito físico.
DÉ.FI.CIT, *s.m.,* quando a despesa é maior que a receita; falta.
DE.FI.NHA.MEN.TO, *s.m.,* enfraquecimento, perda das forças.
DE.FI.NHAR, *v.int.* e *pron.,* perder as forças, enfraquecer, murchar, decair.
DE.FI.NI.ÇÃO, *s.f.,* ato ou efeito de definir, conceituação, explicação.
DE.FI.NI.DO, *adj.,* fixado, determinado, conceituado, explicado.
DE.FI.NIR, *v.t.,* expor a definição, conceituar, determinar.
DE.FI.NI.TI.VO, *adj.,* terminativo, acabado, final.
DE.FLA.ÇÃO, *s.f.,* ato ou efeito de deflacionar, queda da inflação.
DE.FLA.CI.O.NAR, *v.t.,* reduzir a inflação, falta de dinheiro circulante.
DE.FLA.GRA.ÇÃO, *s.f.,* explosão, início de uma guerra, início de uma grande combustão.
DE.FLA.GRAR, *v.t.* e *int.,* iniciar uma violência, inflamar-se com queima violenta.
DE.FLU.XO, *s.m.,* catarro, coriza, gripe, secreção de mucosa nasal.
DE.FOR.MA.ÇÃO, *s.f.,* ato ou efeito de deformar, defeito, desajuste.
DE.FOR.MAR, *v.t.* e *pron.,* trocar a forma, aleijar, tornar defeituoso.
DE.FOR.MI.DA.DE, *s.f.,* deformação, defeito, aleijão.
DE.FRON.TAR, *v.t.* e *pron.,* pôr-se em frente, ficar na frente.
DE.FRON.TE, *adv.,* em frente, na frente, diante de.
DE.FU.MAR, *v.t.* e *pron.,* secar na fumaça, preparar uma comida com o calor da fumaça.
DE.FUN.TO, *s.m.,* o falecido, o morto, finado; *adj.,* morto, falecido.
DE.GE.LAR, *v.t.* e *pron.,* derreter o gelo, tirar o gelo, desmanchar o gelo.
DE.GE.LO, *s.m.,* o desmanche de gelo, derretimento de gelo ou de neve.
DE.GE.NE.RA.DO, *adj.,* perverso, mau-caráter, pervertido.
DE.GE.NE.RAR, *v.t., int.* e *pron.,* piorar, adulterar, estragar, perverter-se.
DE.GLU.TIR, *v.t.* e *int.,* comer, mastigar.
DE.GO.LAR, *v.t.,* cortar a cabeça, cortar o pescoço, decapitar.
DE.GRA.DA.ÇÃO, *s.f.,* baixeza moral, perversão, decadência.
DE.GRA.DAN.TE, *adj.,* que degrada, aviltante.
DE.GRA.DAR, *v.t., int.* e *pron.,* rebaixar, aviltar, diminuir.
DE.GRAU, *s.m.,* cada uma das partes de que se compõe uma escada.
DE.GRE.DAR, *v.t.,* exilar, expulsar do seu país natal, desterrar.
DE.GRE.DO, *s.m.,* exílio, desterro.
DE.GRIN.GO.LAR, *v.int.,* iniciar a carreira, sair do ponto zero, cair.
DE.GUS.TAR, *v.t.,* saborear, experimentar, avaliar o gosto.
DEI.TAR, *v.t.,* colocar em posição horizontal, pôr na cama, descansar.
DEI.XA, *s.f.,* ação de deixar, vez, momento.
DEI.XAR, *v.t.,* liberar, soltar, largar, abandonar, renunciar, demitir-se.
DE.JE.TO, *s.m.,* fezes, restos, sujeira, lixo.
DE.LA.TAR, *v.t.,* denunciar, entregar à autoridade.
DE.LA.TOR, *s.m.,* dedo-duro, denunciante.
DE.LE.GA.ÇÃO, *s.f.,* grupo de pessoas com um mesmo fim, representação.
DE.LE.GA.CI.A, *s.f.,* repartição policial, distrito policial sob o comando de um delegado.
DE.LE.GA.DO, *s.m.,* chefe de uma delegacia na polícia; representante.
DE.LE.GAR, *v.t.,* dar poderes, transmitir poderes.
DE.LEI.TAR, *v. pron.,* satisfazer-se, deliciar-se, saborear.
DE.LEI.TE, *s.m.,* satisfação, alegria, delícia, gozo, fruição.
DEL.GA.DO, *adj.,* frágil, tênue, fino.
DE.LI.BE.RA.ÇÃO, *s.f.,* decisão, consenso, resolução.
DE.LI.BE.RAR, *v.t.* e *int.,* decidir, discutir, buscar consenso.
DE.LI.CA.DO, *adj.,* cortês, respeitoso, fino, polido, atencioso.
DE.LÍ.CI.A, *s.f.,* sabor imenso, satisfação, prazer, maravilha.
DE.LI.CI.AR, *v.t.* e *pron.,* agradar, dar prazer, satisfazer, produzir sabor.
DE.LI.CI.O.SO, *adj.,* saboroso, agradável, maravilhoso.
DE.LI.MI.TAR, *v.t.,* pôr limites, circunscrever, demarcar.
DE.LI.NE.AR, *v.t.,* esboçar, fazer um esboço, projetar.
DE.LIN.QUÊN.CIA, *s.f.,* delito, infração, crime.
DE.LIN.QUEN.TE, *s.c. 2 gên.,* quem comete infração, infrator.
DE.LIN.QUIR, *v.t.* e *int.,* cometer uma infração, praticar um crime, tornar-se delinquente.
DE.LI.RAN.TE, *adj.,* que delira, sonhador, fantasioso.
DE.LI.RAR, *v.int.,* sofrer de delírio, perder os limites, amalucar-se.
DE.LÍ.RIO, *s.m.,* alucinação, exaltação mental.
DE.LI.TO, *s.m.,* crime, infração, ato infracional, delinquência.
DE.LON.GA, *s.f.,* demora, atraso.
DE.LON.GAR, *v.t.,* demorar, atrasar, adiar.
DEL.TA, *s.m.,* letra do á-bê-cê correspondente a D; foz de um rio com muitos braços.
DE.MA.GO.GI.A, *s.f.,* engodo, palavras bonitas para enganar, falsidade.

DEMAGOGO

DE.MA.GO.GO, s.m., indivíduo que busca enganar o povo com belas palavras.
DE.MAIS, adv., em excesso, além da conta.
DE.MAN.DA, s.f., busca, procura, litígio, ação judicial para reaver um direito perdido.
DE.MAN.DAR, v.t. e int., buscar, procurar, mover ação judicial contra.
DE.MÃO, s.f., pintar uma só vez uma superfície.
DE.MAR.CA.ÇÃO, s.f., delimitação, limitação.
DE.MAR.CAR, s.t., limitar, delimitar, cercar.
DE.MA.SI.A, s.f., excesso, por demais.
DE.MA.SI.A.DO, adj., excessivo, em demasia.
DE.MÊN.CIA, s.f., loucura, doidice.
DE.MEN.TE, adj., louco, doido, idiota; s.m., quem sofre de demência.
DE.MÉ.RI.TO, s.m., ausência de mérito.
DE.MIS.SÃO, s.f., ato ou efeito de demitir, despedida, saída.
DE.MIS.SI.O.NÁ.RIO, s.m., quem se demitiu.
DE.MI.TIR, v.t. e pron., tirar do emprego, despedir, exonerar.
DE.MO, s.m., diabo, capeta, demônio, satanás.
DE.MO.CRA.CI.A, s.f., sistema de governo pelo qual o povo aprova tudo que é feito pelos governantes.
DE.MO.CRA.TA, s.c. 2 gên., quem é adepto da democracia.
DE.MO.CRÁ.TI.CO, adj., favorável à democracia, praticante da democracia.
DE.MO.CRA.TI.ZAR, v.t., instituir a democracia, colocar a democracia em.
DE.MO.DÊ, adj., fora de moda, ultrapassado, em desuso.
DE.MO.GRA.FI.A, s.f., estudo para levantar o número de pessoas em um local.
DE.MÓ.GRA.FO, s.m., estudioso de demografia.
DE.MO.LI.ÇÃO, s.f., destruição, derrubada.
DE.MO.LI.DOR, s.m., quem destrói, quem vai demolir.
DE.MO.LIR, v.t., derrubar, destruir, abater, pôr por terra.
DE.MO.NÍ.A.CO, adj., próprio do demônio, satânico, diabólico.
DE.MÔ.NIO, s.m., diabo, satanás, satã, demo, capeta.
DE.MONS.TRA.ÇÃO, s.f., prova, exibição de algo, mostra de algo.
DE.MONS.TRAR, v.t. e pron., provar, exibir, comprovar.
DE.MONS.TRA.TI.VO, adj., o que demonstra; pronome que aponta algo.
DE.MO.RA, s.f., atraso, mora, delonga.
DE.MO.RAR, v.t., int. e pron., retardar, fazer esperar, atrasar, delongar.
DE.MO.VER, v.t. e pron., fazer desistir, fazer mudar de ideia, dissuadir, desconvencer.
DE.NE.GAR, v.t. e pron., recusar, negar, desmentir.
DE.NE.GRIR, v.t. e pron., difamar, manchar, tornar preto.
DEN.GO.SO, adj., manhoso, birrento, cheio de dengues.
DEN.GUE, s.m., doença provocada pela picada do inseto Aedes aegypti.
DE.NO.MI.NA.ÇÃO, s.f., nome, apelido, designação.
DE.NO.MI.NA.DOR, s.m., termo usado em Matemática.
DE.NO.MI.NAR, v.t. e pron., dar nome, apelidar, chamar.
DE.NO.TA.ÇÃO, s.f., ação ou efeito de denotar; sentido real de uma palavra.
DE.NO.TAR, v.t., usar uma palavra em seu sentido real; significar.
DEN.SO, adj., espesso, compacto, cerrado.
DEN.TA.DA, s.f., mordida, golpe com os dentes.
DEN.TA.DO, adj., o que tem dentes, peças dentadas.
DEN.TA.DU.RA, s.f., conjunto de dentes que guarnecem a boca.
DEN.TAL, adj., referente a dentes, que se relaciona com dentes.
DEN.TE, s.m., saliências de osso que guarnecem a boca e servem para mastigar.
DEN.TI.ÇÃO, s.f., nascimento e surgimento dos dentes.
DEN.TI.FRÍ.CIO, s.m., massa usada para escovar os dentes, pasta de dentes.
DEN.TIS.TA, s.c. 2 gên., pessoa que trabalha com os dentes, odontólogo.
DEN.TRE, prep., no meio, entre, de permeio de.
DEN.TRO, adv., no interior, na parte interna, internamente.
DEN.TU.ÇA, s.f., dentes grandes e virados para fora; pop., canjica.
DEN.TU.ÇO, adj. e s.m., quem possui dentes longos e grandes.

DE.NUN.CI.AR, v.t. e pron., delatar, dar conhecimento a alguém, informar sobre.
DE.PA.RAR, v.t. e pron., encontrar, achar, ver, avistar.
DE.PAR.TA.MEN.TO, s.m., repartição, secção, divisão.
DE.PE.NAR, v.t. e pron., arrancar as penas; furtar, tirar o que alguém possui.
DE.PEN.DÊN.CIA, s.f., sujeição, dependência, cômodos, ambientes.
DE.PEN.DEN.TE, s.c. 2 gên., quem depende de outrem, pessoa sustentada por outra; viciado, drogado.
DE.PEN.DER, v.t., ficar na dependência, estar sujeito a, precisar de.
DE.PI.LAR, v.t., arrancar os pelos, raspar pelos e penugem.
DE.PLO.RAR, v.t. e pron., lastimar, sentir.
DE.PLO.RÁ.VEL, adj., lamentável, infeliz.
DE.PO.EN.TE, s.c. 2 gên., quem depõe em juízo, deponente, declarante.
DE.PO.I.MEN.TO, s.m., declaração feita em juízo, testemunho.
DE.POIS, adv., após, em seguida, posteriormente; além do que.
DE.POR, v.t. e int., informar, declarar, retirar de um posto, demitir; ser testemunha de.
DE.POR.TA.DO, adj., exilado, desterrado.
DE.POR.TAR, v.t., exilar, expulsar de sua terra, degradar, desterrar.
DE.PO.SI.TAN.TE, s.c. 2 gên., quem deposita, quem recolhe.
DE.PO.SI.TAR, v.t. e pron., fazer depósito, colocar algo em.
DE.PÓ.SI.TO, s.m., o que se guarda, o que se recolhe, local onde se guarda algo.
DE.PRA.VA.ÇÃO, s.f., corrupção, baixeza, degeneração, perversão.
DE.PRA.VAR, v.t. e pron., perverter, degenerar, corromper.
DE.PRE.CI.A.ÇÃO, s.f., desvalorização, perda do valor.
DE.PRE.CI.AR, v.t. e pron., tirar o valor, diminuir o valor, desmerecer.
DE.PRE.DAR, v.t., destruir, demolir, devastar, saquear.
DE.PRES.SA, adv., com pressa, rapidamente, com celeridade.
DE.PRES.SÃO, s.f., queda do nível, abaixamento da superfície; tristeza, perda do ânimo, desgosto.
DE.PRI.MIR, v.t. e pron., provocar depressão, enfraquecer, entristecer.
DE.PU.RAR, v.t. e pron., limpar, tornar puro, purificar.
DE.PU.TA.DO, s.m., membro eleito para a assembleia legislativa ou câmara federal.
DE.RI.VA, s.f., perda do rumo; estar à deriva: sem rumo.
DE.RI.VA.ÇÃO, s.f., proveniência, origem; palavra que se forma por meio de outra.
DE.RI.VAR, v.t., int. e pron., originar, mudar, tirar do rumo.
DER.MA.TO.LO.GI.A, s.f., setor da Medicina que trata da pele humana.
DER.MA.TO.LO.GIS.TA, s.c. 2 gên., pessoa especializada em Dermatologia.
DER.ME, s.f., pele, camada interna da pele.
DER.RA.DEI.RO, adj., último, final.
DER.RA.MAR, v.t., verter líquido, deixar vazar, espalhar, entornar.
DER.RA.ME, s.m., derramamento; excesso de líquido na cabeça.
DER.RA.PA.DA, s.f., escorregada, derrapagem; fig., erro, problema.
DER.RA.PAR, v.int., escorregar, perder o equilíbrio.
DER.RE.TER, v.t. e pron., tornar líquido, desfazer, desmanchar, descongelar, liquefazer.
DER.RO.CA.DA, s.f., ruína, queda, desmoronamento, demolição.
DER.RO.CAR, v.t. e pron., derrubar, desmontar, destruir, abater.
DER.RO.TA, s.f., desastre, perda, queda; rumo do navio.
DER.RO.TAR, v.t., abater, vencer, subjugar.
DER.RO.TIS.MO, s.m., pessimismo, depressão.
DER.RU.BA.DA, s.f., ato ou efeito de derrubar, destruição.
DER.RU.BAR, v.t., abater, cortar, derribar, deitar abaixo.
DE.SA.BA.FAR, v.t., int. e pron., contar tudo para outrem, abrir os segredos.
DE.SA.BA.LAR, v.int., sair correndo, fugir com rapidez.
DE.SA.BA.MEN.TO, s.m., queda, desmoronamento.
DE.SA.BAR, v.t. e int., cair, desmoronar, abater-se.
DE.SA.BI.TA.DO, adj., sem habitantes, despovoado.

DESCARREGAMENTO

DE.SA.BI.TU.AR, v.t., perder o hábito, desacostumar-se.
DE.SA.BO.NAR, v.t. e pron., fazer perder o mérito, o crédito; desacreditar.
DE.SA.BO.TO.AR, v.t., int. e pron., tirar os botões do prendedor, desprender.
DE.SA.BRI.GA.DO, adj., sem abrigo, o que ficou nas intempéries.
DE.SA.BRI.GAR, v.t. e pron., liberar, tirar do abrigo.
DE.SA.BRO.CHAR, v.t., int. e pron., botões de flor que se abrem, abrir, despertar, crescer.
DE.SA.CA.TAR, v.t., desrespeitar, abusar, não obedecer a, faltar com o respeito.
DE.SA.CA.TO, s.m., desrespeito, desaforo.
DE.SA.CE.LE.RA.ÇÃO, s.f., diminuição da velocidade.
DE.SA.CE.LE.RAR, v.t. e int., diminuir a velocidade.
DE.SA.COM.PA.NHAR, v.t., deixar sozinho, abandonar.
DE.SA.CON.SE.LHAR, v.t., convencer de algo, dissuadir.
DE.SA.COR.ÇO.A.DO, adj., desanimado, desalentado, desestimulado.
DE.SA.COR.ÇO.AR, v.t. e int., perder o ânimo, perder a vontade, desanimar.
DE.SA.COR.DO, s.m., ausência de acordo.
DE.SA.CRE.DI.TAR, v.t. e pron., desabonar, perder a confiança, perder o crédito.
DE.SA.FEI.TO, adj., desabituado, desacostumado.
DE.SA.FE.TO, s.m., inimigo, adversário.
DE.SA.FI.AN.TE, s.c. 2 gên., quem desafia, quem provoca.
DE.SA.FI.AR, v.t. e int., provocar, chamar à luta.
DE.SA.FI.NA.ÇÃO, s.f., ação ou efeito de desafinar, perder o tom, errar a nota musical.
DE.SA.FI.NAR, v.t., int. e pron., perder o tom musical; fig., não acompanhar os demais.
DE.SA.FI.O, s.m., provocação, objetivo, disputa; disputa cantada entre dois cantores.
DE.SA.FO.GAR, v.t., int. e pron., aliviar, desobstruir, abrir.
DE.SA.FO.GO, s.m., alívio, desobstrução.
DE.SA.FO.RA.DO, adj., desavergonhado, incivilizado, malcriado.
DE.SA.FO.RO, s.m., insulto, má-criação, desrespeito.
DE.SÁ.GIO, s.m., perda do valor, prejuízo, desvalorização.
DE.SA.GRA.DAR, v.t., int. e pron., aborrecer, desgostar, incomodar.
DE.SA.GRA.DO, s.m., incômodo, aborrecimento, desprazer.
DE.SA.GRA.VAR, v.t. e pron., limpar de um agravo, reparar, vingar-se.
DE.SA.GRE.GAR, v.t. e pron., separar, desunir.
DE.SA.GUAR, v.t. e pron., despejar as águas, tirar as águas, soltar a água.
DE.SA.JEI.TA.DO, adj., sem jeito, canhestro, desastrado.
DE.SA.JEI.TAR, v.t. e pron., deslocar, tornar sem habilidade, desarrumar.
DE.SA.JUS.TAR, v.t. e pron., tirar do correto, desfazer, desarrumar.
DE.SA.LEN.TA.DO, adj., desanimado, desencorajado.
DE.SA.LEN.TAR, v.t., int. e pron., desanimar, tirar o alento.
DE.SA.LEN.TO, s.m., desânimo, desconfiança.
DE.SA.LI.NHAR, v.t., colocar fora de linha, desordenar, desarrumar.
DE.SA.LI.NHO, s.m., desleixo, fora da linha.
DE.SAL.MA.DO, adj., perverso, ruim, mau.
DE.SA.LO.JAR, v.t. e int., tirar do alojamento, abandonar, largar.
DE.SA.MAR.RAR, v.t., int. e pron., tirar as amarras, desligar, desatar.
DE.SA.MAR.RO.TAR, v.t., alisar, passar para tirar as dobras.
DE.SA.MAS.SAR, v.t. e int., desamarrotar, alisar, passar no ferro.
DE.SAM.BI.EN.TA.DO, adj., sem ambiente, fora do local próprio.
DE.SA.MOR, s.m., falta de amor.
DE.SAM.PA.RA.DO, adj., sem amparo, desabrigado, largado.
DE.SAM.PA.RO, s.m., abandono, sem amparo.
DE.SAN.CAR, v.t., moer de pancadas, bater em, surrar.
DE.SAN.DAR, v.t. e int., obrigar a retornar no caminho; perder o rumo; fig., perverter-se, seguir maus caminhos.
DE.SA.NI.MA.DO, adj., sem ânimo, desencorajado, deprimido.
DE.SA.NI.MAR, v.t., int. e pron., perder o ânimo, desencorajar-se.
DE.SÂ.NI.MO, s.m., falta de ânimo, sem vontade, desencorajamento.
DE.SA.NU.VI.AR, v.t. e pron., desfazer as nuvens, iluminar.
DE.SA.PA.RE.CER, v.t. e int., sumir, não ser mais visto, morrer.
DE.SA.PE.GAR, v. pron., desprender, desgrudar, largar.
DE.SA.PE.GO, s.m., desprendimento, indiferença.
DE.SA.PER.CE.BER, v.t. e pron., desprevenir-se, não notar, não perceber.
DE.SA.PER.CE.BI.DO, adj., desprevenido, descuidado.

DE.SA.PON.TA.DO, adj., aborrecido, envergonhado, desiludido.
DE.SA.PON.TA.MEN.TO, s.m., aborrecimento, desilusão.
DE.SA.PON.TAR, v.t., int. e pron., decepcionar, iludir.
DE.SA.PRE.ÇO, s.m., sem apreço, desprezo.
DE.SA.PREN.DER, v.t. e int., esquecer o já aprendido, esquecer.
DE.SA.PRO.PRI.AR, v.t. e pron., tirar a propriedade de alguém.
DE.SA.PRO.VAR, v.t., repreender, não aceitar, não aprovar.
DE.SAR.MAR, v.t., int. e pron., tirar as armas, apaziguar, pacificar, impedir uma bomba de explodir.
DE.SAR.MO.NI.A, s.f., falta de harmonia, dissonância, discordância.
DE.SAR.MO.NI.ZAR, v.t., int. e pron., criar problemas, provocar encrenca.
DE.SAR.QUI.VAR, v.t., tirar do arquivo, expor.
DE.SAR.RAI.GAR, v.t., tirar pela raiz, decepar, erradicar.
DE.SAR.RAN.JA.DO, adj., sem medidas, sem limites, com problemas de evacuação.
DE.SAR.RAN.JAR, v.t. e pron., colocar em desordem, desorganizar.
DE.SAR.RU.MAR, v.t., desordenar, badernar.
DE.SAR.TI.CU.LAR, v.t. e pron., desconjuntar, desbaratar.
DE.SAS.SOM.BRA.DO, adj., corajoso, valente, denodado.
DE.SAS.SOM.BRAR, v.t. e pron., tirar a sombra, não ter medo.
DE.SAS.SOS.SE.GAR, v.t. e pron., inquietar, perturbar.
DE.SAS.SOS.SE.GO, s.m., sem sossego, intranquilidade, perturbação.
DE.SAS.TRA.DO, adj., atrapalhado, canhestro, inábil.
DE.SAS.TRE, s.m., acidente, tragédia, desgraça.
DE.SA.TAR, v.t. e pron., desmanchar nós, solucionar, resolver.
DE.SA.TEN.ÇÃO, s.f., falta de atenção, desinteresse.
DE.SA.TEN.TO, adj., distraído, descuidado, absorto.
DE.SA.TI.NAR, v.t. e int., perder o juízo, perder o tino, o bom senso.
DE.SA.TI.NO, s.m., loucura, maluquice, disparate.
DE.SA.TI.VAR, v.t., fazer parar, fechar, encerrar.
DE.SA.TRE.LAR, v.t., desligar, liberar de.
DE.SA.TU.A.LI.ZA.DO, adj., fora da realidade, desinformado.
DE.SA.VEN.ÇA, s.f., rixa, discórdia, desfeita.
DE.SA.VER.GO.NHA.DO, adj., sem-vergonha, malcriado, safado.
DES.BAN.CAR, v.t., ganhar sobre alguém, tirar alguém do posto.
DES.BA.RA.TAR, v.t. e pron., derrotar, espalhar, afugentar, afastar.
DES.BAR.RAN.CAR, v.t., int. e pron., arrancar terra, terra que cai de barranco.
DES.BAS.TAR, v.t., podar, cortar para não deixar espesso, basto.
DES.BLO.QUE.AR, v.t., liberar, soltar, deixar livre.
DES.BO.CA.DO, adj., malcriado, que fala palavrão.
DES.BO.TA.DO, adj., sem cor, que perdeu a cor, descolorido.
DES.BO.TAR, v.t., int. e pron., fazer perder o tom da cor, descolorir.
DES.BRA.VAR, v.t., amansar, domar; arrumar terreno para plantar; explorar.
DES.CA.BA.ÇAR, v.t., (chulo), deflorar, violentar, tirar a virgindade.
DES.CA.BE.ÇA.DO, adj., desajuizado, desatinado.
DES.CA.BE.LA.DO, adj., cabelo despenteado, cabelo desarrumado.
DES.CA.BE.LAR, v.t. e pron., tirar os cabelos, arrancar cabelos, desarrumar os cabelos.
DES.CA.LA.BRO, s.m., ruína, derrota, colapso.
DES.CAL.ÇAR, v.t. e pron., tirar o calçado.
DES.CAL.ÇO, adj., sem calçado, pés no chão, pés nus.
DES.CAM.BAR, v.t. int., declinar, cair, pender para um lado; fig., degradar-se.
DES.CA.MI.SA.DO, adj., sem camisa; fig., pobre, miserável.
DES.CAM.PA.DO, s.m., superfície com pouca vegetação, clareira, sertão.
DES.CAN.SAR, v.t. e int., repousar, dar descanso, (fig.) falecer, morrer.
DES.CAN.SO, s.m., repouso, folga, lazer.
DES.CA.PI.TA.LI.ZA.ÇÃO, s.f., perder ou diminuir o capital de giro.
DES.CA.PI.TA.LI.ZAR, v.t., perder capital, empobrecer.
DES.CA.RAC.TE.RI.ZAR, v.t. e pron., tirar o caráter.
DES.CA.RA.DO, adj., insolente, desavergonhado, atrevido.
DES.CA.RA.MEN.TO, s.m., sem-vergonhice, atrevimento, desaforo.
DES.CAR.GA, s.f., ato de tirar a carga do cargueiro; diversos tiros ao mesmo tempo.
DES.CAR.NAR, v.t., tirar a carne dos ossos, desossar.
DES.CA.RO.ÇAR, v.t., tirar o caroço.
DES.CAR.RE.GA.MEN.TO, s.m., ato de descarregar, descarga.

DESCARREGAR

DES.CAR.RE.GAR, *v.t.* e *pron.*, tirar a carga do cargueiro, aliviar, desabafar.
DES.CAR.RI.LAR, *v.int.*, cair dos trilhos, descarrilhar.
DES.CAR.TAR, *v.t.* e *pron.*, não ficar com as cartas que não convêm; desfazer-se, jogar fora; não considerar.
DES.CAR.TÁ.VEL, *adj.*, residual, acessório, que se joga fora.
DES.CAS.CA.DOR, *s.m.*, máquina para tirar a casca de cereais, sobretudo arroz.
DES.CAS.CAR, *v.t.*, *int.* e *pron.*, tirar a casca.
DES.CA.SO, *s.m.*, desprezo, desapreço.
DES.CEN.DÊN.CIA, *s.f.*, grupo de pessoas que têm uma raiz comum.
DES.CEN.DEN.TE, *adj.*, o que desce em linha; *s.m.*, quem descende de.
DES.CEN.DER, *v.t.* e *int.*, provir de uma geração, originar-se de.
DES.CEN.TRA.LI.ZAR, *v.t.* e *pron.*, tirar do centro; distribuir o comando em mais setores.
DES.CER, *v.t.* e *int.*, ir de cima para baixo, abaixar.
DES.CER.RAR, *v.t.* e *pron.*, abrir; apresentar, mostrar.
DES.CI.DA, *s.f.*, declive, ladeira, o que desce, queda.
DES.CLAS.SI.FI.CA.DO, *adj.*, e *s.m.*, que está fora de toda classificação, malvado, perverso, vil.
DES.CLAS.SI.FI.CAR, *v.t.*, ficar fora de qualquer classificação, perder o posto, cair fora.
DES.CO.BER.TA, *s.f.*, invento, o que se descobriu, o que se encontrou.
DES.CO.BRIR, *v.t.*, *int.* e *pron.*, encontrar, achar, ver, avistar; tirar o que esconde algo.
DES.CO.LA.GEM, *s.f.*, ato ou efeito de descolar, desprendimento.
DES.CO.LAR, *v.t.*, desfazer, desprender, separar; *fig.*, conseguir.
DES.CO.LO.RIR, *v.t.* e *int.*, tirar a cor, desbotar, perder o colorido.
DES.COM.BI.NAR, *v.t.*, não cumprir o combinado, desmanchar o acertado.
DES.COM.PAS.SA.DO, *adj.*, sem ritmo, fora do compasso.
DES.COM.PAS.SAR, *v.t.* e *pron.*, tirar do ritmo, ficar sem compasso.
DES.COM.PAS.SO, *s.m.*, sem compasso, sem ritmo; desordem.
DES.COM.POR, *v.t.* e *pron.*, pôr fora da ordem, desordenar; repreender, censurar.
DES.COM.POS.TU.RA, *s.f.*, repreensão, desordem, baderna.
DES.CO.MU.NAL, *adj.*, fora do comum, gigantesco, enorme.
DES.CO.NE.XO, *adj.*, anormal, incoerente, absurdo, incongruente.
DES.CON.FI.A.DO, *adj.*, que tem dúvidas, receoso.
DES.CON.FI.AN.ÇA, *s.f.*, descrença, suspeita, dúvida.
DES.CON.FI.AR, *v.t.* e *int.*, duvidar, ter a hipótese, não acreditar.
DES.CON.GE.LAR, *v.t.* e *pron.*, tornar o gelo líquido, derreter.
DES.CON.GES.TI.O.NAR, *v.t.*, desentupir, limpar, liberar; fazer o trânsito fluir.
DES.CO.NHE.CER, *v.t.* e *pron.*, ignorar, não conhecer.
DES.CO.NHE.CI.DO, *adj.*, ignorado, estranho, nunca visto.
DES.CON.JUN.TAR, *v.t.* e *pron.*, desfazer o conjunto, quebrar, desunir.
DES.CON.SER.TAR, *v.t.* e *pron.*, desmanchar, desalinhar.
DES.CON.SER.TO, *s.m.*, desordem, confusão, desarranjo.
DES.CON.SI.DE.RA.ÇÃO, *s.f.*, desapreço, desrespeito.
DES.CON.SI.DE.RAR, *v.t.* e *pron.*, não levar em conta, não dar valor, ignorar.
DES.CON.TAR, *v.t.* e *pron.*, deduzir, tirar uma parte, dar um desconto.
DES.CON.TEN.TAR, *v.t.* e *pron.*, desagradar, desconsiderar, infelicitar.
DES.CON.TEN.TE, *adj.*, infeliz, insatisfeito, desagradado, triste.
DES.CON.TI.NU.I.DA.DE, *s.f.*, falta de continuidade, interrupção, lacuna.
DES.CON.TÍ.NUO, *adj.*, interrompido, desconexo.
DES.CON.TO, *s.m.*, abatimento, o que se tira do preço, diminuição.
DES.CON.TRA.Í.DO, *adj.*, normal, espontâneo, disposto, pronto.
DES.CON.TRA.IR, *v.t.* e *pron.*, tirar a timidez, perder o constrangimento.
DES.CON.TRO.LAR, *v.t.* e *pron.*, perder o controle, perder a calma, enervar-se.
DES.CON.TRO.LE, *s.m.*, destempero, falta de calma.
DES.CON.VER.SAR, *v.int.*, mudar de assunto, fugir do tema.
DES.CO.RA.DO, *adj.*, descolorido, que perdeu a cor.
DES.CO.RAR, *v.t.*, *int.* e *pron.*, perder a cor, descolorir.
DES.COR.TÊS, *adj.*, deseducado, malcriado, grosseiro.
DES.COR.TE.SI.A, *s.f.*, indelicadeza, má-criação, grosseria.
DES.CO.SER, *v.t.* e *pron.*, tirar a costura, descosturar.

DES.CRE.DEN.CI.AR, *v.t.*, tirar o credenciamento, desacreditar.
DES.CRÉ.DI.TO, *s.m.*, perda do crédito, desconfiança.
DES.CREN.ÇA, *s.f.*, incredulidade, falta de fé.
DES.CRER, *v.t.* e *int.*, não acreditar, não crer, perder a fé.
DES.CRE.VER, *v.t.*, fazer a descrição de, pintar uma paisagem com palavras.
DES.CRI.TO, *adj.*, mostrado, apresentado com palavras.
DES.CUI.DAR, *v.t.* e *pron.*, não ter cuidado, não ter zelo.
DES.CUI.DO, *s.m.*, falta de cuidado, desleixo, irresponsabilidade.
DES.CUL.PA, *s.f.*, escusa, perdão, evasiva, subterfúgio.
DES.CUL.PAR, *v.t.* e *pron.*, escusar, aceitar o perdão, perdoar.
DES.CU.RAR, *v.t.*, não ter cuidado, descuidar, desleixar.
DES.DE, *prep.*, a partir, a contar de, a começar de.
DES.DÉM, *s.m.*, desprezo, menosprezo, asco, repelência.
DES.DE.NHAR, *v.t.ind.*, desprezar, ter asco por, repelir, não aceitar.
DES.DEN.TA.DO, *adj.*, sem dentes.
DES.DEN.TAR, *v.t.* e *pron.*, arrancar os dentes, extrair os dentes.
DES.DI.TA, *s.f.*, desventura, infelicidade, má sorte, azar.
DES.DI.ZER, *v.t.*, *int.* e *pron.*, negar o dito, contradizer, desmentir.
DES.DO.BRA.MEN.TO, *s.m.*, ação ou efeito de desdobrar, saída.
DES.DO.BRAR, *v.t.* e *pron.*, abrir, desfazer as dobras, desenvolver.
DE.SE.JAR, *v.t.*, querer, ansiar por, ambicionar, cobiçar.
DE.SE.JO, *s.m.*, anseio, vontade de querer, aspiração, busca para satisfazer a vontade.
DE.SE.LE.GÂN.CIA, *s.f.*, descortesia, grosseria.
DE.SE.LE.GAN.TE, *adj.*, descortês, grosseiro, cafona, despreparado.
DE.SE.MA.RA.NHAR, *v.t.* e *pron.*, desmanchar o emaranhado, destrinçar, esclarecer.
DE.SEM.BA.Ç.AR, *v.t.* e *pron.*, limpar, tornar transparente, aclarar.
DE.SEM.BA.I.NHAR, *v.t.*, tirar arma branca da bainha, empunhar.
DE.SEM.BA.LAR, *v.t.*, tirar da embalagem, desembrulhar.
DE.SEM.BA.RA.ÇA.DO, *adj.*, prático, ativo, ágil, inteligente.
DE.SEM.BA.RA.ÇAR, *v.t.* e *pron.*, libertar de estorvos, agilizar, ativar.
DE.SEM.BA.RA.ÇO, *s.m.*, agilidade, desenvoltura, praticidade.
DE.SEM.BAR.CAR, *v.t.* e *int.*, sair de uma barca, sair de qualquer meio de transporte; *fig.*, ser demitido.
DE.SEM.BAR.GA.DOR, *s.m.*, juiz locado no tribunal, na segunda instância.
DE.SEM.BAR.QUE, *s.m.*, ato de desembarcar, saída do meio de transporte.
DE.SEM.BO.CA.DU.RA, *s.f.*, local onde o rio se encontra com o mar ou outro rio.
DE.SEM.BO.CAR, *v.t.* e *int.*, desaguar, confluir, terminar em, sair.
DE.SEM.BOL.SAR, *v.t.*, gastar, tirar do bolso, fazer uma despesa.
DE.SEM.BOL.SO, *s.m.*, gasto, despesa.
DE.SEM.BRU.LHAR, *v.t.* e *pron.*, tirar do embrulho, desempacotar, explicar.
DE.SEM.BU.CHAR, *v.t.* e *int.*, expor, dizer tudo, soltar o verbo, confessar.
DE.SEM.BUR.RAR, *v.t.* e *pron.*, soltar-se, liberar-se, deixar de ser amuado.
DE.SEM.PA.CO.TAR, *v.t.*, tirar do pacote, desembrulhar.
DE.SEM.PA.LHAR, *v.t.*, tirar da palha, desembrulhar da palha.
DE.SEM.PA.TAR, *v.t.*, definir, acabar com o empate, conseguir um vencedor.
DE.SEM.PE.NHAR, *v.t.* e *pron.*, executar, fazer, cumprir com o dever.
DE.SEM.PE.NHO, *s.m.*, cumprimento, atuação, atividade.
DE.SEM.PER.RAR, *v.t.*, *int.* e *pron.*, soltar, colocar em condições de fazer, liberar.
DE.SEM.PI.LHAR, *v.t.*, desordenar, desfazer a pilha.
DE.SEM.PRE.GA.DO, *adj.*, pessoa sem emprego, desocupado.
DE.SEM.PRE.GAR, *v.t.* e *pron.*, tirar do emprego, demitir, exonerar, pôr na rua.
DE.SEM.PRE.GO, *s.m.*, ausência de emprego, demissão.
DE.SEN.CA.BU.LAR, *v.int.*, desinibir, perder a timidez.
DE.SEN.CA.DE.AR, *v.t.* e *pron.*, promover, ativar, fazer acontecer, iniciar.
DE.SEN.CAI.XAR, *v.t.*, tirar do encaixe, fazer sair.

DESINFLACIONAR

DE.SEN.CA.LHAR, *v.t.,* libertar, soltar; *fig.,* solteira que consegue casar-se.
DE.SEN.CA.MI.NHAR, *v.t.,* desviar, corromper, seduzir para o mal.
DE.SEN.CAN.TAR, *v.t.,* tirar o encanto, acordar, despertar; encontrar uma saída.
DE.SEN.CAN.TO, *s.m.,* desilusão, desespero, decepção.
DE.SEN.CA.PAR, *v.t.,* tirar a capa, descobrir, desnudar.
DE.SEN.CAR.DIR, *v.t.,* limpar, escovar, tirar a sujeira.
DE.SEN.CAR.GO, *s.m.,* desobrigação, tarefa, obrigação.
DE.SEN.CA.VAR, *v.t.,* desenterrar, tirar de dentro.
DE.SEN.CON.TRA.DO, *adj.,* contrário, sem rumo, divergente, confuso.
DE.SEN.CON.TRAR, *v.t.,* não conseguir encontrar-se, desviar-se.
DE.SEN.CO.RA.JAR, *v.t.,* perder ou tirar a coragem, assustar, amedrontar.
DE.SEN.COS.TAR, *v.t. e pron.,* tirar o encosto, desamparar, desabrigar.
DE.SEN.CRA.VAR, *v.t.,* tirar de dentro, arrancar, extrair.
DE.SEN.FAI.XAR, *v.t.,* tirar a faixa, desembrulhar.
DE.SEN.FER.RU.JAR, *v.t.,* tirar a ferrugem; exercitar, preparar.
DE.SEN.GA.NA.DO, *adj.,* desesperançado, desiludido, sem cura.
DE.SEN.GA.NAR, *v.t.,* dizer a verdade sobre, relatar o certo.
DE.SEN.GAN.CHAR, *v.t.,* tirar do gancho, destravar, soltar.
DE.SEN.GAR.RA.FAR, *v.t.,* tirar da garrafa, esvaziar a garrafa; descongestionar.
DE.SEN.GA.TAR, *v.t.,* soltar o engate, desamarrar, liberar.
DE.SEN.GON.ÇA.DO, *adj.,* atrapalhado, sem jeito, deselegante.
DE.SEN.GON.ÇAR, *v. pron.,* desajeitar-se, andar de maneira atrapalhada.
DE.SEN.GOR.DU.RAR, *v.t.,* limpar, lavar a gordura.
DE.SE.NHAR, *v.t.,* traçar linhas, objetos, esboçar.
DE.SE.NHIS.TA, *s.c. 2 gên.,* quem faz desenhos.
DE.SE.NHO, *s.m.,* ação ou efeito de desenhar, esboço, quadro.
DE.SEN.LA.CE, *s.m.,* fim, término, arremate, acontecimento; *fig.,* morte.
DE.SEN.QUA.DRAR, *v.t.,* tirar da linha, tirar do enquadramento.
DE.SEN.RA.I.ZAR, *v.t.,* tirar pela raiz, arrancar até a raiz.
DE.SEN.RAS.CAR, *v.t. e pron.,* livrar de empecilhos, soltar.
DE.SEN.RO.LAR, *v.t.,* desmanchar, resolver o problema.
DE.SEN.ROS.CAR, *v.t.,* tirar da rosca, soltar, facilitar.
DE.SEN.RU.GAR, *v.t.,* tirar as rugas, alisar.
DE.SEN.TA.LAR, *v.t.,* livrar, soltar, tirar a tala, desembaraçar.
DE.SEN.TEN.DER, *v.t.,* não entender, fazer-se de bobo, fingir não entender.
DE.SEN.TEN.DI.MEN.TO, *s.m.,* incompreensão, desacerto.
DE.SEN.TER.RAR, *v.t.,* exumar, cavar, tirar de dentro da terra.
DE.SEN.TO.CAR, *v.t.,* arrancar da toca, fazer sair de casa.
DE.SEN.TOR.PE.CER, *v.t.,* despertar, tirar o torpor.
DE.SEN.TOR.TAR, *v.t.,* fazer ficar reto, retificar, ajustar.
DE.SEN.TRA.NHAR, *v.t.,* tirar do fundo, trazer à tona, expor.
DE.SEN.TU.LHAR, *v.t.,* liberar, levar o entulho, limpar.
DE.SEN.TU.PIR, *v.t.,* limpar, desimpedir, deixar correr.
DE.SEN.VOL.TO, *adj.,* ativo, desinibido, elegante.
DE.SEN.VOL.TU.RA, *s.f.,* desempenho, atividade, sem inibição.
DE.SEN.VOL.VER, *v.t.,* promover o crescimento, expandir, progredir.
DE.SEN.VOL.VI.DO, *adj.,* adiantado, progredido, crescido.
DE.SEN.VOL.VI.MEN.TO, *s.m.,* progresso, crescimento econômico.
DE.SEN.XA.BI.DO, *adj.,* insípido, sem gosto.
DE.SEN.XO.VA.LHAR, *v.t.,* lavar, assear, purificar.
DE.SE.QUI.LI.BRA.DO, *adj.,* sem equilíbrio, doido, maluco.
DE.SE.QUI.LI.BRAR, *v.t.,* perder o equilíbrio; ficar doido, tornar-se demente.
DE.SE.QUI.LÍ.BRIO, *s.m.,* falta de equilíbrio; demência.
DE.SER.DA.DO, *adj.,* que perdeu a herança; abandonado; *fig.,* sem recursos para sobreviver.
DE.SER.DAR, *v.t.,* de modo legal tirar do rol dos herdeiros; abandonar.
DE.SER.TAR, *v.t.,* transformar em deserto; fugir, largar, abandonar.
DE.SER.TO, *s.m.,* grande superfície de areia, sem vegetação e sem habitantes; ermo, lugar abandonado.

DE.SER.TOR, *s.m.,* quem abandona algo; por extensão, soldado que foge do serviço militar.
DE.SES.PE.RAN.ÇA, *s.f.,* ausência de esperança; desespero, falta de fé.
DE.SES.PE.RAR, *v.t.,* perder a esperança, arrancar a esperança de; incomodar-se.
DE.SES.PE.RO, *s.m.,* angústia, perda total da esperança, aflição.
DE.SES.TA.BI.LI.ZAR, *v.t.,* desequilibrar, tirar a estabilidade.
DE.SES.TI.MU.LAR, *v.t. e pron.,* desanimar, fazer perder o estímulo.
DE.SES.TÍ.MU.LO, *s.m.,* desânimo, desencorajamento.
DE.SES.TRU.TU.RAR, *v.t. e pron.,* quebrar a estrutura, desorganizar, desordenar.
DES.FA.ÇA.TEZ, *s.f.,* sem-vergonhice, atrevimento, safadeza.
DES.FAL.CAR, *v.t.,* provocar desfalque, fazer falta; furtar, apropriar-se.
DES.FA.LE.CER, *v.t. e int.,* perder as forças, desmaiar, cair.
DES.FA.LE.CI.MEN.TO, *s.m.,* desmaio, esmorecimento, fraqueza.
DES.FAL.QUE, *s.m.,* subtração de um valor; furto, apropriação indébita.
DES.FA.VE.LAR, *v.t.,* tirar da favela.
DES.FA.VO.RÁ.VEL, *adj.,* contrário, contra.
DES.FA.ZER, *v.t. e pron.,* desmanchar, destruir, dissolver.
DES.FE.CHAR, *v.t., int. e pron.,* arrancar o fecho; dar um tiro com arma de fogo.
DES.FE.CHO, *s.m.,* término, fim, arremate, desenlace.
DES.FEI.TA, *s.f.,* ofensa, desagrado, injúria.
DES.FE.RIR, *v.t. e int.,* atirar, jogar, golpear.
DES.FI.AR, *v.t. e pron.,* reduzir a fios, desfazer; narrar uma porção de coisas.
DES.FI.GU.RA.DO, *adj.,* alterado, perturbado, figura diferente.
DES.FI.GU.RAR, *v.t. e pron.,* alterar, modificar, deformar.
DES.FI.LA.DEI.RO, *s.m.,* passagem estreita entre duas montanhas, garganta.
DES.FI.LAR, *v.t. e int.,* marchar, passar em frente aos outros.
DES.FI.LE, *s.m.,* grupo de pessoas caminhando em ordem perante o público; parada militar.
DES.FLO.RES.TAR, *v.t.,* derrubar árvores, cortar a vegetação, desmatar.
DES.FO.CAR, *v.t.,* pôr fora de foco, esbater.
DES.FO.LHAR, *v.t. e pron.,* tirar, arrancar as folhas.
DES.FOR.RA, *s.f.,* vingança.
DES.FRAL.DAR, *v.t. e pron.,* abrir a bandeira; soltar as velas, abrir as velas; apresentar um tema.
DES.FRU.TAR, *v.t.,* usufruir, gozar, regalar-se.
DES.GAR.RAR, *v.t., int. e pron.,* afastar-se do rumo; perder-se.
DES.GAS.TAN.TE, *adj.,* aborrecido, estafante, cansativo, fatigante.
DES.GAS.TAR, *v.t. e pron.,* cansar, estafar, consumir, destruir.
DES.GOS.TAR, *v.t. e pron.,* magoar, ofender, desagradar, descontentar.
DES.GOS.TO, *s.m.,* mágoa, desagrado, ofensa.
DES.GO.VER.NO, *s.m.,* governo ruim, anarquia, desordem.
DES.GRA.ÇA, *s.f.,* desdita, aflição, calamidade, ruindade.
DES.GRA.ÇAR, *v.t. e pron.,* infelicitar, descontentar, afligir.
DES.GRE.NHA.DO, *adj.,* cabelo despenteado.
DES.GRU.DAR, *v.t.,* descolar, soltar, livrar.
DE.SI.DRA.TA.ÇÃO, *s.f.,* perda demasiada de água, ação de desidratar.
DE.SI.DRA.TAR, *v.t., int. e pron.,* perder muita água do organismo, ressecar.
DE.SIG.NAR, *v.t.,* indicar, nomear, conduzir, fixar, escolher.
DE.SÍG.NIO, *s.m.,* propósito, ideia, indicação.
DE.SI.GUAL, *adj.,* diferente, variável, diverso.
DE.SI.GUA.LAR, *v.t. e pron.,* tornar desigual, criar diferenças.
DE.SI.LU.DIR, *v.t. e pron.,* acabar com a ilusão, trazer para a realidade.
DE.SI.LU.SÃO, *s.f.,* desengano, decepção, fantasia enganosa.
DE.SIM.PE.DIR, *v.t. e pron.,* remover impedimento, desobstruir, tirar obstáculo.
DE.SIN.CUM.BIR, *v. pron.,* desempenhar, levar a efeito uma missão.
DE.SI.NÊN.CIA, *s.f.,* término, fim das palavras.
DE.SIN.FEC.CI.O.NAR, *v.t.,* desinfetar, limpar a ferida.
DE.SIN.FE.TAN.TE, *s.m.,* substância usada para desinfetar.
DE.SIN.FE.TAR, *v.t. e int.,* desinfeccionar, limpar, assear, descontaminar.
DE.SIN.FLA.CI.O.NAR, *v.t.,* conter a inflação, diminuir, acabar com a inflação.

DESINFORMAR

DE.SIN.FOR.MAR, v.t. e int., não informar, abster-se de informar.
DE.SI.NI.BI.DO, adj., desenvolto, desembaraçado, ativo.
DE.SI.NI.BIR, v.t., perder a timidez, deixar de ser acanhado.
DE.SIN.TE.GRA.ÇÃO, s.f., ação de desintegrar-se, explosão, quebra.
DE.SIN.TE.GRAR, v.t. e pron., quebrar, explodir, esmigalhar.
DE.SIN.TE.RES.SA.DO, adj., que perdeu o interesse, sem interesse, imparcial.
DE.SIN.TE.RES.SAR, v.t. e pron., perder o interesse, não atrair, não ser interessante.
DE.SIN.TE.RES.SE, s.m., falta de motivação, falta de atração, neutralidade.
DE.SIN.TO.XI.CAR, v.t., tirar o tóxico de, limpar, curar do uso de droga.
DE.SIS.TEN.TE, adj., que desistiu, renunciante, que abandonou.
DE.SIS.TIR, v.t. e int., deixar de, renunciar, não insistir.
DES.JE.JUM, s.m., café da manhã, primeira refeição do dia.
DES.LAN.CHAR, v.int., começar a ir, ser impulsionado para frente.
DES.LA.VA.DO, adj., desavergonhado, descarado, cínico.
DES.LE.AL, adj., infiel, não leal, traidor.
DES.LE.AL.DA.DE, s.f., infidelidade, traição.
DES.LEI.XA.DO, adj., relaxado, negligente, desordenado.
DES.LEI.XAR, v.t. e pron., ser relaxado, negligenciar.
DES.LEI.XO, s.m., negligência, relaxamento, desordem, mazela.
DES.LI.GA.DO, adj., não ligado, desatento, distraído, absorto.
DES.LI.GAR, v.t. e pron., desatar, desamarrar, desunir.
DES.LI.ZAR, v.t., int. e pron., resvalar, escorregar, percorrer superfície com maciez.
DES.LI.ZE, s.m., ação de deslizar, deslizamento, escorregadela; erro, engano.
DES.LO.CA.MEN.TO, s.m., ação de deslocar, afastamento, mudança.
DES.LO.CAR, v.t. e pron., remover do lugar, pôr em outro local.
DES.LUM.BRA.MEN.TO, s.m., fascínio, espanto, maravilha.
DES.LUM.BRAN.TE, adj., maravilhoso, encantador, fascinante.
DES.LUM.BRAR, v.t., int. e pron., fascinar, seduzir, ofuscar.
DES.MAI.AR, v.t., int. e pron., descorar, perder a cor; sentir-se mal, perder os sentidos.
DES.MAI.O, s.m., perda dos sentidos, diminuição da luz ou da cor.
DES.MA.MAR, v.t. e pron., tirar o hábito de mamar; deixar viver sozinho.
DES.MAN.CHAR, v.t., int. e pron., desfazer, destruir, desordenar.
DES.MAN.CHE, s.m., ato de desmanche, desmontamento; oficina de carros que desmancha carros para negociar as peças.
DES.MAN.DO, s.m., abuso de autoridade, desregramento.
DES.MAN.TE.LAR, v.t. e pron., destruir, desfazer, demolir.
DES.MAR.CAR, v.t. e pron., tirar as marcas; apagar linhas; cancelar, suspender.
DES.MAS.CA.RAR, v.t. e pron., tirar a máscara, denunciar, dar a conhecer.
DES.MA.TAR, v.t., derrubar o mato, desflorestar.
DES.MA.ZE.LA.DO, adj., relaxado, negligente, sem asseio, desorganizado.
DES.MA.ZE.LAR, v. pron., tornar-se relaxado, negligenciar-se, desleixar-se.
DES.MA.ZE.LO, s.m., relaxamento, desleixo, negligência, desordem.
DES.ME.DI.DO, adj., fora das medidas, enorme, excessivo.
DES.MEM.BRAR, v.t., int. e pron., tirar um membro, deixar de ser membro de, separar, dividir, desligar, expulsar.
DES.ME.MO.RI.A.DO, adj., sem memória, esquecido, distraído.
DES.ME.MO.RI.AR, v.t. e pron., levar à perda da memória, levar a esquecer.
DES.MEN.TI.DO, s.m., ação declaratória para desmentir, negação de.
DES.MEN.TIR, v.t. e pron., declarar que não é verdade, contradizer, retificar o dito.
DES.ME.RE.CER, v.t. e int., perder o merecimento, não merecer.
DES.ME.RE.CI.MEN.TO, s.m., falta de merecimento.
DES.ME.SU.RA.DO, adj., enorme, grande, imenso, gigantesco.
DES.MI.O.LA.DO, adj., maluco, adoidado, sem juízo.
DES.MO.BI.LI.AR, v.t., retirar, carregar, transferir a mobília.
DES.MO.BI.LI.ZAR, v.t., desfazer um exército, levar o soldado à vida civil.
DES.MON.TAR, v.t., int. e pron., desmanchar, descer, tirar as estruturas, largar um posto.
DES.MO.RA.LI.ZA.ÇÃO, s.f., desânimo, corrupção, perda da moral.
DES.MO.RA.LI.ZAR, v.t. e pron., fazer perder a moral, corromper, perverter.
DES.MO.RO.NA.MEN.TO, s.m., queda de algo, desabamento.
DES.MO.RO.NAR, v.t., int. e pron., cair, vir abaixo, desabar.
DES.MO.TI.VA.ÇÃO, s.f., desânimo, perda da motivação, indiferença.
DES.MO.TI.VAR, v.t. e pron., desanimar, perder a motivação.
DES.MU.NHE.CA.DO, adj., efeminado, pouco viril.
DES.MU.NHE.CAR, v.t., int. e pron., efeminar-se, tornar-se meio feminino.
DES.NA.TA.DEI.RA, s.f., máquina para tirar a nata do leite.
DES.NA.TAR, v.t., retirar a nata, a gordura do leite.
DES.NA.TU.RA.DO, adj., cruel, sem compaixão, insensível, tirano.
DES.NE.CES.SÁ.RIO, adj., prescindível, acessório, não necessário.
DES.NÍ.VEL, s.m., diferença entre os níveis, ladeira.
DES.NOR.TE.AR, v.t., int. e pron., tirar do norte, tirar do rumo, desorientar.
DES.NU.DAR, v.t. e pron., tirar a roupa, deixar nu, descobrir-se.
DES.NU.DO, adj., nu, pelado, despido, sem roupas.
DES.NU.TRI.ÇÃO, s.f., falta de alimento, carência de nutrição.
DE.SO.BE.DE.CER, v.t. e int., não obedecer, desrespeitar.
DE.SO.BE.DI.ÊN.CIA, s.f., falta de obediência, transgressão.
DE.SO.BE.DI.EN.TE, adj., que não obedece.
DE.SO.BRI.GAR, v.t. e pron., exonerar, liberar, isentar.
DE.SOBS.TRU.ÇÃO, s.f., acesso livre, desimpedimento.
DE.SOBS.TRU.IR, v.t., liberar, desimpedir.
DE.SO.CU.PA.ÇÃO, s.f., sem ocupação, ociosidade, desemprego.
DE.SO.CU.PA.DO, adj., sem ocupação, livre, sem emprego, ocioso.
DE.SO.CU.PAR, v.t. e pron., deixar de ocupar, liberar, sair de, livrar.
DE.SO.DO.RAN.TE, s.m., desodorizante, substância que tira o mau cheiro.
DE.SO.DO.RI.ZAR, v.t., tirar o cheiro, desodorar.
DE.SO.LA.ÇÃO, s.f., sofrimento, tristeza, dor.
DE.SO.LA.DO, adj., aflito, tristonho, com dor, inconsolável.
DE.SO.LAR, v.t. e pron., provocar desolação, causar dor, aflição, devastar, assolar.
DE.SO.NES.TI.DA.DE, s.f., sem honestidade, desonra, corrupção.
DE.SO.NES.TO, adj., imoral, corrupto, improbo.
DE.SON.RA, s.f., humilhação, sem honra, infâmia, vergonha.
DE.SON.RAR, v.t., int. e pron., infamar, humilhar, envergonhar, ofender a honra.
DE.SO.PI.LAR, v.t., aliviar, abrir, descongestionar, desobstruir.
DE.SO.RAS, s.f. pl., locução: a desoras - fora de hora, muito tarde.
DE.SOR.DEI.RO, s.m., baderneiro, arruaceiro, desorganizador.
DE.SOR.DEM, s.f., baderna, confusão, falta de ordem, barulho.
DE.SOR.DE.NAR, v.t. e pron., badernar, desorganizar.
DE.SOR.GA.NI.ZA.ÇÃO, s.f., desordem, baderna.
DE.SOR.GA.NI.ZAR, v.t. e pron., desordenar, badernar, fazer confusão.
DE.SO.RI.EN.TA.ÇÃO, s.f., confusão, sem rumo, desnorteamento.
DE.SO.RI.EN.TA.DO, adj., sem rumo, desnorteado, incapacitado.
DE.SO.RI.EN.TAR, v.t. e pron., desnortear, tirar do rumo, incapacitar, atrapalhar.
DE.SOS.SAR, v.t., tirar a carne dos ossos.
DE.SO.VA, s.f., tempo em que os peixes põem os ovos.
DE.SO.VAR, v.int., pôr os ovos, as ovas; deixar cadáver em local diferente de onde ocorreu a morte.
DE.SO.XI.DAR, v.t., raspar o óxido, desenferrujar.
DES.PA.CHAN.TE, s.c. 2 gên., quem despacha, agente que intermedeia serviços em repartições públicas.
DES.PA.CHAR, v.t., int. e pron., fazer despacho, deferir despacho, executar, despedir.
DES.PA.CHO, s.m., ordem judicial, resolução de autoridade pública; feitiço.
DES.PE.DA.ÇAR, v.t. e pron., quebrar, esmigalhar, reduzir a pedaços.
DES.PE.DI.DAS, s.f. pl., ação de despedir-se, separação, afastamento.
DES.PE.DIR, v.t. e pron., mandar embora, desviar, sair, despachar, pôr na rua.
DES.PEI.TO, s.m., ressentimento, melindre, ofensa.
DES.PE.JAR, v.t. e pron., derramar, esvaziar um recipiente, verter um líquido.
DES.PE.JO, s.m., ação ou efeito de despejar; ordem judicial para tirar alguém de uma casa, porque não paga o aluguel.
DES.PEN.CAR, v.t., int. e pron., cair, tirar frutas de pencas; sobrevir.
DES.PEN.DER, v.t. e int., gastar, consumir.

DESVANTAGEM

DES.PE.NHA.DEI.RO, s.m., precipício, perau, escarpa muito forte de montanha.
DES.PEN.SA, s.f., cômodo da casa para guardar mantimentos.
DES.PEN.TE.AR, v.t., int. e pron., desfazer o penteado, desgrenhar os cabelos.
DES.PER.CE.BER, v.t., não perceber, não sentir.
DES.PER.CE.BI.DO, adj., não notado, não sentido.
DES.PER.DI.ÇA.DO, adj., esbanjado, gasto sem necessidade.
DES.PER.DI.ÇAR, v.t. e int., gastar sem necessidade, esbanjar, estragar.
DES.PER.DÍ.CIO, s.m., esbanjamento, gasto inútil, estrago.
DES.PER.TA.DOR, s.m., relógio especial para acordar as pessoas.
DES.PER.TAR, v.t., int. e pron., acordar, tirar do sono; agir, agitar-se.
DES.PE.SA, s.f., ato ou efeito de despender, gasto, consumo.
DES.PE.TA.LAR, v.t. e pron., desfazer a flor, pétala por pétala.
DES.PI.DO, adj., desnudo, nu, sem roupas.
DES.PIR, v.t., e pron., tirar a roupa, desnudar-se, ficar nu.
DES.PIS.TAR, v.t., conseguir que perca a pista, desorientar, enganar.
DES.PO.JAR, v.t., privar de, tirar, arrancar.
DES.PO.JO, s.m., botim, fruto de um saque, espólio.
DES.PO.JOS, s.m. pl., restos, o que sobrou, espólio.
DES.PO.LA.RI.ZAR, v.t., eliminar a força do ímã; desfazer situação de extremos opostos, minimizar adversidades.
DES.PO.LU.IR, v.t., limpar, recuperar, tirar a poluição.
DES.PON.TAR, v.t., int. e pron., tirar a ponta de; surgir, aparecer ao longe.
DES.POR.TIS.MO, s.m., todo o conjunto de jogos, esportismo, prática de esporte, desporto.
DES.POR.TIS.TA, s.c. 2 gên., quem pratica o esporte.
DES.PO.SAR, v.t. e pron., fazer um matrimônio, casar, esposar.
DÉS.PO.TA, s.c. 2 gên., tirano, ditador, mandante absoluto; pessoa opressora.
DES.PO.TIS.MO, s.m., tirania, ditadura, governo sem liberdades, opressão.
DES.PO.VO.A.DO, adj., desabitado, sem população, vazio.
DES.PO.VO.AR, v.t. e pron., tirar os habitantes, esvaziar.
DES.PRA.ZER, s.m., falta de prazer, insatisfação, desagrado.
DES.PRE.GAR, v.t. e pron., extrair os pregos, desfixar, desprender.
DES.PREN.DER, v.t. e pron., soltar, desamarrar, desgrudar.
DES.PREN.DI.MEN.TO, s.m., desapego, generosidade.
DES.PRE.O.CU.PA.DO, adj., sem preocupação, solto.
DES.PRE.O.CU.PAR, v.t. e pron., deixar de preocupar, aliviar.
DES.PRE.PA.RO, s.m., incapacidade, desqualificação, desarranjo.
DES.PRES.TI.GI.AR, v.t. e pron., difamar, desacreditar, desabonar.
DES.PRES.TÍ.GIO, s.m., descrédito, desabono, má fama.
DES.PRE.TEN.SÃO, s.f., modéstia, humildade.
DES.PRE.TEN.SI.O.SO, adj., modesto, humilde.
DES.PRE.VE.NI.DO, adj., incauto, despreparado; pop., sem dinheiro.
DES.PRE.VE.NIR, v.t. e pron., descuidar-se, estar incauto.
DES.PRE.ZAR, v.t. e pron., não prezar, não aceitar, rejeitar, menosprezar.
DES.PRE.ZÍ.VEL, adj., digno de desprezo, detestável, abjeto.
DES.PRE.ZO, s.m., menosprezo, rejeição, desapreço.
DES.PRO.POR.ÇÃO, s.f., falta de proporção, desigualdade, assimetria.
DES.PRO.POR.CI.O.NA.DO, adj., desigual, disforme, assimétrico.
DES.PRO.POR.CI.O.NAR, v.t. e pron., mudar a proporção, alterar as medidas.
DES.PRO.PO.SI.TA.DO, adj., sem propósito, sem finalidade.
DES.PRO.PO.SI.TAR, v.int., agir sem propósito, proceder sem objetivo.
DES.PRO.PÓ.SI.TO, s.m., o que é fora de propósito, maluquice, desatino.
DES.PRO.TE.GER, v.t., não proteger, desamparar, não cuidar.
DES.PRO.VER, v.t., privar, não fornecer provisões, não amparar.
DES.PRO.VI.DO, adj., desassistido, largado, abandonado.
DES.PU.DOR, s.m., falta de pudor, sem-vergonhice, indecência.
DES.PU.DO.RA.DO, adj., desavergonhado, indecoroso.
DES.QUA.LI.FI.CA.DO, adj., sem qualificação, destreinado; malvado, perverso.
DES.QUA.LI.FI.CAR, v.t. e pron., destituir, desaprovar, retirar.
DES.QUI.TA.DO, adj., que se desquita, separado.
DES.QUI.TAR, v.t. e pron., separar judicialmente o casal, separar-se.
DES.QUI.TE, s.m., separação do casal com divisão dos bens.
DES.RE.GRA.DO, adj., sem regras, devasso, pródigo.
DES.RE.GRA.MEN.TO, s.m., falta de regras, devassidão, despudor.
DES.RE.GRAR, v.t. e pron., quebrar as regras, ignorar as regras; tornar-se devasso.
DES.RE.GU.LAR, v.t., tirar da ordem, perturbar.
DES.RES.PEI.TAR, v.t., faltar com o respeito, desobedecer.
DES.RES.PEI.TO, s.m., sem respeito, desacato, insulto.
DES.RES.PEI.TO.SO, adj., mal-educado, insolente, atrevido.
DES.SE.CAR, v.t. e pron., secar, ressequir, tornar seco.
DES.TA.CA.MEN.TO, s.m., divisão de tropas militares; pequeno grupo de soldados.
DES.TA.CAR, v.t. e pron., remeter, mandar; separar; ressaltar, enfatizar.
DES.TAM.PAR, v.t. e int., retirar a tampa; descobrir, destapar.
DES.TA.PAR, v.t., destampar, descobrir, tirar a tampa.
DES.TA.QUE, s.m., ênfase, ressalto, saliência.
DES.TAR.TE, adv., assim, dessa maneira.
DES.TE, pron. dem., junção do pronome demonstrativo este com a preposição de.
DES.TE.LHAR, v.t., retirar as telhas, mudar o telhado.
DES.TE.MI.DO, adj., valente, corajoso, intrépido, sem medo.
DES.TE.MOR, s.m., sem temor, audácia, coragem.
DES.TEM.PE.RA.DO, adj., sem têmpera; sem controle; sem sabor; desmiolado.
DES.TEM.PE.RAR, v.t., int. e pron., tirar a têmpera, mudar o tempero; perder o controle.
DES.TEM.PE.RO, s.m., despropósito, falta de domínio.
DES.TER.RAR, v.t. e pron., exilar, degredar, expulsar do país, banir.
DES.TER.RO, s.m., exílio, banimento, degredo.
DES.TI.LA.DOR, s.m., maquineta usada para destilar.
DES.TI.LAR, v.t. e int., processar a passagem do estado líquido para o gasoso, como álcool, cachaça, conhaque e outras bebidas destiladas.
DES.TI.NAR, v.t. e pron., endereçar, remeter para lugar certo, enviar, reservar.
DES.TI.NA.TÁ.RIO, s.m., quem recebe algo, receptor.
DES.TI.NO, s.m., endereço, conjunto de fatos que compõem um todo, sorte.
DES.TI.TU.IR, v.t. e pron., tirar do poder, apear, pôr fora.
DES.TO.AR, v.int., desafinar, perder o tom; ser diferente, agir de modo diferente.
DES.TRA, s.f., mão direita, direita.
DES.TRAM.BE.LHA.DO, adj., amalucado, desmiolado, doido, desajuizado.
DES.TRAM.BE.LHAR, v.t. e int., amalucar, endoidar, fazer disparates.
DES.TRAN.CAR, v.t., remover a tranca, abrir.
DES.TRA.TAR, v.t., ofender com palavras, dizer impropérios.
DES.TRA.VAR, v.t. e int., tirar a trava, soltar, desapertar.
DES.TRE.ZA, s.f., habilidade, rapidez, agilidade.
DES.TRIN.CHAR, v.t., separar, destrinçar, esmiuçar; solucionar problemas.
DES.TRO, adj., direito, lado direito; habilidoso, qualificado.
DES.TRO.CAR, v.t., desfazer a troca, reverter uma troca.
DES.TRO.ÇAR, v.t. e int., destruir, desbaratar, arrasar, reduzir a pedaços.
DES.TRO.ÇOS, s.m., pl., restos, pedaços, fragmentos.
DES.TRO.NA.DO, adj., que perdeu o trono, tirado do trono, apeado do poder.
DES.TRO.NAR, v.t. e pron., arrancar do trono, tirar do poder; derrubar do mando.
DES.TRON.CAR, v.t., tirar do tronco, decepar, luxar membros.
DES.TRU.I.DOR, s.m. e adj., que destrói, arrasador, arruinador.
DES.TRU.IR, v.t. e ind., demolir, devastar, derrotar, exterminar.
DES.TRU.TI.VO, adj., que destrói, que arrasa.
DE.SU.MA.NI.DA.DE, s.f., crueldade, perversidade, falta de humanidade.
DE.SU.MA.NO, adj., não humano, perverso, cruel, selvagem.
DE.SU.NI.ÃO, s.f., falta de união, rivalidade, discórdia.
DE.SU.NIR, v.t., separar, desfazer uma união.
DE.SU.SA.DO, adj., que não se usa, obsoleto, antiquado.
DE.SU.SO, s.m., fora de uso, fora de moda.
DES.VAI.RA.DO, adj., sem juízo, louco, doido, maluco.
DES.VAI.RA.MEN.TO, s.m., loucura, doidice, maluquice, desvario.
DES.VAI.RAR, v.t. e int., ficar alucinado, ficar louco.
DES.VA.LI.DO, adj., desamparado, desprotegido, infeliz.
DES.VA.LO.RI.ZA.ÇÃO, s.f., perda do valor, queda do valor.
DES.VA.LO.RI.ZAR, v.t. e pron., abaixar ou tirar o valor de.
DES.VAN.TA.GEM, s.f., prejuízo, falta de vantagem.

DESVANTAJOSO

DES.VAN.TA.JO.SO, *adj.*, sem vantagem, inconveniente, prejudicial.
DES.VÃO, *s.m.*, recanto, esconderijo, espaço entre paredes.
DES.VA.RI.O, *s.m.*, loucura, alucinação, delírio.
DES.VE.LAR, *v.t. e pron.*, mostrar, patentear-se; vigiar, cuidar.
DES.VE.LO, *s.m.*, cuidado, zelo, carinho.
DES.VEN.CI.LHAR, *v.t. e pron.*, desprender-se, desamarrar, livrar.
DES.VEN.DAR, *v.t. e pron.*, tirar a venda, revelar, mostrar.
DES.VEN.TU.RA, *s.f.*, desgraça, infortúnio, azar, desdita.
DES.VEN.TU.RA.DO, *adj.*, infeliz, azarado, infortunado.
DES.VI.AR, *v.t. e pron.*, dar outro rumo, tirar do caminho, afastar; furtar.
DES.VIN.CU.LAR, *v.t. e pron.*, desligar, liberar, descompromissar.
DES.VI.O, *s.m.*, caminho secundário, outra estrada; furto, apropriação indevida.
DES.VI.RAR, *v.t.*, revirar, colocar ao avesso.
DES.VIR.GI.NAR, *v.t.*, deflorar, violentar, tirar a virgindade.
DES.VIR.TU.AR, *v.t. e pron.*, tirar a virtude, desgraçar, colocar no mal.
DE.TA.LHAR, *v.t.*, colocar em detalhes, pormenorizar.
DE.TA.LHE, *s.m.*, minúcias, pormenores, mínimas coisas.
DE.TEC.TAR, *v.t.*, descobrir, encontrar, perceber.
DE.TEC.TOR, *s.m.*, aparelho para encontrar sinais mais sensíveis.
DE.TEN.ÇÃO, *s.f.*, ação ou efeito de deter, prisão, aprisionamento.
DE.TEN.TO, *s.m.*, detido, preso, encarcerado.
DE.TER, *v.t. e pron.*, prender, parar, segurar, conter, segurar.
DE.TER.GEN.TE, *s.m.*, substância especial para limpar objetos com gorduras.
DE.TE.RI.O.RAR, *v.t. e pron.*, estragar, adulterar.
DE.TER.MI.NA.ÇÃO, *s.f.*, decisão, firmeza; objetivo a ser realizado.
DE.TER.MI.NA.DO, *adj.*, decidido, firme, objetivado.
DE.TER.MI.NAR, *v.t. e pron.*, ordenar, delimitar, precisar, enquadrar.
DE.TES.TAR, *v.t.*, odiar, ter ojeriza, não gostar de, ter aversão.
DE.TE.TI.VE, *s.m.*, quem investiga fatos, crimes; investigador.
DE.TI.DO, *s.m.*, quem foi preso, encarcerado.
DE.TO.NAR, *v.t. e int.*, provocar uma explosão, fazer um ruído.
DE.TRÁS, *adv.*, na parte posterior, atrás, depois de.
DE.TRI.MEN.TO, *s.m.*, perda, prejuízo, dano.
DE.TRI.TO, *s.m.*, resto, resíduo, lixo.
DE.TUR.PAR, *v.t.*, desvirtuar, inverter a verdade, mentir.
DEUS, *s.m.*, o ser supremo, criador.
DEU.SA, *s.f.*, divindade feminina; artista, estrela de cinema, diva.
DE.VA.GAR, *adv.*, lentamente, com vagar.
DE.VA.NE.AR, *v.t. e int.*, fantasiar, imaginar.
DE.VA.NEI.O, *s.m.*, fantasia, imaginação, sonho.
DE.VAS.SA, *s.f.*, sindicância, busca, análise de todos os atos, mulher imoral.
DE.VAS.SAR, *v.t.*, vasculhar, procurar, buscar.
DE.VAS.SI.DÃO, *s.f.*, comportamento de devasso, podridão, corrupção.
DE.VAS.SO, *adj.*, corrupto, libertino, imoral.
DE.VAS.TA.ÇÃO, *s.f.*, destruição, demolição, arrasamento.
DE.VAS.TAR, *v.t.*, destruir, demolir, assolar.
DE.VER, *v.t., int. e pron.*, ter de fazer, obrigar-se, executar.
DE.VER, *s.m.*, obrigação, tarefa.
DE.VE.RAS, *adv.*, verdadeiramente, na verdade, com realidade.
DE.VO.ÇÃO, *s.f.*, dedicação a culto divino, afeição, apreço.
DE.VO.LU.TO, *adj.*, baldio, abandonado, largado.
DE.VOL.VER, *v.t.*, mandar de volta, restituir.
DE.VO.RAR, *v.t.*, comer, consumir; fazer qualquer coisa com voracidade.
DE.VO.TAR, *v.t. e pron.*, dedicar, consagrar.
DE.VO.TO, *s.m.*, quem está devotado, quem tem devoção.
DE.ZE.NA, *s.f.*, dez coisas, dez unidades.
DI.A, *s.m.*, período de 12 horas, período com a luz do Sol.
DI.A A DI.A, *s.m.*, o cotidiano, o correr do dia.
DI.A.BA.DA, *s.f.*, conjunto de diabos, grupo de diabos; corja.
DI.A.BE.TES, *s.f.*, diabete, doença caracterizada pela presença de açúcar no sangue.
DI.A.BO, *s.m.*, satanás, demônio, satã, demo, capeta, cão, tinhoso.
DI.A.BÓ.LI.CO, *adj.*, referente ao diabo, demoníaco.
DI.A.BRU.RA, *s.f.*, coisa do diabo, obra do diabo; peraltice.

DI.A.CHO, *interj.*, expressão de algo ruim.
DI.A.DE.MA, *s.f.*, coroa, adorno para pôr na testa.
DI.Á.FA.NO, *adj.*, transparente, claro.
DI.A.FRAG.MA, *s.m.*, órgão da respiração; peça da máquina fotográfica para controlar a entrada de luz.
DI.AG.NOS.TI.CAR, *v.t. e int.*, verificar, analisar.
DI.AG.NÓS.TI.CO, *s.m.*, parecer médico sobre algum mal; observação, parecer técnico sobre qualquer assunto.
DI.A.GO.NAL, *adj.*, que tem direção oblíqua.
DI.A.GRA.MA, *s.m.*, representação gráfica de um sistema, esquema.
DI.A.GRA.MAR, *v.t.*, distribuir os textos em um espaço junto com as figuras.
DI.A.LÉ.TI.CA, *s.f.*, arte ou argumento, raciocínio, filosofia.
DI.A.LÉ.TI.CO, *s.m.*, que raciona com lógica.
DI.A.LE.TO, *s.m.*, variante linguística de um idioma.
DI.A.LO.GAR, *v.t. e int.*, conversar, conversar a dois, discutir democraticamente.
DI.Á.LO.GO, *s.m.*, conversa, colóquio, discussão.
DI.A.MAN.TE, *s.m.*, pedra preciosa de grande brilho.
DI.A.MAN.TÍ.FE.RO, *adj.*, local onde há muitos diamantes.
DI.Â.ME.TRO, *s.m.*, linha reta que corta o círculo pelo centro em duas partes.
DI.AN.TE, *adv.*, na frente, na parte da frente.
DI.AN.TEI.RA, *s.f.*, vanguarda, na frente.
DI.AN.TEI.RO, *adj.*, parte da frente, que está na frente.
DI.Á.RIA, *s.f.*, pagamento pelo trabalho de um dia, pagamento por um pernoite em hotel, pensão, ou similar.
DI.Á.RIO, *s.m.*, escrito com o suceder dos dias, referindo de cada um os fatos; jornal de publicação a cada dia; *adj.*, de cada dia do dia a dia.
DI.A.RIS.TA, *s.c. 2 gên.*, pessoa que trabalha para receber por dia.
DI.AR.REI.A, *s.f.*, doença marcada por fezes moles e continuadas; desarranjo intestinal, *pop.*, cagaueira, corre-corre.
DI.CA, *s.f.*, ideia, macete, informe.
DIC.ÇÃO, *s.f.*, modo de falar, pronúncia, fala, expressão oral.
DI.CI.O.NÁ.RIO, *s.m.*, reunião de todos os vocábulos de uma língua, com o significado e em ordem alfabética; relação de vocábulos de uma língua com o significado em outra; léxico; *pop.*, pai dos burros.
DI.CI.O.NA.RIS.TA, *s.c. 2 gên.*, quem compõe um dicionário.
DI.CO.TO.MI.A, *s.f.*, duas faces de uma situação e opostas entre si.
DI.DÁ.TI.CA, *s.f.*, a arte e a técnica de ensinar; método para conduzir o processo ensino-aprendizagem.
DI.DÁ.TI.CO, *adj.*, referente à didática, próprio da arte de ensinar.
DIE.SEL, *s.m.*, tipo de combustível para motores; óleo.
DI.E.TA, *s.f.*, regime, modo de se alimentar para melhorar o desempenho corporal, para emagrecer, desenvolver-se.
DI.FA.MA.DOR, *s.m.*, quem difama, quem espalha má fama de alguém.
DI.FA.MAR, *v.t. e pron.*, dizer mal de alguém, desacreditar, mentir sobre a conduta de outrem.
DI.FE.REN.ÇA, *s.f.*, divergência, o que não é igual; desigualdade entre duas coisas.
DI.FE.REN.ÇAR, *v.t. e pron.*, encontrar diferença entre, ver desigualdades.
DI.FE.REN.CI.AL, *adj.*, o que aponta a diferença.
DI.FE.REN.CI.AR, *v.t. e pron.*, diferençar, mudar, notar desigualdade entre.
DI.FE.REN.TE, *adj.*, diverso, desigual.
DI.FE.RIR, *v.t. e int.*, adiar, deixar para depois; ser diferente, ser desigual.
DI.FÍ.CIL, *adj.*, o que não é fácil, dificultoso, trabalhoso, complicado.
DI.FI.CUL.DA.DE, *s.f.*, problema, estorvo, obstáculo, empecilho.
DI.FI.CUL.TAR, *v.t. e pron.*, colocar dificuldades, procurar impedir.
DI.FUN.DIR, *v.t. e pron.*, espalhar, distribuir, divulgar, tornar público.
DI.FU.SÃO, *s.f.*, divulgação, distribuição, publicação.
DI.FU.SO, *adj.*, conhecido, espalhado, divulgado.
DI.GE.RIR, *v.t.*, fazer a digestão de; assimilar ideias.
DI.GES.TÃO, *s.f.*, absorção dos alimentos no interior do estômago.
DI.GES.TI.VO, *adj.*, que ajuda a digestão.
DI.GI.TA.ÇÃO, *s.f.*, uso do teclado do micro para escrever, datilografar.

DISPOSITIVO

DI.GI.TA.DOR, s.m., quem digita.
DI.GI.TAL, adj., próprio dos dedos, manual.
DI.GI.TAR, v.t., referente a dedos; datilografar no micro.
DI.GI.TÍ.GRA.DO, adj., o animal que caminha na ponta dos dedos, como patos.
DÍ.GI.TO, adj., cada número formado por um algarismo.
DI.GLA.DI.AR, v.int. e pron., lutar com espada, combater, pugnar; discutir, debater.
DIG.NAR-SE, v.pron., fazer a gentileza, ter a bondade.
DIG.NI.DA.DE, s.f., grandeza moral, integridade, honradez.
DIG.NI.FI.CAR, v.t. e pron., tornar digno, honrar.
DIG.NI.TÁ.RIO, s.m., pessoa que exerce um cargo elevado.
DIG.NO, adj., honrado, íntegro.
DÍ.GRA.FO, s.m., duas consoantes juntas representam um único som.
DI.LA.CE.RAN.TE, adj., cortante, que dilacera, torturante.
DI.LA.CE.RAR, v.t. e pron., cortar, rasgar, romper, lacerar.
DI.LA.PI.DA.ÇÃO, s.f., estrago, desperdício, destruição.
DI.LA.PI.DAR, v.t., destruir, esbanjar, arruinar.
DI.LA.TA.ÇÃO, s.f., aumento, tornar o volume maior.
DI.LA.TAR, v.t. e pron., aumentar, fazer crescer o volume; divulgar.
DI.LE.ÇÃO, s.f., amor, estima, apego, apreço.
DI.LE.MA, s.m., situação na qual se deve escolher entre dois argumentos ou conclusões; dificuldade.
DI.LE.TAN.TE, s.c. 2 gên. e adj., amante, pessoa que faz algo por gosto.
DI.LE.TO, adj., amado, preferido, querido, estimado.
DI.LI.GÊN.CIA, s.f., busca, cuidado, empenho; procura policial de alguém.
DI.LI.GEN.CI.AR, v.t., buscar com empenho, esforçar-se, empenhar-se.
DI.LI.GEN.TE, adj., cuidado, ativo, incansável, operoso.
DI.LU.EN.TE, s.m., líquido usado para afinar outros líquidos.
DI.LU.IR, v.t. e pron., desfazer, liquifazer, tornar líquido, desmanchar.
DI.LU.VI.A.NO, adj., referente ao dilúvio.
DI.LÚ.VIO, s.m., consoante a Bíblia, a grande inundação do mundo; inundação, muita água, muita chuva.
DI.MEN.SÃO, s.f., proporção, tamanho, medida.
DI.MEN.SIO.NAR, v.t., medir, tirar o tamanho de, calcular o perímetro.
DI.MI.NU.I.ÇÃO, s.f., tornado menor, subtração, desvalorização.
DI.MI.NU.IR, v.t. e int., subtrair, reduzir, tornar menor.
DI.MI.NU.TI.VO, s.m., forma do substantivo indicando diminuição.
DI.MI.NU.TO, adj., pequeno, reduzido, apequenado.
DI.NA.MAR.QUÊS, adj. e s.m., nascido na Dinamarca ou próprio do país.
DI.NÂ.MI.CA, s.f., movimento, agilidade.
DI.NÂ.MI.CO, adj., próprio da dinâmica, ativo, ágil.
DI.NA.MI.TAR, v.t., colocar dinamite em, destruir com dinamite.
DI.NA.MI.TE, s.f., explosivo composto por nitroglicerina.
DI.NA.MI.ZAR, v.t., tornar dinâmico, ativar.
DÍ.NA.MO, s.m., aparelho para produzir energia elétrica.
DI.NAS.TI.A, s.f., geração de reis de um mesmo clã; descendência.
DI.NHEI.RO, s.m., moeda, moeda sonante; valor usado para pagar.
DI.NOS.SAU.RO, s.m., réptil muito antigo, de tamanho variável, com algumas espécies de porte gigantesco, da Era Mesozoica.
DI.O.CE.SE, s.f., base territorial comandada por um bispo.
DI.PLO.MA, s.m., documento para provar a conclusão de um curso.
DI.PLO.MA.CI.A, s.f., parte que atende às relações entre países; a arte de saber persuadir, persuasão, fineza.
DI.PLO.MA.DO, adj., que recebeu diploma, formado, qualificado.
DI.PLO.MAR, v.t., conceder diploma a.
DI.PLO.MA.TA, s.c. 2 gên., representante do governo de um país em outro país.
DI.PLO.MÁ.TI.CO, adj., próprio da diplomacia, persuasivo, gentil, polido.
DI.QUE, s.m., barreira para segurar as águas.
DI.RE.ÇÃO, s.f., ação e efeito de dirigir, volante; rumo, rota.
DI.RE.CI.O.NAR, v.t., pôr no rumo, dirigir, orientar.
DI.REI.TA, s.f., a mão direita, o lado direito, destra; grupo político favorável ao capitalismo.
DI.REI.TO, adj., correto, justo; reto, retilíneo, destro.
DI.REI.TO, s.m., ciência que estuda as leis e forma os bacharéis em Direito; forma advogados.
DI.RE.TO, adj., vai em linha reta, sem paradas.
DI.RE.TOR, s.m., quem dirige, administrador, chefe, mandante, dirigente.
DI.RE.TO.RI.A, s.f., função de diretor, grupo de diretores.
DI.RE.TÓ.RIO, s.m., grupo de pessoas que dirige um partido político.
DI.RE.TRIZ, s.f., orientação, objetivo, rumo.
DI.RI.GEN.TE, adj., que dirige, que direciona.
DI.RI.GIR, v.t., impor a direção, direcionar, guiar, orientar, comandar.
DI.RI.GÍ.VEL, s.m., o que se pode dirigir.
DI.RI.MIR, v.t., solucionar, acertar diferenças, suprimir.
DIS.CAR, v.t. e int., telefonar, acionar o telefone.
DIS.CEN.TE, adj., que aprende, aluno.
DIS.CER.NI.MEN.TO, s.m., escolha, opção, juízo, avaliação do melhor.
DIS.CER.NIR, v.t. e int., distinguir, discriminar, escolher.
DIS.CI.PLI.NA, s.f., assunto para estudo na escola, matéria escolar; ordem, norma, lei, regra.
DIS.CI.PLI.NAR, v.t. e pron., ordenar, organizar, dar castigo, impor normas.
DIS.CÍ.PU.LO, s.m., aluno, aprendiz, seguidor.
DIS.CO, s.m., peça circular e plana; peça para arremesso no atletismo, disco para música.
DIS.COR.DÂN.CIA, s.f., divergência, falta de acordo, discórdia.
DIS.COR.DAN.TE, adj., que não concorda, divergente.
DIS.COR.DAR, v.t. e int., não aceitar, divergir, ir contra, contrapor-se.
DIS.CÓR.DIA, s.f., desavença, desacordo, intriga.
DIS.COR.RER, v.t. e int., falar sobre, discursar, expor.
DIS.CO.TE.CA, s.f., local onde se dança ao som mecânico, lugar para pôr discos.
DIS.CRE.TO, adj., prudente, que guarda segredo, sigiloso.
DIS.CRI.ÇÃO, s.f., reserva, sigilo.
DIS.CRI.MI.NA.ÇÃO, s.f., segregação, rejeição, distinção.
DIS.CRI.MI.NAR, v.t., distinguir, rejeitar, segregar.
DIS.CUR.SAR, v.int., dizer um discurso, expor, usar de retórica.
DIS.CUR.SO, s.m., ação de retórica, oração, peça retórica.
DIS.CUS.SÃO, s.f., debate, polêmica, embate, troca de ideias por palavras.
DIS.CU.TIR, v.t. e int., debater, polemizar, embater.
DIS.CU.TÍ.VEL, adj., duvidoso, que é passível de discussão.
DI.SEN.TE.RI.A, s.f., doença intestinal que provoca diarreias; pop., caganeira.
DIS.FAR.ÇAR, v.t. e pron., usar de disfarce, preparar-se para que ninguém o reconheça.
DIS.FAR.CE, s.m., camuflagem, algo para esconder a feição exata.
DIS.FOR.ME, adj., monstruoso, forma anormal.
DIS.FUN.ÇÃO, s.f., distúrbio, função defeituosa, anormalidade.
DÍS.PAR, adj., desigual, diverso, diferente.
DIS.PA.RA.DA, s.f., corrida, corrida rápida.
DIS.PA.RAR, v.t., int. e pron., dar um tiro com arma de fogo, arremessar algo; sair correndo depressa.
DIS.PA.RA.TE, s.m., tolice, bobagem, asneira.
DIS.PA.RO, s.m., tiro, detonação, estrondo de um tiro.
DIS.PÊN.DIO, s.m., gasto, despesa, o que se gastou.
DIS.PEN.SA, s.f., licença, escusa, isenção.
DIS.PEN.SAR, v.t., conceder licença, isentar, liberar.
DIS.PER.SAR, v. pron., espalhar, ir em várias direções, afugentar.
DIS.PER.SO, adj., fora de ordem, espalhado.
DIS.PLI.CÊN.CIA, s.f., desleixo, desgosto, indiferença, negligência.
DIS.PLI.CEN.TE, adj., relapso, negligente, relaxado.
DIS.PO.NI.BI.LI.DA.DE, s.f., ação ou efeito de ser disponível, prontidão.
DIS.PO.NÍ.VEL, adj., pronto, disposto.
DIS.POR, v.t., coordenar, organizar, ajeitar, ter à disposição.
DIS.PO.SI.ÇÃO, s.f., organização, tendência.
DIS.PO.SI.TI.VO, s.m., regra, artigo contido em lei.

DISPOSTO

DIS.POS.TO, adj., posto, favorável, propício.
DIS.PU.TA, s.f., contenda, luta, debate.
DIS.PU.TAR, v.t. e int., discutir, debater, contender, lutar.
DIS.QUE.TE, s.m., pequeno disco usado nos computadores para reter dados.
DIS.RIT.MI.A, s.f., falta de ritmo, problemas do ritmo cardíaco.
DIS.SA.BOR, s.m., desgraça, desgosto, infelicidade, desdita.
DIS.SE.CA.ÇÃO, s.f., análise minuciosa de um corpo ou assunto.
DIS.SE.CAR, v.t., proceder a uma análise detalhada dos órgãos.
DIS.SE.MI.NA.ÇÃO, s.f., distribuição, propagação, dispersão.
DIS.SE.MI.NAR, v.t. e pron., semear, espalhar, propagar, dispersar.
DIS.SER.TA.ÇÃO, s.f., escrito racional sobre uma ideia, redação.
DIS.SER.TAR, v.t. e int., escrever, fazer uma dissertação.
DIS.SI.DEN.TE, adj., contrário, discordante, que não se enquadra.
DIS.SÍ.DIO, s.m., questão levada à Justiça Trabalhista; contenda, luta.
DIS.SÍ.LA.BO, adj., com duas sílabas.
DIS.SI.MU.LA.ÇÃO, s.f., disfarce, camuflagem, ocultação.
DIS.SI.MU.LA.DO, adj. e s.m., disfarçado, fingido, camuflado, hipócrita.
DIS.SI.MU.LAR, v.t., int. e pron., ocultar, camuflar, esconder, fingir.
DIS.SI.PA.ÇÃO, s.f., desperdício, gasto exagerado, devassidão.
DIS.SI.PA.DOR, s.m., pródigo, perdulário, gastador, que esbanja.
DIS.SI.PAR, v.t. e pron., gastar, esbanjar, fazer que desapareça.
DIS.SO.LU.ÇÃO, s.f., ação ou efeito de dissolver, desmanche.
DIS.SOL.VER, v.t. e pron., desmanchar, dissipar, liquifazer, diluir.
DIS.SU.A.DIR, v.t. e pron., fazer mudar o propósito, fazer mudar a ideia, convencer.
DIS.TÂN.CIA, s.f., espaço existente entre dois pontos, intervalo.
DIS.TAN.CI.AR, v.t. e pron., afastar, levar para longe, separar.
DIS.TAN.TE, adj., longe, afastado.
DIS.TAR, v.t. e int., estar longe, estar afastado.
DIS.TEN.DER, v.t. e pron., esticar, retesar, tornar puxado.
DIS.TEN.SÃO, s.f., puxada brusca das juntas dos ossos, estiramento.
DIS.TIN.ÇÃO, s.f., condecoração, honraria, medalha, glória.
DIS.TIN.GUIR, v.t. e int., reconhecer, notar, discriminar, discernir.
DIS.TIN.TI.VO, s.m., insígnia, objeto preso na lapela para indicar algo.
DIS.TIN.TO, adj., definido, diferente, nobre, famoso, cortês.
DIS.TOR.ÇÃO, s.f., inverdade, estiramento de uma junta.
DIS.TOR.CER, v.t., desvirtuar, referir de modo inverídico.
DIS.TRA.ÇÃO, s.f., falta de atenção, esquecimento; diversão, lazer, ócio.
DIS.TRA.Í.DO, adj., fora de atenção, absorto, sonhador.
DIS.TRA.IR, v.t. e pron., fazer perder a atenção, alhear; recrear, divertir.
DIS.TRI.BU.I.DOR, s.m., quem distribui.
DIS.TRI.BU.IR, v.t., entregar a vários indivíduos, repartir.
DIS.TRI.TO, s.m., localidade municipal administrada por um intendente, com certa independência administrativa.
DIS.TÚR.BIO, s.m., disfunção, perturbação.
DI.TA, s.f., sorte, felicidade.
DI.TA.DO, s.m., o que se dita, cópia lida em voz alta.
DI.TA.DOR, s.m., dominador, tirano, tipo de governo que engloba os três poderes.
DI.TA.DU.RA, s.f., governo que detém todos os poderes em um único elemento.
DI.TAR, v.t. e int., dizer em voz alta o que deva ser feito ou escrito; impor.
DI.TO, adj., falado, pronunciado; s.m., sentença, determinação.
DI.TON.GO, s.m., duas vogais formando uma sílaba.
DI.TO.SO, adj., feliz, satisfeito, contente.
DI.UR.NO, adj., do dia a dia, o que existe durante o dia.
DI.VA, s.f., deusa, artista de cinema, mulher muito bela.
DI.VÃ, s.m., pequeno sofá; ficar no divã - ser atendido por psicólogo.
DI.VA.GAR, v.t. e int., sonhar, conversar à toa, falar sem conteúdo.
DI.VER.GÊN.CIA, s.f., diferença, contenda, rivalidade, discórdia.
DI.VER.GIR, v.int., discordar, ser contra, não aceitar.
DI.VER.SÃO, s.f., divertimento, recreio, lazer, ócio.
DI.VER.SI.DA.DE, s.f., diferença, o que se compõe de muitos tipos.
DI.VER.SI.FI.CAR, v.t. e int., tornar diverso, diferençar, separar.
DI.VER.SO, adj., diferente, vário, outro.
DI.VER.TI.DO, adj., alegre, satisfatório, engraçado.
DI.VER.TI.MEN.TO, s.m., distração, diversão, passatempo.
DI.VER.TIR, v.t. e pron., entreter, alegrar, satisfazer.
DÍ.VI.DA, s.f., o que se deve, obrigação financeira ou moral.
DI.VI.DIR, v.t., int. e pron., distribuir em partes, separar.
DI.VI.NAL, adj., divino, maravilhoso, muito belo, ótimo.
DI.VIN.DA.DE, s.f., deus, qualidade de deus; pessoa carismática.
DI.VI.NI.ZAR, v.t. e pron., tornar deus, preparar para ser deus, adorar.
DI.VI.NO, adj., característico de deus, sublime, maravilhoso.
DI.VI.SA, s.f., limite, extrema, fronteira; objeto para indicar posto entre militares e outros órgãos, locução para ser seguida.
DI.VI.SÃO, s.f., ato ou efeito de divisão, partição, parte de um todo.
DI.VI.SAR, v.t., ver, avistar, vislumbrar, notar.
DI.VI.SÍ.VEL, adj., o que se pode dividir, partível.
DI.VI.SOR, s.m., que divide, limita; número que divide outro.
DI.VI.SÓ.RIA, s.f., limite, linha que divide; parede feita com chapas.
DI.VOR.CI.AR, v.t. e pron., legalizar a separação de um casal, separar um casal.
DI.VÓR.CIO, s.m., separação, desunião, quebra do vínculo matrimonial.
DI.VUL.GAR, v.t., publicar, tornar conhecido, difundir.
DI.ZER, v.t. e int., falar, expressar oralmente, referir, prolatar.
DI.ZI.MAR, v.t., exterminar, matar, liquidar muitos.
DÍ.ZI.MO, s.m., a décima parte; cobrança de algumas religiões para com os fiéis, que se constitui num pagamento de dez por cento do que ganham.
DIZ-QUE, s.m., falatório, boataria, falação, fofoca.
DÓ, s.m., pena, compaixão, piedade; primeira nota musical.
DO.AR, v.t., conceder, dar, presentear.
DO.BRA, s.f., vinco, prega.
DO.BRA.DI.ÇA, s.f., peça metálica para prender a porta à parede e abri-la.
DO.BRA.DI.NHA, s.f., fato, bucho, parte do estômago bovino comestível.
DO.BRAR, v.t., int. e pron., duplicar, multiplicar por dois, virar; aceitar, ser convencido.
DO.BRE, s.m., bimbalhar, toque de sinos, som de sinos.
DO.BRO, s.m., duas vezes mais.
DO.CA, s.f., cais, parte do porto onde os navios param.
DO.CE, adj., gosto adocicado como o do açúcar; fig., agradável, gostoso; s.m., massa preparada com açúcar e outros ingredientes para degustar.
DO.CEI.RO, s.m., homem que faz doces, confeiteiro.
DO.CEN.TE, s.c. 2 gên., quem ensina, professor, educador, mestre.
DÓ.CIL, adj., submisso, suave, doce, maleável.
DO.CU.MEN.TA.ÇÃO, s.f., o conjunto de documentos.
DO.CU.MEN.TA.DO, adj., o que se baseia em documentos, escrito.
DO.CU.MEN.TAR, v.t., provar por meio de documentos.
DO.CU.MEN.TÁ.RIO, s.m., reunião de documentos; exposição de um assunto documentado.
DO.CU.MEN.TO, s.m., escrito que serve de prova, papel oficial.
DO.ÇU.RA, s.f., o que é doce; suavidade, leveza, maciez, polidez, meiguice.
DO.EN.ÇA, s.f., falta de saúde, moléstia, enfermidade.
DO.EN.TE, adj., que está com doença, fraco, enfermo; caído, atraído.
DO.EN.TI.O, adj., que está sempre doente, enfermo, que traz doença.
DO.ER, v.int. e pron., causar dor, provocar sofrimento.
DOG.MA, s.m., ideia dada como verdade infalível, total.
DOG.MÁ.TI.CO, adj., categórico, que não admite contestação, infalível.
DOI.DI.CE, s.f., loucura, maluquice, desvario, desvairismo.
DOI.DI.VA.NAS, s.c. 2 gên., leviano, pródigo, maluco.
DOI.DO, adj., louco, maluco, desvairado, demente.
DO.Í.DO, adj., que traz dor, dolorido.
DÓ.LAR, s.m., dinheiro dos Estados Unidos; unidade monetária americana.
DO.LA.RI.ZAR, v.t., transferir a tudo o valor do dólar, cobrar pelo valor do dólar.
DO.LEI.RO, s.m., tipo que negocia comprando e vendendo dólares fora do sistema legal.

DO.LO, *s.m.*, ato praticado com consciência intencional de prejudicar; crime.
DO.LO.RI.DO, *adj.*, doído, que causa dor.
DO.LO.RO.SO, *adj.*, dolorido, doído, que provoca dor.
DOM, *s.m.*, presente, donativo, dádiva; vocação, inclinação natural; título para homens tidos como importantes.
DO.MA.DOR, *s.m.*, amansador, domesticador, quem doma seres selvagens.
DO.MAR, *v.t. e pron.*, amansar, domesticar, treinar, preparar.
DO.MÉS.TI.CA, *s.f.*, mulher que trabalha nas casas particulares.
DO.MES.TI.CAR, *v.t. e pron.*, domar, amansar, treinar, preparar, civilizar.
DO.MÉS.TI.CO, *adj.*, empregado, caseiro, familiar, o que vive em casa.
DO.MI.CI.LI.A.DO, *adj.*, que reside no local, sediado, assentado.
DO.MI.CI.LI.AR, *v.t. e pron.*, colocar em domicílio, sediar; *adj.*, próprio do domicílio.
DO.MI.CÍ.LIO, *s.m.*, lugar onde a pessoa vive, residência.
DO.MI.NA.ÇÃO, *s.f.*, mando, império, ato de dominar.
DO.MI.NAN.TE, *adj.*, o que domina, o que é mais forte.
DO.MI.NAR, *v.t.*, mandar em, ter autoridade sobre, subjugar, vencer.
DO.MIN.GO, *s.m.*, primeiro dia da semana; dia do Senhor; dia sagrado.
DO.MIN.GUEI.RO, *adj.*, característico do domingo.
DO.MÍ.NIO, *s.m.*, poder, dominação, local onde se manda; conhecimento.
DO.MI.NÓ, *s.m.*, jogo de 28 pedras (peças) retangulares, com pontos marcados de um a seis, formando várias combinações.
DO.NA, *s.f.*, tratamento para senhoras casadas; feminino de dom.
DO.NA.TI.VO, *s.m.*, presente, dádiva.
DON.DE, *adv.*, de onde, indica procedência.
DON.DO.CA, *s.f.*, senhora da burguesia que nada faz e quer ser admirada.
DO.NO, *s.m.*, proprietário, patrão, dominador, senhor.
DON.ZE.LA, *s.f.*, mulher virgem, moça pura.
DO.PA.DO, *adj.*, sob efeito de droga.
DO.PAR, *v.t.*, dar droga, dar algo que tire os sentidos.
DO.PING, *s.m.*, (inglês), aplicar drogas em algum ser para aumentar-lhe o desempenho físico.
DOR, *s.f.*, sofrimento, pesar, tristeza, arrependimento.
DO.RA.VAN.TE, *adv.*, de agora em diante, a partir de agora.
DOR DE CO.TO.VE.LO, *s.f.*, sofrimento por ter sido largado pela pessoa amada.
DOR.MÊN.CIA, *s.f.*, entorpecimento, sonolência, insensibilidade.
DOR.MEN.TE, *adj.*, que dorme, adormecido, sonolento; *s.m.*, travessas que se colocam nas ferrovias para segurar os trilhos.
DOR.MI.DA, *s.f.*, ação de dormir, tirar um sono.
DOR.MI.NHO.CO, *adj.*, que dorme muito e sempre.
DOR.MIR, *v.int.*, entregar-se ao sono, descansar, adormecer, adormentar-se.
DOR.MI.TAR, *v.t. e int.*, cochilar, tirar um cochilo, sono leve.
DOR.MI.TÓ.RIO, *s.m.*, cômodo para dormir.
DOR.SO, *s.m.*, costas, lombo.
DO.SAR, *v.t.*, regular as doses, medir as quantidades de.
DO.SE, *s.f.*, porção, quantidade, parte.
DOS.SI.Ê, *s.m.*, conjunto de documentos; documentário.
DO.TAR, *v.t.*, dar, oferecer, beneficiar, conceder.
DO.TE, *s.m.*, valores e bens dados a uma noiva para se casar; valor.
DOU.RA.DO, *adj.*, da cor do ouro, banhado em ouro; *s.m.*, nome de um peixe.
DOU.RAR, *v.t. e pron.*, dar a cor do ouro, revestir com ouro.
DOU.TO, *adj.*, erudito, instruído, sábio, que armazena muito conhecimento.
DOU.TOR, *s.m.*, diplomado em universidade por seus conhecimentos; que defendeu tese de doutorado.
DOU.TO.RA.DO, *s.m.*, curso para ser doutor, posto de doutor.
DOU.TO.RAR, *v.t. e pron.*, dar o grau de doutor.
DOU.TRI.NA, *s.f.*, conjunto de verdades e conhecimentos de um sistema religioso, político, filosófico e jurídico; conclusões.
DOU.TRI.NAR, *v.t. e int.*, ensinar, catequizar, preparar.
DRA.CO.NI.A.NO, *adj.*, referente às leis severas de Drácon, legislador grego, duro, rigoroso, severo.

DRA.GA, *s.f.*, máquina usada para limpar rios, para desassorear rios.
DRA.GÃO, *s.m.*, bicho mitológico, que soltava fogo pela boca, com cauda longa e asas.
DRA.GAR, *v.t.*, usar uma draga, limpar, tirar toda a sujeira.
DRÁ.GEA, *s.f.*, pílula, remédio, produto farmacêutico.
DRA.MA, *s.m.*, problema, situação difícil; no teatro, peça com enredo complexo psiquicamente; desgraça.
DRA.MA.LHÃO, *s.m.*, peça com cenas trágicas e muitas lágrimas.
DRA.MÁ.TI.CO, *adj.*, problemático, difícil, infernal.
DRA.MA.TI.ZAR, *v.t.*, provocar drama, fazer um drama, dificultar, infernizar.
DRA.MA.TUR.GO, *s.m.*, quem escreve dramas.
DRÁS.TI.CO, *adj.*, categórico, final, enérgico, radical, capital.
DRE.NAR, *v.t.*, colocar drenos para escoar líquidos, secar, enxugar.
DRE.NO, *s.m.*, cano, tubo, ou outro ducto para retirar líquidos de um local.
DRI.BLAR, *v.t.*, lograr os outros adversários com movimentos do corpo, dar um passe, enganar.
DRIN.QUE, *s.m.*, aperitivo, dose de bebida alcoólica.
DRO.GA, *s.f.*, produto usado em indústrias e farmácias, remédio; produto para obter alucinações; objeto de pouco valor.
DRO.GA.DO, *adj.*, dominado pela droga, entorpecido.
DRO.GAR, *v.t.*, dar droga, injetar droga.
DRO.GA.RI.A, *s.f.*, farmácia, local onde se preparam remédios.
DRO.ME.DÁ.RIO, *s.m.*, tipo de camelo com uma única corcova.
DÚ.BIO, *adj.*, ambíguo, incerto, duvidoso, vago.
DU.BLA.GEM, *s.f.*, nos filmes, um indivíduo repõe a língua original na do ouvinte ou telespectador.
DU.BLAR, *v.t.*, traduzir, verter, fazer dublagem.
DU.BLÊ, *s.m.*, substituto, especialista que fica no lugar do artista principal em cenas difíceis, perigosas.
DU.CEN.TÉ.SI.MO, *num.*, ordinal e multiplicativo para duzentos.
DU.CHA, *s.f.*, chuveiro, jato de água.
DÚC.TIL, *adj.*, que se pode conduzir, flexível, elástico.
DUC.TO, *s.m.*, canal, tubo, condutor.
DU.E.LAR, *v.t. e int.*, lutar até a morte por desafio de um dos dois lutadores.
DU.E.LO, *s.m.*, luta, combate mortal, desafio.
DU.EN.DE, *s.m.*, fantasma, ser fictício que aparece nas casas à noite, fazendo travessuras.
DU.E.TO, *s.m.*, peça musical composta para dois; execução musical por dois indivíduos.
DU.NA, *s.f.*, monte de areia, muita areia.
DU.O.DE.NAL, *adj.*, próprio do duodeno.
DU.O.DE.NO, *s.m.*, início do intestino delgado.
DU.PLA, *s.f.*, duas pessoas que se afinam.
DU.PLEX, *s.m.*, apartamento que compreende dois andares.

DUPLICAR ••• **112** •••

DU.PLI.CAR, *v.t. e pron.*, tornar duplo, dobrar, aumentar duas vezes.
DU.PLI.CA.TA, *s.f.*, título de crédito; documento que obriga o assinante a pagar a quantia nele anotada, figura dupla.
DU.PLO, *num.*, dobro, duas vezes mais.
DU.QUE, *s.m.*, título de nobreza.
DU.RA.ÇÃO, *s.f.*, existência, lapso; o quanto algo existe, dura.
DU.RA.DOU.RO, *adj.*, durável, que dura muito, perene.
DU.RA.MEN.TE, *adv.*, com dureza, com dificuldade.
DU.RAN.TE, *prep.*, no tempo de, nesse lapso temporal, dentro.
DU.RAR, *v.int.*, existir, permanecer, bastar, conservar-se.
DU.RÁ.VEL, *adj.*, que dura, permanente, duradouro, perene.
DU.REX, *s.m.*, fita adesiva, fita para prender o papel de pacotes.
DU.RE.ZA, *s.f.*, severidade, firmeza, drasticidade; *pop.*, estar sem dinheiro.
DU.RO, *adj.*, rijo, compacto, resistente a cortes, furos; imbatível, resistente; *pop.*, sem dinheiro.
DÚ.VI.DA, *s.f.*, incerteza, descrença, falta de fé.
DU.VI.DAR, *v.t. e int.*, desconfiar, não acreditar, descrer, não esperar.
DU.VI.DO.SO, *adj.*, em que há muita dúvida, desconfiado, descrente.
DÚ.ZIA, *s.f.*, doze objetos, todo conjunto com doze unidades.

E, s.m., quinta letra do á-bê-cê e segunda vogal; conj. aditiva que liga orações.
É.BA.NO, s.m., árvore cuja madeira é escura e dura.
E.BO.NI.TE, s.f., material usado na eletricidade, como isolante.
É.BRIO, s.m., embriagado, bêbado, bêbedo, quem tomou bebida alcoólica em excesso.
E.BU.LI.ÇÃO, s.f., fervura, água fervendo; fig., exaltação, agitação.
E.BÚR.NEO, adj., produzido com marfim, feito com marfim.
E.CHAR.PE, s.f., xale, peça de vestimenta para proteger o pescoço.
E.CLE.SI.ÁS.TI.CO, s.m., relativo à igreja, sacerdote, ligado à Igreja Católica.
E.CLE.TIS.MO, s.m., escola filosófica que busca enfeixar várias correntes numa única.
E.CLIP.SAR, v.t. e pron., cortar a luz; a Lua corta a luz do Sol para a Terra; esconder.
E.CLIP.SE, s.m., um astro intercepta a luz vinda para outro, escuridão.
E.CLO.DIR, v.int., nascer, surgir, explodir, desabrochar, aparecer.
E.CLO.SÃO, s.f., explosão, desabrochamento, surgimento.
E.CLU.SA, s.f., construção em um rio para represar a água para as embarcações poderem descer ou subir desníveis.
E.CO, s.m., repercussão, repetição de um som.
E.CO.AR, v.int., fazer eco, repetir, ressoar, retorno do som.
E.CO.LO.GI.A, s.f., ciência que estuda e defende a convivência entre todos os seres da natureza, inclusive com o homem.
E.CO.LO.GIS.TA, s.c. 2 gên., defensor da ecologia, técnico em ecologia.
E.CO.NO.MI.A, s.f., ciência que estuda as relações de consumo e produção e os meios de distribuição; gastos pequenos, controle no consumo.
E.CO.NO.MI.AS, s.f. pl., o que a pessoa economizou, conservou para si.
E.CO.NO.MIS.TA, s.c. 2 gên., quem entende de economia, quem se diplomou em economia.
E.CO.NO.MI.ZAR, v.t. e int., poupar, controlar os gastos, usar de parcimônia.
E.CU.MÊ.NI.CO, adj., global, universal, ecléctico.
É.DEN, s.m., paraíso, lugar muito agradável.
E.DI.ÇÃO, s.f., impressão, publicação de um escrito.
E.DÍ.CU.LA, s.f., quiosque, pequena construção atrás da casa principal.
E.DI.FI.CA.ÇÃO, s.f., construção, ato de erguer um edifício.
E.DI.FI.CAR, v.t., int. e pron., construir, erguer um edifício; dar bom exemplo.
E.DI.FÍ.CIO, s.m., prédio, edificação, construção.
E.DI.TAL, s.m., escrito oficial contendo aviso, afixado em lugares públicos ou publicado na imprensa.
E.DI.TAR, v.t., publicar, fazer edição.
E.DI.TOR, s.m., dono de uma editora, quem edita publicações; responsável por edições.
E.DI.TO.RA, s.f., empresa que trabalha com edições de livros ou publicações gerais.
E.DI.TO.RA.ÇÃO, s.f., trabalho para deixar pronto o original para ser publicado.
E.DI.TO.RAR, v.t., preparar, editar.
E.DI.TO.RI.AL, s.m., artigo de um jornal ou revista, que reflete o ponto de vista da própria publicação.
E.DRE.DOM, s.m., acolchoado, cobertor, agasalho para cobrir-se durante o sono.
E.DU.CA.ÇÃO, s.f., transformação, desenvolvimento de todas as faculda-des do indivíduo, buscando assumir os padrões sociais vigentes; a arte do ensino.
E.DU.CA.CI.O.NAL, adj., relativo à educação.
E.DU.CA.DO, adj., instruído, civilizado, cortês.
E.DU.CAN.DÁ.RIO, s.m., instituição de ensino, colégio, escola.
E.DU.CAR, v.t. e pron., transformar alguém, fazer evoluir em suas faculdades.
E.DU.CA.TI.VO, adj., instrutivo, que educa.
E.FEI.TO, s.m., resultado, conclusão, consequência.
E.FE.MÉ.RI.DE, s.f., acontecimento, fato, comemoração, lembrança.
E.FÊ.ME.RO, adj., transitório, de pouca vida, passageiro, que acaba logo.
E.FE.MI.NA.DO, adj. e s.m., masculino com maneiras femininas, afeminado.
E.FER.VES.CÊN.CIA, s.f., fervura, ebulição, ato de ferver.
E.FER.VES.CER, v.int., ferver, começar a ferver.
E.FE.TI.VAR, v.t., terminar, fazer com que se torne efetivo.
E.FE.TI.VO, adj., estável, permanente, real.
E.FE.TU.AR, v.t. e pron., realizar, acabar, consumar.
E.FI.CÁ.CIA, s.f., eficiência, efetividade, o que é eficaz.
E.FI.CI.ÊN.CIA, s.f., eficácia, efetividade, qualidade de efetuar.
E.FI.CI.EN.TE, adj., eficaz, que tem eficiência, produtivo.
E.FÍ.GIE, s.f., imagem, representação de uma pessoa.
E.FLO.RES.CÊN.CIA, s.f., floração, desabrochamento das flores.
E.FLO.RES.CER, v.int., iniciar a floração, florir, florescer.
E.FLÚ.VIO, s.m., aroma, odor, emanações de um corpo.
E.FU.SÃO, s.f., expansão, transbordamento de sentimentos, expressão do que sente.
É.GI.DE, s.f., proteção, amparo, ajuda.
E.GÍP.CIO, s.m. e adj., próprio ou relativo do Egito, ou nativo.
É.GLO.GA, s.f., poema grego e do arcadismo que põe pastores fictícios, poemas com temas campestres, bucólicos; écloga.
E.GO, s.m., do Latim eu, o íntimo do ser, o que a pessoa é.
E.GO.CÊN.TRI.CO, adj., o centro do universo é o seu eu, egoísta, só pensa em si.
E.GO.CEN.TRIS.MO, s.m., interesse somente em si; egoísmo.
E.GO.ÍS.MO, s.m., egocentrismo, amor dado somente a si.
E.GO.ÍS.TA, adj. e s.c. 2 gên., pensa somente em si, egocêntrico.
E.GRES.SO, adj., saído, que saiu, que abandonou um local.
É.GUA, s.f., fêmea do cavalo; fig., mulher sem-vergonha.
É.GUA-MA.DRI.NHA, s.f., a guia da tropilha.
EI.RA, s.f., local próprio para secar e preparar cereais; expressão, sem eira nem beira: não ter nada.
EIS, interj., aqui está, ei-lo, vejam-no.
EI.TO, s.m., coisas seguidas que estão na mesma linha; a eito - sem interromper.
EI.XO, s.m., peça redonda ao redor da qual rodam certos corpos; centro.
E.JA.CU.LA.ÇÃO, s.f., jorro de líquido, saída de esperma.
E.JA.CU.LAR, v.t., emitir, soltar, lançar, soltar esperma.
E.JE.TAR, v.t., lançar para fora, atirar no espaço.
E.JE.TOR, s.m., o que ejeta, aparelho que lança algo.
E.LÃ, s.m., entusiasmo, atração, ímpeto, vontade de.
E.LA.BO.RAR, v.t. e pron., preparar, projetar, fazer, ordenar.
E.LAS.TI.CI.DA.DE, s.f., flexibilidade, propriedade de alguns corpos se dobrarem e voltarem ao normal.
E.LÁS.TI.CO, adj., flexível, peça de borracha que se flexiona e retorna ao natural.

ELDORADO

EL.DO.RA.DO, *s.m.*, terra de muitas riquezas, região lendária de muitas riquezas; paraíso, éden.
E.LE, *pron.*, 3a. pessoa do singular.
E.LE.FAN.TE, *s.m.*, o maior mamífero terrestre, com pele duríssima e tromba.
E.LE.FAN.TÍ.A.SE, *s.f.*, doença cujos sintomas são a pele inchada e dura.
E.LE.FAN.TÍ.DEOS, *s.m. pl.*, os componentes da família dos elefantes.
E.LE.GÂN.CIA, *s.f.*, característica de quem é elegante, bom gosto, distinção.
E.LE.GAN.TE, *adj.*, requintado, pessoa de bom gosto, nobre, educado.
E.LE.GER, *v.t.*, selecionar, escolher, votar.
E.LE.GI.A, *s.f.*, pequeno poema de origem grega para celebrar luto e tristeza.
E.LE.GI.BI.LI.DA.DE, *s.f.*, que pode ser eleito, característica do elegível.
E.LEI.ÇÃO, *s.f.*, ação de eleger, pleito, disputa eleitoral.
E.LEI.TO, *adj.*, escolhido, preferido, selecionado.
E.LEI.TOR, *s.m.*, quem elege, quem escolhe, quem seleciona.
E.LEI.TO.RA.DO, *s.m.*, o grupo de eleitores que vota.
E.LEI.TO.REI.RO, *adj.*, próprio de quem quer votos por demagogia.
E.LE.MEN.TAR, *adj.*, primário, primitivo, rudimentar.
E.LE.MEN.TO, *s.m.*, parte de um todo, núcleo; tipo, coisa, objeto.
E.LEN.CO, *s.m.*, lista, rol, catálogo, os artistas de um filme.
E.LE.PÊ, *s.m.*, disco de vinil, disco de 33 rotações.
E.LE.TI.VO, *adj.*, que elege, que pode ser eleito.
E.LE.TRI.CI.DA.DE, *s.f.*, energia natural, fonte energética.
E.LE.TRI.CIS.TA, *s.c. 2 gên.*, pessoa que trabalha com eletricidade ou instalações elétricas.
E.LÉ.TRI.CO, *adj.*, relativo à eletricidade; que não para.
ELE.TRI.FI.CAR, *v.t.* e *pron.*, colocar energia elétrica em, instalar energia elétrica.
E.LE.TRI.ZAR, *v.t.*, colocar eletricidade em; tornar excitante.
E.LE.TRO, *s.m.*, abreviação de eletrocardiograma; exame geral do sistema cardíaco.
E.LE.TRO.CAR.DI.O.GRA.MA, *s.m.*, eletro, análise do sistema cardíaco.
E.LE.TRO.CUS.SÃO, *s.f.*, morte devido à eletricidade, morte pela cadeira elétrica.
E.LE.TRO.CU.TAR, *v.t.*, matar alguém com a eletricidade.
E.LE.TRO.DO.MÉS.TI.CO, *s.m.*, aparelho elétrico, usado no lar.
E.LE.TRO.Í.MÃ, *s.m.*, aparelho que com corrente elétrica fica imantado.
E.LE.TRO.MAG.NE.TIS.MO, *s.m.*, ímã produzido por corrente elétrica.
E.LE.TRO.MAG.NE.TO, *s.m.*, eletroímã, peça que fica imantada por eletricidade.
E.LE.TRÔ.NI.CA, *s.f.*, estudo das propriedades da eletricidade e circuitos eletrônicos.
E.LE.TROS.CO.PI.A, *s.f.*, uso do eletroscópio.
E.LE.TROS.CÓ.PIO, aparelho para verificar se há eletricidade em algum corpo.
E.LE.TRO.TE.RA.PI.A, *s.f.*, cura por meio de eletricidade.
E.LE.VA.DO, *adj.*, alto, acima do nível; nobre, digno, grandioso; *s.m.*, viaduto; rua construída acima do nível normal das outras ruas.
E.LE.VA.DOR, *s.m.*, aparelho que sobe e desce, nos prédios, para carregar pessoas.
E.LE.VAR, *v.t.* e *pron.*, pôr para o alto, erguer, fortificar, engrandecer.
E.LI.DIR, *v.t.*, suprimir, exterminar.
E.LI.MI.NAR, *v.t.* e *pron.*, tirar, extrair, acabar, exterminar; matar, liquidar.
E.LIP.SE, *s.f.*, figura geométrica com forma ovalada; na gramática, palavras que são omitidas.
E.LI.TE, *s.f.*, o melhor de uma classe, o que há de mais fino, escol.
E.LI.TIS.MO, *s.m.*, sistema social que protege as classes mais ricas.
E.LI.XIR, *s.m.*, remédio; preparado doce para curar doenças.
EL.MO, *s.m.*, capacete, proteção.
E.LO, *s.m.*, aro, argola de corrente.
E.LO.CU.ÇÃO, *s.f.*, discurso, fala, dito.
E.LO.GI.AR, *v.t.*, louvar, engrandecer.
E.LO.GIO, *s.m.*, louvor, engrandecimento.
E.LO.QUÊN.CIA, *s.f.*, facilidade de falar, habilidade de fazer discurso.

E.LU.CI.DAR, *v.t.* e *pron.*, esclarecer, aclarar, explicar, detalhar.
EM, *prep.*, usada para indicar lugar, tempo, situações e outras circunstâncias.
E.MA, *s.f.*, ave pernalta americana, corredora, com três dedos em cada pata.
E.MA.CI.A.ÇÃO, *s.f.*, perda de peso, emagrecimento.
E.MA.CI.AR, *v.t.*, *int.* e *pron.*, tornar magro.
E.MA.GRE.CER, *v.t.* e *int.*, tornar-se magro, perder peso.
E.MA.NAR, *v.t.*, vir de, proceder, provir.
E.MAN.CI.PAR, *v.t.* e *pron.*, dar independência; por lei, pais liberam o filho do pátrio poder antes da idade legal.
E.MA.RA.NHA.DO, *s.m.* e *adj.*, embaraçado, enredado, amarrado.
E.MA.RA.NHAR, *v.t.* e *pron.*, enredar, complicar.
EM.BA.ÇAR, *v.t.*, *int.* e *pron.*, enfumaçar, embaciar, tirar a visão.
EM.BA.CI.AR, *v.t.*, *int.* e *pron.*, tirar o brilho, embaçar, ofuscar.
EM.BA.I.NHAR, *v.t.*, *int.* e *pron.*, colocar na bainha, guardar.
EM.BAI.XA.DA, *s.f.*, função do embaixador, representação junto a um governo estrangeiro.
EM.BAI.XA.DOR, *s.m.*, o representante de um país estrangeiro mais importante junto a outro governo.
EM.BAI.XA.DO.RA, *s.f.*, mulher exercendo a função de embaixador.
EM.BAI.XA.TRIZ, *s.f.*, esposa do embaixador.
EM.BAI.XO, *adv.*, na parte inferior, sob, debaixo.
EM.BA.LA.DO, *adj.*, em alta velocidade, rapidíssimo.
EM.BA.LA.DOR, *s.m.*, empacotador, que faz embalagens.
EM.BA.LA.GEM, *s.f.*, pacote, invólucro, acondicionamento.
EM.BA.LAR, *v.t.* e *pron.*, empacotar, acondicionar; ninar, acalentar criança no berço; disparar, sair em corrida forte.
EM.BA.LO, *s.m.*, ímpeto para a corrida; festa de embalo - festa muito excitante.
EM.BAL.SA.MAR, *v.t.* e *pron.*, preparar o cadáver para manter-se intacto.
EM.BAN.DEI.RAR, *v.t.*, *int.* e *pron.*, encher de bandeiras, enfeitar com bandeiras.
EM.BA.RA.ÇAR, *v.t.* e *pron.*, dificultar, trazer empecilho, provocar embaraço.
EM.BA.RA.ÇO, *s.m.*, dificuldade, empecilho, obstáculo, estorvo.
EM.BA.RA.ÇO.SO, *adj.*, dificultoso, deprimente.
EM.BA.RA.FUS.TAR, *v.t.*, entrar em disparada, penetrar correndo.
EM.BA.RA.LHAR, *v.t.* e *int.*, misturar, confundir, atrapalhar.
EM.BAR.CA.ÇÃO, *s.f.*, barca, barco, navio, canoa; ato de embarcar; veículo próprio para flutuar no mar, lagoas ou rios.
EM.BAR.CA.DOU.RO, *s.m.*, local de embarque e desembarque.
EM.BAR.CAR, *v.t.*, *int.* e *pron.*, entrar em uma barca, entrar em qualquer meio de transporte.
EM.BAR.GAR, *v.t.*, impedir, proibir, vetar, não deixar.
EM.BAR.GO, *s.m.*, impedimento, proibição, veto.
EM.BAR.QUE, *s.m.*, entrada no transporte, ato de embarcar.
EM.BAR.RI.GAR, *v.int.*, engravidar, estar esperando filho.
EM.BA.SA.MEN.TO, *s.m.*, alicerce, fundamento de uma casa; argumento, prova.
EM.BA.SAR, *v.t.* e *pron.*, alicerçar, provar, trazer prova.
EM.BAS.BA.CAR, *v.t.*, *int.* e *pron.*, pasmar, espantar, causar admiração.
EM.BA.TE, *s.m.*, luta, combate, choque, colisão.
EM.BA.TER, *v.t.*, *int.*, chocar-se, bater contra, colidir.
EM.BA.TU.CAR, *v.t.*, perder a fala, emudecer.
EM.BE.BE.DAR, *v.t.*, ficar bêbedo, ébrio; embriagar-se.
EM.BE.BER, *v.t.* e *pron.*, molhar muito, ensopar, encharcar.
EM.BE.LE.ZAR, *v.t.* e *pron.*, tornar belo, enfeitar, aformosear.
EM.BE.VE.CER, *v.t.* e *pron.*, enlevar, provocar êxtase, trazer enlevo.
EM.BI.CAR, *v.t.*, dar jeito de bico; direcionar-se, tomar o rumo.
EM.BIR.RAR, *v.t.*, *int.* e *pron.*, amuar, tornar-se amuado, teimar; antipatizar.
EM.BIR.REN.TO, *adj.*, amuado, antipático.
EM.BLE.MA, *s.m.*, símbolo, insígnia, brasão.
EM.BO.CA.DU.RA, *s.f.*, foz de um rio, foz.
EM.BO.CAR, *v.t.*, colocar na boca.
EM.BO.LAR, *v.t.*, *int.* e *pron.*, enrolar-se, engalfinhar-se, provocar uma confusão.
EM.BO.LI.A, *s.f.*, veia ou artéria fechadas por um coágulo.
EM.BO.LO.RAR, *v.int.* e *pron.*, formar bolor, mofar.
EM.BOL.SAR, *v.t.*, pôr no bolso, guardar no bolso; *fig.*, furtar.
EM.BO.RA, *conj.*, conquanto que, ainda bem que, não obstante que.
EM.BOR.CAR, *v.t.*, *int.* e *pron.*, colocar com a boca para baixo, virar.

EM.BOS.CA.DA, *s.f.*, cilada, armadilha, preparar-se para assaltar alguém.
EM.BOS.CAR, *v.t.* e *pron.*, tocaiar, armar uma emboscada.
EM.BO.TAR, *v.t.* e *pron.*, tornar rombo, tirar o corte.
EM.BRAN.QUE.CER, *v.t., int.* e *pron.*, ficar branco.
EM.BRA.VE.CER, *v.t., int.* e *pron.*, irritar-se, ficar bravo, irar-se.
EM.BRE.A.GEM, *s.f.*, pedal do carro usado para mudar a marcha.
EM.BRE.NHAR, *v.t.* e *pron.*, entrar no mato, colocar no mato.
EM.BRI.A.GA.DO, *adj.*, bêbedo, ébrio, bêbado.
EM.BRI.A.GA.DOR, *s.m.*, que embriaga, que embebeda.
EM.BRI.A.GAR, *v.t., int.* e *pron.*, provocar embriaguez, deixar alguém bêbedo.
EM.BRI.ÃO, *s.m.*, feto, criatura viva ao se formar.
EM.BRI.O.NÁ.RIO, *adj.*, que está para formar-se, próprio de embrião.
EM.BRO.MAR, *v.int.*, iludir, enganar, trapacear; agir bem devagar.
EM.BRU.LHA.DA, *s.f.*, confusão, desorganização.
EM.BRU.LHAR, *v.t.* e *pron.*, acondicionar, empacotar, envolver com; enganar; estragar o estômago.
EM.BRU.LHO, *s.m.*, pacote, qualquer coisa envolta em papel.
EM.BRU.TE.CER, *v.t., int.* e *pron.*, tornar bruto, tornar bárbaro.
EM.BU.CHAR, *v.t., pop.*, comer muito, encher o bucho, colocar uma bucha.
EM.BUR.RAR, *v.int.*, embirrar, amuar, ficar de mal.
EM.BUS.TE, *s.m.*, engano, tramoia, cilada, logro.
EM.BUS.TEI.RO, *s.m.*, logrador, enganador, safado.
EM.BU.TI.DO, *adj.*, encaixado, preso dentro.
EM.BU.TIR, *v.t.*, colocar dentro, entalhar, prender uma peça na outra.
E.MEN.DA, *s.f.*, junção de dois objetos, ligação forçada; alteração em uma lei, projeto de lei ou sentença.
E.MEN.DAR, *v.t.* e *pron.*, consertar, alterar, acertar; arrepender-se, mudar de vida.
E.MER.GÊN.CIA, *s.f.*, ação de emergir, situação difícil, urgência, perigo.
E.MER.GIR, *v.t.* e *int.*, sair de um mergulho, subir, vir à tona; aparecer.
E.MÉ.RI.TO, *adj.*, perito no que faz, altamente qualificado; conhecido, notório.
E.MER.SÃO, *s.f.*, ação de emergir, saída do líquido.
E.MI.GRAN.TE, *s.m.*, quem emigra, quem sai de seu país para morar em outro.
E.MI.GRAR, *v.int.*, sair do seu país para estabelecer-se em outro.
E.MI.NEN.TE, *adj.*, famoso, conhecido, ilustre, destacado.
E.MI.RA.DO, *s.m.*, território governado por um emir, no mundo árabe.
E.MIS.SÃO, ação de emitir, soltar uma nova série de selos, dinheiro; expelir gases.
E.MIS.SÁ.RIO, *s.m.*, representante para cumprir uma missão.
E.MIS.SO.RA, *s.f.*, estação de rádio ou TV.
E.MI.TEN.TE, *s.c. 2 gên.*, quem emite, quem solta.
E.MI.TIR, *v.t.*, soltar, expelir, passar, expressar, dizer, expor.
E.MO.ÇÃO, *s.f.*, crescimento súbito dos sentimentos; comoção.
E.MO.CI.O.NAN.TE, *adj.*, que emociona, emocional.
E.MO.CI.O.NAR, *v.t.* e *pron.*, provocar emoção, enternecer, provocar os sentimentos.
E.MOL.DU.RAR, *v.t.* e *pron.*, colocar em moldura, guarnecer, adornar.
E.MO.LU.MEN.TO, *s.m.*, gratificação, abono sobre o salário pelo exercício de um cargo.
E.MO.TI.VO, *adj.*, que emociona, emocionante, emocional.
EM.PA.CAR, *v. int.*, parar, querer ficar no lugar.
EM.PA.ÇO.CAR, *v.t.*, dar muita paçoca, dar muito alimento.
EM.PA.CO.TAR, *v.t.*, acondicionar, embrulhar, colocar em pacote.
EM.PÁ.FIA, *s.f.*, vaidade, orgulho, arrogância, soberba.
EM.PA.LA.ÇÃO, *s.f.*, condenação à morte por uma estaca enfiada no ânus.
EM.PA.LAR, *v.t.*, condenar à morte por empalação.
EM.PA.LHA.DOR, *s.m.*, quem empalha.
EM.PA.LHAR, *v.t.*, envolver em palha; prepara animais mortos para museus.
EM.PA.LI.DE.CER, *v.t.* e *int.*, embranquecer, tornar-se pálido.
EM.PA.NAR, *v.t.* e *pron.*, revestir com panos, esconder; embaçar, tirar o brilho.
EM.PA.NAR, *v.t.*, bife à milanesa; revestir o bife com ovo e farinha de rosca.
EM.PAN.TUR.RAR, *v.t.* e *pron.*, embuchar-se, comer demais.
EM.PA.PAR, *v.t.* e *pron.*, encher-se de, encharcar-se.

EM.PA.RE.DAR, *v.t.* e *pron.*, colocar entre duas paredes, prender.
EM.PA.RE.LHAR, *v.t., int.* e *pron.*, colocar na mesma posição, igualar.
EM.PA.TAR, *v.t.* e *int.*, igualar entre o vencedor e o perdedor; perder tempo; *fig.*, matar tempo.
EM.PA.TE, *s.m.*, igualdade entre os concorrentes.
EM.PA.TI.A, *s.f.*, tendência psicológica de uma pessoa sentir o mesmo que outra.
EM.PE.CI.LHO, *s.m.*, obstáculo, dificuldade, estorvo, obstrução.
EM.PE.DER.NIR, *v.t., int.* e *pron.*, tornar duro, ser insensível, sem emoções.
EM.PE.DRAR, *v.t., int.* e *pron.*, cobrir uma rua com pedras.
EM.PE.NHAR, *v.t.* e *pron.*, oferecer com penhor, penhorar, dar em garantia.
EM.PE.NHO, *s.m.*, receber em penhor; obrigação, diligência, dedicação.
EM.PE.PI.NAR, *v.int. pop.*, ser difícil, receber problemas.
EM.PER.RAR, *v.t., int.* e *pron.*, entravar, ser difícil de abrir; oferecer dificuldades.
EM.PER.TI.GAR, *v.t.* e *pron.*, ajeitar-se, aprumar-se, envaidecer-se, tomar-se de arrogância.
EM.PI.LHA.DEI.RA, *s.f.*, pequena máquina para carregar e descarregar pesos.
EM.PI.LHAR, *v.t.* e *pron.*, pôr em pilha, organizar em pilha.
EM.PI.NAR, *v.t.* e *pron.*, erguer-se sobre as patas traseiras, levantar para o alto.
EM.PÍ.RI.CO, *adj.*, produto de experiências.
EM.PI.RIS.MO, *s.m.*, conhecimentos obtidos por experiências.
EM.PLA.CAR, *v.t.*, fixar placas em.
EM.PLAS.TRAR, *v.t.*, colocar emplastro em.
EM.PLAS.TRO, *s.m.*, adesivo medicinal aplicado na pele.
EM.PLU.MAR, *v.t.* e *pron.*, criar penas, crescer.
EM.PO.AR, *v.t.*, empoeirar, encher de pó.
EM.PO.BRE.CER, *v.t.* e *int.*, tornar-se pobre, perder riquezas, diminuir.
EM.PO.BRE.CI.MEN.TO, *s.m.*, perda de bens, diminuição dos bens.
EM.PO.ÇAR, *v.t.* e *pron.*, criar poças, formar poça.
EM.PO.EI.RAR, *v.t.* e *pron.*, cobrir de pó, encher de pó.
EM.PO.LA.DO, *adj.*, enrolado, complicado, estilo precioso.
EM.PO.LEI.RAR, *v.t.* e *pron.*, ajeitar-se no poleiro, acolher-se em poleiro.
EM.POL.GAR, *v.t.*, entusiasmar, animar, arrebatar.
EM.POR.CA.LHAR, *v.t.* e *pron.*, sujar, encardir, ficar imundo; *fig.*, rebaixar-se, aviltar-se.
EM.PÓ.RIO, *s.m.*, comércio, armazém, venda de produtos alimentícios e mercadorias em geral.
EM.POS.SAR, *v.t.* e *pron.*, dar posse, colocar no lugar.
EM.PRE.EN.DE.DOR, *s.m.* e *adj.*, lutador, ativo, destemido.
EM.PRE.EN.DER, *v.t.*, realizar, executar, arrojar-se.
EM.PRE.GA.DO, *adj.*, servido, usado; *s.m.*, indivíduo que trabalha para, colaborador, funcionário.
EM.PRE.GA.DOR, *s.m.*, dono de empresa que dá emprego para pessoas.
EM.PRE.GAR, *v.t.* e *pron.*, dar serviço, empregar, dar uma ocupação, usar, servir.
EM.PRE.GO, *s.m.*, serviço, ocupação, função.
EM.PRE.GUIS.MO, *s.m.*, no serviço público empregam-se muitos por politicagem.
EM.PREI.TA.DA, *s.f.*, acerto para executar uma obra por valor e tempo determinados; trabalho, obra, missão, tarefa.
EM.PREI.TAR, *v.t.*, executar por empreitada, acertar uma empreitada, enfrentar.
EM.PREI.TEI.RA, *s.f.*, empresa que trabalha com empreitadas.
EM.PRE.NHAR, *v.t.* e *int, pop.*, engravidar, embarrigar.
EM.PRE.SA, *s.f.*, empreendimento, firma, indústria ou comércio.
EM.PRE.SA.RI.A.DO, *s.m.*, os empresários, coletivo de empresário.
EM.PRE.SÁ.RIO, *s.m.*, dono de empresa, industrial, comerciante, empreendedor.
EM.PRES.TAR, *v.t.* e *int.*, entregar algo a alguém para que o devolva, ceder.
EM.PU.NHAR, *v.t.*, segurar com o punho, segurar, pegar, assumir o comando.
EM.PUR.RÃO, *s.m.*, ato de empurrar com força, golpe, impulso.
EM.PUR.RAR, *v.t.* e *pron.*, impelir, obrigar a fazer, forçar para.

EMUDECER

E.MU.DE.CER, v.int., ficar mudo, calar-se, perder a fala.
E.MU.LA.ÇÃO, s.f., rivalidade, estímulo, competitividade.
Ê.MU.LO, adj., rival, concorrente.
E.NAL.TE.CER, v.t., prestigiar, louvar, elogiar, engrandecer.
E.NA.MO.RAR, v.t. e pron., criar laços, apaixonar-se.
EN.CA.BE.ÇAR, v.t. e pron., chefiar, comandar, liderar.
EN.CA.BU.LAR, v.t. e int., tornar tímido, acanhar, envergonhar.
EN.CA.ÇA.PAR, v.t., no jogo de sinuca, pôr na caçapa; acertar.
EN.CA.CHO.EI.RAR, v.t. e pron., formar cachoeira.
EN.CA.DE.A.MEN.TO, s.m., sequência, série; corrente, ligação.
EN.CA.DE.AR, v.t., ligar com corrente, anexar, fazer uma série.
EN.CA.DER.NA.ÇÃO, s.f., ação de colocar uma capa nova em livros.
EN.CA.DER.NA.DOR, s.m., quem encaderna.
EN.CA.DER.NAR, v.t. e pron., fazer encadernação, colocar nova capa.
EN.CAI.XAR, v.t., int. e pron., colocar em caixa, colocar dentro, embutir.
EN.CAI.XE, s.m., dispositivo de duas peças que se ligam perfeitamente.
EN.CAI.XO.TAR, v.t., pôr em caixas, em caixotes, arrumar, acondicionar.
EN.CAL.ÇO, s.m., ir atrás de, seguir as pegadas, perseguir.
EN.CA.LHAR, v.t. e int., navio ficar preso em terra ou pedras; mercadorias sem comprador; pop., pessoa que não encontra companheiro (a).
EN.CA.LHE, s.m., empecilho, dificuldade, obstáculo.
EN.CA.MI.NHAR, v.t., indicar o rumo, o caminho, levar para, dar orientação.
EM.CAM.PAR, v.t., assumir, aceitar o domínio.
EN.CA.NA.DOR, s.m., quem tem por profissão trabalhar com instalação hidráulica.
EN.CA.NA.MEN.TO, s.m., todo sistema de canos para servir água potável.
EN.CA.NAR, v.t. e int., entalar osso fraturado; levar através de cano; pop., encarcerar.
EN.CA.NE.CER, v.int. e pron., ficar com os cabelos brancos, ficar com cãs.
EN.CAN.TA.DO, adj., seduzido, maravilhado, enfeitiçado.
EN.CAN.TA.DOR, s.m., quem seduz, quem atrai, quem provoca encantamentos.
EN.CAN.TA.MEN.TO, s.m., sedução, feitiçaria, domínio sobre, maravilha.
EN.CAN.TAR, v.t. e pron., maravilhar, seduzir, cativar; transformar por bruxaria.
EN.CA.PAR, v.t., colocar capa em; embrulhar.
EN.CA.PE.TAR, v. e pron., tornar capeta, endiabrar.
EN.CA.PO.TAR, v.t., int. e pron., vestir capote.
EN.CA.PU.ZAR, v.t. e pron., usar capuz; esconder a identidade, disfarçar-se.
EN.CA.RA.CO.LAR, v.t., int. e pron., tomar forma de caracol.
EN.CA.RA.PI.TAR, v.t. e pron., colocar no alto; empoleirar-se.
EN.CA.RA.PU.ÇAR, v.t. e pron., vestir a carapuça, esconder-se, fingir.
EN.CA.RAR, v.t., olhar de frente, enfrentar, dar de frente.
EN.CAR.CE.RAR, v.t. e pron., prender, meter no cárcere, na cadeia.
EN.CAR.DI.DO, adj., muito sujo, imundo.
EN.CAR.DIR, v.int. e pron., sujar-se, tornar-se imundo, sujeira total.
EN.CA.RE.CER, v.t. e int., tornar caro, aumentar o preço; elogiar.
EN.CAR.GO, s.m., dever, obrigação, tarefa, responsabilidade.
EN.CAR.NA.ÇÃO, s.f., assumir a forma carnal; Jesus, filho de Deus feito homem.
EN.CAR.NA.DO, adj., carmim, colorido vermelho.
EN.CAR.NAR, v.t., int. e pron., tornar-se criatura humana; um espírito assume um corpo humano.
EN.CAR.NI.ÇA.DO, adj., sanguinolento, feroz.
EN.CAR.NI.ÇAR, v.t. e pron., ficar feroz, sanguinário.
EN.CAR.QUI.LHA.DO, adj., enrugado, envelhecido.
EN.CAR.QUI.LHAR, v.t. e pron., formar rugas, criar pregas.
EN.CAR.RE.GA.DO, adj., incumbido, responsável; chefe, dirigente.
EN.CAR.RE.GAR, v.t., dar a função, ter de assumir, empregar, responsabilizar.
EN.CAR.VOAR, v.t., transformar em carvão, sujar com carvão.

EN.CA.SA.CAR, v.pron., colocar casaco em; vestir.
EN.CAS.QUE.TAR, v.t. e pron., achar que, meter na cabeça uma ideia, teimar.
EN.CAS.TE.LAR, v.t. e pron., dar forma de castelo, pôr no alto, fortificar.
EN.CE.FA.LI.TE, s.f., inflamação do encéfalo.
EN.CÉ.FA.LO, s.m., Anat., centro nervoso do crânio, e que compreende o cérebro, o cerebelo e o bulbo raquiano.
EN.CE.NA.ÇÃO, s.f., representação, teatro; fingimento.
EN.CE.NAR, v.t., representar, colocar em cena; fingir, disfarçar.
EN.CE.RA.DEI.RA, s.f., eletrodoméstico para espalhar a cera no assoalho.
EN.CE.RA.DO, adj., que recebeu cera; s.m., lona para cobrir cargas.
EN.CE.RA.DOR, s.m., quem passa cera.
EN.CE.RAR, v.t., passar e polir com cera, dar brilho com cera.
EN.CER.RA.MEN.TO, s.m., término, fim, conclusão, fechamento.
EN.CER.RAR, v.t e pron., fechar, terminar, guardar, colocar dentro.
EN.CES.TAR, v.t., no jogo de basquete, colocar na cesta; pôr em cestos.
EN.CE.TAR, v.t. e pron., iniciar, começar.
EN.CHAR.CAR, v.t. e pron., criar charco, banhado, alagar; ensopar, encher de água.
EN.CHE.ÇÃO, s.f. pop., ato de encher, aborrecimento, incômodo.
EN.CHEN.TE, s.f., inundação, transbordamento de rio.
EN.CHER, v.t. e pron., fazer ficar cheio; pop., incomodar, aborrecer.
EN.CHI.MEN.TO, s.m., recheio, iguaria que se põe no estômago das aves para a assadura.
EN.CHO.VA, s.f., tipo de peixe, cuja carne é muito apreciada.
EN.CÍ.CLI.CA, s.f., carta que o Papa remete a todos os católicos.
EN.CI.CLO.PÉ.DIA, s.f., coleção de livros que procuram conter todos os conhecimentos da humanidade; pessoa de muito saber.
EN.CI.MAR, v.t., colocar no cimo, pôr no cume; levantar, alçar.
EN.CI.U.MAR, v.t. e pron., fazer ciúme, provocar ciúme.
ÊN.CLI.SE, s.f., colocação do pronome átono após o verbo.
EN.CO.BER.TAR, v.t., acobertar, esconder.
EN.CO.BER.TO, adj., coberto, escondido, disfarçado, tempo sem sol.
EN.CO.BRIR, v.t. e int., acobertar, encobertar, esconder, ocultar, disfarçar-se.
EN.CO.LE.RI.ZAR, v.t. e pron., provocar cólera, irritar, enraivecer.
EN.CO.LHER, v.t., pron. e int., contrair, retrair, diminuir; esconder-se.
EN.CO.MEN.DA, s.f., pedido, objeto solicitado, coisa comprada.
EN.CO.MEN.DA.DO, adj., pedido, solicitado.
EN.CO.MEN.DAR, v.t. e pron., pedir, mandar fazer, comprar; recomendar orações.
EN.COM.PRI.DAR, v.t., tornar comprido, alongar, demorar.
EN.CON.TRÃO, s.m., empurrão, colisão entre duas pessoas, choque.
EN.CON.TRAR, v.t. e pron., chocar-se contra, achar, dar com, perceber.
EN.CON.TRO, s.m., aproximação, choque; luta, briga; ao encontro de - esperar; de encontro a - ser contra a.
EN.CO.RA.JAR, v.t., transmitir coragem, animar, incentivar.
EN.COR.PA.DO, adj., forte, bem crescido, com corpo grande; diz-se de vinho consistente.
EN.COR.PAR, v.t., int. e pron., dar corpo, fortificar, crescer.
EN.COR.TI.NAR, v.t., colocar cortinas em.
EN.CO.RU.JAR, v. pron., comportar-se como coruja, esconder-se, entristecer-se.
EN.COS.TA, s.f., ladeira, declive, parte inclinada da montanha.
EN.COS.TAR, v.t. e pron., chegar para perto, aproximar-se, firmar-se, pedir ajuda.
EN.COS.TO, s.m., lugar para encostar-se, apoio, proteção.
EN.CRA.VA.DO, adj., colocado dentro, fixado em, preso entre.
EN.CRA.VAR, v.t. e pron., prender, fixar com prego, embutir.
EN.CREN.CA, s.f., dificuldade, intriga, rixa, problema, baderna.
EN.CREN.CAR, v.t., int. e pron., desentender-se, complicar, impedir.
EN.CREN.QUEI.RO, s.m., briguento, rixento, instável, armador de encrencas.
EN.CRES.PAR, v.t. e pron., preparar o cabelo para ficar crespo, enrugar; irritar-se, irar-se.
EN.CRU.ZI.LHA.DA, s.f., cruzamento de caminhos; ponto crucial, solução difícil.

EN.CU.CAR, *v.t., int. e pron.*, confundir, pôr cisma na mente, ideia fixa.
EN.CUR.RA.LAR, *v.t. e pron.*, abrigar no curral, levar para local sem saída.
EN.CUR.TAR, *v.t. e pron.*, tornar curto, diminuir.
EN.CUR.VAR, *v.t.*, arcar, flexibilizar, formar uma curva.
EN.DE.MI.A, *s.f.*, tipo de doença que volta de vez em quando.
EN.DE.MO.NI.NHA.DO, *adj.*, próprio do demônio, possesso, terrível.
EN.DE.MO.NI.NHAR, *v.t. e pron.*, pôr o demônio em, o demônio apossar-se de.
EN.DE.RE.ÇAR, *v.t. e pron.*, colocar endereço, remeter.
EN.DE.RE.ÇO, *s.m.*, dados para localizar o destinatário.
EN.DEU.SA.DO, *adj.*, tornado deus, divinizado, muito elogiado.
EN.DEU.SAR, *v.t. e pron.*, tornar um deus, divinizar.
EN.DI.A.BRA.DO, *s.m.*, travesso, peralta, inquieto.
EN.DI.A.BRAR, *v. e pron.*, enfurecer, enraivecer, tornar travesso.
EN.DI.NHEI.RAR, *v.t. e pron.*, encher de dinheiro, tornar rico.
EN.DI.REI.TAR, *v.t. e pron.*, tornar reto, acertar, consertar; corrigir.
EN.DI.VI.DAR, *v.t. e pron.*, contrair dívida, tornar-se devedor, dever.
EN.DO.CÁR.DIO, *s.m.*, membrana que reveste o coração.
EN.DO.CAR.DI.TE, *s.f.*, inflamação do endocárdio.
EN.DÓ.CRI.NO, *adj.*, próprio de glândulas.
EN.DO.CRI.NO.LO.GI.A, *s.f.*, na Medicina, estudo de glândulas.
EN.DO.CRI.NO.LO.GIS.TA, *s.c. 2 gên.*, especialista em glândulas.
EN.DOI.DAR, *v.t. e int.*, enlouquecer, ficar louco.
EN.DOI.DE.CER, *v.t.*, fazer ficar doido, endoidar, enlouquecer.
EN.DOS.CO.PI.A, *s.f.*, exame feito na parte do corpo humano com o endoscópio.
EN.DOS.CÓ.PIO, *s.m.*, aparelho usado para examinar o interior do corpo (laringe, estômago, etc.).
EN.DOS.SA.MEN.TO, *s.m.*, ato de endossar, endosso.
EN.DOS.SAR, *v.t.*, dar endosso, assinar, assinar um cheque ou título no verso.
EN.DOS.SÁ.VEL, *adj.*, que pode ser endossado.
EN.DOS.SO, *s.m.*, endossamento, transferência de um título por assinatura.
EN.DO.VE.NO.SO, *adj.*, intravenoso, dentro da veia, injeção na veia.
EN.DU.RE.CER, *v.t., int. e pron.*, tornar duro, ficar rigoroso, solidificar-se.
E.NE.GRE.CER, *v.t., int. e pron.*, tornar escuro, escurecer, tornar negro.
E.NER.GÉ.TI.CO, *adj.*, o que traz energia, o que produz energia.
E.NER.GI.A, *s.f.*, condições de executar um trabalho, vigor, força, dinamismo.
E.NER.GÚ.ME.NO, *s.m. pop.*, tolo, idiota, babaca, imbecil.
E.NER.VAN.TE, *adj.*, que faz perder a energia, o vigor; irritante.
E.NER.VAR, *v. e pron.*, tirar as forças, a energia; perturbar os nervos, deixar nervoso.
E.NE.VO.AR, *v.t. e pron.*, encher de névoa, esfumaçar, embaçar.
EN.FA.DAR, *v.t. e int.*, provocar enfado, entediar, incomodar, aborrecer.
EN.FA.DO, *s.m.*, incômodo, aborrecimento, tédio, perturbação.
EN.FA.DO.NHO, *adj.*, aborrecido, fastioso, que causa tédio.
EN.FAI.XAR, *v.t. e pron.*, envolver em faixas, embrulhar.
EN.FAR.DAR, *v.t.*, acondicionar, colocar em fardos, embrulhar.
EN.FA.RI.NHAR, *v.t. e pron.*, passar farinha, envolver com farinha.
EN.FA.RO, *s.m.*, aborrecimento, tédio, fastio.
EN.FAR.TA.DO, *adj.*, pleno, cheio; *s.m.*, quem sofreu um enfarte.
EN.FAR.TAR, *v.t. e pron.*, provocar enfarte em, encher, entupir-se, empanturrar-se.
EN.FAR.TE, *s.m.*, infarto, parte do corpo que sofre uma necrose, como o coração, pelo entupimento de uma artéria.
ÊN.FA.SE, *s.f.*, exagero, realce, destaque.
EN.FAS.TI.A.DO, *adj.*, aborrecido, sem apetite, enjoado.
EN.FAS.TI.AR, *v.t. e int.*, provocar fastio, entediar, enojar.
EN.FA.TI.ZAR, *v.t.*, realçar, destacar, ressaltar.
EN.FEI.TAR, *v.t. e pron.*, ornar, adornar, embelezar.
EN.FEI.TE, *s.m.*, embelezamento, ornamento.
EN.FEI.TI.ÇAR, *v.t.*, provocar feitiço em, seduzir, encantar.
EN.FEI.XAR, *v.t.*, reunir em feixe, colocar em feixe.
EN.FER.MA.GEM, *s.f.*, cuidado com enfermos, trabalho com doentes.
EN.FER.MA.RI.A, *s.f.*, lugar para colocar os enfermos.
EN.FER.MEI.RA, *s.f.*, mulher especializada para cuidar de enfermos.
EN.FER.MEI.RO, *s.m.*, homem formado para cuidar de doentes.
EN.FER.MI.ÇO, *adj.*, doentio, que fica doente facilmente.
EN.FER.MI.DA.DE, *s.f.*, doença, moléstia, problemas de saúde.
EN.FER.MO, *s.m.*, doente, atacado por enfermidade.
EN.FER.RU.JAR, *v.t., int. e pron.*, oxidar, ficar enferrujado; *fig.*, dificuldades em se mover.
EN.FE.ZA.DO, *adj.*, irritado, irado, enfastiado.
EN.FE.ZAR, *v.t., int. e pron.*, enfarar, aborrecer, irritar, irar.
EN.FI.A.DA, *s.f.*, fileira de coisas enfiadas; o tanto de linha que se enfia em.
EN.FI.AR, *v.t., int. e pron.*, colocar um fio pelo buraco da agulha, introduzir.
EN.FI.LEI.RAR, *v.t., int. e pron.*, colocar em fileira, alinhar.
EN.FIM, *adv.*, finalmente, por fim.
EN.FO.CAR, *v.t.*, colocar no foco, destacar, centrar.
EN.FO.QUE, *s.m.*, visão pessoal, ponto de vista, objetivo.
EN.FOR.CAR, *v.t.*, levar alguém à morte pela forca; *fig.*, faltar ao trabalho ou à aula.
EN.FRA.QUE.CER, *v.t., int. e pron.*, perder as forças, diminuir a força.
EN.FREN.TAR, *v.t.*, ficar na frente de; atacar, dar de frente.
EN.FRO.NHAR, *v.t. e pron.*, colocar fronha em, revestir com fronha; dominar um assunto.
EN.FU.MA.ÇAR, *v.t.*, enevoar, cobrir de fumaça, embaçar.
EN.FU.RE.CER, *v.t. e pron.*, irritar, enraivecer.
EN.FU.RE.CI.DO, *adj.*, raivoso, irritado, furioso, enraivecido.
EN.FUR.NAR, *v.t. e pron.*, colocar-se em furna, esconder-se, não sair de casa.
EN.GA.BE.LAR, *v.t.*, enganar, iludir, trapacear; seduzir para enganar, engambelar.
EN.GAI.O.LAR, *v.t.*, pôr na gaiola; *fig.*, encarcerar, prender.
EN.GA.JA.MEN.TO, *s.m.*, prestação do serviço militar, empenho em uma causa.
EN.GA.JAR, *v.t. e pron.*, prestar, assumir, empenhar-se, alistar-se.
EN.GAL.FI.NHAR, *v.t. e pron, pop.*, lutar corporalmente, brigar, bater-se.
EN.GA.NA.DO, *adj.*, logrado, iludido, engabelado.
EN.GA.NAR, *v.t. e pron.*, levar para o erro, iludir, lograr.
EN.GAN.CHAR, *v.t. e pron.*, pegar com gancho, colocar em gancho, colher com gancho.
EN.GA.NO, *s.m.*, logro, fraude; erro, falha.
EN.GA.NO.SO, *adj.*, cheio de fraude, fraudulento.
EN.GAR.RA.FA.DO, *adj.*, colocado na garrafa; bloqueado, cheio.
EN.GAR.RA.FA.MEN.TO, *s.m.*, ato de colocar líquido em garrafa; trânsito bloqueado, trânsito trancado.
EN.GAR.RA.FAR, *v.t.*, colocar em garrafa; trancar, fechar o trânsito.
EN.GAS.GAR, *v.t., int. e pron.*, afogar-se, obstruir a garganta, entupir, entalar.
EN.GAS.GO, *s.m.*, sufocação, entupimento da garganta.
EN.GA.TAR, *v.t.*, ligar, iniciar algo, amarrar, atrelar.
EN.GA.TI.LHAR, *v.t.*, preparar o gatilho, ficar pronto para disparar, preparar algo.
EN.GA.TI.NHAR, *v.int.*, arrastar pelo chão, mover-se como criancinha, começar.
EN.GA.VE.TAR, *v.t. e pron.*, colocar em gavetas, esconder; não realizar.
EN.GEN.DRAR, *v.t.*, gerar, plasmar, ter a ideia, fazer surgir.
EN.GE.NHA.RI.A, *s.f.*, a arte de projetar, desenhar e construir.
EN.GE.NHEI.RO, *s.m.*, formado em engenharia.
EN.GE.NHO, *s.m.*, habilidade, inteligência; conjunto de casa e máquinas para produção de açúcar, cachaça e álcool.
EN.GE.NHO.CA, *s.f.*, pequeno engenho, qualquer máquina, maquineta.
EN.GE.NHO.SO, *adj.*, inteligente, vivo, ativo.
EN.GES.SAR, *v.t.*, colocar gesso em, cobrir com gesso, enfaixar com gesso osso fraturado.
EN.GLO.BAR, *v.t.*, reunir, ajuntar, fazer um todo.
EN.GO.DAR, *v.t.*, enganar, iludir, lograr, engabelar.
EN.GO.DO, *s.m.*, isca, algo para iludir, maneira para enganar.
EN.GO.LIR, *v.t.*, ingerir, levar para o estômago, fazer descer pela goela.
EN.GO.MAR, *v.t.*, passar a ferro com goma.
EN.GOR.DAR, *v.t. e int.*, fazer ficar gordo; fortalecer.
EN.GOR.DU.RAR, *v.t. e pron.*, untar, envolver com gordura.
EN.GRA.ÇA.DO, *adj.*, cheio de graça, cômico, interessante, comediante.

ENGRAÇAR

EN.GRA.ÇAR, v.t. e pron., dar graça, jovialidade.
EN.GRA.DA.DO, s.m., grade de madeira, metal ou plástico para transporte de coisas.
EN.GRA.DAR, v.t., colocar em engradado, pôr dentro de grade.
EN.GRAN.DE.CER, v.t. e int., aumentar, fazer ficar grande, afamar-se.
EN.GRA.VA.TAR, v.pron., colocar a gravata; fig., parecer doutor.
EN.GRA.VI.DAR, v.t. e int., ficar grávida, embarrigar.
EN.GRA.XAR, v.t., passar graxa nos sapatos, lustrar, polir; pôr graxa em.
EN.GRA.XATE, s.m., indivíduo que engraxa sapatos.
EN.GRE.NA.GEM, s.f., ato ou efeito de engrenar, máquina com dispositivo para que uma roda se prenda na outra para executar o trabalho.
EN.GRE.NAR, v.t. e int., encaixar, prender os dentes, engatar, segurar.
EN.GROS.SAR, v.t. e pron., tornar mais grosso, dar consistência.
EN.GRU.PIR, v.t., enganar, iludir.
EN.GUI.A, s.f., tipo de peixe parecido com cobra, escuro e longo.
EN.GUI.ÇAR, v.t. e pron., não funcionar, ter problema.
E.NIG.MA, s.m., charada, mistério; adivinhação, problema complicado.
E.NIG.MÁ.TI.CO, adj., de compreensão difícil, obscuro.
EN.JAU.LAR, v.t., colocar em jaula, prender.
EN.JEI.TA.DO, adj., abandonado, largado, rejeitado.
EN.JEI.TAR, v.t., rejeitar, negar, abandonar.
EN.JO.A.DO, adj., enojado, aborrecido, fastioso; maçante.
EN.JO.AR, v.t., int. e pron., enojar, fastiar, aborrecer, perturbar.
EN.JO.A.TI.VO, adj., que provoca enjoo, enojado.
EN.JO.O, s.m., náusea, nojo, fastio.
EN.LA.ÇAR, v.t. e pron., prender pela cintura, abraçar; amarrar com laço.
EN.LA.CE, s.m., casamento, matrimônio.
EN.LA.ME.AR, v.t., e pron., cobrir com lama.
EN.LA.TA.DO, adj., conservado em lata.
EN.LA.TAR, v.t., colocar em lata, pôr em conserva.
EN.LE.VAR, v.t. e int., seduzir, cativar, extasiar, encantar.
EN.LE.VO, s.m., sedução, encanto, encantamento, êxtase.
EN.LOU.QUE.CER, v.t. e int., endoidar, endoidecer, tornar-se louco.
EN.LU.A.RA.DO, adj., com luar, cheio de luar.
EN.LU.TAR, v.t. e pron., começar por usar luto, guardar luto.
E.NO.BRE.CER, v.t. e pron., tornar nobre, tornar cortês, educar.
E.NO.JA.DO, adj., enjoado, enfastiado, nauseado.
E.NO.JAR, v.t. e pron., provocar nojo, enfastiar, nausear.
E.NO.JO, s.m., enjoo, fastio, náusea.
E.NOR.ME, adj., grande, imenso, vasto.
EN.QUA.DRAR, v.t., adequar, colocar em quadro; prender.
EN.QUAN.TO, conj., quando, à proporção que, ao passo que.
EN.QUE.TE, v.t., pesquisa, busca, levantamento.
EN.RA.BI.CHA.DO, v.t., atraído, apaixonado, seduzido.
EN.RAI.VE.CER, v.t., int. e pron., irritar, enraivar.
EN.RA.I.ZAR, v.int. e pron., formar raízes, fixar-se, prender-se.
EN.RAS.CA.DA, s.f., encrenca, dificuldade.
EN.RAS.CAR, v.t. e pron., atraiçoar, enganar, iludir.
EN.RE.DAR, v.t., pegar com a rede; v.pron., embaraçar-se.
EN.RE.DO, s.m., fatos sucessivos que formam a narrativa.
EN.RI.JAR, v.t., int. e pron., fortalecer, tornar forte, endurecer.
EN.RI.QUE.CER, v.int. e pron., endinheirar-se, ficar rico.
EN.RO.LA.DOR, s.m., embrulhão, que enrola, enganador.
EN.RO.LAR, v.t. e pron., dobrar, tecendo num rolo, embrulhar.
EN.ROU.PAR, v.t. e pron., colocar roupas, vestir.
EN.ROU.QUE.CER, v.t., int. e pron., tornar-se rouco, perder a voz.
EN.RU.BES.CER, v.t., int. e pron., ficar vermelho, corar, ficar de cor carmim.
EN.RU.GAR, v.t. e pron., criar rugas, fazer pregas.
EN.SA.BO.AR, v.t., passar sabão, lavar.
EN.SAI.AR, v.t., praticar, treinar, preparar.
EN.SAI.O, s.m., análise, treino, treinamento; composição literária.
EN.SA.ÍS.TA, s.c. 2 gên., quem escreve ensaios.
EN.SAN.GUEN.TAR, v.t., int. e pron., cobrir de sangue, derramar muito sangue.
EN.SE.A.DA, s.f., pequena baía.
EN.SE.JO, s.m., oportunidade, momento, azo, ocasião.
EN.SI.MES.MAR, v. pron., raciocinar, concentrar-se, pensar, divagar.
EN.SI.NA.MEN.TO, s.m., ato de ensinar, ensino, aprendizado.
EN.SI.NAR, v.t., dar conhecimento, ajudar a aprender.
EN.SI.NO, s.m., ensinamento, aprendizado, aprendizagem.
EN.SO.LA.RA.DO, adj., cheio de sol.
EN.SO.PA.DO, adj., muito molhado; s.m., comida feita com bastante molho.
EN.SO.PAR, v.t. e pron., transformar em sopa, deixar muito molhado.
EN.SUR.DE.CE.DOR, adj., que ensurdece, barulhento.
EN.SUR.DE.CER, v.t. e int., provocar surdez, fazer muito barulho, ruído.
EN.TA.LAR, v.t. e pron., colocar em talas, quando se fraturou um osso.
EN.TAN.TO, adv., entretanto, no entanto, entrementes.
EN.TÃO, adv., aí, naquele momento, na ocasião.
EN.TAR.DE.CER, v.int., cair da tarde, ao começar o crepúsculo, escurecer.
EN.TE, s.m., ser, criatura, coisa.
EN.TE.A.DO, s.m., pessoa em relação a novo cônjuge do pai ou da mãe.
EN.TE.DI.AR, v.t. e pron., enfastiar, aborrecer, enojar.
EN.TEN.DER, v.t. e pron., compreender, assimilar, captar.
EN.TEN.DI.DO, adj., que entende; s.m., perito, especialista.
EN.TEN.DI.MEN.TO, s.m., compreensão, assimilação.
EN.TER.NE.CER, v.t. e pron., comover, encantar, amaciar.
EN.TER.NE.CI.DO, adj., cheio de ternura, comovido, mavioso.
EN.TER.NE.CI.MEN.TO, s.m., meiguice, carinho, ternura, comoção.
EN.TER.RAR, v.t., sepultar, colocar na sepultura, cobrir com terra.
EN.TER.RO, s.m., sepultamento.
EN.TI.DA.DE, s.f., organização, sociedade, ente, ser, instituto.
EN.TO.AR, v.t. e int., iniciar um canto, cantar.
EN.TO.NA.ÇÃO, s.f., ato de entoar, canto, modulação da voz e da música.
EN.TON.TE.CER, v.t. e int., tornar tonto, provocar tontura.
EN.TOR.NAR, v.t. e int., derramar, virar.
EN.TOR.PE.CEN.TE, s.m., droga que entorpece o organismo.
EN.TOR.PE.CER, v.t., int. e pron., anestesiar, deixar dormente.
EN.TOR.TAR, v.t., int. e pron., fazer ficar torto, curvar, dobrar.
EN.TRA.DA, s.f., ingresso, portão, porta, bilhete, o primeiro prato na refeição.
EN.TRA.NHA, s.f., vísceras, intestinos.
EN.TRA.NHAR, v.t. e pron., colocar nas entranhas, enraizar, fixar dentro.
EN.TRAR, v. int., adentrar, ir para dentro, participar.
EN.TRA.VAR, v.t., obstaculizar, fechar, dificultar.
EN.TRA.VE, s.m., obstáculo, empecilho, dificuldade, estorvo.
EN.TRE, prep., no meio de, dentro de, de permeio de.
EN.TRE.A.BER.TO, adj., semiaberto, meio aberto.
EN.TRE.A.BRIR, v.t., int. e pron., meio abrir, abrir pouco; o céu se entreabriu - desanuviar-se.
EN.TRE.CHO.QUE, s.m., dois corpos que batem de frente; contrariedade.
EN.TRE.COR.TAR, v.t. e pron., parar de vez em quando; suspender a atividade.
EN.TRE.GA.DOR, s.m., quem entrega, portador.
EN.TRE.GAR, v.t. e pron., levar para, dar em confiança; dedicar-se com exclusividade.
EN.TRE.GUE, adj., posto no poder de alguém, ocupado, estar nas mãos de.
EN.TRE.LA.ÇAR, v.t., abraçar, enlaçar, ligar-se.
EN.TRE.LI.NHA, s.f., espaço no meio de duas linhas; no pl., conteúdo escondido.
EN.TRE.ME.AR, v.t. e pron., colocar no meio.
EN.TRE.MEI.O, s.m., o que fica entre duas situações.
EN.TRE.MEN.TES, adv., no meio tempo, no entretanto.
EN.TRE.O.LHAR, v. pron., um olhar para o outro, olhar-se reciprocamente.
EN.TRE.POS.TO, s.m., depósito, local para armazenar mercadorias.
EN.TRES.SA.FRA, s.f., lapso de tempo entre uma safra e outra.
EN.TRE.TAN.TO, adv., no entanto, nesse espaço de tempo; conj., todavia, mas.

EN.TRE.TEM.PO, *s.m.*, no meio tempo, um tempo entre outro, meio tempo.
EN.TRE.TE.NI.MEN.TO, *s.m.*, ocupação, lazer, diversão.
EN.TRE.TER, *v.t.* e *pron.*, divertir, ocupar o tempo, distrair.
EN.TRE.VA.DO, *adj.*, que não consegue mover-se, paralítico.
EN.TRE.VAR, *v.t., int.* e *pron.*, paralisar os músculos, entorpecer.
EN.TRE.VER, *v.t.* e *pron.*, ver de modo rápido e mal, prever de modo confuso.
EN.TRE.VE.RO, *s.m.*, confusão, rixa, desentendimento, baderna.
EN.TRE.VIS.TA, *s.f.*, compromisso, encontro em que um pergunta e o outro responde aos questionamentos, declarações.
EN.TRE.VIS.TA.DOR, *s.m.*, quem faz entrevista.
EN.TRE.VIS.TAR, *v.t.*, fazer perguntas a.
EN.TRIS.TE.CER, *v.t., int.* e *pron.*, tornar triste, contristar, deixar tristonho.
EN.TRON.CA.MEN.TO, *s.m.*, junção de duas rodovias ou ferrovias; trevo.
EN.TRON.CAR, *v.int.* e *pron.*, juntar, ligar, formar o tronco.
EN.TRO.SA.DO, *adj.*, apercebido, sabedor do que faz.
EN.TRO.SAR, *v.t.* e *int.*, afazer-se a um local, fazer-se senhor da situação.
EN.TU.LHAR, *v.t.* e *pron.*, colocar entulho, acumular restos; amontoar fragmentos de construção.
EN.TU.LHO, *s.m.*, fragmentos, restos de construção; o que estorva o trânsito.
EN.TU.PI.DO, *adj.*, obstruído, fechado, cheio.
EN.TU.PIR, *v.t.* e *pron.*, encher, atulhar, fechar, obstruir.
EN.TU.SI.AS.MA.DO, *adj.*, animado, ativo, pronto, disposto.
EN.TU.SI.AS.MAR, *v.t., int.* e *pron.*, criar entusiasmo, carisma; animar.
EN.TU.SI.AS.MO, *s.m.*, ânimo, carisma, presteza, alegria, ímpeto.
EN.TU.SI.AS.TA, *s.c. 2 gên.*, que se anima, que se entusiasma; otimista, ativo.
E.NU.ME.RAR, *v.t.*, discriminar cada um.
E.NUN.CI.A.DO, *s.m.*, exposição, palestra, declaração, demonstração.
E.NUN.CI.AR, *v.t.* e *pron.*, apresentar, colocar, falar, discursar.
EN.VAI.DE.CER, *v.t.* e *pron.*, tornar vaidoso, orgulhar.
EN.VE.LHE.CER, *v.t.* e *int.*, ficar velho, amadurecer.
EN.VE.LHE.CI.DO, *adj.*, vetusto, ancião, velho; vinho pronto.
EN.VE.LO.PAR, *v.t.*, colocar em envelope.
EN.VE.LO.PE, *s.m.*, invólucro feito de papel para remeter a carta.
EN.VE.NE.NA.DO, *adj.*, que contém veneno, que sorveu veneno.
EN.VE.NE.NAR, *v.t.* e *pron.*, dar veneno, fazer sorver veneno.
EN.VE.RE.DAR, *v.t.*, caminhar por uma vereda, encaminhar-se, trilhar.
EN.VER.GO.NHAR, *v.t.* e *pron.*, trazer vergonha a, provocar vergonha em.
EN.VI.A.DO, *adj.*, mandado, remetido.
EN.VI.AR, *v.t.* e *pron.*, remeter, mandar, expedir.
EN.VI.DRA.ÇAR, *v.t.*, colocar vidros em.
EN.VI.E.SAR, *v.t.* e *pron.*, locomover-se de viés, andar de maneira oblíqua.
EN.VI.U.VAR, *v.int.*, ficar viúvo, morte de um dos cônjuges.
EN.VOL.TO, *adj.*, enrolado, empacotado, enfaixado.
EN.VOL.VEN.TE, *adj.*, que envolve, cativante, atraente.
EN.VOL.VER, *v.t.* e *pron.*, embrulhar, enlaçar, abraçar, circundar.
EN.XA.DA, *s.f.*, ferramenta para capinar, trabalhar a terra.
EN.XA.DA.DA, *s.f.*, pancada com enxada.
EN.XA.DÃO, *s.m.*, ferramenta com formato de enxada para cavar.
EN.XA.DRIS.TA, *s.c. 2 gên.*, quem joga xadrez.
EN.XA.GUAR, *v.t.*, dar simples lavada, tornar a lavar em água limpa.
EN.XA.ME, *s.m.*, coletivo de abelhas; *fig.*, multidão.
EN.XA.QUE.CA, *s.f.*, dor de cabeça continuada, cefaleia.
EN.XER.GAR, *v.t.*, ver, avistar, perceber, descortinar, vislumbrar.
EN.XE.RI.DO, *adj.*, metido, intrometido, abelhudo.
EN.XE.RIR, *v.pron.*, meter-se onde não é chamado, intrometer-se.
EN.XER.TAR, *v.t.* e *pron.*, praticar enxerto, inserir, juntar dois ramos para obter nova muda.
EN.XER.TO, *s.m.*, ação de enxertar; junção de ramos, implante de.
EN.XO.TAR, *v.t.*, espantar, afugentar, correr com, expulsar.
EN.XO.VAL, *s.m.*, roupas de uma noiva ou de nenê.
EN.XO.VA.LHAR, *v.t.* e *pron.*, manchar, sujar, encardir; macular, ofender.
EN.XU.GAR, *v.t., int.* e *pron.*, secar, desumedecer.
EN.XUR.RA.DA, *s.f.*, chuva grossa com muita água, que arranca tudo.

EN.XU.TO, *adj.*, seco, sem umidade; *fig.*, bem apessoado.
E.PI.CE.NO, *adj.*, usado para ambos os sexos dos animais, distinguindo-se um do outro pelo acréscimo de macho ou fêmea.
É.PI.CO, *adj.*, heroico, referente a epopeia.
E.PI.DE.MI.A, *s.f.*, doença contagiosa que ataca a muitas pessoas com rapidez.
E.PI.DER.ME, *s.f.*, parte superficial da pele.
E.PI.GRA.FAR, *v.t.*, pôr epígrafe em, inscrever, escrever na lousa.
E.PÍ.GRA.FE, *s.m.*, máxima, frase colocada com destaque em qualquer lugar.
E.PI.GRA.MA, *s.m.*, um poemeto ou frase com espírito satírico.
E.PI.LEP.SI.A, *s.f.*, doença manifestada por convulsões, quedas e inconsciência.
E.PI.LÉP.TI.CO, *adj.*, doente, com epilepsia.
E.PÍ.LO.GO, *s.m.*, fim, término, conclusão.
E.PI.SÓ.DIO, *s.m.*, fato, momento num romance, numa novela.
E.PÍS.TO.LA, *s.f.*, carta, gênero bíblico para doutrinar.
E.PIS.TO.LAR, *adj.*, característico para epístola.
E.PI.TÁ.FIO, *s.m.*, inscrição na sepultura.
E.PÍ.TE.TO, *s.m.*, apelido, nome.
É.PO.CA, *s.f.*, era, período, lapso de tempo em que se vive, lapso de tempo.
E.PO.PEI.A, *s.f.*, narrativa poética para glorificar feitos grandiosos.
E.QUA.ÇÃO, *s.f.*, na Matemática, é uma igualdade entre duas quantidades.

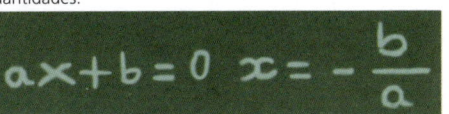

$$ax+b=0 \quad x=-\frac{b}{a}$$

E.QUA.CI.O.NAR, *v.t.* colocar em forma de equação, solucionar.
E.QUA.DOR, *s.m.*, círculo imaginário que divide a Terra em dois hemisférios.
E.QUA.TO.RI.AL, *adj.*, referente ao Equador.
E.QUA.TO.RI.A.NO, *adj.*, próprio ou nascido no Equador.
E.QUES.TRE, *adj.*, relativo a cavalos, equitação.
E.QUI.DA.DE, *s.f.*, igualdade, imparcialidade, justiça.
E.QUI.DIS.TÂN.CIA, *s.f.*, distância igual.
E.QUI.LI.BRAR, *v.t.* e *pron.*, colocar em equilíbrio, contrabalançar.
E.QUI.LÍ.BRIO, *s.m.*, estabilidade, posição estável; harmonia.
E.QUI.LI.BRIS.TA, *s.c. 2 gên.*, quem se conserva em equilíbrio.
E.QUI.NO.CUL.TU.RA, *s.f.*, criação de cavalos.
E.QUI.PA.GEM, *s.f.*, o grupo de pessoas que trabalham em navio ou avião; equipamento.
E.QUI.PA.MEN.TO, *s.f.*, equipagem, coisas necessárias para um trabalho ou viagem.
E.QUI.PAR, *v.t.* e *pron.*, fornecer o necessário para um trabalho.
E.QUI.PA.RAR, *v.t.* e *pron.*, igualar, tornar igual.
E.QUI.PE, *s.f.*, grupo, conjunto de pessoas reunidas para os mesmos objetivos.
E.QUI.TA.ÇÃO, *s.f.*, esporte dedicado à montaria de cavalos.
E.QUI.TA.TI.VO, *adj.*, justo, igual, imparcial.
E.QUI.VA.LÊN.CIA, *s.f.*, duas situações ou coisas iguais.
E.QUI.VA.LEN.TE, *adj.*, duas coisas iguais entre si.
E.QUI.VA.LER, *v.t.* e *pron.*, ser igual, valer o mesmo.
E.QUI.VO.CAR, *v.t.* e *pron.*, enganar, iludir, lograr.
E.QUÍ.VO.CO, *s.m.*, engano, ambiguidade, logro.
E.RA, *s.f.*, época, período, tempo, lapso de tempo.
E.RÁ.RIO, *s.m.*, tesouro público, caixa do governo.
E.RE.ÇÃO, *s.f.*, ação de erigir, erguer, levantar; ereção do pênis.
E.RE.TO, *adj.*, erguido, alçado, aprumado, teso, duro.
ER.GUER, *v.t.* e *pron.*, levantar, alçar, erigir, edificar.
ER.GUI.DO, *adj.*, levantado, alçado, ereto.
E.RI.ÇAR, *v.t.* e *pron.*, arrepiar, tornar crespo.
ER.MI.DA, *s.f.*, pequena capela, oratório, orada.
ER.MI.TÃO, *s.m.*, eremita, pessoa que vive isolada de tudo só para rezar e meditar.
ER.MO, *s.m.*, local desabitado e longínquo de tudo, deserto.
E.RO.DIR, *v.t.*, provocar erosão, cavar.
E.RO.SÃO, *s.f.*, corrosão do solo por ação das intempéries.
E.RÓ.TI.CO, *adj.*, sensual, próprio do amor carnal.
E.RO.TIS.MO, *s.m.*, sensualidade, sexualidade, amor carnal.
E.RO.TI.ZAR, *v.t.* e *pron.*, provocar erotismo em, tornar erótico.
ER.RA.DI.CA.DO, *adj.*, extraído pela raiz.
ER.RA.DI.CAR, *v.t.*, arrancar pela raiz, decepar.
ER.RAN.TE, *adj.*, que não tem rumo, nômade.

ERRAR

ER.RAR, *v.t. e int.*, falhar, cometer erro, enganar-se.
ER.RO, *s.m.*, falha, engano, equívoco.
E.RUC.TA.ÇÃO, *s.f.*, arroto.
E.RUC.TAR, *v.t. e int.*, arrotar.
E.RU.DI.TO, *adj.*, pessoa com grande instrução, sábio, literato.
E.RUP.ÇÃO, *s.f.*, surgimento repentino de lavas; o que surge de súbito.
ER.VA, *s.f.*, planta, vegetal quase só com hastes e folhas; maconha.
ER.VA-CI.DREI.RA, *s.f.*, melissa, planta usada para chás calmantes.
ER.VA-DO.CE, *s.f.*, planta comum para fazer chás.
ER.VA-MA.TE, *s.f.*, arbusto de cujas folhas se faz uma infusão, o chimarrão.
ER.VI.LHA, *s.f.*, planta que produz cereal muito usado para sopas e outros pratos.
ES.BA.FO.RI.DO, *adj.*, ofegante, sem respiração, difícil.
ES.BA.FO.RIR, *v.int. e pron.*, ter dificuldade para respirar, ofegar.
ES.BAN.JAR, *v.t.*, gastar demais, desperdiçar, gastar em excesso.
ES.BAR.RAR, *v.t., int. e pron.*, chocar, bater em.
ES.BEL.TO, *adj.*, elegante, gracioso, delgado.
ES.BO.ÇAR, *v.t.*, desenhar um esboço, bosquejar, traçar.
ES.BO.ÇO, *s.m.*, resumo, projeto, linhas gerais.
ES.BO.FE.TE.AR, *v.t.*, aplicar bofetadas; golpear com as mãos.
ES.BOR.DO.AR, *v.t.*, distribuir bordoada, paulada.
ES.BOR.RA.CHAR, *v.t. e pron.*, arrebentar, estourar, esmagar-se.
ES.BRAN.QUI.ÇA.DO, *adj.*, de cor meio branca, tonalidade branca.
ES.BRAN.QUI.ÇAR, *v.t.*, dar um tom de branco.
ES.BRA.VE.JAR, *v.t. e int.*, urrar, berrar, mostrar-se furioso, gritar.
ES.BU.GA.LHAR, *v.t.*, abrir por demais os olhos.
ES.BU.RA.CAR, *v.t. e pron.*, cavar buracos, abrir fendas.
ES.CA.BRO.SO, *adj.*, áspero, difícil, indecoroso, desavergonhado.
ES.CA.DA, *s.f.*, objeto com degraus para subir ou descer.
ES.CA.DA.RI.A, *s.f.*, escada, escada com vários lances.
ES.CA.FE.DER, *v.pron.*, fugir, desaparecer, correr embora.
ES.CA.LA, *s.f.*, norma para indicar sequência de trabalho; escala musical, série, correspondência de medidas.
ES.CA.LÃO, *s.m.*, nível, posição.
ES.CA.LAR, *v.t.*, subir, ascender, escolher os que farão um serviço.
ES.CAL.DA.DO, *adj.*, fervido em água, esquentado.
ES.CAL.DAN.TE, *adj.*, quente, com muito calor.
ES.CAL.DAR, *v.t. e int.*, esquentar, aquecer, provocar calor.
ES.CA.LER, *s.m.*, barco, bote ligado a um navio.
ES.CA.LO.NAR, *v.t.*, organizar, distribuir por ordem ascendente ou descendente.
ES.CA.MA, *s.f.*, lâminas que cobrem o corpo de certos peixes e répteis.
ES.CA.MAR, *v.t. e pron.*, tirar as escamas, descamar, limpar o peixe.
ES.CA.MO.SO, *adj.*, cheio de escamas.
ES.CAN.CA.RAR, *v.t. e pron.*, abrir de todo.
ES.CAN.DA.LI.ZAR, *v.t. e int.*, provocar escândalo, ofender.
ES.CÂN.DA.LO, *s.m.*, toda ação que conduz a erro; imoralidade.
ES.CAN.DA.LO.SO, *adj.*, imoral, deprimente.
ES.CAN.DI.NA.VO, *adj.*, próprio ou da Escandinávia.
ES.CAN.GA.LHAR, *v.t. e pron.*, desorganizar, badernar, desconjuntar, estragar.
ES.CA.NHO.AR, *v.t. e pron.*, barbear-se, fazer a barba.
ES.CA.NI.NHO, *s.m.*, gaveta, caixa com chave para guardar objetos.
ES.CAN.TEI.O, *s.m.*, no futebol, quando o time da defesa joga a bola pela linha de fundo.
ES.CA.PA.DA, *s.f.*, ação de escapar, fugir; fuga precipitada.
ES.CA.PA.MEN.TO, *s.m.*, cano para expelir os gases do motor de veículos.
ES.CA.PAR, *v.t. e int.*, fugir, escapulir, evadir-se.
ES.CA.PA.TÓ.RIA, *s.f.*, fuga, *pop.*, desculpa.
ES.CA.PE, *s.m.*, fuga, escapada.
ES.CA.PU.LI.DA, *s.f.*, escapada, escapadela.
ES.CA.PU.LIR, *v.t. e int.*, fugir, dar o fora, evadir-se.
ES.CA.RA.MU.ÇA, *s.f.*, uma luta pequena, rixa, desavença.
ES.CAR.CÉU, *s.m.*, uma onda grande, vagalhão; *fig.*, barulho, ruído.
ES.CAR.LA.TE, *adj.*, vermelho, carmim, rubro.
ES.CAR.NE.CER, *v.t.*, zombar, troçar, rir de, ridicularizar.
ES.CAR.NE.CI.MEN.TO, *s.m.*, zombaria, escárnio.
ES.CÁR.NIO, *s.m.*, zombaria, troça, desprezo.
ES.CAR.PA, *s.f.*, declive íngreme, encosta reta, subida difícil.
ES.CAR.PA.DO, *adj.*, íngreme, áspero, difícil de subir.
ES.CAR.RA.DEI.RA, *s.f.*, vaso para se escarrar ou cuspir.
ES.CAR.RAR, *v.t.*, cuspir o escarro.
ES.CAS.SE.AR, *v.int.*, tornar-se raro, diminuir.
ES.CAS.SEZ, *s.f.*, carência, falta, raridade.
ES.CAS.SO, *adj.*, raro, carente, minguado.
ES.CA.VA.ÇÃO, *s.f.*, ação de escavar.
ES.CA.VA.DEI.RA, *s.f.*, trator preparado para escavar.
ES.CA.VAR, *v.t.*, cavar, abrir um buraco, mexer com a terra.
ES.CLA.RE.CER, *v.t. e pron.*, tornar claro, facilitar, aclarar.
ES.CLA.RE.CI.DO, *adj.*, aclarado, iluminado, erudito.
ES.CLA.RE.CI.MEN.TO, *s.m.*, explanação, informe, declaração.
ES.CO.A.DOU.RO, *s.m.*, canal, extravasor, condutor, local para escoar.
ES.CO.AR, *v.t., int. e pron.*, retirar um líquido, secar, esvaziar.
ES.CO.CÊS, *adj.*, próprio ou original da Escócia.
ES.COI.CE.AR, *v.int.*, dar coices em, ser brutal, ser estúpido.
ES.COL, *s.m.*, elite, a fina flor de, o melhor.
ES.CO.LA, *s.f.*, estabelecimento para ministrar o ensino; o corpo docente e discente de uma instituição, grupo literário.
ES.CO.LA.DO, *adj.*, com escola, sabido, com experiência.
ES.CO.LAR, *s.c. 2 gên.*, aluno, discípulo, quem vai à escola.
ES.CO.LA.RI.DA.DE, *s.f.*, tempo de frequência a uma escola.
ES.CO.LA.RI.ZA.DO, *adj.*, que frequentou a escola, alfabetizado, instruído.
ES.CO.LA.RI.ZAR, *v.t.*, colocar na escola, fazer aprender na escola.
ES.CO.LHA, *s.f.*, ato de escolher, seleção, opção, preferência.
ES.CO.LHER, *v.t.*, ter opção, selecionar, preferir, optar, discriminar entre dois.
ES.CO.LHI.DO, *adj.*, eleito, selecionado, preferido.
ES.COL.TA, *s.f.*, séquito, grupo acompanhante para cuidar de, cortejo.
ES.COL.TAR, *v.t.*, dar segurança, cuidar de, defender, vigiar.
ES.COM.BROS, *s.m., pl.*, restos de uma construção, ruínas.
ES.CON.DER, *v.t. e pron.*, ocultar, pôr para que ninguém encontre.
ES.CON.DE.RI.JO, *s.m.*, refúgio, local para esconder alguém, para esconder-se.
ES.CON.DI.DAS, *s.f. pl., expressão*, às escondidas: de modo oculto.
ES.CON.JU.RAR, *v.t. e pron.*, obrigar a jurar, fazer prometer; expulsar espíritos.
ES.CON.JU.RO, *s.m.*, juramento, expulsão de algum espírito, exorcismo.
ES.CO.PE.TA, *s.f.*, arma de fogo que dispara vários tiros.
ES.CO.PO, *s.m.*, intenção, intuito, alvo, mira, desejo.
ES.CO.RA, *s.f.*, algo que se usa para sustentar uma casa prestes a cair; reforço.
ES.CO.RAR, *v.t. e pron.*, colocar escoras, amparar, segurar.
ES.COR.CHAN.TE, *adj.*, injusto, maior que o devido, prejudicial.
ES.CO.RE, *s.m.*, placar, contagem dos pontos; pontos de uma partida.
ES.CÓ.RIA, *s.f.*, sobra de uma fusão, classe social de última categoria.
ES.CO.RI.AR, *v.t. e pron.*, machucar-se, ferir-se, ferir a pele.
ES.COR.PI.ÃO, *s.m.*, animal venenoso, tipo de aranha venenosa.
ES.COR.RA.ÇAR, *v.t.*, fazer fugir, expulsar, colocar para fora.
ES.COR.RE.DOR, *s.m.*, peça doméstica que se usa para escorrer a água de louça, ou de algum tipo de comida, como macarrão.

ESMIGALHAR

ES.COR.RE.GA.DE.LA, *s.f.*, escorregão pequeno, falha, erro, deslize.
ES.COR.RE.GA.DI.O, *adj.*, liso, próprio para escorregar, que escorrega facilmente.
ES.COR.RE.GA.DOR, *s.m.*, móvel de jardim de infância para as crianças escorregarem.
ES.COR.RE.GAR, *v.t. e int.*, deslizar, não ter firmeza; cometer falhas.
ES.COR.REI.TO, *adj.*, correto, bem feito, puro, justo.
ES.COR.RER, *v.t.*, tirar a água por si, secar.
ES.CO.TEI.RIS.MO, *s.m.*, escotismo; sistema educativo de Baden Powell.
ES.CO.TEI.RO, *s.m.*, pessoa que segue o escotismo, adolescente filiado ao grupo.
ES.CO.TI.LHA, *s.f., Náut.*, abertura que estabelece comunicação entre o convés e o porão do navio.
ES.CO.TIS.MO, *s.m.*, sistema para desenvolver em crianças e adolescentes a atitude cívica, o amor à ecologia e uma educação sadia.
ES.CO.VA, *s.f.*, utensílio com pelos para limpeza.
ES.CO.VÃO, *s.m.*, escova maior, usada para esfregar.
ES.CO.VAR, *v.t.*, limpar, varrer.
ES.CRA.CHAR, *v.t.*, desordenar, relaxar, deixar imundo.
ES.CRA.VI.DÃO, *s.f.*, sistema que admite escravos; servidão.
ES.CRA.VI.ZAR, *v.t. e pron.*, pôr alguém como escravo; comprar e vender pessoas para todo tipo de trabalho, subjugar, tirar a liberdade.
ES.CRA.VO, *s.m. e adj.*, indivíduo sem liberdade, dominado, propriedade do dono a quem está sujeito.
ES.CRA.VO.CRA.TA, *s.c. 2 gên.*, adepto da escravidão.
ES.CRE.VEN.TE, *s.c. 2 gên.*, funcionário de cartório, auxiliar, ajudante do escrivão.
ES.CRE.VER, *v.t.*, exprimir ou copiar algo por meio das letras, expressar-se escrevendo.
ES.CRI.TA, *s.f.*, sinais gráficos para expor algo, escrever algo.
ES.CRI.TO, *s.m.*, composição, mensagem.
ES.CRI.TOR, *s.m.*, quem escreve, quem redige livros.
ES.CRI.TÓ.RIO, *s.m.*, local onde se fazem escritos contábeis, celebram-se negócios.
ES.CRI.TU.RA, *s.f.*, todo documento feito por oficial para atestar algo.
ES.CRI.TU.RA.ÇÃO, *s.f.*, escrita de documentos ou fatos do comércio.
ES.CRI.TU.RAR, *v.t. e pron.*, colocar em papel fatos e coisas oficiais; escrever contratos, atos oficiais e tudo que tenha oficialidade.
ES.CRI.TU.RÁ.RIO, *s.m.*, quem trabalha com escrita em escritório ou repartição pública.
ES.CRI.TU.RAS, *s.f. pl.*, a Bíblia, todos os livros do Antigo e Novo Testamento.
ES.CRI.VA.NI.NHA, *s.f.*, mesa própria para escrever, mesa de escritório.
ES.CRI.VÃO, *s.f.*, oficial público para anotar atos ou fazer documentos públicos.
ES.CRO.TO, *s.m.*, bolsa do ser masculino na qual se alojam os testículos.
ES.CRÚ.PU.LO, *s.m.*, remorso, sentimento de querer tudo certo, exigente.
ES.CRU.PU.LO.SO, *adj.*, preocupado, sentimental, de caráter meticuloso.
ES.CRU.TI.NAR, *v.t. e int.*, contar os votos, examinar.
ES.CRU.TÍ.NIO, *s.m.*, contagem dos votos, apuração de quantos votos deu cada urna.
ES.CU.DO, *s.m.*, instrumento usado na luta por espadas para proteger-se, proteção, segurança; unidade monetária de Portugal.
ES.CU.LA.CHAR, *v.t. pop.*, ofender muito, humilhar.
ES.CUL.PIR, *v.t.*, cinzelar, gravar, modelar.
ES.CUL.TOR, *s.m.*, artista que sabe esculpir.
ES.CUL.TU.RA, *s.f.*, ação de esculpir, gravura.

ES.CU.MA.DEI.RA, *s.f.*, concha com furinhos para retirar o sólido do líquido.
ES.CU.MAR, *v.t. e int., pop.*, espumar.
ES.CU.NA, *s.f.*, tipo de barco com velas.
ES.CU.RE.CER, *v.t. e int.*, ficar escuro, desaparecer o brilho do sol, crepúsculo, entardecer, anoitecer, sombrear.
ES.CU.RI.DÃO, *s.f.*, negrume, trevas, muito escuro.
ES.CU.RO, *adj.*, preto, negro, não há luz.
ES.CU.SA, *s.f.*, desculpa, propósito, intento.
ES.CU.SAR, *v.t. e pron.*, desculpar, anuir, aceitar.
ES.CU.TA, *s.c. 2 gên.*, quem fica escutando os outros; *fig.*, espião, araponga.
ES.CU.TAR, *v.t. e int.*, ouvir, perceber, sentir, prestar atenção.
ES.DRÚ.XU.LO, *s.m.*, proparoxítono, esquisito, exótico.
ES.FA.CE.LAR, *v.t. e pron.*, destruir, esmigalhar, arruinar.
ES.FAI.MA.DO, *adj.*, com muita fome, faminto, famélico.
ES.FAL.FAR, *v.t. e pron.*, tornar muito cansado, cansar, exaurir.
ES.FA.QUE.AR, *v.t.*, golpear com faca, machucar, ferir.
ES.FA.RE.LAR, *v.t. e pron.*, tornar farelo, esmigalhar, tornar pó.
ES.FA.RI.NHAR, *v.t. e pron.*, tornar farinha, esmigalhar.
ES.FAR.RA.PA.DO, *adj.*, maltrapilho, com as roupas rasgadas.
ES.FAR.RA.PAR, *v.t.*, tornar as roupas em farrapos, estraçalhar.
ES.FE.RA, *s.f.*, corpo redondo, globo, planeta.
ES.FÉ.RI.CO, *adj.*, com forma redonda.
ES.FI.A.PAR, *v.t. e pron.*, tornar fiapo, desfiar.
ES.FO.LA.DU.RA, *s.f.*, ação de esfolar, machucar a pele por atrito.
ES.FO.LAR, *v.t.*, arrancar a pele, escoriar, arranhar, machucar.
ES.FO.LHAR, *v.t. e pron.*, tirar as folhas, desfolhar.
ES.FO.ME.A.DO, *adj.*, com muita fome, faminto.
ES.FO.ME.AR, *v.t.*, provocar fome, não dar alimento.
ES.FOR.ÇA.DO, *adj.*, aplicado, assíduo, trabalhador.
ES.FOR.ÇAR, *v.t., int. e pron.*, animar, insistir, fazer força.
ES.FOR.ÇO, *s.m.*, uso de força, empenho, ânimo.
ES.FRAN.GA.LHAR, *v.t.*, destruir, despedaçar, esmigalhar.
ES.FRE.GA, *s.f.*, luta, combate, embate, surra.
ES.FRE.GÃO, *s.m.*, pano para esfregar a louça, peça para lustrar.
ES.FRE.GAR, *v.t.*, polir, limpar, arear.
ES.FRI.AR, *v.t., int. e pron.*, tornar frio, diminuir a temperatura; *fig.*, perder o ânimo.
ES.FU.MA.ÇAR, *v.t.*, colocar fumaça, enegrecer, embaçar.
ES.FU.MAR, *v.t.*, empretecer com fumaça, embaçar, sombrear.
ES.FU.ZI.AN.TE, *adj.*, animadíssimo, alegre, com muita comunicação.
ES.GA.NA.ÇÃO, *s.f. pop.*, avidez, gula, sofreguidão, cobiça.
ES.GA.NA.DO, *adj.*, sufocado, enforcado; guloso, quer tudo para si, cobiçoso.
ES.GA.NAR, *v.t. e pron.*, enforcar, estrangular.
ES.GA.NI.ÇAR, *v.int. e pron.*, latir, latir com dor, ganir.
ES.GAR, *s.m.*, careta, macaquice, gesto de palhaço.
ES.GAR.ÇAR, *v.t., int. e pron.*, rasgar, desfiar.
ES.GOE.LAR, *v.pron.*, berrar muito, urrar, gritar.
ES.GO.TA.DO, *adj.*, exausto, sem forças, exaurido.
ES.GO.TA.MEN.TO, *s.m.*, exaustão, cansaço total, estafa.
ES.GO.TAN.TE, *adj.*, que esgota, que exaure.
ES.GO.TAR, *v.t., int. e pron.*, ressecar, exaurir, tirar tudo que der, drenar, acabar.
ES.GO.TO, *s.m.*, sistema de canos para recolher os dejetos.
ES.GUEI.RAR, *v.pron.*, sair às escondidas, fugir sem ser percebido.
ES.GUE.LHA, *s.f.*, de soslaio, de maneira oblíqua.
ES.GUI.CHAR, *v.t. e int.*, jorrar, expelir por um cano com força.
ES.GUI.CHO, *s.m.*, jato de líquido, jorro.
ES.GUI.O, *adj.*, alto e magro, delgado.
ES.MA.E.CER, *v.int. e pron.*, desbotar, descorar, perder a cor.
ES.MA.E.CI.MEN.TO, *s.m.*, desbotamento, perda da cor.
ES.MA.GAR, *v.t. e pron.*, moer, esmigalhar, amassar, triturar.
ES.MAL.TAR, *v.t.d.*, passar esmalte em.
ES.MAL.TE, *s.m.*, substância que se passa sobre objetos e nas unhas, verniz.
ES.ME.RAL.DA, *s.f.*, pedra preciosa, normalmente, verde.
ES.ME.RAR, *v.t. e pron.*, caprichar, apurar, fazer muito bem.
ES.ME.RO, *s.m.*, capricho, apuro, perfeição.
ES.MI.GA.LHAR, *v.t. e pron.*, transformar em migalhas, triturar, destruir.

ESMIUÇAR

ES.MI.U.ÇAR, *v.t.,* analisar, reduzir a fragmentos, examinar tudo.
ES.MO, *s.m.,* cálculo aproximado; expressão - a esmo - à toa, sem rumo.
ES.MO.LA, *s.f.,* donativo que se dá a carente; ninharia.
ES.MO.LAR, *v.t.* e *int.,* pedir esmolas.
ES.MO.RE.CER, *v.int.,* desanimar, perder as forças.
ES.MO.RE.CI.DO, *adj.,* desanimado, enfraquecido.
ES.MO.RE.CI.MEN.TO, *s.m.,* desânimo, indisposição, fadiga, fraqueza.
ES.MUR.RAR, *v.t.,* bater em, dar socos em, atacar com murros.
ES.NO.BAR, *v.int.,* fazer-se importante, achar-se muito interessante.
ES.NO.BE, *adj.* e *s.c. 2 gên.,* quem se julga ótimo, quem faz pouco caso dos outros.
ES.NO.BIS.MO, *s.m.,* pretensão de estar sempre na última moda, presunção.
E.SÔ.FA.GO, *s.m.,* tubo que conduz alimentos da faringe ao estômago.
ES.PA.ÇAR, *v.t.,* deixar espaço entre; dar espaço.
ES.PA.ÇO, *s.m.,* o universo, qualquer lacuna entre dois corpos, lapso de tempo entre duas datas.
ES.PA.ÇO.NA.VE, *s.f.,* nave que anda no espaço, astronave.
ES.PA.ÇO.SO, *adj.,* que possui muito espaço, amplo, grande.
ES.PA.DA, *s.f.,* arma branca, arma com lâmina longa.
ES.PA.DA.CHIM, *s.m.,* quem luta com espada.
ES.PA.DAS, *s.f.pl.,* naipe do baralho.
ES.PA.DA.Ú.DO, *adj.,* que tem ombros grandes, pessoa forte.
ES.PÁ.DUA, *s.f.,* ombros, parte superior do tronco torácico.
ES.PA.GUE.TE, *s.m.,* tipo de macarrão de fios bem finos.
ES.PAI.RE.CER, *v.t., int.* e *pron.,* arejar a mente, distrair-se.
ES.PA.LHA.FA.TO, *s.m.,* barulho, baderna, ruído, gritaria.
ES.PA.LHAR, *v.t., int.* e *pron.,* espargir, jogar para todos os lados, distribuir.
ES.PAL.MAR, *v.t., int.* e *pron.,* abrir a palma da mão, bater com a palma da mão.
ES.PA.NA.DOR, *s.m.,* escova com cabo para limpar o pó.
ES.PA.NAR, *v.t., int.* e *pron.,* limpar, tirar o pó, sacudir a poeira.
ES.PAN.CA.MEN.TO, *s.m.,* coça, surra muito forte, surra com machucadura.
ES.PAN.CAR, *v.t.,* bater com violência, surrar.
ES.PA.NHOL, *s.m.* e *adj.,* próprio ou nascido na Espanha.
ES.PAN.TA.LHO, *s.m.,* palhaço ou boneco para espantar aves.
ES.PAN.TAR, *v.t., int.* e *pron.,* assustar, afugentar, enxotar.
ES.PAN.TO, *s.m.,* medo, susto, pavor, pasmo.
ES.PAN.TO.SO, *adj.,* que causa espanto, surpreendente.
ES.PA.RA.DRA.PO, *s.m.,* material adesivo para segurar faixas nos curativos.
ES.PAR.GIR, *v.t.* e *pron.,* espalhar, derramar, difundir, soltar.
ES.PAR.RA.MAR, *v.t., int.* e *pron.,* derramar, soltar, espalhar.
ES.PAR.SO, *adj.,* distribuído, espalhado, solto.
ES.PAR.TA.NO, *adj.,* próprio de Esparta, antiga cidade grega; lutador, forte.
ES.PAR.TI.LHO, *s.m.,* um tipo de cintura para comprimir o abdome.
ES.PAS.MO, *s.m.,* contração de músculo; *fig.,* êxtase.
ES.PA.TI.FAR, *v.t.,* quebrar, fragmentar, reduzir a frangalhos.
ES.PÁ.TU.LA, *s.f.,* faca ou peça parecida, usada para misturar massas (bolo), ou abrir livros.
ES.PA.VEN.TAR, *v.t.* e *pron.,* assustar, amedrontar, apavorar.
ES.PA.VO.RIR, *v.t.* e *pron.,* amedrontar, atemorizar, apavorar.
ES.PE.CI.AL, *adj.,* peculiar, único, essencial, digno de.
ES.PE.CI.A.LI.DA.DE, *s.f.,* qualidade, predicado, profissão.
ES.PE.CI.A.LIS.TA, *s.c. 2 gên.,* profissional, perito, o que de fato conhece.

ES.PE.CI.A.LI.ZA.ÇÃO, *s.f.,* capacitação, qualificação, aprofundamento em.
ES.PE.CI.A.LI.ZAR, *v.t.* e *pron.,* tornar único, qualificar, aperfeiçoar.
ES.PÉ.CIE, *s.f.,* qualidade, raça, casta, gênero, caráter, subdivisão.
ES.PE.CI.FI.CAR, *v.t.,* individualizar, apontar, determinar.
ES.PE.CÍ.FI.CO, *adj.,* típico, próprio, essencial.
ES.PÉ.CI.ME, *s.m.,* modelo, tipo, amostra.
ES.PEC.TA.DOR, *s.m.,* quem olha, quem vê, assistente.
ES.PEC.TRO, *s.m.,* feixe de luz refletido, espectro solar; fantasma.
ES.PE.CU.LA.ÇÃO, *s.f.,* pesquisa, conjetura, hipótese, busca de bons negócios.
ES.PE.CU.LA.DOR, *s.m.,* quem joga com preços e valores; quem busca lucros.
ES.PE.CU.LAR, *v.t.,* raciocinar, jogar com preços de ações.
ES.PE.LHAR, *v.t.* e *pron.,* refletir, mostrar.
ES.PE.LHO, *s.m.,* superfície de vidro para refletir imagem.
ES.PE.LUN.CA, *s.f.,* toca, cova, caverna; casa de má fama, cortiço.
ES.PE.RA, *s.f.,* ação de esperar, expectativa.
ES.PE.RA.DO, *adj.,* possível, provável.
ES.PE.RAN.ÇA, *s.f.,* ação de esperar, expectativa; sentimento de esperar.
ES.PE.RAN.ÇO.SO, *adj.,* cheio de esperança, com muita esperança.
ES.PE.RAN.TO, *s.m.,* língua artificial para ser falada por todos, criada pelo médico polonês Luís Zamenhof em 1887.
ES.PE.RAR, *v.t.* e *int.,* aguardar, ficar à espera, ter esperança.
ES.PER.MA, *s.m.,* líquido expelido pelos testículos.
ES.PER.MA.TO.ZOI.DE, *s.m.,* substância masculina para a reprodução.
ES.PER.NE.AR, *v.int.,* bater as pernas; reclamar, ser contra.
ES.PER.TA.LHÃO, *s.m.,* velhaco, safado, trapaceiro.
ES.PER.TAR, *v.t., int.* e *pron.,* ativar, acordar, tornar esperto, estimular.
ES.PER.TE.ZA, *s.f.,* agilidade, astúcia, inteligência.
ES.PER.TO, *adj.,* experiente, preparado, ativo, desperto, inteligente, conhecedor, arguto.
ES.PES.SAR, *v.t.* e *pron.,* tornar espesso, adensar.
ES.PES.SO, *adj.,* denso, opaco, sólido, cerrado.
ES.PES.SU.RA, *s.f.,* densidade, grossura, opacidade.
ES.PE.TA.CU.LAR, *adj.,* notável, extraordinário, maravilhoso.
ES.PE.TÁ.CU.LO, *s.m.,* representação, visão, algo grandioso para ver.
ES.PE.TA.DA, *s.f.,* ato de espetar.
ES.PE.TAR, *v.t.* e *pron.,* meter no espeto, perfurar, furar.
ES.PE.TO, *s.m.,* haste metálica ou de madeira, para assar carne.
ES.PE.VI.TA.DO, *adj.,* petulante, peralta, falador, metido.
ES.PE.VI.TAR, *v.t.* e *pron.,* aviventar, acordar, tornar ágil.
ES.PE.ZI.NHAR, *v.t.,* pisar, fazer sofrer, massacrar, humilhar.
ES.PI.A, *s.c. 2 gên.,* quem faz espionagem.
ES.PI.A.DA, *s.f.,* dar uma olhada, olhada, visita.
ES.PI.ÃO, *s.m.,* alguém pago para roubar segredos dos adversários.
ES.PI.AR, *v.t.* e *int.,* vigiar, observar, colher segredos dos outros.
ES.PI.CHA.DA, *s.f.,* esticada, caminhada maior, alongamento.
ES.PI.CHAR, *v.t., int.* e *pron.,* estender, alongar, esticar.
ES.PI.GA, *s.f.,* parte dos cereais onde se localizam os grãos.
ES.PI.GA.DO, *adj.,* alto, delgado.
ES.PI.GÃO, *s.m.,* parte mais alta de um telhado, de uma árvore; serra, arranha-céu.
ES.PI.GAR, *v.int.,* soltar a espiga, florescer de cereais.
ES.PI.NA.FRAR, *v.t.,* esculachar, ofender, rebaixar, dizer impropérios.
ES.PI.NA.FRE, *s.m.,* erva comestível.
ES.PIN.GAR.DA, *s.f.,* arma de fogo.
ES.PI.NHA, *s.f.,* coluna vertebral, bolhas que surgem na pele; *pop.,* meter na espinha de alguém - enganá-lo.
ES.PI.NHAR, *v.t.* e *pron.,* ferir com espinhos, ofender.
ES.PI.NHEI.RO, *s.m.,* planta que possui espinhos no tronco.
ES.PI.NHEN.TO, *adj.,* espinhoso, cheio de espinhos, com muitas espinhas.
ES.PI.NHO, *s.m.,* prolongamento de pontas de alguns vegetais, rígido e fino.
ES.PI.NHO.SO, *adj.,* cheio de espinhos, espinhento; *fig.,* dolorido, difícil.

ES.PI.O.NA.GEM, ação de espionar, ato de espião.
ES.PI.O.NAR, *v.t. e int.*, espiar, investigar.
ES.PI.RAL, *s.f.*, linha curva, fio que se entrelaça em voltas.
ES.PÍ.RI.TA, *adj. e s.c. 2 gên.*, pessoa que segue o Espiritismo.
ES.PI.RI.TIS.MO, *s.m.*, religião segundo a qual os espíritos se comunicam com os seres vivos; admite a reencarnação.
ES.PÍ.RI.TO, *s.m.*, a parte eterna do ser humano, ente sobrenatural, ideia, ser espiritual.
ES.PÍ.RI.TO-SAN.TEN.SE, *s.m.*, próprio ou natural do Espírito Santo, capixaba.
ES.PI.RI.TU.AL, *adj.*, do espírito, da alma, incorpóreo.
ES.PI.RI.TU.A.LIS.MO, *s.m.*, corrente filosófica que se baseia na crença do alma.
ES.PI.RI.TU.A.LI.ZA.ÇÃO, *s.f.*, transformar em espiritual algo material.
ES.PI.RI.TU.A.LI.ZAR, *v.t. e pron.*, fazer uma oração, dar sentido espiritual.
ES.PI.RI.TU.O.SO, *adj.*, cheio de espírito, gracioso, inteligente.
ES.PIR.RAR, *v.int.*, dar espirros, soltar com força o ar.
ES.PIR.RO, *s.m.*, expiração violenta do ar dos pulmões.
ES.PLA.NA.DA, *s.f.*, superfície plana e larga, plano.
ES.PLÊN.DI.DO, *adj.*, lindo, maravilhoso, brilhante.
ES.PLEN.DOR, *s.m.*, brilho forte, luminosidade, muito luxo.
ES.PO.CAR, *v.int.*, explodir, ruído de foguete.
ES.PO.LE.TA, *s.f.*, peça nas armas para provocar o disparo.
ES.PÓ.LIO, *s.m.*, os bens deixados por um defunto.
ES.PON.JA, *s.f.*, um tipo de animal marítimo; material usado para lavar louças.
ES.PON.JO.SO, *adj.*, material com poros, cheio de furos.
ES.PON.SAIS, *s.m. pl.*, festas de casamento, núpcias.
ES.PON.TÂ.NEO, *adj.*, natural, próprio de cada um, livre.
ES.PO.RA, *s.f.*, peça usada para obrigar o cavalo a correr.
ES.PO.RA.DA, *s.f.*, golpe com a espora.
ES.PO.RÁ.DI.CO, *adj.*, que acontece de vez em quando, ocasional.
ES.PO.RÃO, *s.m.*, saliência córnea nas patas dos galos, usada nas brigas.
ES.PO.RE.AR, *v.t.*, esporar, constranger o animal a andar.
ES.POR.TE, *s.m.*, todos os exercícios físicos, desporto.
ES.POR.TIS.MO, *s.m.*, desportismo.
ES.POR.TI.VO, *adj.*, relativo ao esporte.
ES.PO.SA, *s.f.*, mulher casada em relação ao marido.
ES.PO.SA.DO, *adj.*, casado, desposado.
ES.PO.SAR, *v.t. e pron.*, casar-se, unir-se em matrimônio.
ES.PO.SO, *s.m.*, marido, homem casado na relação com a mulher.
ES.PRE.GUI.ÇA.DEI.RA, *s.f.*, tipo de cadeira para descansar.
ES.PRE.GUI.ÇAR, *v.t. e pron.*, sacudir a preguiça, repousar, descansar.
ES.PREI.TA, *s.f.*, ficar a espiar, espionagem, observação.
ES.PREI.TAR, *v.t. e pron.*, espiar, olhar secretamente, investigar.
ES.PRE.ME.DOR, *s.m.*, eletrodoméstico para tirar o suco de frutas.
ES.PRE.MER, *v.t. e pron.*, apertar para que o suco saia.
ES.PU.MA, *s.f.*, pequenas bolhas sobre a superfície dos líquidos, escuma.
ES.PU.MA.DEI.RA, *s.f.*, escumadeira, peça para retirar a espuma.
ES.PU.MAR, *v.t.*, recolher a espuma, fazer espuma em.
ES.PU.MO.SO, *adj.*, com muita espuma, cheio de espuma.
ES.PÚ.RIO, *adj.*, bastardo, falso, irreal.
ES.QUA.DRA, *s.f.*, coletivo de navios de guerra.
ES.QUA.DRI.A, *s.f.*, aparelho para medir ângulos; conjunto de portas e janelas.
ES.QUA.DRI.LHA, *s.f.*, coletivo de pequenos navios de guerra ou de aviões.
ES.QUA.DRI.NHAR, *v.t.*, examinar, analisar nos detalhes, ver tudo.
ES.QUA.DRO, *s.m.*, instrumento para medir ou traçar ângulos e linhas perpendiculares.
ES.QUAR.TE.JAR, *v.t.*, cortar, talhar, cortar em quartos.
ES.QUE.CER, *v.t., int. e pron.*, retirar da memória, olvidar, apagar.
ES.QUE.CI.DO, *adj.*, abandonado, largado, com memória fraca.

ES.QUE.LÉ.TI.CO, *adj.*, muito magro, igual a um esqueleto.
ES.QUE.LE.TO, *s.m.*, estrutura óssea de todos os vertebrados; esboço.
ES.QUE.MA, *s.m.*, resumo, plano, projeto.
ES.QUE.MA.TI.ZAR, *v.t.*, fazer esquema de; projetar, resumir, fazer minuta.
ES.QUEN.TA.DO, *adj.*, quente, aquecido; *fig.*, nervoso, exaltado.
ES.QUEN.TAR, *v.t. e pron.*, aquecer, aumentar a temperatura, tornar quente.
ES.QUER.DA, *s.f.*, mão esquerda, lado esquerdo.
ES.QUER.DIS.TA, *adj. e s.c. 2 gên.*, adepto de partido de esquerda.
ES.QUER.DO, *adj.*, posicionado no lado esquerdo, canhoto.
ES.QUI, *s.m.*, um objeto para deslizar sobre o gelo, a neve.
ES.QUI.AR, *v.int.*, praticar o esqui.
ES.QUI.FE, *s.m.*, caixão, féretro.
ES.QUI.LO, *s.m.*, animal roedor de pequeno porte, comum na Mata Atlântica.
ES.QUI.MÓ, *s.m.*, morador do Polo Norte e adjacências.
ES.QUI.NA, *s.f.*, o canto de duas ruas que se cortam.
ES.QUI.SI.TO, *adj.*, estranho, excêntrico.
ES.QUI.VAR, *v.t. e pron.*, fugir de, evitar, não aceitar.
ES.QUI.VO, *adj.*, intratável, foge do convívio com pessoas.
ES.QUI.ZO.FRE.NI.A, *s.f.*, doença psíquica que leva o indivíduo para fora da realidade.
ES.SE, *pron.dem.*, indica a pessoa com quem se fala - a segunda pessoa.
ES.SÊN.CIA, *s.f.*, intimidade, âmago, centro, o principal.
ES.SEN.CI.AL, *adj.*, fundamental, principal, capital.
ES.TA.BA.NA.DO, *adj.*, sem jeito, desordenado, atrapalhado.
ES.TA.BE.LE.CER, *v.t. e pron.*, firmar, assentar, fundar, fixar.
ES.TA.BE.LE.CI.DO, *adj.*, firmado, estável, fixado.
ES.TA.BI.LI.DA.DE, *s.f.*, segurança, firmeza; situação de funcionário público que não podia ser dispensado do serviço, sem justa causa.
ES.TA.BI.LI.ZA.ÇÃO, *s.f.*, firmeza do mercado, pequena oscilação dos preços.
ES.TA.BI.LI.ZAR, *v.t.*, firmar, tornar estável.
ES.TÁ.BU.LO, *s.m.*, curral, local para recolher o gado.

ES.TA.CA, *s.f.*, pau usado para segurar algo, sinal de limite.
ES.TA.ÇÃO, *s.f.*, local de parada dos trens, para embarque e desembarque; as quatro épocas do ano; verão, outono, inverno, primavera.
ES.TA.CAR, *v.t. e int.*, parar, firmar-se, amparar, sustentar.
ES.TA.CI.O.NA.MEN.TO, *s.m.*, local para deixar os carros.
ES.TA.CI.O.NAR, *v.t. e int.*, parar o carro, guardar o carro.
ES.TA.DA, *s.f.*, tempo durante o qual se fica em determinado lugar; parada.
ES.TA.DI.A, *s.f.*, paradas de aviões no aeroporto, e navios no porto, permanência de veículos.
ES.TÁ.DIO, *s.m.*, local para a realização de competições esportivas.
ES.TA.DO, *s.m.*, organização política como nação com sua constituição, modo de estar, condição, parte de uma federação.
ES.TA.DU.AL, *adj.*, relativo ao estado.
ES.TA.DU.NI.DEN.SE, *adj.*, próprio ou referente aos Estados Unidos da América.
ES.TA.FA, *s.f.*, cansaço, esgotamento.
ES.TA.FAR, *v.int. e pron.*, cansar, exaurir.

ESTAFETA

ES.TA.FE.TA, s.m., mensageiro, empregado para entregar encomendas.
ES.TA.GI.AR, v.int., fazer estágio em.
ES.TA.GI.Á.RIO, s.m., indivíduo que participa de um estágio.
ES.TÁ.GIO, s.m., aprendizado, período em que se pratica para aprender.
ES.TAG.NA.ÇÃO, s.f., parada, inércia, tudo parado.
ES.TAG.NAR, v.t. e pron., estancar, paralisar, fixar.
ES.TA.LA.GEM, s.f., hospedaria, albergue, pensão para hóspedes.
ES.TA.LAR, v.t. e int., fazer ruído, estalido; provocar rumores.
ES.TA.LEI.RO, s.m., local para construir ou consertar navios.
ES.TA.LI.DO, s.m., barulho, ruído, rumor.
ES.TA.LO, s.m., estalido, ruído.
ES.TAM.PA, s.f., figura gravada ou estampada, gravura.
ES.TAM.PA.DO, adj., gravado, impresso.
ES.TAM.PAR, v.t. e pron., gravar, imprimir, desenhar, reproduzir.
ES.TAM.PA.RI.A, s.f., fábrica, depósito ou loja de estampas.
ES.TAN.CAR, v.t., int. e pron., parar o jorro de um líquido, vedar, segurar.
ES.TÂN.CIA, s.f., fazenda de gado, morada; local onde há águas termais.
ES.TAN.DAR.TE, s.m., bandeira, insígnia, pavilhão.
ES.TAN.DE, s.m., em feiras, ambiente para exposição de produtos.
ES.TA.NHAR, v.t., cobrir com estanho.
ES.TA.NHO, s.m., Quím., elemento, metal, símbolo Sn, de número atômico 50.
ES.TAN.QUE, adj., vedado, que não deixa passar líquido.
ES.TAN.TE, s.f., móvel para pôr livros, objetos.
ES.TA.PE.AR, v.t., dar bofetadas, dar tapas.
ES.TA.QUE.AR, v.t. e int., fincar estacas em.
ES.TAR, v. int., ser presente, permanecer, ficar.
ES.TAR.DA.LHA.ÇO, s.m., muito barulho, escândalo, gritaria.
ES.TAR.RE.CER, v.t. e pron., apavorar, assustar.
ES.TA.TAL, adj., relativo ao estado, ou do próprio estado.
ES.TA.TE.LAR, v.t. e pron., derrubar pelo chão; cair, desabar.
ES.TÁ.TI.CO, adj., fixo, parado, firme.
ES.TA.TÍS.TI.CA, s.f., ciência que colhe dados para análise e publicação de resultados, a fim de programar as políticas de desenvolvimento.
ES.TA.TI.ZAR, v.t., o estado compra empresas de particulares.
ES.TÁ.TUA, s.f., reprodução de uma divindade, pessoa ou outro ser.
ES.TA.TU.Á.RIA, s.f., habilidade para fazer estátuas.
ES.TA.TU.Á.RIO, s.m., quem faz estátuas.
ES.TA.TU.IR, v.t., estabelecer, confirmar, ordenar, dar regra, normatizar.
ES.TA.TU.RA, s.f., altura, tamanho, importância.
ES.TA.TU.TO, s.m., lei, norma, regulamento.
ES.TÁ.VEL, adj., perene, permanente, fixo.
ES.TE, pron.dem., designa a primeira pessoa, o eu.
ES.TEI.O, s.m., escora, estaca, base; segurança.
ES.TEI.RA, s.f., rastro deixado por barco na água; marca; objeto feito de juncos para a pessoa se deitar.
ES.TE.LI.O.NA.TÁ.RIO, s.m., praticante de estelionato.
ES.TE.LI.O.NA.TO, s.m., crime de quem vende algo que já foi vendido, dá cheque sem fundo e outros delitos.
ES.TEN.DER, v.t. e pron., esticar, alargar, puxar, engrandecer.
ES.TE.PE, s.m., pneu de reserva; s.f., grande região no Hemisfério Norte, sobretudo na Rússia; tipo de campo com vegetação rasteira.
ES.TER.CAR, v.t. e int., adubar com esterco, adubar, preparar a terra.
ES.TER.CO, s.m., estrume, adubo orgânico.
ES.TE.RE.O.TI.PAR, v.t., modelar, fixar um modelo.
ES.TE.RE.Ó.TI.PO, s.m., repetição, chavão, modelo.
ES.TÉ.RIL, adj., infrutífero, improdutivo, árido.
ES.TE.RI.LI.ZA.DOR, s.m., aparelho para esterilizar.
ES.TE.RI.LI.ZAR, v.t., int. e pron., tornar infecundo; fazer com que não dê mais vida; destruir germes.
ES.TER.QUEI.RA, s.f., lugar onde se amontoa o esterco.
ES.TER.TOR, s.m., voz rouca, ruído, som de moribundo.
ES.TER.TO.RAR, v.int., agonizar, estar para morrer.
ES.TE.TA, s.c. 2 gên., quem cultiva a estética.
ES.TÉ.TI.CA, s.f., ciência das belas artes.
ES.TE.TI.CIS.TA, s.f., pessoa especialista em beleza, em dar esteticismo.
ES.TE.TOS.CÓ.PIO, s.m., aparelho para sentir o bater do coração.
ES.TI.A.DA, s.f., uma parada da chuva.

ES.TI.A.GEM, s.f., falta de chuva, seca, secura.
ES.TI.AR, v.int., parar a chuva, cessar de chover.
ES.TI.BOR.DO, s.m., lado direito do navio.
ES.TI.CA.DA, s.f., caminhada, prolongamento, espichada.
ES.TI.CAR, v.t., int. e pron., estender, puxar, repuxar, tornar tenso.
ES.TIG.MA, s.f., cicatriz, marca, sinal; a marca dos pregos em Jesus Cristo.
ES.TIG.MA.TI.ZAR, v.t., marcar, sinalizar, repreender.
ES.TI.LE.TE, s.m., punhal de lâmina fina.
ES.TI.LHA.ÇAR, v.t., fragmentar, despedaçar.
ES.TI.LHA.ÇO, s.m., pedaço, resto, caco.
ES.TI.LIN.GA.DA, s.f., um tiro com o estilingue.
ES.TI.LIN.GUE, s.m., funda, arma feita com uma forquilha, tiras de borracha para arremessar projéteis.
ES.TI.LIS.TA, s.c. 2 gên., quem usa de estilo; especialista em moda e literatura.
ES.TI.LÍS.TI.CA, s.f., parte da linguagem que estuda os recursos linguísticos.
ES.TI.LI.ZAR, v.t. e int., dar estilo, embelezar, decorar.
ES.TI.LO, s.m., o modo peculiar de cada um ou de cada época para exprimir os aspectos humanos de todo ser; modo próprio de ser e atuar.
ES.TI.MA, s.f., afeição, apreço, afeto.
ES.TI.MA.DO, adj., amado, respeitado.
ES.TI.MAR, v.t. e pron., amar, respeitar, apreciar.
ES.TI.MU.LAR, v.t., animar, fortificar, motivar, excitar.
ES.TÍ.MU.LO, s.m., ânimo, motivação, encorajamento.
ES.TI.O, s.m., verão, época quente.
ES.TI.PÊN.DIO, s.m., pagamento, salário, remuneração, soldo.
ES.TI.PU.LAR, v.t., fazer um ajuste, marcar valores, estabelecer, condicionar.
ES.TI.RA.MEN.TO, s.m., distensão, luxação, machucar um nervo.
ES.TI.RAR, v.t., int. e pron., esticar, puxar, machucar.
ES.TIR.PE, s.f., origem, raça, linhagem, descendência.
ES.TI.VA.DOR, s.m., trabalhador de porto, para descarregar e carregar navios.
ES.TO.CA.DA, s.f., golpe com arma branca.
ES.TO.CAR, v.t., ferir com arma branca; ferir, atingir; guardar mercadorias.
ES.TO.FAR, v.t., revestir com estofo, preparar sofás.
ES.TO.FO, s.m., tecido, revestimento macio e cômodo.
ES.TOI.CO, adj., resignado, que aceita todo tipo de dor.
ES.TO.JO, s.m., recipiente com divisões para colocar todo tipo de objeto.
ES.TO.MA.CAL, adj., próprio do estômago.
ES.TÔ.MA.GO, s.m., órgão humano que atua na digestão.
ES.TO.MA.TI.TE, s.f. inflamação do estômago.
ES.TON.TE.A.DO, adj., tonto, perturbado, desligado.
ES.TON.TE.AR, v.t. int. e pron., tornar zonzo, perturbar, atrapalhar.
ES.TO.PA, s.f., resíduos de tecidos, usados para limpeza.
ES.TO.PIM s.m., parte pronta para ser inflamada em foguetes, bombas, armas; fig., algo que fará explodir logo.
ES.TO.QUE, s.m., depósito, quantidade de mercadorias existente.
ES.TÓ.RIA, s.f., termo usado para designar fatos folclóricos.
ES.TOR.RI.CAR, v.t., int. e pron., queimar, secar, ressecar.
ES.TOR.VAR, v.t., perturbar, causar obstáculo, empecilho, dificultar.
ES.TOR.VO, s.m., obstáculo, perturbação, empecilho.
ES.TOU.RA.DO, adj., nervoso, irritado, perturbado.
ES.TOU.RAR, v.t., explodir, troar, soar, provocar estampidos.
ES.TOU.RO, s.m., barulho, estampido, explosão.
ES.TRÁ.BI.CO, adj., vesgo, mirolho, com defeitos na vista.
ES.TRA.BIS.MO, s.m., defeito na vista.
ES.TRA.ÇA.LHAR, v.t. e pron., despedaçar, esmigalhar.
ES.TRA.DA, s.f., caminho, rua, passagem; fig., direção, rumo.
ES.TRA.DO, s.m., parte mais elevada num ambiente para mostrar pessoas.
ES.TRA.GAR v.t. e pron., danificar, prejudicar, arruinar, desperdiçar.
ES.TRA.GO, s.m., prejuízo, dano, perda, destruição.
ES.TRA.LAR, v. int., estalar, fazer estalos, produzir ruídos.
ES.TRA.LO, s.m., estalo, ruído, barulho.
ES.TRAM.BÓ.TI.CO, adj., pop., exótico, estranho, fora do comum.
ES.TRAN.GEI.RIS.MO, s.m., uso de termos estrangeiros em textos em português.
ES.TRAN.GEI.RO, adj e s.m., de outro país; quem não é natural de nosso país.
ES.TRAN.GU.LAR, v.t. e pron., afogar, sufocar, apertar o pescoço de, asfixiar.

EVASIVO

ES.TRA.NHAR, *v.t.*, achar estranho, diferente, desconhecido.
ES.TRA.NHE.ZA, *s.f.*, equívoco, anormalidade, admiração, espanto.
ES.TRA.NHO, *adj.*, desconhecido, diferente, forasteiro.
ES.TRA.TA.GE.MA, *s.m.*, estratégia, ardil.
ES.TRA.TÉ.GIA, *s.f.*, modo de armar operações de guerra, estratagema.
ES.TRA.TÉ.GI.CO, *adj.*, preparado, projetado, hábil.
ES.TRA.TO, *s.m.*, camada de terreno, tipo de nuvens, classe social.
ES.TRA.TOS.FE.RA, *s.f.*, camada da atmosfera.
ES.TRE.AN.TE, *s.c. 2 gên.*, principiante, iniciante, que começa.
ES.TRE.AR, *v.t., int. e pron.*, inaugurar, apresentar-se, aparecer.
ES.TRE.BA.RI.A, *s.f.*, curral, local para recolher o gado.
ES.TRE.BU.CHAR, *v.t., int. e pron.*, agitar-se, sacudir-se, debater-se.
ES.TREI.A, *s.f.*, início, a entrada em algo, primeiro ato, abertura, primeiro uso.
ES.TREI.TA.MEN.TO, *s.m.*, diminuição do espaço, apertamento.
ES.TREI.TAR, *v.t., int. e pron.*, apertar, diminuir, reduzir.
ES.TREI.TO, *adj.*, apertado, reduzido, diminuído.
ES.TRE.LA, *s.f.*, corpo celeste com luz própria; artista de destaque.
ES.TRE.LA.DO, *adj.*, cheio de estrelas, com estrelas.
ES.TRE.LA.TO, *s.m.*, situação em que um artista atinge a fama.
ES.TRE.ME.CER, *v.t., int. e pron.*, fazer tremer, tremer, abalar-se.
ES.TRE.PAR, *v.pron. pop.*, dar-se mal, ter problemas.
ES.TRE.PI.TAR, *v.int.*, fazer ruído, soar.
ES.TRÉ.PI.TO, *s.m.*, ruído, barulho, rumor, estrondo, bulha.
ES.TRE.PI.TO.SO, *adj.*, barulhento, ruidoso.
ES.TRES.SA.DO, *adj.*, estafado, muito cansado.
ES.TRES.SAR, *v.t., int. e pron.*, estafar, esgotar, extenuar, exaurir.
ES.TRES.SE, *s.m.*, fadiga, estafa, exaustão.
ES.TRI.A, *s.f.*, sulco, linha funda na pele.
ES.TRI.AR, *v.t.*, abrir listras, linhas, sulcos.
ES.TRI.BI.LHO, *s.f.*, nas canções, versos repetidos; refrão.
ES.TRI.BO, *s.m.*, peça que pende da sela para o cavaleiro colocar os pés.
ES.TRIC.NI.NA, *s.f.*, veneno muito forte.
ES.TRI.DEN.TE, *adj.*, som forte, som que fere os ouvidos.
ES.TRI.LAR, *v. int.*, emitir estrilos, berros; irritar-se, berrar.
ES.TRI.PAR, *v.t.*, arrancar as tripas; cortar a barriga, matar.
ES.TRI.PU.LI.A, *s.f.*, baderna, desordem, confusão.
ES.TRI.TO, *adj.*, restrito, severo.
ES.TRO, *s.m.*, inspiração poética, imaginação, verve.
ES.TRO.FE, *s.f.*, grupo de versos, estância.
ES.TROI.NA, *s.c. 2 gên. e adj.*, pródigo, perdulário, festeiro.
ES.TRON.DO, *s.m.*, ruído, estouro, estampido.
ES.TRON.DO.SO, *adj.*, barulhento, ruidoso.
ES.TRO.PI.A.DO, *adj.*, mutilado, aleijado.
ES.TRO.PI.AR, *v.t. e pron.*, aleijar, machucar, ferir, mutilar.
ES.TRO.PÍ.CIO, *s.m.*, coisa ruim, ruindade, tipo imprestável.
ES.TRU.MAR, *v.t. e int.*, pôr estrume em; adubar.
ES.TRU.ME, *s.m.*, excremento de animais, esterco, fezes de animais.
ES.TRU.MEI.RA, *s.f.*, local onde se deposita o estrume.
ES.TRU.PÍ.CIO, *s.m.*, algo esquisito, estorvo, pessoa ou coisa que atrapalha.
ES.TRU.TU.RA, *s.f.*, esboço, arcabouço, organização.
ES.TRU.TU.RAR, *v.t.*, organizar, arrumar, ajeitar.
ES.TU.Á.RIO, *s.m.*, foz de um rio, desembocadura.
ES.TU.DA.DO, *adj.*, que estudou, analisado, pesquisado.
ES.TU.DAN.TE, *s.c. 2 gên.*, quem estuda, aluno, escolar, discípulo.
ES.TU.DAR, *v.t. e int.*, aprender, dedicar-se a assimilar conhecimentos, reter.
ES.TÚ.DIO, *s.m.*, ateliê, ambiente para fazer filmes, fotos.
ES.TU.DI.O.SO, *adj.*, aplicado, diligente, comprometido.
ES.TU.DO, *s.m.*, ação de estudar, análise; pesquisa, exame.
ES.TU.FA, *s.f.*, recinto fechado com a temperatura elevada para secar objetos; aparelho para esquentar o ambiente e manter sempre a mesma temperatura.
ES.TU.FAR, *v.t.*, pôr em estufa, ressecar, esquentar; encher, aumentar o volume.
ES.TU.PE.FA.ÇÃO, *s.f.*, assombro, pasmo, surpresa.
ES.TU.PE.FA.CI.EN.TE, *s.m.*, droga, tóxico, entorpecente.
ES.TE.PE.FA.TO, *adj.*, pasmado, admirado, atônito.
ES.TU.PEN.DO, *adj.*, maravilhoso, espetacular, incomum.
ES.TU.PI.DEZ, *s.f.*, próprio do estúpido, imbecilidade, grosseria.
ES.TÚ.PI.DO, *adj.*, idiota, tolo, grosseiro, brutal.
ES.TU.POR, *s.m.*, paralisia, assombro; indivíduo sem beleza nem inteligência.
ES.TU.PRA.DOR, *s.m.*, quem pratica o estupro.
ES.TU.PRAR, *v.t.*, violentar, forçar pessoa a manter relações sexuais.
ES.TU.PRO, *s.m.*, ação de estuprar, violação.
ES.TU.QUE, *s.m.*, argamassa feita com gesso e outros materiais.
ES.TUR.JÃO, *s.m.*, denominação de um peixe grande, cuja ova se torna o caviar.
ES.TUR.RI.CAR, *v.t. e int.*, queimar, torrar.
ES.VA.E.CER, *v.t., e pron.*, desmanchar-se, desaparecer, esmorecer.
ES.VA.E.CI.DO, *adj.*, amolecido, enfraquecido, desmaiado.
ES.VA.IR, *v.pron.*, dissipar, consumir, esgotar-se, desmaiar.
ES.VA.ZI.AR, *v.t. e pron.*, esgotar, tornar vazio, oco.
ES.VER.DE.AR, *v.t., int. e pron.*, obter cor verde.
ES.VO.A.ÇAR, *v.int.*, voar, ficar batendo as asas sem sair do lugar, flutuar.
E.TA.PA, *s.f.*, momento, distância entre dois pontos, item.
E.TÁ.RIO, *adj.*, próprio da idade.
É.TER, *s.m.*, o ar superior; substância farmacêutica para anestesiar; atmosfera.
E.TÉ.REO, *adj.*, do ar, celeste, sublime.
E.TER.NI.DA.DE, *s.f.*, qualidade do que é eterno; que não acaba mais, infinitude.
E.TER.NI.ZAR, *v.t. e pron.*, tornar eterno, durabilidade infinita, imortalizar.
E.TER.NO, *adj.*, perene, infinito, para sempre.
É.TI.CA, *s.f.*, filosofia que estuda os valores morais, moral; valores profissionais.
E.TI.MO.LO.GI.A, *s.f., Gram.*, estudo da origem das palavras.
E.TÍ.O.PE, *s.m. e adj.*, próprio ou natural da Etiópia.
E.TI.QUE.TA, *s.f.*, cerimônia, conjunto de normas de conduta; rótulo de produtos industriais.
ET.NI.A, *s.f.*, grupo de raças com costume e idioma iguais.
ÉT.NI.CO, *adj.*, referente a uma nação, a um povo.
ET.NO.GRA.FI.A, *s.f.*, estudo da origem de raças e culturas, estudo das etnias.
ET.NÓ.GRA.FO, *s.m.*, doutor em etnografia.
EU, *pron.*, primeira pessoa singular; o indivíduo, a pessoa que fala.
EU.CA.LIP.TAL, *s.m.*, bosque de eucaliptos.
EU.CA.LIP.TO, *s.m.*, nome de uma árvore muito alta, usada para madeira e carvão, contendo também propriedades medicinais.
EU.CA.RIS.TI.A, *s.f.*, sacramento da fé católica, envolvendo pão e vinho transmudados no corpo e sangue de Cristo; hóstia.
EU.FE.MIS.MO, *s.m.*, figura de linguagem, usando-se uma expressão suave, para não ofender o ouvinte ou para amenizar uma situação.
EU.FO.NI.A, *s.f.*, som gostoso, som suave, som agradável.
EU.FÔ.NI.CO, *adj.*, que soa bem, agradável ao ouvido.
EU.FO.RI.A, *s.f.*, bem-estar, bom ânimo, sentir-se muito bem.
EU.NU.CO, *s.m.*, homem castrado; no Oriente, guarda de mulheres nos haréns.
EU.RO.PEU, *adj.*, relativo à Europa; *s.m.*, que nasceu na Europa.
EU.TA.NÁ.SIA, *s.f.*, tese pela qual o doente terminal deve ser morto sem dor.
E.VA.CU.AR, *v.t. e int.*, despejar, tirar de um local; defecar.
E.VA.DIR, *v.t. e pron.*, escapar, fugir, dar o fora.
E.VAN.GE.LHO, *s.m.*, resumo da doutrina cristã; quatro livros do Novo Testamento.
E.VAN.GE.LIS.MO, *s.m.*, doutrina nascida dos evangelhos, filosofia cristã.
E.VAN.GE.LIS.TA, *s.c. 2 gên.*, escritor de um evangelho; quem divulga o evangelho.
E.VAN.GE.LI.ZAR, *v.t.*, pregar o evangelho; persuadir alguém do valor do evangelho, converter às ideias de Cristo.
E.VA.PO.RA.ÇÃO, *s.f.*, mudar um líquido para vapor.
E.VA.PO.RAR, *v. int.*, mudar líquido em vapor, vaporizar, secar, acabar.
E.VA.SI.VA, *s.f.*, subterfúgio para fugir de um dever; desculpa.
E.VA.SI.VO, *adj.*, fugidio, vivaldino, astucioso.

EVENTO

E.VEN.TO, s.m., acontecimento, fato, efeméride.
E.VEN.TU.AL, adj., casual, imprevisto, repentino.
E.VEN.TU.A.LI.DA.DE, s.f., contingência, acaso, hipótese.
E.VI.DÊN.CIA, s.f., fato concreto; prova, certeza clara.
E.VI.DEN.CI.AR, v.t. e pron., presenciar, provar, demonstrar.
E.VI.DEN.TE, adj., claro, óbvio, demonstrável.
E.VI.TAR, v.t., fugir de, desviar.
E.VI.TÁ.VEL, adj., que se pode evitar.
E.VO.CAR, v.t., invocar, chamar, apelar.
E.VO.CA.TI.VO, adj., que chama, que evoca.
E.VO.LU.ÇÃO, s.f., progresso, avanço, mudança, tipo de dança.
E.VO.LU.IR, v. int., mudar, progredir, transformar-se, dançar.
E.XA.CER.BAR, v.t. e pron., agravar, exasperar, irritar.
E.XA.GE.RAR, v.t., int. e pron., dizer mais do que é, exceder-se, ampliar, engrandecer.
E.XA.GE.RO, s.m., aumento, excesso.
E.XA.LA.ÇÃO, s.f., ação de exalar, emanação.
E.XA.LAR, v. int., soltar, espalhar, espargir; falecer.
E.XAL.TA.ÇÃO, s.f., problema mental, elevação, fúria.
E.XAL.TA.DO, adj., ardente, irritado, fora de si.
E.XAL.TAR, v.t., elevar, erguer, vangloriar, louvar; pron., irritar-se, enfurecer-se.
E.XA.ME, s.m., verificação, investigação, olhar minuciosamente; prova, vistoria.
E.XA.MI.NAR, v.t. e pron., inspecionar, observar, verificar, diagnosticar.
E.XAN.GUE, adj., sem sangue, fraco, enfraquecido.
E.XAS.PE.RA.ÇÃO, s.f., aflição, irritação.
E.XAS.PE.RAR, v.t. e pron., enfurecer, irar, importunar, incomodar.
E.XA.TI.DÃO, s.f., perfeição, apuro.
E.XA.TO, adj., correto, justo, dentro das medidas.
E.XAU.RIR, v.t. e pron., fazer perder as forças, esgotar, estafar.
E.XAUS.TI.VO, adj., estressante, cansativo, que exaure.
E.XAUS.TO, adj., esgotado, cansado, exaurido.
E.XAUS.TOR, s.m., eletrodoméstico para trocar o ar; para sugar a fumaça.
EX.CE.ÇÃO, s.f., que foge da regra, desvio, privilégio.
EX.CE.DER, v.t. e int., superar, ultrapassar, ser mais do previsto.
EX.CE.LÊN.CIA, s.f., o melhor; tratamento a autoridades.
EX.CE.LEN.TE, adj., ótimo, o melhor, o máximo.
EX.CEN.TRI.CI.DA.DE, s.f., extravagância, exoticismo, anormalidade.
EX.CÊN.TRI.CO, adj., extravagante, anormal.
EX.CEP.CI.O.NAL, adj., fora do normal, extraordinário; s.m., tipo com deficiência física ou mental.
EX.CES.SI.VO, adj., por demais, em excesso.
EX.CES.SO, s.m., excedente, o que foi a mais, abuso, demasia.
EX.CE.TO, prep., com exceção de, menos.
EX.CE.TU.AR, v.t., int. e pron., deixar como exceção, excluir.
EX.CI.TA.ÇÃO, s.f., irritação, estímulo, atiçamento.
EX.CI.TAN.TE, s.m. e adj., que excita, estimulante.
EX.CI.TAR, v.t., int. e pron., ativar, atiçar, irritar, estimular, animar, erotizar.
EX.CLA.MA.ÇÃO, s.f., grito, berro repentino de dor, alegria; ponto de exclamação (!).
EX.CLA.MAR, v.t. e int., gritar, berrar, falar, dizer, bradar.
EX.CLU.IR, v.t. e pron., deixar fora, afastar, despedir.
EX.CLU.SI.VO, adj., único, ser de apenas um.
EX.CO.MUN.GA.DO, s.m. e adj., expulso, excluído, amaldiçoado, maldito.
EX.CO.MUN.GAR, v.t., amaldiçoar, retirar da igreja, afastar da comunidade.
EX.CO.MU.NHÃO, s.f., afastamento, maldição, separação.
EX.CRE.ÇÃO, s.f., saída, o corpo expele os restos, expulsão natural.
EX.CRE.MEN.TO, s.m., material fecal, fezes humanas e de animais.
EX.CRES.CÊN.CIA, s.f., o que cresceu a mais, saliência, excesso.
EX.CRE.TAR, v.t. e int., expelir, sair de, soltar.
EX.CUR.SÃO, s.f., passeio, viagem, grupo de pessoas que viajam.
EX.CUR.SI.O.NAR, v.int., realizar uma excursão, passear, viajar.
E.XE.CRA.ÇÃO, s.f., maldição, condenação, nojo.
E.XE.CRAR, v.t. e pron., detestar, ter nojo, abominar, odiar.
E.XE.CRÁ.VEL, adj., detestável, abominável.
E.XE.CU.ÇÃO, s.f., cumprimento, término, ato de fazer, realizar.
E.XE.CU.TAR, v.t., int. e pron., realizar, fazer, cumprir, terminar.
E.XE.CU.TI.VO, s.m. e adj., que executa, que efetiva; poder executivo - a parte do governo que executa a lei; administrador de empresas, organizações.
E.XE.GE.SE, s.f., explicação, explanação, exposição de assuntos complexos.
E.XE.GÉ.TI.CA, s.f., explicação teológica de temas bíblicos.
E.XEM.PLAR, s.m. e adj., modelar, único; modelo, volume, livro, amostra.
E.XEM.PLI.FI.CAR, v.t., dar um exemplo, esclarecer com exemplos.
E.XEM.PLO, s.m., modelo, o que mostra a propriedade de uma regra.
E.XÉ.QUIAS, s.f.pl., funerais, cerimonial de enterro, atos fúnebres.
E.XE.QUÍ.VEL, adj., que se pode executar, realizável.
E.XER.CER, v.t. e pron., executar, praticar, fazer, levar adiante, influenciar.
E.XER.CÍ.CIO, s.m., desempenho, execução de algo, trabalho, período.
E.XER.CI.TAR, v.t. e pron., ativar, desenvolver habilidades, fazer exercícios.
E.XÉR.CI.TO, s.m., forças armadas, tropas militares de um país; multidão.
E.XI.BI.ÇÃO, s.f., exposição, representação, ostentação, ato de mostrar.
E.XI.BI.CI.O.NIS.MO, s.m., ato de se exibir, ostentação, desejo de ser visto.
E.XI.BI.CI.O.NIS.TA, s.c. 2 gên., quem anseia por ser visto.
E.XI.BIR, v.t., mostrar, fazer ver, ostentar.
E.XI.GÊN.CIA, s.f., pretensão, desejo impositivo, imposição.
E.XI.GIR, v.t., querer, reclamar, impor, tornar obrigatório, ordenar.
E.XÍ.GUO, adj., pequeno, reduzido, diminuto.
E.XI.LA.DO, adj., degredado, expulso de sua terra, expatriado.
E.XI.LAR, v.t. e pron., expulsar de sua terra, desterrar, degredar.
E.XÍ.LIO, s.m., degredo, expatriação, desterro, expulsão de sua pátria.
E.XÍ.MIO, adj., excelente, ótimo, extraordinário.
E.XI.MIR, v.t. e pron., exonerar, liberar, libertar, desobrigar.
E.XIS.TÊN.CIA, s.f., qualidade de existir, viver, vida.
E.XIS.TEN.CI.AL, adj., próprio da existência.
E.XIS.TIR, v.t. e int., viver, ter vida, ser pessoa.
Ê.XI.TO, s.m., sucesso, bom resultado, bom desempenho.
Ê.XO.DO, s.m., saída, emigração.
E.XO.NE.RAR, v.t. e pron., dispensar, despedir, demitir, tirar do cargo.
E.XOR.BI.TÂN.CIA, s.f., excesso, algo em demasia, além dos limites.
E.XOR.BI.TAN.TE, adj., excessivo, maior do que o normal.
E.XOR.BI.TAR, v.t. e int., ultrapassar os limites, exceder, infringir os limites legais.
E.XOR.CIS.MO, s.m., ato para expulsar o demônio que está em alguém, oração.
E.XOR.CIS.TA, s.c. 2 gên., pessoa que pratica o exorcismo.
E.XOR.CI.ZAR, v.t., afugentar o espírito do mal; liberar.
E.XÓR.DIO, s.m., início, abertura, começo, princípio.
E.XOR.TAR, v.t., persuadir, aconselhar, orientar.
E.XÓ.TI.CO, adj., extravagante, esquisito, estranho.
EX.PAN.DIR, v.t. e pron., ampliar, alargar, tornar maior.
EX.PAN.SÃO, s.f., aumento, ampliação, alargamento.
EX.PAN.SI.VO, adj., franco, comunicativo, eufórico.
EX.PA.TRI.A.DO, adj., exilado, degredado, expulso da pátria.
EX.PA.TRI.AR, v.t. e pron., exilar, degredar, expulsar da pátria.
EX.PEC.TA.TI.VA, s.f., espera, esperança, o que se aguarda.
EX.PEC.TO.RAR, v.t., tirar coisa do peito, soltar, expelir, expulsar.
EX.PE.DI.ÇÃO, s.f., remessa, grupo para pesquisar; grupo para assenhorar-se de algo, encomenda, mercadoria mandada.
EX.PE.DI.EN.TE, s.m., modo, meio, truque; trabalho em repartição pública.
EX.PE.DIR, v.t. e pron., mandar, remeter, destinar, despachar.
EX.PE.DI.TO, adj., ágil, rápido, aplicado.
EX.PE.LIR, v.t., lançar para fora, expulsar, atirar, arremessar.
EX.PEN.DER, v.t., gastar, expor.
EX.PEN.SAS, s.f.pl., custas, despesas; expressão - às expensas = às custas.
EX.PE.RI.ÊN.CIA, s.f., verificação, observação, fazer algo para ver os resultados, demonstração.
EX.PE.RI.EN.TE, adj., conhecedor, perito, preparado.
EX.PE.RI.MEN.TA.ÇÃO, s.f., experiência, degustação, ato de provar.
EX.PE.RI.MEN.TAL, adj., para experiência, algo para verificar um resultado.
EX.PE.RI.MEN.TAR, v.t. e pron., fazer uma experiência, provar, examinar, analisar.

EX.PE.RI.MEN.TO, *s.m.*, experiência, prova, verificação.
EX.PI.A.ÇÃO, *s.f.*, castigo, penitência, pagamento de uma pena.
EX.PI.AR, *v.t.* e *pron.*, sofrer, pagar dívidas morais, ser castigado para merecer perdão.
EX.PI.RA.ÇÃO, *s.f.*, término, remate, fim.
EX.PI.RAR, *v.t.* e *int.*, soltar o ar dos pulmões, respirar; morrer, falecer.
EX.PLA.NAR, *v.t.*, explicar, expor, detalhar.
EX.PLE.TI.VO, *adj.*, palavra desnecessária para o conteúdo, só para embelezar.
EX.PLI.CA.ÇÃO, *s.f.*, explanação, esclarecimento, elucidação.
EX.PLI.CAR, *v.t.* e *pron.*, explanar, expor, elucidar, esclarecer, detalhar.
EX.PLI.CI.TAR, *v.t.*, explicar, elucidar.
EX.PLÍ.CI.TO, *adj.*, explicado, claro, elucidado, expresso.
EX.PLO.DIR, *v.int.*, estourar, quebrar-se, fragmentar-se; berrar, gritar.
EX.PLO.RA.ÇÃO, *s.f.*, pesquisa, verificação; uso cruel de alguém.
EX.PLO.RA.DOR, *s.m.*, quem faz exploração; quem abusa de outrem.
EX.PLO.RAR, *v.t.*, pesquisar, analisar, verificar; abusar de alguém.
EX.PLO.SÃO, *s.f.*, estouro, grande barulho.
EX.PLO.SI.VO, *adj.*, que explode, que estoura; impaciente, nervoso.
EX.PO.EN.TE, *s.c. 2 gên.*, líder, guia, luminar; *s.m.*, sinal usado em Matemática.
EX.POR, *v.t.* e *pron.*, apresentar, exibir, ostentar; pôr a perigo; falar, narrar.
EX.POR.TA.ÇÃO, *s.f.*, ato de vender mercadorias para um país estrangeiro.
EX.POR.TAR, *v.t.*, fazer exportação.
EX.PO.SI.ÇÃO, *s.f.*, colocar à mostra, o que se mostra; palestra, conferência.
EX.PO.SI.TOR, *s.m.*, quem expõe, apresentador.
EX.POS.TO, *adj.*, posto à vista; que corre perigo.
EX.PRES.SÃO, *s.f.*, modo de manifestar pensamentos, por escrito ou oralmente; fisionomia, composição, fala.
EX.PRES.SAR, *v.t.* e *pron.*, exprimir, expor, apresentar.
EX.PRES.SI.VO, *adj.*, determinante, claro, forte.
EX.PRES.SO, *adj.*, claro, explícito, certo.
EX.PRI.MIR, *v.t.* e *pron.*, expor, dizer, transmitir um conhecimento, escrever, falar.
EX.PRO.PRI.AR, *v.t.*, tirar a propriedade de alguém, desapropriar.
EX.PUL.SÃO, *s.f.*, ato de expulsar, obrigação de sair.
EX.PUL.SAR, *v.t.*, expelir, afugentar, obrigar a sair de, tirar à força.
EX.PUL.SO, *adj.*, expelido, obrigado a sair.
EX.PUR.GAR, *v.t.* e *pron.*, purificar, limpar, assear, retificar.
EX.SU.DAR, *v.t.* e *int.*, suar, soltar líquido pelos poros.
ÊX.TA.SE, *s.m.*, encanto, enlevo, arrebatamento.
EX.TA.SI.A.DO, *adj.*, absorto, preso, extático.
EX.TA.SI.AR, *v.t.* e *pron.*, cair em êxtase, arrebatar-se.
EX.TÁ.TI.CO, *adj.*, caído em êxtase, enlevado.
EX.TEM.PO.RÂ.NEO, *adj.*, que vem fora de tempo.
EX.TEN.SÃO, *s.f.*, dimensão de um corpo, comprimento, tamanho, superfície.
EX.TEN.SI.VO, *adj.*, polivalente, que abrange várias situações.
EX.TEN.SO, *adj.*, grande, longo, comprido.
EX.TE.NU.A.ÇÃO, *s.f.*, exaustão, cansaço, esgotamento.
EX.TE.NU.AR, *v.t.*, cansar, fatigar, exaurir.
EX.TE.RI.OR, *adj.*, parte externa, o que está fora.
EX.TE.RI.O.RI.ZAR, *v.t.* e *pron.*, ficar exterior, desabafar, colocar para fora.
EX.TER.MI.NAR, *v.t.*, destruir, eliminar, acabar, liquidar.
EX.TER.MÍ.NIO, *s.m.*, genocídio, matança, fim de tudo.
EX.TER.NAR, *v.t.*, expor, exteriorizar, pôr para fora.
EX.TER.NO, *adj.*, que é de fora, estranho.
EX.TIN.ÇÃO, *s.f.*, término, fim, destruição, extermínio.
EX.TIN.GUIR, *v.t.* e *pron.*, acabar, suprimir, apagar.
EX.TIN.TO, *adj.*, acabado, terminado, morto, falecido.
EX.TIN.TOR, *s.m.*, objeto carregado com substância para apagar fogo.
EX.TIR.PAR, *v.t.*, erradicar, decepar, arrasar; extrair um tumor.
EX.TOR.QUIR, *v.t.*, tirar algo de outrem à força.
EX.TOR.SÃO, *s.f.*, ação de extorquir.
EX.TRA, *adj.*, suplementar, acessório, o que vem a mais.
EX.TRA.ÇÃO, *s.f.*, ação de extrair, feito, arrancada.
EX.TRA.CON.JU.GAL, *adj.*, fora do matrimônio, que foge das normas matrimoniais.
EX.TRA.DI.TAR, *v.t.*, é devolver ao país de origem um criminoso daquele país.
EX.TRA.IR, *v.t.*, arrancar, tirar, separar.
EX.TRA.JU.DI.CI.AL, *adj.*, realizado sem a intervenção judicial.
EX.TRA.OR.DI.NÁ.RIO, *adj.*, incomum, raro, grandioso, magnífico.
EX.TRA.PO.LAR, *v.t.*, exceder-se, sair dos limites, ultrapassar.
EX.TRA.TER.RE.NO, *adj.* e *s.m.*, que é de fora da Terra, extraterráqueo.
EX.TRA.TER.RES.TRE, *s.c. 2 gên.*, extraterreno.
EX.TRA.TO, *s.m.*, essência de um produto; minuta, excerto, trecho.
EX.TRA.VA.GÂN.CIA, *s.f.*, que é extravagante, esquisitice.
EX.TRA.VA.GAN.TE, *adj.*, esquisito, exótico, estranho.
EX.TRA.VA.SAR, *v.t.*, *int.* e *pron.*, transbordar, derramar por cima do recipiente.
EX.TRA.VI.AR, *v.t.* e *pron.*, perder o rumo, desorientar-se, perder a estrada.
EX.TRE.MA.DO, *adj.*, extraordinário, final, último.
EX.TRE.MAR, *v.t.* e *pron.*, ir ao extremo, ultimar, limitar.
EX.TRE.MA-UN.ÇÃO, *s.f.*, sacramento que a Igreja Católica ministra aos moribundos.
EX.TRE.MI.DA.DE, *s.f.*, parte final, fim de uma linha.
EX.TRE.MIS.MO, *s.m.*, radicalismo, teorias extremas.
EX.TRE.MO, *adj.*, final, afastado, distante, último; *s.m.*, extremidade, fim.
EX.TRE.MO.SO, *adj.*, carinhoso, cheio de amor.
EX.TRÍN.SE.CO, *adj.*, exterior, externo.
EX.TRO.VER.TER, *v.pron.*, expor, externar.
EX.TRO.VER.TI.DO, *adj.*, comunicativo, amigável.
E.XU, *s.m.*, divindade de crença na macumba.
E.XU.BE.RÂN.CIA, *s.f.*, grande quantidade, vigor, abundância.
E.XU.BE.RAN.TE *adj.*, viçoso, abundante, vigoroso, forte, belo.
E.XUL.TA.ÇÃO, *s.f.*, glória, alegria, felicidade.
E.XUL.TAN.TE, *adj.*, feliz, contente, alegre.
E.XUL.TAR, *v.t.* e *int.*, alegrar-se, ferver de felicidade.
E.XU.MA.ÇÃO, *s.f.*, retirar um cadáver da sepultura, desenterrar um cadáver.
E.XU.MAR, *v.t.*, retirar o cadáver da sepultura.

F, *s.m.*, a sexta letra e quarta consoante do á-bê-cê.
FÁ, *s.m.*, a quarta nota na escala musical.
FÃ, *s.c. 2 gên.*, admirador, fanático, ligado a alguém, venerador.
FÁ.BRI.CA, *s.f.*, local ou estabelecimento onde se faz, se fabrica algum produto.
FA.BRI.CA.ÇÃO, *s.f.*, ato ou efeito de fabricar, confecção.
FA.BRI.CAN.TE, *s.c. 2 gên.*, quem faz, fabrica algo.
FA.BRI.CAR, *v.t.*, fazer, produzir, engendrar, confeccionar.
FA.BRIL, *adj.*, relativo ao ato de fabricar, próprio do que fabrica.
FÁ.BU.LA, *s.f.*, historieta com animais agindo como pessoas, para dar lição de moral; narrativa, historieta; *fig.*, grande quantidade.
FA.BU.LIS.TA, *s.c. 2 gên.*, quem escreve ou conta fábulas.
FA.BU.LO.SO, *adj.*, próprio de fábula, imaginário, extraordinário, maravilhoso, imenso.
FA.CA, *s.f.*, arma branca, lâmina de metal com corte e cabo.
FA.CA.DA, *s.f.*, golpe com faca, *pop.*, pegar dinheiro emprestado e não pagar.
FA.ÇA.NHA, *s.f.*, proeza, feito extraordinário, grande realização.
FA.CÃO, *s.m.*, faca grande.
FAC.ÇÃO, *s.f.*, ala, divisão de um grupo, grupo dissidente.
FAC.CI.O.SO, *adj.*, injusto, ligado a uma facção, sedicioso.
FA.CE, *s.f.*, rosto, a parte anterior da cabeça, semblante; superfície.
FA.CÉ.CIA, *s.f.*, piada, zombaria, ironia.
FA.CEI.RO, *adj.*, alegre, contente, satisfeito, vaidoso.
FA.CE.TA, *s.f.*, uma face pequena, cada parte de um tema, de uma coisa.
FA.CHA.DA, *s.f.*, frente de uma construção, fronte, frontespício.
FA.CHO, *s.m.*, archote, tocha.
FÁ.CIL, *adj.*, obtido sem esforço, sem custo.
FA.CI.LI.DA.DE, *s.f.*, sem dificuldade, sem esforço.
FA.CI.LI.TAR, *v.t., int. e pron.*, tornar fácil, ajudar.
FA.CÍ.NO.RA, *s.m.*, criminoso, bandido, criminoso da pior espécie.
FAC-SI.MI.LA.DO, *s.m.*, cópia exata de algo, reprodução idêntica de um texto.
FAC-SÍ.MI.LE, *s.m.*, cópia igual do original escrito.
FAC.TÍ.VEL, *adj.*, que se pode fazer, que pode ser feito.
FAC.TU.AL, *adj.*, que se refere aos fatos.
FA.CUL.DA.DE, *s.f.*, capacidade de fazer, predicados; estabelecimento de ensino superior.
FA.CUL.TAR, *v.t.*, dar condições, facilitar, oferecer, conceder.
FA.CUL.TA.TI.VO, *adj.*, não obrigatório, dependente da vontade; *s.m.*, médico.
FA.DA, *s.f.*, ser imaginário; ente que faz maravilhas; mulher muito maravilhosa.
FA.DA.DO, *adj.*, preparado, predestinado.
FA.DI.GA, *s.f.*, cansaço, extenuação, perda das forças físicas.
FA.DI.GAR, *v.t. e pron.*, cansar, fatigar.
FA.DO, *s.m.*, destino, sorte, fatalidade; canção comum em Lisboa e Coimbra.
FA.GO.TE, *s.m.*, instrumento musical de sopro.
FA.GUEI.RO, *adj.*, alegre, agradável, satisfeito, carinhoso, suave.
FA.GU.LHA, *s.f.*, chispa, faísca, centelha de fogo.
FAI.A, *s.f.*, árvore muito grande, cuja madeira é muito procurada.
FAI.AN.ÇA, *s.f.*, louça de barro.
FAI.NA, *s.f.*, trabalho, afazer, empenho, labuta.
FAI.SÃO, *s.m.*, ave galinácea de penas muito belas e carne muito apreciada.
FA.ÍS.CA, *s.f.*, chispa, centelha.
FA.IS.CAN.TE, *adj.*, que expele faíscas, brilhante, luminoso.
FA.IS.CAR, *v.int.*, soltar faíscas, brilhar, dar luminosidade.
FAI.XA, *s.f.*, atadura, cintura; algo estreito e longo; panos com dizeres; divisões de um disco.
FA.JU.TO, *adj. pop.*, é dito com referência a algo vulgar, sem classe.
FA.LA, *s.f.*, ação ou capacidade de falar; voz; linguagem coloquial, expressão oral.
FA.LÁ.CIA, *s.f.*, logro, engano, sofisma.
FA.LA.DO, *adj.*, conhecido, notório, comentado.
FA.LA.DOR, *adj.*, que fala muito, palrador, loquaz; *s.m.*, linguarudo, maldizente.
FA.LAN.GE, *s.f.*, ala de um batalhão nos exércitos gregos; multidão, muitos elementos; os ossos dos dedos da mão e do pé.
FA.LAN.GE.TA, *s.f.*, no corpo humano, a terceira falange.
FA.LAN.TE, *s.c. 2 gên.*, indivíduo que fala; quem fala muito.
FA.LAR, *v.t.*, exprimir por palavras orais as ideias, manifestar-se, discursar, berrar, conversar, coloquiar.
FA.LA.TÓ.RIO, *s.m.*, vozerio, muitas pessoas falando juntas; difamação, falar mal.
FA.LAZ, *adj.*, enganador, ilusório, enganoso.
FAL.CÃO, *s.m.*, nome dado a uma ave de rapina de hábitos diurnos.
FAL.CA.TRU.A, *s.f.*, logro, engano, tramoia, trapaça.
FA.LE.CER, *v.int.*, morrer, sucumbir, desaparecer, ir-se deste mundo.
FA.LE.CI.DO, *adj. e s.m.*, morto, defunto, sucumbido.
FA.LE.CI.MEN.TO, *s.m.*, ato de falecer, morte, desenlace.
FA.LÊN.CIA, *s.f.*, empresa cujos débitos são maiores que os créditos, expostos por sentença judicial.
FA.LÉ.SIA, *s.f.*, à beira-mar, quando a costa é alta e íngreme.
FA.LHA, *s.f.*, defeito, erro, omissão.
FA.LHAR, *v.int.*, errar, não acertar, perder o rumo, não cumprir o dever.
FA.LI.DO, *adj.*, quebrado, fracassado, falhado.
FA.LIR, *v.int.*, quebrar financeiramente, acabar-se, fracassar.
FA.LÍ.VEL, *adj.*, que pode falir, falhar.
FA.LO, *s.m.*, pênis.
FAL.SÁ.RIO, *s.m.*, quem pratica falsidade, quem jura falsamente, falsificador, quem faz documentos falsos, dinheiro falso.
FAL.SE.AR, *v.t. e int.*, tornar falso, ser falso, atraiçoar, desvirtuar, trair.
FAL.SE.TE, *s.m.*, voz aguda.
FAL.SI.DA.DE, *s.f.*, algo falso, mentira, hipocrisia, traição.
FAL.SI.FI.CAR, *v.t.*, tornar falso, fazer de modo falso, adulterar, desvirtuar.
FAL.SO, *adj.*, mentiroso, contra a verdade, dissimulado, hipócrita.
FAL.SO-TES.TE.MU.NHO, *s.m.*, depoimento falso contra alguém.
FAL.TA, *s.f.*, carência, ausência, lacuna, necessidade; infração, delito, culpa.
FAL.TAR, *v.t. e int.*, estar ausente, não existir, não cumprir o prometido.
FAL.TO.SO, *adj.*, infrator, que cometeu uma falta; que quase nunca comparece.
FA.MA, *s.f.*, notoriedade, renome, glória, celebridade, conceito.
FA.MÉ.LI.CO, *adj.*, com muita fome, esfomeado, faminto.
FA.MI.GE.RA.DO, *adj.*, que tem má fama, conhecido por ser maldoso.
FA.MÍ.LIA, *s.f.*, grupo de pessoas com a mesma ascendência, linhagem, clã.
FA.MI.LI.AR, *adj.*, próprio da família; habitual, costumeiro; comum, trivial.

FA.MI.LI.A.RI.DA.DE, s.f., intimidade, franqueza, conhecimento profundo.
FA.MI.LI.A.RI.ZAR, v.t. e pron., habituar, acostumar, conhecer, dominar um assunto.
FA.MIN.TO, adj., famélico, esfomeado, com muita fome.
FA.MO.SO, adj., que tem muita fama, conhecido, notório, célebre.
FÂ.MU.LO, s.m., criado, empregado, servo.
FA.NÁ.TI.CO, s.m. e adj., fã, apreciador, quem se apaixona por uma ideia; quem luta por sua crença; quem exagera no que faz.
FA.NA.TI.ZAR, v.t. e pron., tornar fanático, apaixonar.
FAN.DAN.GO, s.m., dança popular com origem espanhola; baile, bailão.
FAN.FAR.RA, s.f., banda, grupo de músicos com instrumentos metálicos de som.
FAN.FAR.RÃO, s.m., indivíduo que exagera os próprios feitos.
FA.NHO.SO, adj., que fala com emissão dos sons pelo nariz; fanho.
FA.NI.QUI.TO, s.m., pop., ataque leve, desmaio, vertigem.
FAN.TA.SI.A, s.f., capacidade de imaginar, criar imagens e fatos; devaneio, sonho, ficção; vestimenta usada no carnaval, quimera, utopia.
FAN.TA.SI.AR, v.t., int. e pron., imaginar, sonhar, criar na mente.
FAN.TA.SI.O.SO, adj., cheio de fantasias; criativo, sonhador.
FAN.TAS.MA, s.m., ser apavorante, monstro, espectro, alma penada, ser que assusta.
FAN.TAS.MA.GÓ.RI.CO, adj., irreal, quimérico, imaginário.
FAN.TÁS.TI.CO, adj., extraordinário, incomum, maravilhoso; ilusório.
FAN.TO.CHE, s.m., boneco movido por cordéis puxados por artistas; tiete; tipo sem decisão própria.
FA.QUEI.RO, s.m., conjunto de talheres acondicionados em um estojo.
FA.QUIR, s.m., indivíduo que alcança insensibilidade total quanto aos sentidos; estoico, insensível.
FA.RA.Ó, s.m., título honorífico dos reis do Egito antigo.
FA.RA.Ô.NI.CO, adj., referente aos faraós; muito suntuoso, grandioso.
FAR.DA, s.f., uniforme, vestimenta igual de um grupo; uniforme dos militares.
FAR.DAR, v.t. e pron., vestir com farda, colocar a farda.
FAR.DO, s.m., volume para acondicionar mercadorias, embrulho, fig., peso, dificuldade, obstáculo.
FA.RE.JAR, v.t. e int., perceber o cheiro, acompanhar pelo faro; cheirar; fig., descobrir, seguir a pista.
FA.RE.LO, s.m., parte dos cereais que é usada para alimentar animais, resíduos.
FAR.FA.LHA.DA, s.f., ruído das folhas de árvores; rumor de folhas.
FAR.FA.LHAR, v.int., rumor das folhas de árvores.
FA.RI.NÁ.CEO, adj., próprio da farinha, derivado de farinha.
FA.RIN.GE, s.f., tubo que liga a boca e o nariz com o estômago e a laringe.
FA.RIN.GI.TE, s.f., inflamação da faringe.
FA.RI.NHA, s.f., pó obtido com a moagem de cereal.
FA.RI.NHEI.RA, s.f., vasilha, recipiente para recolher farinha.
FA.RI.NHEN.TO, adj., cheio de farinha, parecido com a farinha.
FA.RI.SEU, s.m., membro de uma seita religiosa em Israel, nos tempos de Cristo, que ostentava muita santidade exterior; fig., hipócrita.
FAR.MA.CÊu.TI.CO, s.m., pessoa diplomada em farmácia, boticário.
FAR.MÁ.CIA, s.f., estabelecimento para vender e preparar medicamentos; ciência de preparar remédios.
FAR.MA.CO.LO.GI.A, s.f., estudo de remédios, fabricação e uso deles.
FAR.NEL, s.m., poucas provisões alimentícias para uma viagem.
FA.RO, s.m., olfato de animais; capacidade dos animais de perceberem cheiros.
FA.ROES.TE, s.m., luta, tiroteio, bangue-bangue.
FA.RO.FA, s.f., farinha frita com manteiga, recheio.
FA.RO.FEI.RO, s.m., quem come farofa; quem vai à praia e leva comida pronta.

FA.ROL, s.m., torre com luz forte no cume para guiar navios e aviões; lanternas de carro; sinal brilhante; fig., quem é inteligente, guia.
FA.RO.LEI.RO, s.m., guarda de farol; fig., fofoqueiro, falastrão.
FA.RO.LE.TE, s.m., pequeno farol; lanternas menores dos carros.
FAR.PA.., s.f., uma ponta de madeira ou metal que penetra em corpos macios; fig., crítica, ironia, sarcasmo.
FAR.PAR, v.t., colocar farpas em, atirar farpas.
FAR.PA.DO, adj., cheio de farpas, como o arame farpado.
FAR.PE.AR, v.t., machucar com farpas, ferir, espetar.
FAR.RA, s.f., festa ruidosa com bebida, noitada de festas, bebedeira, folia.
FAR.RA.PO, s.m., trapo, frangalho, tecido todo rasgado, esfarrapado.
FAR.RE.AR, v.int., meter-se em farra, fazer farra, festejar, fazer muita festa.
FAR.RIS.TA, s.c. 2 gên., tipo metido em muitas farras.
FAR.SA, s.f., peça teatral cômica, simulação, ato burlesco; embuste, safadeza.
FAR.SAN.TE, adj. e s.c. 2 gên., ator teatral de farsas; caloteiro, enganador, desleal.
FAR.TA, s.f., usado na expressão à farta - muito, com abundância.
FAR.TAR, v.t., int. e pron., encher, dar de comer até saciar, satisfazer; esgotar a paciência de.
FAR.TO, adj., saciado, satisfeito, abundante, copioso, enorme.
FAR.TU.RA, s.f., abundância, copiosidade.
FAS.CÍ.CU.LO, s.m., folheto, pequena publicação que se encaderna posteriormente em livro.
FAS.CI.NA.ÇÃO, s.f., fascínio, atração, sedução, cativação.
FAS.CI.NAR, v.t. e int., atrair, cativar, seduzir, encantar.
FAS.CÍ.NIO, s.m., deslumbramento, atração, sedução, fascinação.
FAS.CIS.MO, s.m., sistema político criado por Mussolini, antiliberal, antidemocrático, restritivo das liberdades e direitos constitucionais.
FAS.CIS.TA, adj. e s.c. 2 gên., adepto do fascismo.
FA.SE, s.f., cada uma das quatro mudanças da Lua; período, parte, lapso.
FAS.TI.DI.O.SO, adj., tedioso, aborrecido, enjoativo.
FAS.TI.O, s.m., ausência de apetite, enjoo, aborrecimento, incômodo.
FA.TAL, adj., destinado, determinado; mortal, mortífero, letal.
FA.TA.LI.DA.DE, s.f., destino, fato inevitável, o que está determinado, fatídico.
FA.TA.LIS.MO, s.m., sistema no qual tudo que acontece é atribuído ao destino.
FA.TI.A, s.f., pedaço, corte, divisão, fatia de pão, fatia de um mercado.
FA.TI.AR, v.t., cortar, dividir, separar.
FA.TÍ.DI.CO, adj., fatal, trágico, marcado, imbatível.
FA.TI.GAR, v.t. e pron., cansar, esmorecer, aborrecer, incomodar.
FA.TI.O.TA, s.f., terno, vestimenta, roupa.
FA.TO, s.m., acontecimento, ocorrência, ação; terno, roupagem.
FA.TOR, s.m., quem faz, ultima algo; o que promove algo, cada parte de uma multiplicação.
FA.TU.AL, adj., factual, relativo ao fato, próprio de um fato.
FÁ.TUO, adj., néscio, pretensioso, atrevido, desajuizado; fugaz.
FA.TU.RA, s.f., feitura; documento comercial relacionando tudo que está em uma nota fiscal.
FA.TU.RAR, v.t., relacionar as mercadorias vendidas em um documento, fig., vender, ganhar, lucrar.
FAU.NA, s.f., conjunto de animais existentes em uma região, grupo de animais.
FAUS.TO, s.m., luxo, magnificência, grande riqueza, exibição de riqueza.
FAUS.TO.SO, adj., pomposo, rico, magnífico, luxuoso.
FA.VA, s.f., planta trepadeira, cujas vagens são comestíveis.
FA.VE.LA, s.f., conjunto de casebres, aglomerado de barracos; pobreza, miséria.
FA.VE.LA.DO, s.m. e adj., morador de favela, relativo à favela.
FA.VO, s.m., conjunto de alvéolos de cera, nos quais as abelhas colocam o mel.
FA.VOR, s.m., obséquio, mercê, benefício, cortesia, fineza, graça.
FA.VO.RE.CER, v.t., prestar um favor, obsequiar, beneficiar, proteger, ajudar.

FAVORECIDO 130

FA.VO.RE.CI.DO, adj., protegido, privilegiado, agraciado.
FA.VO.RI.TIS.MO, s.m., preferência, proteção, privilégio.
FA.VO.RI.TO, s.m. e adj., predileto, privilegiado, preferido; provável, cotado.
FAX, s.m., aparelho acoplado ao telefone, que transmite textos escritos a qualquer distância.
FA.XI.NA, s.f., limpeza, limpeza geral.
FA.XI.NEI.RO, s.m., quem faz faxina.
FA.ZEN.DA, s.f., propriedade rural de grande extensão; tecido, panos; repartição pública que controla a entrada e saída de verbas.
FA.ZEN.DEI.RO, s.m., dono de uma fazenda.
FA.ZER, v.t., int. e pron., produzir, realizar, efetuar, fabricar, construir, confeccionar.
FAZ-TU.DO, s.m., factotum, quem faz de tudo um pouco.
FÉ, s.f., crença, credo, estado espiritual de que crê em.
FE.AL.DA.DE, s.f., feiura, característica do que é feio.
FE.BRE, s.f., estado físico caracterizado pelo aumento da temperatura corporal.
FE.BRIL, adj., que está com febre.
FE.CAL, adj., próprio das fezes.
FE.CHA.DU.RA, s.f., peça de metal usada para trancar as portas, portões.
FE.CHA.MEN.TO, s.m., término, conclusão, fim.
FE.CHAR, v.t. e pron., trancar, concluir, acabar, terminar, girar a chave, cerrar.
FE.CHO, s.m., trava da porta, ferrolho; término, conclusão, encerramento.
FÉ.CU.LA, s.f., um tipo de farinha derivado de alguns tubérculos, como aipim.
FE.CUN.DAR, v.t., int. e pron., tornar fecundo; fertilizar, conceber.
FE.CUN.DI.DA.DE, s.f., fertilidade, produção, propriedade de ser fecundo.
FE.CUN.DO, adj., que consegue procriar, fértil, produtivo, criativo.
FE.DE.LHO, s.m., pop., garoto, menino peralta, moleque.
FE.DEN.TI.NA, s.f., fedor, cheiro desagradável, muito mau cheiro.
FE.DER, v.int., soltar mau cheiro, cheirar mal, catingar.
FE.DE.RA.ÇÃO, s.f., união de cunho político entre nações ou estados.
FE.DE.RA.LIS.MO, s.m., sistema político que associa várias nações ou estados para os mesmos fins políticos.
FE.DI.DO, adj., malcheiroso, que exala cheiro ruim, catinguento.
FE.DOR, s.m., mau cheiro, fedentina, catinga.
FE.DO.REN.TO, adj., fedido, catinguento, malcheiroso.
FE.É.RI.CO, adj., próprio de fadas, fantástico, mágico, deslumbrante.
FEI.ÇÃO, s.f., forma, feitio, aspecto, figura, aparência.
FEI.JÃO, s.m., grão produzido pelo feijoeiro, semente do feijão.
FEI.JO.A.DA, s.f., prato preparado com feijão cozido, carne-seca, paio, toucinho, carne de porco salgada.
FEI.JO.AL, s.m., plantação de feijão.
FEI.JO.EI.RO, s.m., planta da família das leguminosas que produz o feijão.
FEI.O, adj., contrário de belo, de feição desagradável, assustador.
FEI.O.SO, adj., muito feio, desagradável.
FEI.RA, s.f., local público para vender ou expor mercadorias; os dias da semana, de segunda-feira a sexta-feira.
FEI.RAN.TE, s.c. 2 gên, quem vende na feira.
FEI.TA, s.f. ocasião, momento, ação.
FEI.TI.ÇA.RI.A, s.f., bruxaria, arte de feiticeira, prática de atos mágicos.
FEI.TI.CEI.RO, s.m., tipo dado à bruxaria, bruxo, mágico, encantador.
FEI.TI.ÇO, s.m., bruxaria, mágica; fig., enlevo, encanto, sedução.
FEI.TI.O, s.m., feição, forma; postura, modo de ser; comportamento.
FEI.TO, adj., acabado, realizado, efetuado.
FEI.TOR, s.m., capataz, encarregado de trabalhadores rurais.
FEI.TO.RI.A, s.f., exercício da função de feitor.
FEI.TU.RA, s.f., ato de fazer, execução, realização.
FEI.U.RA, s.f., fealdade, qualidade do que é feio.
FEI.XE, s.m., agrupamento de várias coisas, molho, carga.
FEL, s.m., bilis, mau humor; coisa muito amarga.
FE.LÁ, s.m., camponês do Egito antigo; pessoa muito pobre.
FE.LA.ÇÃO, s.f., coito bucal; sexo oral.
FE.LI.CI.DA.DE, s.f., situação ou qualidade de quem é feliz, alegria, contentamento, satisfação.
FE.LI.CI.TA.ÇÕES, s.f. pl., votos de felicidades, parabéns.
FE.LI.CI.TAR, v.t. e pron., desejar felicidade a, cumprimentar alguém, congratular.
FE.LI.NO, adj., próprio do gato, relativo aos felídeos.
FE.LIZ, adj., alegre, satisfeito, contente, próspero, ditoso, fagueiro.
FE.LI.ZAR.DO, adj., tipo de muita sorte, sortudo, feliz.
FEL.TRO, s.m., um tipo de tecido mais duro.
FÊ.MEA, s.f., mulher, todo animal do sexo feminino, plugue na eletricidade.
FE.MI.NI.LI.DA.DE, s.f., característica própria da mulher.
FE.MI.NI.NO, adj., característica da fêmea, da mulher; s.m., designação, substantivo do gênero feminino.
FE.MI.NIS.MO, s.m., ideia que busca ampliar os direitos da mulher na sociedade, lutando por ampliar os direitos femininos em relação ao homem.
FE.MI.NI.ZAR, v.t. e pron., atribuir caracteres femininos a, tornar feminino.
FÊ.MUR, s.m., osso da coxa, o maior do esqueleto humano.
FEN.DA, s.f., abertura, fresta.
FEN.DER, v.t. e pron., abrir, rachar.
FE.NE.CER, v. int., extinguir, terminar, murchar; morrer, falecer.
FE.NE.CI.MEN.TO, s.m., fim, falecimento, extinção.
FE.NÍ.CIO, adj. e s.m., referente ou habitante da Fenícia.
FÊ.NIX, s.f., pássaro lendário que renasce das próprias cinzas, símbolo do ser humano.
FE.NO, s.m., erva usada como forragem, alimento para o gado.
FE.NO.ME.NAL, adj., incomum, extraordinário, espetacular.
FE.NÔ.ME.NO, s.m., maravilha, algo raro, tudo que foge ao cotidiano; coisa fora do comum, mudanças que os corpos sofrem por interferências alheias.
FE.RA, s.f., todo animal feroz e carnívoro; fig., indivíduo cruel e perverso.
FÉ.RE.TRO, s.m., caixão mortuário, esquife.
FÉ.RIA, s.f., o que se recebe por uma semana; soma do que se vende num dia.
FÉ.RIAS, s.f.pl., descanso, repouso; período de 30 dias, durante os quais o trabalhador ganha o pagamento e deve ficar em repouso.

FE.RI.A.DO, *s.m.,* dia de folga, dia em que não se trabalha.
FE.RI.DA, *s.f.,* ferimento, machucadura, lesão corporal.
FE.RI.DO, *adj.,* machucado, lesionado, ofendido.
FE.RI.MEN.TO, *s.m.,* machucadura, ferida.
FE.RI.NO, *adj.,* como uma fera, sarcástico, cruel, viperino.
FE.RIR, *v.t.* e *pron.,* provocar ferida, machucar, lesionar; ofender, magoar.
FER.MEN.TA.ÇÃO, *s.f.,* transformação de uma massa em decorrência da presença de outro corpo, inchação.
FER.MEN.TAR, *v.t.* e *int.,* provocar fermentação em.
FER.MEN.TO, *s.m.,* produto que fermenta, que provoca levedura.
FE.RO.CI.DA.DE, *s.f.,* qualidade do que é feroz, atrocidade, crueldade.
FE.ROZ, *adj.,* típico de fera, cruel, perverso, desalmado.
FER.RA.DO, *adj.,* que usa ferradura, *pop.,* que se deu mal, azarado.
FER.RA.DU.RA, *s.f.,* peça de metal que se engata nos cascos das cavalgaduras.
FER.RA.GEM, *s.f.,* porção de peças de ferro para uma construção, ferro de modo geral.
FER.RA.MEN.TA, *s.f.,* todo utensílio para o trabalho.
FER.RA.MEN.TAL, *s.m.,* conjunto de instrumentos usados em qualquer profissão.
FER.RA.MEN.TEI.RO, *s.m.,* pessoa especializada no fabrico de ferramentas.
FER.RÃO, *s.m.,* ponta de ferro, aguilhão; membro de insetos para picar.
FER.RAR, *v.t.,* colocar ferradura, colocar a marca com ferro aquecido.
FER.RA.RI.A, *s.f.,* oficina de ferreiro, que trabalha com ferro.
FER.REI.RO, *s.m.,* profissional que molda ferro para fabricar peças.
FER.RE.NHO, *adj.,* teimoso, obstinado, pertinaz, duro.
FÉR.REO, *adj.,* próprio do ferro, feito de ferro; duro.
FER.RO, *s.m.,* metal muito duro, eletrodoméstico usado para passar roupas.
FER.RO.A.DA, *s.f.,* picada de inseto, mordida.
FER.RO.AR, *v.t.,* picar com o ferrão, furar.
FER.RO.LHO, *s.m.,* trava, ferro para fechar a porta.
FER.RO.SO, *adj.,* com ferro, feito de ferro.
FER.RO-VE.LHO, *s.m.,* comércio de sucata, de resíduos de ferro.
FER.RO.VI.A, *s.f.,* caminho de ferro, estrada para o trem.
FER.RO.VI.Á.RIO, *s.m.,* indivíduo que trabalha em trens e ferrovias.
FER.RU.GEM, *s.f.,* oxidação, óxido formado na superfície de metais.
FER.RU.GI.NO.SO, *adj.,* cheio de ferrugem, ferroso.
FÉR.TIL, *adj.,* fecundo, produtor, produtivo.
FER.TI.LI.DA.DE, *s.f.,* fecundidade.
FER.TI.LI.ZAN.TE, *s.m.,* que fertiliza, adubo.
FER.TI.LI.ZAR, *v.t.* e *int.,* fecundar, tornar fértil.
FER.VEN.TE, *adj.,* que ferve, quente; exaltado.
FER.VER, *v.int.,* entrar em ebulição; estar com muita paixão.
FER.VI.LHAR, *v.int.,* ferver de leve; *fig.,* haver muita agitação.
FER.VOR, *s.m.,* devoção, zelo, carisma.
FER.VO.RO.SO, *adj.,* piedoso, ativo, com zelo, carismático.
FES.TA, *s.f.,* diversão, entretenimento, encontro para a diversão.
FES.TAN.ÇA, *s.f.,* festa muito grande.
FES.TEI.RO, *s.m.* que faz muitas festas; dirigente de festas.
FES.TE.JAR, *v.t.,* celebrar, comemorar, fazer uma festa.
FES.TE.JO, *s.m.,* festa; recepção agradável, carinho.
FES.TIM, *s.m.,* festinha, banquete; balas de festim - somente com pólvora.
FES.TI.VAL, *s.m.,* uma grande festa; espetáculo.
FES.TI.VI.DA.DE, *s.f.,* comemoração, celebração, festa periódica.
FES.TI.VO, *adj.,* contente, satisfeito, alegre.
FE.TI.CHE, *s.m.,* objeto com poderes mágicos.
FE.TI.CHIS.MO, *s.m.,* adoração a fetiches.
FÉ.TI.DO, *adj.,* fedorento, malcheiroso, catinguento.
FE.TO, *s.m.,* embrião, concepção inicial de qualquer ser vertebrado.

FEU.DA.LIS.MO, *s.m.,* sistema político-social e religioso da Idade Média.
FEU.DO, *s.m.,* pedaço de terra que o senhor entregava a um vassalo para que a cultivasse e lhe pagasse renda.
FE.ZES, *s.f.pl.,* excrementos, resíduos fecais.
FI.A.ÇÃO, *s.f.,* ação ou efeito de fiar, indústria que produz fios, conjunto de fios.
FI.A.DO, *adj.,* que se vendeu a crédito, adquirido para pagar depois.
FI.A.DOR, *s.m.,* pessoa que assina para pagar o aluguel se o locatário não o fizer.
FI.AM.BRE, *s.m.,* carne (presunto) preparada para ser consumida fria.
FI.AN.ÇA, *s.f.,* contrato no qual alguém assina como fiador.
FI.A.PO, *s.m.,* resíduo de fio, fiozinho, resto de fio.
FI.AR, *v.int.,* tecer, colocar o fio; *v.t.,* ser o fiador, assegurar, garantir.
FI.AS.CO, *s.m.,* fracasso, malogro, vexame, derrota.
FI.BRA, *s.f.,* filamento que entra na composição do organismo de seres vivos, filamento; *fig.,* energia, força, vida, resistência, caráter.
FI.CAR, *v.int.,* parar, fixar, permanecer, estar fixo; namorar durante curtíssimo tempo.
FIC.ÇÃO, *s.f.,* simulação, criação, produto da imaginação; fantasia literária.
FI.CHA, *s.f.,* cadastro, cartão com anotações, inscrição, arquivo.
FI.CHAR, *v.t.,* colocar em ficha, registrar.
FI.CHÁ.RIO, *s.m.,* coleção de fichas, local em que se colocam as fichas.
FIC.TÍ.CIO, *adj.,* imaginário, criativo, inventivo.
FI.DAL.GO, *s.m.,* homem de classe nobre.
FI.DE.DIG.NO, *adj.,* digno, digno de fé, honrado, correto.
FI.DE.LI.DA.DE, *s.f.,* qualidade do que é fiel, lealdade, justeza.
FI.EI.RA, *s.f.,* linha, barbante usado para fazer o pião rodar, corda, cordel.
FI.EL, *adj.,* correto, cumpridor do prometido, leal, pontual, perseverante.
FI.GA, *s.f.,* amuleto, sinal feito com a mão.
FI.GA.DAL, *adj.,* próprio do fígado, intenso, íntimo, profundo.
FÍ.GA.DO, *s.m.,* glândula visceral que exerce várias atividades no organismo.
FI.GO, *s.m.,* fruto da figueira.
FI.GUEI.RA, *s.f.,* planta que produz os figos.
FI.GU.RA, *s.f.,* parte externa de todo corpo, imagem, personagem, feição.
FI.GU.RA.DO, *adj.,* imaginado, representado, projetado.
FI.GU.RÃO, *s.m.,* tipo metido a importante, indivíduo importante.
FI.GU.RAR, *v.t.* e *pron.,* desenhar, representar, simbolizar.
FI.GU.RA.TI.VO, *adj.,* representativo, irreal, conotativo, simbólico.
FI.GU.RI.NHA, *s.f.,* pequena figura, gravura para coleções.
FI.GU.RI.NIS.TA, *s.c. 2 gên.,* quem projeta figurinos.
FI.GU.RI.NO, *s.m.,* desenho de um vestido, projeção do traje da moda.
FI.LA, *s.f.,* fileira, pessoas alinhadas uma após a outra; *s.m.,* tipo de cão brasileiro.
FI.LA.MEN.TO, *s.m.,* fio muito fino, fio que se incandesce dentro das lâmpadas.
FI.LAN.TRO.PI.A, *s.f.,* altruísmo, amor à humanidade, dedicação ao homem.
FI.LAN.TRÓ.PI.CO, *adj.,* próprio de quem pratica a filantropia.
FI.LAN.TRO.PO, *s.m.* e *adj.,* amigo da humanidade, que pratica a filantropia.
FI.LÃO, *s.m.,* veio, fonte, origem; *pop.,* quem gosta de consumir o alheio.
FI.LAR, *v.t., int.* e *pron.,* obter de graça, deixar os outros pagarem.
FI.LA.TE.LI.A, *s.f.,* estudo e atração por selos postais.
FI.LA.TE.LIS.TA, *s.c. 2 gên.,* colecionador e estudioso de selos postais.
FI.LÉ, *s.m.,* churrasco, parte macia de carne bovina; *pop.,* algo saboroso.
FI.LEI.RA, *s.f.,* fila, renque, objetos ou seres colocados em linha.
FI.LE.TE, *s.m.,* fio fino, adorno, pouquíssima quantidade de.
FI.LHO, *s.m.,* ser masculino com referência aos pais; *fig.,* originário.

FILHÓ

FI.LHÓ, *s.m.*, bolo de farinha com ovos, sendo frito no azeite e coberto de açúcar.
FI.LHO.TE, *s.m.*, filho pequeno, filho de animal, animalzinho.
FI.LI.A.ÇÃO, *s.f.*, linhagem, ser filho de, descendência.
FI.LI.AL, *adj.*, referente a filho; sucursal, casa comercial que depende da matriz.
FI.LI.AR, *v.t. e pron.*, inscrever em, adotar, aceitar.
FI.LI.PI.NO, *adj. e s.m.*, referente ou nascido nas Filipinas.
FIL.MA.DO.RA, *s.f.*, aparelho para filmar.
FIL.MAR, *v.t.*, captar imagens em película por foto.
FIL.ME, *s.m.*, rolo de fita apropriada para captar imagens, para tirar fotos.
FI.LÓ, *s.m.*, tecido fino.
FI.LO.LO.GI.A, *s.f.*, ciência que estuda a língua, a literatura e a cultura de um povo.
FI.LÓ.LO.GO, *s.m.*, estudioso em filologia.
FI.LO.SO.FAR, *v.int.*, pensar, raciocinar, cismar.
FI.LO.SO.FI.A, *s.f.*, análise de todos os pensamentos humanos e suas relações.
FI.LÓ.SO.FO, *s.m.*, estudioso de filosofia, pensador, sábio, raciocinador.
FIL.TRAR, *v.t., int. e pron.*, coar, limpar, purificar.
FIL.TRO, *s.m.*, material usado para purificar líquidos, objeto de barro para purificar água em casa.
FIM, *s.m.*, conclusão, término; limite extremo; objetivo, intuito.
FI.MO.SE, *s.f.*, aperto no prepúcio, impedindo que a glande do pênis fique livre.
FI.NA.DO, *s.m. e adj.*, falecido, defunto, que morreu.
FI.NAL, *adj.*, conclusivo, terminal, derradeiro.
FI.NA.LI.DA.DE, *s.f.*, objetivo, propósito, intenção.
FI.NA.LIS.TA, *s.c. 2 gên.*, quem se classifica para a última prova, atividade.
FI.NA.LI.ZAR, *v.t., int. e pron.*, terminar, acabar, ultimar, encerrar.
FI.NAN.CI.A.MEN.TO, *s.m.*, ato de financiar, quantia que se paga em parcelas.
FI.NAN.CI.AR, *v.t.*, custear, deixar para pagar em parcelas; pagar os custos.
FI.NAN.CIS.TA, *s.c. 2 gên.*, indivíduo perito em finanças.
FIN.CAR, *v.t e pron.*, cravar, fixar, prender.
FIN.DAR, *v.int. e pron.*, acabar, terminar, finalizar.
FIN.DO, *adj.*, acabado, finalizado, terminado.
FI.NE.ZA, *s.f.*, polidez, amabilidade, delicadeza, educação, nobreza.
FIN.GI.DO, *adj.*, hipócrita, farsante.
FIN.GI.MEN.TO, *s.m.*, simulação, hipocrisia, falsidade, encenação.
FIN.GIR, *v.t. e pron.*, simular, fantasiar, ser hipócrita, representar.
FI.NI.TO, *adj.*, que termina, que acaba.
FIN.LAN.DÊS, *adj.*, próprio, relativo à Finlândia.
FI.NO, *adj.*, delgado, afiado, polido, delicado, educado.
FI.NÓ.RIO, *adj.*, espertalhão, ladino, ardiloso.
FIN.TA, *s.f.*, engano, logro, tramoia.
FIN.TAR, *v.t. e pron.*, driblar, enganar, lograr, tapear.
FI.NU.RA, *s.f.*, polidez, gentileza, astúcia, sagacidade.
FI.O, *s.m.*, fibra, linha, filamento.
FIR.MA, *s.f.*, empresa comercial ou industrial.
FIR.MA.MEN.TO, *s.m.*, abóbada celeste, céu.
FIR.MAR, *v.t. e pron.*, deixar firme, estabilizar, apoiar; assinar, assinalar.
FIR.ME, *adj.*, seguro, estabilizado, alicerçado; prudente, previdente.
FIR.ME.ZA, *s.f.*, segurança, estabilização.
FIS.CAL, *s.m.*, guarda, segurança; *adj.*, relativo ao fisco.
FIS.CA.LI.ZAR, *v.t.*, vigiar, examinar, estudar a contabilidade de empresas.
FIS.CO, *s.m.*, organismo público que cobra impostos; erário, fazenda.
FIS.GA.DA, *s.f.*, pontada, dor súbita.
FIS.GAR, *v.t.*, agarrar, arpoar, prender em; prender, segurar; despertar paixão.
FÍ.SI.CA, *s.f.*, ciência que estuda as leis e propriedades da matéria.
FÍ.SI.CO, *s.m.*, corpóreo, material; *s.m.*, quem trabalha com física; o porte do ser humano.
FI.SI.O.LO.GI.A, *s.f.*, parte da Biologia que estuda as funções dos seres vivos.
FI.SI.O.LÓ.GI.CO, *adj.*, indivíduo que adere sempre aos vencedores; relativo à fisiologia.
FI.SI.O.LO.GIS.MO, *s.m.*, qualidade dos que são fisiológicos.
FI.SI.O.LO.GIS.TA, *s.c. 2 gên.*, qualificado em fisiologia.
FI.SIO.NO.MI.A, *s.f.*, feição, semblante, aspecto.
FI.SI.O.TE.RA.PEU.TA, *s.c. 2 gên.*, formado em Fisioterapia.
FI.SI.O.TE.RA.PI.A, *s.f.*, tratamento de doenças por meio de exercícios físicos.
FIS.SU.RA, *s.f.*, rachadura, fenda, abertura.
FIS.SU.RAR, *v.t.*, deixar-se dominar por uma ideia única.
FI.TA, *s.f.*, faixa de tecido para amarrar e ornar; filme.
FI.TAR, *v.t. e pron.*, fixar os olhos em, olhar, mirar.
FI.TEI.RO, *s.m.*, que faz fitas; fingido, que usa de fingimento.
FI.TI.LHO, *s.m.*, fita fina para embrulhos.
FI.TO, *adj.*, fixo, cravado; *s.m.*, mira, intuito, finalidade, fim.
FI.VE.LA, *s.f.*, peça metálica para prender as pontas de cintos ou faixas.
FI.XA.DOR, *s.m.*, o que fixa, produto especial para fixar os cabelos.
FI.XAR, *v.t. e pron.*, cravar, segurar, prender; memorizar.
FI.XO, *adj.*, firme, cravado, preso, firmado.
FLÁ.CI.DO, *adj.*, mole, lânguido, frouxo, amolecido.
FLA.GE.LA.ÇÃO, *s.f.*, tortura, pancadaria em.
FLA.GE.LA.DO, *adj.*, torturado, espancado, batido.
FLA.GE.LAR, *v.t. e pron.*, massacrar, açoitar, espancar.
FLA.GE.LO, *s.m.*, espancamento, tortura, desgraça, calamidade.
FLA.GRAN.TE, *s.m., adj.*, ardente, apaixonante; súbito, de repente; *s.m.*, surpreender alguém no momento em que pratica um ato.
FLA.GRAR, *v.t. e int.*, estar em chamas, queimar; surpreender alguém; *pop.*, pegar com a boca na botija.
FLA.MA, *s.f.*, chama, labareda, língua de fogo.
FLA.MAR, *v.t.*, desinfetar, chamuscar, flambar.
FLAM.BAR, *v.t.*, flamar; pôr bebida alcoólica sobre um manjar e atear fogo.
FLAM.BOY.ANT, *s.m.*, grande árvore com muitas flores vermelhas.
FLA.ME.JAN.TE, *adj.*, brilhante, brilhar com chamas.
FLA.ME.JAR, *v.int.*, chamejar, brilhar, lançar chamas.
FLA.MIN.GO, *s.m.*, tipo de ave pernalta.
FLÂ.MU.LA, *s.f.*, uma chama pequena, modelo diminuto de bandeira.
FLA.NAR, *v.int.*, andar à toa, vadiar, nada fazer.
FLAN.CO, *s.m.*, lado, costado, ilharga, os lados laterais do corpo.
FLA.NE.LA, *s.f.*, tecido macio de lã pouco encorpado.
FLAN.QUE.AR, *v.t.*, atacar de flanco, caminhar ao lado.
FLASH, *s.m.*, brilho luminoso instantâneo da máquina fotográfica, quando dispara para fotografar.
FLAU.TA, *s.f.*, instrumento musical de sopro.
FLAU.TE.AR, *v.int.*, tocar flauta, viver na ociosidade, não fazer nada.
FLAU.TIS.TA, *s.c. 2 gên.*, quem toca flauta.
FLE.BI.TE, *s.f.*, inflamação que ataca as veias.
FLE.CHA, *s.f.*, seta, projétil atirado pelo arco.
FLE.CHAR, *v.t. e int.*, ferir com flechas, atacar com flecha.
FLER.TAR, *v.t. e int.*, namorar, namoricar.
FLER.TE, *s.m.*, namoro passageiro, relacionamento amoroso leve.
FLEU.MA, *s.f.*, calma, tranquilidade, impassibilidade.
FLEU.MÁ.TI.CO, *adj.*, calmo, tranquilo, muito calmo.
FLE.XÃO, *s.f.*, curva, dobra; mudança, flexões gramaticais.
FLE.XI.BI.LI.ZAR, *v.t.*, tornar flexível, tolerar, aceitar.
FLE.XI.O.NAR, *v.t.*, realizar a flexão, curvar.
FLE.XÍ.VEL, *adj.*, dobrável, tolerante, compreensível.
FLO.CO, *s.m.*, tufo, bola de neve.
FLOR, *s.f.*, órgão vegetal de reprodução nas plantas; maravilha; algo lindo.
FLO.RA, *s.f.*, conjunto de vegetais de uma região.
FLO.RA.ÇÃO, *s.f.*, ato de florescer, desabrochamento das flores.
FLO.RA.DA, *s.f.*, floração, desabrochamento de flores.

FORMA

FLO.RÃO, s.m., ornamento feito com folhas e flores.
FLO.RE.A.DO, s.m., floreio, variações musicais em torno de um tema musical.
FLO.RE.AR, v.int., produzir flores, ornamentar com flores.
FLO.REI.RA, s.f., vaso com flores; recipiente com barro onde se plantam flores.
FLO.RES.CER, v.int., desabrochar, florir, encher de flores.
FLO.RES.TA, s.f., grande superfície coberta de árvores grandes; mata, selva, mato, cobertura florestal.
FLO.RI.A.NO.PO.LI.TA.NO, adj., referente ou nascido em Florianópolis.
FLO.RI.CUL.TOR, s.m., quem se ocupa com a floricultura.
FLO.RI.CUL.TU.RA, s.f., cultivo de flores, trabalho com flores.
FLO.RI.DO, adj., coberto de flores, cheio de flores.
FLO.RI.LÉ.GIO, s.m., conjunto de flores, coleção de flores.
FLO.RIR, v.int., abrir as flores, cobrir-se com flores.
FLO.RIS.TA, s.c. 2 gên., quem vende flores, quem confecciona arranjos de flores.
FLO.TI.LHA, s.f., grupo de pequenos navios.
FLU.EN.TE, adj., que corre bem, que desliza; que fala bem um idioma.
FLU.I.DEZ, s.f., o que flui bem, qualidade do que é fluido.
FLUI.DO, adj., fluente, que desliza; s.m., todo líquido ou gás; eflúvios de espíritos.
FLU.IR, v.t. e int., correr, deslizar, manar.
FLU.MI.NEN.SE, adj e s.m., próprio ou nascido no Estado do Rio de Janeiro.
FLÚ.OR, s.m., líquido misturado à água para purificá-la.
FLU.O.RAR, v.t., colocar flúor em.
FLU.O.RES.CÊN.CIA, s.f., iluminação de certos corpos sob a ação de luminosidade.
FLU.O.RES.CEN.TE, adj., luminosidade com fluorescência.
FLU.TU.AN.TE, adj., que flutua, oscilante.
FLU.TU.AR, v.t. e int., ficar à superfície de um líquido, pairar, ficar à flor de.
FLU.VI.AL, adj., referente a rio, característico de rio.
FLU.XO, s.m., preamar, enchente, corrimento de qualquer líquido.
FO.BI.A, s.f., aversão, ódio, não gostar de.
FO.CA, s.f., mamífero carnívoro anfíbio do Polo Norte.
FO.CA.LI.ZAR, v.t., enfocar, centralizar, evidenciar.
FO.CI.NHEI.RA, s.f., focinho de porco; peça de couro ou de metal colocada no focinho de animais para imobilizar-lhes a boca.
FO.CI.NHO, s.m., parte da cabeça de animal com a boca, nariz, queixo.
FO.CO, s.m., centro, ponto central de, ponto para onde convergem os raios.
FO.FO, adj., macio, mole, agradável.
FO.FO.CA, s.f., pop., fuxico, falação sobre alguém, boato.
FO.FU.RA, s.f., maciez, graciosidade.
FO.GÃO, s.m., caixa de tijolos, ferro ou outro metal, cujo fogo se acende por meio de querosene, carvão, lenha, eletricidade ou gás.
FO.GA.REI.RO, s.m., fogão portátil, pequeno fogão.
FO.GA.RÉU, s.m., fogo imenso, fogueira.
FO.GO, s.m., combustão, queima com luz, calor; fogueira; calor, paixão; desejo sexual.
FO.GO-FÁ.TUO, s.m., boitatá, chamas produzidas nos pântanos por inflamação de gases.
FO.GO.SO, adj., vivo, agitado; impetuoso, indomável, insaciável.
FO.GUEI.RA, s.f., uma construção com muita lenha para ser queimada; fogaréu; grande fogo.
FO.GUE.TE, s.m., fogo de artifício, rojão.
FO.GUE.TÓ.RIO, s.m., muitos foguetes, estouros intensos de foguete.
FO.GUIS.TA, s.c. 2 gên., indivíduo que alimenta o fogo em caldeiras.
FOI.CE, s.f., instrumento para roçar, cortar vegetais.
FOL.CLO.RE, s.m., costumes, tradições, cultura, lendas de um povo; cultura popular.
FOL.DER, s.m., (inglês) folheto para propaganda, folha para divulgar.
FO.LE, s.m., aparelho para produzir vento para alimentar o fogo.
FÔ.LE.GO, s.m., respiração, alento; coragem, persistência.
FOL.GA, s.f., lazer, lapso de descanso, ócio, tempo de repouso.
FOL.GA.DO, adj., que tem pouco para fazer, ocioso, despreocupado.
FOL.GAR, v.t., int. e pron., descansar, dar-se ao lazer, liberar do trabalho, soltar.
FOL.GUE.DO, s.m., diversão, alegria, brincadeiras, jogos.
FO.LHA, s.f., designação de órgãos que nascem nos ramos das plantas com formas variadas; um pedaço de papel cortado sob medida; diário, jornal.
FO.LHA-COR.RI.DA, s.f., documento tirado na autoridade policial para confirmar que não se cometeu nenhuma infração.
FO.LHA DE FLAN.DRES, s.f., lâmina muito fina de ferro para fabricar latas.
FO.LHA.DO, adj., coberto com folha.
FO.LHA.GEM, s.f., todas as folhas de um vegetal, ramos; plantas ornamentais.
FO.LHAR, v.t., int. e pron., revestir com folhas, folhear.
FO.LHE.A.DO, adj., feito de folhas; tipo de doce, bolo.
FO.LHE.AR, v.t., passar as folhas de um livro, dar uma olhada, ler.
FO.LHE.TIM, s.m., pequena folha, secção de um jornal, revista; publicação de obra aos poucos.
FO.LHE.TO, s.m., publicação de poucas folhas, opúsculo, folder.
FO.LHI.NHA, s.f., folha pequena, calendário.
FO.LI.A, s.f., baderna com canto e música, cantoria, diversão barulhenta.
FO.LI.ÃO, s.m., adepto de folia, quem se diverte no carnaval.
FO.ME, s.f., grande vontade de comer, falta de comida.
FO.MEN.TAR, v.t., incentivar, promover, desenvolver.
FO.NE, s.m., redução da palavra telefone.
FO.NE.MA, s.m., todo som produzido, som.
FO.NÉ.TI.CA, s.f., parte da gramática que se ocupa do estudo dos fonemas.
FOM.FOM, s.m., ruído da buzina de carro.
FÔ.NI.CO, adj., referente à voz, ao som.
FO.NÓ.GRA.FO, s.m., antigo aparelho para reproduzir o som dos discos, gramofone.
FO.NO.LO.GI.A, s.f., ciência dedicada a estudar os sons, os fonemas.
FON.TE, s.f., nascente de água, chafariz; origem, causa.
FO.RA, adv., na parte externa, em outro local; com exceção; estar por fora: não saber, ignorar.
FO.RA DA LEI, s.m., marginal, fugido da lei, infrator, facínora.
FO.RA.GI.DO, s.m. e adj., revel, fugido da justiça.
FO.RA.GIR, v.pron., fugir, esconder-se para escapar à ação da justiça.
FO.RAS.TEI.RO, s.m. e adj., estrangeiro, estranho, quem chega de fora.
FOR.CA, s.f., instrumento para matar alguém por sufocação, cadafalso.
FOR.ÇA, s.f., tudo que possa modificar algo; potência, energia, violência, vigor.
FOR.ÇAR, v.t. e pron., obrigar a, impelir, constranger, empurrar.
FÓR.CEPS, s.m., pinça para extrair corpos, objeto para forçar uma coisa a sair.
FOR.ÇO.SO, adj., obrigatório, necessário, imprescindível.
FO.REN.SE, adj., próprio dos foros, das atividades judiciárias.
FOR.JA, s.f., fornalha com muito calor que o ferreiro usa para amolecer os metais, a fim de moldá-los.
FOR.JAR, v.t., preparar na forja, moldar, compor, executar, inventar, construir.
FOR.MA, s.f., figura, imagem, feitio, estereótipo, aparência, jeito.
FOR.MA ou **FÔR.MA,** s.f., molde, modelo; assadeira, recipiente para cozer bolos.

FORMAÇÃO

FOR.MA.ÇÃO, *s.f.,* ato ou efeito de formar, instrução, personalidade, caráter.
FOR.MA.DO, *adj.,* que recebeu formação, preparado, instruído, qualificado.
FOR.MAL, *adj.,* de acordo com as normas; positivo, óbvio, claro.
FOR.MA.LI.DA.DE, *s.f.,* o que é usual, costumeiro; atitude, comportamento.
FOR.MA.LI.ZAR, *v.t.* e *pron.,* efetuar de acordo com as formalidades.
FOR.MAN.DO, *s.m.,* quem deverá formar-se.
FOR.MÃO, *s.m.,* instrumento com ponta cortante, de ferro, usado na marcenaria.
FOR.MAR, *v.t., int.* e *pron.,* criar, engendrar, constituir, dar forma.
FOR.MA.TO, *s.m.,* jeito, perfil, feitio, dimensão.
FOR.MA.TU.RA, *s.f.,* recebimento de certificado por término de um curso.
FOR.MI.CI.DA, *s.m.,* veneno para matar formigas.
FOR.MI.DÁ.VEL, *adj.,* enorme, extraordinário, espetacular, grandioso.
FOR.MI.GA, *s.f.,* inseto muito comum; *fig.,* indivíduo muito trabalhador.
FOR.MI.GA.MEN.TO, *s.m.,* entorpecimento, sensação de perda dos movimentos.
FOR.MI.GAR, *v.int.,* sentir formigamento.
FOR.MI.GUEI.RO, *s.m.,* ninho de formigas, casa das formigas; *fig.,* grande multidão.
FOR.MO.SO, *adj.,* com muitas formas, belo, elegante, vistoso.
FOR.MO.SU.RA, *s.f.,* beleza, elegância.
FÓR.MU.LA, *s.f.,* norma a seguir no feitio de algo; regra, receita, linha.
FOR.MU.LAR, *v.t.* e *pron.,* seguir uma norma, receitar, colocar dentro do habitual.
FOR.MU.LÁ.RIO, *s.m.,* todo modelo impresso para preencher com dados.
FOR.NA.DA, *s.f.,* quantidade que comporta o forno; saída; resultado.
FOR.NA.LHA, *s.f.,* forno maior, aparelho de uma empresa para produzir calor; grande calor.
FOR.NE.CE.DOR, *s.m.,* quem abastece ou fornece as mercadorias para os clientes.
FOR.NE.CER, *v.t.* e *pron.,* entregar, abastecer; propiciar.
FOR.NI.CAR, *v.t.* e *int.,* ter ou manter relações sexuais.
FOR.NO, *s.m.,* construção esquentada a lenha, carvão ou eletricidade para assar, cozer alimentos, louça, cal ou telha; ambiente muito quente.
FO.RO, *s.m.,* privilégio, jurisdição judicial; tribunal judicial; essência, íntimo.
FOR.QUI.LHA, *s.f.,* ramo que se biparte; galho usado para montar o estilingue.
FOR.RA, *s.f.,* vingança, desforra.
FOR.RA.GEM, *s.f.,* alimento do gado, ração.
FOR.RAR, *v.t.* e *pron.,* colocar forro, revestir, cobrir.
FOR.RO, *s.m.,* revestimento, cobertura.
FOR.RÓ, *s.m., pop.,* baile, arrasta-pé, dança.
FOR.RO.BO.DÓ, *s.m., pop.,* desordem, baderna, confusão.
FOR.TA.LE.CER, *v.t.* e *pron.,* tornar forte, dar forças, animar, encorajar.
FOR.TA.LE.ZA, *s.f.,* coragem, força, resistência, solidez.
FOR.TA.LE.ZEN.SE, *adj. e s.c. 2 gên.,* próprio ou natural de Fortaleza, Ceará.
FOR.TE, *adj.,* duro, valente, que tem forças, robusto; *s.m.* fortaleza, castelo.
FOR.TI.FI.CAN.TE, *s.m.,* remédio usado para recuperar as forças.
FOR.TI.FI.CAR, *v.t.* e *pron.,* tornar forte, resistente; robustecer, enriquecer.
FOR.TUI.TO, *adj.,* casual, inesperado, súbito, por acaso.
FOR.TU.NA, *s.f.,* sorte, felicidade, destino; bens materiais, riqueza material.
FÓ.RUM, *s.m.,* foro, tribunal judicial.
FOS.CO, *adj.* baço, opaco, sem transparência.
FOS.FO.RES.CÊN.CIA, *s.f.,* propriedades de certos corpos brilharem no escuro.
FOS.FO.RES.CEN.TE, *adj.,* que brilha no escuro.
FOS.FO.RES.CER, *v.int.,* brilhar, emitir luz no escuro.
FÓS.FO.RO, *s.m.,* palito que se inflama por atrito com uma superfície áspera.
FOS.SA, *s.f.,* buraco, cova, local onde se recolhe a sujeira, os dejetos.
FÓS.SIL, *s.m.,* animais ou vegetais petrificados pelo tempo na terra.
FOS.SI.LI.ZAR, *v.t.,* tornar fóssil.
FOS.SO, *s.m.,* valo para escorrer águas, valo fundo para cercar ambientes.
FO.татр, *s.f.,* fotografia.
FO.TO.CÓ.PIA, *s.f.,* reprodução de escritos de todo tipo, cópia, reprodução.
FO.TO.GÊ.NI.CO, *adj.,* o que se reproduz com beleza em fotos.
FO.TO.GRA.FAR, *v.t.,* retratar, reproduzir por foto.
FO.TO.GRA.FI.A, *s.f.,* foto, retrato, reprodução através da máquina fotográfica.
FO.TÓ.GRA.FO, *s.m.,* profissional que tira fotos.
FO.TO.ME.TRI.A, *s.f.,* maneira de medir a força da luz.
FO.TÔ.ME.TRO, *s.m.,* instrumento para medir a luz.
FO.TO.NO.VE.LA, *s.f.,* novela contada por meio de fotos e pequenos textos.
FO.TOS.SÍN.TE.SE, *s.f.,* processo exercido pelas folhas verdes das plantas na recepção da luz e umidade.
FOZ, *s.f.,* desembocadura, estuário, onde o rio entra no mar ou em outro rio.
FRA.ÇÃO, *s.f.,* divisão, parte; na matemática, parte de um todo.
FRA.CAS.SAR, *v.int.,* dar-se mal, falhar, perder o negócio.
FRA.CAS.SO, *s.m.,* queda, desgraça, insucesso.
FRA.CI.O.NAR, *v.t.* e *pron.,* dividir, partir, transformar em frações.
FRA.CO, *adj.,* débil, frágil, inconsistente.
FRA.DE, *s.m.,* frei, indivíduo que pertence a uma ordem ou congregação religiosa, *fig.,* irmão.
FRA.GA.TA, *s.f.,* navio, navio de guerra.
FRÁ.GIL, *adj.,* quebrável, fraco, inconsistente.
FRAG.MEN.TAR, *v.t.,* quebrar, despedaçar, esmiuçar.
FRAG.MEN.TO, *s.m.,* pedaço, fração, excerto.
FRA.GOR, *s.m.,* estrondo, barulho, ruído.
FRA.GRÂN.CIA, *s.f.,* aroma, perfume.
FRA.GRAN.TE, *adj.,* que esparge aroma, aromático, perfumoso.
FRAL.DA, *s.f.,* peça usada para absorver urina ou fezes; parte inferior da camisa; sopé.
FRAM.BO.E.SA, *s.f.,* baga de cor vermelha; fruta da framboeseira.
FRAM.BO.E.SEI.RA, *s.f.,* planta que produz a framboesa.
FRAN.CÊS, *adj.* e *s.m.,* próprio ou natural da França.
FRAN.CE.SIS.MO, *s.m.,* expressão ou palavra francesa no Português, galicismo.
FRAN.CIS.CA.NO, *adj.* e *s.m.,* referente ao membro da Ordem Franciscana; frade dessa ordem fundada por São Francisco de Assis.
FRAN.CO, *adj.,* direto, claro, sincero, leal; *s.m.,* unidade monetária de alguns países, como França, Suíça, Bélgica e Luxemburgo.
FRAN.GA.LHO, *s.m.,* fiapo, farrapo, resto, pedaço.
FRAN.GO, *s.m.,* cria de galinha com 40 a 60 dias de existência; galináceo comprável em supermercado; gol fácil de segurar e o goleiro deixa passar.
FRAN.GO-D'Á.GUA, *s.m.,* tipo de ave que vive perto de água; galinha-d'água.
FRAN.GO.TE, *s.m.,* um frango novo e pequeno; rapaz metido a valente.

FRAN.GUEI.RO, s.m., goleiro que pega pouca bola na trave.
FRAN.JA, s.f., acabamento com fios, cabelo que cai solto na testa.
FRAN.QUE.AR, v.t. e pron., abrir, tornar franco, tirar barreiras.
FRAN.QUE.ZA, s.f., qualidade de ser franco, sinceridade, lealdade, amizade.
FRAN.QUI.A, s.f., isenção de taxas, isenção; em seguro, valor que a seguradora não cobre num sinistro; licença para uma empresa vender produtos.
FRAN.ZIR, v.t. e pron., enrugar, formar pregas.
FRA.QUE.JAR, v.int., amolecer, tornar-se fraco, enfraquecer, perder forças.
FRA.QUE.ZA, s.f., moleza, falta de forças, desânimo, falta de resistência.
FRAS.CO, s.m., recipiente, garrafinha para conter líquidos.
FRA.SE, s.f., locução sem verbo, expressão, qualquer tipo de comunicação.
FRA.SE.AR, v.t. e int., exprimir por frases, construir frases.
FRAS.QUEI.RA, s.f., bolsa, caixa para colocar frascos, maleta para levar objetos pessoais.
FRA.TER.NAL, adj., fraterno, próprio de irmão.
FRA.TER.NI.DA.DE, s.f., conjunto de irmãos, parentes, vivência como irmãos, paz com os outros seres humanos.
FRA.TER.NI.ZAR, v.t., int. e pron., unir como entre irmãos, confraternizar, viver em amizade.
FRA.TER.NO, adj. fraternal, característico de irmão.
FRA.TRI.CI.DA, s.m., quem mata irmão, irmã, assassino.
FRA.TRI.CÍ.DIO, s.m., assassinato de irmãos.
FRA.TU.RA, s.f., quebra de osso, quebra, quebradura.
FRA.TU.RAR, v.t. e pron., quebrar, quebrar um osso.
FRAU.DAR, v.t. e pron., proceder de má fé, enganar, lograr, ludibriar.
FRAU.DE, s.m., engano, logro, dano, trapaça.
FRAU.DU.LEN.TO, adj., próprio de fraude, dado a fraudes, trapaceiro.
FRE.A.DA, s.f., brecada, parada súbita, parar o carro.
FRE.AR, v.t., brecar, segurar o carro com o freio; coagir, conter.
FRE.Á.TI.CO, adj., lençóis de água nas profundezas da terra.
FREE-LAN.CE, s.c. 2 gên., (inglês) profissional que faz trabalhos sem vínculo empregatício e os vende.
FREE.ZER, s.m., tipo de geladeira com maior graduação de frio para congelar alimentos.
FRE.GUÊS, s.m., cliente, quem se serve, habitante de uma freguesia.
FRE.GUE.SI.A, s.f., povoado, localidade, clientela.
FREI, s.m., forma abreviada de frade, tratamento dado a religiosos.
FREI.O, s.m., breque, peça que segura os carros; controle.
FREI.RA, s.f., irmã, tratamento dado a religiosas.
FRE.MEN.TE, adj., que freme, que se agita.
FRE.MIR, v.int., agitar-se, vibrar, estremecer.
FRÊ.MI.TO, s.m., barulho, ruído, comoção, agitação.
FRE.NAR, v.t., frear, conter, moderar, segurar.
FRE.NE.SI, s.m., delírio, agitação, entusiasmo.
FRE.NÉ.TI.CO, adj., agitado, impulsivo, incontido.
FREN.TE, s.f., face, frontal, parte anterior de qualquer coisa, dianteira.
FREN.TIS.TA, s.c. 2 gên., atendente de posto de combustível.
FRE.QUÊN.CIA, s.f., repetição de qualquer coisa em tempo determinado, ciclo.
FRE.QUEN.TAR, v.t., visitar sempre, cursar, fazer-se presente, visitar.
FRE.QUEN.TE, adj., repetido, constante, comum diligente.
FRES.CA, s.f., aragem, brisa, clima temperado, temperatura agradável.
FRES.CO, adj., temperado, agradável, recente, ainda memorizado; pop., efeminado; tipo metido a ser o que não é.
FRES.COR, s.m., viço, força, clima agradável.
FRES.CU.RA, s.f., atitude de quem é efeminado, jeito efeminado de agir.
FRES.SU.RA, s.f., miúdos de porco, conjunto de coração, pulmão e outros ingredientes do interior do porco.
FRES.TA, s.f., fenda, abertura, buraco na parede.
FRE.TAR, v.t., dar para frete, tomar para frete; levar, carregar.
FRE.TE, s.m., o quanto se paga por um transporte, carregamento.
FRI.A.GEM, s.f., ar frio repentino, corrente de ar gelado.
FRI.AL.DA.DE, s.f., frio, friagem, tempo frio; fig., insensibilidade.
FRI.CAS.SÊ, s.m., prato feito de pedaços de frango ou coelho cozidos na panela, com temperos.
FRIC.CI.O.NAR, v.t., esfregar, provocar atrito entre dois corpos.
FRI.CO.TE, s.m., manha, tramoia.
FRI.EI.RA, s.f., inflamação comum entre os dedos dos pés.
FRI.EN.TO, adj., friorento, que sente muito frio, que faz muito frio.
FRI.E.ZA, s.f., frialdade, muito frio; fig., indiferença.
FRI.GI.DEI.RA, s.f., utensílio doméstico raso para fritar.
FRI.GI.DEZ, s.f., falta de desejo sexual, indiferença.
FRI.GIR, v.t. e int., fritar, assar no azeite na frigideira.
FRI.GO.BAR, s.m., geladeira pequena em quarto de hotel.
FRI.GO.RÍ.FI.CO, s.m., aparelho com baixa temperatura para manter alimentos; abatedouro de gado.
FRI.O, adj., gelado, de temperatura baixa; indiferente, incapaz; s.m., temperatura baixa, friagem.
FRI.OS, s.m.pl., produtos que se conservam no frio, como presunto, queijo.
FRI.SAR, v.t., int. e pron., destacar, enfatizar; encrespar os cabelos, provocar anéis no cabelo.
FRI.SO, s.m., barra para destacar um desenho; linha de roupa passada a ferro.
FRI.TA.DA, s.f., o que se frita de uma vez só.
FRI.TAR, v.t., frigir, passar na frigideira.
FRI.TAS, s.f.pl., batatinhas fritas.
FRI.TO, adj., que foi frigido; pop., perdido, estar com problemas.
FRI.TU.RA, s.f., tudo que é frito, frigido.
FRÍ.VO.LO, adj., volúvel, irresponsável.
FRON.DE, s.f., copa de árvore, parte superior da árvore.
FRON.DO.SO, adj., que tem uma copa grande.
FRO.NHA, s.f., peça de fazenda para envolver o travesseiro.
FRON.TE, s.f., testa, a parte de frente da testa, semblante.
FRON.TEI.RA, s.f., limite, extrema, linha que separa duas regiões, estados, países.
FRON.TEI.RO, adj., que está na frente, dianteiro.
FRON.TIS.PÍ.CIO, s.m., frente, parte da frente, fachada.
FRO.TA, s.f., grupo de navios, conjunto de caminhões ou outros veículos.
FROU.XO, adj., fraco, sem aperto; leve; pop., impotente no sexo.
FRU.GAL, adj., parco no comer, prefere comer frutas, comida simples.
FRU.GÍ.VO.RO, adj., que come somente frutas, frutívoro.
FRU.IR, v.t., desfrutar, usufruir, ter o prazer.
FRUS.TRAR, v.t. e pron., lograr, falhar, não obter o esperado.
FRU.TA, s.f., denominação de todos os frutos.
FRU.TEI.RA, s.f., recipiente para colocar frutas.
FRU.TI.CUL.TOR, s.m., quem cultiva árvores frutíferas.
FRU.TI.CUL.TU.RA, s.f., cultivo de árvores frutíferas.
FRU.TÍ.FE.RO, adj., que produz frutas, fecundo; fig., generoso, útil.
FRU.TI.FI.CAR, v.int., produzir frutos; obter resultados, colher o esperado.
FRU.TI.GRAN.JEI.RO, adj., que trabalha com granja e fruticultura.
FRU.TO, s.m., produto da árvore frutífera; proveito, resultado, filho.
FRU.TO.SE, s.f., açúcar extraído das frutas.
FRU.TU.O.SO, adj., cheio de frutos, traz bons resultados, lucrativo, frutífero.
FU.BÁ, s.f., farinha feita de milho.
FU.ÇA, s.f., focinho; pop., cara de pessoa.
FU.ÇAR, v.t., mexer, procurar, investigar.
FU.GA, s.f., ação de fugir, saída rápida, fugida, escapada.
FU.GAZ, adj., passageiro, transitório, que passa rápido.
FU.GI.DA, s.f., fuga, escapada.
FU.GI.DI.O, adj., arisco, amedrontado, temeroso.
FU.GIR, v.int., t., correr, afastar-se com pressa, retirar-se, dar o fora.
FU.GI.TI.VO, s.m., quem foge, quem desaparece.
FU.LA.NO, s.m., expressão usada para nos referirmos a alguém, sem dar o nome da pessoa.

FULCRO

FUL.CRO, *s.m.*, sustentáculo, base, alicerce.
FUL.GOR, *s.m.*, brilho intenso, resplendor, luz forte.
FUL.GU.RAR, *v.int.*, brilhar, iluminar, cintilar, sobressair.
FU.LI.GEM, *s.f.*, poeira do fogo que o vento carrega, sujeira, resíduos.
FUL.MI.NA.DO, *adj.*, morto por descarga elétrica, por raio.
FUL.MI.NAN.TE, *adj.*, que mata instantaneamente, definitivo, decisivo.
FUL.MI.NAR, *v.t.* e *int.*, matar com raio, destruir; agredir verbalmente, arrasar.
FU.LO, *adj.*, mestiço de negro com mulato; irritadíssimo, muito brabo.
FU.MA.ÇA, *s.f.*, fumo denso.
FU.MA.CEI.RA, *s.f.*, muita fumaça.
FU.MAN.TE, *adj.* e *s.c. 2 gên.*, quem fuma, quem pita.
FU.MAR, *v.t.* e *int.*, inspirar e expirar fumaça de cigarro, charuto.
FU.ME.GAR, *v.int.*, expelir fumaça.
FU.MEI.RO, *s.m.*, local onde se põe linguiça, carne para ficar defumada.
FU.MI.CUL.TOR, *s.m.*, quem cultiva fumo.
FU.MI.CUL.TU.RA, *s.f.*, trabalho com fumo.
FU.MO, *s.m.*, fumaça, folhas de tabaco preparadas para fumar; tabaco.
FUN.ÇÃO, *s.f.*, ato, ação própria de qualquer coisa, atividade, exercício.
FUN.CHO, *s.m.*, planta aromática, usada como remédio e tempero.
FUN.CI.O.NAL, *adj.*, prático, usual, usável.
FUN.CI.O.NA.LIS.MO, *s.m.*, classe dos funcionários públicos.
FUN.CI.O.NAR, *v.int.*, exercer a função, exercitar, agir, seguir norma.
FUN.CI.O.NÁ.RIO, *s.m.*, empregado do serviço público.
FUN.DA, *s.f.*, estilingue, arma para atacar alvos, atiradeira.
FUN.DA.ÇÃO, *s.f.*, alicerces, fundamentos, bases; instituição jurídica dedicada a vários fins, como beneficência, educação.
FUN.DA.DO, *adj.*, alicerçado, instituído, embasado com argumentos.
FUN.DA.MEN.TAL, *adj.*, essencial, principal.
FUN.DA.MEN.TAR, *v.t.* e *pron.*, colocar os alicerces, estaquear; documentar, argumentar.
FUN.DA.MEN.TO, *s.m.*, fulcro, alicerce, base; razão, motivo, argumento.
FUN.DÃO, *s.m.*, local afastado e ermo.
FUN.DAR, *v.t.* e *pron.*, criar, alicerçar, instituir.
FUN.DE.AR, *v.int.*, ancorar, navio que para no porto, aportar.
FUN.DI.Á.RIO, *adj.*, referente a muitas terras.
FUN.DI.ÇÃO, *s.f.*, fusão, indústria que funde metais, que derrete metais.
FUN.DI.LHO, *s.m.*, parte traseira das calças, parte das calças nas nádegas.
FUN.DIR, *v.t.* e *pron.*, derreter, provocar fusão.
FUN.DIS.TA, *s.c. 2 gên.*, atleta que concorre em corridas de grandes distâncias.
FUN.DO, *adj.*, profundo, íntimo; *s.m.*, a parte mais funda do que foi cavado, profundidade; a fundo perdido - sem devolução.
FUN.DU.RA, *s.f.*, profundidade.
FÚ.NE.BRE, *adj.*, próprio da morte, funéreo; *fig.*, triste, lamentável.
FU.NE.RAL, *s.m.*, enterro.
FU.NE.RÁ.RIA, *s.f.*, empresa que vende caixoes e leva os mortos para o cemitério.
FU.NE.RÁ.RIO, *adj.*, referente a funeral, a mortos.
FU.NES.TO, *adj.*, próprio da morte; desgraçado.
FUN.GAR, *v.t.* e *int.*, respirar pelo nariz, soltar ruídos fortes pelo nariz.
FUN.GI.CI.DA, *s.m.*, composto químico para destruir fungos.
FUN.GO, *s.m.*, bolor, bactéria.
FU.NIL, *s.m.*, peça com boca larga e saída estreita.
FU.NI.LEI.RO, *s.m.*, indivíduo que trabalha com lata, latoeiro.
FU.RA.CÃO, *s.m.*, tufão, tornado; uma força destruidora.
FU.RA.DEI.RA, *s.f.*, máquina para furar, para abrir furos.
FU.RA.DO, *adj.*, com furo, buraco, abertura.
FU.RAR, *v.t.* e *int.*, abrir um furo, penetrar.
FUR.GÃO, *s.m.*, carro para transportar objetos.
FÚ.RIA, *s.f.*, furor, violência, raiva.
FU.RI.BUN.DO, *adj.*, furioso, raivoso.
FU.RI.O.SO, *adj.*, furibundo, cheio de fúria, raivoso.
FU.RO, *s.m.*, fenda, abertura, buraco; dar uma notícia em primeiro lugar na imprensa.
FU.ROR, *s.m.*, fúria, raiva, irritação.
FUR.TAR, *v.t.*, *int.* e *pron.*, pegar algo sem o dono ver, apoderar-se de uma coisa, carregar algo.
FUR.TI.VO, *adj.*, às escondidas, simulado.
FUR.TO, *s.m.*, ato de furtar.
FU.RÚN.CU.LO, *s.m.*, inflamação na parte interior da pele.
FU.SÃO, *s.f.*, corpo sólido que se liquefaz; junção de empresas.
FU.SE.LA.GEM, *s.f.*, o esqueleto do avião.
FU.SÍ.VEL, *s.m.*, peça colocada nos aparelhos para desligar a energia quando se eleva muito.
FU.SO, *s.m.*, máquina para fiar; fuso horário: diferença entre os horários de acordo com os meridianos.
FUS.TI.GAR, *v.t.*, açoitar, surrar, bater em, castigar, flagelar; provocar.
FU.TE.BOL, *s.m.*, jogo de bola com os pés, seguindo regras, visando fazer gol na trave do adversário, composto de dois times com 11 jogadores.
FU.TE.BO.LIS.TA, *s.c. 2 gên.*, jogador de futebol.
FÚ.TIL, *adj.*, leviano, irresponsável.
FU.TI.LI.DA.DE, *s.f.*, leviandade, irresponsabilidade, ninharia.
FU.TRI.CA, *s.f.*, mexerico, intriga, maledicência.
FU.TRI.CAR, *v.int.*, mexericar, intrigar, maldizer, falar mal.
FU.TU.RIS.MO, *s.m.*, movimento artístico para mudar todo o modo de ser da arte, envolvendo todos os campos artísticos.
FU.TU.RO, *s.m.*, porvir, o que vem depois do presente; tempo dos verbos, para indicar o que virá.
FU.TU.RO.LO.GI.A, *s.f.*, ciência de prever o que sucederá no futuro.
FU.TU.RÓ.LO.GO, *s.m.*, especialista em futurologia.
FU.XI.CAR, *v.t.* e *int.*, intrigar, mexericar, fazer fuxicos.
FU.XI.CO, *s.m.*, mexerico, intriga, fofoca.
FU.XI.QUEI.RO, *s.m.*, futriqueiro, fofoqueiro.
FU.ZAR.CA, *s.f.*, baderna, desordem.
FU.ZIL, *s.m.*, arma de fogo com cano longo.
FU.ZI.LA.MEN.TO, *s.m.*, ato de fuzilar, execução por tiros de fuzil.
FU.ZI.LAR, *v.t.* e *int.*, matar com tiro de fuzil ou com qualquer arma; brilhar, ameaçar com os olhos e feitio.
FU.ZI.LA.RI.A, *s.f.*, muitos tiros simultâneos de fuzil.
FU.ZI.LEI.RO, *s.m.*, soldado que usa o fuzil, pessoa preparada para usar o fuzil.
FU.ZU.Ê, *s.m.*, baderna, confusão, festa ruidosa.

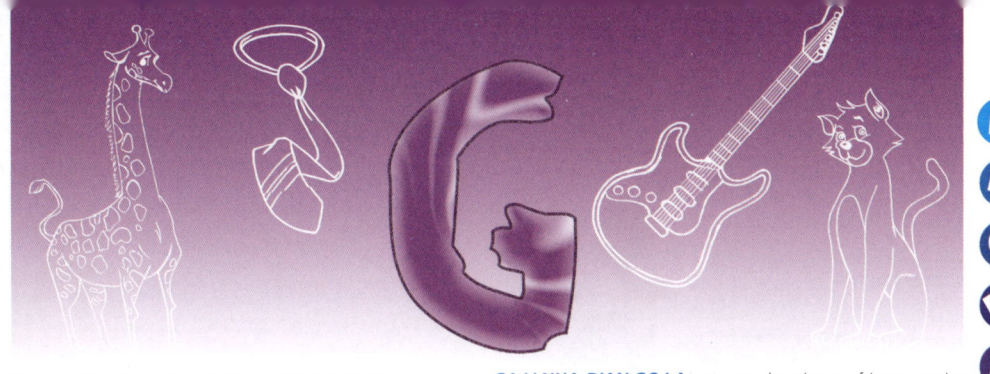

G, s.m., sétima letra do á-bê-cê e quinta consoante.
GA.BAR, v.t., elogiar, louvar, glorificar; v.pron., elogiar-se a si próprio.
GA.BA.RI.TAR, v.t., dar gabarito a.
GA.BA.RI.TO, s.m., medida, instrumento para verificar o gabarito, tabela com as respostas prontas em exames.
GA.BI.NE.TE, s.m., sala de chefe, sala de trabalho.
GA.BI.RO.BA, s.f., guabiroba, uma fruta de cor amarela.
GA.BI.RO.BEI.RA, s.f., planta que produz a gabiroba.
GA.BI.RU, s.m., tipo de rato, fig., velhaco, sem-vergonha.
GA.DO, s.m., conjunto de animais bovinos, reses em geral.
GA.FA.NHO.TO, s.m., inseto que devora lavouras.
GA.FE, s.f., falha, erro na etiqueta social.
GA.FI.EI.RA, s.f., gir., dança, arrasta-pé, dança de categoria baixa.
GA.GÁ, adj. e s.c. 2 gên., velho, decrépito, maluco, fora do juízo.
GA.GO, adj. e s.m., que gagueja, que tem dificuldades no falar.
GA.GUE.JAR, v.int., falar com dificuldade, pronunciar mal as palavras.
GAI.A.TO, adj., moleque, peralta, travesso.
GAI.O.LA, s.f., peça para prender aves; fig., cadeia.
GAI.O.LEI.RO, s.m., fabricante ou vendedor de gaiolas.
GAI.TA, s.f., instrumento de sopro para tocar com a boca, acordeon; fig., dinheiro.
GAI.TE.AR, v.t. e int., tocar gaita, festejar.
GAI.TEI.RO, s.m., tocador de gaita, músico.
GAI.VO.TA, s.f., ave marinha.
GA.JO, s.m., alguém, tipo cujo nome se quer manter em sigilo.
GA.LÁ, s.m., o ator principal em novela, protagonista; fig., namorador.
GA.LÁC.TI.CO, adj., referente a galáxias.
GA.LAN.TE, adj., polido com as mulheres, conquistador.
GA.LAN.TE.AR, v.t. e int., agradar às mulheres, cortejar, namorar.
GA.LAN.TEI.O, s.m., atenção, amabilidade com as mulheres.
GA.LÃO, s.m., medida usada nos EUA e Inglaterra, entre 3 e 5 litros.
GA.LÁ.XIA, s.f., grande unidade formada por bilhões de estrelas.
GA.LÉ, s.f., antigo barco a remos e vela; s.m., o condenado por sentença a ser remador nesse barco.
GA.LE.RA, s.f., antigo barco a vela e a remo; fig., a torcida de um time.
GA.LE.RI.A, s.f., lugar para exposição de obras de arte; coleção de obras de arte, aberturas subterrâneas nas cidades para escoamento de águas.
GA.LE.TO, s.m., pequeno galo, frango novo; frango assado.
GAL.GAR, v.t., subir, passar além; subir na hierarquia funcional.
GAL.GO, s.m., tipo de cão veloz para a caça.
GA.LHA.DA, s.f., ramagem; chifres de animais.
GA.LHAR.DI.A, s.f., nobreza, polidez, educação.
GA.LHAR.DO, adj., elegante, gentil, polido, distinto.
GA.LHA.RI.A, s.f., muitos galhos.
GA.LHE.TA, s.f., pequena louça de vidro para colocar azeite, temperos à mesa.
GA.LHO, s.m., ramo, chifre.
GA.LHO.FA, s.f., brincadeira, gracejo, piada.
GA.LI.CIS.MO, s.m., expressão francesa usada no Português; francesismo.
GA.LI.FOR.MES, s.m. e pl., galináceos, família das galinhas e semelhantes.
GA.LI.NHA, s.f., fêmea do galo.
GA.LI.NHA D'AN.GO.LA, s.f., ave de origem africana, muito apreciada pela carne.
GA.LI.NHA.DA, s.f., muitas galinhas.
GA.LI.NHEI.RO, s.m., local para alojar as galinhas.
GA.LI.NHO.LA, s.f., frango d'água.
GA.LO, s.m., macho da galinha, ave com crista alta e espora; inchaço na cabeça por causa de uma batida.
GA.LO.CHA, s.f., proteção de borracha para envolver os sapatos.
GA.LO.PA.DA, s.f., correr a galope, andar a cavalo.
GA.LO.PAN.TE, adj., que galopa, que vai rápido.
GA.LO.PAR, v.t. e int., montar um cavalo a galope, andar depressa, correr.
GA.LO.PE, s.m., o andar mais rápido de um animal.
GAL.PÃO, s.m., construção para recolher objetos e produtos.
GA.MA, s.m., terceira letra do alfabeto grego; fig., série, conjunto.
GA.MAR, v.t. e int., ficar apaixonado, enamorar-se.
GAM.BÁ, s.m., animal noturno, marsupial; pop., alcoólatra.
GA.ME.LA, s.f., recipiente feito de madeira.
GA.MO, s.m., tipo de veado europeu.
GA.NA, s.f., desejo muito grande, ânsia, ódio.
GA.NÂN.CIA, s.f., ambição, volúpia.
GA.NAN.CI.O.SO, adj., ávido, ambicioso.
GAN.CHO, s.m., objeto com curva para suspender coisas; pegar um gancho: aproveitar o momento.
GAN.DAI.A, s.f., pop., ociosidade, preguiça, malandragem.
GAN.DU.LA, s.m., elemento que devolve a bola ao campo durante o jogo de futebol.
GAN.GOR.RA, s.f., brinquedo infantil para dois, que se apoia no centro, sobe e desce.
GAN.GRE.NA, s.f., Med. necrose de tecidos por problema na constituição de oxigênio pelo sangue.
GAN.GUE, s.f., turma, grupo, quadrilha, corja, cambada.
GA.NHA-PÃO, s.m., trabalho, sistema de vida.
GA.NHAR, v.t. e int., obter, conseguir, ter lucro.
GA.NHO, s.m., lucro, recompensa, proveito.
GA.NI.DO, s.m., grito de dor de um cão.
GA.NIR, v.t. e int., gemer de um cão.
GAN.SO, s.m., ave da família dos Anatídeos; pop., idiota.
GA.RA.GE, s.f., garagem, abrigo para recolher o carro.
GA.RA.GIS.TA, s.c. 2 gên., indivíduo que cuida de uma garagem.
GA.RA.NHÃO, s.m., cavalo usado para reprodução.
GA.RAN.TI.A, s.f., segurança, documento que assegura a validade, validade.

GARANTIR

GA.RAN.TIR, v.t. e pron., assegurar, afiançar, responsabilizar-se por.
GA.RA.PA, s.f., caldo de cana.
GA.RA.TU.JA, s.f., letra feia, rabisco.
GAR.BO, s.m., distinção, galhardia, esmero.
GAR.BO.SO, adj., elegante, esmerado, distinto.
GAR.ÇA, s.f., ave pernalta, branca ou cinza, que se alimenta de peixes.
GAR.ÇOM, s.m., homem que trabalha em bar, hotel, restaurante, garçon.
GAR.ÇO.NE.TE, s.f., mulher que exerce o trabalho em bar, hotel, restaurante.
GAR.DÊ.NIA, s.f. planta de jardim com flores perfumadas e brancas; jasmim.
GAR.FA.DA, s.f., o tanto que se prende de uma vez com o garfo.
GAR.FAR, v.t. e int., segurar com o garfo; gir., furtar, prejudicar.
GAR.FO, s.m., talher com quatro pontas para prender a comida sólida.
GAR.GA.LHA.DA, s.f., risada forte, estrondosa.
GAR.GA.LHAR, v.t. e int., rir alto, soltar gargalhadas.
GAR.GA.LO, s.m., parte estreita, fina e superior de garrafas.
GAR.GAN.TA, s.f., parte interna do pescoço por onde passam alimentos; desfiladeiro.
GAR.GAN.TE.AR, v.t. e int., gabar-se, vangloriar-se.
GAR.GAN.TI.LHA, s.f., pequeno colar para o pescoço.
GAR.GA.RE.JAR, v.t. e int., agitar qualquer líquido na boca.
GAR.GA.RE.JO, s.m., líquido remexido na garganta.
GA.RI, s.m., funcionário de empresa para a limpeza pública.
GA.RIM.PAR, v.int., trabalhar como garimpeiro; explorar, procurar.
GA.RIM.PEI.RO, s.m., quem vive de garimpar ouro e pedras preciosas.
GA.RIM.PO, s.m., local onde o garimpeiro trabalha.
GAR.NI.SÉ, s.m. e adj., tipo de galináceo muito pequeno; fig., que briga.
GA.RO.A, s.f., chuva fina e continuada.
GA.RO.AR, v.int., cair garoa, chuviscar.
GA.RO.TA, s.f., moça, adolescente; fig., namorada.
GA.RO.TA.DA, s.f., grupo de garotos.
GA.RO.TO, s.m., moço, rapaz, adolescente, menino.
GAR.RA, s.f., unha forte e curvada de animais ferozes; domínio cruel.
GAR.RA.FA, s.f., recipiente-padrão de vidro ou plástico para conter líquidos.
GAR.RA.FA.DA, s.f., o conteúdo de uma garrafa; golpe dado com uma garrafa.
GAR.RA.FÃO, s.m., garrafa grande; no basquete, a área em torno da cesta.
GAR.RAN.CHO, s.m., arbusto ou galho recurvado; letra feia.
GAR.RI.DO, adj., belo, fagueiro, colorido, maravilhoso.
GAR.RO.TE, s.m., pau usado para apertar, na forca; bezerro, vitelo; o que aperta um membro do corpo humano.
GAR.RU.CHA, s.f., arma de fogo com dois canos; qualquer arma de fogo.
GA.RU.PA, s.f., parte do dorso de alguns animais entre o pescoço e a cauda.
GÁS, s.m., substância existente no estado gasoso; fig., ter gás - ser animado.
GA.SEI.FI.CAR, v.t. e pron., transformar em gás.
GA.SO.DU.TO, s.m., tubo ou canal para transportar gás.
GA.SO.LI.NA, s.f., combustível derivado do petróleo.
GA.SÔ.ME.TRO, s.m., aparelho para medir a quantidade, a pressão de gás.
GA.SO.SO, adj., com gás, cheio de gás.
GAS.TAR, v.t., int. e pron., despender, consumir, dissipar, extinguir.
GAS.TO, s.m., consumido, extinto, dissipado.
GÁS.TRI.CO, adj., que se refere ao estômago.
GAS.TRI.TE, s.f., inflamação do estômago.
GAS.TRO.NO.MI.A, s.f., arte de bem cozinhar ou de bem comer.
GAS.TRÔ.NO.MO, s.m., quem aprecia a boa comida.
GA.TA, s.f., fêmea do gato; pop., mulher atraente, moça bonita.
GA.TI.LHO, s.m., peça da arma de fogo para disparar o tiro.
GA.TO, s.m., animal doméstico, carnívoro da família dos Felídeos; pop., homem sedutor.
GA.TO-DO-MA.TO, s.m., felídeo selvagem parecido com o gato doméstico.
GA.TO-PIN.GA.DO, s.m., todo assistente em reunião de pouquíssimas pessoas.
GA.TU.NAR, v.t., furtar, subtrair, roubar.
GA.TU.NO, s.m., ladrão, que furta.
GA.U.CHA.DA, s.f., ato de gaúcho, grupo de gaúchos.
GA.Ú.CHO, adj., e s.m., relativo ao Rio Grande do Sul ou seu nativo.
GÁU.DIO, s.m., satisfação, alegria, felicidade.
GÁ.VEA, s.f., local acima das velas para abrigar um marinheiro.
GA.VE.TA, s.f., compartimento de um móvel que se puxa e serve para guardar objetos.
GA.VE.TEI.RO, s.m., parte do guarda-roupa onde se colocam as gavetas.
GA.VI.ÃO, s.m., tipo de ave de rapina; pop., tipo dado a sedutor.
GAY, s.m., (inglês), homem homossexual.
GA.ZE, s.f., tecido fino para curativos.
GA.ZE.LA, s.f., um tipo de antílope africano.
GA.ZE.TA, s.f., jornal, diário.
GA.ZE.TE.AR, v.t. e int., não ir à aula; faltar às obrigações; vadiar.
GA.ZE.TEI.RO, s.m., quem falta às aulas.
GA.ZU.A, s.f., instrumento para abrir fechaduras.
GE.A.DA, s.f., orvalho congelado devido ao clima frio.
GE.AR, v.int., gelar, congelar.
GÊI.SER, s.m., um jato de água que salta da terra, normalmente quente.
GE.LA.DEI.RA, s.f., eletrodoméstico para manter os alimentos em ambiente frio.
GE.LA.DO, adj., frio, muito frio, congelado.
GE.LAR, v.int. e pron., transformar em gelo, resfriar, congelar.
GE.LA.TI.NA, s.f., substância extraída de ossos e tecidos fibrosos de animais; alimento preparado de modo industrial.
GE.LA.TI.NO.SO, adj., com forma de gelatina.
GE.LEI.A, s.f., doce, substância gelatinosa obtida com o cozimento de frutas e seu suco junto com açúcar.
GE.LEI.RA, s.f., acúmulo de muito gelo nas montanhas ou nas regiões polares.
GÉ.LI.DO, adj., muito frio, congelado.
GE.LO, s.m., água congelada, líquido transformado em sólido; muito frio.
GE.MA, s.f., a parte amarela do ovo; parte interna; uma pedra preciosa.
GE.MA.DA, s.f., gema misturada e batida com açúcar; ovos batidos com açúcar.
GÊ.MEO, s.m., e adj., pessoa que nasce do mesmo parto que outro(s); igual, similar.
GE.MER, v.int., choramingar, lamentar-se, soltar gemidos.
GE.MI.DO, s.m., som choroso; voz lamentosa.
GE.MI.NAR, v.t., duplicar, dobrar.
GE.NE, s.f., partículas que contêm os caracteres hereditários da pessoa.
GE.NE.A.LO.GI.A, s.f., linhagem, estudo da origem das pessoas, árvore genealógica.
GE.NE.RAL, s.m., graduação militar acima de coronel.
GE.NE.RA.LA.TO, s.m., posto de general.
GE.NE.RA.LI.DA.DE, s.f., qualidade do que é geral; o que é genérico.
GE.NE.RA.LI.ZAR, v.t. e pron., tornar geral, espalhar.
GE.NÉ.RI.CO, adj., comum, geral, vago.
GÊ.NE.RO, s.m., classe, espécie, sexo, característica comum.
GE.NE.RO.SI.DA.DE, s.f., bondade, humanidade.
GE.NE.RO.SO, adj., bondoso, caridoso, amigo, sensível.
GÊ.NE.SE, s.f., origem, nascimento, começo, formação dos seres.
GÊ.NE.SIS, s.m., o primeiro livro da Bíblia, no qual é narrada a criação do mundo.
GE.NÉ.TI.CA, s.f., ciência que estuda a hereditariedade e evolução dos seres.

GEN.GI.BRE, *s.m.,* planta medicinal e aromática, usada em chás e bebidas.
GEN.GI.VA, *s.f.,* parte da boca onde estão implantados os dentes.
GEN.GI.VI.TE, *s.f.,* inflamação da gengiva.
GE.NI.AL, *adj.,* próprio de gênio, inteligente.
GÊ.NIO, *s.m.,* espírito; caráter, índole, dom; uma inteligência muito grande.
GE.NI.O.SO, *adj.,* que tem caráter difícil; tinhoso, irritadiço.
GE.NI.TÁ.LIA, *s.f.,* o conjunto dos órgãos sexuais.
GE.NI.TOR, *s.m.,* pai, gerador.
GE.NO.CÍ.DIO, *s.m.,* matança, carnificina, extermínio de um povo.
GEN.RO, *s.m.,* esposo da filha em relação aos pais dela.
GEN.TA.LHA, *s.f., pop.,* plebe, ralé, gente ordinária, gentinha.
GEN.TE, *s.f.,* seres humanos em geral, pessoas, homens, mulheres, crianças, pessoal; *pop.,* eu, nós.
GEN.TIL, *adj.,* polido, delicado, fino, cortês.
GEN.TI.LE.ZA, *s.f.,* fineza, polidez, educação, obséquio.
GEN.TÍ.LI.CO, *adj.,* relativo aos povos, à nacionalidade.
GEN.TI.NHA, *s.f.,* ralé, plebe, pessoa ordinária.
GEN.TI.O, *adj.* e *s.m.,* que não é cristão, incivilizado.
GEN.TLE.MAN, *s.m., (inglês),* cavalheiro, homem educado finamente.
GE.NU.FLEC.TIR, *v.int.,* ajoelhar, dobrar o joelho.
GE.NU.FLE.XO, *adj.,* ajoelhado.
GE.NU.Í.NO, *adj.,* legítimo, puro, autêntico, original, natural.
GE.O.CÊN.TRI.CO, *adj.,* que considera a Terra como centro dos astros.
GE.O.CEN.TRIS.MO, *s.m.,* antiga teoria de que a Terra era o centro do Universo.
GE.O.FA.GI.A, *s.f.,* vício de se alimentar com terra.
GE.Ó.FA.GO, *s.m.,* quem come terra.
GE.O.FÍ.SI.CA, *s.f.,* ciência que estuda a parte física da Terra.
GE.O.GRA.FI.A, *s.f.,* estudo da Terra na sua forma descritiva, de superfície e elementos em geral.
GE.O.GRÁ.FI.CO, *adj.,* referente à geografia.
GE.Ó.GRA.FO, *s.m.,* indivíduo especializado em geografia.
GE.O.LO.GI.A, *s.f.,* ciência que estuda a Terra em sua estrutura, materiais, natureza, forma e origem.
GE.Ó.LO.GO, *s.m.,* pessoa especializada em Geologia.
GE.Ô.ME.TRA, *s.c. 2 gên.,* especialista em Geometria.
GE.O.ME.TRI.A, *s.f.,* parte da Matemática que estuda as propriedades e dimensões das linhas, das superfícies e volumes dos corpos.
GE.RA.ÇÃO, *s.f.,* sucessão de familiares, avô, pai, filhos, netos; linhagem.
GE.RA.DOR, *s.m.,* quem gera; máquina que transforma toda energia em energia elétrica.
GE.RAL, *adj.,* comum, universal, genérico.
GE.RÂ.NIO, *s.m.,* flor de várias cores e aromas fortes.
GE.RAR, *v.t.int.* e *pron.,* dar à luz, criar, engendrar, conceber, formar.
GE.RÊN.CIA, *s.f.,* administração, comando, direção.
GE.REN.CI.AR, *v.t.,* administrar, comandar, dirigir, governar.
GE.REN.TE, *s.c. 2 gên.* e *adj.,* administrador, dirigente.
GE.RI.A.TRA, *s.c. 2 gên.,* especialista em geriatria.
GE.RI.A.TRI.A, *s.f.,* na Medicina, o ramo que cuida de problemas com pessoas idosas.
GE.RIN.GON.ÇA, *s.f.,* coisa ruim e mal acabada, objeto sem valor.
GE.RIR, *v.t.,* administrar, dirigir, comandar.
GER.MÂ.NI.CO, *adj.,* próprio da Germânia ou Alemanha.
GER.MA.NI.ZAR, *v.t.,* dar ou impor a cultura e civilização germânicas.
GER.ME, *s.m.,* gérmen, embrião, origem, parte da semente que nasce; micróbio.
GER.MI.CI.DA, *s.m.,* composto químico para matar germes.
GER.MI.NA.ÇÃO, *s.f.,* ato ou efeito de germinar, desabrochamento.
GER.MI.NAR, *v.t.* e *int.,* iniciar o desenvolvimento, criar-se, gerar.
GE.RÚN.DIO, *s.m.,* forma nominal do verbo terminada em ndo.
GES.SAR, *v.t.,* cobrir com gesso, engessar.
GES.SO, *s.m.,* mineral, pedra calcária reduzida a pó, para fabricar objetos ou imobilizar membros fraturados.
GES.TA.ÇÃO, *s.f.,* tempo entre a concepção e o parto; gravidez.
GES.TAN.TE, *s.f.,* mulher que está grávida.
GES.TÃO, *s.f.,* administração, governo, gerenciamento.
GES.TI.CU.LAR, *v.t.* e *int.,* fazer gestos, exprimir-se por mímica.
GES.TO, *s.m.,* movimento do corpo, aceno, mímica, sinal, feitio.
GI.BA, *s.f.,* corcova, corcunda.
GI.BÃO, *s.m.,* tipo de jaquetão de couro para proteger contra espinhos, ramos.
GI.BI, *s.m.,* revista feita com pequenos textos e desenhos.
GI.GAN.TE, *s.c. 2 gên.,* pessoa de estatura e corpo muito grandes, o que é enorme.
GI.GAN.TES.CO, *adj.,* próprio de gigante, descomunal, enorme.
GI.GO.LÔ, *s.m.,* tipo que explora uma mulher, quem vive às custas de uma mulher.
GI.LE.TE, *s.m.,* lâmina, lâmina para fazer a barba, cuja marca registrada (Gillette) passou a designar seu gênero.
GIM, *s.m.,* bebida alcoólica feita de cereais (cevada, trigo, aveia) com zimbro.
GI.NÁ.SIO, *s.m.,* local para fazer exercícios de ginástica; anos atrás, o estudo que compreendia de 5a. a 8a. série.
GI.NAS.TA, *s.c. 2 gên.,* quem pratica ginástica.
GI.NÁS.TI.CA, *s.f.,* exercícios para exercitar fisicamente o corpo e educá-lo.
GIN.CA.NA, *s.f.,* competição para premiar os melhores.
GI.NE.CEU, *s.m.,* os órgãos femininos de uma flor.
GI.NE.CO.LO.GI.A, *s.f.,* parte da Medicina que estuda o corpo e doenças femininas.
GI.NE.CO.LO.GIS.TA, *s.c. 2 gên.,* médico diplomado em Ginecologia.
GI.NE.TE, *s.m.,* cavalo, cavalo de montaria e corridas.
GIN.GA, *s.f.,* bamboleio do corpo ao andar.
GIN.GAR, *v.int.,* requebrar-se ao caminhar.
GI.RA.FA, *s.f.,* mamífero africano com um pescoço muito longo.
GI.RAR, *v.t.* e *int.,* mover-se ao redor, rodar.
GI.RAS.SOL, *s.m.,* planta com uma flor amarela que acompanha o giro do Sol e cujas sementes produzem um óleo muito apreciado.
GÍ.RIA, *s.f.,* linguagem privativa de grupos; linguagem de malandros; fala usual.
GI.RI.NO, *s.m.,* toda larva de anuros anfíbios; filhote de sapo.
GI.RO, *s.m.,* volta, caminhada, circuito, circulação, andada.
GIZ, *s.m.,* bastonete feito de calcário, usado para escrever no quadro.
GLA.CÊ, *s.m.,* cobertura para bolos, doces.
GLA.CI.A.ÇÃO, *s.f.,* predomínio do gelo sobre a terra; aumento do gelo nos polos.
GLA.CI.AL, *adj.,* muito frio, congelado.
GLA.DI.A.DOR, *s.m.,* lutador, indivíduo que luta até à morte contra homens ou animais.
GLA.MOUR, *s.m., (ingl.),* atração, sedução, charme.
GLAN.DE, *s.f.,* fruto do carvalho; cabeça do pênis.
GLÂN.DU.LA, *s.f.,* pequena glande, órgão do corpo que produz secreções.
GLAU.CO, *adj.,* esverdeado.
GLAU.CO.MA, *s.f.,* doença dos olhos que aumenta a pressão intraocular.
GLE.BA, *s.f.,* pedaço de terra, nesga de terra para o cultivo.
GLI.CE.MI.A, *s.f.,* taxa da glicose no sangue.

GLICÍNIA

GLI.CÍ.NIA, *s.f.*, vegetal que produz cachos de flores roxas.
GLI.CO.SE, *s.f.*, açúcar de frutas, mel, sangue ou de alguns vegetais.
GLO.BAL, *adj.*, universal, comum a todos, comum ao mundo.
GLO.BO, *s.m.*, corpo esférico, esfera, a Terra.
GLO.BU.LAR, *adj.*, com forma de globo.
GLÓ.BU.LO, *s.m.*, globo pequeno, partes mínimas na composição do sangue.
GLÓ.RIA, *s.f.*, exaltação, brilho, esplendor, fama.
GLO.RI.FI.CA.ÇÃO, *s.f.*, exaltação total.
GLO.RI.FI.CAR, *v.t. e pron.*, enaltecer, dar glória, honrar, exaltar, elevar a honras.
GLO.RI.O.SO, *adj.*, cheio de glória, famoso, notável.
GLO.SA, *s.f.*, interpretação, explicação de um texto complexo, comentário.
GLO.SAR, *v.t.*, comentar, explicar, censurar, cortar.
GLOS.SÁ.RIO, *s.m.*, dicionário, explicação de palavras, vocabulário explicativo.
GLO.TE, *s.f.*, abertura na parte superior da laringe.
GLO.XÍ.NIA, *s.f.*, planta com flores ornamentais de cor alva, azul e vermelha.
GLU.TÃO, *s.m.*, comilão, guloso, quem come muito.
GLÚ.TEO, *adj.*, referente às nádegas.
GNO.MO, *s.m.*, seres fictícios que habitariam o interior da Terra.
GNO.SE, *s.f.*, conhecimento, filosofia, conhecimento de verdades.
GO.E.LA, *s.f.*, garganta, gorja.
GO.GÓ, *s.m.*, pomo de adão.
GOI.A.BA, *s.f.*, fruto da goiabeira.
GOI.A.BA.DA, *s.f.*, doce de goiaba.
GOI.A.BEI.RA, *s.f.*, planta comum, cujo fruto é comestível.
GOI.A.NI.EN.SE, *adj. e s.m.*, referente ou natural de Goiânia, Goiás.
GOI.A.NO, *adj. e s.m.*, referente ou habitante do Estado de Goiás.
GOL, *s.m.*, ponto quando a bola passa pela baliza da trave ou bate na rede.
GO.LA, *s.f.*, parte da camisa que envolve o pescoço.
GO.LE, *s.m.*, porção de líquido que se engole de cada vez.
GO.LE.A.DA, *s.f.*, vitória obtida com muitos gols.
GO.LE.AR, *v.t.*, no futebol, marcar muitos gols.
GO.LEI.RO, *s.m.*, jogador de futebol que fica na trave para não deixar a bola entrar.
GOL.FA.DA, *s.f.*, jato de líquido que é expelido de uma única vez.
GOL.FAR, *v.t. e int.*, lançar aos jatos.
GOL.FE, *s.m.*, jogo com taco e uma bolinha, jogado em campos e que consiste em pôr a bola em buracos, contando os pontos para chegar ao vencedor.
GOL.FI.NHO, *s.m.*, tipo de cetáceo carnívoro, muito popular pelos filmes.
GOL.FO, *s.m.*, pedaço de mar que adentra a terra.
GOL.PE, *s.m.*, pancada, ferimento, infortúnio.
GOL.PE.AR, *v.t. e pron.*, desferir golpes em; castigar, enganar.
GO.MA, *s.f.*, seiva de árvores, substância tirada do amido para engomar roupas.
GO.MAR, *v.t. e int.*, colocar goma em.
GO.MO, *s.m.*, as diversas partes em que se dividem certas frutas (laranja) e a cana-de-açúcar.
GÔN.DO.LA, *s.f.*, barca comprida, com remos, dos canais de Veneza; estante para pôr produtos nos supermercados.
GON.DO.LEI.RO, *s.m.*, remador e condutor de gôndola.
GON.GO, *s.m.*, instrumento de percussão.
GO.NO.CO.CO, *s.m.*, vírus que provoca pus e a gonorreia.
GO.NOR.REI.A, *s.f.*, blenorragia, corrimento mucoso purulento.
GON.ZO, *s.m.*, dobradiça de portas ou janelas.
GO.RAR, *v.t.,int. e pron.*, frustrar, apodrecer, malograr-se; não terminar.
GOR.DO, *adj.*, adiposo, com muito volume, grande.
GOR.DU.CHO, *adj.*, relativamente gordo, forte.
GOR.DU.RA, *s.f.*, substância adiposa, banha.

GOR.DU.RO.SO, *adj.*, cheio de gordura, gordo.
GOR.GON.ZO.LA, *s.f.*, tipo de queijo italiano.
GO.RI.LA, *s.m.*, o maior macaco antropoide que existe.
GOR.JA, *s.f.*, garganta, goela.
GOR.JE.AR, *v.t. e int.*, trinar, cantar com sons maviosos, voz dos pássaros.
GOR.JE.TA, *s.f.*, gratificação, pagamento extra nos restaurantes aos garçons.
GO.RO.RO.BA, *s.f., pop.*, comida ruim, restos de comida.
GOR.RO, *s.m.*, barrete, tipo de chapéu, boina.
GOS.MA, *s.f.*, mucosidade que sai pela boca, vinda do estômago.
GOS.TAR, *v.t. e int.*, preferir, experimentar, parecer-lhe bom, inclinar-se por.
GOS.TO, *s.m.*, preferência, sabor, paladar, prazer, satisfação.
GOS.TO.SO, *adj.*, com gosto, saboroso.
GOS.TO.SU.RA, *s.f.*, o que é gostoso, o que dá prazer.
GO.TA, *s.f.*, pingo, quantidade mínima de um líquido; doença provocada por excesso de ácido úrico.
GO.TEI.RA, *s.f.*, fresta, fenda em telhado por onde entra água.
GO.TE.JAR, *v.t. e int.*, cair em gotas.
GOUR.MET, *(gurmê) s.m.*, (francês), que conhece e aprecia boas comidas.
GO.VER.NA.DOR, *s.m.*, quem governa um Estado.
GO.VER.NAN.TA, *s.f.*, mulher que administra uma casa, babá.
GO.VER.NAR, *v.t. e int.*, administrar, dirigir, gerenciar, conduzir.
GO.VER.NO, *s.m.*, o maior poder executivo em um Estado; administração pública; lapso temporal do governo de alguém.
GO.ZAR, *v.t., int. e pron.*, desfrutar, usufruir, ter uma vida de prazeres; rir-se de; *pop.*, conseguir o orgasmo sexual.
GO.ZO, *s.m.*, prazer, fruição, satisfação.
GRA.ÇA, *s.f.*, mercê, favor, indulgência; perdão de todos os pecados; vida em paz com Deus.
GRA.CE.JAR, *v.t. e int.*, proferir gracejos, contar piadas.
GRA.CE.JO, *s.m.*, piada, conversa sem valor, ironia.
GRA.CI.O.SO, *adj.*, mavioso, cheio de graça, encantador, mágico.
GRA.DA.ÇÃO, *s.f.*, escala, transformação para mais ou para menos.
GRA.DE, *s.f.*, cerca de barras para proteger um local.
GRA.DE.AR, *v.t.*, cercar com grades, proteger.
GRA.DIL, *s.m.*, uma grade de enfeite.
GRA.DO, *s.m.*, usado na expressão - de bom grado - a gosto, na vontade de.
GRA.DU.A.DO, *adj. e s.m.*, posto em graus; com grau superior; diplomado em grau superior.
GRA.DU.AL, *adj.*, que sobe ou desce progressivamente.
GRA.DU.AR, *v.t. e pron.*, marcar graus; colocar os graus a realizar; aprovar em curso superior, pôr em escala graduada.
GRA.FAR, *v.t.*, escrever, descrever.
GRA.FI.A, *s.f.*, letra, escrita.
GRÁ.FI.CA, *s.f.*, empresa que imprime escritos.
GRÁ.FI.CO, *s.m.*, desenho, diagrama; operário que atua em oficina gráfica.
GRÃ-FI.NO, *s.m. e adj.*, rico, nababo, elegante, bem apresentado.
GRA.FI.TA, *s.f.*, um tipo de carbono preto para confeccionar pontas para escrever.
GRA.FI.TE, *s.f.*, lápis para desenhar; escritos em muros.
GRA.FI.TEI.RO, *s.m.*, quem escreve com grafite.
GRA.FO.LO.GI.A, *s.f.*, ciência que analisa o caráter de alguém pela letra.
GRA.LHA, *s.f.*, tipo de ave muito comum nos pinheirais; *fig.*, pessoa que fala muito.
GRA.MA, *s.f.*, erva rasteira, própria para as pastagens, jardins e campos; *s.m.*, milésima parte do quilograma (quilo), unidade de peso.
GRA.MA.DO, *s.m.*, superfície coberta com grama; *pop.*, campo de futebol.
GRA.MÁ.TI.CA, *s.f.*, estudo de todas as regras para usar corretamente uma língua.
GRA.MÁ.TI.CO, *s.m.*, quem estuda e conhece a gramática.

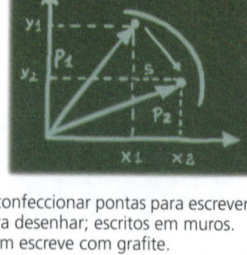

GRA.MO.FO.NE, s.m., fonógrafo, antigo toca-discos.
GRAM.PE.A.DOR, s.m., utensílio metálico para prender com grampos.
GRAM.PE.AR, v.t., prender papéis com grampos; fig., colocar escuta no telefone.
GRAM.PO, s.m., peça metálica com forma de "u" para prender papéis; para prender cabelos manualmente ou para prender arames em cerca.
GRA.NA, s.f. pop., dinheiro, moeda.
GRA.NA.DA, s.f., pequena bomba que se atira com a mão.
GRAN.DE, adj., enorme, avolumado, destacado, alto.
GRAN.DE.ZA, s.f., característica do que é grande; dimensão elevada; espírito elevado, nobreza.
GRAN.DI.O.SO, adj., espetacular, nobre, digno, elevado, maravilhoso.
GRA.NEL, s.m., o que é de grão, celeiro; a granel - em quantidade.
GRA.NI.TO, s.m., tipo de rocha, de pedra de uso comercial.
GRA.NÍ.VO.RO, adj., que come grãos.
GRA.NI.ZO, s.m., chuva de pedra.
GRAN.JA, s.f., chácara, sítio, local em que se criam frangos, porcos, galináceos em geral.
GRAN.JE.AR, v.t., conquistar, obter, aquinhoar, atrair.
GRAN.JEI.RO, s.m., dono ou administrador de granja.
GRÂ.NU.LO, s.m., pequeno grão.
GRA.NU.LO.SO, adj., cheio de grãos, áspero.
GRÃO, s.f., semente de gramíneas, cereais ou outros vegetais.
GRAS.NAR, v.t. e int., voz do corvo, do pato; berrar com voz insuportável.
GRAS.SAR, v.int., alastrar-se, espalhar-se, distribuir-se, correr.
GRA.TI.DÃO, s.f., reconhecimento, graça, compromisso com.
GRA.TI.FI.CAR, v.t., dar uma gorjeta, pagar a mais do que o preço.
GRA.TI.NAR, v.t., tostar, tornar crocante no forno, secar.
GRÁ.TIS, adv., gratuitamente, que não precisa pagar.
GRA.TO, adj., reconhecido, com gratidão.
GRA.TUI.TO, adj., de graça, sem custas.
GRAU, s.m., medida, categoria, título de universidade, cada uma das partes em que se divide uma escala de instrumentos de medida; flexão de nomes na gramática.
GRA.Ú.DO, adj., evoluído, destacado; s.m., poderoso, rico.
GRA.VA.ÇÃO, s.f., ato ou efeito de gravar, registro.
GRA.VA.DOR, s.m., aquele que grava; aparelho para registrar vozes, sons.
GRA.VAR, v.t., esculpir, registrar, imprimir, marcar.
GRA.VA.TA, s.f., tira de tecido com cores para cobrir a gola; golpe no pescoço.
GRA.VE, adj., sério, severo, penoso; voz grossa e baixa.
GRA.VE.TO, s.m., pedacinho de lenha, resto de galho miúdo.
GRA.VI.DA.DE, s.f., rigidez, severidade, desgraça; força da Terra que puxa todos os corpos para o centro dela.
GRA.VI.DEZ, s.f., gestação, estado em que a mulher espera nenê.
GRA.VI.TA.ÇÃO, s.f., movimento de um corpo ao redor de outro.
GRA.VI.TAR, v.t. e int., rodear, andar em volta de.
GRA.VU.RA, s.f., estampa, impressão, ilustração.
GRA.XA, s.f., substância oleosa para lubrificar, pasta para polir.
GRA.XO, adj., gordo, gorduroso.
GRE.CO-LA.TI.NO, adj., referente aos gregos e aos latinos.
GRE.CO-RO.MA.NO, adj., referente aos gregos e aos romanos.
GRE.GO, s.m. e adj., próprio, habitante ou nascido na Grécia.
GREI, s.f., grupo, partido, rebanho.
GRE.LHA, s.f., ferro entrançado para assar carne com calor de fogo.
GRE.LHAR, v.t., assar carne sobre a grelha.
GRE.LO, s.m., parte da semente que se desenvolve; (chulo) clitóris.
GRÊ.MIO, s.m., associação, sociedade, grupo de pessoas.
GRE.NÁ, adj., de cor vermelha.
GRE.TA, s.f., fenda, fresta, abertura, buraco.
GRE.TAR, v.t., int. e pron., fender, abrir, rachar.
GRE.VE, s.f., parada coletiva do trabalho por protesto contra os patrões.
GRE.VIS.TA, s.c. 2 gên., quem faz greve.
GRI.FAR, v.t., sublinhar, destacar, enfatizar, colocar aspas.
GRI.FO, s.m., letra sublinhada, destacada; chave de cano, chave inglesa.
GRI.LA.GEM, s.f., posse ilegal de terras, apossar-se de terras com documentos falsos.
GRI.LAR, v.t., pop., apropriar-se de terras com documentos falsos.
GRI.LEI.RO, s.m., autor de grilagem.
GRI.LHÃO, s.m., corrente metálica com elos encadeados para prender pessoas.
GRI.LO, s.m., nome comum a muitos insetos saltadores; pop., preocupação.
GRI.NAL.DA, s.f., coroa de flores.
GRIN.GO, s.m., pop., estrangeiro, pessoa de origem diferente da maioria.
GRI.PA.DO, adj., atacado pela gripe.
GRI.PAR, v.t. e pron., adoecer por causa de gripe.
GRI.PE, s.f., doença febril e endêmica, que faz soltar muito catarro.
GRIS, adj., de cor cinza, cinzento-azulada.
GRI.SA.LHO, adj., a barba e os cabelos com fios brancos ou esbranquiçados.
GRI.TA, s.f., gritaria, berreiro, vozerio.
GRI.TO, s.m., berro, voz aguda e alta, urro.
GRO.GUE, s.m., bebida alcoólica feita com rum, água, açúcar e limão; adj., tipo embriagado, que absorveu muita bebida alcoólica.
GRO.SA, s.f., doze dúzias; instrumento metálico para desbastar madeiras.
GRO.SE.LHA, s.f., fruto da groselheira; xarope obtido com esse fruto.
GRO.SE.LHEI.RA, s.f., a planta que produz a groselha.
GROS.SEI.RO, adj., tosco, malfeito, rude, mal acabado, áspero, sem educação.
GROS.SE.RI.A, s.f., ato grosseiro, indelicadeza.
GROS.SO, adj., com grande dimensão, consistente, grave, grosseiro.
GROS.SU.RA, s.f., medida do diâmetro de um sólido, espessura; grosseria.
GRO.TA, s.f., penhasco, despenhadeiro, vale profundo.
GRO.TES.CO, adj., ridículo, tosco, deselegante.
GRU.A, s.f., guindaste, aparelho para carregar materiais nas obras de casas.
GRU.DAR, v.t., int. e pron., colar, unir.
GRU.DE, s.m., cola, substância para unir duas peças; pop., comida, gororoba.
GRU.GU.LE.JAR, v.int., voz do peru.
GRU.ME.TE, s.m., aprendiz de marinheiro.
GRU.MO, s.f., grão, grânulo, pequeno coágulo.
GRU.NHI.DO, s.m., voz do porco; fig., resmungo.
GRU.NHIR, v.t. e int., voz do porco, berrar, gritar.
GRU.PO, s.m., reunião de pessoas, objetos, animais.
GRU.TA, s.f., caverna, subterrâneo.
GUA.CHE, s.m., tinta dissolvida na água para pinturas, guacho.
GUA.PO, adj., valente, forte, destemido, belo, elegante.
GUA.RÁ, s.m., ave de cor vermelho-viva; o maior canídeo brasileiro, de cor avermelhada; lobo.
GUA.RA.NÁ, s.m., arbusto da Amazônia, usado para fazer bebidas e chás; refrigerante gasoso dessa planta.
GUA.RA.NI, adj. e s.m., tipo dos guaranis ou idioma guarani dos índios guaranis.
GUAR.DA, s.f., cuidado, proteção, vigilância.
GUAR.DA-CHU.VA, s.m., instrumento usado para proteger contra a chuva.
GUAR.DA-CI.VIL, s.m., membro da polícia civil, guarda não militar.
GUAR.DA-CO.MI.DA, s.m., armário, recipiente para colocar a comida.
GUAR.DA-COS.TAS, s.m., navio costeiro para vigiar a costa; indivíduo contratado para proteger alguém.
GUAR.DA-FLO.RES.TAL, s.m., indivíduo que deve vigiar a floresta contra invasores.

GUARDA-JOIAS

GUAR.DA-JOI.AS, *s.m.,* caixa para colocar as joias.
GUAR.DA-LI.VROS, *s.c. 2 gên.,* pessoa que faz a escrituração contábil de uma empresa.
GUAR.DA-LOU.ÇA, *s.f.,* armário para colocar a louça dentro.
GUAR.DA-MA.RI.NHA, *s.m.,* posto na marinha; o oficial mais alto na hierarquia.
GUAR.DA-NA.PO, *s.m.,* pano ou papel, posto à mesa para se limpar a boca.
GUAR.DA-NO.TUR.NO, *s.m.,* vigilante noturno.
GUAR.DA-PÓ, *s.m.,* casaco que se veste sobre a roupa para não sujá-la.
GUAR.DAR, *v.t.,* vigiar, proteger, conservar, colocar em lugar seguro.
GUAR.DA-ROU.PA, *s.m.,* móvel para pôr a roupa.
GUAR.DA-SOL, *s.m.,* objeto para se proteger dos raios do Sol.
GUAR.DI.ÃO, *s.m.,* o superior de certas comunidades religiosas; pessoa responsável por crianças ou adolescentes em abrigo.
GUA.RI.DA, *s.f.,* abrigo, proteção, amparo.
GUA.RI.TA, *s.f.,* cabina na entrada de empresas, escolas, ao longo de rodovias, ferrovias, onde fica o vigilante.
GUAR.NE.CER, *v.t.,* colocar guarnição, preparar.
GUAR.NE.CI.DO, *adj.,* equipado, pronto.
GUAR.NI.ÇÃO, *s.f.,* guarnecimento, enfeite.
GUA.TE.MAL.TE.CO, *adj.* e *s.m.,* referente a, natural da Guatemala.
GUA.XI.NIM, *s.m.,* mão-pelada, animal carnívoro, comum nas matas brasileiras.
GU.DE, *s.m.,* jogo infantil feito com bolas de vidro.
GUEI.XA, *s.f.,* no Japão, mulher que dança, canta e atende os hóspedes para agradá-los.
GUEL.RA, *s.f.,* órgão respiratório dos peixes.
GUER.RA, *s.f.,* luta armada entre pessoas, regiões, países; discórdia, desavença.
GUER.RE.AR, *v.t. e int.,* lutar, combater, pugnar, hostilizar-se.
GUER.REI.RO, *adj.,* belicoso, lutador; combatente.
GUER.RI.LHA, *s.f.* luta armada entre pequenos grupos; luta por meio de emboscadas.
GUER.RI.LHEI.RO, *s.m.,* participante de guerrilha.
GUE.TO, *s.m.,* bairro reservado a grupos segregados, marginalizados.

GUI.A, *s.f.,* documento que acompanha mercadorias; *s.c. 2 gên.,* pessoa que orienta, acompanha turistas; espírito elevado em centros espíritas.
GUI.AR, *v.t., int.* e *pron.,* dirigir, orientar, conduzir.
GUI.CHÊ, *s.m.,* local em que são atendidas pessoas, vendem-se entradas.
GUI.DÃO, *s.m.,* barra para dirigir bicicletas ou motos.
GUI.LHO.TI.NA, *s.f.,* aparelho para decapitar os condenados; aparelho para cortar papel.
GUI.LHO.TI.NAR, *v.t.,* decapitar, degolar, cortar.
GUI.NA.DA, *s.f.,* desvio da rota, mudança de direção.
GUIN.CHAR, *v.t.* e *int.,* soltar guinchos, berrar; *v.t.,* arrastar carro a reboque.
GUIN.CHO, *s.m.,* berro; veículo com guindaste para rebocar carros estragados.
GUIN.DAS.TE, *s.m.,* instrumento para levantar pesos.
GUIR.LAN.DA, *s.f.,* coroa de flores, grinalda.
GUI.SA, *s.f.,* expressão - à guisa - à maneira de.
GUI.SA.DO, *s.m.,* carne picada e refogada.
GUI.SAR, *v.t.,* preparar um prato de carne.
GUI.TAR.RA, *s.f.,* instrumento de cordas semelhante ao violão.
GUI.TAR.RIS.TA, *s.c. 2 gên.,* pessoa que toca guitarra.
GUI.ZO, *s.m.,* cincerro, sino colocado no pescoço de animais; ponta da cauda da cascavel.
GU.LA, *s.f.,* apetite exagerado de comer, vício por comida e bebida.
GU.LO.DI.CE, *s.f.,* gula, vontade de comer demais.
GU.LO.SEI.MA, *s.f.,* coisa que atrai a gula.
GU.ME, *s.m.,* parte cortante de uma faca, fio, corte.
GU.RI, *s.m.,* criança, adolescente, menino, curumim, piá.
GU.RI.A, *s.f.,* menina, moça, garota; *fig.,* namorada.
GU.RI.ZA.DA, *s.f.,* grupo de guris, meninada.
GU.RU, *s.m.,* guia, guia espiritual, mestre.
GU.SA, *s.f.,* ferro de primeira fundição, ferro doce.
GUS.TA.ÇÃO, *s.f.,* degustação, ato de saborear, apreciação.
GU.TU.RAL, *adj.,* referente à garganta, som produzido na garganta.

H, *s.m.*, oitava letra do á-bê-cê e sexta consoante; h - abreviatura de hora e horas; H - símbolo químico do hidrogênio.
HA.BEAS COR.PUS, expressão latina, "tenha o corpo", obter de volta a liberdade pessoal quando injustamente perdida; qualquer pessoa pode pedi-la ao juiz.
HÁ.BIL, *adj.*, apto, inteligente, preparado.
HA.BI.LI.DO.SO, *adj.*, cheio de habilidades, jeitoso, perito, esperto.
HA.BI.LI.TA.ÇÃO, *s.f.*, capacitação, aptidão, qualificação.
HA.BI.LI.TAR, *v.t.*, e *pron.*, preparar, treinar, capacitar, qualificar.
HA.BI.TA.ÇÃO, *s.f.*, moradia, casa, local onde se mora.
HA.BI.TAN.TE, *s.m.*, morador, residente; quem habita em.
HA.BI.TAR, *v.t.* e *int.*, morar, residir, estar em.
HA.BI.TAT, *s.m.*, (latim), local onde vive um ser, lugar para viver.
HA.BI.TÁ.VEL, *adj.*, onde se pode morar, próprio para viver.
HA.BI.TE-SE, *s.m.*, licença que o poder municipal concede para entrar em casa nova, declaração de que a casa obedece às normas de habitação.
HÁ.BI.TO, *s.m.*, costume, habitualidade, modo de ser, atitude.
HA.BI.TU.AL, *adj.*, costumeiro, comum, frequente.
HA.BI.TU.AR, *v.t.* e *pron.*, acostumar, ajeitar, iniciar.
HA.GI.O.GRA.FI.A, *s.f.*, escrito sobre a vida de pessoas santas.
HA.GI.Ó.GRA.FO, *s.m.*, escritor de hagiografias.
HAI.TI.A.NO, *adj.*, referente ou natural do Haiti.
HÁ.LI.TO, *s.m.*, bafo, ar expirado, respiração.
HALL, *s.m.*, (inglês), saguão, entrada.
HA.LO, *s.m.*, auréola, círculo luminoso ao redor da Lua.
HAL.TE.RE, *s.m.*, peça para treinar o levantamento de peso.
HAL.TE.RO.FI.LIS.MO, *s.m.*, ginástica para levantar pesos.
HAL.TE.RO.FI.LIS.TA, *s.c. 2 gên.*, quem levanta pesos.
HAM.BÚR.GUER, *s.m.*, carne moída, amassada, achatada e frita para ser o recheio de um pãozinho ou sanduíche; esse tipo de comida.
HAN.DE.BOL, *s.m.*, futebol jogado com as mãos, em vez dos pés.
HAN.GAR, *s.m.*, abrigo para aviões.
HAN.SE.NI.A.NO, *adj.*, leproso, que sofre de lepra.
HAN.SE.NÍ.A.SE, *s.f.*, lepra, doença que afeta a pele do corpo humano.
HA.RA.QUI.RI, *s.m.*, no Japão, suicídio para salvar a própria honra.
HA.RAS, *s.m. pl.*, local onde se criam cavalos de raça.
HARD.WARE, *s.m.*, (inglês), o conjunto físico de um computador e suas capacidades.
HA.RÉM, *s.m.*, ala dos palácios muçulmanos para recolher as mulheres do sultão.
HAR.MO.NI.A, *s.f.*, paz, tranquilidade, concordância, amizade.
HAR.MÔ.NI.CA, *s.f.*, acordeão, gaita.
HAR.MÔ.NI.CO, *adj.*, pacífico, amigo, concorde.
HAR.MO.NI.O.SO, *adj.*, sonoro, musical, melodioso.
HAR.MO.NI.ZAR, *v.t.*, *int.* e *pron.*, transformar em harmonia, pacificar, compor uma harmonia.
HAR.PA, *s.f.*, instrumento musical de cordas.
HAR.PIS.TA, *s.c. 2 gên.*, quem toca harpa.
HAS.TE, *s.f.*, vara, tronco, lenho; pau da bandeira.
HAS.TE.AR, *v.t.*, desfraldar, elevar, colocar no alto da haste.
HA.VAI.A.NO, *adj.*, referente ao Havaí ou nativo de lá.
HA.VA.NÊS, *adj.*, referente à cidade de Havana; habitante ou nativo dela.
HA.VER, *v.t.*, *int.* e *pron.*, possuir, deter, obter, conquistar; crédito em contabilidade.
HA.VE.RES, *s.m.pl.*, bens, capital, riquezas.
HA.XI.XE, *s.m.*, flores do cânhamo; droga para fumar, beber ou mascar.

HEB.DO.MA.DÁ.RIO, *s.m.*, semanário, jornal que sai uma vez por semana.
HE.BRAI.CO, *adj.*, referente aos hebreus, israelitas; *s.m.*, idioma hebraico.
HE.BREU, *adj.*, israelita; *s.m.*, idioma hebreu.
HE.CA.TOM.BE, *s.f.*, carnificina, matança, genocídio.
HEC.TA.RE, *s.m.*, medida agrária para cem ares, ou dez mil metros quadrados; abreviatura - ha.
HEC.TO.GRA.MA, *s.m.*, cem gramas.
HEC.TO.LI.TRO, *s.m.*, medida de cem litros.
HEC.TÔ.ME.TRO, *s.m.*, cem metros.
HE.DI.ON.DO, *adj.*, pavoroso, terrível, sinistro, perverso.
HE.GE.MO.NI.A, *s.f.*, comando, domínio, supremacia.
HE.LE.NIS.MO, *s.m.*, o que é próprio da cultura grega; filosofia, cultura e política da antiga Grécia.
HE.LE.NIS.TA, *s.c. 2 gên.*, especialista em helenismo.
HE.LE.NI.ZAR, *v.t.* e *int.*, dar feição de helênico a.
HE.LE.NO, *adj.*, grego.
HÉ.LI.CE, *s.f.*, peça movida pelo motor para impulsionar a embarcação.
HE.LI.CÓP.TE.RO, *s.m.*, aeronave sustentada por uma ou duas hélices, que sobe e desce verticalmente ou pode pairar no ar.
HE.LI.O.CÊN.TRI.CO, *adj.*, que tem o Sol como centro.
HE.LI.O.CEN.TRIS.MO, *s.m.*, ideia de Copérnico, que descobriu que o Sol é o centro do sistema da Terra.
HE.LI.POR.TO, *s.m.*, posto de subida e descida de helicópteros.
HEL.VÉ.CIO, *adj.*, referente à antiga Helvécia, Suíça; *s.m.*, habitante ou natural da Helvécia.
HEM!, *interj.*, indica exclamação de espanto, não entendimento.
HE.MÁ.CIA, *s.f.*, glóbulo vermelho do sangue.
HE.MA.TI.TA, *s.f.*, mineral de ferro.
HE.MA.TÓ.FA.GO, *s.m.*, que devora sangue.
HE.MA.TO.MA, *s.m.*, sangue escorrido sob a pele e tumefacto; mancha arroxeada.
HE.MA.TÚ.RIA, *s.f.*, existência de sangue na urina.
HE.ME.RO.TE.CA, *s.f.*, coleção de jornais, revistas e livros.
HE.MIS.FÉ.RIO, *s.m.*, metade de uma esfera; as duas partes do globo divididas pelo Equador; Hemisfério Norte e Sul.
HE.MO.CEN.TRO, *s.m.*, banco de sangue.
HE.MO.FI.LI.A, *s.f.*, doença congênita, hereditária, transmitida pela mulher, que dificulta a coagulação do sangue no homem.
HE.MO.FÍ.LI.CO, *adj.*, que sofre de hemofilia.
HE.MO.GLO.BI.NA, *s.f.*, substância que dá cor ao sangue.
HE.MO.GRA.MA, *s.m.*, classificação e análise da composição do sangue.
HE.MOP.TI.SE, *s.f.*, soltar sangue pela expectoração (tosse) estomacal.
HE.MOR.RA.GI.A, *s.f.*, derramamento excessivo de sangue.
HE.MOR.ROI.DAS, *s.f. pl.*, dilatação das veias do ânus.
HE.MOS.TÁ.TI.CO, *adj.*, usado para parar uma hemorragia.

HEPÁTICO

HE.PÁ.TI.CO, *adj.*, referente ao fígado.
HE.PA.TI.TE, *s.f.*, inflamação do fígado.
HE.RA, *s.f.*, erva rasteira que cobre muros, paredes.
HE.RÁL.DI.CA, *s.f.*, arte que estuda os brasões das famílias nobres.
HE.RAL.DIS.TA, *s.c. 2 gên.*, especialista em heráldica.
HE.RAN.ÇA, *s.f.*, o que se herda; hereditariedade, testamento.
HER.BÁ.RIO, *s.m.*, coleção de ervas, local em que se cultivam ervas.
HER.BI.CI.DA, *s.m.*, veneno para matar ervas.
HER.BÍ.VO.RO, *s.m. e adj.*, que come ervas.
HER.CÚ.LEO, *adj.*, próprio de Hércules, fortíssimo.
HER.DAR, *v.t.*, receber, ganhar, obter, ser contemplado com.
HER.DEI.RO, *s.m.*, sucessor, quem herda; contemplado com herança.
HE.RE.DI.TA.RI.E.DA.DE, *s.f.*, recebimento de qualidades físicas, morais do antecessor.
HE.RE.DI.TÁ.RIO, *adj.*, o que se herda, inato, cognato.
HE.RE.GE, *s.m.*, quem adere a uma religião contrária à da Igreja.
HE.RE.SI.A, *s.f.*, doutrina contrária à fé verdadeira; crença contrária, absurdo.
HE.RÉ.TI.CO, *adj.*, herege.
HER.MA, *s.f.*, estátua que abrange apenas do peito para cima de uma pessoa.
HER.MA.FRO.DI.TA, *s.c. 2 gên.*, ser que detém os órgãos sexuais dos dois gêneros; andrógino.
HER.ME.NEU.TA, *s.c. 2 gên.*, pessoa especializada em Hermenêutica.
HER.ME.NÊU.TI.CA, *s.f.*, ciência que busca interpretar palavras, leis e textos.
HER.MÉ.TI.CO, *adj.*, fechado, recluso, escondido, intimista.
HÉR.NIA, *s.f.*, rotura, tumor produzido pelo deslocamento de uma víscera.
HE.RÓI, *s.m.*, quem se destaca por atos extraordinários; quem realiza grandes ações.
HE.ROI.CO, *adj.*, é conhecido por espetacular, admirável, épico, incomum.
HE.RO.Í.NA, *s.f.*, feminino de herói; droga, narcótico.
HE.SI.TAN.TE, *adj.*, que hesita, vacilante, indeciso.
HE.SI.TAR, *v.t. e int.*, vacilar, titubear, estar indeciso, duvidar.
HE.TE.RO.DO.XO, *adj.*, ser contra verdades impostas; contrariar dogmas.
HE.TE.RO.GÊ.NEO, *adj.*, diferente, composto de partes diversas.
HE.TE.ROS.SE.XU.AL, *adj.*, que se refere aos dois sexos; ligação sexual entre seres de sexo diferente.
HE.XA.E.DRO, *s.m.*, corpo com seis faces.
HI.A.TO, *s.m.*, grupo de duas vogais pronunciadas destacadamente; lacuna.
HI.BER.NA.ÇÃO, *s.f.*, estado no qual certos animais ficam entorpecidos ou em letargia, sobretudo durante o inverno (dormem bastante).
HI.BER.NAL, *adj.*, próprio do inverno, invernal.
HI.BER.NAR, *v. int.*, passar o inverno em hibernação.
HI.BIS.CO, *s.m.*, nome de várias plantas das Malváceas, com belas flores.
HI.BRI.DIS.MO, *s.m.*, palavra formada por termos de línguas diversas.
HÍ.BRI.DO, *adj.*, cruzamento de palavras de línguas diferentes; cruzamento de raças diferentes.
HI.DRA.MÁ.TI.CO, *adj.*, sistema hidráulico que comanda uma direção.
HI.DRAN.TE, *s.m.*, torneira a que se ligam mangueiras ou tubos para puxar água.
HI.DRA.TA.ÇÃO, *s.f.*, ação ou efeito de hidratar.
HI.DRA.TAR, *v.t. e pron.*, molhar com água, umedecer.
HI.DRÁU.LI.CA, *s.f.*, arte que estuda como os líquidos se movem em canos e canais.
HI.DRÁU.LI.CO, *adj.*, referente à hidráulica, movido por meio de água.
HI.DRA.VI.ÃO, *s.m.*, avião com dispositivos para pousar na água e subir.
HI.DRE.LÉ.TRI.CA, *s.f.*, usina que produz energia elétrica com a força da água.
HÍ.DRI.CO, *adj.*, próprio da água, formado de água.
HI.DRO.A.VI.ÃO, *s.m.*, hidravião.
HI.DRO.E.LÉ.TRI.CA, *s.f.*, hidrelétrica.
HI.DRÓ.FI.LO, *adj.*, amigo da água, que absorve água, que gosta de água.
HI.DRO.FO.BI.A, *s.f.*, temor de água, horror à água.
HI.DRÓ.FO.BO, *adj. e s.m.*, quem tem horror à água.
HI.DRO.GE.NAR, *v.t., e pron.*, misturar hidrogênio em uma substância.
HI.DRO.GÊ.NIO, *s.m.*, gás leve que se mistura com o oxigênio, formando a água.
HI.DRO.GRA.FI.A, *s.f.*, estudo dos rios, lagos; as águas de uma região.
HI.DRÔ.ME.TRO, *s.m.*, instrumento que mede a quantidade ou o consumo de água.
HI.DRO.ME.RAL, *adj.*, próprio de águas minerais.
HI.DROS.FE.RA, *s.f.*, a massa líquida do planeta, toda a água da Terra.
HI.DRO.TE.RA.PI.A, *s.f.*, tratamento médico por meio da água.
HI.DRO.VI.A, *s.f.*, caminho feito de água.
HI.E.NA, *s.f.*, animal carnívoro da África e da Ásia e que se alimenta de restos de cadáveres de animais.
HI.E.RAR.QUI.A, *s.f.*, graduação, escala, distribuição.
HIE.RÓ.GLI.FOS, *s.m.*, símbolos da escrita antiga do Egito; letra ilegível.
HÍ.FEN, *s.m.*, traço de união ou separação entre duas sílabas ou palavras compostas.
HI.GI.E.NE, *s.f.*, limpeza, parte da medicina que prega o asseio.
HI.GI.Ê.NI.CO, *adj.*, referente à higiene.
HI.GI.E.NIS.TA, *s.c. 2 gên.*, especialista em higiene.
HI.GI.E.NI.ZAR, *v.t.*, limpar, assear, purificar.
HI.GRÔ.ME.TRO, *s.m.*, aparelho que mede a intensidade da umidade.
HI.LA.RI.AN.TE, *adj.*, alegre, feliz, que traz alegria, que provoca alegria.
HI.LA.RI.DA.DE, *s.f.*, propensão ao riso, soltar gargalhada.
HÍ.MEN, *s.m.*, membrana que fecha a vagina da mulher virgem, cabaço.
HI.NÁ.RIO, *s.m.*, coleção de hinos, livro com hinos.
HIN.DI, *s.m.*, idioma pátrio da Índia.
HIN.DU, *adj.*, próprio do hinduísmo; referente à Índia, indiano.
HI.NO, *s.m.*, canto de louvor; canto religioso de louvor; canto oficial de uma nação, hino oficial.
HI.PE.RÁ.CI.DO, *adj.*, muito ácido.
HI.PÉR.BO.LE, *s.f.*, figura de linguagem que exagera o dito; figura matemática.
HI.PE.RIN.FLA.ÇÃO, *s.f.*, descontrole da inflação, inflação muito grande.
HI.PER.MER.CA.DO, *s.m.*, supermercado, mercado muito grande.
HI.PER.ME.TRO.PI.A, *s.f.*, defeito visual que impede de se ver com nitidez objetos colocados perto do foco ocular.
HI.PER.TEN.SÃO, *s.f.*, pressão arterial muito elevada; tensão acima do normal.
HI.PER.TRO.FI.A, *s.f.*, desenvolvimento exagerado de um membro ou de parte dele.
HÍ.PI.CO, *adj.*, referente a cavalos.
HI.PIS.MO, *s.m.*, toda prática esportiva feita com cavalos.
HIP.NO.SE, *s.f.*, estado em que uma pessoa adormece por influência de alguém que a sugestiona.
HIP.NÓ.TI.CO, *adj.*, que traz sono.
HIP.NO.TIS.MO, *s.m.*, tudo que leva alguém à hipnose; ação de fazer dormir.
HIP.NO.TI.ZAR, *v.t. e pron.*, fazer adormecer, seduzir, encantar.
HI.PO.CON.DRI.A, *s. f.*, depressão psíquica que faz a pessoa pensar somente em doenças.
HI.PO.CON.DRÍ.A.CO, *adj.*, que sofre de hipocondria.
HI.PO.CRI.SI.A, *s.f.*, fingimento, falsidade, simulação.
HI.PO.DER.ME, *s.f.*, tecido abaixo da pele, da derme.
HI.PÓ.DRO.MO, *s.m.*, local para corrida de cavalos; raia.
HI.PO.PÓ.TA.MO, *s.m.*, animal enorme com couro muito duro, herbívoro, habita perto dos rios africanos.
HI.PO.TE.CA, *s.f.*, direito real colocado sobre um imóvel em favor do credor, garantindo a dívida contraída.
HI.PO.TE.CAR, *v.t.*, pôr sob hipoteca, garantir com hipoteca; garantir.

HUMANIDADE

HI.PO.TEN.SÃO, *s.f.*, tensão arterial abaixo do normal.
HI.PO.TE.NU.SA, *s.f.*, no triângulo retângulo, a linha maior contra os catetos.
HI.PÓ.TE.SE, *s.f.*, ideia, suposição.
HI.PO.TÉ.TI.CO, *adj.*, suposto, imaginativo.
HIR.SU.TO, *adj.*, pelos rijos, cabelos duros e hirtos.
HIR.TO, *adj.*, eriçado, ereto, duro.
HI.RUN.DI.NÍ.DEOS, *s.m., pl.*, família de aves das andorinhas.
HI.RUN.DI.NO, *adj.*, referente a andorinhas.
HIS.PÂ.NI.CO, *adj.*, próprio da Espanha, espanhol.
HIS.SO.PE, *s.m.*, aspersório, instrumento para atirar água benta.
HIS.TE.RI.A, *s.f.*, ataque violento do sistema nervoso.
HIS.TÉ.RI.CO, *adj.*, próprio da histeria.
HIS.TÓ.RIA, *s.f.*, fatos e atos que compõem a existência da humanidade; período da existência de pessoas, de países; narração de fatos fictícios.
HIS.TO.RI.A.DOR, *s.m.*, quem escreve a história, sobre a história.
HIS.TO.RI.AR, *v.t.*, fazer ou escrever alguma história.
HIS.TÓ.RI.CO, *adj.*, referente à História, real, denotativo, acontecido.
HIS.TO.RI.E.TA, *s.f.*, pequena história, conto, fábula.
HOB.BY, *s.m., (inglês)*, atividade que alguém desenvolve por prazer e lazer.
HO.DI.ER.NO, *adj.*, atual, de hoje, moderno.
HO.JE, *adv.*, neste dia, o dia em que estamos.
HO.LAN.DÊS, *adj.*, referente à Holanda ou natural desse país.
HO.LE.RI.TE, *s.m.*, contracheque, folha que demonstra o pagamento com todos os descontos sofridos e o salário líquido.
HO.LO.CAUS.TO, *s.m.*, genocídio, matança de muitas pessoas com requintes de crueldade; morticínio de judeus.
HO.LO.FO.TE, *s.m.*, farol que projeta raios de luz.
HOM.BRI.DA.DE, *s.f.*, masculinidade, caráter, dignidade, varonilidade.
HO.MEM, *s.m.*, ser humano do sexo masculino, macho, ser humano, criatura.
HO.ME.NA.GE.AR, *v.t.*, honrar, prestigiar, prestar homenagem.
HO.ME.NA.GEM, *s.f.*, honra, respeito, veneração.
HO.ME.O.PA.TA, *s.c. 2 gên.*, pessoa que pratica a homeopatia.
HO.ME.O.PA.TI.A, *s.f.*, sistema medicinal que trata as doenças com o tempo, produzindo agentes similares à doença, os quais possam destruí-la.
HO.MI.CI.DA, *s.c. 2 gên.*, assassino, praticante de homicídios.
HO.MI.CÍ.DIO, *s.m.*, assassinato, ato de matar uma pessoa.
HO.MI.LI.A, *s.f.*, sermão, prédica, discurso que o padre pronuncia na primeira parte da missa.
HO.MI.NÍ.DE.OS, *s.m. pl.*, grupo familiar dos mamíferos da ordem dos primatas, à qual pertence o homem.
HO.MÓ.FO.NO, *adj.*, palavras que têm som igual ou parecido, embora conteúdos diversos.
HO.MO.GE.NEI.ZAR, *v.t.*, misturar líquidos para obter um composto igual.
HO.MO.GÊ.NEO, *adj.*, composto de partes de natureza idêntica, análogo, igual.
HO.MÓ.GRA.FO, *adj.*, termo que possui a mesma grafia de outro e conteúdo diverso.
HO.MO.LO.GAR, *v.t.*, confirmar, sentenciar, deferir, ratificar.
HO.MÔ.NI.MO, *s.m.*, palavra com grafia igual a outra, mas sentido diferente.
HO.MOS.SE.XU.AL, *adj.*, que se refere a atividades sexuais entre seres do mesmo sexo.
HON.DU.RE.NHO, *adj.*, e *s.m.*, relativo a Honduras, habitante ou natural desse país.
HO.NES.TI.DA.DE, *s.f.*, honra, seriedade, dignidade, pureza de caráter.
HO.NES.TO, *adj.*, digno, honrado, puro, sério, respeitoso.
HO.NO.RÁ.RIOS, *s.m. pl.*, remuneração, salários, pagamento por serviços.
HO.NO.RI.FI.CAR, *v.t.*, prestar honras, dignificar, gloriar.
HON.RA, *s.f.*, sentimento de cada um, que lhe dá a própria dignidade, estima, consideração, pureza, respeito, honestidade.

HON.RA.DEZ, *s.f.*, qualidade de ter honra.
HON.RA.DO, *adj.*, detentor de honra, honesto.
HON.RAR, *v.t.*, prestigiar, enaltecer, glorificar, destacar.
HON.RO.SO, *adj.*, cheio de honra, glorioso, digno.
HÓ.QUEI, *s.m.*, esporte praticado com patins, tacos e uma bola especial.
HO.RA, *s.f.*, cada uma das 24 partes em que se divide o dia; compromisso, ocasião, oportunidade; h - abreviação de hora e horas.
HO.RÁ.RIO, *s.m.*, tabela que fixa a hora de entrada, saída, começo, fim de um compromisso ou de uma viagem.
HOR.DA, *s.f.*, bando de selvagens, bandidos, salteadores.
HO.RI.ZON.TAL, *adj.*, linha paralela ao horizonte; deitado ao comprido.
HO.RI.ZON.TE, *s.m.*, perspectiva, linha da superfície terrestre alcançada pela vista; ponto em que parece que o firmamento e a Terra se juntam.
HOR.MÔ.NIO, *s.m.*, substância de segregação das glândulas internas.
HO.RÓS.CO.PO, *s.m.*, princípio astrológico pelo qual, lendo a posição dos astros, preveem o que acontecerá no futuro.
HOR.REN.DO, *adj.*, horrível, horroroso, medonho, aterrador.
HOR.RI.PI.LAN.TE, *adj.*, assustador, amedrontador, que assusta.
HOR.RÍ.VEL, *adj.*, horroroso, horrendo.
HOR.ROR, *s.m.*, repulsa, aversão, atrocidade, crime hediondo.
HOR.RO.RI.ZAR, *v.t. e pron.*, provocar horror em, provocar aversão, repulsa.
HOR.RO.RO.SO, *adj.*, horrível, terrível, medonho.
HOR.TA, *s.f.*, terreno no qual se plantam verduras e legumes.
HOR.TA.LI.ÇA, *s.f.*, designação geral de todas as ervas comestíveis da horta.
HOR.TE.LÃ, *s.f.*, nome genérico de diversas plantas aromáticas, usadas como medicina ou tempero.
HOR.TE.LÃO, *s.m.*, quem cultiva uma horta; plantador de hortaliças.
HOR.TÊN.SIA, *s.f.*, arbusto pequeno, que floresce no começo do verão com flores de cor rosa, azul e branca.
HOR.TI.CUL.TOR, *s.m.*, quem trabalha com horticultura.
HOR.TI.CUL.TU.RA, *s.f.*, cultivo de horta e jardim.
HOR.TI.GRAN.JEI.RO, *adj. e s.m.*, produtos colhidos em hortas, pomares, granjas.
HOS.PE.DA.GEM, *s.f.*, hospitalidade, ato ou efeito de hospedar.
HOS.PE.DAR, *v.t.*, aceitar como hóspede, acolher, dar pousada, abrigar.
HOS.PE.DA.RI.A, *s.f.*, estalagem, casa para hóspedes, hotel, pensão.
HÓS.PE.DE, *s.m.*, quem se hospeda.
HOS.PE.DEI.RO, *s.m.*, quem dá hospedagem, dono de estalagem; animal que vive em outro ser vivo.
HOS.PÍ.CIO, *s.m.*, manicômio, local em que se tratam pessoas com doenças e transtornos mentais.
HOS.PI.TAL, *s.m.*, nosocômio, casa de saúde, casa em que se cuida de doentes.
HOS.PI.TA.LEI.RO, *s.m. e adj.*, quem dá hospedagem, generoso, que hospeda com prazer.
HOS.PI.TA.LI.DA.DE, *s.f.*, hospedagem, bom acolhimento.
HOS.PI.TA.LI.ZAR, *v.t.*, colocar em hospital, internar.
HOS.TE, *s.f.*, tropa militar, batalhão; *fig.*, falange, multidão.
HÓS.TIA, *s.f.*, partícula de farinha de trigo feita sem fermento, e que o padre consagra durante a missa.
HOS.TIL, *adj.*, inimigo, adversário, contrário, agressivo.
HOS.TI.LI.ZAR, *v.t. e pron.*, provocar, combater, fazer guerra contra, agredir.
HO.TEL, *s.m.*, empresa que aluga quartos e presta serviços; pensão.
HO.TE.LA.RI.A, *s.f.*, a maneira de administrar hotéis, grupo de hotéis.
HO.TE.LEI.RO, *s.m.*, dono ou administrador de hotel.
HU.LHA, *s.f.*, carvão de pedra natural.
HUM! *interj.*, indicadora de desconfiança, dúvida.
HU.MA.NI.DA.DE, *s.f.*, todos os homens que vivem na Terra; bondade, sentimento de justiça.

HUMANISMO

HU.MA.NIS.MO, *s.m.*, movimento literário renascentista, que colocou o homem no centro das artes, em consonância com a cultura greco-latina; aprimoramento do espírito humano pelo estudo filosófico, artístico e literário.
HU.MA.NIS.TA, *s.c. 2 gên.*, pessoa dedicada ao humanismo.
HU.MA.NI.TÁ.RIO, *adj.*, filantropo, caridoso, dedicado ao bem do ser humano.
HU.MA.NI.TA.RIS.MO, *s.m.*, sentimento das pessoas que colocam acima de tudo a dedicação, o amor ao próximo, filantropia.
HU.MA.NI.ZAR, *v.t.* e *pron.*., tornar humano, tornar agradável, civilizar.
HU.MA.NO, *adj.*, referente ao homem, caridoso, generoso.
HU.MIL.DA.DE, *s.f.*, modéstia, respeito, submissão aos outros.
HU.MIL.DE, *adj.*, modesto, respeitoso, submisso, desprendido, virtuoso.
HU.MI.LHAN.TE, *adj.*, aviltante, que humilha, que rebaixa.
HU.MI.LHAR, *v.t.* e *pron.*, oprimir, vexar, deprimir, rebaixar, envergonhar.
HU.MO, *s.m.*, terra fértil, parte gorda da terra, terra forte.
HU.MOR, *s.m.*, todo líquido que existe em órgãos do corpo humano; ironia leve; ato cômico, hilaridade irônica.
HU.MO.RA.DO, *adj.*, possuidor de humor.
HU.MO.RIS.MO, *s.m.*, ação para provocar riso; piadas.
HU.MO.RIS.TA, *s.c. 2 gên.*, quem faz humorismo, quem faz rir com piadas e ironia.
HÚ.MUS, *s.m.*, humo, terra fértil, terra gorda.
HÚN.GA.RO, *adj.* e *s.m.*, referente à Hungria, natural ou habitante desse país.
HU.NO, *adj.* e *s.m.*, povo que invadiu a Europa no século V, vindo do interior da Ásia e comandado por Átila.
HUR.RA!, *interj.*, indica entusiasmo, alegria, *s.m.*, grito de vitória.

I, *s.m.*, nona letra do á-bê-cê e terceira vogal.
I.AN.QUE, *adj.* e *s.c. 2 gên.*, apelido para os americanos.
IA.RA, *s.f.*, ser fictício feminino que aparece nos rios e lagos; mãe-d'água.
I.A.TE, *s.m.*, embarcação de recreio, por vezes luxuosa, para lazer dos ricos.
I.A.TIS.MO, *s.m.*, prática de navegar com iate, esporte com iate.
I.BÉ.RI.CO, *adj.*, relativo à antiga Ibéria, atual Espanha.
I.BE.RO, *adj.*, ibérico.
I.BE.RO-A.ME.RI.CA.NO, *adj.*, referente à influência espanhola na América.
I.BI.DEM, *adv.*, latim, ali, no mesmo lugar, na mesma situação.
I.BO.PE, *s.m.*, órgão que indica o nível de audiência, preferência, ou outros índices.
I.ÇÁ, *s.f.*, tanajura, fêmea com asas da saúva.
I.ÇAR, *v.t.*, erguer, levantar, fazer subir para.
ICE.BERG, *s.m.*, *(inglês)*, grande bloco de gelo vagando nas águas do mar.
Í.CO.NE, *s.m.*, imagem, figura, imagem de santo; ídolo, figura criada no micro.
IC.TE.RÍ.CIA, *s.f.*, doença que se caracteriza pela cor amarela da pele e das conjuntivas oculares.
IC.TI.O.LO.GI.A, *s.f.*, segmento da Zoologia que estuda os peixes.
I.DA, *s.f.*, ato de andar de um lugar para outro, movimento de ir.
I.DA.DE, *s.f.*, a quantidade de anos que a pessoa possui desde o nascimento; número de anos; período, tempo.
I.DE.AL, *adj.*, imaginário, perfeito, ótimo.
I.DE.A.LIS.MO, *s.m.*, propensão para o ideal; filosofia platônica que coloca a ideia como a base do próprio conhecimento e do conhecimento do ser.
I.DE.A.LI.ZAR, *v.t.*, tornar ideal, imaginar.
I.DE.AR, *v.t.*, projetar, imaginar.
I.DEI.A, *s.f.*, representação mental de algo, pensamento, opinião, conhecimento, juízo, conceito.
I.DEM, *pron.*, lat., a mesma coisa, o mesmo.
I.DÊN.TI.CO, *adj.*, análogo, igual, similar.
I.DEN.TI.DA.DE, *s.f.*, caracteres próprios de um ser, definição de alguém.
I.DEN.TI.FI.CAR, *v.t.* e *pron.*, reconhecer, definir a identidade de.
I.DE.O.LO.GI.A, *s.f.*, ciência que estuda a criação de ideias, a ideia própria de cada um; crença, filosofia pessoal.
I.DÍ.LIO, *s.m.*, amor; poema leve louvando o amor, exaltação do amor em verso.
I.DI.O.MA, *s.m.*, língua, língua falada por alguém.
I.DI.O.TA, *adj.* e *s.m.*, imbecil, ignaro, estúpido, tolo, néscio, ignorante.
I.DI.O.TI.A, *s.f.*, imbecilidade, ignorância, idiotice, retardamento mental.
I.DI.O.TIS.MO, *s.m.*, idiotice, idiotia, imbecilidade.
I.DO.LA.TRAR, *v.t.* e *int.*, adorar, adorar ídolos, ser idólatra; ser adepto da idolatria.
I.DO.LA.TRI.A, *s.f.*, adorar ídolos.
Í.DO.LO, *adj.*, imagem, estátua adorada como Deus; falso deus; pessoa muito amada, pessoa adorada por outra.
I.DO.NEI.DA.DE, *s.f.*, capacidade, competência, honestidade, honra, respeito.
I.DÔ.NEO, *adj.*, competente, capaz, honesto, honrado, respeitoso.
I.DO.SO, *adj.*, velho, com muitos anos de vida, vetusto, decrépito.
IE.MAN.JÁ, *s.f.*, orixá feminino dos candomblés.
IE.NE, *s.m.*, unidade monetária japonesa.
I.GA.PÓ, *s.m.*, na região amazônica, pedaço de mata alagada.
I.GA.RA.PÉ, *s.m.*, na região amazônica, canal estreito, ligação entre rios.
I.GLU, *s.m.*, moradia de esquimó, normalmente construída com neve, gelo.
ÍG.NEO, *adj.*, próprio do fogo, feito de fogo. 
IG.NI.ÇÃO, *s.f.*, parte do carro para acender o motor, ato de acender um combustível.
IG.NÓ.BIL, *adj.*, vil, abjeto, sem caráter, vergonhoso.
IG.NO.RÂN.CIA, *s.f.*, situação de não saber, desconhecimento, falta de instrução.
IG.NO.RAN.TE, *adj.*, que não sabe, que não conhece, bronco, analfabeto.
IG.NO.RAR, *v.t.* e *pron.*, desconhecer, não saber.
I.GRE.JA, *s.f.*, grupo de pessoas ligadas a uma mesma fé; comunidade religiosa; *fig.*, templo.
I.GUAL, *adj.*, semelhante, similar, parecido, análogo. 
I.GUA.LAR, *v.t.* e *pron.*, assemelhar, tornar análogo, fazer tornar-se o mesmo.
I.GUAL.DA.DE, *s.f.*, equidade, semelhança, similaridade. 
I.GUA.RI.A, *s.f.*, banquete, comida fina e saborosa, alimento, refeição.
IH!, *interj.*, indicativo de raiva, medo, admiração, espanto.
I.LE.GAL, *adj.*, adverso à lei, fora da lei, ilegítimo, ilícito.
I.LE.GA.LI.DA.DE, *s.f.*, ato contrário à lei, fora da lei.
I.LE.GÍ.TI.MO, *adj.*, não legítimo, espúrio, ilegal.
I.LE.GÍ.VEL, *adj.*, difícil de ler, que não oferece condições de ler.
I.LE.SO, *adj.*, salvo, sem ferimentos.
I.LE.TRA.DO, *adj.*, ignorante, que não sabe ler, com pouca informação.
I.LHA, *s.f.*, pedaço de terra rodeada de água por todos os lados; algo a sós no meio de outras coisas, o único a defender uma ideia.
I.LHÉU, *adj.* e *s.m.*, próprio de uma ilha; o habitante de ilha. 
I.LHO.TA, *s.f.*, ilha pequena.
I.LÍ.A.CO, *adj.*, próprio da bacia; *s.m.*, osso da bacia do corpo humano.
I.LÍ.CI.TO, *adj.*, ilegal, contra a lei ou a moral; imoral, infracional.
I.LI.MI.TA.DO, *adj.*, que não tem limites, enorme, sem fim.
I.LU.DIR, *v.t.*, enganar, lograr, mistificar, despistar.
I.LU.MI.NA.ÇÃO, *s.f.*, todas as luzes que iluminam um local, lâmpadas.

ILUSÃO

I.LU.SÃO, s.f., devaneio, o que se acaba logo, engano, erro, aparência.
I.LU.SI.O.NIS.MO, s.m., engano, aparência, prestidigitação.
I.LU.SI.O.NIS.TA, s.c. 2 gên., prestidigitador, enganador.
I.LU.SÓ.RIO, adj., enganador, falso, aparente.
I.LUS.TRA.ÇÃO, s.f., figura, gravura, desenho, foto.
I.LUS.TRA.DOR, s.m., quem ilustra, desenhista.
I.LUS.TRAR, v.t. e pron., enfeitar, colocar gravuras ilustrativas; tornar famoso, conhecido.
I.LUS.TRE, adj., conhecido, famoso, notório, notável.
Í.MÃ, s.m., metal que atrai outros metais, magneto.
I.MA.CU.LA.DO, adj., puro, sem mancha, sem mácula, íntegro.
I.MA.GEM, s.f., figura, representação de uma pessoa, foto, quadro.
I.MA.GI.NA.ÇÃO, s.f., fantasia, concepção, criação de uma coisa irreal.
I.MA.GI.NAR, v.t., fantasiar, conceber, criar algo impossível, idealizar, inventar.
I.MA.GI.NÁ.RIO, adj., irreal, inventivo, impossível, fantasioso.
I.MA.NEN.TE, adj., inerente, contido na essência, próprio de um objeto.
I.MAN.TAR, v.t., produzir ímã em, tornar imantado.
I.MA.TU.RO, adj., que não é maduro, prematuro, desajuizado, imberbe.
IM.BA.TÍ.VEL, adj., invencível, valente, forte.
IM.BA.Ú.BA, s.f., imbaubeira, árvore da família das moráceas.
IM.BE.CIL, adj., tolo, idiota, ignorante, parvo, atoleimado.
IM.BE.CI.LI.DA.DE, s.f., idiotice, parvoíce, tipo com deficiência mental.
IM.BER.BE, adj., sem barba; jovem.
IM.BRÓ.GLIO, s.m., confusão, situação problemática, dificuldade.
IM.BU.Í.DO, adj., propenso, convencido, compenetrado.
IM.BU.IR, v.t. e pron., ensopar, colocar dentro, injetar, persuadir, incutir.
I.ME.DI.A.ÇÕES, s.f., cercanias, vizinhanças, por perto.
I.ME.DI.A.TIS.MO, s.m., modo de agir logo, sem delongas.
I.ME.DI.A.TO, adj., direto, contíguo, próximo, seguido.
I.MEN.SI.DÃO, s.f., grandeza, grande dimensão, extensão, infinitude.
I.MEN.SO, adj., enorme, grandioso, infinito.
I.MER.GIR, v.t., int. e pron., mergulhar, entrar em, afundar, penetrar, adentrar em.
I.MER.SO, adj., dentro, mergulhado, afundado.
I.ME.XÍ.VEL, adj., que não se pode mexer, imutável, definitivo.
I.MI.GRAR, v. t., mudar-se para um outro país, migrar para outra terra.
I.MI.NEN.TE, adj., próximo, que está por acontecer.
I.MIS.CU.IR, v. pron., meter-se em, intrometer-se.
I.MI.TA.ÇÃO, s.f., ato ou efeito de imitar, cópia, reprodução igual a uma coisa.
I.MI.TAR, v.t., reproduzir de modo igual à obra de outro, copiar.
I.MO, adj., inserido no interior, profundo, íntimo.
I.MO.BI.LI.Á.RIA, s.f., empresa que vende e compra imóveis.
I.MO.BI.LI.Á.RIO, adj., próprio de imóveis.
I.MO.BI.LI.DA.DE, s.f., característico do que está imóvel, fixo.
I.MO.BI.LI.ZAR, v.t. e pron., segurar, fixar, prender, estabilizar.
I.MO.LAR, v.t., sacrificar as vítimas, matar, liquidar.
I.MO.RAL, adj., ilícito, devasso, despudorado.
I.MO.RA.LI.DA.DE, s.f., ilicitude, despudor, desregramento.
I.MOR.TAL, adj., que não morre, perene, perpétuo, eterno.
I.MOR.TA.LI.DA.DE, s.f., qualidade de quem não morre, fama, glória.
I.MOR.TA.LI.ZAR, v.t. e pron., perenizar, perpetuar, tornar célebre.
I.MÓ.VEL, adj., parado, fixo, localizado; s.m., bens, propriedades, casas.
IM.PA.CI.ÊN.CIA, s.f., nervosismo, precipitação, descontrole.
IM.PA.CI.EN.TAR, v.t. e pron., enervar, provocar, irritar, exasperar.
IM.PA.CI.EN.TE, adj., nervoso, descontrolado, precipitado.
IM.PAC.TO, s.m., choque, colisão.
IM.PA.GÁ.VEL, adj., que nada se paga, precioso, valioso.
IM.PAL.PÁ.VEL, adj., que não é possível palpar, imexível.
IM.PA.LU.DIS.MO, s.m., malária, doença proveniente do brejo, doença palustre.
ÍM.PAR, adj., que não é par, único, sem igual.
IM.PAR.CI.AL, adj., justo, correto, sem parcialidade.
IM.PAR.CI.A.LI.DA.DE, s.f., justiça, correção, sem privilégios.
IM.PAS.SE, s.m., dificuldade, obstáculo.
IM.PAS.SÍ.VEL, adj., sem reação, indiferente, frio.

IM.PÁ.VI.DO, adj., denodado, valente, corajoso, sem medo.
IM.PE.CÁ.VEL, adj., esmerado, caprichado, sem falha, perfeito.
IM.PE.DI.DO, adj., proibido, vetado; no futebol, quem está em impedimento.
IM.PE.DI.MEN.TO, s.m., o que impede, obstrução, estorvo; atacante que está atrás dos jogadores da defesa está em impedimento.
IM.PE.DIR, v.t., proibir, estorvar, atrapalhar, obstruir.
IM.PE.LIR, v.t., atirar, empurrar, impulsionar.
IM.PE.NE.TRÁ.VEL, adj., fechado, espesso, que não se pode penetrar.
IM.PE.RA.DOR, s.m., governante, rei, soberano.
IM.PE.RAR, v.t. e int., mandar, comandar, governar, dirigir, dominar.
IM.PE.RA.TI.VO, adj., que ordena, mandante, que dirige; modo verbal que exprime ordem, mando.
IM.PE.RA.TRIZ, s.f., esposa do imperador.
IM.PER.CEP.TÍ.VEL, adj., que não é perceptível, invisível, intocável.
IM.PER.DO.Á.VEL, adj., não merecedor de perdão, que deve ser castigado.
IM.PER.FEI.ÇÃO, s.f., defeito, falha, falta de perfeição.
IM.PER.FEI.TO, adj., inacabado, defeituoso, falho; tempo verbal que exprime situação passada, mas ainda não acabada.
IM.PE.RÍ.CIA, s.f., inexperiência, falta de habilidade, incapacidade.
IM.PÉ.RIO, s.m., país comandado por um imperador; comando, força.
IM.PE.RI.O.SO, adj., que comanda, que coage; urgente, necessário.
IM.PER.ME.A.BI.LI.ZAR, v.t., tornar impermeável, fazer que não deixe passar líquidos.
IM.PER.ME.Á.VEL, adj., que não deixa passar líquido, umidade ou frio.
IM.PER.TI.NÊN.CIA, s.f., qualidade de quem é impertinente, incômodo, estorvo.
IM.PER.TI.NEN.TE, adj., aborrecido, perturbador, rabugento, desagradável.
IM.PER.TUR.BÁ.VEL, adj., que não se deixa perturbar, calmo, tranquilo.
IM.PES.SO.AL, adj., reservado, seco, objetivo.
ÍM.PE.TO, s.m., precipitação, arrojo, salto, fúria.
IM.PE.TRAR, v.t., invocar, solicitar, pedir respaldo no juizado.
IM.PE.TU.O.SO, adj., que vai com ímpeto, violento, furioso, repentino.
IM.PI.E.DO.SO, adj., sem piedade, maldoso, cruel, selvagem.
IM.PIN.GIR, v.t., obrigar a aceitar, constranger a fazer, coagir, obrigar.
ÍM.PIO, adj., desumano, cruel, impiedoso, desalmado.
IM.PLA.CÁ.VEL, adj., inexorável, terrível, cruel, desumano.
IM.PLAN.TA.ÇÃO, s.f., ato ou efeito de implantar.
IM.PLAN.TAR, v.t. e pron., plantar dentro, colocar em, inserir.
IM.PLAN.TE, s.m., implantação.
IM.PLE.MEN.TAR, v.t., fazer, executar, constituir.
IM.PLE.MEN.TO, s.m., acabamento, complementação.
IM.PLI.CA.ÇÃO, s.f., ato de implicar, incômodo, estorvo, implicância.
IM.PLI.CAN.TE, adj., perturbador, inoportuno.
IM.PLI.CAR, v.t. e pron., confundir, incomodar, perturbar, envolver, ser rabugento.
IM.PLÍ.CI.TO, adj., não expresso, oculto, subentendido.
IM.PLO.DIR, v.t., executar uma implosão, destruir, demolir.
IM.PLO.RAR, v.t., suplicar, solicitar, chorar.
IM.PLO.SÃO, s.f., diversas explosões conjugadas para uma demolição.
IM.PLU.ME, adj., sem penas, muito jovem, imberbe, imaturo.
IM.PON.DE.RÁ.VEL, adj., que não se pode pesar, não se pode avaliar, incalculável.
IM.PO.NÊN.CIA, s.f., grandiosidade, luxo, arrogância.
IM.PO.NEN.TE, adj., majestoso, extraordinário.
IM.PO.PU.LAR, adj., sem agradar ao povo, desagradável ao povo.
IM.POR, v.t. e pron., obrigar, coagir, determinar.
IM.POR.TA.ÇÃO, s.f., comprar mercadorias no exterior para trazer ao país.
IM.POR.TA.DOR, s.m., quem importa.
IM.POR.TÂN.CIA, s.f., valor, validade, interesse, influência, quantia.
IM.POR.TAN.TE, adj., valioso, apreciável, considerado.
IM.POR.TAR, v.t., int. e pron., comprar em país estrangeiro, ser consequência, chegar ao preço, valer a pena.

IM.POR.TU.NAR, *v.t.* e *pron.*, incomodar, perturbar, aborrecer.
IM.POR.TU.NO, *adj.*, aborrecido, desagradável, que incomoda.
IM.PO.SI.ÇÃO, *s.f.*, ordem, coação, mando.
IM.POS.SI.BI.LI.TAR, *v.t.* e *pron.*, vedar, tornar impossível, lutar contra.
IM.POS.SÍ.VEL, *adj.*, impraticável, difícil, não executável.
IM.POS.TO, *adj.*, obrigatório, forçado; *s.m.*, contribuição financeira que a pessoa entrega ao Estado.
IM.POS.TOR, *s.m.*, embusteiro, falsário, que é falso, enganador.
IM.PO.TÊN.CIA, *s.f.*, situação de falta de potência; homem que não consegue praticar o ato sexual.
IM.PO.TEN.TE, *adj.*, fraco, débil; sexualmente sem condições de ter relação sexual.
IM.PRA.TI.CÁ.VEL, *adj.*, inexequível, que não se pode praticar, intransitável.
IM.PRE.CA.ÇÃO, *s.f.*, ato ou efeito de imprecar, praga, blasfêmia.
IM.PRE.CAR, *v.t.* e *int.*, praguejar, blasfemar, desejar o mal para.
IM.PRE.CI.SÃO, *s.f.*, falta de precisão, sem medidas exatas, inexatidão.
IM.PREG.NAR, *v.t.* e *pron.*, ensopar, embeber, penetrar com.
IM.PREN.SA, *s.f.*, máquina para imprimir, ato de imprimir; jornais, revistas e publicações em geral.
IM.PREN.SAR, *v.t.*, colocar no prelo, compactar.
IM.PRES.CIN.DÍ.VEL, *adj.*, necessário, essencial, indispensável.
IM.PRES.SÃO, *s.f.*, opinião, parecer, forçar algo; ação de imprimir um texto, marca.
IM.PRES.SI.O.NAN.TE, *adj.*, que impressiona, comovente, sentimental.
IM.PRES.SI.O.NAR, *v.t.e pron.*, comover, chamar a atenção, atrair.
IM.PRES.SI.O.NÁ.VEL, *adj.*, que se impressiona, enternecedor.
IM.PRES.SO, *adj.* e *s.m.*, texto gravado com letras.
IM.PRES.SOR, *s.m.*, quem imprime.
IM.PRES.SO.RA, *s.f.*, máquina para imprimir.
IM.PRES.TÁ.VEL, *adj.*, vil, inútil, sem valor.
IM.PRE.TE.RÍ.VEL, *adj.*, inadiável, impostergável, que não se pode adiar.
IM.PRE.VI.DÊN.CIA, *s.f.*, negligência, irresponsabilidade.
IM.PRE.VI.DEN.TE, *adj.*, negligente, irresponsável, sem cuidado.
IM.PRE.VI.SÍ.VEL, *adj.*, que não se pode prever, imprevisto, repentino.
IM.PRE.VIS.TO, *adj.*, iminente, não esperado, inesperado, súbito.
IM.PRI.MIR, *v.t.* e *pron.*, estampar, gravar, publicar; dar a, impor.
IM.PRO.CE.DEN.TE, *adj.*, incoerente, injustificável, inválido, impróprio.
IM.PRO.DU.TI.VO, *adj.*, que não produz, inútil, frustrante.
IM.PRÓ.PRIO, *adj.*, inadequado, inoportuno.
IM.PRO.VI.SAR, *v.t.* e *pron.*, fazer algo sem prévio preparo, organizar de última hora.
IM.PRO.VI.SO, *s.m.*, algo feito sem preparo, ação feita de súbito.
IM.PRU.DÊN.CIA, *s.f.*, falta de prudência, descuido, negligência.
IM.PRU.DEN.TE, *adj.*, descuidado, negligente.
IM.PÚ.BE.RE, *adj.*, que ainda não chegou à puberdade.
IM.PUG.NA.ÇÃO, *s.f.*, contestação, invalidação, negativa.
IM.PUG.NAR, *v.t.*, lutar contra, combater, opor-se.
IM.PUL.SÃO, *s.f.*, impulso, avanço, ato de ir subitamente, esforço.
IM.PUL.SI.O.NAR, *v.t.*, empurrar, ativar, forçar.
IM.PUL.SI.VO, *adj.*, descontrolado, colérico, raivoso.
IM.PU.NE, *adj.*, não punido, sem ser penalizado.
IM.PU.RE.ZA, *s.f.*, sujeira, falta de higiene.
IM.PU.RO, *adj.*, maculado, manchado, imoral, sujo.
IM.PU.TAR, *v.t.*, atribuir a, referir para.
I.MUN.DÍ.CIE, *s.f.*, falta de limpeza, imundícia, sujeira.
I.MUN.DO, *adj.*, sujo, impuro, imoral, obsceno, corrupto.
I.MU.NE, *adj.*, isento, liberado, não responsável por atos, encargos.
I.MU.NI.DA.DE, *s.f.*, isenção, condição de saúde pela qual certas doenças não conseguem atacar o organismo; condição profissional que faculta à pessoa a não sujeição a certas leis.
I.MU.NI.ZAR, *v.t.*, tornar imune, resguardar.
I.MU.TÁ.VEL, *adj.*, que não se consegue mudar, fixo, definitivo.
I.NA.BA.LÁ.VEL, *adj.*, irremovível, fixo, plantado.
I.NA.BI.TÁ.VEL, *adj.*, que não se pode habitar, impróprio para habitar.
I.NA.ÇÃO, *s.f.*, ausência de ação, moleza, frouxidão.
I.NA.CEI.TÁ.VEL, *adj.*, que não se pode aceitar, inegociável.
I.NA.CES.SÍ.VEL, *adj.*, íngreme, alcantilado, difícil de acessar.
I.NA.DE.QUA.DO, *adj.*, que não é adequado, imprestável.
I.NA.DIM.PLÊN.CIA, *s.f.*, dívida já vencida; débito não pago.

I.NA.DIM.PLEN.TE, *adj.*, que deve e não paga, devedor.
I.NA.LA.ÇÃO, *s.f.*, absorver pelas vias respiratórias, inspiração de uma substância.
I.NA.LA.DOR, *s.m.*, que se presta para executar uma inalação.
I.NA.LI.E.NÁ.VEL, *adj.*, que não se pode alienar, vender, passar adiante.
I.NAL.TE.RÁ.VEL, *adj.*, que não se pode alterar, imexível.
I.NA.NI.ÇÃO, *s.f.*, fraqueza, falta de comida, sem forças.
I.NA.NI.MA.DO, *adj.*, sem ânimo, sem alma, sem vida.
I.NAP.TI.DÃO, *s.f.*, incapacidade, inabilidade, falta de aptidão.
I.NAP.TO, *adj.*, incapaz, inábil, despreparado.
I.NA.TIN.GÍ.VEL, *adj.*, inacessível, intransitável.
I.NA.TI.VO, *adj.*, que não age, aposentado público.
I.NA.TO, *adj.*, congênito, que começa com o nascimento.
I.NAU.DI.TO, *adj.*, extraordinário, maravilhoso, impressionante.
I.NAU.DÍ.VEL, *adj.*, que não se pode ouvir.
I.NAU.GU.RA.ÇÃO, *s.f.*, cerimônia para iniciar as atividades de qualquer empresa.
I.NAU.GU.RAR, *v.t.* e *pron.*, começar, iniciar, expor pela primeira vez.
IN.CA, *s.c. 2 gên.*, grupo indígena do Peru, na época do domínio espanhol.
IN.CAN.DES.CEN.TE, *adj.*, em brasa, que queima.
IN.CAN.DES.CER, *v.t.* e *int.*, inflamar, tornar brasa.
IN.CAN.SÁ.VEL, *adj.*, que não se cansa, infatigável.
IN.CA.PAZ, *adj.*, inapto, inábil; sem os direitos civis.
IN.CAU.TO, *adj.*, ingênuo, desprevenido, desnorteado.
IN.CEN.DI.AR, *v.t.* e *pron.*, pôr fogo, inflamar, queimar, excitar, ativar.
IN.CEN.DI.Á.RIO, *s.m.*, que ateia fogo, que gosta de incendiar, revolucionário.
IN.CÊN.DIO, *s.m.*, fogo intenso, queima forte.
IN.CEN.TI.VAR, *v.t.*, animar, estimular.
IN.CEN.TI.VO, *s.m.*, estímulo, ânimo, força.
IN.CER.TE.ZA, *s.f.*, dúvida, temor, falta de certeza.
IN.CER.TO, *adj.*, duvidoso, indeciso, provável.
IN.CES.SAN.TE, *adj.*, que não cessa, que não para, contínuo.
IN.CES.TO, *s.m.*, união sexual entre parentes.
IN.CES.TU.O.SO, *adj.*, referente ao incesto, depravado, imoral.
IN.CHA.ÇÃO, *s.f.*, ato de inchar, tumor, inchaço.
IN.CHA.DO, *adj.*, com inchação, intumescido.
IN.CHAR, *v.t.* e *pron.*, intumescer, dilatar-se, aumentar o volume.
IN.CI.DEN.TE, *adj.*, que incide, *s.m.*, fato, acontecimento, briga.
IN.CI.DIR, *v.t.int.*, bater em, cair sobre, pesar.
IN.CI.NE.RAR, *v.t.* e *pron.*, queimar, transformar em cinzas.
IN.CI.PI.EN.TE, *adj.*, que inicia, que começa, principiante.
IN.CI.SÃO, *s.f.*, corte, talho, abertura feita com instrumento cortante.
IN.CI.SI.VO, *adj.*, que corta; *fig.*, mordaz, irônico.
IN.CI.SO, *adj.*, ferido com instrumento cortante; parte de artigo dos livros legais.
IN.CI.TA.ÇÃO, *s.f.*, desafio, repto, atiçamento.
IN.CI.TAR, *v.t.* e *pron.*, instigar, provocar, desafiar.
IN.CLE.MÊN.CIA, *s.f.*, rigor, sem piedade.
IN.CLE.MEN.TE, *adj.*, rigoroso, duro, impiedoso.
IN.CLI.NA.ÇÃO, *s.f.*, ação de inclinar-se, reverência, propensão.
IN.CLI.NA.DO, *adj.*, predisposto, intencionado.
IN.CLI.NAR, *v.t.* e *pron.*, abaixar, pender, reclinar, tender a.
IN.CLU.IR, *v.t.*, inserir, colocar dentro, introduzir.
IN.CLU.SÃO, *s.f.*, inserção, introdução.
IN.CLU.SI.VE, *adv.*, também, igualmente, da mesma maneira.
IN.CLU.SO, *adj.*, incluído, inserido.
IN.CO.E.RÊN.CIA, *s.f.*, falta de coerência, discórdia, discrepância.
IN.CO.E.REN.TE, *adj.*, ilógico, discrepante, confuso.
IN.CO.LOR, *adj.*, sem cor, descolorido.
IN.CO.MO.DAR, *v.t.* e *pron.*, aborrecer, perturbar, molestar, estorvar.
IN.CÔ.MO.DO, *adj.*, desagradável; *s.m.*, perturbação, aborrecimento.
IN.COM.PA.RÁ.VEL, *adj.*, sem comparação, incomum.
IN.COM.PE.TÊN.CIA, *s.f.*, inaptidão, inabilidade.
IN.COM.PE.TEN.TE, *adj.*, inapto, incapaz.
IN.COM.PLE.TO, *adj.*, inacabado, malfeito.
IN.COM.PRE.EN.SÃO, *s.f.*, desentendimento, falta de compreensão.
IN.COM.PRE.EN.SÍ.VEL, *adj.*, difícil, ininteligível.
IN.CO.MUM, *adj.*, raro, extraordinário.
IN.CO.MU.NI.CÁ.VEL, *adj.*, fechado, que não se comunica.

INCONCEBÍVEL

IN.CON.CE.BÍ.VEL, *adj.*, inimaginável, impensável.
IN.CON.FUN.DÍ.VEL, *adj.*, que não se confunde, único, especial.
IN.CON.GRU.ÊN.CIA, *s.f.*, descompasso, incoerência.
IN.CON.GRU.EN.TE, *adj.*, incoerente, ilógico.
IN.CONS.CI.ÊN.CIA, *s.f.*, falta de consciência, incoerência.
IN.CONS.CI.EN.TE, *adj.*, sem consciência, irrefletido.
IN.CONS.TÂN.CIA, *s.f.*, falta de constância, instabilidade.
IN.CONS.TAN.TE, *adj.*, instável, volúvel.
IN.CONS.TI.TU.CI.O.NAL, *adj.*, contra a Constituição.
IN.CON.TES.TÁ.VEL, *adj.*, que não se pode contestar, indiscutível.
IN.CON.TI.DO, *adj.*, descontrolado, sem domínio pessoal.
IN.CON.TI.NÊN.CIA, *s.f.*, incapacidade de reter as excreções do organismo.
IN.CON.TI.NEN.TI, *adv.*, imediatamente, logo.
IN.CON.TRO.LÁ.VEL, *adj.*, sem controle, indomável.
IN.CON.VE.NI.ÊN.CIA, *s.f.*, desrespeito, inadequação.
IN.CON.VE.NI.EN.TE, *adj.*, inoportuno, desagradável, despudorado, desrespeitoso.
IN.COR.PO.RAR, *v.t. e pron.*, aceitar em corporação, incluir, colocar no Exército, entrar no corpo de; realizar contrato para compra de um apartamento.
IN.COR.PÓ.REO, *adj.*, sem corpo, imaterial.
IN.COR.RE.ÇÃO, *s.f.*, erro, falha, defeito.
IN.COR.RER, *v.t.int.*, incluir-se, comprometer-se, sujeitar-se a.
IN.COR.RE.TO, *adj.*, errado, defeituoso, indigno.
IN.COR.RI.GÍ.VEL, *adj.*, que não se corrige.
IN.COR.RUP.TÍ.VEL, *adj.*, que não se corrompe, íntegro, puro.
IN.CRE.DU.LI.DA.DE, *s.f*, sem fé, descrença.
IN.CRÉ.DU.LO, *adj.*, que não acredita, descrente, sem fé.
IN.CRI.MI.NAR, *v.t.*, atribuir um crime, acusar, julgar como crime.
IN.CRÍ.VEL, *adj.*, em que não se pode crer, incomum, extraordinário.
IN.CU.BA.ÇÃO, *s.f.*, lapso de tempo entre o começo e a manifestação de uma doença.
IN.CU.BA.DO.RA, *s.f.*, incubadeira, aparelho para recolher recém-nascidos fragilizados; aparelho para chocar ovos.
IN.CU.BAR, *v.t.int.*, chocar ovos; ter uma doença em desenvolvimento.
IN.CUL.TO, *adj.*, terreno não cultivado, baldio; em instrução, ignorante.
IN.CUM.BÊN.CIA, *s.f.*, encargo, compromisso, tarefa.
IN.CUM.BIR, *v.t. e pron.*, encarregar, dar como missão.
IN.CU.RÁ.VEL, *adj.*, sem cura, caso perdido.
IN.CUR.SÃO, *s.f.*, invasão, ataque.
IN.CUR.SO, *adj.*, enquadrado, comprometido.
IN.CU.TIR, *v.t.*, colocar dentro, fazer penetrar, inspirar.
IN.DA.GA.ÇÃO, *s.f.*, pergunta, questionamento.
IN.DA.GAR, *v.t.e int.*, perguntar, investigar, pesquisar.
IN.DE.CÊN.CIA, *s.f*, imoralidade, falta de decoro, despudor.
IN.DE.CEN.TE, *adj.*, indecoroso, despudorado, imoral.
IN.DE.CI.SÃO, *s.f.*, hesitação, titubiedade, não saber o que fazer.
IN.DE.CI.SO, *adj.*, hesitante, vacilante.
IN.DE.CO.RO.SO, *adj.*, despudorado, imoral, obsceno.
IN.DE.FE.RI.DO, *adj.*, não deferido, vetado, proibido, negado.
IN.DE.FE.RIR, *v.t.*, negar, vetar, proibir.
IN.DE.FE.SO, *adj.*, inerme, frágil, desarmado.
IN.DE.FI.NI.ÇÃO, *s.f.*, falta de determinação, indecisão.
IN.DE.FI.NI.DO, *adj.*, incerto, vago.
IN.DE.LÉ.VEL, *adj.*, eterno, que não desaparece.
IN.DE.LI.CA.DE.ZA, *s.f.*, grosseria, falta de polidez.
IN.DE.LI.CA.DO, *adj.*, grosseiro, mal-educado.
IN.DE.NI.ZA.ÇÃO, *s.f.*, pagamento de danos morais ou físicos.
IN.DE.NI.ZAR, *v.t. e pron.*, pagar indenização, compensar danos.
IN.DE.PEN.DÊN.CIA, *s.f.*, liberdade, autonomia.
IN.DE.PEN.DEN.TE, *adj.*, livre, liberado.
IN.DES.CRI.TÍ.VEL, *adj.*, que é impossível descrever, fantástico.
IN.DE.SE.JÁ.VEL, *adj.*, detestado, não desejado.
IN.DE.TER.MI.NA.ÇÃO, *s.f.*, indefinição, hesitação, dúvida.
IN.DE.TER.MI.NA.DO, *adj.*, incerto, duvidoso, vago.
IN.DE.TER.MI.NAR, *v.t. e pron.*, indefinir, deixar incerto.
IN.DE.VI.DO, *adj.*, impróprio, incorreto.
IN.DI.A.NO, *adj.*, próprio da Índia, habitante ou natural desse país.
IN.DI.CA.ÇÃO, *s.f.*, designação, ideia.
IN.DI.CA.DOR, *s.m.*, quem indica, quem aponta.
IN.DI.CAR, *v.t.*, mostrar, apontar, aconselhar.
IN.DI.CA.TI.VO, *adj.*, que indica; *s.m.*, sinal; modo em que os verbos mostram, de modo real e positivo, a ação ou o estado que significam.
IN.DI.CI.A.DO, *adj. e s.m.*, aquele que é notificado pela polícia para esclarecer os fatos que o apontam como infrator.
IN.DI.CI.AR, *v.t.*, denunciar, acusar, impor um inquérito.
IN.DÍ.CIO, *s.m.*, vestígio, marca.
IN.DI.FE.REN.ÇA, *s.f.*, frieza, passividade.
IN.DI.FE.REN.TE, *adj.*, apático, neutro, frio.
IN.DI.GÊN.CIA, *s.f.*, miséria, pobreza, carência de coisas materiais.
IN.DI.GEN.TE, *adj.*, pobre, miserável, paupérrimo.
IN.DI.GES.TÃO, *s.f.*, congestão, perturbação estomacal.
IN.DI.GES.TO, *adj.*, que não se digere, digestão difícil.
IN.DIG.NA.ÇÃO, cólera, raiva, fúria.
IN.DIG.NAR, *v.t. e pron.*, enraivecer, indispor, tornar raivoso.
IN.DIG.NO, *adj.*, imoral, vil.
ÍN.DIO, *adj. e s.m.*, indígena, auctóctone, primeiro habitante da América.
IN.DI.RE.TA, *s.f.*, alusão, ironia disfarçada.
IN.DI.RE.TO, *adj.*, que não vai direto, dissimulado.
IN.DIS.CI.PLI.NA, *s.f.*, desordem, rebeldia.
IN.DIS.CI.PLI.NA.DO, *adj.*, rebelde, desobediente, baderneiro.
IN.DIS.CRE.TO, *adj.*, desrespeitador, intrometido, curioso.
IN.DIS.CRI.ÇÃO, *s.f.*, desrespeito, intromissão, curiosidade.
IN.DIS.PEN.SÁ.VEL, *adj.*, imprescindível, essencial.
IN.DIS.POR, *v.t. e pron.*, alterar a ordem, desordenar, colocar contra.
IN.DIS.PO.SI.ÇÃO, *s.f.*, pequeno mal-estar, discussão, pendência.
IN.DIS.POS.TO, *adj.*, doente, brigado.
IN.DIS.SO.LÚ.VEL, *adj.*, que não se pode desmanchar, indivisível.
IN.DI.VI.DU.AL, *adj.*, pessoal, de cada um.
IN.DI.VI.DU.A.LI.DA.DE, *s.f.*, personalidade, cada ser humano.
IN.DI.VI.DU.A.LI.ZAR, *v.t. e pron.*, tornar individual, particularizar.
IN.DI.VÍ.DUO, *s.m.*, o ser humano considerado em si, cada ser como pessoa, a unidade humana, cada espécime do gênero humano.
IN.DI.VI.SÍ.VEL, *adj.*, que não pode ser dividido.
IN.DÓ.CIL, *adj.*, rebelde, indomável.
ÍN.DO.LE, *s.m.*, caráter, temperamento, o modo de ser de cada um.
IN.DO.LÊN.CIA, *s.f.*, preguiça, apatia.
IN.DO.LEN.TE, *adj.*, preguiçoso, apático, relaxado, inativo.
IN.DO.LOR, *adj.*, sem dor, sem sofrimento.
IN.DO.MÁ.VEL, *adj.*, rebelde, que não pode ser domado.
IN.DU.BI.TÁ.VEL, *adj.*, certo, verdadeiro, que não pode ser posto em dúvidas.
IN.DUL.GÊN.CIA, *s.f.*, tolerância, bondade, perdão.
IN.DUL.GEN.TE, *adj.*, bondoso, tolerante.
IN.DUL.TAR, *v.t.*, perdoar, ou diminuir uma pena por decreto.
IN.DUL.TO, *s.m.*, redução da pena; perdão, remissão.
IN.DU.MEN.TÁ.RIA, *s.f.*, vestuário, vestimenta, roupas.
IN.DÚS.TRIA, *s.f.*, trabalho para produzir por meio de técnicas e máquinas; destreza no trabalho.
IN.DUS.TRI.AL, *s.c. 2 gên.*, quem é dono de uma indústria.
IN.DUS.TRI.A.LI.ZAR, *v.t. e pron.*, construir indústrias, tornar industrial, dar feição de indústria.
IN.DUS.TRI.Á.RIO, *s.m.*, elemento que trabalha na indústria, operário.
IN.DU.ZIR, *v.t.*, persuadir, convencer, aconselhar, inspirar.
I.NE.BRI.AR, *v.t. e pron.*, encantar, embebedar, deliciar.
I.NÉ.DI.TO, *adj.*, ainda não publicado, incomum, original.
I.NE.FI.CÁ.CIA, *s.f.*, ineficiência, inutilidade.
I.NE.FI.CAZ, *adj.*, inoperante, sem valor.
I.NE.FI.CI.ÊN.CIA, *s.f.*, ineficácia, inoperância.

I.NE.GÁ.VEL, adj., que não se pode negar, evidente, óbvio.
I.NE.LE.GÍ.VEL, adj., que não se pode eleger.
I.NÉP.CIA, s.f., inaptidão, incapacidade.
I.NEP.TO, adj., incapaz, inapto.
I.NE.QUÍ.VO.CO, adj., evidente, incontestável, claro.
I.NÉR.CIA, s.f., falta de atividade, corpo fixo num ponto.
I.NE.REN.TE, adj., próprio, imanente, congênito.
I.NER.TE, adj., parado, sem movimentos, inativo.
I.NES.GO.TÁ.VEL, adj., que não se esgota nunca; generoso, abundante.
I.NES.PE.RA.DO, adj., imprevisto, súbito, repentino.
I.NES.QUE.CÍ.VEL, adj., inolvidável, que não se esquece, rememorável.
I.NE.VI.TÁ.VEL, adj., que não se pode evitar, fatal, determinado.
I.NE.XA.TO, adj., incorreto, falho, errado.
I.NE.XIS.TEN.TE, adj., que não existe.
I.NEX.PE.RI.EN.TE, adj., ingênuo, sem experiência, despreparado.
I.NEX.PLI.CÁ.VEL, adj., de difícil compreensão, estranho, enigmático.
I.NEX.PRES.SI.VO, adj., que não tem expressão, fraco, que mal aparece.
IN.FA.LÍ.VEL, adj., que não pode falhar, que não erra, dogmático.
IN.FA.MAR, v.t. e int., difamar, falar mal de.
IN.FA.ME, adj., vil, abjeto, desprezível, indigno, detestável.
IN.FÂ.MIA, s.f., maldade, desonra, calúnia, ultraje.
IN.FÂN.CIA, s.f., período da vida que, legalmente, vai de 0 a 12 anos; criancice.
IN.FAN.TE, adj., criança, que está na infância, ser novo.
IN.FAN.TI.CÍ.DIO, s.m., assassinato de uma criança.
IN.FAN.TIL, adj., relativo a criança, a infante; pueril, inocente.
IN.FAN.TI.LI.DA.DE, s.f., criancice.
IN.FAN.TI.LI.ZAR, v.t. e pron., transformar em criança, dar maneiras de criança.
IN.FAN.TO.JU.VE.NIL, adj., próprio da infância e juventude.
IN.FAR.TE, s.m., infarto, enfarte.
IN.FA.TI.GÁ.VEL, adj., incansável, zeloso.
IN.FEC.ÇÃO, s.f., ato ou efeito de infeccionar, surgimento de ferida.
IN.FEC.CI.O.NAR, v.t., provocar infecção, corromper, surgir ferida, adoecer.
IN.FEC.CI.O.SO, adj., que provoca infecção, que faz nascer infecção.
IN.FEC.TA.DO, adj., infeccionado, infecto.
IN.FE.LI.CI.DA.DE, s.f., tristeza, desgraça, desdita.
IN.FE.LI.CI.TAR, v.t. e pron., desgraçar, trazer infelicidade; deflorar.
IN.FE.LIZ, adj., desgraçado, triste, desditoso, tristonho.
IN.FE.RI.OR, adj., abaixo, mais baixo, rebaixado, degradado.
IN.FE.RI.O.RI.DA.DE, s.f., baixeza, degradação, depressão.
IN.FE.RI.O.RI.ZAR, v.t. e pron., rebaixar, degradar, deprimir.
IN.FE.RIR, v.t., concluir, deduzir, descobrir.
IN.FER.NAL, adj., próprio do inferno; fig., terrível, pavoroso, horrendo.
IN.FER.NI.NHO, s.m., pop., prostíbulo baixo; boate, bordel, zona.
IN.FER.NI.ZAR, v.t., incomodar, afligir a, perturbar.
IN.FER.NO, s.m., local debaixo da terra, onde moram as almas dos mortos, segundo crença antiga; local para recolher os demônios e as almas pecadoras; local terrível e quente; grandes fornalhas.
IN.FES.TA.ÇÃO, s.f., penetração, tomada de conta, domínio de insetos.
IN.FES.TAR, v.t., encher, cobrir tudo, devastar, destruir, abundar.
IN.FI.DE.LI.DA.DE, s.f., traição, vilania, rompimento de um pacto.
IN.FI.EL, adj., traiçoeiro, vil, traidor, desleal.
IN.FIL.TRA.ÇÃO, s.f., penetração, entrada, propagação.
IN.FIL.TRAR, v.t. e pron., pôr dentro, penetrar, inserir, ensopar.
ÍN.FI.MO, adj., o que está mais embaixo de tudo; o mais inferiorizado.
IN.FI.NI.DA.DE, s.f., enormidade, falta de fim, multidão.
IN.FI.NI.TO, adj., que não tem fim, eterno, perene, perpétuo, muito grande.
IN.FLA.ÇÃO, s.f., o dinheiro perde o valor por excesso de papel-moeda; inchaço, aumento de volume.
IN.FLA.CI.O.NAR, v.t. e int., aumentar, inchar, emitir muito dinheiro.
IN.FLA.CI.O.NÁ.RIO, adj., próprio da inflação, promotor da inflação.
IN.FLA.DO, adj., cheio de ar, aumentado, vaidoso, soberbo.
IN.FLA.MA.ÇÃO, s.f., ato ou efeito de inflamar; reação do organismo externo à ação de um vírus ou pancada; princípio de ferida.
IN.FLA.MAR, v.t. e pron., acender o fogo, criar chamas; começar uma inflamação, infectar-se.
IN.FLA.MÁ.VEL, adj., que se acende, que pega fogo.
IN.FLAR, v.t. e pron., encher, aumentar o volume, enfunar, encher de ar, ou gás.
IN.FLÁ.VEL, adj., passível de encher de ar ou gás.
IN.FLE.XI.BI.LI.DA.DE, s.f., rigor, dureza, radicalismo.
IN.FLE.XÍ.VEL, adj., resistente, radical, duro, implacável.
IN.FLI.GIR, v.t., submeter a, aplicar, coagir a.
IN.FLU.ÊN.CIA, s.f., ação de uma coisa sobre a outra; domínio, prestígio.
IN.FLU.EN.CI.AR, v.t., praticar influência sobre.
IN.FLU.EN.TE, adj., que influi, dominante.
IN.FLU.IR, v.t., int. e pron., manar para, deslizar, penetrar; exercer influência em.
IN.FOR.MA.ÇÃO, s.f., informe, transmissão de conhecimento, notícia, nota.
IN.FOR.MAL, adj., à vontade, sem normas a seguir, descontraído.
IN.FOR.MAN.TE, adj. e s.c. 2 gên., denunciante, que informa; alcaguete.
IN.FOR.MAR, v.t. e int., passar informes, transmitir conhecimentos, inteirar, contar, referir, tornar ciente.
IN.FOR.MÁ.TI.CA, s.f., estudo de tudo que se refira à computação; ciência ou técnica da informação.
IN.FOR.MA.TI.VO, adj., próprio para informar, s.m., jornal, semanário.
IN.FOR.MA.TI.ZAR, v.t., dotar com a ajuda de computador, computadorizar.
IN.FOR.TÚ.NIO, s.m., infelicidade, desgraça, desdita.
IN.FRA.ÇÃO, s.f., delito, violação da lei, crime.
IN.FRA.ES.TRU.TU.RA, s.f., parte inferior de uma estrutura; sistema de serviços urbanos oferecidos à população, como água, esgoto, saúde, escola e segurança.
IN.FRA.TOR, s.m., quem pratica infração, delinquente, transgressor de lei.
IN.FRIN.GIR, v.t., transgredir a lei, quebrar a lei.
IN.FRU.TÍ.FE.RO, adj., estéril, que não produz frutos.
IN.FUN.DA.DO, adj., improcedente, sem fundamento real.
IN.FUN.DIR, v.t., derramar, incutir, impingir, fazer penetrar.
IN.FU.SÃO, s.f., ação ou efeito de infundir; colocação de ervas em água para que se soltem suas propriedades medicinais, chá.
IN.GE.NU.I.DA.DE, s.f., inocência, pureza, simplicidade.
IN.GÊ.NUO, adj., inocente, puro, infantil, simples, simplório.
IN.GE.RÊN.CIA, s.f., intromissão, dar opinião sem ser chamado.
IN.GE.RIR, v.t. e pron., introduzir, engolir, comer; intrometer-se.
IN.GLÊS, adj. e s.m., próprio da Inglaterra ou seu habitante; idioma.

IN.GRA.TI.DÃO, s.f., ausência de gratidão, falta de reconhecimento.
IN.GRA.TO, adj., mal-agradecido.

INGREDIENTE

IN.GRE.DI.EN.TE, s.m., substância, conteúdo, o que se põe dentro de.
ÍN.GRE.ME, adj., escarpado, áspero; difícil, trabalhoso.
IN.GRES.SAR, v.t.int., adentrar, entrar, ir para dentro, começar.
IN.GRES.SO, s.m., entrada, penetração, admissão, acesso; bilhete para entrar em.
ÍN.GUA, s.f., entumescimento do gânglio linfático, dor na parte interna da coxa.
I.NI.BI.ÇÃO, s.f., timidez, medo de, falta de coragem para.
I.NI.BI.DO, adj., tímido, acanhado, timorato.
I.NI.BIR, v.t., oprimir, tolher, obrigar a, impedir.
I.NI.CI.A.ÇÃO, s.f., início, começo, princípio, experiência, ensinamento.
I.NI.CI.A.DO, adj., principiado; s.m., quem começa em certas seitas ou grupos.
I.NI.CI.AL, adj., próprio do começo, do início.
I.NI.CI.AN.TE, s.m., principiante, neófito.
I.NI.CI.AR, v.t. e pron., começar; dar os primeiros ensinamentos em; mostrar os ritos iniciais.
I.NI.CI.A.TI.VA, s.f., tomada de posição, início, começo.
I.NÍ.CIO, s.m., começo, princípio, abertura, estreia, iniciação.
I.NI.GUA.LÁ.VEL, adj., ímpar, extraordinário, sem igual.
I.NI.MI.GO, s.m., adversário, contrário.
I.NI.MI.TÁ.VEL, adj., que não pode ser imitado, único, ímpar.
I.NI.MI.ZA.DE, s.f., adversidade, hostilidade, desamor.
I.NIN.TER.RUP.TO, adj., incessante, sem interrupção, infinito.
I.NI.QUI.DA.DE, s.f., injustiça, crueldade, maldade.
I.NÍ.QUO, adj., maldoso, cruel, injusto.
IN.JE.ÇÃO, s.f., ação ou efeito de injetar, introdução, inserção de remédio no corpo humano.
IN.JE.TAR, v.t. e pron., introduzir remédio líquido em; colocar dentro.
IN.JE.TÁ.VEL, adj., que se injeta.
IN.JÚ.RIA, s.f., ofensa, desaforo, agravo, agressão.
IN.JU.RI.AR, v.t. e pron., ofender, agredir, difamar, vexar.
IN.JU.RI.O.SO, adj., ofensivo, difamante, vexatório.
IN.JUS.TI.ÇA, s.f., falta de justiça.
IN.JUS.TO, adj., que não é justo, nocivo.
I.NO.CÊN.CIA, s.f., pureza, singeleza, simplicidade.
I.NO.CEN.TAR, v.t. e pron., tornar inocente, lavar, tirar a culpa.
I.NO.CEN.TE, adj., sem culpa, descriminado, inocentado.
I.NO.CU.LAR, v.t. e pron., injetar, introduzir, penetrar, colocar dentro.
I.NÓ.CUO, adj., inofensivo, singelo, inerme.
I.NO.DO.RO, adj., sem cheiro, sem odor.
I.NO.FEN.SI.VO, adj., que não ofende, manso, pacífico.
I.NO.PE.RÂN.CIA, s.f., apatia, sem nada fazer, incompetência.
I.NO.PE.RAN.TE, adj., que nada faz, incompetente, preguiçoso.
I.NO.POR.TU.NO, adj., que incomoda, aborrecido.
I.NO.VA.ÇÃO, s.f., ato de inovar, renovação.
I.NO.VAR, v.t., tornar novo, renovar.
I.NO.XI.DÁ.VEL, adj., que não se enferruja, que não sofre oxidação.
IN.QUA.LI.FI.CÁ.VEL, adj., que não pode ser qualificado, abjeto, vil, baixo.
IN.QUÉ.RI.TO, s.m., investigação, busca.
IN.QUI.E.TA.ÇÃO, s.f., agitação, nervosismo.
IN.QUI.E.TAR, v.t. e pron., agitar, causar inquietação em.
IN.QUI.E.TO, adj., agitado, aborrecido, nervoso.
IN.QUI.LI.NO, s.m., locatário, quem mora em casa alugada.
IN.QUI.RIR, v.t. e int., perquirir, investigar, buscar informações, perguntar.
IN.SA.CI.Á.VEL, adj., ávido, sedento, cobiçoso, que não se sacia.
IN.SA.LU.BRE, adj., que não é salubre, que provoca doença.
IN.SA.LU.BRI.DA.DE, s.f., falta de condições para a saúde.
IN.SÂ.NIA, s.f., loucura, desvairismo, insanidade.
IN.SA.NI.DA.DE, s.f., loucura, demência, doidice, imbecilidade.
IN.SA.NO, adj., doido, louco, maluco, idiota.
IN.SA.TIS.FA.ÇÃO, s.f., ausência de satisfação, revolta, contrariedade.
IN.SA.TIS.FA.TÓ.RIO, adj., não satisfatório, decepcionante.
IN.SA.TIS.FEI.TO, adj., frustrante, decepcionado.
INS.CRE.VER, v.t. e pron., registrar, colocar na lista de, nomear para.
INS.CRI.ÇÃO, s.f., ato de inscrever, ato de colocar o nome em; epígrafe, letreiro.
INS.CRI.TO, adj., registrado, com o nome em uma relação, anotado.
IN.SE.GU.RAN.ÇA, s.f., falta de segurança, perigo.
IN.SE.MI.NA.ÇÃO, s.f., ato ou efeito de inseminar, introdução do sêmen no útero.
IN.SE.MI.NAR, v.t., fecundar artificialmente uma fêmea.
IN.SEN.SA.TEZ, s.f., tolice, loucura, demência.
IN.SEN.SA.TO, adj., louco, demente, doido, idiota.
IN.SEN.SI.BI.LI.DA.DE, s.f., falta de sensibilidade, indiferença, desprezo.
IN.SEN.SÍ.VEL, adj., sem sensibilidade, apático.
IN.SE.PA.RÁ.VEL, adj., ligado, unido, acoplado.
IN.SE.PUL.TO, adj., não sepultado, não enterrado.
IN.SER.ÇÃO, s.f., ato de inserir, introdução.
IN.SE.RIR, v.t. e pron., colocar dentro, fazer entrar, adentrar.
IN.SE.TI.CI.DA, s.m., veneno para matar insetos.
IN.SE.TÍ.VO.RO, adj. e s.m., que se alimenta de insetos, comedor de insetos.
IN.SE.TO, s.m., animal invertebrado com mais patas, tórax, cabeça e de pequeno tamanho; fig., indivíduo sem a mínima importância.
IN.SI.DI.O.SO, adj., traiçoeiro, vil, desprezível.
IN.SIG.NE, adj., famoso, ilustre, notável, honrado.
IN.SÍG.NIA, s.f., bandeira, sinal, emblema, distintivo.
IN.SIG.NI.FI.CÂN.CIA, s.f., ninharia, nonada, bagatela.
IN.SIG.NI.FI.CAN.TE, adj., sem valor, sem importância.
IN.SI.NU.A.ÇÃO, s.f., ato de insinuar, atribuição de algo a.
IN.SI.NU.AN.TE, adj., que insinua, que atrai, que seduz.
IN.SI.NU.AR, v.t. e pron., deixar perceber algo mais, falar de modo indireto.
IN.SÍ.PI.DO, adj., sem sabor, sem gosto, insosso.
IN.SIS.TÊN.CIA, s.f., teimosia, repetição contínua de algo, continuidade.
IN.SIS.TEN.TE, adj., obstinado, perturbador, aborrecido, fastidioso.
IN.SIS.TIR, v.t. e int., persistir, teimar, continuar, manter-se.
IN.SO.LÊN.CIA, s.f., atrevimento, desrespeito, desacato.
IN.SO.LEN.TE, adj., desaforado, deseducado, malcriado.
IN.SÓ.LI.TO, adj., raro, incomum, inesperado.
IN.SO.LÚ.VEL, adj., de solvência difícil, complicado, problemático.
IN.SOL.VEN.TE, adj. e s.c. 2 gên., pessoa física que não consegue pagar tudo que deve.
IN.SÔ.NIA, s.f., falta de sono, não conseguir dormir.
IN.SOS.SO, adj., sem sal, com pouco sal, de gosto ruim.
INS.PE.ÇÃO, s.f., ato de inspecionar, exame, fiscalização.
INS.PE.CI.O.NAR, v.t., examinar, revisar, analisar.
INS.PE.TOR, s.m., quem inspeciona; fiscal, vigilante.
INS.PI.RA.ÇÃO, s.f., ação ou efeito de inspirar; facilidade poética de escrever.
INS.PI.RAR, v.t., puxar o ar para os pulmões, dar facilidade para compor versos.
INS.TA.BI.LI.DA.DE, s.f., insegurança, variação no modo de ser.
INS.TA.LA.ÇÃO, s.f., colocação de peças e mecanismos; arrumação.
INS.TA.LAR, v.t. e pron., colocar em ordem, organizar, preparar.
INS.TÂN.CIA, s.f., os vários graus dos fóruns na justiça comum; pedido.
INS.TAN.TÂ.NEO, adj., repentino, súbito, momentâneo.
INS.TAN.TE, s.m., momento, ocasião, átimo.
INS.TAR, v.t. e int., insistir, pedir, solicitar.
INS.TAU.RAR, v.t., alicerçar, abrir, iniciar, constituir.
INS.TÁ.VEL, adj., inseguro, desequilibrado, volúvel.
INS.TI.GA.ÇÃO, s.f., estímulo, atiçamento, provocação.
INS.TI.GAR, v.t., estimular, atiçar, provocar.
INS.TIN.TI.VO, adj., natural, espontâneo, próprio, original.
INS.TIN.TO, s.m., tendência inata, inclinação natural.
INS.TI.TU.CI.O.NAL, adj., referente a uma instituição.
INS.TI.TU.CI.O.NA.LI.ZAR, v.t., tornar institucional.
INS.TI.TU.I.ÇÃO, s.f., ato ou efeito de instituir; estabelecimento; instituto, fundação.
INS.TI.TU.IR, v.t., fundar, constituir, começar, designar.
INS.TI.TU.TO, s.m., instituição, organismo feito para um objetivo preestabelecido, norma, organismo.
INS.TRU.ÇÃO, s.f., conhecimento, educação, saber, aquisição de conhecimento, cultura.
INS.TRU.Í.DO, adj., culto, formado, qualificado.
INS.TRU.IR, v.t. e pron., dar informação, informar, esclarecer, ensinar.
INS.TRU.MEN.TAL, adj., referente a instrumento; s.m., o todo de instrumentos para determinado fim.

INS.TRU.MEN.TIS.TA, s.c. 2 gên., quem toca algum instrumento.
INS.TRU.MEN.TO, s.m., objeto, peça, aparelho, coisa.
INS.TRU.TI.VO, adj., que traz instrução, formativo.
INS.TRU.TOR, s.m., quem instrui, educador, professor.
IN.SU.BOR.DI.NA.ÇÃO, s.f., revolta, desrespeito, quebra da hierarquia.
IN.SU.BOR.DI.NAR, v.t. e pron., revoltar, rebelar, insurgir-se contra.
IN.SU.CES.SO, s.m., fracasso, derrota.
IN.SU.FI.CI.ÊN.CIA, s.m., carência, falta, incompetência.
IN.SU.FI.CI.EN.TE, adj., menor, inapto, pouco.
IN.SU.FLAR, v.t., encher, inflar, inserir, incutir.
IN.SUL.TAR, v.t., afrontar, ofender, desrespeitar.
IN.SUL.TO, s.m., ofensa, desrespeito, injúria.
IN.SU.PE.RÁ.VEL, adj., invencível, inexcedível.
IN.SU.POR.TÁ.VEL, adj., aborrecido, intolerável, intragável.
IN.SUR.GIR, v.t. e pron., revoltar-se, rebelar-se.
IN.SUR.REI.ÇÃO, s.f., revolta, sublevação, revolução.
IN.TAC.TO, adj., perfeito, ileso, completo.
IN.TAN.GÍ.VEL, adj., intocável, inapalpável.
ÍN.TE.GRA, s.f., todo o texto de uma lei; na íntegra - no todo.
IN.TE.GRA.ÇÃO, s.f., associação, convívio, aproximação.
IN.TE.GRAL, adj., total; alimento natural.
IN.TE.GRAR, v.t. e pron., completar, ajuntar-se, complementar.
IN.TE.GRI.DA.DE, s.f., inteireza, honestidade, honradez.
ÍN.TE.GRO, adj., completo, honesto, honrado.
IN.TEI.RAR, v.t. e pron., completar, tornar inteiro, informar, dar notícia.
IN.TEI.RE.ZA, s.f., integridade, coisa completa.
IN.TEI.RI.ÇO, adj., feito de uma peça.
IN.TEI.RO, adj., completo, integral; s.m., número não fracionário.
IN.TE.LEC.TO, s.m., inteligência, todas as faculdades mentais do indivíduo.
IN.TE.LEC.TU.AL, adj., referente ao intelecto, s.c. 2 gên., quem é dado a temas literários, filosóficos e de saber.
IN.TE.LI.GÊN.CIA, s.f., faculdade mental de compreender, raciocinar, deduzir, pensar e filosofar, intelecto.
IN.TE.LI.GEN.TE, adj., esperto, sabido, hábil.
IN.TEM.PÉ.RIE, s.f., mau tempo, tempo de chuva.
IN.TEM.PES.TI.VO, adj., fora do tempo, antes ou depois da data prevista, súbito.
IN.TEN.ÇÃO, s.f., tenção, plano, intuito, propósito.
IN.TEN.CI.O.NAL, adj., intuitivo, propositual.
IN.TEN.SI.DA.DE, s.f., força, violência, pressão.
IN.TEN.SI.FI.CAR, v.t. e pron., reforçar, oprimir, pressionar, fortalecer.
IN.TEN.SI.VO, adj., rápido, em tempo curto, reforçado, forte.
IN.TEN.SO, adj., com intensidade, enérgico, forte.
IN.TEN.TAR, v.t., tencionar, tentar, ter como propósito.
IN.TE.RA.ÇÃO, s.f., ação mútua de dois ou mais objetos ou seres.
IN.TE.RA.GIR, v.t. e int., praticar interação, portar-se reciprocamente.
IN.TER.CAM.BI.AR, v.t., trocar, fazer permuta.
IN.TER.CÂM.BIO, s.m., troca, negócios entre dois países; escambo, troca de conhecimentos intelectuais.
IN.TER.CE.DER, v.t. e int., rogar, suplicar, solicitar, pedir algo.
IN.TER.CEP.TAR, v.t., interromper, cortar, prender a caminho.
IN.TER.CES.SÃO, s.f., ação ou efeito de interceder.
IN.TER.CO.MU.NI.CA.ÇÃO, s.f., comunicação entre dois; relação pessoal mútua.
IN.TER.CO.MU.NI.CAR, v. pron., comunicar-se mutuamente.
IN.TER.DI.ÇÃO, s.f., proibição, veto, impedimento.
IN.TER.DI.TAR, v.t., vetar, impedir.
IN.TER.DI.TO, adj., vetado, impedido, proibido.
IN.TE.RES.SAN.TE, adj., atraente, que interessa, extraordinário.
IN.TE.RES.SAR, v.t., atrair, ser proveitoso, referir-se a.
IN.TE.RES.SE, s.m., lucro, atração, vantagem.
IN.TE.RES.SEI.RO, adj., egoísta, que quer somente ganhar algo.
IN.TER.FE.RÊN.CIA, s.f., ato de intervir, intromissão.
IN.TER.FE.RIR, v.t. e int., intervir, interpor-se.
IN.TER.FO.NE, s.m., aparelho fônico para comunicação entre ambientes de uma casa, apartamentos, portaria.
ÍN.TE.RIM, s.m., instante, átimo, no entretempo.
IN.TE.RI.NO, s.m., provisório, não estável, passageiro.
IN.TE.RI.OR, adj., o que está dentro; s.m., o que se refere à parte espiritual, ao íntimo; as regiões afastadas da capital regional.

IN.TE.RI.O.RA.NO, adj., que é do interior ou ali habita.
IN.TE.RI.O.RI.ZAR, v.t. e pron., levar para o interior; preocupar-se com os aspectos espirituais.
IN.TER.JEI.ÇÃO, s.f., qualquer vocábulo que exprime sentimentos.
IN.TER.LI.GAR, v.t. e pron., unir, amarrar.
IN.TER.LO.CU.TOR, s.m., quem participa do diálogo, quem conversa com.
IN.TER.ME.DI.AR, v.t. e int., colocar no meio, inserir, intercalar.
IN.TER.ME.DI.Á.RIO, adj., o que fica entre dois; s.m., tipo que compra do produtor para vender ao consumidor com alto lucro; atravessador.
IN.TER.MÉ.DIO, s.m., meio, intervenção, encaixe.
IN.TER.MI.NÁ.VEL, adj., que não termina nunca, muito longo, infinito.
IN.TER.MI.TEN.TE, adj., descontínuo, que se interrompe por vezes.
IN.TER.NA.ÇÃO, s.f., colocação em hospital, internamento.
IN.TER.NA.CI.O.NAL, adj., próprio da vida entre as nações; que vai além do nacional.
IN.TER.NA.CI.O.NA.LI.ZAR, v.t., tornar internacional.
IN.TER.NA.DO, adj., colocado como interno em colégio, hospital ou outro local.
IN.TER.NAR, v.t. e pron., colocar em, pôr em hospital, colégio; hospitalizar.
IN.TER.NA.TO, s.m., colégio no qual o discípulo fica por tempo integral.
IN.TER.NO, adj., que está dentro; s.m., pessoa que vive em internato.
IN.TER.PE.LAR, v.t., questionar alguém sobre, pedir explicações de, apartear.
IN.TER.POR, v.t. e pron., colocar entre, inserir.
IN.TER.PRE.TA.ÇÃO, s.f., ação ou efeito de interpretação, explanação, ação de ser artista, representação do papel.
IN.TÉR.PRE.TE, s.c. 2 gên., pessoa que traduz idiomas, que explica algo complicado; quem analisa uma situação.
IN.TER.RO.GAR, v.t. e pron., perguntar, indagar, buscar uma verdade por perguntas.
IN.TER.RO.GA.TÓ.RIO, s.m., ação que um juiz executa na busca da verdade em relação ao acusado de ser infrator; perguntas, indagações.
IN.TER.ROM.PER, v.t. e pron., parar, cessar; truncar, cortar.
IN.TER.RUP.ÇÃO, s.f., corte, truncamento, parada.
IN.TER.RUP.TOR, s.m., peça para acender, ou apagar a lâmpada, para ligar ou desligar a energia elétrica.
IN.TER.SIN.DI.CAL, adj., que se faz entre sindicatos.
IN.TERS.TÍ.CIO, s.m., espaço mínimo entre dois corpos, espaço, fenda, fresta.
IN.TE.RUR.BA.NO, adj. e s.m., tudo que ocorre entre cidades; telefonema de uma cidade para outra.
IN.TER.VA.LO, s.m., espaço, tempo entre duas ações, tempo decorrente entre fatos, entre trabalhos, aulas.
IN.TER.VEN.ÇÃO, s.f., ato de intervir, interferência, intromissão.
IN.TER.VEN.TOR, s.m., indivíduo nomeado por autoridade maior para dirigir um Estado, uma instituição, uma empresa.
IN.TER.VIR, v.t. e int., meter-se no meio, usar de autoridade maior para ordenar uma situação, intrometer-se em, dar opinião; pop., meter o bedelho.
IN.TES.TI.NAL, adj., relativo a intestinos, visceral.
IN.TES.TI.NO, s.m., conjunto de tubos membranosos que conduzem o alimento no estômago, recebendo-o e expelindo; vísceras; pop., tripas; adj., interior, interno.
IN.TI.MA.ÇÃO, s.f., ação de intimar, convocação, ordem para se apresentar a.
IN.TI.MAR, v.t., convocar, exigir que se apresente; ordem judicial para que se apresente a uma autoridade, sujeito a ser conduzido por força policial.
IN.TI.MI.DA.DE, s.f., relacionamento muito forte.
IN.TI.MI.DAR, v.t. e pron., amedrontar, provocar medo, assustar.
ÍN.TI.MO, adj., do âmago, profundo; próprio da alma, da psique.
IN.TI.TU.LAR, v.t., dar título, nomear, apelidar.
IN.TO.CÁ.VEL, adj., que não se deve apalpar, mexer, encostar.
IN.TO.LE.RAN.TE, adj., que não suporta nada, radical, severo, nervoso.
IN.TO.LE.RÁ.VEL, adj., insuportável, aborrecido, fastidioso.
IN.TO.XI.CA.ÇÃO, s.f., envenenamento.

INTOXICAR

IN.TO.XI.CAR, v.t., provocar envenenamento; ingerir substância venenosa.
IN.TRA.DU.ZÍ.VEL, adj., que não se pode traduzir, exprimir, inexprimível.
IN.TRA.GÁ.VEL, adj., indigesto, insuportável.
IN.TRA.MUS.CU.LAR, adj., que fica entre os músculos.
IN.TRAN.QUI.LI.DA.DE, s.f., nervosismo, inquietação.
IN.TRANS.FE.RÍ.VEL, adj., impossível de transferir.
IN.TRAN.SI.GÊN.CIA, s.f., falta de diálogo, radicalismo.
IN.TRAN.SI.GEN.TE, adj., obstinado, austero, de ideia fixa.
IN.TRAN.SI.TÁ.VEL, adj., difícil de transitar, estrada ruim, com o trânsito proibido.
IN.TRAN.SI.TI.VO, adj., verbo que não exige complemento.
IN.TRANS.PO.NÍ.VEL, adj., que não se consegue transpor; íngreme, difícil.
IN.TRA.TÁ.VEL, adj., vil, arrogante, pernóstico, malcriado.
IN.TRAU.TE.RI.NO, adj., que ocorre dentro do útero.
IN.TRA.VE.NO.SO, adj., injeção dada na veia.
IN.TRE.PI.DEZ, s.f., valentia, coragem, ousadia.
IN.TRÉ.PI.DO, adj., sem medo, corajoso, valente, denodado.
IN.TRI.GA, s.f., tramoia; jogo de poder para prejudicar alguém, mexerico.
IN.TRI.GA.DO, adj., que sofreu intriga, prejudicado, curioso.
IN.TRI.GAR, v.int., envolver em intriga, provocar dissensão entre, mexericar.
IN.TRIN.CAR, v.t. e pron., confundir, atrapalhar, enredar.
IN.TRÍN.SE.CO, adj., essencial, interior, íntimo, do âmago.
IN.TRO.DU.ÇÃO, s.f., preâmbulo, início, princípio, abertura.
IN.TRO.DU.TÓ.RIO, adj., que faz a introdução, iniciante, principiante.
IN.TRO.DU.ZIR, v.t. e pron., pôr dentro, iniciar, inserir, abrir.
IN.TROI.TO, s.m., início, princípio, abertura, entrada.
IN.TRO.ME.TER, v.t. e pron., meter dentro, colocar no meio.
IN.TRO.ME.TI.DO, adj., metido dentro, enxerido, abelhudo.
IN.TROS.PEC.ÇÃO, s.f., exame do interior, análise do íntimo.
IN.TRU.SO, adj., intrometido, estranho, que não foi convidado.
IN.TU.I.ÇÃO, s.f., obtenção de um conhecimento por força da mente, pressentimento, percepção de uma verdade.
IN.TU.IR, v.t., possuir intuição, perceber, pressentir, visualizar.
IN.TU.I.TI.VO, adj., que sabe usar a intuição.
IN.TUI.TO, s.m., objetivo, propósito, escopo, projeto, desejo.
IN.TU.MES.CEN.TE, adj., que incha, que se avoluma.
IN.TU.MES.CER, v.t. int. e pron., crescer, avolumar-se, inchar.
I.NU.ME.RÁ.VEL, adj., imenso, infinito, incontável.
I.NÚ.ME.RO, adj., muito grande, inumerável.
I.NUN.DA.ÇÃO, s.f., encher de, cobrir com água, enchente, cheia.
I.NUN.DAR, v.t. e pron., alagar, encher com água.
I.NUN.DÁ.VEL, adj., alagável, que pode ser inundado.
I.NU.SI.TA.DO, adj., estranho, raro, incomum.
I.NÚ.TIL, adj., sem utilidade, sem valor.
I.NU.TI.LI.DA.DE, s.f., sem utilidade, coisa inútil.
I.NU.TI.LI.ZAR, v.t., tornar inútil, destruir, desmanchar.
IN.VA.DIR, v.t., entrar em à força, dominar, tomar conta de.
IN.VA.LI.DAR, v.t., anular, desfazer.
IN.VA.LI.DEZ, s.f., situação do que é inválido, inutilidade.
IN.VÁ.LI.DO, adj., que não vale mais, inútil, doente, aleijado, impróprio.
IN.VA.RI.Á.VEL, adj., que não varia, imutável, fixo.
IN.VA.SÃO, s.f., entrada por meio de violência, domínio violento.
IN.VA.SOR, s.m., quem invade.
IN.VEC.TI.VA, s.f., ataque, provocação, insulto.
IN.VEC.TI.VAR, v.t., repreender, atacar, insultar.
IN.VE.JA, s.f., vontade de possuir algo, de ser como outrem e não conseguir, sentindo, por isso, depressão; cobiça de obter coisas.
IN.VE.JAR, v.t., sentir inveja de, sentir-se mal com a felicidade de outros.
IN.VE.JÁ.VEL, adj., digno de ser invejado.
IN.VE.JO.SO, adj., cheio de inveja.
IN.VEN.ÇÃO, s.f., invento, ato de inventar, coisa inventada; tramoia.
IN.VEN.CI.O.NI.CE, s.f., intriga, história inventada, tramoia.
IN.VEN.CÍ.VEL, adj., que não pode ser vencido, valente, corajoso.
IN.VEN.TAR, v.t., criar, fazer, imaginar, tramar.
IN.VEN.TA.RI.AR, v.t., relacionar, arrolar, levantar tudo que existe.
IN.VEN.TÁ.RIO, s.m., espólio, bens deixados por quem morre, relação das mercadorias de uma loja, supermercado.
IN.VEN.TI.VA, s.f., invento, coisa inventada, arte de criar.
IN.VEN.TI.VO, adj., engenhoso, que possui a arte de inventar, imaginoso.
IN.VEN.TO, s.m., invenção, descobrimento, inventiva.
IN.VEN.TOR, s.m., quem inventa, quem cria.
IN.VE.RÍ.DI.CO, adj., mentiroso, falso.
IN.VER.NAL, adj., relativo ao inverno, hibernal.
IN.VER.NAR, v.t. e int., passar o inverno em; recolher(- se) durante o inverno.
IN.VER.NO, s.m., uma das 4 estações climáticas, dominada pelo frio.
IN.VE.ROS.SÍ.MIL, adj., que não parece verdadeiro, de certeza duvidosa.
IN.VER.SO, adj., colocado ao contrário da ordem natural, invertido.
IN.VER.TE.BRA.DO, s.m., animal que não tem vértebras nem ossos.
IN.VER.TER, v.t. e pron., virar, colocar ao contrário do normal, mudar a direção.
IN.VER.TI.DO, adj., inverso, contrário.
IN.VÉS, s.m., contrariedade, avesso; ao invés - ao contrário.
IN.VES.TI.DA, s.f., ataque, acometimento.
IN.VES.TI.DU.RA, s.f., tomada de posse, colocação em cargo, nomeação.
IN.VES.TI.GA.DOR, s.m., quem investiga, detetive, policial.
IN.VES.TI.GAR, v.t., buscar, inquirir, procurar as provas de.
IN.VES.TIR, v.t., int. e pron., ser objeto de investidura, posse; atacar, aplicar dinheiro em; preparar uma posição.
IN.VE.TE.RA.DO, adj., velho, fixado em uma posição, imutável.
IN.VI.A.BI.LI.ZAR, v.t., não deixar acontecer, desfazer o sucesso.
IN.VI.Á.VEL, adj., irrealizável, que não se consegue fazer.
IN.VO.CA.DO, adj., chamado, suplicado; desconfiado, incrédulo.
IN.VO.CAR, v.t., chamar, orar, suplicar, evocar.
IN.VÓ.LU.CRO, s.m., recipiente, envoltório, que contém.
IN.VO.LUN.TÁ.RIO, adj., sem a vontade expressa, acidental, fortuito.
IN.VUL.GAR, adj., raro, fora do comum.
IN.VUL.NE.RÁ.VEL, adj., que é protegido para não ser ferido, imortal.
I.O.DAR, v.t., colocar iodo em.
I.O.DO, s.m., substância encontrada nas águas do mar e em algumas algas, usada para tratar ferida.
I.O.GA, s.f., sistema místico de origem indiana, que busca a contemplação divina por meio de exercícios físicos e espirituais.
I.O.GUE, s.c. 2 gên., praticante de ioga.
I.O.GUR.TE, s.m., coalhada de leite com mistura de outros produtos.
ÍON, s.m., molécula com carga elétrica positiva ou negativa.
I.O.NI.ZA.ÇÃO, s.f., transformar em íons.
I.O.NI.ZAR, v.t. e int., transformar uma molécula em íon.
I.O.NOS.FE.RA, s.f., camada da atmosfera ionizada.
I.PÊ, s.m., nome comum a vários tipos de árvores, cujo lenho é duro e que produz flores amarelas e roxas.
ÍP.SI.LON, s.m., letra do alfabeto grego, ipsilone.
IP.SIS LIT.TE.RIS, expr. latina, com as mesmas letras, idêntico, igual.
IR, v. int., deslocar-se, andar, caminhar, marchar, viajar, retirar-se.
I.RA, s.f., raiva, irritação, cólera.
I.RA.CUN.DO, adj., irritado, raivoso, furioso.
I.RA.PU.RU, s.m., uirapuru, ave da Amazônia, cujo canto é muito belo.
I.RAR, v.t.e pron., irritar, enraivecer, encolerizar.
I.RA.RA, s.f., mamífero carnívoro, pequeno, pelos duros, de nossa fauna.

I.RAS.CÍ.VEL, *adj.*, irritável, insuportável, intratável.
Í.RIS, *s.f.*, espectro solar; *s.f.*, a parte central do olho e com cores, rodeando a pupila.
I.RI.SAN.TE, *adj.*, brilhante, colorido.
I.RI.SAR, *v.t* e *pron.*, matizar, dar várias cores.
IR.LAN.DÊS, *adj.* e *s.m.*, próprio da Irlanda, natural ou habitante desse país.
IR.MÃ, *s.f.*, freira, feminino de irmão.
IR.MA.NAR, *v.t* e *pron.*, tornar irmão, fraternizar, unir-se.
IR.MAN.DA.DE, *s.f.*, parentela, grupo de familiares, associação de amigos.
IR.MÃO, *s.m.*, pessoa com a mesma consanguinidade, quer por pai, quer por mãe, mano, confrade de uma confraria, de certas seitas.
I.RO.NI.A, *s.f.*, figura literária que traduz o contrário do sentido literal da palavra, sarcasmo, deboche.
I.RO.NI.ZAR, *v.t.*, usar de ironia, rir-se de, ridicularizar.
IR.RA.CI.O.NAL, *adj.*, que não usa o raciocínio, animal, fera; *s.m.*, todo animal que não sabe raciocinar.
IR.RA.DI.AR, *v.t*, *int.* e *pron.*, espargir luz, iluminar, lançar raios brilhantes; derramar.
IR.RE.AL, *adj.*, não real, inverídico, fantasioso.
IR.RE.A.LI.ZÁ.VEL, *adj.*, impossível de realizar, impossível, inatingível.
IR.RE.CO.NHE.CÍ.VEL, *adj.*, que não se reconhece, desfigurado.
IR.RE.CU.PE.RÁ.VEL, *adj.*, não recuperável, destruído, perdido.
IR.RE.CU.SÁ.VEL, *adj.*, que não se recusa, convidativo, sedutor.
IR.RE.DU.TÍ.VEL, *adj.*, intransigente, obstinado, teimoso.
IR.RE.FLE.TI.DO, *adj.*, não refletido, desajuizado, sem ideia.
IR.RE.FOR.MÁ.VEL, *adj.*, que não é reformável, pronto, acabado.
IR.RE.FRE.Á.VEL, *adj.*, não freável, desbragado, liberado de todo.
IR.RE.FU.TÁ.VEL, *adj.*, que não se refuta, definitivo, conclusivo.
IR.RE.GU.LAR, *adj.*, não regular, contrário às leis, errado.
IR.RE.GU.LA.RI.DA.DE, *s.f.*, não tem regularidade, erro; inabitualidade.
IR.RE.LE.VAN.TE, *adj.*, sem valor, desimportante.
IR.RE.ME.DI.Á.VEL, *adj.*, que não pode ser remediado, perdido, terminado.
IR.RE.PA.RÁ.VEL, *adj.*, não reparável, destruído.
IR.RE.PRE.EN.SÍ.VEL, *adj.*, que não precisa ser repreendido, ótimo, justo, correto.
IR.RE.QUIE.TO, *adj.*, agitado, nervoso, saltitante.
IR.RE.SIS.TÍ.VEL, *adj.*, atraente, persuasivo, cativante.
IR.RES.PI.RÁ.VEL, *adj.*, impróprio para respirar, intragável, poluído.
IR.RES.PON.SÁ.VEL, *adj.*, sem responsabilidade, imaturo, desajuizado.
IR.RE.TRA.TÁ.VEL, *adj.*, não retratável, categórico, definitivo.
IR.RE.VE.RÊN.CIA, *s.f.*, sem reverência, sem-vergonhice, má-criação.
IR.RE.VE.REN.TE, *adj.*, malcriado, abusado.
IR.RE.VER.SÍ.VEL, *adj.*, definitivo, que não retorna mais.
IR.RE.VO.GÁ.VEL, *adj.*, inanulável, irretratável.
IR.RI.GA.ÇÃO, *s.f.*, rega, molhadura artificial.
IR.RI.GAR, *v.t.*, regar, molhar, banhar plantas.
IR.RI.GÁ.VEL, *adj.*, sujeito à irrigação, banhável.
IR.RI.SÃO, *s.f.*, zombaria, ironia, ridicularização, escárnio.
IR.RI.SÓ.RIO, *adj.*, que faz rir, sem valor, ridículo.
IR.RI.TA.ÇÃO, *s.f.*, ira, raiva, fúria.
IR.RI.TAR, *v.t.* e *pron.*, enraivecer, irar, exasperar, agastar.
IR.RI.TÁ.VEL, *adj.*, que irrita, exasperante.
IR.ROM.PER, *v.t.* e *int.*, romper, surgir subitamente, invadir.
IR.RUP.ÇÃO, *s.f.*, entrada furiosa, invasão súbita.

IS.CA, *s.f.*, toda coisa que se usa para enganar alguém; qualquer coisa que se usa para pegar peixe; engodo, logro.
I.SEN.ÇÃO, *s.f.*, desobrigação de algo.
I.SEN.TAR, *v.t.* e *pron.*, eximir, desobrigar, liberar.
I.SEN.TO, *adj.*, liberado, desobrigado.
IS.LA.MIS.MO, *s.m.*, religião fundada por Maomé, religião muçulmana.
IS.LA.MI.TA, *s.c. 2 gên.*, seguidor do islamismo, maometano.
I.SO.LA.ÇÃO, *s.f.*, isolamento, afastamento, fuga do convívio humano.
I.SO.LA.DOR, *s.m.*, material que impede a passagem de energia elétrica.
I.SO.LA.MEN.TO, *s.m.*, estado de estar isolado; local reservado a doentes graves.
I.SO.LAN.TE, *adj.*, material para impedir a passagem de energia elétrica.
I.SO.LAR, *v.t.*, *int.* e *pron.*, separar, afastar, fugir do meio social.
I.SO.NO.MI.A, *s.f.*, igualdade de leis; grupo sujeito ao mesmo tipo de leis.
I.SO.POR, *s.m.*, tipo de material espumoso, usado como isolante.
I.SÓS.CE.LE, *adj.*, triângulo com dois lados iguais.
I.SO.TÉR.MI.CO, *adj.*, que tem a mesma temperatura.
IS.QUEI.RO, *s.m.*, peça usada para acender qualquer coisa.
IS.QUE.MI.A, *s.f.*, circulação sanguínea deficiente em determinada parte do corpo humano.
IS.RA.E.LEN.SE, *adj.* e *s.m.*, próprio de Israel, natural ou habitante desse país; descendente de Jacó (ou Israel).
IS.RA.E.LI.TA, *adj.* e *s.m.*, israelense, próprio de Israel ou seu habitante.
IS.SEI, *s.m.*, japonês emigrado para a América.
IS.SO, *pron.*, demonstrativo da terceira pessoa.
IST.MO, *s.m.*, tira de terra que liga a península ao continente.
IS.TO, *pron.*, demonstrativo da primeira pessoa.
I.TA.LI.A.NIS.MO, *s.m.*, todos os aspectos culturais vindos do italiano; palavra italiana em outro idioma.
I.TA.LI.A.NI.ZAR, *v.t.* e *pron.*, dar jeito e forma de italiano; adquirir hábitos italianos.
I.TA.LI.A.NO, *adj.* e *s.m.*, próprio da Itália ou habitante desse país; *pop.*, descendente de italiano no Brasil.
I.TÁ.LI.CO, *adj.*, próprio de italiano; tipo de escrita para destaque!
Í.TA.LO, *adj.*, relativo à Itália, latino, romano.
I.TEM, *s.m.*, coisa, artigo, cada objeto de um conjunto; ideias de um texto.
I.TE.RA.ÇÃO, *s.f.*, repetição, reprodução.
I.TE.RAR, *v.t.*, repetir, reproduzir.
I.TI.NE.RAN.TE, *adj.*, que está sempre andando; *s.c. 2 gên.*, andarilho, nômade.
I.TI.NE.RÁ.RIO, *s.m.*, caminho a ser percorrido, roteiro, programa de viagem.
IU.GOS.LA.VO, *adj.* e *s.m.*, próprio da Iugoslávia ou natural desse país.
I.XE!, *interj.*, demonstra susto, espanto.

J, s.m., décima letra do á-bê-cê e sétima consoante.
JÁ, adv., agora, neste instante, imediatamente.
JA.BÁ, s.m., carne-seca, charque; pop., qualquer tipo de comida.
JA.BA.CU.LÊ, s.f., gorjeta, dinheiro, pagamento.
JA.BO.TA, s.f., fêmea do jabuti.
JA.BU.TI, s.m., quelônio terrestre, tipo de tartaruga terrestre.
JA.BU.TI.CA.BA, s.f., fruto da jabuticabeira.
JA.BU.TI.CA.BEI.RA, s.f., planta da família das Mirtáceas, frutos de cor azul-escuro, muito saborosos e usados para fabricar licores e geleias.
JA.CA, s.f., fruto da jaqueira.
JA.CÁ, s.m., balaio, cesto, feito de taquaras e usado na lavoura para recolher produtos.
JA.CA.RÉ, s.m., da família dos Crocodilianos, no Brasil vive em rios e lagoas.
JA.CEN.TE, adj., que jaz, que está deitado.
JA.CIN.TO, s.m., planta que produz flores vistosas e perfumadas nos jardins.
JAC.TÂN.CIA, s.f., arrogância, soberba, pedantismo.
JAC.TAR, v.pron., vangloriar-se, gabar-se, elogiar-se.
JA.CU.BA, s.f., refresco feito à base de água, farinha de mandioca e açúcar.
JA.CU.TIN.GA, s.f., ave do tamanho de uma galinha, antigamente comum na Mata Atlântica.
JA.EZ, s.m., tipo, categoria, feitio, feição.
JA.GUAR, s.m., animal carnívoro, da família dos Felídeos; onça pintada.
JA.GUA.TI.RI.CA, s.f., da família dos Felídeos, é um gato selvagem.
JA.GUN.ÇO, s.m., capanga, cangaceiro, guarda-costas.
JA.LE.CO, s.m., casaco curto para trabalhar em oficina, hospital, escola, farmácia...
JA.MAI.CA.NO, adj. e s.m., próprio da Jamaica, natural ou habitante desse país.
JA.MAIS, adv., nunca, em tempo algum.
JA.MAN.TA, s.f., carreta; pop., pessoa enorme, gigantesca.
JAN.DAI.A, s.f., tipo de periquito.
JA.NE.LA, s.f., esquadria, abertura menor, a mais ou menos um metro de altura, para permitir a entrada de luz, ar na casa.
JAN.GA.DA, s.f., embarcação de troncos ligados entre si. 
JAN.GA.DEI.RO, s.m., quem dirige uma jangada.
JÂN.GAL, s.m., floresta, selva, mata.
JA.NO.TA, adj. e s.m., almofadinha, dândi, que está sempre muito bem vestido.
JAN.TA, s.f., ceia, jantar.
JAN.TAR, v. int., cear, comer ao anoitecer; s.m., a refeição do anoitecer, ceia.
JA.PO.NA, s.f., casaco, pop., japonês.
JA.PO.NÊS, adj. e s.m., próprio do Japão ou seu habitante, nipo, nipônico.
JA.QUEI.RA, s.f., árvore que produz a jaca. 
JA.QUE.TA, s.f., casaco, paletó.
JA.QUE.TÃO, s.m., tipo de paletó.
JA.RA.GUÁ, s.m., tipo de capim em pastagens.
JA.RA.RA.CA, s.f., designação comum a tipos de cobras venenosas; fig., pessoa safada, língua venenosa.
JAR.DIM, s.m., terreno próprio para o plantio de flores e plantas de flores; fig., lugar bonito, éden.

JAR.DI.NA.GEM, s.f., arte, técnica de cultivar jardins.
JAR.DI.NEI.RA, s.f., vaso para pôr flores; ônibus velho usado em locais interioranos.
JAR.DI.NEI.RO, s.m., quem trabalha em jardim, especialista em jardinagem.
JAR.GÃO, s.m., termos que se repetem sempre; nariz-de-cera; gíria de certas profissões. 
JAR.RA, s.f., vaso para colocar flores; peça de louça para servir vinho ou outras bebidas à mesa.
JAR.RO, s.m., vaso especial para colocar água e para servir as pessoas.
JAS.MIM, s.m., arbusto da família das Oleáceas, flores brancas e perfumadas, cultivados nos jardins; jasmineiro, gardênia.
JAS.PE, s.f., uma variedade de quartzo colorido.
JA.TA.Í, s.f., tipo de abelha silvestre, produtora de mel abundante.
JA.TO, s.m., impulso, jorro, empurrão; ir a jato - muito depressa.
JA.TO.BÁ, s.m., fruta muito apreciada do jatobazeiro.
JAU.LA, s.f., gaiola grande para prender animais ferozes; fig., cadeia.
JA.VA.LI, s.m., porco selvagem da Europa, hoje criado no Sul do Brasil.
JA.VA.NÊS, adj. e s.m., próprio de Java ou natural dessa ilha.
JA.ZER, v.int. e pron., estar deitado, ficar deitado e esticado; estar morto, estar enterrado, permanecer.
JA.ZI.DA, s.f., mina de minérios, local com minérios. 
JA.ZI.GO, s.m., túmulo, sepultura, cova.
JAZZ, s.m., tipo de música norte-americana.
JEANS, s.m. pl., (inglês), tipo de fazenda, brim de cor azul.
JE.CA, s. m., matuto, caboclo, capiau, caipira, sertanejo.
JE.GUE, s.m., jumento, asno, burro, mulo, jerico.
JEI.TO, s.m., modo de ser, feitio, feição, desenvoltura, habilidade, hábito.
JEI.TO.SO, adj., hábil, apto.
JE.JU.AR, v.int., manter o jejum, não comer nem beber por certo período, abster-se de alimento.
JE.JUM, s.m., ficar sem comer certos dias, reduzir o alimento por normas de religião ou filosofia.
JE.NI.PA.PEI.RO, s.m., árvore que produz o jenipapo.
JE.QUI.TI.BÁ, s.m., grande árvore, cuja madeira é muito apreciada.
JE.RI.CO, s.m., jumento, jegue.
JE.RI.MUM, s.m., abóbora.
JE.RI.MUN.ZEI.RO, s.m., aboboreira.
JÉR.SEI, s.m., tecido, raça de gado vacum, procurado pela qualidade e quantidade do leite.
JE.SU.Í.TA, s.m., membro da Ordem Religiosa Companhia de Jesus, fundada por Santo Inácio de Loyola.
JE.TON, s.m., gratificação dada aos representantes do legislativo por participação em sessões extraordinárias.
JI.BOI.A, s.f., grande réptil, não-venenoso, que se alimenta de pequenos roedores.
JI.LÓ, s.m., fruto do jiloeiro.
JI.LO.EI.RO, s.m., planta que produz o jiló, fruto amargo usado na cozinha.
JIN.GLE, s.m., anúncio em rádio e TV, com música.
JI.PE, s.m., veículo reforçado, com tração nas quatro rodas para enfrentar qualquer tipo de estrada.
JI.RAU, s.m., estrado com forquilhas para colocar louças e outros utensílios.
JO.A.LHEI.RO, s.m., quem fabrica joias.

JO.A.LHE.RI.A, *s.f.*, loja para venda de joias.
JO.A.NE.TE, *s.f.*, saliência nas articulações dos dedos do pé, feita por inflamação dos membros.
JO.A.NI.NHA, *s.f.*, pequena lagarta, comum nas casas; vaquinha.
JO.ÃO-DE-BAR.RO, *s.m.*, ave da família dos Furnariídeos, que faz o ninho de barro; forneiro.
JO.ÃO-NIN.GUÉM, *s.m.*, homem sem valor; coitado, pobre homem.
JO.ÇA, *s.f.*, troço, droga, coisa que não vale nada.
JO.CO.SO, *adj.*, cômico, que provoca o riso, alegre.
JO.E.LHA.DA, *s.f.*, golpe com o joelho.
JO.E.LHEI.RA, *s.f.*, peça com reforço para proteger o joelho de jogadores.
JO.E.LHO, *s.m.*, parte central da articulação da perna com a coxa; peça de plástico para unir tubos para líquidos.
JO.GA.DA, *s.f.*, ato de jogar; tramoia.
JO.GA.DO, *adj.*, lance efetuado, largado, abandonado.
JO.GA.DOR, *s.m.*, quem joga.
JO.GAR, *v.t., int. e pron.*, praticar o jogo, arriscar a sorte, meter-se em.
JO.GA.TI.NA, *s.f.*, vício de jogar.
JO.GO, *s.m.*, ação de jogar, brincadeira na qual se enfrentam regras para obter um vencedor, o qual recebe o apostado em dinheiro; jogo de louça, roupas.
JO.GRAL, *s.m.*, bobo da corte, poeta medieval que declamava poemas de outros compositores; conjunto de pessoas que declamam.
JO.GUE.TE, *s.m.*, bola-murcha, quem se deixa manobrar pelos outros; brinquedo.
JOI.A, *s.f.*, objeto precioso para enfeite; pagamento para associar-se a um clube; pedra preciosa.
JOI.O, *s.m.*, cizânia, erva parecida com o trigo, que lhe deprecia o valor; *fig.*, coisa diabólica, algo ruim.
JÓ.QUEI, *s.m.*, local em que se fazem corridas de cavalo, hípica; quem cavalga o cavalo na corrida.
JOR.DA.NI.A.NO, *adj.* e *s.m.*, relativo à Jordânia ou natural desse país.
JOR.NA.DA, *s.f.*, o tanto que se caminha durante um dia; trajeto; o tempo do trabalho diário.
JOR.NAL, *s.m.*, o pagamento por um dia de trabalho; diário, gazeta, publicação.
JOR.NA.LE.CO, *s.m.*, jornal pequeno; jornal de baixa qualidade.
JOR.NA.LEI.RO, *s.m.*, quem entrega jornais, quem vende jornais nas ruas.
JOR.NA.LIS.MO, *s.m.*, o exercício da profissão do jornalista; o conjunto de jornais.
JOR.NA.LIS.TA, *s.c. 2 gên.*, quem escreve, transmite, edita ou redige jornal, revista, noticiário de rádio ou televisão.
JOR.RAR, *v.t. e int.*, escorrer com força, saltar, sair com ímpeto.
JOR.RO, *s.m.*, jato de líquido, esguicho, saída violenta de água.
JO.VEM, *s.m.*, moço, rapaz, homem com força e pouca idade.
JO.VI.AL, *adj.*, feliz, guapo, alegre, risonho.
JU.BA, *s.f.*, crina do leão; cabeleira basta e enorme.
JU.BI.LAR, *adj.*, relativo a uma cerimônia ou a um aniversário solene; estar muito alegre.
JU.BI.LEU, *s.m.*, bodas de ouro, aniversário; indulgência papal para certas ocasiões especiais, mediante cumprimento de algumas obrigações.
JÚ.BI.LO, *s.m.*, muita alegria, felicidade.
JU.ÇA.RA, *s.f.*, palmeira comum da mata brasileira, cuja parte final é comestível.
JU.DAI.CO, *adj.*, referente aos judeus, hebreus.
JU.DA.ÍS.MO, *s.m.*, credo religioso dos judeus.
JU.DAS, *s.m.*, traidor, falso amigo.
JU.DEU, *adj.* e *s.m.*, próprio da Judeia (antigo sul da Palestina); israelita; hebreu; aquele que segue o judaísmo; avarento.
JU.DI.CI.AL, *adj.*, próprio dos tribunais, da justiça.
JU.DI.CI.Á.RIO, *adj.*, ligado ao poder da justiça, do juiz.
JU.DI.CI.O.SO, *adj.*, que possui juízo; que pratica a justiça.
JU.DÔ, *s.m.*, esporte nipônico praticado em academias.
JU.DO.CA, *s.c. 2 gên.*, quem pratica o judô.
JU.GO, *s.m.*, canga para atrelar o boi ao carro ou a outro utensílio agrícola; pressão, autoritarismo.
JU.GU.LAR, *s.f.*, três veias vitais do pescoço; *v.t.*, degolar, decapitar, assassinar.
JU.IZ, *s.m.*, funcionário público concursado, com certos privilégios, que analisa as leis para sentenciar uma pendência entre o autor e o réu; árbitro.
JU.I.ZA.DO, *s.m.*, cargo de juiz, local para o juiz atuar.
JU.Í.ZO, *s.m.*, conceito, opinião, sensatez, prudência.
JUL.GA.DO, *adj.*, que recebeu sentença de condenação, ou absolvição.
JUL.GA.MEN.TO, *s.m.*, ação de julgar, ato de dar uma sentença.
JUL.GAR, *v.t., int. e pron.*, decidir, sentenciar, analisar e definir, avaliar, conceituar.
JU.LHO, *s.m.*, o sétimo mês do ano.
JU.LI.A.NO, *adj.*, relativo a Júlio César, que realizou a reforma do calendário.
JU.MEN.TO, *s.m.*, jerico, jegue, cavalgadura, asno, burro; *fig.*, idiota.
JUN.CAL, *s.m.*, local onde há juncos.
JUN.ÇÃO, *s.f.*, união, junta, ligação.
JUN.CAR, *v.t.*, revestir de juncos; *fig.*, encher de, cobrir com.
JUN.CO, *s.m.*, planta que se desenvolve em lugares úmidos.
JUN.GIR, *v.t.*, amarrar com o jugo; prender, ligar; subjugar, dominar.
JU.NI.NO, *adj.*, próprio do mês de junho, das festas juninas; joanino.
JÚ.NIOR, *adj.*, o mais jovem em relação a outro mais velho.
JUN.TA, *s.f.*, juntura, junção; coletivo para bois, examinadores, médicos.
JUN.TAR, *v.t., int. e pron.*, ajuntar, reunir, colocar junto.
JUN.TO, *adj.*, aproximado, achegado, unido.
JÚ.PI.TER, *s.m.*, o maior planeta do sistema solar.
JU.RA, *s.f., pop.*, juramento, promessa solene.
JU.RA.DO, *adj.*, que está comprometido com juramento; ameaçado de morte; *s.m.*, cada um dos sete cidadãos que compõem o tribunal do júri.
JU.RA.MEN.TO, *s.m.*, ação de jurar, promessa solene e legal de que se dirá somente a verdade, ou se cumprirá tal obrigação.
JU.RAR, *v.t. e pron.*, declarar, afirmar, dizer sob certas fórmulas que dirá somente a verdade.
JÚ.RI, *s.m.*, conjunto de sete cidadãos, juiz, promotor e advogado de defesa no julgamento de um criminoso por morte.
JU.RÍ.DI.CO, *adj.*, referente ao Direito, próprio da justiça.
JU.RIS.CON.SUL.TO, *s.m.*, jurista, advogado com largo saber no Direito.
JU.RIS.DI.ÇÃO, *s.f.*, poder emanado da lei para analisar e julgar consoante a lei; território abrangido pela lei; competência de local.
JU.RIS.PRU.DÊN.CIA, *s.f.*, doutrina do Direito, pareceres de jurisconsultos; maneira de interpretar a lei.
JU.RIS.TA, *s.c. 2 gên.*, advogado, jurisconsulto.
JU.RI.TI, *s.f.*, nome comum de diversas aves da família dos Colombídeos; pomba.
JU.RO, *s.m.*, rendimento pago por dinheiro emprestado ou aplicado.
JU.RU.BE.BA, *s.f.*, arbusto de cujas folhas e frutos se fazem remédios para males figadais e estomacais.
JU.RU.RU, *s.m.*, tristonho, triste, macambúzio.
JUS, *s.m.*, direito, expressão: fazer jus a - ter direito.
JU.SAN.TE, *s.f.*, maré baixa, baixa-mar, refluxo; o lado da foz do rio.
JUS.TA.POR, *v.t.*, colocar junto, aproximar, encostar.
JUS.TE.ZA, *s.f.*, próprio de quem é justo; integridade; certeza, precisão.
JUS.TI.ÇA, *s.f.*, Direito, direito alicerçado em lei; o conjunto de tribunais, fóruns e todo o pessoal do judiciário; autoridade.

JUS.TI.ÇA.DO, *s.m.*, elemento castigado com a pena de morte ou morto.
JUS.TI.ÇAR, *v.t.*, *pop.*, matar, liquidar, assassinar.
JUS.TI.CEI.RO, *adj.*, justo, duro, íntegro, *s.m.*, matador, que faz justiça por conta própria.
JUS.TI.FI.CA.ÇÃO, *s.f.*, fundamento, base legal, argumento.
JUS.TI.FI.CAR, *v.t.* e *pron.*, provar a justeza, dar as razões de um ato, argumentar.
JUS.TI.FI.CA.TI.VA, *s f.*, razão, prova, argumento.
JUS.TO, *adj.*, certo, de acordo com as leis e a justiça, *s.m.*, homem santo; quem pratica a justiça.
JU.TA, *s.f.*, planta que produz fibras têxteis.
JU.VE.NIL, *adj.*, próprio da juventude, dos jovens.
JU.VEN.TU.DE, *s.f.*, época da vida após a adolescência do ser humano; mocidade.

K, *s.m.*, décima primeira letra do alfabeto português, ao qual foi incorporada conforme Acordo Ortográfico assinado entre países de língua portuguesa, em vigor a partir de 2009; oitava consoante. Usada principalmente em palavras de origem estrangeira.
KAF.KI.A.NO, *adj.*, próprio de Franz Kafka; complexo e intimista.
KA.MI.KA.ZE, *s.m.*, suicida, elemento que pratica um ataque suicida.
KAN.TI.A.NO, *adj.*, próprio de Emanuel Kant, filósofo alemão; fã de Kant.
KAN.TIS.MO, *s.m.*, sistema filosófico de Kant.
KAR.DE.CIS.MO, *s.m.*, princípios sistemáticos da Doutrina Espírita, codificada por Allan Kardec.
KAR.DE.CIS.TA, *s.c. 2 gên.*, seguidor da Doutrina Espírita codificada por Allan Kardec.
KART, *s.m.*, pequeno veículo usado em corridas.
KAR.TÓ.DRO.MO, *s.m.*, circuito onde se realizam corridas de kart.
KE.PLE.RI.A.NO, *adj.*, referente a Kepler, próprio de Kepler.
KG, *s.m.*, abreviatura de quilograma.
KI.BUTZ, *s.m.*, em Israel, fazenda coletiva, embasada na cooperação voluntária de todos os membros.
KILT, *s.m.*, saiote típico usado pelos escoceses.
KIT, *s.m.*, estojo para ferramentas; conjunto de objetos.
KIT.CHE.NET.TE, *s.f.*, cozinha pequena, apartamento muito pequeno.
KI.WI, *s.m.*, tipo de fruta suculenta, de cor verde.
KM, *s.m.*, abreviatura de quilômetro.
KNOW-HOW, *s.m.*, conhecimento com experiência; capacidade da pessoa de aplicar o que sabe, o que aprendeu.
KU.WAI.TI.A.NO, *adj.*, relacionado com o Kuwait; *s.m.*, natural desse país.
KY.RI.E, *s.m.*, parte da missa católica, invocações a Deus; do grego Senhor.

L, s.m., décima segunda letra do á-bê-cê; nona consoante; na numeração romana, L é igual a 50.
LÁ, s.f., a sexta nota da escala musical; adv., ali, naquele lugar, naquele país.
LÃ, s.f., pelo tirado das ovelhas e carneiros; tecido obtido com a lã.
LA.BA.RE.DA, s.f., chama muito alta, fogo intenso.
LÁ.BA.RO, s.m., estandarte, bandeira, pavilhão.
LA.BÉU, s.m., mácula, mancha, infâmia, desonra.
LÁ.BIA, s.f., conversa astuciosa para convencer alguém, esperteza, tramoia.
LA.BI.AL, adj., próprio dos lábios; consoantes faladas com os lábios.
LÁ.BIO, s.m., as bordas da boca, a abertura da boca; beiço.
LA.BI.RIN.TI.TE, s.f., inflamação do labirinto, parte interna do ouvido.
LA.BI.RIN.TO, s.m., parte interna do ouvido; construção com tantos corredores que é muito difícil orientar-se; fig., confusão, dificuldade.
LA.BOR, s.m., trabalho, ocupação, atividade laboral.
LA.BO.RAR, v.t. e int., trabalhar, ocupar-se.
LA.BO.RA.TÓ.RIO, s.m., local no qual são feitas pesquisas, experiências, trabalhos; lugar de trabalho.
LA.BO.RA.TO.RIS.TA, s.c. 2 gên., quem trabalha em laboratório.
LA.BO.RI.O.SO, adj., trabalhador, diligente; complexo, de solução difícil.
LA.BOR.TE.RA.PI.A, s.f., sistema de trabalho que visa à recuperação de alguém.
LA.BU.TA, s.f., trabalho, faina, empenho.
LA.BU.TAR, v.t. e int., trabalhar arduamente, empenhar-se, desdobrar-se.
LA.ÇA.DA, s.f., laço, nó, ato de ligar.
LA.ÇA.DOR, s.m., experiente no uso do laço.
LA.CAI.O, s.m., criado, empregado particular; fig., bajulador, enganador; pop., puxa-saco.
LA.ÇAR, v.t. e pron., prender com laço, amarrar; fig., submeter ao amor.
LA.CE.RAR, v. pron., ferir, machucar.
LA.ÇO, s.m., nó, atadura, laçada.
LA.CÔ.NI.CO, adj., rápido, breve, conciso.
LA.CRAR, v.t., colar, prender com lacre, fechar.
LA.CRE, s.m., substância que se usa para fechar um envelope, para manter-lhe a inviolabilidade.
LA.CRI.MAL, adj., próprio das lágrimas.
LA.CRI.ME.JAR, v.int., soltar lágrimas, chorar, prantear.
LA.CRI.MO.GÊ.NEO, adj., que cria lágrimas.
LA.CRI.MO.SO, adj., cheio de lágrimas, que chora, choroso.
LAC.TA.ÇÃO, s.f., ato de amamentar, formação do leite e soltura pelo.
LAC.TAN.TE, adj., que produz leite; s.f., fêmea que serve leite aos filhos.
LAC.TAR, v.t. e int., amamentar, dar leite, alimentar com leite.
LAC.TEN.TE, adj. e s.c. 2 gên., criança de peito, criança que mama.
LÁC.TEO, adj., característico do leite.
LAC.TO.SE, s.f., tipo de açúcar que existe no leite.
LA.CU.NA, s.f., falta, espaço vazio, falha.
LA.CUS.TRE, adj., habitante dos lagos, originário dos lagos, que vive nos lagos.
LA.DA.I.NHA, s.f., grupo de invocações repetitivas; oração baseada na repetição de invocações; algo que se repete.
LA.DE.AR, v.t. e int., andar ao lado, cercar, rodear.
LA.DEI.RA, s.f., declive, encosta.
LA.DI.NO, adj., esperto, astuto, hábil, inteligente.

LA.DO, s.m., flanco, faceta de um corpo, linhas que circundam uma figura.
LA.DRÃO, s.m., quem furta ou rouba; na caixa d'água das casas, um cano para escorrer o excesso de água.
LA.DRAR, v.int., latir, voz do cachorro, berrar como cão.
LA.DRI.LHAR, v.t. e int., revestir com ladrilhos, colocar ladrilhos.
LA.DRI.LHO, s.m., peça de cerâmica para cobrir o piso.
LA.DRO.EI.RA, s.f., roubo grande, muitos roubos.
LA.GAR, s.m., recipiente preparado para esmagar as uvas, no fabrico de vinho.
LA.GAR.TA, s.f., larva de certos insetos, como a das borboletas.
LA.GAR.TI.XA, s.f., (epiceno) pequeno réptil que anda nas paredes caçando insetos.
LA.GAR.TO, s.m., um réptil insetívoro de quatro patas; tipo de carne bovina para assar.
LA.GO, s.m., quantidade de água presa à superfície da terra, lagoa.
LA.GO.A, s.f., um lago pequeno; pântano, paul.
LA.GOS.TA, s.f., nome comum de certos crustáceos de carne saborosa.
LA.GOS.TIM, s.m., crustáceos parecidos com lagostas, sem antenas longas.
LÁ.GRI.MA, s.f., água expelida pelos olhos; choro, pranto.
LA.GU.NA, s.f., braços de mar entremeando ilhas, cabos, areias, escolhos.
LAI.A, s.f., corja, qualidade, raça, termo que indica sempre ralé.
LAI.CI.ZAR, v.t., retirar da esfera religiosa; tornar leigo, mundano.
LAI.CO, adj., leigo, não pertencente a igrejas, mundano, secular.
LAI.VOS, s.m. pl., pegadas, vestígios, restos, manchas, sinais.
LA.JE, s.f., pedra, lousa; bloco de concreto para fechar um vão.
LA.JE.A.DO, s.m., superfície com muitas pedras.
LA.JE.AR, v.t. e pron., colocar lajes, cobrir com concreto.
LA.JO.TA, s.f., pequena pedra, ladrilho pequeno, ladrilho.
LA.MA, s.f., lodo, terra ensopada com água.
LA.MA.ÇAL, s.m., muita lama, lamaceiro.
LA.MA.CEN.TO, adj., local cheio de lama.
LAM.BA.DA, s.f., pancada; coça, surra; tipo de dança frenética, sensual e rápida.
LAM.BAN.ÇA, s.f., confusão, briga, rixa, safadeza, questão barulhenta para incomodar.
LAM.BÃO, s.m., quem se suja ao comer, pessoa com pouca higiene, trapalhão.
LAM.BA.RI, s.m., tipo de peixe de água doce, pequeno.
LAM.BER, v.t., alisar com a língua; chupar; comer muito; bajular.
LAM.BI.DO, adj., que passou pela ação de lamber; presumido, metido.
LAM.BIS.CAR, v.t. e int., comer pouquinho, petiscar; que está sempre comendo algo.
LAM.BIS.CO, s.m., um pouco de comida, aperitivo.
LAM.BIS.GOI.A, s.f., pessoa intrometida; pessoa afetada, presumida.
LAM.BRE.TA, s.f., um tipo de moto pequena.
LAM.BRI, s.m., lambris, revestimento de madeira que cobre a parede, a partir do piso, por um ou até dois metros de altura.
LAM.BU.JEM, s.f., lambuja, restos de comida, vantagem que um jogador concede ao adversário em uma disputa.
LAM.BU.ZAR, v.t. e pron., sujar, emporcalhar, manchar, macular com gordura.
LAM.BU.ZEI.RA, s.f., sujeira, muita sujeira, manchas de comida na roupa.
LA.MEI.RO, s.m., local formado por muita lama, lamaçal, pântano.
LA.MEN.TA.ÇÃO, s.f., choro, reclamação, clamor.
LA.MEN.TAR, v.t., chorar, deixar transparecer dor, prantear.

LAMENTÁVEL

LA.MEN.TÁ.VEL, *adj.*, que se deve lamentar, que se deve chorar; pranteável.
LA.MEN.TO, *s.m.*, choro, grito choroso, pranto, dor.
LÂ.MI.NA, *s.f.*, chapa metálica fina, folha de plástico, o lado cortante de uma arma branca, de uma faca, de gilete.
LA.MI.NA.ÇÃO, *s.f.*, ação ou efeito de laminar; afiação.
LA.MI.NA.DO, *adj.*, com forma de lâmina; um compensado feito de madeira.
LA.MI.NAR, *v.t.*, transformar em lâmina.
LÂM.PA.DA, *s.f.*, peça com filamento metálico, que fica incandescente pela passagem de energia elétrica, dentro de uma ampola de vidro; objeto com várias formas contendo gás fluorescente.
LAM.PA.DÁ.RIO, *s.m.*, armação que funciona com várias lâmpadas.
LAM.PA.RI.NA, *s.f.*, pequena lâmpada; peça doméstica antiga, que iluminava com um pavio ensopado com querosene.
LAM.PEI.RO, *adj.*, alegre, espevitado, apressado, metido, fagueiro.
LAM.PE.JAR, *v.int.*, brilhar, relampejar, faiscar, emitir sinais de luz.
LAM.PE.JO, *s.m.*, facho de luz rápido, brilho instantâneo, ideia repentina.
LAM.PI.ÃO, *s.m.*, grande lanterna, geralmente a gas; lanterna.
LA.MÚ.RIA, *s.f.*, queixa, choro, reclamação.
LA.MU.RI.AR, *v.t. e int.*, queixar-se, chorar, reclamar chorando.
LAN.ÇA, *s.f.*, arma de arremesso com uma haste e uma ponta metálica.
LAN.ÇA-CHA.MAS, *s.m.*, aparelho que solta líquido inflamável em forma de chamas.
LAN.ÇA.MEN.TO, *s.m.*, ato de lançar, lance, o que é escriturado em livro contábil.
LAN.ÇA-PER.FU.ME, *s.m.*, invólucro usado em festas carnavalescas para esguichar éter com perfume.
LAN.ÇAR, *v.t. e pron.*, atirar, jogar, derramar, despejar, escriturar contabilmente.
LAN.CE, *s.m.*, lançamento, momento, ocasião, movimento.
LAN.CEI.RO, *s.m.*, quem lutava com lanças.
LAN.CE.TA, *s.f.*, instrumento médico para fazer cortes.
LAN.CE.TA.DA, *s.f.*, golpe de uma lanceta.
LAN.CE.TAR, *v.t.*, cortar, abrir uma incisão.
LAN.CHA, *s.f.*, pequena embarcação; barca.
LAN.CHAR, *v.t. e int.*, fazer um lanche, comer uma comida rápida.
LAN.CHE, *s.m.*, merenda, refeição rápida e leve, café.
LAN.CHEI.RA, *s.f.*, maleta que as crianças usam para levar o lanche.
LAN.CI.NAN.TE, *adj.*, dolorido, muito dolorido, que fere muito.
LAN.CI.NAR, *v.t.*, ferir, pungir, torturar, maltratar.
LAN.ÇO, *s.m.*, lançamento, quanto alguém oferece em um leilão; lance.
LAN.GOR, *s.m.*, fraqueza, languidez, torpor.
LAN.GO.RO.SO, *adj.*, lânguido, fraco, torporoso.
LAN.GUI.DEZ, *s.f.*, fraqueza, anemia.
LÂN.GUI.DO, *adj.*, abatido, fraco, anêmico.
LA.NHAR, *v.t.*, cortar, abrir incisões, ferir, machucar, arranhar.
LA.NI.FÍ.CIO, *s.m.*, empresa que se dedica ao beneficiamento de lã.
LA.NÍ.GE.RO, *adj.*, que produz lã.
LAN.TE.JOU.LA, *s.f.*, lentejoula, objeto de pouco valor, objeto brilhante para enfeitar vestimentas.
LAN.TER.NA, *s.f.*, lampião portátil, peça com uma lâmpada alimentada por pilhas; farolete de carro; farol.
LAN.TER.NEI.RO, *s.m.*, fabricante de lanternas, quem trabalha em funilaria.
LAN.TER.NI.NHA, *s.f.*, pequena lanterna, time que fica em último lugar em um campeonato; funcionário de cinemas e teatros que indica os lugares aos espectadores.
LA.NU.GEM, *s.f.*, buço, barba de adolescente, pelo fino, penugem.
LA.PA, *s.f.*, gruta, caverna, abrigo selvagem.
LA.PE.LA, *s.f.*, tira anterior e superior dos casacos.
LA.PI.DA.ÇÃO, *s.f.*, local em que se lapidam pedra, cristais, copos e outros objetos.
LA.PI.DAR, *v.t.*, polir, facetar, desbastar, trabalhar a pedra.
LÁ.PI.DE, *s.f.*, laje nos túmulos, pedra com inscrições.
LÁ.PIS, *s.m.*, grafita revestida de madeira para escrever.
LA.PI.SEI.RA, *s.f.*, estojo para colocar lápis e canetas; um tipo de caneta com pontas de grafite para a escrita.

LAP.SO, *s.m.*, período, espaço de tempo; falha, erro.
LA.QUÊ, *s.m.*, substância usada para fixar o cabelo.
LA.QUE.A.DOR, *s.m.*, pessoa que trabalha no acabamento de móveis com laca.
LA.QUE.AR, *v.t.*, cobrir com laca, envernizar móveis, pintar.
LAR, *s.m.*, casa, moradia, residência.
LA.RAN.JA, *s.f.*, a fruta da laranjeira; cor laranja; indivíduo que representa falsamente um outro, sobretudo em negócios.
LA.RAN.JA.DA, *s.f.*, plantação extensa de laranjeiras, refresco feito com suco de laranja.
LA.RAN.JAL, *s.m.*, plantação de laranjas.
LA.RAN.JEI.RA, *s.f.*, *Bot.* árvore da família das Rutáceas, que produz a laranja.
LA.RÁ.PIO, *s.m.*, ladrão.
LA.REI.RA, *s.f.*, armação nas casas, onde se acende o fogo a lenha para esquentar o ambiente.
LAR.GA, *s.f.*, largura, liberdade, liberalidade; *expr.*, à larga - com abundância.
LAR.GA.DA, *s.f.*, partida, o ato de iniciar um movimento, uma corrida.
LAR.GA.DO, *adj.*, abandonado, deixado, menosprezado.
LAR.GAR, *v.t., int. e pron.*, abandonar, soltar, deixar de, ir embora.
LAR.GO, *adj.*, amplo, espaçoso, extenso; *s.m.*, pequena praça.
LAR.GUE.ZA, *s.f.*, generosidade, o que é largo.
LAR.GU.RA, *s.f.*, extensão existente entre dois limites de uma superfície, dimensão.
LA.RIN.GE, *s.f.*, órgão do corpo humano para a fala.
LA.RIN.GI.TE, *s.f.*, inflamação da laringe.
LAR.VA, *s.f.*, fase inicial da vida de certos insetos.
LA.SA.NHA, *s.f.*, prato de origem italiana à base de massa, queijo, presunto.
LAS.CA, *s.f.*, farpa, fragmento; fatia de alguma coisa.
LAS.CA.DO, *adj.*, repartido em lascas, fatias; *pop.*, estar em dificuldades.
LAS.CAR, *v.t., int. e pron.*, tirar lascas de, repartir; fatiar, quebrar.
LAS.CÍ.VIA, *s.f.*, luxúria, tendência para os prazeres físicos, libidinismo.
LAS.CI.VO, *adj.*, libidinoso, luxurioso, sensual.
LA.SER, *s.m.*, instrumento que produz um raio de luz intensa, usado para proceder a incisões, operações, cortes.
LAS.SI.DÃO, *s.f.*, cansaço, moleza, perda das forças.
LAS.SO, *adj.*, cansado, fatigado, esgotado, inerte.
LÁS.TI.MA, *s.f.*, pena, piedade, compaixão, mágoa; coisa deplorável.
LAS.TI.MAR, *v.t. e pron.*, lamentar, causar mágoa, causar piedade.
LAS.TI.MÁ.VEL, *adj.*, deplorável, magoado.
LAS.TRE.AR, *v.t. e int.*, colocar lastro em, firmar, dar solidez.
LAS.TRO, *s.m.*, produto colocado no porão de barcos para dar firmeza; garantia monetária, reforço.
LA.TA, *s.f.*, folha de flandres, chapa delgada usada para confeccionar recipientes de metal.
LA.TÃO, *s.m.*, liga de zinco e cobre; recipiente grande para conter líquidos e outras substâncias.
LA.TA.RI.A, *s.f.*, muitas latas; a parte externa dos carros.
LÁ.TE.GO, *s.m.*, açoite, chicote, azorrague.
LA.TE.JAR, *v.int.*, pulsar, tremer.
LA.TEN.TE, *adj.*, oculto, implícito, disfarçado.
LA.TE.RAL, *adj.*, ao lado, no flanco; *s.m.*, lado do campo; jogador de futebol que atua na lateral do time.
LÁ.TEX, *s.m.*, seiva semelhante ao leite, encontrada em algumas árvores, principalmente na seringueira.
LA.TI.CÍ.NIO, *s.m.*, alimento composto por leite, todo alimento que recebe leite.
LA.TI.DO, *s.m.*, voz do cachorro.

LA.TI.FUN.DI.Á.RIO, *s.m.,* dono de muitas terras, grande proprietário.
LA.TI.FÚN.DIO, *s.m.,* propriedade muito grande no campo.
LA.TIM, *s.m.,* língua de origem indo-europeia, falada no Lácio e depois no Império Romano; origem básica das línguas neolatinas.
LA.TI.NIS.TA, *s.c. 2 gên.,* especialista na língua e cultura latinas.
LA.TI.NI.ZAR, *v.t. e int.,* transformar em latino; emprestar forma de latim.
LA.TI.NO, *adj.,* próprio do latim e dos habitantes antigos da Itália.
LA.TI.NO-A.ME.RI.CA.NO, *adj.,* referente à América luso-espanhola; *s.m.,* pessoa dessa região.
LA.TIR, *v.int.,* grito de cão, ladrar, berrar.
LA.TI.TU.DE, *s.f.,* extensão; distância de pontos na Terra em relação aos meridianos.
LA.TO, *adj.,* amplo, extensivo, largo.
LA.TO.A.RI.A, *s.f.,* oficina que trabalha com chapa metálica, com carros.
LA.TO.EI.RO, *s.m.,* pessoa que trabalha com lata, sobretudo de carro; funileiro.
LA.TRI.NA, *s.f.,* casinha fora da residência, para deposição de excrementos humanos; patente, privada.
LA.TRO.CÍ.NIO, *s.m.,* homicídio provocado para roubar a vítima.
LAU.DA, *s.f.,* cada lado de uma folha de papel, página; página escrita.
LAU.DO, *s.m.,* parecer escrito de um perito legal sobre qualquer tema solicitado por juiz.
LÁU.REA, *s.f.,* coroa de louros para os heróis, troféu.
LAU.RE.AR, *v.t.,* coroar com louros, premiar, enfeitar, dar um diploma.
LAU.TO, *adj.,* farto, abundante, suntuoso, fino.
LA.VA, *s.f.,* massa proveniente de rocha expelida pelos vulcões.
LA.VA.BO, *s.m.,* local para lavar as mãos, momento de lavar as mãos, lavatório.
LA.VA.DA, *s.f.,* ação ou efeito de lavar; lavação; derrota muito grande de alguém.
LA.VA.DEI.RA, *s.f.,* mulher que lava roupas por profissão.
LA.VA.DO.RA, *s.f.,* máquina para lavar roupa.
LA.VA.GEM, *s.f.,* ação de lavar; restos de comida com água.
LA.VAN.DE.RI.A, *s.f.,* empresa para lavar e passar roupas; local onde se lavam roupas.
LA.VAR, *v.t.,* passar na água para limpar, expurgar.
LA.VA.TÓ.RIO, *s.m.,* local ou recipiente para a pessoa se lavar; pia, lavabo.
LA.VÁ.VEL, *adj.,* limpável, possível de lavar.
LA.VOU.RA, *s.f.,* trabalho com a terra para plantar; terreno plantado.
LA.VRA, *s.f.,* mineração, local em que se extraem minérios; autoria, invenção.
LA.VRA.DOR, *s.m.,* agricultor, plantador, quem cultiva a terra.
LA.VRAR, *v.t. e int.,* preparar a terra, arrumar a terra para o plantio; extrair minérios; escrever, redigir.
LA.XAN.TE, *adj.,* remédio que leva a pessoa a evacuar; purgante.
LAY.OUT, *s.m., (inglês),* plano, esquema, esboço.
LA.ZA.REN.TO, *adj.,* que sofre de lepra.
LÁ.ZA.RO, *s.m.,* quem está atacado pela lepra, leproso, hanseniano.
LA.ZER, *s.m.,* folga, tempo usado para a diversão, ócio, divertimento.
LE.AL, *adj.,* sincero, franco, espontâneo, honesto.
LE.ÃO, *s.m.,* mamífero carnívoro da família dos Felídeos; *fig.,* tipo valente.
LE.ÃO DE CHÁ.CA.RA, *s.m.,* homem que trabalha como segurança em casas de diversão noturnas.
LE.BRE, *s.m.,* coelho selvagem, roedor da família dos Leporídeos.
LE.CI.O.NAR, *v.t. e int.,* dar aulas, ensinar, ser professor.
LE.DO, *adj.,* alegre, satisfeito, fagueiro.
LE.DOR, *s.m.,* quem lê, leitor.
LE.GA.DO, *s.m.,* doado por testamento, herança, transmissão de um bem.
LE.GAL, *adj.,* de acordo com a lei; algo bom.
LE.GA.LI.DA.DE, *s.f.,* legitimidade, de acordo com a lei.
LE.GA.LIS.TA, *s.c. 2 gên.,* adepto da legalidade.
LE.GA.LI.ZAR, *v.t.,* colocar dentro da lei, legitimar.
LE.GAR, *v.t.,* deixar como herança, deixar por testamento.
LE.GEN.DA, *s.f.,* história de um santo, de um herói, letreiro, escrito para explicar ilustrações, narrativa épica, fabulosa.
LE.GEN.DÁ.RIO, *adj.,* fabuloso, extraordinário, lendário.
LE.GI.ÃO, *s.f.,* divisão no exército romano de seis mil soldados; divisão; uma multidão, muita gente.
LE.GI.O.NÁ.RIO, *s.m.,* soldado encaixado em uma legião, aventureiro.
LE.GIS.LA.ÇÃO, *s.f.,* ação ou efeito de legislar, de fazer leis; conjunto de leis, grupo de leis em determinado campo.
LE.GIS.LA.DOR, *s.m.,* quem faz leis, elaborador de leis.
LE.GIS.LAR, *v.t. e int.,* elaborar leis, editar leis.
LE.GIS.LA.TI.VO, *s.m.,* numa democracia, a divisão do poder que faz as leis.
LE.GIS.LA.TU.RA, *s.f.,* duração do mandado dos que fazem leis: vereadores, deputados e senadores; assembleia constituinte.
LE.GIS.TA, *s.c. 2 gên.,* quem conhece leis; médico que emite laudo técnico quanto aos ferimentos de uma pessoa.
LE.GI.TI.MAR, *v.t. e pron.,* tornar legítimo; enquadrar quanto à lei; reconhecer a idoneidade legal de; legalizar.
LE.GI.TI.MI.DA.DE, *s.f.,* que está de acordo com a lei, legalidade.
LE.GÍ.TI.MO, *adj.,* legal, justo perante a lei, autêntico.
LE.GÍ.VEL, *adj.,* possível de ler, claro, fácil.
LÉ.GUA, *s.f.,* medida variável, em torno de 6 km.
LE.GU.ME, *s.m.,* planta de horta como nabo, pepino, cenoura, berinjela.
LE.GU.MI.NO.SAS, *s.f.pl.,* todas as plantas que produzem legumes.
LEI, *s.f.,* norma, regra editada pelo legislador; mandamento; coerção.
LEI.GO, *s.m.,* laico, pessoa civil; pessoa não inscrita em congregação ou ordem religiosa; mundano; ignorante de um assunto.
LEI.LÃO, *s.m.,* venda judicial e pública de bens móveis, imóveis e objetos.
LEI.LO.AR, *v.t.,* vender em leilão pelo melhor preço.
LEI.LO.EI.RO, *s.m.,* indivíduo legalmente constituído para operar leilões.
LEI.RA, *s.f.,* nesga de terra para a lavoura, pedaço de terra para cultivar.
LEI.TÃO, *s.m.,* porquinho, porco novo, qualquer porco, bacorinho, coré.
LEI.TE, *s.m.,* substância branca e gordurosa que escorre das tetas das fêmeas dos mamíferos; substância branca obtida de alguns vegetais.
LEI.TEI.RA, *s.f.,* peça de louça para servir o leite.
LEI.TEI.RO, *s.m.,* produtor de leite, vendedor de leite.
LEI.TE.RI.A, *s.f.,* local em que se retém o leite; *pop.,* mulher com seios grandes.
LEI.TO, *s.m.,* cama, tálamo, local onde se pode repousar; faixa central de uma rodovia; *fig.,* todo local convidativo para descansar.
LEI.TOR, *s.m.,* ledor, quem lê.
LEI.TO.SO, *adj.,* com forma de leite, branco, lácteo.
LEI.TU.RA, *s.f.,* ato de ler, o que se lê, visão, modo de entender algo.
LE.LÉ, *s.c. 2 gên., pop.,* indivíduo maluco, adoidado.
LE.MA, *s.m.,* propósito, diretiva, norma, frase, ideia.
LEM.BRAN.ÇA, *s.f.,* recordação, tudo que se conserva na memória.
LEM.BRAR, *v.t. e pron.,* recordar, reviver, recompor na memória; advertir.

LEMBRETE

LEM.BRE.TE, s.m., aviso, nota.
LE.ME, s.m., timão, parte do navio ou do avião, para dirigi-lo; direção, comando, governo.
LEN.ÇO, s.m., pequeno pedaço de pano usado para limpar a boca e/ou o nariz.
LEN.ÇOL, s.m., peça de tecido para cobrir o colchão ou as pessoas.
LEN.DA, s.f., tradição, história conservada na memória das pessoas e passada de geração em geração.
LEN.DÁ.RIO, adj., próprio de lenda, memorável, legendário, épico.
LÊN.DEA, s.f., ovo de piolho.
LEN.GA-LEN.GA, s.f., ladainha, tudo que é monótono; algo sem sentido.
LE.NHA, s.f., pedaços de madeira, tronco e galhos de árvore para queimar.
LE.NHA.DOR, s.m., indivíduo que derruba árvores, quem corta lenha.
LE.NHO, s.m., parte dura das árvores.
LE.NI.TI.VO, adj., suavizante, acalmante.
LE.NO.CÍ.NIO, s.m., crime tipificado pelo uso de mulheres para a prostituição.
LEN.TE, s.f., vidro tratado para uso de quem tem deficiência visual; s.m., professor universitário.
LEN.TE.JOU.LA, s.f., enfeite para roupas, bugiganga.
LEN.TI.DÃO, s.f., demora, vagarosidade.
LEN.TI.LHA, s.f., tipo de feijão, grãos nutritivos, usados em saladas e sopas.
LEN.TO, adj., vagaroso, lerdo, sem pressa.
LE.O.A, s.f., fêmea do leão.
LE.O.NI.NO, adj. próprio de leão; em Direito, o contrato que prejudica uma parte.
LE.O.PAR.DO, s.m., mamífero carnívoro felídeo da África.
LÉ.PI.DO, adj., ágil, rápido, fagueiro, risonho.
LE.PI.DÓP.TE.ROS, s. m. pl., a ordem dos insetos que compreende borboletas e mariposas.
LE.PO.RÍ.DEOS, s.m., família de roedores que inclui as lebres, os coelhos.
LE.PO.RI.NO, adj., próprio da lebre; lábio que é cortado ao meio como o da lebre.
LE.PRA, s.f., hanseníase, doença que produz feridas na pele e insensibilidade.
LE.PRO.SO, adj., que sofre de lepra.
LE.QUE, s.m., abano, objeto para formar vento em locais quentes; fig., variedade, gama.
LER, v.t. e int., decompor as letras para obter o sentido da escrita, reconhecer, entender, declamar, fazer leitura, estudar.
LER.DO, adj., lento, vagaroso; demorado no que faz, desmemoriado.
LE.RO-LE.RO, s.m., conversa fiada, palavreado inútil, conversa mole.
LÉ.RIA, s.f., lero-lero, conversa fiada, conversa inútil.
LE.SA.DO, adj., prejudicado, estragado, ferido.
LE.SÃO, s.f., prejuízo, dano, contusão, machucadura.
LE.SAR, v.t., int. e pron., ferir, machucar, contundir; enganar, lograr.
LES.BI.A.NIS.MO, s.m., homossexualidade feminina, erotismo entre mulheres.
LÉS.BI.CA, s.f., mulher que desenvolve a sexualidade com outra mulher.
LE.SI.VO, adj., prejudicial, enganador, leonino.
LES.MA, s.f., certos tipos de moluscos; fig., pessoa lerda.
LES.TE, s.m., dentre os pontos cardeais, o que mostra o nascer do Sol; este, nascente, oriente.
LE.TAL, adj., mortal, que mata, que liquida.
LE.TAR.GI.A, s.f., estado de sono profundo, torpor, inanição.
LE.TÁR.GI.CO, adj., apático, insensível, preguiçoso.
LE.TI.VO, adj., próprio de aulas, que leciona; período em que há aulas.
LE.TRA, s.f., sinais gráficos que representam os fonemas, escrita, grafia.
LE.TREI.RO, s.m., placa, escrito, aviso, quadro para propaganda, rótulo.
LE.TRIS.TA, s.c. 2 gên., indivíduo que escreve letras para declamar ou cantar.
LEU.CE.MI.A, s.f., doença que destrói glóbulos vermelhos do sangue.
LEU.CÓ.CI.TO, s.m., glóbulo branco do sangue.
LEU.CO.CI.TO.SE, s.f., multiplicação dos glóbulos brancos na leucemia.
LE.VA.DI.ÇO, adj., móvel, que se levanta, que se ergue e se abaixa.
LE.VA.DO, adj., peralta, irrequieto, travesso.
LE.VA E TRAZ, s.m., tipo que faz intrigas, fuxiqueiro, caluniador, falador.
LE.VAN.TA.MEN.TO, s.m., inventário, balanço, rebelião, revolta.
LE.VAN.TAR, v.t., int. e pron., pôr para o alto, alçar, construir, pesquisar; pron., sair da cama.
LE.VAN.TE, s.m., leste, oriente; motim, revolta, levantamento.
LE.VAR, v.t. e pron., conduzir, guiar, arrastar, carregar.
LE.VE, adj., de pouco peso, sem valor, franzino, rápido.
LE.VE.DAR, v.t. e int., fermentar, pôr fermento.
LE.VE.DO, s.m., fermento, substância para fermentar.
LE.VE.DU.RA, s.f., ato de fermentar, levedo.
LE.VE.ZA, s.f., qualidade do que é leve, suavidade.
LE.VI.AN.DA.DE, s.f., irresponsabilidade.
LE.VI.A.NO, adj., irresponsável, sem força de vontade, fácil, leve.
LE.VI.TAR, v.pron., pairar, pessoa que se mantém erguida acima do solo sem que nada visível a sustente.
LE.XI.CAL, adj., próprio do léxico, dicionário; vocabular.
LÉ.XI.CO, s.m., dicionário, vocabulário.
LHA.MA, s.f., mamífero ruminante dos Andes, usado para cargas.
LHA.NE.ZA, s.f., afabilidade, polidez, fineza.
LHA.NO, adj., nobre, fino, polido, afável.
LHE, pron. oblíquo da terceira pessoa do singular.
LI.BA.NÊS, adj. e s.m., próprio ou natural do Líbano.
LI.BÉ.LU.LA, s.f., designação dos insetos da família dos Odonatos.
LI.BE.RA.ÇÃO, s.f., libertação, licenciamento, abertura.
LI.BE.RAL, adj., amigo, acolhente, afável, polido; que na política defende a iniciativa absoluta da empresa privada; profissional autônomo.
LI.BE.RAR, v.t., libertar, tirar a responsabilidade de, deixar fazer.
LI.BER.DA.DE, s.f., condição de agir conforme a vontade, dentro do limite legal, autonomia, licença.
LÍ.BE.RO, adj., libertado, livre; no futebol, o jogador que não tem posição fixa.
LI.BER.TA.ÇÃO, s.f., independência, emancipação, liberação.
LI.BER.TAR, v.t. e pron., dar liberdade, liberar, tornar livre.
LI.BER.TI.NA.GEM, s.f., abuso da liberdade, devassidão, decadência.
LI.BER.TI.NO, adj., devasso, mundano, corrompido, luxurioso, lascivo.
LI.BER.TO, adj., que recebeu a liberdade, solto, liberado.
LI.BI.DI.NA.GEM, s.f., libidinismo, sensualidade, lascívia.
LI.BI.DI.NO.SO, adj., com desejos compulsivos para a prática sexual, lascivo, luxurioso, corrompido, imoral.
LI.BI.DO, s.f., ardência sexual, vontade de praticar o sexo; energia desenvolvida pelo instinto sexual.
LI.BRA, s.f., unidade de peso equivalente a 459,5 g; unidade monetária da Inglaterra e de outros países; sétimo signo do Zodíaco.
LI.ÇÃO, s.f., exercício, aprendizado, tarefa, obrigação estudantil, exemplo.
LI.CEN.ÇA, s.f., liberação, documento comprovante de uma autorização.
LI.CEN.CI.A.DO, adj., autorizado, com uma licença; s.m., quem recebeu licenciatura universitária.
LI.CEN.CI.AR, v.t. e pron., isentar, liberar da prestação de uma tarefa, dar licença.
LI.CEN.CI.A.TU.RA, s.f., grau universitário.
LI.CEN.CI.O.SO, adj., imoral, lascivo, mundano.
LI.CEU, s.m., escola, instituição dedicada ao ensino, colégio.
LI.CI.TAR, v.t., e int., entidade pública lança edital para vender ou comprar por melhor oferta algum artigo, leiloar.
LÍ.CI.TO, adj., legal, moral, justo, de acordo com a lei.
LI.CI.TU.DE, s.f., legalidade, próprio do que é lícito.
LI.COR, s.m., bebida alcoólica doce e com aroma; xarope.
LI.CO.RO.SO, adj., com gosto de licor, adocicado, com gosto de xarope.
LI.DAR, v.t.int., lutar, combater, labutar, esforçar.
LÍ.DER, s.m., chefe, comandante, guia, dirigente.

LI.DE.RAN.ÇA, s.f., comando, direção, orientação.
LI.DE.RAR, v.t., dirigir, orientar, comandar.
LI.GA, s.f., ligação, aliança, pacto; união de metais diversos.
LI.GA.ÇÃO, s.f., junção, vínculo, ato de ligar; telefonada.
LI.GA.MEN.TO, s.m., ligação, junção, ato de ligar.
LI.GAR, v.t., jungir, unir, atar, vincular; telefonar a; pôr a funcionar.
LI.GEI.RO, adj., veloz, célere, rápido.
LI.LÁS, s.m., arbusto com flores roxas e brancas com aroma forte; essa flor ou a cor dela.
LI.MA, s.f., ferramenta para desbastar, alisar, afiar metais; fruto da limeira.
LI.MA.LHA, s.f., resíduos tirados pela lima de um metal, resíduos.
LI.MÃO, s.m., fruto do limoeiro.
LI.MÃO-GA.LE.GO, s.m., tipo de limão para fazer aperitivos.
LI.MAR, v.t., desbastar, alisar, afiar, gastar.
LIM.BO, s.m., local abandonado, conforme crença religiosa; solidão, bordo de.
LI.MEI.RA, s.f., árvore que produz a lima.
LI.MI.AR, s.m., entrada, portão, início, abertura.
LI.MI.NAR, s.f., petição ao juiz para que seja feita uma determinação com cumprimento imediato; adj., que está nos limites.
LI.MI.TA.ÇÃO, s.f., restrição, cerceamento, controle.
LI.MI.TA.DO, adj., restrito, controlado.
LI.MI.TAR, v.t. e pron., reduzir, cercear, restringir, delimitar, dar os limites.
LI.MI.TE, s.m., linha divisória, perímetro, fronteira extrema.
LI.MÍ.TRO.FE, adj., vizinho, contíguo, próximo, limitante, fronteiriço.
LI.MO, s.m., lodo, substância vegetal verde que se forma em pontos úmidos.
LI.MO.EI.RO, s.m., árvore que produz o limão.
LI.MO.NA.DA, s.f., bebida feita com suco de limão, açúcar, água e gelo.
LIM.PAR, v.t., int. e pron., purificar, assear, lavar; acabar com algo; comer tudo, furtar.
LIM.PE.ZA, s.f., purificação, lavação, ação ou efeito de limpar.
LÍM.PI.DO, adj., limpo, claro, purificado, diáfano, transparente.
LIM.PO, adj., puro, purificado, asseado, claro.
LI.MU.SI.NE, s.f., automóvel de luxo, carro grande e luxuoso.
LIN.CE, s.m., mamífero carnívoro, felídeo e conhecido por ver muito bem.
LIN.CHA.MEN.TO, s.m., execução de alguém fora da lei, por conta própria.
LIN.CHAR, v.t., executar, assassinar sem observar a lei.
LIN.DE.ZA, s.f., beleza, maravilha, formosura.
LIN.DO, adj., belo, bonito, formoso, elegante, agradável, atraente, sedutor.
LI.NE.AR, adj., referente a linhas, de conformidade com as linhas.
LIN.FA, s.f., água, líquido que corre no corpo humano; seiva das plantas.
LIN.FO.MA, s.f., tumor nos gânglios linfáticos.
LIN.GO.TE, s.m., barra de metal.
LÍN.GUA, s.f., órgão localizado dentro da boca, que ajuda na deglutição, na percepção do gosto e, no ser humano, a fala; fig., idioma.
LIN.GUA.DO, s.m., lâmina metálica, lingote; peixe comum na cozinha.
LIN.GUA.GEM, s.f., o poder de expressão do homem, o conjunto de faculdades que o homem possui para se comunicar com os seres.
LIN.GUA.JAR, s.m., maneira de falar, linguagem, fala, expressão pessoal.
LIN.GUA.RU.DO, adj. e s.m., falador, encrenqueiro, fuxiqueiro.

LIN.GUE.TA, s.f., língua pequena, a peça da fechadura que a chave gira para trancar a porta.
LIN.GUI.ÇA, s.f., carne moída, suína ou bovina, colocada em um receptáculo fino e comprido, como a tripa; fig., tipo magro e comprido.
LIN.GUIS.TA, s.c. 2 gên., pessoa especializada em fonética, em línguas.
LIN.GUÍS.TI.CA, s.f., estudo da língua em suas relações fonéticas.
LI.NHA, s.f., fio, barbante, corda, cordel, instalação para conduzir energia elétrica ou as ondas magnéticas do sistema telefônico; direção, tema.
LI.NHA.ÇA, s.f., semente de linho.
LI.NHA.GEM, s.f., estirpe, descendência e ascendência, genealogia.
LI.NHI.TA, s.f., carvão fóssil.
LI.NHO, s.m., vegetal do qual se obtém a fibra; tecido de linho.
LI.NI.MEN.TO, s.m., pomada que se fricciona em pontos doloridos do corpo.
LI.NO.TI.PI.A, s.f., modo de compor na linotipo, oficina de linotipo.
LI.NO.TI.PO, s.f., máquina antiga para compor textos.
LI.O.FI.LI.ZA.ÇÃO, s.f., desidratação; ato de extrair o líquido de um produto.
LI.O.FI.LI.ZAR, v.t., desidratar, ressecar um produto.
LI.QUE.FA.ZER, v.t. e pron., modificar do estado sólido para o líquido, fundir, derreter.
LI.QUI.DA.ÇÃO, s.f., fim, encerramento, final de um negócio; venda de produtos com preços menores.
LI.QUI.DAR, v.t. e int., terminar, encerrar, vender mercadorias a baixo preço; matar.
LI.QUI.DEZ, s.f., estado do que é líquido; situação econômica com bastante dinheiro.
LI.QUI.DI.FI.CA.DOR, s.m., eletrodoméstico para liquefazer frutas, legumes, verduras e outros produtos.
LÍ.QUI.DO, adj., líquido, que corre, fluente; pesado sem embalagens; s.m., bebida.
LI.RA, s.f., instrumento de cordas de antigamente; unidade monetária italiana.
LÍ.RI.CA, s.f., poesia subjetiva, poesia do gênero lírico.
LÍ.RI.CO, adj., que dá a expressão poética pessoal do poeta.
LÍ.RIO, s.m., planta que produz o lírio, flor branca e perfumada; fig., pureza.
LI.RIS.MO, s.m., inspiração subjetiva dos poetas; gênero lírico.
LIS.BO.E.TA, s.m., habitante, natural ou próprio de Lisboa.
LI.SO, adj., suave, plano; sem pregas.
LI.SON.JA, s.f., bajulação, ato de elogiar para obter favores.
LI.SON.JE.AR, v.t. e pron., bajular, adular, agradar com o fito de obter algo.
LI.SON.JEI.RO, adj., que bajula; agradável.
LIS.TA, s.f., listagem, rol, elenco, relação.
LIS.TA.GEM, s.f., lista de alguma coisa, relação, rol.
LIS.TRA, s.f., faixa de cores ou desenhos diferentes, lista, traço.
LI.SU.RA, s.f., honestidade, honradez; planura, suavidade.
LI.TE.RAL, adj., ao pé da letra, exato, conforme o texto.
LI.TE.RÁ.RIO, adj., próprio da literatura.
LI.TE.RA.TU.RA, s.f., a arte de escrever em prosa e verso, compondo as obras que compõem o que de melhor existe.
LI.TI.GAR, v.t.int., demandar, questionar, provocar litígios.
LI.TÍ.GIO, s.m., demanda judicial, disputa, conflito.
LI.TO.GRA.FI.A, s.f., estampa obtida por litografia, modo de reproduzir desenhos em uma placa ou pedra para multiplicar depois.
LI.TO.RAL, s.m., costa, região situada à beira-mar, praias.
LI.TO.RÂ.NEO, adj., do litoral.
LI.TOS.FE.RA, s.f., a crosta da Terra, a parte sólida que envolve o globo.
LI.TRO, s.m., unidade de medida de líquidos com volume de um decímetro cúbico; qualquer recipiente que contenha um litro.
LI.TUR.GI.A, s.f., o conjunto do ritual com que se desenvolvem as cerimônias religiosas.
LI.VI.DEZ, s.f., brancura, anemia.
LÍ.VI.DO, adj., pálido, branco, anêmico.
LI.VRAR, v.t. e pron., libertar, liberar, abrir, desembaraçar.
LI.VRA.RI.A, s.f., local em que se vendem livros.
LI.VRE, adj., que possui liberdade, liberado, libertado, aberto, isentado.

LIVRE-ARBÍTRIO

LI.VRE-AR.BÍ.TRIO, *s.m.*, qualidade que o ser humano tem de decidir quanto aos seus atos.
LI.VRE.CO, *s.m.*, livrinho, livro sem valor.
LI.VREI.RO, *s.m.*, comerciante de livros, dono de livraria.
LI.VRES.CO, *adj.*, típico de livro, assentado em livro; desaculturado.
LI.VRO, *s.m.*, conjunto de folhas impressas e reunidas entre si; brochura.
LI.XA, *s.f.*, peça usada para polir metais, madeiras, unhas, etc.
LI.XA.DEI.RA, *s.f.*, máquina para limpar e lixar.
LI.XAR, *v.t. e pron.*, polir, raspar.
LI.XEI.RA, *s.f.*, local em que se coloca o lixo; recipiente para recolher lixo.
LI.XEI.RO, *s.m.*, servidor público que recolhe lixo.
LI.XO, *s.m.*, restos, sujeira, resíduo, imundície.
LOB.BY, *s.m.*, indivíduo que procura influenciar na criação de leis que beneficiem os próprios interesses.
LO.BI.NHO, *s.m.*, menino de 7 a 11 anos, que milita no escotismo.
LO.BIS.MO, *s.m.*, atividade dos lobinhos; trabalho dos lobistas.
LO.BI.SO.MEM, *s.m.*, homem que se transformaria em lobo nas noites de luar.
LO.BIS.TA, *s.c. 2 gên.*, indivíduo que se dedica à prática do lobby.
LO.BO, *s.m.*, mamífero da família dos cães, carnívoro e selvagem.
LO.CA.ÇÃO, *s.f.*, arrendamento, aluguel.
LO.CA.DOR, *s.m.*, quem aluga um imóvel a alguém.
LO.CAL, *s.m.*, localidade, lugar, posto.
LO.CA.LI.DA.DE, *s.f.*, local, lugar, região.
LO.CA.LI.ZA.ÇÃO, *s.f.*, posição.
LO.CA.LI.ZAR, *v.t.*, encontrar, situar, determinar, posicionar, fixar, residir.
LO.ÇÃO, *s.f.*, todo preparado líquido.
LO.CAR, *v.t.*, alugar, dar de aluguel, alocar.
LO.CA.TÁ.RIO, *s.m.*, inquilino, quem aluga um imóvel.
LO.CO.MO.ÇÃO, *s.f.*, movimento, deslocamento, ir para, levar para.
LO.CO.MO.TI.VA, *s.f.*, máquina para puxar os vagões do trem.
LO.CO.MO.VER, *v.pron.*, andar, caminhar, deslocar-se, mudar-se.
LO.CU.ÇÃO, *s.f.*, discurso, modo de falar; duas ou mais palavras equivalentes a uma.
LO.CU.TOR, *s.m.*, quem fala, quem fala em rádio e TV.
LO.DO, *s.m.*, limo, resíduos que se formam com água e terra no fundo dos depósitos de água.
LO.DO.SO, *adj.*, cheio de lodo, de limo; sujo, encardido.
LÓ.GI.CA, *s.f.*, estudo de normas para conduzir o raciocínio, coerência no modo de conduzir as ideias e obter a conclusão.
LÓ.GI.CO, *adj.*, em que há raciocínio, coerente.
LO.GÍS.TI.CA, *s.f.*, técnica militar que administra todos os atos para conduzir a estratégia militar.
LO.GO, *adv.*, de súbito, imediatamente, subitamente; *conj.*, portanto.
LO.GO.TI.PO, *s.m.*, símbolo de uma instituição para a identificação.
LO.GRAR, *v.t. e pron.*, conseguir, alcançar, obter; enganar, burlar.
LOI.RO, *adj.*, louro.
LO.JA, *s.f.*, empresa para vender mercadorias; casa comercial, venda.
LO.JIS.TA, *s.c. 2 gên.*, quem é dono de loja, comerciante, vendedor.
LOM.BA.DA, *s.f.*, a parte com forma arredondada de uma elevação; pequena elevação nas ruas e rodovias para os carros diminuírem a velocidade.
LOM.BAR, *adj.*, próprio do lombo, das costas.
LOM.BI.NHO, *s.m.*, o lombo de suíno preparado para o consumo.
LOM.BO, *s.m.*, costas, a parte com carne na espinha dorsal, dorso.
LOM.BRI.GA, *s.f.*, denominação de um verme parasita que vive nos intestinos do homem.
LOM.BRI.GUEI.RO, *s.m.*, remédio para combater as lombrigas.
LO.NA, *s.f.*, tipo de tecido para confeccionar barracas, toldos, velas de barcos.
LON.DRI.NO, *adj.*, relativo a Londres, habitante ou natural desta cidade.
LON.GA-ME.TRA.GEM, *s.m.*, filme com longa duração.
LON.GE, *adv.*, afastado, ponto situado a grande distância.
LON.GE.VI.DA.DE, *s.f.*, vida longa, muitos anos de vida.
LON.GE.VO, *adj.*, que vive muito, que alcança muitos anos de vida.
LON.GÍN.QUO, *adj.*, afastado, distante, sito a grande distância.
LON.GI.TU.DE, *s.f.*, distância; medida dos fusos horários pelo meridiano zero, de leste a oeste.
LON.GI.TU.DI.NAL, *adj.*, próprio da longitude, medida pelo meridiano de Greenwich.
LON.GO, *adj.*, comprido, que percorre grande distância do início ao fim.
LON.JU.RA, *s.f.*, grande distância, que é longe.
LON.TRA, *s.f.*, mamífero caracterizado pelo corpo delgado e os membros curtos.
LOR.DE, *s.m.*, na Inglaterra, título de nobreza; *pop.*, tipo rico e importante.
LOR.DO.SE, *s.f.*, problema com a coluna vertebral, com muita curvatura.
LO.RO.TA, *s.f.*, mentira, lero-lero, fofoca.
LO.RO.TEI.RO, *s.m.*, conversador, mentiroso.
LO.SAN.GO, *s.m.*, figura geométrica com 4 lados iguais.
LOS.NA, *s.f.*, tipo de erva medicinal caseira de gosto amargo - amargosa.
LO.TA.ÇÃO, *s.f.*, a quantidade de pessoas que cabem em um local; tipo de veículo para transportar pessoas.
LO.TAR, *v.t.*, encher, ocupar todos os lugares.
LO.TE, *s.m.*, divisão de um todo, partilha, parte; cada terreno de um loteamento.
LO.TE.A.MEN.TO, *s.m.*, terreno maior dividido em várias partes para venda.
LO.TE.AR, *v.t.*, dividir, repartir, partilhar terrenos.
LO.TE.CA, *s.f.*, *pop.*, loteria.
LO.TE.RI.A, *s.f.*, jogo no qual se compra um bilhete para concorrer a prêmios; tudo que depende de sorte; grande sorte.
LO.TO, *s.f.*, tipo de planta aquática; tipo de loteria com números; *s.m.*, jogo de azar feito com cartelas numeradas e números, víspora.
LOU.ÇA, *s.f.*, objetos que se usam nos trabalhos da cozinha e para o serviço de mesa.
LOU.ÇÃO, *adj.*, enfeitado, belo, garrido, elegante.
LOU.CO, *adj.*, doido, maluco, sem o devido juízo, demente.
LOU.CU.RA, *s.f.*, demência, doidice, distúrbios da mente.
LOU.RA, *s.f.*, mulher com os cabelos louros.
LOU.REI.RO, *s.m.*, arbusto do qual as folhas são usadas como tempero.
LOU.RO, *s.m.*, cor intermediária entre o dourado e o castanho; *s.m.*, loureiro e suas folhas usadas na culinária; *pop.*, papagaio.
LOU.SA, *s.f.*, pedra, objeto usado em salas para escrever com giz.
LOU.VA-A-DEUS, *s.m.*, inseto de cor verde.
LOU.VA.DO, *adj.*, abençoado, bendito, elogiado, glorificado, beato.
LOU.VAR, *v.t. e pron.*, elogiar, glorificar, enaltecer, estimular.
LOU.VOR, *s.m.*, elogio, glorificação, enaltecimento.
LU.A, *s.f.*, satélite da Terra, que durante muitas noites reflete a luz do Sol.
LU.A DE MEL, *s.f.*, viagem dos noivos logo após o matrimônio; qualquer início.
LU.AR, *s.m.*, o brilho da Lua durante a noite, sobretudo na lua cheia.
LÚ.BRI.CO, *adj.*, escorregadio; *fig.*, sensual, libidinoso.
LU.BRI.FI.CA.ÇÃO, *s.f.*, ação ou efeito de lubrificar.
LU.BRI.FI.CAN.TE, *adj. e s.m.*, óleo para lubrificar, substância que unta.
LU.BRI.FI.CAR, *v.t. e pron.*, azeitar, passar óleo, tornar liso com óleo.
LU.CI.DEZ, *s.f.*, clareza, percepção clara, nitidez, brilho.
LÚ.CI.DO, *adj.*, resplandecente, claro, que tem boa percepção, esperto.

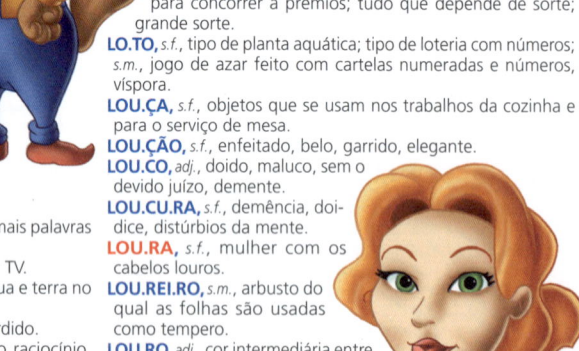

LU.CRAR, v.int., ganhar, conseguir vantagem, obter retorno maior.
LU.CRA.TI.VO, adj., que traz lucro, proveitoso, generoso.
LU.CRO, s.m., ganho, proveito, o que se consegue a mais.
LU.DI.BRI.AR, v.t., enganar, lograr, mentir, burlar, aproveitar-se de.
LU.DÍ.BRIO, s.m., logro, engano, burla, mentira.
LÚ.DI.CO, adj., relativo a jogos, próprio do que usa jogos.
LU.DO, s.m., tipo de jogo de mesa.
LU.FA.DA, s.f., golpe de vento, rajada, pé de vento.
LU.GAR, s.m., local, localidade, espaço físico, posto, povoado, cidade.
LU.GAR-CO.MUM, s.m., o que sempre se repete, do dia a dia, chavão, clichê.
LU.GA.RE.JO, s.m., vila, pequeno lugar, localidade.
LÚ.GU.BRE, adj., tristonho, funéreo, sombrio, lutuoso.
LUM.BA.GO, s.m., dores nas costas.
LU.ME, s.m., luz, fogo, clarão, qualquer objeto que irradie luz.
LU.MI.NAR, adj., brilhante, iluminado, muito inteligente.
LU.MI.NÁ.RIA, s.f., lâmpada, toda peça usada para iluminar.
LU.MI.NO.SI.DA.DE, s.f., brilho, clareza, luz forte.
LU.MI.NO.SO, adj., brilhante, cheio de luz, irradiador de luz, luminar.
LU.NAR, adj., próprio da Lua.
LU.NÁ.TI.CO, adj., que sofre influências da Lua; fig., com distúrbios mentais.
LU.NE.TA, s.f., uma lente forte com armação para enxergar ao longe.
LU.PA, s.f., lente forte para aumentar objetos menores.
LÚ.PU.LO, s.m., planta e seu produto usado no fabrico de cerveja.
LU.SI.TA.NIS.MO, s.m., o que é característico dos lusitanos, dos portugueses.
LU.SI.TA.NO, adj. e s.m., próprio da Lusitânia, antigo nome de Portugal.
LU.SO, adj. e s.m., português, lusitano.
LU.SO-BRA.SI.LEI.RO, adj., referente a atos e fatos de Portugal e do Brasil.
LUS.TRA-MÓ.VEIS, s.m.pl., substância para polir os móveis.
LUS.TRAR, v.t., polir, limpar, tornar brilhante.
LUS.TRE, s.m., brilho de objeto polido, candelabro; várias lâmpadas formando um conjunto.
LUS.TRO, s.m., lustre, brilho; espaço de cinco anos.
LUS.TRO.SO, adj., brilhante, polido, luminoso.
LU.TA, s.f., combate, porfia, embate; fig., empenho, afã.
LU.TA.DOR, s.m., quem combate, combatente, batalhador.
LU.TAR, v.int., fazer uma luta, combater, enfrentar; fig., empenhar-se, trabalhar.
LU.TE.RA.NIS.MO, s.m., ideias teológicas e religiosas de Martinho Lutero.
LU.TE.RA.NO, adj. e s.m., próprio de Lutero e sua religião; seguidor da doutrina de Lutero.
LU.TO, s.m., dor na morte de um ente querido, tristeza, pesar.
LU.TU.O.SO, adj., fúnebre, com luto forte, triste, acabrunhado.
LU.VA, s.f., peça para cobrir as mãos; peça para unir dois canos.
LU.XA.ÇÃO, s.f., deslocamento de um osso do seu posto original.
LU.XAR, v.t., deslocar um osso, destroncar.
LU.XEN.TO, adj., metido a luxos; melindroso, cheio de cerimônias.
LU.XO, s.m., pompa, ostentação de riqueza, extravagância, conforto exagerado.
LU.XU.O.SO, adj., com muito luxo, pomposo, exagerado.
LU.XÚ.RIA, s.f., viço, vigor das plantas; decadência dos costumes, sensualidade.
LU.XU.RI.AN.TE, adj., viçoso, vigoroso, com muita vida.
LU.XU.RI.O.SO, adj., lascivo, corrompido, sensual; exuberante, viçoso.
LUZ, s.f., aquilo que ilumina, aclara tudo, iluminação, brilho; todo objeto que provoca luz.
LU.ZEI.RO, s.m., aquilo que irradia luz.
LU.ZI.DI.O, adj., brilhante, luminoso, nítido.
LU.ZI.DO, adj., brilhoso, claro, vistoso.
LU.ZIR, v. int., brilhar, irradiar raios de luz, faiscar, cintilar.

M, s.m., décima terceira letra do á-bê-cê e décima consoante; na numeração romana, equivale a 1.000; - abreviação de metro(s).
MÁ, adj., feminino de mau.
MA.CA, s.f., padiola; armação de lona para carregar doentes.
MA.ÇA, s.f., clava, pedaço de madeira pesado e forte usado como arma pelos índios.
MA.ÇÃ, s.f., fruto da macieira.
MA.CA.BRO, adj., horrível, fúnebre, horrendo.
MA.CA.CA, s.f., fêmea do macaco; pop., estar com a macaca: estar com azar.
MA.CA.CA.DA, s.f., grupo de macacos; bando de pessoas, pessoal.
MA.CA.CÃO, s.f., uniforme de mecânicos, vestimenta inteiriça para o corpo todo.
MA.CA.CO, s.m., símio, antropoide, mamífero primata; peça para levantar o carro ao furar pneu ou para consertos.
MA.CA.DA.ME, s.m., tipo de cascalho com que se pavimentam estradas de barro.
MA.ÇA.NE.TA, s.f., objeto das fechaduras para pegar com a mão, girar a lingueta e abrir a porta.
MA.ÇAN.TE, adj., aborrecedor, turbador.
MA.CA.PA.EN.SE, adj. e s.c. 2 gên., próprio ou habitante de Macapá.
MA.ÇA.PÃO, s.m., doce feito de trigo, ovos, açúcar e amêndoas, marzipã.
MA.CA.QUE.AR, v.t., imitar, troçar de, zombar, ridicularizar.
MA.CA.QUI.CE, s.f., trejeito, momice, imitações para zombar.
MA.ÇAR, v.t. e int., incomodar, aborrecer, perturbar.
MA.ÇA.RI.CO, s.m., ave de pastagens; aparelho para fazer soldas.
MA.ÇA.RO.CA, s.f., fios torcidos, cabelos enrolados.
MA.CAR.RÃO, s.m., massa de trigo, sal, ovos e outros ingredientes.
MA.CAR.RO.NA.DA, s.f., prato feito com macarrão.
MA.CAR.RÔ.NI.CO, adj., idioma mal falado; barbarismos.
MA.CA.XEI.RA, s.f., aipim, mandioca.
MA.CEI.O.EN.SE, adj. e s.c. 2 gên., próprio, natural ou habitante de Maceió.
MA.CE.LA, s.f., erva cujas folhas fornecem um chá medicinal.
MA.CE.RAR, v.t., deixar qualquer substância em líquido para retirar-lhe os valores medicinais; fazer penitências físicas.
MA.CE.TE, s.m., maço pequeno, pop., truque para resolver uma situação.
MA.CHA.DO, s.m., instrumento com cabo e uma peça cortante de metal, usado para cortar e rachar madeira.
MA.CHÃO, s.m., homem forte e valente, pop., muito macho.
MA.CHIS.MO, s.m., seres do sexo masculino que defendem a supremacia do homem sobre a mulher em tudo.
MA.CHIS.TA, adj. e s.c. 2 gên., defensor do machismo.
MA.CHO, s.m., ser do sexo masculino; masculino de fêmea.
MA.CHU.CA.DU.RA, s.f., ferimento, mágoa.
MA.CHU.CAR, v.t. e pron., ferir, contundir, esmagar.
MA.CI.ÇO, adj., compacto, sólido, duro, espesso, s.m., serras centradas em torno de um cume.
MA.CI.EI.RA, s.f., árvore da família das Rosáceas e que produz a maçã.
MA.CI.EZ, s.f., suavidade, bondade, finura.
MA.CI.O, adj., suave, brando, aprazível, fofo.
MA.CI.O.TA, s.f., expr. ficar na maciota: sossegadamente, sem esforço.
MA.ÇO, s.m., pacote, martelo grande, feixe, coisas amarradas entre elas.
MA.ÇOM, s.m., membro da maçonaria.

MA.ÇO.NA.RI.A, s.f., sociedade secreta para fins filantrópicos.
MA.CO.NHA, s.f., um tipo de cânhamo, sendo as folhas usadas como droga; narcótico, erva.
MA.CO.NHEI.RO, s.m., consumidor de maconha; usuário de maconha.
MÁ-CRI.A.ÇÃO, s.f., sem-vergonhice, desrespeito.
MA.CRO.BI.Ó.TI.CA, s.f., sistema alimentar que usa de preferência os vegetais.
MA.CRO.CE.FA.LI.A, s.f., desenvolvimento excessivo da cabeça.
MA.CU.CO, s.m., ave selvagem grande e de carne saborosa, em extinção.
MA.ÇU.DO, adj., com forma de maça, enorme; aborrecido, maçante.
MÁ.CU.LA, s.f., mancha, sujeira, pecado.
MA.CU.LAR, v.t. e pron., manchar, enodoar, sujar, desrespeitar.
MA.CUM.BA, s.f., ritual afro-brasileiro com mistura de candomblé e espíritos, por meio de cantos, danças e sons de instrumentos.
MA.CUM.BEI.RO, s.m., quem é adepto ou pratica a macumba.
MA.DA.ME, s.f., (modo de tratamento do francês) dama, senhora, dona.
MA.DEI.RA, s.f., a parte dura que constitui o tronco, os ramos da árvore, lenho.
MA.DEI.RA.MEN.TO, s.m., conjunto de madeira usado em uma construção.
MA.DEI.REI.RA, s.f., empresa que industrializa madeira para vender.
MA.DEI.REI.RO, s.m., industrial e comerciante de madeira.
MA.DEI.REN.SE, adj. e s.c. 2 gên., relativo à Ilha da Madeira, habitante ou natural dessa ilha.
MA.DRAS.TA, s.f., a companheira do marido com referência aos filhos de casamentos anteriores; fig., bruxa, mulher que castiga os outros.
MA.DRE, s.f., a superiora de um convento de freiras; matriz; útero.
MA.DRE.PÉ.RO.LA, s.f., parte nacarada de um molusco acéfalo em cuja concha se criam pérolas.
MA.DRES.SIL.VA, s.f., trepadeira que produz flores.
MA.DRI.NHA, s.f., mulher que assiste às pessoas em batizados, crismas, casamentos; quem inaugura; animal que guia a tropa.
MA.DRU.GA.DA, s.f., período que vai da meia-noite até o alvorecer, aurora, alvorada.
MA.DRU.GAR, v. int., levantar-se muito cedo, sair da cama cedo.
MA.DU.RAR, v.t. e int., amadurecer, tornar maduro.
MA.DU.RO, adj., fruto pronto para ser colhido; experiente, ajuizado.
MÃE, s.f., fêmea que procriou, genitora; pessoa muito bondosa, origem.
MÃE-D'Á.GUA, s.f., iara, um tipo de sereia de água doce.
MA.ES.TRO, s.m., regente de orquestra, banda, conjunto musical, coro.
MÁ-FÉ, s.f., intenção criminosa, vontade de enganar, safadeza.
MÁ.FIA, s.f., sociedade secreta organizada para a prática dolosa de crimes; grupo de malfeitores.
MA.FI.O.SO, adj., membro da máfia, bandido, criminoso.
MÁ-FOR.MA.ÇÃO, s.f., formação distorcida.

MA.GA.ZI.NE, *s.m.*, casa comercial que vende uma grande gama de produtos.
MA.GI.A, *s.f.*, arte que usa truques e poderes especiais, bruxaria.
MÁ.GI.CA, *s.f.*, magia, bruxaria, arte de fazer maravilhas, fascinação.
MÁ.GI.CO, *adj.* e *s.m.*, próprio da magia, mago, com poderes especiais.
MA.GIS.TÉ.RIO, *s.m.*, exercício do ato de ser professor; professorado.
MA.GIS.TRA.DO, *s.m.*, juiz, servidor público concursado, dedicado a dirimir litígios legais entre duas partes que buscam uma solução legal.
MA.GIS.TRAL, *adj.*, digno de um mestre; ótimo, extraordinário, fantástico.
MAG.MA, *s.f.*, massa pastosa, quente, que provém do interior da terra, lava.
MAG.NA.NI.MI.DA.DE, *s.f.*, bondade, generosidade, alma grande.
MAG.NÂ.NI.MO, *adj.*, bondoso, generoso, amigo, delicado.
MAG.NA.TA, *s.m.*, milionário, pessoa muito rica.
MAG.NÉ.SIA, *s.f.*, hidróxido de magnésio, usado contra problemas estomacais.
MAG.NÉ.SIO, *s.m.*, elemento metálico branco-prateado.
MAG.NE.TIS.MO, *s.m.*, poderes que certos metais têm de atrair outros metais; atração, ímã, sedução, carisma.
MAG.NE.TI.ZA.ÇÃO, *s.f.*, imantação, atraído por magnetismo.
MAG.NE.TI.ZAR, *v.t.*, imantar, produzir magnetismo, seduzir, atrair.
MAG.NE.TO, *s.m.*, ímã, corpo com magnetismo.
MAG.NÍ.FI.CO, *adj.*, extraordinário, maravilhoso, suntuoso, luxuoso.
MAG.NI.TU.DE, *s.f.*, grandeza, valor, excelência.
MAG.NO, *adj.*, grande, imenso, enorme.
MAG.NÓ.LIA, *s.f.*, planta arbustiva que produz flores de cor branco-rosa.
MA.GO, *s.m.*, bruxo, feiticeiro, especialista em magia.
MÁ.GOA, *s.f.*, desgosto, infelicidade, tristeza.
MA.GO.AR, *v.t.* e *pron.*, ofender, machucar, afligir, contristar.
MA.GO.TE, *s.m.*, grupo de pessoas, bando de pessoas.
MA.GRE.LO, *adj.* e *s.m.*, muito magro, macérrimo.
MA.GRE.ZA, *s.f.*, característica de quem é magro.
MA.GRI.CE.LO, *adj.* e *s.m.*, muito magro, magrelo.
MA.GRO, *adj.*, que não tem gordura e carne, só ossos; *fig.*, com pouco lucro.
MAI.A, *s.c. 2 gên.*, índio da América Central.
MAI.O, *s.m.*, o quinto mês do ano.
MAI.Ô, *s.m.*, traje feminino diminuto, para o banho público.
MAI.O.NE.SE, *s.f.*, tempero, molho frio feito de óleo, ovos, sal e vinagre, usado para condimentar comidas.
MAI.OR, *adj.*, que é mais, que supera outro em dimensão; *s.m.*, quem alcançou a maioridade legal.
MAI.O.RI.A, *s.f.*, grande parte, o maior número, o grupo que reúne o maior percentual.
MAI.O.RI.DA.DE, *s.f.*, situação em que o cidadão brasileiro aos 21 anos goza plenamente de todos os direitos civis.
MAIS, *adv.*, indicativo de grandeza, superioridade; além de.
MAI.SE.NA, *s.f.*, substância farinácea extraída do milho.
MAIS-QUE-PER.FEI.TO, *s.m.*, tempo verbal que usa forma verbal anterior ao perfeito.
MAI.TA.CA, *s.f.*, maritaca, um tipo de papagaio.
MAÎ.TRE, *s.m.*, (francês), o chefe da cozinha, perito em cozinha.
MAI.ÚS.CU.LA, *s.f.*, letra grande, letra maiúscula, em oposição às minúsculas.
MAI.ÚS.CU.LO, *adj.*, grande, importante, próprio de letras maiúsculas.
MA.JES.TA.DE, *s.f.*, tratamento dado a reis, rainhas; nobreza, realeza.
MA.JES.TO.SO, *adj.*, grandioso, nobre, imenso, belíssimo.
MA.JOR, *s.m.*, graduação da hierarquia militar, posto do exército.
MA.JO.RA.ÇÃO, *s.f.*, aumento, engrandecimento.
MA.JO.RAR, *v.t.*, aumentar, tornar maior, elevar.
MA.JO.RI.TÁ.RIO, *adj.*, relativo à maioria, próprio da maioria.
MAL, *s.m.*, contrário do bem, maldade, ofensa, dano, prejuízo, desgraça; *adv.*, apenas, quando.

MA.LA, *s.f.*, caixa de madeira, couro ou outro material resistente, com alça ou rodinhas, para transporte de roupas e objetos em viagem; *pop.*, pessoa chata.
MA.LA.BA.RIS.MO, *s.m.*, truque, equilíbrio com dificuldade.
MA.LA.BA.RIS.TA, *s.c. 2 gên.*, quem faz malabarismos.
MAL-A.CA.BA.DO, *adj.*, malfeito, terminado de modo ruim, desastrado.
MAL-A.GRA.DE.CI.DO, *adj.* e *s.m.*, ingrato, desagradecido, infiel.
MA.LA.GUE.TA, *s.f.*, tipo de pimenta muito forte.
MA.LAI.O, *adj.* e *s.m.*, próprio da Malásia, malásio.
MA.LAN.DRO, *adj.* e *s.m.*, vadio, vagabundo, que nada faz.
MA.LAR, *s.m.*, osso do rosto, mais saliente; *pop.*, maçãs do rosto.
MA.LÁ.RIA, *s.f.*, doença que se caracteriza por febre forte e intermitente.
MA.LÁ.SIO, *adj.*, malaio, da Malásia.
MAL-AS.SOM.BRA.DO, *adj.*, local em que há assombração, posto cheio de espíritos, fantasmas.
MAL.BA.RA.TAR, *v.t.*, dissipar, gastar demais, desperdiçar.
MAL.CA.SA.DO, *adj.*, que teve um matrimônio ruim.
MAL.CRI.A.DO, *adj.* e *s.m.*, mal-educado, grosseiro, tosco, bronco, incivilizado.
MAL.DA.DE, *s.f.*, ruindade, malvadeza, torpeza.
MAL.DI.ÇÃO, *s.f.*, ato de amaldiçoar; praga, condenação, desgraça.
MAL.DI.ÇO.AR, *v.t.*, amaldiçoar, maldizer.
MAL.DI.TO, *adj.*, amaldiçoado, desgraçado, perverso, cruel, demoníaco.
MAL.DI.ZEN.TE, *adj.*, maledicente, que fala mal dos outros, falador.
MAL.DI.ZER, *v.t.*, amaldiçoar, praguejar, detestar, condenar.
MAL.DO.SO, *adj.*, cheio de mal, perverso, cruel, malicioso.
MA.LE.A.BI.LI.DA.DE, *s.f.*, habilidade, diplomacia, jeito, suavidade.
MA.LE.Á.VEL, *adj.*, flexível, habilidoso, jeitoso.
MA.LE.DI.CEN.TE, *adj.*, maldizente, praguejador.
MAL-E.DU.CA.DO, *adj.*, malcriado, grosseiro, bronco.
MA.LE.FÍ.CIO, *s.m.*, prejuízo, perda, desgraça.
MA.LÉ.FI.CO, *adj.*, maldoso, prejudicial.
MA.LEI.RO, *s.m.*, a parte superior dos guarda-roupas, fabricante de malas.
MA.LEI.TA, *s.f.*, malária, febre forte e intermitente.
MAL E MAL, *adv.*, apenas, pouco, tão somente.
MAL-EN.CA.RA.DO, *adj.*, de má índole, de péssimo caráter, de feição feia.
MAL-EN.TEN.DI.DO, *adj.* e *s.m.*, compreensão falha, equívoco, confusão.
MAL-ES.TAR, *s.m.*, indisposição, pequena quebra de saúde.
MA.LE.TA, *s.f.*, uma mala pequena, pasta.
MA.LÉ.VO.LO, *adj.*, que deseja o mal para o próximo, maldoso, perverso.
MAL.FA.DA.DO, *adj.*, de má sorte, de sina ruim, azarado.
MAL.FEI.TO, *adj.*, mal acabado, imperfeito, defeituoso.
MAL.FEI.TOR, *s.m.*, bandido, criminoso, bandoleiro.
MAL.GRA.DO, *prep.*, apesar de, má vontade.
MA.LHA, *s.f.*, tecido, fazenda; conjunto de estradas; manchas em animais.
MA.LHA.ÇÃO, *s.f.*, ato de malhar, pancada; *fig.*, diatribes, críticas; ginástica.
MA.LHA.DA, *s.f.*, malhação; rebanho bovino.
MA.LHA.DO, *adj.*, animal com manchas.
MA.LHAR, *v.t.* e *int.*, martelar, bater com o malho, espancar; criticar, maldizer, praticar ginástica.
MA.LHA.RI.A, *s.f.*, indústria têxtil que trabalha com malhas.
MA.LHO, *s.m.*, martelo, marreta.
MAL-HU.MO.RA.DO, *adj.*, possuído de mau humor; enfastiado, aborrecido.
MA.LÍ.CIA, *s.f.*, queda para a maldade, maldade, perversão.
MA.LI.CI.AR, *v.t.* e *int.*, pensar mal de, interpretar tudo com maldade, ver o mal em.

MA.LI.CI.O.SO, adj., cheio de malícia, maldoso, pervertido.
MA.LIG.NO, adj., maléfico, inclinado para o mal, demoníaco.
MÁ-LÍN.GUA, s.c. 2 gên., quem fala mal de tudo e de todos; víbora, jararaca.
MAL-ME-QUER, s.m., planta florida ornamental, bem-me-quer.
MA.LO.CA, s.f., casa de indígena, cabana, casebre, choupana, favela.
MA.LO.GRAR, v.t. e pron., fracassar, estragar, danificar, terminar mal.
MA.LO.GRO, s.m., fracasso.
MA.LO.QUEI.RO, s.m., habitante de maloca, favelado, pobre.
MA.LO.TE, s.m., pequena mala; transporte de valores por malote.
MAL.PAS.SA.DO, adj., comida pouco cozida; carne só esquentada na superfície.
MAL.QUE.RER, v.t., querer mal, detestar, odiar.
MAL.SU.CE.DI.DO, adj., frustrado, fracassado.
MAL.TA, s.f., quadrilha, corja, cambada, súcia.
MAL.TE, s.m., cevada preparada para ser usada no fabrico de cerveja.
MAL.TRA.PI.LHO, adj. e s.m., esfarrapado, roto, vestido com farrapos.
MAL.TRA.TAR, v.t., tratar mal, espancar, bater, ofender.
MA.LU.CO, adj., louco, doido, adoidado.
MA.LU.QUI.CE, s.f., doidice, loucura.
MAL.VA, s.f., planta medicinal usada na medicina doméstica.
MAL.VA.DE.ZA, s.f., maldade, perversidade, ruindade.
MAL.VA.DO, adj., perverso, mau, ruim, cruel.
MAL.VER.SA.ÇÃO, s.f., desperdício, má administração de bens.
MAL.VER.SAR, v.t., desviar valores, administrar mal.
MAL.VIS.TO, adj., desacreditado, de mau conceito.
MA.MA, s.f., teta, órgão da mulher, da fêmea animal, para aleitar; seio.
MA.MA.DA, s.f., ação de mamar; pop., dar uma mamada - aproveitar-se.
MA.MA.DEI.RA, s.f., recipiente com alimento líquido para nenê.
MA.MÃE, s.f., modo afetivo para designar a mãe.
MA.MÃO, adj., que mama muito, que ainda mama; fig., aproveitador.
MA.MÃO, s.m., fruto do mamoeiro.
MA.MAR, v.t. e int., chupar o leite, absorver.
MA.MA.TA, s.f., negócio pelo qual alguns obtêm ilicitamente muito lucro.
MA.ME.LU.CO, s.m., união de índio com branco.
MA.MÍ.FE.RO, adj., que mama; s.m., ordem dos mamíferos que engloba todos os animais que se alimentam de leite.
MA.MI.LO, s.m., bico do seio.
MA.MI.NHA, s.f., mamilo, mama do homem; parte macia da alcatra.
MA.MO.EI.RO, s.m., Bot., planta da família das Caricáceas, que produz o mamão.
MA.MU.TE, s.m., tipo de elefante pré-histórico.
MA.NÁ, s.m., alimento que os hebreus teriam recebido no deserto, iguaria.
MA.NA.CÁ, s.m., arbusto que produz flores roxas e brancas muito belas.
MA.NA.DA, s.f., grupo de animais, boiada, rebanho.
MA.NAN.CI.AL, s.m., fonte, nascente, regato.
MA.NAR, v.t.e int., surgir, correr, fluir, escorrer.
MA.NAU.EN.SE, adj., próprio ou habitante de Manaus.
MAN.CA.DA, s.f., erro, falha, engano, gafe, lapso.
MAN.CAL, s.m., peça metálica para apoiar um eixo gigante que lhe permite movimento; base.
MAN.CAR, v. int. e pron., coxear, andar com defeito, falhar, errar; desconfiar.
MAN.CE.BO, s.m., jovem solteiro, rapaz, moço.
MAN.CHA, s.f., mácula, nódoa, sujeira, pingo de sujeira; fig., desonra.
MAN.CHAR, v.t. e pron., sujar, macular, enodoar; fig., difamar.
MAN.CHE.TE, s.f., notícia dada de forma sensacional, notícia.
MAN.CO, adj. e s.m., indivíduo com defeito no andar, perneta.
MAN.DA.DO, s.m., ordem escrita de autoridade judiciária; petição contra algo que fere o direito constitucional.
MAN.DA.MEN.TO, s.m., cada uma das doze leis da Bíblia; ordem, mando, lei.
MAN.DAN.TE, adj. e s.c. 2 gên., que manda, ordenante.
MAN.DÃO, s.m., que quer mandar sozinho, que é opressor.
MAN.DAR, v.t. e int., ordenar, impor, dominar, governar.
MAN.DA.RIM, s.m., funcionário bem graduado no império chinês, fig., rico.
MAN.DA.TÁ.RIO, s.m., quem manda, procurador, quem representa.
MAN.DA.TO, s.m., delegação de poderes de alguém para um representante; mandato de político, mandato para advogado.
MAN.DÍ.BU.LA, s.f., queixo, maxilar inferior do ser humano, peça com presilha.
MAN.DIN.GA, s.f., bruxaria, feitiçaria, mau agouro.
MAN.DI.O.CA, s.f., arbusto que produz raízes, aipim, macaxeira.
MAN.DI.O.QUI.NHA, s.f., planta de grandes raízes amarelas usadas na alimentação.
MAN.DO, s.m., comando, ordem.
MAN.DRIL, s.m., Zool., macaco que habita a costa da Guiné; ferramenta para retificar e calibrar furos.
MA.NEI.RA, s.f., modo, jeito, arte, modo de ser e agir, ação.
MA.NEI.RAR, v.int., gíria: saber fazer, gerenciar algo com arte, evitar um conflito.
MA.NEI.RO.SO, adj., educado, polido, cortês.
MA.NE.JAR, v.t. e int., administrar, manusear, dirigir.
MA.NE.JO, s.m., ação de manejar, direção.
MA.NE.QUIM, s.m., modelo, boneco para representar pessoas, medida para vestimentas.
MA.NE.TA, s.c. 2 gên., quem perdeu uma mão ou um braço.
MAN.GA, s.f., parte da camisa, casaco que cobre o braço; fruta.
MAN.GA.ÇÃO, s.f., ato de rir de, tornar ridículo.
MAN.GA-LAR.GA, s.m., tipo de cavalo de raça de origem brasileira.
MAN.GA.NÊS, s.m., elemento metálico para diversas ligas.
MAN.GAR, v.t. e int., rir-se de, zombar, fazer troça, fazer pouco.
MAN.GUE, s.m., charco, brejo, paul, pântano.
MAN.GUEI.RA, s.f., árvore que produz a manga; tubo, cano de borracha para levar líquidos, sobretudo água.
MA.NHA, s.f., malandragem, astúcia, esperteza; choro para obter algo.
MA.NHÃ, s.f., período entre o nascer do Sol e o meio-dia.
MA.NHO.SO, adj., cheio de manha, astuto, ladino, esperto.
MA.NI.A, s.f., fixação de uma ideia, desordem mental e psíquica, extravagância; obsessão, vício.
MA.NÍ.A.CO, adj., excêntrico, fixo em, maluco, doido.
MA.NI.CÔ.MIO, s.m., hospício, casa para loucos, local com malucos.
MA.NI.CU.RE, s.c. 2 gên., pessoa cuja profissão é cuidar das unhas de clientes.
MA.NI.E.TAR, v.t., amarrar de mãos e pés, prender, atar, imobilizar.
MA.NI.FES.TA.ÇÃO, s.f., declaração, surgimento, interpelação.
MA.NI.FES.TAN.TE, adj., que se manifesta, que expressa seu ponto de vista.
MA.NI.FES.TAR, v.t. e pron., tornar público o que sente, declarar, expor, proclamar.
MA.NI.FES.TO, adj., expresso, claro, evidente; s.m., declaração, publicação.
MA.NI.LHA, s.f., tubo cerâmico usado para esgotar líquidos.
MA.NI.PU.LA.ÇÃO, s.f., preparação, manejo, direção.
MA.NI.PU.LAR, v.t., arrumar, preparar algo com as mãos, fazer; dirigir, controlar, fazer a seu gosto.
MA.NI.VE.LA, s.f., peça para fazer girar algo.
MAN.JA.DO, adj., pop., notado, percebido, notório.
MAN.JAR, v.t. pop., perceber, observar, notar.
MAN.JAR, s.m., iguaria, alimento, comida.
MAN.JE.DOU.RA, s.f., recipiente apropriado para colocar a comida aos animais.
MAN.JE.RI.CÃO, s.m., erva perfumada e de gosto forte para condimentos, basílico.
MAN.JE.RO.NA, s.f., erva de cheiro e gosto para remédios e tempero de sopa.
MA.NO, s.m., irmão.

MA.NO.BRA, s.f., ação de movimentar um objeto, girar um carro para estacionar; estratégia militar.
MA.NO.BRAR, v.t. e int., movimentar, ajeitar, colocar no ponto certo, usar de estratégias.
MA.NO.BRIS.TA, s.c. 2 gên., que movimenta veículos, quem os estaciona.
MA.NÔ.ME.TRO, s.m., aparelho para medir a pressão atmosférica.
MAN.QUI.TO.LA, s.m., quem é coxo, quem manca, perneta.
MAN.SÃO, s.f., casa luxuosa, palácio, palacete.
MAN.SAR.DA, s.f., água-furtada, quarto no sótão, moradia.
MAN.SI.DÃO, s.f., suavidade, bondade, vagarosidade.
MAN.SO, adj., calmo, brando, pacífico, sossegado.
MAN.TA, s.f., cobertor, coberta menor; pedaço de carne.
MAN.TEI.GA, s.f., substância gordurosa obtida do leite animal ou de vegetais.
MAN.TE.NE.DOR, s.m., quem mantém, quem sustenta.
MAN.TER, v.t.e pron., fornecer o que for necessário, sustentar, alimentar, proteger.
MAN.TI.LHA, s.f., manta para cobrir os ombros e a cabeça de mulheres.
MAN.TI.MEN.TO, s.m., alimento, comida, gêneros alimentícios.
MAN.TO, s.m., vestimenta usada como capa.
MA.NU.AL, adj., referente à mão, feito com a mão; s.m., livro adotado em sala de aula, livro que traz um assunto direcionado.
MA.NU.FA.TU.RA, s.f., trabalho executado com as mãos, objeto fabricado.
MA.NU.FA.TU.RAR, v.t., confeccionar com as mãos, fabricar.
MA.NUS.CRI.TO, s.m., todo escrito feito à mão.
MA.NU.SE.AR, v.t., manejar, examinar mexendo com as mãos, folhear.
MA.NU.SEI.O, s.m., ação de manusear, exame, compulsação.
MA.NU.TEN.ÇÃO, s.f., conservação, ato de manter.
MÃO, s.f., a parte terminal dos membros superiores do corpo humano; cada passada de tinta, demão; jogada no baralho; sentido dos veículos nas ruas.
MÃO-A.BER.TA, s.f., pródigo, gastador, dissipador.
MÃO DE O.BRA, s.f., trabalhadores preparados para o serviço, algo que deu muito trabalho.
MÃO DE VA.CA, s.c. 2 gên., avarento, muncheca, pão-duro.
MA.O.ME.TA.NO, adj. e s.m., muçulmano, relativo a Maomé, adepto de Maomé.
MA.O.ME.TIS.MO, s.m., islamismo, religião fundada por Maomé.
MÃO-PE.LA.DA, s.m., guaxinim, carnívoro comum de nossas matas.
MA.PA, s.f., representação gráfica de países, continentes, regiões, carta geográfica.
MA.PA-MÚN.DI, s.m., mapa que mostra o mundo todo.
MA.PE.A.MEN.TO, s.m., levantar as superfícies para confeccionar o mapa.
MA.PE.AR, v.t., fazer mapa, colocar em mapa, desenhar graficamente uma região.
MA.PO.TE.CA, s.f., local onde se recolhem os mapas, coleção de mapas.
MA.QUE.TE, s.f., esboço em tamanho pequeno de algo grande; modelo em miniatura de uma obra grande.
MA.QUI.A.DOR, s.m., pessoa que faz maquiagens, maquilador.
MA.QUI.A.GEM, s.f., embelezamento com substâncias aplicadas no rosto.
MA.QUI.AR, v.t. e int., ajeitar o rosto, pintar, embelezar.

MA.QUI.A.VÉ.LI.CO, adj., malicioso, malévolo, utilitarista, astucioso.
MA.QUI.LA.DOR, s.m., maquiador.
MA.QUI.LA.GEM, s.f., maquiagem.
MA.QUI.LAR, v.t., maquiar.
MÁ.QUI.NA, s.f., todo aparelho para fabricar algo, carro, ferramenta.
MA.QUI.NA.ÇÃO, s.f., tramoia, ardil, trama.
MA.QUI.NAR, v.t., planejar, tentar algo contra, fazer uma tramoia.
MA.QUI.NA.RI.A, s.f., grupo de máquinas.
MA.QUI.NIS.TA, s.c. 2 gên., quem dirige uma locomotiva de trem; quem manobra os bastidores do palco.
MAR, s.m., grande massa de água salgada, cobrindo a maior parte da superfície terrestre; imensidão.
MA.RA.CÁ, s.m., brinquedo infantil em forma de chocalho.
MA.RA.CA.NÃ, s.f., tipo pequeno de papagaio.
MA.RA.CA.TU, s.f., certa dança acompanhada de canto.
MA.RA.CU.JÁ, s.m., fruto do maracujazeiro, usado para refrescos.
MA.RA.CU.JA.ZEI.RO, s.m., planta que produz o maracujá.
MA.RA.JÁ, s.m., títulos da nobreza indiana; indivíduo muito rico; fig., no Brasil, funcionário público com salário muito acima da média.
MA.RA.NHEN.SE, s.c. 2 gên., próprio do Maranhão ou habitante de lá.
MA.RA.NI, s.f., feminino de marajá.
MA.RAS.MO, s.m., apatia, torpor, situação que não funciona.
MA.RA.TO.NA, s.f., disputa de corredores para uma grande distância.
MA.RA.VI.LHA, s.f., algo espetacular, admirável; milagre, algo perfeito.
MA.RA.VI.LHAR, v.t. e pron., encher de admiração, tornar maravilhoso, provocar prodígio.
MA.RA.VI.LHO.SO, adj., extraordinário, espetacular, prodigioso, fantástico.
MAR.CA, s.f., etiqueta, tipo, denominação de um produto, sinal identificador.
MAR.CA.ÇÃO, s.f., ato ou efeito de marcar, sinalização, identificação.
MAR.CA.DOR, s.m., o que marca, indicador, demonstrativo.
MAR.CAN.TE, adj., que marca, especial, expressivo, enfático.
MAR.CA.PAS.SO, s.m., aparelho médico colocado na pessoa para prevenir problemas com o aparelho cardíaco.
MAR.CAR, v.t., sinalizar, assinalar, destacar, indicar, mostrar, prevenir, acompanhar, seguir, fazer.
MAR.CE.NA.RI.A, s.f., pequena empresa que trabalha com madeira para fabrico de móveis; local de trabalho do marceneiro.
MAR.CE.NEI.RO, s.m., quem trabalha em marcenaria.
MAR.CHA, s.f., compasso, cadência de um grupo que caminha movendo os pés ao mesmo tempo; câmbio nos veículos, caminhada, jornada, corrida.
MAR.CHAR, v.t. e int., caminhar, andar, dar passos, ritmar os passos, prosseguir.
MAR.CI.AL, adj., relativo a guerreiro, próprio da guerra, bélico.
MAR.CI.A.NO, adj. e s.m., antigo suposto habitante de Marte, próprio dele.
MAR.CO, s.m., sinal, data, ponto de partida, limite; unidade monetária da Alemanha.
MA.RÉ, s.f., fluxo, refluxo, subida e descida periódica das águas do mar.
MA.RE.CHAL, s.m., o posto mais alto da hierarquia militar, somente dado em tempos de guerra.
MA.RÉ-CHEI.A, s.f., preamar, fluxo, o pico da maré.
MA.RE.JAR, v.t. e int., borbulhar, gotejar, derramar, soltar lágrimas.
MA.RE.MO.TO, s.m., tremor de terra no fundo do mar, com reflexos na superfície.
MA.RE.SI.A, s.f., cheiro característico da proximidade do mar.
MAR.FIM, s.m., substância branca óssea obtida de várias origens, inclusive dos dentes do elefante.
MAR.GA.RI.DA, s.f., planta que produz uma flor branca dos nossos jardins, a flor.
MAR.GA.RI.NA, s.f., gordura artificial extraída de vegetais para uso culinário.
MAR.GE.AR, v.t., seguir pela margem, orlar, circundar, bordear.
MAR.GEM, s.f., parte de terreno que acompanha rios, lagos, mares; borda, orla, o que segue no perímetro de qualquer superfície.
MAR.GI.NAL, adj., próprio da margem, que margeia, que orla; s.m., delinquente, elemento que vive fora das normas sociais.

MARGINALIDADE

MAR.GI.NA.LI.DA.DE, *s.f.*, quem vive à margem da sociedade, exclusão.
MAR.GI.NA.LI.ZA.ÇÃO, *s.f.*, discriminação, exclusão, afastamento, segregação.
MAR.GI.NA.LI.ZAR, *v.t.* e *pron.*, colocar na marginalidade, excluir, discriminar.
MA.RI.A-FU.MA.ÇA, *s.f.*, locomotiva de trem movida a lenha ou carvão, trem.
MA.RI.A-MO.LE, *s.f.*, tipo de doce pastoso.
MA.RI.A.NO, *adj.*, que se refere a Nossa Senhora.
MA.RI.A-SEM-VER.GO.NHA, *s.f.*, plantinha que cresce em diversos lugares e mostra flores simples de várias cores.
MA.RI.A VAI COM AS OU.TRAS, *s.f.*, pessoa sem personalidade, moleirão.
MA.RI.CAS, *s.m.*, homem do sexo masculino efeminado, frouxo.
MA.RI.DO, *s.m.*, esposo, cônjuge masculino, homem casado.
MA.RIM.BA, *s.f.*, instrumento musical de percussão.
MA.RIM.BON.DO, *s.m.*, vespa, designação de vários tipos de vespas que ferroam os agressores.
MA.RI.NA.DA, *s.f.*, alimento que fica de molho em água ou tempero.
MA.RI.NAR, *v.t.*, deixa algum alimento em molho.
MA.RI.NHA, *s.f.*, parte das forças armadas equipada para a luta pelo mar.
MA.RI.NHEI.RO, *adj.*, próprio da Marinha, do mar, da navegação; *s.m.*, indivíduo que trabalha em navio, marujo.
MA.RI.NHO, *adj.*, relativo ao mar, próprio do mar.
MA.RI.O.NE.TE, *s.m.*, chefe que faz o que lhe ordenam outros, títere, boneco.
MA.RI.NHO, *s.f.*, designação das borboletas noturnas; *pop.*, prostituta.
MA.RIS.CO, *s.m.*, crustáceos e moluscos comestíveis.
MA.RIS.TA, *adj.* e *s.m.*, que pertence à congregação religiosa dos irmãos maristas, criada pelo padre Marcelino Champagnat, com dedicação ao ensino.
MA.RI.TA.CA, *s.f.*, maitaca, papagaio pequeno; *fig.*, tagarela.
MA.RÍ.TI.MO, *adj.*, marinho, próprio do mar, relativo ao mar.
MAR.KE.TING, *s.m.*, *(inglês)*, técnica de fabricação, desenvolvimento e venda de um produto; a arte de bem vender.
MAR.MAN.JO, *s.m.*, rapaz, rapagão; *fig.*, tipo incivilizado.
MAR.ME.LA.DA, *s.f.*, doce feito com frutas; *fig.*, maquinação, conluio para lograr outros, roubalheira.
MAR.ME.LEI.RO, *s.m.*, árvore que produz o marmelo.
MAR.ME.LO, *s.m.*, fruta do marmeleiro; fruta usada para fazer marmelada.
MAR.MI.TA, *s.f.*, recipiente com tampa para colocar comida.
MAR.MI.TEI.RO, *s.m.*, pessoa que usa marmita.
MÁR.MO.RE, *s.m.*, pedra de várias espécies usada em construções.
MAR.MO.TA, *s.f.*, pequeno roedor semelhante ao esquilo.
MA.RO.LA, *s.f.*, onda grande, mar agitado.
MA.RO.TO, *adj.* e *s.m.*, astucioso, esperto, safado, malicioso.
MAR.QUÊS, *s.m.*, título de nobreza.
MAR.QUE.SA, *s.f.*, feminino de marquês, título nobre.
MAR.QUI.SE, *s.f.*, tipo de telhado estendido por sobre a calçada, na rua.
MAR.RA, *s.f.*, *expressão*, na marra - de qualquer jeito, à força.
MAR.RE.CO, *s.m.*, ave palmípede da família dos Anatídeos.
MAR.RE.TA, *s.f.*, martelo, pedaço de ferro com cabo, martelo grande.
MAR.RE.TA.DA, *s.f.*, pancada com a marreta.
MAR.RE.TAR, *v.t.*, usar a marreta, *fig.*, falar mal de, enganar.
MAR.RE.TEI.RO, *s.m.*, vendedor de produtos em praça pública, camelô.
MAR.ROM, *adj.* e *s.m.*, castanho, cor escura.
MAR.RO.QUIM, *s.m.*, pele de cabra pronta para fabrico de objetos.
MAR.RO.QUI.NO, *adj.* e *s.m.*, próprio de Marrocos ou seu habitante.
MAR.RU.Á, *s.m.*, boi selvagem, touro, boi xucro, novilho.
MAR.SE.LHE.SA, *s.f.*, nome do hino nacional francês.
MAR.SU.PI.AIS, *s.m. pl.*, mamíferos que se caracterizam por terem uma bolsa na qual as fêmeas colocam os filhotes na amamentação.
MAR.SÚ.PIO, *s.m.*, bolsa da região abdominal dos marsupiais, como no gambá.
MAR.TA, *s.f.*, animal carnívoro, cuja pele é muito procurada.
MAR.TE, *s.m.*, planeta do nosso sistema; na mitologia grega, o deus da guerra.
MAR.TE.LA.DA, *s.f.*, uma pancada com o martelo, marretada.
MAR.TE.LAR, *v.t.* e *int.*, golpear com o martelo, marretar; *fig.*, ser insistente.
MAR.TE.LO, *s.m.*, instrumento com cabo de madeira e uma peça de ferro própria para enfiar pregos; ossinho do pavilhão auricular.
MÁR.TIR, *s.c. 2 gên.*, pessoa maltratada, ou morta, devido à sua fé.
MAR.TÍ.RIO, *s.m.*, sofrimento, maus-tratos, tortura, muita dor.
MAR.TI.RI.ZAR, *v.t.* e *pron.*, fazer sofrer, maltratar, torturar, massacrar.
MA.RU.IM, *s.m.*, tipo de inseto que dá picadas violentas para sugar o sangue.
MA.RU.JA.DA, *s.f.*, conjunto de marujos, grupo de marinheiros.
MA.RU.JO, *s.m.*, marinheiro, nauta.
MA.RU.LHAR, *v. int.* e *pron.*, igual ao ruído do mar, mexer-se.
MA.RU.LHO, *s.m.*, ruído das ondas do mar, agitação das ondas.
MAR.XIS.MO, *s.m.*, sistema filosófico-político de Karl Marx; sistema que prega a igualdade de classes.
MAS, *conj.*, indica adversidade, oposição; todavia, porém, contudo.
MAS.CAR, *v.t.* e *int.*, moer com os dentes, mastigar, roer.
MÁS.CA.RA, *s.f.*, cobertura artificial colocada no rosto para disfarce; *fig.*, falsidade, falsa aparência.
MAS.CA.RA.DO, *adj.*, que usa máscara; *fig.*, hipócrita, fingido.
MAS.CA.RAR, *v.t.* e *pron.*, vestir máscara em, disfarçar-se, esconder-se.
MAS.CA.TE, *s.m.*, vendedor que vai de casa em casa, vendendo de tudo.
MAS.CA.TE.AR, *v.t.* e *int.*, vender, negociar, fazer vendas no domicílio dos clientes.
MAS.CA.VA.DO, *adj.*, próprio do açúcar mascavo, não refinado.
MAS.CA.VO, *adj.* e *s.m.*, açúcar de engenho de cor marrom.
MAS.CO.TE, *s.m.*, animal, objeto ou pessoa usado para ter sorte.
MAS.CU.LI.NI.ZAR, *v.t.* e *pron.*, tornar masculino, dar jeito de masculino.
MAS.CU.LI.NO, *adj.*, próprio dos seres machos, do homem; no gênero gramatical, o que se opõe ao feminino.
MÁS.CU.LO, *adj.*, próprio do macho, forte, enérgico, varonil.
MA.SO.QUIS.MO, *s.m.*, perversidade erótica cuja satisfação é obtida com o uso de violência física, quem se satisfaz com o próprio sofrimento.
MA.SO.QUIS.TA, *s.c. 2 gên.*, quem gosta de sofrer, quem tem prazer em sofrer.
MAS.SA, *s.f.*, produto obtido com mistura de farinha de trigo, água e sal; o povo, a plebe; na Física, a quantidade de matéria contida num corpo; *gíria* - algo interessante, o que atrai.
MAS.SA.CRAR, *v.t.*, aniquilar, exterminar, matar, espancar, afligir com crueldade.
MAS.SA.CRE, *s.m.*, aniquilamento, crueldade, genocídio; espancamento.
MAS.SA.GE.AR, *v. t.*, friccionar a pele com as mãos e unguentos, fazer massagem.
MAS.SA.GEM, *s.f.*, terapia com fricções sobre o corpo, friccionamento.
MAS.SA.GIS.TA, *s.c. 2 gên.*, quem faz massagens, quem fricciona.
MAS.SA.PÉ, *s.m.*, massapê, terra própria para o cultivo da cana-de-açúcar.
MAS.SE.TER, *s.m.*, *Anat.*, músculo da mandíbula que, juntamente com outros, auxilia a abrir a boca e mastigar.
MAS.SI.FI.CA.ÇÃO, *s.f.*, generalização, uniformização, popularização.
MAS.SI.FI.CAR, *v.t.*, uniformizar, generalizar, popularizar, nivelar.
MAS.SU.DO, *adj.*, que tem muita massa, encorpado, enorme.

MAS.TI.GA.ÇÃO, *s.f.*, ato ou efeito de mastigar, trituração com os dentes.
MAS.TI.GA.DO, *adj.*, triturado, moído; feito para alguém como ajuda.
MAS.TI.GAR, *v.t.* e *int.*, moer com os dentes, triturar, desfazer as fibras.
MAS.TIM, *s.m.*, cão grande e forte, para guarda de gado.
MAS.TI.TE, *s.f.*, inflamação nas mamas.
MAS.TO.DON.TE, *s.m.*, animal muito grande e antigo; *fig.*, indivíduo enorme.
MAS.TOI.DE, *adj.*, com forma de mama, parecido com mama.
MAS.TRO, *s.m.*, poste central no navio que centraliza a sustentação das velas; haste na qual se hasteiam bandeiras.
MAS.TUR.BA.ÇÃO, *s.f.*, onanismo, satisfação sexual solitária.
MAS.TUR.BAR, *v.t.* e *pron.*, obter a satisfação sexual com a fricção de algum objeto e das mãos.
MA.TA, *s.f.*, mato, bosque, floresta, terreno coberto de vegetação, selva.
MA.TA-BOR.RÃO, *s.m.*, um tipo de papel que enxuga a tinta da escrita.
MA.TA.BUR.RO, *s.m.*, pequena ponte gradeada para impedir a passagem de animais quadrúpedes.
MA.TA.DO, *adj.*, morto, malfeito, mal terminado.
MA.TA.DOR, *s.m.*, assassino, criminoso de aluguel; quem mata.
MA.TA.DOU.RO, *s.m.*, abatedouro, frigorífico para o abate de gado vacum.
MA.TA.GAL, *s.m.*, pequeno bosque, mata de poucas árvores pequenas.
MA.TAN.ÇA, *s.f.*, ação de matar, morticínio, carnificina.
MA.TAR, *v.t., int.* e *pron.*, levar à morte de modo violento, tirar a vida, assassinar, exterminar, liquidar; terminar algo, fazer malfeito, não ir à aula.
MA.TA.RI.A, *s.f.*, extensão de mata, muita mata.
MA.TE, *s.m.*, erva-mate, a bebida da infusão dessa erva; xeque--mate.
MA.TE.MÁ.TI.CA, *s.f.*, ciência que estuda os números, medidas, figuras com suas implicações.
MA.TE.MÁ.TI.CO, *adj.* e *s.m.*, próprio da matemática; quem se dedica à matemática.
MA.TÉ.RIA, *s.f.*, a massa de um corpo, substância de um corpo; o tema de qualquer assunto; disciplina escolar.
MA.TE.RI.AL, *adj.*, próprio da matéria, formado de matéria; físico, carnal, mundano, oposto ao espiritual; objetos escolares.
MA.TE.RI.A.LIS.MO, *s.m.*, filosofia que se concentra na matéria sem considerar o espiritual; ciência da matéria pura.
MA.TE.RI.A.LI.ZA.ÇÃO, *s.f.*, ação de materializar algo.
MA.TE.RI.A.LI.ZAR, *v.t.* e *pron.*, tornar material, levar a ser material, desespiritualizar.
MA.TÉ.RIA-PRI.MA, *s.f.*, coisas primárias para industrializar.
MA.TER.NAL, *adj.*, próprio da mãe, materno, *s.f.*, estágio escolar inicial para bebês.
MA.TER.NI.DA.DE, *s.f.*, qualidade de mãe, ação de dar à luz; parte do hospital onde as mães dão à luz.
MA.TER.NO, *adj.*, próprio da mãe, maternal; *fig.*, afetuoso.
MA.TI.LHA, *s.f.*, grupo de lobos, cães; no escotismo, grupo de seis lobinhos.
MA.TI.NAL, *adj.*, próprio da manhã.
MA.TI.NÊ, *s.f.*, sessão de filme ou espetáculo que se realiza à tarde; vesperal.
MA.TIZ, *s.f.*, nuança, conjunto de cores combinadas; enfoque da cor.
MA.TI.ZAR, *v.t.* e *pron.*, colorir, distribuir cores, mostrar as cores.
MA.TO, *s.m.*, mato, floresta, bosque; interior, lugar afastado.
MA.TO-GROS.SEN.SE, *s.c. 2 gên.*, próprio ou habitante do Mato Grosso.
MA.TO-GROS.SEN.SE-DO-SUL, *s.c. 2 gên.*, próprio ou habitante do Mato Grosso do Sul.
MA.TRA.CA, *s.f.*, armação para produzir um som, ruído, na falta de campainha; *fig.*, pessoa que fala muito.
MA.TRA.QUE.AR, *v.int.*, falar muito, provocar ruídos, tagarelar.
MA.TREI.RO, *adj.*, malicioso, astuto, ardiloso, esperto.
MA.TRI.AR.CA.DO, *s.m.*, sistema em que a mulher detém o comando do clã.
MA.TRÍ.CU.LA, *s.f.*, ação de matricular-se; inscrever-se para participar de um curso; pagamento de uma taxa para frequentar um curso ou ser membro de.
MA.TRI.CU.LAR, *v.t.* e *pron.*, inscrever, colocar em, proceder à matrícula de.
MA.TRI.MÔ.NIO, *s.m.*, relação de duas pessoas casadas entre si; casamento. Sacramento indissolúvel da Igreja católica.
MA.TRIZ, *s.f.*, útero, local das fêmeas para desenvolver a cria; molde, fonte, origem, numa instituição, a sede principal; modelo, estereótipo.
MA.TU.RA.ÇÃO, *s.f.*, amadurecimento, desenvolvimento.
MA.TU.RAR, *v. int.* e *pron.*, amadurecer, desenvolver-se, crescer.
MA.TU.RI.DA.DE, *s.f.*, amadurecimento, crescimento, serenidade.
MA.TU.TAR, *v.t.* e *int., pop.*, cismar, pensar, refletir.
MA.TU.TI.NO, *adj.*, próprio da manhã, matinal.
MA.TU.TO, *adj.* e *s.m.*, que é do mato, roceiro, interiorano, caipira, sitiante.
MAU, *adj.*, dado ao mal, ruim, perverso, nocivo, injusto, imoral, ilícito, depravado, devasso, diabólico.
MAU-CA.RÁ.TER, *s.m.*, indivíduo de má índole, tipo dado ao mal.
MAU-O.LHA.DO, *s.m.*, crendice de que certos tipos destroem com a força dos olhos, azar, maldade, ruindade.
MAU.SO.LÉU, *s.m.*, túmulo, sepultura.
MAUS-TRA.TOS, *s.m.pl.*, espancamento, agressão violenta, massacre físico.
MÁ.XI, *adj.*, abreviação de máxima.
MA.XI.LA, *s.f.* mandíbula, queixo.
MA.XI.LAR, *s.m.*, parte do rosto na qual se implantam os dentes, queixada.
MÁ.XI.MA, *s.f.*, frase lapidar, conceito, princípio.
MÁ.XI.ME, *adv.*, principalmente, sobretudo.
MA.XI.MI.ZAR, *v.t.* e *pron.*, dar a maior extensão possível, tornar grande.
MÁ.XI.MO, *adj.*, o maior, superior a todos os outros; na matemática, o maior número que é divisor de vários outros.
MA.XI.XE, *s.m.*, dança e música de cunho popular; fruto do maxixeiro.
MA.XI.XEI.RO, *s.m.*, planta que produz o maxixe; quem dança o maxixe.
MA.ZE.LA, *s.f.*, desleixo, negligência, ferida, chaga, dor; problema.
MA.ZUR.CA, *s.f.*, dança de origem polonesa, muito rápida.
ME, *pron.*, a mim, para mim, por mim.
ME.A.ÇÃO, *s.f.*, as metades de dois herdeiros, a metade de um todo, divisão entre dois.
ME.A.DA, *s.f.*, fios enroscados.
ME.AN.DRO, *s.m.*, curva, sinuosidade de um curso d'água.
ME.AR, *v. t., int.* e *pron.*, dividir em duas partes, repartir um bem por dois herdeiros.
ME.CÂ.NI.CA, *s.f.*, estudo dos movimentos e das forças; a habilidade de trabalhar com motores, peças e engenhos.
ME.CÂ.NI.CO, *adj.*, que é feito manualmente, próprio da mecânica, feito de modo autômato; *s.m.*, quem trabalha com mecânica, operário.
ME.CA.NIS.MO, *s.m.*, o conjunto de peças que atuam em uma máquina.
ME.CA.NI.ZAR, *v.t.*, colocar máquinas no lugar de, fazer ou repetir um gesto de modo inconsciente.
ME.CA.NO.GRA.FI.A, *s.f.*, estudo do uso do teclado da máquina de escrever.
ME.CE.NAS, *s.m.*, pessoa que ajuda os artistas, quem protege as artes.
ME.CHA, *s.f.*, fio torcido para ser aceso na lamparina, tufo de cabelo que não segue a norma geral dos outros cabelos.
ME.DA.LHA, *s.f.*, objeto metálico, de várias formas, com efígies, dizeres, para comemorar fatos, ou para fins religiosos; prêmio de concursos, insígnia.

MEDALHÃO

ME.DA.LHÃO, *s.m.,* uma medalha grande, joia; *fig.,* indivíduo que só tem fama.
MÉ.DIA, *s.f.,* o resultado da soma de vários valores, xícara de tamanho médio com café; quanto é necessário para ser aprovado.
ME.DI.A.ÇÃO, *s.f.,* intervenção, intermediação, ligação de duas partes.
ME.DI.A.DOR, *s.m.,* quem intermedeia, intercessor; *fig.,* árbitro.
ME.DI.AL, *adj.,* que está no meio, que fica no meio.
ME.DI.A.NEI.RO, *s.m.,* mediador.
ME.DI.A.NO, *adj.,* posto no meio, medíocre, médio, tíbio.
ME.DI.AN.TE, *prep.,* por meio de, por ação de.
ME.DI.AR, *v.t.,* dividir em duas partes iguais, intervir, ficar no meio, arbitrar.
ME.DI.A.TO, *adj.,* mais distante, próximo de terceira coisa, após a vizinha.
ME.DI.CA.MEN.TO, *s.m.,* remédio, medicina, o que se consome contra doença.
ME.DI.ÇÃO, *s.f.,* ato ou efeito de medir, medida.
ME.DI.CAR, *v.t., int.* e *pron.,* dar remédio a, tratar com medicamento.
ME.DI.CI.NA, *s.f.,* ciência de curar o ser humano de suas doenças; profissão de médico.
MÉ.DI.CO, *s.m.,* profissional de medicina, doutor, clínico.
MÉ.DI.CO-LE.GAL, *adj.,* próprio da medicina legal, medicina conforme a lei.
MÉ.DI.CO-LE.GIS.TA, *s.m.,* médico que pratica a medicinal legal, emitindo laudos legais.
ME.DI.DA, *s.f.,* medição, proporção, modelo, lei, norma assumida, expediente.
ME.DI.DOR, *s.m.,* quem mede, aparelho que mede.
ME.DI.E.VAL, *adj.,* próprio da Idade Média.
MÉ.DIO, *adj,* mediano, medíocre, o meio de dois pontos, posição de jogador de futebol.
ME.DÍ.O.CRE, *adj.,* mediano, que fica entre o mau e o bom, razoável, que tem pouco merecimento.
ME.DI.O.CRI.DA.DE, *s.f.,* situação do medíocre, medianidade.
ME.DIR, *v.t.* e *pron.,* tirar as medidas de, avaliar o tamanho, calcular a dimensão, avaliar, julgar, equacionar.
ME.DI.TA.ÇÃO, *s.f.,* reflexão, contemplação.
ME.DI.TAR, *v.t.* e *int.,* pensar profundamente, raciocinar, cogitar.
ME.DI.TA.TI.VO, *adj.,* que raciocina, que pensa, que medita.
ME.DI.TER.RÂ.NEO, *adj.,* próprio do mar ou região do Mediterrâneo.
MÉ.DI.UM, *s.c.* 2 *gên.,* indivíduo que intermedeia uma ligação entre os seres vivos e os espíritos dos seres mortos.
ME.DI.U.NI.DA.DE, *s.f.,* qualidade de um médium.
ME.DO, *s.m.,* falta de coragem, receio, pavor temor.
ME.DO.NHO, *adj.,* apavorante, amedrontador, horrendo, que causa medo.
ME.DRAR, *v.t.* e *int.,* crescer, brotar, desenvolver-se, aumentar, amadurecer.
ME.DRO.SO, *adj.,* cheio de medo, apavorado, temeroso.
ME.DU.LA, *s.f.,* substância pastosa contida no interior de ossos, sobretudo no interior das vértebras da espinha dorsal, âmago, interior.
ME.DU.SA, *s.f.,* animal marinho com corpo gelatinoso.
ME.EI.RO, *adj.,* divisível ao meio, herdeiro da metade de um conjunto de bens; *s.m.,* agricultor que planta na terra de outrem e recebe a metade da colheita.
ME.GA.FO.NE, *s.f.,* alto-falante portátil para levar a voz ao longe.
ME.GA.LO.MA.NI.A, *s.f.,* psicose de quem só pensa em grandeza.
ME.GA.LO.MA.NÍ.A.CO, *adj.,* que sofre de megalomania.
ME.GE.RA, *s.f.,* bruxa, feiticeira, mulher má, mulher cruel.
MEI.A, *s.f.,* peça de tecido para envolver os pés e parte da perna.
MEI.A-Á.GUA, *s.f.,* casa com um único telhado inclinado; casinha, casebre.
MEI.A-AR.MA.DOR, *s.m.,* no futebol, o jogador do meio de campo.
MEI.A-CAL.ÇA, *s.f.,* meia que vai até a cintura.
MEI.A-ES.TA.ÇÃO, *s.f.,* época do ano, situada entre estações com clima ameno.
MEI.A-LU.A, *s.f.,* fase lunar, quando o satélite é visto só pela metade.
MEI.A-LUZ, *s.f.,* pouca luz, penumbra.
MEI.A-NOI.TE, *s.f.,* zero hora, momento divisório da noite toda.
MEI.A-TI.GE.LA, *s.f., expressão* - de meia-tigela: insignificante.
MEI.GO, *adj.,* suave, amável, afetuoso, terno, carinhoso.
MEI.GUI.CE, *s.f.,* suavidade, ternura, carinho, brandura.
MEI.O, *adj.,* igual à metade, médio; *s.m.,* metade, centro, ponto equidistante de todos os outros; meio ambiente, todas as condições de vida dos seres em um local.
MEI.O-DI.A, *s.m.,* doze horas, divisão do dia em duas metades.
MEI.O-FI.O, *s.m.,* fileira de pedras colocadas entre a calçada e a rua.
MEI.O-TER.MO, *s.m.,* média, tom, ou modo médio de fazer algo.
MEI.O-TOM, *s.m.,* de maneira suave, sem exagero.
MEI.RI.NHO, *s.m.,* designação antiga dos oficiais de justiça.
MEL, *s.m.,* produto de abelhas, substância muito doce que preparam nas colmeias; *fig.,* muita doçura; algo muito gostoso.
ME.LA.ÇO, *s.m.,* líquido pastoso derivado do açúcar ao se secar.
ME.LA.DO, *adj.,* muito doce, *s.m.,* garapa de cana-de-açúcar já cozida, ao se transformar em açúcar.
ME.LAN.CI.A, *s.f.,* planta rasteira que produz a melancia; fruta de cor verde por fora e vermelha por dentro, doce e suculenta.
ME.LAN.CO.LI.A, *s.f.,* estado de tristeza, abatimento.
ME.LAN.CÓ.LI.CO, *adj.,* triste, tristonho, acabrunhado, abatido.
ME.LÃO, *s.m.,* fruto do meloeiro.
ME.LAR, *v.t., int.* e *pron.,* colocar mel em, adoçar muito; perturbar, estragar, lambuzar.
ME.LE.CA, *s.f., pop.,* catarro, mucosa das fossas nasais.
ME.LEI.RA, *s.f.,* colmeia de abelhas silvestres, colmeia, casa de abelhas.
ME.LEI.RO, *s.m.,* produtor de mel, vendedor de mel.
ME.LE.NA, *s.f.,* cabelo solto, cabelos longos e soltos pelas costas.
ME.LHOR, *adj.,* que é superior a outro pela bondade, preferido, privilegiado.
ME.LHO.RA, *s.f.,* melhoramento, diminuição de uma situação ruim, melhoria.
ME.LHO.RA.DA, *s.f.,* melhoria.
ME.LHO.RA.MEN.TO, *s.m.,* melhoria, diminuição de algo ruim.
ME.LHO.RAR, *v.t., int.* e *pron.,* ficar em situação confortável, obter mais saúde.
ME.LHO.RI.A, *s.f.,* melhoramento, melhora.
ME.LI.AN.TE, *s.m.,* malfeitor, malandro, assaltante, ladrão.
ME.LI.FI.CAR, *v.t.* e *int.,* produzir mel, colocar muito açúcar em, adoçar muito.
ME.LÍ.FLUO, *adj.,* doce como mel, que flui como o mel, doce, meigo, suave.
ME.LIN.DRAR, *v.t.,* ofender, magoar, afligir.
ME.LIN.DRE, *s.m.,* ofensa, mágoa, aflição.
ME.LIN.DRO.SO, *adj.,* afetivo, suscetível, que se ofende facilmente.
ME.LI.PO.NÍ.DEOS, *s.m. pl.,* a família dos insetos que compreende as abelhas.
ME.LIS.SA, *s.f.,* planta de horta usada para chás calmantes.
ME.LO.DI.A, *s.f.,* grupo de sons, sonoridade, sons suaves e agradáveis.
ME.LO.DI.AR, *v.t., int.* e *pron.,* fazer uma melodia, harmonizar, tornar suave.
ME.LÓ.DI.CO, *adj.,* referente à melodia, melodioso.
ME.LO.DI.O.SO, *adj.,* sonoro, agradável, harmonioso.
ME.LO.DRA.MA, *s.m.,* representação teatral ou filme que busca as emoções dos presentes ou dos espectadores.
ME.LO.EI.RO, *s.m.,* planta rasteira que produz o melão.
ME.LO.SO, *adj.,* com mel, muito doce, dulcíssimo.
MEL.RO, *s.m.,* pássaro originário da Europa com plumagem preta e bico amarelo, com canto muito mavioso.
MEM.BRA.NA, *s.f.,* tecido que envolve partes do corpo, pele fina, película.
MEM.BRO, *s.m.,* partes do corpo humano (braços, pernas); participante, sócio.

ME.MO.RAN.DO, s.m., aviso, lembrete, bilhete escrito.
ME.MO.RAR, v.t., recordar, lembrar, relembrar.
ME.MO.RÁ.VEL, adj., notável, próprio para ficar na memória, famoso.
ME.MÓ.RIA, s.f., lembrança, recordação, qualidade que a pessoa possui de reter fatos, números, pessoas; reminiscências.
ME.MO.RI.AL, adj., que é notável, digno de ser lembrado; s.m., solicitação por escrito de um pedido anterior.
ME.MO.RI.A.LIS.TA, s.c. 2 gên., quem escreve memórias.
ME.MÓ.RIAS, s.f. pl., recordações biográficas; reprodução de uma vida.
ME.MO.RI.ZAR, v.t., reter na memória.
ME.NAR.CA, s.f., a primeira menstruação nas adolescentes.
MEN.ÇÃO, s.f., referência, ação de mencionar.
MEN.CI.O.NAR, v.t., referir, trazer à tona, falar de.
MEN.DA.CI.DA.DE, s.f., falsidade, mentira.
MEN.DAZ, adj., mentiroso.
MEN.DI.CÂN.CIA, s.f., ação de pedir esmola, quem se mantém com esmolas.
MEN.DI.GAR, v.t. e int., pedir esmolas, viver de esmolas; suplicar, implorar.
MEN.DI.GO, s.m., quem pede esmolas, quem vive de esmolas, esmoleiro.
ME.NE.AR, v.t. e pron., mexer de um lado para o outro, mexer, mover.
ME.NEI.O, s.m., oscilação, abano.
ME.NES.TREL, s.m., no Trovadorismo, era um poeta e cantor, poeta.
ME.NI.NA, s.f., criança ou adolescente do sexo feminino, moça, garota; expressão: menina dos olhos - a preferência.
ME.NI.NA.DA, s.f., grupo de meninos e meninas.
ME.NIN.GE, s.f., designação das membranas que envolvem o cérebro e a espinha dorsal.
ME.NIN.GI.TE, s.f. inflamação da meninge.
ME.NI.NI.CE, s.f., criancice, infância, puerilidade.
ME.NI.NO, s.m., criança ou adolescente do sexo masculino, rapaz, piá.
ME.NIS.CO, s.m., cartilagem que une a perna com a coxa no joelho.
ME.NO.PAU.SA, s.f., época na qual para a menstruação na mulher.
ME.NOR, adj., inferior, mais pequeno; s.m., quem não chegou aos 21 anos.
ME.NO.RI.DA.DE, s.f., que ainda não completou 21 anos.
ME.NOR.RA.GI.A, s.f., menstruação com fluxo mais forte que o normal.
ME.NOR.REI.A, s.f., menstruação.
ME.NOS, adv., em menor quantidade, em medida menor, mínimo; s.m., o mais ínfimo, quem está em menor grau.
ME.NOS.PRE.ZAR, v.t., desprezar, ridicularizar, rebaixar.
MEN.SA.GEI.RO, s.m., quem traz mensagem, estafeta, quem leva ou traz notícia.
MEN.SA.GEM, s.f., comunicação, notícia, novidade, aviso.
MEN.SAL, adj., que dura um mês, durante um mês, a cada mês.
MEN.SA.LI.DA.DE, s.f., mesada, pagamento efetuado todo mês.
MEN.SA.LIS.TA, s.c. 2 gên., quem paga ou recebe salário a cada mês.
MENS.TRU.A.ÇÃO, s.f., mênstruo, menorreia, saída de sangue mensalmente na mulher, após a puberdade.
MENS.TRU.AR, v. int., ter a ação do ciclo menstrual.
MEN.SU.RAR, v.t., medir, dimensionar, avaliar, pesar.
MEN.SU.RÁ.VEL, adj., que se pode medir, que se pode avaliar.
MEN.TA, s.f., planta cujas folhas são usadas como tempero em infusões medicinais, hortelã.
MEN.TAL, adj., próprio da mente, intelectual.
MEN.TA.LI.DA.DE, s.f., modo de pensar e agir de cada ser, espírito crítico.
MEN.TA.LI.ZAR, v.t. e int., imaginar com a mente, trabalhar com a mente.
MEN.TE, s.f., espírito, intelectualidade, inteligência.

MEN.TE.CAP.TO, adj. e s.m., desajuizado, imbecil, idiota, tolo, bobo.
MEN.TIR, v.t. e int., falsear a verdade, proferir mentiras, enganar.
MEN.TI.RA, s.f., lorota, ação de mentir, falsidade, peta.
MEN.TI.RO.SO, adj., falso, loroteiro, perito em mentira.
MEN.TOL, s.m., substância forte que se encontra na hortelã.
MEN.TO.LA.DO, adj., com gosto de menta.
MEN.TOR, s.m., guia, dirigente, orientador, guru.
ME.NU, s.m., cardápio, folheto com a relação dos pratos de um restaurante.
MER.CA.DO, s.m., local para compra e venda de mercadorias, venda, loja.
MER.CA.DO.RI.A, s.f., tudo que se compra e vende, artigos de comércio.
MER.CAN.TE, adj., próprio do comércio.
MER.CAN.TIL, adj., que se refere ao comércio.
MER.CÊ, s.f., bondade, graça, favor, expressão: à mercê de - na vontade de, a gosto de.
MER.CE.A.RI.A, s.f., casa comercial de gêneros alimentícios.
MER.CE.EI.RO, s.m., proprietário de mercearia.
MER.CE.NÁ.RIO, adj. e s.m., que trabalha por preço ajustado previamente, soldado de aluguel.
MER.CHAN.DI.SING, s.m., (inglês), propaganda sutil de um produto, sem que o espectador perceba claramente; a arte de bem vender.
MER.CÚ.RIO, s.m., elemento metálico; planeta mais próximo do Sol.
MER.CU.RO-CRO.MO, s.m., líquido medicinal de cor vermelho-escura, usado como antisséptico.
MER.DA, s.f. ch., fezes, excrementos, bosta, porcaria; s.m., tipo sem valor nenhum; interj., indicativo de raiva, desprezo.
ME.RE.CER, v.t. e int., ser digno de, ter mérito, ter direito a.
ME.RE.CI.DO, adj., devido, com mérito.
ME.RE.CI.MEN.TO, s.m., mérito, valor, importância.
ME.REN.DA, s.f., lanche, refeição pequena e leve, refeição escolar.
ME.REN.DAR, v.t., comer a merenda, fazer uma refeição, lanchar.
ME.REN.DEI.RA, s.f., mulher que prepara a merenda nas escolas.
ME.RE.TRÍ.CIO, s.m., prostituição, profissão de uma meretriz.
ME.RE.TRIZ, s.f., prostituta, rameira, puta, vagabunda.
MER.GU.LHA.DOR, s.m., quem mergulha na água.
MER.GU.LHÃO, s.m., ave da família dos Anatídeos.
MER.GU.LHAR, v.t., int. e pron., imergir na água, ficar sob a água, afundar-se.
MER.GU.LHO, s.m., ação de mergulhar.
ME.RI.DI.A.NO, s.m., cada um dos 24 círculos que correm de polo a polo e indicam o fuso horário.
ME.RI.DI.O.NAL, adj., próprio do Sul, austral.
ME.RI.TÍS.SI.MO, adj., digno de muito mérito, tratamento dado a juiz de direito.
MÉ.RI.TO, s.m., merecimento, dignidade.
MER.LU.ZA, s.f., tipo de peixe parecido com o bacalhau.
ME.RO, adj., simples, comum, cotidiano.
MER.TI.O.LA.TE, s.m., remédio antisséptico.
MÊS, s.m., cada uma das divisões do ano em 12 períodos; período de 30 dias.
ME.SA, s.f., móvel feito para as atividades de ler, escrever, comer, jogar, etc.
ME.SA.DA, s.f., mensalidade, quantia que se paga ou se recebe a cada mês.
ME.SA-RE.DON.DA, s.f., encontro coordenado para discussão de um assunto.
ME.SÁ.RIO, s.m., pessoa convocada para trabalhar nas eleições.

MESCLA

MES.CLA, s.f., matiz, reunião de várias cores.
MES.CLAR, v.t. e pron., misturar, juntar, agrupar.
MES.MI.CE, s.f., a mesma coisa de sempre, rotina, monotonia.
MES.MÍS.SI.MO, adj., exatamente o mesmo, sem nenhuma alteração.
MES.MO, adj., idêntico, igual, semelhante, o próprio; s.m., o próprio, o tipo referido; ser o mesmo - não sofrer nenhuma mudança.
ME.SÓ.CLI.SE, s.f., intercalar um pronome átono nos tempos verbais futuros.
MES.QUI.NHO, adj., pobre, infeliz, ridículo, pão-duro, sádico.
MES.QUI.TA, s.f., templo muçulmano.
MES.SI.AS, s.m., salvador, o prometido, para os cristãos, Jesus Cristo.
MES.TI.ÇA.GEM, s.f., cruzamento de povos e raças, caldeamento, miscigenação.
MES.TI.ÇAR, v.t. e pron., cruzar diferentes povos, misturar, caldear.
MES.TI.ÇO, adj. e s.m., crioulo, produto de vários povos ou raças.
MES.TRA.DO, s.m., estudo aprofundado em parte específica de ensino.
MES.TRE, s.m., professor, quem tem grande conhecimento em uma área, perito.
MES.TRE-CU.CA, s.m., cozinheiro especial.
MES.TRE DE CE.RI.MÔ.NIAS, s.m., mestre-sala, pessoa que comanda o ritual.
MES.TRE DE O.BRAS, s.m., quem dirige o grupo de operários de uma construção.
MES.TRE-ES.CO.LA, s.m., professor de escola primária.
MES.TRE-SA.LA, s.m., pessoa que cuida do cerimonial nos palácios; passista em escola de samba.
ME.SU.RA, s.f., inclinação, cumprimento.
ME.TA, s.f., objetivo, mira, baliza, limite.
ME.TA.BO.LIS.MO, s.m., transformações químicas no corpo humano; movimento dos tecidos do corpo humano.
ME.TA.BO.LI.ZAR, v.t., fazer o metabolismo de.
ME.TA.CAR.PO, s.m., parte da mão.
ME.TA.DE, s.f., cada uma das duas partes de um inteiro.
ME.TA.FÍ.SI.CA, s.f., parte da filosofia que analisa a essência dos seres.
ME.TÁ.FO.RA, s.f., uso de palavra em sentido figurado, figura, conotação.
ME.TAIS, s.m.pl., numa orquestra, os instrumentos de sopro.
ME.TAL, s.m., designação de todos os materiais duros, condutores de eletricidade, maleáveis.
ME.TÁ.LI.CO, adj., próprio do metal, parecido com metal, metalizado.
ME.TA.LI.ZAR, v.t. e pron., dar feitio de metal, revestir de metal, mudar para metal.
ME.TA.LUR.GI.A, s.f., capacidade de extrair os metais e trabalhá-los.
ME.TA.LÚR.GI.CA, s.f., indústria de metalurgia.
ME.TA.LÚR.GI.CO, s.m., quem trabalha em metalurgia, quem trabalha com metais.
ME.TA.MOR.FIS.MO, s.m., metamorfose, mudança, ato de se transformar.
ME.TA.MOR.FO.SE, s.f., mudança da forma física; mudança por que passam alguns insetos.
ME.TA.MOR.FO.SE.AR, v.t. e pron., alterar, mudar a forma de, transformar.
ME.TA.NO, s.m., um tipo de gás combustível.
ME.TA.NOL, s.m., combustível destilado do uso de madeira.
ME.TA.PLAS.MO, s.m., na gramática, toda alteração nas letras das palavras, tirando, acrescentando ou intercalando.
ME.TA.TAR.SO, s.m., osso da parte final do pé ou da mão.
ME.TE.DI.ÇO, adj., intrometido, abelhudo, indiscreto.
ME.TE.O.RI.TO, s.m., fragmentos de meteoros.
ME.TE.O.RO, s.m., estrela cadente, pedaços de corpos celestes que caem na superfície terrestre; fig., indivíduo que aparece muito, mas logo some.
ME.TE.O.RO.LO.GI.A, s.f., ciência que estuda todos os fenômenos atmosféricos.
ME.TE.O.RO.LO.GIS.TA, s.c. 2 gên., especialista em meteorologia, climatólogo.
ME.TER, v.t. e pron., colocar, pôr, enfiar, alocar; pop., manter relações sexuais com.
ME.TI.CU.LO.SO, adj., cuidadoso, detalhista, refinado.
ME.TI.DO, adj., intrometido, indiscreto, abelhudo, metediço.

ME.TÓ.DI.CO, adj., circunspecto, organizado, cuidadoso.
ME.TO.DIS.MO, s.m., doutrina protestante derivada da Anglicana.
ME.TO.DIS.TA, s.c. 2 gên., adepto do metodismo.
MÉ.TO.DO, s.m., maneira, modo de fazer, tecnologia, arte, processo de efetuar, sistemática de proceder.
ME.TO.DO.LO.GI.A, s.f., estudo dos métodos; atitude didática, modo de proceder na arte de transferir conhecimentos.
ME.TO.NÍ.MIA, s.f., uso de uma palavra por outra que lhe tem características.
ME.TRA.GEM, s.f., medição, dimensão, tamanho.
ME.TRA.LHA, s.f., balas pequenas, tiros continuados; fig., pessoa que fala muito.
ME.TRA.LHA.DO.RA, s.f., arma de fogo que dispara muitos tiros seguidos.
ME.TRA.LHAR, v.t., atirar com metralhadora em.
MÉ.TRI.CA, s.f., medição de versos, habilidade de fazer versos.
MÉ.TRI.CO, adj., próprio do metro; referente a medidas feitas pelo metro.
ME.TRI.FI.CAR, v.t. e int., colocar em verso, escrever consoante a métrica.
ME.TRO, s.m., unidade de comprimento com 100 centímetros; instrumento usado para medir com 100 cm; medida do número de sílabas de um verso.
ME.TRÔ, s.m., transporte de massa por trem subterrâneo.

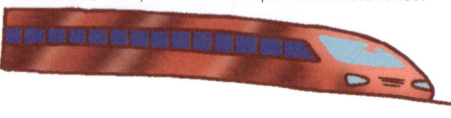

ME.TRÓ.PO.LE, s.f., a principal cidade de uma região, a capital.
ME.TRO.VI.Á.RIO, adj., referente ao metrô; s.m., quem trabalha no metrô.
MEU, pron., possessivo da primeira pessoa.
ME.XER, v.t. e pron., movimentar, tirar do local, deslocar, tocar.
ME.XE.RI.CA, s.f., tangerina, bergamota, mimosa, formosa.
ME.XE.RI.CAR, v.t., int. e pron., tramar mexericos, contar, espalhar mexericos, bisbilhotar.
ME.XE.RI.CO, s.m., bisbilhotice, fuxicos, indiscrição.
ME.XE.RI.QUEI.RO, s.m., fofoqueiro, bisbilhoteiro, intrigador.
ME.XI.CA.NO, adj. e s.m., próprio ou habitante do México.
ME.XI.DA, s.f., baderna, bagunça, confusão.
ME.XI.DO, adj., revolvido, usado, rompido, quebrado.
ME.XI.LHÃO, s.m., nome de vários moluscos comestíveis.
ME.ZA.NI.NO, s.m., saliência entre dois andares de uma construção.
ME.ZI.NHA, s.f., remédio caseiro à base de ervas.
ME.ZI.NHEI.RO, s.m., quem faz mezinha, quem prepara mezinha.
MI, s.m., terceira nota da escala musical.
MI.A.DO, s.m., a voz do gato.
MI.AR, v.int., soltar miados, imitar um gato.
MI.CA, s.f., malacacheta, metal brilhante e isolante.
MI.ÇAN.GA, s.f., enfeites, contas miúdas de vidro, bugiganga.
MIC.ÇÃO, s.f., ação de urinar, urinada.
MI.CO, s.m., tipo de macacos brasileiros.
MI.CO-LE.ÃO, s.m., tipo de macaco da América do Sul.
MI.CO.SE, s.f., doença na pele causada por fungos.
MI.CRO, s.m., redução de microcomputador, mícron.
MI.CRÓ.BIO, s.m., germe, vírus, seres minúsculos que podem produzir doenças.
MI.CRO.BI.O.LO.GI.A, s.f., estudo de micróbios.
MI.CRO.BI.O.LO.GIS.TA, s.c. 2 gên., especialista em estudos de micróbios.
MI.CRO.CE.FA.LI.A, s.f., má formação do cérebro, cérebro pouco desenvolvido.
MI.CRO.CÉ.FA.LO, s.m., quem tem a massa do cérebro muito diminuta.
MI.CRO.COM.PU.TA.DOR, s.m., computador pequeno de mesa, micro.
MI.CRO.COS.MO, s.m., o mundo diminuto de seres, seres microscópicos.

MI.CRO.EM.PRE.SA, *s.f.*, pequena empresa com poucos operários e com legislação especial.
MI.CRO.EM.PRE.SÁ.RIO, *s.m.*, proprietário de microempresa.
MI.CRO.FIL.ME, *s.m.*, filme reduzido a um tamanho mínimo.
MI.CRO.FO.NE, *s.m.*, instrumento para ampliar a potência da voz, sons, ruídos.
MI.CRO.FO.NI.A, *s.f.*, voz fraca, eco de sons no microfone.
MI.CRÔ.ME.TRO, *s.m.*, aparelho para medir objetos pequeníssimos.
MÍ.CRON, *s.m.*, micrômetro.
MI.CRO-ON.DA, *s.m.*, radiação de onda eletromagnética muito reduzida.
MI.CRO-ON.DAS, *s.m.*, eletrodoméstico à base de calor elétrico para preparar comidas.
MI.CRO-Ô.NI.BUS, *s.m.*, ônibus pequeno.
MI.CRO-OR.GA.NIS.MO, *s.m.*, qualquer corpo animal ou vegetal, microscópico.
MI.CROS.CÓ.PIO, *s.m.*, aparelho com lentes ópticas, que maximiza um ser minúsculo a um tamanho de boa observação.
MIC.TÓ.RIO, *s.m.*, local para a micção.
MÍ.DIA, *s.f.*, meios de comunicação utilizados para atingir o público com informações e propagandas.
MI.GA.LHA, *s.f.*, fragmentos, farelos, restos miúdos.
MI.GRA.ÇÃO, *s.f.*, ato de migrar, mudança de residência de um local para outro.
MI.GRAN.TE, *s.c. 2 gên.*, que migra, retirante.
MI.GRAR, *v. int.*, mudar-se de um local para outro, deslocar-se a outra região.
MI.GRA.TÓ.RIO, *adj.*, próprio de quem migra.
MI.JA.DA, *s.f., pop.*, ação de mijar.
MI.JÃO, *adj.* e *s.m., pop.*, que mija muito, que sofre de incontinência urinária.
MI.JO, *s.m., pop.*, urina.
MI.LA.GRE, *s.m.*, fato sobrenatural, ação atribuída à intervenção de algum poder superior.
MI.LA.GRO.SO, *adj.*, cheio de milagres, extraordinário, maravilhoso.
MI.LÊ.NIO, *s.m.*, mil anos.
MI.LÉ.SI.MO, *num.*, ordinal e fracionário que corresponde a mil.
MI.LHA, *s.f.*, medida entre distâncias que equivale a mais ou menos 1.600 m.
MI.LHAR, *s.m.*, mil, equivalente a mil.
MI.LHA.RAL, *s.m.*, plantação de milho.
MI.LHEI.RO, *s.m.*, milhar, mil.
MI.LHO, *s.m.*, planta originária da América; grãos dessa planta.
MI.LÍ.CIA, *s.f.*, grupo de pessoas armadas, ou não, mas sujeitas a uma disciplina militar; grupo paramilitar.
MI.LI.LI.TRO, *s.m.*, milésima parte do litro.
MI.LI.ME.TRA.DO, *adj.* e *s.m.*, papel marcado em milímetros.
MI.LI.ME.TRAR, *v.t.*, medir em milímetros.
MI.LÍ.ME.TRO, *s.m.*, a milésima parte do metro.
MI.LI.O.NÁ.RIO, *adj.* e *s.m.*, dono de milhões, muito rico, riquíssimo.
MI.LI.O.NÉ.SI.MO, *num.*, ordinal e fracionário correspondente a um milhão.
MI.LI.TAN.TE, *adj.* e *s.c. 2 gên.*, que milita, que luta, combatente.
MI.LI.TAR, *adj.*, relativo a milícias, à guerra, bélico.
MI.LI.TAR, *v.t.*, lutar, combater, servir o exército; pertencer a uma facção.
MI.LI.TA.RIS.MO, *s.m.*, predominância de ideias de militares em um momento e local; domínio de militares, ditadura de militares.
MIM, *pron.*, forma pessoal oblíqua; pronome da 1ª pessoa do singular.
MI.MAR, *v.t.*, acarinhar, acariciar, tratar muito bem.
MI.ME.O.GRA.FAR, *v.t.*, fazer cópias com o mimeógrafo.
MI.ME.Ó.GRA.FO, *s.m.*, aparelho que, mediante uma matriz pronta, reproduz cópias dela por impressão a tinta.
MI.ME.TIS.MO, *s.m.*, propriedade de certos animais e plantas de se adaptar à cor ambiente.
MÍ.MI.CA, *s.f.*, capacidade de exprimir pensamentos por meio de gestos.
MI.MO, *s.m.*, um objeto muito atraente; maravilha; carinho exagerado.

MI.MO.SO, *adj.*, carinhoso, sedutor, atraente, fascinante.
MI.NA, *s.f.*, ponto no local donde se extraem minérios; *fig.*, algo muito lucrativo.
MI.NAR, *v.t.* e *int.*, cavar, abrir buracos, galerias; colocar minas explosivas; falar mal, arruinar alguém, um tema.
MIN.DI.NHO, *s.m., pop.*, o dedo menor de todos.
MI.NEI.RO, *adj.*, relativo a minas; *s.m.*, trabalhador de minas.
MI.NEI.RO, *adj.* e *s.m.*, próprio ou habitante de Minas Gerais.
MI.NE.RA.ÇÃO, *s.f.*, ação de minerar, de trabalhar em minas, de abrir minas.
MI.NE.RAL, *adj.*, próprio dos minerais; *s.m.*, todo composto com consistência de minério; *s.f.*, água mineral.
MI.NE.RA.LO.GI.A, *s.f.*, estudo dos minerais.
MI.NE.RA.LO.GIS.TA, *s.c. 2 gên.*, especialista em mineralogia e temas afins.
MI.NE.RAR, *v.t.* e *int.*, trabalhar com minérios, explorar minas, cavar minérios.
MI.NÉ.RIO, *s.m.*, metal bruto, o produto tirado da mina.
MIN.GAU, *s.m.*, comida pastosa para nenês, papa, comida fina e mole.
MÍN.GUA, *s.f.*, perda, ausência, falta; *expr.* à míngua: na miséria, na carência.
MIN.GUAN.TE, *adj.* e *s.m.*, que mingua, que diminui, fase da lua decrescente.
MIN.GUAR, *v.t.* e *int.*, diminuir, faltar, escassear, tornar-se menos.
MI.NHA, *pron.*, possessivo feminino de meu.
MI.NHO.CA, *s.f.*, verme que vive na terra úmida.
MI.NI, *r.*, o mínimo possível, de tamanho reduzido.
MI.NI.A.TU.RA, *s.f.*, qualquer objeto reduzido no tamanho.
MI.NI.DES.VA.LO.RI.ZA.ÇÃO, *s.f.*, uma desvalorização muito pequena.
MI.NI.FUN.DI.Á.RIO, *adj.*, próprio de pequena propriedade; *s.m.*, dono de minifúndio.
MI.NI.FÚN.DIO, *s.m.*, pequena propriedade.
MI.NI.MI.ZAR, *v.t.*, apequenar, reduzir o tamanho; julgar pela parte menor.
MÍ.NI.MO, *adj.*, que é pequeno, reduzido ao menor grau, grau diminutivo de menor; *s.m.*, a menor parte de um objeto.
MI.NIS.SAI.A, *s.f.*, saia de tamanho muito reduzido.
MI.NIS.TÉ.RIO, *s.m.*, grupo de ministros de um governo; cargo de um ministro ou o edifício em que atua; ofício, ocupação, desempenho.
MI.NIS.TRA, *s.f.*, mulher que ocupa um cargo no ministério.
MI.NIS.TRAR, *v.t.*, fornecer, expor, apresentar; lecionar, administrar.
MI.NIS.TRO, *s.m.*, quem detém um cargo com determinada função pública, membro de um ministério; quem exerce algumas funções na igreja; clérigo na religião protestante, membros de algumas cortes federais.
MI.NO.RAR, *v.t.*, tornar menor, apequenar, suavizar.
MI.NO.RI.A, *s.f.*, numa assembleia, quem tem o menor número de presentes.
MI.NO.RI.TÁ.RIO, *adj.*, que tem o número menor de participantes.
MI.NU.A.NO, *s.m.*, vento forte e frio no inverno do Sul.
MI.NÚ.CIA, *s.f.*, algo muito pequeno, miúdo; ninharia, detalhe, nonada.
MI.NU.CI.O.SO, *adj.*, cheio de minúcias, detalhista, meticuloso.
MI.NÚS.CU.LA, *s.f.*, letra minúscula, pequena, insignificante.
MI.NÚS.CU.LO, *adj.*, muito pequeno, diminuto, miúdo.
MI.NU.TA, *s.f.*, resenha, resumo, esboço, primeira redação de um documento; prato preparado no momento, nos restaurantes.
MI.NU.TO, *s.m.*, a sexagésima parte de uma hora, instante, átimo.
MI.O, *s.m.*, miado, voz do gato.
MI.O.CÁR.DIO, *s.m.*, parte externa do coração.
MI.O.CAR.DI.TE, *s.f.*, inflamação do miocárdio.
MI.O.LO, *s.m.*, parte interna de algo, como pão, frutas, nozes; medula, massa.
MÍ.O.PE, *s.m.*, quem tem miopia; problema de visão; *fig.*, indivíduo de ideias curtas, tacanho.
MI.O.PI.A, *s.f.*, problema de visão que enxerga bem somente de perto.
MI.O.SÓ.TIS, *s.m.*, planta ornamental de flores azuis.
MI.RA, *s.f.*, alvo, peça na ponta do cano de algumas armas de fogo, para acertar a pontaria; *fig.*, objetivo, propósito.
MI.RA.GEM, *s.f.*, ilusão ótica no deserto; engano da visão; fantasia, engodo.
MI.RAN.TE, *s.m.*, ponto mais alto, que oferece uma visão ampla.

MIRAR

MI.RAR, *v.t.* e *pron.*, olhar, fixar os olhos, observar, espreitar; fazer pontaria.
MI.RIM, *adj.*, pequeno, diminuto, menor.
MIR.ME.CO.FA.GÍ.DEOS, *s.m.*, família de animais que se alimentam de formigas, como o tamanduá.
MIR.ME.CÓ.FA.GO, *adj.*, que se alimenta de formigas.
MIR.RA, *s.f.*, planta medicinal; resina extraída dessa planta.
MIR.RAR, *v.t.*, *int.* e *pron.*, preparar com mirra, emagrecer, perder as forças, ressecar-se.
MI.SAN.TRO.PO, *s.m.*, ser humano que detesta os outros seres humanos.
MIS.CE.LÂ.NEA, *s.f.*, reunião, conjunto de todo tipo de coisas ou escritos, confusão, balbúrdia.
MIS.CI.GE.NA.ÇÃO, *s.f.*, caldeamento, mistura de povos ou raças.
MI.SE.RÁ.VEL, *adj.* e *s.c. 2 gên.*, perverso, cruel, desprezível, vil, pobre, infeliz, avarento.
MI.SÉ.RIA, *s.f.*, situação do miserável, carência de recursos, pobreza, miserabilidade; ninharia, nonada.
MI.SE.RI.CÓR.DIA, *s.f.*, compaixão, dó, piedade; *interj.*, pedido de perdão, socorro.
MI.SE.RI.COR.DI.O.SO, *adj.*, generoso, cheio de misericórdia, bondoso.
MÍ.SE.RO, *adj.*, infeliz, miserável, decaído, mesquinho; escasso, pouco.
MIS.SA, *s.f.*, cerimônia privativa da Igreja Católica, celebrando os mistérios da fé cristã.
MIS.SÃO, *s.f.*, encargo, tarefa destinada a alguém; obrigação, trabalho de missionários, grupo diplomático.
MIS.SE, *s.f.*, moça que é colocada em primeiro lugar em concurso de beleza, deusa, diva, mulher muito bonita.
MÍS.SIL, *s.m.*, projétil, foguete para ser lançado no espaço com fins bélicos.
MIS.SI.O.NÁ.RIO, *adj.*e *s.m.*, próprio das missões, enviado, catequista.
MIS.SI.VA, *s.f.*, carta escrita, carta, epístola.
MIS.TER, *s.m.*, trabalho, serviço, tarefa, urgência.
MIS.TÉ.RIO, *s.m.*, verdade religiosa, aceita somente por questão de fé, segredo.
MIS.TE.RI.O.SO, *adj.*, cheio de mistérios, inexplicável, estranho.
MÍS.TI.CA, *s.f.*, tudo que envolve o mistério, contemplação religiosa íntima; reflexão sobre os mistérios divinos.
MIS.TI.CIS.MO, *s.m.*, credulidade religiosa em busca de mistérios; crença sentimental em verdades profundas da fé.
MÍS.TI.CO, *adj.* e *s.m.*, adepto da mística, pessoa espiritual, religioso, devoto.
MIS.TI.FI.CAR, *v.t.*, enganar, criar ilusões religiosas, iludir.
MIS.TO, *adj.* e *s.m.*, misturado, composto, composição de vários ingredientes.
MIS.TO-QUEN.TE, *s.m.*, sanduíche quente feito com queijo e presunto.
MIS.TU.RA, *s.f.*, substância obtida com vários ingredientes; cruzamento de raças.
MIS.TU.RAR, *v.t.* e *pron.*, juntar, colocar várias coisas num conjunto único; cruzar, compor.
MÍ.TI.CO, *adj.*, próprio dos mitos.
MI.TI.FI.CAR, *v.t.*, transformar em mito.
MI.TI.GAR, *v.t.* e *pron.*, diminuir, suavizar, abrandar, aliviar.
MI.TO, *s.m.*, fábulas, histórias dos antigos heróis e deuses do mundo greco-romano; endeusamento de personagens atuais, uma coisa fantástica.
MI.TO.LO.GI.A, *s.f.*, história de deuses e heróis antigos.
MI.TRAL, *s.f.*, a válvula mitral, válvula do coração.
MI.U.DE.ZA, *s.f.*, ninharia, bagatela, o que é miúdo.
MI.Ú.DO, *adj.*, pequeno, mínimo, fragmentário; espesso.
MI.Ú.DOS, *s.m., pl.*, parte interna dos animais, como fígado, coração, vísceras; dinheiro trocado em pequenos valores.
MI.XA.GEM, *s.f.*, atuação para misturar sons diversos em uma única faixa sonora; misturar sons, música e vozes.
MI.XAR, *v. int., pop.*, acabar, murchar, terminar mal.
MI.XA.RI.A, *s.f.*, algo sem valor, insignificância, ninharia.
MI.XO, *adj.*, insignificante, sem valor, desprezível.
MI.XÓR.DIA, *s.f.*, confusão de objetos, mistura de muitas coisas.
MI.XU.RU.CA, *adj., pop.*, sem valor, mixo.
MNE.MÔ.NI.CO, *adj.*, relativo à memória, que se retém facilmente de cor.
MÓ, *s.f.*, pedra de moinho para moer trigo antigamente.
MO.A.GEM, *s.f.*, ato do moer, trituração.
MO.BI.LHAR, *v.t.*, colocar móveis em, mobiliar.

MO.BÍ.LIA, *s.f.*, o conjunto dos móveis de uma residência.
MO.BI.LI.AR, *v.t.*, colocar os móveis em um ambiente, mobilhar.
MO.BI.LI.Á.RIO, *s.m.*, referente a móveis; *s.m.*, todos os móveis.
MO.BI.LI.DA.DE, *s.f.*, característica do que é móvel.
MO.ÇA, *s.f.*, mulher jovem, garota, senhorita, donzela.
MO.ÇA.DA, *s.f.*, grupo de moços.
MO.ÇAM.BI.CA.NO, *adj.* e *s.m.*, próprio ou habitante de Moçambique.
MO.CAM.BO, *s.m.*, cabana, casa feita de restos de material, casebre.
MO.ÇÃO, *s.f.*, ação de mover, sugestão posta em uma reunião, proposta.
MO.CE.TÃO, *s.m.*, moço grande e forte.
MO.CHI.LA, *s.f.*, um tipo de saco-mala, no qual os soldados levam as provisões e os alunos levam o material escolar; saco de viagem.
MO.CHO, *s.m.*, animal que não tem chifres; ave de rapina noturna, menor que a coruja.
MO.CI.DA.DE, *s.f.*, juventude.
MO.CI.NHA, *s.f.*, moça ainda jovem, adolescente, jovem, garota.
MO.CI.NHO, *s.m.*, herói de novelas e filmes, *pop.*, mauricinho.
MO.CÓ, *s.m.*, roedor parecido com o preá.
MO.ÇO, *s.m.*, jovem, rapaz, garoto.
MO.CO.TÓ, *s.m.*, prato que se prepara com as cartilagens e tendões das patas dos animais bovinos.
MO.DA, *s.f.*, costume, hábito costumeiro, comportamento e maneira de se vestir, indumentária.
MO.DAL, *adj.*, relativo ao modo de ser e agir.
MO.DA.LI.DA.DE, *s.f.*, maneira de ser; faceta, o que é típico, característica.
MO.DE.LA.GEM, *s.f.*, ato de modelar, fazer de acordo com o modelo.
MO.DE.LAR, *adj.*, exemplar, que é modelo, imitável.
MO.DE.LO, *s.m.*, padrão, tipo, estereótipo, molde que se usa para obter uma peça, algo a ser imitado; manequim, pessoa que desfila mostrando roupas.
MO.DE.RA.ÇÃO, *s.f.*, prudência, cuidados, domínio.
MO.DE.RAR, *v.t.* e *pron.*, controlar, dominar, abster-se, ser prudente.
MO.DER.NIS.MO, *s.m.*, movimento mundial que se iniciou por volta de 1.500 d.C.; tudo que seja atualizado; alguns movimentos artísticos do início do século vinte.
MO.DER.NIS.TA, *s.c. 2 gên.*, pertencente ao movimento artístico moderno.
MO.DER.NI.ZA.ÇÃO, *s.f.*, atualidade, o que é presente.
MO.DER.NI.ZAR, *v.t.* e *pron.*, atualizar, tornar presente, seguir as ideias dominantes.
MO.DER.NO, *adj.*, atual, presente, dentro da moda, próximo.
MO.DÉS.TIA, *s.f.*, humildade, simplicidade, respeito, recato, pudor.
MO.DES.TO, *adj.*, humilde, simples, respeitoso, recatado, pudico.
MÓ.DI.CO, *adj.*, parcimonioso, exíguo, pouco.
MO.DI.FI.CA.ÇÃO, *s.f.*, alteração, mutação.
MO.DI.FI.CAR, *v.t.* e *pron.*, transformar, alterar o modo, mudar, corrigir, acertar.
MO.DI.NHA, *s.f.*, canção musicada com certa melancolia.
MO.DIS.MO, *s.m.*, o que é usual, modo de fazer, falar ou agir; esnobismo.
MO.DIS.TA, *s.c. 2 gên.*, que orienta a confecção ou faz roupas.
MO.DO, *s.m.*, maneira de ser; como se faz ou se age; método, ação, maneira; modos do verbo: indicativo, subjuntivo, imperativo, subjuntivo e nominal.
MO.DU.LA.ÇÃO, *s.f.*, inflexões da voz de acordo com a melodia, tonalidade.
MO.DU.LAR, *v.t.* e *int.*, entoar, cantar, flexionar a voz, harmonizar.
MÓ.DU.LO, *s.m.*, partes de um todo; partes de um estudo longo; brochura.
MO.E.DA, *s.f.*, objeto metálico ou de papel, que representa o dinheiro.
MO.E.DOR, *s.m.*, eletrodoméstico para triturar, moer alimentos.
MO.E.LA, *s.f.*, estômago de animais, sobretudo galináceos.

MO.EN.DA, s.f., cones metálicos, que nos engenhos espremem a cana-de-açúcar.
MO.ER, v.t. e int., espremer, reduzir a migalhas; amassar.
MO.FAR, v.t. e int., criar mofo, cobrir-se de bolor.
MO.FO, s.m., bolor, penugem que brota em comida velha e estragada.
MOG.NO, s.m., tipo de árvore da Amazônia, cuja madeira é muito valiosa.
MO.I.NHO, s.m., engenho para moer grãos, sobretudo trigo.
MOI.TA, s.f., um grupo de plantas que se agrupam, fechando-se sobre si.
MO.LA, s.f., peça de metal enroscada para imprimir movimento a um corpo ou aliviar impactos.
MO.LAM.BEN.TO, adj. e s.m., tipo com roupas esfarrapadas, miserável.
MO.LAM.BO, s.m., farrapo, roupas rasgadas, restos de pano, coisa velha.
MO.LAR, adj., próprio da mó, adequado para moer; s.m., tipo de dente.
MOL.DA.DOR, s.m., quem faz moldes, peça para fundir peças dentro de padrões.
MOL.DA.GEM, s.f., ato de colocar em moldes, feitura conforme um molde.
MOL.DAR, v.t. e pron., fazer conforme o molde, fabricar sob modelo, ajustar.
MOL.DÁ.VEL, adj., que pode ser moldado; que pode ser persuadido.
MOL.DE, s.m., forma para fabricar peças conforme desenho.
MOL.DU.RA, s.f., vinheta, decoração de contorno; armação de madeira.
MO.LE, adj., macio, tenro, pastoso, frágil; sem força, fraco, molengão.
MO.LE.CA.DA, s.f., grupo de moleques, cambada de atrevidos.
MO.LE.CA.GEM, s.f., ato característico de moleque, sem-vergonhice.
MO.LÉ.CU.LA, s.f., substância formada por agrupamento de átomos.
MO.LE.CU.LAR, adj., próprio de moléculas.
MO.LEI.RO, s.m., proprietário de um moinho.
MO.LE.JO, s.m., as molas que sustêm o conforto de um carro; fig., flexibilidade.
MO.LEN.GA, adj. e s.c. 2 gên., mole, pessoa muito fraca fisicamente, incompetente.
MO.LE.QUE, s.m., guri, menino peralta, travesso; fig., canalha, cafajeste.
MO.LES.TA.DOR, s.m., quem molesta, perturbador, quem incomoda.
MO.LES.TAR, v.t. e pron., incomodar, perturbar, afligir, magoar, ofender, melindrar.
MO.LÉS.TIA, s.f., doença, praga, epidemia.
MO.LES.TO, adj., que aborrece, que incomoda, fastidioso.
MO.LE.TOM, s.m., tecido de lã.
MO.LE.ZA, s.f., propriedade do que é mole, fragilidade, inconstância.
MO.LHA.DO, adj., úmido, umedecido, ensopado de líquido.
MO.LHAR, v.t. e pron., umedecer, embeber com líquido, ensopar com líquido.
MO.LHE, s.m., dique que nos portos retém a força das ondas para dar segurança à ancoragem dos navios.
MO.LHEI.RA, s.f., recipiente para servir os molhos.
MO.LHO, s.m., feixe, chaveiro, diversos objetos colocados juntos.
MO.LHO, (ô), s.m., condimento, tempero, caldo para dar gosto a comidas.
MO.LI.FI.CA.ÇÃO, s.f., ação de molificar, tornar mole.
MO.LI.FI.CAR, v.t., tornar mole, amolecer.
MO.LI.NE.TE, s.m., carretilha para erguer pesos, cabo nos navios para elevar a âncora; toda corda para alçar pesos.
MO.LOI.DE, adj., mole, molenga, moleirão, fraco, fracote.
MO.LUS.CO, adj., da espécie dos moluscos.
MO.LUS.COS, s.m., famílias de seres invertebrados, protegidos por concha.
MO.MEN.TÂ.NEO, adj., do momento, instântaneo, breve.
MO.MEN.TO, s.m., instante, átimo, um espaço pequeníssimo, ensejo, azo.
MO.MI.CE, s.f., trejeito, caretas, gestos e expressões de mímica.
MO.MO, s.m., gesto, figura engraçada, rei do carnaval.
MO.NA.CAL, adj., relativo aos monges, próprio de um mosteiro.
MO.NAR.CA, s.m., rei, soberano, imperador, indivíduo de governo vitalício em um país com situação privilegiada.
MO.NAR.QUI.A, s.f., forma de governo em que um indivíduo comanda a nação, o monarca.
MO.NÁR.QUI.CO, adj., próprio de um monarca ou monarquia.
MO.NAR.QUIS.TA, s.c. 2 gên., pessoa que é favorável a monarquias.
MO.NÁS.TI.CO, adj., monacal, próprio de monges e mosteiros.
MON.ÇÃO, s.f., vento alísio, ventos que sopram em épocas determinadas, vento.
MON.CO, s.m., muco, mucosa.
MON.DA, s.f., ação de mondar, poda, limpeza de plantas, fig., colheita.
MON.DA.DOR, s.m., quem monda, colhedor, podador.
MON.DAR, v.t., int. e pron., colher, limpar plantas de galhos secos e parasitas, podar.
MO.NE.GAS.CO, adj., próprio ou habitante do Principado de Mônaco.
MO.NE.TÁ.RIO, adj., próprio da moeda, do sistema financeiro.
MON.GE, s.m., indivíduo religioso que vive em mosteiro.
MON.GOL, adj. e s.m., próprio ou habitante da Mongólia, ou o idioma.
MON.GÓ.LI.CO, adj., referente aos mongóis, mongol.
MON.GO.LIS.MO, s.m., ideias próprias dos mongóis; deformidade e excepcionalidade mental, cretinice.
MON.GO.LOI.DE, adj. e s.m., relativo a mongol, que sofre de mongolismo.
MO.NI.TOR, s.m., dirigente, guia, quem repreende, vigilante; ajudante de professor; aparelho usado em estações de TV.
MO.NI.TO.RAR, v.t., controlar, dirigir, monitorizar.
MO.NI.TO.RI.ZA.ÇÃO, s.f., monitoração, ação de monitorar.
MON.JA, s.f., forma feminina de monge.
MON.JO.LO, s.m., engenho movido a água para pilar milho, café e arroz.
MO.NO, s.m., macaco, símio.
MO.NO.BLO.CO, s.m., instrumento que é fundido em uma única peça.
MO.NO.CE.LU.LAR, adj., que se compõe de uma única célula.
MO.NO.CI.CLO, s.m., velocípede de uma única roda.
MO.NO.CÓR.DIO, s.m., instrumento musical composto de uma única corda.
MO.NO.CRO.MÁ.TI.CO, adj., que possui uma única cor, monocromo.
MO.NO.CU.LO, s.m., luneta de uma única lente.
MO.NO.CUL.TU.RA, s.f., cultura agrícola embasada em uma única planta.
MO.NO.GA.MI.A, s.f., condição conjugal em que o homem tem apenas uma mulher, ou a mulher tem apenas um homem.
MO.NO.GÂ.MI.CO, adj., próprio da monogamia.
MO.NÓ.GA.MO, adj., que possui uma única companheira; animal com uma única fêmea.
MO.NO.GE.NI.A, s.f., ser de sexo único, que se reproduz por si mesmo.
MO.NO.GRA.FI.A, s.f., ensaio, escrito sobre qualquer assunto de modo restrito.
MO.NO.GRA.MA, s.m., desenho formado pelo entrelaçamento de letras.
MO.NO.LÍ.TI.CO, adj., único, compacto, duro.
MO.NO.LI.TO, s.m., pedra, rocha, monumento feito com uma única pedra.
MO.NO.LO.GAR, v. int., falar por monólogo, recitação por uma pessoa sozinha, falar consigo mesmo.
MO.NÓ.LO.GO, s.m., conversa consigo mesmo, fala de si para si, solilóquio; peça teatral, auto.
MO.NO.MO.TOR, s.m., avião que possui um único motor.
MO.NO.PÓ.LIO, s.m., cartel, truste, uma empresa que domina todo o mercado de certo produto; privilégio de deter todos os poderes quanto à exploração de serviços ou produtos.
MO.NO.PO.LI.ZA.ÇÃO, s.f., ação de monopolizar, dominação.
MO.NO.PO.LI.ZA.DOR, s.m., quem monopoliza, dominador, fig., castrador.
MO.NO.PO.LI.ZAR, v.t., praticar o monopólio; explorar, abusar dos preços, apoderar-se de tudo; fig., comandar sozinho, dominar.

MONOSSILÁBICO

MO.NOS.SI.LÁ.BI.CO, *adj.*, formado por uma única sílaba.
MO.NOS.SÍ.LA.BO, *s.m.*, termo formado de uma única sílaba.
MO.NO.TE.ÍS.MO, *s.m.*, sistema religioso que admite somente um único Deus.
MO.NO.TE.ÍS.TA, *s.c. 2 gên.*, adepto do monoteísmo.
MO.NO.TO.NI.A, *s.f.*, rotina, um único som, a mesmice de sempre.
MO.NÓ.TO.NO, *adj.*, que possui sempre o mesmo som, enfadonho, aborrecido, rotineiro, desagradável.
MO.NO.VA.LEN.TE, *adj.*, que possui apenas um valor.
MO.NÓ.XI.DO, *s.m.*, óxido de oxigênio.
MON.SE.NHOR, *s.m.*, título honorífico concedido a alguns padres.
MONS.TREN.GO, *s.m.*, monstro, ser feio, pessoa horrenda, aleijão.
MONS.TRO, *s.m.*, todo ser disforme; tipo com anomalias físicas; ser criado pela imaginação humana para impor medo; *fig.*, pessoa feia; pessoa cruel.
MONS.TRU.O.SI.DA.DE, *s.f.*, propriedade de monstro, anormalidade, feiura.
MONS.TRU.O.SO, *adj.*, horrível, terrível, feíssimo; descomunal, imenso.
MON.TA, *s.f.*, quantidade, soma, valor, montante, quanto.
MON.TA.DOR, *s.m.*, quem faz montagens; quem cavalga um animal.
MON.TA.GEM, *s.f.*, ação de montar, colocar todas as peças em seu lugar certo.
MON.TA.NHA, *s.f.*, monte elevado; serra, elevações grandes de terra.
MON.TA.NHA-RUS.SA, *s.f.*, brinquedo de circo, brinquedo que dá muitas voltas bruscas e estonteia os usuários.
MON.TA.NHÊS, *adj.* e *s.m.*, próprio de montanhas, habitante de montanha.
MON.TA.NHO.SO, *adj.*, cheio de montanhas, local com muitas elevações.
MON.TAN.TE, *adj.* e *s.m.*, que monta, que sobe; quantia, valor.
MON.TÃO, *s.m.*, acervo, monte de objetos jogados sem ordem, grande quantidade.
MON.TAR, *v.t.*, *int.* e *pron.*, subir, pôr em, trepar, preparar, ajustar peças, orçamentar.
MON.TA.RI.A, *s.f.*, todo quadrúpede equino ou muar que carrega pessoas no dorso; cavalo, burro, asno.
MON.TE, *s.m.*, pequena elevação de terra, colina, cômoro, montão, grande quantidade de.
MON.TÊS, *adj.*, próprio do monte, da montanha.
MON.TE.VI.DE.A.NO *adj.* e *s.m.*, próprio de Montevidéu ou seu habitante.
MON.TÍ.CU.LO, *s.m.*, monte pequeno, pequena porção.
MON.TO.EI.RA, *s.f.*, grande quantidade, porção, montão.
MON.TU.RO, *s.m.*, lixão, lixeira, grande quantidade de esterco, fossa.
MO.NU.MEN.TAL, *adj.*, magnífico, extraordinário, próprio de monumento.
MO.NU.MEN.TO, *s.m.*, homenagem, obra para honrar e prestigiar alguém.
MO.QUE.AR, *v.t.*, assar ou secar carne no moquém, secar carne.
MO.QUE.CA, *s.f.*, guisado de peixe com temperos fortes, azeite, pimenta.
MO.QUÉM, *s.m.*, grelha alta, para moquear carne ou peixe.
MO.RA, *s.f.*, demora, atraso no pagamento de um compromisso.
MO.RA.DA, *s.f.*, local onde se mora, habitação, residência, domicílio.
MO.RA.DI.A, *s.f.*, morada, casa de residência.
MO.RA.DOR, *s.m.*, quem mora, residente, habitante.
MO.RAL, *s.f.*, sistema de normas que engloba os costumes, comportamentos, crenças do ser humano em suas relações pessoais e interpessoais; honestidade, respeito, atitude; *adj.*, relativo à moral, educado, respeitoso.
MO.RA.LI.DA.DE, *s.f.*, qualidade do que é moral, caráter, predicados.
MO.RA.LIS.MO, *s.m.*, sistema embasado na moral.
MO.RA.LIS.TA, *s.c. 2 gên.*, especialista em moral; *fig.*, conservador, retrógrado.
MO.RA.LI.ZA.ÇÃO, *s.f.*, ação de moralizar, impor regras de moral.
MO.RA.LI.ZA.DOR, *adj.*, que moraliza, que impõe bons costumes; quem moraliza.

MO.RA.LI.ZAR, *v t.*, impor moral, corrigir, acertar os bons costumes, refletir sobre moral.
MO.RAN.GA, *s.f.*, um tipo de abóbora, jerimum.
MO.RAN.GO, *s.m.*, fruto vermelho, de gosto acridoce; fruto do morangueiro.
MO.RAN.GUEI.RO, *s.m.*, planta que produz o morango.
MO.RAR, *v.t.* e *int.*, habitar, residir, encontrar-se, assistir, viver em.
MO.RA.TÓ.RIA, *s.f.*, prorrogação de prazo dada pelo credor para o pagamento de uma dívida.
MO.RA.TÓ.RIO, *adj.*, que concede prorrogação no pagamento.
MOR.BI.DEZ, *s.f.*, situação de mórbido, doença, distúrbio físico.
MÓR.BI.DO, *adj.*, próprio de doença, enfermo, doentio.
MOR.CE.GO, *s.m.*, mamífero voador de hábitos noturnos.
MOR.CE.LA, *s.f.*, tipo de chouriço, linguiça, morcilha.
MOR.CI.LHA, *s.f.*, tipo de linguiça feita com sangue e carne da cabeça do porco.
MOR.DA.ÇA, *s.f.*, objeto que se amarra na boca de alguém para que não possa falar.
MOR.DA.CI.DA.DE, *s.f.*, propriedade de ser mordaz.
MOR.DAZ, *adj.*, que morde, corrosivo, satírico, irônico, venenoso.
MOR.DE.DOR, *s.m.*, quem morde, quem mastiga.
MOR.DE.DU.RA, *s.f.*, ação de morder, mordida, dentada.
MOR.DEN.TE, *adj.*, que morde, mordaz, ferino; peça do mandril que fixa outras peças para serem trabalhadas.
MOR.DER, *v.t.* e *pron.*, prender ou triturar com os dentes, meter os dentes, triturar, moer; *fig.*, pegar dinheiro emprestado para não devolver.
MOR.DI.DA, *s.f.*, mordedura, ação de morder, quanto se pega com uma dentada.
MOR.DI.DE.LA, *s.f.*, pequena mordida.
MOR.DIS.CAR, *v.t.*, morder de leve, mordicar.
MOR.DO.MI.A, *s.f.*, cargo do mordomo; *pop.*, comodidades e conforto que alguém obtém em virtude de um cargo.
MOR.DO.MO, *s.m.*, administrador de residência familiar abastada.
MO.REI.A, *s.f.*, peixe marinho ou de água doce, de semelhança com serpentes.
MO.RE.NA, *s.f.*, mulher de cor trigueira, de cor escura, pele bronzeada.
MO.RE.NA.DO, *adj.*, de cor morena, amorenado.
MO.RE.NO, *adj.* e *s.m.*, de cor trigueira, pele mais escura e cabelos negros.
MOR.FE.MA, *s.f.*, todo tipo de afixo que se coloca na palavra para alterar-lhe o sentido.
MOR.FI.NA, *s.f.*, derivado do ópio, serve para reduzir dores fortes.
MOR.FI.NI.ZAR, *v.t.* e *pron.*, aplicar morfina em, anestesiar.
MOR.FO.LO.GI.A, *s.f.*, enfoque das estruturas e formas dos seres; estudo gramatical das formas das palavras e suas variações.
MOR.FO.LÓ.GI.CO, *adj.*, próprio da morfologia.
MO.RI.BUN.DO, *s.m.*, quem está para morrer; agonizante.
MO.RI.GE.RA.ÇÃO, *s.f.*, ação de morigerar, abrandamento de.
MO.RI.GE.RA.DO, *adj.*, controlado, comportado, de bons costumes.
MO.RI.GE.RAR, *v.t.*, *int.* e *pron.*, moderar, comedir, segurar as ações no meio termo, educar.
MO.RIM, *s.m.*, tecido de algodão de cor branca.
MO.RIN.GA, *s.f.*, recipiente de barro, usado para refrescar a água.
MOR.MA.CEN.TO, *adj.*, cheio de mormaço, calorento.
MOR.MA.ÇO, *s.m.*, calor forte sem ar, tempo quente e céu nublado.
MOR.MEN.TE, *adv.*, sobretudo, principalmente.
MÓR.MON, *s.c. 2 gên.*, indivíduo seguidor do mormonismo.
MOR.MO.NIS.MO, *s.m.*, grupo religioso fundado nos EUA, em Salt Lake.
MOR.NAR, *v.t.* e *int.*, amornar, tornar tépido.
MOR.NO, *adj.*, meio quente e meio frio, tépido; *fig.*, algo que nada faz.
MO.RO.SI.DA.DE, *s.f.*, propriedade do que é vagaroso, lentidão, vagarosidade.
MO.RO.SO, *adj.*, vagaroso, demorado, lerdo, lento.
MOR.RÃO, *s.m.*, ponta carbonizada da mecha das lamparinas.
MOR.RE.DI.ÇO, *adj.*, prestes a morrer, mortiço, agonizante, moribundo.
MOR.RER, *v.t.*, *int.* e *pron.*, extinguir-se, falecer, deixar de existir, sucumbir, sofrer muito; ser esquecido, ser abandonado; morrer por - ter muito amor.
MOR.RI.NHA, *s.f.*, sarna de gado; *fig.*, teimosia intensa e aborrecida; mau cheiro exalado por pessoa ou animal.

MUDAR

MOR.RI.NHEN.TO, *adj.*, que tem morrinha.
MOR.RO, *s.m.*, colina, pequena elevação, cômoro, outeiro.
MOR.SA, *s.f.*, mamífero e carnívoro de grande tamanho do Polo Norte; peça usada para fixar outras peças a serem trabalhadas.
MOR.TA.DE.LA, *s.f.*, tipo de salame para uso com o pão.
MOR.TAL, *adj.*, sujeito à morte, letal, perecível, perigoso.
MOR.TA.LHA, *s.f.*, panos que envolvem o cadáver.
MOR.TA.LI.DA.DE, *s.f.*, próprio de mortal, muitas mortes, calamidade.
MOR.TAN.DA.DE, *s.f.*, muitas mortes, morticínio, mortalidade.
MOR.TE, *s.f.*, falecimento, término da vida; desaparecimento, extinção.
MOR.TEI.RO, *s.m.*, tipo de canhão, peça metálica carregada com pólvora para provocar estouros.
MOR.TI.CÍ.NIO, *s.m.*, mortandade, mortalidade, muitas mortes.
MOR.TI.ÇO, *adj.*, moribundo, que está para morrer, morredíço.
MOR.TÍ.FE.RO, *adj.*, letal, mortal, que causa a morte, perigoso.
MOR.TI.FI.CA.ÇÃO, *s.f.*, ação de mortificar, dor, aflição, tormento, tristeza.
MOR.TI.FI.CAN.TE, *adj.*, que mortifica, que aflige, aflitivo.
MOR.TI.FI.CAR, *v.t.* e *pron.*, afligir, entristecer, penitenciar-se, provocar tristeza.
MOR.TO, *adj.*, falecido, que morreu, sucumbido, que parou de viver, que não existe mais.
MOR.TU.Á.RIO, *adj.*, próprio da morte, fúnebre, funéreo.
MO.RU.BI.XA.BA, *s.f.*, cacique de tribo indígena, chefe indígena.
MO.SAI.CO, *s.m.*, figura obtida com a junção de pedrinhas de várias cores; tudo que se compõe de muitos pedaços ou tipos.
MO.SAI.CO, *adj.*, próprio de Moisés, sobretudo de seus livros do Pentateuco.
MOS.CA, *s.f.*, nome de um inseto existente em todo o mundo; *fig.*, tipo que perturba; cavanhaque pequeno.
MOS.CA-BRAN.CA, *s.f.*, algo raro, raridade.
MOS.CA.DEI.RA, *s.f.*, noz moscada.
MOS.CA.DO, *adj.*, aromático, perfume agradável, atraente, sedutor.
MOS.CA.RI.A, *s.f.*, grande quantidade de moscas.
MOS.CA.TEL, *adj.*, tipo de uva de grãos pequenos e apreciada por sua doçura; *s.m.*, o vinho obtido com essas uvas.
MOS.CO.VI.TA, *adj.* e *s.c. 2 gên.*, próprio de Moscou, habitante ou natural dessa cidade.
MOS.QUE.AR, *v.t.* e *int.*, desenhar pintas em, salpicar em cores.
MOS.QUE.TÃO, *s.m.*, tipo de fuzil em desuso.
MOS.QUE.TE, *s.m.*, antiga espingarda vista em museus.
MOS.QUE.TEI.RO, *s.m.*, soldado que usava mosquete, guarda especial.
MOS.QUI.TA.DA, *s.f.*, muitos mosquitos, nuvem de mosquitos.
MOS.QUI.TEI.RO, *s.m.*, armação feita com pano fino para proteger dos mosquitos.
MOS.QUI.TO, *s.m.*, inseto, vários tipos de insetos dípteros.
MOS.SA, *s.f.*, marca de uma pancada, de uma batida.
MOS.TAR.DA, *s.f.*, pasta para temperar, semente da mostardeira.
MOS.TAR.DEI.RA, *s.f.*, planta com cuja semente se faz a mostarda, tempero.
MOS.TEI.RO, *s.m.*, local em que residem monges e monjas, convento, residência.
MOS.TO, *s.m.*, sumo de uva, líquido e casca da uva preparado para a fermentação.
MOS.TRA, *s.f.*, ação de mostrar, demonstração, exposição.
MOS.TRA.DOR, *adj.*, que mostra, apresenta; *s.m.*, parte de instrumentos que mostram mecanismos.
MOS.TRAR, *v.t.* e *pron.*, ostentar, exibir, pôr à vista, indicar, aparentar, expor, esclarecer.
MOS.TRAS, *s.f. pl.*, sinais, gestos, aparências.
MOS.TREN.GO, *s.m.*, monstrengo, monstro, ser horrível de ver.
MOS.TRU.Á.RIO, *s.m.*, local para expor objetos para o público ver, show-room.
MO.TE, *s.m.*, ideia colocada em verso, estribilho, legenda; tema para desenvolver.
MO.TE.JA.DOR, *adj.* e *s.m.*, quem faz mote, versejador.
MO.TE.JAR, *v.t.* e *int.*, troçar, ironizar, rir de, dirigir motejos, gracejar, debochar.
MO.TÉ.JO, *s.m.*, pilhéria, dito picante, zombaria, ironia, sarcasmo, deboche.
MO.TEL, *s.m.*, tipo de hotel para casais manterem encontros amorosos; pousada para viajantes.
MO.TIM, *s.m.*, rebelião, levante popular, revolta, sedição, baderna popular.
MO.TI.VA.ÇÃO, *s.f.*, ação de motivar, persuasão, incentivo para agir.
MO.TI.VA.DOR, *s.m.*, quem motiva, incentivador.
MO.TI.VAR, *v.t.*, entusiasmar, persuadir, incentivar, animar, interessar.
MO.TI.VO, *s.m.*, razão, propósito, objetivo, causa, alvo.
MO.TO, *s.m.*, movimento, deslocamento; *s.f.*, forma reduzida de motocicleta.
MO.TO.CI.CLE.TA, *s.f.*, veículo com duas rodas e motor; motoca, moto.
MO.TO.CI.CLIS.TA, *s.c. 2 gên.*, quem usa moto.
MO.TO-CON.TÍ.NUO, *s.m.*, pretensa máquina que funcionaria por força própria eternamente, sem gastar energia.
MO.TO.QUEI.RO, *s.m.*, quem anda de motocicleta.
MO.TOR, *adj.*, que provoca movimento, *s.m.*, peça fundamental para mover carros e máquinas; peça que dá movimento, força.
MO.TO.RIS.TA, *s.c. 2 gên.*, quem dirige um veículo com motor; chofer.
MO.TO.RI.ZA.DO, *adj.*, que tem motor, quem usa um veículo com motor.
MO.TO.RI.ZAR, *v.t.*, colocar motor em; locomover-se com carro.
MO.TOR.NEI.RO, *s.m.*, quem conduz um bonde.
MO.TRIZ, *s.f.*, que possui força do motor.
MOU.CO, *adj.*, que não ouve, surdo, que ouve pouco.
MOU.RÃO, *s.m.*, moirão, estaca de madeira ou concreto, presa no solo, na qual se fixam arames; poste para fazer cercas.
MOU.RIS.CO, *adj.*, mouro, próprio dos mouros.
MOU.RO, *adj.*, próprio dos mouros, *s.m.*, habitante da Mauritânia, invasor da Espanha antigamente.
MO.VE.DI.ÇO, *adj.*, que se move, ágil, rápido.
MO.VE.DOR, *adj.* e *s.m.*, que se move, que se locomove.
MÓ.VEIS, *s.m.pl.*, conjunto de objetos que compõem a mobília da residência.
MÓ.VEL, *adj.*, que se movimenta, *s.m.*, toda peça do mobiliário familiar.
MO.VE.LEI.RO, *adj.*, característico de móveis; *s.m.*, fabricante de móveis.
MO.VEN.TE, *adj.*, que se move, que se desloca.
MO.VER, *v.t., int.* e *pron.*, deslocar, tirar do local, movimentar, deslizar.
MO.VI.MEN.TA.ÇÃO, *s.f.*, ação de movimentar, deslocamento.
MO.VI.MEN.TA.DO, *adj.*, que tem movimento, agitado, turbado, barulhento.
MO.VI.MEN.TAR, *v.t.* e *pron.*, pôr em movimento, animar, deslocar, agitar.
MO.VI.MEN.TO, *s.m.*, deslocamento, movimentação, marcha; entrada de dinheiro no caixa.
MO.VÍ.VEL, *adj.*, que se pode mover, removível.
MU.AM.BA, *s.f.*, safadeza, mercadorias contrabandeadas, negociata.
MU.AM.BEI.RO, *s.m.*, quem contrabandeia, safado, negociante desonesto.
MU.AR, *s.m.*, animal da família dos burros, asno; *adj.*, asinino.
MU.CA.MA, *s.f.*, escrava que servia os patrões na residência, escrava caseira.
MU.CO, *s.m.*, mucosa, secreção nasal, catarro, ranho.
MU.CO.SA, *s.f.*, tecido de certos órgãos do corpo que expele muco.
MU.CO.SI.DA.DE, *s.f.*, muco, secreção de muco, grande produção de catarro.
MU.ÇUL.MA.NIS.MO, *s.f.*, religião de Maomé, maometismo.
MU.ÇUL.MA.NO, *adj.*, maometano, próprio da religião de Maomé.
MU.ÇU.RA.NA, *s.f.*, cobra comum, não venenosa e devoradora de cobras venenosas.
MU.DA, *s.f.*, mudança, troca dos pelos e penas dos animais; troca de animais para viagens longas.
MU.DAN.ÇA, *s.f.*, ato ou efeito de mudar, transferência, levar toda a mobília de uma casa para outra; variação, câmbio.
MU.DAR, *v.t., int.* e *pron.*, transferir de um local para outro, deslocar, trocar a direção, trocar de vida, alterar.

MUDÁVEL

MU.DÁ.VEL, *adj.*, próprio para ser mudado, mutável, cambiável.
MU.DEZ, *s.f.*, particularidade de quem é mudo, de quem não fala.
MU.DO, *adj.*, que não fala, privado do dom da fala; *fig.*, calado.
MU.GI.DO, *s.m.*, voz dos bovinos, voz da vaca e do boi.
MU.GIR, *v.t.* e *int.*, soltar mugidos, berrar, usar da voz como bovídeo.
MUI, *adv.*, forma reduzida (apocopada) de muito.
MUI.TO, *adv. pron.* e *adj.*, grande número, quantidade, abundante, abundantemente, excessivamente.
MU.LA, *s.f.*, fêmea do mulo, besta, burra, asna.
MU.LA SEM CA.BE.ÇA, *s.f.*, concubina de padre, que (na crendice popular) em certas noites se transforma em mula sem cabeça para assustar os supersticiosos; assombração.
MU.LA.TO, *adj.* e *s.m.*, que é pardo, meio escuro; indivíduo produto do cruzamento de branco com negro; mestiço.
MU.LE.TA, *s.f.*, cajado, bengala dupla, que serve de apoio para o coxo ou perneta; *fig.*, o que serve para ajudar outrem.
MU.LHER, *s.f.*, pessoa adulta do sexo feminino, esposa, fêmea.
MU.LHE.REN.GO, *adj.* e *s.m.*, que é apaixonado por mulheres; sedutor de mulheres, quem corre atrás de mulheres.
MU.LHE.RIL, *adj.*, próprio da mulher.
MU.LHE.RIO, *s.m.*, muitas mulheres juntas.
MU.LO, *s.m.*, burro, asno, jegue.
MUL.TA, *s.f.*, ação de multar, pena pecuniária ao infrator.
MUL.TAR, *v.t.*, dar uma multa, aplicar multa.
MUL.TI.CE.LU.LAR, *adj.*, de muitas células.
MUL.TI.CO.LOR, *adj.*, multicor, de muitas cores, multicolorido.
MUL.TI.CO.LO.RIR, *v.t.*, dar diversas cores a, colocar muitas cores em.
MUL.TI.DÃO, *s.f.*, ajuntamento de muitas pessoas, aglomeração, legião.
MUL.TI.FO.LI.A.DO, *adj.*, que tem muitas folhas.
MUL.TI.FOR.ME, *adj.*, de muitas formas e aspectos.
MUL.TI.MI.LI.O.NÁ.RIO, *s.m.*, quem é muitas vezes milionário, riquíssimo.
MUL.TI.NA.CI.O.NAL, *adj.*, próprio de diversos países; *s.f.*, empresa que tem filiais em muitos países.
MUL.TÍ.PA.RO, *adj.*, próprio da fêmea que pare vários filhos de uma única vez.
MUL.TI.PLI.CA.ÇÃO, *s.f.*, ação de multiplicação, aumento dos números.
MUL.TI.PLI.CA.DOR, *adj.*, que multiplica; *s.m.*, número pelo qual se multiplica outro número.
MUL.TI.PLI.CAR, *v.t., int.* e *pron.*, repete-se um número quantas vezes for pedido; fazer uma multiplicação, aumentar, fazer crescer.
MUL.TI.PLI.CA.TI.VO, *adj.*, que multiplica, que aumenta.
MUL.TI.PLI.CÁ.VEL, *adj.*, que pode ser multiplicado.
MUL.TÍ.PLI.CE, *adj.*, que não é único, que tem várias formas de se apresentar.
MUL.TI.PLI.CI.DA.DE, *s.f.*, grande número, abundância, vários números.
MÚL.TI.PLO, *adj.*, que atinge vários números.
MUL.TIS.SE.CU.LAR, *adj.*, que tem muitos séculos, antigo.
MÚ.MIA, *s.f.*, cadáver mumificado e muito antigo, restos mortais de egípcios antigos; *fig.*, indivíduo sem energia, sem força.
MU.MI.FI.CA.ÇÃO, *s.f.*, ação de tornar um cadáver em múmia.
MU.MI.FI.CAR, *v.t., int.* e *pron.*, tornar em múmia, transformar em múmia.
MUN.DA.NA, *s.f.*, prostituta, rameira, puta, vagabunda.
MUN.DA.NO, *adj.*, que se interessa somente por coisas materiais, materialista, sibarita, dado aos prazeres sensuais, carnal.
MUN.DA.RÉU, *s.m.*, multidão de pessoas, de seres.
MUN.DÉU, *s.m.*, armadilha para pegar animais, arapuca.
MUN.DI.AL, *adj.*, próprio do mundo, universal.
MUN.DO, *s.m.*, globo terrestre, planeta Terra, tudo que cerca a humanidade, universo, cosmo, o habitat da espécie humana, multidão, a vida dos leigos.
MUN.GIR, *v.t.*, ordenhar, tirar leite manualmente.
MU.NHE.CA, *s.f.*, parte de ligação da mão com o antebraço; *pop.*, sovina, pão-duro, avarento, mesquinho.

MU.NI.ÇÃO, *s.f.*, todos os materiais usados para atirar, disparar armas; fortificação.
MU.NI.CI.A.DOR, *s.m.*, quem municia, quem fornece.
MU.NI.CI.A.MEN.TO, *s.m.*, ação de municiar, de abastecer.
MU.NI.CI.AR, *v.t.*, prover, arrumar munições, fornecer.
MU.NI.CI.PAL, *adj.*, próprio do município.
MU.NI.CI.PA.LI.DA.DE, *s.f.*, tudo que se refira ao município; parte legislativa do município, câmara de vereadores, prefeitura.
MU.NI.CI.PA.LIS.MO, *s.m.*, todo sistema político centrado no município.
MU.NÍ.CI.PE, *s.m.*, cada habitante de um município.
MU.NI.CÍ.PIO, *s.m.*, território administrado por um prefeito e legislado pela câmara de vereadores.
MU.NI.FI.CEN.TE, *adj.*, magnífico, generoso, bondoso.
MU.NIR, *v.t.* e *pron.*, prover, municiar, preparar.
MÚ.NUS, *s.m.*, função, obrigação, dever, tarefa.
MU.QUE, *s.m.*, força do braço, força.
MU.QUI.FO, *s.m.*, casebre, casa pobre e suja, quarto desorganizado.
MU.RAL, *adj.*, próprio de muro; *s.m.*, quadro pintado em parede.
MU.RA.LHA, *s.f.*, muro forte e alto para proteger uma cidade, castelo; muro grosso; empecilho contra alguma vontade.
MU.RAR, *v.t.* e *pron.*, fazer um muro, servir de muro, construir um muro em torno de.
MUR.CHA.MEN.TO, *s. m.*, ação de murchar, definhamento.
MUR.CHAR, *v.t., int.* e *pron.*, perder a força, o viço, descolorir-se.
MUR.CHO, *adj.*, definhado, descolorido, sem viço, sem força.
MU.RE.TA, *s.f.*, murinho, muro baixo, anteparo.
MU.RI.Á.TI.CO, *adj.*, tipo de ácido dissolvido na água para limpeza de piso.
MU.RI.CI, *s.m.*, tipo de planta e o fruto dela.
MU.RI.ÇO.CA, *s.f.*, mosquito hematófago que pica muito as pessoas.
MUR.MU.RA.ÇÃO, *s.f.*, murmúrio, sussurro.
MUR.MU.RAN.TE, *adj.*, que murmura, murmurador.
MUR.MU.RAR, *v.t.* e *int.*, emitir sons fracos, sussurrar, falar baixinho.
MUR.MU.RE.JAN.TE, *adj.*, que murmureja, que produz sons leves.
MUR.MU.RE.JAR, *v.int.*, fazer murmúrio, sussurrar.
MUR.MU.RI.NHO, *s.m.*, burburinho, rumor, ruído.
MUR.MÚ.RIO, *s.m.*, sussurro, farfalhar, som de vozes fracas, som baixo.
MU.RO, *s.m.*, parede construída em torno de um local para protegê-lo, cerca.
MUR.RO, *s.m.*, golpe com a mão fechada, soco, pancada.
MUR.TA, *s.f.*, arbusto de folhas finas e verdes, que produz flores brancas perfumadas, cultivado nos jardins.
MU.SA, *s.f.*, semideusas que presidiam as artes no mundo grego e inspiravam os poetas; *fig.*, inspiração dos artistas.
MU.SÁ.CE.AS, *s.f.pl.*, espécie de vegetais entre os quais se inclui a bananeira.
MU.SÁ.CEO, *adj.*, próprio da bananeira.
MUS.CU.LA.ÇÃO, *s.f.*, exercício para treinar os músculos, ginástica.

MUS.CU.LAR, *adj.*, referente aos músculos.
MUS.CU.LA.TU.RA, *s.f.*, conjunto dos músculos dos vertebrados, força.

MÚS.CU.LO, *s.m.*, conjunto de fibras que promovem a força do indivíduo e seus movimentos.
MUS.CU.LO.SI.DA.DE, *s.f.*, musculatura, força dos músculos.
MUS.CU.LO.SO, *adj.*, cheio de músculos, forte, robusto.
MU.SEU, *s.m.*, local em que se colocam objetos de arte, antiguidades para a apreciação das pessoas; o acervo desses objetos.
MUS.GO, *s.m.*, camada de vegetais que cresce rasteira em locais úmidos.
MUS.GO.SO, *adj.*, cheio de musgo, coberto de musgo.
MUS.GUEN.TO, *adj.*, musgoso, coberto de musgo.
MÚ.SI.CA, *s.f.*, arte de harmonizar as notas para produzir sons agradáveis, execução de uma peça musical, a arte dos sons.
MU.SI.CAL, *adj.*, referente à música, harmonioso.
MU.SI.CAR, *v.t.* e *int.*, compor música, concertar, executar música.
MU.SI.CIS.TA, *s.c. 2 gên.*, quem é perito em música, compositor, executor.
MÚ.SI.CO, *adj.*, próprio da música, *s.m.*, pessoa que se dedica à música.
MU.SI.CO.LO.GI.A, *s.f.*, estudo completo sobre a música, origem e evolução.
MU.SI.CÓ.LO.GO, *s.m.*, pessoa que se dedica ao estudo da música, entendido em música.
MUS.SE, *s.m.*, manjar de massa pastosa, doce ou salgado, com vários ingredientes, como carne, chocolate, peixe.
MUS.SE.LI.NA, *s.f.*, tecido fino e transparente.
MU.TA.ÇÃO, *s.f.*, mudança, transformação, alteração, metamorfose.
MU.TAN.TE, *adj.*, pessoa ou animal que traz caracteres diversos da família; tipo que a ficção coloca como sujeito a mudanças físicas.
MU.TÁ.VEL, *adj.*, mudável, cambiável.
MU.TI.LA.ÇÃO, *s.f.*, ação de mutilar, cortar um membro do corpo.
MU.TI.LA.DO, *adj.*, que perdeu um membro do corpo.
MU.TI.LA.DOR, *s.m.*, que mutila.
MU.TI.LAR, *v.t.* e *pron.*, decepar, ferir, tirar um membro de, cortar algo do corpo.
MU.TI.RÃO, *s.m.*, trabalho feito por um grupo de pessoas da comunidade em prol de outro, necessitado; trabalho comunitário.
MU.TIS.MO, *s.m.*, mudez, estado de mudo, falta do dom da fala.
MU.TRE.TA, *s.f.*, safadeza, tramoia, ardil, velhacaria.
MU.TU.AN.TE, *adj.*, que mutua; *s.c. 2 gên.*, quem coloca algo em mútuo.
MU.TU.AR, *v.t.* e *pron.*, dar ou receber por empréstimo, cambiar, trocar.
MU.TU.Á.RIO, *s.m.*, quem faz um mútuo com, quem contrata pagamento para construir a casa própria com um banco.
MU.TU.CA, *s.f.*, tipo de moscas, moscas hematófagas que sugam sangue, butuca, moscardo.
MU.TUM, *s.m.*, ave silvestre do tipo galináceo, caçada por causa da carne.
MÚ.TUO, *adj.*, recíproco; *s.m.*, reciprocidade, troca, permutação.
MU.XI.BA, *s.f.*, pelanca, pessoa magra, carne magra e murcha.
MU.XI.BEN.TO, *adj.*, cheio de peles por magreza, magricela.
MU.XO.XAR, *v. int.*, acarinhar, dar beijos, beijocar.
MU.XO.XE.AR, *v.int.*, soltar muxoxos.
MU.XO.XO, *s.m.*, carinho, carícia, beijo, afago; estalo com a língua para demonstrar chateação.

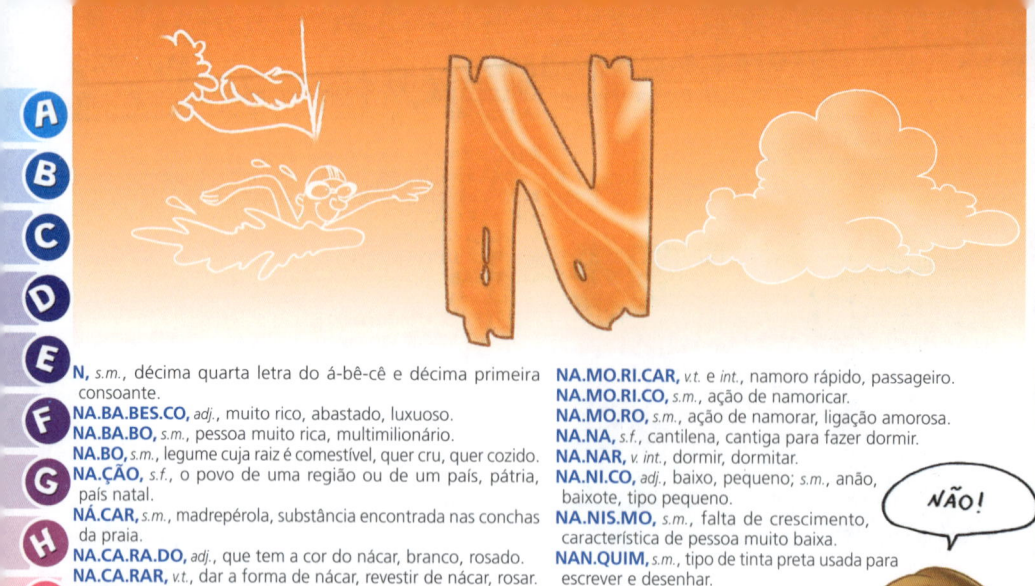

N, s.m., décima quarta letra do á-bê-cê e décima primeira consoante.
NA.BA.BES.CO, adj., muito rico, abastado, luxuoso.
NA.BA.BO, s.m., pessoa muito rica, multimilionário.
NA.BO, s.m., legume cuja raiz é comestível, quer cru, quer cozido.
NA.ÇÃO, s.f., o povo de uma região ou de um país, pátria, país natal.
NÁ.CAR, s.m., madrepérola, substância encontrada nas conchas da praia.
NA.CA.RA.DO, adj., que tem a cor do nácar, branco, rosado.
NA.CA.RAR, v.t., dar a forma de nácar, revestir de nácar, rosar.
NA.CI.O.NAL, adj., que é de uma nação, próprio de um povo.
NA.CI.O.NA.LI.DA.DE, s.f., naturalidade, origem por nascimento, o direito à cidadania pelo país de nascimento.
NA.CI.O.NA.LIS.MO, s.m., tendência a querer somente o que é da terra natal, espírito de que somente o que é da pátria é bom.
NA.CI.O.NA.LI.ZAR, v.t. e pron., naturalizar, fazer com que se torne nacional, colocar tudo sob as ordens do governo.
NA.CO, s.m., pedaço, fatia, nesga.
NA.DA, pron., nenhum objeto, coisa; s.m., coisa nenhuma, inexistência; zero.
NA.DA.DEI.RA, s.f., barbatana de peixe, peça de borracha para auxiliar o nadador.
NA.DA.DOR, s.m., quem nada, quem conhece a arte de nadar.
NA.DAR, v.t. e int., permanecer à superfície da água e locomover-se; dominar a arte da natação, boiar, flutuar.
NÁ.DE.GA, s.f., parte carnuda que fica na parte superior traseira das coxas; bunda, nádegas, traseiro, assento. 
NÁ.DE.GAS, s.f.pl., nádega.
NA.DO, s.m., ação de nadar, tempo gasto em nadar.
NAF.TA, s.f., substância obtida no refino do petróleo.
NAF.TA.LI.NA, s.f., derivado do petróleo aromático, usado para desinfetar ambientes, como armários.
NÁI.LON, s.m., tecido sintético de largo uso têxtil.
NAI.PE, s.m., cada tipo de cartas do baralho: ouro, copas, espadas e paus.
NA.JA, s.f., tipo de cobra muito venenosa da África e da Ásia.
NA.MO.RA.DA, s.f., mulher que recebe a corte de alguém, garota, amada.
NA.MO.RA.DEI.RA, s.f., mulher que tem muitos namorados.
NA.MO.RA.DO, s.m., quem namora uma mulher, ama uma mulher; nome de um peixe marinho.
NA.MO.RA.DOR, s.m., quem namora muitas mulheres, quem coleciona namoradas.
NA.MO.RAR, v.t., int. e pron., buscar manter afeição mútua, inspirar paixão, trocar amor, fazer a corte, cortejar, amar.
NA.MO.RI.CAR, v.t. e int., namoro rápido, passageiro. 
NA.MO.RI.CO, s.m., ação de namoricar.
NA.MO.RO, s.m., ação de namorar, ligação amorosa.
NA.NA, s.f., cantilena, cantiga para fazer dormir.
NA.NAR, v. int., dormir, dormitar.
NA.NI.CO, adj., baixo, pequeno; s.m., anão, baixote, tipo pequeno.
NA.NIS.MO, s.m., falta de crescimento, característica de pessoa muito baixa.
NAN.QUIM, s.m., tipo de tinta preta usada para escrever e desenhar.
NÃO, adv., designação da negação; s.m., recusa, negação.
NÃO-ME-TO.QUES, s.m., tipo de planta com espinhos muito fortes; fig., pessoa muito sensível. 
NA.PA, s.f., tipo de pelica usada no fabrico de sofás, pastas, móveis.
NA.PO.LI.TA.NO, adj. e s.m., natural ou próprio de Nápoles, habitante dessa cidade.
NAR.CI.SIS.MO, s.m., psicose de quem fica se admirando ao espelho; tipo que centra em si a única beleza possível.
NAR.CI.SO, s.m., espécie de arbusto que cresce à margem dos rios; pessoa vaidosa, que se admira por sua beleza.
NAR.CÓ.TI.CO, adj., que entorpece, que adormece; s.m., substância que vicia por uso longo; droga.
NAR.CO.TIS.MO, s.m., tráfico de narcóticos, traficância.
NAR.CO.TI.ZAR, v.t., aplicar narcótico em; drogar alguém.
NAR.CO.TRÁ.FI.CO, s.m., tráfico de narcóticos, negócios com drogas.
NA.RI.GU.DO, adj., de nariz grande; nariz comprido; s.m., narigão.
NA.RI.NA, s.f., cada uma das duas fossas nasais, ventas.
NA.RIZ, s.m., parte saliente sobre a boca, para obter o cheiro; parte dianteira de vários objetos, sobretudo do avião.
NAR.RA.ÇÃO, s.f., exposição de um fato, apresentação de uma história, narrativa. 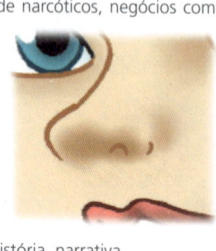
NAR.RA.DOR, s.m., quem narra, quem conta.
NAR.RAR, v.t., contar, relatar, referir, dizer.
NAR.RA.TI.VA, s.f., narração, conto, história, dito, exposição.
NAR.RA.TI.VO, adj., próprio de uma narração, contado.
NA.SAL, adj., próprio do nariz, voz fanha; s.f., consoante pronunciada pelo nariz.
NA.SA.LAR, v.t., pronunciar pelo nariz, nasalizar, dar um tom fechado.
NAS.CE.DOU.RO, s.m., origem, procedência, local onde se nasce.
NAS.CEN.ÇA, s.f., nascimento.
NAS.CEN.TE, adj., que nasce, que brota; s.f., ponto em que começa um rio, fonte, manancial; s.m., leste, oriente, levante, sol nascente.
NAS.CER, v. int., vir à luz, surgir, provir, chegar ao mundo, crescer.
NAS.CI.MEN.TO, s.m., ação de nascer, nascença, princípio, origem, surgimento.

NA.TA, s.f., creme, substância gordurosa extraída do leite; o que existe de melhor em qualquer coisa; coisa fina.
NA.TA.ÇÃO, s.f., ação de nadar, exercício por nado, nado.
NA.TAL, adj., próprio do nascimento; local onde se nasce.
NA.TA.LEN.SE, adj. e s.m., próprio ou natural de Natal, habitante de Natal.
NA.TA.LÍ.CIO, adj., próprio do dia de nascimento, do dia natal.
NA.TA.LI.DA.DE, s.f., determinação de quantos nascem em um período, em um local.
NA.TA.LI.NO, adj., próprio do Natal; relativo ao dia do nascimento.
NA.TI.MOR.TO, s.m., criança nascida morta.
NA.TI.VI.DA.DE, s.f., nascimento de Nossa Senhora.
NA.TI.VIS.MO, s.m., afeição ao que é nativista; apego ao que é da terra.
NA.TI.VIS.TA, adj., que luta por indígenas; s.c. 2 gên., quem defende os índios.
NA.TI.VO, adj., que é da natureza, do lugar; nascido no local; natural; s.m., autóctone, aborígene, pessoa que é do local, da região, do país.
NA.TO, adj., nascido, próprio do local, inerente à pessoa, congênito, cognato.
NA.TU.RAL, adj., que vem da natureza, que se guia pelas leis da natureza, espontâneo, simples, sem artifícios.
NA.TU.RA.LI.DA.DE, s.f., simplicidade, lhaneza, pureza, nacionalidade, origem.
NA.TU.RA.LIS.MO, s.m., o que provém da natureza; produto in natura.
NA.TU.RA.LIS.TA, s.c. 2 gên., quem se dedica a ciências naturais; adepto do naturalismo.
NA.TU.RA.LI.ZA.ÇÃO, s.f., ação de naturalizar, por meio de lei; concessão do título de cidadão a um estrangeiro.
NA.TU.RA.LI.ZA.DO, adj., estrangeiro que adquire a cidadania de um país.
NA.TU.RA.LI.ZAR, v.t. e pron., dar a um estrangeiro os direitos e deveres de cidadão, nacionalizar.
NA.TU.RAL.MEN.TE, adv., de modo natural, espontaneamente.
NA.TU.RE.ZA, s.f., tudo que foi criado no universo; a essência dos seres e das coisas; caráter, tipo, essência, âmago.
NAU, s.f., navio, antigo navio mercante ou de guerra.
NAU.FRA.GAR, v.int., afundar, ir a pique, submergir; falhar, ter um fracasso.
NAU.FRÁ.GIO, s.m., afundamento, submersão; falha, desastre.
NÁU.FRA.GO, s.m., quem foi a pique, submergiu.
NÁU.SEA, s.f., enjoo, fastio, tendência a vomitar, nojo.
NAU.SE.A.BUN.DO, adj., que enjoa, que provoca nojo.
NAU.SE.AR, v.t. e int., produzir náuseas, enjoar, enojar, provocar vômito.
NÁU.TI.CA, s.f., arte de navegar; tudo que se refere à navegação e barcos.
NÁU.TI.CO, adj., próprio da navegação.
NA.VAL, adj., próprio de navegação, referente à marinha.
NA.VA.LHA, s.f., instrumento constante de uma lâmina muito afiada e de um cabo para cortar a barba; fig., tipo maldizente.
NA.VA.LHA.DA, s.f., corte com navalha.
NA.VA.LHAR, v.t., dar golpes com a navalha, cortar.
NA.VE, s.f., navio, embarcação, barco; parte interna de um templo.
NA.VE.GA.ÇÃO, s.f., ato de navegar, trajeto de navios; o conjunto de navios e portos de uma região, viagem marítima.
NA.VE.GA.DOR, s.m., quem conhece a arte de navegar, quem navega, marinheiro, nauta.
NA.VE.GAR, v.t. e int., locomover-se por rios e mares; viver, andar, lutar.
NA.VE.GÁ.VEL, adj., propício à navegação, que favorece a passagem de navios.
NA.VI.O, s.m., nau, nave, embarcação que flutua e anda por sobre as águas.
NA.ZA.RE.NO, adj. e s.m., próprio de Nazaré ou seu habitante; Jesus Cristo.
NA.ZIS.MO, s.m., sistema político que prega a supremacia dos chefes e das raças escolhidas; sistema ditatorial e cruel.
NE.BLI.NA, s.f., cerração, névoa.
NE.BU.LO.SA, s.f., conglomerados de estrelas e outros corpos celestes no cosmo.
NE.BU.LO.SI.DA.DE, s.f., névoa, nuvens finas e esparsas.
NE.BU.LO.SO, adj., céu cheio de nuvens, nevoento, opaco; obscuro, enigmático.
NE.CA, adv. gír., nada, não.
NE.CES.SÁ.RIO, adj., essencial, fundamental, principal.
NE.CES.SI.DA.DE, s.f., precisão, que é imprescindível; pobreza, miséria.
NE.CES.SI.TA.DO, adj., que precisa, pobre, miserável.
NE.CES.SI.TAR, v.t. e int., precisar, prescindir, carecer; sofrer por falta de.
NE.CRO.LO.GI.A, s.f., rol de falecidos, listagem de pessoas mortas, necrológio.
NE.CRO.LÓ.GIO, s.m., necrologia, nota de jornal indicando o nome dos mortos.
NE.CRÓ.PO.LE, s.f., cemitério, jardim santo.
NE.CROP.SI.A, s.f., o exame que o médico legista faz no cadáver para descobrir o porquê da morte; exame cadavérico.
NE.CRO.SAR, v.t. e pron., haver necrose, decompor-se, começar a apodrecer.
NE.CRO.SE, s.f., tecido que perece, parte do corpo que apodrece.
NE.CRO.TÉ.RIO, s.m., local para colocar os cadáveres para necropsia ou identificação.
NÉC.TAR, s.m., bebida muito saborosa, bebida dos deuses; algo muito bom.
NEC.TA.RI.NA, s.f., fruta parecida com o pêssego e a ameixa.
NE.FAN.DO, adj., execrável, horrendo, impronunciável, horroroso.
NE.FAS.TO, adj., funesto, agourento, desgraçado, maldito.
NE.FRI.TE, s.f., inflamação nos rins.
NE.GA.ÇÃO, s.f., ação de negar, frustração, negativa, contrariedade, incapacidade para.
NE.GAR, v.t., int. e pron., dizer não, denegar, recusar, desmentir, contrariar.
NE.GA.TI.VA, s.f., negação, contrariedade, recusa, ser contra.
NE.GA.TI.VIS.MO, s.m., postura negativa, atitude contra; pessimismo.
NE.GA.TI.VO, adj., contrário, pessimista, contra; película usada em fotografia.
NE.GLI.GÊN.CIA, s.f., descuido, relaxamento, irresponsabilidade.
NE.GLI.GEN.CI.AR, v.t., atender com negligência, relaxar, não ter cuidado.
NE.GO, s.m. fam., amigo, companheiro, colega, conhecido.
NE.GO.CI.A.ÇÃO, s.f., ato ou efeito de negociação, conferência entre pessoas, diplomatas.
NE.GO.CI.A.DOR, s.m., quem conduz uma negociação, guia, líder.
NE.GO.CI.AN.TE, s.c. 2 gên., quem faz negócios, comerciante.
NE.GO.CI.AR, v.t. e int., realizar um negócio, gestionar, comerciar, comprar e vender; administrar, conduzir um encontro.
NE.GO.CI.A.TA, s.f., negócio ilícito, trapaça, velhacaria.
NE.GO.CI.Á.VEL, adj., comerciável, possível de negociar.

NEGÓCIO

NE.GÓ.CIO, s.m., comércio, negociação, transação de negócios, contrato; pop., tudo de que não se recorda o nome, treco.
NE.GRA, s.f., mulher de cor negra, preta; quando há empate, faz-se uma partida decisiva.
NE.GREI.RO, adj., próprio dos negros; navio que transportava escravos.
NE.GRI.TO, s.m., tipo de letra destacada pela cor mais preta.
NE.GRO, adj., de cor preta, escura; s.m., indivíduo de cor negra.
NE.GROI.DE, s.m., com jeito de negro; homem negro.
NE.GRU.ME, s.f., escuridão completa, trevas.
NE.LO.RE, s.c. 2 gên., tipo de gado de corte de origem indiana.
NEM, conj., e não, também não.
NE.MA.TEL.MIN.TOS, s.m.pl., classe de vermes parasitas do intestino humano.
NE.MA.TÓ.DEOS, s.m., parte mais importante de vermes parasitas no homem.
NE.NÊ, s.m., bebê, neném, criança recém-nascida, criança de peito.
NE.NHUM, pron., nem um só, ninguém.
NE.NÚ.FAR, s.m., planta aquática de folhas grandes e flores muito belas.
NE.Ó.FI.TO, s.m., iniciante, quem está para ser iniciado ou mal o foi; quem está para ser batizado ou mal o foi.
NE.O.LA.TI.NO, adj., próprio das línguas derivadas do Latim.
NE.O.LÍ.TI.CO, adj., característico da época da pedra polida.
NE.O.LO.GIS.MO, s.m., palavra criada de termos novos; adaptação de termo para traduzir algum invento.
NE.O.LO.GIS.TA, s.c. 2 gên., quem usa de neologismos, entendido em neologismos.
NÉ.ON, s.m., neônio.
NE.Ô.NIO, s.m., gás ocorrente na atmosfera e usado em lâmpadas para iluminação.
NE.O.PLAS.MA, s.m., nominação de qualquer tumor.
NER.VO, s.m., filamento que estabelece a ligação entre os centros nervosos do corpo humano.
NER.VO.SIS.MO, s.m., agitação dos nervos, irritação, descontrole.
NER.VO.SO, adj., cheio de nervos; descontrolado, excitado; quem padece por causa dos nervos.
NER.VU.RA, s.f., saliência na superfície das folhas e dos livros; saliência.
NÉS.CIO, adj., ignorante, imbecil, tolo, idiota.
NES.GA, s.f., pedaço, pequena porção, tira, fatia.
NÊS.PE.RA, s.f., fruto da nespereira.
NES.PE.REI.RA, s.f., planta originária da Ásia, que produz fruta parecida com ameixa.
NE.TO, s.m., filho de filho ou filha, em relação aos pais deles.
NE.TU.NO, s.m., na mitologia grega, era o deus do mar, planeta.
NEU.RAS.TE.NI.A, s.f., neurose, irritabilidade, nervosismo despropositado.
NEU.RAS.TÊ.NI.CO, adj., que sofre de neurastenia, irritadiço, nervoso.
NEU.RI.TE, s.f., inflamação de um nervo.
NEU.RO.CI.RUR.GI.A, s.f., cirurgia feita nos nervos.
NEU.RO.CI.RUR.GI.ÃO, s.m., médico que opera os nervos, que faz neurocirurgia.
NEU.RO.LO.GI.A, s.f., estudo do sistema nervoso.
NEU.RO.LO.GIS.TA, s.c. 2 gên., quem estuda a neurologia.
NEU.RÔ.NIO, s.m., célula nervosa.
NEU.RO.PA.TI.A, s.f., designação genérica das doenças dos nervos.
NEU.RO.SE, s.f., toda doença que ataca os nervos; perturbação mental.
NEU.TRA.LI.ZA.DOR, adj., que acalma, que neutraliza, que suaviza.
NEU.TRA.LI.ZAR, v.t. e pron., tornar neutro, anular, acalmar, suavizar, apaziguar.
NEU.TRO, adj., que fica sem partido; imparcial, indiferente.
NÊU.TRON, s.m., partícula do átomo sem carga elétrica.
NE.VA.DA, s.f., queda de neve, nevasca.
NE.VA.DO, adj., coberto de neve, frio, branco, cheio de neve.
NE.VAR, v.t., int. e pron., formar-se neve, cair neve, cobrir de neve.
NE.VAS.CA, s.f., nevada junto com muito vento.
NE.VE, s.f., água ou vapor de água congelados, caindo em forma de flocos.
NÉ.VOA, s.f., vapor, neblina, fumaça de vapor.
NE.VO.EI.RO, s.m., muita névoa, neblina, fumaceira.
NE.VO.EN.TO, adj., cheio de névoa, de neblina.
NE.VRAL.GI.A, s.f., dor muito forte em nervo ou em suas ramificações.
NE.XO, s.m., conexão, ligação, vínculo.
NHE.NHE.NHÉM, s. m., resmungo, falatório, palavras sem nexo.
NHO.QUE, s.m., massa feita de trigo, ovos, sal e cozida em água fervente.
NI.CA.RA.GUEN.SE, adj., próprio da Nicarágua; s.m., habitante da Nicarágua.
NI.CHO, s.m., local em uma parede para colocar imagens de santos.
NI.CO.TI.NA, s.f., alcaloide venenoso, presente no tabaco.
NI.DI.FI.CAR, v.int., construir o ninho.
NIM.BO, s.m., grande nuvem carregada de água.
NI.NAR, v.t., int. e pron., acalentar, embalar, acarinhar.
NIN.FA, s.f., divindade dos bosques, rios e lagos; mulher bela e nova; larva de inseto que não completou a metamorfose.
NIN.FE.TA, s.f., adolescente, jovem entrando na puberdade.
NIN.FO.MA.NI.A, s.f., tendência exagerada, em certas mulheres, pela prática do sexo.
NIN.GUÉM, pron., nenhuma pessoa; fig., não ter nenhuma importância.
NI.NHA.DA, s.f., quantidade de ovos num ninho, o total de filhotes que saem dos ovos de um ninho.
NI.NHA.RI.A, s.f., bagatela, coisa sem valor, valor pequeno.
NI.NHO, s.m., construção de ave para pôr os ovos e chocá-los para que nasçam os filhotes; fig., abrigo, casa.
NI.Ó.BIO, s.m., metal usado em ligas.
NI.PÔ.NI.CO, adj., japonês, nipo.
NÍ.QUEL, s.m., metal branco-prateado usado em ligas duras.
NI.QUE.LAR, v.t., banhar em níquel, dar cor de níquel.
NIR.VA.NA, s.f., total negação de tudo, ausência de qualquer desejo.
NIS.SEI, adj. e s.c. 2 gên., filho de japoneses, mas nascido no Brasil.
NIS.SO, combinação da prep. em com o pron. isso.
NIS.TO, combinação da prep. em com o pron. isto.
NI.TI.DEZ, s.f., característica do que é nítido, clareza, transparência.
NÍ.TI.DO, adj., claro, transparente, diáfano, brilhante.
NI.TRA.TO, s.m., sal de ácido nítrico.
NÍ.TRI.CO, adj., próprio de ácido líquido composto de outros ácidos.
NI.TRO.GE.NA.DO, adj., que contém nitrogênio.
NI.TRO.GÊ.NIO, s.m., gás que existe na natureza, incolor, sem cheiro, gosto e insolúvel.
NI.TRO.GLI.CE.RI.NA, s.f., líquido usado para fazer a dinamite, altamente explosivo.
NÍ.VEL, s.m., instrumento para constatar se uma superfície é plana; situação.
NI.VE.LAR, v.t. e pron., colocar uma superfície em um plano único, igualar.

NOZ-MOSCADA

NÍ.VEO, *adj.*, próprio da neve, alvo, branco, brilhante.
NÓ, *s.m.*, laço, laço apertado, partes de uma corda que se enlaçam; problema, dificuldade; medida de distância com mais ou menos 1.800 m.
NO.BI.LI.TAR, *v.t. e pron.*, conceder a alguém os privilégios de nobreza; engrandecer.
NO.BRE, *adj.*, que procede de descendência nobilitada, elevado, distinto; generoso, bondoso.
NO.BRE.ZA, *s.f.*, grupo de pessoas denominadas nobres; generosidade.
NO.ÇÃO, *s.f.*, conhecimento elementar, primário.
NO.CAU.TE, *s.m.*, no boxe, um golpe que derruba o oponente.
NO.CAU.TE.AR, *v.t. e int.*, derrubar, deixar estendido no chão.
NO.CI.VO, *adj.*, danoso, desastroso, prejudicial.
NÓ.DOA, *s.f.*, mancha, sujeira, pingo de sujeira; *fig.*, má fama, mácula.
NO.DO.SO, *adj.*, cheio de nós, áspero.
NÓ.DU.LO, *s.m.*, pequeno nó, saliência.
NO.DU.LO.SO, *adj.*, com muitos nós, áspero.
NO.GUEI.RA, *s.f.*, grande árvore europeia que produz a noz.
NOI.TA.DA, *s.f.*, festa noite adentro; o que dura uma noite.
NOI.TE, *s.f.*, período compreendido entre o entardecer e o amanhecer.
NOI.TE, *s.f.*, espaço de tempo sem sol, escuridão.

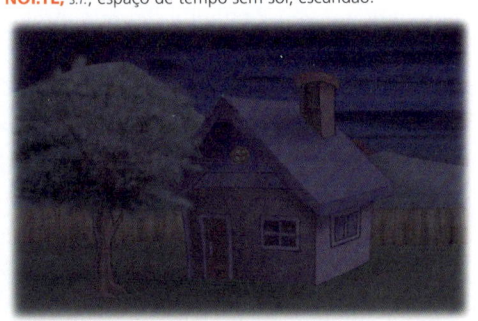

NOI.VA.DO, *s.m.*, compromisso formal de futuro casamento.
NOI.VAR, *v.int.*, compromisso entre um homem e uma mulher para celebrar, no futuro, o casamento.
NOI.VO, *s.m.*, quem assumiu com a noiva o compromisso de se casar.
NO.JEN.TO, *adj.*, asqueroso, enjoativo, fastidioso.
NO.JO, *s.m.*, asco, enjoo, repugnância; luto, pesar.
NÔ.MA.DE, *s.c. 2 gên.*, quem não tem morada fixa, andarilho, errante.
NO.MA.DIS.MO, *s.m.*, ato de estar sempre em locais diferentes.
NO.ME, *s.m.*, termo que determina quem é quem, distinção de uma coisa, objeto, ser do outro por denominação; título, apelido, denominação.
NO.ME.A.ÇÃO, *s.f.*, ação de nomear, designar alguém para um cargo, dar nome.
NO.ME.A.DO, *adj.*, designado, que recebeu nome, indicado para um cargo.
NO.ME.AR, *v.t. e pron.*, dar nome, designar, denominar, qualificar, indicar.
NO.MEN.CLA.TU.RA, *s.f.*, todos os nomes de um sistema, terminologia.
NO.MI.NAL, *adj.*, próprio do nome, posto em nome de, declarado.
NO.NO, *num.*, ordinal para nove.
NON.SEN.SE, *s.m., (inglês)*, absurdo, tolice, algo incompreensível.
NO.RA, *s.f.*, esposa do filho em relação aos pai dele.
NOR.DES.TE, *s.m.*, ponto situado entre o norte e o leste; terras desse ponto.
NOR.DES.TI.NO, *s.m.*, pessoa que vive no Nordeste brasileiro.
NÓR.DI.CO, *adj.*, relativo ao norte da Europa ou Escandinávia (Dinamarca, Islândia, Noruega, Finlândia e Suécia).
NOR.MA, *s.f.*, lei, preceito, regra, padrão.
NOR.MAL, *adj.*, que está dentro da norma, natural, comum, original, certo.
NOR.MA.LI.ZAR, *v.t. e pron.*, tornar normal, colocar dentro dos limites, ajustar.
NOR.MAN.DO, *adj. e s.m.*, próprio da Normandia ou habitante dessa região da França.

NO.RO.ES.TE, *s.m.*, ponto entre o norte e o oeste; essa região.
NOR.TE, *s.m.*, um dos quatro pontos cardeais; Polo Norte ou Ártico, vento que sopra do norte; *fig.*, direção, rota.
NOR.TE-A.ME.RI.CA.NO, *adj. e s.m.*, próprio ou habitante dos Estados Unidos, americano, estadunidense, ianque.
NOR.TE.AR, *v.t. e pron.*, colocar no rumo do norte, dirigir, orientar, encaminhar.
NOR.TE-RI.O-GRAN.DEN.SE, *adj. e s.m.*, próprio ou natural do Rio Grande do Norte ou habitante desse Estado, potiguar.
NOR.TIS.TA, *adj. e s.c. 2 gên.*, designação de quem vem do Norte do Brasil.
NO.RU.E.GUÊS, *adj. e s.m.*, próprio da Noruega ou seu habitante.
NOS, *pron.*, pessoal designativo do nós.
NÓS, *pron.*, primeira pessoa do plural.
NOS.SA!, *interj.*, traduz espanto, admiração.
NOS.SO, *pron.*, possessivo traduz posse da primeira pessoa.
NOS.TAL.GI.A, *s.f.*, saudade, sentimento de tristeza por estar longe das pessoas ou locais amados.
NO.TA, *s.f.*, apontamento de algum tema, observação, comentário, explicação, papel-moeda, nota fiscal, nota musical; avaliação de um trabalho escolar.
NO.TA.BI.LI.ZAR, *v.t. e pron.*, tornar notável, destacar, tornar famoso, enfatizar.
NO.TA.DA.MEN.TE, *adv.*, sobretudo, principalmente.
NO.TAR, *v.t.*, colocar nota em, marcar, sinalizar, anotar, escrever, observar, perceber, ver.
NO.TÁ.RIO, *s.m.*, escrivão público, oficial de registro, tabelião.
NO.TÁ.VEL, *adj.*, conhecido, destacado, louvável, famoso, ilustre.
NO.TÍ.CIA, *s.f.*, novidade, boato, conhecimento, informe, nota.
NO.TI.CI.AR, *v.t. e pron.*, anunciar, informar, divulgar, dar conhecimento de.
NO.TI.CI.Á.RIO, *s.m.*, notícias, série de notícias, informativo.
NO.TI.CI.O.SO, *s.m.*, programa que busca dar informações recentes.
NO.TI.FI.CA.ÇÃO, *s.f.*, intimação, ordem de juiz para que alguém faça algum ato.
NO.TI.FI.CAR, *v.t.*, intimar, dar notícia a, informar alguém de.
NO.TÓ.RIO, *adj.*, conhecido, destacado, famoso.
NO.TUR.NO, *adj.*, próprio da noite, que vive de noite, referente à noite.
NO.VA, *s.f.*, novidade, notícia, furo de reportagem.
NO.VA-IOR.QUI.NO, *adj. e s.m.*, próprio, nascido ou habitante de Nova Iorque.
NO.VA.татО, *s.m.*, calouro, inexperiente, primário.
NO.VE.CEN.TOS, *num.*, cardinal relativo a 9 centenas.
NO.VEL, *adj.*, novo, recente, aprendiz, principiante.
NO.VE.LA, *s.f.*, composição literária com várias histórias paralelas e entrelaçadas; estilo consagrado pela televisão para passar em capítulos.
NO.VE.LIS.TA, *s.c. 2 gên.*, quem escreve novelas.
NO.VE.LO, *s.m.*, fio enrolado em si mesmo.
NO.VE.NA, *s.f.*, devoção religiosa de rezar durante nove dias com muitos fins.
NO.VEN.TA, *num.*, cardinal de 90, nove dezenas.
NO.VI.CI.A.DO, *s.m.*, época na qual a pessoa se prepara para filiar-se a alguma ordem religiosa ou assumir uma função religiosa; *fig.*, aprendizado, iniciação.
NO.VI.CI.AR, *v.int.*, viver o noviciado, iniciar-se, preparar-se.
NO.VI.ÇO, *s.m.*, novato, inexperiente; *s.m.*, quem se prepara para uma ordem religiosa; aprendiz, calouro, iniciante, neófito, novel.
NO.VI.DA.DE, *s.f.*, o que é novo, atualidade, o que é recente.
NO.VI.DA.DEI.RO, *s.m.*, quem anseia por contar novidades, fuxiqueiro, fofoqueiro.
NO.VI.LHA, *s.f.*, vaca nova, bezerra, vaca que ainda não criou.
NO.VI.LHO, *s.m.*, garrote, boi novo, tourinho.
NO.VO, *adj.*, recente, existente de pouco tempo, de pouco uso; ser humano jovem, moço.
NOZ, *s.f.*, fruto da nogueira ou de outras árvores que produzem nozes.
NOZ-MOS.CA.DA, *s.f.*, moscadeira, planta que produz essa noz; fruta de perfume e condimento muito apreciados.

NU, adj., despido, sem roupa; vazio, desprovido, carente, seco.
NU.AN.ÇA, s.f., as gradações das cores, gama de cores, matiz.
NU.BEN.TE, adj. e s.c. 2 gên., quem vai se casar.
NÚ.BIL, adj., que está para se casar, que pode casar-se.
NU.BLA.DO, adj., cheio de nuvens, opaco, nebuloso.
NU.BLAR, v.t. e pron., cobrir de nuvens, esconder, tornar nublado.
NU.CA, s.f., parte posterior do pescoço.
NÚ.CLEO, s.m., parte central, centro, âmago, ponto essencial.
NU.DEZ, s.f., falta de vestimenta, nu, despido.
NU.DIS.MO, s.m., prática dos que vivem nus em algumas atividades.
NU.DIS.TA, s.c. 2 gên., adepto do nudismo.
NU.LI.DA.DE, s.f., tipo insignificante, incapaz, ausência de valores.
NU.LO, adj., anulado, que não tem validade, sem valor.
NU.ME.RA.ÇÃO, s.f., série de números, ato de enumerar páginas.
NU.ME.RA.DOR, s.m., o que enumera, número que numa fração indica as partes da unidade que nela se contêm.
NU.ME.RAL, adj. e s.m., que indica um número.
NU.ME.RAR, v.t., colocar os números, indicar, separar pelos números, calcular.
NU.ME.RÁ.RIO, adj., próprio de dinheiro; s.m., dinheiro, moedas.
NÚ.ME.RO, s.m., expressão de quantidade, abundância, fascículo, jornal, revista; na gramática, indica o singular e o plural.
NÚ.ME.ROS, s.m., livro da Bíblia, cuja autoria é atribuída a Moisés.
NU.ME.RO.SI.DA.DE, s.f., quantidade, multidão.
NU.ME.RO.SO, adj., abundante, copioso, em grande quantidade, muito.
NU.MIS.MÁ.TI.CA, s.f., tratado sobre moedas e medalhas, coleção desses objetos.
NUN.CA, adv., em tempo algum, em nenhum momento, jamais.
NÚN.CIO, s.m., mensageiro, quem traz a notícia; representante do Papa junto a um governo.
NUP.CI.AL, adj., próprio das núpcias.
NÚP.CIAS, s.f.pl., bodas, casamento, cerimônias de um matrimônio.
NU.TRI.ÇÃO, s.f., regras para a alimentação exata, alimentação.
NU.TRI.CI.O.NIS.MO, s.m., regras da boa aplicação nutritiva.
NU.TRI.CI.O.NIS.TA, s.c. 2 gên., especialista em planejar uma alimentação adequada ao organismo das pessoas.
NU.TRI.DO, adj., bem alimentado, forte, sadio.
NU.TRI.EN.TE, adj., que nutre; s.m., comida forte, alimento certo.
NU.TRIR, v.t. e pron., alimentar, sustentar, manter forte, preparar.
NU.TRI.TI.VO, adj., alimentício, nutriente, próprio para alimentar.
NU.VEM, s.f., massa de vapores condensados na atmosfera, fumaça solta no ar; fig., multidão, grande quantidade de seres de qualquer espécie.

NY.LON, (inglês), s.m., náilon, tecido sintético.

O, *s.m.*, décima quinta letra do á-bê-cê e quarta vogal; *art. def.*, define o substantivo masculino singular; forma pronominal o - da terceira pessoa.

Ó!, *interj.*, indicativo de alegria, espanto, admiração, vitória.

O.Á.SIS, *s.m.*, pequeno espaço com vegetação no interior de um deserto; local agradável.

O.BA!, *interj.*, indica admiração; palavra que se diz quando algo bom acontece.

OB.CE.CAR, *v.t.*, tornar cego, ter uma fixação por algo, fanatizar.

O.BE.DE.CER, *v.t., int.* e *pron.*, executar o que for mandado, cumprir ordens, respeitar.

O.BE.DI.ÊN.CIA, *s.f.*, sujeição ao comando de; atenção ao mandado, submissão.

O.BE.DI.EN.TE, *adj.*, submisso, sujeito a, respeitoso.

O.BE.LIS.CO, *s.m.*, monumento dos antigos egípcios com base larga e muito alto, como se fosse uma pirâmide.

O.BE.SI.DA.DE, *s.f.*, muita gordura no corpo, acúmulo de gorduras.

O.BE.SO, *adj.*, muito gordo, excessivamente volumoso.

Ó.BI.TO, *s.m.*, falecimento, desenlace, morte, extinção.

O.BI.TU.Á.RIO, *s.m.*, registro de óbitos, rol de mortes.

OB.JE.ÇÃO, *s.f.*, contestação, oposição, contrariedade.

OB.JE.TAR, *v.t.*, opor-se, colocar-se contra, contrariar.

OB.JE.TI.VA, *s.f.*, lente de uma máquina fotográfica, lente para melhorar a visão.

OB.JE.TI.VAR, *v.t.*, pretender, colimar, visar a, querer conseguir.

OB.JE.TI.VO, *adj.*, prático, real, concreto; *s.m.*, alvo, fim, meta.

OB.JE.TO, *s.m.*, pretensão, assunto, causa.

O.BLÍ.QUO, *adj.*, inclinado, torto, de lado.

O.BLON.GO, *adj.*, oval, elíptico.

O.BO.É, *s.m.*, instrumento musical de sopro e som parecido com flauta.

Ó.BO.LO, *s.m.*, esmola, pequena doação, um valor muito pequeno em dinheiro.

O.BRA, *s.f.*, resultado de um ato, de um trabalho; construção, ação, tudo que é feito, realização, conjunto de livros e escritos de um escritor.

O.BRA-PRI.MA, *s.f.*, o melhor trabalho de uma pessoa.

O.BRAR, *v.t.* e *int.*, agir, trabalhar, concluir, realizar; defecar.

O.BREI.RA, *s.f.*, operária, abelha que trabalha.

O.BREI.RO, *s.m.*, operário, trabalhador.

O.BRI.GA.ÇÃO, *s.f.*, dever, imposição, coação, compromisso.

O.BRI.GA.DO, *adj.*, imposto, devido, coagido, compelido; agradecido, grato.

O.BRI.GAR, *v.t.* e *pron.*, forçar, coagir, constranger, levar a.

O.BRI.GA.TÓ.RIO, *adj.*, inevitável, necessário, imperioso, imposto por lei.

OBS.CE.NO, *adj.*, despudorado, imoral, libidinoso.

OBS.CU.RAN.TIS.MO, *s.m.*, ignorância, falta de conhecimento, escuridão.

OBS.CU.RE.CER, *v.t., int.* e *pron.*, tornar escuro, preto, opaco; dificultar, anuviar.

OBS.CU.RE.CI.MEN.TO, *s.m.*, pouca luz, semiescuridão, penumbra.

OBS.CU.RI.DA.DE, *s.f.*, falta de luz, de clareza; dificuldade.

OBS.CU.RO, *adj.*, sem luz, negro, opaco; confuso, enigmático.

OB.SE.DAR, *v.t.*, ficar resistente a, teimar, ter ideia fixa.

OB.SE.QUI.AR, *v.t.*, favorecer, ser amável, ser gentil, prestar um favor.

OB.SÉ.QUIO, *s.m.*, gentileza, benefício, favor, amabilidade.

OB.SE.QUI.O.SO, *adj.*, gentil, amável, fino, prestativo.

OB.SER.VA.ÇÃO, *s.f.*, constatação, percepção, chamada de atenção, nota.

OB.SER.VA.DOR, *s.m.*, quem nota, percebe; constatador, crítico, avaliador.

OB.SER.VÂN.CIA, *s.f.*, respeito a, cumprimento de, prática, obra.

OB.SER.VAR, *v.t.* e *pron.*, seguir as normas prescritas, perceber, notar, constatar, examinar, prescrever, indicar.

OB.SER.VA.TÓ.RIO, *s.m.*, local para observar, ver, sobretudo os corpos celestes.

OB.SER.VÁ.VEL, *adj.*, que se pode observar, constatável.

OB.SES.SÃO, *s.f.*, ideia fixa, mania, conservar um pensamento fixo.

OB.SO.LE.TO, *adj.*, arcaico, fora de moda, antigo, velho.

OBS.TA.CU.LAR, *v.t.*, dificultar, impedir, ser empecilho.

OBS.TÁ.CU.LO, *s.m.*, óbice, empecilho, dificuldade, tudo que impede algo.

OBS.TAR, *v.t.*, opor-se, impedir, enfrentar, obstacular.

OBS.TE.TRA, *s.c. 2 gên.*, médico especialista em mulheres grávidas.

OBS.TE.TRÍ.CIA, *s.f.*, setor da Medicina que trata da gravidez e do parto.

OBS.TI.NA.ÇÃO, *s.f.*, teimosia, contumácia, ideia fixa.

OBS.TI.NA.DO, *adj.*, teimoso, contumaz, persistente, obsessivo, irredutível.

OBS.TI.NAR, *v.t.* e *pron.*, teimar, persistir, ser irredutível.

OBS.TRU.ÇÃO, *s.f.*, obstáculo, embaraço, impedimento.

OBS.TRU.IR, *v.t.* e *pron.*, impedir, embaraçar, dificultar, fechar, estorvar.

OB.TEN.ÇÃO, *s.f.*, consecução, ganho, recebimento.

OB.TER, *v.t.*, conseguir, alcançar, ganhar, granjear.

OB.TU.RA.ÇÃO, *s.f.*, ação para eliminar uma cárie dental, fechamento de cárie.

OB.TU.RA.DOR, *s.m.*, quem obtura, instrumento para obturar.

OB.TU.RAR, *v.t.*, encher, entupir, fechar, eliminar a cárie de um dente.

OB.TU.SO, *adj.*, sem ponta, rombo; tolo, estúpido, ignorante.

O.BUS, *s.m.*, peça atirada por canhão para destruir, bomba.

ÓB.VIO, *adj.*, claro, definido, explícito, compreensível, patente.

O.CA, *s.f.*, choupana, cabana de índio.

O.CA.RA, *s.f.*, a praça central nas aldeias indígenas.

O.CA.SI.ÃO, *s.f.*, momento, azo, oportunidade, chance.

O.CA.SI.O.NAL, *adj.*, momentâneo, acidental, fortuito, eventual.

O.CA.SI.O.NAR, *v.t.* e *pron.*, causar, motivar, originar, oferecer, proporcionar.

O.CA.SO, *s.m.*, por do sol, ocidente, poente; fim, morte, ruína.

OC.CI.PÍ.CIO, *s.m.*, a parte posterior da cabeça.

OC.CI.PI.TAL, *adj.*, próprio do occipício.

O.CE.Â.NI.CO, *adj.*, relativo ao oceano.

O.CE.A.NO, *s.m.*, a grande massa de água salgada que cobre a maior parte da Terra; a reunião dos mares.

O.CE.A.NO.GRA.FI.A, *s.f.*, estudo dos oceanos, das águas marinhas e de tudo que lhes diz respeito.

O.CE.A.NÓ.GRA.FO, *s.m.*, formado em Oceanografia.

O.CI.DEN.TAL, *adj.*, sito no ocidente, no poente, no oeste.

O.CI.DEN.TA.LI.ZAR, *v.t.*, dar forma e jeito dos que habitam o ocidente.

OCIDENTE

O.CI.DEN.TE, *s.m.*, a parte da Terra que se situa no lado oeste, no poente.
Ó.CIO, *s.m.*, lazer, folga, estado de quem só repousa, repouso.
O.CI.O.SO, *adj.*, sem nada para fazer, folgado, desocupado.
O.CLU.SÃO, *s.f.*, fechamento, cerração, proibição de entrada.
O.COR.RÊN.CIA, *s.f.*, fato, incidente, acontecimento; atendimento policial.
O.COR.RER, *v.t.* e *int.*, lembrar, recordar, acorrer, acontecer, suceder.
O.CRE, *s.m.*, massa com óxido de ferro para pintar; essa cor.
OC.TO.GE.NÁ.RIO, *s.m.*, quem faz 80 anos.
OC.TO.GÉ.SI.MO, *num.*, ordinal de 80.
OC.TO.GO.NAL, *adj.*, com oito ângulos.
O.CU.LAR, *adj.*, próprio dos olhos, que viu, presenciou.
O.CU.LIS.TA, *s.c. 2 gên.*, oftalmologista, fabricante e vendedor de óculos.
Ó.CU.LO, *s.m.*, instrumento com lentes para ver melhor.
Ó.CU.LOS, *s.m., pl.*, duas lentes colocadas numa armação para corrigir os defeitos visuais.
O.CUL.TA.ÇÃO, *s.f.*, ato ou efeito de ocultar, ato de esconder.
O.CUL.TAR, *v.t.* e *pron.*, esconder, colocar atrás de, não deixar ver, dissimular.
O.CUL.TAS, *s.f. pl.*, expressão: às ocultas - às escondidas.
O.CUL.TIS.MO, *s.m.*, estudo de assuntos que se dizem ocultos, indecifráveis para as mentes humanas.
O.CUL.TIS.TA, *s.c. 2 gên.*, quem se dedica ao estudo do ocultismo.
O.CUL.TO, *adj.*, escondido, misterioso, disfarçado, sobrenatural.
O.CU.PA.ÇÃO, *s.f.*, ação de ocupar; apropriação, domínio, trabalho, serviço.
O.CU.PA.CI.O.NAL, *adj.*, próprio de ocupação.
O.CU.PAN.TE, *adj.*, que ocupa, que se acomodou.
O.CU.PAR, *v.t., int.* e *pron.*, tomar o lugar de, dominar, apoderar-se, assenhorear-se, obter, conquistar, dar trabalho a, oferecer emprego.
O.DA.LIS.CA, *s.f.*, dançarina e mulher de sultão, escrava do harém.
O.DE, *s.f.*, poema de origem grega, poema para ser cantado.
O.DI.AR, *v.t.* e *pron.*, rejeitar, desamar, abominar, sentir repugnância por.
Ó.DIO, *s.m.*, raiva profunda, aversão, nojo, repugnância, desamor.
O.DI.O.SO, *adj.*, repugnante, detestável, execrável, nojento.
O.DIS.SEI.A, *s.f.*, narrativa com grandes feitos heroicos; poema heroico.
O.DON.TO.LO.GI.A, *s.f.*, sistema medicinal que cuida dos dentes.
O.DON.TO.LO.GIS.TA, *s.c. 2 gên.*, odontólogo, pessoa formada para cuidar dos dentes das pessoas.
O.DOR, *s.m.*, cheiro, perfume, aroma, fragrância, buquê.
O.DO.RAN.TE, *adj.*, que solta odor, perfumante.
O.DRE, *s.m.*, saco de couro, bolsa de couro para levar líquidos.
O.ES.TE, *s.m.*, ponto cardeal contrário ao leste; poente, ocidente.
O.FE.GAN.TE, *adj.*, que respira com dificuldade; ávido, ansioso.
O.FE.GAR, *v.t.* e *int.*, ter respiração difícil, arfar, respirar com ruído.
O.FE.GO, *s.m.*, respiração difícil, exaustão.
O.FEN.DER, *v.t.* e *pron.*, desrespeitar, maltratar, machucar, insultar, transgredir.
O.FEN.DI.DO, *adj.*, insultado, machucado, lesado.
O.FEN.SA, *s.f.*, injúria, lesão, machucadura, insulto, mágoa.
O.FEN.SI.VA, *s.f.*, ataque, assalto.
O.FEN.SI.VO, *adj.*, lesivo, que ofende, que machuca.
O.FE.RE.CER, *v.t.* e *pron.*, propor, apresentar, ofertar, dedicar, votar, devotar, expor.
O.FE.RE.CI.MEN.TO, *s.m.*, oferta, dom, presente.
O.FE.REN.DA, *s.f.*, oferecimento, dom, oferta.
O.FER.TA, *s.f.*, oferenda, oferecimento, dom, presente.
O.FER.TAR, *v.t.* e *pron.*, oferecer, apresentar como oferenda, dedicar.
O.FER.TÓ.RIO, *s.m.*, ocasião, na missa, da oferta de pão e vinho como símbolos do sacrifício.
OF.FICE-BOY, *s.m.*, bói, adolescente acima de 14 anos, que presta serviços em escritório; estafeta.
O.FI.CI.AL, *adj.*, que vem de autoridade constituída, *s.m.*, cargo superior na hierarquia militar; servidor administrativo da justiça para fazer cumprir as ordens judiciais.
O.FI.CI.A.LI.ZA.ÇÃO, *s.f.*, ação de oficializar; tornar oficial.
O.FI.CI.A.LI.ZAR, *v.t.*, tornar oficial, colocar dentro da lei.
O.FI.CI.AR, *v.int.*, celebrar ofício religioso; endereçar ofício, comunicar de modo oficial.
O.FI.CI.NA, *s.f.*, local com equipamentos para fazer consertos.

O.FÍ.CIO, *s.m.*, cargo, função, profissão, dever; correspondência oficial.
O.FI.CI.O.SO, *adj.*, que se supõe vindo de autoridade, oficial sem caráter declarado.
O.FÍ.DI.CO, *adj.*, referente a cobras ou serpentes.
O.FÍ.DIOS, *s.m. pl.*, ordem de animais que compreende todos os tipos de cobras.
OF.SE.TE, *s.m.*, processo litográfico para imprimir papéis, cartazes.
OF.TAL.MI.A, *s.f.*, designação genérica das doenças dos olhos.
OF.TAL.MO.LO.GI.A, *s.f.*, parte da Medicina que estuda os olhos e suas enfermidades.
OF.TAL.MO.LÓ.GI.CO, *adj.*, próprio da Oftalmologia.
OF.TAL.MO.LO.GIS.TA, *s.c. 2 gên.*, médico especializado em Oftalmologia.
O.FUS.CAR, *v.t., int.* e *pron.*, obscurecer, encobrir, turvar, tornar opaco, diminuir o brilho.
O.GI.VA, *s.f.*, figura geométrica terminada por dois arcos superiores; bomba explosiva remetida por foguete; ogivas nucleares.
O.GUM, *s.m.*, orixá, filho de Iemanjá.
OH!, *interj.*, indicação de alegria, espanto.
OI!, *interj.*, saudação.
OI.TÃO, *s.m.*, toda parede de construção, se construída na linha limítrofe do terreno.
OI.TA.VA.DO, *adj.*, que apresenta oito faces.
OI.TA.VO, *num.*, fracional e ordinal para oito.
OI.TEN.TA, *num.*, cardinal de 80.
OI.TI.CI.CA, *s.f.*, planta brasileira de cujas sementes se obtém um óleo.
OI.TO.CEN.TOS, *num.*, cardinal correspondente a 800.
O.JE.RI.ZA, *s.f.*, asco, nojo, aversão, antipatia, ódio.
O.LE.A.DO, *s.m.*, que possui óleo, pano coberto com óleo; pano impermeabilizado.
O.LE.A.GI.NO.SO, *adj.*, em que há óleo.
O.LE.AR, *v.t.*, passar óleo, untar, embeber em óleo, cobrir de óleo.
O.LEI.RO, *s.m.*, trabalhador de olaria, quem faz objetos com barro mole.
Ó.LEO, *s.m.*, líquido viscoso para fins industriais ou comestíveis.
O.LE.O.DU.TO, *s.m.*, construção de tubos para transportar óleo.
O.LE.O.SO, *adj.*, cheio de óleo, gorduroso.
OL.FA.TO, *s.m.*, sentido que faculta perceber os cheiros.
O.LHA.DA, *s.f.*, ação de olhar, vista, espiada, observada.
O.LHAR, *v.t.* e *pron.*, pôr os olhos em; mirar, fixar, examinar, observar.
O.LHEI.RAS, *s.f. pl.*, manchas circulares junto às pálpebras inferiores.
O.LHEI.RO, *s.m.*, espião, quem procura ver o que fazem os outros; ninho de formiga ou abertura do ninho.
O.LHO, *s.m.*, órgão da visão, vista; atenção, toda abertura oval, buraco.
O.LHO-D'Á.GUA, *s.m.*, fonte, nascente, riacho.
O.LHO DE GA.TO, *s.m.*, placa refletora da luz ao longo das rodovias, para mostrar as linhas paralelas ou centrais do leito da estrada.
O.LI.GAR.QUI.A, *s.f.*, governo dominado por um grupo político.
O.LI.GO.PÓ.LIO, *s.m.*, situação econômica dominada por um pequeno grupo na distribuição e produção de certos produtos.
O.LIM.PÍ.A.DA, *s.f.*, Olimpíadas, jogos originários da Grécia, realizados a cada quatro anos; jogos mundiais que englobam todas as práticas esportivas.
O.LÍM.PI.CO, *adj.*, próprio do Olimpo, moradia dos deuses gregos; majestoso.
O.LI.VA, *s.f.*, azeitona, fruto da planta chamada oliveira.
O.LI.VAL, *s.f.*, olivedo, um grupo de oliveiras.
O.LI.VEI.RA, *s.f.*, planta da família das Oleáceas, que produz a azeitona.
O.LOR, *s.m.*, perfume, aroma, fragrância.
OL.VI.DAR, *v.t.* e *pron.*, esquecer, tirar da memória, não mais recordar.
OL.VI.DO, *s.m.*, esquecimento, desmemoriação.
OM.BRE.AR, *v.t.* e *pron.*, colocar no ombro; colocar-se na mesma posição, ficar ombro a ombro.

ORDEM

OM.BREI.RA, *s.f.*, peça que se coloca em casacos sobre o ombro, para realce.
OM.BRO, *s.m.*, parte do corpo humano que termina o tronco ao lado do pescoço; espádua.
Ô.ME.GA, *s.m.*, a última letra do á-bê-cê grego; *fig.* o fim, o final, término.
O.ME.LE.TE, *s.f.*, ovos batidos e temperados, fritos.
Ô.MI.CRON, *s.m.*, letra do á-bê-cê grego, correspondente ao nosso "o".
O.MIS.SÃO, *s.f.*, falha, falta, descumprimento de.
O.MIS.SO, *adj.*, negligente, irresponsável.
O.MI.TIR, *v.t.*, deixar de fazer, largar, deixar fora, esquecer, negligenciar.
O.MO.PLA.TA, *s.f.*, osso grande na parte posterior do ombro.
O.NA.GRO, *s.m.*, mulo selvagem; *fig.*, tolo, estúpido.
O.NA.NIS.MO, *s.m.*, masturbação manual do sexo masculino; *pop.*, punheta.
ON.ÇA, *s.f.*, diversos felídeos brasileiros; medida de peso inglesa com 28,34 g; *fig.*, pessoa feroz, pessoa feia, tipo raivoso.
ON.DA, *s.f.*, massa de água que se eleva por sobre o nível normal; ciclo elétrico que transmite sons radiofônicos; *fig.*, grande agitação.
ON.DE, *adv.*, em que lugar.
ON.DE.A.DO, *adj.*, ondulado, com ondas, cacheado.
ON.DE.AR, *v.int.*, provocar ondas, deslocar-se em forma de ondas, ondular.
ON.DU.LA.ÇÃO, *s.f.*, o movimento das ondas, o vaivém das ondas.
O.NE.RAR, *v.t.* e *pron.*, sobrecarregar, impor peso, dificultar, sobretaxar.
O.NE.RO.SO, *adj.*, pesado, dificultado.
Ô.NI.BUS, *s.m.*, veículo preparado para o transporte de passageiros.
O.NI.PO.TÊN.CIA, *s.f.*, poder absoluto, poder total, domínio completo.
O.NI.PO.TEN.TE, *adj.*, todo-poderoso, que dispõe de todo o poder.
O.NI.PRE.SEN.ÇA, *s.f.*, que está em toda parte.
O.NI.PRE.SEN.TE, *adj.*, presente em toda parte.
O.NÍ.RI.CO, *adj.*, próprio de sonhos.
O.NIS.CI.EN.TE, *adj.*, que sabe tudo, conhecedor de tudo.
O.NÍ.VO.RO, *adj.*, que devora tudo que é tipo de comida, que come de tudo.
Ô.NIX, *s.m.*, tipo de pedra semipreciosa, da espécie das ágatas.
ON-LI.NE, *adj.*, *(inglês)*, usado no sistema bancário para transmissão imediata de serviços.
O.NO.MÁS.TI.CA, *s.f.*, conjunto de nomes e apelidos usados.
O.NO.MÁS.TI.CO, *adj.*, próprio do nome; *s.m.*, dia em que a pessoa festeja o santo do seu nome.
O.NO.MA.TO.PEI.A, *s.f.*, termo produzido em virtude do som ao ser pronunciado, como ruídos, vozes de animais.
ON.TEM, *adv.*, o dia anterior, o dia antes.
Ô.NUS, *s.m.*, carga, peso, encargo, responsabilidade.
O.PA!, *interj.*, oba!, saudação; *s.m.*, *reg. pop.*, avô nas famílias germânicas.
O.PA.CO, *adj.*, obscuro, intransparente, que não deixa a luz atravessar; cerrado.
O.PA.LA, *s.f.*, pedra semipreciosa de cor azulada; tecido de algodão.
OP.ÇÃO, *s.f.*, escolha, oportunidade, arbítrio.
OP.CI.O.NAL, *adj.*, de acordo com o querer, facultativo, volitivo.
Ó.PE.RA, *s.f.*, teatro no qual os artistas cantam e existe a música orquestrada.
O.PE.RA.ÇÃO, *s.f.*, ação, intervenção cirúrgica; manobra militar.
O.PE.RA.CI.O.NAL, *adj.*, que funciona, ativo, preparado.
O.PE.RA.DO, *adj.*, pronto, que sofreu uma intervenção cirúrgica.
O.PE.RAR, *v.t.* e *int.*, fazer, executar, intervir cirurgicamente em, operar, agilizar.
O.PE.RA.RI.A.DO, *s.m.*, o conjunto de operários.
O.PE.RÁ.RIO, *s.m.*, trabalhador, obreiro; *adj.*, que se refere ao trabalho.
O.PE.RE.TA, *s.f.*, uma pequena ópera; ópera com música leve e farsante.
O.PE.RO.SI.DA.DE, *s.f.*, qualidade do que é operoso.
O.PE.RO.SO, *adj.*, produtivo, trabalhoso, difícil.
O.PI.NAR, *v.t.* e *int.*, dar opinião, dar um parecer, julgar, manifestar-se.
O.PI.NA.TI.VO, *adj.*, que dá opinião, discutível, irreal.
O.PI.NI.ÃO, *s.f.*, pensamento próprio, parecer, ideia, teimosia.
Ó.PIO, *s.m.*, droga extraída da papoula, droga, tóxico.
O.PO.NEN.TE, *adj.* e *s.c. 2 gên.*, contrário, oponente, rival, combatente.
O.POR, *v.t.* e *pron.*, ser contra, ir contra, objetar, enfrentar, contrariar.
O.POR.TU.NI.DA.DE, *s.f.*, momento, ocasião, azo, chance.
O.POR.TU.NIS.MO, *s.m.*, uso do momento para obter vantagens, aproveitar-se da fraqueza dos outros; *fig.*, vigarice.
O.POR.TU.NIS.TA, *adj.* e *s.c. 2 gên.*, que se aproveita das oportunidades, *fig.*, safado.
O.POR.TU.NO, *adj.*, certo, exato, favorável, propício.
O.PO.SI.ÇÃO, *s.f.*, obstáculo, dificuldade, empecilho, grupo contrário.
O.PO.SI.CI.O.NIS.MO, *s.m.*, tendência a ser oposição a tudo.
O.PO.SI.CI.O.NIS.TA, *s.c. 2 gên.*, quem faz oposição a.
O.PO.SI.TOR, *s.m.*, oponente, quem se opõe, contrário.
O.POS.TO, *adj.*, contrário.
O.PRES.SÃO, *s.f.*, tirania, coação, ação contra, imposição.
O.PRES.SOR, *s.m.* e *adj.*, quem oprime, tirano, coator.
O.PRI.MIR, *v.t.* e *int.*, tiranizar, sufocar, coagir, pressionar, molestar.
O.PRÓ.BRIO, *s.m.*, infâmia, execração, desonra, humilhação.
OP.TAR, *v.t.* e *int.*, escolher, decidir entre, fazer uma escolha.
OP.TA.TI.VO, *adj.*, facultativo, de acordo com a vontade.
ÓP.TI.CA, *s.f.*, parte da Física que se dedica aos fenômenos da luz e da visão; loja que negocia óculos.
ÓP.TI.CO, *adj.*, próprio da óptica, que se refere a olhos e lentes.
O.PU.LÊN.CIA, *s.f.*, muita riqueza, luxo.
O.PU.LEN.TO, *adj.*, abastado, muito rico, copioso, nababesco, luxuoso.
O.PÚS.CU.LO, *s.m.*, pequena obra, livreto, folheto.
O.RA, *adv.*, agora, neste instante, já.
O.RA.ÇÃO, *s.f.*, grupo de palavras com verbo, comunicando algo; discurso, prédica, ato de rezar, reza.
O.RÁ.CU.LO, *s.m.*, resposta de um deus a uma pergunta do ser humano; pessoa que pretende ver o futuro dos seres humanos, vidente.
O.RA.DOR, *s.m.*, quem ora, quem declara discurso em público, quem fala bem.
O.RAL, *adj.*, próprio da boca, dito ao vivo, falado, colocado por fala.
O.RAN.GO.TAN.GO, *s.m.*, macaco muito grande, de regiões asiáticas.
O.RAR, *v.int.*, rezar, pregar, proferir sermão, predicar.
O.RA.TÓ.RIA, *s.f.*, habilidade de falar em público, preparo para fazer discursos.
O.RA.TÓ.RIO, *s.m.*, local em casas ou vias públicas, com imagens para rezar.
OR.BE, *s.m.*, globo, o mundo, a Terra.
ÓR.BI.TA, *s.f.*, trajeto de um astro; trajetória circular; contexto.
OR.BI.TAR, *v.int.*, perfazer uma órbita, ficar submisso a, ser dominado por.
OR.ÇA.MEN.TO, *s.m.*, levantamento prévio para calcular os gastos, somar despesa e receita de.
OR.ÇAR, *v.t.*, fazer o orçamento de, calcular, estimar.
OR.DEI.RO, *adj.*, que é dado à ordem, respeitador.
OR.DEM, *s.f.*, disposição preestabelecida dos objetos; organização, arrumação; subdivisão de seres; grupo de pessoas sob o mesmo regulamento.

OR.DE.NA.DO, adj., colocado em ordem; s.m., salário, pagamento, remuneração.
OR.DE.NAN.ÇA, s.f., soldado que serve a um militar hierarquicamente superior.
OR.DE.NAR, v.t., int. e pron., colocar em ordem, organizar; mandar, impor, exigir.
OR.DE.NHAR, v.t. e int., tirar leite de vaca.
OR.DI.NAL, adj., número que indica a ordem ou posto.
OR.DI.NÁ.RIO, adj., normal, regular; vulgar, comum; tipo sem caráter, velhaco.
O.RÉ.GA.NO, s.m., planta usada como tempero na cozinha.
O.RE.LHA, s.f., cada uma das duas conchas externas do ouvido; órgão auditivo, parte de um livro da sobrecapa.
O.RE.LHÃO, s.m., cabine de telefone público.
O.RE.LHU.DO, adj. e s.m., tipo de orelhas grandes; pop. fig., tolo, retardado.
OR.FA.NA.TO, s.m., local para abrigar órfãos.
ÓR.FÃO, adj. e s.m., aquele de quem morreram os pais ou um deles; abandonado.
OR.FE.ÃO, s.m., escola para ensinar o canto; grupo de cantores e músicos.
OR.GAN.DI, s.m., tecido de algodão leve.
OR.GA.NIS.MO, s.m., corpo organizado com vida própria, corpo animal.
OR.GA.NIS.TA, s.c. 2 gên., quem toca órgão.
OR.GA.NI.ZA.ÇÃO, s.f., instituição, empresa, instituto; ordem, disciplina.
OR.GA.NI.ZAR, v.t. e pron., ordenar, colocar em ordem, fazer funcionar, arrumar.
OR.GA.NO.GRA.MA, s.m., programa, projeção do que se fará, projeto.
ÓR.GÃO, s.m., parte de um corpo, componente de um organismo; instrumento de teclado; instituição, instituto, organismo.
OR.GAS.MO, s.m., a máxima excitação na relação sexual.
OR.GI.A, s.f., bacanal, festa sem limites morais, baderna.
OR.GU.LHAR, v.t. e pron., trazer orgulho, envaidecer, engrandecer.
OR.GU.LHO, s.m., vaidade, sentimento de amor-próprio muito grande.
OR.GU.LHO.SO, adj., vaidoso, soberbo, engrandecido.
O.RI.EN.TA.ÇÃO, s.f., direção, aconselhamento.
O.RI.EN.TAR, v.t. e pron., determinar os pontos cardeais, aconselhar, dar o rumo, dirigir.
O.RI.EN.TE, s.m., leste, local onde o Sol surge, este, levante, nascente.
O.RI.FÍ.CIO, s.m., buraco, furo, pequena abertura.
O.RI.GEM, s.f., começo, princípio, berço, nascente.
O.RI.GI.NAL, adj., genuíno, próprio, s.m., texto primeiro de alguém; texto próprio, não derivado.
O.RI.GI.NAR, v.t. e pron., iniciar, dar origem, começar, encetar, derivar.
O.RI.GI.NÁ.RIO, adj., nativo, que nasce de, que provém de.
O.RI.UN.DO, adj., originário, proveniente, nascente.
O.RI.XÁ, s.m., divindade na religião afro-brasileira.
O.RI.XA.LÁ, s.m., o maior dos orixás no candomblé.
O.RI.ZI.CUL.TU.RA, s.f., cultura de arroz.
OR.LA, s.f., margem, borda, bordo, faixa, debrum.
OR.LAR, v.t., margear, bordar, colocar orla.
OR.NA.MEN.TAR, v.t. e pron., enfeitar, adornar, aprimorar.
OR.NA.MEN.TO, s.m., enfeite, adorno, aprimoramento.
OR.NAR, v.t. e pron., ornamentar, enfeitar.
OR.NA.TO, s.m., enfeite, adorno, ornamento.
OR.NI.TO.LO.GI.A, s.f., estudo de aves.
OR.NI.TO.LO.GIS.TA, s.c. 2 gên., pessoa que é especializada em Ornitologia.
O.RO.GRA.FI.A, s.f., estudo de montanhas e elevações.
OR.QUES.TRA, s.f., grupo de músicos com instrumental próprio.
OR.QUES.TRAR, v.t. e pron., compor peça musical para orquestra; tocar em conjunto.
OR.QUI.DÁ.CEAS, s.f.pl., família de plantas parasitas que produzem flores.
OR.QUI.DÁ.RIO, s.m., local em que se cultivam orquídeas.
OR.QUÍ.DEA, s.f., tipo de planta que produz flores.
OR.QUI.TE, s.f., inflamação dos testículos.
OR.TO.DON.TI.A, s.f., na Odontologia, a parte que previne defeitos dentários.
OR.TO.GRA.FAR, v.t. e int., observar as regras da ortografia ao escrever.
OR.TO.GRA.FI.A, s.f., escrita exata das palavras de acordo com a gramática.
OR.TO.PE.DI.A, s.f., parte da Medicina que se preocupa em corrigir os defeitos físicos do corpo.
OR.TO.PE.DIS.TA, s.c. 2 gên., médico especializado em Ortopedia.
OR.VA.LHAR, v.t. e pron., umedecer com orvalho, ficar ao sereno, rorejar, molhar.
OR.VA.LHO, s.m., o vapor diurno que se condensa com o frio da noite, na atmosfera, e cai em forma de gotículas.
OS.CI.LAR, v. int., mover-se de um lado para o outro, titubear, vacilar.
OS.CU.LAR, v.t., beijar nas faces (levemente).
ÓS.CU.LO, s.m., beijo nas faces.
OS.SA.DA, s.f., conjunto de ossos, porção de ossos.
OS.SA.RI.A, s.f., ossada.
OS.SA.TU.RA, s.f., ossos de; esqueleto de um animal.
ÓS.SEO, adj., próprio de osso, pertencente a osso.
OS.SI.FI.CAR, v.t. e pron., transformar em osso.
OS.SO, s.m., cada um dos elementos duros que compõem o esqueleto dos vertebrados; fig., algo duro e difícil.
OS.SU.Á.RIO, s.m., local em que se depositam ossos de vários mortos.
OS.SU.DO, adj., que possui ossos muito grandes e salientes.
OS.TEN.SI.VO, adj., visível, muito claro, evidente, realçado, exibido, vaidoso.
OS.TEN.TA.ÇÃO, s.f., vaidade, exibição, aparato.
OS.TEN.TAR, v.t. e pron., mostrar, exibir, fazer ver.
OS.TRA, s.f., tipo de molusco marinho comestível, que vive encerrado numa concha.
OS.TRA.CIS.MO, s.m., desterro, exílio, degredo; afastamento, isolamento.
O.TAL.GI.A, s.f., dor de ouvidos.
O.TÁ.RIO, s.m. pop., tolo, bobo, ingênuo, fácil de enganar.
Ó.TI.CA, s.f., óptica.
Ó.TI.CO, adj., óptico, próprio do ouvido.
O.TI.MIS.MO, s.m., estado de espírito de que tudo está muito bem.
O.TI.MI.ZAR, v.t., usar tudo de algo, tornar o melhor, ou maior possível, ver somente as coisas boas de.
Ó.TI.MO, adj., muito bom, o melhor possível, excelente.
O.TI.TE, s.f., inflamação do ouvido.
O.TO.MA.NO, adj., turco, do reino otomano.
O.TOR.RI.NO.LA.RIN.GO.LO.GI.A, s.f., parte da Medicina que se ocupa com as doenças do ouvido, nariz e garganta.
O.TOR.RI.NO.LA.RIN.GO.LO.GIS.TA, s.c. 2 gên., especialista em Otorrinolaringologia.
OU, conj., indica alternância, dúvida; de uma maneira ou de outra.
OU.RI.ÇAR, v. int. e pron., tornar-se áspero, agitar-se, irritar-se.
OU.RI.ÇO, s.m., tipo de mamífero que tem a pele coberta de espinhos.
OU.RI.ÇO-CA.CHEI.RO, s.m., mamífero roedor, chamado porco-espinho.
OU.RI.VES, s.m., fabricante de joias com ouro.
OU.RI.VE.SA.RI.A, s.f., loja ou oficina de ourives.
OU.RO, s.m., metal precioso, valorizado pelo mercado, de cor amarela; fig., dinheiro, riqueza.
OU.ROS, s.m. pl., um naipe do baralho.
OU.SA.DI.A, s.f., audácia, valentia, arrogância.

OU.SA.DO, *adj.*, audacioso, valente, arrogante, destemido, audaz.
OU.SAR, *v.t.*, *int.* e *pron.*, atrever-se, enfrentar, meter-se a valente, tentar.
OUT.DOOR, *s.m.*, *(inglês)*, propaganda colocada em painéis ao ar livre, grande painel, cartaz, propaganda.
OU.TEI.RO, *s.m.*, colina, cômoro, monte pouco elevado, monte, montículo.
OU.TO.NAL, *adj.*, próprio do outono.
OU.TO.NO, *s.m.*, estação climática entre o verão e o inverno.
OU.TOR.GAR, *v.t.* e *pron.*, dar, conceder, entregar, doar, concordar, aceitar algo.
OU.TREM, *pron.*, alguém, outros, outra pessoa.
OU.TRO, *pron.*, alguém diferente, diverso, mais um, outrem.
OU.TRO.RA, *adv.*, em outros tempos, antigamente.
OU.TROS.SIM, *adv.*, igualmente, bem como, do mesmo modo.
OU.VI.DO, *s.m.*, sentido da audição, propriedade de ouvir; *fig.*, ter ouvido - memorizar bem os sons musicais.
OU.VI.DOR, *s.m.*, na era colonial, era o servidor público que exercia as funções de juiz de direito.
OU.VIN.TE, *s.c. 2 gên.*, pessoa que ouve, quem escuta; estudante em sala de aula sem ter a matrícula.
OU.VIR, *v.t.* e *int.*, perceber sons, entender, escutar; ser informado, pedir a opinião.
O.VA, *s.f.*, os ovos de peixe; *pop.*, ser uma ova - não valer nada.
O.VA.ÇÃO, *s.f.*, aplauso, recepção, aceitação pública.
O.VA.CI.O.NAR, *v.t.*, aclamar, aplaudir, elogiar.
O.VAL, *adj.*, com forma de ovo, elíptica; ovoide.
O.VÁ.RIO, *s.m.*, *Anat.* cada uma das duas glândulas genitais, situadas de cada lado do útero na mulher e nas fêmeas dos mamíferos em geral, e onde se formam os óvulos para a fecundação.
O.VE.LHA, *s.f.*, fêmea do carneiro; *fig.*, pessoa pacata e bondosa.
O.VER.DO.SE, *s.f.*, grande dose, superdose de tóxicos.
O.VER.LO.QUE, *s.f.*, máquina de costura que executa várias operações.
O.VI.NO, *adj.*, próprio de ovelhas e carneiros.
O.VI.NO.CUL.TOR, *s.m.*, criador de ovelhas e carneiros.
O.VI.NO.CUL.TU.RA, *s.f.*, criação de ovelhas e carneiros.
O.VÍ.PA.RO, *adj.* e *s.m.*, que põe ovos, que se reproduz por ovos.
O.VO, *s.m.*, célula formada no ovário das aves.
O.VOI.DE, *adj.*, com forma de ovo.
O.VOS, *s.m.pl.*, *chulo*, os testículos.
O.VU.LA.ÇÃO, *s.f.*, processo de desprendimento do ovo quando está pronto.
O.VU.LAR, *v.int.*, produzir ovos; *adj.*, semelhante ao ovo, próprio do ovo.
Ó.VU.LO, *s.m.*, ovo pequeno, célula feminina formada no ovário, corpúsculo.
O.XA.LÁ!, *interj.*, tomara, quem dera, tomara Deus, quiçá; orixá de culto afro-brasileiro.
O.XI.DA.ÇÃO, *s.f.*, formação de ferrugem.
O.XI.DAN.TE, *adj.*, que cria ferrugem.
O.XI.DAR, *v.t.* e *pron.*, criar ferrugem, enferrujar.
Ó.XI.DO, *s.m.*, composto químico resultante de combinação de oxigênio com outro metal.
O.XI.GE.NA.ÇÃO, *s.f.*, ato de colocar oxigênio em.
O.XI.GE.NA.DO, *adj.*, em que há oxigênio, tratado com oxigênio.
O.XI.GE.NAR, *v.t.* e *pron.*, colocar oxigênio em, combinar com oxigênio.
O.XI.GÊ.NIO, *s.m.*, um gás incolor, inodoro, existente na atmosfera e essencial à respiração dos animais.
O.XÍ.TO.NO, *adj.* e *s.m.*, palavra que tem a última sílaba forte.
O.XÓS.SI, *s.m.*, orixá patrono dos caçadores.
O.XUM, *s.m.*, uma das esposas de xangô.
O.ZÔ.NIO, *s.m.*, gás existente na atmosfera e que protege a Terra dos raios solares.

P, s.m., décima sexta letra do á-bê-cê e décima segunda consoante.

PÁ, s.f., instrumento de trabalho com um cabo de madeira e uma extremidade de metal feita para recolher; extremidade de remos.

PA.CA, s.f., mamífero roedor.

PA.CA.TO, adj., calmo, tranquilo, pacífico.

PA.CAU, s.m., gíria, cigarro de maconha, objeto para uso de viciado.

PA.CHOR.RA, s.f., tranquilidade, calma, paciência, fleuma.

PA.CHOR.REN.TO, adj., calmo, tranquilo, acomodado.

PA.CI.ÊN.CIA, s.f., calma, tranquilidade, resignação, pachorra, fleuma.

PA.CI.EN.TE, adj., calmo, tranquilo, pacífico, fleumático, resignado; s.m., quem recebe atendimento médico.

PA.CI.FI.CA.ÇÃO, s.f., apaziguamento, conciliação, desarmamento.

PA.CI.FI.CAR, v.t. e pron., apaziguar, acalmar, conciliar, desarmar, tranquilizar.

PA.CÍ.FI.CO, adj., calmo, tranquilo, apaziguado, conciliado, desarmado.

PA.CI.FIS.TA, s.c. 2 gên., adepto da paz, conciliador.

PA.ÇO, s.m., palácio, centro administrativo público, prédio municipal.

PA.ÇO.CA, s.f., carne cozida e desfiada, socada com farinha de milho, amendoim socado com farinha; pop. fig., coisa complicada.

PA.CO.TE, s.m., embrulho, invólucro; medidas políticas para modificar uma situação.

PA.CÓ.VIO, adj., bobo, simplório, ingênuo, idiota, parvo, ignorante.

PAC.TO, s.m., acordo, contrato, ajuste, acerto entre partes sobre um assunto.

PAC.TU.AR, v.t., acordar, concordar, acertar, ajustar entre si.

PA.CU, s.m., peixe de água doce.

PA.DA.RI.A, s.f., estabelecimento que fabrica e vende pães, bolos e doces.

PA.DE.CER, v.t. e int., sofrer, sentir dores, suportar, aguentar.

PA.DE.CI.MEN.TO, s.m., sofrimento, mal-estar.

PA.DEI.RO, s.m., profissional que trabalha em padaria, produtor de pão.

PA.DI.O.LA, s.f., tipo de maca para o transporte de enfermos ou feridos.

PA.DRÃO, s.m., tipo, modelo, medidas, desenho para modelo, exemplo, molde.

PA.DRAS.TO, s.m., homem que está no lugar do pai quanto aos filhos da companheira.

PA.DRE, s.m., sacerdote, pessoa consagrada para exercer o ministério na igreja.

PA.DRE-NOS.SO, s.m., pai-nosso; oração cristã evangélica, oração da unidade.

PA.DRI.NHO, s.m., quem se presta a testemunha em batismo, crisma, confirmação, casamento e outras cerimônias; protetor, chefe.

PA.DRO.EI.RO, s.m., santo protetor, o santo do dia, protetor.

PA.DRO.NI.ZAR, v.t., colocar no padrão, sob medida, sob moldes.

PA.E.TÊ, s.m., tecido todo enfeitado para festas.

PA.GA.DOR, s.m., quem paga, pagante.

PA.GA.MEN.TO, s.m., retribuição monetária por serviços, remuneração, salário.

PA.GA.NIS.MO, s.m., sistema religioso que adora deuses falsos, em oposição ao cristianismo monoteísta; materialismo.

PA.GA.NI.ZAR, v.t. e int., tornar pagão, comportar-se como pagão.

PA.GAN.TE, adj. e s.c. 2 gên., quem paga, remunerador.

PA.GÃO, adj. e s.m., quem não foi batizado, quem aceita deuses falsos, não cristão.

PA.GAR, v.t., int. e pron., solver uma dívida, saldar débitos, resgatar dívidas, remunerar.

PA.GÁ.VEL, adj., que se paga, que deve ser pago, resgatável, saldável.

PÁ.GI.NA, s.f., cada lado de uma folha, lauda.

PA.GI.NA.ÇÃO, s.f., colocar as páginas em ordem, por número.

PA.GI.NAR, v.t. e int., organizar as páginas, ordenar em forma numérica.

PA.GO, adj., que recebeu pagamento, saldado; s.m., terra natal, torrão.

PA.GO.DE, s.m., em algumas religiões asiáticas, é o templo; pop., diversão, festa.

PAI, s.m., homem que ajudou na geração de filho, genitor; iniciador, fundador.

PAI DE SAN.TO, s.m., na macumba, é o guia, o chefe.

PAI DOS BUR.ROS, s.m. pop., designação genérica do dicionário.

PAI.NA, s.f., fibras que se soltam do fruto da paineira.

PA.IN.ÇO, s.m., semente de uma gramínea usada para alimentar pássaros.

PAI.NEI.RA, s.f., árvore de grande porte, que produz paina.

PAI.NEL, s.m., tela, pintura em tela, mostruário, tela para controle de uma máquina.

PA.IO, s.m., tipo de linguiça, linguiça própria para feijoada.

PAI.OL, s.m., depósito, armazém, depósito para pólvora, silo.

PAI.RAR, v.t. e int., voejar, bater asas para manter-se flutuando no ar, flutuar.

PAIS, s.m. pl., o pai e a mãe.

PA.ÍS, s.m., território, região, nação, terra natal, pátria.

PAI.SA.GEM, s.f., vista, panorama, conjunto abrangido por uma olhada.

PAI.SA.GIS.MO, s.m., figura com paisagens, pintura de paisagens, gravuras.

PAI.SA.GIS.TA, s.c. 2 gên., quem pinta ou descreve paisagens.

PAI.SA.NA, s.f., locução - à paisana - com roupa civil, com traje normal.

PAI.SA.NO, adj. e s.m., não militar, não fardado, civil.

PAI.XÃO, s.f., sentimento profundo, atração irresistível de um sexo para com o outro; sentimento profundo por algo.

PA.JÉ, s.m., feiticeiro, benzedor, curandeiro, nas tribos indígenas; fig., chefe político.

PA.JE.LAN.ÇA, s.f., a técnica de cura dos pajés, fig., comando político.

PA.LA.CE.TE, s.m., palácio, mansão, construção luxuosa.

PA.LA.CI.A.NO, adj., que vive no palácio, cortesão.

PA.LÁ.CIO, s.m., residência real ou de nobre, residência de indivíduo importante, mansão, casa luxuosa e grande; edifício luxuoso.

PA.LA.DAR, s.m., sentido do gosto, sabor.

PA.LÁ.DIO, s.m., elemento metálico de cor branco-prateada.

PA.LA.FI.TA, s.f., estacas que sustentam edificações em cima de água; casas edificadas por sobre a água; fig., choupana, casa pobre.

PA.LAN.QUE, s.m., construção de madeira ao ar livre, para apreciar desfiles, comícios.

PA.LA.TAL, adj., próprio do palato.

PA.LA.TO, s.m., céu da boca.

PA.LA.VRA, s.f., som que o ser humano articula, profere, com significado para a comunicação, vocábulo, termo, verbo.

PA.LA.VRÃO, s.m., palavra chula, obscena, feia, grosseira, e que ofende.

PA.LA.VRE.A.DO, *s.m.*, conjunto de palavras com pouco sentido; conversa fiada.
PA.LA.VRE.AR, *v.int.*, palrar, tagarelar, falar sem sentido.
PAL.CO, *s.m.*, parte do teatro em que os atores se apresentam; *fig.*, cenário, vida.
PA.LE.O.LÍ.TI.CO, *adj.* e *s.m.*, próprio do período da idade da pedra.
PA.LE.O.LO.GI.A, *s.f.*, estudo de línguas antigas.
PA.LE.ON.TO.GRA.FI.A, *s.f.*, estudo dos corpos fósseis.
PA.LE.ON.TO.LO.GI.A, *s.f.*, estudo das espécies animais e vegetais desaparecidas.
PA.LER.MA, *adj.*, imbecil, idiota, tolo, pacóvio, moloide.
PA.LES.TI.NO, *adj.*, que se refere à Palestina.
PA.LES.TRA, *s.f.*, conferência, exposição falada sobre um tema, conversa.
PA.LES.TRAR, *v.t.* e *int.*, falar, conversar, discorrer.
PA.LE.TA, *s.f.*, objeto chato sobre o qual os pintores mesclam as tintas; omoplata bovina, tipo de carne em açougue.
PA.LE.TÓ, *s.m.*, casaco, peça do vestuário masculino colocada sobre a camisa.
PA.LHA, *s.f.*, folhas e hastes de gramíneas secas, ração bovina, capim seco.
PA.LHA.ÇA.DA, *s.f.*, ação de palhaço, brincadeira; estupidez.
PA.LHA.ÇO, *s.m.*, artista que trabalha no circo para divertir a plateia; quem provoca riso em outros; *fig.*, quem faz o papel de bobo, abobado.
PA.LHEI.RO, *s.m.*, monte de palha, cigarro enrolado com palha fina de milho.
PA.LHE.TA, *s.f.*, pequena lâmina metálica ou de madeira, usada em alguns instrumentos de sopro.
PA.LHI.NHA, *s.f.*, palha fina para forrar cadeiras.
PA.LHO.ÇA, *s.f.*, choupana, casebre coberto de palha.
PA.LI.AR, *v.t.* e *int.*, aliviar, diminuir, tornar menos doloroso.
PA.LI.A.TI.VO, *adj.* e *s.m.*, que acalma, que alivia, que diminui uma doença.
PA.LI.ÇA.DA, *s.f.*, cerca de estacas, estaca para defender locais.
PA.LI.DEZ, *s.f.*, brancura, sem cor, muito branco, lividez.
PÁ.LI.DO, *adj.*, branco, descorado, lívido.
PA.LI.TAR, *v.t.* e *int.*, limpar os dentes com palito.
PA.LI.TEI.RO, *s.m.*, recipiente para colocar os palitos.
PA.LI.TO, *s.m.*, objeto de madeira fino e com duas pontas para limpar dentes; *fig.*, pessoa muito magra, pessoa magra e comprida.
PAL.MA, *s.f.*, folha de palmeira; palma da mão: parte interna da mão.
PAL.MÁ.CEAS, *s.f. pl.*, família das palmeiras.
PAL.MA.DA, *s.f.*, golpe com a palma da mão.
PAL.MA-DE-SAN.TA.RI.TA, *s.f.*, tipo de flor de várias cores.
PAL.MAS, *s.f. pl.*, aplausos, batida das mãos, palma contra palma.
PAL.MA.TÓ.RIA, *s.f.*, peça de madeira, uma régua grossa que se usava para bater na palma da mão dos alunos travessos, antigamente.
PAL.ME.AR, *v.t.* e *int.*, bater palmas, aplaudir, aprovar; percorrer um caminho procurando todos os vestígios.
PAL.MEI.RA, *s.f.*, nome de várias plantas das Palmáceas.
PAL.MEI.RAL, *s.f.*, grupo de palmeiras.
PAL.MEN.SE, *adj.* e *s.m.*, próprio ou habitante de Palmas, capital de Tocantins.
PAL.MI.LHA, *s.f.*, revestimento solto que é colocado dentro do sapato.
PAL.MI.LHAR, *v.t.* e *int.*, colocar palmilhas em; pesquisar, analisar um solo, ir a pé.
PAL.MÍ.PE.DE, *adj.*, animal que tem os dedos das patas unidos por membrana.
PAL.MI.TO, *s.m.*, miolo comestível de uma palmeira nativa.
PAL.MO, *s.m.*, medida de uma mão aberta do ponto do polegar até o do dedo mínimo.
PAL.PÁ.VEL, *adj.*, que se pode palpar, apalpar.
PÁL.PE.BRA, *s.f.*, as bordas dos olhos cobertas com cílios.
PAL.PI.TA.ÇÃO, *s.f.*, batimento descontrolado do coração, ânsia, anseio.
PAL.PI.TAN.TE, *adj.*, que palpita; *fig.*, notório, recente, muito vivo.
PAL.PI.TAR, *v.t.* e *int.*, dar palpitações, mostrar emoções, mexer-se.
PAL.PI.TE, *s.m.*, ideia, conjetura, suposição, intuição, premonição.
PAL.PI.TEI.RO, *s.m.*, quem dá palpites, faroleiro.
PA.LU.DE, *s.m.*, brejo, pântano, charco, paul.
PA.MO.NHA, *s.f.*, papa feita com milho verde e tempero, envolta em palha de milho; *fig.*, molenga, tolo, parvo.
PAM.PA, *s.m.*, imensa planície no sul do Rio Grande do Sul e em países vizinhos, com vegetação rasteira.

PAM.PEI.RO, *s.m.*, vento forte e frio que sopra do Sul para o Norte.
PA.NA.CA, *s.c. 2 gên.*, *pop.*, pessoa tola, pessoa mole, simplória.
PA.NA.CEI.A, *s.f.*, remédio milagroso para todos os males.
PA.NA.MÁ, *s.m.*, tipo de chapéu; *pop.*, uma falcatrua.
PA.NA.ME.NHO, *adj.* e *s.m.*, próprio ou habitante do Panamá.
PAN-A.ME.RI.CA.NO, *adj.*, referente às três Américas.
PA.NA.RÍ.CIO, *s.m.*, inflamação nas unhas, unheiro.
PAN.CA, *s.f.*, alavanca feita de madeira; *pop.*, pose, atitude, autoimagem.
PAN.ÇA, *s.f.*, parte do estômago dos animais; *pop.*, barriga.
PAN.CA.DA, *s.f.*, choque, batida, golpe, bordoada; chuvarada rápida.
PAN.CA.DA.RI.A, *s.f.*, rixa, confusão, baderna com muitos socos e golpes.
PÂN.CREAS, *s.m.*, glândula que expele o líquido pancreático e produz a insulina.
PAN.ÇU.DO, *adj. pop.*, que tem uma pança grande, barrigudo.
PAN.DA, *s.m.*, urso que vive em certas regiões da China.
PAN.DA.RE.COS, *s.m. pl. pop.*, coisas velhas, cacos; estar em pandarecos: estar muito cansado, exausto.
PÂN.DE.GO, *adj. pop.*, faceiro, alegre, leviano.
PAN.DEI.RO, *s.m.*, um tambor pequeno.
PAN.DE.MÔ.NIO, *s.m.*, confusão, baderna, tumulto.
PAN.DOR.GA, *s.f.*, papagaio, pipa, brinquedo feito de material leve para o vento carregar.
PAN.DU.LHO, *s.m. pop.*, pança, barriga.
PA.NE, *s.f.*, parada súbita em um motor de avião, carro; parada súbita.
PA.NE.GÍ.RI.CO, *s.m.*, discurso laudatório, elogio, peça de retórica.
PA.NE.LA, *s.f.*, recipiente de metal, barro ou vidro para cozinhar algo.
PA.NE.LA.DA, *s.f.*, o conteúdo de uma panela; pancada com uma panela.
PA.NE.LI.NHA, *s.f.*, grupo fechado com interesses próprios, grupo de pessoas que se amparam entre si.
PA.NE.TO.NE, *s.m.*, bolo preparado e cozido, vendido pronto.
PAN.FLE.TAR, *v.t.*, confeccionar e distribuir panfletos.
PAN.FLE.TÁ.RIO, *adj.*, próprio de panfleto; *s.m.*, quem faz panfletos.
PAN.FLE.TO, *s.m.*, folheto com assuntos diversos; papel para divulgar ideias.
PAN.GA.RÉ, *s.m.*, cavalo ou mulo de pelo avermelhado; *fig.*, cavalo velho.
PÂ.NI.CO, *s.m.*, pavor, medo, susto grande, terror.
PA.NI.FI.CA.ÇÃO, *s.f.*, ação de fabricar pão.
PA.NI.FI.CA.DO.RA, *s.f.*, padaria.
PA.NO, *s.m.*, qualquer pedaço de tecido, tecido.
PA.NO.RA.MA, *s.m.*, paisagem, vista, abrangência dos olhos.
PAN.QUE.CA, *s.f.*, massa de trigo, ovos e outros ingredientes para fritar.
PAN.TA.LO.NA, *s.f.*, calça com as canelas compridas, calça.
PAN.TA.NAL, *s.m.*, brejal, pântano, charco, palude.
PAN.TA.NEI.RO, *adj.*, referente a pântano.
PÂN.TA.NO, *s.m.*, charco, brejo, terra com muitas águas paradas.
PAN.TA.NO.SO, *adj.*, com muito pântano, brejento.
PAN.TE.ÍS.MO, *s.m.*, sistema filosófico pelo qual tudo é deus, do Universo ao menor ser.
PAN.TE.RA, *s.f.*, um tipo de tigre, felídeo muito feroz; *fig.*, mulher atraente.
PAN.TÓ.GRA.FO, *s.m.*, instrumento usado para transferir desenhos de um local para outro.
PAN.TO.MI.MA, *s.f.*, mímica, expressão por meio de gestos.
PÃO, *s.m.*, alimento feito com farinha de trigo, milho, centeio, água, sal e outros ingredientes e cozido no forno; *fig.*, alimento; *fig.*, pessoa bela.
PÃO DE LÓ, *s.m.*, bolo feito de trigo, açúcar e ovos; *fig.*, delícia.
PÃO-DU.RIS.MO, *s.m. pop.*, sovinice, avareza, agiotagem.
PÃO-DU.RO, *s.m.*, avarento, sovina.

PAPA

PA.PA, *s.m.*, chefe da Igreja Católica; *s.f.*, alimento bem mole, substância macia para alimentar criança.
PA.PÁ, *s.m. pop.*, designativo de pai.
PA.PA.DA, *s.f.*, excesso de carne e gordura embaixo do queixo.
PA.PA.GAI.O, *s.m.*, ave dos Psitacídeos, que imita a voz humana; tipo que recita tudo de memória sem compreender o que diz; pipa, pandorga; *fig.*, quem fala demais.
PA.PA.GUE.AR, *v.t. e int.*, expressar-se como papagaio, falar muito, tagarelar.
PA.PAI, *s.m.*, pai, genitor, tratamento afetivo dos filhos ao pai.
PA.PAI.A, *s.f.*, tipo de mamão.
PA.PA.Í.NA, *s.f.*, substância extraída do látex do mamão.
PA.PÃO, *s.m.*, ser fictício que devoraria crianças, medo insano incutido em crianças.
PA.PAR, *v. t.*, comer.
PA.PA.RI.CAR, *v.t. e int.*, dar muita atenção, tratar com excessivo carinho.
PA.PA.RI.COS, *s.m. pl.*, agrados excessivos, bajulações.
PA.PE.AR, *v.int. pop.*, conversa sem sentido, falar, conversa fiada.
PA.PEI.RA, *s.f.*, papo, saliência na parte dianteira do pescoço.
PA.PEL, *s.m.*, produto obtido industrialmente da celulose da madeira para diversos fins: embrulhar, escrever, imprimir, desenhar, limpar; documento escrito; a personagem do artista; encargos.
PA.PE.LA.DA, *s.f.*, vários papéis, documentação.
PA.PEL-A.LU.MÍ.NIO, *s.m.*, lâmina de alumínio para uso culinário e embalagens.
PA.PE.LÃO, *s.m.*, papel grosso e forte; *pop.*, mau procedimento.
PA.PE.LA.RI.A, *s.f.*, loja para a venda de produtos com papel e artigos similares.
PA.PEL-CAR.BO.NO, *s.m.*, substância que transfere para a folha debaixo o que for escrito na de cima; *fig.*, tipo que é imitação de outro, cópia.
PA.PE.LE.TA, *s.f.*, papel pequeno, tira de papel.
PA.PEL-MO.E.DA, *s.f.*, dinheiro, papel com valor figurado que o governo lança para possibilitar os negócios.
PA.PE.LU.CHO, *s.m.*, papelzinho sem valor, papel inútil.
PA.PI.LA, *s.f.*, saliência diminuta na língua.
PA.PI.RO, *s.m.*, planta que era preparada como material de escrita; manuscrito.
PA.PO, *s.m.*, bolsa existente nas aves, prolongamento do esôfago; papeira; *pop.*, bater um papo - conversar, conversa fiada.
PA.POU.LA, *s.f.*, planta que floresce e da qual se obtém o ópio.
PÁ.PRI.CA, *s.f.*, tempero obtido com pimentão vermelho moído.
PA.PU.DO, *adj.*, que possui um papo grande; *pop.*, que só conta vantagens.
PA.QUE.RA, *s.f.*, gíria, namoro, namorico, namoro rápido.
PA.QUE.RA.DOR, *s.m.*, gíria, metido a paqueras.
PA.QUE.RAR, *v.t.*, gíria, observar pessoas para namorar, namorar de leve.
PA.QUE.TE, *s.m.*, navio, nau, navio a vapor.
PA.QUI.DER.ME, *s. m.*, animal de pele grossa, mamífero cuja pele é grossa e dura.
PA.QUÍ.ME.TRO, *s.m.*, instrumento usado para medir espessuras mínimas.
PAR, *adj.*, igual, semelhante, divisível por dois; *s.m.*, conjunto de dois seres ou duas coisas; macho e fêmea; a par de - ciente; ao par de – no mesmo nível, em paralelo.
PA.RA, *prep.*, indica direção, destino, objetivo; a.
PA.RA.BE.NI.ZAR, *v.t. pop.*, cumprimentar.
PA.RA.BÉNS, *s.m. pl.*, cumprimentos por algo importante, cumprimentos.
PA.RÁ.BO.LA, *s.f.*, figura geométrica; narração bíblica com fins educativos; historieta, fábula.
PA.RA.BÓ.LI.CA, *s.f.*, instrumento para captar as transmissões das televisões.
PA.RA-BRI.SA, *s.m.*, vidro posto na parte da frente de um veículo.
PA.RA-CHO.QUE, *s.m.*, peças colocadas na frente e atrás dos veículos, para amortecer eventuais batidas.
PA.RA.DA, *s.f.*, local próprio para parar, interrupção de viagem, demora, pausa em um itinerário.
PA.RA.DEI.RO, *s.m.*, lugar em que alguma pessoa está, se esconde, se refugia.
PA.RA.DIG.MA, *s.m.*, modelo, exemplo, padrão, molde, protótipo.
PA.RA.DO.XAL, *adj.*, próprio de paradoxo.
PA.RA.DO.XO, *s.m.*, exposição de uma ideia na qual haja dois pontos, um se opondo ao outro; ideia oposta ao pensamento geral.
PA.RA.EN.SE, *adj.*, próprio do Estado do Pará; *s.c. 2 gên.*, seu habitante.
PA.RA.FER.NÁ.LIA, *s.f.*, conjunto de equipamentos, objetos, tralha.
PA.RA.FI.NA, *s.f.*, substância sólida e branca, derivada do petróleo.
PA.RÁ.FRA.SE, *s.f.*, dizer ou escrever a mesma coisa, só que com outras palavras; rodear o mesmo assunto; recomposição livre de um texto.
PA.RA.FU.SAR, *v.t. e int.*, fixar com parafuso.
PA.RA.FU.SO, *s. m.*, peça metálica, ou plástica, com estrias para ser fixada na porca, peça para prender e fixar objetos.
PA.RÁ.GRA.FO, *s.m.*, subdivisões em um texto, observando uma alínea; divisão de um texto por sentidos diversos no conjunto.
PA.RA.GUAI.O, *adj.e s.m.*, próprio ou habitante do Paraguai.
PA.RA.I.BA.NO, *adj. e s.m.*, próprio ou habitante do Estado da Paraíba.
PA.RA.Í.SO, *s.m.*, local de delícias e maravilhas, onde Deus teria colocado Adão e Eva; éden.
PA.RA-LA.MA, *s.f.*, peça que cobre a roda dos veículos.
PA.RA.LE.LA, *s.f.*, linha que acompanha outra, sempre na mesma distância.
PA.RA.LE.LE.PÍ.PE.DO, *s.m.*, pedra limitada por seis paralelogramos; pedra usada no calçamento de ruas.
PA.RA.LE.LIS.MO, *s.m.*, situação entre dois objetos por semelhanças entre si.
PA.RA.LE.LO, *adj.*, indica linhas e superfícies situadas sempre na mesma distância; semelhante, análogo; *s.m.*, cada um dos círculos paralelos ao Equador.
PA.RA.LI.SA.ÇÃO, *s.f.*, imobilidade, imobilização, parada.
PA.RA.LI.SAR, *v.t., int. e pron.*, ficar paralítico, perder a mobilidade; parar, trancar, imobilizar.
PA.RA.LI.SI.A, *s.f.*, perda ou diminuição do movimento de algum órgão do corpo; falta de atuação.
PA.RA.LÍ.TI.CO, *adj.*, que está com paralisia.
PA.RA.MEN.TO, *s.m.*, enfeite, adorno, vestimentas usadas pelos padres ou sacerdotes durante a cerimônia religiosa.
PA.RÂ.ME.TRO, *s.m.*, numa expressão, a parte não variável que pode ser tomada como referencial; termo de comparação, modelo, padrão.
PÁ.RA.MO, *s.m.*, campos elevados, lugar delicioso, céu.
PA.RA.NA.EN.SE, *adj. e s.m.*, próprio ou habitante do Estado do Paraná.
PA.RA.NIN.FO, *s.m.*, padrinho de formatura escolar solene.
PA.RA.NOI.A, *s.f.*, psicose, ideia fixa de ser perseguido, mania, loucura.
PA.RA.NOI.CO, *adj.*, que tem paranoia.
PA.RA.NOR.MAL, *adj.*, refere-se a fenômenos psíquicos não explicados por métodos científicos.
PA.RA.PEI.TO, *s.m.*, meia parede nas janelas; muros para proteger as pessoas de quedas.
PA.RA.PLE.GI.A, *s.f.*, paralisia dos membros inferiores.
PA.RA.PLÉ.GI.CO, *adj.*, que tem paraplegia.
PA.RA.PSI.CO.LO.GI.A, *s. f.*, ciência que estuda os fenômenos psíquicos ocultos.
PA.RA.PSI.CÓ.LO.GO, *s.m.*, formado em parapsicologia.
PA.RA.QUE.DAS, *s.m.*, aparelho usado para saltar de aviões com segurança.
PA.RA.QUE.DIS.TA, *s.c. 2 gên.*, pessoa que salta de paraquedas.
PA.RAR, *v.int.*, cessar, interromper os passos, deixar de mover-se.
PA.RA-RAI.OS, *s.m.*, instrumento colocado em pontos altos, para conduzir a energia dos raios até o solo, sem perigo para as pessoas.
PA.RA.SI.TA, *s. m.*, ser ou vegetal que vive em outro organismo; quem suga a vida de outro; quem vive às custas dos outros.

PA.RA.SI.TÁ.RIO, *adj.*, próprio de parasita.
PA.RA.SI.TO.LO.GI.A, *s.f.*, estudo dos parasitas.
PA.RA.SI.TO.LO.GIS.TA, *s.c. 2 gên.*, quem estuda parasitologia.
PAR.CEI.RO, *s.m.*, colega, companheiro, sócio.
PAR.CE.LA, *s.f.*, partícula, pequena parte; na soma, cada grupo de números, prestação.
PAR.CE.LA.MEN.TO, *s.m.*, divisão, fazer em prestações, em parcelas.
PAR.CE.LAR, *v.t.*, dividir em parcelas, dividir em prestações.
PAR.CE.RI.A, *s.f.*, sociedade, reunião de indivíduos com interesse comum.
PAR.CI.AL, *adj.*, parte de um todo, que atinge somente uma parte.
PAR.CO, *adj.*, moderado, econômico, diminuto.
PAR.DAL, *s.m.*, pequeno pássaro.
PAR.DO, *adj.*, que tem cor entre preto e branco, castanho, mulato.
PA.RE.CER, *v. de lig., int.* e *pron.*, ter semelhança, assemelhar-se, lembrar.
PA.RE.CI.DO, *adj.*, semelhante, análogo.
PA.RE.DÃO, *s.m.*, muro alto e forte, muralha.
PA.RE.DE, *s.f.*, divisória feita de material para dividir os cômodos de uma construção; divisória.
PA.RE.LHA, *s.f.*, par de animais; *fig.*, dois tipos que são semelhantes.
PA.REN.TE, *s.m.*, quem é da mesma família, cognato.
PA.REN.TE.LA, *s.f.*, o grupo de parentes, o clã.
PA.REN.TES.CO, *s.m.*, afinidade por sangue de um grupo familiar.
PA.RÊN.TE.SE, *s.m.*, cada um dos dois sinais gráficos que encerram uma expressão ou frase; um adendo; uma explanação; um aparte.
PÁ.REO, *s.m.*, corrida de cavalos, prêmio; disputa, luta.
PA.RES.TA.TAL, *s.f.*, empresa de propriedade do governo.
PA.RI.DA.DE, *s.f.*, situação de igualdade entre dois pontos; igualdade.
PA.RI.E.TAL, *s.m.*, osso situado na parte súpero-posterior do crânio.
PA.RIR, *v. t.* e *int.*, dar à luz, pôr no mundo, fazer nascer.
PA.RI.SI.EN.SE, *adj.* e *s.m.*, próprio de Paris ou seu habitante.
PAR.LA.MEN.TAR, *adj.*, referente a um parlamento; *s.m.*, representante do povo no parlamento.
PAR.LA.MEN.TA.RIS.MO, *s.m.*, regime político no qual o primeiro-ministro governa por meio do parlamento.
PAR.LA.MEN.TA.RIS.TA, *s.c. 2 gên.*, adepto do parlamentarismo.
PAR.LA.MEN.TO, *s.m.*, câmara legislativa, congresso; poder legislativo.
PAR.ME.SÃO, *s.m.*, tipo de queijo de origem italiana.
PAR.NA.SI.A.NIS.MO, *s.m.*, escola literária poética que busca a perfeição da forma e se exprime com impassibilidade.
PAR.NA.SI.A.NO, *adj.*, adepto do parnasianismo; poeta parnasiano.
PÁ.RO.CO, *s.m.*, padre que dirige uma paróquia, vigário, cura.
PA.RÓ.DIA, *s.f.*, imitação cômica de uma obra séria.
PA.RO.DI.AR, *v.t.*, fazer paródias.
PA.RÔ.NI.MO, *s.m.*, vocábulo de forma parecida, mas de significado diverso.
PA.RÓ.QUIA, *s.f.*, região governada por um pároco ou pastor.
PA.RO.XIS.MO, *s.m.*, o máximo de intensidade de um ataque, acesso.
PA.RO.XÍ.TO.NO, *s.m.*, palavra cuja sílaba tônica é a penúltima.
PAR.QUE, *s.m.*, local destinado a exposições; superfície arborizada, preparada para o lazer das pessoas; reserva ecológica.
PAR.QUÍ.ME.TRO, *s.m.*, aparelho que marca o tempo de parada de um veículo.
PAR.QUI.NHO, *s.m.*, parque infantil, pequeno parque.
PAR.REI.RA, *s.f.*, videira, videira cujos ramos se estendem em latada.
PAR.RI.CI.DA, *adj.* e *s.m.*, que pratica um parricídio.
PAR.RI.CÍ.DIO, *s.m.*, assassinato do pai pelo filho, homicídio.
PAR.TE, *s.f.*, porção, divisão de um todo, parcela; signatários de um contrato comum; lugar, banda, ponto; dar parte - denunciar na polícia.
PAR.TEI.RA, *s.f.*, mulher que auxilia a parturiente a dar à luz o filho.
PAR.TEI.RO, *s.m.*, médico especializado em parto.
PAR.TI.ÇÃO, *s.f.*, divisão, repartição.
PAR.TI.CI.PA.ÇÃO, *s.f.*, notícia, comunicação, convite; presença.
PAR.TI.CI.PAN.TE, *adj.* e *s.c. 2 gên.*, quem participa, presente.
PAR.TI.CI.PAR, *v.t.*, comunicar, avisar, noticiar; tomar parte em, estar presente.
PAR.TI.CÍ.PIO, *s.m.*, forma nominal do verbo.
PAR.TÍ.CU.LA, *s.f.*, pequena parte, partezinha, toda coisa diminuta.
PAR.TI.CU.LAR, *adj.*, próprio, pessoal, de cada um, inerente, restrito.
PAR.TI.CU.LA.RI.DA.DE, *s.f.*, detalhe, especialidade, peculiaridade.
PAR.TI.CU.LA.RI.ZAR, *v.t.* e *pron.*, detalhar, pormenorizar, destacar as mínimas nuanças.
PAR.TI.DA, *s.f.*, começo de viagem, largada; jogo, disputa; quantidade de.
PAR.TI.DÁ.RIO, *adj.*, adepto, seguidor, filiado a um partido, sectário.
PAR.TI.DO, *s.m.*, grupo de pessoas ligadas às mesmas ideias políticas; proveito; *adj.*, separado, distribuído, repartido, quebrado.
PAR.TI.LHA, *s.f.*, distribuição dos bens em uma herança; divisão.
PAR.TI.LHAR, *v.t.*, executar a partilha, separar, distribuir, ser participante.
PAR.TIR, *v.t.* e *pron.*, dividir, partilhar, quebrar; *v.int.*, viajar, ir.
PAR.TI.TU.RA, *s.f.*, composição escrita de uma música, peça musical.
PAR.TO, *s.m.*, ação de parir, de dar à luz.
PAR.TU.RI.EN.TE, *s.f.*, a mulher que dará à luz um filho.
PAS.CAL, *adj.*, referente à Páscoa.
PÁS.COA, *s.f.*, festa móvel dos hebreus e dos cristãos; *fig.*, ressurreição, libertação.
PAS.MA.CEI.RA, *s.f. pop.*, rotina, algo sem interesse, mesmice de sempre.
PAS.MAR, *v.t., int.* e *pron.*, provocar pasmo, espantar.
PAS.MO, *s.m.*, espanto, assombração, admiração, maravilha, estupefação.
PAS.PA.LHO, *adj.* e *s.m.*, tolo, abobado, ingênuo, bobo.
PAS.QUIM, *s.m.*, jornal, folhetim, tabloide.
PAS.SA, *s.f.*, passas, fruta seca, uva seca.
PAS.SA.DA, *s.f.*, o tamanho de um passo ao caminhar; *adj.*, que passou, que se foi, que se estragou.
PAS.SA.DO, *adj.*, findo, ido, fora de tempo; *s.m.*, tempo já acabado.
PAS.SA.GEI.RO, *adj.*, transitório, que passa, efêmero; *s.m.*, quem viaja; quem embarca pagando passagem.
PAS.SA.GEM, *s.f.*, lugar para passar; bilhete comprado para uma viagem.
PAS.SA.POR.TE, *s.m.*, documento de identificação para os viajantes internacionais.
PAS.SAR, *v.t., int.* e *pron.*, ir de para, atravessar, cruzar, entrar; exceder-se; obter aprovação em qualquer exame; preparar vestimentas com o ferro.
PAS.SA.RE.LA, *s.f.*, palco adaptado para desfiles de moda, ponte estreita para passagem de pedestres e bicicletas.
PAS.SA.RI.NHO, *s.m.*, ave, pássaro.
PÁS.SA.RO, *s.m.*, passarinho, ave, designação de todos os animais passeriformes.
PAS.SA.TEM.PO, *s.m.*, lazer, divertimento, diversão.
PAS.SÁ.VEL, *adj.*, tolerável, que se pode passar, suportável.
PAS.SE, *s.m.*, permissão; no futebol, transferência de um jogador para outro clube; crença de que se cura por força psíquica; ato de passar.
PAS.SE.AR, *v.t.* e *int.*, andar, caminhar, percorrer uma extensão, divertir-se.
PAS.SE.A.TA, *s.f.*, passeio, marcha de um grupo contra ou a favor de algo.
PAS.SEI.O, *s.m.*, local para passear, ação de passear, caminhada para divertir-se; deslocamento, calçada.
PAS.SE.RI.FOR.MES, *s.m.*, espécie animal que compõe as aves em geral.

PAS.SI.O.NAL, adj., próprio da paixão, sentimental.
PAS.SIS.TA, adj. e s.c. 2 gên., quem dança samba em carnaval.
PAS.SI.VI.DA.DE, s.f., ausência de emoção, sem reação, conformidade.
PAS.SÍ.VEL, adj., que está sujeito a algo; que sente alegria, tristeza; sujeito a.
PAS.SO, s.m., ato de caminhar, passado, movimento com os pés andando, resolução, decisão; passo a passo - aos poucos.
PAS.TA, s.f., substância batida, mistura de vários ingredientes; invólucro de papel ou papelão para colocar papéis; maleta para carregar objetos.
PAS.TA.GEM, s.f., pasto, local para o gado comer.
PAS.TAR, v.t. e int., comer no pasto; pop., ser enganado, sofrer consequências.
PAS.TEL, s.m., massa com recheio, frita, para alimento.
PAS.TE.LA.RI.A, s.f., local em que se fazem e vendem pastéis.
PAS.TE.LEI.RO, s.m., quem fabrica pastéis, quem vende pastéis.
PAS.TEU.RI.ZA.ÇÃO, s.f., processo industrial para esterilizar alimentos.
PAS.TEU.RI.ZAR, v.t., esterilizar, purificar.
PAS.TI.LHA, s.f., pílula com remédio dentro; caramelo, bala.
PAS.TO, s.m., local com gramíneas para alimento do gado; alimento.
PAS.TOR, s.m., quem cuida de ovelhas ou do gado; fig., ministro protestante, sacerdote, guia.
PAS.TO.RAL, adj., próprio do pastor; s.f., tipo de poética; catequese, ensino religioso, busca de pessoas para a religião.
PAS.TO.RE.AR, v.t., cuidar dos animais no pasto, apascentar; fig., dirigir.
PAS.TO.REI.O, s.m., ação de pastorear o gado.
PAS.TO.RIL, adj., pastoral, próprio do pastor ou do gado pastoreado, bucólico.
PAS.TO.SO, adj., cheio de pasta, viscoso, de pouca liquidez.
PA.TA, s.f., pé dos animais; fig., pé grande, pé feio; grosseria.
PA.TA.CA, s.f., moeda antiga de prata.
PA.TA.DA, s.f., golpe com a pata, coice; estupidez, safadeza.
PA.TA.MAR, s.m., vão de escada, espaço no topo da escada, degrau, posição.
PA.TA.TI.VA, s.f., tipo de ave.
PA.TÊ, s.m., massa feita de carne, fígado, peixe, frango, para se comer fria.
PA.TEN.TE, adj., óbvio, claro s.f., concessão de um título, licença; pop., banheiro, latrina.
PA.TEN.TE.AR, v.t. e pron., evidenciar, esclarecer, aclarar, registrar como invenção.
PA.TER.NAL, adj., próprio do pai, paterno.
PA.TER.NA.LIS.MO, s.m., relação de emprego com tratamento familiar; generosidade.
PA.TER.NA.LIS.TA, s.c. 2 gên., que é dado a paternalismo.
PA.TER.NI.DA.DE, s.f., ato de ser pai, exercício dos deveres de pai.
PA.TER.NO, adj., referente ao pai, paternal.
PA.TE.TA, s.c. 2 gên., ignorante, tolo, bobo, idiota, imbecil.
PA.TÉ.TI.CO, adj., triste, enternecedor, comovente, que atrai piedade.
PA.TI.BU.LAR, adj., próprio do patíbulo, feitio de criminoso, condenável.
PA.TÍ.BU.LO, s.m., local para aplicar a morte; pelourinho, cadafalso, estrado da forca.
PA.TI.FA.RI.A, s.f., ação de patife, safadeza, velhacaria, cafajestice.
PA.TI.FE, adj. e s.c. 2 gên., velhaco, cafajeste, safado, imoral, desavergonhado.
PA.TIM, s.m., aparelho com lâmina ou rodas para deslizar e que se prende ao pé.
PA.TI.NA.ÇÃO, s.f., ato de patinar, deslizamento.
PA.TI.NAR, v.int., deslizar com patins, objeto móvel que consegue deslocar-se por escorregar.
PA.TI.NHAR, v.t. e int., bater a água como pato, patinar na água.
PA.TI.NHO, s.m., pato pequeno; tipo de carne bovina.
PÁ.TIO, s.m., parte descoberta em um prédio, terreiro, terreno limpo.
PA.TO, s.m., ave aquática palmípede da família dos Anatídeos; fig., tolo.
PA.TO.GE.NI.A, s.f., ramo da Medicina que estuda a origem das doenças.
PA.TO.GÊ.NI.CO, adj., próprio de patogenia, que traz doenças.
PA.TO.LO.GI.A, s.f., ciência que estuda a origem das doenças.
PA.TO.LÓ.GI.CO, adj., referente à patologia, doentio, mórbido.
PA.TO.LO.GIS.TA, s.c. 2 gên., especialista em Patologia.
PA.TO.TA, s.f., gíria, grupo, grupelho, bando, gangue.
PA.TRÃO, s.m., o dono, empregador, chefe, senhor, proprietário.
PÁ.TRIA, s.f., terra em que se nasceu, país de origem, torrão, terra natal.
PA.TRI.AR.CA, s.m., chefe do clã, chefe das famílias.
PA.TRI.AR.CAL, adj., referente a patriarca.
PA.TRÍ.CIO, adj. e s.m., nascido na mesma pátria, conterrâneo, concidadão.
PA.TRI.MÔ.NIO, s.m., propriedades em geral, imóveis; todos os bens de alguém, inclusive os intelectuais e morais.
PÁ.TRIO, adj., próprio da pátria, do país.
PA.TRI.O.TA, adj. e s.c. 2 gên., quem ama a sua pátria.
PA.TRI.Ó.TI.CO, adj., referente à pátria, ligado à pátria.
PA.TRI.O.TIS.MO, s.m., civismo, amor pela pátria, afeição à terra natal.
PA.TRO.A, s.f., dona, ama, mulher do patrão, proprietária.
PA.TRO.CI.NA.DOR, s.m., quem custeia uma propaganda ou anúncio.
PA.TRO.CI.NAR, v.t., conceder patrocínio a, pagar, manter financeiramente.
PA.TRO.CÍ.NIO, s.m., sustentação, amparo, pagamento das custas.
PA.TRO.NAL, adj., próprio do patrão, dos patrões.
PA.TRO.NÍ.MI.CO, adj. e s.m., que se deriva do nome do pai, apelido familiar.
PA.TRO.NO, s.m., padroeiro, santo protetor.
PA.TRU.LHA, s.f., grupo de soldados incumbidos de dar segurança, vigilância.
PA.TRU.LHA.MEN.TO, s.m., patrulha, guarda.
PA.TRU.LHAR, v.t. e int., vigiar, guardar, usar patrulha para vigilância.
PA.TRU.LHEI.RO, s.m., quem participa de uma patrulha, vigilante, guarda.
PAU, s.m., pedaço de madeira, lenho, porrete, cajado, bordão; fig., chulo - pênis; expressão pau para toda obra: quem sabe fazer de tudo.
PAU A PI.QUE, s.m., parede feita de madeira com terra batida; taipa.
PAU-BRA.SIL, s.m., árvore de cerne vermelho, que deu o nome ao Brasil.
PAU-D'Á.GUA, s.m., uma planta ornamental; pop., beberrão, cachaceiro.
PAU DE A.RA.RA, s.m., instrumento de tortura na antiga polícia; caminhão com toldo para trazer nordestinos para o Sul.
PAU DE SE.BO, s.m., pau liso, untado com gordura ou sabão.
PAU.LA.DA, s.f., golpe com um pau, cacetada.
PAU.LI.CEI.A, s.f., termo que Mário de Andrade usou para indicar a capital paulista e seu contexto.
PAU.LIS.TA, adj. e s.c. 2 gên., próprio do Estado de São Paulo ou seu habitante.
PAU.LIS.TA.NO, adj. e s.m., próprio da capital ou cidade de São Paulo, seu habitante.
PAU.PÉR.RI.MO, adj., muito pobre, muitíssimo pobre.
PAUS, s.m. pl., um naipe do baralho.
PAU.SA, s.f., interrupção, intervalo, parada; fig., recreio na escola.
PAU.SAR, v.t. e int., interromper, fazer pausar, desligar.
PAU.TA, s.f., as linhas de um caderno, as cinco linhas paralelas para escrever as notas musicais, relação, agenda, encargos.
PAU.TAR, v.t. e pron., traçar uma pauta em, agendar, marcar.
PA.VÃO, s.m., ave cuja cauda é um espetáculo de beleza.
PA.VÊ, s.m., doce feito à base de creme e bolachas (biscoitos) doces.
PA.VI.LHÃO, s.m., construção de fácil montagem, barracão, construção provisória, a parte externa da orelha.
PA.VI.MEN.TA.ÇÃO, s.f., ação de pavimentar, calçamento, cobertura de estrada.
PA.VI.MEN.TAR, v.t., calçar, colocar cobertura sobre o leito da estrada.
PA.VI.MEN.TO, s.m., cobertura de ruas, estradas; andar de prédio.

PA.VI.O, *s.m.*, mecha, objeto para acender algo; ter o pavio curto: ser nervoso, explosivo.
PA.VO.NE.AR, *v.t., int.* e *pron.*, enfeitar, adornar, ornar-se com exagero.
PA.VOR, *s.m.*, grande medo, terror, horror.
PA.VO.RO.SO, *adj.*, terrível, amedrontador, horroroso, horrendo.
PAZ, *s.f.*, ausência de guerra, tranquilidade, concórdia, sossego.
PA.ZA.DA, *s.f.*, uma pá cheia, golpe com a pá.
PÉ, *s.m.*, parte terminal dos membros inferiores do homem; pata; medida de comprimento, com 0,3048 m; base, parte inferior dos móveis; *fig.*, motivo; ao pé da letra: literalmente; a pé: caminhando; meter os pés pelas mãos: atrapalhar-se; *pop.*, pegar no pé: cobrar muito; sem pé nem cabeça: sem razão.
PE.ÃO, *s.m.*, empregado de fazenda que lida com o gado e cavalos; trabalhador rural; trabalhador de obras civis.
PE.ÇA, *s.f.*, cada uma das partes de um conjunto, objeto, coisa; pedra do jogo de xadrez, cômodos de uma casa, composição teatral.
PE.CA.DO, *s.m.*, transgressão de um mandamento, quebra do amor ao próximo.
PE.CA.DOR, *s.m.*, quem peca, transgressor, delinquente.
PE.CA.MI.NO.SO, *adj.*, relativo a pecado, cheio de pecado.
PE.CAR, *v.t.* e *int.*, fazer pecados, ferir um preceito, ferir o amor ao próximo.
PE.CHA, *s.f.*, mancha, defeito, mácula, nódoa.
PE.CHIN.CHA, *s.f.*, mercadoria abaixo do preço, preço baixo.
PE.CHIN.CHAR, *v.t.* e *int.*, insistir em preços melhores; lutar para que o preço caia, querer redução de preço.
PE.ÇO.NHA, *s.f.*, veneno de cobra, líquido muito venenoso.
PE.ÇO.NHEN.TO, *adj.*, venenoso, mortífero; *fig.*, pessoa terrível, ferina.
PE.CU.Á.RIA, *s.f.*, criação de gado.
PE.CU.Á.RIO, *adj.*, que se refere à pecuária, ao gado.
PE.CU.A.RIS.TA, *s.c. 2 gên.*, quem cria gado.
PE.CU.LA.TO, *s.m.*, crime tipificado por desvio de dinheiro público por servidor público.
PE.CU.LI.AR, *adj.*, próprio, característico, inerente, privativo.
PE.CU.LI.A.RI.DA.DE, *s.f.*, particularidade, pormenor.
PE.CÚ.LIO, *s.m.*, reserva monetária de uma pessoa; economia, pé-de-meia; contribuição ao INSS de pessoa aposentada que volta ao trabalho.
PE.CÚ.NIA, *s.f.*, dinheiro.
PE.CU.NI.Á.RIO, *adj.*, referente a dinheiro.
PE.DA.ÇO, *s.m.*, parte, partícula, bocado, fragmento; *pop.*, mulher atraente.
PE.DÁ.GIO, *s.m.*, taxa cobrada por usar uma estrada ou ponte.
PE.DA.GO.GI.A, *s.f.*, a arte de educar, ensinar as crianças; a ciência da educação.
PE.DA.GO.GO, *s.m.*, educador, quem pratica a Pedagogia.
PE.DAL, *s.m.*, peça de algumas máquinas que são movidas pela força do pé.
PE.DA.LA.DA, *s.f.*, impulsos dados ao pedal, giro do pedal.
PE.DA.LAR, *v.t.* e *int.*, mover o pedal, locomover-se com a bicicleta.
PE.DA.LI.NHO, *s.m.*, barquinho movido com pedais dentro da água.
PE.DAN.TE, *adj.*, pretensioso, soberbo, esnobe.
PÉ DE CA.BRA, *s.m.*, instrumento de ferro para levantar pesos, arrombar portas.
PÉ DE GA.LI.NHA, *s.m.*, ruga nos cantos externos dos olhos.
PÉ-DE-MEI.A, *s.m.*, economia, pecúlio, reserva financeira.
PÉ DE MO.LE.QUE, *s.m.*, doce feito com amendoim e açúcar.
PE.DE.RAS.TA, *s.m.*, homem homossexual, gay.
PE.DE.RAS.TI.A, *s.f.*, relação sexual entre homens.
PE.DES.TAL, *s.m.*, peça básica que sustenta uma estátua ou outro objeto.
PE.DES.TRE, *adj.* e *s.c. 2 gên.*, que anda a pé, caminhante.
PÉ DE VEN.TO, *s.m.*, golpe de vento, ventania súbita, vento forte.
PE.DI.A.TRA, *s.c. 2 gên.*, médico especialista em Pediatria.
PE.DI.A.TRI.A, *s.f.*, ramo médico que trabalha com doenças infantis.
PE.DI.CU.RE, *s.c. 2 gên.*, pessoa cuja profissão é cuidar dos pés dos outros.
PE.DI.DO, *s.m.*, solicitação, encomenda; *adj.*, solicitado, que se pediu.
PE.DI.GREE, *s.m.*, *(inglês)*, linhagem, a descendência genealógica de animais.

PE.DIN.TE, *adj.* e *s.m.*, que pede, solicitante, mendigo, esmoler.
PE.DIR, *v.t.* e *int.*, solicitar, suplicar, encomendar; orar, rezar; exigir.
PE.DRA, *s.f.*, rocha, mineral sólido e duro; rochedo, peça de xadrez.
PE.DRA.DA, *s.f.*, ferida com pedra, jogada de pedra, pedra atirada.
PE.DRA-PO.MES, *s.f.*, pedra porosa e leve, usada para polir ou limpar.
PE.DRA.RI.A, *s.f.*, monte de pedras, pilha de pedras preciosas.
PE.DRA-SA.BÃO, *s.f.*, tipo de pedra pouco resistente, usada para esculpir objetos.
PE.DRA-U.ME, *s.f.*, indicação popular do alume, sulfato de alumina e potássio.
PE.DRE.GO.SO, *adj.*, cheio de pedras, pedrento.
PE.DRE.GU.LHO, *s.m.*, pedras miúdas, pedrinhas, cascalho.
PE.DREI.RA, *s.f.*, mina, local em que existe um tipo de pedra próprio para retirar pedregulho, cascalho para cobrir o leito de estradas.
PE.DREI.RO, *s.m.*, profissional que pratica trabalhos com alvenaria.
PE.DRÊS, *adj.*, animal cuja cor é uma mistura de preto e branco, aos salpicos.
PÉ-FRI.O, *s.m.*, *pop.*, ser humano azarado, para quem tudo dá errado.
PE.GA.DA, *s.f.*, rastos, vestígios, sinais da passagem de um pé.
PE.GA.DO, *s.m.*, unido, ligado, conexo, junto.
PE.GA.JO.SO, *adj.*, viscoso, grudento, pastoso.
PE.GAR, *v.t., int.* e *pron.*, colar, grudar, reunir, ligar; prender, agarrar, segurar; contrair.
PEI.DAR, *v.int.ch.*, soltar peidos, expelir ar malcheiroso pelo ânus.
PEI.DO, *s.m.*, ar solto pelo ânus, com mau cheiro e ruído.
PEI.TA.DA, *s.f.*, golpe com o peito, forçar com o peito.
PEI.TAR, *v.t.*, subornar, comprar a honra; *fig.*, enfrentar.
PEI.TA.RI.A, *s.f. pop.*, seios muito grandes.
PEI.TO, *s.m.*, no tronco humano, a parte frontal superior, onde se localiza o coração; mama; seio feminino; *fig.*, coragem, ânimo, confiança.
PEI.TO.RIL, *s.m.*, parapeito, parte da janela que serve de apoio e proteção para as pessoas.
PEI.TU.DO, *adj.*, com peito grande; *fig.*, valente, corajoso.
PEI.XA.DA, *s.f.*, uma refeição com peixes; prato de peixes.
PEI.XA.RI.A, *s.f.*, casa comercial que vende peixe.
PEI.XE, *s.m.*, animal vertebrado que vive na água e respira pelas guelras.
PEI.XEI.RA, *s.f.*, faca especial para limpar peixes; *fig.*, faca de briga.
PEI.XEI.RO, *s.m.*, quem vende peixe.
PEI.XES, *s.m.pl.*, constelação do Zodíaco.
PE.JO.RA.TI.VO, *adj.*, vocábulos usados com sentido depreciativo, desagradável.
PE.LA.DA, *s.f.*, jogo de futebol por amadores, sem nenhuma técnica.
PE.LA.DO, *adj.*, nu, sem roupas, despido.
PE.LAN.CA, *s.f.*, pele mole, caída e velha; parte ruim de um naco de carne.
PE.LAR, *v.t.* e *pron.*, tirar o pelo, a pele, a casca; descascar; *pop.*, tirar dinheiro de.
PE.LE, *s.f.*, camada fina que reveste o corpo do homem e de animais; couro, cútis, tez.
PE.LE.GO, *s.m.*, tapete, couro de ovelha, preparado para assento; tipo subserviente, capacho, sabujo.
PE.LE.JA, *s.f.*, luta, combate, contenda.
PE.LE.JAR, *v.t.* e *int.*, lutar, combater, enfrentar.
PE.LE-VER.ME.LHA, *s.m.*, indígena, denominação dos índios dos EUA.
PE.LI.CA, *s.f.*, pele de animal curtida e pronta para fabricar objetos de uso.

PELICANO

PE.LI.CA.NO, s.m., ave aquática que possui uma bolsa sob o pescoço, onde guarda alimentos.
PE.LÍ.CU.LA, s.f., pele fina; filme.
PE.LO, s.m., erupção filiforme na pele dos animais e em alguns pontos do corpo humano, penugem.
PE.LO.TA, s.f., uma bola pequena, bola de metal; fig., bola de futebol.
PE.LO.TÃO, s.m., grupo de soldados nas divisões internas do Exército.
PE.LOU.RI.NHO, s.m., construção de madeira no centro da praça para castigar os infratores.
PE.LÚ.CIA, s.f., tipo de tecido de lã, aveludado de um lado.
PE.LU.DO, adj., com muito pelo, coberto de pelos.
PE.NA, s.f., membros que cobrem o corpo das aves; castigo, sofrimento, padecimento, dó, compaixão, piedade.
PE.NA.CHO, s.m., enfeite de penas que chefes indígenas punham na cabeça; tufo de penas mais altas que algumas aves ostentam na cabeça.
PE.NAL, adj., próprio de pena, imposição legal; s.m., pênalti.
PE.NA.LI.DA.DE, s.f., castigo, pena, imposição de.
PE.NA.LI.ZAR, v.t. e pron., ter compaixão, castigar, impor uma sanção.
PÊ.NAL.TI, s.m., no futebol, jogador da defesa que pratica uma infração em sua área a 11 m do gol; penalidade.
PE.NAR, v.t. e int., receber pena, ser castigado, sofrer, afligir-se.
PEN.CA, s.f., conjunto de frutas ou flores.
PEN.DÊN.CIA, s.f., confronto, litígio, conflito; o que está pendente.
PEN.DEN.TE, adj., pendurado, que está suspenso; não resolvido, provável.
PEN.DER, v.t. e int., ficar pendurado, oscilar, estar suspenso.
PEN.DU.LAR, v.t., oscilar, fazer um movimento como pêndulo.
PÊN.DU.LO, s.m., objeto suspenso, que oscila.
PEN.DU.RAR, v.t. e pron., dependurar, prender no alto, fixando em; suspender; pop., comprar fiado.
PEN.DU.RI.CA.LHO, s.m., enfeite inútil, ornato, algo sem valor.
PE.NE.DO, s.m., rocha, rochedo.
PE.NEI.RA, s.f., utensílio arredondado, com fundo em tela fina, para filtrar substâncias granulosas.
PE.NEI.RA.DA, s.f., quantidade que se peneira de uma única vez; fig., despedir funcionários inúteis.
PE.NEI.RAR, v.t., int. e pron., limpar, purificar, escolher.
PE.NE.TRA, s.c. 2 gên., quem entra onde não é convidado; quem entra em um local sem pagar a entrada.
PE.NE.TRAN.TE, adj., que penetra, doloroso, pungente; fino, perspicaz.
PE.NE.TRAR, v.t., int. e pron., furar, entrar em, transpor, chegar ao âmago de, realizar a cópula; abranger o conteúdo.
PE.NHAS.CO, s.m., rochedo, rocha, depressão cheia de pedras.
PE.NHO.AR, s.m., vestimenta feminina para colocar por sobre o pijama.
PE.NHOR, s.m., garantia, segurança, sustentáculo.
PE.NHO.RA, s.f., apreensão dos bens de um devedor condenado por sentença judicial.
PE.NHO.RA.DO, adj., pego em penhor, apreendido; agradecido, grato.
PE.NHO.RAR, v.t. e pron., garantir, tomar em garantia.
PE.NI.CI.LI.NA, s.f., antibiótico de muita força.
PE.NI.CO, s.m., urinol, vaso noturno.
PE.NÍN.SU.LA, s.f., pedaço de terra no meio da água, mas ligada a terra por um istmo.
PÊ.NIS, s.m., órgão genital masculino, para urinar e copular.
PE.NI.TÊN.CIA, s.f., arrependimento e reparação por haver pecado; expiação de pecados.
PE.NI.TEN.CI.AR, v.t. e pron., castigar, fazer expiar, pagar pecados.
PE.NI.TEN.CI.Á.RIA, s.f., lugar para recolhimento de presos condenados a penas maiores de reclusão.
PE.NI.TEN.CI.Á.RIO, adj., próprio de penitenciária; s.m., quem cumpre pena em penitenciária.
PE.NI.TEN.TE, adj. e s.c. 2 gên., que faz penitência, arrependido.
PE.NO.SA, s.f., galinha.
PE.NO.SO, adj., difícil, doloroso, sofredor, extenuante.
PEN.SA.DOR, s.m., quem pensa, filósofo, sábio, intelectual.
PEN.SA.MEN.TO, s.m., ideia, ação de pensar, reflexão, cogitação, raciocínio.
PEN.SÃO, s.f., recebimento mensal por força de lei; pagamento, estalagem, hospedaria, hotel.
PEN.SAR, v.t. e int., combinar ideias, raciocinar, refletir, cogitar.
PEN.SA.TI.VO, adj., que pensa, extático, absorto.
PÊN.SIL, adj., pendurado, dependurado, suspenso.
PEN.SI.O.NA.TO, s.m., internato, casa que, antigamente, abrigava adolescentes durante o ano, nas 24 horas do dia.
PEN.SI.O.NIS.TA, s.c. 2 gên., quem recebe pensão, aposentado, quem mora em pensão ou quem paga pensão.
PEN.TA.GO.NAL, adj., com cinco lados.
PEN.TÁ.GO.NO, s.m., polígono com cinco lados.
PEN.TE, s.m., utensílio usado para alisar e preparar os cabelos; utensílio para colocar balas de revólver.
PEN.TE.A.DEI.RA, s.f., móvel com espelho usado nos quartos de dormir.
PEN.TE.A.DO, adj., que se penteou, que preparou os cabelos.
PEN.TE.AR, v.t. e pron., alisar os cabelos, arrumar o cabelo.
PEN.TE-FI.NO, s.m., pente com os dentes quase cerrados para raspar o couro cabeludo; fig., procurar tudo que haja em um local.
PEN.TE.LHAR, v.t.ch., incomodar, estorvar, aborrecer.
PEN.TE.LHO, s.m. ch., pelo da região pubiana; pessoa muito chata.
PE.NU.GEM, s.f., penas novas e pequenas nas aves, buço, pelos pequenos.
PE.NÚL.TI.MO, adj., anterior ao último, quase o último.
PE.NUM.BRA, s.f., lusco-fusco, meia luz, transição entre escuridão e luz no crepúsculo.
PE.NÚ.RIA, s.f., miséria, pobreza, pobreza absoluta.
PE.PI.NO, s.m., hortaliça produzida pelo pepineiro, verdura; fig., algo difícil.
PE.PI.TA, s.f., grão de ouro, pedacinho de ouro.
PEP.SI.A, s.f., sistema da digestão no estômago.
PÉP.TI.CO, adj., referente ao estômago, estomacal.
PEP.TO.NA, s.f., substância que age na digestão estomacal dos alimentos.
PE.QUE.NA, s.f., garota, namorada.
PE.QUE.NEZ, s.f., propriedade de algo ser muito pequeno.
PE.QUE.NO, adj., reduzido no tamanho, baixinho, pouco volume, pouco valor; s.m., menino, menor, adolescente, criança.
PE.QUI.NÊS, adj. e s.c. 2 gên., próprio de Pequim; raça canina caracterizada pelo tamanho reduzido.
PE.RA, s.f., fruto da pereira.
PE.RAL.TA, adj., travesso, traquinas, ativo.
PE.RAL.TI.CE, s.f., traquinagem, molecagem, travessura, brincadeira.
PE.RAM.BEI.RA, s.f., grota, despenhadeiro, precipício, abismo.
PE.RAM.BU.LAR, v.t. e int., caminhar passeando, passear, andar, vagar.
PE.RAN.TE, prep., diante de, ante, na frente de.
PÉ-RA.PA.DO, s.m., alguém muito pobre, sem dinheiro; pobretão.
PER.CAL.ÇO, s.m., dificuldade, problema, obstáculo.
PER.CA.LI.NA, s.f., tipo de tecido fino e oleado, percaline.
PER.CE.BER, v.t. e int., sentir, notar, enxergar, intuir, captar, compreender.
PER.CEN.TA.GEM, s.f., porcentagem, um tanto de um valor total, taxa, comissão.
PER.CEN.TU.AL, s.m., taxa, quanto sobre, comissão.
PER.CEP.ÇÃO, s.f., qualidade de perceber, compreensão, absorção, sentidos.
PER.CEP.TÍ.VEL, adj., que se percebe, sensível, visível.
PER.CEP.TI.VO, adj., que percebe, intuitivo, sensitivo.
PER.CE.VE.JO, s.m., inseto sugador de sangue; prego pequeno, de cabeça larga, para fixar objetos em paredes.

PER.COR.RER, v.int., visitar, examinar, olhar, passar por um local.
PER.CU.CI.EN.TE, adj., penetrante, agudo, fundo.
PER.CUR.SO, s.m., trajeto, distância andada, caminho.
PER.CUS.SÃO, s.f., batida, choque, pancada.
PER.CU.TIR, v.t., bater, chocar-se, tocar.
PER.DA, s.f., sumiço, desaparecimento, fuga, prejuízo, dano.
PER.DÃO, s.m., indulto, remissão de culpa, pecado.
PER.DER, v.t. e pron., ficar sem a posse de, ser prejudicado, desviar-se, cair fora do rumo.
PER.DI.ÇÃO, s.f., condenação, danação, ruína, desgraça, queda total.
PER.DI.DO, adj., desaparecido, sumido, desviado, imoral, condenado.
PER.DI.GÃO, s.m., macho da perdiz, ave do campo.
PER.DI.GUEI.RO, s.m., cão especialmente treinado para caçar perdizes.
PER.DIZ, s.f., ave do campo muito caçada por sua carne saborosa.
PER.DO.AR, v.t., int. e pron., dar o perdão, indultar, desculpar, absolver, remir.
PER.DU.LÁ.RIO, adj. e s.m., que dissipa, que gasta demais.
PER.DU.RAR, v.t. e int., existir por muito tempo, durar, aguentar.
PER.DU.RÁ.VEL, adj., que dura muito, permanente, duradouro.
PE.RE.BA, s.f., pequena ferida, machucadura, lesão física.
PE.RE.CER, v. int., sucumbir, falecer, morrer, desaparecer, sumir.
PE.RE.CÍ.VEL, adj., que pode perecer, murchável, falível, transitório.
PE.RE.GRI.NA.ÇÃO, s.f., visita a locais santos, romaria, caminhada para orar.
PE.RE.GRI.NAR, v.t. e int., fazer romaria, andar com fins religiosos, viajar, andar.
PE.RE.GRI.NO, s.m., quem anda em peregrinação, andarilho, viajante, forasteiro.
PE.REI.RA, s.f., árvore que produz a pera.
PE.REI.RAL, s.f., plantação de pereiras.
PE.REMP.TÓ.RIO, adj., final, categórico, decisivo, peremptórico.
PE.RE.NE, adj., que dura muito, eterno, perpétuo, imortal, para sempre.
PE.RE.RE.CA, s.f., nome comum a certos anuros parecidos com rãs, rã; pop., vulva, vagina; pop., inquieto, saltitante.
PE.RE.RE.CAR, v. int., estar inquieto, andar para cá e para lá, saltar.
PER.FA.ZER, v.t., concluir, acabar, dar acabado, terminar.
PER.FEC.CI.O.NIS.MO, s.m., mania de querer tudo perfeito, exagero no acabamento do que faz, ou vistoria.
PER.FEI.ÇÃO, s.f., feitio perfeito, acabamento esmerado, qualidade perfeita; excelência, primor, requinte, só obra-prima.
PER.FEI.TO, adj., sem defeito, muito bem feito, esmerado, ótimo; tempo verbal próprio de um ato passado e pronto.
PER.FÍ.DIA, s.f., traição, falsidade, desonestidade, crueldade, vilania.
PÉR.FI.DO, adj., traidor, cruel, desonesto, vil, infiel, falso.
PER.FIL, s.m., talhe, detalhe, faceta, feitio, contorno; corte em um objeto para estudar-lhe as diversas camadas; descrição das características de alguém.
PER.FI.LAR, v.t., compor o perfil de, alinhar, enfileirar, apresentar em ordem.
PER.FOR.MAN.CE, s.f., acabamento, realização, capacitação, capacidade, eficiência.
PER.FU.MAR, v.t., aromatizar, espargir perfume, colocar aroma.
PER.FU.MA.RI.A, s.f., local em que se compõem ou se vendem perfumes.
PER.FU.ME, s.m., cheiro agradável, odor bom, aroma.
PER.FU.MIS.TA, s.c. 2 gên., quem fabrica perfumes.
PER.FU.MO.SO, adj., cheio de perfume, aromático, perfumado.
PER.FU.RA.DO.RA, s.f., perfuratriz, aparelho para abrir buracos, furadora.
PER.FU.RAR, v.t., abrir furos, furar, fazer orifícios.
PER.GA.MI.NHO, s.m., pele de carneiro preparada para escrita de longa duração.
PÉR.GU.LA, s.f., caramanchão, construção coberta de trepadeiras, videira.
PER.GUN.TA, s.f., questionamento, interrogação.
PER.GUN.TA.DOR, s.m., questionador, quem interroga.
PER.GUN.TAR, v.t. e int., interrogar, indagar, buscar resposta.

PE.RÍ.CIA, s.f., destreza, habilidade, qualidade; exame, laudo, vistoria.
PE.RI.CLI.TAN.TE, adj., que está em perigo, sujeito a problemas, problemático.
PE.RI.CLI.TAR, v.t. e int., estar em perigo, sujeito a problemas.
PE.RI.CU.LO.SI.DA.DE, s.f., perigo, deficiência, insalubridade.
PE.RI.É.LIO, s.m., na órbita de um planeta, seu ponto de maior aproximação ao Sol.
PE.RI.FE.RI.A, s.f., vizinhança, arredores, cercanias, o que está ao derredor.
PE.RI.FÉ.RI.CO, adj., que está ao redor, situado na periferia.
PE.RÍ.FRA.SE, s.f., explanação prolongada de; circunlóquio, uso de outro termo.
PE.RI.GAR, v.t. e int., estar em perigo, ter problemas.
PE.RI.GEU, s.m., na órbita de qualquer corpo celeste, o ponto mais próximo da Terra.
PE.RI.GO, s.m., risco, dificuldade, ameaça, possibilidade de problemas.
PE.RI.GO.SO, adj., ameaçador, cheio de perigo, problemático.
PE.RÍ.ME.TRO, s.m., limite externo de uma figura, contorno, linha externa; soma dos lados de um polígono.
PE.RÍ.NEO, s.m., parte do corpo humano entre o ânus e os órgãos sexuais.
PE.RI.Ó.DI.CO, adj., cíclico, que ocorre de tempos em tempos; jornal em dias determinados.
PE.RI.O.DI.ZAR, v.t., dividir em períodos, colocar por período.
PE.RÍ.O.DO, s.m., época entre duas datas, lapso, época, frase composta de várias orações.
PE.RI.PÉ.CIA, s.f., façanha, ação, acontecimento, fato, aventura.
PE.RI.QUI.TO, s.m., tipo de ave da família dos Psitacídeos, pequeno e de cor verde.
PE.RIS.CÓ.PIO, s.m., instrumento ótico usado para ver por cima de um obstáculo.
PE.RI.TA.GEM, s.f., exame feito por perito, laudo.
PE.RI.TO, s.m., adj. e s.m., profissional especializado; experiente, hábil.
PE.RI.TÔ.NIO, s.m., membrana serosa que cobre no interior o abdome.
PE.RI.TO.NI.TE, s.f., inflamação do peritônio.
PER.JU.RAR, v.t. e int., cometer perjúrio, jurar falso, trair.
PER.JÚ.RIO, s.m., juramento falso, traição.
PER.LON.GAR, v. int., andar ao longo de, estender para além.
PER.MA.NE.CER, v. de lig., v.t. e int., conservar-se, ficar, estar, perseverar.
PER.MA.NEN.TE, adj., constante, contínuo, efetivo; s.f., preparo especial e prolongado do cabelo.
PER.ME.A.BI.LI.ZAR, v.t. e pron., tornar permeável, fazer com que possa atravessar.
PER.ME.AR, v.t. e pron., possibilitar passar por, ficar de permeio, atravessar.
PER.ME.Á.VEL, adj., atravessável, impregnável.
PER.MEI.O, adv., no meio, entre; expr., de permeio - no meio de.
PER.MIS.SÃO, s.f., licença, autorização, anuência.
PER.MIS.SÍ.VEL, adj., tolerável, aceitável, permitido, lícito.
PER.MI.TIR, v.t. e pron., dar licença, autorizar, licenciar, liberar, dar a opção.
PER.MU.TA, s.f., troca, câmbio, escambo.
PER.MU.TAR, v.t., trocar, cambiar.
PER.MU.TÁ.VEL, adj., que se pode permutar, trocável.
PER.NA, s.f., parte dos membros inferiores do joelho ao pé; fig., qualquer objeto que sustenta alguma coisa, como perna de mesa, de cadeira.
PER.NA.DA, s.f., passada, salto, passo longo, chute com a perna.
PER.NA DE PAU, s.m., jogador ruim no futebol, perneta.
PER.NAL.TAS, s.f.pl., indicação de aves com pernas altas.
PER.NAM.BU.CA.NO, adj. e s.m., próprio ou habitante de Pernambuco.
PER.NEI.RA, s.f., peça de couro para proteção das pernas, entre o joelho e o pé.
PER.NE.TA, s.m., indivíduo sem uma perna ou com algum defeito em uma delas.
PER.NI.CI.O.SO, adj., prejudicial, nocivo, danoso, mau, maldoso.
PER.NIL, s.m., pedaço da perna traseira suína.

PERNILONGO

PER.NI.LON.GO, *s.m.*, nome comum a insetos sugadores de sangue.
PER.NOI.TAR, *v.t. e int.*, passar uma noite, repousar, hospedar-se, dormir.
PER.NOI.TE, *s.m.*, ação de passar uma noite, pouso, hospedagem.
PER.NÓS.TI.CO, *adj.*, pretensioso, esnobe, pedante.
PE.RO.BA, *s.f.*, designação de uma árvore cuja madeira é de alto valor.
PE.RÔ.NIO, *s.m.*, osso da perna junto à tíbia.
PE.RO.RA.ÇÃO, *s.f.*, término de um discurso; fecho, encerramento.
PE.RO.RAR, *v.t. e int.*, terminar um discurso com termos inflamados.
PER.PAS.SAR, *v.t. e int.*, passar para frente, passar através, correr, deslizar, roçar suavemente.
PER.PEN.DI.CU.LAR, *adj.*, reta que forma com outra ângulos adjacentes iguais.
PER.PE.TRAR, *v.t.*, fazer, praticar, cometer atos delituosos.
PER.PÉ.TUA, *s.f.*, tipo de plantas e suas flores.
PER.PE.TU.AR, *v.t. e pron.*, eternizar, perenizar, propagar, distribuir.
PER.PÉ.TUO, *adj.*, eterno, perene, permanente.
PER.PLE.XO, *adj.*, vacilante, indeciso, admirado, boquiaberto, espantado.
PER.QUI.RIR, *v.t.*, investigar, buscar, indagar, interrogar.
PER.SA, *adj. e s.m.*, próprio da Pérsia ou seu habitante, ou idioma.
PERS.CRU.TAR, *v.t.*, perquirir, indagar, examinar a fundo, vascular.
PER.SE.GUIR, *v.t.*, seguir sempre, ir atrás, incomodar, aborrecer; punir, castigar.
PER.SE.VE.RAN.TE, *adj.*, contínuo, permanente, contumaz, teimoso, constante.
PER.SE.VE.RAR, *v.t. e int.*, manter-se firme, continuar, persistir, prosseguir.
PER.SI.A.NA, *s.f.*, tipo de cortina feita de lâminas plásticas ou de tecido.
PER.SIG.NAR, *v. pron.*, benzer-se, fazer o sinal da cruz com a mão.
PER.SIS.TÊN.CIA, *s.f.*, perseverança, firmeza, constância.
PER.SIS.TEN.TE, *adj.*, firme, perseverante, teimoso, constante.
PER.SIS.TIR, *v.t. e int.*, perseverar, continuar, permanecer, prosseguir.
PER.SO.NA.GEM, *s.f.*, cada ator que participa de peça teatral, filme ou novela; ser criado em narrativa de ficção.
PER.SO.NA.LI.DA.DE, *s.f.*, qualidade de ser pessoa, caráter de cada ser humano; alguém conhecido; tipo notório; indivíduo exaltado pela mídia.
PER.SO.NA.LIS.MO, *s.m.*, estado de quem acha que ele é o único.
PER.SO.NA.LI.ZA.DO, *adj.*, qualquer objeto que venha com o nome do dono.
PER.SO.NA.LI.ZAR, *v.t. e int.*, tornar pessoal, dar o nome de.
PER.SO.NI.FI.CA.ÇÃO, *s.f.*, atribuição de qualidades humanas a um objeto.
PER.SO.NI.FI.CAR, *v.t. e pron.*, personalizar, conceder qualidades de pessoa a um objeto, tornar o modelo, o tipo.
PERS.PEC.TI.VA, *s.f.*, arte de colocar os objetos como se apresentam à vista; desenho; *fig.*, vista, paisagem, miragem, prisma.
PERS.PI.CÁ.CIA, *s.f.*, sagacidade, visão aguda, inteligência.
PERS.PI.CAZ, *adj.*, vista penetrante, inteligente, sagaz, captador.
PER.SU.A.DIR, *v.t., int. e pron.*, convencer, levar a, argumentar para obter uma adesão, fazer aderir.
PER.SU.A.SÃO, *s.f.*, convicção, adesão, convencimento.
PER.TEN.CEN.TE, *adj.*, que é de alguém, que pertence a, relativo, referente.
PER.TEN.CER, *v.t.*, ser propriedade de, ser de, estar ligado a.
PER.TEN.CES, *s.m. pl.*, bens de alguém, objetos de.
PER.TI.NAZ, *adj.*, teimoso, obstinado, persistente, contumaz, seguro.
PER.TI.NEN.TE, *adj.*, relativo, concernente, referente, ligado, pertencente.
PER.TO, *adv.*, contíguo, próximo, ao lado.
PER.TUR.BA.ÇÃO, *s.f.*, turbação, perplexidade, vacilação, hesitação.
PER.TUR.BA.DO, *adj.*, alucinado, adoidado, psicótico, turbado.
PER.TUR.BA.DOR, *s.m.*, quem perturba, turbador.
PER.TUR.BAR, *v.t. e pron.*, desordenar, incomodar, aborrecer, turbar, abalar, atrapalhar.
PE.RU, *s.m.*, grande ave galinácea de carne muito apreciada.

PE.RU.A, *s.f.*, fêmea de peru; tipo de automóvel; *pop.*, mulher espalhafatosa.
PE.RU.A.NO, *adj. e s.m.*, próprio do Peru ou seu habitante.
PE.RU.CA, *s.f.*, cabeleira postiça.
PER.VER.SÃO, *s.f.*, devassidão, corrupção, decadência, ruína.
PER.VER.SO, *adj.*, malvado, pérfido, cruel, maligno, destruidor.
PER.VER.TER, *v.t. e pron.*, fazer ficar perverso, levar para o mal, corromper, transviar.
PER.VER.TI.DO, *adj.*, perverso, corrupto, decaído, arruinado, desgraçado; imoral.
PE.SA.DE.LO, *s.m.*, sonho povoado com imagens de horror.
PE.SA.DO, *adj.*, de muito peso, volumoso, lerdo, lento, difícil, penoso.
PE.SA.GEM, *s.f.*, ação de pesar, ato de pôr na balança para ver o peso.
PÊ.SA.MES, *s.m. pl.*, condolências, sentimentos; cumprimentos de dor por morte de alguém.
PE.SAR, *s.m.*, desgosto, tristeza, condolência, infelicidade.
PE.SAR, *v.t., int. e pron.*, ver o peso de, conferir, ponderar, verificar, ser oneroso.
PE.SA.RO.SO, *adj.*, entristecido, tristonho, condoído, arrependido.
PES.CA, *s.f.*, ato de pescar, pescaria; ato de pegar peixe.
PES.CA.DA, *s.f.*, tipo de peixe com carne muito apreciada.
PES.CA.DO, *adj.*, que foi pescado; *s.m.*, o que se pescou.
PES.CA.DOR, *s.m.*, quem pesca, profissional da pesca.
PES.CAR, *v.t. e int.*, apanhar peixe, praticar a pesca; *fig.*, entender, captar.
PES.CA.RI.A, *s.f.*, pesca, ação de pescar, o produto de uma pesca.
PES.CO.ÇÃO, *s.m.*, *pop.*, pancada no pescoço de alguém.
PES.CO.ÇO, *s.m.*, parte do corpo que junta o tronco à cabeça, colo.
PES.CO.ÇU.DO, *adj.*, que tem pescoço grande.
PE.SE.TA, *s.f.*, unidade monetária da Espanha.
PE.SO, *s.m.*, tudo que carrega ou oprime, massa, volume de um corpo; unidade monetária da Argentina e Uruguai; objeto de metal que, colocado na balança, indica quantos gramas um corpo tem; *fig.*, ônus, carga, prestígio.
PES.PE.GAR, *v.t. e pron.*, assentar com força, aplicar em, impor.
PES.QUEI.RO, *s.m.*, local para se pescar ou com muitos peixes; navio de pesca.
PES.QUI.SA, *s.f.*, busca, procura, indagação, trabalho para verificação.
PES.QUI.SAR, *v.t. e int.*, procurar, verificar, conferir, examinar, inquirir.
PES.SE.GA.DA, *s.f.*, doce de pêssego; cozido de pêssegos com água e açúcar.
PÊS.SE.GO, *s.m.*, fruto do pessegueiro.
PES.SE.GUEI.RO, *s.m.*, árvore rosácea que produz o pêssego.
PES.SI.MIS.MO, *s.m.*, tendência de ver tudo ruim, negativismo.
PES.SI.MIS.TA, *adj. e s.c. 2 gên.*, quem é dado ao pessimismo.
PÉS.SI.MO, *adj.*, superlativo de mau, muito ruim, o pior de tudo.
PES.SO.A, *s.f.*, ser, criatura humana, individualidade, caráter pessoal; os pronomes pessoais dos verbos: eu, tu, ele, ela, nós, vós, eles e elas.

PES.SO.AL, *adj.*, que é próprio da pessoa, inerente, íntimo; pronome; *s.m.*, o grupo de pessoas que trabalha em um local; povo, gente, multidão.
PES.SO.A.LI.DA.DE, *s.f.*, personalidade, qualidade de ser pessoa.
PES.SO.A.LI.ZAR, *v.t.* e *pron.*, personalizar, tornar pessoa, humanizar.
PES.SO.EN.SE, *adj.* e *s.c. 2 gên.*, próprio de João Pessoa ou seu habitante.
PES.TA.NA, *s.f.*, cílio; *expr.*, tirar uma pestana - dormir um pouco.
PES.TA.NE.JAR, *v.int.*, mover as pestanas, mexer as pestanas, hesitar, titubear.
PES.TE, *s.f.*, qualquer tipo de doença contagiosa, epidemia; *fig.*, algo pernicioso; *fig.*, pessoa ruim e desagradável.
PES.TE.AR, *v.t.* e *int.*, empestar, espalhar a peste, ser atacado pela peste.
PES.TI.LÊN.CIA, *s.f.*, peste, epidemia, doença contagiosa.
PE.TA, *s.f.*, lorota, mentira, inverdade, falsidade.
PÉ.TA.LA, *s.f.*, cada parte da corola, partes de uma flor.
PE.TA.LA.DO, *adj.*, formado por pétalas.
PE.TAR.DO, *s.m.*, bomba, explosivo forte; chute muito forte.
PE.TE.CA, *s.f.*, brinquedo feito com um receptáculo de couro para colocar penas e jogar com a palma das mãos.
PE.TE.LE.CO, *s.m. pop.*, golpe com a ponta dos dedos, piparote.
PE.TI.ÇÃO, *s.f.*, pedido, requerimento; pedido por escrito ao juiz em prol de uma causa.
PE.TIS.CAR, *v.t.* e *int.*, comer de leve, aperitivar, lambiscar.
PE.TIS.CO, *s.m.*, comida saborosa, aperitivo, alimento antes da refeição.
PE.TIZ, *s.m.*, *fam.*, adolescente, menino, criança.
PE.TI.ZA.DA, *s.f.*, meninada, garotada.
PE.TRE.CHOS, *s.m. pl.*, instrumentos para vários fins, apetrechos, objetos.
PÉ.TREO, *adj.*, feito de pedra, com forma de pedra.
PE.TRI.FI.CAR, *v.t.* e *pron.*, transformar em pedra, moldar como pedra, endurecer.
PE.TRO.GRA.FI.A, *s.f.*, estudo sistemático das pedras.
PE.TRO.LEI.RO, *s.m.*, navio feito para transportar petróleo.
PE.TRÓ.LEO, *s.m.*, substância mineral negra usada para a obtenção de combustíveis; dele (petróleo) se extrai um grande número de derivados.
PE.TRO.LÍ.FE.RO, *adj.*, que produz petróleo.
PE.TRO.QUÍ.MI.CA, *s.f.*, indústria que trabalha com produtos químicos derivados do petróleo.
PE.TU.LAN.TE, *adj.* e *s.c. 2 gên.*, atrevido, insolente, malcriado, desrespeitador.
PE.TÚ.NIA, *s.f.*, planta de flores vistosas.
PE.XO.TE, *s.m.*, pixote, tipo inexperiente.
PEZ, *s.m.*, piche, produto derivado do petróleo.
PE.ZA.DA, *s.f.*, golpe com o pé, batida com o pé.
PI, *s.m.*, letra do á-bê-cê grego, símbolo usado em Matemática.
PI.A, *s.f.*, móvel em forma de bacia, usado na cozinha para lavar louça; lavatório.
PI.Á, *s.m.*, petiz, guri, menino, curumim.
PI.A.BA, *s.f.*, piava, tipo de peixe pequeno de água doce.
PI.A.ÇA.BA, *s.f.*, fibra de palmeira com a qual se fabricam vassouras.
PI.A.DA, *s.f.*, anedota, fato cômico, historieta engraçada.
PI.A.DIS.TA, *s.c. 2 gên.*, contador de piadas.
PI.A.NIS.TA, *s.c. 2 gên.*, quem toca piano.
PI.A.NO, *s.m.*, instrumento de cordas e teclado.
PI.A.NO.LA, *s.f.*, tipo de piano elétrico.
PI.ÃO, *s.m.*, brinquedo com formato ovalado e uma ponta, jogado por meio de uma fieira e que o faz rodar.
PI.AR, *v. int.*, voz das aves, dar pios, emitir piados, pipilar.
PI.AU.I.EN.SE, *adj.* e *s.c. 2 gên.*, próprio do Piauí ou seu habitante.
PI.CA.DA, *s.f.*, mordida de cobra, ferida, furo de certos insetos sugadores de sangue; passagem na mata, senda, trilha.
PI.CA.DEI.RO, *s.m.*, local para exercitar os cavalos; no circo, palco dos artistas.
PI.CA.DI.NHO, *s.m.*, comida feita de carne cortada em pequenos nacos; carne moída, guisado.
PI.CA.DO, *adj.*, cheio de picadas, ferido, cortado.
PI.CA.NHA, *s.f.*, tipo de carne bovina muito macia e saborosa para churrasco.
PI.CAN.TE, *adj.*, apimentado, tempero forte; *fig.*, ferino, malicioso.
PI.CA-PAU, *s.m.*, nome de um pássaro, o qual bica os troncos, os paus.
PI.CAR, *v.t.* e *pron.*, dar picadas em, ferir, machucar, morder, quebrar, reduzir.
PI.CAR.DI.A, *s.f.*, ação de pícaro, malandragem, safadeza.
PI.CA.RES.CO, *adj.*, farsante, burlesco, ridículo, cômico.
PI.CA.RE.TA, *s.f.*, utensílio com cabo e uma parte metálica para cavar pedras; *pop.*, tipo inescrupuloso, safado, velhaco.
PÍ.CA.RO, *adj.*, astuto, esperto, finório, patife, safado.
PI.ÇA.RA, *s.f.*, rocha argilosa endurecida.
PI.CHAR, *v.t.*, passar piche em; *gír.*, falar mal de, escrever em muros.
PI.CHE, *s.m.*, pez, substância preta, viscosa, derivada do petróleo, para isolar.
PI.CÍ.DEOS, *s.m. pl.*, ramo das aves que inclui os pica-paus.
PICK-UP, *s.m.*, *(inglês)*, caminhonete com carroceria aberta.
PI.CLES, *s.m. pl.*, mistura de legumes ou verduras condimentados com vinagre, em recipientes fechados.
PI.CO, *s.m.*, parte mais alta de uma montanha ou de um fato, cume, ponta.
PI.CO.LÉ, *s.m.*, tipo de sorvete solidificado em um palito achatado.
PI.CO.TA.DOR, *s.m.*, instrumento para picotar, furar bilhetes, inutilizar os usados.
PI.CO.TAR, *v.t.*, inutilizar, fazer picotes, destruir documentos.
PI.CO.TE, *s.m.*, furos, sinais.
PIC.TÓ.RI.CO, *adj.*, referente à pintura.
PI.CU.I.NHA, *s.f.*, pipios de ave nova, mesquinhez, pirraça.
PI.E.DA.DE, *s.f.*, respeito para com as coisas sagradas, compaixão, dó.
PI.E.DO.SO, *adj. pio.*, religioso, que tem piedade.
PI.E.GAS, *adj.* e *s.c. 2 gên.*, sentimentaloide, sentimental, exagerado nos afetos.
PI.ER.RÔ, *s.m.*, personagem sentimental na antiga comédia itálica, fantasia de carnaval.
PI.FÃO, *s.m. pop.*, uma grande bebedeira.
PI.FAR, *v. int.*, sofrer uma pane, ter avarias, parar de funcionar.
PI.FE-PA.FE, *s.m.*, jogo de baralho.
PÍ.FIO, *adj.*, ordinário, sem valor.
PI.GAR.RE.AR, *v. int.*, tossir, soltar pigarro.
PI.GAR.RO, *s.m.*, problema na mucosa da garganta; catarro.
PIG.MEN.TA.ÇÃO, *s.f.*, ato de colorir com um pigmento.
PIG.MEN.TAR, *v.t.*, colorir como a pele, dar cor.
PIG.MEN.TO, *s.m.*, substância que dá coloração à pele ou a tecidos.
PIG.MEU, *s.m.*, pessoa de estatura pequeníssima.
PI.JA.MA, *s.f.*, roupa própria para dormir.
PI.LAN.TRA, *adj.* e *s.c. 2 gên. pop.*, cafajeste, tipo de mau caráter, desonesto.
PI.LAN.TRA.GEM, *s.f.*, ação de pilantra, malandragem.
PI.LAR, *s.m.*, coluna que suporta uma construção; *fig.*, suporte, arrimo, força.
PI.LAS.TRA, *s.f.*, pilar, coluna.
PI.LE.QUE, *s.m.*, *pop.*, bebedeira, embriaguez.
PI.LHA, *s.f.*, monte, objetos colocados uns sobre os outros; peça química que contém energia para acender lanternas ou mover objetos.
PI.LHA.GEM, *s.f.*, saque, roubalheira.

PILHAR

PI.LHAR, v.t. e pron., saquear, roubar, pegar; pegar em flagrante, surpreender.
PI.LHE.RI.A, s.f., pop., anedota, piada, dito, chiste.
PI.LHE.RI.AR, v. int., soltar pilhérias.
PI.LO.RO, s.m., orifício que estabelece a comunicação entre o estômago e o duodeno.
PI.LO.SO, adj., que contém pelos.
PI.LO.TA.GEM, s.f., atividade de piloto.
PI.LO.TAR, v.t. e int., guiar avião, dirigir como piloto.
PI.LO.TI, s.m., colunas que sustentam edifício cujo térreo fica livre.
PI.LO.TO, s.m., quem dirige um avião ou navio; dirigente de carro de corridas.
PÍ.LU.LA, s.f., comprimido, drágea.
PI.MEN.TA, s.f., designação do fruto de vários tipos de pimenteiras; tempero.
PI.MEN.TA-DO-REI.NO, s.f., planta que produz esse tempero, essa semente moída para servir como condimento.
PI.MEN.TA-MA.LA.GUE.TA, s.f., malagueta, tipo de pimenta muito forte.
PI.MEN.TÃO, s.m., fruto de uma planta solanácea, muito usado na cozinha.
PI.MEN.TEI.RA, s.f., pimenta, recipiente para colocar a pimenta.
PIM.PO.LHO, s.m., criança, nenê.
PI.NA.CO.TE.CA, s.f., coleção de quadros de pintura.
PI.NÁ.CU.LO, s.m., o cume, cimo, pico, o ponto mais elevado de um templo.
PIN.ÇA, s.f., tenaz, instrumento médico.
PIN.ÇAR, v.t., segurar, firmar, pegar, pegar qualquer um.
PÍN.CA.RO, s.m., pico, cume, parte mais elevada de uma montanha.
PIN.CEL, s.m., instrumento usado para pintar, colorir.
PIN.CE.LA.DA, s.f., um toque do pincel, vista rápida em.
PIN.CE.LAR, v.t., passar o pincel, pintar.
PIN.CE.NÊ, s.m., tipo de óculos antigos, com haste para prender no nariz.
PIN.DO.RA.MA, s.m., região das palmeiras.
PIN.GA, s.f., pop., cachaça, cana.
PIN.GA.DO, s.m. pop., copo de café com leite em algumas regiões.
PIN.GAR, v.t. e int., cair aos pingos, vir muito devagar, chover fraco, garoar.
PIN.GEN.TE, s.m., objeto que pende, brinco, joia.
PIN.GO, s.m., gota de um líquido.
PIN.GU.ÇO, s.m., cachaceiro, beberrão.
PIN.GUE.LA, s.f., ponte estreita para pedestres, tronco de árvore.
PIN.GUE-PON.GUE, s.m., tênis de mesa.
PIN.GUIM, s.m., designação de aves que vivem no Polo Sul.
PI.NHA, s.f., ata, fruta-do-conde.
PI.NHAL, s.m., pinheiral, bosque de pinheiros.
PI.NHÃO, s.m., fruto do pinheiro; peça do motor do carro.
PI.NHEI.RO, s.m, araucária.
PI.NHEI.RO-DO-PA.RA.NÁ, s.m., árvore de grande porte, araucária.
PI.NHO, s.m., madeira de pinheiro.
PI.NO, s.m., o ponto mais alto do Sol em seu giro; zênite.
PI.NO, s.m., qualquer haste metálica para juntar duas peças, parafuso, prego.
PI.NOI.A, s.f. pop., coisa reles, sem valor, inutilidade.
PI.NO.TE, s.m. salto, salto do cavalo.
PI.NO.TE.AR, v.int., dar pinotes, saltar.
PIN.TA, s.f., mancha, pingo de mancha; fig., jeito, aparência.
PIN.TA-BRA.VA, s.c. 2 gên., pessoa vivaldina, cafajeste, safado.
PIN.TA.DA, s.f., um tipo de onça.
PIN.TA.DO, adj., cheio de pintas; s.m., um tipo de peixe de água doce.
PIN.TAR, v.t., int. e pron., tingir, colorir, passar tinta em.
PIN.TAS.SIL.GO, s.m., pássaro canoro de nossas matas.
PIN.TO, s.m., filhote de galinha, pintinho.
PIN.TOR, s.m., quem pinta, quem sabe pintar.

PIN.TU.RA, s.f., a arte de pintar, obra feita por um pintor.
PI.O, s.m., pipio, piado, voz das aves; adj., piedoso, devoto, caridoso.
PI.O.LHA.DA, s.f., porção de piolhos.
PI.O.LHO, s.m., inseto que suga sangue de animais e seres humanos.
PI.O.NEI.RO, s.m., o primeiro; quem faz algo de novo; explorador, inventor.
PI.OR, adj., comparação de mau ou de mal; s.m., o que é péssimo.
PI.O.RAR, v.t. e int., passar a ser pior, agravar o estado, aumentar o ruim.
PI.OR.REI.A, s.f., inflamação do alvéolo dos dentes.
PI.PA, s.f., tonel, um grande barril, cachimbo, pandorga.
PI.PA.RO.TE, s.m., peteleco, pancada com os dedos, cascudo.
PI.PA.RÁ.CEAS, s.f. pl., família de plantas à qual se une a pimenta-do-reino.
PI.PI, s.m., na fala infantil, urina; xixi de criança, xixi.
PI.PI.LAR, v. int., piar, assobio de aves, voz de passarinhos.
PI.PO.CA, s.f., grão de milho fino, esquentado até explodir.
PI.PO.CAR, v.int., rebentar, explodir, estalar, saltar; noticiar.
PI.PO.QUEI.RO, s.m., vendedor de pipocas.
PI.QUE, s.m., brincadeira de crianças; força; disparada, ponto alto.
PI.QUE.NI.QUE, s.m., passeio, convescote, passeio em local aberto com merenda e bebida.
PI.QUE.TE, s.m., pau ou pedra para indicar limites de terrenos; grupo de soldados, grupo de grevistas.
PI.RA, s.f., fogueira para incinerar os cadáveres antigamente; fogo sagrado.
PI.RA.CE.MA, s.f., na desova, subida dos rios pelos peixes.
PI.RA.CI.CA.BA, s.f., local no rio que não deixa os peixes passarem.
PI.RA.DO, adj. pop., doido, louco, ensandecido.
PI.RAM.BEI.RA, s.f., perambeira, precipício, grota.
PI.RA.MI.DAL, adj., com forma de pirâmide.
PI.RÂ.MI.DE, s.f., corpo sólido com um polígono na base e vários triângulos no lado, finalizando com um vértice.
PI.RA.NHA, s.f., peixe carnívoro e predador de rios brasileiros; gir., prostituta.
PI.RÃO, s.m., mistura de um farináceo com água fria ou quente, temperada.
PI.RAR, v. int. e pron., pop., endoidecer, tornar-se louco.
PI.RA.RU.CU, s.m., grande peixe de água doce, dos rios amazônicos.
PI.RA.TA, s.m., praticante de pirataria; assaltante de navios; salteador de embarcações; que é fraudulento, não permitido.
PI.RA.TA.RI.A, s.f., assalto, roubo, saque.
PI.RA.TE.AR, v.t. e int., roubar, extorquir, assaltar; reproduzir algo sem licença.
PI.RES, s.m., prato pequeno, suporte para xícara.
PI.REX, s.m., tipo de vidro refratário, vidro que resiste a grandes temperaturas.
PI.RI.LAM.PO, s.m., vaga-lume, inseto que se caracteriza por um sinal luminoso.
PI.RI.TA, s.f., metal, sulfeto de ferro.
PI.RO.GA, s.f., barco estreito e comprido; barco indígena feito com um tronco.
PI.ROS.FE.RA, s.f., camada do centro da Terra com calor e lavas.
PI.RO.TEC.NI.A, s.f., a arte de armar fogos de artifício, pirotécnica.
PIR.RA.ÇA, s.f., teimosia, ação para desagradar a outrem.
PIR.RA.LHO, s.m., garoto, menino pequeno, moleque.
PI.RU.E.TA, s.f., cambalhota, jogada, pulo, revirar o corpo.
PI.RU.LI.TO, s.m., caramelo preso a um palito para a pessoa chupar.

PI.SA.DA, s.f., pancada com o pé, pegada, vestígio, rastro.
PI.SAN.TE, s.m.gir., pé, pata, sapato, botas.
PI.SAR, v.t e int., pôr o pé em, caminhar, mover os pés, calcar; fig., magoar, ferir, ser prepotente, esmagar.
PIS.CA.DE.LA, s.f., piscada leve e rápida, pequena piscada.
PIS.CA-PIS.CA, s.f., farol no carro, que indica a direção a seguir; indicador de rumo.
PIS.CAR, v.t. e int., fechar e abrir os olhos com rapidez; sinalizar com luzes.
PIS.CI.CUL.TOR, s.m., quem cultiva peixes; quem cria peixes.
PIS.CI.CUL.TU.RA, s.f, atividade econômica de criar peixes.
PIS.CI.FOR.ME, adj., que possui forma de peixe, semelhante a peixe.
PIS.CI.NA, s.f., tanque com água, construído para nadar e divertir-se. 
PIS.CO.SO, adj., cheio de peixe, em que há muito peixe.
PI.SO, s.m. solo, chão, pavimento, local em que se anda com os pés; o salário menor de uma classe de profissionais ou categoria sindical.
PI.SO.TE.AR, v.t., calcar com os pés, pisar, amassar com os pés.
PI.SO.TEI.O, s.m., ato de calcar com os pés, pisadura.
PIS.TA, s.f., pegada, vestígios, sinais, rastro; local para competições; na rodovia, os dois lados da estrada; no aeroporto, a faixa para o avião correr. 
PIS.TA.CHE, s.m., fruto consumível e usado em iguarias.
PIS.TÃO, s.m., instrumento de sopro para bandas, peça de motor de carro.
PIS.TO.LA, s.f., arma de fogo; pop. e ch., pênis.
PIS.TO.LÃO, s.m., proteção de tipos influentes para obter favores, patrocínio.
PIS.TO.LEI.RO, s.m., assassino, criminoso; indivíduo pago para matar.
PIS.TOM, s.m., pistão.
PI.TA, s.f., tipo de fibra extraída da piteira.
PI.TA.DA, s.f., porção, pouquinho, pequeníssima quantidade.
PI.TAN.GA, s.f., fruto vermelho, suculento e acridoce da pitangueira.
PI.TAN.GUEI.RA, s.f., arbusto que produz a pitanga.
PI.TAR, v.t. e int., fumar, fumar sobretudo palheiro.
PI.TEI.RA, s.f., boquilha para pôr o cigarro ao fumar.
PI.TÉU, s.m. pop., iguaria, algo gostoso para comer.
PI.TO, s.m., tipo de cachimbo; repreensão.
PI.TO.CO, adj. e s.m., animal de rabo curto; indivíduo de pequena estatura; pessoa que não entende de determinado assunto.
PÍ.TON, s.m., nome genérico de grandes serpentes; na Grécia antiga, adivinho para antever o futuro; adivinho, feiticeiro, mago.
PI.TO.RES.CO, adj., original, panorâmico, digno de ser pintado.
PI.TU, s.m., camarão que vive em água doce.
PI.TU.Í.TA, s.f., mucosa, mucosidade nasal. 
PI.TU.I.TÁ.RIA, s.f., membrana mucosa das fossas nasais.
PI.VE.TE, s.m., pop., adolescente ladrão, membro de gangue de assaltantes.
PI.VÔ, s.m., peça usada para fixar dentes, pino; fig., ligação, agente; personagem principal de um acontecimento.
PI.XA.IM, s.m., tipo de cabelo enrolado e crespo; s.m., carapinha.
PI.XO.TE, s.m., variação de pexote.
PIZ.ZA, s.f., comida italiana feita com trigo e outros ingredientes.
PIZ.ZA.RI.A, s.f., local em que se fazem e se vendem pizzas.
PLÁ, s.m., gir., conversa, colóquio.
PLA.CA, s.f., chapa, peça chata de qualquer material; quadrado metálico em que se escrevem as letras e números indicativos de um carro.
PLA.CAR, s.m., peça na qual se anotam pontos, pontuação.
PLA.CEN.TA, s.f., órgão do corpo feminino que envolve o feto.
PLA.CI.DEZ, s.f., calma, tranquilidade, paz, suavidade.
PLÁ.CI.DO, adj., calmo, tranquilo, sereno, pacífico.
PLA.GA, s.f., região, terra, torrão, paragens.
PLA.GI.AR, v.t., copiar de alguém, publicar como de sua autoria algo que é de outrem.
PLÁ.GIO, s.m., cópia, reprodução não autorizada; fig., pirataria.
PLAI.NA, s.f., máquina usada para desbastar, alisar peças.
PLA.NA.DOR, s.m., pequeno aeroplano sem motor.
PLA.NAL.TO, s.m., superfície de terra plana a um nível elevado do mar.
PLA.NAR, v. int., voar em planador; flutuar em planador.
PLA.NE.JA.MEN.TO, s.m., plano, projeto detalhado de tarefas, organização.
PLA.NE.JAR, v.t., elaborar um planejamento, projetar, planificar, prever. 
PLA.NE.TA, s.m., corpo celeste opaco, que gira em torno de uma estrela.
PLA.NE.TÁ.RIO, s.m., local instalado para se ter uma visão completa do firmamento com suas variações na posição dos corpos celestes.
PLA.NE.TOI.DE, s.m., com forma de planeta, pequeno planeta.
PLAN.GEN.TE, adj., choroso, triste, acabrunhado, que chora.
PLA.NÍ.CIE, s.f., extensão de terra sem acidentes de relevo, planura.
PLA.NI.FI.CAR, v.t., planejar, organizar, prever os fatos.
PLA.NI.LHA, s.f., formulário para colher dados, quadro, campo do micro para colocar dados.
PLA.NIS.FÉ.RIO, s.m., mapa plano do globo com os dois hemisférios.
PLA.NO, adj., nivelado, raso, alisado; fig., fácil, compreensível; s.m., planície; projeto, planejamento; ideia, intento.
PLAN.TA, s.f., todo tipo de vegetal, sola do pé; projeto de uma construção.
PLAN.TA.ÇÃO, s.f., plantio, ação de plantar. 
PLAN.TA.DEI.RA, s.f., máquina agrícola para plantar.
PLAN.TA.DO, adj., com a plantação pronta; imóvel, firme.
PLAN.TÃO, s.m., trabalho feito em instituições de atendimento urgente e essencial para os necessitados; prontidão.
PLAN.TAR, v.t., colocar na terra sementes ou mudas; fomentar, criar, investir; parar, firmar-se, ficar estático.
PLAN.TEL, s.m., conjunto de animais de raça, corte ou criação; grupo de jogadores de um time.
PLAN.TI.O, s.m., plantação, ato de plantar.
PLAN.TO.NIS.TA, s.c. 2 gên., quem fica no plantão, atendente.
PLA.NU.RA, s.f., planície.
PLA.QUE.TA, s.f., pequena placa, plaquinha.
PLAS.MA, s.m., parte do sangue que se apresenta líquida.

PLÁSTICA

PLÁS.TI.CA, s.t., trabalho de recondicionamento de partes do corpo humano; feitio do corpo humano, talhe, silhueta.
PLÁS.TI.CO, adj., moldável, plasmável; s.m., produto industrial que se presta para o fabrico de inúmeros artigos na moderna indústria.
PLAS.TI.FI.CAR, v.t., envolver com uma camada de plástico.
PLA.TA.FOR.MA, s.f., terraço, estrado, local de embarque em estações de trem e ônibus, parte marítima vizinha à costa até 12 km, planície; rampa.
PLA.TEI.A, s.f., espaço do público em espetáculos de auditório; conjunto de espectadores, claque.
PLA.TI.NA, s.f., elemento metálico.
PLA.TI.NA.DO, s.m., peça dos carros antigos com funções elétricas.
PLA.TI.NAR, v.t., dar cor de platina.
PLA.TI.NO, adj., da região do rio da Prata - argentinos e uruguaios.
PLA.TÔ, s.m., planalto, pequena planura elevada; peça de motor dos carros.
PLA.TÔ.NI.CO, adj., próprio de Platão, idealizado; relativo ao mundo das ideias.
PLA.TO.NIS.MO, s.m., filosofia de Platão, filósofo grego da ideia, da alma.
PLAU.SÍ.VEL, adj., aceitável, lógico, próprio.
PLAY.BOY, s.m., (inglês), indivíduo rico e aventureiro com mulheres; gastador.
PLAY.GROUND, s.m., (inglês), reservado para as crianças se divertirem, pátio, campo, jardim.
PLE.BE, s.f., a classe baixa da sociedade, povo, populaça, ralé, párias.
PLE.BEU, adj. e s.m., pertencente à plebe, vulgar.
PLE.BIS.CI.TO, s.m., parecer do eleitor por meio de um "sim" ou "não" em relação ao tema proposto pelas autoridades.
PLÊI.A.DE, s.f., estrelas da constelação das Plêiades; fig., grupo de intelectuais, sábios, pessoas ilustres pelo saber.
PLEI.TE.AR, v.t. e int., lutar por, defender, pugnar em favor de, argumentar em favor.
PLEI.TO, s.m., luta, pugna, demanda, lide; eleição.
PLE.NÁ.RIO, adj. e s.m., cheio, completo; assembleia de todos ou da maioria dos membros de uma sociedade para decidir um assunto.
PLE.NI.LÚ.NIO, s.m., lua cheia.
PLE.NI.PO.TÊN.CIA, s.f., poder absoluto, poder total.
PLE.NI.PO.TEN.CI.Á.RIO, adj. e s.m., com poderes totais; representante absoluto.
PLE.NO, adj., completo, cheio, total, perfeito, ótimo, beatífico.
PLE.O.NAS.MO, s.m., expressão repetida para enfatizar uma ideia ou modo repetitivo errôneo de expressão de uma palavra; redundância.
PLE.O.NÁS.TI.CO, adj., próprio de pleonasmo, redundante.
PLE.TO.RA, s.f., excesso de sangue no organismo.
PLEU.RA, s.f., membrana que reveste os pulmões.
PLEU.RI.SI.A, s.f., inflamação da pleura.
PLIN.TO, s.m., aparelho para fazer ginástica.
PLIS.SA.DO, adj. e s.m., pregueado, com rugas.
PLIS.SAR, v.t., fazer rugas, enrugar, formar pregas.
PLU.GUE, s.m., peça usada para conectar cabos ao sistema elétrico, na tomada.
PLU.MA, s.f., pena de ave; leveza, suavidade, maciez.
PLU.MA.GEM, s.f., as penas de uma ave; penas.
PLÚM.BEO, adj., feito de chumbo, com cor de chumbo.
PLU.RAL, adj. e s.m., palavra que indica vários elementos, várias pessoas.
PLU.RA.LI.DA.DE, s.f., mais elementos, que está no plural, a maioria.
PLU.RA.LIS.MO, s.m., o sistema que aceita várias tendências no todo.
PLU.RA.LI.ZAR, v.t., pôr no plural, multiplicar.
PLU.RI.CE.LU.LAR, adj., feito de várias células.
PLU.RI.PAR.TI.DÁ.RIO, adj., referente a vários partidos, a diversas facções.
PLU.RI.PAR.TI.DA.RIS.MO, s.m., sociedade que admite vários partidos.
PLU.TÃO, s.m., planeta do sistema solar; rei dos mortos, na mitologia.
PLU.TÔ.NIO, s.m., elemento químico radioativo.
PLU.VI.AL, adj., referente à chuva, próprio da chuva.
PLU.VI.O.ME.TRI.A, s.f., parte da meteorologia que se dedica à incidência da chuva.
PLU.VI.Ô.ME.TRO, s.m., aparelho para medir a quantidade de chuva durante um período.
PNEU, s.m., redução de pneumático; revestimento de borracha das rodas de veículos.
PNEU.MÁ.TI.CO, s.m., relativo ao ar ou a qualquer gás.
PNEU.MO.NI.A, s.f., inflamação dos pulmões.
PÓ, s.m., poeira, partículas secas que flutuam no ar ou se depositam; fig., ser humano.
PO.BRE, adj., sem posses, miserável, sem dinheiro, fraco, sem inteligência, desprotegido, estéril, infrutífero; s.m., miserável, mendigo.
PO.BRE.TÃO, s.m., ser humano muito pobre, miserável.
PO.BRE.ZA, s.f., miséria, falta do necessário para viver, indigência.
PO.ÇA, s.f., cova com água, água parada da chuva, água esparsa.
PO.ÇÃO, s.f., medicamento, beberagem, líquido como remédio.
PO.CIL.GA, s.f., chiqueiro, curral para suínos; fig., casa muito suja.
PO.ÇO, s.m., cisterna, abertura feita no solo para retirar água potável; qualquer abertura para adentrar o solo.
PO.DA, s.f., podadura, cortar os galhos de plantas para que rebrotem, corte.
PO.DAR, v.t., cortar os galhos de árvores, aparar; fig., corrigir, repreender.
PÓ DE AR.ROZ, s.m., pó fino e perfumado, que é passado no rosto por beleza.
PÓ-DE-MI.CO, s.m., substância que provoca coceira na pele, que traz comichão.
PO.DER, v.t., ter a possibilidade, a faculdade de fazer, ter a força de mandar, mandar, influenciar, exigir, ser dono.
PO.DER, s.m., mando, decisão, comando, a faculdade de realizar, império, posse, domínio, governo.
PO.DE.RI.O, s.m., domínio, comando, mando, influência.
PO.DE.RO.SO, adj., cheio de poder, com poder, influente, decisivo.
PÓ.DIO, s.m., estrado, armação na qual se colocam os vencedores à vista de todos; fig., glória.
PO.DRE, adj., em decomposição, putrefato, contaminado; s.m. pl., defeitos, erros.
PO.DRI.DÃO, s.f., putrefação, decomposição; fig., devassidão, corrupção.
PO.E.DEI.RA, s.f., galinha que põe ovos em grande quantidade.
PO.EI.RA, s.f., pó, terra seca em pó, restos no ar.
PO.EI.REN.TO, adj., cheio de pó, com muito pó.
PO.E.JO, s.m., planta medicinal.
PO.E.MA, s.m., composição escrita em versos, poesia.
PO.EN.TE, adj. e s.m., ocaso, ocidente, pôr do sol, oeste.
PO.E.SI.A, s.f., arte criativa de produzir uma obra literária, fazer versos.
PO.E.TA, s.m., vate, quem cria poesia, pessoa com sentimento para extravasar em forma de poema.
PO.E.TAR, v. t. e int., escrever poemas, exprimir-se em versos.
PO.É.TI.CA, s.f., a arte de compor versos; inspiração traduzida por poemas.
PO.É.TI.CO, adj., próprio da poesia, referente à poesia, inspirado, cálido.
PO.E.TI.SA, s.f., mulher que escreve poemas.
PO.E.TI.ZAR, v.t. e int., celebrar em poemas um fato, uma ação, uma ideia.
POIS, conj., mas, contudo, porém, porque, visto que.
PO.LA.CO, adj. e s.m., polonês, relativo à Polônia ou seu habitante.
PO.LAI.NAS, s.f. pl., cobertura do pé sobre o calçado ou da perna por sobre as calças.
PO.LAR, adj., próprio dos polos, sito na região dos polos.
PO.LA.RI.DA.DE, s.f., qualidade que o Polo Norte tem de atrair a agulha magnética da bússola.
PO.LA.RI.ZA.ÇÃO, s.f., cargas negativa e positiva de um corpo, atração.
PO.LA.RI.ZAR, v.t., atrair carga magnética; dominar as atenções somente para um elemento.
POL.CA, s.f., dança e música eslava muito rápida.
PO.LE.GA.DA, s.f., medida inglesa com 2,54 cm.
PO.LE.GAR, s.m., o dedo mais curto e grosso da mão humana.
PO.LEI.RO, s.m., ambiente para os galináceos dormirem; local elevado.

PO.LÊ.MI.CA, *s.f.*, debate, discussão, controvérsia, pontos de vista opostos.
PO.LE.MI.ZAR, *v.t.*, lutar, combater, criar uma controvérsia.
PÓ.LEN, *s.m.*, pó produzido pelos estames das flores; elemento fecundante dos vegetais.
PO.LEN.TA, *s.f.*, massa feita com fubá, sal e água, cozida por 45 min ao fogo.
PO.LI.A, *s.f.*, armação com uma armação para levantar pesos.
PO.LI.CHI.NE.LO, *s.m.*, personagem de farsas, boneco com corcova nas costas, boneco, títere, palhaço.
PO.LÍ.CIA, *s.f.*, organização para manter a segurança da sociedade; policial.
PO.LI.CI.AL, *s.c. 2 gên.*, agente da polícia, membro, polícia.
PO.LI.CI.AR, *v.t.*, dar segurança, vigiar, fiscalizar, controlar, dominar.
PO.LI.CLÍ.NI.CA, *s.f.*, instituição com médicos de diversos ramos da Medicina.
PO.LI.CRO.MI.A, *s.f.*, com muitas cores, desenho com diversas cores.
PO.LI.DEZ, *s.f.*, fineza, educação, finura.
PO.LI.DO, *adj.*, educado, fino, respeitoso, culto, civilizado.
PO.LI.DOR, *s.m.*, que faz polimento.
PO.LI.E.DRO, *s.m.*, corpo com muitas faces planas.
PO.LI.ÉS.TER, *s.m.*, substância usada na fabricação de plásticos.
PO.LI.FO.NI.A, *s.f.*, composição musical harmônica com sons variados.
PO.LI.FÔ.NI.CO, *adj.*, que reproduz várias vezes os sons.
PO.LÍ.GA.MO, *adj.*, que possui mais de um cônjuge ao mesmo tempo.
PO.LI.GLO.TA, *s.c. 2 gên.*, quem fala vários idiomas, o que se faz em mais línguas.
PO.LI.GO.NAL, *adj.*, com muitos ângulos.
PO.LÍ.GRA.FO, *s.m.*, quem se expressa sobre muitos assuntos.
PO.LI.ME.RI.ZA.ÇÃO, *s.f.*, reação pela qual duas moléculas se juntam criando outras maiores com os mesmos componentes.
PO.LÍ.ME.RO, *s.m.*, composto cujas moléculas são resultado da associação de diversas moléculas.
PO.LI.NI.ZA.ÇÃO, *s.f.*, ação de polinizar.
PO.LI.NI.ZA.DOR, *s.m.*, quem poliniza.
PO.LI.NI.ZAR, *v.t.*, levar o pólen ao estigma da flor.
PO.LI.NÔ.MIO, *s.m.*, expressão algébrica formada de diversos termos, ligados pelos sinais de mais ou menos.
PO.LI.O.MI.E.LI.TE, *s.f.*, pólio, inflamação da substância existente na medula da espinha.
PO.LIR, *v.t.* e *pron.*, lustrar, limpar, tornar brilhante; civilizar, educar, transformar.
PO.LIS.SI.LÁ.BI.CO, *adj.*, que tem quatro ou mais sílabas.
PO.LIS.SÍ.LA.BO, *s.f.*, palavra com quatro ou mais sílabas.
PO.LIS.SÍN.DE.TO, *s.m.*, ligação de palavras entre si, repetindo o mesmo termo.
PO.LI.TÉC.NI.CA, *s.f.*, escola que oferece muitas opções profissionais.
PO.LI.TÉC.NI.CO, *adj.*, referente a uma escola politécnica; que tem muitas técnicas.
PO.LI.TE.ÍS.MO, *s.m.*, sistema que aceita muitos deuses ao mesmo tempo.
PO.LÍ.TI.CA, *s.f.*, a arte de governar, a habilidade de atender aos anseios dos cidadãos, o conjunto de governo e indivíduos dedicados a esse trabalho.
PO.LI.TI.CA.GEM, *s.f.*, política dirigida a interesses pessoais.
PO.LÍ.TI.CO, *adj.*, referente à política, administrativo, hábil, conversador; *s.m.*, o indivíduo que segue a carreira dedicada à política.
PO.LI.TI.QUEI.RO, *s.m.*, quem faz politicagem, político interesseiro.
PO.LI.TI.ZAR, *v.t.*, iniciar no estudo a prática dos direitos e deveres do cidadão.
PO.LI.VA.LEN.TE, *adj.*, que vale para vários fins, versátil, exerce diversas funções.
PO.LO, *s.m.*, as duas partes extremas do eixo da Terra: Norte e Sul; essas regiões; pontos magnéticos opostos; *fig.*, todo centro de interesse; esporte.
PO.LO.NÊS, *adj* e *s.m.*, próprio da Polônia ou seu habitante, polaco.
POL.PA, *s.f.*, parte carnuda comestível das frutas.
POL.PU.DO, *adj.*, grande quantidade de dinheiro, remuneração elevada.
POL.TRÃO, *adj.* e *s.m.*, medroso, malandro, covarde.
POL.TRO.NA, *s.f.*, sofá, cadeira estofada com braços.
PO.LU.ÇÃO, *s.f.*, emissão indesejada de esperma.
PO.LU.EN.TE, *adj.*, que polui, que infecta, que suja.
PO.LU.IR, *v.t.* e *pron.*, infectar, sujar, manchar, corromper, desonrar.
POL.VI.LHAR, *v.t.*, cobrir com polvilho, derramar sobre substância muito fina.
POL.VI.LHO, *s.m.*, produto em forma de pó branco e fino, obtido de mandioca ralada e decantada.
POL.VO, *s.m.*, molusco de maior porte.
PÓL.VO.RA, *s.f.*, explosivo usado para fazer bombas ou disparar os tiros.
POL.VO.RO.SA, *s.f. pop.*, agitação, frenesi, arrebatamento.
PO.MA.DA, *s.f.*, produto farmacêutico pastoso para massagens.
PO.MAR, *s.m.*, grupo de árvores frutíferas plantadas, vergel.
POM.BA, *s.f.*, fêmea do pombo; *pop.* e *ch.*, vagina, vulva.
POM.BAL, *s.m.*, construção própria para os pombos se recolherem.
POM.BO, *s.m.*, designação de aves da família dos Columbídeos.
POM.BO-COR.REI.O, *s.m.*, tipo de pombo treinado e encarregado para levar mensagens entre pessoas.
PO.MO, *s.m.*, fruto, sobretudo os com muita polpa.
PO.MO DE A.DÃO, *s.m.*, gogó, saliência na parte dianteira do pescoço masculino.
POM.PA, *s.f.*, solenidade, luxo, aparato.
POM.PO.SO, *adj.*, cheio de pompa, luxuoso.
PON.CÃ, *s.f.*, variedade de tangerina, mexerica.
PON.CHE, *s.m.*, bebida obtida com a mistura de vários ingredientes.
PON.CHO, *s.m.*, ponche, capa de lã que se veste por cima do casaco, com abertura para colocar os braços e a cabeça.
PON.DE.RA.ÇÃO, *s.f.*, avaliação, consideração análise.
PON.DE.RAR, *v.t.* e *int.*, examinar bem, analisar, avaliar; refletir, pensar.
PON.DE.RÁ.VEL, *adj.*, que se deve avaliar, examinável.
PÔ.NEI, *s.m.*, cavalo pequeno, cavalo novo.
PON.TA, *s.f.*, extremidade de um objeto, vértice, cume; pequena participação em algum espetáculo; tipo de cabo geográfico; última novidade tecnológica.
PON.TA.DA, *s.f.*, dor repentina, fisgada.
PON.TA-DI.REI.TA, *s.m.*, jogador de futebol que joga pelo lado direito do campo.
PON.TA-ES.QUER.DA, *s.m.*, jogador de futebol que atua pelo lado esquerdo.
PON.TAL, *s.m.*, pedaço de terra entre a confluência de dois rios.
PON.TA.PÉ, *s.m.*, golpe com o pé.
PON.TA.RI.A, *s.f.*, ação de mirar uma arma com precisão.
PON.TE, *s.f.*, construção por rios, lagos, braços de mar para a passagem de pessoas e veículos; dentes presos a outros; *fig.*, ligação, intercâmbio.
PON.TE.AR, *v.t.* e *int.*, marcar com pontos, alinhavar, ajeitar.
PON.TEI.RA, *s.f.*, extremidade metálica de guarda-chuva ou tacos; nascente.
PON.TEI.RO, *s.m.*, mostrador de um aparelho; haste fina que mostra as horas no relógio ou nos mostradores de máquinas.
PON.TI.A.GU.DO, *adj.*, extremidade aguçada, extremidade fina e longa.
PON.TI.FI.CA.DO, *s.m.*, governo do Papa; duração desse governo, papado.

PONTÍFICE

PON.TÍ.FI.CE, s.m., sacerdote na antiga Roma, hoje Papa; prelado, bispo.
PON.TI.LHA.DO, adj., marcado com pontos; com desenho de pontinhos.
PON.TI.LHÃO, s.m., ponte rústica, ponte pequena.
PON.TI.LHAR, v.t., pontuar, marcar com pontos, pintar, salpicar.
PON.TO, s.m., qualquer sinal fixado numa superfície, furo de agulha; na frase, indica o término; contagem do que se ganha em jogos; região, local; as diversas partes do ensino escolar; situação de algumas iguarias no preparo; livro para o servidor marcar a entrada e a saída; parada de ônibus.
PON.TO DE EX.CLA.MA.ÇÃO, s.m., sinal gráfico usado no final da frase para indicar sentimento incontido (!).
PON.TO DE IN.TER.RO.GA.ÇÃO, s.m., sinal gráfico usado no final da frase para indicar que há um questionamento (?).
PON.TO DE VEN.DA, s.m., ponto comercial, local de venda.
PON.TO E VÍR.GU.LA, s.m., sinal gráfico que indica maior pausa que a vírgula (;).
PON.TO FI.NAL, s.m., sinal gráfico que indica o término de uma frase; fim.
PON.TU.A.ÇÃO, s.f., aplicação dos sinais gráficos para destacar partes dentro de um texto; destaque; indicação de pausas.
PON.TU.AL, adj., que cumpre o horário, exato, responsável.
PON.TU.AR, v.t. e int., colocar os sinais gráficos na frase, destacar.
PON.TU.DO, adj., aguçado, com ponta, fino na extremidade.
PO.PA, s.f., a parte traseira das embarcações.
PO.PE.LI.NA, s.f., tecido para vestuário.
PO.PU.LA.ÇÃO, s.f., povo, todo grupo de seres que habitam uma região.
PO.PU.LA.CHO, s.m., ralé, plebe, arraia-miúda, gentalha, gentinha.
PO.PU.LA.CI.O.NAL, adj., próprio da população, relativo ao número de pessoas.
PO.PU.LAR, adj., próprio do povo, relativo ao povo, conhecido, rotineiro.
PO.PU.LA.RI.ZAR, v.t. e pron., tornar conhecido entre o povo, aceitar o nível do povo.
PO.PU.LO.SO, adj., com muito povo, com muitas pessoas, muitos habitantes.
PÔ.QUER, s.m., um jogo de cartas de baralho.
POR, prep., palavra que indica relação de causa, meio, modo.
PÔR, v.t., colocar, assentar, deixar em, entregar, firmar, meter.
PO.RÃO, s.m., o compartimento inferior dos navios; o ambiente que se situa no solo, nas casas; fig., local escondido, segredos.
PO.RA.QUÊ, s.m., peixe dos rios amazônicos que emite descargas elétricas.
POR.CA, s.f., fêmea do porco, peça metálica com rosca para ser presa ao parafuso e fixar objetos.
POR.CA.DA, s.f., grande quantidade de porcos.
POR.CA.LHÃO, adj. e s.m., sujo, imundo, dado à imundície, desleixado.
POR.ÇÃO, s.f., parte, partícula, divisão, fração, parte de um todo; muito.
POR.CA.RI.A, s.f., sujeira, imundície; fig., obscenidade, coisa chula.
POR.CE.LA.NA, s.f., material cerâmico usado na confecção de louças.
POR.CEN.TA.GEM, s.f., percentagem, o quanto se atribui a um número.
POR.CO, s.m., mamífero com diversas espécies, usado na alimentação, suíno; fig. adj., imundo, obsceno, indecente, relaxado.
POR.CO-DO-MA.TO, s.m., tipo de porco selvagem, como o queixada ou caitetu.
POR.CO-ES.PI.NHO, s.m., ouriço, ouriço-cacheiro.
PÔR DO SOL, s.m., ocaso, o desaparecimento do Sol no horizonte, poente.
PO.RE.JAR, v.int., suar, soltar líquido pelos poros.
PO.RÉM, conj., mas, contudo, todavia, entretanto; s.m., obstáculo.
POR.ME.NOR, s.m., detalhe, minúcias, coisa mínima, contexto.
POR.ME.NO.RI.ZAR, v.t., detalhar, esmiuçar.
POR.NÔ, s.m., pornografia, obscenidades.
POR.NO.GRA.FI.A, s.f., literatura obscena, texto que explora tema chulo de cunho sexual.
PO.RO, s.m., orifício respiratório da pele.
PO.RO.RO.CA, s.f., onda enorme provocada pelo encontro das águas de certos rios com as do mar, como no Rio Amazonas.
PO.RO.SO, adj., que possui poros, que transpira.
POR.QUAN.TO, conj., por isso que.
POR.QUE, conj., visto que, dado que.
POR.QUÊ, s.m., motivo, razão.
POR.QUEI.RA, s.f., pocilga, casa suja; s.c. 2 gên., tipo imprestável, porcaria.
POR.QUI.NHO-DA-ÍN.DIA, s.m., animal roedor de pequeno porte, cobaia.
POR.RA, s.f., ch., esperma; interj. ch., indica incômodo.
POR.RA.DA, s.f. ch., soco, pancada, paulada.
POR.RE, s.m. pop., bebedeira, embriaguez.
POR.RE.TA, s.c. 2 gên., tipo bom, algo excelente, maravilha.
POR.RE.TA.DA, s.f., golpe com porrete, paulada, bordoada.
POR.RE.TE, s.m., pedaço de madeira preparado para bater em; cacete, pau.
POR.TA, s.f., abertura nas casas para entrada e saída; peça de madeira ou metálica para fechar a abertura da casa ou de móveis; abertura, entrada, saída.
POR.TA-A.VI.ÕES, s.m. pl., grande navio de guerra com aeroporto no convés.
POR.TA-BA.GA.GEM, s.m., compartimento do carro ou do ônibus, para pôr a bagagem.
POR.TA-BAN.DEI.RA, s.c. 2 gên., quem carrega a bandeira em um desfile.
POR.TA-CHA.PÉUS, s.m., pl., móvel para colocar os chapéus.
POR.TA-CHA.VES, s.m., pl., chaveiro, móvel para pendurar as chaves.
POR.TA.DOR, s.m., quem carrega, entregador, quem leva por e para outrem.
POR.TA-ES.TAN.DAR.TE, s.m., porta-bandeira.
POR.TA-JOI.AS, s.m., estojo para colocar as joias.
POR.TAL, s.f., entrada de uma cidade, entrada principal de um edifício.
POR.TA-MA.LAS, s.m., bagageiro, porta-bagagem.
POR.TA-NÍ.QUEIS, s.m., bolsa para colocar moedas.
POR.TAN.TO, conj., logo, por conseguinte, por isso.
POR.TÃO, s.m., porta maior, entrada de garagem, do jardim.
POR.TAR, v.t. e pron., carregar, levar, conduzir; pron., comportar-se.
POR.TA-RE.TRA.TOS, s.m., peça na qual se colocam fotos.
POR.TA.RI.A, s.f., porta, entrada de um edifício, local de recepção; determinação de autoridade sobre determinado tema.
PORTA-SEI.OS, s.m., parte da vestimenta íntima feminina, sutiã.
POR.TÁ.TIL, adj., que se transporta; leve, pequeno.
POR.TA-TO.A.LHAS, s.m., peça para pendurar toalhas.
POR.TA-VOZ, s.m., secretário, pessoa autorizada a transmitir o que o chefe disse.
POR.TE, s.m., modo de carregar, preço pago por um serviço, licença; silhueta, conduta.
POR.TEI.RA, s.f., portão de entrada em sítios, cancela.
POR.TEI.RO, s.m., responsável por uma portaria, recepcionista, guarda.
POR.TE.NHO, adj., referente ou habitante de Buenos Aires.
PÔR.TI.CO, s.m., entrada, porta de edifício; portão especial.
POR.TI.NHO.LA, s.f., pequena porta, abertura pequena.

POR.TO, *s.m.*, ancoradouro, local onde atracam navios, cais, *fig.*, amparo.
POR.TO-A.LE.GREN.SE, *adj.* e *s.c. 2 gên.*, próprio, natural ou habitante de Porto Alegre.
POR.TO-RI.QUE.NHO, *adj.e s.m.*, próprio, natural ou habitante de Porto Rico.
POR.TO-VE.LHEN.SE, *adj.* e *s.m.*, próprio ou habitante de Porto Velho.
POR.TU.Á.RIO, *s.m.*, trabalhador do porto, empregado no porto.
POR.TU.GUÊS, *adj.* e *s.m.*, próprio de Portugal ou seu habitante; idioma falado em Portugal, Brasil e ex-colônias lusas.
POR.VEN.TU.RA, *adv.*, por acaso, quiçá, possivelmente, sem dúvida, talvez.
POR.VIR, *s.m.*, futuro, o tempo que virá.
PO.SAR, *v. int.*, fazer pose, tomar posição para ser fotografado, pintado.
PO.SE, *s.m.*, postura para ser fotografado ou filmado; desejo de ser visto.
PÓS-ES.CRI.TO, *s.m.*, o que foi escrito depois; acréscimo a uma carta, livro.
POS.FÁ.CIO, *s.m.*, explanação final ao término de um livro.
PÓS-GRA.DU.A.ÇÃO, *s.f.*, um grau a mais para quem se graduou.
PÓS-GRA.DU.A.DO, *adj.*, que fez curso de pós-graduação.
PÓS-GRA.DU.AR, *v.t.*, conceder o título a quem completou pós-graduação.
PO.SI.ÇÃO, *s.f.*, situação, posto, grau, local, postura, comportamento.
PO.SI.CI.O.NAR, *v.t.*, colocar na posição, alinhar, postar.
PO.SI.TI.VIS.MO, *s.m.*, sistema filosófico de August Comte, que contempla apenas a parte prática e útil, a parte física do ser humano.
PO.SI.TI.VO, *adj.*, objetivo, comprovado, categórico, real, correto, certo.
PO.SO.LO.GI.A, *s.f.*, receita, indicação de como ministrar um remédio.
POS.POR, *v.t.*, colocar depois, adiar.
POS.SAN.TE, *adj.*, forte, robusto, musculoso.
POS.SE, *s.f.*, propriedade, mas sem títulos legais, domínio sobre uma coisa; ser empossado em um cargo, investidura.
POS.SEI.RO, *s.m.*, quem detém a posse de uma coisa, dono de terras sem escrituras.
POS.SES, *s.f.pl.*, bens, propriedades, meios.
POS.SES.SÃO, *s.f.*, o que é posse de outrem; país dominado por outro, colônia.
POS.SES.SI.VO, *adj.*, que possui, que domina; pronome possessivo que indica o possuidor.
POS.SES.SO, *adj.* e *s.m.*, que está na posse de; possuído pelo demônio; fora de si, louco.
POS.SI.BI.LI.TAR, *v.t.* e *pron.*, tornar possível, realizar, dar condições a.
POS.SÍ.VEL, *adj.*, que pode ser, realizável, praticável, permissível.
POS.SU.I.DOR, *s.m.*, quem possui, dono, proprietário.
POS.SU.IR, *v.t.* e *pron.*, ter, deter, dominar, usufruir, desfrutar, conter; ter relação sexual com.
POS.TA, *s.f.*, naco, pedaço, fatia; administração do correio.
POS.TAL, *adj.*, próprio do correio.
POS.TA.LIS.TA, *s.c. 2 gên.*, pessoa que trabalha no correio.
POS.TAR, *v.t.* e *pron.*, colocar no correio, pôr alguém em, colocar-se, aprumar-se, permanecer.
POS.TE, *s.m.*, objeto comprido e alto de madeira, ferro, cimento fixo no solo para segurar fios; *fig.*, alguém muito alto e magro.
PÔS.TER, *s.m.*, cartaz, impresso em forma de quadro para expor algo.
POS.TER.GAR, *v.t.*, adiar, deixar atrás, esquecer, não fazer, desprezar.
POS.TE.RI.DA.DE, *s.f.*, grupo de pessoas da mesma linhagem, pessoas futuras.
POS.TE.RI.OR, *adj.*, ulterior, que vem depois, atrasado.
POS.TI.ÇO, *adj.*, falso, inventado, que se pode pôr e tirar.
POS.TI.GO, *s.m.*, pequena abertura em portas para não ver quem chega sem abri-las, portinhola, furo.
POS.TO, *adj.*, colocado, disposto, alinhado; *s.m.*, qualquer local; local para venda de combustível, ponto de vigilância policial; cargo, função.
POS.TU.LA.DO, *s.m.*, tese, proposição, exigência.
POS.TU.LAR, *v.t.*, insistir, exigir, suplicar, requerer.
PÓS.TU.MO, *adj.*, depois de morto, obra publicada após a morte do autor.
POS.TU.RA, *s.f.*, colocação, posição, atitude, comportamento, talhe, feitio.
PO.TÁS.SIO, *s.m.*, elemento metálico.
PO.TÁ.VEL, *adj.*, bebível, que se pode beber, água purificada.
PO.TE, *s.m.*, vaso para líquidos.
PO.TÊN.CIA, *s.f.*, característica do que é potente; nação poderosa, poder, força, vigor, mando, domínio.
PO.TEN.CI.A.ÇÃO, *s.f.*, em Matemática, obter produto de fatores iguais.
PO.TEN.CI.AL, *adj.*, possível, realizável; conjunto de forças, possibilidades.
PO.TEN.CI.AR, *v.t.*, colocar a potenciação.
PO.TEN.TE, *adj.*, poderoso, forte, rijo, robusto, resistente.
PO.TI.GUAR, *adj.*, rio-grandense-do-norte.
PO.TRAN.CA, *s.f.*, égua com menos de dois anos; *pop.*, mulher nova e bonita.
PO.TRO, *s.m.*, cavalo novo.
POU.CA-VER.GO.NHA, *s.f.*, sem-vergonhice, descaramento, safadeza.
POU.CO, *adv.*, menos, não muito; *adj.*, escasso, diminuto; *s.m.*, pequena porção; coisa de nenhum valor.
POU.PAN.ÇA, *s.f.*, economia; conta bancária para guardar dinheiro.
POU.PAR, *v.t.*, *int.* e *pron.*, economizar, guardar dinheiro; não castigar, tratar com suavidade.
POU.SA.DA, *s.f.*, hospedaria, pensão, estalagem, hotel, local para pernoite.
POU.SAR, *v.t.*, *int.* e *pron.*, repousar, hospedar-se, pernoitar, aterrissar, descer.
POU.SO, *s.m.*, pernoite, aterrissagem.
PO.VA.RÉU, *s.m.*, povo, povão, gentalha.
PO.VO, *s.m.*, cada um dos habitantes de uma região, de uma nação.
PO.VO.A.ÇÃO, *s.f.*, lugarejo, aldeia, povoado; as pessoas de um local.
PO.VO.A.DO, *adj.*, local com habitantes; *s.m.*, lugarejo, vila, povoação.
PO.VO.AR, *v.t.* e *pron.*, colocar habitantes em; fundar um povoado.
PO.VOS, *s.m.* e *pl.*, as nações, os países do mundo.
PRA.ÇA, *s.f.*, logradouro, local público nas cidades, para as pessoas repousarem; soldado raso; cidade comercial.
PRA.CI.NHA, *s.m.*, soldado brasileiro que lutou na última guerra mundial.
PRA.DA.RI.A, *s.f.*, prados, campos, várzea, planícies.
PRA.DO, *s.m.*, pastagem, planície coberta de gramíneas, campina.
PRA.GA, *s.f.*, epidemia, doença contagiosa, maldade rogada a, desgraça, maldição.
PRAG.MÁ.TI.CO, *adj.*, objetivo, positivo, real, prático.
PRAG.MA.TIS.MO, *s.m.*, sistema que olha tudo pela praticidade, positivismo.
PRA.GUE.JAR, *v.t.* e *int.*, esconjurar, soltar pragas, blasfemar, difamar, amaldiçoar.
PRAI.A, *s.f.*, a parte arenosa na beira do mar; costa, litoral.
PRAI.A.NO, *adj.*, próprio da praia; *s.m.*, morador da praia.
PRAN.CHA, *s.f.*, tábua grossa e forte.
PRAN.CHE.TA, *s.f.*, mesa apropriada para desenhar.
PRAN.TE.AR, *v.t.*, *int.* e *pron.*, chorar, lamentar, sentir dor por.
PRAN.TO, *s.m.*, choro, lamento, lágrimas.
PRA.TA, *s.f.*, elemento metálico de cor brilhante e muito valor no mercado.
PRA.TA.DA, *s.f.*, o conteúdo de um prato.
PRA.TA.RI.A, *s.f.*, muitos pratos; muita louça de prata, baixela de prata.
PRA.TE.A.DO, *adj.*, banhado em prata, cor de prata.
PRA.TE.AR, *v.t.*, revestir com prata, dar a aparência de prata.
PRA.TE.LEI.RA, *s.f.*, suportes, divisórias de uma estante para colocar livros ou outros objetos.
PRÁ.TI.CA, *s.f.*, experiência adquirida pela ação.
PRA.TI.CAR, *v.t.* e *int.*, realizar, efetuar, obrar, plasmar.
PRA.TI.CÁ.VEL, *adj.*, viável, que se pode fazer, executável.

PRÁ.TI.CO, adj., experiente, que aprendeu por experiência; s.m., quem exerce uma função adquirida por experiência.

PRA.TO, s.m., peça de louça para pôr comida; iguarias servidas em uma refeição.

PRA.ZEN.TEI.RO, adj., alegre, satisfeito, simpático, afável.

PRA.ZER, s.m., satisfação, deleite, sensação de bem-estar, fruição.

PRA.ZE.RO.SO, adj., em que há prazer, agradável, alegre.

PRA.ZO, s.m., tempo determinado para a realização de um ato; data pré-marcada.

PRE.Á, s.c. 2 gên., roedor de pequeno porte, da família dos Cavídeos.

PRE.A.MAR, s.f., o ponto máximo da maré alta; maré cheia.

PRE.ÂM.BU.LO, s.m., prefácio, introdução, abertura.

PRE.CÁ.RIO, adj., frágil, incerto, duvidoso, transitório.

PRE.CAU.ÇÃO, s.f., prevenção, cautela.

PRE.CA.VER, v.t., prevenir, precatar-se, ficar alerta.

PRE.CE, s.f., oração, pedido, súplica.

PRE.CE.DÊN.CIA, s.f., preterição, preferência.

PRE.CE.DEN.TE, s.m., medida usada com anterioridade, algo anterior.

PRE.CE.DER, v.t. e int., vir, chegar antes, antepor, colocar na frente.

PRE.CEI.TO, s.m., norma, ordem, lei, mandamento.

PRE.CEI.TU.AR, v.t. e int., ordenar, receitar, prescrever, ditar normas.

PRE.CEI.TU.Á.RIO, s.m., conjunto de preceitos.

PRE.CEP.TOR, s.m., guia, mestre, responsável.

PRE.CI.O.SO, adj., valioso, caro, estimado, amado.

PRE.CI.PÍ.CIO, s.m., despenhadeiro, abismo.

PRE.CI.PI.TA.DO, adj., imprudente, desajuizado.

PRE.CI.PI.TAR, v.t. e pron., lançar-se, jogar-se, atirar-se, despencar, cair.

PRE.CI.SÃO, s. f., necessidade, exatidão, perfeição, esmero.

PRE.CI.SAR, v.t. e int., necessitar, carecer, fazer exato, esmerar, detalhar.

PRE.CI.SO, adj., carente, necessário, exato, perfeito, esmerado.

PRE.ÇO, s.m., valor, custo, quantidade a ser paga; merecimento; fig., castigo.

PRE.CO.CE, adj., prematuro, que veio antes do tempo.

PRE.CON.CEI.TO, s.m., ideia errada a respeito de; juízo errado sobre algo.

PRE.CO.NI.ZAR, v.t., anunciar, publicar na imprensa, antever fatos, recomendar.

PRE.CUR.SOR, s.m., guia, quem vem antes de alguém, o primeiro.

PRE.DA.DOR, s.m., destruidor, arrasador.

PRÉ-DA.TA.DO, adj., qualquer documento com data a vencer no futuro.

PRÉ-DA.TAR, v.t., colocar data futura.

PRE.DES.TI.NA.DO, adj. e s.m., iluminado, vocacionado por antecedência.

PRE.DES.TI.NAR, v.t., dar um destino antes; prever, antecipar, escolher.

PRE.DE.TER.MI.NAR, v.t., firmar, indicar, determinar com antecipação.

PRE.DI.AL, adj., que se refere a prédios.

PRÉ.DI.CA, s.f., sermão, prática, discurso religioso.

PRE.DI.CA.ÇÃO, s.f., gramaticalmente, fala-se da ligação entre o sujeito e o verbo dentro da oração.

PRE.DI.CA.DO, s.m., qualidades, virtudes, dote, valores morais.

PRE.DI.CA.TI.VO, adj. e s.m., qualificativo dado ao sujeito ou ao objeto.

PRE.DI.LE.ÇÃO, s.f., preferência, afeto exagerado, exclusividade.

PRE.DI.LE.TO, adj., amado, preferido, exclusivo.

PRÉ.DIO, s.m., edifício, construção, imóvel.

PRE.DIS.POR, v.t. e pron., colocar antes, arrumar antes, destinar com antecedência.

PRE.DIS.PO.SI.ÇÃO, s.f., vocação, tendência, inclinação.

PRE.DIS.POS.TO, adj., pré-arranjado, colocado antes, ajeitado, inclinado.

PRE.DI.ZER, v.t., vaticinar, prever, antecipar os fatos, profetizar.

PRE.DO.MI.NAN.TE, adj., que predomina, o mais forte.

PRE.DO.MI.NAR, v.t., prevalecer, mandar, comandar, preponderar.

PRE.DO.MÍ.NIO, s.m., mando, comando, preponderância, preferência no mando.

PRE.EN.CHER, v.t., encher, ocupar, exercer o cargo.

PRÉ-ES.CO.LAR, adj. e s.m., atividade antes da escola, pré.

PRE.ES.TA.BE.LE.CER, v.t., firmar antes, acertar com antecedência.

PRE.E.XIS.TIR, v.t. e int., existir antes, ter existência anterior.

PRÉ-FA.BRI.CA.DO, adj., que se fabrica antes de montar no posto definitivo.

PRE.FA.CI.AR, v.t., escrever o prefácio, introduzir, fazer o preâmbulo.

PRE.FÁ.CIO, s.m., introdução, parte introdutória de um livro, prólogo.

PRE.FEI.TO, s.m., chefe político executivo do município, alcaide.

PRE.FEI.TU.RA, s.f., paço, edifício da administração municipal.

PRE.FE.RÊN.CIA, s.f., predileção, favorecimento.

PRE.FE.REN.CI.AL, adj., predileto, favorito, mais amado; s.f., rua principal.

PRE.FE.RIR, v.t. e int., dar preferência, a favor de, querer mais a, favorecer.

PRE.FI.GU.RAR, v.t. e pron., desenhar o que virá, prever, vaticinar.

PRE.FI.XAR, v.t., fixar antes, marcar com antecedência.

PRE.FI.XO, s.m., elemento que se liga à palavra, na frente, para uma nova; musical ou sinal para abrir ou encerrar programas radiofônicos.

PRE.GA, s.f., dobra, ruga.

PRE.GA.ÇÃO, s.f., ato de pregar, propalação, prédica, exposição.

PRE.GÃO, s.m., anúncio, proclamação, ato de venda de valores em hasta ou bolsa; anúncio de casamentos.

PRE.GAR, v.t., fixar com prego, colocar prego em; mirar, fixar; fazer sermões, anunciar, evangelizar.

PRE.GO, s.m., haste metálica com cabeça para fixar materiais; fig., casa de penhores.

PRE.GO.EI.RO, s.m., quem anuncia os valores nos pregões.

PRE.GÕES, s.m. pl., anúncio de casamento.

PRE.GRES.SO, adj., já passado, decorrido, passado antes.

PRE.GUE.A.DO, adj., com pregas, com rugas.

PRE.GUE.AR, v.t., provocar pregas em, enrugar.

PRE.GUI.ÇA, s.f., horror ao trabalho, ao esforço; nenhuma vontade para o trabalho; mamífero desdentado arborícola de movimentos lentos.

PRE.GUI.ÇO.SO, adj., que é dado à preguiça, malandro, vadio.

PRÉ-HIS.TÓ.RIA, s.f., parte da história que se dedica ao período anterior ao registro escrito dos fatos.

PRÉ-HIS.TÓ.RI.CO, adj., próprio da pré-história; algo muito antigo.

PRE.JU.DI.CAR, v.t. e pron., lesar, ser prejudicial, ser nocivo, desvalorizar.

PRE.JU.DI.CI.AL, adj., nocivo, lesivo, que prejudica.

PRE.JU.Í.ZO, s.m., perda, dano, lesão.

PRE.JUL.GAR, v.t., julgar com antecedência, formar opinião antes.

PRE.LA.DO, s.m., título dado a autoridades da igreja, como bispos, padres.

PRE.LE.ÇÃO, s.f., exposição didática, conferência, palestra.

PRE.LE.CI.O.NAR, v. int., ensinar, dar lição, ministrar aula; falar, discursar.

PRE.LI.MI.NAR, adj. e s.m., a parte inicial, a entrada.

PRÉ.LIO, s.m., luta, batalha, pugna, disputa.

PRE.LO, s.m., prensa, impressora.

PRE.LÚ.DIO, s.m., prefácio, preâmbulo, introdução, abertura de uma peça musical.

PRE.MA.TU.RO, adj., precoce, que nasceu antes do tempo normal de gestação.

PRE.ME.DI.TAR, v.t., meditar, resolver antes de tudo, raciocinar.

PRE.MEN.TE, adj., que pesa, que faz pressão, opressivo, urgente.

PRE.MI.A.DO, adj., com prêmio, número da loteria sorteado.

PRE.MI.AR, v.t., dar um prêmio, conceder algo a; pagamento de um favor.

PRÊ.MIO, s.m., recompensa dada a quem se destaca em uma disputa; o que recebe quem é sorteado na loteria; pagamento para companhia de seguros.

PRE.MIS.SA, *s.f.,* antecedente.
PRÉ-MO.LAR, *s.m.,* tipo de dente posto antes dos molares.
PRE.MO.NI.ÇÃO, *s.f.,* intuição de um fato futuro, previsão do que vai acontecer.
PRE.MO.NI.TÓ.RIO, *adj.,* intuitivo, indicativo do que vai acontecer.
PRE.MU.NIR, *v.pron.,* preparar-se com antecedência, prevenir-se, acautelar-se.
PRÉ-NA.TAL, *adj.,* época anterior ao nascimento da criança.
PREN.DA, *s.f.,* brinde, dádiva, presente, prêmio; aptidão.
PREN.DA.DO, *adj.,* dotado, aquinhoado, apto.
PREN.DAR, *v.t.,* brindar, dar prendas a, aquinhoar.
PREN.DER, *v.t.* e *pron.,* ligar, amarrar, atar, segurar, fixar, capturar, acorrentar.
PRE.NHE, *adj.,* grávida, que está para dar à luz.
PRE.NO.ME, *s.m.,* o primeiro nome de alguém.
PREN.SA, *s.f.,* máquina para comprimir, espremer; prelo.
PREN.SAR, *v.t.,* espremer, apertar, comprimir, achatar.
PRE.NUN.CI.AR, *v.t.,* vaticinar, profetizar.
PRE.NÚN.CIO, *s.m.,* anúncio, proclamação de algo futuro.
PRE.O.CU.PA.ÇÃO, *s.f.,* ideia fixa, perturbação, turbação, inquietude.
PRE.O.CU.PAR, *v.t.* e *pron.,* perturbar, inquietar, turbar.
PRE.OR.DE.NAR, *v.t.,* ordenar com antecedência, acertar antes.
PRE.PA.RA.ÇÃO, *s.f.,* preparo, ato de preparar, matéria obtida com misturas.
PRE.PA.RA.DO, *adj.,* preparado com antecedência, arrumado antes.
PRE.PA.RAR, *v.t.* e *pron.,* ajeitar, aprontar, deixar pronto, treinar, qualificar, armar.
PRE.PA.RA.TI.VOS, *s.m. pl.,* preparação, preparos.
PRE.PA.RO, *s.m.,* preparação, qualificação.
PRE.PON.DE.RÂN.CIA, *s.f.,* domínio, poder, supremacia.
PRE.PON.DE.RAR, *v.t.* e *int.,* comandar, influenciar, predominar, ser mais importante.
PRE.PO.SI.ÇÃO, *s.f.,* palavra invariável que liga duas palavras entre si.
PRE.PO.SI.TI.VO, *adj.,* próprio da preposição, que está em destaque.
PRE.PO.TÊN.CIA, *s.f.,* característica do prepotente, abuso de mando.
PRE.PO.TEN.TE, *adj.,* poderoso, influente, despótico, ditatorial.
PRÉ-PRI.MÁ.RIO, *adj.* e *s.m.,* próprio de curso anterior ao primário.
PRE.PÚ.CIO, *s.m.,* pele que cobre a glande do pênis.
PRER.RO.GA.TI.VA, *s.f.,* privilégio, direito a, preferência, predileção.
PRE.SA, *s.f.,* o que foi capturado, caça; dente canino de certos carnívoros.
PRES.BI.TE.RI.A.NO, *s.m.,* aquele que segue o presbiterianismo, cuja autoridade é o presbítero.
PRÉS.BI.TÉ.RIO, *s.m.,* secção da igreja própria para os padres, sacerdotes.
PRES.BÍ.TE.RO, *s.m.,* sacerdote, padre; em outras religiões, o guia, o conselheiro.
PRES.CIN.DIR, *v.t.,* dispensar, não ser necessário.
PRES.CRE.VER, *v.t.* e *int.,* receitar, determinar, indicar; cair em desuso, perder os efeitos legais por prazo.
PRE.SEN.ÇA, *s.f.,* estar junto, estar presente, comparecimento.
PRE.SEN.CI.AR, *v.t.,* ver, estar presente, assistir a, observar.
PRE.SEN.TE, *adj.,* momentâneo, pessoal, o próprio; *s.m.,* tempo presente, atual; tempo verbal dos fatos atuais; dom, oferta, oferenda, doação, dádiva.
PRE.SEN.TE.AR, *v.t.* dar como presente, entregar gratuitamente, obsequiar.
PRE.SÉ.PIO, *s.m.,* estrebaria, manjedoura; representação, por imagens e paisagens, do local no qual teria nascido Jesus.
PRE.SER.VAR, *v.t.* e *pron.,* abrigar, resguardar, manter.
PRE.SER.VA.TI.VO, *s.m.,* todo objeto que evite a concepção, camisa de vênus (camisinha).
PRE.SI.DÊN.CIA, *s.f.,* cargo, função de presidente; período em que dura a função.
PRE.SI.DEN.CI.A.LIS.MO, *s.m.,* sistema pelo qual o presidente enfeixa todo o poder executivo com os seus ministros.

PRE.SI.DEN.TE, *s.m.,* quem preside a um encontro; quem preside os trabalhos de uma sessão.
PRE.SI.DI.Á.RIO, *s.m.,* quem foi preso para cumprir a pena em um presídio.
PRE.SÍ.DIO, *s.m.,* estabelecimento para recolher presos, cadeia.
PRE.SI.DIR, *v.t* e *int.,* praticar as funções de presidente, dirigir.
PRE.SI.LHA, *s.f.,* cordão, tira com dispositivo para prender, fixar, amarrar.
PRE.SO, *adj.,* ligado, amarrado, atado, colocado em cadeia; *s.m.,* encarcerado.
PRES.SA, *s.f.,* rapidez, velocidade, celeridade, imaturidade, irreflexão.
PRES.SA.GI.AR, *v.t.,* prever, anunciar algo ruim; vaticinar.
PRES.SÁ.GIO, *s.m.,* qualquer sinal que mostra o que virá no futuro, agouro.
PRES.SÃO, *s.f.,* compressão, fazer força sobre algo, influência.
PRES.SEN.TI.MEN.TO, *s.m.,* intuição, percepção antecipada de algo por vir.
PRES.SEN.TIR, *v.t.,* perceber, sentir, adivinhar, prever.
PRES.SI.O.NAR, *v.t.,* forçar, fazer pressão sobre, influenciar.
PRES.SU.POR, *v.t.,* presumir, imaginar, achar, levantar a hipótese.
PRES.SU.PO.SI.ÇÃO, *s.f.,* hipótese, conjetura, ideia antecipada.
PRES.SU.POS.TO, *s.m.,* pressuposição, imaginação, ideia, hipótese.
PRES.SU.RI.ZAR, *v.t.,* manter o nível da pressão atmosférica em um ambiente.
PRES.SU.RO.SO, *adj.,* apressado, agitado, nervoso, inquieto, descontrolado.
PRES.TA.ÇÃO, *s.f.,* parcela, quota, parte de um todo.
PRES.TAR, *v.t., int.* e *pron.,* ser útil, ter serventia; ajudar, secundar.
PRES.TA.TI.VO, *adj.,* obsequioso, disposto a ajudar, amigo.
PRES.TES, *adj.,* pronto, preparado, quase pronto, iminente.
PRES.TE.ZA, *s.f.,* rapidez, solicitude, agilidade, ligeireza.
PRES.TI.DI.GI.TA.ÇÃO, *s.f.,* ilusão, ilusionismo, engano da vista.
PRES.TI.DI.GI.TA.DOR, *s.m.,* ilusionista, que engana.
PRES.TI.GI.AR, *v.t.* e *pron.,* honrar, dar prestígio, distinguir.
PRES.TÍ.GIO, *s.m.,* honra, distinção, preferência, crédito, reputação.
PRÉS.TI.MO, *s.m.,* utilidade, serventia.
PRES.TI.MO.SO, *adj.,* útil, obsequioso, serviçal, prestativo, pronto.
PRE.SU.MI.DO, *adj.,* provável, pernóstico, vaidoso.
PRE.SU.MIR, *v.t.* e *int.,* achar, formar hipótese, imaginar, supor.
PRE.SUN.ÇÃO, *s.f.,* ato de imaginar algo; vaidade, arrogância, imaginação.
PRE.SUN.TO, *s.m.,* iguaria preparada com carne de porco, pernil; *gir.,* cadáver.
PRE.TE.JAR, *v.int.,* tornar preto, empretecer.
PRE.TEN.DEN.TE, *s.c. 2 gên.,* candidato, quem aspira a alguma coisa.
PRE.TEN.DER, *v.t.* e *pron.,* aspirar a, querer, desejar, ambicionar, visar a.
PRE.TEN.SÃO, *s.f.,* aspiração, desejo, ambição; vaidade exagerada.
PRE.TEN.SI.O.SO, *adj.,* vaidoso, ambicioso, pernóstico, exagerado.
PRE.TEN.SO, *adj.,* suposto, imaginário, fictício.
PRE.TE.RIR, *v.t.,* desprezar, esquecer, escolher outro.
PRE.TÉ.RI.TO, *adj.* e *s.m.,* passado, tempo verbal para indicar o que passou.
PRE.TEX.TAR, *v.t.,* alegar, dizer que, arrumar um motivo, desculpar-se.
PRE.TEX.TO, *s.m.,* escusa, saída, motivo alegado.
PRE.TO, *adj.* e *s.m.,* negro, de cor negra, escuro.
PRE.TOR, *s.m.,* na antiga Roma, era o servidor encarregado da justiça.
PRE.TU.ME, *s.m.,* negrume, negridão, escuridão.
PRE.VA.LE.CER, *v.t., int.* e *pron.,* preponderar, predominar, dominar, vencer.
PRE.VA.RI.CAR, *v.int.,* enganar, lograr, agir mal; cometer adultério.
PRE.VEN.ÇÃO, *s.f.,* cautela, precaução, cuidado.
PRE.VE.NIR, *v.t.* e *pron.,* antecipar-se; cuidar-se com antecedência, garantir, acautelar.
PRE.VER, *v.t.,* intuir, ver com antecedência, adivinhar.
PRÉ.VIA, *s.f.,* pesquisa feita antes de eleição para prever quem vencerá.

PREVIDÊNCIA

PRE.VI.DÊN.CIA, s.f., proteção, amparo, segurança; instituto de previdência.
PRE.VI.DEN.CI.Á.RIO, adj., próprio da previdência, do INSS; s.m., servidor do INSS.
PRE.VI.DEN.TE, adj., prudente, acautelado, precavido, preparado.
PRÉ.VIO, adj., antecipado, anterior.
PRE.VI.SÍ.VEL, adj., que se pode prever, adivinhável.
PRE.ZA.DO, adj., estimado, respeitado, querido.
PRE.ZAR, v.t. e pron., estimar, respeitar, amar, querer a, simpatizar com.
PRI.MAR, v.t., ter a primazia, ser o primeiro, estar em primeiro lugar.
PRI.MÁ.RIO, adj., elementar, iniciante, primitivo, limitado, rude; criminoso primário - que cometeu o primeiro crime; curso primário.
PRI.MA.TAS, s.m., ordem de mamíferos que abrange os macacos e o homem.
PRI.MA.VE.RA, s.f., uma das quatro estações do clima terrestre; fig., beleza.
PRI.MAZ, adj., que está no primeiro lugar; s.m., prelado, bispo.
PRI.MA.ZI.A, s.f., excelência, superioridade, majestade.
PRI.MEI.RA, s.f., a marcha para o carro iniciar a locomoção.
PRI.MEI.RA-DA.MA, s.f., a esposa de uma autoridade executiva.
PRI.MEI.RA.NIS.TA, adj. e s.c. 2 gên., o estudante do primeiro ano de um curso.
PRI.MEI.RO, adj., o que corresponde, na ordem, a um; que está na frente de todos; o melhor, essencial, fundamental; adv., antes de tudo.
PRI.ME.VO, adj., primitivo, dos primeiros tempos.
PRI.MÍ.CIAS, s.f., pl., os primeiros frutos, princípios, a primeira colheita.
PRI.MI.TI.VIS.MO, s.m., estilo artístico que usa como tema as coisas primitivas.
PRI.MI.TI.VO, adj., rudimentar, antigo; palavra que não é derivada.
PRI.MO, adj., número que é divisível só por si mesmo; s.m., parentesco entre filhos dos irmãos.
PRI.MO.GÊ.NI.TO, adj. e s.m., o filho mais velho.
PRI.MOR, s.m., maravilha, beleza, encanto, sutileza.
PRI.MOR.DI.AL, adj., básico, essencial, primeiro, fundamental.
PRI.MÓR.DIO, s.m., princípio, início.
PRI.MO.RO.SO, adj., excelente, maravilhoso, perfeito, divino.
PRÍ.MU.LA, s.f., nome de uma planta cujas flores são belíssimas.
PRIN.CI.PA.DO, s.m., território governado por um príncipe.
PRIN.CI.PAL, adj., fundamental, o mais importante.
PRÍN.CI.PE, s.m., filho de uma família real.
PRIN.CI.PI.AN.TE, adj. e s.c. 2 gên., iniciante, neófito, estreante, novato.
PRIN.CI.PI.AR, v.t. e int., começar, iniciar, abrir, dar o começo, treinar, preparar.
PRIN.CÍ.PIO, s.m., início, abertura, começo, estreia; norma, conceito.
PRI.OR, s.m., vigário, pároco, superior, padre vigário.
PRI.O.RI.DA.DE, s.f., característica do primeiro; posse do direito de iniciar.
PRI.O.RI.ZAR, v.t., dar prioridade a; dar o primeiro lugar, colocar na frente.
PRI.SÃO, s.f., pena de reclusão; cadeia, cárcere, xilindró, presídio.

PRI.SI.O.NEI.RO, s.m., quem for ou está preso, detido, recluso, encarcerado.
PRIS.MA, s.m., sólido geométrico com dois polígonos como base e as faces laterais paralelogramos; perspectiva, modo pessoal de olhar algo.
PRI.VA.CI.DA.DE, s.f., intimidade, pessoalidade, vida íntima.
PRI.VA.ÇÕES, s.f. pl., carência de bens materiais.
PRI.VA.DA, s.f., latrina, patente, local para defecar fora de casa.
PRI.VAR, v.t. e pron., tirar de, proibir, vetar, não fornecer.
PRI.VA.TI.VO, adj., pessoal, próprio, reservado, particular.
PRI.VA.TI.ZAR, v.t., particularizar, tornar privado.
PRI.VI.LE.GI.A.DO, adj., que possui privilégio, preferido.
PRI.VI.LE.GI.AR, v.t. e pron., dar privilégio, preferir, conceder vantagens.
PRI.VI.LÉ.GIO, s.m., vantagem, preferência, direitos a mais que o comum.
PRÓ, adv., em favor de; s.m., pl., prós - a favor, favorecimento.
PRO.A, s.f., a parte dianteira dos barcos.
PRO.BA.TÓ.RIO, adj., que prova, que contém prova.
PRO.BI.DA.DE, s.f., retidão, honestidade, pureza, dignidade.
PRO.BLE.MA, s.m., dificuldade, questão difícil, obstáculo, enigma.
PRO.BLE.MÁ.TI.CA, s.f., todos os problemas de um tema; a arte de inventar problemas.
PRO.BLE.MÁ.TI.CO, adj., difícil, insolúvel, desajustado, intratável.
PRO.BO, adj., reto, justo, honesto, honrado, digno.
PRO.BOS.CÍ.DEOS, adj.e s.m., próprio dos mamíferos, cujo nariz se forma em tromba, como os elefantes.
PRO.CE.DÊN.CIA, s.f., proveniência, de onde se origina; naturalidade.
PRO.CE.DEN.TE, adj., originário, proveniente, natural.
PRO.CE.DER, v.t.e int., vir de, originar-se; praticar, agir, comportar-se, fundamentar.
PRO.CE.DI.MEN.TO, s.m., comportamento, ação, atitude.
PRO.CE.LA, s.f., tempestade, temporal, trovoada.
PRO.CES.SA.MEN.TO, s. m., ação de processar, busca de resultados em.
PRO.CES.SAR, v.t., intentar um processo, mover uma ação judicial; manipular dados para obter um resultado; trabalhar dados.
PRO.CES.SO, s.m., procedimento, rito; modo de conduzir um ato; demanda; conjunto de atos e papéis que compõem as fases de uma ação judicial.
PRO.CES.SU.AL, adj., próprio do processo.
PRO.CIS.SÃO, s.f., conjunto de pessoas religiosas que caminham por ruas ou vias rezando e cantando a Deus; cortejo, grupo de caminhantes.
PRO.CLA.MA, s.m., pregão, anúncio de casamento, lido ou afixado nos templos.
PRO.CLA.MAR, v.t. e pron., aclamar, divulgar, anunciar, publicar.
PRÓ.CLI.SE, s.f., colocação do pronome átono antes do verbo.
PRO.CRI.AR, v.t. e int., dar à luz, fazer nascer, pôr no mundo.
PRO.CU.RA, s.f., busca, ação de procurar, demanda.
PRO.CU.RA.ÇÃO, s.f., transmissão escrita de uma pessoa para que outra cuide de seus interesses; o documento da procuração.
PRO.CU.RA.DOR, s.m., quem recebeu procuração, representante; cargo estatal.
PRO.CU.RA.DO.RI.A, s.f., cargo de procurador; local em que trabalha o procurador.
PRO.CU.RAR, v.t., indagar, investigar, sair à procura de, catar, requerer, exigir.
PRO.DI.GA.LI.ZAR, v.t., gastar sem medidas, esbanjar, ser perdulário.
PRO.DÍ.GIO, s.m., maravilha, encanto; pessoa com predicados sublimes.
PRO.DI.GI.O.SO, adj., maravilhoso, extraordinário, sublime, fascinante.
PRÓ.DI.GO, adj. e s.m., gastador, perdulário, que gasta demais.
PRO.DU.ÇÃO, s.f., ação de produzir, realização, produtos.
PRO.DU.TI.VO, adj., proveitoso, rentável, que produz.
PRO.DU.TO, s.m., obra de produção, produção, resultado de uma multiplicação.
PRO.DU.TOR, s.m., quem produz, autor, fabricante.
PRO.DU.ZIR, v.t. e pron., fabricar, gerar, criar, motivar, causar.
PRO.E.MI.NÊN.CIA, s.f., saliência, elevação, alto relevo.
PRO.E.ZA, s.f., façanha, ação, ato heroico.

PROPORÇÃO

PRO.FA.NA.ÇÃO, s.f., sacrilégio, irreverência, desrespeito a um local sagrado.
PRO.FA.NAR, v.t., violar algo sagrado, desrespeitar, desonrar, manchar.
PRO.FA.NO, adj., que não é sagrado, mundano, pecaminoso.
PRO.FE.CI.A, s.f., anúncio de fatos futuros, vaticínio, predição, presságio.
PRO.FE.RIR, v.t., declamar, dizer em voz alta, ler, proclamar, anunciar.
PRO.FES.SAR v.t. e int., reconhecer algo publicamente, estar convicto de, praticar; declarar publicamente sua ligação a uma ordem religiosa.
PRO.FES.SOR, s.m., pessoa que se dedica ao ensino, mestre, educador.
PRO.FES.SO.RA.DO, s.m., grupo de professores, congregação, classe.
PRO.FES.SO.RAR, v.t. e int., exercer as funções de professor; ensinar.
PRO.FE.TA, s.m., quem profetiza, quem vaticina, quem prediz o futuro.
PRO.FE.TI.ZAR, v.t., predizer o futuro, vaticinar, adivinhar o futuro.
PRO.FI.CI.ÊN.CIA, s.f., eficiência, proveito, resultados bons, competência.
PRO.FI.CI.EN.TE, adj., produtivo, rendoso, competente, perito, hábil.
PRO.FÍ.CUO, adj., produtivo, fértil, útil, vantajoso.
PRO.FI.LA.XI.A, s.f., medicina preventiva, medidas para prevenir doenças.
PRO.FIS.SÃO, s.f., ocupação, exercício de ofício adquirido por estudo ou experiência, carreira.
PRO.FIS.SI.O.NAL, adj., próprio da profissão.
PRO.FIS.SI.O.NA.LIS.MO, s.m., parte do ensino que prepara os alunos para exercerem determinada profissão; competência profissional.
PRO.FIS.SI.O.NA.LI.ZAN.TE, adj., que prepara para uma profissão.
PRO.FIS.SI.O.NA.LI.ZAR, v.t., tornar profissional, preparar para uma profissão.
PRO.FUN.DE.ZA, s.f., profundidade, buraco, abertura funda no solo.
PRO.FUN.DI.DA.DE, s.f., profundeza, distância do solo até o fundo do buraco.
PRO.FUN.DO, adj., fundo, muito fundo; forte, até o íntimo.
PRO.FU.SÃO, s.f., abundância, quantidade, excesso, demasia.
PRO.FU.SO, adj., redundante, que espalha muito, abundante.
PRO.GE.NI.TOR, s.m., avô.
PRO.GE.NI.TU.RA, s.f., geração, origem, procedência, linhagem, descendência.
PROG.NOS.TI.CAR, v.t. e int., pressagiar, prever, vaticinar, predizer.
PROG.NÓS.TI.CO, s.m., imaginação, previsão, presságio; opinião médica.
PRO.GRA.MA, s.m., plano, planejamento, projeto detalhado quanto a uma ação.
PRO.GRA.MA.ÇÃO, s.f., fazer um programa, estruturação; conjunto de atividades.
PRO.GRA.MA.DOR, s.m., quem faz programas, quem cria programas para micro.
PRO.GRA.MAR, v.t., organizar um programar, projetar, planejar.
PRO.GRE.DIR, v.t. e int., prosseguir, ir para frente, avançar, desenvolver.
PRO.GRES.SÃO, s.f., sucessão, continuidade, avanço.
PRO.GRES.SIS.TA, adj. e s.c. 2 gên., defensor do progresso.
PRO.GRES.SI.VO, adj., gradual, que avança sempre, continuado.
PRO.GRES.SO, s.m., desenvolvimento, crescimento, aumento.
PRO.I.BI.DO, adj., vedado, cortado, ilícito.
PRO.I.BIR, v.t. e pron., vedar, interditar, não permitir, coibir.
PRO.I.BI.TI.VO, adj., que proíbe, que veda, que interdita.
PRO.JE.ÇÃO, s.f., arremesso, jogada; elevação, saliência, apresentação de um filme; fig., destaque, fama.
PRO.JE.TAR, v.t. e pron., lançar, atirar ao longe, mostrar, fazer ver, planejar.
PRO.JÉ.TIL, s.m., bala, bomba, o que é atirado por uma arma de fogo.
PRO.JE.TIS.TA, s.c. 2 gên., quem faz projetos, engenheiro de projeto.
PRO.JE.TO, s.m., plano, ideia, propósito.
PRO.JE.TOR, s.m., aparelho que projeta luzes ou ondas; máquina para cinema.

PROL, s.m., lucro, vantagem; expr. em prol - em favor de.
PRO.LE, s.f., descendência, filharada.
PRO.LE.TA.RI.A.DO, s.m., classe dos operários, dos proletários.
PRO.LE.TÁ.RIO, s.m., pessoa que vive de salário baixo.
PRO.LI.FE.RAR, v.int., multiplicar-se, tornar-se numeroso.
PRO.LI.XO, adj., muito longo, demorado, excessivo, cansativo, interminável.
PRÓ.LO.GO, s.m., abertura, introdução, começo, prefácio, preâmbulo.
PRO.LON.GAR, v.t. e pron., tornar mais longo, alongar, estender muito.
PRO.MES.SA, s.f., juramento, declaração firme de fazer algo.
PRO.ME.TER, v.t. e int., obrigar-se a, jurar que, declarar que fará algo.
PRO.ME.TI.DO, adj., que se prometeu, declarado, jurado, acertado.
PRO.MIS.CUI.DA.DE, s.f., mistura desorganizada, confusão, sujeira.
PRO.MIS.CU.IR, v.pron., reunir-se desorganizadamente, juntar-se, combinar-se.
PRO.MÍS.CUO, adj., confuso, desorganizado, amontoado.
PRO.MIS.SOR, adj. e s.m., que promete muito, vantajoso, que progredirá.
PRO.MIS.SÓ.RIA, s.f., nota promissória, título de crédito.
PRO.MO.ÇÃO, s.f., campanha publicitária, propaganda para as vendas, preço reduzido; subir de posto.
PRO.MON.TÓ.RIO, s.m., pedaço de terra elevada, avançando mar adentro.
PRO.MO.TOR, adj. e s.m., que promove, que incita; função na justiça para promover causas na busca da plena justiça.
PRO.MO.TO.RIA, s.f., cargo do promotor, seção do promotor.
PRO.MO.VER, v.t. e pron., realizar, levar a ser efetivo, causar, fomentar; dignificar, engrandecer, enobrecer.
PRO.MUL.GAR, v.t., publicar, decretar, dar ao conhecimento de todos.
PRO.NO.ME, s.m., palavra que se coloca no lugar de outra mantendo o sentido.
PRO.NO.MI.NAL, adj., próprio do pronome, verbo seguido do pronome oblíquo.
PRON.TI.DÃO, s.f., presteza, rapidez, celeridade; disposição, disponibilidade.
PRON.TI.FI.CAR, v.t. e pron., tornar pronto, acabar, efetivar, deixar pronto.
PRON.TO, adj., acabado, terminado, instantâneo, súbito, solícito.
PRON.TO-SO.COR.RO, s.m., atendimento médico instantâneo, auxílio rápido.
PRON.TU.Á.RIO, s.m., ficha médica, rol de anotações, cadastro de alguém.
PRO.NÚN.CIA, s.f., maneira de pronunciar, emitir a palavra.
PRO.NUN.CI.A.DO, adj., falado, dito, acentuado, destacado.
PRO.NUN.CI.A.MEN.TO, s.m., declaração, declarar-se a favor ou contra; dar a opinião, ideia.
PRO.NUN.CI.AR, v.t. e pron., articular, emitir, falar, proferir, declarar.
PRO.PA.GA.ÇÃO, s.f., desenvolvimento, difusão, propaganda, disseminação.
PRO.PA.GAN.DA, s.f., divulgação, tornar conhecido algo, publicidade.
PRO.PA.GAN.DIS.TA, s.c. 2 gên., quem se dedica à propaganda publicitário.
PRO.PA.GAR, v.t., int. e pron., multiplicar, distribuir, espalhar, generalizar.
PRO.PA.LAR, v.t., espalhar, tornar público, divulgar, tornar conhecido.
PRO.PA.RO.XÍ.TO.NO, adj. e s.m., palavra com o acento tônico na antepenúltima sílaba.
PRO.PEN.DER, v.t., inclinar-se, tender para, ir para.
PRO.PEN.SÃO, s.f., inclinação, tendência, vocação, aptidão.
PRO.PEN.SO, adj., inclinado, com tendência, disposto.
PRO.PI.CI.AR, v.t. e pron., favorecer, proporcionar, dar condições.
PRO.PÍ.CIO, adj., apropriado, oportuno, favorável.
PRO.PI.NA, s.f., gorjeta, pagamento para obter favor ilícito.
PRO.POR, v.t., int. e pron., expor, apresentar, sugerir, indicar.
PRO.POR.ÇÃO, s.f., como as partes de um todo se relacionam; dimensão, igualdade.

PROPORCIONAL

PRO.POR.CI.O.NAL, adj., relativo, que se relaciona com, harmônico, simétrico.
PRO.POR.CI.O.NAR, v.t. e pron., oferecer, dar, conceder, harmonizar partes de um todo.
PRO.POR.ÇÕES, s.f. e pl., dimensões, tamanhos, envergadura, intensidade.
PRO.PO.SI.ÇÃO, s.f., tese, ideia, sentença, pensamento a ser explanado.
PRO.PO.SI.TAL, adj., de propósito, de livre vontade.
PRO.PÓ.SI.TO, s.m., projeto, intento, intenção, ideia, vontade.
PRO.POS.TA, s.f., projeto, o que se apresenta, intuito.
PRO.PRI.E.DA.DE, s.f., direito de ser proprietário, posse, característica de dominar algo; bens imóveis.
PRO.PRI.E.TÁ.RIO, s.m., dono, detentor da propriedade.
PRÓ.PRIO, adj., característico, pessoal, inerente, peculiar, natural, idêntico, único, determinado.
PRO.PUL.SAR, v.t., impelir para frente, propelir, arremessar, atirar.
PRO.PUL.SOR, s.m., que impele para a frente, que faz avançar, progredir.
PROR.RO.GA.ÇÃO, s.f., adiamento, deixar para depois, prolongar o prazo.
PROR.RO.GAR, v.t., adiar, prolongar, aumentar o prazo final.
PRO.SA, s.f., jeito de escrever sem observar medidas; colóquio, conversa; fig., conversa fiada; s.c. 2 gên., indivíduo pedante, pernóstico.
PRO.SA.DOR, s.m., quem escreve usando a prosa.
PRO.SAI.CO, adj., vulgar, cotidiano, trivial, comum, sem inspiração.
PROS.CRE.VER, v.t., desterrar, expulsar, exilar, degredar, interditar, condenar.
PROS.CRI.ÇÃO, s.f., desterro, exílio, degredo.
PROS.CRI.TO, adj., expulso, exilado, degredado.
PRO.SE.AR, v.t. e int., conversar, falar, tagarelar; pop., conversa fiada.
PRO.SÓ.DIA, s.f., pronúncia correta das palavras, a parte da gramática que contempla a pronunciação das palavras.
PRO.SO.PO.PEI.A, s.f., personificação, nas fábulas, quando coisas e animais falam e agem como humanos.
PROS.PEC.ÇÃO, s.f., técnica para descobrir minas de minérios no solo.
PROS.PEC.TO, s.m., visão, aspecto, plano, projeto com todos os dados de um programa, impresso para fazer propaganda.
PROS.PE.RAR, v.int., tornar próspero, abastado; enriquecer.
PRÓS.PE.RO, adj., rico, abastado, favorável, promissor, crescente.
PROS.SE.GUIR, v.t. e int., seguir, continuar, ir adiante, perseverar, avançar.
PRÓS.TA.TA, s.f., glândula do homem perto da bexiga e da uretra.
PROS.TÍ.BU.LO, s.m., bordel, casa de prostituição.
PROS.TI.TU.I.ÇÃO, s.f., meretrício, comércio de atividades sexuais.
PROS.TI.TU.IR, v.t. e pron., levar à prostituição, tornar prostituta, depravar, corromper.
PROS.TI.TU.TA, s.f., mulher que pratica o sexo por dinheiro, vagabunda, meretriz, rameira, puta.
PROS.TRA.ÇÃO, s.f., fraqueza, abatimento, cansaço, debilidade.
PROS.TRAR, v.t. e pron., derrubar, jogar por terra, subjugar, vencer, humilhar.
PRO.TA.GO.NIS.TA, s.c. 2 gên., em qualquer enredo a principal personagem.
PRO.TA.GO.NI.ZAR, v.t., fazer o papel de protagonista.
PRO.TE.ÇÃO, s.f., amparo, abrigo, cobertura, ajuda.
PRO.TE.CI.O.NIS.MO, s.m., sistema comercial que favorece os produtos de um país por meio dos impostos e taxas.
PRO.TE.GER, v.t., defender, auxiliar, dar proteção, acobertar, favorecer.
PRO.TE.GI.DO, adj., defendido, abrigado, apoiado.
PRO.TE.Í.NA, s.f., substâncias valiosas presentes em todas as células dos seres vivos.
PRO.TE.LA.ÇÃO, s.f., ação de protelar, adiamento, prorrogação.
PRO.TE.LAR, v.t., adiar, deixar para mais tarde, prorrogar.
PRÓ.TE.SE, s.f., mudança, substituição de algo natural por outro artificial.
PRO.TES.TAN.TIS.MO, s.m., religião fundada por Martinho Lutero.
PRO.TES.TAR, v.t. e int., reclamar, não aceitar, jurar, colocar-se contra; confirmar.
PRO.TES.TO, s.m., reclamação, repulsa; confirmação oficial de que alguém não pagou uma dívida representada por um título.
PRO.TÉ.TI.CO, adj. e s.m., especialista em confeccionar próteses dentárias.
PRO.TE.TOR, adj. e s.m., que protege, que apoia.
PRO.TO.CO.LAR, v.t., registrar, receber o aceite do recebimento oficial.
PRO.TO.CO.LO, s.m., registro de atos públicos, fichário para registrar e anotar atos públicos; fig., rito, cerimonial, conjunto de cerimônias.
PRO.TÓ.TI.PO, s.m., modelo, exemplar, padrão, estereótipo.
PRO.TU.BE.RÂN.CIA, s.f., proeminência, saliência, elevação.
PRO.VA, s.f., vestígio, pegada, exame, concurso para ser promovido, seleção.
PRO.VA.ÇÃO, s.f., dificuldade, situação dura.
PRO.VA.DOR, s.m., quem prova, degustador.
PRO.VAR, v.t., mostrar com documentos, evidenciar, testemunhar, experimentar.
PRO.VÁ.VEL, adj., possível, que pode ser verdadeiro, admissível.
PRO.VEC.TO, adj., com muitos anos, velho, experiente.
PRO.VE.DOR, s.m., quem dirige um instituto de caridade, quem fornece linha ao usuário da internet.
PRO.VEI.TO, s.m., ganho, lucro, vantagem.
PRO.VEI.TO.SO, adj., útil, vantajoso, rendoso, produtivo.
PRO.VE.NI.ÊN.CIA, s.f., origem, procedência, naturalidade.
PRO.VE.NI.EN.TE, adj., originário, procedente, natural, próprio de.
PRO.VEN.TO, s.m., ganho, lucro, recebimento, vantagem.
PRO.VER, v.t., dispor, organizar; fornecer, oferecer, abastecer; ajudar, enfeitar, investir em cargo público.
PRO.VER.BI.AL, adj., relativo a provérbio, notório, conhecido.
PRO.VE.TA, s.f., tubo usado para medir líquidos ou em experiências de química.
PRO.VI.DÊN.CIA, s.f., na religião, ação divina de dirigir o mundo, fato feliz, o poder de Deus.
PRO.VI.DEN.CI.AL, adj., oportuno, frutífero, bom.
PRO.VI.DEN.CI.AR, v.t. e int., prover, realizar, fazer, executar.
PRO.VI.DEN.TE, adj., que providencia, cauteloso, preparado.
PRO.VI.DO, adj., completo, cheio, atulhado.
PRO.VI.MEN.TO, s.m., acabamento, provisão.
PRO.VÍN.CIA, s.f., divisão territorial correspondente a estado; interior, longe das capitais; local atrasado intelectualmente.
PRO.VIN.CI.A.NIS.MO, s.m., tudo que se refira a província, caipirismo.
PRO.VIN.CI.A.NO, adj., interiorano, caipira.
PRO.VIN.DO, adj., chegado, vindo, originário, procedente.
PRO.VIR, v.t., vir de, proceder, derivar, concluir.
PRO.VI.SÃO, s.f., abastecimento, comida abundante.
PRO.VI.SÓ.RIO, adj., passageiro, efêmero, precário.
PRO.VO.CA.ÇÃO, s.f., desafio, repto, insulto.
PRO.VO.CAN.TE, adj., que provoca, irritante.
PRO.VO.CAR, v.t., incitar, atiçar, excitar, desafiar.
PRO.XE.NE.TA, s.c. 2 gên., tipo que serve de intermediário nos negócios sexuais.
PRO.XI.MI.DA.DE, s.f., vizinhança, cercanias, adjacências.
PRÓ.XI.MO, adj., vizinho, contíguo, ao lado, encostado.
PRU.DÊN.CIA, s.f., cautela, cuidado.
PRU.DEN.TE, adj., moderado, cauteloso, cuidadoso, seguro.
PRU.MO, s.m., instrumento para verificar o nível exato de uma superfície.
PRU.RI.DO, s.m., coceira, incômodo na pele.
PSEU.DÔ.NI.MO, s.m., nome falso, apelido artístico.
PSI.CA.NÁ.LI.SE, s.f., análise da mente, metodologia para tratar os distúrbios mentais de alguém.
PSI.CA.NA.LIS.TA, s.c. 2 gên., pessoa que pratica a psicanálise.
PSI.CO.FÍ.SI.CO, adj., próprio da matéria e do espírito.
PSI.CO.GRA.FAR, v.t., ato de escrever o que é ditado a um médium, por um espírito.
PSI.CO.GRA.FI.A, s.f., descrição da mente e de suas funções, escrita ditada por um espírito.
PSI.CÓ.GRA.FO, s.m., quem pratica a psicografia, quem psicografa.
PSI.CO.LO.GI.A, s.f., ciência que trabalha com a mente humana e suas atividades.
PSI.CÓ.LO.GO, s.m., quem se dedica à Psicologia.
PSI.CO.PA.TA, s.c. 2 gên., que é tomado por doença mental.
PSI.CO.SE, s.f., nomeação de doenças mentais; mania, ideia fixa.
PSI.CO.TE.RA.PI.A, s.f., cura das doenças mentais pela Psicologia.
PSI.CO.TRÓ.PI.CO, s.m., remédio usado para os males da mente.

PSI.QUE, *s.f.*, alma, espírito, mente.
PSI.QUI.A.TRA, *s.c. 2 gên.*, especialista em Psiquiatria.
PSI.QUI.A.TRI.A, *s.f.*, ramo da Medicina que se ocupa com as doenças mentais.
PSÍ.QUI.CO, *adj.*, relativo à psique.
PSI.QUIS.MO, *s.m.*, conjunto das características psíquicas.
PSI.TA.CÍ.DEOS, *s.m., pl.*, família à qual pertencem os papagaios, araras e periquitos.
PSIU!, *interj.*, pedido de silêncio, chamamento.
PTE.RO.DÁC.TI.LO, *adj.*, animal cujos dedos são ligados por uma membrana.
PU.A, *s.f.*, ponta fina, bico, instrumento para fazer furos.
PU.BER.DA.DE, *s.f.*, momento temporal entre o fim da infância e o começo da adolescência, quando a pessoa passa por transformações.
PÚ.BE.RE, *adj.*, que chega à puberdade.
PÚ.BIS, *s. m.*, parte inferior e anterior do ilíaco, saliência do abdome onde crescem pelos na puberdade.
PU.BLI.CA.ÇÃO, *s.f.*, ato de publicar, obra, periódico.
PÚ.BLI.CA-FOR.MA, *s.f.*, reprodução de documentos para substituir outro por lavra de tabelião.
PU.BLI.CAR, *v.t.* e *pron.*, divulgar, tornar público, anunciar.
PU.BLI.CÁ.VEL, *adj.*, que se pode publicar.
PU.BLI.CI.DA.DE, *s.f.*, divulgação, notícia, propaganda.
PU.BLI.CI.TÁ.RIO, *s.m.*, quem trabalha com publicidade.
PÚ.BLI.CO, *adj.*, comum a todos, popular, *s.m.*, o povo, a população, assistência.
PU.ÇÁ, *s.m.*, rede pequena feita para pegar camarão ou outros crustáceos.
PU.DE.RA, *interj.*, quem dera, tomara, oxalá.
PU.DI.CO, *adj.*, que tem pudor, respeitoso, puro.
PU.DIM, *s.m.*, tipo de doce cremoso.
PU.DOR, *s.m.*, recato, vergonha, respeito; sentimento de respeito no que se refere a assuntos sobre sexo.
PU.E.RI.CUL.TU.RA, *s.f.*, todos os meios usados para ajudar a criança no seu desenvolvimento físico, psíquico e mental.
PU.E.RIL, *adj.*, infantil, relativo a crianças.
PU.FE, *s.m.*, tipo de banqueta.
PU.GI.LIS.MO, *s.m.*, boxe, luta com punhos.
PU.GI.LIS.TA, *s.c. 2 gên.*, lutador de boxe.
PU.IR, *v.t.*, corroer, gastar, gastar com o uso.
PU.JAN.ÇA, *s.f.*, vigor, viço, força da vegetação.
PU.JAN.TE, *adj.*, viçoso, que tem grande força, ativo, forte.
PU.LAR, *v.t.* e *int.*, saltar, transpor num salto; crescer.
PU.LE, *s.m.*, bilhete de apostas em corridas de cavalo.
PU.LGA, *s.f.*, inseto pequeno e que se nutre de sangue.
PUL.GÃO, *s.m.*, nome de diversos insetos.
PUL.GUEI.RO, *s.m.*, lugar de muitas pulgas.
PUL.GUEN.TO, *adj.*, que tem muita pulga.
PU.LHA, *adj.*, cafajeste, vil, desprezível, relapso; *s.m.*, tipo sem dignidade.
PUL.MÃO, *s.m.*, cada um dos órgão respiratórios do ser humano.
PUL.MO.NAR, *adj.*, próprio do pulmão.
PU.LO, *s.m.*, salto.
PU.LÔ.VER, *s.m.*, colete de malha, lã ou outro material.
PÚL.PI.TO, *s.m.*, tribuna, estrado nos templos para o pregador fazer o sermão.
PUL.SA.ÇÃO, *s.f.*, batida do coração, sua contração e descontração.
PUL.SAR, *v.t.* e *int.*, palpitar, bater, arquejar.
PUL.SEI.RA, *s.f.*, objeto que se envolve no pulso.
PUL.SO, *s.m.*, pulsação arterial no pulso, parte inferior do antebraço; vigor, força, comando, disciplina.

PU.LU.LAR, *v.t.* e *int.*, existir em grande quantidade, formigar.
PUL.VE.RI.ZA.DOR, *s.m.*, aparelho usado para pulverizar.
PUL.VE.RI.ZAR, *v.t.* e *pron.*, tornar pó, reduzir a poeira, cobrir de pó.
PU.MA, *s.f.*, tipo de onça, animal felídeo de nossa mata.
PUN.ÇÃO, *s.f.*, operação para abrir um orifício em um local com líquido; instrumento para furar, fazer incisões.
PUN.GEN.TE, *adj.*, doloroso, lancinante, que dói muito.
PUN.GIR, *v.t.* e *int.*, ferir com punção, incitar, incrementar, causar dor.
PUN.GUE.AR, *v.t., gir.*, furtar objetos, carteiras.
PUN.GUIS.TA, *s.c. 2 gên, gir,* batedor de carteiras.
PU.NHA.DO, *s.m.*, quantidade que se pode pegar com uma mão, porção.
PU.NHAL, *s.m.*, arma branca, adaga, faca longa e pontuda.
PU.NHA.LA.DA, *s.f.*, golpe com punhal, corte; *fig.*, traição, ofensa.
PU.NHE.TA, *s.f. gir.*, masturbação, onanismo.
PU.NHO, *s.m.*, parte final do braço entre a mão e o antebraço; mão fechada; parte final de camisas com manga longa ou casacos.
PU.NI.ÇÃO, *s.f.*, castigo, pena, penitência.
PU.NIR, *v.t.* e *pron.*, castigar, fazer sofrer, infligir castigo.
PU.PA, *s.f.*, estágio do desenvolvimento do inseto que sofre metamorfose.
PU.PI.LA, *s.f.*, abertura central do olho, no meio da íris, menina do olho; *fig.*, protegido, preferido.
PU.PI.LO, *s.m.*, órfão tutelado, aluno.
PU.RÊ, *s.m.*, substância pastosa feita de batatas, legumes ou outras substâncias.
PU.RE.ZA, *s.f.*, castidade, virgindade; inocência, virtude.
PUR.GAN.TE, *s.m.*, remédio para limpar os intestinos; *pop.*, tipo aborrecido.
PUR.GAR, *v.t.* e *pron.*, purificar, limpar, expelir o pus.
PUR.GA.TÓ.RIO, *s.m.*, lugar em que as almas dos justos com algum pecado ficariam até pagar todas as penas; *fig.*, sofrimento, dor.
PU.RI.FI.CA.DOR, *s.m.*, que purifica, limpador, aparelho para purificar a água.
PU.RI.FI.CAR, *v.t.*, limpar, tornar puro.
PU.RIS.TA, *s.c. 2 gên.*, quem exagera no zelo pela pureza do idioma pátrio.
PU.RI.TA.NO, *adj.* e *s. m.*, moralista, exagerado nos aspectos morais.
PU.RO, *adj.*, sem mistura, imaculado, sem mancha, límpido, transparente, casto, correto, exato, virgem.
PU.RO-SAN.GUE, *s.m.*, cavalo de linhagem fina e pura.
PÚR.PU.RA, *s.f.*, substância para tingir de vermelho, cor vermelha.
PUR.PU.RI.NA, *s.f.*, pó usado para impressões e enfeites.
PU.RU.LEN.TO, *adj.*, cheio de pus, que segrega pus.
PU.RU.RU.CA, *s.f.*, algo duro, pele de porco frita, bem seca e crocante.
PUS, *s.m.*, substância que corre das feridas, líquido de inflamações.
PU.SI.LÂ.NI.ME, *adj.* e *s.m.*, de ânimo fraco, covarde, medroso, frágil.
PÚS.TU.LA, *s.f.*, pequena inflamação na pele que segrega pus.
PU.TA, *ch.*, prostituta.
PU.TA.RI.A, *s.f. ch.*, meretrício, devassidão.
PU.TEI.RO, *s.m. ch.*, bordel, prostíbulo.
PU.TRE.FA.ÇÃO, *s.f.*, apodrecimento, decomposição de coisas mortas.
PU.TRE.FA.TO, *adj.*, podre, apodrecido, pútrido.
PU.TRE.FA.ZER, *v.t., int.* e *pron.*, apodrecer, tornar podre, decompor.
PÚ.TRI.DO, *adj.*, podre, putrefato.
PU.XA, *s.m. red.*, de puxa-saco, bajulador.
PU.XA, *interj.*, exprime espanto, aborrecimento.
PU.XA.DA, *s.f.*, puxão, longa caminhada, muito trabalho.
PU.XA.DO, *adj.*, esforçado, duro, referido aos olhos orientais.
PU.XA.DOR, *s.m.*, alça de móveis para puxar, abrir.
PU.XÃO, *s.m.*, ato de puxar com força.
PU.XA-PU.XA, *s.f.*, substância que se obtém com o açúcar no fio e se estica quando mole, para quebrar depois em pedacinhos.
PU.XAR, *v.t.*, atrair, tracionar, exercer força para seguir; tirar, estirar.
PU.XA-SA.CO, *s.m. pop.*, bajulador, adulador.

Q, *s.m.*, décima sétima letra do á-bê-cê e décima terceira consoante.

QUA.DRA, *s.f.*, superfície quadrada, divisão quadrada de uma cidade, de um cemitério; quarteto; nos jogos com dados, o número quatro.

QUA.DRA.DO, *adj.*, objeto que tem os quatro lados com a mesma dimensão; pouco inteligente; *s.m.*, figura geométrica com todos os lados iguais.

QUA.DRA.GE.NÁ.RIO, *adj. e s.m.*, com quarenta anos de idade, quarentão.

QUA.DRA.GÉ.SI.MO, *num.*, ordinal correspondente a 40.

QUA.DRAN.GU.LAR, *adj.*, que possui 4 ângulos; *s.m.*, disputa entre 4 times.

QUA.DRAN.TE, *s.m.*, a quarta parte da esfera terrestre.

QUA.DRI.CU.LAR, *v.t.*, dividir em quadrículos.

QUA.DRÍ.CU.LO, *s.m.*, quadrado pequeno.

QUA.DRI.E.NAL, *adj.*, correspondente a quatro anos.

QUA.DRI.Ê.NIO, *s.m.*, período de quatro anos; quatriênio.

QUA.DRIL, *s.m.*, anca, parte lateral do corpo humano na região da junção da coxa com o tronco.

QUA.DRI.LA.TE.RAL, *adj.*, com quatro lados, quadrilátero.

QUA.DRI.LHA, *s.f.*, tipo de dança comum nas festas juninas; bando de ladrões.

QUA.DRI.MES.TRAL, *adj.*, que ocorre de quatro em quatro meses.

QUA.DRI.MES.TRE, *s.m.*, tempo de quatro meses.

QUA.DRI.MO.TOR, *s.m.*, avião com quatro motores.

QUA.DRIN.GEN.TÉ.SI.MO, *num.*, ordinal de quatrocentos.

QUA.DRO, *s.m.*, pintura, tela, óleo, desenho, paisagem; lousa, quadro-negro; conjunto de servidores de uma empresa.

QUA.DRO-NE.GRO, *s.m.*, quadro, lousa, painel nas salas de aula para escrever.

QUA.DRÚ.MA.NO, *adj. e s.m.*, que possui quatro mãos, macaco.

QUA.DRÚ.PE.DE, *adj. e s.m.*, que usa quatro patas, pés; animal com quatro patas; *fig.*, indivíduo estúpido, bronco.

QUA.DRU.PLI.CAR, *v.t., int. e pron.*, aumentar em quatro vezes.

QUÁ.DRU.PLO, *num.*, que é quatro vezes maior.

QUAL, *pron.*, quem, qual tipo, que, o qual, a qual.

QUA.LI.DA.DE, *s.f.*, propriedades de uma coisa, predicado, virtude, característica, peculiaridade.

QUA.LI.FI.CAR, *v.t. e pron.*, dar qualidade a, medir a qualidade, caracterizar.

QUA.LI.FI.CA.TI.VO, *adj.*, que atribui qualidade a.

QUA.LI.TA.TI.VO, *adj.*, que exprime a qualidade de.

QUAL.QUER, *pron.*, traduz algo indefinido, expressa um ser a ser definido.

QUAN.DO, *adv.*, em que período, *conj.*, assim que, logo que.

QUAN.TI.A, *s.f.*, soma, valor, importância em moeda.

QUAN.TI.DA.DE, *s.f.*, parte indefinida de algo, valor; multidão, abundância.

QUAN.TI.FI.CAR, *v.t.*, dar números, avaliar em números, somar, avaliar.

QUAN.TI.TA.TI.VO, *adj.*, que traduz quantidade.

QUAN.TO, *pron.*, qual a soma, qual o valor, quão; *adv.*, quanto, como, de que maneira.

QUA.RAR, *v.t.*, corar, colocar a roupa ao sol, para clareá-la.

QUA.REN.TA, *num.*, algarismo representado por 40.

QUA.REN.TÃO, *adj. e s.m.*, homem com quarenta anos.

QUA.REN.TE.NA, *s.f.*, espaço de 40 dias, isolamento para evitar contágios.

QUA.RES.MA, *s.f.*, período entre a Quarta-Feira de Cinzas e o Domingo de Páscoa.

QUA.RES.MEI.RA, *s.f.*, tipo de arbusto brasileiro de flores muito belas.

QUAR.TA, *s.f.*, uma marcha no câmbio dos carros.

QUAR.TA.NIS.TA, *s.c. 2 gên.*, estudante de quarto ano.

QUAR.TEI.RÃO, *s.m.*, quadra, quadrado urbano formado pelas ruas.

QUAR.TEL, *s.m.*, quarta parte de um todo; construção para abrigar soldados; serviço militar.

QUAR.TEL-GE.NE.RAL, *s.m.*, centro de comando; quartel em que o general comanda.

QUAR.TE.TO, *s.m.*, quadra, quatro versos, vozes, artistas.

QUAR.TO, *num.*, ordinal e fracionário de quatro; *s.m.*, ambiente para dormir; parte de uma rês; numa divisão por 4, a quarta parte.

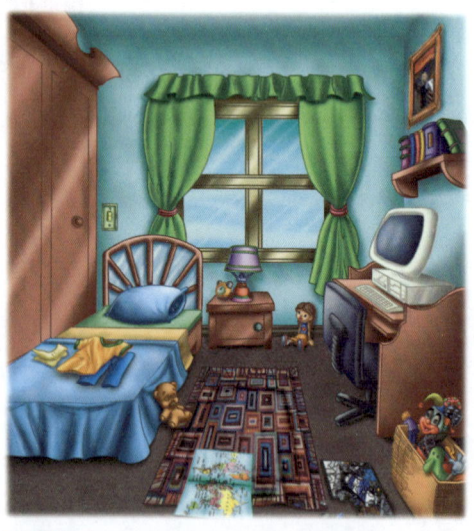

QUA.SE, *adv.*, aproximadamente, perto de, mais ou menos, por um triz.

QUA.TER.NÁ.RIO, *adj. e s.m.*, feito de quatro partes, período da era mesozoica.

QUA.TI, *s.m.*, mamífero carnívoro de nossas matas.

QUA.TOR.ZE, *num.*, catorze, cardinal de 14.

QUA.TRO.CEN.TÃO, *adj. e s.m.*, com 400 anos.

QUA.TRO.CEN.TOS, *num.*, cardinal de 400.

QUE, *adv.*, quão, quanto; *pron.*, o qual, qual, quais.

QUINQUILHARIA

QUÊ, *s.m.* algo, alguma coisa, um ponto, um nada.
QUE.BRA, *s.f.* fratura, quebradura, queda, diminuição.
QUE.BRA-CA.BE.ÇA, *s.f.* problema, enigma, dificuldade, passatempo no qual a pessoa busca ajeitar peças conforme um programa preestabelecido.
QUE.BRA.DA, *s.f.* declive, descida, aclive, encosta, curva, desvio.
QUE.BRA.DEI.RA, *s.f. pop.*, falência geral, cansaço.
QUE.BRA.DI.ÇO, *adj.*, que se rompe facilmente, frágil.
QUE.BRA.DO, *adj.*, estilhaçado, feito em pedaços; falido, exausto; parte de um inteiro, restos de um todo.
QUE.BRA.DU.RA, *s.f. pop.*, hérnia.
QUE.BRA-GA.LHO, *s.m.*, arranjo de emergência; *pop.*, pessoa que faz de tudo.
QUE.BRA-GE.LO, *s.m.*, navio feito especialmente para abrir caminho em águas congeladas.
QUE.BRA-LUZ, *s.m.*, abajur, luz de cabeceira.
QUE.BRA-MAR, *s.m.*, muralha para conter o impacto das ondas.
QUE.BRAN.TAR, *v.t.*, quebrar, cansar, domar, perder a força.
QUE.BRAN.TO, *s.m.*, agouro, azar, mal causado por olhos invejosos.
QUE.BRA-PAU, *s.m.*, *pop.*, briga, rixa.
QUE.BRA-PE.DRA, *s.f.*, erva comum que se diz quebrar as pedras nos rins.
QUE.BRA-QUE.BRA, *s.m.*, arruaça, baderna, confusão, destruição.
QUE.BRAR, *v.t., int.* e *pron.*, despedaçar, estilhaçar, reduzir a pedaços; falir; rachar.
QUE.DA, *s.f.*, caída, cascata, ruína, tombo; pendor, inclinação.
QUE.DA-D'Á.GUA, *s.f.*, cachoeira, cascata, catadupa, catarata.
QUE.DAR, *v.int.* e *pron.*, ficar inerte, parar, jazer.
QUE.DO, *adj.*, quieto, inerte, parado, imobilizado.
QUEI.JA.DI.NHA, *s.f.*, doce de coco com queijo.
QUEI.JA.RI.A, *s.f.*, fábrica, indústria de queijos.
QUEI.JEI.RO, *s.m.*, fabricante de queijo.
QUEIJO, *s.m.*, substância alimentícia produzida com leite, sal e coalho.
QUEI.MA, *s.f.*, combustão; *fig.*, liquidação de mercadorias a preço baixo.
QUEI.MA.DA, *s.f.*, alastramento de fogo em um local, destruição pelo fogo.
QUEI.MA.DO, *adj.*, chamuscado, tostado, consumido pelo fogo; morto pela geada, ofendido.
QUEI.MA.DOR, *s.m.*, cada boca de um fogão a gás, quem queima.
QUEI.MA.DU.RA, *s.f.*, parte do corpo que foi queimada por fogo.
QUEI.MAR, *v.t. int.* e *pron.*, consumir com o fogo, lesar com chamas, chamuscar-se, tostar-se, esquentar-se; estar com febre; liquidar mercadorias, torrar.
QUEI.XA, *s.f.*, reclamação, denúncia a uma autoridade, lamento.
QUEI.XA.DA, *s.f.*, mandíbula, queixo inferior; porco-do-mato.
QUEI.XAR, *v.pron.*, lamentar-se, condoer-se, mostrar-se ofendido.
QUEI.XO, *s.m.*, maxilar inferior, mandíbula.
QUEI.XO.SO, *adj.* e *s.m.*, quem dirige queixa à autoridade; cheio de queixas.
QUEI.XU.DO, *adj. pop.*, de queixo grande, queixada.
QUEI.XU.ME, *s.m.*, queixas longas, lamentações, choros.
QUE.LÔ.NIOS, *s.m. pl.*, ordem de répteis que inclui as tartarugas.
QUEM, *pron.*, aquele que, qual, qualquer um, alguém, qualquer.
QUEN.TÃO, *s.m.*, cachaça quente com açúcar e gengibre; outros vinhos com cachaça, gengibre e açúcar fervidos.
QUEN.TE, *adj.*, escaldado, esquentado, com calor, que produz calor, estimulante.
QUE.PE, *s.m.*, boné de militar.
QUE.RE.LA, *s.f.*, discussão, litígio, rixa, denúncia de rixa na justiça.
QUE.RE.LAR, *v.t.* e *pron.*, apresentar queixa contra alguém na justiça, disputar.

QUE.RER, *v.t.* e *int.*, desejar, ambicionar, amar, ordenar, mandar, impor; *s.m.*, desejo, amor, vontade, ambição.
QUE.RI.DO, *adj.* e *s.m.*, amado, estimado, desejado, caro.
QUER.MES.SE, *s.f.*, festa pública, festa com barracas para vender objetos.
QUE.RO-QUE.RO, *s.m.*, ave cujo nome imita a voz dela.
QUE.RO.SE.NE, *s.m.*, combustível extraído do petróleo, para uso em motores e na iluminação.
QUE.RU.BIM, *s.m.*, tipo de anjo, anjo de primeira grandeza.
QUE.SI.TO, *s.m.*, requisito, questão dada para que haja resposta; pressuposto.
QUES.TÃO, *s.f.*, objeto de discussão, tese, ideia, desentendimento; litígio judicial, discussão, demanda; pergunta, questionário.
QUES.TI.O.NAR, *v.t.* e *int.*, discutir, contestar, opor-se, litigar.
QUES.TI.O.NÁ.RIO, *s.m.*, uma série de questões, perguntas.
QUES.TI.O.NÁ.VEL, *adj.*, discutível, que se deve debater.
QUES.TI.ÚN.CU.LA, *s.f.*, questão sem importância, futilidade, ninharia.
QUI.A.BEI.RO, *s.m.*, planta que produz o quiabo (verde, peludo e comestível).
QUI.A.BO, *s.m.*, verdura produzida pelo quiabeiro.
QUI.BE, *s.m.*, prato de origem árabe, com carne moída e outros condimentos.
QUI.CÁ, *adv.*, talvez, quem sabe.
QUI.CAR, *v. int.*, pular, o saltar de uma bola.
QUÍ.CHU.A, *s.m.*, idioma dos indígenas quíchuas ainda falado no Peru.
QUI.E.TA.ÇÃO, *s.f.*, quietude, sossego, tranquilidade.
QUI.E.TAR, *v.t.*, aquietar, tornar quieto, acalmar, tranquilizar.
QUI.E.TO, *adj.*, parado, calmo, tranquilo, sereno, inerte.
QUI.E.TU.DE, *s.f.*, calma, calmaria, tranquilidade, sossego, silêncio.
QUI.LA.TE, *s.m.*, o máximo de pureza do ouro ou diamantes; peso equivalente a 199 miligramas.
QUI.LHA, *s.f.*, parte inferior do navio, parte que suporta a estrutura do barco.
QUI.LO, *s.m.*, quilograma.
QUI.LO.GRA.MA, *s.m.*, massa equivalente a mil gramas, quilo, *abr.* kg.
QUI.LO.HERTZ, *s.m.*, unidade de medida de frequência de mil hertz.
QUI.LO.LI.TRO, *s.m.*, unidade equivalente a mil litros.
QUI.LOM.BO, *s.m.*, acampamento criado pelos negros escravos que fugiam dos senhores.
QUI.LO.ME.TRA.GEM, *s.f.*, número de quilômetros percorridos em certo tempo.
QUI.LO.MÉ.TRI.CO, *adj.*, relativo a quilômetro, próprio de quilômetro.
QUI.LÔ.ME.TRO, *s.m.*, medida de comprimento equivalente a mil metros.
QUI.LO.WATT, *s.m.*, unidade de medida de potência em correntes elétricas.
QUI.ME.RA, *s.f.*, fantasia, imaginação, utopia; monstro da mitologia grega.
QUI.MÉ.RI.CO, *adj.*, relativo a quimera, fantástico, irreal, imaginativo.
QUÍ.MI.CA, *s.f.*, ciência que se dedica ao estudo das propriedades das substâncias e suas misturas e mutações.
QUÍ.MI.CO, *adj.*, próprio da Química.
QUI.MO.NO, *s.m.*, roupão ao estilo nipônico.
QUI.NA, *s.f.*, ângulo, canto, esquina; dado com cinco números; jogo de loteria com cinco números.
QUIN.DIM, *s.m.*, doce feito com ovo e coco; maviosidade, meiguice.
QUI.NHÃO, *s.m.*, parte de uma divisão, quota, parcela.
QUI.NHEN.TOS, *num.*, cardinal correspondente a 500.
QUI.NI.NA, *s.f.*, substância medicinal extraída da planta de nome quina.
QUIN.QUA.GE.NÁ.RIO, *adj.* e *s.m.*, pessoa com cinquenta anos.
QUIN.QUA.GÉ.SI.MO, *num.*, ordinal de 50.
QUIN.QUE.NAL, *adj.*, com duração de cinco anos.
QUIN.QUÊ.NIO, *s.m.*, período de cinco anos; lustro.
QUIN.QUI.LHA.RI.A, *s.f.*, bugiganga, ninharia, coisa sem valor.

QUINTAL

QUIN.TAL, *s.m.,* terreno (algumas vezes com plantação de flores e verduras) ao redor de casa.

QUIN.TA.NIS.TA, *s.c. 2 gên.,* estudante que está no quinto ano.
QUIN.TE.TO, *s.m.,* música para cinco cantores ou cinco músicos.
QUIN.TI.LHA, *s.f.,* estrofe com cinco versos, quinteto.
QUIN.TO, *num.,* ordinal de cinco.
QUIN.TU.PLI.CAR, *v.t., int.* e *pron.,* multiplicar por cinco.
QUÍN.TU.PLO, *num.,* que é cinco vezes maior.
QUIN.ZE.NA, *s.f.,* quinze dias, período marcado para durar quinze dias.
QUIN.ZE.NAL, *adj.,* realizável de quinze em quinze dias.
QUI.OS.QUE, *s.m.,* caramanchão, construção em jardins e praças para recreio; pequenas casas para venda de jornais e outros artigos.
QUI.PRO.QUÓ, *s.m.,* confusão, trapalhada, equívoco.
QUI.RE.LA, *s.f.,* quirera, comida feita com milho quebrado.
QUI.RO.MAN.CI.A, *s.f.,* arte de prever o futuro das pessoas, lendo as linhas da palma das mãos.
QUI.RO.MAN.TE, *s.c. 2 gên.,* praticante da Quiromancia.
QUIS.TO, *s.m.,* cisto.
QUI.TA.ÇÃO, *s.f.,* declaração de pagamento, recibo de pagamento.
QUI.TAN.DA, *s.f.,* quiosque para venda de frutas e verduras, lojinha.
QUI.TAN.DEI.RO, *s.m.,* proprietário de quitanda.
QUI.TAR, *v.t.* e *pron.,* pagar, passar recibo, deixar quite.
QUI.TE, *adj.,* livre, pago, cumprido, livre.
QUI.TI.NE.TE, *s.f.,* apartamento composto de poucas e pequenas peças.
QUI.TU.TE, *s.m.,* iguaria, comida saborosa, comida especial.
QUI.TU.TEI.RO, *s.m.,* quem faz quitutes.
QUI.XO.TA.DA, *s.f.,* ação de Quixote, quixotice, fanfarronice.
QUI.XO.TES.CO, *adj.,* próprio de Dom Quixote, fantasioso, idealista.
QUO.CI.EN.TE, *s.m.,* resultado da divisão de dois números, o tanto de inteligência de alguém.
QUO.RUM, *s.m.,* número mínimo legal para validar a decisão de um grupo.
QUO.TA, *s.f.,* cota.
QUO.TI.DI.A.NO, *adj.,* cotidiano, diário, do dia a dia.
QUO.TIS.TA, *s.c. 2 gên.,* cotista.
QUO.TI.ZA.ÇÃO, *s.f.,* cotização.
QUO.TI.ZAR, *v.t.,* cotizar.
QUO.TI.ZÁ.VEL, *adj.,* cotizável, que se pode transformar em cotas.

R, s.m., décima oitava letra do á-bê-cê e décima quarta consoante.
RÃ, s.f., nome de vários anfíbios anuros, jia.
RA.BA.DA, s.f., prato comum feio com a cauda, o rabo de bovinos.
RA.BA.NA.DA, s.f., pancada violenta com o rabo; pão frito, depois de embebido em gemada com leite e açúcar.
RA.BA.NE.TE, s.m., tipo de rábano, verdura.
RÁ.BA.NO, s.m., nome de algumas plantas crucíferas.
RA.BE.CÃO, s.m., tipo de rabeca, instrumento musical; carro que leva os cadáveres para o necrotério.
RA.BEI.RA, s.f., a parte traseira de algo, o último em uma disputa.
RA.BI, s.m., mestre, rabino, guia.
RA.BI.CHO, s.m., trança de cabelo comprido e pendente; pop., ligação clandestina de energia elétrica.
RÁ.BI.CO, adj., próprio da raiva, da hidrofobia.
RA.BI.CÓ, adj., sem rabo, que perdeu o rabo.
RA.BI.NO, s.m., entendido da Lei entre os judeus; doutor, mestre.
RA.BIS.CA.DOR, s.m., quem rabisca, fig., mau poeta ou escritor.
RA.BIS.CAR, v.t. e int., escrever mal, fazer rabiscos, garatujar.
RA.BIS.CO, s.m., letra torta, desenho malfeito, garatuja, grafia feia.
RA.BO, s.m., cauda, extremidade, extremidade do corpo de certos animais; ch., traseiro, nádegas, ânus.
RA.BO DE GA.LO, s.m., bebida alcoólica, obtida com a mistura de cachaça e vermute.
RA.BO DE SAI.A, s.m. pop., mulher, namorada.
RA.BO DE TA.TU, s.m., chicote feito com couro cru.
RA.BU.DO, adj., de rabo grande; pop., sortudo.
RA.BU.GEM, s.f., tipo de sarna comum nos cachorros; impertinência, aborrecimento.
RA.BU.GEN.TO, adj., ranzinza, impertinente, que incomoda.
RÁ.BU.LA, s.m., charlatão, advogado que exerce a profissão, mas não obteve diploma; mau advogado.
RA.ÇA, s.f., estirpe, linhagem, descendência; as divisões dos seres humanos; tipos de animais; fig., força, vontade, garra.
RA.ÇÃO, s.m., comida para animais, alimento próprio para animais.
RA.CHA, s.f., rachadura, fenda, s.m., disputa ilegal entre carros pelas ruas.
RA.CHA.DU.RA, s.f., racha, quebradura, fenda.
RA.CHAR, v.t. int. e pron., quebrar, fender, romper, dividir, gretar.
RA.CI.AL, adj., próprio da raça.
RA.CI.O.CI.NAR, v.t. e int., pensar, cogitar, refletir, discorrer sobre um tema.
RA.CI.O.CÍ.NIO, s.m., ideia, pensamento, reflexão, desenvolvimento, silogismo.
RA.CI.O.NAL, adj., próprio da razão, que usa da razão.
RA.CI.O.NA.LI.ZA.ÇÃO, s.f., ação de racionalizar, método prático de trabalho.
RA.CI.O.NA.LI.ZAR, v.t., tornar racional, pensar, meditar, cogitar; melhorar o método de trabalho, tornar as ações lógicas no seu modo de ser.
RA.CI.O.NA.MEN.TO, s.m., diminuição de algum produto no uso ou aquisição.
RA.CI.O.NAR, v.t., transformar em rações, diminuir o consumo.
RA.CIS.MO, s.m., segregação, ideia de que uma raça humana é superior a outra.
RA.CIS.TA, adj. e s.c. 2 gên., adepto do racismo, que segrega.
RA.ÇU.DO, adj. pop., muito forte, corajoso.
RA.DAR, s.m., instrumento de precisão que acusa a presença de certos objetos e indica a velocidade de um veículo.
RA.DI.A.ÇÃO, s.f., ação de radiar, indicação das diversas formas como a energia se propaga no espaço.
RA.DI.A.DOR, s.m., peça com água e outras substâncias para manter o nível de temperatura do motor de certos veículos.

RA.DI.AL, adj., que emite raios; s.f., rua ou avenida que liga o centro com os arredores de uma cidade.
RA.DI.A.LIS.TA, s.c. 2 gên., profissional que trabalha em rádio, jornalista, repórter.
RA.DI.AN.TE, adj., brilhante, muito luminoso, cheio de luz.
RA.DI.AR, v.int., brilhar, emitir raios, iluminar.
RA.DI.A.TI.VI.DA.DE, s.f., radioatividade.
RA.DI.A.TI.VO, adj., radioativo.
RA.DI.CAL, adj., que vem da raiz, próprio da raiz, essencial, do âmago, teimoso, persistente, básico; s.m., a raiz de uma palavra, a parte que não muda.
RA.DI.CA.LIS.MO, s.m., extremismo, inflexibilidade; julgar tudo pelo máximo.
RA.DI.CA.LI.ZAR, v.t., int. e pron., levar para o radicalismo, extremar, teimar.
RA.DI.CAR, v.t.e pron., criar raízes, enraizar, firmar, fixar, estabelecer-se, sistematizar-se.
RA.DÍ.CU.LA, s.f., uma raiz pequena, broto que principia a raiz.
RÁ.DIO, s.m., osso do antebraço; elemento atômico que produz radiações; aparelho que recebe e emite sinais radiofônicos; eletrodoméstico para receber transmissões; s.f., estação que fornece as transmissões.
RA.DI.O.A.MA.DOR, s.m., pessoa que cultiva, por prazer, o uso de uma miniestação de rádio transmissora e receptora de mensagens.
RA.DI.O.A.MA.DO.RIS.MO, s.m., atividade de radioamador.
RA.DI.O.A.TI.VI.DA.DE, s.f., propriedade de alguns elementos atômicos para emitirem radiações.
RA.DI.O.A.TI.VO, adj., radiativo, que detém radioatividade.
RA.DI.O.CO.MU.NI.CA.ÇÃO, s.f., radiodifusão, transmissão por ondas eletromagnéticas.
RA.DI.O.DI.FU.SÃO, s.f., transmissão de programas radiofônicos.
RA.DI.O.FO.NI.A, s.f., transmissão de programas por ondas eletromagnéticas.
RA.DI.O.FO.TO, s.f., radiofotografia.
RA.DI.O.FO.TO.GRA.FIA, s.f., foto transmitida a distância, por meio de ondas.
RA.DI.O.GRA.FAR, v.t., fazer a radiografia.
RA.DI.O.GRA.FI.A, s.f., foto conseguida por raios X; estudo de raios luminosos.
RA.DI.O.GRA.MA, s.m., comunicação por intermédio de telegrafia.
RA.DI.O.GRA.VA.DOR, s.m., rádio com gravador.
RA.DI.O.LO.GI.A, s.f., estudo de raios, como os raios X; uso dos raios X em tratamentos médicos.
RA.DI.O.LO.GIS.TA, s.c. 2 gên., pessoa dedicada à Radiologia.
RA.DI.O.PA.TRU.LHA, s.f., sistema de vigilância policial com rádios transmissores e receptores.
RA.DI.OS.CO.PI.A, s.f., exame de um órgão do corpo por meio de raios X.
RA.DI.O.SO, adj., brilhante, que emite raios luminosos, luminoso.
RA.DI.O.TÁ.XI, s.m., táxi com rádio para manter o contato com a estação central.
RA.DI.O.TE.RA.PI.A, s.f., tratamento da saúde através de raios X.
RA.DI.O.TE.RÁ.PI.CO, adj., próprio da radioterapia.
RA.DI.O.OU.VIN.TE, s.c. 2 gên., pessoa que ouve rádio.
RAI.A, s.f., linha, traço, estria, esteira, pista na qual os cavalos disputam torneios.
RAI.A.DO, adj., com estrias, misturado.
RAI.AR, v. int., brilhar, emitir raios, aparecer, surgir em; s.m., o amanhecer, aparecimento, começo, o despertar.
RA.I.NHA, s.f., governanta de uma nação, esposa do rei; no jogo de xadrez, a peça principal, representante da pátria; abelha-guia.

RAIO

RAI.O, s.m., corisco, faísca, descarga elétrica da natureza, segmentos que unem rodas; linha que começa no centro do círculo até a esfera.
RAI.VA, s.f., ódio, aversão, ira; doença hidrofóbica dos cães, hidrofobia.
RAI.VO.SO, adj., cheio de raiva, raivento, odiento, furioso.
RA.IZ, s.f., parte que fixa a planta no solo, parte inferior; origem, começo, nascimento; parte essencial da palavra por origem.
RA.I.ZA.ME, s.m., o conjunto das raízes, muitas raízes.
RA.JÁ, s.m., príncipe da Índia, pop., pessoa rica.
RA.JA.DA, s.f., lufada de vento, pé de vento, vários tiros de arma de fogo.
RA.JA.DO, adj., estriado, com manchas.
RA.JAR, v.t., provocar estrias em, estriar, riscar.
RA.LA.DOR, s.m., objeto usado na cozinha para extrair a casca em migalhas.
RA.LA.DU.RA, s.f., migalhas obtidas com o ralador.
RA.LAR, v.t. e pron., passar no ralador; fig., sofrer, ter um revés.
RA.LÉ, s.f., as pessoas da camada mais baixa da sociedade, plebe, escória.
RA.LHAR, v.t. e int., repreender, admoestar, chamar a atenção de.
RA.LI, s.m., percurso difícil, competição em locais íngremes, disputa de carros.
RA.LÍ.DEOS, s.m.pl., família de aves palustres como as saracuras.
RA.LO, s.m., ralador; peça colocada que esgota a água para reter detritos; adj., não espesso, rarefeito.
RA.MA, s.f., copa, folhagens, folhas, galharia, ramagem.
RA.MA.DA, s.f., rama, ramagem.
RA.MA.GEM, s.f., rama, conjunto de ramos.
RA.MAL, s.m., fibras trançadas para confeccionar cordas, linha férrea secundária; outros telefones ligados à linha principal.
RA.MA.LHE.TE, s.m., pequeno ramo, buquê, feixe de flores e folhas.
RA.MEI.RA, s.f., prostituta, vagabunda.
RA.MI.FI.CAR, v.t. e pron., formar vários ramos, dividir-se em ramos, multiplicar-se.
RA.MO, s.m., galho, divisão dos galhos presos ao tronco; setor de serviço.
RA.MO.SO, adj., com muitos ramos, galhos.
RAM.PA, s.f., plano inclinado, local inclinado para atirar objetos.
RAM.PEI.RO, adj., ruim, sem classe, sem qualidade, ordinário, vulgar.
RA.NÁ.RIO, s.m., lugar para criar rãs.
RAN.CHA.RI.A, s.f., conjunto de ranchos; casas pobres.
RAN.CHEI.RA, s.f., tipo de música e dança popular.
RAN.CHEI.RO, s.m., quem cuida de ranchos ou mora neles; quem prepara o rancho, a comida dos soldados.
RAN.CHO, s.m., construção para guardar utensílios e rações domésticas no sítio; comida de soldado, local em que o soldado come.
RAN.ÇO, s.m., gosto ruim em comida, deterioração da comida; fig., algo velho.
RAN.COR, s.m., ódio, raiva, aversão.
RAN.CO.RO.SO, adj., com muito rancor, raivoso.
RAN.ÇO.SO, adj., cheio de ranço, deteriorado, de sabor ruim.
RAN.FAZ.TÍ.DEOS, s.m.pl., família de aves a que pertencem os tucanos.
RAN.GER, v.t. e int., produzir ruído áspero, apertar os dentes uns contra os outros, raspar.
RA.NHE.TA, s.c. 2 gên., pessoa impertinente, ranzinza, insuportável.
RA.NHO, s.m. pop., muco, catarro.
RA.NHU.RA, s.f., entalhe, corte em madeira, racha, corte, fresta.
RA.NI.CUL.TOR, s.m., quem se dedica ao cultivo de rãs.
RA.NI.CUL.TU.RA, s.f., cultura de rãs.
RA.NÍ.DEOS, s.m.pl., família de anuros anfíbios, como a rã.
RAN.ZIN.ZA, adj. e s.c. 2 gên., pop., impertinente, pessoa muito aborrecida, ranheta, tipo sempre mal-humorado.
RA.PA.DU.RA, s.f., açúcar mascavo solidificado em pequenos quadrados; doce com açúcar e amendoim.
RA.PA.GÃO, s.m., rapaz forte e corpulento.
RA.PA.PÉ, s.m., exagero de cumprimentos; bajulação.
RA.PAR, v.t., cortar tudo, raspar, cortar pela raiz, acabar com tudo.
RA.PAZ, s.m., adolescente, moço, homem novo, garoto.
RA.PA.ZI.A.DA, s.f., grupo de rapazes, bando.
RA.PÉ, s.m., fumo em pó para colocar no nariz.
RA.PI.DEZ, s.f., celeridade, presteza, ligeireza.
RÁ.PI.DO, adj., ligeiro, célere, passageiro, transitório; s.m., trem veloz e com poucas paradas.
RA.PI.NA, s.f., pilhagem, roubo, assalto, ladroeira.
RA.PI.NAR, v.t. e int., roubar, assaltar, tirar de.
RA.PO.SA, s.f., mamífero da família dos Canídeos europeus; fig., pessoa esperta; político espertalhão.
RAP.SÓ.DIA, s.f., composição poética, música com fundo patriota.
RAP.TAR, v.t., levar à força, forçar a, brutalizar, sequestrar.
RAP.TO, s.m., ato de raptar, levar por força, sequestro.
RAP.TOR, s.m., quem rapta, sequestrador.
RA.QUE.TA, s.f., raquete.
RA.QUE.TA.DA, s.f., pancada com a raqueta.
RA.QUE.TE, s.f., instrumento próprio para jogar tênis ou pingue-pongue.
RA.QUÍ.TI.CO, adj., que sofre de raquitismo, extremamente magro; fig., fraco.
RA.QUI.TIS.MO, s.m., anomalia que por diversos fatores inibe o crescimento de uma pessoa; definhamento.
RA.RE.AR, v.t. e int., ficar menos denso, aclarar, espaçar.
RA.RE.FA.ZER, v.t., tornar raro, ralar, diminuir, tornar rarefeito.
RA.RE.FEI.TO, adj., que ficou menos denso, ralo.
RA.RI.DA.DE, s.f., algo que é raro, preciosidade.
RA.RO, adj., pouco comum, incomum, escasso, que se vê pouco.
RA.SAN.TE, adj., que passa rente, muito perto, próximo.
RA.SAR, v.t. e pron., tornar raso, igualar, encher até as bordas.
RAS.CAN.TE, adj., que trava a garganta, áspero, duro.
RAS.CAR, v.t. e int., fragmentar, tirar lascas, rachar, deixar gosto travante na garganta.
RAS.CU.NHAR, v.t., elaborar o rascunho, fazer um modelo para corrigir.
RAS.CU.NHO, s.m., esboço, o que se escreve antes para corrigir primeiro.
RAS.GA.DO, adj., roupas rotas, roto, que tem rasgos.
RAS.GÃO, s.m., rasgo, ruptura, roupa com ruptura.
RAS.GAR, v.t. e pron., romper, provocar rasgo em, ferir, golpear, dividir, fragmentar, arar, preparar a terra, escavar.
RAS.PA, s.f., a parte final de uma substância, o que se raspa de algo.
RAS.PA.DEI.RA, s.f., instrumento para raspar, escovar pelos.
RAS.PA.GEM, s.f., raspadura, ato de raspar.
RAS.PÃO, s.m., arranhadura, ferida, toque leve, mal bater.
RAS.PAR, v.t. e pron., desbastar, tirar a crosta, arrancar parte de uma superfície, esfregar, limpar, alisar, acarinhar.
RAS.TEI.RA, s.f., golpe com os pés, derrubar alguém com os pés; fig., golpe.
RAS.TEI.RO, adj., que anda pelo chão, que se arrasta, engatinha; fig., vil, capacho, ínfimo.
RAS.TE.JAR, v.t. e int., acompanhar alguém ou algum animal pelas pegadas, vestígios; arrastar-se pelo chão, crescer pelo solo; fig., bajular, ser servil.
RAS.TE.LO, s.m., instrumento com dentes para recolher folhas e ciscos.
RAS.TI.LHO, s.m., pólvora colocada para inflamar algo; estopim.
RAS.TO, s.m., rastro, vestígio, pegadas, sinais, indícios, sulcos.
RAS.TRE.A.DOR, s.m., aparelho que indica a trajetória de um objeto; pessoa ou cão que segue o rastro de.
RAS.TRE.A.MEN.TO, s.m., ato de rastrear um objeto pelo radar.
RAS.TRE.AR, v.t., rastear, rastejar, acompanhar pelas pegadas, fazer rastreamento.
RAS.TRO, s.m., rasto.
RA.SU.RA, s.f., rabisco, rascunho, modificação de algo escrito, borrão.
RA.SU.RAR, v.t., praticar rasura em; borrar, mudar o original.
RA.TA, s.f., fiasco, logro, engano, coisa errada.
RA.TA.PLÃ, s.m., imitação do som do tambor; onomatopeia desse som.

RA.TA.ZA.NA, s.f., fêmea de rato, rato grande; pop., ladrão, corrupto.
RA.TE.AR, v.t. e int., proceder ao rateio, dividir igualmente.
RA.TEI.O, s.m., divisão igual entre as partes; divisão.
RA.TI.CI.DA, s.f., veneno para matar ratos, veneno.
RA.TI.FI.CAR, v.t., aprovar, confirmar, autenticar, corroborar, comprovar.
RA.TO, s.m., grande família de roedores dos Murídeos; fig., ladrão, malandro.
RA.TO.EI.RA, s.f., armadilha para prender ratos; fig., engano, embuste.
RA.VI.NA, s.f., depressão no solo, formada pela água ou por enxurrada.
RA.VI.Ó.LI, s.m., iguaria de origem italiana, feita de massa em forma de pequenos pastéis com recheio e cozidos em água quente.
RA.ZÃO, s.f., ato de raciocinar, pensar; faculdade do ser humano, que o distingue dos animais irracionais, opinião, pensamento, argumento, direito.
RA.ZO.AR, v.int., pensar, refletir, cogitar, raciocinar.
RA.ZO.Á.VEL, adj., ajuizado, sensato, com bom senso, satisfatório.
RÉ, s.f., feminino de réu; nos carros, a marcha para trás; s.m., nota musical.
RE.A.BAS.TE.CER, v.t., tornar a abastecer, refornecer, tornar a encher.
RE.A.BI.LI.TAR, v.t. e pron., restituir a dignidade, os direitos a uma pessoa, recompor.
RE.A.BRIR, v.t. e pron., abrir de novo, descerrar novamente.
RE.AB.SOR.VER, v.t. e pron., absorver de novo, reassumir.
RE.A.ÇÃO, s.f., oposição, força que se opõe a outra, efeito de um remédio contra uma doença, ato de reagir.
RE.A.CEN.DER, v.t., int. e pron., voltar a acender, reagir, reanimar.
RE.A.CI.O.NÁ.RIO, adj., retrógrado, contrário a qualquer inovação.
RE.A.DAP.TAR, v.t., ajustar de novo, adaptar novamente.
RE.AD.MI.TIR, v.t., admitir de novo.
RE.AD.QUI.RIR, v.t., adquirir de novo, recomprar.
RE.A.FIR.MAR, v.t., tornar a afirmar, afirmar de novo.
RE.A.GEN.TE, s.m., substância química que provoca uma reação.
RE.A.GIR, v.t. e int., opor, contrariar, agir contra.
RE.A.GRA.VAR, v.t., int. e pron., agravar de novo, tornar a agravar.
RE.A.JUS.TA.MEN.TO, s.m., reajuste, reacerto, recomposição.
RE.A.JUS.TAR, v.t. e pron., ajustar de novo, reacertar, recompor.
RE.A.JUS.TÁ.VEL, adj., que pode se reajustado, recomposto.
RE.AL, adj., verdadeiro, objetivo, existente; régio, próprio dos reis; s.m., antiga moeda lusa e brasileira; nome da moeda brasileira na atualidade.
RE.AL.ÇAR, v.t. e pron., destacar, enfatizar, imprimir mais cores; avivar.
RE.AL.CE, s.m., ênfase, destaque, clímax.
RE.A.LE.GRAR, v.t. e pron., tornar a alegrar; trazer de novo a alegria.
RE.A.LE.JO, s.m., instrumento musical mecânico, acionado por uma manivela.
RE.A.LE.ZA, s.f., característica de um soberano; fig., magnitude, grandeza.
RE.A.LI.DA.DE, s.f., o que de fato existe, o que é real.
RE.A.LIS.MO, s.m., sistema que enfoca tudo como realidade presente; movimento literário que busca narrar os fatos como se fossem reais.
RE.A.LI.ZA.DOR, s.m., quem faz, quem realiza, pessoa prática no que faz.
RE.A.LI.ZAR, v.t., efetuar, efetivar, torna real, concretizar.
RE.A.LI.ZÁ.VEL, adj., que pode ser feito, que se pode concretizar.
RE.A.NI.MAR, v.t., int. e pron., reviver, tornar a dar ânimo, revigorar, reforçar.
RE.A.PA.RE.CER, v. int., tornar a aparecer, aparecer de novo.
RE.A.PLI.CAR, v.t., aplicar de novo.
RE.A.PRO.XI.MAR, v.t. e pron., avizinhar de novo, aproximar de novo.
RE.AS.SU.MIR, v.t., assumir de novo.
RE.A.TAR, v.t. e pron., tornar a atar, religar.
RE.A.TI.VAR, v.t., tornar a ativar, ativar de novo.
RE.A.TOR, s.m., sistema no qual se processam reações com liberação de energia.
RE.A.VA.LI.AR, v.t., avaliar de novo.
RE.A.VER, v.t., reconquistar, recobrar, recuperar, tornar a haver.

RE.A.VI.VAR, v.t., reacender, aviventar, tornar mais forte, estimular.
RE.BAI.XA.MEN.TO, s.m., ato de rebaixar.
RE.BAI.XAR, v.t., int. e pron., colocar mais baixo, diminuir, decrescer, abaixar; desacreditar.
RE.BAI.XO, s.m., rebaixamento, ato de rebaixar.
RE.BA.NHO, s.m., quantidade de gado, grupo de ovelhas, cabras; grupo de fiéis.
RE.BAR.BA, s.f., aresta, saliência de um corpo, limalha, restos de metal.
RE.BA.TE, s.m., ação de rebater, toque para chamar pessoas em emergência, abatimento.
RE.BA.TER, v.t., bater de novo, repelir, conter, contestar, contraditar.
RE.BE.LAR, v.t. e pron., incitar à rebeldia, tornar revoltoso, levar à revolução.
RE.BEL.DE, adj., revoltado, desobediente, indisciplinado, que é contra uma ordem de autoridade.
RE.BEL.DI.A, s.f., revolta, contraposição, resistência.
RE.BE.LI.ÃO, s.f., revolta, insurreição, resistência.
RE.BEN.TA.ÇÃO, s.f., arrebentação.
RE.BEN.TAR, v.t., int. e pron., quebrar, romper, explodir, destruir; semente que nasce.
RE.BEN.TO, s.m., broto, fruto, produto; fig., filho, prole.
RE.BI.TAR, v.t., unir chapas com rebite.
RE.BI.TE, s.m., arrebite, peça metálica que é prensada para unir chapas.
RE.BO.AR, v.int., ecoar, retumbar, provocar um eco.
RE.BO.BI.NAR, v.t., tornar a bobinar, passar para outra bobina.
RE.BO.CA.DOR, adj. e s. m., que reboca um navio, veículo; que põe reboco.
RE.BO.CAR, v.t., colocar reboco em; puxar algum barco ou veículo, guinchar.
RE.BO.CO, s.m., massa preparada com cimento, areia, cal e água para revestir paredes.
RE.BO.LA.DO, s.m., movimento dos quadris, das ancas; bamboleio.
RE.BO.LAR, v.t., int. e pron., mexer os quadris, bambolear-se; fig., enfrentar dificuldades.
RE.BO.LO, s.m., pedra preparada para afiar ferramentas.
RE.BO.QUE, s.m., guincho, ato de puxar um veículo avariado; levar alguém.
RE.BOR.DO, s.m., borda, lado, margem.
RE.BOR.DO.SA, s.f., lufa-lufa, corre-corre, situação confusa, imprevisto.
RE.BO.TA.LHO, s.m., restos, resíduos, restolhos, detritos.
RE.BO.TE, s.m., no basquete, a bola que bate na tabela e volta; o que retorna.
RE.BU.ÇA.DO, s.m., bala feita com açúcar queimado.
RE.BU.ÇAR, v.t. e pron., revestir com rebuço, envolver.
RE.BU.LI.ÇO, s.m., baderna, confusão, alvoroço, muito barulho.
RE.BUS.CAR, v.t. e pron., escrever com muita precisão vocábulos escolhidos, dificultar.
RE.CA.DO, s.m., aviso, comunicação, lembrete.
RE.CA.Í.DA, s.f., ser atacado novamente pela mesma doença, retorno.
RE.CA.IR, v. int., cair de novo, reincidir, retornar ao mesmo ponto.
RE.CAL.CAR, v.t., calcar de novo, reprimir, retocar.
RE.CAL.CI.TRAN.TE, adj., contumaz, persistente, teimoso, irredutível.
RE.CAL.CI.TRAR, v.t. e int., resistir, opor-se, lutar contra, rebelar-se, obstinar-se.
RE.CAL.CU.LAR, v.t., calcular novamente, tornar a calcular.
RE.CAL.QUE, s.m., ação de recalcar, repressão de sentimento, conservar dentro de si algo que deprime.
RE.CAN.TO, s.m., local, lugar afastado, local agradável.
RE.CA.PA.DO, adj., em que se pôs capa nova, recauchutado.
RE.CA.PA.GEM, s.f., capa nova, recauchutagem.
RE.CA.PAR, v.t., colocar outra capa, recauchutar, recapear.
RE.CA.PE.AR, v.t., cobrir com nova capa, revestir com nova cobertura.
RE.CA.PI.TU.LAR, v.t., relembrar, recordar, resumir, sintetizar.
RE.CAP.TU.RAR, v.t., capturar de novo.
RE.CAR.GA, s.f., outra carga.
RE.CAR.RE.GAR, v.t., carregar novamente, tornar a carregar.
RE.CA.TA.DO, adj., puro, pudico, recolhido, casto, simples, humilde.
RE.CA.TAR, v.t. e pron., portar-se com recato, ser humilde.

RECATO

RE.CA.TO, s.m., pudor, respeito, decoro, simplicidade, pureza.
RE.CAU.CHU.TA.DO, adj., próprio de pneu que foi recapado.
RE.CAU.CHU.TA.GEM, s.f., recapagem, cobertura com camada em um pneu gasto.
RE.CAU.CHU.TAR, v.t., refazer a parte gasta de um pneu, recapar.
RE.CE.AR, v.t., int. e pron., temer, ter precaução, ter medo.
RE.CE.BER, v.t., int. e pron., aceitar, tomar posse, apossar-se, obter, acolher, recepcionar.
RE.CEI.O, s.m., medo, temor, precaução.
RE.CEI.TA, s.f., quantia apurada em um evento, recolhimento em espécie; prescrição médica para uso de medicamentos; fórmula para preparar qualquer coisa.
RE.CEI.TAR, v.t. e int., dar receita, indicar, formular, prescrever.
RE.CEI.TU.Á.RIO, s.m., prontuário médico.
RE.CÉM, adv., de pouco tempo, recentemente.
RE.CÉM-CA.SA.DO, adj. e s.m., que se casou há pouco.
RE.CÉM-CHE.GA.DO, adj. e s.m., mal chegado, apenas chegado.
RE.CÉM-NAS.CI.DO, adj. e s.m., nascido há pouco.
RE.CEN.DER, v.t. e int., espargir, espalhar aroma, exalar, soltar.
RE.CEN.SE.A.DO, adj. e s.m., que está inscrito no recenseamento, já contado.
RE.CEN.SE.A.DOR, s.m., quem faz o recenseamento.
RE.CEN.SE.A.MEN.TO, s.m., trabalho estatístico que o IBGE pratica no País ou em uma região para verificar qual o número de habitantes.
RE.CEN.SE.AR, v.t., inscrever no recenseamento, contar, arrolar, levantar.
RE.CEN.TE, adj., recém, que ocorreu há pouco tempo, novo.
RE.CE.O.SO, adj., temeroso, com medo, amedrontado.
RE.CEP.ÇÃO, s.f., seção encarregada de receber as pessoas, dar informações; recebimento.
RE.CEP.CI.O.NAR, v.t. e int., receber, acolher, dar recepções.
RE.CEP.CI.O.NIS.TA, s.c. 2 gên., pessoa que trabalha na recepção, quem recebe as pessoas que chegam.
RE.CEP.TÁ.CU.LO, s.m., recipiente, que recebe, vasilhame, abrigo.
RE.CEP.TAR, v.t., acolher ou receber objeto furtado.
RE.CEP.TI.VI.DA.DE, s.f., acolhida, aceitação, consentimento.
RE.CEP.TI.VO, adj., acolhedor, agradável, que recebe bem.
RE.CEP.TOR, s.m., quem recepta, receptáculo, quem recebe a mensagem.
RE.CES.SÃO, s.f., parada, queda, decréscimo da economia, queda do produto.
RE.CES.SO, s.m., suspensão das atividades, ausência de expediente, parada.
RE.CHA.ÇAR, v.t., repelir, obrigar a um retrocesso, rebater, fazer recuar.
RE.CHE.AR, v.t. e pron., colocar recheio em, encher.
RE.CHEI.O, s.m., iguaria preparada para colocar no ventre vazio de aves a serem assadas; substância para encher.
RE.CHON.CHU.DO, adj., gordo, gorducho, bem gordo.
RE.CI.BO, s.m., papel assinado declarando que se recebeu algo, declaração.
RE.CI.CLA.GEM, s.f., mudança da reciclagem, capacitação, renovação, reaproveitamento.
RE.CI.CLAR, v.t., efetuar a reciclagem de, renovar, reaproveitar.
RE.CI.DI.VO, adj., que volta de novo, que recai.
RE.CI.FE, s.m., rocha, rochedo, penedo, pedra grande, grupo de rochas.
RE.CI.FEN.SE, adj. e s.c. 2 gên., habitante de Recife ou próprio de Recife.
RE.CIN.TO, s.m., ambiente, espaço, cômodo, repartição, local.
RE.CI.PI.EN.TE, s.m., vasilha, receptáculo, objeto para conter algo.
RE.CÍ.PRO.CO, adj., mútuo, que é de dois indivíduos, de um para o outro.
RÉ.CI.TA, s.f., declamação, espetáculo, apresentação teatral.
RE.CI.TA.DO, adj., declamado, lido em voz alta, proferido.
RE.CI.TAL, s.m., declamação, ação de recitar, apresentação, concerto.
RE.CI.TAR, v.t. e int., declamar, ler em voz alta, proferir, dizer.
RE.CI.TA.TI.VO, adj., que é recitado, declamado.
RE.CLA.MA.ÇÃO, s.f., ato de reclamar, queixa, denúncia, reivindicação.
RE.CLA.MAR, v.t. e int., protestar, ser contra, exigir, postular.
RE.CLA.ME, s.m., publicidade, anúncio, propaganda.
RE.CLAS.SI.FI.CAR, v.t., classificar de novo, tornar a classificar.
RE.CLI.NAR, v.t. e pron., deitar um pouco, inclinar de leve, encostar, apoiar.
RE.CLI.NÁ.VEL, adj., que pode ser reclinado.

RE.CLU.SÃO, s.f., cárcere, encarceramento, privação de liberdade.
RE.CLU.SO, adj., que está em reclusão, preso, encarcerado.
RE.CO.BRAR, v.t., reaver, recuperar.
RE.CO.BRIR, v.t. e pron., tornar a cobrir, acobertar, encobrir.
RE.CO.LHER, v.t. e pron., arrecadar, guardar, abrigar, colocar em local próprio.
RE.CO.LHI.DO, adj., colhido, abrigado, enclausurado, colocado em.
RE.CO.LHI.MEN.TO, s.m., abrigo, retiro, reflexão pessoal, encarceramento.
RE.CO.LO.CAR, v.t., colocar de novo, repor.
RE.CO.ME.ÇAR, v.t. e int., começar de novo, reiniciar, principiar novamente.
RE.CO.MEN.DA.ÇÕES, s.f. pl., voto, saudações, lembranças.
RE.CO.MEN.DA.DO, adj., lembrado, acolhido, ajudado.
RE.CO.MEN.DAR, v.t., aconselhar, dar diretrizes, indicar, pedir auxílio para, apresentar votos, dar apoio.
RE.CO.MEN.DÁ.VEL, adj., que se pode recomendar; confiável, digno.
RE.COM.PEN.SA, s.f., prêmio, pagamento, retribuição, retorno.
RE.COM.PEN.SAR, v.t. e pron., retribuir, devolver, pagar um favor, premiar.
RE.COM.POR, v.t. e pron., tornar a compor, refazer, reestruturar, harmonizar.
RE.CÔN.CA.VO, s.m., cavidade, fundo, gruta, pequena baía.
RE.CON.CEN.TRAR, v.t. e pron., conduzir para um centro único, reunir, congregar.
RE.CON.CI.LI.A.ÇÃO, s.f., reatamento de relações pessoais, pacificação.
RE.CON.CI.LI.AR, v.t. e pron., refazer relações rompidas, pacificar, religar-se.
RE.CON.CI.LI.A.TÓ.RIO, s.m., próprio para reconciliar, apaziguamento.
RE.CON.DI.CI.O.NAR, v.t., recompor, retificar, reaprumar, refazer.
RE.CÔN.DI.TO, adj., escondido, oculto no âmago, difícil de ver; s.m., local muito afastado e escondido, recanto.
RE.CON.DU.ZIR, v.t., repor no mesmo ponto, levar de novo, recolocar.
RE.CON.FOR.TAR, v.t. e pron., confortar de novo, revigorar, refortalecer, consolar.
RE.CO.NHE.CER, v.t., conhecer novamente, distinguir, confessar, declarar, aceitar como certo, acreditar em.
RE.CO.NHE.CI.MEN.TO, s.m., ato de reconhecer, identificação; agradecimento, gratidão.
RE.CON.QUIS.TA, s.f., ato de reconquistar.
RE.CON.QUIS.TAR, v.t., tornar a conquistar, conquistar de novo.
RE.CON.SI.DE.RAR, v.t. e int., tornar a considerar, reexaminar, repensar, reprogramar.
RE.CONS.TI.TU.IN.TE, s.m., tônico medicinal para refazer as forças.
RE.CONS.TI.TU.IR, v.t., repor as energias, constituir de novo.
RE.CONS.TRU.IR, v.t. e int., construir de novo, reestruturar, refazer, recompor.
RE.CON.TA.GEM, s.f., nova contagem, nova verificação.
RE.CON.TAR, v.t. e pron., contar de novo, recalcular, refazer as contas, contar, narrar.
RE.COR.DA.ÇÃO, s.f., lembrança, memória.
RE.COR.DAR, v.t. e pron., lembrar, ter na memória, reproduzir.
RE.COR.DE, s.m., o máximo, a maior graduação obtida, o maior ponto possível.
RE.COR.DIS.TA, s.c. 2 gên., quem conquista um recorde; o maior campeão.
RE.CO-RE.CO, s.m., instrumento de som primitivo, feito com bambu; zíper.
RE.COR.REN.TE, adj., que recorre, que retorna ao ponto de partida, que ressurge.
RE.COR.RER, v.t. e int., ir a alguém, pedir ajuda, socorrer-se; entrar com recurso na justiça, não aceitar uma sentença judicial.
RE.COR.RI.DO, s.m., o indivíduo contra quem se recorre na justiça.
RE.COR.TA.DO, adj., que sofre cortes, talhado; s.m., recorte, tipo, modelo.
RE.COR.TAR, v.t. e pron., cortar, talhar, fazer figuras com cortes, retirar partes de.
RE.COR.TE, s.m., parte de um todo, recortado, pedaço.
RE.CO.SER, v.t., recosturar, coser novamente.
RE.COS.TAR, v.t. e pron., encostar de novo, reclinar, colocar de encosto.

RE.COS.TO, *s.m.*, parte para encostar-se, parte das costas de um assento.
RE.CO.ZER, *v.t., int.* e *pron.*, cozer de novo, tornar a cozinhar, temperar metal, requentar.
RE.CRE.A.ÇÃO, *s.f.*, recreio, divertimento, diversão.
RE.CRE.AR, *v.t.* e *pron.*, divertir-se, deleitar, divertir, tornar agradável, alegrar.
RE.CRE.A.TI.VO, *adj.*, prazeroso, que diverte, que satisfaz.
RE.CREI.O, *s.m.*, intervalo entre as aulas para o lanche e diversão dos alunos, diversão, lazer, divertimento.
RE.CRI.AR, *v.t.*, criar de novo, refazer, recompor, reconstruir.
RE.CRI.MI.NA.ÇÃO, *s.f.*, advertência, aviso, censura, crítica adversa.
RE.CRI.MI.NAR, *v.t.*, advertir, censurar, admoestar, chamar a atenção.
RE.CRU.DES.CER, *v.t.* e *int.*, intensificar, aumentar, agravar, tornar mais forte.
RE.CRU.TA, *s.m.*, soldado novo, tipo inexperiente, principiante.
RE.CRU.TA.MEN.TO, *s.m.*, ato de recrutar, admissão.
RE.CRU.TAR, *v.t.* e *pron.*, inscrever no serviço militar, inscrever, arregimentar.
RÉ.CU.A, *s.f.*, tropa de animais de carga, tropilha de bestas, de cavalgaduras.
RE.CU.AR, *v.t.* e *int.*, ir para trás, fugir, correr de, desistir, perder vantagem.
RE.CU.PE.RAR, *v.t.* e *pron.*, reconquistar, conseguir de novo, recobrar, refazer, melhorar.
RE.CU.PE.RÁ.VEL, *adj.*, que se pode refazer, recuperar, recompor, reeducar.
RE.CUR.SO, *s.m.*, meio, maneira, artimanha, socorro; ação jurídica; bem.
RE.CUR.VA.DO, *adj.*, dobrado, recurvo.
RE.CUR.VAR, *v.t.* e *pron.*, curvar mais, tornar a curvar, reclinar.
RE.CUR.VO, *adj.*, dobrado, curvo, inclinado.
RE.CU.SA, *s.f.*, ação de recusar, negativa, negação.
RE.CU.SAR, *v.t.* e *pron.*, resistir, não aceitar, opor-se, ser contra, negar.
RE.CU.SÁ.VEL, *adj.*, que se pode recusar, negável.
RE.DA.ÇÃO, *s.f.*, ato de redigir, composição escrita; local em que os redatores escrevem.
RE.DA.TOR, *s.m.*, quem redige, quem escreve, quem escreve para um jornal.
RE.DE, *s.f.*, peça de furos trançada com fios para a pesca; tecido para envolver os cabelos finos; peça de tecido para dormir; conjunto de atividades; conjunto de fios para telefone, eletricidade; conjunto de estradas.

RÉ.DEA, *s.f.*, instrumento de couro para conduzir os cavalos, brida; *fig.*, mando, domínio, poder.
RE.DE.MO.I.NHO, *s.m.*, movimento circular de águas com força para o fundo.
RE.DEN.ÇÃO, *s.f.*, salvação, libertação, resgate, pagamento.
RE.DEN.TOR, *s.m.*, quem redime, quem liberta, salva.
RE.DES.CO.BRIR, *v.t.*, tornar a descobrir, reencontrar, encontrar de novo.
RE.DI.GIR, *v.t.* e *int.*, escrever, compor.
RE.DIL, *s.m.*, local em que se abrigam as ovelhas; aprisco.
RE.DI.MEN.SI.O.NAR, *v.t.*, tornar a dimensionar, recalcular.
RE.DI.MIR, *v.t.*, remir, perdoar, salvar, libertar.
RE.DIS.TRI.BU.IR, *v.t.*, distribuir de novo, distribuir com igualdade.
RE.DI.ZER, *v.t.*, dizer de novo, repetir, renovar.
RE.DO.BRAR, *v.t.* e *int.*, dobrar mais uma vez, aumentar, acrescentar, multiplicar.
RE.DO.MA, *s.f.*, objeto de vidro para a proteção de objetos, campânula de vidro.
RE.DON.DE.ZA, *s.f.*, arredores, vizinhança, periferia, perto de.
RE.DON.DI.LHA, *s.f.*, tipo de estrofe de acordo com o número de versos.
RE.DON.DO, *adj.*, com forma circular, esférico; *fig.*, roliço, gordo.
RE.DOR, *s.m.*, ambiente vizinho, contorno, circunferência; *adv.*, ao redor - em torno, à volta.
RE.DU.ÇÃO, *s.f.*, diminuição, abatimento, desconto.
RE.DUN.DÂN.CIA, *s.f.*, excesso, repetição de palavras, pleonasmo.
RE.DUN.DAR, *v.t.* e *int.*, sobrar, ser mais do que o necessário, ser excessivo.
RE.DU.PLI.CAR, *v.t.* e *int.*, tornar a duplicar, aumentar várias vezes, intensificar.
RE.DU.TI.VO, *adj.*, que pode ser reduzido.
RE.DU.TO, *s.m.*, abrigo, local protegido, esconderijo, local em que se reúnem adeptos de uma seita.
RE.DU.ZI.DA, *s.f.*, diminuída.
RE.DU.ZIR, *v.t.* e *pron.*, diminuir, tornar menor, baixar, abreviar, limitar, apequenar.
RE.DU.ZÍ.VEL, *adj.*, que se pode reduzir, redutível.
RE.E.DI.ÇÃO, *s.f.*, nova edição, segunda edição.
RE.E.DI.FI.CAR, *v.t.*, tornar a edificar, reconstruir, refazer.
RE.E.DI.TAR, *v.t.*, editar de novo, repetir a edição.
RE.E.DU.CAR, *v.t.*, educar de novo, capacitar, preparar outra vez.
RE.E.LE.GER, *v.t.*, eleger de novo, tornar a eleger.
RE.E.LE.GÍ.VEL, *adj.*, com condições para ser reeleito.
RE.E.LEI.TO, *adj.*, que foi eleito de novo.
RE.EM.BOL.SAR, *v.t.* e *pron.*, colocar novamente no bolso, repor um valor, pagar prejuízo, indenizar.
RE.EM.BOL.SÁ.VEL, *adj.*, que pode ser reembolsável.
RE.EM.BOL.SO, *s.m.*, reposição de dinheiro, serviço do correio, que entrega em domicílio uma encomenda mediante pagamento.
RE.EM.POS.SAR, *v.t.*, repor na posse, empossar novamente.
RE.EM.PRE.GAR, *v.t.* e *pron.*, tornar a empregar.
RE.EN.CAR.NAR, *v.t.* e *int.*, conforme a Doutrina Espírita, o espírito toma posse de um novo corpo.
RE.EN.CON.TRAR, *v.t.* e *pron.*, encontrar novamente.
RE.EN.TRÂN.CIA, *s.f.*, qualquer curva para dentro, concavidade.
RE.EN.TRAN.TE, *adj.*, côncavo, curvado para dentro.
RE.EN.TRAR, *v.t.*, retornar, entrar de novo, entrar novamente.
RE.EN.VI.AR, *v.t.*, devolver, enviar novamente, tornar a enviar.
RE.E.QUI.PA.MEN.TO, *s.m.*, equipamento novo, outro equipamento.
RE.E.QUI.PAR, *v.t.*, equipar novamente, tornar a equipar.
RE.ER.GUER, *v.t.* e *pron.*, erguer novamente, realçar.
RE.ES.CRE.VER, *v.t.*, tornar a escrever, corrigir escrevendo.
RE.ES.TRU.TU.RAR, *v.t.*, estruturar de novo, dar nova estrutura.
RE.ES.TU.DAR, *v.t.*, estudar de novo, reexaminar, reconsiderar.
RE.E.XA.MI.NAR, *v.t.*, reconsiderar, examinar outra vez, repensar.
RE.FA.ZER, *v.t.* e *pron.*, recompor, fazer novamente, reestruturar, corrigir, reconstruir.
RE.FEI.ÇÃO, *s.f.*, conjunto de alimentos que se tomam em certas horas do dia; ato de comer.
RE.FEI.TO, *adj.*, acertado, ajustado, corrigido, recomposto.
RE.FEI.TÓ.RIO, *s.m.*, sala de refeições.
RE.FÉM, *s.m.*, pessoa que alguém leva como garantia, pessoa sequestrada.
RE.FE.RÊN.CIA, *s.f.*, alusão, recomendação, condição.
RE.FE.REN.DAR, *v.t.*, confirmar, avalizar, assinar com responsabilidade.
RE.FE.REN.DO, *s.m.*, plebiscito, comunicação diplomática, deferimento.
RE.FE.REN.TE, *adj.*, que se refere, relativo, respeitante, atinente, concernente.

RE.FE.RI.DO, *adj.*, aludido, mencionado, citado, comentado.
RE.FE.RIR, *v.t.* e *pron.*, expor, dizer, mencionar, citar, aludir, atribuir.
RE.FES.TE.LAR, *v. pron.*, acomodar-se, ajeitar-se com comodidade.
RE.FI.NA.ÇÃO, *s.f.*, refinamento, ato de refinar.
RE.FI.NAR, *v.t.* e *pron.*, fazer com que fique mais fino, purificar, obter os produtos derivados do petróleo, requintar.
RE.FI.NA.RI.A, *s.f.*, indústria que refina petróleo.
RE.FLE.TI.DO, *adj.*, prudente, comedido, circunspecto, ponderado.
RE.FLE.TIR, *v.t.* e *pron.*, reproduzir a imagem, espelhar, ecoar, repercutir, traduzir; pensar muito.
RE.FLE.TOR, *s.m.*, instrumento que reflete, o que reflete.
RE.FLE.XÃO, *s.f.*, ato de refletir, reprodução de imagem, pensamento, cogitação, juízo, observação.
RE.FLE.XI.O.NAR *v.t.* e *int.*, meditar, pensar, observar, ponderar, julgar, refletir.
RE.FLE.XI.VO, *adj.*, que reflete, meditativo, pensativo; na gramática, o verbo que reproduz o efeito da ação verbal no próprio sujeito.
RE.FLE.XO, *s.m.*, que retorna sobre si mesmo; *s.m.*, efeito da luz, reprodução, reação, incidência, correspondência.
RE.FLO.RES.CER, *v.t.* e *int.*, voltar a florescer, reflorir, tornar a florir, rejuvenescer.
RE.FLO.RES.TAR, *v.t.*, plantar árvores, replantar árvores.
RE.FLO.RIR, *v.t.* e *int.*, tornar a florir, reflorescer.
RE.FLU.IR, *v. int.*, baixar, tornar ao que era, recair.
RE.FLU.XO, *s.m.*, maré vazante, baixa-mar, baixa da água.
RE.FO.GA.DO, *s.m.*, frito na gordura; tipo de molho preparado com alguns condimentos, como cebola, tomate, alho.
RE.FO.GAR, *v.t.*, fritar em gordura, preparar para tempero.
RE.FO.LHAR, *v.t.* e *pron.*, cobrir-se de folhas, envolver em folhas, tornar a pôr folhas.
RE.FOR.ÇAR, *v.t.* e *pron.*, intensificar, colocar mais força, deixar mais forte, solidificar.
RE.FOR.ÇO, *s.m.*, intensificação, suporte, mais força, auxílio maior.
RE.FOR.MA, *s.f.*, restauração, reestruturação, aposentadoria de militar, movimento luterano.
RE.FOR.MA.DO, *adj.*, restaurado, recondicionado, *s.m.*, militar aposentado.
RE.FOR.MA.DOR, *s.m.*, quem faz reformas, renovador.
RE.FOR.MAR, *v.t.* e *pron.*, imprimir nova forma, mudar, transformar, corrigir, revisar, recompor, reestruturar.
RE.FOR.MA.TÓ.RIO, *s.m.*, antigo estabelecimento para abrigar adolescentes e crianças para reeducação.
RE.FOR.MÁ.VEL, *adj.*, que pode ser reformado.
RE.FOR.MIS.TA, *s.c. 2 gên.*, pessoa que quer fazer reformas.
RE.FOR.MU.LAR, *v.t.*, tornar a formular, formular novamente.
RE.FRA.ÇÃO, *s.f.*, desvio de direção que sofrem os raios solares.
RE.FRÃO, *s.m.*, estribilho, parte da letra ou da música que se repete sempre.
RE.FRA.TAR, *v.t.* e *pron.*, desviar a direção de raios de luz.
RE.FRA.TÁ.RIO, *adj.*, contrário, imune, resistente ao calor.
RE.FRE.AR, *v.t.* e *pron.*, puxar o freio, dominar, conter, segurar, atar.
RE.FRE.Á.VEL, *adj.*, que se pode frear, freável.
RE.FRE.GA, *s.f.*, luta, combate, contenda, enfrentamento.
RE.FRES.CAN.TE, *adj.*, que refresca, menos quente, tépido.
RE.FRES.CAR, *v.t.* e *pron.*, diminuir o calor, esfriar, tornar mais fresco.
RE.FRES.CO, *s.m.*, refrigerante, o que refresca, o que baixa a temperatura.
RE.FRI.GE.RA.DOR, *s.m.*, geladeira.
RE.FRI.GE.RAN.TE, *s.m.*, refresco, bebida sem álcool.
RE.FRI.GE.RAR, *v.t.* e *pron.*, gelar, esfriar, tornar fresco, refrescar.
RE.FU.GAR, *v.t.* e *int.*, negar, rejeitar, selecionar, escolher o que seja bom.
RE.FU.GI.AR, *v. pron.*, procurar um abrigo, abrigar-se, esconder-se.
RE.FÚ.GIO, *s.m.*, esconderijo, lugar para esconder-se, abrigo, amparo.
RE.FU.GO, *s.m.*, resíduo, resto, escórias.
RE.FUL.GEN.TE, *adj.*, luminoso, que refulge, que brilha.
RE.FUL.GIR, *v.t.* e *int.*, brilhar, resplandecer, fulgir, mostrar luz.
RE.FUN.DIR, *v.t.* e *pron.*, tornar a fundir, fundir novamente, corrigir, refazer, transformar.
RE.FU.TA.ÇÃO, *s.f.*, ato de refutar.
RE.FU.TAR, *v.t.*, rebater, provar o contrário, contrariar.

RE.FU.TÁ.VEL, *adj.*, negável, que se pode rebater.
RE.GA.ÇO, *s.m.*, colo, nos braços; *fig.*, aconchego, carinho.
RE.GA.DOR, *s.m.*, objeto caseiro usado para regar as plantas.
RE.GA.LA.DO, *adj.*, abundante, copioso, que se fartou.
RE.GA.LAR, *v.t.* e *pron.*, presentear, dar um presente, alegrar, divertir, fartar-se.
RE.GA.LI.A, *s.f.*, privilégio, vantagem, comodidade, facilidade.
RE.GA.LO, *s.m.*, privilégio, prazer, satisfação, presente, alegria.
RE.GAR, *v.t.*, molhar, umedecer de leve, rorejar.
RE.GA.TA, *s.f.*, competição com barcos; camiseta sem mangas.
RE.GA.TE.AR, *v.t.* e *int.*, discutir os preços, pechinchar, conceder, diminuir.
RE.GA.TO, *s.m.*, real, riacho, arroio, ribeiro, um rio pequeno.
RE.GE.LAR, *v.t.*, congelar, esfriar, gelar.
RE.GÊN.CIA, *s.f.*, governo interino nos reinados; ligação dos termos de uma frase uns com os outros, mando, governo.
RE.GE.NE.RAR, *v.t.* e *pron.*, corrigir, refazer, dar novas forças.
RE.GEN.TE, *adj.*, que rege, que governa, dirige; *s.c. 2 gên.*, maestro, guia, governante.
RE.GER, *v.t.* e *pron.*, governar, administrar, dirigir uma orquestra, subordinar uma palavra à outra, ministrar uma aula, regulamentar, conduzir.
RE.GI.ÃO, *s.f.*, superfície, grande extensão de terras, divisão geográfica.
RE.GI.ME, *s.m.*, governo, sistema de governo, regra, modo de ser; dieta.
RE.GI.MEN.TO, *s.m.*, estatuto, normas para coordenar uma instituição, decreto; batalhão, grupo de soldados.
RÉ.GIO, *adj.*, real, digno do rei, luxuoso, magnífico.
RE.GI.O.NAL, *adj.*, próprio de uma região.
RE.GI.O.NA.LIS.MO, *s.m.*, o que compreender uma região: ideias, política, literatura, costumes.
RE.GIS.TRA.DO.RA, *s.f.*, máquina para registrar os recebimentos e pagamentos de uma casa comercial.
RE.GIS.TRAR, *v.t.* e *pron.*, anotar, imprimir, assinalar; remeter carta com seguro postal.
RE.GIS.TRO, *s.m.*, livro ou ficha para contabilizar os movimentos do caixa; declaração do cartório quanto à validade de um documento; torneira, lista de valores, certidão emitida por cartório civil.
RE.GO, *s.m.*, sulco, regato, riacho.
RE.GO.ZI.JAR, *v.t.* e *pron.*, tornar feliz, alegrar, deleitar.
RE.GO.ZI.JO, *s.m.*, prazer, felicidade, satisfação.
RE.GRA, *s.f.*, lei, norma, ditame, estatuto, modelo, tipo, exemplo.
RE.GRAR, *v.t.* e *pron.*, colocar sob regra, determinar normas, normatizar.
RE.GRAS, *s.f.pl.*, menstruação.
RE.GRA.VAR, *v.t.*, tornar a gravar, gravar novamente.
RE.GRE.DIR, *v.int.*, retornar, ir para trás, retroceder.
RE.GRES.SAR, *v.t.* e *int.*, tornar, retornar, voltar, vir de volta.
RÉ.GUA, *s.f.*, instrumento para medir e traçar retas.
RE.GU.LA.GEM, *s.f.*, ação de regular, ajuste, acerto das peças.
RE.GU.LA.MEN.TA.ÇÃO, *s.f.*, regulamento, normatização.
RE.GU.LA.MEN.TAR, *v.t.* e *adj.*, colocar sob regulamento, regular.
RE.GU.LA.MEN.TO, *s.m.*, norma, preceito, determinação, portaria, prescrição.
RE.GU.LAR, *adj.*, repetitivo, normal, harmônico, constante, certo, regrado.
RE.GU.LAR, *v.t., int.* e *pron.*, colocar dentro de regras, colocar sob lei, preceito, prescrever, ajustar, normatizar.
RE.GU.LA.RI.ZAR, *v.t.*, regular, tornar regular, normatizar, normatizar.
RE.GUR.GI.TAR, *v.t.* e *int.*, estar cheio de, vazar, expelir por excesso, vomitar.
REI, *s.m.*, governante de uma nação, soberano, monarca; peça do jogo de xadrez e do baralho.
REI.DE, *s.m.*, ataque, excursão longa.

RE.I.DRA.TAR, v.t. e pron., hidratar de novo.
RE.IM.PLAN.TAR, v.t., tornar a implantar.
RE.IM.PRES.SO, adj., impresso novamente.
RE.IM.PRI.MIR, v.t., imprimir de novo, reeditar.
REI.NA.ÇÃO, s.f., brincadeira, jogo de criança, patuscada.
REI.NA.DO, s.m., tempo de governo de um rei, domínio de um rei, reino.
REI.NAN.TE, adj., que reina, governante, dominante; s.c. 2 gên., quem reina.
REI.NAR, v.t. e int., governar como rei, dirigir, administrar, dominar.
RE.IN.CI.DÊN.CIA, s.f., ação de reincidir, recaída, voltar ao estado anterior.
RE.IN.CI.DEN.TE, s.c. 2 gên., quem recai, quem pratica a mesma coisa.
RE.IN.CI.DIR, v.t. e int., recair, incidir outra vez, cometer de novo o mesmo erro.
RE.IN.COR.PO.RAR, v.t., incorporar de novo.
RE.IN.GRES.SAR, v.t., tornar a ingressar, reentrar.
RE.I.NI.CI.AR, v.t., iniciar novamente, tornar a começar.
REI.NO, s.m., reinado, governo ou domínio de um rei, divisões naturais dos corpos da natureza.
RE.INS.CRE.VER, v.t. e pron., inscrever de novo.
RE.IN.TE.GRAR, v.t., integrar de novo, reempossar.
RE.IN.VES.TIR, v.t., investir de novo.
REI.TE.RAR, v.t., refazer, renovar, repetir, recompor.
REI.TOR, s.m., o dirigente de uma universidade.
REI.TO.RI.A, s.f., sala do reitor, cargo de reitor.
REI.VIN.DI.CAR, v.t., protestar, exigir, pedir, lutar para reaver algo.
RE.JEI.TAR, v.t., negar, não aceitar, expelir, desaprovar, ser contra.
RE.JU.BI.LAR, v.t. e pron., alegrar, tornar feliz, produzir muito júbilo.
RE.JU.VE.NES.CE.DOR, s.m., que faz ficar jovem.
RE.JU.VE.NES.CER, v.t., int. e pron., tornar jovem, fazer ficar jovem, remoçar.
RE.LA.ÇÃO, s.f., lista, elenco, rol, ligação, relacionamento, semelhança.
RE.LA.CIO.NA.MEN.TO, s.m., ligação, amizade, coleguismo.
RE.LA.CI.O.NAR, v.t. e pron., nomear, arrolar, fazer uma lista, narrar, descrever, comparar, ligar, estabelecer ligação.
RE.LÂM.PA.GO, s.m., raio de luz produzido pela descarga atmosférica, faísca.
RE.LAM.PA.GUE.AR, v. int., relampejar, produzir raios, faiscar, iluminar.
RE.LAM.PE.JAR, v.int., relampaguear.
RE.LAN.ÇAR, v.t., tornar a lançar.
RE.LAN.CE.AR, v.t., olhar de relance, olhar de esguelha.
RE.LAP.SO, adj., desleixado, teimoso, reincidente, preguiçoso.
RE.LA.TAR, v.t., contar, narrar, referir, expor, mencionar.
RE.LA.TI.VO, adj., referente, concernente, atinente, pertinente, casual.
RE.LA.TOR, s.m., quem relata, quem faz um relatório, quem estuda e expõe uma lei.
RE.LA.TÓ.RIO, s.m., descrição de uma série de fatos, relação.
RE.LA.XA.DO, adj., relapso, negligente, irresponsável.
RE.LA.XA.MEN.TO, s.m., desleixo, negligência, descuido.
RE.LA.XAR, v.t. e pron., diminuir, dar um pouco de liberdade, descansar, abrandar, perverter.
RE.LÊ, s.m., peça elétrica para interromper, intensificar ou cortar a energia elétrica.
RE.LEASE, s.m., (inglês), notícia remetida à imprensa para publicação.
RE.LE.GAR, v.t., degredar, exilar, expulsar, rejeitar, colocar em segundo plano.
RE.LEM.BRAR, v.t., recordar, lembrar outra vez.
RE.LEN.TO, s.m., orvalho, sereno; estar ao relento - não ter casa, estar ao ar livre, morador da rua.
RE.LER, v.t., ler novamente.
RE.LES, adj., vulgar, ordinário, vil, desprezível, baixo.
RE.LE.VÂN.CIA, s.f., importância, valorização, ênfase, destaque.
RE.LE.VAN.TE, adj., enfático, valorizado, destacado, proeminente.
RE.LE.VAR, v.t. e pron., salientar, enfatizar, destacar; esquecer, perdoar, permitir.

RE.LE.VO, s.m., ênfase, saliência, destaque; o que fica acima ou abaixo de uma linha média; na geografia, o que está acima do nível do mar ou abaixo.
RE.LHA, s.f., no arado, a folha metálica que sulca a terra.
RE.LHO, s.m., chicote, açoite, azorrague.
RE.LI.CÁ.RIO, s.m, conjunto de relíquias, invólucro para colocar relíquias.
RE.LI.GI.ÃO, s.f., sentimento que liga uma pessoa a seu deus; crença, veneração.
RE.LI.GI.O.SA, s.f., freira, mulher dedicada à vida religiosa.
RE.LI.GI.O.SI.DA.DE, s.f., sentimento religioso, tendência a alguma crença.
RE.LI.GI.O.SO, adj., dedicado a uma religião, próprio de uma religião, piedoso, devoto; s.m., membro de ordem religiosa; pessoa que pratica a religião.
RE.LIN.CHAR, v. int., rinchar, voz do cavalo.
RE.LIN.CHO, s.m., rincho, voz do cavalo.
RE.LÍ.QUIA, s.f., objeto sagrado, coisa santa; algo precioso e estimado.
RE.LÓ.GIO, s.m., objeto usado para marcar as horas, minutos e segundos, cronômetro.
RE.LO.JO.A.RI.A, s.f., loja ou oficina de relógios.
RE.LU.TÂN.CIA, s.f., contrariedade, oposição, indecisão, má vontade.
RE.LU.TAR, v.t. e int., tornar a lutar, resistir, opor-se, não aceitar.
RE.LU.ZIR, v.int., brilhar, cintilar, faiscar, soltar luz.
REL.VA, s.f., tapete de ervas rasteiras que cobrem o solo, grama, gramíneas.
REL.VA.DO, s.m., relva, superfície coberta com grama.
RE.MA.NE.JAR, v.t., manejar de novo, deslocar, mudar de local, transferir.
RE.MA.NES.CEN.TE, s.m., sobras, restos, restolhos, os últimos.
RE.MA.NES.CER, v. int., sobrar, ficar para o fim, restar.
RE.MAN.SO, s.m., águas dos rios nos locais curvados e onde ficam quase paradas; tranquilidade, paz, sossego, vida mansa.
RE.MAR, v.t. e int., movimentar os remos, impulsionar os remos para que o barco deslize na água.
RE.MAR.CAR, v.t., tornar a marcar, mudar do preço.
RE.MA.TAR, v.t., int. e pron., acabar, concluir, finalizar, encerrar.
RE.ME.DI.A.DO, adj., dono de algumas posses, socorrido.
RE.ME.DI.AR, v.t., aplicar remédio a; ajudar, socorrer, diminuir o problema, corrigir, sanar dificuldades.
RE.MÉ.DIO, s.m., medicamento, substância contra uma doença; fig., alternativa.
RE.ME.LA, s.f., mucosa, secreção depositada nas pálpebras.
RE.ME.MO.RAR, v.t., lembrar, recordar, relembrar.
RE.ME.MO.RÁ.VEL, adj., próprio para ser lembrado, recordável.
RE.MEN.DA.DO, adj., consertado, ajustado.
RE.MEN.DÃO, s.m., quem é incompetente no trabalho, quem faz serviços ruins.
RE.MEN.DAR, v.t., consertar, ajustar, acertar; fig., fazer um trabalho mal-acabado.
RE.MEN.DO, s.m., conserto, objeto colocado para tapar um buraco.
RE.MES.SA, s.f., despacho, coisa remetida, encomenda.
RE.ME.TEN.TE, s.c. 2 gên., quem remete, quem manda, quem envia.
RE.ME.TER, v.t. e int., encaminhar, enviar, atirar, jogar contra.
RE.ME.XER, v.t., int. e pron., tornar a mexer, revirar, relembrar, sacudir.
RE.MI.ÇÃO, s.f., libertação, dar liberdade, resgate, salvação.
RE.MI.DO, adj., salvo, resgatado, liberado.
RE.MI.NIS.CÊN.CIA, s.f., lembrança, recordação, memória.
RE.MIR, v.t. e pron., libertar, livrar, resgatar, salvar.
RE.MIS.SÃO, s.f., perdão, salvação, misericórdia, absolvição, purificação.
RE.MIS.SI.VO, adj., que remete, que manda, que envia.
RE.MO, s.m., instrumento de madeira para remar.
RE.MO.ÇAR, v.t., int. e pron., tornar-se mais novo, rejuvenescer, não aparentar a idade real.
RE.MO.DE.LA.ÇÃO, s.f., ação de remodelar, remodelagem.
RE.MO.DE.LAR, v.t., modelar novamente, refazer, recompor.
RE.MO.ER, v.t e pron., moer de novo, mastigar de novo, ruminar, cogitar.

REMONTAR

RE.MON.TAR, *v.t.* e *pron.*, montar de novo, recompor, elevar, refazer.
RE.MOR.SO, *s.m.*, dor de consciência, sentimento de culpa.
RE.MO.TO, *adj.*, antigo, distante da atualidade, de outrora.
RE.MO.VE.DOR, *s.m.*, que remove, limpador, purificador.
RE.MO.VER, *v.t.*, mover de novo, retirar, recolocar, deslocar.
RE.MU.NE.RA.ÇÃO, *s.f.*, pagamento, salário, contribuição em dinheiro por serviços prestados.
RE.MU.NE.RAR, *v.t.*, pagar, retribuir com dinheiro por algo.
RE.NA, *s.f.*, animal das regiões frias do Hemisfério Norte, tipo de cervo, rangífer.
RE.NAL, *adj.*, próprio dos rins.
RE.NAS.CEN.ÇA, *s.f.*, renascimento, vida nova, movimento cultural e científico no século XV, nascido na Itália, e que se difundiu pelo mundo.
RE.NAS.CER, *v.t.* e *int.*, nascer novamente, recompor as forças físicas, rejuvenescer, reviver.
RE.NAS.CI.MEN.TO, *s.m.*, renascença.
REN.DA, *s.f.*, lucro, rendimento; tipo de tecido especial para revestimentos.
REN.DAR, *v.t.*, colocar rendas em; enfeitar com renda.
REN.DÁ.VEL, *adj.*, rentável, que produz rendas.
REN.DEI.RA, *s.f.*, mulher que se dedica à produção de rendas.
REN.DEI.RO, *s.m.*, fabricante ou vendedor de rendas.
REN.DER, *v.t.*, *int.* e *pron.*, lucrar, produzir; substituir, ficar no lugar de; *pron.*, ceder.
REN.DI.ÇÃO, *s.f.*, ato de se render, capitulação.
REN.DI.MEN.TO, *s.m.*, lucro, remuneração.
REN.DO.SO, *adj.*, que produz muitas rendas, produtivo, rentável.
RE.NE.GA.DO, *adj.*, repelido, excomungado, afastado, fugido.
RE.NE.GAR, *v.t.*, negar, repudiar, negar a própria fé, abjurar a crença.
RE.NE.GO.CI.AR, *v.t.*, tornar a negociar, refazer o negócio.
RE.NHI.DO, *adj.*, feroz, sangrento, horrendo.
RE.NHIR, *v.t.* e *int.*, lutar encarniçadamente, combater.
RE.NI.TEN.TE, *adj.*, teimoso, obstinado, cabeça-dura, inabalável.
RE.NO.MA.DO, *adj.*, famoso, conhecido, notório.
RE.NO.ME, *s.m.*, fama, notoriedade.
RE.NO.VAR, *v.t.* e *pron.*, refazer, fazer de novo, reformar, restaurar, substituir.
RE.NO.VÁ.VEL, *adj.*, que se pode refazer, que se refaz.
RE.NO.VO, *s.m.*, broto, novo ramo, rebento.
REN.QUE, *s.m.*, fila, aleia, fileira, alameda.
REN.TA.BI.LI.DA.DE, *s.f.*, lucro, rendimento.
REN.TÁ.VEL, *adj.*, lucrativo, rendoso, que produz rendas.
REN.TE, *adj.*, próximo, perto, imediato; *adv.*, pela raiz, pelo pé.
RE.NÚN.CIA, *s.f.*, desistência, afastamento, demissão.
RE.NUN.CI.AR, *v.t.* e *int.*, desistir, deixar de, rejeitar, sair de, afastar-se.
RE.OR.DE.NAR, *v.t.*, ordenar novamente.
RE.OR.GA.NI.ZAR, *v.t.*, organizar novamente, reformar, aprimorar.
RE.PA.GI.NAR, *v.t.*, paginar de novo, reformar a paginação.
RE.PA.RA.ÇÃO, *s.f.*, ato de reparar, restauração, conserto, indenização.
RE.PA.RA.DOR, *s.m.*, quem restabelece, quem paga, quem indeniza.
RE.PA.RAR, *v.t.* e *pron.*, refazer, reconsertar, indenizar, satisfazer, diminuir, observar.
RE.PA.RÁ.VEL, *adj.*, que se pode reparar, consertável.
RE.PA.RO, *s.m.*, conserto, vistoria, verificação, acerto.
RE.PAR.TI.ÇÃO, *s.f.*, secção, departamento, divisão, quinhão.
RE.PAR.TIR, *v.t.* e *pron.*, dividir, distribuir, ramificar, partilhar.
RE.PAS.SAR, *v.t.*, *int.* e *pron.*, tornar a passar, revisar, reestudar.
RE.PAS.TO, *s.m.*, refeição, alimentação.
RE.PA.TRI.AR, *v.t.* e *pron.*, recolocar na pátria, trazer de volta para.
RE.PE.LÃO, *s.m.*, encontrão, choque frontal, batida.
RE.PE.LEN.TE, *s.m.*, substância que repele insetos; *adj.*, nojento, que afasta.
RE.PE.LIR, *v.t.*, afastar, enxotar, assustar, arredar, repugnar, desviar.
RE.PEN.SAR, *v.int.*, pensar novamente, refletir, pensar com cuidado.
RE.PEN.TE, *s.m.*, improviso, imprevisto, subitaneidade; de repente - de súbito.
RE.PEN.TI.NO, *adj.*, súbito, imprevisto, inesperado.
RE.PEN.TIS.TA, *s.c. 2 gên.*, quem improvisa versos.
RE.PER.CU.TIR, *v.t.* e *pron.*, ecoar, percutir, reproduzir um ruído ou som, tornar-se notícia.
RE.PER.TÓ.RIO, *s.m.*, coleção, rol; conjunto de músicas, cantos ou poemas.
RE.PE.SAR, *v.t.*, pesar outra vez, verificar, ponderar.
RE.PE.TÊN.CIA, *s.f.*, ato de repetir, repetição.
RE.PE.TEN.TE, *s.c. 2 gên.*, aluno que é reprovado e está refazendo a série.
RE.PE.TI.ÇÃO, *s.f.*, repetência, ato de repetir, de refazer.
RE.PE.TIR, *v.t.* e *pron.*, tornar a fazer, bisar, reproduzir, estudar de novo, ecoar.
RE.PE.TI.TI.VO, *adj.*, que repete, que ecoa.
RE.PI.CAR, *v.t.*, tornar a picar, dobrar de novo sinos ou sinetas, redobrar.
RE.PIN.TAR, *v.t.* e *pron.*, pintar de novo, passar tinta novamente.
RE.PI.QUE, *s.m.*, toque dos sinos, dobre alegre dos sinos.
RE.PI.SAR, *v.t.* e *pron.*, pisar novamente, calcar, pressionar com os pés, repetir.
RE.PLAN.TAR, *v.t.*, plantar de novo.
RE.PLAY, *s.m.*, (inglês), repetição, ato de reapresentar.
RE.PLE.TO, *adj.*, muito cheio, bem cheio, pleno, completo, farto.
RÉ.PLI.CA, *s.f.*, objeção, contrariedade, oposição; reprodução idêntica a.
RE.PLI.CAR, *v.t.* e *int.*, retorquir, responder a, retrucar, contestar, refutar.
RE.PO.LHO, *s.m.*, tipo de couve, verdura.
RE.PO.LHU.DO, *adj.*, com forma de repolho; abundante, fechado.
RE.PON.TAR, *v.t.* e *int.*, reaparecer, ressurgir, surgir ao longe.
RE.POR, *v.t.* e *pron.*, pôr de novo, recolocar, devolver.
RE.POR.TA.GEM, *s.f.*, notícias, noticiário, grupo de repórteres.
RE.POR.TAR, *v.t.*, referir, retornar a um fato pregresso.
RE.PÓR.TER, *s.m.*, indivíduo que colhe e busca notícias para a imprensa.
RE.PO.SI.CI.O.NAR, *v.t.*, colocar em nova posição, dar nova posição.
RE.PO.SI.TÓ.RIO, *s.m.*, local para guardar objetos, depósito.
RE.POU.SAR, *v.t.* e *int.*, descansar, refazer as forças; *fig.*, jazer morto.
RE.POU.SO, *s.m.*, descanso, tranquilidade.
RE.PO.VO.AR, *v.t.* e *pron.*, tornar a povoar.
RE.PRE.EN.DER, *v.t.* e *pron.*, admoestar, advertir, chamar a atenção.
RE.PRE.EN.SÃO, *s.f.*, admoestação, advertência, chamada, censura.
RE.PRE.GAR, *v.t.*, pregar de novo, fixar de novo com prego.
RE.PRE.SA, *s.f.*, dique, paredão bem forte para segurar águas, represamento.
RE.PRE.SÁ.LIA, *s.f.*, desforra, vingança, retribuição violenta por algo.
RE.PRE.SAR, *v.t.*, reter, segurar em represa, trancar as águas com dique.
RE.PRE.SEN.TA.ÇÃO, *s.f.*, apresentação teatral, exibição, ato de representar.
RE.PRE.SEN.TAN.TE, *s.c. 2 gên.*, quem está no lugar de outro, vendedor de empresas; pessoa que representa uma empresa.
RE.PRE.SEN.TAR, *v.t.*, aparentar, figurar, exibir, desempenhar, estar no lugar de.
RE.PRES.SÃO, *s.f.*, ato de reprimir, contenção violenta, sufocação.
RE.PRI.MEN.DA, *s.f.*, advertência, admoestação, censura.
RE.PRI.MIR, *v.t.*, sufocar, conter, advertir, dominar, segurar pela força.
RE.PRI.SAR, *v.t.*, apresentar de novo, reapresentar novamente.
RE.PRO.CES.SAR, *v.t.*, processar de novo, recuperar, refazer.
RE.PRO.DU.ÇÃO, *s.f.*, criação, ato de reproduzir, aumento das espécies.
RE.PRO.DU.TOR, *s.m.*, quem reproduz, macho usado para reproduzir.
RE.PRO.DU.ZIR, *v.t.* e *pron.*, produzir de novo, recriar, recompor, refazer fielmente, plagiar, copiar com fidelidade.
RE.PRO.VA.ÇÃO, *s.f.*, ato de reprovar, admoestação, advertência.
RE.PRO.VA.DO, *adj.*, que não passou de série, que não foi promovido.
RE.PRO.VAR, *v.t.*, não aprovar, não ser promovido nos exames, censurar, advertir; ser contra.
RÉP.TIL, *s.m.*, animal da classe dos répteis; *adj.*, que se arrasta, que rasteja.

RÉP.TEIS, *s.m.pl.*, classe de animais que rastejam, como cobras, lagartos, tartarugas e jacarés.
RE.PÚ.BLI.CA, *s.f.*, a organização política do Brasil; forma de governo na qual o povo escolhe por voto seus representantes; grupo de pessoas que vivem em uma casa repartida para muitas pessoas.
RE.PU.BLI.CA.NO, *s.m.*, adepto ou defensor da República, eleitor da República.
RE.PU.BLI.CAR, *v.t.*, publicar de novo, reeditar.
RE.PU.DI.AR, *v.t.*, negar, rejeitar, contestar, desprezar.
RE.PUG.NÂN.CIA, *s.f.*, aversão, nojo, asco.
RE.PUG.NAN.TE, *adj.*, nojento, asqueroso, que provoca repulsa, repulsivo.
RE.PUG.NAR, *v.t. e int.*, provocar aversão, afastar, repelir, opor-se.
RE.PUL.SA, *s.f.*, aversão, objeção, nojo, contrariedade.
RE.PUL.SÃO, *s.f.*, afastamento, deslocamento.
RE.PUL.SAR, *v.t.*, afastar, repelir, empurrar para longe.
RE.PU.TA.ÇÃO, *s.f.*, honra, dignidade, fama.
RE.PU.TAR, *v.t. e pron.*, julgar, avaliar, estimar, considerar.
RE.PU.XAR, *v.t. e pron.*, puxar de novo, puxar mais, esticar, levar com força.
RE.PU.XO, *s.m.*, ato de repuxar, jato de líquido.
RE.QUE.BRA.DO, *adj.*, lânguido, com requebros, amoroso.
RE.QUE.BRAR, *v.t. e pron.*, saracotear, mover com languidez, menear, galantear.
RE.QUE.BRO, *s.m.*, meneio sensual, movimentos langorosos do corpo.
RE.QUEI.JÃO, *s.m.*, tipo de queijo fresco feito com leite coalhado, ricota.
RE.QUEI.MAR, *v.t. e pron.*, queimar com intensidade, tostar.
RE.QUEN.TA.DO, *adj.*, alimento frio e esquentado.
RE.QUEN.TAR, *v.t. e pron.*, tornar a esquentar.
RE.QUE.RER, *v.t. e pron.*, solicitar, exigir, pedir algo a que se tem direito, postular.
RE.QUE.RI.MEN.TO, *s.m.*, pedido, petição legal.
RE.QUES.TAR, *v.t.*, pedir com insistência, postular, exigir; galantear.
RÉ.QUI.EM, *s.m.*, repouso, sossego, morte; canto fúnebre, canto para os mortos.
RE.QUIN.TAR, *v.t., int. e pron.*, esmerar, aprimorar, tornar uma obra de arte, refinar.
RE.QUIN.TE, *s.m.*, perfeição, esmero, maravilha.
RE.QUI.SI.TA.DO, *adj.*, solicitado, procurado, convidado.
RE.QUI.SI.TAR, *v.t.*, requerer legalmente, pedir com base legal, exigir.
RE.QUI.SI.TO, *s.m.*, quesito, pressuposto, concessão.
RÉS, *adj.*, rente, próximo, raso; *adv*, cerce, pela raiz, radicalmente.
RÊS, *s.f.*, cada animal bovino; vacas e bois.
RES.CAL.DAR, *v.t.*, esquentar novamente, tornar a esquentar.
RES.CAL.DO, *s.m.*, calor refletido, braseiro, borralho; atirar água para segurar as brasas de um incêndio.
RES.CIN.DIR, *v.t.*, desmanchar, quebrar, desfazer, anular.
RES.CI.SÃO, *s.f.*, anulação, quebra.
RES.CI.SÓ.RIO, *adj.*, que rescinde, que extingue.
RÉS DO CHÃO, *s.m.*, andar térreo.
RE.SE.NHA, *s.f.*, apresentação pormenorizada de fatos, enumeração de fatos.
RE.SE.NHAR, *v.t.*, fazer uma resenha, descrever minuciosamente.
RE.SER.VA, *s.f.*, ato de reservar, depósito, economia, recato, discrição, substituto, homem que pode ser chamado a servir o Exército.
RE.SER.VA.DO, *adj.*, designado, em que há reserva, circunspecto, silencioso.
RE.SER.VAR, *v.t. e pron.*, poupar, deixar para depois, livrar de, segurar.
RE.SER.VA.TÓ.RIO, *s.m.*, depósito, local para guardar objetos.
RE.SER.VIS.TA, *s.m.*, indivíduo chamado para servir o Exército.
RES.FO.LE.GAR, *v.t. e int.*, respirar, respirar com ruído e dificuldade.
RES.FRI.A.DO, *adj.*, que está frio, fresco, constipado, com gripe; *s.m.*, constipação, gripe.
RES.FRI.A.DOR, *s.m.*, aparelho para resfriar alimentos ou outras coisas.
RES.FRI.A.MEN.TO, *s.m.*, esfriamento, tornar frio, refrescar.
RES.FRI.AR, *v.t., int. e pron.*, esfriar, tornar a esfriar, diminuir a temperatura; ficar com gripe.
RES.GA.TAR, *v.t. e pron.*, libertar, liberar, pagar uma dívida, cumprir.

RES.GA.TE, *s.m.*, pagamento, libertação, quantia paga para liberar alguém.
RES.GUAR.DAR, *v.t. e pron.*, socorrer, guardar com cuidado, defender, proteger.
RES.GUAR.DO, *s.m.*, cuidado, proteção, reserva, tempo depois do parto.
RE.SI.DÊN.CIA, *s.f.*, morada, moradia, habitação, local em que se reside, estágio de médico recém-formado.
RE.SI.DEN.CI.AL, *adj.*, próprio para residir.
RE.SI.DEN.TE, *adj.*, habitante, que mora, que reside, médico que faz residência.
RE.SI.DIR, *v.t. e int.*, morar, habitar, viver, existir.
RE.SÍ.DUO, *s.m.*, resto, sobra, restolho.
RE.SIG.NAR, *v.t. e pron.*, conformar, aceitar, sair de, retirar-se.
RE.SI.NA, *s.f.*, substância líquida que se retira de árvores ou de animais.
RE.SI.NO.SO, *adj.*, com resina, cheio de resina.
RE.SIS.TÊN.CIA, *s.f.*, vigor, ânimo, força; obstáculo, empecilho.
RE.SIS.TEN.TE, *adj.*, duro, forte, sólido, concreto, obstinado.
RE.SIS.TIR, *v.t. e int.*, apresentar resistência, opor-se, obstinar-se, ficar inabalável.
RES.MA, *s.f.*, pacote de 500 folhas de papel.
RES.MUN.GÃO, *s.m.*, quem está sempre resmungando, que reclama muito.
RES.MUN.GAR, *v.t. e int.*, falar com mau humor, reclamar, dizer mal de tudo.
RES.MUN.GO, *s.m.*, reclamação, berro, contrariedade.
RE.SO.LU.ÇÃO, *s.f.*, solução, decisão, propósito, determinação.
RE.SO.LU.TO, *adj.*, resolvido, decidido, ativo, preparado, corajoso.
RE.SOL.VER, *v.t., int. e pron.*, solucionar, desembaraçar, decidir, terminar.
RE.SOL.VI.DO, *adj.*, resoluto, decidido, determinado.
RES.PAL.DAR, *v.t.*, proteger, dar suporte, reforçar, segurar, alisar.
RES.PAL.DO, *s.m.*, encosto, reforço, suporte, proteção.
RES.PEC.TI.VO, *adj.*, próprio de cada um, pertinente, atinente, devido, próprio.
RES.PEI.TAN.TE, *adj.*, que se refere, referente, relativo, pertinente, concernente.
RES.PEI.TAR, *v.t. e pron.*, dar respeito, considerar, seguir, acompanhar.
RES.PEI.TÁ.VEL, *adj.*, merecedor de respeito, importante, digno.
RES.PEI.TO, *s.m.*, dignidade, apreço, consideração, respeito, obediência.
RES.PEI.TO.SO, *adj.*, com muito respeito, digno, recatado.
RES.PIN.GAR, *v.int.*, borrifar, jogar gotas de água, regar, molhar.
RES.PIN.GO, *s.m.*, borrifo, jato de líquido.
RES.PI.RA.ÇÃO, *s.f.*, ação de absorver e expelir o ar dos pulmões, fôlego.
RES.PI.RA.DOR, *s.m.*, aparelho para facilitar a respiração.
RES.PI.RA.DOU.RO, *s.m.*, local por onde entra ar para as pessoas respirarem.
RES.PI.RAR, *v.t. e int.*, absorver e expelir o ar dos pulmões, viver, existir.
RES.PI.RA.TÓ.RIO, *adj.*, próprio da respiração.
RES.PI.RÁ.VEL, *adj.*, que é possível respirar.
RES.PI.RO, *s.m.*, abertura em fornos e churrasqueiras para sair a fumaça.
RES.PLAN.DE.CÊN.CIA, *s.f.*, brilho, esplendor, luminosidade.
RES.PLAN.DE.CER, *v.t. e int.*, brilhar, fulgurar, refletir luz; tornar-se notório.
RES.PLEN.DOR, *s.m.*, brilho forte, fulgor; grande luz; *fig.*, fama, celebridade.
RES.PON.DÃO, *s.m.*, quem responde muito, resmungão.
RES.PON.DER, *v.t. e int.*, retrucar, devolver uma resposta, dar resposta.
RES.PON.SA.BI.LI.DA.DE, *s.f.*, obrigação de cumprir algo, manutenção dos princípios emitidos; assunção e execução de algo.
RES.PON.SA.BI.LI.ZAR, *v.t. e pron.*, considerar responsável, chamar a atenção, dar a obrigação de.
RES.PON.SÁ.VEL, *adj.*, que presta conta de seus atos; que legalmente sabe o que faz; *s.m.*, quem cumpre com os deveres.
RES.POS.TA, *s.f.*, o que se diz ou se escreve para uma pergunta, reação, refutação.
RES.QUÍ.CIO, *s.m.*, fragmento, resto, resíduo, sinal.
RES.SA.BI.A.DO, *adj.*, desconfiado, atemorizado, preocupado.
RES.SA.BI.AR, *v.int. e pron.*, ofender, melindrar, magoar.
RES.SA.CA, *s.f.*, o vaivém das ondas, fluxo e refluxo; cansaço depois de uma embriaguez.

RESSALTAR

RES.SAL.TAR, v.t. e int., destacar, enfatizar, sobressair.
RES.SAL.TO, s.m., saliência, destaque, proeminência.
RES.SAL.VA, s.f., correção, modo de corrigir erro em documento, exceção.
RES.SAL.VAR, v.t. e pron., corrigir, excetuar, condicionar.
RES.SAR.CIR, v.t., pagar, indenizar, reparar, acertar.
RES.SE.CAR, v.t. e pron., secar novamente, ressequir.
RES.SEN.TI.DO, adj., melindrado, magoado, ofendido.
RES.SEN.TI.MEN.TO, s.m., mágoa, ofensa, melindre, raiva.
RES.SEN.TIR, v.t. e pron., ofender-se, melindrar-se, sofrer.
RES.SE.QUIR, v.t., ressecar, tornar muito seco.
RES.SO.AR, v.t. e int., ecoar, retumbar; repetir um som, ruído; ressonar.
RES.SO.LA.GEM, s.f., recauchutagem, colocar sola nova em.
RES.SO.LAR, v.t., recauchutar, colocar sola nova, arrumar a sola.
RES.SO.NÂN.CIA, s.f., eco, repercussão de sons, som.
RES.SO.NAR, v.int., ressoar, ecoar, produzir sons, retumbar.
RES.SU.DAR, v.t. e int., suar, expelir suor pelos poros, exsudar.
RES.SU.MAR, v.t. e int., gotejar, pingar, suar, soltar líquidos.
RES.SUR.GIR, v.t. e int., ressuscitar, voltar à vida, tornar a aparecer, surgir.
RES.SUR.REI.ÇÃO, s.f., festa das igrejas cristãs para celebrar a ressurreição de Jesus Cristo; volta para a vida humana.
RES.SUS.CI.TAR, v.t. e int., tornar à vida, viver de novo, surgir, reviver.
RES.TA.BE.LE.CER, v.t. e pron., recompor, restaurar, recuperar, voltar ao que era, sarar.
RES.TA.BE.LE.CI.MEN.TO, s.m., cura de uma doença, reconforto.
RES.TAN.TE, s.m., o resto, sobra, os demais.
RES.TAR, v.t. e int., sobrar, ficar, continuar.
RES.TAU.RA.ÇÃO, s.f., reconstrução, reparação, recuperação.
RES.TAU.RAN.TE, s.m., local para comer, casa que vende refeições; adj., que restaura, que reforça, que recompõe as forças.
RES.TAU.RAR, v.t., restabelecer, recompor, revigorar, dar novas forças.
RES.TAU.RÁ.VEL, adj., que se pode restaurar.
RÉS.TIA, s.f., trançado de alho ou cebola; raio de luz.
RES.TIN.GA, s.f., banco de areia no mar, qualquer faixa arenosa entre o mar e as lagunas.
RES.TI.TUI.ÇÃO, s.f., ação de restituir, devolução, recuperação.
RES.TI.TU.IR, v.t. e pron., devolver, entregar de volta, recuperar.
RES.TO, s.m., sobra, o que sobrou, parte não usada.
RES.TO.LHO, s.m., sobra, resíduo.
RES.TRIN.GIR, v.t. e pron., cercear, limitar, diminuir, estreitar, refrear, conter.
RES.TRI.TO, adj., limitado, cerceado, diminuído, estreito, contido.
RE.SUL.TA.DO, s.m., conclusão, efeito, produto final, lucro.
RE.SUL.TAN.TE, adj., que resulta, que sobra.
RE.SUL.TAR, v.t., ser consequência, provir, concluir, terminar, advir.
RE.SU.MIR, v.t. e pron., sintetizar, abreviar, elaborar um resumo, condensar.
RE.SU.MO, s.m., síntese, abreviação, sinopse, condensação.
RES.VA.LAR, v.t. e int., escorregar, deslizar, cair.

RE.TA, s.f., linha que traça a menor distância entre dois pontos.
RE.TA.GUAR.DA, s.f., a parte que fica atrás de; a última parte de, a parte posterior.
RE.TA.LHAR, v.t., cortar em pedaços, em retalhos; dividir, trinchar, partir.
RE.TA.LHO, s.m., pedaço, fragmento, pedaço de tecido.
RE.TA.LI.A.ÇÃO, s.f., desforra, vingança.
RE.TA.LI.AR, v.t., vingar-se, responder às ofensas, desforrar-se.
RE.TAN.GU.LAR, adj., com forma de retângulo.
RE.TÂN.GU.LO, s.m., figura geométrica que tem ângulos retos.
RE.TAR.DA.DO, adj., quem está atrasado, demorado, deficiente mental, imbecil.
RE.TAR.DA.MEN.TO, s.m., atraso, demora, deficiência psíquica.
RE.TAR.DAR, v.t., int. e pron., perder a hora, demorar, ser vagaroso.
RE.TAR.DA.TÁ.RIO, adj. e s.m., atrasado, quem chega atrasado.
RE.TE.LHAR, v.t., arrumar a posição das telhas, renovar as telhas.
RE.TEN.TOR, s.m., o que retém, peça do motor do automóvel.
RE.TER, v.t. e pron., segurar, prender, manter, adquirir, memorizar, proteger.
RE.TE.SAR, v.t. e pron., enrijar, endurecer, esticar, tornar teso.
RE.TI.CÊN.CIAS, s.f., sinal gráfico de três pontinhos; omissão, esquecimento.
RE.TI.CEN.TE, adj., omissivo, silente, reservado.
RE.TI.DÃO, s.f., integridade, honra, dignidade, probidade.
RE.TI.FI.CAR, v.t e pron., tornar reto, ajustar, corrigir, restaurar, consertar.
RE.TI.LÍ.NEO, adj., reto, que segue uma linha reta.
RE.TI.NA, s.f., parte interna do olho humano que possibilita a visão.
RE.TI.NIR, v.t. e int., zunir, som estridente e forte, som agudo.
RE.TIN.TO, adj., cor forte e viva, pintado com cores vivas.
RE.TI.RA.DA, s.f., fuga de uma tropa ante o inimigo; pró-labore, pagamento mensal dos sócios de uma empresa.
RE.TI.RA.DO, adj., afastado, longínquo, que está longe.
RE.TI.RAN.TE, s.c. 2 gên., pessoa do Nordeste que foge das secas.
RE.TI.RAR, v.t., int. e pron., tirar, recolher, puxar para si, sacar, sair de; ir embora.
RE.TI.RO, s.m., local afastado da civilização, local em que as pessoas se reúnem para reflexões e orações, lugar ermo.
RE.TO, adj., sem curvas, retilíneo, exato, certo, justo, probo, pronomes retos; s.m., parte do intestino grosso.
RE.татерь.CAR, v.t., dar novo retoque, aperfeiçoar, aprimorar, arrumar.
RE.TO.MAR, v.t., reaver, voltar ao que era, reassumir, começar de novo.
RE.TO.QUE, s.m., correção, emenda, conserto.
RE.TOR.CER, v.t. e pron., torcer de novo, torcer bastante.
RE.TÓ.RI.CA, s.f., a arte de bem falar em público, oratória.
RE.TÓ.RI.CO, adj., próprio da retórica, bem falado, eloquente.
RE.TOR.NAR, v.t. e int., voltar, tornar de novo.
RE.TOR.NO, s.m., volta, regresso, viagem de volta à origem.
RE.TOR.QUIR, v.t. e int., responder, retrucar, objetar.
RE.TRA.ÇÃO, s.f., retraimento, acanhamento.
RE.TRA.DU.ZIR, v.t., traduzir outra vez, recompor, rever.
RE.TRA.I.MEN.TO, s.m., retração, acanhamento, vergonha.
RE.TRA.IR, v.t. e pron., retroceder, ir para trás, acanhar-se, esconder-se, envergonhar-se.
RE.TRAN.CA, s.f., correia para segurar as carroças nas ladeiras; jogo de futebol no qual os jogadores de um time ficam mais na defesa; defensiva.
RE.TRANS.MIS.SO.RA, s.f., estação de TV ou rádio que recebe sinais para retransmitir.
RE.TRANS.MI.TIR, v.t., transmitir de novo.
RE.TRA.TA.ÇÃO, s.f., desculpa, reconhecimento de erro, pedido de escusas.
RE.TRA.TAR, v.t. e pron., fotografar, tirar a foto de; corrigir-se, desculpar-se; reproduzir algo, descrever, analisar.
RE.TRÁ.TIL, adj., que se retrai, que se encolhe.
RE.TRA.TIS.TA, s.c. 2 gên., fotógrafo, quem tira retratos.
RE.TRA.TO, s.m., foto, fotografia, imagem ou paisagem reproduzida por foto ou pintura, imagem.
RE.TRE.TA, s.f., execução musical feita por banda em logradouros públicos.

RE.TRI.BU.IR, *v.t.*, recompensar, premiar, gratificar, devolver, dar em troca.
RE.TRO, *adv.*, para trás, posteriormente, atrás.
RE.TRO.A.ÇÃO, *s.f.*, ato de retroagir, retorno.
RE.TRO.A.GIR, *v.t.* e *int.*, agir sobre algo do passado, influir em fatos já decorridos.
RE.TRO.A.TI.VO, *adj.*, que retroage, influente sobre fatos passados.
RE.TRO.CE.DER, *v.t.* e *int.*, retornar, voltar, recuar, ir ao passado, retirar-se.
RE.TRO.CES.SO, *s.m.*, regresso, recuo, perda do conquistado.
RE.TRÓ.GRA.DO, *adj.*, que vai para trás, atrasado, anacrônico, arcaico.
RE.TRÓS, *s.m.*, novelo, conjunto de linha enrolado num carretel.
RE.TROS.PEC.TI.VA, *s.f.*, retrospecto, visão do passado, análise de fatos passados.
RE.TROS.PEC.TI.VO, *adj.*, voltado para o passado, análise do que houve.
RE.TROS.PEC.TO, *s.m.*, retrospectiva, revisão do passado, análise do que passou.
RE.TRO.VI.SOR, *s.m.*, objeto para olhar para trás, espelho no carro para ver atrás.
RE.TRU.CAR, *v.t.* e *int.*, responder, retorquir, refutar, objetar.
RE.TUM.BAR, *v.t.* e *int.*, soar com força, ecoar, ressonar, ribombar.
RÉU, *s.m.*, quem é condenado por sentença judicial devido a algum delito; processado, condenado.
REU.MÁ.TI.CO, *adj.*, que padece de reumatismo.
REU.MA.TIS.MO, *s.m.*, doença que ataca as juntas dos ossos e os músculos.
RE.U.NI.ÃO, *s.f.*, agrupamento, encontro de pessoas, assembleia.
RE.U.NI.FI.CAR, *v.t.*, unificar de novo, reunir, reagrupar.
RE.U.NIR, *v.t.* e *pron.*, agrupar, encontrar, unir de novo, juntar, fazer uma assembleia.
RE.UR.BA.NI.ZAR, *v.t.*, tornar a urbanizar, reconstruir.
RE.VA.LI.DAR, *v.t.*, validar de novo.
RE.VAN.CHE, *s.f.*, desforra, vingança, revide, resposta.
RÉ.VEIL.LON, *s.m.*, (francês), ceia de fim de ano.
RE.VEL, *s.m.*, pessoa intimada que não cumpre a ordem, fugitivo.
RE.VE.LA.ÇÃO, *s.f.*, manifestação, prova, declaração, testemunho; técnica para obter as fotos.
RE.VE.LAR, *v.t.* e *pron.*, descobrir, mostrar, desnudar, declarar, manifestar.
RE.VE.LI.A, *s.f.*, ato de revel, fuga; julgar à revelia - sem a presença do réu.
RE.VEN.DA, *s.f.*, ação de vender de novo.
RE.VEN.DER, *v.t.*, vender novamente.
RE.VER, *v.t.*, ver de novo, reexaminar, analisar, corrigir, consertar.
RE.VER.BE.RAR, *v.int.*, brilhar, fulgir; censurar, admoestar, advertir.
RE.VER.DE.CER, *v.t.* e *int.*, ficar verde de novo, rebrotar, cobrir de folhas; remoçar.
RE.VE.RÊN.CIA, *s.f.*, respeito, veneração com algo, mesura, inclinação, consideração, acatamento.
RE.VE.REN.CI.AR, *v.t.*, venerar, respeitar, acatar, cultuar.
RE.VE.REN.DÍS.SI.MO, *s.m.*, tratamento dado a padres e autoridades religiosas.
RE.VE.REN.DO, *s.m.*, tratamento dado a padres e pastores.
RE.VER.SÍ.VEL, *adj.*, que se pode reverter, retornável, que volta ao que era.
RE.VER.SO, *s.m.*, o lado oposto, contrário.
RE.VER.TER, *v.t.*, levar para o lado contrário, desfazer, regressar, tornar.
RE.VÉS, *s.m.*, fatalidade, derrota, acontecimento terrível; desgraça.
RE.VES.TI.MEN.TO, *s.m.*, o que se usa para revestir.
RE.VES.TIR, *v.t.* e *pron.*, vestir de novo, cobrir, envolver.
RE.VE.ZA.DOR, *s.m.*, quem reveza um outro.
RE.VE.ZAR, *v.t.* e *pron.*, substituir, ficar no lugar de.
RE.VI.DAR, *v.t.* e *int.*, responder, retrucar, desforrar, vingar-se.
RE.VI.GO.RAR, *v.t.*, *int.* e *pron.*, dar novas forças, vigor, vida; reafirmar.
RE.VI.RAR, *v.t.*, *int.* e *pron.*, virar de novo, mexer muito, revolver, relembrar.
RE.VI.RA.VOL.TA, *s.f.*, volta sobre o próprio eixo, mudança total, virada.
RE.VI.SÃO, *s.f.*, verificação, exame detalhado, laudo, correção, análise.
RE.VI.SAR, *v.t.*, tornar a visar, inspecionar, examinar.
RE.VI.SOR, *s.m.*, quem revisa provas, trabalhos para a composição final.
RE.VIS.TA, *s.f.*, inspeção, exame; publicação com escritos e fotos sobre temas variados, semanário, peça teatral de caráter leve.
RE.VIS.TAR, *v.t.*, analisar, examinar; verificar tudo em algo ou em alguém.
RE.VIS.TO, *adj.*, já visto, examinado, verificado.
RE.VI.TA.LI.ZAR, *v.t.*, dar nova vida, revigorar, refazer as forças.
RE.VI.VER, *v.t.* e *int.*, viver de novo, surgir, tornar à vida, renascer, rejuvenescer.
RE.VI.VI.FI.CAR, *v.t.*, vivificar de novo, animar, fazer reviver.
RE.VO.A.DA, *s.f.*, bando de aves.
RE.VO.AR, *v.int.*, voar, voar de novo, bater as asas.
RE.VO.GAR, *v.t.*, denegar, declarar nulo, anular.
RE.VO.GÁ.VEL, *adj.*, que pode ser revogado.
RE.VOL.TA, *s.f.*, rebelião, motim, revolução, sublevação; indignação geral.
RE.VOL.TA.DO, *adj.*, rebelde, contrariado, sublevado, indignado.
RE.VOL.TAN.TE, *adj.*, asqueroso, repugnante, nojento.
RE.VOL.TAR, *v.t.* e *pron.*, sublevar, amotinar, insurgir-se, levantar-se contra, repugnar.
RE.VOL.TO, *adj.*, desordenado, desgrenhado, revoltado, agitado, mar furioso.
RE.VO.LU.ÇÃO, *s.f.*, mudança brusca numa situação, revolta, indignação, tempo da órbita de astros.
RE.VO.LU.CI.O.NAR, *v.t.* e *pron.*, agitar, excitar, revoltar, revolver, fermentar.
RE.VO.LU.CI.O.NÁ.RIO, *s.m.*, quem participa de uma revolução, quem prega ideias diferentes e contrárias às dominantes.
RE.VOL.VER, *v.t.* e *pron.*, remexer, misturar, agitar, revirar, embaralhar.
RE.VÓL.VER, *s.m.*, arma de fogo leve com seis balas.
RE.VO.O, *s.m.*, revoada, voo.
RE.ZA, *s.f.*, oração, invocação a Deus.
RE.ZAR, *v.t.*, e *int.*, orar, dirigir uma oração a Deus, invocar Deus.
RE.ZIN.GAR, *v.t.* e *int.*, resmungar, reclamar.
RI.A.CHO, *s.m.*, regato, ribeiro, rio pequeno, arroio.
RI.BA, *s.f.*, ribanceira, margem de rio.
RI.BAL.TA, *s.f.*, conjunto de luzes colocadas na frente do palco.
RI.BAN.CEI.RA, *s.f.*, riba, margem de rio.
RI.BEI.RA, *s.f.*, porção de terra banhada por um rio.
RI.BEI.RÃO, *s.m.*, rio pequeno, ribeiro, riacho.
RI.BEI.RI.NHO, *s.m.*, que habita às margens de um rio.
RI.BEI.RO, *s.m.*, rio pequeno, regato, riacho, arroio.
RI.BOM.BAR, *v.int.*, trovejar, retumbar, ressoar.
RI.CA.ÇO, *adj.* e *s.m.*, tipo muito rico, nababo, milionário.
RÍ.CI.NO, *s.m.*, planta cujas sementes esmagadas fornecem um óleo usado como purgante; mamona, mamoneiro.
RI.CO, *adj.*, que detém muitos bens materiais, nababo, opulento, abastado; fértil, frutífero, genial.
RI.CO.CHE.TE, *s.m.*, salto de um projétil ao bater em um sólido.
RI.CO.CHE.TE.AR, *v.int.*, revolutear, saltar, pular.
RI.CO.TA, *s.f.*, tipo de requeijão, requeijão.
RIC.TO, *s.m.*, contração da boca ou da face.
RI.DI.CU.LA.RI.ZAR, *v.t.*, colocar em ridículo, desprezar, menosprezar, caçoar.
RI.DÍ.CU.LO, *s.m.*, que causa riso, troça, desprezo, escárnio, tosco, desprezível.
RI.FA, *s.f.*, sorteio feito por meio de bilhetes numerados.
RI.FAR, *v.t.*, fazer uma rifa, sortear; *fig.*, descartar alguém.
RI.FLE, *s.m.*, arma de fogo com repetição de tiros, fuzil.
RÍ.GI.DO, *adj.*, duro, hirto, teso, inflexível, severo.

RI.GOR, s.m., austeridade, inflexibilidade, rigidez, dureza; algo muito forte.
RI.GO.RO.SO, adj., duro, severo, austero.
RI.JO, adj., inflexível, que não cede, teso, hirto, severo, forte, vigoroso.
RI.LHAR, v.t., trincar, ranger os dentes, roer, triturar.
RIM, s.m., órgão do corpo humano para filtrar a urina e mandá-la à bexiga.
RI.MA, s.f., no final dos versos, sílabas iguais.
RI.MAR, v.t. e int., fazer versos com as últimas sílabas iguais.
RÍ.MEL, s.m., substância para as mulheres pintarem os cílios.
RIN.CÃO, s.m., plaga, pago, lugar distante, terra natal; pequena porção de mato no meio dos campos.
RIN.CHO, s.m., ato do cavalo rinchar, voz do cavalo.
RIN.GUE, s.m., tablado com cordas em torno, para lutas.
RI.NHA, s.f., local destinado a brigas de galo.
RI.NI.TE, s.f., inflamação da mucosa nasal.
RI.NO.CE.RON.TE, s.m., mamífero com pele grossa e dura, com um ou dois chifres no focinho.

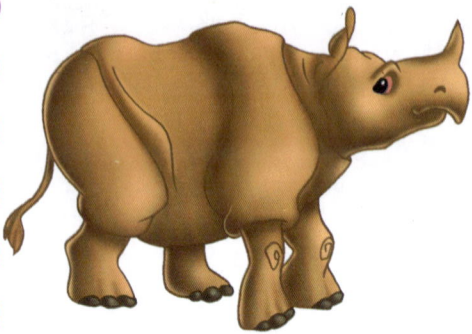

RIN.QUE, s.m., pista de patinação, pista.
RI.O, s.m., corrente de água, massa líquida contida pelas margens.

RI.O.BRAN.QUEN.SE, adj. e s.c. 2 gên., natural de Rio Branco.
RI.O.GRAN.DEN.SE-DO-NOR.TE, adj. e s.c. 2 gên., próprio ou natural do Rio Grande do Norte, potiguar.
RI.O.GRAN.DEN.SE-DO-SUL, adj. e s.c. 2 gên., próprio ou habitante do Rio Grande do Sul, gaúcho.
RI.PA, s.f., sarrafo, tira de madeira, tronco de palmito rachado.
RI.QUE.ZA, s.f., abastança, muitos bens, fortuna, valores.
RIR, v. int. e pron., dar risadas, alegrar-se, soltar risadas, achar graça, divertir-se.
RI.SA.DA, s.f., gargalhada, riso.
RIS.CA, s.f., traço, risco, linha; expr. seguir à risca - observar os mínimos detalhes.
RIS.CAR, v.t. e int., traçar riscos, fazer riscos; apagar, inutilizar, suprimir.
RIS.CO, s.m., traço, linha.
RI.SO, s.m., risada, sorriso; troça, zombaria, caçoada.
RI.SO.NHO, ad., cheio de riso, alegre, satisfeito, contente.
RI.SO.TO, s.m., prato da cozinha italiana com arroz, queijo e frango.
RÍS.PI.DO, adj., áspero, bronco, grosseiro, desagradável, mal--educado.
RIS.SO.LE, s.m., tipo de pastel pequeno.
RIT.MAR, v.t. e int., colocar ritmo em.
RÍT.MI.CA, s.f., estudo dos ritmos.
RÍT.MI.CO, adj., que possui ritmo.
RIT.MIS.TA, s.c. 2 gên., quem mantém o ritmo.
RIT.MO, s.m., som que se repete sempre no mesmo tempo, compasso, na sílaba que mantém a mesma posição forte nos versos.

RI.TO, s.m., cerimonial, modo de exercer um ato, conjunto de cerimônias.
RI.TU.AL, s.m., compêndio com os ritos de uma religião ou sociedade; etiqueta, costumes, protocolo, ação.
RI.VAL, adj. e s.c. 2 gên., êmulo, que rivaliza, concorrente, adversário.
RI.VA.LI.DA.DE, s.f., qualidade de quem é rival, competição, emulação, hostilidade, disputa.
RI.VA.LI.ZAR, v.t. e int., competir, concorrer, lutar contra.
RI.XA, s.f., contenda, disputa, luta, desencontro, rivalidade, desavença.
RI.XAR, v. int., encrencar, contender, disputar.
RI.ZI.CUL.TOR, s.m., plantador de arroz.
RI.ZO.TÔ.NI.CO, adj., quando o acento tônico das formas verbais incide na raiz.
RO.AZ, adj., que rói, que devora, que come muito.
RO.BA.LO, s.m., tipo de peixe.
RO.BE, s.m., roupão, quimono.
RO.BÔ, s.m., máquina informatizada que exerce mecanicamente muitos serviços; indivíduo que age sem consciência do que faz.
RO.BÓ.TI.CA, s.f., estudo dos robôs, informática.
RO.BO.TI.ZAR, v.t. e pron., tornar robô, tornar autômato, automatizar.
RO.BUS.TE.CER, v.t., int. e pron., fortalecer, firmar, revigorar.
RO.BUS.TO, adj., forte, rijo, vigoroso, sólido, com muita força.
RO.CA, s.f., carretel de madeira para enrolar o fio a ser usado.
RO.ÇA, s.f., pedaço de terra preparado para o plantio; sítio, zona rural.
RO.ÇA.DO, s.m., terreno com mato derrubado para o plantio.
RO.CAM.BO.LE, s.m., tipo de bolo enrolado com recheio.
RO.ÇAR, v.t. e pron., cortar o mato; tocar de leve, bater levemente.
RO.CEI.RO, s.m., homem que vive na roça, caboclo, matuto.
RO.CHA, s.f., pedra, rochedo, massa compacta e dura, penedo; fig., tudo que é duro, sólido.
RO.CHE.DO, s.m., penedo, pedra grande, rocha.
RO.CHO.SO, adj., cheio de rochas, próprio das rochas, constituído de rocha.
RO.DA, s.f., peça com forma circular, girando sobre um eixo; brincadeira infantil; grupo de pessoas postadas em círculo.
RO.DA.DA, s.f., giro de uma roda; várias etapas de um campeonato de futebol; toda vez que gira bebida num grupo de bebedores.
RO.DA-D'Á.GUA, s.f., roda movida por água.
RO.DA.DO, adj., formato de alguns vestidos; quantidade de quilômetros viajados num percurso.
RO.DA.PÉ, s.m., barra que se coloca junto ao piso na parede; margem inferior de um livro.
RO.DAR, v.t. e int., movimentar sobre rodas, girar em círculo; ser reprovado.
RO.DA-VI.VA, s.f., movimento contínuo, afã, trabalho intenso.
RO.DE.AR, v.t. e pron., andar em torno, girar, circundar, circular.
RO.DEI.O, s.m., giro, escusa, manha; disputa de prêmios, montando touros ou cavalos xucros.
RO.DE.LA, s.f., pequena roda, qualquer pedaço redondo de algo.
RO.DÍ.ZIO, s.m., pequena rodela nos pés de móveis para movê-los, turnos de trabalho; restaurante que serve a comida ao freguês de acordo com uma escala e ao gosto dele.
RO.DO, s.m., utensílio de limpeza com uma borracha para empurrar a água do piso.
RO.DO.DEN.DRO, s.m., arbusto que produz flores, azaleia.
RO.DO.MO.ÇA, s.f., moça que atende aos passageiros de ônibus.
RO.DO.PI.AR, v.int., dar voltas sobre si mesmo, girar.
RO.DO.VI.A, s.f., estrada, caminho, autoestrada.
RO.DO.VI.Á.RIA, s.f., estação para passageiros de ônibus.
RO.DO.VI.Á.RIO, s.m., quem presta serviços rodoviários ou em rodoviárias.
RO.E.DOR, adj. e s.m., quem rói, animal que se alimenta roendo.
RO.ER, v.t., triturar, cortar com os dentes, corroer, gastar, consumir.
RO.GAR, v.t., suplicar, pedir por favor, implorar.
RO.GO, s.m., súplica, pedido, solicitação.
RO.Í.DO, adj., que se roeu, triturado.
RO.JÃO, s.m., foguete, foguete que é lançado no espaço.
ROL, s.m., lista, listagem, elenco, relação, conjunto.
RO.LA, s.f., tipo de ave da família dos Columbídeos; rolinha.
RO.LA.GEM, s.f., adiamento, ato de rolar, rolamento.
RO.LA.MEN.TO, s.m., peça para facilitar o giro de outra no seu interior com pouco atrito.

RO.LAN.TE, *adj.,* que rola, que se move girando sobre si mesmo.
RO.LAR, *v.t., int.* e *pron.,* mover-se em círculo, girar sobre o próprio eixo, circular.
ROL.DA.NA, *s.f.,* aparelho formado por uma roda sobre a qual gira um cabo para alçar pesos.
ROL.DÃO, *s.m.,* confusão, açodamento; *expr.,* de roldão - atropeladamente.
RO.LE.TA, *s.f.,* jogo de azar.
RO.LHA, *s.f.,* peça para fechar o gargalo das garrafas.
RO.LI.ÇO, *adj.,* com forma redonda; gordo, gorducho.
RO.LO, *s.m.,* coisa com forma redonda, tipo de pincel; *fig. pop.,* confusão, trapaça.

RO.MÃ, *s.f.,* fruto da romãzeira.
RO.MAN.CE, *s.m.,* obra com enredo dramático ou cômico; narrativa.
RO.MAN.CE.A.DO, *adj.,* com forma de romance.
RO.MAN.CE.AR, *v.t.* e *int.,* narrar em forma de romance, ficcionar, inventar.
RO.MAN.CIS.TA, *s.c. 2 gên.,* quem escreve romances.
RO.MA.NES.CO, *adj.,* com caráter de romance; *fig.,* melodramático.
RO.MÂ.NI.CO, *adj.,* línguas derivadas do Latim; *s.m.,* grupo de línguas neolatinas; cultura e artes de Roma.
RO.MA.NI.ZAR, *v.t.,* influenciar ao estilo românico; transformar em romano.
RO.MA.NO, *adj.,* próprio de Roma, relativo à Igreja Católica, tipo de algarismos formados por letras.
RO.MAN.TI.CO, *adj.,* próprio do romance, de cenas com paixão, sonhador; *s.m.,* relativo à época romântica na literatura.
RO.MAN.TIS.MO, *s.m.,* movimento cultural nascido no século dezenove contra o movimento clássico.
RO.MAN.TI.ZAR, *v.t., int.* e *pron.,* tornar romântico, trabalhar à moda dos românticos.
RO.MA.RI.A, *s.f.,* peregrinação, grupo de pessoas que visitam um local sagrado.
RO.MÃ.ZEI.RA, *s.f.,* planta que produz a romã.
ROM.BO, *s.m.,* furo, quebradura, buraco; *pop.,* desfalque, prejuízo.
ROM.BU.DO, *adj.,* que tem a ponta grossa, sem ponta.
RO.MEI.RO, *s.m.,* quem participa de uma romaria, peregrino.
RO.ME.NO, *adj.* e *s.m.,* próprio ou habitante da Romênia.
ROM.PAN.TE, *s.m.,* arrogância, orgulho, altivez, pedantismo.
ROM.PER, *v.t.* e *pron.,* rasgar, quebrar, abrir, fender, interromper; cortar relacionamento; desistir.
ROM.PI.MEN.TO, *s.m.,* ruptura, quebra.
RON.CAR, *v.t.* e *int.,* provocar ruído respiratório durante o sono.
RON.CO, *s.m.,* som desagradável e incômodo emitido por quem está dormindo.
RON.DA, *s.f.,* vigilância, inspeção, verificação.
RON.DAR, *v.t.* e *int.,* executar a ronda, vigiar, verificar, rodear, andar em volta.
RON.DO.NI.EN.SE, *adj.* e *s.c. 2 gên.,* do Estado de Rondônia.
RON.ROM, *s.m.,* ruído produzido por gato.
RON.RO.NAR, *v. int.,* produzir ronrom; roncar como gato.
RO.QUE, *s.m.,* ritmo musical popular.
RO.QUEI.RO, *s.m.,* adepto do roque, quem compõe ou executa roque.
RO.RAI.MEN.SE, *adj.* e *s.c. 2 gên.,* do Estado de Roraima.
RO.SA, *s.f.,* flor produzida pela roseira.
RO.SA.DO, *adj.,* com a cor da rosa, cor-de-rosa, róseo.
RO.SA DOS VEN.TOS, *s.f.,* desenho para indicar os pontos cardeais.
RO.SAR, *v.t.* e *pron.,* dar a cor de uma rosa, corar.
RO.SÁ.RIO, *s.m.,* objeto com 150 contas para seguir na oração, divididas em 3 terços.
ROS.BI.FE, *s.m.,* fatia de carne malpassada.
ROS.CA, *s.f.,* a parte espiralada da porca e do parafuso para ajuste; toda peça com esses sulcos; tipo de pão; doce feito com polvilho.
RO.SEI.RA, *s.f.,* arbusto da família das Rosáceas, que produz a rosa.
RO.SEI.RAL, *s.m.,* plantação de roseiras.

RÓ.SEO, *adj.,* cor-de-rosa, rosado, corado.
RO.SE.TA, *s.f., pequeno osso* uma rosa pequena, peça arredondada do motor ou da espora.
ROS.NAR, *v.t.* e *int.,* sons ameaçadores que emite o cão; ameaçar, praguejar, mostrar os dentes com raiva.
ROS.QUE.AR, *v.t.,* fazer uma rosca, engatar.
ROS.TO, *s.m.,* face, cara, semblante, parte anterior da cabeça, frente, fronte.
RO.TA, *s.f.,* direção, caminho, rumo.
RO.TA.ÇÃO, *s.f.,* movimento giratório, movimento, movimento sobre o próprio eixo.
RO.TA.TI.VA, *s.f.,* máquina giratória para grandes impressões.
RO.TA.TI.VO, *adj.,* que gira em torno de, que se movimenta sobre o eixo.
RO.TA.TÓ.RIA, *s.f.,* trevo, encruzilhada, entroncamento de rodovias.
RO.TEI.RO, *s.m.,* rota, desenho, indicação, caminho a seguir, texto das falas de uma peça teatral, cinematográfica ou de novela.
RO.TI.NA, *s.f.,* caminho seguido sempre; ação habitual e quotidiana.
RO.TI.NEI.RO, *adj.,* comum, diário, quotidiano.
RO.TO, *adj.,* rasgado, com roupas rasgadas, maltrapilho.
RO.TOR, *s.m.,* peça que gira em uma máquina.
RÓ.TU.LA, *s.f., pequeno osso* em forma de disco na junção da perna com a coxa, no joelho, na parte anterior.
RO.TU.LAR, *v.t.,* colocar rótulo, etiquetar, classificar, tachar, apelidar.
RÓ.TU.LO, *s.m.,* etiqueta, impresso que se coloca em produtos industriais.
RO.TUN.DO, *adj.,* redondo, arredondado; gordo, gorducho.
ROU.BA.LHEI.RA, *s.f. pop.,* um grande roubo, roubo de muitas coisas, preço muito alto.
ROU.BAR, *v.t.,* tirar com violência, furtar, despojar, apossar-se com violência de alguma coisa, arrebatar.
ROU.BO, *s.m.,* furto violento, coisa arrancada de; *fig.,* preço exagerado.
ROU.CO, *adj.,* que sofre de rouquidão, sem voz, afônico.
ROU.FE.NHO, *adj.,* voz anasalada, fanho, fanhoso.
ROUND, *s.m., (inglês),* no boxe, assalto.
ROU.PA, *s.f.,* vestimentas, vestuários.

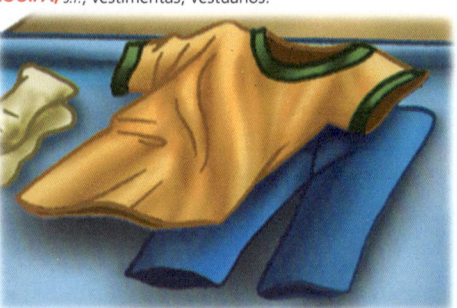

ROU.PA.GEM, *s.f.,* conjunto de roupas, vestimenta; *fig.,* aparência.
ROU.PÃO, *s.m.,* robe, penhoar.
ROU.PA.RI.A, *s.f.,* local para guardar as roupas.
ROU.PEI.RO, *s.m.,* guarda-roupa, tipo para cuidar de roupas.
ROU.QUI.DÃO, *s.f.,* problema com a voz, característica de quem está rouco.
ROU.XI.NOL, *s.m.,* pássaro europeu com um canto muito melodioso.
RO.XO, *adj.,* violeta, lilás.
RU.A, *s.f.,* caminho, estrada, espaço público para a locomoção de pessoas, carros ou outros meios de transporte.
RU.AR, *v.int.,* locomover-se sem destino, andar à toa.
RU.BÉ.O.LA, *s.f.,* doença que se manifesta por erupções na pele.
RU.BI, *s.m.,* pedra preciosa de cor vermelho-viva; cor vermelha.
RU.BI.Á.CEAS, *s.f. pl.,* famílias formadas de diversos arbustos, como o café.
RU.BÍ.DIO, *s.m.,* elemento metálico.
RU.BLO, *s.m.,* unidade monetária da Rússia.

RUBOR, s.m., cor vermelha vivaz; fig., pudor, vergonha, respeito.
RUBORIZAR, v.t. e pron., causar rubor, avermelhar, tornar rubro; fig., corar, envergonhar.
RUBRICA, s.f., abreviatura de assinatura, nota, rabisco, visto.
RUBRICAR, v.t., assinar, dar um visto.
RUBRO, adj., vermelho, sanguíneo, escarlate, cor vermelho-forte.
RUÇO, adj., com cor meio parda, com cabelos preto-brancos, castanho.
RUDE, adj., grosseiro, inculto, ríspido, estúpido.
RUDEZA, s.f., falta de polidez, descortesia, estupidez, grosseria.
RUDIMENTAR, adj., elementar, primário, tosco, iniciante.
RUDIMENTO, s.m., base, esboço, projeto.
RUELA, s.f., viela, rua pequena, rua estreita e curta.
RUFAR, v.t. e int., soar do tambor, tocar do tambor.
RUFIÃO, s.m., proxeneta, indivíduo que vive às custas de mulheres.
RUFO, s.m., toque de tambor, som de tambores.
RUGA, s.f., prega.
RUGE, s.m., cosmético para colorir as faces de vermelho.
RUGIDO, s.m., urro, berro, voz do leão.
RUGIR, v.int., bramir, berrar, urrar.
RUGOSO, adj., cheio de rugas.
RUÍDO, s.m., barulho, fragor, som, bulha.
RUIDOSO, adj., barulhento, fragoroso.
RUIM, adj., mau, maldoso, imprestável, inútil.
RUÍNA, s.f., destroços, resíduos, desgraça, fim de tudo.
RUINDADE, s.f., malvadeza, maldade, safadeza.
RUINOSO, adj., cheio de ruínas, cheio de destroços.
RUIR, v.t. e int., desmoronar, cair, arruinar-se, destroçar-se.
RUIVO, adj., que tem cabelo louro-avermelhado.
RUM, s.m., aguardente, bebida alcoólica.
RUMAR, v.t., colocar no rumo, na rota, na direção pretendida.
RUMBA, s.f., música e dança cubana.
RUMINANTE, adj., que rumina; s.c. 2 gên., animal que vive o processo de ruminar a comida.
RUMINAR, v.t., mastigar a comida, trazê-la depois para mastigar de novo; fig., pensar, cogitar, refletir.
RUMO, s.m., direção, rota, roteiro.
RUMOR, s.m., ruído, barulho, murmúrio.
RUMOREJAR, v.t. e int., provocar rumor continuado; rumor leve como o da água.
RUMOROSO, adj., cheio de rumor, barulhento.
RUPESTRE, adj., que vive nas pedras, encontrado nas pedras.
RUPIA, s.f., unidade monetária da Índia e de outros países vizinhos.
RUPTURA, s.f., quebra, fenda, buraco, lacuna.
RURAL, adj., próprio do campo, campestre, agrícola, rústico.
RURALISMO, s.m., ideias rurais, predominância do campo sobre o urbanismo.
RUSGA, s.f., desavença, questiúncula.
RUSH, s.m., (inglês), grande movimento de veículos, engarrafamento; momentos de tráfego mais intenso.
RUSSO, adj., da Rússia; natural, habitante ou idioma.
RÚSTICO, adj., próprio do campo, rural, campestre, grosso, tosco.
RUTILANTE, adj., brilhante, cheio de luz, resplandecente, rútilo.
RUTILAR, v.int., brilhar, luzir, fulgir, resplandecer.
RÚTILO, adj., brilhante, luminoso.

S, *s.m.*, décima nona letra do á-bê-cê e décima quinta consoante.
SÁ.BA.DO, *s.m.*, o sétimo dia da semana; dia anterior ao domingo.
SA.BÃO, *s.m.*, substância solvente que se usa para lavar roupa, objetos, superfícies, etc.; *fig.*, repreensão.
SA.BA.TI.NA, *s.f.*, prova feita aos sábados; prova, verificação escolar.
SA.BA.TI.NAR, *v.t.* e *int.*, interrogar, arguir sobre um assunto.
SA.BE.DOR, *s.m.*, quem conhece algo, quem sabe.
SA.BE.DO.RI.A, *s.f.*, erudição, conhecimento, senso de justiça, tino, tirocínio.
SA.BER, *v.t.*, conhecer, reter, conservar o conhecimento, compreender, apreender, dominar, ter conhecimento.
SA.BER, *s.m.*, conhecimento, sabedoria, erudição, tino.
SA.BE-TU.DO, *s.m. fam.*, sabichão, que conhece e sabe tudo.
SA.BI.Á, *s.m.*, designação comum de vários pássaros da família dos Turdídeos.
SA.BI.CHÃO, *s.m. fam.*, sabe-tudo, quem tem grandes conhecimentos, quem se vangloria de muito saber.
SA.BI.DO, *adj.*, esperto, inteligente, que sabe.
SÁ.BIO, *adj.* e *s.m.*, erudito, conhecedor, instruído, prudente, cheio de sabedoria.
SA.BO.NE.TE, *s.m.*, sabão preparado para a higiene pessoal.
SA.BO.NE.TEI.RA, *s.f.*, local para colocar o sabonete.
SA.BOR, *s.m.*, gosto, paladar, iguaria.
SA.BO.RE.AR, *v.t.*, *int.* e *pron.*, experimentar, degustar, perceber o gosto, testar.
SA.BO.RO.SO, *adj.*, com muito gosto, gostoso, agradável, apetitoso.
SA.BO.TAR, *v.t.*, danificar, prejudicar, dificultar.
SA.BRE, *s.m.*, arma branca, tipo de espada, espadim.
SA.BU.GO, *s.m.*, parte interna dos chifres bovinos; parte interna da espiga, onde se alojam os grãos de milho.
SA.BU.GUEI.RO, *s.m.*, arbusto cujas flores são utilizadas para fins medicinais.
SA.BU.JO, *s.m.*, cão, tipo bajulador, servil; capacho.
SA.CA, *s.f.*, saco, saco grande, conteúdo de um saco.
SA.CA.DA, *s.f.*, balcão, varanda, balcão de uma casa para se olhar.
SA.CA.DO, *s.m.*, aquele contra quem se sacou uma letra de câmbio ou outro título.
SA.CA.DOR, *s.m.*, quem saca uma nota de câmbio ou outro título.
SA.CA.NA, *s.m. pop.*, tipo que age com libidinismo; canalha; crápula, mau-caráter.
SA.CA.NA.GEM, *s.f. pop.*, safadeza, desonestidade, imoralidade, canalhice.
SA.CA.NE.AR, *v.t.* e *int. pop.*, enganar, ludibriar, perverter.
SA.CAR, *v.t.* e *int.*, extrair à força, arrancar, descobrir, cobrar, receber.
SA.CA.RI.A, *s.f.*, muitos sacos, o conjunto de sacos.
SA.ÇA.RI.CAR, *v.int.*, dançar, bambolear, sacudir o corpo, pular.
SA.CA.RÍ.DEOS, *s.m.*, próprio dos açúcares.
SA.CA.RI.NA, *s.f.*, substância usada no tratamento da diabete.
SA.CA-RO.LHAS, *s.m. pl.*, peça que se usa para retirar as rolhas das garrafas.
SA.CA.RO.SE, *s.f.*, açúcar de cana ou beterraba.
SA.CER.DÓ.CIO, *s.m.*, exercício funcional do sacerdote, vocação do sacerdote; *fig.*, todo trabalho levado a sério como coisa sagrada.
SA.CER.DO.TE, *s.m.*, presbítero, pessoa que exerce as funções sagradas de uma religião, padre.
SA.CER.DO.TI.SA, *s.f.*, mulher que exerce as funções do sacerdócio.
SA.CHÊ, *s.m.*, pequeno invólucro com perfumes ou produtos de beleza.
SA.CI, *s.m.*, saci-pererê; ser inventado pela imaginação, representado com uma perna só e um gorro vermelho.
SA.CI.AR, *v.t.* e *pron.*, fartar, satisfazer, realizar o desejo.
SA.CI.E.DA.DE, *s.f.*, plenitude, satisfação total.
SA.CO, *s.m.*, recipiente de tecido, fibra, plástico para colocar produtos dentro; saca; vestimenta malfeita; *pop.*, escroto, aborrecimento, incômodo.
SA.CO.LA, *s.f.*, invólucro, bolsa, pequeno saco com alças.
SA.CO.LE.JAR, *v.t.*, sacudir, agitar, agitar bastante, rebolar.
SA.CRA.MEN.TA.DO, *adj. pop.*, tudo pronto, acabado, terminado.
SA.CRA.MEN.TAR, *v.t.* e *pron.*, distribuir os sacramentos na igreja, tornar algo sagrado, definir; *pop.*, ratificar, formalizar.
SA.CRA.MEN.TO, *s.m.*, os sete sinais sagrados que o Evangelho traz como sinais claros da fé cristã; coisa sagrada.
SA.CRÁ.RIO, *s.m.*, local para pôr objetos sagrados, receptáculo para as hóstias.
SA.CRI.FI.CAR, *v.t.*, *int.* e *pron.*, ofertar, apresentar como oferenda, dedicar, devotar; desistir.
SA.CRI.FÍ.CIO, *s.m.*, oferta, oferenda, desistência, abnegação, renúncia.
SA.CRI.LÉ.GIO, *s.m.*, pecado, ofensa grave contra algo sagrado, irreverência.
SA.CRIS.TÃO, *s.m.*, pessoa que auxilia o padre na administração do templo e em atividades religiosas.
SA.CRIS.TI.A, *s.f.*, cômodo na parte final do templo para os serviços eclesiásticos, como documentação e guardar as vestimentas.
SA.CRO, *adj.*, sagrado, divino, digno de veneração, devotado; osso da bacia.
SA.CROS.SAN.TO, *adj.*, santo e sagrado, divino, venerado.
SA.CU.DI.DO, *adj.*, forte, vigoroso, *fig.*, decidido, esperto, dinâmico.
SA.CU.DIR, *v.t.*, agitar, mover para todos os lados, movimentar.
SÁ.DI.CO, *adj.* e *s.m.*, pessoa que se sente bem com o sofrimento dos outros, perverso, cruel, carrasco.
SA.DI.O, *adj.*, saudável, salubre, são, que é bom para a saúde.
SA.DIS.MO, *s.m.*, sentir prazer com a dor dos outros.
SA.FA.DE.ZA, *s.f. pop.*, canalhice, sacanagem, cafajestice.
SA.FA.DO, *adj.* e *s.m.*, canalha, sem-vergonha, desonesto; mau caráter, pornográfico, libidinoso.
SA.FA.NÃO, *s.m.*, golpe violento, empurrão.
SA.FAR, *v.t.* e *pron.*, fazer sair, escapar, fugir ileso, dar o fora.
SA.FAR.DA.NA, *s.c. 2 gên.*, indivíduo muito safado, canalha.
SA.FÁ.RI, *s.m.*, caçada de grandes proporções; expedição para caçar animais de grande porte.
SA.FE.NA, *s.f.*, veia subcutânea da perna.

SAFENADO

SA.FE.NA.DO, *adj.* e *s.m.*, quem fez implante de ponte de safena.
SA.FI.RA, *s.f.*, pedra preciosa de cor azul-escuro.
SA.FRA, *s.f.*, colheita, quantidade colhida de uma plantação.
SA.GA, *s.f.*, lenda, história de fatos escandinavos; história, fato heroico.
SA.GAZ, *adj.*, astuto, esperto, inteligente, manhoso.
SA.GRA.DO, *adj.*, sacro, devotado, dedicado, consagrado.
SA.GRAR, *v.t.* e *pron.*, votar ao serviço divino, consagrar, santificar, ungir.
SA.GU, *s.m.*, amido, tipo de alimento para sobremesas.
SA.GUÃO, *s.m.*, entrada, vestíbulo, recepção.
SA.GUI, *s.m.*, nome comum de pequenos macacos.
SA.GUI.RU, *s.m.*, nome de diversos tipos de pequenos peixes.
SAI.A, *s.f.*, vestimenta feminina.
SAI.A-CAL.ÇA, *s.f.*, peça do vestuário feminino, composta de uma saia com forma de calça.
SAI.BRO, *s.m.*, tipo de argila com areia.
SA.Í.DA, *s.f.*, abertura, local por onde se sai; solução, lugar para escapar.
SA.Í.DO, *adj.*, metido, saliente, intrometido; que já saiu.
SAI.O.TE, *s.m.*, saia curta, saia pequena.
SA.IR, *v. int.* e *pron.*, ir para fora, locomover-se do interior para o exterior, afastar-se, viajar, ir embora.
SAL, *s.m.*, substância usada para salgar, temperar e conservar a comida.
SA.LA, *s.f.*, ambiente familiar, dependência, peça para recepção, cômodo.
SA.LA.DA, *s.f.*, verdura, vegetal que se come cru ou cozido, temperado ou não; *fig. pop.*, confusão.
SA.LA.DEI.RA, *s.f.*, travessa, recipiente para colocar a salada.
SA.LA.FRÁ.RIO, *s.m. pop.*, safado, patife, desonesto.
SAL-A.MAR.GO, *s.m.*, sulfeto de magnésio, substância usada como remédio.
SA.LA.ME, *s.m.*, linguiça, linguiça especial feita com carne suína.
SA.LA.MI.NHO, *s.m.*, tipo de salame.
SA.LÃO, *s.m.*, sala grande, ambiente espaço para realizar festas; local de trabalho de um cabeleireiro; todo ambiente espaçoso.
SA.LA.RI.AL, *adj.*, próprio do salário.
SA.LÁ.RIO, *s.m.*, pagamento, retribuição em dinheiro por um trabalho; ordenado, remuneração.
SAL.DAR, *v.t.*, pagar, liquidar, pagar tudo.
SAL.DO, *s.m.*, o que resta a pagar numa conta, resto; sobras de mercadorias.
SA.LEI.RO, *s.m.*, recipiente em que se põe o sal.
SA.LE.TA, *s.f.*, pequena sala, ambiente reduzido.
SAL.GA.DI.NHOS, *s.m.pl.*, petiscos pequenos usados em recepções; aperitivos.
SAL.GA.DO, *adj.*, com sal, temperado com sal; *fig.*, algo muito caro.
SAL.GAR, *v.t.* e *pron.*, colocar sal, temperar.
SA.LI.ÊN.CIA, *s.f.*, ressalto, alto relevo, proeminência.
SA.LI.EN.TAR, *v.t.* e *pron.*, destacar, enfatizar, realçar, distinguir.
SA.LI.EN.TE, *adj.*, destacado, visível, enfático, realçado; assanhado.
SA.LI.NA, *s.f.*, mina de sal, local do qual se retira sal.
SA.LI.NEI.RO, *s.m.*, operário que trabalha em uma salina.
SA.LI.NI.DA.DE, *s.f.*, quantidade de sal em qualquer substância.
SA.LI.NO, *adj.*, com sal, com gosto de sal, da beira do mar.
SA.LI.TRE, *s.m.*, nitrato de potássio; adubo dessa substância.
SA.LI.VA, *s.f.*, substância líquida das glândulas salivares.
SA.LI.VAR, *v.t.* e *int.*, soltar saliva, produzir saliva.
SAL.MÃO, *s.m.*, tipo de peixe de carne rosada das regiões frias.
SAL.MO, *s.m.*, poesia e cântico da Bíblia; hino de louvor a Deus.
SAL.MO.NE.LA, *s.f.*, tipo de bactéria que ataca o estômago do ser humano.
SAL.MOU.RA, *s.f.*, muito sal com pouco líquido para conservar alimentos.
SA.LO.BRO, *adj.*, com gosto de sal, com muito sal, água com gosto de sal.
SAL.PI.CÃO, *s.m.*, tipo de linguiça, paio, chouriço preparado com vários ingredientes, alguns tipos de iguarias.
SAL.PI.CAR, *v.t.* e *pron.*, salgar, condimentar, colocar sal; pintar com salpico.
SAL.PI.CO, *s.m.*, pingo, gota, mancha feita por qualquer substância.
SAL.SA, *s.f.*, vegetal usado como tempero.
SAL.TAR, *v.t.* e *int.*, pular, pular por cima, sair de um veículo, deixar fora de.
SAL.TE.A.DOR, *s.m.*, assaltante, ladrão.
SAL.TE.AR, *v.t.*, assaltar, roubar, tornar-se bandido.
SAL.TIM.BAN.CO, *s.m.*, artista de circo, ator popular.
SAL.TI.TAR, *v.t.* e *int.*, dar saltos, pular.
SAL.TO, *s.m.*, pulo, pulo em paraquedas; cachoeira; parte traseira da sola do sapato.
SAL.TO-MOR.TAL, *s.m.*, salto com uma volta no ar.
SA.LU.BRE, *adj.*, saudável, bom para a saúde.
SA.LU.TAR, *adj.*, benéfico para a saúde, saudável, bom.
SAL.VA, *s.f.*, uma série de tiros; saudação, pequena bandeja; tipo de planta usada como tempero e como remédio.
SAL.VA.ÇÃO, *s.f.*, ato de salvar, libertação, remição.
SAL.VA.DO.RE.NHO, *adj.* e *s.c. 2 gên.*, próprio da República de El Salvador.
SAL.VA.DO.REN.SE, *adj.* e *s.c. 2 gên.*, próprio de Salvador, Bahia; soteropolitano.
SAL.VA.GUAR.DA, *s.f.*, proteção, amparo, abrigo, defesa.
SAL.VA.GUAR.DAR, *v.t.*, proteger, amparar, abrigar.
SAL.VA.MEN.TO, *s.m.*, ato de salvar, salvação, libertação.
SAL.VAR, *v.t.* e *pron.*, libertar, remir, liberar, tirar do perigo, livrar de um problema, preservar, defender, escapar.
SAL.VA-VI.DAS, *s.m. pl.*, nadador especial para socorrer banhistas em perigo; colete usado para afundar na água.
SAL.VE!, *interj.*, olá!, oi!, ave!.
SAL.VE-RAI.NHA, *s.f.*, oração para Nossa Senhora.
SAL.VE-SE QUEM PU.DER, *s.m.*, momento de muito perigo, de pânico.
SAL.VO, *adj.*, ileso, fora de perigo, protegido, amparado, intacto, incólume.
SAL.VO-CON.DU.TO, *s.m.*, autorização para transitar livremente, licença.
SA.MAM.BAI.A, *s.f.*, tipo de vegetal usado para interiores, como enfeite.
SA.MA.RI.TA.NO, *adj.* e *s.m.*, habitante da antiga Samaria; *fig.*, bondoso, caridoso.
SAM.BA, *s.m.*, cantiga musicada e tipo de dança.
SAM.BA.QUI, *s.m.*, acumulação de conchas, ostras e objetos de antigos povos.
SAM.BAR, *v.t.* e *int.*, dançar samba.
SAM.BIS.TA, *s.c. 2 gên.*, quem compõe ou dança sambas.
SAM.BÓ.DRO.MO, *s.m.*, rua por onde desfilam as escolas de samba.
SAM.BU.RÁ, *s.m.*, cesto artesanal para colocar peixes.
SA.MU.RAI, *s.m.*, guerreiro japonês, membro de uma raça de guerreiros.
SA.NAR, *v.t.* e *pron.*, curar, sanear, tornar são, remediar, *fig.*, resolver, terminar.
SA.NA.TÓ.RIO, *s.m.*, casa para curar doentes.
SAN.ÇÃO, *s.f.*, confirmação, homologação, ato do executivo para colocar uma lei em vigor; pena, coerção.
SAN.CI.O.NAR, *v.t.*, aprovar, homologar, referendar.
SAN.DÁ.LIA, *s.f.*, calçado feito com tiras, deixando os pés à mostra, alpargata.
SAN.DI.CE, *s.f.*, tolice, bobagem, imbecilidade.
SAN.DU.Í.CHE, *s.m.*, lanche feito com duas fatias de pão e recheios diversos.
SA.NE.AR, *v.t.* e *pron.*, sanar, curar, remediar, higienizar, purificar, resolver.
SAN.FO.NA, *s.f.*, acordeão, gaita.
SAN.FO.NEI.RO, *s.m.*, tocador de sanfona.
SAN.GRAR, *v.t., int.* e *pron.*, fazer sangria em, tirar sangue de, ferir, cortar, perder sangue.
SAN.GREN.TO, *adj.*, cheio de sangue, com derramamento de sangue.
SAN.GRI.A, *s.f.*, perda de sangue, extração de sangue, bebida feita de vinho, gelo e açúcar.
SAN.GUE, *s.m.*, líquido vermelho que circula nas veias dos animais vertebrados, mantendo-lhes a vida.
SAN.GUE-FRI.O, *s.m.*, calma, frieza.

SAN.GUES.SU.GA, *s.f.*, verme que vive na água doce e se alimenta de sangue; *fig.*, parasita, quem vive às custas dos outros; explorador de pessoas.
SAN.GUI.NÁ.RIO, *adj.*, que sente prazer em derramar sangue, que mata pessoas; *fig.*, cruel, assassino, feroz.
SAN.GUÍ.NEO, *adj.*, próprio do sangue, com cor de sangue, com instinto assassino.
SAN.GUI.NO.LEN.TO, *adj.*, sanguinário, cheio de sangue, ensanguentado.
SA.NHA, *s.f.*, raiva, ódio, furor, perversidade.
SA.NHA.ÇO, *s.f.*, tipo de ave de cor azul-claro, da família dos Traupídeos.
SA.NI.DA.DE, *s.f.*, saúde, higiene, saúde mental perfeita.
SA.NI.TÁ.RIO, *adj.*, próprio da saúde, higiênico; *s.m.*, banheiro, toalete.
SA.NI.TA.RIS.TA, *s.c. 2 gên.*, técnico em saúde pública.
SÂNS.CRI.TO, *s.m.*, antigo idioma indo-europeu; idioma falado antigamente.
SAN.SEI, *s.c. 2 gên.*, neto de japoneses, nascido no Brasil.
SAN.TA, *s.f.*, beata, mulher canonizada pela Igreja Católica; *fig.*, pura.
SAN.TEI.RO, *adj.*, beato, devoto, carola; *s.m.*, fabricante ou vendedor de imagens de santo.
SAN.TI.DA.DE, *s.f.*, qualidade de quem é santo; Sua Santidade - tratamento dado ao Papa.
SAN.TI.FI.CA.DO, *adj.*, que se tornou santo, dia dedicado a algum santo.
SAN.TI.FI.CAR, *v.t.*, *int.* e *pron.*, declarar santo, tornar santo, canonizar, venerar.
SAN.TO, *adj.*, canonizado, declarado santo, puro, beato, justo, inocente; *s.m.*, pessoa canonizada pela Igreja Católica; homem excepcional por sua bondade.
SAN.TU.Á.RIO, *s.m.*, a parte mais santa de um templo, parte do altar; templo católico com consagração.
SÃO, *adj.*, sadio, saudável, ileso, curado, restabelecido; forma reduzida de santo, usada ante os nomes começados com consoantes.
SÃO-LU.I.SEN.SE, *adj.e s.m.*, próprio de São Luís do Maranhão.
SA.PA.RI.A, *s.f.*, grupo de sapos.
SA.PA.TA, *s.f.*, alicerce, fundamentos de uma construção.
SA.PA.TA.DA, *s.f.*, golpe com sapato.
SA.PA.TÃO, *s.m.*, botina, sapatão reforçado, sapato para trabalhar em construções; *fig. pop.*, mulher lésbica.
SA.PA.TA.RI.A, *s.f.*, loja que vende calçados, oficina para consertar sapatos.
SA.PA.TE.A.DO, *s.m.*, tipo de dança em que se movimentam muito os pés.
SA.PA.TE.AR, *v.t.* e *int.*, calcar o chão com o sapato, bater com o sapato, dançar.
SA.PA.TEI.RO, *s.m.*, quem trabalha em sapataria, quem fabrica e conserta sapato.
SA.PA.TI.LHA, *s.f.*, tipo de sapato especial para bailarinos.
SA.PA.TO, *s.m.*, calçado para revestir o pé.
SA.PÉ, *s.m.*, tipo de gramínea usada para cobertura de cabanas.
SA.PE.CA, *adj.* e *s.f.*, moça namoradeira; criança muito travessa.
SA.PE.CA.DO, *adj.*, tostado, chamuscado, queimado.
SA.PE.CAR, *v.t.*, tostar, chamuscar, secar.
SA.PI.ÊN.CIA, *s.f.*, sabedoria, saber, conhecimento.
SA.PI.EN.TE, *adj.*, sábio, conhecedor, erudito.
SA.PO, *s.m.*, nome dado a vários batráquios.
SA.PO-CU.RU.RU, *s.m.*, tipo de sapo muito comum.
SA.PÓ.LIO, *s.m.*, produto de limpeza usado para lixar panelas.
SA.PO.NÁ.CEO, *adj.*, produto com as qualidades do sabão; *s.m.*, produto de limpeza na cozinha.
SA.PO.NI.FI.CAR, *v.t.* e *pron.*, fazer com que fique sabão, tornar sabão.
SA.PO.TI, *s.m.*, fruto do sapotizeiro.
SA.PO.TI.ZEI.RO, *s.m.*, planta que produz o sapoti, fruta comestível.

SA.QUE, *s.m.*, retirada de dinheiro do banco; em vários jogos, a jogada para iniciar as jogadas; emissão de um título.
SA.QUÊ, *s.m.*, tipo de aguardente fabricada pelos japoneses, com destilação de arroz.
SA.QUE.AR, *v.t.*, roubar, tirar de alguém com violência.
SA.RA.CO.TE.AR, *v.t.*, *int.* e *pron.*, mexer o corpo, os quadris, bambolear, menear o corpo.
SA.RA.CU.RA, *s.f.*, nome de diversas pernaltas da família dos Ralídeos.
SA.RAI.VA, *s.f.*, chuva de pedra, granizo.
SA.RAI.VA.DA, *s.f.*, chuva de pedra, granizo; *fig.*, arremesso de muitas coisas.
SA.RAM.PO, *s.m.*, doença contagiosa com febre e que ataca pessoas deixando pintas na pele.
SA.RA.PA.TEL, *s.m.*, comida misturando sangue e miúdos de porco com temperos; *pop.*, confusão.
SA.RAR, *v.t.* e *int.*, curar, adquirir saúde, sanar, tornar-se saudável.
SA.RA.RÁ, *adj.*, albino, tipo mestiço que tenha alguma parte do rosto com cor esbranquiçada.
SA.RAU, *s.m.*, festa, reunião festiva, encontro de amigos com música; tertúlia.
SAR.ÇA, *s.f.*, espinheiro, moita de arbustos espinhosos.
SAR.CAS.MO, *s.m.*, ironia, troça picante, escárnio.
SAR.CÓ.FA.GO, *s.m.*, túmulo de antigamente, invólucro para pôr o cadáver.
SAR.DA, *s.f.*, pequenas pintas que surgem na pele das pessoas.
SAR.DEN.TO, *adj.*, que possui sardas.
SAR.DI.NHA, *s.f.*, peixes menores, que vivem em cardumes e são muito consumidos.
SAR.DÔ.NI.CO, *adj.*, irônico, zombeteiro, sarcástico.
SAR.GEN.TO, *s.m.*, graduação da hierarquia militar; ferramenta de carpinteiro para prender peças ao banco.
SAR.JA, *s.f.*, tecido entrançado de vários materiais.
SAR.JE.TA, *s.f.*, escoadouro de águas pluviais junto ao meio-fio das ruas; *fig.*, estar na sarjeta - estar abandonado.
SAR.NA, *s.f.*, escabiose, doença que ataca a pele das pessoas, produzindo coceira e erupções; pessoa muito chata.
SAR.NEN.TO, *adj.*, que está com sarna; *fig. pop.*, desprezível.
SAR.RA.FO, *s.m.*, tira longa e estreita de uma tábua.
SAR.RO, *s.m.*, borra, resíduos de uma bebida na garrafa; outros resíduos; pessoa ou coisa engraçada.
SA.TÃ, *s.m.*, satanás, diabo, demônio.
SA.TA.NÁS, *s.m.*, satã, diabo, capeta, demônio; *fig.*, tipo perverso, maléfico.
SA.TÂ.NI.CO, *adj.*, próprio de satã, diabólico, demoníaco, perverso, maldito.
SA.TÉ.LI.TE, *s.m.*, astro que acompanha um planeta; artista famoso; cidade menor, dependente de outra maior.
SÁ.TI.RA, *s.f.*, escrito para ironizar costumes, atos ou pessoas, diatribe.
SA.TÍ.RI.CO, *adj.*, mordaz, irônico.
SA.TI.RI.ZAR, *v.t.* e *int.*, compor sátiras contra; ironizar.
SA.TIS.FA.ÇÃO, *s.f.*, contentamento, prazer, deleite.
SA.TIS.FA.TÓ.RIO, *adj.*, que satisfaz, regular, mediano.
SA.TIS.FA.ZER, *v.t.*, *int.* e *pron.*, contentar, agradar, saciar, submeter-se.
SA.TIS.FEI.TO, *adj.*, farto, saciado, contente, feliz.
SA.TU.RAR, *v.t.* e *pron.*, impregnar, encher, completar, fartar.
SA.TUR.NO, *s.m.*, planeta do sistema solar.
SAU.DA.ÇÕES, *s.f. pl.*, cumprimentos, congratulações, felicitações.
SAU.DA.DE, *s.f.*, nostalgia, recordação, dor por estar longe dos amados.
SAU.DAR, *v.t.* e *pron.*, cumprimentar, receber, reverenciar.
SAU.DÁ.VEL, *adj.*, são, com saúde, sadio, propício.
SA.Ú.DE, *s.f.*, estar bem com as funções corporais, força, vivência agradável.
SAU.DO.SIS.MO, *s.m.*, sentimento de saudade, recordação.
SAU.DO.SIS.TA, *s.c. 2 gên.*, alguém que recorda sempre o passado.

SAU.NA, s.f., instalação para propiciar banhos de vapor; local quente.
SÁU.RIOS, s.m., pl., ordem de répteis que compreende os Lacertílios e Ofídios.
SA.Ú.VA, s.f., tipo de formigas tropicais que habitam em locais subterrâneos e atacam muitas plantações.
SA.VA.NA, s.f., grande planície com raras árvores ou pequenas moitas; pradaria, campina.
SA.VEI.RO, s.m., tipo de barco longo para navegar em grandes rios.
SAX, s.m., redução da palavra saxofone.
SA.XÃO, adj. e s.m., próprio da Saxônia, dos saxões; povo germânico.
SA.XO.FO.NE, s.m., instrumento de sopro.
SA.XO.FO.NIS.TA, s.c. 2 gên., indivíduo que toca saxofone.
SA.ZÃO, s.f., estação, época, tempo de colheita; fig., azo, oportunidade.
SA.ZO.NAL, adj., próprio da estação, relativo a cada estação.
SA.ZO.NAR, v.t., int. e pron., amadurecer, maturar; crescer, desenvolver-se.
SCRIPT, s.m., (inglês), texto a ser lido, declamado em programa de rádio, TV ou teatro.
SE, pron., pessoal da terceira pessoa; partícula apassivadora; conj., caso, traduz uma condição.
SÉ, s.f., igreja, diocese, território comandado por um bispo.
SE.A.RA, s.f., plantação de cereais, terra plantada e pronta para a colheita; algo para colher.
SE.BE, s.f., cerca viva, cerca feita com estacas e ervas trepadeiras.
SE.BEN.TO, adj., encardido, sujo.
SE.BO, s.m., substância gordurosa, gordura; lugar em que se vendem livros e revistas usados.
SE.BOR.REI.A, s.f., gordura, sujeira, secreção das glândulas sebáceas.
SE.BO.SO, adj., cheio de sebo, gorduroso, sujo, encardido.
SE.CA, s.f., estiagem, falta de chuva.
SE.CA.DOR, s.m., forno, aparelho para secar.
SE.CAN.TE, adj., que seca, que resseca, secador.
SE.ÇÃO, s.f., parte, segmento, divisão, setor; secção.
SE.CAR, v.t. e pron., enxugar, ressecar, tornar seco.
SE.CES.SÃO, s.f., separação, divisão, partilha, separação.
SE.CI.O.NAR, v.t. e pron., cortar, talhar, dividir, separação.
SE.CO, adj., enxuto, ressecado, magro, sem seiva; fig., insensível.
SE.CRE.ÇÃO, s.f., qualquer líquido que é solto pelas glândulas.
SE.CRE.TAR, v.t. e pron., segregar, separar, dividir.
SE.CRE.TA.RI.A, s.f., setor de uma entidade que administra a burocracia geral.
SE.CRE.TÁ.RIA, s.f., mulher que auxilia um superior em seus trabalhos; escrivaninha.
SE.CRE.TA.RI.A.DO, s.m., função de secretária, cargo, grupo de secretários.
SE.CRE.TA.RI.AR, v.t. e int., trabalhar como secretário, auxiliar.
SE.CRE.TÁ.RIO, s.m., redator de atas em assembleias, auxiliar do chefe, quem ocupa cargo com exercício de ministro.
SE.CRE.TO, adj., sigiloso, oculto, escondido.
SEC.TÁ.RIO, adj., adepto de seita, seguidor, asseclas, seguidor.
SE.CU.LAR, adj., referente a século, muito antigo; padres não ligados a ordens.
SE.CU.LA.RIS.MO, s.m., sistema religioso que admite somente a vida material cotidiana em oposição a tudo que seja religioso.
SE.CU.LA.RI.ZAR, v.t. e pron., transformar em leigo ou secular, deixar o múnus de sacerdote, materializar.
SÉ.CU.LO, s.m., período de cem anos, mundo material em oposição à vida religiosa; fig., espaço muito longo.
SE.CUN.DAR, v.t., socorrer, tornar a fazer, servir.
SE.CUN.DÁ.RIO, adj. e s.m., em segundo lugar, de menor importância; os três anos da escola após o primeiro grau.
SE.CU.RA, s.f., ressequimento, seca, estiagem, aridez, sede.
SE.CU.RI.TÁ.RIO, s.m., pessoa que trabalha com seguros ou empresas do ramo.

SE.DA, s.f., fibra que é produzida pelo bicho-da-seda, tecido.
SE.DE, s.f., local onde está situado, residência, ponto central, matriz; vontade de beber, aridez, secura.
SE.DEN.TÁ.RIO, adj., parado, sentado, sem movimento, sem exercícios físicos.
SE.DEN.TO, adj., com sede, seco; fig., desejoso, sequioso.
SE.DI.AR, v.t., fixar a sede, tornar residência, localizar.
SE.DI.ÇÃO, s.f., motim, revolta, desordem, baderna.
SE.DI.CI.O.SO, adj., revoltoso, amotinado, badernento.
SE.DI.MEN.TA.ÇÃO, s.f., compactação, fixação, fixação de sedimentos.
SE.DI.MEN.TA.DO, adj., fixo, compactado, firme.
SE.DI.MEN.TAR, v.t., int. e pron., fixar, firmar, compactar.
SE.DI.MEN.TO, s.m., resíduo depositado no fundo de um líquido, camadas deixadas pela água, aluvião.
SE.DO.SO, adj., cheio de seda ou pelos; macio, suave.
SE.DU.ÇÃO, s.f., magia, encanto, fascínio.
SE.DU.TOR, adj. e s.m., encantador, cativador, fascinante, mágico.
SE.DU.ZIR, v.t. e int., encantar, cativar, fascinar; enganar, ludibriar, desonrar.
SE.GA.DEI.RA, s.f., ceifadeira, máquina para colher cereais.
SE.GAR, v.t., colher, cortar, recolher.
SEG.MEN.TAR, v.t., dividir, seccionar, dividir em segmentos, partir.
SEG.MEN.TO, s.m., parte, divisão, partícula, setor, seção.
SE.GRE.DAR, v.t. e int., referir, contar em segredo; falar baixinho, falar ao ouvido.
SE.GRE.DO, s.m., fato sigiloso, algo que é sabido por poucos, mistério; mecanismo para dificultar a abertura de cofres ou portas.
SE.GRE.GAR, v.t. e pron., marginalizar, deixar de lado, excluir, rejeitar.
SE.GUI.DO, adj., contínuo, seguinte, adotado, próprio.
SE.GUI.DOR, s.m., adepto, partidário, assecla.
SE.GUI.MEN.TO, s.m., sequência, resultado, continuidade.
SE.GUIN.TE, adj., que segue, imediato, próximo, posterior.
SE.GUIR, v.t. e int., ir depois, ir atrás, acompanhar, ouvir, ser discípulo, aderir, acompanhar.
SE.GUN.DA, s.f., marcha dos carros; segunda-feira.
SE.GUN.DA.NIS.TA, s.c. 2 gên., estudante que cursa o segundo ano.
SE.GUN.DO, num., ordinal de dois; s.m., quem ocupa o segundo posto; parte do minuto, espaço breve, átimo; prep., conforme, de acordo; conj., consoante.
SE.GU.RA.DO, adj., que tem seguro, que está protegido por seguro.
SE.GU.RA.DOR, s.m., empresa que garante indenização, quem paga os prejuízos contemplados no contrato de seguro.
SE.GU.RA.DO.RA, s.f., companhia de seguros.
SE.GU.RAN.ÇA, s.f., firmeza, certeza, confiança, garantia.
SE.GU.RAR, v.t. e pron., colocar no seguro, firmar, prender.
SE.GU.RO, adj., ileso, salvo, fora de perigo, prudente, imune; s.m., acerto contratual com a seguradora para que ressarça qualquer dano.
SEI.O, s.m., teta, mama da mulher; âmago, íntimo.
SEIS.CEN.TOS, num., cardinal de 600.
SEI.TA, s.f., grupo exclusivo para poucos, facção.
SEI.VA, s.f., substância líquida que as plantas absorvem com as raízes, líquido que as plantas segregam; essência, energia.
SEI.XO, s.m., calhau, pedrinha, pedaço de rocha.
SE.LA, s.f., objeto que se coloca no lombo da cavalgadura para o cavaleiro sentar-se.
SE.LAR, v.t., colocar um selo, um sinete em; pôr a sela, terminar, fechar bem.
SE.LA.RI.A, s.f., local em que se fabricam selas; a arte do seleiro.
SE.LE.ÇÃO, s.f., escolha, escolha dos melhores; grupo dos melhores jogadores.
SE.LE.CI.O.NA.DO, adj., escolhido, tirado, grupo de bons.
SE.LE.CI.O.NAR, v.t., escolher, nomear por ser melhor.
SE.LEI.RO, s.m., quem fabrica selas.
SE.LÊ.NI.CO, adj., próprio da Lua, lunar.
SE.LE.NI.TA, s.c. 2 gên., habitante da Lua segundo a imaginação de outros tempos.
SE.LE.TA, s.f., antologia, coleção de poesias ou trechos com valor literário.
SE.LE.TO, adj., escolhido, que passou por seleção.
SE.LE.TOR, s.m., o que ajuda a realizar uma seleção.

SE.LIM, *s.m.*, assento de bicicleta.
SE.LO, *s.m.*, objeto que mostra gravadas as armas de alguém, para imprimir em documentos; figura adesiva ou colável para pagar o transporte de cartas e objetos no correio; marca, sinal.
SEL.VA, *s.f.*, floresta, mato, mata, jângal; *fig.*, situação difícil, problemas.
SEL.VA.GEM, *adj.*, natural da selva, silvestre, bruto, grosseiro, rude.
SEL.VA.GE.RI.A, *s.f.*, posição de quem é selvagem; barbárie, grosseria.
SEM, *prep.*, mostra que há ausência, falta.
SE.MÁ.FO.RO, *s.m.*, sinaleira, sinaleiro, farol, luzes em cores para orientar o trânsito.
SE.MA.NA, *s.f.*, espaço, período de sete dias.
SE.MA.NAL, *adj.*, referente à semana, de cada semana, semanário.
SE.MA.NÁ.RIO, *adj.*, semanal; *s.m.*, jornal que se publica a cada semana.
SE.MÂN.TI.CA, *s.f.*, parte da gramática que estuda o conteúdo e o significado das palavras.
SE.MÂN.TI.CO, *adj.*, próprio da semântica, próprio dos conteúdos dos termos.
SEM.BLAN.TE, *s.m.*, rosto, face, fisionomia, aparência.
SEM-CE.RI.MÔ.NI.A, *s.f.*, sem respeito por etiquetas e convenções, sem polidez.
SE.ME.AR, *v.t.*, jogar sementes sobre a terra, plantar; espalhar, incentivar, fomentar; *fig.*, ensinar, dizer.
SE.ME.LHAN.ÇA, *s.f.*, similitude, situação de duas coisas parecidas.
SE.ME.LHAN.TE, *adj.*, parecido, análogo, similar, verossímil.
SE.ME.LHAR, *v.t. e pron.*, ser parecido, assemelhar-se, ter a mesma aparência.
SÊ.MEN, *s.m.*, esperma, semente.
SE.MEN.TE, *s.f.*, substância das plantas para se reproduzirem, óvulo, origem; *fig.*, sêmen, princípio.
SE.MEN.TEI.RA, *s.f.*, local em que se colocam as sementes para semear.
SE.MES.TRAL, *adj.*, próprio de cada semestre, ocorrente a cada seis meses.
SE.MES.TRA.LI.DA.DE, *s.f.*, o que corresponde a um semestre, a seis meses.
SE.MES.TRE, *s.m.*, espaço de seis meses; meio ano.
SE.MI.A.NAL.FA.BE.TO, *adj. e s.m.*, quem está alfabetizado apenas um pouco.
SE.MI.Á.RI.DO, *adj.*, um pouco árido, um pouco seco.
SE.MI.CIR.CU.LAR, *adj.*, com forma de semicírculo.
SE.MI.CÍR.CU.LO, *s.m.*, meio círculo, hemisfério.
SE.MI.DEUS, *s.m.*, ser que tinha qualidades divinas e humanas; *fig.*, herói, grande personalidade, indivíduo extraordinário.
SE.MI.ES.FÉ.RI.CO, *adj.*, semicircular, meio círculo.
SE.MI.FI.NAL, *s.m.*, o último encontro antes da competição final.
SE.MI.FI.NA.LIS.TA, *s.c. 2 gên.*, atleta ou entidade esportiva que está na penúltima competição.
SE.MI-IN.TER.NA.TO, *s.m.*, educandário, cujos alunos são semi-internos.
SE.MI-IN.TER.NO, *adj. e s.m.*, aluno que frequenta a escola durante o dia todo, entrando de manhã e saindo à tardinha.
SE.MI.MOR.TO, *adj.*, meio morto, quase morto, muito cansado.
SE.MI.NAL, *adj.*, próprio da semente ou do sêmen.
SE.MI.NÁ.RI.CA, *s.f.*, local de preparação dos candidatos ao sacerdócio católico; reunião para estudos e debates; assembleia.
SE.MI.NA.RIS.TA, *s.m.*, quem estuda em seminário.
SE.MI.NU, *adj.*, quase nu, meio nu, pouco vestido, com pouca roupa.
SE.MI.NU.DEZ, *s.f.*, quase nudez, pessoa com pouca roupa.
SE.MI.O.LO.GI.A, *s.f.*, ciência dedicada ao estudo dos sinais da comunicação.
SE.MI.Ó.TI.CA, *s.f.*, ciência da linguagem.
SE.MI.PRE.CI.O.SO, *adj.*, meio precioso, quase precioso.
SE.MIR.RE.TA, *s.f.*, parte de uma reta.
SE.MI.TA, *s.c. 2 gên.*, membro dos semitas, povo que compreende os hebreus, árabes e outros povos.
SE.MI.TRANS.PA.REN.TE, *adj.*, meio transparente, diáfano, pouco claro.

SE.MI.VO.GAL, *s.f.*, vogal com som curto junto à vogal.
SÊ.MO.LA, *s.f.*, semolina.
SE.MO.LI.NA, *s.f.*, produto derivado de trigo, centeio para fazer pães e comidas do gênero.
SEM-PAR, *adj.*, ímpar, indiviso, extraordinário.
SEM.PRE, *adv.*, continuamente, sem interrupção, enfim.
SEM.PRE-VI.VA, *s.f.*, planta que produz flores de cores vivas e muito duráveis.
SEM-TER.RA, *s.c. 2 gên.*, pessoa que não é dona de nenhuma terra.
SEM-VER.GO.NHA, *adj. e s.c. 2 gên.*, pessoa descarada, tipo mal-educado.
SEM-VER.GO.NHI.CE, *s.f.*, descaramento, má educação, má-criação.
SE.NA, *s.f.*, loteria que joga com seis números.
SE.NA.DO, *s.m.*, a câmara alta nos sistemas políticos com duas câmaras.
SE.NA.DOR, *s.m.*, membro do senado.
SE.NÃO, *conj.*, aliás, de outro modo; *prep.*, exceto, salvo; *s.m.*, falha, defeito.
SEN.DA, *s.f.*, trilha, vereda, caminho estreito e íngreme.
SE.NHA, *s.f.*, palavra, sinal que se combina antes; bilhete de entrada, código.
SE.NHOR, *s.m.*, tratamento de cortesia para com qualquer homem, dono, proprietário, chefe, patrão; Deus, Jesus Cristo.
SE.NHO.RA, *s.f.*, tratamento para mulheres; esposa em relação ao esposo; dona de casa.
SE.NHO.RI.A, *s.f.*, condição do senhor ou da senhora; Vossa Senhoria - tratamento usado na correspondência comercial.
SE.NHO.RIL, *adj.*, nobre, tradicional, elegante.
SE.NHO.RI.O, *s.m.*, autoridade, poder, domínio, posse, propriedade; dono de prédio em relação ao locatário.
SE.NHO.RI.TA, *s.f.*, tratamento cerimonioso para as mulheres solteiras; moça.
SE.NIL, *adj.*, decrépito, velhusco, velho.
SE.NI.LI.DA.DE, *s.f.*, velhice, decrepitude.
SÊ.NIOR, *adj.*, o mais velho, o que tem mais anos de idade.
SEN.SA.BOR, *s.m.*, insípido, sem sabor, sem gosto, pessoa desagradável.
SEN.SA.ÇÃO, *s.f.*, toda impressão gravada pelos sentidos, sentimento, comoção.
SEN.SA.CI.O.NAL, *adj.*, fora do comum, extraordinário, formidável.
SEN.SA.CI.O.NA.LIS.MO, *s.m.*, espalhafato, exagero no divulgar algo.
SEN.SA.TO, *adj.*, prudente, ajuizado, moderado.
SEN.SI.BI.LI.DA.DE, *s.f.*, ato de sentir, percepção, faculdade de perceber algo; melindre, percepção elevada de um fato.
SEN.SI.BI.LI.ZAR, *v.t.*, tornar sensível, cativar, persuadir, comover-se.
SEN.SI.TI.VA, *s.f.*, planta cujas folhas se retraem ao serem tocadas.
SEN.SI.TI.VO, *adj.*, que capta e transmite sensações; *s.m.*, quem consegue se comunicar telepaticamente com outrem.
SEN.SÍ.VEL, *adj.*, perceptível, que sente, que capta sensações externas.
SEN.SO, *s.m.*, raciocínio, juízo, siso.
SEN.SOR, *s.m.*, aparelho para localizar, prever, pressentir certos objetos.
SEN.SU.AL, *adj.*, que tem sensualidade, libidinoso, imoral, carnal, lascivo.
SEN.SU.A.LI.DA.DE, *s.f.*, inclinação para usufruir prazeres materiais; volúpia, luxúria.
SEN.TAR, *v.t., int. e pron.*, colocar, firmar, assentar; fixar-se, sistematizar-se.
SEN.TEN.ÇA, *s.f.*, frase, oração, período; decisão final por razão legal de um juiz; despacho judicial.
SEN.TEN.CI.A.DO, *adj.*, julgado, decidido por sentença.
SEN.TEN.CI.AR, *v.t. e int.*, decidir, julgar, proferir declaração final.
SEN.TEN.CI.O.SO, *adj.*, com sentença, derivado de sentença.
SEN.TI.DO, *adj.*, ferido, magoado, pesaroso; *s.m.*, cada uma das funções do organismo para receber impressões; conteúdo de uma palavra ou frase; rumo; gesto de militar para cumprimentar.
SEN.TI.MEN.TAL, *adj.*, sentido, sensível, sensitivo.
SEN.TI.MEN.TA.LIS.MO, *s.m.*, sentimento exagerado, extremos de sentir algo.
SEN.TI.MEN.TO, *s.m.*, condição de sentir, sensação, percepção.
SEN.TI.NE.LA, *s.f.*, guarda, vigia, vigilante, atalaia.
SEN.TIR, *v.t., int. e pron.*, perceber por meio dos sentidos, captar, experimentar, notar, entender, ofender-se; expressar dor.

SENZALA

SEN.ZA.LA, s.f., alojamento para os escravos.
SE.PA.RA.ÇÃO, s.f., desunião, divisão, secção.
SE.PA.RAR, v.t. e pron., dividir, desunir, seccionar, apartar, desligar, divorciar-se.
SE.PA.RA.TIS.MO, s.m., conjunto de ideias de uma região para desligar do governo central.
SE.PA.RA.TIS.TA, s.c. 2 gên., quem quer separar-se.
SE.PA.RÁ.VEL, adj., divisível, que pode separar-se.
SEP.TI.CE.MI.A, s.f., presença de vírus no sangue, vinda de vários focos infecciosos.
SÉP.TI.CO, adj., que contamina, contaminado por vírus.
SEP.TO, s.m., carne ou cartilagem que separa duas cavidades no corpo.
SEP.TU.A.GE.NÁ.RIO, adj. e s.m., setuagenário, pessoa com setenta anos.
SE.PUL.CRAL, adj., relativo a sepulcro, funéreo, tumular, triste, pesado.
SE.PUL.CRO, s.m., túmulo, tumba, sepultura, jazigo.
SE.PUL.TA.MEN.TO, s.m., enterro.
SE.PUL.TAR, v.t. e pron., enterrar, colocar o cadáver na sepultura; isolar, prender.
SE.PUL.TO, adj., enterrado, colocado na sepultura.
SE.PUL.TU.RA, s.f., jazigo, tumba.
SE.QUAZ, adj.e s.m., asseclar, seguidor, discípulo, prosélito.
SE.QUE.LA, s.f., cicatriz, consequência, lesão, marca.
SE.QUÊN.CIA, s.f., seguimento, continuidade, sucessão.
SE.QUEN.CI.AL, adj., encadeado, que segue, seguinte.
SE.QUER, adv., ao menos; nem sequer - nem ao menos.
SE.QUES.TRA.DO, adj. e s.m., raptado, levado com violência.
SE.QUES.TRA.DOR, s.m., raptor, violentador.
SE.QUES.TRAR, v.t. e pron., raptar, carregar com violência, prender, apoderar-se de.
SE.QUES.TRO, s.m. rapto, ato de sequestrar; apreensão de bens por ordem judicial.
SE.QUI.O.SO, adj., sedento, desejoso, ressequido.
SÉ.QUI.TO, s.m., comitiva, acompanhamento, cortejo.
SE.QUOI.A, s.f., árvore de grandes proporções, da Califórnia.
SER, v. lig., estar, ficar, continuar, permanecer, existir, viver.
SER, s.m., ente, criatura, ente humano, pessoa, indivíduo.
SE.RA.FIM, s.m., anjo de alta hierarquia no reino dos céus.
SE.RÃO, s.m., trabalho feito à noite após o expediente; tarefa noturna.
SE.REI.A, s.f., ser maravilhoso, criado pela fantasia; dos quadris para cima, pessoa, e daí para baixo, peixe; fig., mulher sedutora, mulher bela.
SE.RE.LE.PE, adj. e s.c. 2 gên., traquinas, provocador, gracioso, vivo, ágil; s.m., caxinguelê, esquilo.
SE.RE.NAR, v.t. e int., tornar sereno, acalmar, pacificar, amansar.
SE.RE.NA.TA, s.f., execuções de cantigas à noite em favor de alguém, seresta.
SE.RE.NI.DA.DE, s.f., calma, tranquilidade, maviosidade.
SE.RE.NO, adj., calmo, tranquilo, sensato, ajuizado, comedido; s.m., orvalho, garoa.
SE.RES.TA, s.f., serenata.
SE.RES.TEI.RO, s.m., quem faz serestas, quem toca serenatas.
SER.GI.PA.NO, adj. e s.m., de Sergipe.
SE.RI.A.DO, adj., colocado em série, filme que é exibido em partes.
SE.RI.AR, v.t., colocar em série, dividir em partes.
SÉ.RIE, s.f., sequência, sucessão contínua, classe.
SE.RI.E.DA.DE, s.f., comportamento, postura, dignidade, respeito.
SE.RI.E.MA, s.f., ave pernalta que vive em descampados.
SE.RIN.GA, s.f., peça usada para aplicar injeções.
SE.RIN.GAL, s.m., plantação de seringueiras.
SE.RIN.GA.LIS.TA, s.c. 2 gên., dono de um seringal.
SE.RIN.GUEI.RA, s.f., planta da Amazônia, de cujo látex se obtém a borracha.
SE.RIN.GUEI.RO, s.m., pessoa que trabalha nos seringais, na extração do látex.
SÉ.RIO, adj., grave, ajuizado, honesto, probo, digno, leal, correto, sisudo.
SER.MÃO, s.m., prédica, discurso de padre na igreja; repreensão, advertência.

SER.PEN.TÁ.RIO, s.m., ave africana que se alimenta de répteis, local para criação industrial de cobras.
SER.PEN.TE, s.f., cobra, animal da família dos Ofídios; fig., pessoa má, cruel.
SER.PEN.TE.AR, v.int., locomover-se como serpente, andar em ziguezague, deslizar, arrastar-se, andar em linha sinuosa.
SER.PEN.TI.FOR.ME, adj., com forma de serpente, relativo a serpente.
SER.RA, s.f., ferramenta para cortar com lâmina dentada; conjunto de montanhas.
SER.RA.DOR, s.m., quem serra madeira; tipo de besouro que rói lenhos.
SER.RA.GEM, s.f., pó fino de madeira provocado pela serra.
SER.RA.LHEI.RO, s.m., profissional que fabrica peças de ferro.
SER.RA.LHE.RI.A, s.f., serralharia, oficina de serralheiro, oficina que fabrica peças de ferro.
SER.RA.NI.A, s.f., cordilheira, grupo de montanhas, cadeia de montanhas.
SER.RA.NO, adj. e s.m., quem habita em serras.
SER.RAR, v.t. e int., cortar com uma serra.
SER.RA.RI.A, s.f., local em que se serram madeira, toras, produzindo tábuas.
SER.RI.LHA, s.f., enfeite com forma de serra dentada.
SER.RO.TE, s.m., serra pequena.
SER.TA.NE.JO, adj. e s.m., relativo ao sertão, que vive no sertão.
SER.TA.NIS.TA, s.c. 2 gên., pessoa que conhece o sertão, explorador, pessoa que conhece os índios e sua vida, bandeirante.
SER.TÃO, s.m., região desabitada e bem interiorana, lugar distante.
SER.VEN.TE, s.c. 2 gên., auxiliar, que serve, ajudante, criado, operário que ajuda o pedreiro nas construções.
SER.VEN.TI.A, s.f., utilidade, uso, aplicação.
SER.VI.ÇAL, adj., servil, prestimoso, que favorece.
SER.VI.ÇO, s.m., ofício, trabalho, ocupação, empenho, favor, tarefa.
SER.VI.DÃO, s.f., estado de servo, escravidão, dependência econômica.
SER.VI.DO, adj., atendido, usado, fornecido.
SER.VI.DOR, adj., servente, auxiliar, que socorre, servo; s.m., quem serve, empregado pelo serviço público, funcionário.
SER.VIL, adj., serviçal, bajulador, submisso; fig., desprezível, vil.
SER.VI.LIS.MO, s.m., subserviência, submissão servil, bajulação.
SER.VIR, v.t., int. e pron., prestar serviço a, auxiliar, trabalhar para, desempenhar tarefas, ministrar, oferecer, ser útil, ser prestativo, ajustar-se.
SER.VO, s.m., doméstico, empregado, criado, escravo.
SES.QUI.CEN.TE.NÁ.RIO, s.m., celebração de 150 anos de uma existência.
SES.SÃO, s.f., encontro de pessoas, reunião, assembleia.
SES.SEN.TA, num., cardinal de 60.
SES.SEN.TÃO, s.m., sexagenário, indivíduo com sessenta anos.
SES.TA, s.f., soneca, descanso após o almoço com uma soneca.
SE.TA, s.f., flecha.
SE.TE.CEN.TOS, num., cardinal 700.
SE.TEN.TA, num., cardinal 70.
SE.TEN.TÃO, s.m., septuagenário, pessoa com 70 anos.
SE.TEN.TRI.O.NAL, adj., próprio do norte, boreal, nórdico.
SÉ.TI.MO, num., ordinal de sete.
SE.TOR, s.m., secção, divisão, repartição, área, circunscrição.
SE.TO.RI.ZAR, v.t., dividir em setores, seccionar.
SE.TU.A.GE.NÁ.RIO, adj.e s.m., pessoa com setenta anos; septuagenário.
SE.TÜ.A.GÉ.SI.MO, num., ordinal e fracionário do cardinal 70.
SE.TU.PLI.CAR, v.t., int. e pron., multiplicar por sete.
SÉ.TU.PLO, num., multiplicado por sete, sete vezes maior.
SEU, pron., possessivo da terceira pessoa, indicando posse; o que compete a alguém.

SÍNCOPE

SEU, *pron.*, tratamento respeitoso, empregado diante de nome de pessoa ou de palavra designativa de profissão.
SE.VE.RO, *adj.*, rigoroso, grave, sério, rigoroso, áspero.
SE.VI.CI.AR, *v.t.*, maltratar, ofender fisicamente.
SE.VÍ.CIAS, *s.f. pl.*, maus-tratos, crueldade física.
SE.XA.GE.NÁ.RIO, *adj.e s.m.*, pessoa com sessenta anos; sessentão.
SE.XA.GÉ.SI.MO, *num.*, ordinal e fracionário de 60.
SÉ.XI, *adj. pop.*, pessoa que atrai sexualmente.
SE.XO, *s.m.*, grupo de características físicas e psíquicas que diferenciam os machos das fêmeas; órgão genital, genitália, sexualidade, sensualidade.
SE.XO.LO.GI.A, *s.f.*, estudo do sexo em suas relações.
SE.XO.LO.GIS.TA, *s.c. 2 gên.*, especialista em sexo, sexólogo.
SEX.TAN.TE, *s.m.*, sexta parte de um círculo, instrumento antigo para os viajantes se guiarem.
SEX.TA.VA.DO, *adj.*, que possui seis faces.
SEX.TA.VAR, *v.t.*, dar a forma com seis faces.
SEX.TE.TO, *s.m.*, composição musical para seis vozes ou seis músicos.
SEX.TI.LHA, *s.f.*, estrofe poética de seis versos.
SEX.TO, *num.*, ordinal e fracionário de seis.
SÊX.TU.PLO, *num.*, multiplicado por seis, seis vezes maior.
SE.XU.A.DO, *adj.*, que possui sexo.
SE.XU.A.LI.DA.DE, *s.f.*, o conjunto das funções físicas e psíquicas do sexo.
SE.XU.A.LIS.MO, *s.m.*, conjunto de ideias quanto ao sexo, domínio do sexo.
SE.ZÃO, *s.f.*, febre constante ou intermitente; malária.
SHOP.PING CEN.TER, *s.m. (inglês)*, centro comercial, empreendimento que abriga lojas e serviços de vários tipos.
SHORT, *s.m. (inglês)*, calção, bermuda.
SHOW, *s.m. (inglês)*, espetáculo, apresentação, demonstração artística.
SI, *s.m.*, sétima nota musical; *pron.*, pessoal tônico da terceira pessoa.
SI.A.MÊS, *adj. e s.m.*, próprio de Sião, Tailândia; uma raça de gato.
SI.BE.RI.A.NO, *adj.*, próprio da Sibéria ou seu habitante.
SI.BI.LAN.TE, *adj.e s.f.*, que sibila, consoantes como o s e o z.
SI.BI.LAR, *v.t. e int.*, assobiar, assobiar como as cobras.
SIC, *adv.*, (latim), assim mesmo; indica reprodução exata do assinalado.
SI.CRA.NO, *s.m.*, a segunda pessoa nas referências sem citar nome.
SI.DE.RAL, *adj.*, próprio dos astros, astral.
SI.DE.RUR.GI.A, *s.f.*, indústria que transforma minério em ferro; metalurgia.
SI.DRA, *s.f.*, bebida adocicada, preparada com suco de frutas.
SI.FÃO, *s.m.*, cano duplo e recurvado, usado na saída de esgotos caseiros para que o cheiro não volte.
SÍ.FI.LIS, *s.f.*, doença contagiosa adquirida nas relações sexuais.
SI.FI.LÍ.TI.CO, *adj.*, relativo à sífilis.
SI.FOI.DE, *adj.*, com forma de sifão.
SI.GI.LO, *s.m.*, segredo, segredo total.
SI.GLA, *s.f.*, tipo de abreviatura formada pelas letras iniciais; representação abreviada de um nome..
SI.GLO.MA.NI.A, *s.f.*, exagero no uso de siglas.
SIG.NA.TÁ.RIO, *s.m.*, quem assina um documento.
SIG.NI.FI.CA.ÇÃO, *s.f.*, conteúdo, significado, acepção.
SIG.NI.FI.CA.DO, *s.m.*, significação, sentido, conteúdo.
SIG.NI.FI.CÂN.CIA, *s.f.*, sentido, significado.
SIG.NI.FI.CAN.TE, *adj.*, significativo.
SIG.NI.FI.CAR, *v.t.*, exprimir, ter o conteúdo de, traduzir o sentido, designar.
SIG.NI.FI.CA.TI.VO, *adj.*, que tem sentido, conteúdo; significante.
SIG.NO, *s.m.*, sinal, símbolo, significado, o que traduz um sentido.
SÍ.LA.BA, *s.f.*, grupo de fonemas pronunciado numa única emissão de voz.
SI.LA.BAR, *v.t. e int.*, pronunciar por sílabas.
SI.LEN.CI.A.DOR, *s.m.*, peça colocada na boca da arma, para diminuir-lhe o ruído.
SI.LEN.CI.AR, *v.t. e int.*, mandar calar-se, fazer ficar sem falar; amortecer ruídos.
SI.LÊN.CIO, *s.m.*, total falta de ruídos, sossego, paz, tranquilidade.
SI.LEN.CI.O.SO, *adj.*, cheio de silêncio, silente, calado, sem nenhum ruído.
SI.LEP.SE, *s.f.*, construção gramatical que faz a concordância com o sentido, não de acordo com as normas gramaticais.

SÍ.LEX, *s.m.*, mistura malfeita de dois tipos de sílica.
SI.LHU.E.TA, *s.f.*, talhe, feitio, desenho dos contornos de uma figura.
SI.LÍ.CIO, *s.m.*, elemento não-metálico.
SI.LI.CO.NE, *s.m.*, material plástico facilmente amoldável.
SI.LO, *s.m.*, construção para depositar cereais ou outros produtos.
SI.LO.GIS.MO, *s.m.*, forma filosófica de argumentar com as premissas e a conclusão; lógica.
SIL.VA, *s.f.*, nome comum de diversas plantas espinhosas de nossa mata.
SIL.VAR, *v.t. e int.*, assobiar, emitir silvos.
SIL.VES.TRE, *adj.*, que se desenvolve na selva, selvagem.
SIL.VÍ.CO.LA, *s.c. 2 gên.*, habitante das selvas, selvagem.
SIL.VI.CUL.TOR, *s.m.*, quem se dedica à silvicultura.
SIL.VI.CUL.TU.RA, *s.f.*, ciência que estuda o manejo das florestas; cultura de espécies florestais.
SIL.VO, *s.m.*, assobio de cobra, assobio.
SIM, *adv.*, exprime assentimento, consentimento.
SIM.BI.O.SE, *s.f.*, convivência associativa de dois seres vivos; *fig.*, associação.
SIM.BO.LIS.MO, *s.m.*, movimento literário que se caracteriza pelo uso de símbolos para traduzir as mensagens, com forte musicalidade e espiritualidade; tudo que se expressa por meio de símbolos.
SIM.BO.LI.ZAR, *v.t. e int.*, exprimir, traduzir por símbolos, usar conotações, figuras.
SÍM.BO.LO, *s.m.*, figura, signo, emblema, objeto que representa algo.
SIM.BO.LO.GI.A, *s.f.*, estudo dos símbolos, seu uso e significado.
SI.ME.TRI.A, *s.f.*, harmonia; traços e linhas que se harmonizem entre si.
SI.MÉ.TRI.CO, *adj.*, harmonioso, que possui simetria.
SI.MI.ES.CO, *adj.*, próprio dos símios, relativo aos macacos.
SI.MI.LAR, *adj.*, semelhante, tal, símile.
SÍ.MILE, *adj.*, semelhante, análogo, similar.
SÍ.MIO, *s.m.*, macaco.
SIM.PA.TI.A, *s.f.*, fascínio mútuo, tendência entre duas pessoas de uma gostar da outra, afinidade; uso de chás, bênçãos para obter curas.
SIM.PÁ.TI.CO, *adj.*, agradável, atraente, afim, fascinante.
SIM.PA.TI.ZAN.TE, *adj.*, afeiçoado, partidário, amigo.
SIM.PA.TI.ZAR, *v.t.*, ser afim de, gostar de, sentir-se fascinado.
SIM.PLES, *adj.*, mero, comum, regular, normal, único, ingênuo, inocente, humilde.
SIM.PLI.CI.DA.DE, *s.f.*, espontaneidade, humildade, ingenuidade, franqueza.
SIM.PLI.FI.CAR, *v.t.*, facilitar, racionalizar, fazer com que fique mais fácil.
SIM.PLIS.MO, *s.m.*, ingenuidade, humildade, total falta de malícia.
SIM.PLIS.TA, *adj. e s.c. 2 gên.*, ingênuo, quem reduz tudo a pouca coisa.
SIM.PLÓ.RIO, *adj.*, ingênuo, inocente, sem malícia, tolo, idiota.
SIM.PÓ.SIO, *s.m.*, reunião para tratar de assuntos específicos, seminário.
SI.MU.LA.ÇÃO, *s.f.*, dissimulação, disfarce.
SI.MU.LA.CRO, *s.m.*, disfarce, simulação, aparência.
SI.MU.LAR, *v.t. e pron.*, disfarçar, aparentar, fazer crer.
SI.MUL.TA.NEI.DA.DE, *s.f.*, concomitância, o que ocorre ao mesmo tempo.
SI.MUL.TÂ.NEO, *adj.*, concomitante, contemporâneo.
SI.NA, *s.f.*, destino, vida, sorte, fatalismo.
SI.NA.GO.GA, *s.f.*, templo de oração que reúne os hebreus.
SI.NAL, *s.m.*, signo, símbolo, vestígio, marca, prova; pagamento antecipado para confirmar um negócio; prognóstico, presságio.
SI.NAL DA CRUZ, *s.m.*, persignação, fazer o sinal da cruz na testa, no peito e nos ombros, benzimento.
SI.NA.LEI.RA, *s.f.*, semáforo, sinal para orientar o trânsito.
SI.NA.LEI.RO, *s.m.*, farol.
SI.NA.LI.ZA.ÇÃO, *s.f.*, conjunto de sinais de tráfego, ato de sinalizar.
SI.NA.LI.ZAR, *v.t. e int.*, colocar sinais de trânsito, pôr sinalização.
SIN.CE.RO, *adj.*, fidedigno, franco, autêntico, exato, verdadeiro.
SIN.CO.PAR, *v.t. e int.*, cortar letra ou sílaba no meio da palavra.
SÍN.CO.PE, *s.m.*, queda de letra ou sílaba no meio de uma palavra; queda das atividades físicas de uma pessoa, desmaio.

SINCRONIA

SIN.CRO.NI.A, *s.f.*, conjunto de fatos, atos que ocorrem ao mesmo tempo, ações simultâneas.
SIN.CRÔ.NI.CO, *adj.*, simultâneo, que ocorre ao mesmo tempo.
SIN.CRO.NI.ZAR, *v.t.*, acertar, ajustar, colocar na mesma posição.
SIN.DÉ.TI.CO, *adj.*, termo de ligação, oração coordenada que se liga à outra por conjunção.
SIN.DI.CA.LIS.MO, *s.m.*, ideologia social que busca unir os trabalhadores em sindicatos.
SIN.DI.CA.LIS.TA, *s.c. 2 gên.*, quem participa de um sindicato; dirigente sindical.
SIN.DI.CA.LI.ZAR, *v.t. e pron.*, agrupar em sindicato, organizar em sindicato.
SIN.DI.CÂN.CIA, *s.f.*, busca, investigação, perquirição, verificação de atos.
SIN.DI.CAR, *v.t. e int.*, realizar uma sindicância.
SIN.DI.CA.TO, *s.m.*, associação de trabalhadores para defesa de interesses comuns da profissão.
SÍN.DI.CO, *s.m.*, indivíduo eleito pelos condôminos de um prédio para a administração geral; advogado para administrar a massa de uma falência.
SÍN.DRO.ME, *s.f.*, todos os sinais que indicam uma doença.
SI.NEI.RO, *s.m.*, indivíduo encarregado de badalar os sinos.
SI.NE.TA, *s.f.*, pequeno sino.
SI.NE.TE, *s.m.*, objeto com incrustação de um sinal para selar documentos; marca, carimbo, chancela, brasão.
SIN.FO.NI.A, *s.f.*, composição harmônica musical dentro de certas diretrizes, harmonia, música clássica.
SIN.FÔ.NI.CA, *adj.*, próprio de uma sinfonia; *s.f.*, orquestra que toca sinfonias.
SIN.GE.LO, *adj.*, simples, natural, verdadeiro, ingênuo, inocente.
SIN.GRAR, *v.t. e int.*, navegar, velejar, percorrer as águas com barco.
SIN.GU.LAR, *adj.*, notável, notório, típico, extraordinário, comum, exótico.
SIN.GU.LA.RI.ZAR, *v.t. e pron.*, tornar singular, especificar, marcar.
SI.NHÔ, *s.m.*, forma de tratamento usada pelos escravos para o seu senhor.
SI.NIS.TRA, *s.f.*, mão esquerda, lado esquerdo.
SI.NIS.TRAR, *v.int.*, sofrer sinistro, acidentar-se.
SI.NIS.TRO, *adj.*, esquerdo, azarento, funéreo, maldoso; *s.m.*, malefício, dano.
SI.NO, *s.m.*, objeto de bronze ou ferro, usado para indicar os horários das atividades religiosas.
SI.NO.NÍ.MIA, *s.f.*, característica de sinônimo, uso de sinônimos.
SI.NÔ.NI.MO, *s.m.*, termo que possui sentido igual, parecido com outro.
SI.NOP.SE, *s.f.*, resumo, minuta, síntese.
SIN.TA.XE, *s.f.*, estudo das palavras nas relações entre si dentro da frase.
SIN.TE.CO, *s.m.*, verniz usado no revestimento de piso, assoalhos.
SÍN.TE.SE, *s.f.*, resumo, sinopse, condensação.
SIN.TÉ.TI.CO, *adj.*, resumido; produto artificial.
SIN.TE.TI.ZAR, *v.t. e pron.*, resumir, condensar.
SIN.TO.MA, *s.m.*, sinal de que está com alguma doença, indicação de um mal.
SIN.TO.NI.A, *s.f.*, condição de captar um som, audição; *fig.*, reciprocidade.
SIN.TO.NI.ZAR, *v.t.*, ajustar a recepção de uma transmissão, captar; *fig.*, entender.
SI.NU.CA, *s.f.*, tipo de jogo de mesa com bolas; *pop.*, problema, dificuldade.
SI.NU.O.SI.DA.DE, *s.f.*, curva, algo cheio de curvas.
SI.NU.O.SO, *adj.*, com muitas curvas, recurvo, recurvado.
SI.NU.SI.TE, *s.f.*, inflamação da cavidade óssea do rosto.
SI.RE.NE, *s.f.*, buzina de alta intensidade para alertar o perigo ou dar avisos.
SI.RI, *s.m.*, um tipo de crustáceos com garras e nadadeiras.
SI.RI.GAI.TA, *s.f. pop.*, mulher assanhada.
SÍ.RIO, *adj. e s.m.*, próprio da Síria ou seu habitante.
SI.RI.RI.CA, *s.f.*, masturbação feminina.
SI.RO.CO, *s.m.*, vento quente que sopra do Saara sobre a Itália.
SI.SAL, *s.m.*, planta cujas fibras são usadas para trabalhos têxteis.
SÍS.MI.CO, *adj.*, próprio de sismos, terremotos.
SIS.MO, *s.m.*, terremoto, tremor de terra.
SIS.MÓ.GRA.FO, *s.m.*, aparelho usado para medir a intensidade dos sismos.
SIS.MO.LO.GI.A, *s.f.*, estudo dos tremores de terra, dos terremotos.
SIS.MÔ.ME.TRO, *s.m.*, sismógrafo.
SI.SO, *s.m.*, juízo, tino, bom senso.
SIS.TE.MA, *s.m.*, grupo de princípios, metodologia, método, modo, forma; conjunto de situações e normas; tudo que classifica e ordena, ordenamento.
SIS.TE.MÁ.TI.CA, *s.f.*, englobado em sistema; sistematização, ordenamento.
SIS.TE.MÁ.TI.CO, *adj.*, organizado, metódico, ordenado, contínuo.
SIS.TE.MA.TI.ZAR, *v.t. e pron.*, ordenar, organizar, estruturar.
SI.SU.DO, *adj.*, ajuizado, sério, grave, compenetrado, severo.
SI.TI.A.DO, *adj.e s.m.*, cercado, fechado, dominado.
SI.TI.AN.TE, *s.c. 2 gên.*, dono de terreno no sítio, agricultor, colono.
SI.TI.AR, *v.t. e pron.*, cercar, rodear, fechar, dominar.
SÍ.TIO, *s.m.*, local, terreno, terras do interior, propriedade agrícola, zona rural.
SI.TO, *adj.*, situado, localizado.
SI.TU.A.ÇÃO, *s.f.*, condição, posição, contexto, organização; partido que domina no governo.
SI.TU.A.CI.O.NIS.MO, *s.m.*, partido dominante no governo.
SI.TU.A.DO, *adj.*, sito, localizado.
SI.TU.AR, *v.t. e pron.*, colocar, pôr, indicar, estabelecer, sistematizar.
SLIDE, *s.m.*, (*inglês*), foto montada em filme para projeções.
SLO.GAN, *s.m.*, (*inglês*), mote, palavra ou frase para fazer propaganda, marca.
SÓ, *adj.*, solitário, desacompanhado; *adv.*, somente, apenas; *s.m.*, quem está sem companhia.
SO.A.LHO, *s.m.*, piso, assoalho nos cômodos em que se pisa.
SO.AR, *v.t. e int.*, produzir sons, ecoar, retumbar, ressoar.
SOB, *prep.*, debaixo de, embaixo de.
SO.BE.JAR, *v.t., int. e pron.*, sobrar, ser demais, extravasar.
SO.BE.RA.NI.A, *s.f.*, poder, mando, autoridade, situação política de um Estado.
SO.BE.RA.NO, *adj.*, mandante, poderoso, autoritário; *s.m.*, rei, governante, dominador.
SO.BER.BA, *s.f.*, altivez, orgulho, arrogância.
SO.BER.BO, *adj.*, vaidoso, arrogante, impositivo; espetacular, especial.
SO.BRA, *s.f.*, restos, resíduos.
SO.BRA.ÇAR, *v.t. e pron.*, carregar debaixo do braço, ajudar, auxiliar.
SO.BRA.DO, *s.m.*, casa com dois pisos.
SO.BRAN.CEI.RO, *adj.*, altivo, elevado, orgulhoso.
SO.BRAN.CE.LHA, *s.f.*, supercílio, tira de pelos acima dos olhos no rosto.
SO.BRAR, *v.t. e int.*, restar, sobejar.
SO.BRE, *prep.*, por cima de, em cima de, acima de.
SO.BRE.A.VI.SO, *s.m.*, precaução, cautela, cuidado.
SO.BRE.CA.PA, *s.f.*, revestimento da capa de um livro, cobertura.
SO.BRE.CAR.GA, *s.f.*, carga extra, carga excessiva.
SO.BRE.CAR.RE.GAR, *v.t.*, carregar em excesso, colocar uma carga excessiva.
SO.BRE.CE.NHO, *s.m.*, aspecto, feição, semblante.
SO.BRE.CO.MUM, *adj. e s.m.*, palavra que possui uma única forma para os dois gêneros.
SO.BRE.CO.XA, *s.f.*, nas aves, a parte da coxa mais grossa.
SO.BRE-HU.MA.NO, *adj.*, além das forças humanas, exagerado; divino.
SO.BRE.LE.VAR, *v.t. e pron.*, alçar, elevar, erguer; destacar, enfatizar.
SO.BRE.LO.JA, *s.f.*, pavimento intermediário entre o piso e o primeiro andar.
SO.BRE.MA.NEI.RA, *s.f. adv.*, extraordinariamente, de modo incalculável.
SO.BRE.ME.SA, *s.f.*, iguaria doce, servida no final da refeição.
SO.BRE.NA.DAR, *v.int.*, nadar na superfície, flutuar.
SO.BRE.NA.TU.RAL, *adj.*, extraordinário, acima do natural, anormal; *s.m.*, o que está acima das forças naturais.
SO.BRE.NO.ME, *s.m.*, o nome seguinte ao prenome; nome de família.

SO.BRE.PE.SAR, *v.t.* e *int.*, adicionar sobrecarga; distúrbio, infelicitar.
SO.BRE.PE.SO, *s.m.*, sobrecarga, peso demasiado.
SO.BRE.POR, *v.t.* e *pron.*, colocar em cima, juntar, adicionar, acrescentar.
SO.BRE.PO.SI.ÇÃO, *s.f.*, superposição, colocação acima.
SO.BRE.PU.JAR, *v.t.* e *int.*, vencer, exceder, ser mais, derrotar.
SO.BRES.CRE.VER, *v.t.*, escrever por cima, sobrescritar, colocar algo por cima.
SO.BRES.CRI.TO, *s.m.*, o que se escreveu por sobre o envelope ou papel.
SO.BRES.SA.IR, *v.t.* e *int.*, despertar a atenção de, destacar, surgir, ser visto.
SO.BRES.SA.LEN.TE, *adj.*, destacado, saliente, de reserva, estepe, acessório.
SO.BRES.SAL.TAR, *v.t.* e *pron.*, assustar, atemorizar, assaltar, conquistar por assalto.
SO.BRES.SAL.TO, *s.m.*, susto, imprevisto, algo inesperado.
SO.BRE.TA.XA, *s.f.*, pagamento a maior, acréscimo de custo.
SO.BRE.TA.XAR, *v.t.*, colocar sobretaxa, aumentar o pagamento.
SO.BRE.TU.DO, *s.m.*, casacão contra o frio, capote; *adv.*, principalmente.
SO.BRE.VIR, *v.t.* e *int.*, acontecer, suceder, vir algo imprevisto.
SO.BRE.VI.VEN.TE, *s.c. 2 gên.*, que escapou de morte certa.
SO.BRE.VI.VER, *v.t.* e *int.*, continuar com vida, escapar da morte, salvar-se.
SO.BRE.VO.AR, *v.t.*, voar por cima, voar sobre.
SO.BRI.NHO, *s.m.*, filho de irmão, irmã ou cunhados.
SÓ.BRIO, *adj.*, comportado, morigerado, comedido, moderado, simples.
SO.BRO.LHO, *s.m.*, sobrancelhas.
SO.CA.PA, *s.f.*, fantasia, disfarce, astúcia; *expr.*, à socapa - disfarçadamente.
SO.CAR, *v.t.*, *int.* e *pron.*, dar soco em, esmurrar, bater em.
SO.CI.A.BI.LI.ZAR, *v.t.* e *pron.*, civilizar; tornar sociável, educar para viver em sociedade.
SO.CI.AL, *adj.*, próprio da sociedade, civilizado, educado.
SO.CI.A.LIS.MO, *s.m.*, ideologia que busca uma vida na qual todos terão os mesmos direitos e deveres, com direitos sociais garantidos.
SO.CI.A.LI.ZAR, *v.t.*, tornar social, associar, civilizar, agrupar.
SO.CI.Á.VEL, *adj.*, social, preparado para viver em sociedade, educado.
SO.CI.E.DA.DE, *s.f.*, grupo de pessoas que convivem sob regras próprias; contexto no qual as pessoas vivem; associação, grupo, camada.
SO.CI.E.TÁ.RIO, *adj.*, que pertence a uma sociedade; *s.m.*, membro de sociedade.
SÓ.CIO, *s.m.*, participante, membro, companheiro, associado.
SO.CI.O.E.CO.NÔ.MI.CO, *adj.*, próprio da sociedade e da economia.
SO.CI.O.LO.GI.A, *s.f.*, ciência que estuda os problemas sociais e políticos.
SO.CI.Ó.LO.GO, *s. m.*, especialista em Sociologia.
SO.CO, *s.m.*, pancada com o punho, murro.
SO.CÓ, *s.m.*, tipo de ave comum em nossas várzeas.
SO.ÇO.BRAR, *v.t.*, *int.* e *pron.*, naufragar, ir a pique, perder-se, sair do rumo.
SO.COR.RER, *v.t.* e *pron.*, ajudar, dar forças, auxiliar.
SO.COR.RO, *s.m.*, ajuda, auxílio, atendimento.
SO.DA, *s.f.*, um tipo de sal que se dissolve na água; tipo de refrigerante.
SÓ.DIO, *s.m.*, elemento metálico.
SO.ER.GUER, *v.t.* e *pron.*, alçar, levantar, pôr para cima.
SO.FÁ, *s.m.*, poltrona, cadeira estofada.
SO.FÁ-CA.MA, *s.m.*, um sofá que se desdobra para servir como cama.
SO.FIS.MA, *s.f.*, falácia, raciocínio enganoso, logro.
SO.FIS.TI.CAR, *v.t.*, *int.* e *pron.*, falsificar, artificializar, tornar artificial, destacar.
SO.FRE.AR, *v.t.* e *pron.*, refrear, conter, segurar.
SÔ.FRE.GO, *adj.*, ansioso, ambicioso, ávido, nervoso.
SO.FRE.GUI.DÃO, *s.f.*, avidez, impaciência, ânsia.
SO.FRER, *v.t.* e *int.*, sentir dores, padecer, suportar adversidades.
SO.FRÍ.VEL, *adj.*, medíocre, médio, regular, suportável.
SOFT.WARE, *s.m.*, (inglês), todos os recursos técnicos que compõem um computador.
SO.GRO, *s.m.*, o pai do outro cônjuge.
SO.JA, *s.f.*, um tipo de feijão muito rico em substâncias oleosas.
SOL, *s.m.*, estrela que dá luz e calor ao planeta Terra; nota musical.
SO.LA, *s.f.*, planta do pé; a parte inferior do sapato que toca o chão.
SO.LA.DO, *s.m.*, a sola que se coloca no calçado.
SO.LA.NÁ.CEAS, *s.f.pl.*, família vegetal à qual se agregam as batatas, o pimentão e o tomateiro.
SO.LA.PAR, *v.t.* e *pron.*, destruir as bases, minar, arrasar.
SO.LAR, *adj.*, próprio do Sol; *v.t.*, colocar sola em; *s.m.*, casa grande, palácio.
SO.LA.VAN.CO, *s.m.*, salto, pulo, balanço; salto imprevisto.
SOL.DA, *s.f.*, ação de ligar metais por fusão de outro metal.
SOL.DA.DES.CA, *s.f.*, grupo de soldados, bando de soldados.
SOL.DA.DO, *s.m.*, indivíduo que presta serviço militar, recruta, militar.
SOL.DAR, *v.t.*, ligar com solda, ligar, unir, ajustar.
SOL.DO, *s.m.*, remuneração de soldado, militar.
SO.LE.CIS.MO, *s.m.*, erro na sintaxe, erro na construção da frase.
SO.LEI.RA, *s.f.*, a peça na qual se assenta a porta, no que toca ao piso.
SO.LE.NE, *adj.*, cerimonioso, elegante, festivo.
SO.LE.NI.DA.DE, *s.f.*, cerimônia, festividade, ritual.
SO.LE.NI.ZAR, *v.t.* e *int.*, tornar festivo, celebrar com pompa, ritualizar.
SO.LE.TRAR, *v.t.* e *int.*, ler com dificuldade, pronunciando sílaba por sílaba, ler devagar.
SOL.FE.JAR, *v.t.* e *int.*, cantar notas musicais, cantarolar.
SOL.FE.JO, *s.m.*, ensaio de canto, exercício com notas musicais.
SO.LI.CI.TA.ÇÃO, *s.f.*, pedido, súplica.
SO.LI.CI.TAR, *v.t.*, *int.* e *pron.*, pedir, implorar, suplicar.
SO.LÍ.CI.TO, *adj.*, atencioso, prestativo, disponível, cuidadoso.
SO.LI.DÃO, *s.f.*, vivência de quem está sozinho; abandono.
SO.LI.DÁ.RIO, *adj.*, que vive a dor alheia, que presta auxílio, socorro.
SO.LI.DA.RI.ZAR, *v.t.* e *pron.*, aliar-se a alguém para ajudar, partilhar com outros.
SO.LI.DEZ, *s.f.*, força, vigor, estrutura forte, fortaleza.
SO.LI.DI.FI.CAR, *v.t.*, *int.* e *pron.*, tornar sólido, endurecer.
SÓ.LI.DO, *adj.*, duro, resistente, consistente; *s.m.*, todo objeto sólido, corpo.
SO.LI.LÓ.QUIO, *s.m.*, monólogo, conversa de um único ator.
SO.LIS.TA, *s.c. 2 gên.*, pessoa que canta ou declama sozinha.
SO.LI.TÁ.RIA, *s.f.*, um tipo de verme parasita que se desenvolve nos intestinos humanos.
SO.LI.TÁ.RIO, *adj.* e *s.m.*, que vive só, sozinho, abandonado, misantropo.
SO.LO, *s.m.*, terreno, piso, terra, chão; parte musical executada apenas por uma pessoa.
SOLS.TÍ.CIO, *s.m.*, posição do Sol na linha do Equador, em que os dias e noites ficam quase com a mesma duração.
SOL.TAR, *v.t.* e *pron.*, livrar, liberar, largar, dar liberdade, deixar.
SOL.TEI.RA, *s.f.*, quem está solta, mulher não casada.
SOL.TEI.RÃO, *s.m.*, homem não casado depois de certa idade.
SOL.TEI.RO, *adj.* e *s.m.*, homem ainda não casado.
SOL.TO, *adj.*, livre, liberado, libertado, largado, folgado.
SO.LU.ÇÃO, *s.f.*, resolução, conclusão, desfecho de um problema; experiência de química.
SO.LU.ÇAR, *v.t.* e *int.*, chorar, soltar soluços, choramingar.
SO.LU.CI.O.NAR, *v.t.*, resolver, concluir, terminar, dar uma solução.
SO.LU.ÇO, *s.m.*, suspiro, choro, choraminga, choro leve.
SO.LÚ.VEL, *adj.*, resolvível, solvível, que se pode solver.
SOL.VEN.TE, *adj.*, com condições de pagar as dívidas; substância líquida que dissolve outras.
SOL.VER, *v.t.*, explanar, resolver; pagar dívidas, resolver pendências.
SOM, *s.m.*, tudo que chega aos ouvidos, ruído, voz, música.

SOMAR

SO.MAR, v.t. e int., adicionar, adir, ajuntar quantidades umas às outras, efetuar uma soma, adição.
SO.MA.TÓ.RI.O, adj., que mostra uma adição; s.m., o total de somas.
SOM.BRA, s.f., trevas, falta de luz, escuridão, noite; fig., mácula, mancha; fig., tipo que está sempre atrás de outrem.
SOM.BRE.A.DO, adj., com sombra; s.m., colocação do contraste entre sombra e luz.
SOM.BRE.AR, v.t. e pron., colocar sombra em, escurecer, tornar escuro.
SOM.BREI.RO, s.m., chapéu grande que produz sombra.
SOM.BRI.NHA, s.f., guarda-chuva feminino, pequeno guarda-chuva.
SOM.BRI.O, adj., triste, escuro, fúnebre, lúgubre.
SO.ME.NOS, adj., de valor menor, inferior, menor, regular, ordinário.
SO.MEN.TE, adv., apenas, só, tão somente.
SO.NAM.BU.LIS.MO, s.m., estado de quem se locomove dormindo e sonhando.
SO.NÂM.BU.LO, s.m., quem sofre de sonambulismo.
SO.NA.TA, s.f., pequena música tocada, música agradável.
SON.DA, s.f., instrumento para realizar sondagens, aparelho cirúrgico para introduzir no corpo humano; instrumento para perfurar o solo.
SON.DA.GEM, s.f., ação de sondar, busca, pesquisa.
SON.DAR, v.t. e pron., pesquisar, verificar, buscar, analisar, examinar com sonda.
SO.NE.CA, s.f., sono leve e rápido, sesta, dormideta.
SO.NE.GA.ÇÃO, s.f., ação de sonegar.
SO.NE.GAR, v.t. e pron., desviar, omitir, fraudar, disfarçar, burlar, não pagar.
SO.NEI.RA, s.f., sonolência, grande desejo de dormir.
SO.NE.TIS.TA, s.c. 2 gên., pessoa que produz sonetos.
SO.NE.TO, s.m., composição poética formada por 14 versos, 2 quartetos e dois tercetos.
SO.NHAR, v.t. e int., ter sonhos, imaginar, fantasiar, ansiar por, querer muito.
SO.NHO, s.m., representações mentais durante o sono; fantasias, imaginações, desejos.
SÔ.NI.CO, adj., próprio do som.
SO.NÍ.FE.RO, adj., que traz sono; s.m., material que provoca o sono.
SO.NO, s.m., vontade de dormir, necessidade de dormir, sonolência.
SO.NO.LÊN.CIA, s.f., vontade de dormir, soneira, modorra; fig., inércia.
SO.NO.LEN.TO, adj., que traduz sono.
SO.NO.PLAS.TA, s.c. 2 gên., quem cuida dos sons; produtor de sons.
SO.NO.PLAS.TI.A, s.f., técnica de dosagem das músicas, sons e ruídos em qualquer espetáculo.
SO.NO.RI.ZAR, v.t. e int., tornar sonoro, provocar sons, harmonizar.
SO.NO.RO, adj., que produz sons, musical, harmonioso.
SO.NO.TE.RA.PI.A, s.f., tratamento médico por meio do sono.
SON.SO, adj., tolo, que se disfarça de tolo, velhaco.
SO.PA, s.f., caldo, iguaria feita com muito líquido; pop., algo fácil de fazer.
SO.PA.PO, s.m., soco, golpe com a mão fechada, murro, tapa.
SO.PÉ, s.m., o pé de um morro, a parte inferior de uma montanha, fralda.
SO.PEI.RA, s.f., vasilha para servir a sopa, terrina.
SO.PO.RÍ.FE.RO, adj., que produz sono, sonífero.
SO.PRA.NO, s.m., a voz aguda de um cantor.
SO.PRAR, v.t. e int., assoprar, jogar ar pela boca, expirar ar com força; dizer baixinho algo, transmitir um aviso.
SO.PRO, s.m., ar expirado pela boca, jato de ar, hálito.
SO.QUE.TE, s.m., peça de madeira para socar, bater à terra; peça na qual se encaixa a lâmpada para receber a energia elétrica.
SO.QUE.TE, s.m., meia curta, tipo de meia.
SÓR.DI.DO, adj., sujo, repelente, nojento, imundo, vil, desprezível, velhaco.

SOR.GO, s.m., planta usada para alimento do gado.
SO.RO, s.m., líquido que sobra do leite na coagulação; substância que se injeta na veia de doentes para mantê-los, linfa do sangue.
SO.RO.LO.GI.A, s.f., ramo medicinal que estuda os soros e validades.
SÓ.ROR, s.f., tratamento para freiras, irmã, religiosa.
SO.RO.TE.RA.PI.A, s.f., tratamento por meio de soro.
SOR.RA.TEI.RO, adj., que age com disfarce, disfarçado, silencioso.
SOR.RI.DEN.TE, adj., que sorri, risonho, alegre, feliz.
SOR.RIR, v.int. e pron., rir suavemente, de leve; concordar, aceitar.
SOR.RI.SO, s.m., riso suave, riso com pequeno movimento labial.
SOR.TE, s.f., destino, sina, fado, fortuna, ser bem-sucedido; fatalismo.
SOR.TE.A.DO, adj., selecionado, escolhido, felizardo, que recebeu a sorte.
SOR.TE.AR, v.t. e pron., correr a sorte, fazer um sorteio, ver quem recebe.
SOR.TI.DO, adj., provido, abastecido, com bom sortimento, preparado, com variedade.
SOR.TI.LÉ.GIO, s.m., feitiçaria, azar, bruxaria, agouro.
SOR.TI.MEN.TO, s.m., provisão, estoque, conjunto de mercadorias.
SOR.TIR, v.t. e pron., prover, abastecer, colocar todas as mercadorias, misturar.
SOR.TU.DO, adj. pop., que tem sorte.
SO.RUM.BÁ.TI.CO, adj., triste, tristonho, melancólico, sombrio, lúgubre.
SOR.VE.DOU.RO, s.m., abismo, redemoinho de águas que tragam tudo.
SOR.VER, v.t. e pron., chupar, absorver, sugar, consumir aos poucos.
SOR.VE.TE, s.m., doce gelado, doce para ser sorvido.
SOR.VE.TEI.RA, s.f., aparelho para fabricar sorvetes.
SOR.VE.TEI.RO, s.m., quem vende sorvetes.
SOR.VE.TE.RI.A, s.f., fábrica de sorvetes, local em que se vendem sorvetes.
SOR.VO, s.m., gole, trago, bocado.
SÓ.SIA, s.c. 2 gên., pessoa semelhante à outra, muito parecida.
SOS.LAI.O, s.m., olhada de lado, esguelha; flanco.
SOS.SE.GAR, v.t., int. e pron., acalmar, tranquilizar, aquietar, dar sossego.
SOS.SE.GO, s.m., calma, tranquilidade, calmaria.
SÓ.TÃO, s.m., parte da casa entre o teto e o telhado.

SO.TA.QUE, s.m., som diferente na pronúncia, acento estranho na voz.
SO.TE.RO.PO.LI.TA.NO, s.m., habitante de Salvador, capital da Bahia.
SO.TER.RAR, v.t. e pron., cobrir com terra, enterrar, enfiar na terra.
SO.TUR.NO, adj., sombrio, lúgubre, triste, fúnebre.
SO.VA, s.f., surra, tunda, coça.
SO.VA.CO, s.m., axila, região que fica na junção do braço com o corpo.
SO.VAR, v.t., surrar, dar uma tunda, bater.
SO.VI.É.TI.CO, adj., próprio da Rússia; russo.
SO.VI.NA, s.c. 2 gên., avarento, ávaro, pão-duro, mesquinho.
SO.ZI.NHO, adj., só, totalmente só, abandonado.

SUBTRAÇÃO

STAND, s.m., (inglês), estande, armação para expor produtos.
STAND.ARD, s.m., (inglês), padrão, modelo, medida, critério.
STA.TUS QUO, s.m., (latim), a posição momentânea, o contexto.
STA.TUS, s.m.,(latim), posição social de alguém, camada social, posição.
STRIP-TEASE, s.m., (inglês), tirar a roupa com propósito erótico.
SU.A.DO, adj., cheio de suor, molhado; fig., trabalhador.
SU.A.DOR, s.m., quem sua, suadouro.
SU.A.DOU.RO, s.m., suador, o que provoca muito suor.
SU.AR, v.t. e int., transpirar, soltar gotas de líquido pelos poros; fig., trabalhar.
SU.A.REN.TO, adj., que sua, que provoca suor, suado.
SU.ÁS.TI.CA, s.f., cruz de origem grega, como símbolo religioso, usada pelos nazistas.
SU.A.VE, adj., agradável, macio, aprazível, terno, tenro.
SU.A.VI.ZAN.TE, adj., que suaviza, amaciante.
SU.A.VI.ZAR, v.t., amenizar, mitigar, abrandar, tornar aprazível.
SU.BAL.TER.NO, adj., subordinado, que está abaixo de outrem.
SUB.A.LU.GAR, v.t., sublocar, alugar a outrem o que está alugado para si próprio.
SUB.A.QUÁ.TI.CO, adj., que está sob a água, submerso.
SUB.AR.REN.DAR, v.t., tornar a arrendar.
SUB.AR.REN.DA.TÁ.RIO, s.m., quem subarrendou algo; sublocatário.
SUB.CHE.FE, s.m., quem está imediatamente sob o chefe.
SUB.CHE.FI.A, s.f., cargo ou função do subchefe.
SUB.CONS.CI.ÊN.CIA, s.f., estado psíquico além da consciência.
SUB.CONS.CI.EN.TE, s.m., parte da mente fora dos limites da consciência.
SUB.CU.TÂ.NEO, adj., que fica sob a pele, debaixo da pele.
SUB.DE.LE.GA.DO, s.m., o substituto legal do delegado.
SUB.DE.LE.GAR, v.t., retransmitir uma ordem, passar a outrem uma ordem.
SUB.DE.SEN.VOL.VI.DO, adj., que ainda não ficou desenvolvido.
SUB.DE.SEN.VOL.VI.MEN.TO, s.m., desenvolvimento a menor, situação social caótica; falta de crescimento econômico e social.
SUB.DI.VI.DIR, v.t. e pron., fracionar, seccionar, fazer subdivisões.
SUB.DI.VI.SÃO, s.f., outra divisão do já dividido; fração.
SUB.DI.VI.SÍ.VEL, adj., que é possível redividir.
SUB.E.MEN.DA, s.f., nova emenda num projeto.
SUB.EM.PRE.GO, s.m., emprego não qualificado, emprego com salário baixo.
SUB.EN.TEN.DER, v.t. e pron., compreender o que está nas entrelinhas, dominar o tema.
SUB.ES.PÉ.CIE, s.f., divisão dentro da espécie.
SUB.ES.TA.ÇÃO, s.f., estação menor entre as grandes na distribuição de energia.
SUB.ES.TI.MAR, v.t., não avaliar com exatidão, desprezar.
SUB.GE.REN.TE, s.m., o substituto do gerente.
SUB-HU.MA.NO, adj., desumano, abaixo do nível da humanidade, animalizado.
SU.BI.DA, s.f., aclive, encosta, ladeira.
SU.BI.DO, adj., elevado, alto, alçado, nobre, excelso.
SU.BIR, v.t. e int., alçar-se, erguer-se, elevar-se, ascender, galgar, trepar, encarecer; crescer na hierarquia.
SÚ.BI.TO, adj., repentino, inesperado, de improviso.
SUB.JA.CEN.TE, adj., que jaz em baixo, que está por baixo, inferior.
SUB.JE.TI.VO, adj., próprio do sujeito, pessoal, particular.
SUB.JU.GAR, v.t. e pron., dominar, vencer, domar, educar, reprimir, refrear.
SUB.JUN.TI.VO, adj., subordinado; s.m., modo verbal indicativo de hipóteses, incertezas, possibilidades.
SUB.LE.VA.ÇÃO, s.f., motim, revolta, desobediência.
SUB.LE.VAR, v.t. e pron., rebelar, amotinar, desobedecer.
SU.BLI.MAR, v.t. e pron., destacar, vangloriar, enaltecer, gloriar; desvio da vontade sexual para outra área (artística ou religiosa, geralmente).
SU.BLI.ME, adj., nobre, elevado, digno, majestoso, glorioso.
SUB.LI.NHA, s.f., risca traçada sob uma linha, palavra.
SUB.LI.NHAR, v.t., destacar, grifar, enfatizar.
SUB.LO.CA.ÇÃO, s.f., contrato que o locatário firma com o sublocatário.
SUB.LO.CA.DOR, s.m., quem subloca.
SUB.LO.CAR, v.t., subalugar, alugar de novo.
SUB.LO.CA.TÁ.RIO, s.m., quem faz uma sublocação.
SUB.MA.RI.NO, adj., que vive sob as águas do mar; s.m., navio que se locomove sob as águas.

SUB.MER.GIR, v.t., int. e pron., ficar debaixo da água, imergir, afundar.
SUB.MER.SO, adj., coberto de água, debaixo da água, imerso.
SUB.ME.TER, v.t. e pron., subordinar, colocar sob ordem, subjugar, dominar.
SUB.MIS.SÃO, s.f., dominação, subjugação, colocar sob ordens, dependência.
SUB.MIS.SO, adj., dominado, humilde, obediente, dócil.
SUB.MUN.DO, s.m., o mundo dos marginais; a vida dos marginais.
SUB.NU.TRI.ÇÃO, s.f., alimentação insuficiente, pouco alimento.
SUB.NU.TRI.DO, adj., mal-alimentado, esfomeado.
SUB.NU.TRIR, v.t., int. e pron., alimentar com deficiência, não comer o suficiente.
SU.BOR.DI.NA.ÇÃO, s.f., submissão, dependência dos superiores.
SU.BOR.DI.NA.DA, s.f., oração dependente da principal.
SU.BOR.DI.NA.DO, adj., submisso, que deve obedecer a, ligado a outro.
SU.BOR.DI.NAR, v.t. e pron., subjugar, submeter, mandar em.
SU.BOR.DI.NA.TI.VO, adj., que subordina, que submete, conjunção que liga a oração subordinada.
SU.BOR.NAR, v.t., corromper, induzir alguém a praticar algo ilícito.
SU.BOR.NO, s.m., corrupção, promessa de recompensa para praticar algo ilícito.
SUB.PRE.FEI.TO, s.m., vice-prefeito, administrador de subprefeitura.
SUB.PRO.DU.TO, s.m., produto de segunda qualidade, produto obtido de outro produto.
SUB.REP.TÍ.CIO, adj., ilícito, ilegal, obtido por meios ilegais, corrupto.
SUB-RO.GA.ÇÃO, s.f., substituição de uma pessoa por outra.
SUB-RO.GAR, v.t. e pron., transferir direitos por sub-rogação.
SUBS.CRE.VER, v.t. e pron., escrever em baixo, assinar, firmar, concordar com.
SUBS.CRI.TAR, v.t., subscrever, anuir, concordar, assinar junto de.
SUBS.CRI.TO, adj., firmado, assinado, escrito por baixo.
SUB.SE.CRE.TÁ.RIO, s.m., o substituto de um secretário.
SUB.SE.QUEN.TE, adj., seguinte, posterior, imediato.
SUB.SER.VI.ÊN.CIA, s.f., servilismo, bajulação.
SUB.SER.VI.EN.TE, adj., servil, bajulador.
SUB.SI.DI.A.DO, adj., que recebe subsídio, amparado, mantido.
SUB.SI.DI.AR, v.t., amparar, socorrer, auxiliar.
SUB.SI.DI.Á.RIA, s.f., empresa controlada pela matriz, filial.
SUB.SI.DI.Á.RIO, adj., que presta subsídio, ajuda; auxiliar.
SUB.SÍ.DIO, s.m., socorro, auxílio; ajuda financeira que o governo presta a certos setores para mantê-los ou cobrir rombos; dado, recursos.
SUB.SIS.TÊN.CIA, s.f., alimentação, nutrição, sustento.
SUB.SIS.TEN.TE, adj., existente, que subsiste, vivente.
SUB.SIS.TIR, v.t. e int., continuar a existir, viver, estar com vigor, manter-se.
SUB.SO.LO, s.m., a camada que fica abaixo do solo.
SUBS.TÂN.CIA, s.f., a matéria que compõe os corpos, polpa, conteúdo.
SUBS.TAN.CI.AL, adj., que forma a substância, a essência de um corpo; essencial, fundamental, principal, vultoso.
SUBS.TAN.CI.AR, v.t., prover com alimentos essenciais; sintetizar.
SUBS.TAN.CI.O.SO, adj., nutritivo, forte, alimentar.
SUBS.TAN.TI.VAR, v.t., tornar substantivo, usar como substantivo.
SUBS.TAN.TI.VO, s.m., termo que nomeia tudo, que dá nomes e apelidos.
SUBS.TI.TU.IR, v.t. e pron., mudar, trocar, colocar outro no lugar, transferir.
SUBS.TI.TU.Í.VEL, adj., que se pode substituir, trocável, cambiável.
SUBS.TI.TU.TI.VO, adj., que ocupa o lugar de outro, que faz às vezes de; s.m., projeto novo para substituir um existente, emenda.
SUBS.TI.TU.TO, s.m., quem fica no lugar de outro.
SUB.TER.FÚ.GIO, s.m., artimanha, ardil, disfarce, pretexto.
SUB.TER.RÂ.NEO, adj., que fica embaixo da terra, que está no interior da terra.
SUB.TÍ.TU.LO, s.m., título de menor valor.
SUB.TO.TAL, s.m., total parcial, parcela para chegar ao total.
SUB.TRA.ÇÃO, s.f., diminuição, operação matemática em que um número é diminuído do outro; fraude, desvio de valores, furto.

SUB.TRA.IR, *v.t.*, diminuir, tornar menor, tirar, escapar; furtar, desviar.
SU.BUR.BA.NO, *adj.*, morador de periferia, de pouca formação, bronco.
SU.BÚR.BIO, *s.m.*, arrabalde, cercanias, local fora da cidade; bairro.
SUB.VEN.ÇÃO, *s.f.*, quantia financeira que o poder público concede, ajuda.
SUB.VEN.CI.O.NAR, *v.t.*, dar subvenção, subsidiar, manter, auxiliar.
SUB.VER.SÃO, *s.f.*, revolta, motim, rebelião.
SUB.VER.TER, *v.t. e pron.*, revolucionar, desorganizar, perverter.
SU.CA.TA, *s.f.*, ferro velho, metais inservíveis, resíduos de metal.
SU.CE.DÂ.NEO, *adj.*, substitutivo, que pode substituir.
SU.CE.DER, *v.t. e int.*, vir após, acontecer, ocorrer, tomar posse no lugar de.
SU.CE.DI.DO, *adj.*, ocorrido, acontecido, efetuado.
SU.CES.SÃO, *s.f.*, vários fatos encadeados; sequência; descendência, continuidade.
SU.CES.SI.VO, *adj.*, seguinte, subsequente, continuado, encadeado.
SU.CES.SO, *s.m.*, êxito, conclusão positiva, vitória.
SU.CES.SOR, *s.m.*, quem sucede a outro.
SÚ.CIA, *s.f.*, cambada, corja, malta, grupo de vadios, ladrões.
SU.CIN.TO, *adj.*, resumido, breve, rápido, conciso.
SU.CO, *s.m.*, sumo, líquido extraído de frutas, essência.
SU.ÇU.A.RA.NA, *s.f.*, puma, felídeo comum em todo o Brasil.
SU.CU.LÊN.CIA, *s.f.*, que possui muito suco, abundância.
SU.CU.LEN.TO, *adj.*, abundante, sumarento, com muito suco, nutritivo.
SU.CUM.BIR, *v.t. e int.*, vergar, cair, desfalecer, morrer, perecer.
SU.CU.RI, *s.f.*, enorme serpente não venenosa.
SU.CUR.SAL, *adj.*, filial, subsidiária.
SU.DÁ.RIO, *s.m.*, pano com o qual teria sido enxugado o rosto de Jesus.
SU.DES.TE, *s.m.*, ponto marcado entre o Sul e o Leste, vento dessa direção.
SÚ.DI.TO, *s.m.*, vassalo, cidadão em relação ao seu rei, rainha.
SU.DO.ES.TE, *s.m.*, ponto no meio do Sul e do Oeste; o vento dessa direção.
SU.DO.RA.ÇÃO, *s.f.*, grande transpiração, suor excessivo.
SU.DO.RÍ.PA.RO, *adj.*, que segrega suor.
SU.E.CO, *adj.e s.m.*, próprio ou habitante da Suécia.
SU.ES.TE, *s.m.*, sudeste.
SU.É.TER, *s.m.*, blusa, pulôver, blusa fechada para o frio.
SU.FI.CI.EN.TE, *adj.*, bastante, normal, adequado.
SU.FI.XO, *s.m.*, partícula acrescida ao final da palavra para formar outra.
SU.FLÊ, *s.m.*, iguaria feita com a massa de legumes ou tubérculos.
SU.FO.CA.ÇÃO, *s.f.*, falta de ar, com poucas condições para respirar.
SU.FO.CA.DOR, *s.m.*, que sufoca, sufocante.
SU.FO.CAR, *v.t. e pron.*, dificultar a respiração, apertar a garganta, asfixiar.
SU.FO.CO, *s.m.*, aperto, sufocação; problema, dificuldade.
SU.FRA.GAR, *v.t.*, votar, eleger, escolher por voto.
SU.FRÁ.GIO, *s.m.*, voto, escolha por eleição, aprovação.
SU.GAR, *v.t.*, chupar, absorver, retirar, secar, extrair.
SU.GE.RIR, *v.t.*, aconselhar, dar a ideia, insinuar, dar a entender, lembrar.
SU.GES.TÃO, *s.f.*, conselho, ideia, proposta.
SU.GES.TI.O.NAR, *v.t. e pron.*, sugerir, aconselhar, dar a ideia, inspirar, influir.
SU.GES.TI.VO, *adj.*, inspirador, incitante, insinuante.
SU.Í.ÇAS, *s.f. pl.*, costeletas, faixa de barba crescida ao lado das orelhas.
SU.I.CI.DA, *s.c. 2 gên.*, pessoa que se mata, que se suicida.
SU.I.CI.DAR, *v.pron.*, matar a si mesmo.
SUI.CÍ.DIO, *s.m.*, matar a si mesmo.

SU.Í.ÇO, *adj. e s.m.*, próprio ou habitante da Suíça, helvético.
SU.I GE.NE.RIS, (latim), *expr.*, genuíno, que é aquilo mesmo.
SU.Í.NO, *adj.*, próprio do porco; *s.m.*, porco.
SU.I.NO.CUL.TOR, *s.m.*, criador de porcos.
SU.I.NO.CUL.TU.RA, *s.f.*, criação de porcos.
SU.Í.TE, *s.f.*, quarto maior com banheiro; composição musical leve.
SU.JAR, *v.t. e pron.*, manchar, macular, estragar; *fig.*, estragar, fazer safadeza.
SU.JEI.RA, *s.f.*, imundície, falta de higiene.
SU.JEI.TAR, *v.t. e pron.*, subordinar, subjugar, submeter, constranger.
SU.JEI.TO, *adj.*, submetido, dominado; *s.m.*, termo da oração do qual o predicado declara algo; tipo, indivíduo.
SU.JO, *adj.*, imundo, manchado, sórdido, anti-higiênico, *fig.*, desonesto, vil.
SUL, *s.m.*, ponto cardeal oposto ao Norte, vento dessa direção, polo austral.
SUL-A.FRI.CA.NO, *adj.*, próprio da África do Sul.
SUL-A.ME.RI.CA.NO, *adj. e s.m.*, próprio da América do Sul.
SUL.CAR, *v.t. e pron.*, rasgar sulcos; cruzar as águas, navegar; enrugar-se.
SUL.CO, *s.m.*, rego cavado pelo arado, valeta, prega, ruga.
SUL.FA.TO, *s.m.*, indicação geral de sais e ésteres.
SUL.FI.TE, *adj.*, tipo de papel para escritório.
SÚL.FUR, *s.m.*, solução de enxofre.
SUL.FU.RI.NO, *adj.*, de cor de enxofre.
SU.LI.NO, *adj.*, do Sul, sulista.
SU.LIS.TA, *adj. e s.c. 2 gên.*, próprio da região Sul, originário do Sul.
SUL-MA.TO.GROS.SEN.SE, *adj. e s.c. 2 gên.*, próprio ou habitante do Mato Grosso do Sul, sul-mato-grossense.
SUL-RI.O.GRAN.DEN.SE, *adj. e s.c. 2 gên.*, próprio ou habitante do Rio Grande do Sul, gaúcho, sul-rio-grandense.
SUL.TA.NA.TO, *s.m.*, governo de um sultão, país governado por um sultão.
SUL.TÃO, *s.m.*, título de governante árabe, governante maometano; *fig.*, senhor poderoso.
SU.MA, *s.f.*, resumo de uma obra, síntese de um livro.
SU.MA.REN.TO, *adj.*, cheio de sumo, com muito suco, suculento, abundante.
SU.MA.RI.AR, *v.t.*, resumir, fazer o sumário, sintetizar, condensar.
SU.MÁ.RIO, *s.m.*, resumo, síntese, condensação.
SU.MI.ÇO, *s.m. pop.*, desaparecimento.
SU.MI.DA.DE, *s.f.*, grande personalidade, sábio.
SU.MI.DOU.RO, *s.m.*, local por onde se escoam os líquidos, sorvedouro.
SU.MIR, *v.t., int. e pron.*, desaparecer, adentrar na terra, escorrer, consumir-se.
SU.MO, *adj.*, o mais alto, máximo, extraordinário, sublime, excelso; *s.m.*, cume, cimo; suco; *fig.*, o clímax.
SÚ.MU.LA, *s.f.*, resumo, sumário, síntese, relatório de juiz de futebol.
SUN.GA, *s.f.*, cueca pequena e bem justa.
SUN.TU.O.SO, *adj.*, luxuoso, magnífico, excelente, espetacular.
SU.OR, *s.m.*, líquido que o corpo expele pelos poros da pele, transpiração.
SU.PER.A.BUN.DAR, *v.t. e int.*, existir muito, ser abundante, ser copioso, sobrar.
SU.PE.RA.DO, *adj.*, vencido, passado, ultrapassado, obsoleto.
SU.PER.A.LI.MEN.TAR, *v.t. e pron.*, alimentar muito, nutrir em excesso.
SU.PER.A.QUE.CER, *v.t.*, aquecer em demasia, elevar a temperatura em excesso.
SU.PE.RAR, *v.t.*, vencer, dominar, subjugar, sujeitar, exceder.
SU.PE.RÁ.VIT, *s.m.*, num balanço, valor a mais da despesa, lucro.
SU.PER.CÍ.LIO, *s.m.*, sobrancelha.
SU.PER.DO.TA.DO, *adj.*, indivíduo que tenha, por nascença, algo acima da média.
SU.PE.RES.TI.MA, *s.f.*, estima acima do normal, autoestima excessiva.

SU.PE.RES.TI.MAR, *v.t.,* dar apreço exagerado, estimar além do normal.
SU.PER.EX.CI.TAR, *v.t.,* excitar em excesso, excitar a mais.
SU.PER.FI.CI.AL, *adj.,* próprio da superfície, rasteiro.
SU.PER.FÍ.CIE, *s.f.,* parte externa dos corpos, dimensão de uma área.
SU.PER.FI.NO, *adj.,* muito fino, excelente, ótimo; *fig.,* polido, cortês.
SU.PÉR.FLUO, *adj.,* inútil, desnecessário, em demasia, excessivo.
SU.PER-HO.MEM, *s.m.,* homem que detenha qualidades superiores à média humana; homem muito forte.
SU.PER.IN.TEN.DÊN.CIA, *s.f.,* função do superintendente, comando superior.
SU.PER.IN.TEN.DER, *v.t.,* dirigir como superintendente, administrar, fiscalizar.
SU.PE.RI.OR, *adj.,* mais alto que outro, mais elevado, ensino de terceiro grau; *s.m.,* quem comanda um local, diretor de um convento.
SU.PE.RI.O.RA, *s.f.,* freira que comanda um convento de religiosas.
SU.PER.LA.TI.VO, *adj.,* excelso, ótimo, o melhor de todos; *s.m.,* adjetivo que é empregado no sentido indicador da excelência.
SU.PER.LO.TA.ÇÃO, *s.f.,* lotação acima do permitido, lotação excessiva.
SU.PER.LO.TAR, *v.t.,* colocar passageiros a mais, exceder o número.
SU.PER.MER.CA.DO, *s.m.,* grande empreendimento comercial, hipermercado.
SU.PER.PO.PU.LA.ÇÃO, *s.f.,* excesso de população.
SU.PER.POR, *v.t.,* pôr acima, colocar por cima, sobrecolocar.
SU.PER.PO.SI.ÇÃO, *s.f.,* sobreposição, colocação acima.
SU.PER.PO.TÊN.CIA, *s.f.,* nação que se destaca pelo poder econômico e militar.
SU.PER.PO.VO.AR, *v.t.,* povoar em demasia, colocar população em excesso.
SU.PER.PRO.DU.ÇÃO, *s.f.,* produção em excesso, produção demasiada.
SU.PER.SEN.SÍ.VEL, *adj.,* muito sensível, sensibilíssimo.
SU.PER.SÔ.NI.CO, *adj.,* que voa mais depressa que o som; *s.m.,* avião com velocidade supersônica.
SU.PERS.TI.ÇÃO, *s.f.,* medo de crendices, crer em poderes imaginários.
SU.PER.VI.SAR, *v.t.,* inspecionar, verificar, examinar.
SU.PER.VI.SI.O.NAR, *v.t.,* supervisar, inspecionar, verificar.
SU.PE.TÃO, *s.m. expr.,* de supetão - de repente, de chofre.
SU.PLAN.TAR, *v.t.,* calcar, superar, vencer.
SU.PLE.MEN.TAR, *v.t.,* reforçar, recompor, dar suplementos, preencher a falha.
SU.PLE.MEN.TO, *s.m.,* provisão, suprimento, acréscimo; acréscimo nos jornais.
SU.PLÊN.CIA, *s.f.,* função do suplente.
SU.PLEN.TE, *adj. e s.c. 2 gên.,* substituto, que preenche o lugar de outro.
SU.PLE.TI.VO, *s.m.,* ensino próprio para pessoas que não tenham cursado os ensinos fundamental e médio; que supre.
SÚ.PLI.CA, *s.f.,* pedido, solicitação, rogo, oração.
SU.PLI.CAN.TE, *s.c. 2 gên.,* requerente, que suplica, pedinte.
SU.PLI.CAR, *v.t. e int.,* solicitar, pedir, implorar, requerer, orar.
SU.PLI.CI.A.DO, *adj. e s.m.,* quem padeceu suplício, castigado.
SU.PLI.CI.AR, *v.t.,* massacrar, afligir com crueldade, punir com rigor.
SU.PLÍ.CIO, *s.m.,* tortura, pena, crueldade, punição.
SU.POR, *v.t. e pron.,* imaginar, achar, conjeturar, colocar uma hipótese.
SU.POR.TAR, *v.t.,* sofrer, aguentar, sofrer.
SU.POR.TÁ.VEL, *adj.,* possível de suportar.
SU.POR.TE, *s.m.,* apoio, sustentáculo, reforço.
SU.PO.SI.ÇÃO, *s.f.,* conjetura, ideia, pensamento, hipótese.
SU.PO.SI.TÓ.RIO, *s.m.,* medicamento introduzido pelo ânus da pessoa.
SU.PRA.CI.TA.DO, *adj.,* referido antes, mencionado acima.
SU.PRA.MEN.CI.O.NA.DO, *adj.,* já referido, supracitado.
SU.PRAR.RE.NAL, *adj.,* glândula que está acima dos rins.
SU.PRAS.SU.MO, *s.m.,* ápice, cume, o melhor, o máximo.
SU.PRE.MA.CI.A, *s.f.,* domínio total, hegemonia, poder absoluto.
SU.PRE.MO, *adj.,* o mais alto, que se situa acima de tudo, próprio de Deus.
SU.PRI.MEN.TO, *s.m.,* suplemento, provisão, sortimento.
SU.PRI.MIR, *v.t.,* anular, retirar, cortar, afastar.
SU.PRIR, *v.t. e pron.,* repor o que falta, prover, sortir, refazer o estoque.
SU.PU.RAR, *v.t. e int.,* segregar pus, expelir pus.
SU.PU.RA.TI.VO, *s.m.,* medicamento para agilizar a saída do pus.
SUR.DEZ, *s.f.,* sem audição, falta de audição.
SUR.DI.NA, *s.f.,* peça usada para abafar os sons dos instrumentos musicais; às escondidas.
SUR.DO, *adj. e s.m.,* que ouve pouco ou nada; sem audição.
SUR.DO-MU.DO, *adj. e s.m.,* que não ouve nem fala.
SUR.FAR, *v. int.,* praticar o esporte chamado surfe.
SUR.FE, *s.m.,* esporte no qual uma pessoa fica em pé sobre uma prancha e desliza sobre as ondas do mar.
SUR.FIS.TA, *s.c. 2 gên.,* quem pratica o surfe.
SUR.GIR, *v.t. e int.,* aparecer, erguer-se, ressurgir, despontar, brotar.
SUR.PRE.EN.DEN.TE, *adj.,* extraordinário, maravilhoso, envolvente.
SUR.PRE.EN.DER, *v.t., int. e pron.,* maravilhar, vir de surpresa, causar admiração.
SUR.PRE.SA, *s.f.,* algo imprevisto, fato maravilhoso, inesperado.
SUR.PRE.SO, *adj.,* admirado, extasiado, perplexo.
SUR.RA, *s.f. pop.,* sova, tunda, coça.
SUR.RÃO, *s.m.,* tipo de saco, alforje.
SUR.RAR, *v.t. e pron.,* bater, dar uma coça.
SUR.RE.A.LIS.MO, *s.m.,* movimento artístico que busca relevar as atividades do subconsciente.
SUR.RE.A.LIS.TA, *s.c. 2 gên.,* adepto do surrealismo.
SUR.RU.PI.AR, *v.t. pop.,* furtar, roubar.
SUR.TIR, *v.t. e int.,* trazer efeito, produzir resultado, atuar.
SU.RU.BIM, *s.m.,* surubi, grande peixe de água doce.
SU.RU.RU, *s.m. pop.,* rixa, confusão.
SUS.CE.TI.BI.LI.DA.DE, *s.f.,* sensibilidade, melindre, sentimento fundo.
SUS.CE.TI.BI.LI.ZAR, *v.t. e pron.,* provocar melindres, sensibilizar, ofender por ninharia.
SUS.CE.TÍ.VEL, *adj.,* muito melindroso, que se ofende por um nada.
SUS.CI.TAR, *v.t. e pron.,* fazer surgir, provocar, encorajar, surgir.
SU.SHI, *s.m.,* (japonês) comida japonesa com predominância de peixe cru.
SUS.PEI.TA, *s.f.,* desconfiança, impressão.
SUS.PEI.TAR, *v.t.,* prever, desconfiar, pressupor, acreditar.
SUS.PEI.TO, *adj.,* que infunde dúvidas, duvidoso, possível incriminado.
SUS.PEN.DER, *v.t. e pron.,* colocar no alto, parar algo, interromper, reter, prorrogar.
SUS.PEN.SÃO, *s.f.,* interrupção, proibição de frequentar as aulas ou trabalhar; peça no carro para aparar os solavancos.
SUS.PEN.SE, *s.m.,* momento em que o assistente de filme fica tenso.
SUS.PEN.SO, *adj.,* pendurado, interrompido, que recebeu suspensão.
SUS.PEN.SÓ.RIOS, *s.m. pl.,* tiras que passam por cima dos ombros e seguram as calças pelo cós.
SUS.PI.RAR, *v.t. e int.,* externar com suspiros; estar apaixonado, sentir saudade.
SUS.PI.RO, *s.m.,* respiração acentuada por algum sentimento; um tipo de doce à base de ovos batidos.
SUS.PI.RO.SO, *adj.,* que suspira muito.

SUSSURANTE

SUS.SUR.RAN.TE, *adj.*, que sussurra, murmurante.
SUS.SUR.RAR, *v.t.* e *int.*, murmurar, contar em segredo, falar em voz baixa.
SUS.SUR.RO, *s.m.*, fala baixa, murmúrio, segredo.
SUS.TÂN.CIA, *s.f.*, comida que nutre, sustança, vigor.
SUS.TAR, *v.t.*, *int.* e *pron.*, fazer parar, interromper, anular.
SUS.TEN.TA.ÇÃO, *s.f.*, nutrição, alimentação.
SUS.TEN.TÁ.CU.LO, *s.m.*, alicerce, base, fundamento.
SUS.TEN.TAR, *v.t.* e *pron.*, manter, amparar, alimentar, proteger, firmar.
SUS.TEN.TO, *s.m.*, alimento, comida, nutrição.
SUS.TER, *v.t.* e *pron.*, segurar, reter, deter, segurar, reprimir, refrear.
SUS.TO, *s.m.*, medo, sobressalto, temor.
SU.TI.Ã, *s.m.*, porta-seios, peça do vestuário feminino íntimo para suster os seios.
SU.TIL, *adj.*, delgado, fino, frágil, delicado, astuto, hábil, engenhoso.
SU.TI.LE.ZA, *s.f.*, delicadeza, fineza, argúcia.
SU.TI.LI.ZAR, *v.t.*, *int.* e *pron.*, tornar sutil, aprimorar, pensar com sutileza.
SU.TU.RA, *s.f.*, costura, ligar um corte sem deixar vestígios.
SU.TU.RAR, ligar, costurar cirurgicamente as bordas de um corte no corpo.
SU.VE.NIR, presente, recordação, lembrança.

T, *s.m.*, vigésima letra do á-bê-cê e décima sexta consoante.
TA.BA, *s.f.*, aldeia indígena, aldeia.
TA.BA.CA.RI.A, *s.f.*, local em que se vendem cigarros e fumo, charutaria.
TA.BA.CO, *s.f.*, planta de cujas folhas se obtém o fumo, fumo.
TA.BA.GIS.MO, *s.m.*, ser viciado no uso do fumo, dominado pelo fumo.
TA.BA.JA.RA, *s.c. 2 gên.*, tipo de índio habitante do Nordeste.
TA.BAS.CO, *s.m.*, molho que se obtém com pimenta malagueta.
TA.BA.TIN.GA, *s.f.*, massa de barro para revestir choupanas, argila.
TA.BA.RÉU, *s.m.*, matuto, caipira, cafona.
TA.BA.RO.A, *s.f.*, matuta, feminino de tabaréu.
TA.BE.FE, *s.m. pop.*, bofetão, pancada com a mão aberta.
TA.BE.LA, *s.f*, quadro para alinhar avisos, listas, horários; normas gerais, lista.
TA.BE.LA.MEN.TO, *s.m.*, fixação de preços, controle de algo.
TA.BE.LAR, *v.t.*, colocar em tabela, controlar, organizar.
TA.BE.LI.ÃO, *s.m.*, oficial público de registros e notas; notário.
TA.BE.LI.O.NA.TO, *s.m.*, cargo ou função do tabelião; escritório oficial.
TA.BER.NA, *s.f.*, local para venda de bebidas no balcão, botequim, taverna.
TA.BER.NEI.RO, *s.m.*, taverneiro, dono de taberna.
TA.BI.QUE, *s.m.*, parede divisória, divisória.
TA.BLA.DO, *s.m.*, estrado, palco, parte mais elevada do solo.
TA.BLE.TE, *s.m.*, pastilha, barra de chocolate.
TA.BLOI.DE, *s.m.*, jornal com tamanho menor, em forma quadrada; jornaleco.
TA.BU, *s.m.*, propriedade única de um objeto; algo proibido, coisa sagrada.
TÁ.BUA, *s.f.*, madeira serrada, peça de madeira pronta para uso comercial, tabela.
TA.BU.A.DA, *s.f.*, listagem pela qual se decoram as quatro operações.
TA.BU.LA.DOR, *s.m.*, dispositivo nas máquinas de escrever.
TA.BU.LAR, *v.t.*, ajustar a máquina de escrever para dispor a escrita no papel.
TA.BU.LEI.RO, *s.m.*, pequena elevação, colina; quadrado com quadradinhos para o jogo de xadrez.
TA.BU.LE.TA, *s.f.*, peça para dar avisos em locais públicos.
TA.ÇA, *s.f.*, copo, recipiente para tomar líquido, cálice; troféu num campeonato.
TA.CA.DA, *s.f.*, golpe com o taco; *fig.*, momento de sorte.
TA.CA.NHO, *adj.*, diminuto, reduzido; curto de visão, com pouca formação.
TA.CÃO, *s.m.*, o salto de todo calçado; *expr.*, estar sob o tacão - ser oprimido.
TA.CA.PE, *s.m.*, peça forte, de madeira, que servia como arma para os índios.
TA.CAR, *v.t.*, golpear, dar um golpe.
TA.CHA, *s.f.*, tipo de prego; brocha, pincel grande.
TA.CHA, *s.f.*, tacho grande, caldeira usada nos engenhos para fazer açúcar.
TA.CHAR, *v.t.*, chamar de algo, apelidar, referir-se a, atribuir, diminuir.
TA.CHO, *s.m.*, panelão, vasilhame de metal para usos domésticos.
TÁ.CI.TO, *adj.*, calado, silente, silencioso, subentendido.
TA.CI.TUR.NO, *adj.*, calado, triste, sorumbático, tristonho.
TA.CO, *s.m.*, objeto fino e comprido, feito de madeira, para impulsionar as bolas nos jogos de bilhar e sinuca e outros jogos; tipo de piso.
TA.CÔ.ME.TRO, *s.m.*, instrumento para marcar a velocidade de um veículo.

TA.FE.TA, *s.m.*, tecido de seda.
TA.GA.RE.LA, *adj.* e *s.c. 2 gên.*, falador, que fala muito, que não para de falar.
TA.GA.RE.LAR, *v.t.* e *int.*, falar demais, falar o tempo todo.
TA.GA.RE.LI.CE, *s.f.*, costume de falar muito, falatório.
TAI.LAN.DÊS, *adj.* e *s.m.*, próprio ou habitante da Tailândia.
TAIL.LEUR, *s.m.*, (francês), roupa feminina composta de saia e casaco.
TA.I.NHA, *s.f.*, peixe do mar, muito comum no inverno.
TAI.PA, *s.f.*, parede divisória feita de pau a pique, cerca divisória.
TAI.TI.A.NO, *adj.* e *s.m.*, próprio ou habitante do Taiti.
TAL, *pron.*, semelhante, qual, parecido; este, aquele, certo, isso; *s.c. 2 gên.*, alguém muito importante; quem se acha importante.
TAL.CO, *s.m.*, mineral reduzido a pó para ser usado na higiene.
TA.LEN.TO, *s.m.*, inteligência, habilidade, mente evoluída, grande inteligência.
TA.LEN.TO.SO, *adj.*, inteligente, hábil, habilidoso, evoluído, esclarecido.
TA.LHA, *s.f.*, corte, ação de talhar, tipo de vasilha para água.
TA.LHA.DA, *s.f.*, fatia, pedaço, lasca, naco.
TA.LHA.DEI.RA, *s.f.*, máquina para cortar, talhar.
TA.LHAR, *v.t., int.* e *pron.*, cortar, entalhar, decepar, cortar fazenda para confecção.
TA.LHA.RIM, *s.m.*, tipo de macarrão cortado bem fino.
TA.LHE, *s.m.*, silhueta, feitio, modelo, corte.
TA.LHER, *s.m.*, o conjunto de faca, colher e garfo.
TA.LHO, *s.m.*, ato de talhar, corte, talhadura, risco.
TA.LIS.MÃ, *s.m.*, objeto mágico, coisa a que se atribuem poderes extraordinários.
TAL.MU.DE, *s.m.*, livro sagrado dos hebreus com a lei, costumes e tradições.
TA.LO, *s.m.*, nervura da folha, haste que prende as folhas e as frutas.
TA.LO.NÁ.RIO, *s.m.*, bloco composto de talões; talão de cheques.
TA.LU.DE, *s.m.*, encosta, inclinação, ladeira, escarpa, declive.
TA.LU.DO, *adj.*, forte, vigoroso, corpulento.
TAL.VEZ, *adv.*, quiçá, oxalá, tomara; quem sabe.
TA.MAN.CA.DA, *s.f.*, golpe com um tamanco, pancada.
TA.MAN.CO, *s.m.*, tipo de chinelo com a sola feita de madeira grossa.
TA.MAN.DU.Á, *s.m.*, mamífero de nossas matas, que se alimenta de formigas; *expr.*, abraço de tamanduá - traição, ardil.
TA.MAN.DU.Á-BAN.DEI.RA, *s.m.*, mamífero de porte avantajado.
TA.MA.NHO, *s.m.*, dimensão, porte, estatura; *adj.*, grande, avantajado, valoroso.
TÂ.MA.RA, *s.f.*, produto da tamareira.
TA.MA.REI.RA, *s.f.*, palmeira africana que produz as tâmaras.
TA.MA.RIN.DO, *s.m.*, árvore de grande porte, cujo fruto é usado com água para obter bebida; tamarindeiro.
TAM.BA.QUI, *s.m.*, nome de peixe da Amazônia.
TAM.BÉM, *conj.*, igualmente, do mesmo modo, outrossim, de fato, assim.
TAM.BOR, *s.m.*, instrumento de percussão, formado com uma caixa cilíndrica e membranas esticadas de cada lado; peça do revólver.

TAMBORETE

TAM.BO.RE.TE, s.m., banquinho, banco baixinho.
TAM.BO.RI.LAR, v.t., imitar o toque de tambor, bater com os dedos.
TAM.BO.RIM, s.m., tambor pequeno.
TA.MOI.O, s.m., membro da tribo dos índios tamoios.
TAM.PA, s.f., peça própria para fechar recipientes.
TAM.PÃO, s.m., tampa grande, conjunto de algodão e gaze para estancar sangue ou alguma secreção.
TAM.PAR, v.t., fechar com tampa, fechar.
TAM.PI.NHA, s.f., tampa pequena; tampa de garrafa; *fig. pop.*, tipo baixinho.
TAM.PO, s.m., tampa, peça anterior e posterior de alguns instrumentos de corda.
TAM.PO.NAR, v.t., fechar com tampão, tampar.
TAM.POU.CO, adv., também não, da mesma forma não.
TA.NA.JU.RA, s.f., fêmea da formiga saúva, içá; *pop.*, mulher de cintura fina e quadris muito grandes.
TA.NA.TO.LO.GI.A, s.f., estudo, tratado referente à morte.
TAN.GA, s.f., vestimenta com que os índios cobriam a região das coxas até os quadris; calcinha muito reduzida, vestimenta mínima para a praia.
TAN.GA.RÁ, s.m., pássaro conhecido pelo canto e pelas danças.
TAN.GEN.CI.AR, v.t., ir pela tangente de, tocar, raspar, roçar.
TAN.GEN.TE, s.f., que roça, que toca; s.f., linha que cruza outra em um ponto.
TAN.GER, v.t.e int., tocar um instrumento, soar, bimbalhar; conduzir animais; referir-se, relacionar.
TAN.GE.RI.NA, s.f., mexerica, bergamota, formosa.
TAN.GE.RI.NEI.RA, s.f., árvore que produz a tangerina.
TAN.GÍ.VEL, adj., palpável, tocável, possível, alcançável.
TAN.GO, s.m., música e dança de origem argentina.
TA.NI.NO, s.m., substância adstringente encontrada na casca de muitas plantas e usada, sobretudo, no curtimento de couros.
TA.NO.EI.RO, s.m., quem fabrica ou conserta barris ou peças similares.
TAN.QUE, s.m., local em que se deposita água, líquidos, represa, açude; recipiente usado para lavar roupas; veículo blindado próprio para a guerra.
TAN.TÃ, adj., tolo, imbecil, idiota, apatetado.
TÂN.TA.LO, s.m., elemento metálico.
TAN.TO, pron., numeroso, grande; adv., em grande quantidade, de tal modo; s.m., quantia, soma, total, dimensão, valor.
TÃO, adv., tanto, em grau elevado, muito.
TA.O.ÍS.MO, s.m., doutrina filosófica de Tao-Tsé, vivida na China.
TÃO SO.MEN.TE, adv., apenas, somente.
TA.PA, s.f., viseira, peça usada nos cavalos e burros para dirigir-lhes os olhos; s.m., bofetão, pancada com a mão na face de alguém.
TA.PA-BU.RA.CO, s.c. 2 gên., quem substitui alguém que faltou.
TA.PA.DO, adj., tampado, fechado; fig., tolo, ignorante, rústico.
TA.PA.GEM, s.f., ato de tapar, barragem, dique.
TA.PA.JÓ, adj. e s.m., próprio dos índios Tapajós, pessoa dessa tribo.
TA.PAR, v.t. e pron., fechar, cerrar, vedar, cercar, erguer muro em torno.
TA.PE.AR, v.t., lograr, burlar, enganar, iludir.
TA.PE.ÇA.RI.A, s.f., estofado, arte de fabricar tapetes, tecidos próprios para forrar poltronas, cadeiras.
TA.PE.CEI.RO, s.m., fabricante de tapetes, colocador de tapete ou forração.
TA.PE.RA, s.f., casa velha em ruínas, casa ruim para habitar.
TA.PE.TAR, v.t. e pron., atapetar, colocar tapetes, forrar.
TA.PE.TE, s.m., tecido mais grosso com que se revestem superfícies, peça de tecido para colocar nos assoalhos.
TA.PI.O.CA, s.f., engenho para processar o aipim e obter a fécula, a farinha; a farinha obtida.
TA.PIR, s.m., anta, mamífero de grande porte.
TA.PUI.A, s.f., relativo aos índios Tapuias; os próprios índios dessa tribo.
TA.PU.ME, s.m., construção para cercar um terreno; saliência de terra para segurar a água nos arrozeirais; dique.
TA.QUA.RA, s.f., tipo de bambu; planta longa e fina, da família das Gramíneas; quando rachada, é usada para fazer balaios e cestos.

TA.QUA.RAL, s.m., grupo de taquaras.
TA.QUA.RI, s.m., tipo de taquara fina.
TA.QUI.CAR.DI.A, s.f., aumento do número de batidas do coração.
TA.QUI.GRA.FAR, v.t., estenografar, tipo de escrita por código, para ser rápida.
TA.QUI.GRA.FI.A, s.f., estenografia, escrita rápida.
TA.QUÍ.GRA.FO, s.m., estenógrafo.
TA.QUÍ.ME.TRO, s.m., tacômetro, medidor de distâncias e velocidades.
TA.RA, s.f., peso da embalagem, do invólucro de uma mercadoria; defeito, falha inata, desequilíbrio mental, mania.
TA.RA.DO, adj., que é propenso a atividades excessivas de sexo; maníaco.
TA.RA.ME.LA, s.f., tramela, peça de madeira para cerrar as portas; tagarela.
TA.RAN.TE.LA, s.f., música e dança rápidas de origem napolitana.
TA.RÂN.TU.LA, s.f., tipo de aranha venenosa do Sul da Itália; aranha grande.
TA.RAR, v.t. e int., obter o peso líquido; ser levado por desvios mentais.
TAR.DAN.ÇA, s.f., ação de tardar, retardamento.
TAR.DE, adv., depois da hora marcada, perto da noite; s.f., a parte do dia que começa após o meio-dia e vai até o anoitecer.
TAR.DI.O, adj., temporão, fora do tempo, depois da época própria.
TA.RE.FA, s.f., obrigação, dever, trabalho, dever escolar.
TA.RE.FEI.RO, s.m., quem trabalha por tarefa, empreiteiro.
TA.RI.FA, s.f., tabela de preços, custos, preços de trabalhos, preço de transporte.
TA.RI.FAR, v.t., colocar uma tarifa, ajustar o preço.
TA.RIM.BA, s.f., estrado para dormir em navios e nas casernas, grande experiência.
TA.RIM.BA.DO, adj., experiente, preparado.
TAR.JA, s.f., fita que enfeita a orla de um tecido ou quadro, borda, listra preta.
TAR.JAR, v.t., orlar, bordar, colocar tarja.
TAR.JE.TA, s.f., pequena tarja, peça metálica para fechar portas e janelas.
TA.RÔ, s.m., baralho com figuras diferentes, pelo qual as cartomantes predizem fatos da vida das pessoas.
TAR.RA.FA, s.f., rede; rede para pescar, peça de fios trançados para pescar.
TAR.RA.XA, s.f., instrumento usado para fazer roscas em peças metálicas.
TAR.RA.XAR, v.t., int. e pron., atarraxar, rosquear.
TAR.SO, s.m., parte posterior dos ossos do pé.
TAR.TA.MU.DE.AR, v.t. e int., gaguejar, balbuciar, falar com dificuldade.
TAR.TA.MU.DO, adj. e s.m., gago, quem gagueja.
TÁR.TA.RO, s.m., borra do vinho; crosta que se forma sobre os dentes; próprio da Tartária; povo dessa terra.
TAR.TA.RU.GA, s.f., tipo de quelônio com carapaça, que vive na água e procria em terra.
TAR.TU.FO, s.m., indivíduo hipócrita, mascarado.
TA.RU.GO, s.m., objeto para prender duas peças, cavilha.
TAS.CA, s.f., taverna, botequim, bar.
TA.TA.RA.NE.TO, s.m., filho de bisneto ou bisneta.
TA.TA.RA.VÔ, s.f., pai do bisavô ou bisavó.
TA.TE.AR, v.t., reconhecer pelo tato, apalpar, tocar, guiar-se pelo tato.

TÁ.TI.CA, *s.f.,* estratégia, habilidade de conduzir as tropas, grupos de acordo com plano preestabelecido; *fig.,* habilidade, perícia.
TÁ.TIL, *adj.,* próprio do tato, sensível.
TA.TO, *s.m.,* sentido que traz a sensibilidade do meio pelo ato de apalpar; polidez, diplomacia, habilidade.
TA.TU, *s.m.,* tipo de animal noturno da família dos Dasipodídeos, com as costas cobertas por uma carapaça.
TA.TU.A.DOR, *s.m.,* quem faz tatuagens.
TA.TU.A.GEM, *s.f.,* desenhar por sob a pele das pessoas; desenho no corpo humano.
TA.TU.AR, *v.t.,* fazer tatuagem.
TA.TU-CA.NAS.TRA, *s.m.,* tipo de tatu forte e grande, com unhas compridas.
TA.TU-GA.LI.NHA, *s.f.,* tipo de tatu com carne gostosa e muito caçado.
TA.TU.PE.BA, *s.m.,* tipo de tatu cuja carne não é comestível.
TA.TU.RA.NA, *s.f.,* lagarta com pelos fortes e brilhantes, que provocam queimaduras na pele humana.
TAU.RI.NO, *adj.,* próprio do touro.
TA.VER.NA, *s.f.,* taberna, bodega, botequim.
TA.VER.NEI.RO, *s.m.,* taberneiro, dono de botequim.
TA.XA, *s.f.,* tributo, cobrança oficial por um serviço, percentagem.
TA.XAR, *v.t.,* fixar uma taxa, tributar, cobrar um valor, avaliar.
TA.XA.TI.VO, *adj.,* que impõe taxa, categórico, definitivo.
TÁ.XI, *s.m.,* veículo que transporta passageiros mediante pagamento.
TA.XI.AR, *v. int.,* movimento de avião na pista.
TA.XÍ.ME.TRO, *s.m.,* relógio que indica a quantia a ser paga pelo passageiro de um táxi.
TA.XI.O.NO.MI.A, *s.f.,* ciência que trata da classificação dos animais; sistemática.
TA.XIS.TA, *s.c. 2 gên.,* motorista de táxi; que trabalha com ele.
TCHAU!, *interj.,* do italiano - ciao – olá!, salve!, até mais, até logo.
TCHE.CO, *adj. e s.m.,* próprio da República Tcheca, habitante; idioma.
TE, *pron.,* indica a segunda pessoa singular, a ti, para ti.
TE.AR, *s.m.,* máquina para tecer.
TE.A.TRAL, *adj.,* próprio do teatro; dramático, espalhafatoso.
TE.A.TRA.LI.ZAR, *v.t.,* transformar um texto em teatro; dramatizar.
TE.A.TRO, *s.m.,* casa de espetáculos teatrais e outros; arte cênica de representar.
TE.A.TRÓ.LO.GO, *s.m.,* quem escreve peças teatrais.
TE.CE.LA.GEM, *s.f.,* indústria para tecer tecidos.
TE.CE.LÃO, *s.m.,* operário que dirige um ou vários teares.
TE.CER, *v.t. e pron.,* trançar, fazer um tecido, tramar, engendrar, criar.
TE.CI.DO, *s.m.,* pano obtido com a trama dos fios no tear.
TE.CLA, *s.f.,* peça que se bate em instrumentos para tocar música; ou na máquina e micro, para escrever.
TE.CLA.DO, *s.m.,* o conjunto das teclas de um instrumento.
TE.CLAR, *v.t. e int.,* movimentar as teclas.

TÉC.NI.CA, *s.f.,* a arte de fazer algo, conhecimento científico e prática de execução; conjunto de conhecimentos intelectuais e práticos profissionais.
TEC.NI.CIS.MO, *s.m.,* uso abusivo da técnica; redução de tudo à técnica.
TÉC.NI.CO, *adj. e s.m.,* próprio da técnica; profissional capacitado para o exercício de uma profissão; dirigente esportivo.
TEC.NI.CO.LOR, *adj.,* referente a um tipo de filme feito com várias cores.
TEC.NO.CRA.CI.A, *s.f.,* sistema governamental dominado por técnicos.
TEC.NO.CRA.TA, *s.c. 2 gên.,* adepto da tecnocracia, administrador propenso a soluções técnicas.

TEC.NO.LO.GI.A, *s.f.,* estudo da maneira de melhor fazer algo; ciência que estuda as técnicas de trabalho; uso de conhecimentos científicos.
TEC.NÓ.LO.GO, *s. m.,* perito em tecnologia, especialista em tecnologia.
TE.CO-TÉ.CO, *s.m.,* avião monomotor pequeno, para pequenos voos.
TEC.TÔ.NI.CA, *s.f.,* estudo das alterações da posição do solo interior.
TÉ.DIO, *s.m.,* aborrecimento, rotina, enfado, desagrado.
TE.DI.O.SO, *adj.,* enfadonho, aborrecido, desagradável.
TEI.A, *s.f.,* armadilha que a aranha tece com muitos filamentos; trama, tecido.
TEI.MA, *s.f.,* teimosia, obstinação, oposição, irredutibilidade.
TEI.MAR, *v.t. e int.,* obstinar-se, ser irredutível, resistir, opor-se.
TEI.MO.SI.A, *s.f.,* obstinação, oposição.
TEI.MO.SO, *adj.,* obstinado, irredutível, resistente.
TE.LA, *s.f.,* fundo branco para projeções; quadro para ser pintado; tecido pronto para o pintor desenhar; arame entrançado para cercas.
TE.LE.CO.MU.NI.CA.ÇÃO, *s.f.,* conjunto de aparelhagens para estabelecer a comunicação entre as pessoas por telefone e outros meios.
TE.LE.FÉ.RI.CO, *s.m.,* cabo que transporta pessoas e cargas para longe.
TE.LE.FO.NA.DA, *s.f.,* telefonema, ato de telefonar.
TE.LE.FO.NAR, *v.t. e int.,* conversar por meio do telefone.
TE.LE.FO.NE, *s.m.,* aparelho que permite às pessoas a conversar a distância.
TE.LE.FO.NE.MA, *s.m.,* ligação telefônica; conversa por telefone.
TE.LE.FO.NI.A, *s.f.,* processo do uso do telefone, conversa a distância.
TE.LE.FO.NIS.TA, *s.c. 2 gên.,* pessoa que ajuda a efetuar as ligações telefônicas.
TE.LE.FO.TO, *s.f.,* reprodução de fotografia por telefotografia.
TE.LE.GRA.FAR, *v.t. e int.,* comunicar por telégrafo, mandar notícias por telégrafo.
TE.LE.GRA.FI.A, *s.f.,* aparelho que manda sinais gráficos a grandes distâncias.
TE.LE.GRÁ.FI.CO, *adj.,* próprio do telégrafo; sucinto, resumido.
TE.LE.GRA.FIS.TA, *s.c. 2 gên.,* quem trabalha no telégrafo, transmissor de telégrafo.
TE.LÉ.GRA.FO, *s.m.,* aparelho antigo para transmitir mensagens a distância.
TE.LE.GRA.MA, *s.m.,* mensagem enviada através do telégrafo; mensagem sucinta.
TE.LE.GUI.AR, *v.t.,* guiar algum aparelho estando longe dele.
TE.LE.IM.PRES.SOR, *s.m.,* aparelho que reproduz textos e imagens mandadas de longas distâncias.
TE.LE.JOR.NAL, *s.m.,* jornal de televisão com imagens e cenas ao vivo.
TE.LE.JOR.NA.LIS.MO, *s.m.,* atividade exercida no telejornal.
TE.LE.NO.VE.LA, *s.f.,* representação cênica apresentada na televisão em trechos diários; histórias melodramáticas filmadas e postas no ar aos trechos.
TE.LE.OB.JE.TI.VA, *s.f.,* peça de máquina fotográfica que capta cenas ao longe.
TE.LE.PA.TI.A, *s.f.,* capacidade de certas pessoas saberem e verem o que ocorre longe delas.
TE.LES.CO.PI.A, *s.f.,* condições de se usar o telescópio.
TE.LES.CÓ.PIO, *s.m.,* aparelho óptico próprio para observar a grandes distâncias.
TE.LES.PEC.TA.DOR, *s.m.,* quem vê televisão.
TE.LE.VI.SÃO, *s.f.,* aparelhagem que possibilita levar os sons e a imagem a grandes distâncias; televisor.
TE.LE.VI.SI.O.NAR, *v.t.,* transmitir por meio da televisão.
TE.LE.VI.SOR, *s.m.,* aparelho que capta os sons e imagens da televisão; tevê.
TE.LE.VI.SU.AL, *adj.,* televisivo, da televisão.
TE.LEX, *s.m.,* transmissão escrita de uma mensagem com rapidez a grandes distâncias.

TELHA

TE.LHA, *s.f.*, peça fabricada com barro cozido, para cobertura de residências.
TE.LHA.DO, *s.m.*, cobertura feita com telhas, cobertura.
TE.LHAR, *v.t.*, cobrir com telhas.
TE.LHA-VÃ, *s.f.*, telhado sem forro.
TE.LHEI.RO, *s.m.*, toda cobertura de telhas para acolher animais; rancho.
TE.LÚ.RI.CO, *adj.*, próprio da terra, do solo.
TE.MA, *s.m.*, assunto, argumento, ideia, objetivo; melodia musical repetitiva.
TE.MÁ.RIO, *s.m.*, conjunto de temas.
TE.MÁ.TI.CA, *s.f.*, os vários temas, tema essencial.
TE.MÁ.TI.CO, *adj.*, próprio dos temas.
TE.MEN.TE, *adj.*, que teme, respeitoso.
TE.MER, *v.t., int. e pron.*, recear, ter medo; venerar, respeitar.
TE.ME.RÁ.RIO, *adj.*, imprudente, precipitado, desajuizado.
TE.ME.RO.SO, *adj.*, amedrontado, medroso, que tem medo.
TE.MI.DO, *adj.*, respeitado, que infunde medo, valente.
TE.MÍ.VEL, *adj.*, que deve ser temido, que atemoriza.
TE.MOR, *s.m.*, medo, respeito, reverência.
TÊM.PE.RA, *s.f.*, preparo especial que se dá aos metais para torná-los mais resistentes; temperamento.
TEM.PE.RA.DO, *adj.*, metal passado por têmpera; comida com tempero; clima nem quente nem frio, tépido, ameno.
TEM.PE.RA.MEN.TO, *s.m.*, sentimento, emoção, controle das emoções.
TEM.PE.RAN.ÇA, *s.f.*, moderação, comportamento controlado, domínio.
TEM.PE.RAR, *v.t., int. e pron.*, condimentar, colocar tempero em; dar têmpera a um metal.
TEM.PE.RA.TU.RA, *s.f.*, a quantidade de calor em um corpo ou local.
TEM.PE.RO, *s.m.*, condimento, substâncias que se colocam na comida para dar-lhe sabor.
TEM.PES.TA.DE, *s.f.*, trovoada, furacão, agitação violenta do ar pelo vento, com chuvas fortes e trovões.
TEM.PES.TI.VO, *adj.*, dentro do tempo marcado, no tempo certo.
TEM.PES.TU.O.SO, *adj.*, cheio de tempestades, violento, perigoso.
TEM.PLO, *s.m.*, edifício próprio para ações religiosas.
TEM.PO, *s.m.*, maneira de medir o passar dos dias, lapso, época, era, anos; idade, a situação climática; divisões do compasso musical; flexões do verbo.
TÊM.PO.RA, *s.f.*, cada um dos lados da cabeça, ao lado das orelhas.
TEM.PO.RA.DA, *s.f.*, lapso temporal, época, espaço de tempo.
TEM.PO.RAL, *s.m.*, tempestade, vendaval; osso da cabeça; *adj.*, próprio do tempo, temporário, secular, do mundo, profano, carnal.
TEM.PO.RÃO, *adj. e s.m.*, extemporâneo, fora do tempo, criança que nasce com longo intervalo entre o irmão anterior.
TEM.PO.RÁ.RIO, *adj.*, momentâneo, provisório, transitório, efêmero.
TEM.PO.RI.ZAR, *v.t. e int.*, adiar, deixar para depois, prolongar, contemporizar.
TE.NA.CI.DA.DE, *s.f.*, persistência, obstinação, resistência, dureza.
TE.NAZ, *adj.*, coercitivo, forte, teimoso; *s.f.*, instrumento com duas hastes para prender peças metálicas ou apertar peças.
TEN.ÇÃO, *s.f.*, intento, intuito, propósito, escopo, pretensão.
TEN.CI.O.NAR, *v.t. e int.*, ter a intenção, planejar, querer, visar a.
TEN.DA, *s.f.*, barraca, casa desmontável.
TEN.DÃO, *s.m.*, conjunto de fibras na ponta dos músculos.
TEN.DÊN.CIA, *s.f.*, inclinação, vocação, perspectiva, propósito, pendor.
TEN.DEN.CI.O.SO, *adj.*, mal-intencionado, propósito danoso, malicioso.
TEN.DEN.TE, *adj.*, inclinável, vocacionado, propenso.
TEN.DER, *v.t. e pron.*, estirar, esticar, inclinar-se por, pender para.
TÊN.DER, *s.m.*, pernil defumado de carne suína.
TE.NE.BRO.SO, *adj.*, sombrio, cheio de trevas, escuro; *fig.*, horrível, funéreo.
TE.NEN.TE, *s.m.*, graduação na hierarquia militar e da polícia militar inferior à de capitão.
TÊ.NIA, *s.f.*, solitária, parasita que vive nos intestinos humanos.
TE.NÍ.A.SE, *s.f.*, doença trazida pela tênia.
TÊ.NIS, *s.m.*, jogo de mesa ou campo, desenvolvido com uma bola e uma raqueta; tipo de calçado feito de materiais plásticos; pingue-pongue.
TE.NIS.TA, *s.c. 2 gên.*, pessoa que joga tênis.
TE.NOR, *s.m.*, a voz humana mais aguda; quem tem essa voz.
TEN.RO, *adj.*, suave, mole, macio, delicado, novo, recente.
TEN.SÃO, *s.m.*, força de compressão, voltagem, esticamento máximo; agitação nervosa, afã.
TEN.SO, *adj.*, estirado, esticado, teso; *fig.*, nervoso, muito nervoso.
TEN.TA.ÇÃO, *s.f.*, segundo certas doutrinas, tendências a cometer pecados; pendor para o mal; busca dos prazeres proibidos pela moral.
TEN.TA.CU.LAR, *adj.*, que possui tentáculos, forte, corpulento.
TEN.TÁ.CU.LO, *s.m.*, certos órgãos que alguns animais possuem na cabeça e servem como órgão do olfato; força enorme.
TEN.TA.DO, *adj.*, seduzido, fascinado, atraído, embevecido.
TEN.TAR, *v.t. e pron.*, seduzir, atrair para o mal, experimentar; aventurar-se; buscar.
TEN.TA.TI.VA, *s.f.*, experiência, desejo, ensaio, aventura.
TEN.TO, *s.m.*, prudência, cautela, precaução; ponto marcado, gol.
TÊ.NUE, *adj.*, fino, delgado, frágil, fraco, sutil.
TE.O.CRA.CI.A, *s.f.*, sistema de governo, teoricamente governado por Deus; governo de sacerdotes.
TE.O.CRA.TA, *s.c. 2 gên.*, indivíduo que pratica o poder na teocracia.
TE.O.DO.LI.TO, *s.m.*, instrumento usado para medições exatas de distâncias.
TE.O.LO.GAL, *adj.*, próprio da teologia, relativo às virtudes.
TE.O.LO.GI.A, *s.f.*, estudos sobre Deus e as relações dos homens com o seu criador; doutrina profunda das verdades cristãs.
TE.O.LÓ.GI.CO, *adj.*, próprio da Teologia.
TE.Ó.LO.GO, *s.m.*, especialista em Teologia, quem ensina Teologia.
TE.OR, *s.m.*, conteúdo de um documento, substância, conteúdo; *fig.*, modo.
TE.O.RE.MA, *s.m.*, problema que deve ser demonstrado.
TE.O.RI.A, *s.f.*, hipótese, princípios fundamentais de qualquer ciência; utopia, fantasia.
TE.Ó.RI.CO, *s.m.*, quem conhece só a teoria, domina a parte das ideias sem prática.
TE.O.RI.ZAR, *v.t. e int.*, idealizar, fazer teorias, falar sem conhecer a prática.
TÉ.PI.DO, *adj.*, nem quente nem frio, morno, ameno; *fig.*, mole, indeciso.
TER, *v.t. e pron.*, possuir, usufruir, dispor, obter, conseguir, suster, segurar, conservar, carregar, perceber, sentir.

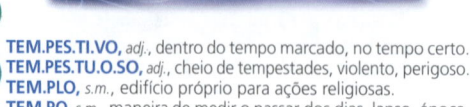

TE.RA.PEU.TA, s.c. 2 gên., quem pratica a terapêutica.
TE.RA.PÊU.TI.CA, s.f., sistema medicinal para aliviar e curar doentes; terapia.
TE.RA.PI.A, s.f., sistema medicinal para curar alguém, terapêutica.
TER.ÇÃ, s.f., tipo de febre que se repete com certos intervalos.
TER.CEI.RA, s.f., marcha de carro.
TER.CEI.RA.NIS.TA, s.c. 2 gên., pessoa que cursa o terceiro ano de qualquer curso.
TER.CEI.RO, num., ordinal de três, terço; s.m., que detém o terceiro posto.
TER.CE.TO, s.m., estrofe composta com três versos, grupo musical com três vozes ou três músicos.
TER.ÇO, num., terceiro, número fracionário de três; s.m., a terça parte de um conjunto; objeto com sessenta contas para uma reza.
TER.ÇOL, s.m., pequeno caroço na borda das pálpebras.
TE.RE.BIN.TI.NA, s.f., designação de resinas obtidas de plantas coníferas.
TE.RE.BIN.TO, s.m., tipo de pino europeu sempre verde, mesmo no inverno.
TE.RE.SI.NEN.SE, adj. e s.c. 2 gên., próprio ou habitante de Teresina.
TER.GAL, s.m., tecido sintético para confecções.
TER.GI.VER.SA.ÇÃO, s.f., fuga, evasiva, desculpa, vênia.
TER.GI.VER.SAR, v.t. e int., desculpar-se, abandonar, ir ao contrário, evadir-se.
TER.MAS, s.f. pl., águas quentes; local com água mineral própria para a terapia.
TER.ME.LE.TRI.CI.DA.DE, s.f., termoeletricidade; obtenção de eletricidade por meio do calor, com combustão de algum material.
TER.ME.LÉ.TRI.CO, adj., próprio da termeletricidade, termoelétrico.
TÉR.MI.CO, adj., relativo ao calor, que retém o calor.
TER.MI.NA.ÇÃO, s.f., fim, conclusão, acabamento.
TER.MI.NAL, adj., que está para morrer, em agonia; s.m., fim, terminação, ponto final de qualquer linha rodoferroviária ou de transportes.
TER.MI.NAN.TE, adj., peremptório, categórico, decisivo.
TER.MI.NAR, v.t., int. e pron., acabar, concluir, executar, findar; fig., morrer, desaparecer.
TÉR.MI.NO, s.m., fim, conclusão, termo, acabamento.
TER.MI.NO.LO.GI.A, s.f., nomenclatura, compêndio sobre termos, nomes.
TÉR.MI.TE, s.f., cupim.
TER.MO, s.m., marca, limite, sinal, prazo, razão, motivo; palavra, vocábulo; componentes de uma fração aritmética.
TER.MO.DI.NÂ.MI.CA, s.f., estudo das relações do calor com a mecânica.
TER.MO.E.LE.TRI.CI.DA.DE, s.f., termeletricidade.
TER.MO.ME.TRI.A, s.f., aparelho para medir a quantidade de calor.
TER.MÔ.ME.TRO, s.m., aparelho para medir a temperatura.
TER.MO.NU.CLE.AR, adj., próprio do núcleo atômico, da bomba atômica.
TER.MO.QUÍ.MI.CA, s.f., parte da química que estuda o calor e suas reações na química.
TER.MOS, s.m. pl., vocábulos, modos, maneiras, atitudes.
TER.MOS.TA.TO, s.m., dispositivo, em alguns aparelhos, para que mantenham a temperatura de um ambiente sempre constante.
TER.NÁ.RIO, adj., que é composto no compasso de três tempos.
TER.NO, adj., afetuoso, carinhoso, suave; s.m., conjunto de três objetos; conjunto de vestimenta formado por calça, paletó e colete.
TER.NU.RA, s.f., carinho, afeto, afeição, meiguice.
TER.RA, s.f., o Planeta; a parte sólida do Planeta; chão, piso, solo, argila, barro.
TER.RA.ÇO, s.m., varanda, parte elevada na casa, mas sem telhado; pedaço de terra elevada e aplainada.
TER.RA.CO.TA, s.f., argila, barro cozido para esculturas.
TER.RA.PLA.NA.GEM, s.f., ação de aplainar.
TER.RA.PLA.NAR, v.t., aplainar, tornar plano.
TER.RA.PLE.NA.GEM, s.f., terraplanagem, ato de escavar terra para aplainar.
TER.RA.PLE.NAR, v.t., aplainar, terraplanar.

TER.RÁ.QUEO, adj., próprio do globo terrestre; s.m., habitante da Terra.
TER.REI.RO, s.m., espaço limpo diante das casas; pátio; local em que se realizam os cultos afros de macumba.
TER.RE.MO.TO, s.m., tremor da crosta terrestre, sismo.
TER.RE.NO, adj., terrestre, mundano, carnal; s.m., solo, terra, pedaço de terra para construir uma casa, propriedade de terra.
TÉR.REO, adj., terrestre, junto ao solo; s.m., o primeiro piso de um prédio.
TER.RES.TRE, adj., próprio da Terra, terreno, térreo; terráqueo.
TER.RI.FI.CAN.TE, adj., terrível, horrível, que aterroriza.
TER.RI.FI.CAR, v.t., amedrontar, aterrorizar, apavorar, horrorizar.
TER.RI.NA, s.f., sopeira, vasilhame grande para servir a sopa.
TER.RI.TÓ.RIO, s.m., região, pedaço de terra, região de um país; Estado, terras.
TER.RÍ.VEL, adj., horroroso, apavorante, que amedronta.
TER.ROR, s.m., pavor, medo enorme, horror.
TER.RO.RIS.MO, s.m., ações violentas, atos ameaçadores da vida, violência.
TER.RO.RIS.TA, s.c. 2 gên., quem é adepto do terror.
TER.RO.RI.ZAR, v.t., apavorar, aterrorizar, amedrontar.
TER.RO.SO, adj., cheio de terra, com aparência de terra.
TER.TÚ.LIA, s.f., reunião literária com alegria, comida e bebida; reunião de amigos.
TE.SÃO, s.f., qualquer coisa excitante, que causa prazer; ch., libido, vontade de sexo, pênis ereto.
TE.SE, s.f., ideia, proposição que se expõe e defende; hipótese, tema, objeto; trabalho em nível universitário, com o fito de obter um título.
TE.SO, adj., estirado, tenso, duro, reto, ereto, empinado, firme.
TE.SOU.RA, s.f., instrumento para cortar, feito com duas lâminas reunidas num eixo; tipo de telhado; tipo de ave; corte de jogador no futebol.
TE.SOU.RA.DA, s.f., pancada com tesoura, golpe de jogador contra o adversário.
TE.SOU.RAR, v.t., talhar, cortar, cortar com tesoura; fig., falar mal de alguém.
TE.SOU.RA.RI.A, s.f., secção ou cargo do tesoureiro; local em que se coloca o dinheiro nas repartições.
TE.SOU.REI.RO, s.m., quem comanda a tesouraria, guarda do tesouro.
TE.SOU.RO, s.m., muito dinheiro ou objetos valiosos; repartição do governo para recolher os valores monetários; tudo que é precioso, amado.
TES.SI.TU.RA, s.f., adaptação de notas musicais para a execução de uma voz; fig., organização, arranjo.
TES.TA, s.f., fronte, frontispício, parte dianteira da cabeça, cabeça; direção, mando.
TES.TA.DA, s.f., golpe com a testa, parte do terreno que se confronta com a rua.
TES.TA DE FER.RO, s.m., alguém que representa outro num negócio.
TES.TA.MEN.TO, s.m., documento legal pelo qual alguém distribui bens para seus herdeiros, assim que falecer; legado.
TES.TAR, v.t. e int., legar, distribuir por testamento; examinar, pôr à prova.
TES.TE, s.m., prova, exame, colheita de dados; busca de dados para conclusões.
TES.TE.MU.NHA, s.f., quem depõe afirmando ou negando fatos; depoente; quem afirma ou nega algo diante de autoridade; padrinho.
TES.TE.MU.NHAR, v.t. e int., prestar testemunho, afirmar, dizer que é verdade; ver, assistir, ver os fatos.
TES.TE.MU.NHÁ.VEL, adj., que se testemunha, que pode ser verdadeiro.
TES.TE.MU.NHO, s.m., declaração, depoimento, verdade, visão.
TES.TÍ.CU.LO, s.m., cada glândula produtora do esperma masculino.
TES.TI.FI.CAR, v.t., testemunhar, afirmar, declarar, dizer que é verdadeiro.
TES.TOS.TE.RO.NA, s.f., hormônio sexual masculino.
TES.TU.DO, adj., cabeça grande, cabeçudo; fig., obstinado, teimoso.
TE.TA, s.f., seio, mama, peito; pop., mojo.

TÉTANO

TÉ.TA.NO, s.m., doença infecciosa, que se caracteriza pela rigidez dos músculos.
TE.TEI.A, s.f., brinquedinho, mimo, pequeno brinquedo; pessoa mimosa.
TE.TO, s.m., a parte superior interna de uma casa; fig., casa, abrigo; a altura a que um avião pode voar.
TE.TRA.CAM.PE.ÃO, adj. e s.m., toda instituição ou indivíduo campeão quatro vezes.
TE.TRA.E.DRO, s.m., poliedro com quatro lados.
TE.TRAS.SÍ.LA.BO, s.m., com quatro sílabas.
TÉ.TRI.CO, adj., muito triste, fúnereo, taciturno, tristonho, escuro, medonho.
TEU, pron., indica posse, de ti, para ti.
TÊX.TIL, adj., próprio para ser tecido, da tecelagem.
TEX.TO, s.m., conjunto de palavras escritas com sentido; prosa, escrito.
TEX.TU.AL, adj., próprio do texto, fiel ao texto, igual ao texto.
TEX.TU.RA, s.f., trama, tecido, confecção.
TE.XU.GO, s.m., tipo de mamífero parecido com os ursos.
TEZ, s.f., a pele e a cor da face; cútis, pigmentação, cor, epiderme.
TI, pron., variação para tu, usada sempre com preposição.
TI.A.MI.NA, s.f., tipo de vitamina própria para o crescimento.
TI.A.RA, s.f., mitra do Papa, tira para prender o cabelo.
TÍ.BIA, s.f., osso anterior da perna, canela.
TÍ.BIO, adj., morno, tépido, meio quente e meio frio, fraco.
TI.ÇÃO, s.m., pedaço de lenha com uma ponta acesa, em brasa; tipo escuro.
TI.CAR, v.t., colocar tique em.
TI.CO, s.m., pequena quantidade de uma coisa, pedacinho, um dedo.
TI.CO-TI.CO, s.m., tipo de passarinho; tipo de serra pequena para serrar pequenos objetos.
TI.É, s.m., tipo de pássaro da família dos Traupídeos.
TI.E.TE, s.f. pop., fã de artistas, admiradora.
TI.FA, s.f. pop., localidade, região entre dois morros.
TI.FO, s.m., doença infecciosa caracterizada por febres fortes.
TI.GE.LA, s.f., vasilhame de barro ou plástico, para uso doméstico; recipiente.
TI.GRE, s.m., mamífero carnívoro da família dos Felídeos; fig., indivíduo cruel e assassino.
TI.JO.LO, s.m., bloco preparado com barro conforme molde, cozido e usado na construção.
TIL, s.m., sinal gráfico para provocar a nasalação das palavras.
TÍL.BU.RI, s.m., antigo carro para levar pessoas, puxado por um único cavalo.
TÍ.LIA, s.f., planta das zonas temperadas, cultivada por sua sombra e flores (que contêm açúcar).
TI.LIN.TAR, v.t. e int., soar como metal, soar com estridência, ressoar.
TI.MÃO, s.m., barra do leme dos navios; direção, rumo, governo.
TIM.BA.LE, s.m., instrumento de percussão.
TIM.BÓ, s.m., diversos tipos de cipó, cujo sumo atordoa ou mata os peixes sem envenenar-lhes a carne.
TIM.BRA.DO, adj., papel que recebeu timbre, selado, marcado.
TIM.BRAR, v.t., colocar o timbre, selar, marcar.
TIM.BRE, s.m., sinal colocado nos anéis, escudos para marcar documentos, marca, sinal, sinete, selo, carimbo.
TI.ME, s.m., conjunto de jogadores, grupo de pessoas que faz uma partida; equipe.
TI.MER, s.m., (inglês), dispositivo para ligar ou desligar aparelho elétrico que deva manter a mesma temperatura ou o funcionamento do aparelho.
TI.MI.DEZ, s.f., acanhamento, medo.
TÍ.MI.DO, adj., acanhado, medroso, timorato; fig., fraco, débil.
TI.MING, s.m., (inglês), o momento, a oportunidade de fazer algo.
TI.MO, s.m., glândula endócrina situada na parte inferior do pescoço.
TI.MO.NEI.RO, s.m., quem maneja o timão, guia, dirigente.
TÍM.PA.NO, s.m., membrana que divide o ouvido médio do externo.
TI.NA, s.f., vasilhame grande para conservar líquidos.
TI.NER, s.m., solvente para adicionar à tinta e torná-la mais solúvel.
TIN.GIR, v.t., pintar, colorir, dar cor.

TI.NHO.RÃO, s.m., folhagem que embeleza jardins.
TI.NHO.SO, adj., nojento, diabólico, obstinado.
TI.NI.DO, s.m., som forte de metal.
TI.NIR, v.t. e int., soar vibrantemente, tilintar, zunir; fig., estar bem preparado.
TI.NO, s.m., juízo, tirocínio, senso, atenção, prudência, discrição, inteligência.
TIN.TA, s.f., líquido feito e apresentado em várias cores, usado para escrever, pintar, desenhar e outras atividades manuais ou mecânicas.
TIN.TEI.RO, s.m., recipiente próprio para colocar a tinta.
TIN.TIM, s.m., cumprimento que se faz com os copos ao tomar uma bebida.
TIN.TO, adj., colorido, pintado; vinho de cor vermelha.
TIN.TU.RA, s.f., líquido para tingir cabelos; coloração, pintura.
TIN.TU.RA.RI.A, s.f., local em que se tingem roupas e tecidos.
TIN.TU.REI.RO, s.m., proprietário de uma tinturaria.
TI.O, s.m., o irmão do pai ou da mãe para com os filhos dos genitores.
TÍ.PI.CO, adj., modelar, exemplar, próprio, genuíno, natural.
TI.PI.TI, s.m., tipo de cesto para amassar a farinha de mandioca.
TI.PO, s.m., exemplo, modelo, o que serve de modelo, molde, forma, característica, indivíduo, pessoa, letra; alguém malvisto.
TI.PO.GRA.FI.A, s.f., composição e escrita com tipos; gráfica; impressora.
TI.PÓ.GRA.FO, s.m., quem trabalha em tipografia.
TI.POI.A, s.f., tira de pano presa no pescoço para segurar um braço ou mão com problemas de saúde.
TI.PO.LO.GI.A, s.f., conjunto de caracteres usados na confecção de trabalho gráfico.
TI.QUE, s.m., cacoete, sestro, careta; visto, sinal, nota feita ao lado.
TI.QUE-TA.QUE, s.m., batidas compassadas como as do relógio; o pulsar do coração.
TÍ.QUE.TE, s.m., cartão, bilhete; bilhete que permite viajar, comprar.
TI.QUI.NHO, s.m., pedacinho, porção, parte.
TI.RA, s.f., faixa, fita, linha estreita e longa; pop., policial.
TI.RA.CO.LO, s.m., qualquer tira que se prende no ombro e desce ao longo do tronco para carregar algo.
TI.RA.DA, s.f., sentença, máxima, dito espirituoso.
TI.RA.GEM, s.f., a quantidade de exemplares impressos em uma edição.
TI.RA-GOS.TO, s.m., aperitivo, algo que se come enquanto se bebe, salgadinhos.
TI.RA.NI.A, s.f., despotismo, autoritarismo, crueldade, opressão.
TI.RÂ.NI.CO, adj., despótico, cruel, antidemocrata.
TI.RA.NI.ZAR, v.t. e pron., governar como tirano, ser despótico, massacrar, castigar.
TI.RA.NO, s.m., déspota, dominador, quem abusa de sua autoridade.
TI.RAN.TE, adj., que se aproxima; s.m., viga de edifício, presilha para segurar fios elétricos; prep., exceto, com exceção.
TI.RAR, v.t. e int., extrair, arrancar, extirpar, erradicar, excluir.
TI.RA-TEI.MA, s.m. pop., discussão para finalizar um desencontro de ideias.
TI.RE.OI.DE, s.f., glândula de secreção situada na garganta; tiroide.
TI.RE.OI.DI.TE, s.f., inflamação da tiroide.
TI.RI.RI.CA, s.f., erva que prejudica as plantações; expr. ficar tiririca - ficar furioso.
TI.RI.TAR, v.t. e int., tremer de frio, sentir muito frio.
TI.RO, s.m., disparo de arma de fogo, disparo, carga.
TI.RO.CÍ.NIO, s.m., aprendizagem, conclusão, tino, treinamento.
TI.ROI.DE, s.f., tireoide.
TI.RO.TEI.O, s.m., conjunto de muitos tiros, sucessão de tiros.
TI.SA.NA, s.f., infusão de ervas para medicamento, remédio feito de ervas em água quente.
TÍ.SI.CA, s.f., perda das forças, definhamento das forças, tuberculose pulmonar.

TÍ.SI.CO, adj., sofredor de tísica, definhado.
TIS.NAR, v.t. e pron., queimar de leve, enegrecer, chamuscar, queimar, turvar.
TI.TÂ.NI.CO, adj., gigantesco, muito forte.
TI.TÂ.NIO, s.m., elemento metálico.
TÍ.TE.RE, s.m., marionete, fantoche, indivíduo comandado por outro.
TI.TI.CA, s.f. pop., excremento, fezes, coisa ruim.
TI.TI.O, s.m., tio.
TI.TI.TI, s.m., fofoca, histórias, conversa fiada, falatório.
TI.TU.BE.A.ÇÃO, s.f., titubeio, hesitação.
TI.TU.BE.AR, v.t. e int., vacilar, hesitar, estar indeciso, não saber o que fazer.
TI.TU.LAR, adj., que é dono de título, que é o primeiro de direito; s.m., o ocupante efetivo de um cargo.
TI.TU.LAR, v.t., dar o título, nomear, intitular.
TI.TU.LA.RI.DA.DE, s.f., característica de quem é titular.
TÍ.TU.LO, s.m., denominação, letreiro, epígrafe, nome de um texto.
TO.A, s.f., corda usada para rebocar navio; expr., estar à toa - sem fazer nada.
TO.A.DA, s.f., cantiga, canção, som, sons repetidos.
TO.A.LE.TE, s.f., limpeza pessoal, ação de lavar-se, banheiro, sanitário.
TO.A.LHA, s.f., pedaço de tecido preparado para enxugar-se; pano para cobrir a mesa.
TO.AR, v.t. e int., entoar, dar um tom, ressoar, retumbar.
TO.BO.GÃ, s.m., pista inclinada para deslizar como diversão.
TO.CA, s.f., buraco para abrigo de certos animais, esconderijo; fig., casa ruim.
TO.CA-DIS.COS, s.m., aparelho para extrair os sons dos discos de vinil.
TO.CA.DO, adj., executado musicalmente.
TO.CA-FI.TAS, s.m., aparelho para produzir sons com fitas.
TO.CAI.A, s.f., emboscada, armadilha, espera ardilosa.
TO.CAI.AR, v.t. e int., emboscar-se, preparar-se para agredir alguém.
TO.CAN.TE, adj., referente, respeitante, concernente.
TO.CAN.TI.NEN.SE, adj.e s.m., próprio ou habitante do Estado de Tocantins.
TO.CAR, v.t., int. e pron., roçar, aproximar-se de; encostar, passar a mão, sentir; enxotar, executar uma música; fazer referências, comover, sensibilizar.
TO.CHA, s.f., archote, utensílio preparado com uma ponta para produzir luz pelas chamas.
TO.CO, s.m., cepo, pedaço de um tronco, pedaço final de vela, lápis, etc.
TO.DA.VI.A, conj., contudo, entretanto, mas, porém, no entanto.
TO.DO, adj., completo, inteiro, cabal, total; pron., cada, qualquer; s.m., o conjunto; o máximo.
TO.DO-PO.DE.RO.SO, adj., onipotente, potente; s.m., Deus; poder absoluto.
TO.GA, s.f., vestimenta dos senadores romanos; beca de juiz ou promotor.
TOL.DAR, v.t. e pron., cobrir com tolda, escurecer, sujar, entristecer.
TOL.DO, s.m., armação feita para cobrir um espaço; cobertura.
TO.LE.RÂN.CIA, s.f., complacência, ação de tolerar, ato de suportar.
TO.LE.RAN.TE, adj., que tolera, complacente, que aceita.
TO.LE.RAR, v.t. e pron., aguentar, suportar, condescender, relevar.
TO.LHER, v.t. e pron., cortar, impedir, criar obstáculos ou empecilhos.
TO.LHI.DO, adj., preso, impedido, proibido.
TO.LI.CE, s.f., qualidade de quem é tolo, bobagem, asneira, ignorância.
TO.LO, adj., imbecil, idiota, paspalho, de pouca inteligência.
TOM, s.m., a altura de um som, som, tonalidade, expressão da voz, matiz.
TO.MA.DA, s.f., objeto no qual se engata o fio para ligar aparelhos; ato de tomar.
TO.MAR, v.t., pegar, segurar, apreender, raptar, furtar, sorver, beber, retirar de.
TO.MA.RA, interj., exprime desejo, intenção; oxalá!, quem dera.
TO.MA.RA QUE CAI.A, s.f., vestimenta feminina que não se prende nos ombros.
TO.MA.TE, s.m., legume, fruto do tomateiro.

TO.MA.TEI.RO, s.m., planta que produz o tomate, planta das hortas.
TOM.BA.DI.LHO, s.m., a parte superior de um navio.
TOM.BA.MEN.TO, s.m., tombo, registro de bens, objetos relacionados para a preservação.
TOM.BAR, v.t., int. e pron., derrubar, cortar, cair, ir ao chão; o Estado decreta ser um imóvel propriedade da sociedade, para preservação, devido ao seu valor histórico.
TOM.BO, s.m., queda, ida ao chão; tombamento, registro de objetos históricos.
TÔM.BO.LA, s.f., rifa efetuada por uma série de números.
TO.MI.LHO, s.m., condimento, erva para temperos.
TO.MO, s.m., volume, obra; livro.
TO.MO.GRA.FI.A, s.f., produto do tomógrafo; visão de todos os órgãos do corpo, para verificar a saúde do paciente.
TO.MÓ.GRA.FO, s.m., aparelho que produz a tomografia.
TO.NA, s.f., superfície; expr. estar à tona - estar na superfície.
TO.NA.LI.DA.DE, s.f., conjunto de sons e tons; altura do som; matiz, nuança.
TO.NEL, s.m., barril, pipa, recipiente de grande volume para líquidos.
TO.NE.LA.DA, s.f., o peso de mil quilos; o tanto que contém um grande tonel.
TÔ.NI.CA, s.f., vogal ou sílaba forte, acentuada; tema, assunto mais visado.
TÔ.NI.CO, s.m., remédio; adj., forte, acentuado, de pronúncia mais intensa.
TO.NI.FI.CAR, v.t. e pron., dar mais vigor, fortalecer, acentuar.
TON.TE.AR, v.int., ficar tonto, sentir tonturas, vacilar.
TON.TEI.RA, s.f., tontura, vertigem, mal-estar.
TON.TO, adj., que sofre tonturas, vertigens; tolo, idiota, imbecil.
TON.TU.RA, s.f., tonteira, situação de quem está tonto.
TO.PA.DA, s.f., encontro, encontrão, batida com o pé em algum objeto.
TO.PAR, v.t., dar de encontro com, encontrar, tocar, bater, ir de encontro; aceitar, fechar um negócio.
TO.PÁ.ZIO, s.m., pedra preciosa de cor amarela.
TO.PE, s.m., cume, pico, topo.
TO.PE.TE, s.m., parte alta do cabelo na testa; tufo; fig., coragem, atrevimento.
TÓ.PI.CO, adj., próprio de um lugar; tema, assunto, parte de um todo.
TO.PO, s.m., cume, cimo, pico, a ponta mais elevada.
TO.PO.GRA.FI.A, s.f., descrição de um local, visão detalhada de um lugar.
TO.PÓ.GRA.FO, s.m., pessoa que trabalha com topografia.
TO.PO.LO.GI.A, s.f., topografia; a parte da gramática que busca como colocar as palavras nas orações.
TO.PO.NÍ.MI.A, s.f., origem dos topônimos, etimologia dos nomes dos lugares.
TO.PÔ.NI.MO, s.m., nome de um lugar.
TO.QUE, s.m., ação de tocar, aproximação, pancada; som musical, abraço, aperto de mão, sinal, aviso, combinação.
TO.RA, s.f., tronco de árvore para ser serrado.
TO.RÁ.CI.CO, adj., próprio do tórax.
TO.RAR, v.t. e int., fazer toras, cortar, serrar.
TÓ.RAX, s.m., parte do corpo do pescoço aos quadris, peito, tronco.
TOR.ÇÃO, s.f., ato de torcer, torcedura, deslocamento.
TOR.CE.DOR, s.m., partidário de um time; quem torce algo.
TOR.CE.DU.RA, s.f., ação de torcer, torção.
TOR.CER, v.t., int. e pron., girar sobre si para enrolar, contrair-se, dobrar-se, enrolar-se; procurar secar a roupa forçando o tecido; desejar, almejar.
TOR.CI.CO.LO, s.m., torção do pescoço, dor nas vértebras do pescoço.
TOR.CI.DA, adj., que se torce, contraída; s.m., grupo de torcedores.
TOR.DI.LHO, s.m., tipo de cavalo assim chamado por causa da cor do pelo.
TOR.DO, adj., tipo de pássaro europeu com plumagem esbranquiçada.
TOR.MEN.TA, s.f., tempestade, temporal, procela, vendaval, furacão.
TOR.MEN.TO, s.m., sofrimento, dor, aflição, tortura.
TOR.MEN.TO.SO, adj., aflitivo, sofrido, torturante, doloroso.
TOR.NA.DO, s.m., furacão, vento muito forte, vendaval.
TOR.NAR, v.t., int. e pron., voltar, vir de volta, retornar; devolver, restituir, converter.

TORNASSOL

TOR.NAS.SOL, *s.m.*, um tipo de corante de cor azul para distinguir ácidos.
TOR.NE.AR, *v.t.*, preparar no torno, tornar redondo, alisar.
TOR.NEI.O, *s.m.*, competição esportiva entre diversos concorrentes, disputa.
TOR.NEI.RA, *s.f.*, instrumento terminal de encanamentos para soltar ou prender a água, registro.
TOR.NEI.RO, *s.m.*, profissional do torno, técnico que maneja um torno.
TOR.NI.QUE.TE, *s.m.*, instrumento para comprimir as artérias e tentar conter a hemorragia; *fig.*, pressão, dificuldade, crise.
TOR.NO, *s.m.*, máquina para trabalhar peças de metal ou madeira, dando-lhe acabamento ou arredondamento.
TOR.NO.ZE.LO, *s.m.*, órgão saliente na junção da perna com o pé.
TO.RÓ, *s.m.*, pancada de chuva intensa.
TOR.PE, *adj.*, vil, desprezível, desonesto, nojento, abjeto, obsceno.
TOR.PE.DE.AR, *v.t.*, atirar torpedo contra; atacar; *fig.*, prejudicar.
TOR.PE.DEI.RO, *s.m.*, navio de guerra próprio para atirar torpedos.
TOR.PE.DO, *adj.*, bomba que é atirada contra alvos marítimos.
TOR.PE.ZA, *s.f.*, indecência, vilania, baixeza, safadeza.
TOR.POR, *s.m.*, entorpecimento, estupefação, preguiça, indolência.
TOR.QUE, *s.m.*, característica que um motor detém para se movimentar.
TOR.QUÊS, *s.f.*, tenaz, instrumento com duas hastes que se juntam para fazer pressão ou extrair algo.
TOR.RA.ÇÃO, *s.f.*, ressecamento; chamuscado, muito cozido.
TOR.RA.DA, *s.f.*, pedaço de pão ressecado.
TOR.RA.DEI.RA, *s.f.*, eletrodoméstico próprio para torrar pão.
TOR.RÃO, *s.m.*, pedaço de terra ressequida; terra natal, plaga.
TOR.RAR, *v.t.* e *int.*, ressecar, ressequir, secar, colocar na torradeira; vender, liquidar, gastar.
TOR.RE, *s.f.*, construção alta junto aos templos para colocar os sinos; poste para energia elétrica, peça no jogo de xadrez.
TOR.RE.FA.ÇÃO, *s.f.*, empresa destinada a torrar café.
TOR.REN.CI.AL, *adj.*, copioso, abundante, intenso, com muita força.
TOR.REN.TE, *s.f.*, rio que desce de montanhas; rio impetuoso, águas violentas.
TOR.RES.MO, *s.m.*, toicinho cortado em pedaços e ressecado por calor.
TÓR.RI.DO, *adj.*, quente, com muito calor; região perto do Equador.
TOR.TA, *s.f.*, bolo, iguaria feita de várias substâncias.
TOR.TO, *s.m.*, sinuoso, tortuoso, que não é em linhas retas; errado, defeituoso.
TOR.TU.O.SO, *adj.*, torto, sinuoso, cheio de curvas.
TOR.TU.RA, *s.f.*, suplício, tormento, castigo físico, maus-tratos.
TOR.TU.RA.DOR, *s.m.*, quem tortura, verdugo, carrasco.
TOR.TU.RAN.TE, *adj.*, que tortura, que aflige, massacrante.
TOR.TU.RAR, *v.t.*, supliciar, atormentar, castigar, maltratar.
TOR.VE.LI.NHO, *s.m.*, redemoinho, movimento espiral.
TOR.VO, *adj.*, horrendo, pavoroso, que assusta, irascível, maldoso.
TO.SA, *s.f.*, corte rente de pelos ou cabelos; tosquia.
TO.SAR, *v.t.*, cortar os pelos ou cabelos; rapar, tosquiar.
TOS.CO, *adj.*, bruto, áspero, irregular, grosseiro, incivilizado, inculto.
TOS.QUI.A, *s.f.*, ação de tosquiar, corte, talhe, tosa.
TOS.QUI.AR, *v.t.* e *pron.*, tosar, rapar os pelos, cortar rente.
TOS.SE, *s.f.*, impulso para expelir à força o ar dos pulmões.
TOS.SIR, *v.t.* e *int.*, ter tosse, expelir o ar dos pulmões com força.
TOS.TÃO, *s.m.*, antiga moeda brasileira que valia 100 réis, hoje um centavo; valor muito pequeno.
TOS.TAR, *v.t.* e *pron.*, ressecar, queimar, chamuscar, torrar.
TO.TAL, *adj.*, completo, todo, inteiro, cabal.
TO.TA.LI.DA.DE, *s.f.*, junção de todas as partes de um todo, maioria.
TO.TA.LI.TÁ.RIO, *adj.*, sistema governamental ditatorial; despótico.
TO.TA.LI.TA.RIS.MO, *s.m.*, característica dos governos ditatoriais.
TO.TA.LI.ZA.ÇÃO, *s.f.*, soma, cômputo final.
TO.TA.LI.ZAR, *v.t.*, obter os totais todos, avaliar, quantificar, somar.
TO.TEM, *s.m.*, aquilo que se considerava o protetor de um grupo, objeto ou ser sagrado, talismã.

TOU.CA, *s.f.*, peça de tecido ou outro material, para cobrir a cabeça.
TOU.CA.DOR, *s.m.*, móvel próprio paras as mulheres se arrumarem.
TOU.CAR, *v.t.* e *pron.*, pentear, enfeitar, adornar-se, preparar-se.
TOU.CEI.RA, *s.f.*, moita, feixe de plantas, junção de vários vegetais nas raízes.
TOU.CI.NHO, *s.m.*, toicinho, manta gorda que envolve o corpo de suínos.
TOU.PEI.RA, *s.f.*, mamífero insetívoro que vive em tocas; *fig.*, tipo tolo.
TOU.RA.DA, *s.f.*, brincadeira com touros, corrida de touros na arena.
TOU.RE.A.DOR, *s.m.*, toureiro, quem brinca com o touro.
TOU.RE.AR, *v.t.* e *int.*, enfrentar touros nas arenas para diversão da assistência.
TOU.REI.RO, *s.m.*, profissional de touradas, quem enfrenta os touros.
TOU.RO, *s.m.*, boi não castrado, reprodutor; *fig.*, homem robusto; constelação.
TÓ.XI.CO, *s.m.*, veneno, substância entorpecente; *adj.*, que envenena, venenoso.
TO.XI.CO.MA.NI.A, *s.f.*, vício de usar tóxicos.
TO.XI.CO.MA.NÍ.A.CO, *adj.*, usuário de tóxicos; *s.m.*, toxicômano.
TO.XI.CÔ.MA.NO, *s.m.*, quem é viciado em tóxicos, usuário de droga.
TO.XI.NA, *s.f.*, substância venenosa, tóxica, expelida por vários produtos.
TRA.BA.LHA.DEI.RA, *s.f. pop.*, mulher ativa e que trabalha muito.
TRA.BA.LHA.DOR, *adj.* e *s.m.*, quem trabalha, empregado, profissional, operário.
TRA.BA.LHA.DO.RA, *s.f.*, mulher que trabalha, feminino de trabalhador.
TRA.BA.LHAR, *v.t.* e *int.*, exercer um ofício, cumprir os deveres, cansar-se com sua atividade, ser ativo, desenvolver uma atividade.
TRA.BA.LHEI.RA, *s.f. pop.*, muito trabalho, afã, afazeres intensos.
TRA.BA.LHIS.TA, *adj.*, próprio do trabalho, relativo aos direitos legais de um trabalhador.
TRA.BA.LHO, *s.m.*, todo exercício destinado a obter um retorno; cuidado, tarefa, obrigação, empenho.
TRA.BA.LHO.SO, *adj.*, fatigante, difícil, cansativo.
TRA.BU.CO, *s.m.*, arma de fogo antiga com um único cano.
TRA.ÇA, *s.f.*, inseto que corrói papéis e roupas.
TRA.ÇA.DO, *adj.*, projetado, lançado; *s.m.*, linha, plano, planta.
TRA.ÇÃO, *s.f.*, ação de puxar, empuxe.
TRA.ÇAR, *v.t.* e *pron.*, desenhar, esboçar, marcar, riscar uma linha.
TRA.CE.JAR, *v.t.*, traçar, riscar, fazer linhas, planejar.
TRA.CI.O.NAR, *v.t.*, puxar, deslocar puxando, empurrar, carregar, levar.
TRA.ÇO, *s.m.*, linha, risco, marco, sinal, pegada.
TRA.ÇO DE U.NI.ÃO, *s.m.*, hífen, risco entre duas palavras.
TRA.CO.MA, *s.f.*, doença nos olhos, doença que se manifesta no olho.
TRA.DI.ÇÃO, *s.f.*, transmissão, pelas gerações, de costumes, cultura e fatos; tudo que se transmite oralmente.
TRA.DI.CI.O.NAL, *adj.*, próprio da tradição, conservador, ligado ao passado.
TRA.DU.ÇÃO, *s.f.*, transcrição de uma língua para outra, versão.
TRA.DU.TOR, *s.m.*, quem traduz, intérprete.
TRA.DU.ZIR, *v.t.* e *pron.*, verter para outro idioma, manifestar, representar, simbolizar.
TRA.FE.GAR, *v.int.*, locomover-se no tráfego, andar, circular, deslocar-se.
TRÁ.FE.GO, *s.m.*, trânsito, movimento de veículos, locomoção de veículos.
TRA.FI.CAN.TE, *adj.* e *s.c. 2 gên.*, que repassa drogas, contrabandista.
TRA.FI.CAR, *v.t.* e *int.*, comerciar ilegalmente, contrabandear, não pagar os impostos, vender drogas.
TRÁ.FI.CO, *s.m.*, comércio ilegal, contrabando, negócio fraudulento.
TRA.GA.DA, *s.f.*, ação de tragar, absorção da fumaça de cigarro.
TRA.GAR, *v.t.* e *int.*, absorver, engolir, beber, ingerir.
TRA.GÉ.DIA, *s.f.*, fato que termina em morte, drama teatral com morte no final, desastre, acidente grave.

TRÁ.GI.CO, *adj.*, grave, mortal, sinistro.
TRA.GI.CO.MÉ.DIA, *s.f.*, peça de teatro em que se misturam cenas trágicas e cômicas; melodrama.
TRA.GO, *s.m.*, gole, bocada, ato de tragar.
TRA.I.ÇÃO, *s.f.*, ação de trair, infidelidade, abandono, ruptura de um pacto.
TRAI.ÇO.EI.RO, *adj.*, que trai, infiel, desleal.
TRA.I.DOR, *s.m.*, quem trai.
TRAI.NEI.RA, *s.f.*, embarcação para pesca.
TRA.IR, *v.t., int. e pron.*, ser infiel, atraiçoar, delatar, romper um laço.
TRA.Í.RA, *s.f.*, peixe de água doce.
TRA.JAR, *v.t., int. e pron.*, vestir, colocar traje em, envolver, revestir.
TRA.JE, *s.m.*, vestimenta, roupa, agasalho.
TRA.JE.TO, *s.m.*, rumo, caminho, distância a percorrer, estrada.
TRA.JE.TÓ.RIA, *s.f.*, órbita, rumo, caminho, distância.
TRA.LHA, *s.f. pop.*, objetos de modo geral, coisas de pouco valor.
TRA.MA, *s.f.*, tessitura, entrelaçamento de fios, tecido, textura; roteiro de um drama; *fig.*, conspiração.
TRA.MAR, *v.t.*, tecer, entretecer; *fig.*, conspirar, fazer intrigas.
TRAM.BI.CA.GEM, *s.f. pop.*, fraude, negócio desonesto.
TRAM.BI.CAR, *v.t. e int., pop.*, enganar, fazer negócios desonestos.
TRAM.BI.QUE, *s.m. pop.*, trambicagem, negócio ilegal.
TRAM.BI.QUEI.RO, *s.m.*, quem faz trambicagens.
TRAM.BO.LHÃO, *s.m. pop.*, queda, caída.
TRAM.BO.LHO, *s.m. pop.*, obstáculo, dificuldade.
TRA.ME.LA, *s.f.*, taramela, peça de madeira para trancar portas e janelas.
TRA.MI.TA.ÇÃO, *s.f.*, ação de tramitar, andamento, sequência.
TRA.MI.TAR, *v.t. e int.*, seguir, ir adiante pelos trâmites, deslocar-se.
TRÂ.MI.TE, *s.m.*, a via de uma ação legal dentro dos fóruns e tribunais; caminho, senda, estrada, rumo.
TRA.MOI.A, *s.f.*, armadilha, cilada, traição, engano.
TRAM.PO.LIM, *s.m.*, armação nas piscinas, para os nadadores pularem na água; artifício que alguém usa para alcançar seus objetivos.
TRAN.CA, *s.f.*, tira de madeira ou de metal, para dar segurança a portas e janelas.
TRAN.ÇA, *s.f.*, trama de fios, cabelos entrelaçados e amarrados.
TRAN.ÇA.DO, *adj.*, colocado em forma de trança, ajustado.
TRAN.CA.FI.AR, *v.t. pop.*, prender, encarcerar, aprisionar.
TRAN.CA.MEN.TO, *s.m.*, encerramento, parada de uma ação, encarceramento.
TRAN.CAR, *v.t.*, fechar, cerrar, prender, pôr na cadeia, terminar.
TRAN.ÇAR, *v.t. e int.*, fazer uma trança, entrelaçar, tecer.
TRAN.CO, *s.m.*, salto, empurrão, corte.
TRAN.QUEI.RA, *s.f.*, galhadas que fechem uma passagem; *fig.*, dificuldades.
TRAN.QUI.LI.DA.DE, *s.f.*, sossego, calma, paz, calmaria, serenidade.
TRAN.QUI.LI.ZA.DOR, *adj. e s.m.*, tranquilizante, que acalma, calmante.
TRAN.QUI.LI.ZAN.TE, *s.m.*, remédio para acalmar, sedativo.
TRAN.QUI.LI.ZAR, *v.t. e pron.*, acalmar, serenar, sossegar, apaziguar.
TRAN.QUI.LO, *adj.*, calmo, sereno, apaziguado, sossegado.
TRAN.SA, *s.f. pop. ch.*, negócio, acordo, relação sexual.
TRAN.SA.ÇÃO, *s.f.*, ajuste, negócio, acordo, operação de comércio.
TRAN.SA.CI.O.NAL, *adj.*, que transaciona, que negocia.
TRAN.SA.CI.O.NAR, *v.t. e int.*, negociar, efetuar transações.
TRAN.SAL.PI.NO, *adj.*, além dos Alpes, do outro lado dos Alpes.
TRAN.SA.MA.ZÔ.NI.CO, *adj.*, que cruza a Amazônia.
TRAN.SAN.DI.NO, *adj.*, que está do outro lado dos Andes.
TRAN.SAR, *v.t. e int., pop. gír.*, relacionar-se sexualmente, efetuar negócios ilegais.
TRAN.SA.TLÂN.TI.CO, *adj.*, que atravessa o Atlântico; *s.m.*, navio grande.
TRANS.BOR.DA.MEN.TO, *s.m.*, vazamento, derramamento, inundação.
TRANS.BOR.DAR, *v.t. e int.*, passar por cima das bordas, derramar, invadir, extravasar.
TRANS.CEN.DÊN.CIA, *s.f.*, o que vai além do físico, sublimação, elevação.
TRANS.CEN.DEN.TAL, *adj.*, que sobe além da parte física, filosófico.
TRANS.CEN.DEN.TE, *adj.*, que se eleva, que sobe, superior, sublimado.

TRANS.CEN.DER, *v.t.*, superar a, ultrapassar, subir além de, exceder o normal.
TRANS.CON.TI.NEN.TAL, *adj.*, que atravessa o continente, que vai longe.
TRANS.COR.RER, *v.int.*, correr, passar, escoar, suceder, transpor.
TRANS.CRE.VER, *v.t.*, registrar, copiar em outro local, reproduzir.
TRANS.CRI.ÇÃO, *s.f.*, cópia, reprodução, nova escritura.
TRAN.SE, *s.m.*, momento dificultoso, acidente; morte, óbito.
TRAN.SE.UN.TE, *adj. e s.c. 2 gên.*, que passa, caminhante, pedestre.
TRANS.FE.RÊN.CIA, *s.f.*, mudança, deslocamento.
TRANS.FE.RI.DOR, *adj.*, que transfere, muda; *s.m.*, utensílio escolar para traçar linhas e ângulos.
TRANS.FE.RIR, *v.t. e pron.*, mudar a sede, remeter para outro local, transportar, adiar.
TRANS.FI.GU.RA.ÇÃO, *s.f.*, mudança de figura, mutação.
TRANS.FI.GU.RAR, *v.t.*, mudar a figura, transmudar, transformar.
TRANS.FOR.MA.ÇÃO, *s.f.*, mudança, transfiguração.
TRANS.FOR.MA.DOR, *adj.*, que muda, transforma; *s.m.*, aparelho que muda a corrente elétrica das linhas.
TRANS.FOR.MAR, *v.t. e pron.*, mudar, transfigurar, converter, imprimir uma forma nova, disfarçar, dissimular, alterar.
TRANS.FOR.MIS.MO, *s.m.*, estudo que ensina que todos os seres derivam de outros, passando por transformações.
TRANS.FOR.MIS.TA, *s.c. 2 gên.*, adepto do transformismo.
TRÂNS.FU.GA, *s.c. 2 gên.*, desertor, traidor, fugitivo.
TRANS.FUN.DIR, *v.t. e pron.*, passar um líquido de um recipiente a outro, derramar, espalhar.
TRANS.FU.SÃO, *s.f.*, passagem de um líquido de um recipiente para outro; doação de sangue a alguém.
TRANS.GRE.DIR, *v.t.*, quebrar, infringir, ultrapassar os limites.
TRANS.GRES.SÃO, *s.f.*, infração, delito, crime.
TRANS.GRES.SOR, *adj. e s.m.*, que transgride, infrator, delinquente.
TRAN.SI.ÇÃO, *s.f.*, passagem para, mudança, intervalo entre mudanças.
TRAN.SI.GÊN.CIA, *s.f.*, condescendência, concordância, aceitação, anuência.
TRAN.SI.GEN.TE, *adj.*, tolerante, condescendente.
TRAN.SI.GIR, *v.t. e int.*, concordar, condescender, anuir, compor.
TRAN.SIS.TOR, *s.m.*, peça eletrônica de televisores, rádios e similares.
TRAN.SIS.TO.RI.ZA.DO, *adj.*, aparelho equipado com transistores.
TRAN.SIS.TO.RI.ZAR, *v.t.*, colocar transistor em.
TRAN.SI.TAR, *v.int.*, andar, caminhar, locomover-se, passear, passar.
TRAN.SI.TÁ.VEL, *adj.*, em que se pode andar.
TRAN.SI.TI.VO, *adj. e s.m.*, que passa, que se liga diretamente, transitório, efêmero; verbo que exige objeto direto ou indireto.
TRÂN.SI.TO, *s.m.*, tráfego, movimento de pedestres e veículos, acesso.
TRAN.SI.TO.RI.E.DA.DE, *s.f.*, efemeridade, passagem, que passa rápido.
TRAN.SI.TÓ.RIO, *adj.*, passageiro, efêmero, fugaz, breve, rápido.
TRANS.LA.ÇÃO, *s.f.*, ação de transladar, deslocamento; giro de um astro sobre si mesmo.
TRANS.LA.DAR, *v.t.*, carregar, transportar.
TRANS.LA.DO, *s.m.*, transporte, deslocamento, mudança.
TRANS.LU.CI.DEZ, *s.f.*, transparência, diafanidade, lucidez.
TRANS.LÚ.CI.DO, *adj.*, transparente, diáfano, claro, lúcido; *fig.*, óbvio.
TRANS.LU.ZIR, *v.t., int. e pron.*, brilhar através de; transparecer, luzir.
TRANS.MI.GRA.ÇÃO, *s.f.*, ida de um local para outro, mudança de residência.
TRANS.MI.GRAR, *v.t., int. e pron.*, mudar-se, deslocar-se de um local para outro, migrar.
TRANS.MIS.SÃO, *s.f.*, repasse, comunicação, passagem, doação.
TRANS.MIS.SÍ.VEL, *adj.*, que se pode transmitir, que se pode passar.
TRANS.MIS.SOR, *s.m.*, que envia mensagens, comunicador, falante.
TRANS.MI.TIR, *v.t. e pron.*, remeter, mandar, transportar, propagar, permear, comunicar.
TRANS.MU.DAR, *v.t. e pron.*, mudar, transformar, alterar, deslocar.
TRANS.MU.TA.ÇÃO, *s.f.*, nova mutação, transformação, evolução.
TRANS.MU.TAR, *v.t.*, transmudar, mudar-se através de, evoluir.
TRAN.SO.CE.Â.NI.CO, *adj.*, que se passa através do oceano.

TRANSPARECER

TRANS.PA.RE.CER, *v.t.,* fazer aparecer, dar a impressão, aparecer, mostrar-se.
TRANS.PA.RÊN.CIA, *s.f.,* qualquer coisa através da qual se vê.
TRANS.PA.REN.TE, *adj.,* translúcido, objeto que permite a passagem de luz, diáfano.
TRANS.PAS.SAR, *v.t.,* ir além, passar além de, transpor, ultrapassar.
TRANS.PI.RA.ÇÃO, *s.f.,* secreção de gotas pelos poros da pele, suor.
TRANS.PI.RAR, *v.t. e int.,* suar, exsudar, expelir suor pelos poros, porejar.
TRANS.PLAN.TAR, *v.t. e pron.,* mudar a planta de um ponto para outro, transferir.
TRANS.PLAN.TE, *s.m.,* mudança, implante de um órgão de uma pessoa em outra.
TRANS.POR, *v.t. e pron.,* passar além, cruzar, ultrapassar, ir a mais, carregar para.
TRANS.POR.TA.DOR, *adj. e s.m.,* que transporta, carregador.
TRANS.POR.TA.DO.RA, *s.f.,* empresa cuja atividade é o carregamento de mercadorias e tudo que for deslocável.
TRANS.POR.TAR, *v.t. e pron.,* carregar de um local para outro, levar, deslocar, conduzir, dirigir, animar.
TRANS.POR.TE, *s.m.,* ação de transportar, carregamento, transferência, condução.
TRANS.PO.SI.ÇÃO, *s.f.,* mudança, colocação além.
TRANS.TOR.NAR, *v.t. e pron.,* perturbar, incomodar, desordenar, confundir, atrapalhar.
TRANS.TOR.NO, *s.m.,* perturbação, mudança, incômodo, prejuízo.
TRAN.SUBS.TAN.CI.AR, *v.t.,* transformar uma substância em outra.
TRAN.SU.DAR, *v.t. e int.* suar, exsudar, transpirar.
TRANS.VA.ZAR, *v.t. e pron.,* derramar, expelir, vazar.
TRANS.VER.SAL, *adj.,* lateral, que está através, que passa através.
TRANS.VER.SO, *adj.,* oblíquo, lateral, que atravessa além.
TRANS.VI.A.DO, *adj. e s.m.,* que saiu dos padrões sociais, desatinado.
TRANS.VI.AR, *v.t. e pron.,* tirar do caminho, desencaminhar, desnortear, perder.
TRA.PA.ÇA, *s.f.,* negócio ilícito, safadeza, fraude, tramoia.
TRA.PA.CE.AR, *v.t. e int.,* enganar, lograr, iludir, fraudar.
TRA.PA.CEI.RO, *s.m.,* enganador, fraudador, desonesto.
TRA.PA.LHA.DA, *s.f.,* confusão, baderna, desacerto.
TRA.PA.LHÃO, *adj. e s.m.,* desajeitado, confuso, palerma, imbecil.
TRA.PÉ.ZIO, *s.m.,* figura geométrica que possui dois lados iguais e dois diferentes; aparelho para praticar ginástica.
TRA.PE.ZIS.TA, *s.c. 2 gên.,* quem trabalha com o trapézio nos circos.
TRA.PE.ZOI.DE, *adj.,* que detém forma de trapézio.
TRA.PI.CHE, *s.m.,* cais, armazém do porto, porto.
TRA.PO, *s.m.,* resto, fiapo, sucata; *fig.,* pessoa velha e sem valor.
TRA.QUE, *s.m.,* tipo de fogo de artifício com estouro leve, ruído; *ch.,* peido.
TRA.QUEI.A, *s.f.,* conduto que faz a comunicação da laringe com os pulmões.
TRA.QUE.JAR, *v.t.,* capacitar, preparar, treinar.
TRA.QUE.JO, *s.m.,* prática, capacitação, experiência.
TRA.QUE.O.TO.MI.A, *s.f.,* intervenção médica para efetivar comunicação da traqueia com a parte externa do corpo.
TRA.QUI.NAR, *v.int.,* fazer travessuras, ser barulhento, ser peralta.
TRA.QUI.NAS, *adj. e s.c. 2 gên.,* peralta, criança irrequieta, travessa.
TRÁS, *prep.,* atrás, depois de, detrás.
TRA.SEI.RA, *s.f.,* a parte detrás, a parte posterior; *pop.,* a rabeira.
TRA.SEI.RO, *adj.,* situado atrás, posterior; *s.m. pop.,* nádegas, bunda.
TRAS.LA.DAR, *v.t. e pron.,* transportar, transferir de um lugar para outro; copiar.
TRAS.LA.DO, *s.m.,* transporte, reprodução de um modelo, transferência.
TRAS.PAS.SA.ÇÃO, *s.f.,* traspasse, passagem além, ida para mais, ultrapassagem.
TRAS.PAS.SAR, *v.t.,* transpassar, furar de lado a lado, passar através, ferir, magoar, transpor.
TRAS.TE, *s.m.,* qualquer objeto, coisa de pouco valor; *pop.,* indivíduo de pouco valor e maus costumes.
TRAS.TO, *s.m.,* filete de metal colocado em instrumentos de corda.
TRA.TA.DO, *s.m.,* ensaio, texto sobre um tema; contrato de cunho internacional.
TRA.TA.DOR, *s.m.,* quem trata algo ou os animais.
TRA.TA.MEN.TO, *s.m.,* ação de tratar, maneiras de cuidar de alguém doente.
TRA.TAN.TE, *adj. e s.c. 2 gên.,* desleal, infiel, quem não cumpre tratados, acordos.
TRA.TAR, *v.t. e pron.,* manipular, cuidar de, prestar assistência a doentes, dar alimento, dar cuidados, discutir, conversar com, purificar.
TRA.TÁ.VEL, *adj.,* que se deve tratar, polido, educado, civilizado.
TRA.TO, *s.m.,* tratamento, cuidado, alimentação, ração; pacto.
TRA.TOR, *s.m.,* veículo motorizado para realizar trabalhos mecânicos nas construções de estradas, na agricultura e outros.
TRA.татов. тотоRIS.TA, *s.c. 2 gên.,* pessoa que dirige um trator.
TRAU.MA, *s.f.,* sofrimento psíquico, lembrança desagradável.
TRAU.MA.TIS.MO, *s.m.,* problema psíquico ou físico de época anterior, choque, sofrimento, mágoa não sanada, estigma.
TRAU.MA.TI.ZAN.TE, *adj.,* que traumatiza, que machuca, que estigmatiza.
TRAU.MA.TI.ZAR, *v.t.,* ferir, magoar, estigmatizar, machucar.
TRAU.MA.TO.LO.GI.A, *s.f.,* parte da Medicina que estuda e trata dos ferimentos e contusões.
TRAU.PÍ.DEOS, *s.m. pl.,* família de aves que contém os gaturamos, a saíra e os sanhaços.
TRA.VAR, *v.t. e pron.,* trancar, colocar trava em; prender, unir, obstruir, sentir gosto adstringente ou semiamargo; segurar.
TRA.VE, *s.m.,* peça de madeira usada na construção do telhado das casas.
TRA.VE.JAR, *v.t.,* colocar traves.
TRA.VÉS, *s.m.,* esguelha, soslaio.
TRA.VES.SA, *s.f.,* ruela que liga duas maiores; recipiente usado para colocar comida à mesa.
TRA.VES.SÃO, *s.m.,* traço comprido, que se usa para intercalar explicações ou destacar diálogos nos textos; sarrafo superior da trave para futebol.
TRA.VES.SEI.RO, *s.m.,* tipo de almofada para se recostar a cabeça ao dormir.
TRA.VES.SO, *adj.,* traquinas, peralta, buliçoso, inquieto, barulhento.
TRA.VES.SU.RA, *s.f.,* traquinagem, peraltice, barulho.
TRA.VES.TI, *s.c. 2 gên.,* pessoa que muda sua condição sexual, ator de teatro.
TRA.VO, *s.m.,* gosto amargo, adstringente de fruta, comida ou bebida.
TRA.ZER, *v.t.,* transportar, carregar, conduzir, guiar, levar, ofertar, mostrar.
TRE.CEN.TÉ.SI.MO, *num.,* ordinal e fracionário de 300.
TRE.CHO, *s.m.,* excerto, fragmento, pedaço.
TRE.CO, *s.m. pop.,* qualquer coisa, algum objeto sem nome ou sem valor.
TRÉ.GUA, *s.f.,* numa luta, um intervalo de paz, suspensão da disputa.
TREI.LER, (ingl. *trailer*), *s.m.,* amostra de um filme com algumas cenas; veículo ligado a um carro e preparado com os confortos de uma casa.
TREI.NA.DOR, *s.m.,* quem treina, prepara, capacita alguém para uma atividade.
TREI.NA.MEN.TO, *s.m.,* ato de treinar, capacitação.
TREI.NAR, *v.t. e int.,* capacitar, preparar, exercitar para um ofício.
TREI.NO, *s.m.,* capacitação, qualificação, exercício.

TRE.JEI.TO, s.m., careta, macaquice, gesto cômico, esgar.
TRE.LA, s.f., correia para prender o cão de caça; tagarelice, confiança.
TRE.LI.ÇA, s.f., conjunto de ripas e cipós usados para levantar paredes, divisórias em construções.
TREM, s.m., vagões puxados por uma locomotiva, correndo sobre trilhos metálicos; utensílios domésticos de uma casa; bagagens.
TRE.MA, s.f., sinal gráfico: dois pontos colocados sobre o ü.
TRE.MAR, v.t., colocar o trema em.
TRE.ME.DAL, s.m., brejo, pântano.
TRE.ME.DEI.RA, s.f. pop., tremor, situação na qual a pessoa treme muito.
TRE.ME.LI.CAR, v.int., tremer por um susto.
TRE.ME.LI.QUES, s.m.pl., nervosismo, tremuras.
TRE.ME.LU.ZIR, v. int., luz com brilho fraco e descontínuo.
TRE.MEN.DO, adj., aterrador, apavorante; formidável, extraordinário.
TRE.MER, v.t. e int., arrepiar-se, mexer o corpo todo; luzir, abalar-se.
TRE.MI.DO, s.m., tremor na voz, som vocal com tremor para enfeitar o canto.
TRE.MOR, s.m., tremedeira, estado do corpo se mexendo todo.
TRE.MU.LA.ÇÃO, s.f., tremor, tremido.
TRE.MU.LAR, v.t. e int., agitar-se com tremor, mexer-se, tremeluzir, brilhar.
TRÊ.MU.LO, adj., que treme, indeciso, vacilante, espantado, emocionado.
TRE.NA, s.f., peça usada para medições; peça com medidas impressas.
TRE.NÓ, s.m., veículo para deslizar sobre a neve, puxado por cães ou renas.
TRENS, s.m. pl., trastes, objetos, coisas.
TRE.PA.DEI.RA, s.f., planta que se desenvolve subindo em paredes ou árvores.
TRE.PA.NAR, v.t. e int., perfurar com o trépano.
TRÉ.PA.NO, s.m., instrumento cirúrgico com que se furam ossos.
TRE.PAR, v.t. e int., subir, alçar-se, ascender, agarrar-se com as mãos; ch., ter relação sexual, transar.
TRE.PI.DA.ÇÃO, s.f., movimento vibratório nos veículos ou em outros ambientes.
TRE.PI.DAR, v. int., vibrar, causar tremor, agitar.
TRE.PO.NE.MA, s.m., micro-organismo causador de doenças como a sífilis.
TRES.LOU.CA.DO, adj., louco, doido, desvairado, maluco.
TRES.MA.LHAR, v.t., int. e pron., dispersar, perder-se do rebanho, abandonar o grupo, fugir.
TRES.NOI.TAR, v.t. e int., perder o sono, não dormir durante a noite.
TRES.PAS.SAR, v.t., int. e pron., traspassar, atravessar.
TRES.PAS.SE, s.m., ação de trespassar.
TRES.VA.RI.AR, v.t. e int., desvairar, enlouquecer.
TRE.TA, s.f., manha, astúcia, encrenca, disputa.
TRE.TAR, v.int., praticar tretas, usar de manhas, encrencas.
TRE.VAS, s.f.pl., escuridão total, noite, negridão; fig., ignorância, abandono.
TRE.VO, s.m., rotatória, encruzilhada de rodovias ou ruas; tipo de planta.
TRE.ZEN.TOS, num., cardinal de 300.
TRI.A.GEM, s.f., seleção, vistoria, escolha, busca dos melhores.
TRI.AN.GU.LA.ÇÃO, s.f., divisão por meio de triângulos; situação compreendida por um triângulo.
TRI.AN.GU.LAR, adj., com forma de triângulo.
TRI.ÂN.GU.LO, s.m., figura geométrica com três lados e três ângulos; instrumento de percussão.
TRI.BAL, adj., próprio da tribo, restrito, particular de um grupo.
TRI.BO, s.f., grupo de famílias ligadas a um chefe comum.

TRI.BU.LA.ÇÃO, s.f., sofrimento, desgraça, aflição.
TRI.BU.NA, s.f., móvel para o orador falar do alto e atingir os ouvintes.
TRI.BU.NAL, s.m., instância superior da Justiça, que funciona nas capitais dos Estados; lugar de julgamento.
TRI.BU.NO, s.m., bom orador, pessoa que fala muito bem.
TRI.BU.TAR, v.t. e pron., cobrar tributos, exigir impostos; reverenciar, honrar.
TRI.BU.TÁ.RIO, adj., próprio do tributo; rio afluente.
TRI.BU.TO, s.m., parcela do patrimônio que as pessoas entregam ao Estado em virtude de lei; pagamento que um Estado faz ao outro; fig., homenagem.
TRI.CAM.PE.ÃO, s.m., pessoa ou entidade que conquista três vezes o campeonato.
TRI.CAM.PEO.NA.TO, s.m., a conquista de três campeonatos seguidos.
TRI.CEN.TE.NÁ.RIO, adj., com trezentos anos; s.m., festa de trezentos anos.
TRI.CEN.TÉ.SI.MO, num. e s.m., trecentésimo.
TRI.CI.CLO, s.m., veículo com três rodas, velocípede.
TRI.CÔ, s.m., habilidade de confeccionar objetos com agulhas e fios entrelaçados.
TRI.CO.LOR, adj., que possui três cores.
TRI.CO.TAR, v.int., praticar o tricô.
TRI.CÚS.PI.DE, adj., com três pontas.
TRI.DEN.TE, s.m., qualquer objeto com três dentes.
TRI.DI.MEN.SI.O.NAL, adj., com as três dimensões: altura, largura e comprimento.
TRI.E.DRO, s.m., figura feita com três planos.
TRI.E.NAL, adj., que ocorre a cada três anos.
TRI.Ê.NIO, s.m., período de três anos; governo com duração de três anos.
TRI.FÁ.SI.CO, adj., corrente elétrica que funciona com três fases.
TRI.FO.LI.A.DO, adj., com três folhas.
TRI.FUR.CA.ÇÃO, s.f., divisão em três partes ou em três direções.
TRI.GÊ.MEO, s.m., três pessoas nascidas de um único parto.
TRI.GÉ.SI.MO, num., ordinal de 30.
TRI.GO, s.m., vegetal da família das Gramíneas; grão dessa planta.
TRI.GO.NO.ME.TRI.A, s.f., parte da Matemática que estuda funções circulares e resoluções ligadas aos triângulos.
TRI.GO.NO.MÉ.TRI.CO, adj., próprio da trigonometria.
TRI.GUEI.RO, adj., da cor do trigo, pronto para a colheita; moreno, bronzeado.
TRI.LA.TE.RAL, adj., com três lados.
TRI.LHA, s.f., picada, senda, vestígios, pegadas, vereda, estrada, caminho.
TRI.LHAR, v.t., percorrer, ir, caminhar, locomover-se.
TRI.LHO, s.m., caminho construído por barras de ferro paralelas sobre as quais deslizam os trens; caminho estreito, picada; normas.
TRI.LIN.GUE, adj., que se expressa em três línguas.
TRI.LO, s.m., silvo, assobio, som estridente.
TRI.LO.GI.A, s.f., conjunto composto de três partes.
TRI.MES.TRAL, adj., que dura três meses.
TRI.MES.TRE, s.m., intervalo de tempo com três meses.
TRI.NA.DO, s.m., canto de pássaro, gorjeio, pipio.
TRI.NAR, v.t. e int., cantar das aves, gorjear, pipilar, assobiar.
TRIN.CA, s.f., fenda, rachadura, quebradura; conjunto de três coisas parecidas; três cartas de baralho que se combinam.
TRIN.CA.DU.RA, s.f., rachadura.
TRIN.CAR, v.t., int. e pron., rachar, fender, cortar com os dentes.
TRIN.CHA, s.f., posta, pedaço; pincel; ferramenta para arrancar pregos.
TRIN.CHAN.TE, adj., que trincha, que corta; s.f., faca grande para cortar.
TRIN.CHAR, v.t. e int., cortar em pedaços, em postas.
TRIN.CHEI.RA, s.f., valo cavado na terra para os soldados se protegerem; fig., abrigo contra os inimigos.
TRIN.CHO, s.m., jeito de trinchar; utensílio sobre o qual se trincham carnes.
TRIN.CO, s.m., tranca para travar, fechar janelas e portas.
TRIN.DA.DE, s.f., reunião de três pessoas em uma unidade; grupo de três.
TRI.NE.TO, s.m., filho de bisneto ou bisneta.
TRI.NO, adj., formado por três; s.m., canto de pássaro, trinado.
TRIN.TA, num., cardinal 30.
TRIN.TÃO, adj. e s.m., trintenário, com trinta anos.

TRINTENÁRIO

TRIN.TE.NÁ.RIO, *adj.* e *s.m.*, com trinta anos, trintão.
TRI.O, *s.m.*, conjunto de três pessoas ou instrumentos musicais, terno.
TRI.PA, *s.f.*, intestino.
TRI.PAR.TIR, *v.t.* e *pron.*, dividir em três partes.
TRI.PÉ, *s.m.*, suporte com três pés sobre o qual se firma algo (telescópio, máquina fotográfica, etc.).
TRI.PLEX, *s.m.*, apartamento construído em três andares.
TRI.PLI.CAR, *v.t.*, *int.* e *pron.*, multiplicar por três, aumentar, acrescer.
TRÍ.PLI.CE, *num.*, triplo, *adj.*, formado de três coisas.
TRI.PLO, *num.*, três vezes maior, tríplice.
TRI.PU.DI.AR, *v.t.* e *int.*, humilhar, rebaixar alguém; vangloriar-se da vitória.
TRI.PU.LA.ÇÃO, *s.f.*, grupo de pessoas que trabalham em navio ou avião.
TRI.PU.LAN.TE, *s.c. 2 gên.*, membro da tripulação.
TRI.PU.LAR, *v.t.*, colocar tripulação em, dirigir uma nave ou navio, governar.
TRI.SA.VÔ, *s.m.*, pai do bisavô ou bisavó.
TRIS.SI.LÁ.BI.CO, *adj.*, com três sílabas, trissílabo.
TRIS.SÍ.LA.BO, *adj.*, trissilábico; *s.m.*, palavra com três sílabas.
TRIS.TE, *adj.*, sem alegria, tristonho, acabrunhado, magoado, deprimido.
TRIS.TE.ZA, *s.f.*, mágoa, depressão, falta de alegria, infelicidade.
TRIS.TO.NHO, *adj.*, triste, acabrunhado, taciturno, infeliz.
TRI.TI.CUL.TU.RA, *s.f.*, cultivo do trigo, lavoura de trigo.
TRI.TON.GO, *s.m.*, grupo de uma vogal e duas semivogais em uma única sílaba.
TRI.TU.RA.ÇÃO, *s.f.*, ato de triturar, esmagamento, moagem.
TRI.TU.RA.DOR, *adj.* e *s.m.*, que tritura; máquina para moer grãos, carnes.
TRI.TU.RAR, *v.t.*, moer, reduzir a pó, esmagar.
TRI.UN.FAL, *adj.*, que traduz triunfo, glorioso, vitorioso.
TRI.UN.FAN.TE, *adj.*, triunfal, vitorioso, glorioso, alegre, feliz.
TRI.UN.FAR, *v.int.* e *pron.*, conquistar o triunfo, vencer, derrotar o adversário.
TRI.UN.FO, *s.m.*, vitória, sucesso, glória, superioridade.
TRI.VI.AL, *adj.*, comum, ordinário, vulgar, diário, quotidiano.
TRIZ, *expr.*, por um triz - por pouco, por nada.
TRO.AR, *v.t.* e *int.*, estrondear, retumbar, ressoar, trovejar.
TRO.CA, *s.f.*, permuta, escambo, permuta de uma coisa por outra.
TRO.ÇA, *s.f. pop.*, zombaria, pilhéria.
TRO.CA.DI.LHO, *s.m*, jogo de palavras com sons parecidos, para provocar sentidos bem diversos.
TRO.CA.DOR, *s.m.*, quem troca, cobrador.
TRO.CA.DOS, *s.m. pl.*, moedas, dinheiro miúdo, coisa de pouco valor.
TRO.CAR, *v.t.* e *pron.*, permutar, entregar uma coisa por outra, substituir.
TRO.ÇAR, *v.t.*, zombar, ridicularizar, fazer pouco de.
TRO.CO, *s.m.*, o resto de uma nota maior em compras, restituição do que se pagou a mais; *fig.*, resposta.
TRO.ÇO, *s.m. pop.*, treco, qualquer coisa.
TRO.ÇO, *s.m.*, pedaço de madeira, o corpo principal das tropas, grupo.
TRO.FÉU, *s.m.*, objeto dado como confirmação de uma vitória; taça.
TRO.GLO.DI.TA, *adj.* e *s.c. 2 gên.*, pessoa da pré-história, habitante das cavernas; *fig.*, indivíduo bronco, incivilizado.
TROI.A.NO, *adj.* e *s.m.*, próprio ou habitante de Troia.
TRO.LE, *s.m.*, carruagem antiga para levar pessoas e cargas.
TRÓ.LE.BUS, *s.m.*, ônibus elétrico.
TROM.BA, *s.f.*, prolongamento do nariz de certos animais, órgão de alguns insetos; *fig.*, cara feia, carranca.
TROM.BA-D'Á.GUA, *s.f.*, grande quantidade de chuva forte, temporal.
TROM.BA.DA, *s.f.*, golpe com a tromba, colisão, choque, batida de carros.
TROM.BA.DI.NHA, *s.c. 2 gên., pop.*, criança ou adolescente que pratica pequenos assaltos; adolescente perigoso, pivete.
TROM.BAR, *v.t.* e *int.*, colidir, bater de frente em.
TROM.BE.TA, *s.f.*, instrumento de sopro.
TROM.BE.TE.AR, *v.t.* e *int.*, tocar trombeta, dizer para todos, espalhar uma notícia.
TROM.BE.TEI.RO, *s.m.*, tocador de trombeta; *pop.*, fofoqueiro.
TROM.BO.NE, *s.m.*, instrumento de sopro.
TROM.BO.SE, *s.f.*, formação de coágulos dentro da circulação sanguínea.
TROM.BU.DO, *adj.*, com tromba; *fig.*, de cara amarrada, taciturno.
TROM.PA, *s.f.*, instrumento de sopro mais forte que a trombeta, diversos órgãos do corpo humano, como as Trompas de Falópio.
TROM.PE.TE, *s.m.*, tipo de trompa com pistões; *s.m.*, pessoa que toca esse instrumento.
TRON.CO, *s.m.*, a parte da árvore da raiz aos galhos; o lenho, a parte central do corpo humano; a parte principal do torno; estirpe, estrada principal.
TRON.CU.DO, *adj.*, que tem um tronco forte.
TRO.NO, *s.m.*, cadeira para assento dos reis; poltrona; *fig.*, poder, realeza.
TRO.PA, *s.f.*, conjunto de soldados; grupo de pessoas, caravana; bando de animais.
TRO.PE.AR, *v.int.*, levar uma tropa de gado, provocar tropel.
TRO.PE.ÇÃO, *s.m.*, tropeço, colisão com um obstáculo, queda, caída.
TRO.PE.ÇAR, *v.t.* e *int.*, bater com o pé, sem querer, em um obstáculo; *fig.*, cair.
TRO.PE.ÇO, *s.m.*, tropeção, queda, caída; *fig.*, dificuldade.
TRÔ.PE.GO, *adj.*, que anda com dificuldade, que se arrasta.
TRO.PEI.RO, *s.m.*, condutor de uma tropa de gado.
TRO.PEL, *s.m.*, ruído provocado pelos cascos de cavalgaduras, confusão.
TRO.PE.LI.A, *s.f.*, barulho, confusão, balbúrdia.
TRO.PI.CAL, *adj.* e *s.m.*, próprio dos trópicos, de clima quente, muito quente.
TRÓ.PI.CO, *s.m.*, duas linhas imaginárias que dividem o globo terrestre nos dois trópicos; essas regiões.
TRO.PI.LHA, *s.f.*, tropa de cavalos, pequena tropa.
TRO.PO, *s.m.*, uso de palavra em seu sentido figurado, conotativo.
TRO.TAR, *v. int.*, andar a trote com o cavalo.
TRO.TE, *s.m.*, modo de andar de cavalgaduras; zombaria; brincadeira de estudante.
TROU.XA, *s.f.*, porção de roupas enroladas; pessoa imbecil.
TRO.VA, *s.f.*, canção, conjunto de 4 versos, poemas.
TRO.VA.DOR, *s.m.*, quem produz trovas, poeta, antigo poeta e cantor.
TRO.VÃO, *s.m.*, estrondo produzido pelos raios, som forte.
TRO.VE.JAR, *v.t.* e *int.*, estrondear, ribombar, bradar, bramir, berrar.
TRO.VO.A.DA, *s.f.*, temporal, vendaval, muitos trovões e chuva forte.
TRO.VO.AR, *v.t.* e *int.*, trovejar, estrondear.
TRU.A.NI.CE, *s.f.*, truísmo, palhaçada.
TRU.ÃO, *adj.*, bobo, tolo, palhaço.
TRU.CAR, *v. int.*, manha no jogo do truco.
TRU.CAR, *v. int.*, nas filmagens, truque para disfarçar uma cena, uma realidade.
TRU.CI.DAR, *v.t.*, provocar uma carnificina, assassinar com crueldade.
TRU.CO, *s.m.*, truque, disfarce; jogo com baralho.
TRU.CU.LÊN.CIA, *s.f.*, crueldade, perversidade, maldade, ferocidade.
TRU.CU.LEN.TO, *adj.*, feroz, cruel, desumano, carniceiro.
TRU.FA, *s.f.*, tipo de cogumelo comestível.
TRU.ÍS.MO, *s.m.*, palhaçada, truanice.
TRUN.CAR, *v.t.* e *pron.*, arrancar do tronco, separar, cortar, decepar, interromper.
TRUN.FO, *s.m. pop.*, jogo de cartas, vantagem.
TRU.QUE, *s.m.*, ardil, artimanha; disfarce para enganar a visão das pessoas.

TRUS.TE, s.m., domínio de várias empresas ligadas entre si quanto ao preço de um produto; fig., poder empresarial.
TRU.TA, s.f., tipo de peixe de águas doces e frias; engano, negociata.
TSÉ-TSÉ, s.f., mosca africana cuja picada provoca a doença do sono.
TU, pron., segunda pessoa do singular, do caso reto.
TU.BA, s.f., instrumento musical de sopro.
TU.BA.GEM, s.f., colocação de um tubo em um canal ou cavidade.
TU.BA.RÃO, s.m., tipo de peixe grande dos mares, muito feroz e voraz.
TU.BÉR.CU.LO, s.m., raízes mais grossas e comestíveis, como as batatas, os aipins.
TU.BER.CU.LO.SE, s.f., doença infecciosa que ataca o ser humano, principalmente os pulmões; tísica.
TU.BER.CU.LO.SO, adj., que tem tuberculose, tísico.
TU.BI.FOR.ME, adj., em forma de tubo.
TU.BO, s.m., corpo com forma cilíndrica e o interior oco; canal.
TU.BU.LA.ÇÃO, s.f., instalação de tubos, rede de tubos.
TU.BU.LAR, adj., tubiforme.
TU.CA.NO, s.m., nome de um pássaro de penas coloridas e bico muito grande.
TU.DO, pron., a totalidade existente; o todo, a essência.
TU.FÃO, s.m., vendaval, furacão, vento muito forte, tornado.
TU.FO, s.m., grupo de plantas, pelos; saliência nas penas ou em flores.
TU.GÚ.RIO, s.m., choupana, cabana; fig., abrigo.
TUI.A, s.f., tipo de arbusto cujas folhas estão sempre verdes.
TU.IM, s.m., um tipo de periquito pequeno.
TU.ÍS.TE, s.m., dança de origem americana.
TU.IU.IÚ, s.m., pássaro da família dos Ciconiformes; jaburu.
TU.LE, s.m., tecido leve e transparente.
TU.LHA, s.f., local para armazenar cereais em grão.
TU.LI.PA, s.f., planta que produz uma flor muito bela com o mesmo nome.
TUM.BA, s.f., sepultura, cova.
TU.ME.FA.ÇÃO, s.f., inchaço, inchação.
TU.ME.FAC.TO, adj., inchado.
TU.ME.FA.ZER, v.t. e pron., intumescer-se, inchar-se.
TÚ.MI.DO, adj., inchado, tumefacto.
TU.MOR, s.m., aumento de qualquer parte de um tecido do corpo; inchação de células do corpo.
TU.MU.LAR, adj., próprio do túmulo.
TÚ.MU.LO, s.m., sepulcro, sepultura, tumba.
TU.MUL.TO, s.m., desordem, confusão, correria, alvoroço.
TU.MUL.TU.AR, v.t. e int., agitar, provocar confusão, alvoroçar.
TU.MUL.TU.O.SO, adj., agitado, desordenado.
TUN.DA, s.f., coça, surra.
TUN.DRA, s.f., planície situada no Hemisfério Norte, com pequena vegetação.
TÚ.NEL, s.m., passagem aberta no meio de uma montanha; caminho subterrâneo.
TUN.GAR, v.t. e int., agredir, atacar, surrar.
TUNGS.TÊ.NIO, s.m., elemento metálico usado em filamentos elétricos.
TÚ.NI.CA, s.f., capa, vestimenta comprida; capa de uso militar.
TU.PÃ, s.m., no idioma tupi, designava o trovão; os missionários passaram a designar de Deus.
TU.PI, adj. e s.m., próprio dos tupis, a língua tupi.
TU.PI.A, s.f., máquina usada em marcenaria para desbastar as tábuas.
TU.PI-GUA.RA.NI, adj.e s.m., próprio dos índios tupi-guaranis e seu idioma.
TU.PI.NI.QUIM, adj. e s.c. 2 gên., próprio de índios que viviam na Bahia; ironicamente, designa o brasileiro.
TUR.BA, s.f., multidão de indivíduos, plebe, ralé, povo badernento.
TUR.BA.MUL.TA, s.f., multidão em desordem.
TUR.BAN.TE, s.m., cobertura para a cabeça, entre os muçulmanos.
TUR.BAR, v.t. e pron., escurecer, toldar, sujar a água, anuviar, perturbar.
TUR.BI.LHÃO, s.m., furacão, redemoinho, vendaval.
TUR.BI.LHO.NAR, v.t. e int., girar como turbilhão.
TUR.BI.NA, s.f., máquina giratória movida pela energia da água ou outra.
TUR.BI.NA.GEM, s.f., situação na qual uma substância recebe a força centrífuga de uma turbina.
TUR.BU.LÊN.CIA, s.f., desordem, baderna, confusão, agitação, redemoinho.
TUR.BU.LEN.TO, adj., que provoca desordem; agitado; violento.
TUR.CO, adj.e s. m., próprio da Turquia, seu habitante; idioma.
TUR.DÍ.DEOS, s.m.pl., família de aves que compreende diversos tipos, como o sabiá.
TUR.FA, s.f., material fóssil derivado da madeira dentro da água ou na terra, de boa combustão.
TUR.FE, s.m., esporte que se dedica a corridas de cavalos.
TUR.FIS.TA, s.c. 2 gên., quem se dedica ao turfe.
TÚR.GI.DO, adj., inchado, cheio.
TU.RIS.MO, s.m., atividade econômica derivada das pessoas que viajam; prazer de viajar e conhecer outras terras e pessoas.
TU.RIS.TA, s.c. 2 gên., quem faz turismo.
TU.RÍS.TI.CO, adj., próprio do turismo.
TUR.MA, s.f., grupo, grupo de pessoas, conjunto de pessoas que trabalham no mesmo sistema.
TUR.MA.LI.NA, s.f., pedra semipreciosa de várias cores.
TUR.MEI.RO, s.m., capataz, indivíduo que forma turmas de trabalho.
TUR.NÊ, s.f., viagem de artistas para apresentações de espetáculos.
TUR.NO, s.m., os vários grupos de trabalhadores, de acordo com a hora que começam o trabalho; revezamento.
TUR.QUE.SA, s.f., pedra preciosa de cor azul-celeste para azul-esverdeado.
TUR.RA, s.f., obstinação, teimosia.
TUR.RÃO, s.m., teimoso, obstinado, cabeça-dura.
TUR.RAR, v.t. e int., disputar, teimar, resistir.
TU.RU.NA, adj., valente, destemido, ótimo.
TUR.VA.ÇÃO, s.f., escurecimento, anuviamento, perturbação, turvamento.
TUR.VA.MEN.TO, s.m., turvação, escurecimento.
TUR.VAR, v.t. e pron., perturbar, turbar, escurecer, sujar a água.
TUR.VO, adj., escuro, sujo, toldado, negro, poluído.
TU.TA.MEI.A, s.f., bagatela, ninharia.
TU.TA.NO, s.m. pop., medula, substância que existe no vácuo dos ossos.
TU.TE.LA, s.f., nomeação legal para alguém proteger um menor ou o direito dele; proteção.
TU.TE.LAR, adj., próprio da tutela.
TU.TE.LAR, v.t., proteger, amparar, segurar, salvaguardar.
TU.TOR, s.m., pessoa nomeada para exercer a tutela de alguém.
TU.TO.RI.A, s.f., cargo, função de tutor.
TU.TU, s.m., iguaria feita de feijão cozido, misturado com vários ingredientes; dinheiro, grana.
TZA.RI.NA, s.f., czarina.
TZAR, s.m., czar, antigo imperador da Rússia.

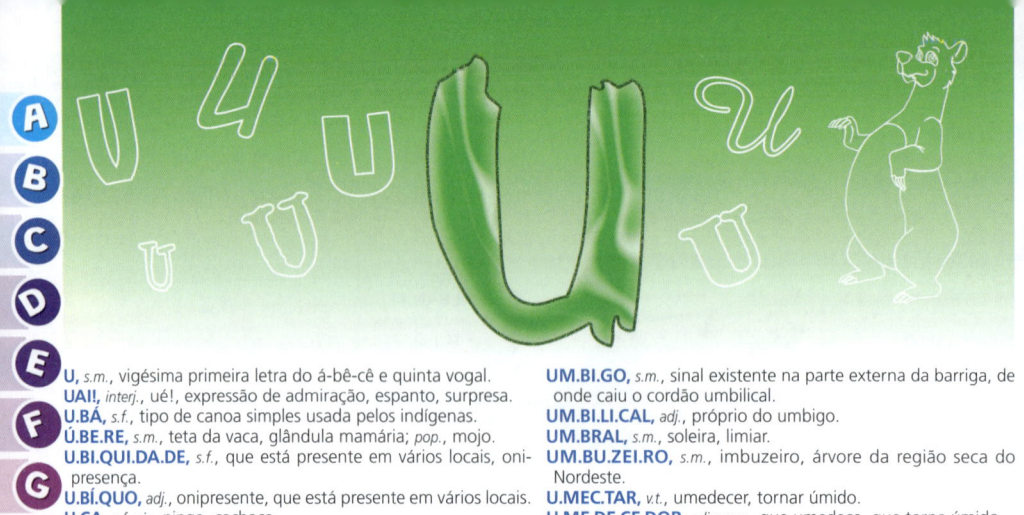

U, *s.m.*, vigésima primeira letra do á-bê-cê e quinta vogal.
UAI!, *interj.*, ué!, expressão de admiração, espanto, surpresa.
U.BÁ, *s.f.*, tipo de canoa simples usada pelos indígenas.
Ú.BE.RE, *s.m.*, teta da vaca, glândula mamária; *pop.*, mojo.
U.BI.QUI.DA.DE, *s.f.*, que está presente em vários locais, onipresença.
U.BÍ.QUO, *adj.*, onipresente, que está presente em vários locais.
U.CA, *s.f. gír.*, pinga, cachaça.
U.CRA.NI.A.NO, *adj.e s.m.*, próprio, habitante da Ucrânia, o idioma do país.
UÉ!, *interj.*, uai!, indica surpresa, espanto.
U.FA!, *interj.*, indica cansaço, aborrecimento, algo desagradável, alívio.
U.FA.NAR, *v.t. e pron.*, vangloriar-se, sentir orgulho com a Pátria, gloriar-se.
U.FA.NI.A, *s.f.*, orgulho, glória, satisfação com sua terra.
UI!, *interj.*, indica medo, susto, contrariedade.
UI.A.RA, *s.f.*, iara, um tipo de sereia de água doce.
UI.RA.PU.RU, *s.m.*, nome dado a um pássaro canoro da Amazônia.
U.ÍS.QUE, *s.m.*, bebida destilada, produzida à base de centeio ou milho.
UI.VAR, *v. int.*, exprime a voz do cão, dar uivos, ganir, latir, berrar.
UI.VO, *s.m.*, ato de uivar, voz de lobos e cães, ganido, berro.
ÚL.CE.RA, *s.f.*, ferida, necrose na pele, machucadura.
UL.CE.RA.ÇÃO, *s.f.*, formação de úlceras, deterioração da pele.
UL.CE.RAR, *v.t., int. e pron.*, provocar a formação de úlceras, surgir uma úlcera.
UL.CE.RO.SO, *adj.*, cheio de úlceras, chagado.
UL.TE.RI.OR, *adj.*, que vem depois, posterior, próximo, seguinte.
UL.TI.MA.MEN.TE, *adv.*, de último, nestes tempos, nos últimos tempos.
UL.TI.MAR, *v.t., int. e pron.*, terminar, acabar, finalizar, encerrar.
ÚL.TI.MAS, *s.f. pl.*, um ponto final, a agonia, às portas da morte.
UL.TI.MA.TO, *s.m.*, desafio final, proposta final; ordem para terminar algo.
ÚL.TI.MO, *adj.*, final, derradeiro, extremo; recente, atual; *s.m.*, sobrevivente, o que sobrou.
UL.TRA.JAR, *v.t.*, ofender, magoar, injuriar, envergonhar.
UL.TRA.JE, *s.m.*, ofensa, injúria, mágoa, calúnia.
UL.TRA.LE.VE, *s.m.*, tipo de avião feito com material leve e pequeno motor.
UL.TRA.MAR, *s.m.*, terra além do mar.
UL.TRA.MA.RI.NO, *adj.*, do outro lado do mar.
UL.TRA.PAS.SA.GEM, *s.f.*, passagem além, corrida mais veloz.
UL.TRA.PAS.SAR, *v.t.*, passar além de, correr mais, ser mais veloz, tomar a dianteira.
UL.TRAS.SOM, *s.m.*, som muito elevado, além das condições de perceber.
UL.TRAS.SÔ.NI.CO, *adj.*, super-sônico, som muito forte.
UL.TRA.VI.O.LE.TA, *adj.*, tipo de raios solares muito prejudiciais à pele humana.
U.LU.LAN.TE, *adj.*, que ulula, que é óbvio.
U.LU.LAR, *v. int.*, ganir, uivar, imitar a voz do cão, gemer, gritar.
UM, *art. indef.*, designativo de um substantivo sem determinação; *adj.*, único; *num.*, número um.
U.MA, *art. indef.*, forma feminina de um.
UM.BAN.DA, *s.f.*, forma cultural de uso das tradições e elementos afro-brasileiros.
UM.BAN.DIS.TA, *adj. e s.c. 2 gên.*, quem é adepto da Umbanda.
UM.BE.LA, *s.f.*, sombrinha, guarda-chuva pequeno.
UM.BE.LÍ.FE.RAS, *s.f. pl.*, família de plantas como a das cenouras, salsa, aipo.
UM.BI.GA.DA, *s.f.*, golpe com o umbigo, barrigada.
UM.BI.GO, *s.m.*, sinal existente na parte externa da barriga, de onde caiu o cordão umbilical.
UM.BI.LI.CAL, *adj.*, próprio do umbigo.
UM.BRAL, *s.m.*, soleira, limiar.
UM.BU.ZEI.RO, *s.m.*, imbuzeiro, árvore da região seca do Nordeste.
U.MEC.TAR, *v.t.*, umedecer, tornar úmido.
U.ME.DE.CE.DOR, *adj.e s.m.*, que umedece, que torna úmido.
Ú.ME.RO, *s.m.*, osso do braço, do cotovelo ao ombro.
Ú.MI.DO, *adj.*, umedecido, umectado, que está um pouco molhado.
U.NÂ.NI.ME, *adj.*, concordante, que possui a mesma opinião, ideia única.
UN.ÇÃO, *s.f.*, ação de untar com azeite; sentimento de piedade, carolice.
UN.DÉ.CI.MO, *num.*, ordinal de onze.
UN.GI.DO, *adj.*, untado, escolhido, que recebeu os óleos da extrema-unção, abençoado.
UN.GIR, *v.t. e pron.*, untar, azeitar, passar óleo, receber a extrema-unção, abençoar.
UN.GUE.AL, *adj.*, próprio da unha.
UN.GUEN.TO, *s.m.*, pomada, massa pastosa preparada para passar na pele.
UN.GUI.FOR.ME, *adj.*, com forma de unha.
UN.GU.LA.DO, *adj.e s.m.*, próprio de quadrúpedes cujos pés se revestem de cascos.
U.NHA, *s.f.*, lâmina óssea que cobre a extremidade dos dedos, casco.
U.NHA.DA, *s.f.*, machucadura provocada por unha, arranhão.
U.NHA DE FO.ME, *adj. e s.c. 2 gên.*, avarento, pão-duro, avaro, sovina.
U.NHA-DE-GA.TO, *s.m.*, vegetal rasteiro que possui espinhos recurvos e fortes.
U.NHAR, *v.t. e int.*, ferir, atacar com as unhas, rasgar, arranhar.
U.NI.ÃO, *s.f.*, junção, associação, companheirismo, vínculo, concórdia.
U.NI.CE.LU.LAR, *adj.*, que tem uma única célula.
Ú.NI.CO, *adj.*, uno, apenas um, peculiar, próprio, extraordinário, máximo.
U.NI.COR.NE, *adj.*, de um único chifre.
U.NI.CÓR.NIO, *s.m.*, um tipo de rinoceronte que possui um único chifre.
U.NI.DA.DE, *s.f.*, qualidade de ser um, único; ligação, coesão; o que é um.
U.NI.DO, *adj.*, ligado, atado, achegado, próximo.
U.NI.FI.CAR, *v.t. e pron.*, reunir vários em um, reunir, congregar, tornar ligados.
U.NI.FÓ.LIO, *adj.*, de uma única folha.
U.NI.FOR.ME, *adj.*, de uma única forma, invariável; *s.m.*, tipo de vestimenta que as entidades, escolas, especificam como única, farda.
U.NI.FOR.MI.ZAR, *v.t. e pron.*, padronizar, tornar igual para todos, igualar.
U.NI.GÊ.NI.TO, *adj.e s.m.*, filho único, o único gerado pelos pais.
U.NI.LA.TE.RAL, *adj.*, de um único lado, de uma parte única.
U.NI.LÍN.GUE, *adj.*, de uma única língua.
U.NÍ.PA.RO, *adj.*, animal que consegue parir apenas uma cria por vez.
U.NI.PES.SO.AL, *adj.*, de uma única pessoa, defectivo.
U.NI.PO.LAR, *adj.*, de um único polo.
U.NIR, *v.t. e pron.*, unificar, reunir, ajuntar, anexar, congregar, casar, harmonizar.
U.NIS.SE.XU.AL, *adj.*, de um único sexo.

U.NÍS.SO.NO, *adj.*, que tem um único som, dito em uma voz única.
U.NI.TÁ.RIO, *adj.*, feito de uma única unidade, unido.
U.NI.VER.SAL, *adj.*, que abrange o universo, global, do mundo, mundial.
U.NI.VER.SA.LI.ZAR, *v.t. e pron.*, mundializar, tornar global, globalizar.
U.NI.VER.SI.DA.DE, *s.f.*, o conjunto dos centros e faculdades que forma o todo da universidade; escola superior, curso de terceiro grau.
U.NI.VER.SI.TÁ.RIO, *adj.*, próprio da universidade, o que se refere a uma universidade.
U.NI.VER.SO, *s.m.*, cosmo, o mundo todo, o conjunto de tudo em que vivemos.
U.NÍ.VO.CO, *adj.*, único, que só admite uma interpretação.
U.NO, *adj.*, único, um só, indivisível.
UN.TAR, *v.t. e pron.*, ungir, besuntar, passar óleo ou manteiga, azeitar.
UN.TO, *s.m.*, banha suína, gordura.
UN.TU.O.SO, *adj.*, gorduroso, cheio de banha.
U.PA!, *interj.*, indica incentivo, alento.
U.RÂ.NIO, *s.m.*, elemento metálico usado para a energia atômica.
U.RA.NO, *s.m.*, planeta do sistema solar.
UR.BA.NIS.MO, *s.m.*, sistema que zela pela ordem e construção das cidades; educação.
UR.BA.NIS.TA, *s.c. 2 gên.*, que trabalha com urbanismo.
UR.BA.NI.ZAR, *v.t. e pron.*, dar características urbanas a, dar o conforto de uma cidade.
UR.BA.NO, *adj.*, próprio de uma cidade, polido, educado, fino, civilizado.
UR.BE, *s.f.*, cidade.
UR.DI.DU.RA, *s.f.*, ação ou efeito de urdir.
UR.DIR, *v.t.*, colocar fios para obter o tecido; *fig.*, tramar, maquinar.
U.REI.A, *s.f.*, substância eliminada pela urina e um tipo de adubo.
U.RE.MI.A, *s.f.*, sintomas que indicam problemas na urina.
U.RÉ.TER, *s.m.*, cada um dos canais que conduzem a urina dos rins à bexiga.
U.RE.TRA, *s.f.*, canal final da saída da urina.
UR.GÊN.CIA, *s.f.*, muita pressa; açodamento.
UR.GEN.TE, *adj.*, que precisa ser feito com rapidez, premente, célere.
UR.GIR, *v.int.*, tornar urgente, apressar, que deve ser feito logo, sem demora.
U.RI.NA, *s.f.*, líquido coletado pelos rins e expelido pelos animais.
U.RI.NA.ÇÃO, *s.f.*, ação de urinar, urinada; *pop.*, mijada.
U.RI.NAR, *v.t. e int.*, expelir urina, soltar urina.
U.RI.NÁ.RIO, *adj.*, próprio da urina.
U.RI.NOL, *s.m.*, vaso preparado para urinar ou defecar dentro; penico.
UR.NA, *s.f.*, caixão de defunto, caixa para colocar objetos, votos.
U.RO.LO.GI.A, *s.f.*, parte da Medicina que estuda o aparelho urinário.
U.RO.LO.GIS.TA, *s.c. 2 gên.*, quem trabalha com Urologia.
U.RO.PÍ.GIO, *s.m.*, reunião final das vértebras, formando o rabo das aves; mitra.
UR.RAR, *v.t. e int.*, berrar, dar urros, gritar.
UR.RO, *s.m.*, berro, grito, bramido.
UR.SA, *s.f.*, nome de constelações - ursa menor e ursa maior.
UR.SA.DA, *s.f.*, traição, safadeza, maldade.
UR.SO, *s.m.*, quadrúpede mamífero e carnívoro da família dos Ursídeos.
UR.TI.CAN.TE, *adj.*, que queima a pele, que provoca queimadura.
UR.TI.CÁ.CEAS, *s.f. pl.*, família de plantas cujas folhas queimam a pele, como as urtigas.
UR.TI.CÁ.RIA, *s.f.*, prurido na pele, queimadura leve que surge na pele.
UR.TI.GA, *s.f.*, nome de várias plantas, cujas folhas têm pelos que queimam a pele das pessoas.
U.RU, *s.m.*, tipo de pássaro que vive pelo chão, em bandos.
U.RU.BU, *s.m.*, nome de algumas aves de rapina que se alimentam de carniça.
U.RU.CU, *s.m.*, urucum, fruto do urucuzeiro; a tinta desse fruto.
U.RU.CU.BA.CA, *s.f. pop.*, azar, caiporismo.
U.RU.CU.ZEI.RO, *s.m.*, arbusto que produz o urucu.
U.RU.GUAI.O, *adj. e s.m.*, próprio do Uruguai, natural ou habitante desse país.
U.RU.PE.MA, *s.f.*, tipo de peneira.
U.RU.TU, *s.m. e f.*, cobra cujo veneno é muito forte; veneno mortal.
UR.ZE, *s.f.*, tipo de planta.
U.SAN.ÇA, *s.f.*, hábito, costume, comportamento.
U.SAR, *v.t., int. e pron.*, empregar, fazer uso de, costumar, habituar-se, vestir.
U.SÁ.VEL, *adj.*, que pode ser usado, adequado.
U.SI.NA, *s.f.*, indústria própria para grandes produções, empresa para produção de energia elétrica; indústria para produção de açúcar.
U.SI.NAR, *v.t.*, desbastar, preparar uma peça, adequar às medidas próprias.
U.SI.NEI.RO, *s.m.*, proprietário de uma usina.
U.SO, *s.m.*, hábito, costume, emprego, modo de ação.
U.SU.AL, *adj.*, costumeiro, comum, tradicional, habitual.
U.SU.Á.RIO, *s.m.*, quem usa algo, quem desfruta de um bem.
U.SU.CA.PI.ÃO, *s.m.*, uso e desfrute de bens imóveis, adquiridos por longa posse e registro legal.
U.SU.FRU.IR, *v.t.*, desfrutar, deter o uso, gozo e posse de um bem.
U.SU.FRU.TO, *s.m.*, direito legal de usufruir um bem sem ter a propriedade dele.
U.SU.RA, *s.f.*, avareza, sovinice, ganância.
U.SU.RAR, *v.int.*, emprestar dinheiro a altos juros, exorbitar nos juros.
U.SU.RÁ.RIO, *s.m.*, agiota, avarento, sovina, pão-duro.
U.SUR.PAR, *v.t.*, pegar algo pela força, apoderar-se de; tirar do dono.
U.TEN.SÍ.LIO, *s.m.*, qualquer objeto, instrumento de trabalho, qualquer objeto da baixela doméstica.
Ú.TE.RO, *s.m.*, órgão feminino musculoso, oco e elástico, no qual se desenvolve o feto.
Ú.TIL, *adj.*, que se pode usar, que serve, proveitoso.
U.TI.LI.DA.DE, *s.f.*, serventia, valor, qualidade para ser usado.
U.TI.LI.TÁ.RIO, *s.m.*, veículo que transporta pequenas cargas e passageiros, caminhonete.
U.TI.LI.ZAR, *v.t. e pron.*, usar, servir-se, ser útil, obter proveito.
U.TO.PI.A, *s.f.*, fantasia, irrealidade, quimera, sonho, devaneio.
U.TÓ.PI.CO, *adj.*, relativo à utopia.
U.TRÍ.CU.LO, *s.m.*, a maior porção do labirinto membranoso do ouvido.
U.VA, *s.f.*, fruto da videira; *fig.*, mulher muito bonita.
Ú.VU.LA, *s.f.*, campainha, apêndice no véu palatino.
U.XO.RI.CI.DA, *s.m.*, quem assassina a própria esposa.
U.XO.RI.CÍ.DIO, *s.m.*, assassinato da esposa pelo marido.
U.XÓ.RIO, *adj.*, próprio da esposa.

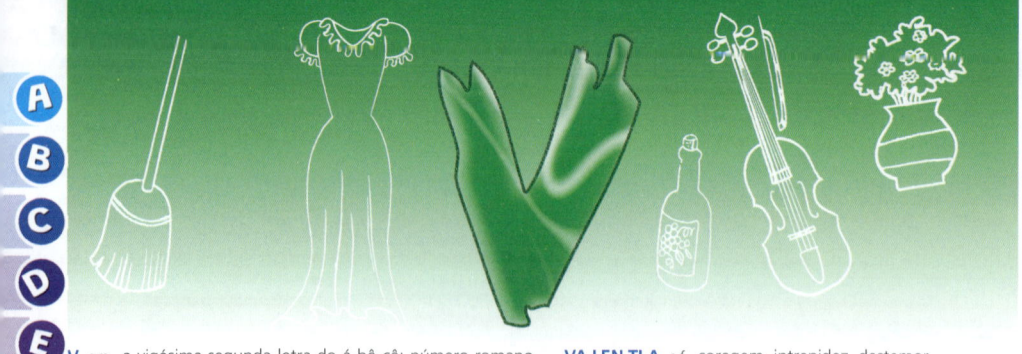

V, *s.m.*, a vigésima segunda letra do á-bê-cê; número romano equivalente a 5.
VA.CA, *s.f.*, fêmea do touro, do boi; carne de bovino; *fig. pop.*, prostituta.
VA.CA-FRI.A, *s.f. expr.*, voltar à vaca-fria: tornar ao mesmo assunto.
VA.CAN.TE, *adj.*, que está vago, vazio, desocupado.
VA.CA.RI.A, *s.f.*, gado, muitas vacas, tropa de gado.
VA.CI.LAN.TE, *adj.*, hesitante, indeciso, pouco firme, titubeante.
VA.CI.LAR, *v.t. e int.*, oscilar, estar inseguro, titubear, hesitar, estar indeciso.
VA.CI.NA, *s.f.*, remédio preventivo contra alguma doença aplicado nas pessoas.
VA.CI.NA.ÇÃO, *s.f.*, ação de vacinar, vacina.
VA.CI.NAR, *v.t.*, aplicar um remédio preventivo, injetar vacina.
VA.CUM, *adj.e s.m.*, próprio de todo gado bovino, bovinos.
VÁ.CUO, *adj.*, vazio, sem conteúdo, oco; *s.m.* espaço totalmente vazio.
VA.DI.A.GEM, *s.f.*, ato de vadiar, estar sem fazer nada, ociosidade.
VA.DI.AR, *v.t. e int.*, ficar sem nada fazer, vagabundear.
VA.DI.O, *adj.*, desocupado, ocioso, malandro, vagabundo, preguiçoso.
VA.GA, *s.f.*, onda; lugar vazio, desocupado; lugar para alugar ou trabalhar.
VA.GA.BUN.DA.GEM, *s.f.*, vadiagem, malandragem, ociosidade.
VA.GA.BUN.DE.AR, *v. int.*, viver na vagabundagem, ociosidade; vadiar.
VA.GA.BUN.DO, *adj.*, vadio, ocioso, malandro, errante, vulgar, vil.
VA.GA-LU.ME, *s.m.*, pirilampo, inseto que acende uma luzinha; vigilante de cinema para mostrar o lugar; lanterninha.
VA.GÃO, *s.m.*, veículo atrelado à locomotiva do trem para o transporte de passageiros e cargas.
VA.GAR, *v.t. e int.*, andar sem rumo, perambular, errar, andar ao léu; desocupar, esvaziar.
VA.GA.RE.ZA, *s.f.*, morosidade, lentidão, lerdeza.
VA.GA.RO.SO, *adj.*, lerdo, demorado, lento, moroso; calmo.
VA.GEM, *s.f.*, invólucro de feijões; recipiente natural da planta para conter as sementes.
VA.GI.DO, *s.m.*, choro de criança recém-nascida, choro de nenê; *fig.*, balido.
VA.GI.NA, *s.f.*, canal do organismo feminino entre a vulva e o útero.
VA.GIR, *v. int.*, emitir vagidos, chorar, balir, chorar fracamente.
VA.GO, *adj.*, desocupado, vazio, incerto, inconstante, indefinido.
VA.GO.NE.TE, *s.f.*, pequeno vagão.
VA.GUE.AR, *v.t. e int.*, andar sem rumo, perambular, errar, andar ao léu.
VAI.A, *s.f.*, manifestação ruidosa de desagrado do público, assuada, apupos.
VAI.AR, *v.t. e int.*, dar vaia, assuar, desagradar, apupar.
VAI.DA.DE, *s.f.*, orgulho, soberba, arrogância.
VAI.DO.SO, *adj.*, orgulhoso, soberbo, arrogante.
VAI.VÉM, *s.m.*, balanço, inconstância, insegurança.
VA.LA, *s.f.*, canal para recolher águas, valo, fosso, buraco.
VA.LAR, *v.t.*, abrir valas, esburacar; defender com fosso.
VA.LE, *s.m.*, parte plana entre dois montes, planura, planície; adiantamento do caixa para alguém; empréstimo em dinheiro a funcionário.
VA.LEN.TÃO, *adj.*, alguém dado à valentia, briguento, encrenqueiro.
VA.LEN.TE, *adj.*, destemido, corajoso, denodado.
VA.LEN.TI.A, *s.f.*, coragem, intrepidez, destemor.
VA.LER, *v.t., int. e pron.*, socorrer, auxiliar; ser merecedor, digno; usar, servir-se.
VA.LE.TA, *s.f.*, pequeno valo, vala estreita.
VA.LE.TE, *s.m.*, carta do baralho com figura.
VA.LI.A, *s.f.*, valor, quantia, utilidade, serventia.
VA.LI.DAR, *v.t.*, tornar válido, legitimar, legalizar.
VÁ.LI.DO, *adj.*, real, legal, certo, justo, valioso, sadio, legítimo.
VA.LI.O.SO, *adj.*, importante, válido, legítimo, certo, precioso.
VA.LI.SA, *s.f.*, maleta, mala portátil, valise.
VA.LI.SE, *s.f.*, valisa, maleta, mala de mão.
VA.LOR, *s.m.*, quantia, quanto, preço, coragem, energia, força; *fig.*, importância, apreço, estima.
VA.LO.RI.ZAR, *v.t. e pron.*, atribuir valor, engrandecer, tornar valioso, enobrecer.
VA.LO.RO.SO, *adj.*, valente, intrépido, valioso, corajoso.
VAL.SA, *s.f.*, tipo de música e de dança.
VÁL.VU.LA, *s.f.*, órgão no corpo que intercepta ou deixa fluir líquido; dispositivo para fechar a saída de líquidos ou gás.
VAM.PI.RO, *s.m.*, monstro que sairia da sepultura à noite para sugar o sangue de pessoas.
VÂN.DA.LO, *s.m.*, povo bárbaro da antiga Germânia; *fig.*, destruidor, incivilizado.
VAN.GLÓ.RIA, *s.f.*, autoestima exagerada, vaidade, soberba.
VAN.GLO.RI.AR, *v.t. e pron.*, engrandecer demais, envaidecer, tornar soberbo.
VAN.GUAR.DA, *s.f.*, a parte da frente, a dianteira, o fronte.
VAN.TA.GEM, *s.f.*, superioridade, dianteira, primazia, lucro.
VAN.TA.JO.SO, *adj.*, superior, lucrativo, benéfico.
VÃO, *adj.*, inútil, sem valor, fútil, frustrado; *s.m.*, espaço vazio.
VA.POR, *s.m.*, líquido em estado gasoso; antigo navio movido a vapor.
VA.PO.RAR, *v.int. e pron.*, desprender vapor, evaporar-se.
VA.PO.RI.ZA.DOR, *s.m.*, aparelho usado para vaporizar um ambiente.
VA.PO.RI.ZAR, *v.t.*, encher de vapor, tornar vapor, pulverizar.
VA.PO.RO.SO, *adj.*, cheio de vapor, com textura de vapor, leve, volátil, fino.
VA.QUEI.RO, *s.m.*, quem trabalha com o gado, campeiro; *adj.*, próprio do gado.
VA.QUE.JA.DA, *s.f.*, agrupamento de gado de uma fazenda para diversão.
VA.RA, *s.f.*, haste de madeira fina e longa; divisão de função de juiz em um fórum; manada de porcos; pau, bordão, cajado.
VA.RA.DA, *s.f.*, golpe com uma vara, pancada.
VA.RAL, *s.m.*, armação feita de arames para colocar a roupa a secar.

VA.RAN.DA, *s.f.*, sacada, balcão, terraço.
VA.RÃO, *s.m.*, pessoa do sexo masculino, homem honrado.
VA.RA.PAU, *s.m.*, cajado, bordão, pau comprido para atravessar um rio.
VA.RAR, *v.t.*, atravessar, cruzar, ir além, transpor.
VA.RE.JEI.RA, *s.f.*, mosca que deposita ovos ou larvas nas feridas ou na carne, trazendo danos à saúde.
VA.RE.JIS.TA, *adj.* e *s.c. 2 gên.*, quem vende no varejo, quem vende pequenas porções.
VA.RE.JO, *s.m.*, sistema de vendas em pequenas quantidades.
VA.RE.TA, *s.f.*, uma vara pequena.
VA.RI.AN.TE, *adj.*, que varia, que muda, diferente; *s.f.*, as formas variadas de uma palavra, objeto; estrada secundária.
VA.RI.AR, *v.t., int.* e *pron.*, diferenciar, mudar, tornar-se diferente, modificar, desvairar, enlouquecer.
VA.RI.Á.VEL, *adj.*, mutável, que muda, que sofre transformações, flexível.
VA.RI.CE.LA, *s.f.*, doença, catapora.
VA.RI.CO.SO, *adj.*, sensível a varizes, que tem varizes.
VA.RI.E.DA.DE, *s.f.*, diversidade, variação, instabilidade, mudança.
VA.RI.E.DA.DES, *s.f. pl.*, apresentações em televisão com assuntos diversos.
VÁ.RIO, *adj.*, matizado, variegado, diverso, mutável, diferente.
VA.RÍ.O.LA, *s.f.*, doença que ataca a pele, bexiga.
VA.RI.ZES, *s.f.*, veias dilatadas, sobretudo nas pernas e coxas.
VA.RO.NIL, *adj.*, forte, duro, vigoroso, valente, audaz, ousado.
VAR.RE.ÇÃO, *s.f.*, varredura, ato de varrer, recolher tudo.
VAR.RER, *v.t., int.* e *pron.*, limpar com a vassoura, despoluir, higienizar; tirar tudo de uma região, arrancar, arrasar.
VAR.RI.DO, *adj.*, limpo, despoluído, higienizado; sacudido.
VÁR.ZE.A, *s.f.*, baixada, planície, planura, superfície plana à margem de rios.
VAR.ZE.A.NO, *adj.*, próprio de várzea, de planície; futebol jogado por amadores.
VA.SA, *s.f.*, lodo, lama, borra, sedimento no fundo das águas.
VAS.CU.LAR, *adj.*, que se refere a vasos sanguíneos.
VAS.CU.LA.RI.DA.DE, *s.f.*, propriedade do que é vascular.
VAS.CU.LA.RI.ZA.ÇÃO, *s.f.*, atuação de vasos vasculares.
VAS.CU.LHAR, *v.t.*, investigar, pesquisar, perquirir, varrer, buscar tudo.
VA.SEC.TO.MI.A, *s.f.*, pequena cirurgia médica masculina visando à esterilização.
VA.SE.LI.NA, *s.f.*, tipo de substância gordurosa para lubrificar locais.
VA.SI.LHA, *s.f.*, recipiente para recolher coisas, líquidos; bacia.
VA.SI.LHA.ME, *s.m.*, porção de vasilhas; garrafas vazias, conjunto de recipientes.
VA.SO, *s.m.*, recipiente comum; recipiente usado para plantar folhagens e flores; urinol, penico, sanitário; órgão do corpo humano.
VA.SO.MO.TOR, *s.m.*, órgão do corpo que provoca a dilatação dos vasos sanguíneos.
VAS.SA.LA.GEM, *s.f.*, situação na qual alguém é vassalo, servo; *fig.*, dependência, subordinação.
VAS.SA.LO, *adj.* e *s.m.*, quem dependia do senhor feudal, subordinado, que paga tributos a outro, dependente, submisso.
VAS.SOU.RA, *s.f.*, utensílio para varrer, limpar; um tipo de planta comum.
VAS.SOU.RA.DA, *s.f.*, golpe com a vassoura; varrida, varredura.
VAS.SOU.RAL, *s.m.*, terreno coberto de plantas chamadas vassouras.
VAS.SOU.RAR, *v.t.* e *int.*, varrer, limpar, despoluir.
VAS.TI.DÃO, *s.f.*, imensidão, grande extensão, algo imenso.
VAS.TO, *adj.*, imenso, muito grande, enorme.
VA.TA.PÁ, *s.m.*, prato da cozinha baiana, feito com farinha de mandioca, pimenta, azeite-de-dendê, camarão, peixe e leite de coco.
VA.TE, *s.m.*, poeta, profeta, vaticinador.
VA.TI.CA.NO, *s.m.*, local em que reside o papa, dentro de Roma.
VA.TI.CI.NAR, *v.t.*, profetizar, prenunciar, prever, prognosticar.
VA.TI.CÍ.NIO, *s.m.*, profecia, previsão, prognóstico.
VAU, *s.m.*, parte de um rio que permite sua travessia a pé ou a cavalo.
VA.ZA.DOR, *s.m.*, instrumento para furar, esburacar.

VA.ZA.DOU.RO, *s.m.*, onde os líquidos escapam, somem; sorvedouro.
VA.ZA.MEN.TO, *s.m.*, local por onde sai líquido.
VA.ZAN.TE, *s.f.*, refluxo, maré baixa; nível de rio muito baixo.
VA.ZÃO, *s.f.*, vazamento, escoamento, o quanto passa de água de um rio, consumo.
VA.ZAR, *v.t., int.* e *pron.*, esvaziar, tornar vazio, escoar, furar; espalhar notícia, contar.
VA.ZI.O, *adj.*, oco, sem conteúdo, vago, desocupado, fútil, leviano.
VE.A.DO, *s.m.*, animal da família dos cervídeos, cervo; *ch.*, homem efeminado.
VE.DA.ÇÃO, *s.f.*, fechamento, tapume, calafetação, proibição.
VE.DAR, *v.t., int.* e *pron.*, fechar, encerrar, proibir, tolher.
VE.DE.TE, *s.f.*, artista famosa, pessoa do palco com relevo; esnobe.
VE.DE.TIS.MO, *s.m.*, atitude de vedete, esnobismo.
VE.E.MÊN.CIA, *s.f.*, exaltação, estado de estar veemente.
VE.E.MEN.TE, *adj.*, impetuoso, sem domínio, nervoso, caloroso, vivaz, ousado.
VE.GE.TA.ÇÃO, *s.f.*, flora, conjunto de vegetais, cobertura florestal.
VE.GE.TAL, *s.m.*, toda e qualquer planta ou erva.
VE.GE.TAR, *v.t.* e *int.*, viver como planta, crescer; viver sem consciência.
VE.GE.TA.RI.A.NO, *adj.* e *s.m.*, pessoa que come apenas vegetais.
VE.GE.TA.TI.VO, *adj.*, próprio do vegetal, que cresce como vegetal, que vive sem consciência do que faz.
VEI.A, *s.f.*, vaso capitular que leva o sangue ao coração; tendência, inspiração.
VEI.CU.LAR, *v.t.*, referir, transmitir, propagandear, divulgar.
VE.Í.CU.LO, *s.m.*, carro, automóvel, condução, transporte; meio de comunicação.
VEI.O, *s.m.*, camada de terra, de madeira notável pela cor, existência de metal na terra; nascente, fonte.
VE.LA, *s.f.*, peça de lona usada para impelir o veleiro com o vento; peça feita de matéria gordurosa com pavio para iluminar; peça de carro.
VE.LA.ME, *s.m.*, conjunto de velas.
VE.LAR, *v.t.* e *pron.*, ocultar, colocar um véu; vigiar, passar a noite com o cadáver; cuidar de um doente.
VE.LEI.DA.DE, *s.f.*, ilusão, capricho, leviandade.
VE.LEI.RO, *s.m.*, embarcação movida por vela.
VE.LE.JAR, *v.t.* e *int.*, navegar um barco à vela.
VE.LHA.CA.RI.A, *s.f.*, safadeza, patifaria.
VE.LHA.CO, *adj.*, trapaceiro, safado, enganador, fraudador, patife.
VE.LHA.RI.A, *s.f.*, coisa velha e sem valor, traste, algo velho, arcaico.
VE.LHI.CE, *s.f.*, situação de quem está velho, idade avançada, decrepitude.
VE.LHO, *adj.*, idoso, ancião; usado, gasto, ultrapassado, em desuso; *s.m.*, homem ancião; *fam.*, o pai.
VE.LHO.TE, *s.m.*, pessoa mais velha; pessoa velha, mas disposta.
VE.LO, *s.m.*, lã de carneiro, ovelha.
VE.LO.CI.DA.DE, *s.f.*, celeridade, rapidez.
VE.LO.CÍ.ME.TRO, *s.m.*, instrumento para medir a velocidade.
VE.LO.CÍ.PE.DE, *s.m.*, triciclo, brinquedo para crianças.
VE.LÓ.DRO.MO, *s.m.*, local com pistas para corridas de bicicletas.
VE.LÓ.RIO, *s.m.*, ação em que as pessoas velam um defunto.
VE.LOZ, *adj.*, ligeiro, célere, rápido.
VE.LU.DO, *s.m.*, tecido com um lado peludo e macio.
VE.NAL, *adj.*, vendível, negociável, valor de mercadoria; *fig.*, corrupto, fraudulento; próprio da veia, venoso.

VENCEDOR

VEN.CE.DOR, *s.m.,* vitorioso, dominador, quem vence.
VEN.CER, *v.t., int.* e *pron.,* dominar, subjugar, ganhar o jogo, ser vencedor, destruir.
VEN.CI.DO, *adj.,* perdedor, derrotado, dominado, subjugado.
VEN.CI.MEN.TO, *s.m.,* prazo para pagar; fim, término, remuneração.
VEN.DA, *s.f.,* ato de vender, vendagem; faixa com que se tapam os olhos.
VEN.DAR, *v.t.,* tapar com venda.
VEN.DA.VAL, *s.m.,* trovoada, tempestade, temporal, tufão.
VEN.DÁ.VEL, *adj.,* que se pode vender, negociável, vendível.
VEN.DE.DOR, *s.m,* quem vende, negociante.
VEN.DEI.RO, *s.m.,* proprietário de venda.
VEN.DER, *v.t.* e *pron.,* entregar um produto mediante pagamento; trocar mercadoria por dinheiro.
VEN.DI.DO, *adj.,* negociado, entregue mediante pagamento; *fig.,* subornado.
VEN.DÍ.VEL, *adj.,* vendável, negociável.
VE.NE.NO, *s.m.,* tóxico, substância que pode matar ou perturbar o organismo.
VE.NE.NO.SO, *adj.,* cheio de veneno, tóxico, peçonhento, prejudicial.
VE.NE.RA.ÇÃO, *s.f.,* apreciação, respeito, culto, memória.
VE.NE.RAR, *v.t.,* reverenciar, respeitar, amar, reter na memória.
VE.NE.RÁ.VEL, *adj.,* digno de ser venerado, respeitável, digno.
VE.NÉ.REO, *adj.,* erótico, relativo ao sexo, referente a Vênus, deusa do amor; que se refere a doenças sexualmente transmissíveis.
VE.NE.TA, *s.f.,* acesso de loucura, impulso, ataque, mania.
VE.NE.ZI.A.NA, *s.f.,* tipo de janela feita com lâminas de madeira, deixando um espaço entre uma e outra.
VE.NE.ZU.E.LA.NO, *adj.* e *s.m.,* próprio da Venezuela ou seu habitante.
VÊ.NIA, *s.f.,* etiqueta, gesto nobre, mesura, reverência; licença, escusa, perdão.
VE.NI.AL, *adj.,* próprio da vênia, desculpável, pecado leve.
VE.NO.SO, *adj.,* referente ao sangue com gás carbônico e que é purificado pelos pulmões.
VEN.TA, *s.f.,* nariz, cada uma das fossas nasais.
VEN.TA.NI.A, *s.f.,* vendaval, vento forte, furacão.
VEN.TAR, *v.t.* e *int.,* deslocar o ar, soprar o ar.
VEN.TA.RO.LA, *s.f.,* um tipo de leque.
VEN.TI.LA.ÇÃO, *s.f.,* passagem de ar num ambiente, troca do ar viciado por puro.
VEN.TI.LA.DOR, *s.m.,* eletrodoméstico movido a eletricidade para fazer o ar circular.
VEN.TI.LAR, *v.t.* e *pron.,* arejar, despoluir, fazer o ar deslocar-se; discutir, refletir sobre, trazer para debate.
VEN.TO, *s.m.,* o ar em movimento, corrente de ar.
VEN.TO.I.NHA, *s.f.,* instrumento pequeno para provocar vento, peça do motor do automóvel, hélice.
VEN.TO.SA, *s.f.,* objeto usado para fazer o sangue afluir à superfície.
VEN.TO.SI.DA.DE, *s.f.,* flatulência, expulsão barulhenta de gases.
VEN.TO.SO, *adj.,* com vento, vento intenso.
VEN.TRAL, *adj.,* próprio do ventre, do estômago, estomacal.
VEN.TRE, *s.m.,* abdome, barriga; *fig.,* útero.
VEN.TRÍ.CU.LO, *s.m.,* pequenas cavidades de alguns órgãos, como as duas do coração.
VEN.TRÍ.LO.QUO, *s.m.,* pessoa que fala sem abrir a boca, dando a impressão que fala pela barriga.
VEN.TU.RA, *s.f.,* sorte, fortuna, dita, destino.
VEN.TU.RO.SO, *adj.,* feliz, ditoso, alegre, próspero.
VÊ.NUS, *s.f.,* planeta chamado de estrela da manhã, estrela vésper, estrela do pastor; mulher dotada de grande beleza física.
VER, *v.t., int.* e *pron.,* apreciar por meio dos olhos, enxergar, olhar, perceber, notar, distinguir, visitar, conhecer, examinar.
VE.RA.NE.AR, *v.int.,* passar o verão a passeio; ficar na praia.
VE.RA.NIS.TA, *s.c. 2 gên.,* quem veraneia, turista.
VE.RÃO, *s.m.,* estação do calor, estação quente.
VER.BA, *s.f.,* quantia de dinheiro com destinação própria, dinheiro.
VER.BAL, *adj.,* próprio do verbo, falado, oral, dito.
VER.BA.LI.ZAR, *v.t.,* falar, referir por palavras, expor falando.
VER.BE.RAR, *v.t.,* castigar, penalizar, açoitar, censurar, advertir; brilhar.
VER.BE.TE, *s.m.,* nota, dito, conceito, acepção de uma palavra, referência.
VER.BO, *s.m.,* termo, palavra, locução; palavra conjugada que traduz ação, estado ou fenômeno; expressão bíblica para designar Jesus Cristo.
VER.BOR.RA.GI.A, *s.f.,* verborreia, falação, discurso longo e sem sentido.
VER.BOR.REI.A, *s.f.,* verborragia, falação.
VER.DA.DE, *s.f.,* exatidão, justeza, boa fé, o que é real de fato.
VER.DA.DEI.RO, *adj.,* exato, justo, certo, real, verídico, próprio, autêntico.
VER.DE, *adj.,* cor das folhas das plantas, cor derivada da mistura do azul com o amarelo, não maduro; *fig.,* ingênuo, inexperiente.
VER.DE.JAN.TE, *adj.,* muito verde, viçoso.
VER.DE.JAR, *v.t.* e *int.,* ter cor verde, mostrar o verde, crescer viçosamente.
VER.DO.EN.GO, *adj.,* meio verde, esverdeado.
VER.DOR, *s.m.,* verde forte, vigor, força, robustez, saúde boa.
VER.DU.GO, *s.m.,* carrasco, algoz; tipo desumano, cruel, malvado.
VER.DU.RA, *s.f.,* hortaliça, vegetais, o verde das plantas.
VER.DU.REI.RO, *s.m.,* quem vende verduras.
VE.RE.A.DOR, *s.m.,* membro eleito para a câmara de vereadores; edil.
VE.RE.AN.ÇA, *s.f.,* exercício, função de vereador.
VE.RE.DA, *s.f.,* senda, picada, caminho estreito; caminho, rumo.
VE.RE.DI.TO, *s.m.,* sentença judiciária final, decisão.
VER.GA, *s.f.,* mastro de veleiro para prender uma vela; vara, haste flexível.
VER.GÃO, *s.m.,* sinal, marca, cicatriz, chaga.
VER.GAR, *v.t., int.* e *pron.,* curvar, encurvar; submeter-se, aceitar.
VER.GAS.TA, *s.f.,* chicote, açoite, pequeno chicote, chibata.
VER.GAS.TA.DA, *s.f.,* pancada com a vergasta, chicotada, varada.
VER.GAS.TAR, *v.t.,* chicotear, bater com chicote.
VER.GO.NHA, *s.f.,* respeito, pudor, timidez, ingenuidade, decoro, decência.
VER.GO.NHO.SO, *adj.,* cheio de vergonha, tímido; indecoroso; escandaloso.
VE.RÍ.DI.CO, *adj.,* verdadeiro, real, veraz, próprio da verdade.
VE.RI.FI.CAR, *v.t.* e *pron.,* averiguar, investigar, buscar, perquirir, examinar.

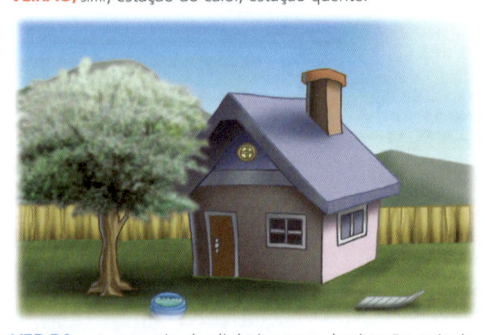

VER.ME, s.m., animais moles como a minhoca, larvas; *fig.*, tipo vil.
VER.ME.LHÃO, s.m., substância usada para obter tintas.
VER.ME.LHAR, v.t. e int., obter cor vermelha, avermelhar.
VER.ME.LHO, adj., escarlate, rubro; com cor vermelha, corado, rosado.
VER.MI.CI.DA, s.f., remédio para eliminar os vermes, veneno para vermes.
VER.MÍ.FU.GO, s.m., substância medicinal para eliminar vermes, vermicida.
VER.MI.NO.SE, s.f., doença em decorrência de vermes.
VER.MU.TE, s.m., bebida alcoólica doce, de origem italiana.
VER.NÁ.CU.LO, s.m., idioma, a língua própria de um povo, língua-mãe.
VER.NIS.SA.GE, s.f., (francês), exposição de obras de arte para vendas.
VER.NIZ, s.m., substância para revestir móveis, madeiras; *fig.*, conhecimento elementar.
VE.ROS.SÍ.MIL, adj., que pode ser verdadeiro, parecido com a verdade.
VER.RU.GA, s.f., ruga, saliência pequena na pele.
VER.RU.MA, s.f., pua, ferramenta para furar com uma ponta própria.
VER.SA.DO, adj., perito, especialista, preparado, experiente.
VER.SÃO, s.f., tradução, interpretação, divulgação de um fato, modo de ver.
VER.SAR, v.t., praticar, exercitar, traduzir, interpretar, examinar.
VER.SÁ.TIL, adj., prático, com diversos valores, inconstante, manejável.
VER.SE.JAR, v.t. e int., colocar em verso, fazer versos, poetar.
VER.SÍ.CU.LO, s.m., parte de um capítulo, divisão dada às frases na Bíblia.
VER.SI.FI.CAR, v.t. e int., mudar para versos, modificar a prosa para verso, fazer versos.
VER.SO, s.m., cada linha de um verso, frase poética.
VER.SUS, prep., (latim), contra, oposto.
VÉR.TE.BRA, s.f., cada ossinho que forma a espinha dorsal dos vertebrados.
VER.TE.BRA.DOS, s.m. pl., grupo de animais que têm espinha dorsal, coluna.
VER.TE.BRAL, adj., próprio das vértebras; fundamental.
VER.TEN.TE, s.f., encosta, ladeira, parte descendente da montanha, declive.
VER.TER, v.t. e int., derramar, espalhar, jorrar, cair; traduzir, explicar.
VER.TI.CAL, adj., perpendicular a uma superfície plana, a pino.
VÉR.TI.CE, s.m., cume, ápice, cimo, pináculo; pico, ponto mais elevado, clímax.
VER.TI.GEM, s.f., tontura, mal-estar, incômodo, desmaio.
VER.TI.GI.NO.SO, adj., cheio de vertigens, elevado, célere, precipitado.
VER.VE, s.f., inspiração, vigor, fluência na fala e na escrita, riqueza de expressão.
VES.GO, adj. e s.m., com defeito na visão, estrábico.
VE.SI.CAL, adj., próprio da vesícula.
VE.SÍ.CU.LA, s.f., cavidade em que um líquido orgânico se concentra.
VES.PA, s.f., inseto provido de um ferrão com que ataca os inimigos.
VES.PEI.RO, s.m., ninho de vespas; *fig.*, lugar perigoso.
VÉS.PE.RA, s.f., a parte do dia após o meio-dia, o dia precedente, anterior.
VES.PE.RAL, s.f., qualquer ato feito à tarde.
VÉS.PE.RAS, s.f.pl., oração feita à tarde, fatos do dia anterior.
VES.PER.TI.NO, adj., próprio da tarde.
VES.TAL, s.f., sacerdotisa romana da deusa vesta; *fig.*, mulher pura.
VES.TE, s.f., roupa, vestimenta, parte do vestuário.
VES.TI.Á.RIO, s.m., local para guardar as roupas.
VES.TI.BU.LAN.DO, adj. e s.m., pessoa que deve prestar vestibular.
VES.TI.BU.LAR, s.m., exame feito pelas universidades para classificar candidatos.
VES.TÍ.BU.LO, s.m., saguão, entrada, entrada central de uma casa.
VES.TI.DO, s.m., vestimenta feminina; adj., com roupas.

VES.TÍ.GIO, s.m., pegada, indício, rastro, sinal.
VES.TI.MEN.TA, s.f., veste, vestidos, vestuário.
VES.TIR, v.t., int. e pron., envolver o corpo com vestes, trajar-se, cobrir-se.
VES.TU.Á.RIO, s.m., roupas, vestes, vestimenta.
VE.TAR, v.t., proibir, vedar, não autorizar.
VE.TE.RA.NO, adj. e s.m., membro antigo de um grupo, treinado, velho.
VE.TE.RI.NÁ.RIA, s.f., trabalho médico em prol dos animais.
VE.TE.RI.NÁ.RIO, s.m., quem trabalha com veterinária.
VE.TO, s.m., proibição, impedimento, oposição, voto contrário.
VE.TUS.TO, adj., decrépito, muito velho, velhusco.
VÉU, s.m., tecido transparente para cobrir algo, peça do vestiário para cobrir o rosto; qualquer coisa para encobrir algo.
VE.XA.ME, s.m., vergonha, escândalo, desrespeito, afronta.
VE.XAR, v.t. e pron., envergonhar, afrontar, incomodar, humilhar.
VE.XA.TÓ.RIO, adj., que envergonha, que escandaliza, afrontoso.
VEZ, s.f., momento, ocasião, oportunidade, época.
VI.A, s.f., caminho, estrada, rua, rumo, direção, meio, jeito, documento.
VI.A.BI.LI.ZAR, v.t., tornar viável, possibilitar, fazer para que aconteça.
VI.A.ÇÃO, s.f., ato de percorrer uma via; serviço público de transporte.
VI.A.DU.TO, s.m., passagem construída por cima de ruas e estradas.
VI.A.GEM, s.f., deslocamento de um local a outro, excursão, ida.
VI.A.JAN.TE, adj. e s.c. 2 gên., quem viaja, representante comercial.
VI.A.JAR, v.t. e int., empreender uma viagem, deslocar-se, ir para, andar.
VI.A-LÁC.TEA, s.f., conjunto de constelações nas quais se insere a Terra.
VI.AN.DAN.TE, adj. e s.c. 2 gên., quem viaja, viajante, transeunte, viajor.
VI.Á.RIO, adj., próprio da viação, referente à via.
VI.A.TU.RA, s.f., qualquer meio de transporte, veículo.
VI.Á.VEL, adj., propício, que pode ser realizado, factível, realizável.
VÍ.BO.RA, s.f., nome genérico dado às cobras, serpente; *fig.*, pessoa perversa.
VI.BRA.ÇÃO, s.f., ato de vibrar, tremor, tremura; agitação.
VI.BRA.DOR, s.m., aparelho usado para produzir vibrações, agitações.
VI.BRAR, v.t. e int., agitar, tremer, palpitar, mover-se.
VI.ÇAR, v.int., ter viço, vicejar, crescer com vigor, desenvolver-se.
VI.CE-AL.MI.RAN.TE, s.m., posto na hierarquia do comando da Marinha.
VI.CE-GO.VER.NA.DOR, s.m., pessoa imediatamente abaixo do governador e que pode substituí-lo.
VI.CE.JAR, v.t. e int., viçar, crescer, brotar.
VI.CE-PRE.SI.DÊN.CIA, s.f., quem substitui o presidente.
VI.CE-REI, s.m., cargo honorífico dado a nobres antigamente.
VI.CE-VER.SA, adv., mutuamente, de modo inverso.
VI.CI.A.DO, adj., dominado por um vício.
VI.CI.AR, v.t. e pron., corromper, deturpar, estragar.
VI.CI.NAL, adj., que se refere a estradas secundárias.
VÍ.CIO, s.m., vezo, defeito, mau costume, depravação.
VI.CI.O.SO, adj., viciado, corrompido, degradado, vil.

VICISSITUDE

VI.CIS.SI.TU.DE, *s.f.*, contrariedade, azar, revés.
VI.ÇO, *s.m.*, vigor, força, robustez, exuberância.
VI.DA, *s.f.*, existência, ato de viver, entusiasmo.
VI.DEI.RA, *s.f.*, planta que produz a uva, vide.
VI.DEN.TE, *adj. e s.c. 2 gên.*, vate, profeta, quem prevê o futuro, vaticinador.
VÍ.DEO, *s.m.*, parte do televisor em que se veem as imagens.
VI.DE.O.CAS.SE.TE, *s.m.*, aparelho eletrônico para reproduzir as imagens gravadas em fitas.
VI.DE.O.CLI.PE, *s.m.*, pequenas cenas para propagandear um tema ou objeto.
VI.DE.O.GA.ME, *s.m.*, (inglês), aparelho eletrônico para divertir com jogos.
VI.DE.O.LO.CA.DO.RA, *s.f.*, local para alugar fitas para videocassete.
VI.DRA.ÇA, *s.f.*, placa de vidro fino para fechar janelas, portas ou divisórias.
VI.DRA.ÇA.RI.A, *s.f.*, empreendimento para venda de vidro plano.
VI.DRA.CEI.RO, *s.m.*, quem trabalha com vidro plano.
VI.DRA.DO, *adj.*, revestido com vidro; *gir.*, apaixonado.
VI.DRAR, *v.t. e int.*, vitrificar, fechar com vidro, embaciar.
VI.DRA.RI.A, *s.f.*, fábrica de vidro; loja ou oficina para vidros.
VI.DREI.RO, *s.m.*, quem trabalha com vidro.
VI.DRI.LHO, *s.m.*, pequeno enfeite feito de vidro, vidro colorido.
VI.DRO, *s.m.*, material transparente e duro, obtido com a fusão de várias matérias-primas.
VI.E.LA, *s.f.*, rua pequena, beco, travessa, ruela, estradinha.
VI.ÉS, *s.m.*, rumo oblíquo, de lado.
VI.ET.NA.MI.TA, *adj. e s.c. 2 gên.*, próprio do Vietnã, seu habitante; idioma.
VI.GA, *s.f.*, barra de concreto ou madeira para sustentar o teto da casa.
VI.GA.MEN.TO, *s.m.*, o conjunto das vigas de uma casa.
VI.GA.RI.CE, *s.f.*, safadeza, trapaça.
VI.GÁ.RIO, *s.m.*, pároco, cura, padre que comanda uma paróquia.
VI.GA.RIS.TA, *s.c. 2 gên.*, safado, fraudador, espertalhão.
VI.GÊN.CIA, *s.f.*, lapso de tempo durante o qual algo tem valor.
VI.GEN.TE, *adj.*, que dura, que está em vigor.
VI.GER, *v.int.*, estar em vigor, existir.
VI.GÉ.SI.MO, *num.*, ordinal de 20.
VI.GI.A, *s.c. 2 gên.*, sentinela, atalaia, guarda, vigilante; *s.f.*, abertura para a entrada de luz em um ambiente.
VI.GI.AR, *v.t. e int.*, estar atento, alerta, pronto, cuidar, observar, espreitar.
VI.GI.LAN.TE, *s.c. 2 gên.*, sentinela, vigia, atalaia; *adj.*, pronto, desperto, atento.
VI.GÍ.LIA, *s.f.*, guarda, ato de ser vigilante, ficar de prontidão sem dormir.
VI.GOR, *s.m.*, robustez, força, vitalidade, viço.
VI.GO.RAR, *v.t. e int.*, estar em uso, ter força, vitalizar.
VI.GO.RO.SO, *adj.*, forte, robusto, viril, ativo.
VIL, *adj.*, desprezível, ordinário, reles, miserável, sem valor, baixo.
VI.LA, *s.f.*, aldeia, localidade, distrito de cidade maior, povoado.
VI.LÃO, *adj. e s.m.*, tipo muito vil.
VI.LE.ZA, *s.f.*, baixeza, baixaria, coisa ignóbil.
VI.LI.PEN.DI.AR, *v.t.*, humilhar, desprezar, rebaixar.
VI.LI.PÊN.DIO, *s.m.*, desprezo, baixeza, vileza.
VI.ME, *s.m.*, ramo flexível do vimeiro usado em artesanato.
VI.MEI.RO, *s.m.*, planta que produz o vime, salgueiro.
VI.NA.GRE, *s.m.*, líquido de gosto ácido produzido pela fermentação do vinho.
VI.NA.GREI.RA, *s.f.*, fábrica que produz vinagre, vasilha para pôr vinagre.
VI.NA.GRE.TE, *s.m.*, um tipo de tempero à base de vinagre.
VIN.CAR, *v.t.*, criar vincos, enrugar, dobrar.
VIN.CO, *s.m.*, sulco, dobra, vergão.
VIN.CU.LAR, *v.t. e pron.*, ligar, reunir, prender, sujeitar.
VIN.CU.LA.TÓ.RIO, *adj.*, que vincula, que liga.
VÍN.CU.LO, *s.m.*, liame, ligamento, união, nexo, conexão.
VIN.DI.MA, *s.f.*, colheita da uva.
VIN.DO, *adj.*, chegado, que está no local de destino.
VIN.DOU.RO, *adj.*, que virá, futuro.
VIN.GAN.ÇA, *s.f.*, punição, desforra, revide.
VIN.GAR, *v.t., int. e pron.*, praticar uma vingança, desforrar, revidar; brotar, crescer.
VIN.GA.TI.VO, *adj.*, que se vinga, rancoroso.
VI.NHA, *s.f.*, grupo de videiras, plantação de vinhas.
VI.NHA.ÇA, *s.f.*, vinho ruim, vinho de segunda categoria.
VI.NHA.ÇO, *s.m.*, bagaço das uvas, resíduos das uvas.
VI.NHA-D'A.LHOS, *s.f.*, tipo de molho à base de vinagre, alho, cebola.
VI.NHA.TEI.RO, *s.m.*, quem planta vinhas.
VI.NHE.DO, *s.m.*, vinhal, muitas vinhas, muitas videiras.
VI.NHE.TA, *s.f.*, logotipo, enfeite ao redor das páginas, mensagem sob as imagens da televisão, propaganda.
VI.NHO, *s.m.*, bebida alcoólica feita com a uva; cor do vinho.
VI.NHO.TO, *s.m.*, bebida obtida com a fermentação do álcool de cana.
VI.NI.CUL.TOR, *s.m.*, vinhateiro, plantador de videiras.
VI.NI.CUL.TU.RA, *s.f.*, cultivo de videiras para produzir vinho.
VIN.TE, *num.*, cardinal de 20.
VIN.TÉM, *s.m.*, moeda antiga de pequeno valor, algo de pouco valor.
VIN.TE.NA, *s.f.*, grupo de vinte pessoas ou coisas.
VI.O.LA, *s.f.*, instrumento de cordas parecido com o violão.
VI.O.LÁ.CEAS, *s.f.pl.*, ramo de plantas que inclui a violeta, o amor-perfeito.
VI.O.LÃO, *s.m.*, instrumento com seis cordas.
VI.O.LAR, *v.t.*, desrespeitar, violentar, transgredir uma lei, estuprar, deflorar.
VI.O.LEI.RO, *s.m.*, quem toca viola, violão.
VI.O.LÊN.CIA, *s.f.*, agressão, desrespeito, transgressão de lei, estupro.
VI.O.LEN.TAR, *v.t. e pron.*, violar, estuprar, deflorar, agredir, desrespeitar.
VI.O.LEN.TO, *adj.*, ilegal, agressivo, subjugador, que faz uso da força.
VI.O.LE.TA, *s.f.*, planta de flores de várias cores.
VI.O.LE.TEI.RA, *s.f.*, planta que produz violetas, vendedora de violetas.
VI.O.LI.NIS.TA, *s.c. 2 gên.*, quem toca violino.
VI.O.LI.NO, *s.m.*, instrumento com cordas tocadas com um arco.
VI.O.LON.CE.LIS.TA, *s.c. 2 gên.*, quem toca violoncelo.
VI.O.LON.CE.LO, *s.m.*, instrumento de quatro cordas e de grande dimensão.
VI.O.LO.NIS.TA, *s.c. 2 gên.*, quem toca violão.
VI.PE.RI.NO, *adj.*, próprio de víbora, venenoso; *fig.*, maldizente.
VIR, *v.t., int. e pron.*, chegar, aparecer, surgir, provir, proceder, originar.
VI.RA-BOS.TA, *s.m.*, besouro; *pop.*, indivíduo inútil.
VI.RA.ÇÃO, *s.f.*, brisa, vento leve, aragem, zéfiro; *pop.*, biscate.
VI.RA-CA.SA.CA, *s.c. 2 gên.*, quem fica mudando sempre de partido, de ideias.
VI.RA.DA, *s.f.*, inversão, reviravolta, volta, retorno.
VI.RA.DO, *adj.*, retornado, invertido; tipo de comida à base de tutu.
VI.RA.GO, *s.f.*, mulher forte e de modos bruscos, mulherona.
VI.RAL, *adj.*, próprio de vírus, virótico.
VI.RA-LA.TA, *s.m.*, cachorro sem raça definida.
VI.RA-MUN.DO, *s.m.*, andarilho, nômade, pessoa sem morada fixa.
VI.RAR, *v.t. e pron.*, inverter, colocar às avessas, tornar, voltar; entornar, despejar.
VI.RA.VOL.TA, *s.f.*, volta total, reviravolta, inversão, mudança de direção.
VIR.GEM, *adj. e s.f.*, mulher intocada sexualmente, casto, puro, o que ainda não foi usado.
VIR.GIN.DA.DE, *s.f.*, pureza, castidade, santidade.
VÍR.GU.LA, *s.f.*, sinal gráfico usado na pontuação dentro da frase, para destacar pequenas pausas ou enfatizar uma ideia.
VIR.GU.LAR, *v.t. e int.*, colocar vírgulas.
VI.RIL, *adj.*, varonil, duro, enérgico, forte, robusto, másculo.
VI.RI.LHA, *s.f.*, anca, ligação da coxa com o ventre.
VI.RI.LI.DA.DE, *s.f.*, masculinidade, energia, robustez, força.
VI.RI.LI.ZAR, *v.t. e pron.*, tornar viril, masculinizar, fortalecer.
VI.RO.LO.GI.A, *s.f.*, estudo dos vírus.
VI.RO.SE, *s.f.*, doença causada por vírus.
VI.RÓ.TI.CO, *adj.*, viral, próprio do vírus, virulento.

VIR.TU.AL, *adj.*, o que pode se efetuar, realizável, potencial, possível.
VIR.TU.DE, *s.f.*, tendência à prática do bem, busca da perfeição moral.
VI.RU.LEN.TO, *adj.*, viral, virótico.
VÍ.RUS, *s.m.*, micro-organismos que provocam doenças.
VI.SA.DA, *s.f.*, ação de visar, vistagem.
VI.SA.GEM, *s.f.*, careta, trejeito, momice.
VI.SÃO, *s.f.*, olhos, sentido de ver, modo de sentir, paisagem, perspectiva.
VI.SAR, *v.t.*, mirar, firmar para uma direção, assinalar com visto; almejar.
VÍS.CE.RA, *s.f.*, designação geral de órgãos humanos que estão nas cavidades do corpo; entranhas, intestinos; intimidade, parte essencial.
VIS.CE.RAL, *adj.*, central, íntimo, profundo.
VIS.CO, *s.m.*, um tipo de parasita, suco usado para prender, apanhar aves; isca.
VIS.CON.DE, *s.m.*, título de nobreza; quase conde.
VIS.CO.SO, *adj.*, que contém visco; pegajoso, cheio de baba.
VI.SEI.RA, *s.f.*, protetor do rosto com frestas para ver; *fig.*, pessoa que só entende o que lhe ordenam entender.
VI.SI.O.NÁ.RIO, *s.m.*, quem tem fantasia, utopia, fantasioso.
VI.SI.TA, *s.f.*, ação de visitar, comparecer à casa de alguém por amizade, vistoria.
VI.SI.TAN.TE, *s.c. 2 gên.*, visitador, quem faz visitas.
VI.SI.TAR, *v.t.* e *pron.*, ir à casa de alguém para vê-lo, viajar, conhecer outros locais.
VI.SÍ.VEL, *adj.*, palpável, nítido, claro, óbvio, declarado.
VIS.LUM.BRAR, *v.t.* e *int.*, perceber, entrever, imaginar, descobrir aos poucos.
VIS.LUM.BRE, *s.m.*, ideia indefinida, visão imperfeita de algo, olhadela, sinal.
VI.SO, *s.m.*, fisionomia, face; paisagem, visão.
VI.SOM, *s.m.*, mamífero cuja pele é muito usada como vestimenta; casaco feito com essa pele.
VI.SOR, *s.m.*, dispositivo para fixar um objeto a ser filmado ou fotografado.
VÍS.PO.RA, *s.f.*, loto, jogo de azar.
VIS.TA, *s.f.*, visão, o sentido da visão, olhos, paisagem, quadro; intenção, mira.
VIS.TO, *adj.*, enxergado, notado, percebido; *s.m.*, sinal, rubrica, assinatura.
VIS.TO.RI.A, *s.f.*, exame, verificação, inspeção oficial.
VIS.TO.RI.AR, *v.t.*, verificar, inspecionar, examinar.
VIS.TO.SO, *adj.*, bem perceptível, visível, belo, fascinante, ostentoso.
VI.SU.AL, *s.f.*, vista, aparência, visão, feitio.
VI.SU.A.LI.ZAR, *v.t.*, ver, delinear, imaginar na mente.
VI.TAL, *adj.*, próprio da vida, existencial, essencial.
VI.TA.LÍ.CIO, *adj.*, que dura a vida toda, perene.
VI.TA.LI.DA.DE, *s.f.*, a vida, vigor, forças vitais.
VI.TA.LI.ZA.DOR, *adj.e s.m.*, que dá forças, que vitaliza.
VI.TA.LI.ZAR, *v.t.*, dar forças, proporcionar vida, fortalecer.
VI.TA.MI.NA, *s.f.*, substâncias para fortalecer o organismo humano.
VI.TA.MI.NAR, *v.t.* e *pron.*, tomar vitaminas, colocar vitaminas em.
VI.TE.LA, *s.f.*, bezerro, carne de bezerro.
VI.TE.LI.NO, *adj.*, próprio da gema do ovo; amarelo como a gema.
VI.TE.LO, *s.m.*, bezerro, novilho novo.
VI.TI.CUL.TU.RA, *s.f.*, cultivo de videiras.
VI.TI.LI.GEM, *s.f.*, doença que provoca manchas na pele.
VÍ.TI.MA, *s. f.*, pessoa que sofre acidente, desgraça ou ataque de outro ser.
VI.TI.MAR, *v.t.*, desgraçar, agredir, massacrar, danificar.
VI.TÓ.RIA, *s.f.*, triunfo, conquista, sucesso, êxito.
VI.TÓ.RIA-RÉ.GIA, *s.f.*, planta aquática comum na Amazônia, com folhas muito grandes e belas flores.
VI.TO.RI.EN.SE, *adj.* e *s.c. 2 gên.*, próprio ou habitante de Vitória.
VI.TO.RI.O.SO, *adj.*, vencedor, que venceu, dominador.

VI.TRAL, *s.m.*, vidraça feita com vidro especial e formando desenhos coloridos.
VÍ.TREO, *adj.*, de vidro, quebradiço, transparente.
VI.TRI.FI.CAR, *v.t.*, *int.* e *pron.*, transformar em vidro, dar forma de vidro.
VI.TRI.NA, *s.f.*, compartimento de uma loja em que se expõem produtos; local para mostrar produtos; vitrine.
VI.TRI.NIS.TA, *adj.* e *s.c. 2 gên.*, quem prepara as vitrinas.
VI.TRO.LA, *s.f.*, eletrodoméstico que reproduz os discos de vinil; *pop.*, tagarela.
VI.Ú.VA-NE.GRA, *s.f.*, tipo de aranha venenosa.
VI.U.VEZ, *s.f.*, situação de quem está viúvo.
VI.Ú.VO, *s.m.*, homem de quem a esposa morreu.
VI.VA!, *interj.*, bravo, muito bem, grande.
VI.VA.CI.DA.DE, *s.f.*, esperteza, perspicácia, vitalidade.
VI.VAL.DI.NO, *adj.* e *s.m. pop.*, espertalhão, trapaceiro.
VI.VAZ, *adj.*, ativo, esperto, dinâmico, inteligente.
VI.VEI.RO, *s.m.*, construção própria para criar animais; local para desenvolver plantas.
VI.VÊN.CIA, *s.f.*, existência, modo de viver, ação de viver.
VI.VEN.CI.AR, *v. t.*, viver, sentir a vida, desenvolver a vida.
VI.VEN.DA, *s.f.*, moradia, morada, mansão, solar.
VI.VEN.TE, *adj.* e *s.m.*, ente, ser vivo, espécime humano, ser.
VI.VER, *v.t.* e *int.*, existir, ter vida, ser vivente, usufruir, residir.
VÍ.VE.RES, *s.m.pl.*, alimentos, comida.
VI.VI.DO, *adj.*, preparado, experiente, que tem tido vida.
VÍ.VI.DO, *adj.*, fulgurante, vivo, vivaz, de brilho forte.
VI.VI.FI.CAR, *v.t.*, *int.* e *pron.*, proporcionar vida, dar vida, avivar, incentivar.
VI.VÍ.PA.RO, *adj.*, referente a animais que parem os filhos.
VI.VO, *adj.*, com vida, forte, penetrante, perspicaz, inteligente, ousado.
VI.ZI.NHAN.ÇA, *s.f.*, pessoas que moram ao redor, vizinhos, arredores, cercanias.
VI.ZI.NHAR, *v.t.*, *int.* e *pron.*, ser vizinho, achegar-se, aproximar-se.
VI.ZI.NHO, *s.m.*, quem mora perto; *adj.*, próximo, limítrofe; semelhante.
VI.ZIR, *s.m.*, assessor, ministro de sultão.
VO.A.DOR, *adj.*, que voa, célere, rápido.
VO.AR, *v.t.* e *int.*, deslocar-se com a ajuda das asas, flutuar; viajar de avião, correr.
VO.CA.BU.LÁ.RIO, *s.m.*, conjunto de vocábulos, dicionário, léxico; quantidade de palavras que alguém domina.
VO.CÁ.BU.LO, *s.m.*, palavra, termo, sinônimo.
VO.CA.ÇÃO, *s.f.*, tendência, inclinação, pendor, capacidade.
VO.CAL, *adj.*, próprio da voz.
VO.CÁ.LI.CO, *adj.*, próprio das vogais.
VO.CA.LI.ZAR, *v.t.*, tornar vogal.
VO.CA.TI.VO, *s.m.*, palavra ou expressão que se usa para chamar alguém.
VO.CÊ, *pron.*, de tratamento para dirigir-se à terceira pessoa.
VO.CI.FE.RAR, *v.t.* e *int.*, berrar, gritar, bradar, dizer em alta voz, dirigir termos ofensivos.
VOD.CA, *s.f.*, bebida alcoólica feita de cereais.
VO.E.JAR, *v.int.*, esvoaçar, flutuar com as asas, voar de leve.
VO.GA, *s.f.*, aceitação, fama, propaganda; uso.
VO.GAL, *adj.*, som das cordas vocais, *s.f.*, som pronunciado com plena voz; *s.m.*, pessoa que acompanha o juiz de trabalho sem poder decisório.
VO.LAN.TE, *s.m.*, direção; nos carros, peça que serve para dirigi-los; folheto de propaganda, folheto para marcar jogos; grupo rápido de policiais.
VO.LÁ.TIL, *adj.*, que se evapora logo, que se desfaz com rapidez.
VO.LA.TI.ZAR, *v.t.*, *int.* e *pron.*, tornar volátil, vaporizar, transformar em gás.
VO.LEI.BOL, *s.m.*, vôlei, esporte praticado por dois times separados por uma rede.
VOLT, *s.m.*, medida para avaliar o poder de tensão da corrente elétrica.
VOL.TA, *s.f.*, retorno, regresso; excursão, caminhada; curva.

VOLTAGEM

VOL.TA.GEM, *s.f.*, quantos volts suporta um aparelho elétrico, quantidade de volts.
VOL.TAI.CO, *adj.*, tipo de eletricidade gerada por reação química.
VOL.TAR, *v. int.* e *pron.*, retornar, vir ao ponto de partida, regressar, devolver.
VO.LU.ME, *s.m.*, dimensão, espaço que um corpo ocupa; embrulho; intensidade de um som.
VO.LU.MO.SO, *adj.*, grande, que tem bom volume, intenso, forte.
VO.LUN.TÁ.RIO, *adj.*, que se faz por vontade própria, que adere.
VO.LUN.TA.RI.O.SO, *adj.*, exigente, caprichoso, obstinado.
VO.LÚ.PIA, *s.f.*, desejo, libido, grande prazer erótico, sensualidade exagerada.
VO.LUP.TU.O.SO, *adj.*, cheio de volúpia, que busca o prazer, prazeroso.
VO.LÚ.VEL, *adj.*, inconstante, leviano, fraco.
VOL.VER, *v.t., int.* e *pron.*, tornar, retornar, voltar, regressar, virar.
VÔ.MER, *s.m.*, ossinho que divide as duas fossas nasais na parte posterior.
VÔ.MI.CO, *adj.*, que provoca vômito.
VO.MI.TA.DO, *s.m.*, vômito, material que foi vomitado.
VO.MI.TAR, *v.t.* e *int.*, expelir comida pela boca, expulsar pela boca.
VÔ.MI.TO, *s.m.*, vomitado, substâncias expelidas pela boca.
VO.MI.TÓ.RIO, *s.m.*, remédio para fazer vomitar.
VÔN.GO.LE, *s.m.*, molusco comestível.
VON.TA.DE, *s.f.*, ânimo, intenção de agir, ato de querer, determinação, decisão, intuito, tendência, necessidade.
VO.O, *s.m.*, locomoção de aves e máquinas que se movimentam no ar, trajeto de uma ave, avião, viagem veloz, corrida.
VO.RAZ, *adj.*, devorador, que devora, ávido, que come muito e rápido.
VOS, *pron.*, pessoal do caso oblíquo da 2ª pessoa do plural; funciona como complemento verbal.
VÓS, *pron.*, pessoal do caso reto da 2ª pessoa do plural, funciona como sujeito.
VOS.SO, *pron.*, possessivo, indica a posse para a 2ª pessoa do plural.
VO.TA.ÇÃO, *s.f.*, ação ou efeito de votar, escolha, seleção.
VO.TAN.TE, *adj.* e *s.c. 2 gên.*, que vota, eleitor.
VO.TAR, *v.t.* e *int.*, decidir por voto, eleger, escolher.
VO.TO, *s.m.*, juramento, promessa, saudação, cumprimento, sufrágio.
VO.VÔ, *s.m.*, tratamento familiar ao avô.
VOZ, *s.f.*, propriedade humana de falar, expressar os pensamentos, fala; maneira como o verbo indica a ação.
VO.ZE.A.RI.A, *s.f.*, muitas vozes, ruído de vozes.
VO.ZEI.RÃO, *s.m.*, voz grossa e forte, voz forte.
VUL.CÂ.NI.CO, *adj.*, próprio de vulcão, *fig.*, ardente, impetuoso, indominável.
VUL.CA.NI.ZA.ÇÃO, *s.f.*, tratamento dado à borracha para conserto e uso em pneus e câmaras.
VUL.CA.NI.ZAR, *v.t.* e *pron.*, preparar a borracha para uso comercial.
VUL.CÃO, *s.m.*, abertura em certos montes com ligação com o centro da Terra, donde saem lavas e fumaças; *fig.*, pessoa muito ardente e ativa.
VUL.GAR, *adj.*, popular, comum, ordinário, reles.
VUL.GA.RI.DA.DE, *s.f.*, propriedade de vulgar, o que é vulgar.
VUL.GA.RIS.MO, *s.m.*, a fala e comportamento próprios do povo.
VUL.GA.RI.ZAR, *v.t.* e *pron.*, tornar vulgar, popularizar, divulgar.
VUL.GO, *s.m.*, povo, plebe, raia miúda.
VUL.NE.RAR, *v.t.*, ferir, lesionar, machucar, furar.
VUL.NE.RÁ.VEL, *adj.*, frágil, machucável, fraco, débil.
VUL.PI.NO, *adj.*, próprio da raposa; *fig.*, esperto, astuto.
VUL.TO, *s.m.*, figura, imagem, rosto, face, semblante, silhueta, tamanho.
VUL.TO.SO, *adj.*, grande, volumoso, distinto, notório, importante.
VUL.TU.O.SI.DA.DE, *s.f.*, inchação e cor avermelhada do rosto por congestão.
VUL.TU.O.SO, *adj.*, inchado, que sofre de vultuosidade.
VUL.TU.RI.NO, *adj.*, referente a abutre.
VUL.VA, *s.f.*, parte externa do aparelho genital feminino, vagina.

W, *s.m.*, vigésima terceira letra do alfabeto português, ao qual foi incorporada conforme Acordo Ortográfico assinado entre países de língua portuguesa, em vigor a partir de 2009.

WAG.NE.RI.A.NO, *adj.*, próprio de Richard Wagner, compositor alemão de ópera.

WAL.KIE.TAL.KIE, *s.m., (inglês),* pequeno transmissor e receptor de uso pessoal.

WAR.RANT, *s.m., (inglês),* título bancário que os depositantes em armazéns recebem como garantia.

WA.TER CLO.SET, *s.m., (inglês),* banheiro, abreviação W.C.

WATT, *s.m.*, medida de potência de energia elétrica.

WAT.TÍ.ME.TRO, *s.m.*, aparelho para medir a potência de energia elétrica.

WIN.DOWS, *s.m., (inglês),* programa de uso no microcomputador.

WIND.SURF, *s.m., (inglês),* esporte aquático praticado por uma só pessoa sobre prancha equipada com vela.

WUR.ZI.TA, *s.f.*, sulfeto de zinco.

X, s.m., vigésima quarta letra do á-bê-cê e décima nona consoante; algo desconhecido; na numeração romana equivale a 10.
XÁ, s.m., título dado ao soberano do Irã.
XA.DREZ, s.m., jogo realizado sobre um tabuleiro com 64 quadrados e com duas partes de 16 peças cada; tecido com quadrados coloridos; *pop.*, cadeia.
XA.DRE.ZAR, v.t., enxadrezar.
XA.DRE.ZIS.TA, adj. e s.c. 2 gên., enxadrista.
XA.LE, s.m., peça do vestuário que se usa no pescoço e nos ombros.
XAM.PU, s.m., saponáceo líquido usado para lavar os cabelos.
XAN.GÔ, s.m., orixá, deus do raio e do trovão.
XAN.TUN.GUE, s.m., tecido de seda.
XA.RÁ, s.m., pessoa que tem o mesmo nome, homônimo.
XA.RO.PA.DA, s.f., quantidade de xarope a se tomar de uma vez; *pop.*, coisa desagradável, algo sem valor.
XA.RO.PE, s.m., preparado líquido com açúcar e gosto artificial; *pop.*, pessoa que aborrece.
XA.RO.PO.SO, adj., com gosto de xarope; *pop.*, enjoativo.
XA.VAN.TE, adj. e s.c. 2 gên. da tribo dos índios Xavantes do Tocantins.
XA.VE.CO, s.m. pop., barco malfeito; *pop.*, pessoa ou coisa sem valor.
XA.XA.DO, s.m., tipo de dança do interior do Nordeste, sobretudo Pernambuco.
XA.XIM, s.m., samambaia arbustiva, cujo tronco é usado para fabricar vasos para cultivo de flores.
XEI.QUE, s.m., xeque, governante entre os povos árabes.
XE.LIM, s.m., moeda inglesa de prata, com o valor da 20ª parte da libra.
XE.NO.FI.LI.A, s.f., predileção por coisas ou pessoas estrangeiras.
XE.NÓ.FI.LO, adj.e s.m., quem tem xenofilia.
XE.NO.FO.BI.A, s.f., aversão por coisas e pessoas estrangeiras.
XE.NÓ.FO.BO, adj.e s.m., que pratica a xenofobia.
XE.PA, s.f. pop., comida de soldado, boia; resto, toco de cigarro.
XE.QUE, s.m., xeique; no jogo de xadrez, o jogador que ataca o rei do adversário deve avisar dizendo "xeque"; *fig.*, contratempo, decisão final.
XE.QUE-MA.TE, s.m., lance no xadrez pelo qual o rei é derrotado; final.
XE.RE.TA, adj. e s.c. 2 gên., bisbilhoteiro, fofoqueiro.
XE.RE.TAR, v.t. e int., intrometer-se, bisbilhotar.
XE.REZ, s.m., tipo de uva vermelha, tipo de vinho.
XE.RI.FE, s.m., chefe; na Inglaterra, encarregado pelo funcionamento de uma região; e nos EUA, chefe policial; *fig.*, delegado.
XE.RO.CAR, v.t., reproduzir um texto por cópia.
XE.RO.CÓ.PIA, s.f., cópia, reprodução.
XE.RO.CO.PI.AR, v.t., reproduzir, xerocar.
XE.RÓ.FI.LO, adj., próprio de plantas que vivem em climas secos.
XE.RO.GRA.FAR, v.t., xerocar, xerocopiar.
XE.RO.GRA.FI.A, s.f., estudo das regiões secas da Terra; reprodução de textos por fotocópia; xerox.
XE.RO.SE, s.f., secura demasiada de um tecido humano.
XE.ROX, s.f., cópia, reprodução, a máquina que faz as cópias xerox.
XÉ.ROX, s.f., xerox.
XE.XÉU, s.f., ave que imita o canto das outras aves.
XI!, interj., expressão de espanto, alegria, surpresa.
XI.BIU, s.m., diamante de pouco valor.
XÍ.CA.RA, s.f., vasilha de louça com uma asa, para servir café, chá; chávena.
XI.CA.RA.DA, s.f., o conteúdo de uma xícara.
XI.CRA.DA, s.f. pop., xicarada.
XI.FO.PA.GI.A, s.f., anormalidade de duas pessoas que nascem ligadas desde o apêndice até o umbigo.
XI.FÓ.PA.GO, s.m., que tem xifopagia.
XI.I.TA, adj. e s.c. 2 gên., ala de adeptos de Maomé mais radicais em suas convicções religiosas; *fig.*, elemento extremado, fanático.
XI.LIN.DRÓ, s.m. gir., cadeia, prisão.
XI.LO.FO.NE, s.m., instrumento musical.
XI.LO.GRA.FI.A, s.f., gravura em madeira, xilogravura.
XI.LÓ.GRA.FO, s.m., quem grava em madeira, xilogravador.
XI.LO.GRA.VAR, v.t., gravar em madeira.
XI.LO.GRA.VU.RA, s.f., xilografia.
XIM.BI.CA, s.f., casa de apostas para corridas de cavalos.
XIN.GA.ÇÃO, s.f., insulto, ofensa, agressão verbal, xingamento.
XIN.GA.MEN.TO, s.m., xingação.
XIN.GAR, v.t. e int., agredir verbalmente, insultar.
XIN.GA.TÓ.RIO, s.m., muitos xingamentos, ofensas inúmeras.
XIN.TO.ÍS.MO, s.m., religião oficial do Japão.
XIN.TO.ÍS.TA, adj. e s.c. 2 gên., praticante do xintoísmo.
XIN.XIM, s.m., guisado feito com galinha, camarões e outros ingredientes.
XI.QUE.XI.QUE, s.m., um tipo de cacto do Nordeste.
XIS, s.m., nome da letra x.
XIS.TO, s.m., tipo de rocha, dentre algumas que contêm petróleo.
XI.XI, s.m. fam., urina.
XÔ!, interj., para espantar animais, espíritos, pessoas.
XO.DÓ, s.m., namoro, namorado; grande estima, afeição.
XU.CRI.CE, s.f., braveza, incivilidade, barbarismo, selvageria.
XU.CRO, adj., não domesticado, bravo, selvagem, incapacitado, despreparado.

Y, *s.m.,* vigésima quinta letra do alfabeto português, ao qual foi incorporada conforme Acordo Ortográfico assinado entre países de língua portuguesa, em vigor a partir de 2009; usada principalmente em palavras de origem estrangeira; *Mat.* em álgebra, representa a segunda incógnita.

YIN-YANG, *s.m.,* na filosofia oriental chinesa, são os aspectos feminino (yin) e masculino (yang) do ser humano, que se equilibram e se complementam.

Z, *s.m.*, vigésima sexta letra do á-bê-cê e vigésima primeira consoante; *fig.*, fim de tudo.

ZA.BUM.BA, *s.f.*, bumbo, tambor grande; tipo de flores.

ZA.BUM.BEI.RO, *s.m.*, tocador de zabumba.

ZA.GA, *s.f.*, no futebol, jogadores de defesa.

ZA.GUEI.RO, *s.m.*, jogador da defesa, beque.

ZAN.GA, *s.f.*, aborrecimento, irritação, raiva.

ZAN.GÃO, *s.m.*, macho da abelha-rainha.

ZAN.GAR, *v.t.* e *pron.*, incomodar, aborrecer, molestar, encolerizar.

ZAN.ZAR, *v.int.*, perambular, andar ao léu, andar à toa.

ZA.RA.BA.TA.NA, *s.f.*, canudo comprido para arremessar projéteis contra os inimigos.

ZAR.CÃO, *s.m.*, óxido de chumbo usado para proteger metais contra a ferrugem.

ZA.RO.LHO, *adj.* e *s.m.*, caolho, que tem um olho cego, estrábico.

ZAR.PAR, *v.int.*, largar a partida, partir, saída de navio; *fig.*, fugir.

ZÁS!, *interj.*, indica gesto, movimento rápido, zás-trás.

ZÁS-TRÁS, *interj.*, zás.

ZE.BRA, *s.f.*, mamífero da família dos equídeos africanos; *fig.*, indivíduo tolo; má sorte, azar.

ZE.BRA.DO, *adj.*, com listras como a zebra.

ZE.BRAR, *v.t.*, traçar listras como as da zebra; *fig.*, azarar.

ZE.BROI.DE, *s.m.*, animal bastardo, meio zebra e meio cavalo.

ZE.BU, *s.m.*, boi de origem indiana com giba; tipo de gado vacum.

ZE.BU.EI.RO, *s.m.*, quem cria gado zebu.

ZE.LA.DOR, *s.m.*, pessoa encarregada da ordem e limpeza de um prédio ou repartição.

ZE.LAR, *v.t.* e *int.*, cuidar de, administrar, governar, dirigir, resguardar.

ZE.LO, *s.m.*, cuidado, dedicação, afeição.

ZE.LO.SO, *adj.*, cheio de zelo, cuidadoso, dedicado.

ZEN, *s.m.*, variante filosófico-religiosa do budismo.

ZÉ-NIN.GUÉM, *s.m.*, tipo de pouco valor, coitado, infeliz, pobre.

ZÊ.NI.TE, *s.m.*, ponto do firmamento em que o Sol está a pino; ao contrário do nadir; ponto máximo, cume, pico, ápice.

ZE.PE.LIM, *s.m.*, antigo aeroplano dirigível, com uma forma alongada.

ZÉ-PO.VI.NHO, *s.m.*, pessoa do povo, zé-ninguém, ralé, plebe.

ZE.RAR, *v.t.*, reduzir a zero, dar zero, tirar todo o dinheiro de uma conta.

ZE.RO, *s.m.*, algarismo com forma de 0, sem nenhum valor absoluto; ponto de partida de contagem de algo; *fig.*, tudo que não vale nada.

ZI.GO.MA, *s.m.*, osso do rosto, das maçãs; osso malar.

ZI.GO.TO, *s.m.*, célula reprodutora, constituída pela união de dois gametas de sexo oposto.

ZI.GUE-ZA.GUE, *s.m.*, linha que quebra ora de um lado, ora do outro; ponto de máquina de costura; maneira alquebrada de locomover-se.

ZI.GUE.ZA.GUE.AR, *v.t.* e *int.*, andar em ziguezague, cambalear, andar sem firmeza.

ZIM.BRO, *s.m.*, planta cujas bagas são usadas para se obter bebidas.

ZIN.CO, *s.m.*, elemento metálico de largo uso em construções.

ZIN.CO.GRA.FI.A, *s.f.*, gravura em zinco, impressão em zinco.

ZÍN.GA.RO, *s.m.*, cigano dado à música.

ZIN.GI.BE.RÁ.CEAS, *s.f. pl.*, tipo de plantas nas quais se destaca o gengibre.

ZÍ.NIA, *s.f.*, tipo de plantas que se caracteriza pelas flores de cores variadas.

ZÍ.PER, *s.m.*, fecho para bolsas e vestimentas; fecho éclair.

ZO.A.DA, *s.f.*, barulho, balbúrdia, rumor.

ZO.AR, *v.int.*, provocar barulho, zumbido; zunir, retumbar.

ZO.DI.A.CAL, *adj.*, próprio do Zodíaco.

ZO.DÍ.A.CO, *s.m.*, zona do firmamento dividida em doze constelações, chamadas signos.

ZO.EI.RA, *s.f.*, barulho, baderna, zunido, desordem.

ZOM.BA.DOR, *s.m.*, quem zomba.

ZOM.BAR, *v.t.*, rir-se de, caçoar, fazer zombaria, escarnecer, debochar.

ZOM.BA.RI.A, *s.f.*, caçoada, escárnio.

ZOM.BE.TEI.RO, *s.m.*, zombador.

ZO.NA, *s.f.*, região, faixa de terra, local; cada uma das cinco divisões climáticas da Terra; *gír.*, baderna, desordem; local de meretrício.

ZO.NE.A.MEN.TO, *s.m.*, divisão de uma área.

ZO.NE.AR, *v.t.*, dividir por zona, regionalizar.

ZON.ZEI.RA, *s.f.*, vertigem, tonteira, desmaio.

ZON.ZO, *adj.*, tonto, estonteado, titubeante.

ZO.O, *s.m.*, redução de zoológico.

ZO.O.LO.GI.A, *s.f.*, estudo dos animais e tudo que lhes diga respeito.

ZO.O.LÓ.GI.CO, *adj.*, próprio da Zoologia; *s.m.*, jardim zoológico, local para deixar animais a fim de serem vistos.

ZO.Ó.LO.GO, *s.m.*, quem é especialista em Zoologia.

ZO.O.TEC.NI.A, *s.f.*, habilidade para criar animais.

ZOR.RA, *s.f.*, tipo de trenó para trazer cargas dos morros; *fig.*, desordem.

ZOR.RI.LHO, *s.m.*, mamífero da família dos Mustelídeos de mau cheiro.

ZUM.BI, *s.m.*, chefe negro do quilombo de Palmares; fantasma, pessoa que só sai à noite.

ZUM.BI.DO, *s.m.*, barulho de insetos, zunido, zoeira.

ZUM.BIR, *v.int.*, provocar zumbido, zunir.

ZU.NI.DO, *s.m.*, zumbido, sussurro de insetos.

ZU.NIR, *v. int.*, produzir ruído estridente, zumbir.

ZUN.ZUM, *s.m.*, zunido, barulho forte; *pop.*, mexerico, fofoca.

ZU.RE.TA, *s.c. 2 gên.*, pessoa maluca, manhosa.

ZU.RE.TAR, *v.t.*, enlouquecer, ficar nervoso.

ZUR.RAR, *v. int.*, emitir a voz do burro.

ZUR.RO, *s.m.*, voz do burro, ornejo.

ZUR.ZIR, *v.int.*, açoitar, bater com a chibata; criticar muito.

DICIONÁRIOS SCOTTINI

Mestres da Educação

- INDISPENSÁVEIS
- COMPLETOS
- PRÁTICOS
- AVANÇADOS
- CONCEITUADOS
- INTELIGENTES
- ATUAIS
- RENOMADOS

Todolivro